삼국유사 사전

三國遺事 事典

정호완 엮음

지문당

머리말

스무 해 남짓 삼국유사를 공부하면서 풀리지 않는 궁금함이 있었습니다. 삼국사기가 있는데 무슨 까닭으로 삼국유사를 지었을까. 마침내 그 답은 삼국유사 기이(紀異)에 있다고 생각했습니다. 신라와 고구려, 그리고 백제의 본기(本紀), 줄여서 기(紀)와 다른(異) 점이 있다는 것입니다. 단군조선이나 부여, 그리고 발해, 가락국기가 엄연한 사실인데 이런 속내가 빠져 있기 때문이라고 본 것입니다. 단군조선이 있으므로 오늘날의 개천절과 제헌절의 근거가 마련되었습니다. 그 동안 삼국사기와 삼국유사는 따로 국밥이었다고 봅니다. 서로 다른 부분만 아우르면 우리 역사를 올바르게 기술할 수 있다고 봅니다. 동시에 문자와 언어가 문화기호라는 관점에서 삼국유사의 수록된 낱말에 겨레의 역사문화가 숨 쉬고 있다고 본 것입니다. 그 동안 공부한 삼국유사 자료를 현지에 가서 확인하기 위하여 중원 역사문화의 초점이라 할 요하문명(遼河文明)과의 상관성을 살펴보기 위하여 몇 년 동안 중원의 산동성과 동북 지방을 오고갔습니다. 특히 청나라 시대의 황명으로 엮은 만주원류고(滿洲源流考)에 관련한 사료의 개연성을 확인해 보고자 함이었습니다. 약 8백여 년 전 몽골군에게 짓밟힌 민족의 정기를 되살리고자 삼국유사를 지으신 보각국존 일연(一然) 대선사님의 성심을 생각하면 짧은 공부를 바탕으로 이 글모음을 낸다는 게 부끄러울 따름입니다. 이 글모음의 저본은, 삼국유사(三國遺事) 정덕본(正德本)이며 이민수(李民樹) 선생의 삼국유사 역주본을 몸글로 하여 윤문과 재구성을 하였습니다. 거기에 주석을 새김의 틀로 구성을 해 보았습니다. 더러는 범어와 만주어 등을 섭렵하여 문화기호론적인 풀이를 했습니다. 새김 속에는 식민사학을 넘어 민족사학을 함께 되돌아보기도 했습니다. 말도 안 되는 동북공정을 넘어 중화문명탐원공정을 일삼는 저네들을 나무라기에 앞서 우리 스스로의 정체성에 대한 다짐을 하고 지혜를 모아야 한다고 봅니다. 더러 지도(地圖)를 이미지 언어로 원용하였습니다. 이런저런 자료와 공부하던 내용을 동아리하게 되었습니다. 풋내 나는 열매지만 용기를 내어 보았습니다. 어려운 여건 속에서도 삼국유사 사전 출판을 맡아 주신 지문당의 살뜰한 성원에 감사를 드립니다.

2018년 개천절에

정호완 두손

차 례

ㄱ

가라국(呵囉國)

고기에 말하였다. 만어사(萬魚寺)는 옛날의 자성산(慈成山) 또는 아야사산(阿耶斯山)(이는 마땅히 마야사(摩耶斯)가 옳다. 아야사는 물고기)이니, 그 산 어름에 가라국이 있었다.

(출전) 古記云, 萬魚寺者古之慈成山也. 又阿耶斯山(當作摩耶斯, 此云魚也). 傍有呵囉國(권3 탑상 어산불영)

(새김)

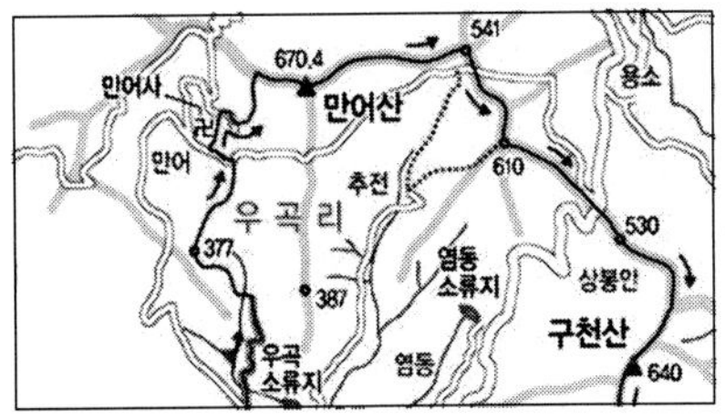

그림 1 만어산(밀양)

만어사 절은 수로왕 5년(46)에 임금이 세웠다고 전한다. 수로왕 무렵 가락국의 옥지(玉池)에서 살고 있던 독룡(毒龍)과 만어산에 살던 나찰녀(羅刹女)가 서로 사귀면서 폭풍우와 우박을 내려 4년 동안 농작물이 열매를 맺지 못하게 하였다. 수로왕은 주술로써 이 일을 막으려 하였으나 어려웠다. 해서 예를 갖추고 인도 쪽을 향하여 부처의 도움을 간청하였다. 이에 부처가 신통력으로 왕의 뜻을 알고 6명의 비구와 만 명의 천사들을 데리고 와서 독룡과 나찰녀의 항복을 받고 설법하며 모든 재앙을 물리쳤다. 이를 기리기 위해서 수로왕은 절을 세웠다. 또 다른 전설에 따르면, 옛날 동해 용왕의 아들이 목숨이 다함을 알고 낙동강 건너편에 있는 무척산(無隻山)의 신통한 도승을 찾아가 새로 살 곳을 마련해 줄 것을 간청하였다. 도승은 길을 가다가 멈추는 곳이 인연터라고 했다. 왕자가 길을 떠나매 수많은 종류의 고기떼가 그의 뒤를 따랐는데, 머물러 쉰 곳이 바로 이 절이었다. 그 뒤 용왕의 아들은 큰 미륵 바위로 변하였고 수많은 고기들은 크고 작은 화석이 되어 버렸다. 현재 절의 미륵전(彌勒殿) 안에는 높이 5m 정도의 뾰족한 바윗돌이 있다. 이것이 바로 용왕의 아들이 변해서 된 미륵바위라고 한다. 이 미륵바위에 빌면 아기를 낳지 못한 여인이 아들을 얻을 수 있다. 미륵전 아래로는 무수한 돌무덤이 겹겹이 깔려 있다. 돌무덤은 고기들이 변해서 된 만어석(萬魚石)이라 하며, 두들기면 맑은 종소리가 나기 때문에 종석(鐘石)이라고도 한다. 창건 이후 신라시대에는 왕들이 불공을 올리는 장소로 이용되었다. 고려 명종 10년(1180)에 다시 세웠으며, 조선 중종 1년(1506)에 화일(化日) 선사가 다시금 세웠다. 이어서 조선 고종 16년(1879)에 다시 지어 오늘에 이르고 있다(한국민족문화대백과사전 참조). 만어사의 만어(萬魚)란 산스크리트어로 마나사(मानस, manasa)에서 비롯하였다. 마나사는 마타사(matasya)에서 온 말이다. 여기 마타의 -타-는 산스크리트어의 모든 자음이 -아(a)로 끝나는 것으로 혓소리 t-n의 호전현상에 말미암은 것이다. 만어사를 아야사 혹은 마야사라 함은 잘못된 것인바, 이는 고기를 뜻하는 산스크리트어 마나사의 소리를 한자로 적은 것이다. 그러니까 표기된 글자로 볼 때, 만어사의 핵심은 어(魚)가 된다. 아울러 자성산의 자성(慈成)은 몽고말로 고기를 뜻한다. 그러면 만어사의 만어나 자성은 같은 뜻을 드러낸 이름이다(강헌규).

가락국기(駕洛國記)

후한(後漢)의 세조 광무제 무렵이었다. 건무 18년(壬寅, 42) 3월 계욕일에 그들이 살고 있는 북쪽 구지(龜旨, 이는 산봉우리를 말함이니, 마치 조개 열 개가 엎드린 모양과도 같기 때문에 이렇게 말했다)에서 누군가 부르는 이상한 소리가 났다. 백성 2, 3백 명이 구지로 모여들었다. 마치 사람의 소리 같으나 그 모습은 보이지 않고 소리만 들렸다. 여기에 사람이 있느냐. 아홉 간 들이 대답했다. 저희들이 있습니다. 그러자 또 말한다. 내가 있는 곳이 어디냐. 구지입니다. 또 말한다. 하늘이 나에게 명하기를 이 땅에 나라를 새로 세우고 왕이 되라고 하였으므로 내려온 것이다.

(출전) 屬後漢世祖光武帝建武十八年壬寅三月禊浴之日, 所居北龜旨(是峯巒之稱, 若十朋伏之狀, 故云也)有殊常聲氣呼喚, 衆庶二三百人集會於此, 有如人音, 隱其形而發其音曰此有人否, 九干等云吾徒在, 又曰吾所在爲何 對云龜旨也. 又曰皇天所以命我者, 御是處, 惟新家邦, 爲君后. 爲玆故降矣(권2 기이2 가락국기)

(새김)

기이(紀異)라 함은 삼국사기(三國史記)의 본기(本紀)와 다른 부분을 말한다. 지금까지의 풀이에서 기이는 신기한 기록이라 하여 신이사관(神異史觀)으로 풀이하였다. 그러면 가락국기나 고구려 백제의 역사적인 사실들이 모두 신이한 것인가에 대한 답을 할 수가 없다. 기이를 삼국사기의 본기(本紀)와 다른 것으로 보아야 신이함은 물론이고 삼국사기와 삼국유사를 통합할 수 있는 개연성을 확보할 수 있다. 그래야 한국고대사의 일관된 흐름을 함께 아우를 수 있다(정호완).

가락(駕洛) : 김수로왕이 신라 유리왕 19년(42)에 세운 나라. 가락-가라-가야로 풀이하는 경우도 있다. 이두식 반절표기로 보면 가락의 가(駕)를 가(加)와 마(馬)의 상하 연결로 보아 가락-감라로 볼 수 있다. 개음절로 읽으면 감-가마가 된다. 이로써 감(가마)-거미(거무)-거북(龜)의 대응됨을 알 수 있다. 김해의 건너편의 구포(龜浦)를 감동포(甘同浦)라고 한다(대동지지). 이는 구포와 같은 지역인 양산의 모심기 노래(왕거미)에서도 거북을 거미라 한다. 일본어로 거북을 가메(kame, かめ)라 함을 보면 같은 단어족으로서의 표기임을 알게 된다. 산스크리트어로 거북을 가베(kavve)라 하며 이는 임금을 뜻한다.

세조(世祖) : 후한(後漢) 광무제의 묘호.

계욕일(禊浴日) : 중국의 고도인 낙양의 남쪽을 흐르는 낙수(洛水)에서 재난을 막기 위하여 지내는 푸닥거리를 말한다. 제를 올리는 사제(司祭)가 물에 들어가 몸을 깨끗이 씻고 제를 올림을 뜻한다(禊, 푸닥거리할 계). 푸닥-이란 풀고 닦음 곧 씻음을 이른다.

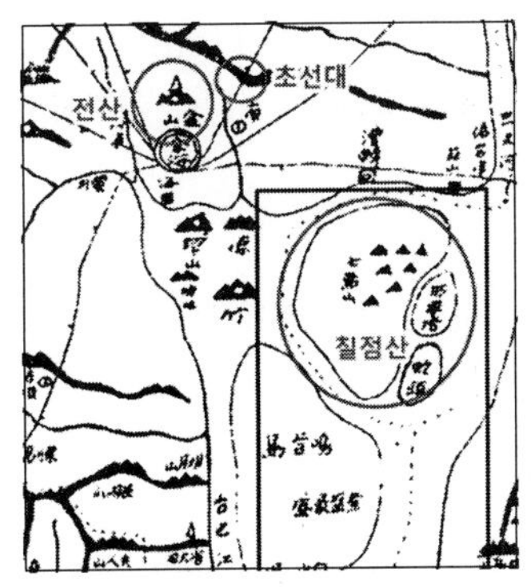

그림 2 김해 고지도

구지(龜旨) : 김해 구산동(龜山洞)에 자리한바, 허황후 능의 건너편에 있는 작은 봉우리 이름이다. 마치 거북 머리처럼 생겼다고 구수봉(龜首峰)이라고도 한다. 여기 구지의 지(旨)는 글자의 모양이나 뜻으로 보아 머리 수(首)의 이체자로 볼 수 있다. 금수로의 금수(金首)-구수(龜首)나 같은 표기라고 볼 수 있다. 구호(龜湖)-금호(琴湖)(영천 금호)에서와 같이 쓰인 한자만 달랐을 뿐이지 기본적인 뜻은 같다. 여기 구호는 구계(龜溪)와 호암(湖巖)의 머리글자로 구호-금호로 쓰이게 되었음을 떠올리면 가늠이 간다.

구간(九干) : 아홉 명의 부족장. -간(干)은 징기스칸의 -칸(khan)과 같은 뜻으로 보인다. -간의 소리가 약해지면 -간(干)-한(干, 汗, 韓)이 된다. 동국정운(東國正韻)에서 한(韓)을 𞡗(खान, han-xan-khan)이라 소리를 내는 바, 이는 추장 혹은 임금을 의미한다. 한국은 왕국 곧 황제의 나라라는 뜻이 된다. 일설에 따르면, 가락국기(駕洛國記)는 고려의 문종 때 금관 주지사로 있던 한 문인이 이 지역에 내려오던 전설과 기록을 참고로 하여 기록한 것이다. 따라서 이 책은 가라국의 역사로 볼 수 없는 허구라는 것이다. 구형왕 때의 역사는 대기야의 역사와 혼재되어 있다. 삼국사기(三國史記)의 지리지나 김유신 열전에 모두가 구해(仇亥)라고 하였으니 구형왕은 신빙성이 의문시된다(문경현, 역주 삼국유사).

가람(伽藍)

19세가 되자 또 돌아와 어머니를 뵙자, 어머니가 말했다. 이 나라는 지금까지도 불교를 알지 못한다. 하지만 앞으로 3천여 달이 지나면 계림(雞林)에서 성왕(聖王)이 나와서 불교를 크게 일으킬 것이다. 그 나라 서울 안에 일곱 곳의 절터가 있다.

(출전) 年十九又歸寧於母, 母謂曰此國于今不知佛法, 爾後三千餘月, 雞林有聖王出, 大興佛教. 其京都內有七處伽藍之墟(권3 흥법 아도기라)

(새김)
가람(伽藍) : 가람이란 승려들이 머물러 수도정진을 하는 도량 곧 절을 말한다. 산스크리트어로 상가람마(僧伽藍摩, समघम, sangharama)의 소리를 한자로 적은 것이다. 가람에서 모시는 부처는 시대를 따라서 과거불과 현세불, 그리고 미래불을 통틀어 삼세불이라 한다. 여기 미래불은 미륵부처를 말한다.

가리촌(加利村)

다섯째는 금산가리촌(金山加利村, 현 금강산 백률사 북쪽 산)이다. 촌장은 지타(祗沱, 혹은 只他)이며, 처음 명활산으로 내려왔다. 이가 한기부 배씨(裵氏)의 조상이 된다. 지금은 가덕부라고 하며 상하서지와 내아 등 동촌이 여기에 속한다.

(출전) 五曰金山加里村(今金剛山栢栗寺之北山也), 長曰祇沱(一作只他), 初降于明活山, 是爲漢歧部又作韓歧部裵氏祖, 今云加德部, 上下西知乃兒等東村屬焉(권1 기이1 신라시조 혁거세왕)

(새김)

한(漢) 나라의 선제(宣帝) 오봉(五鳳) 원년(甲子, 전 57)의 시기와 같다. 그러니까 혁거세와 같은 무렵에 지타라는 배씨의 시조가 나타났다는 기록이 된다.

가무기(歌舞伎)

경덕왕(景德王)은 또 당(唐) 나라 대종황제(代宗皇帝)가 불교를 숭상한다는 말을 듣고 공장에게 명하여 오색 담요를 만들고 또 침단목(沈檀木)을 새겨서 명주와 아름다운 옥으로 꾸며서 높이 1장(丈) 남짓한 가산(假山)을 만들어 담요 위에 놓았다. 산에는 뾰족한 바위와 괴이한 돌과 동굴이 있어서 각 구역으로 나뉘었고, 그 각 구역 안에는 노래하고 춤추고 노는 모습과 온갖 나라들의 산천의 형상이 있다. 조금만 바람이 문 안으로 들어가면 벌과 나비가 훨훨 날고 제비와 참새가 춤을 추니, 얼핏 보아서는 참인지 거짓인지 분간할 수가 없다. 그 속에는 만불(萬佛)을 모셔 놓았는데 큰 것은 사방 한 치가 넘고 작은 것은 8, 9푼 쯤 된다.

(출전) 王又聞唐代宗皇帝優崇釋氏, 命工作五色氍毹, 又彫沈檀木, 與明珠美玉爲假山, 高丈餘, 置氍毹之上, 山有巉嵓怪石澗穴區隔每一區內, 有歌舞伎樂列國山川之狀, 微風入戶, 蜂蝶翱翔, 鷰雀飛舞, 隱約視之. 莫辨眞假. 中安萬佛, 大者逾方寸, 小者八九分(권3 탑상 사불산 굴불산 만불산)

(새김)

여기 가무기(歌舞伎)라 함은, 옥으로 만들어 꾸민 산인 침향산(沈香山)에서 노래하며 춤 추고 재능을 부림을 이른다. 이 가무기를 일본어로는 가부끼(歌舞伎, かぶき, kabuki)라고 한다. 일본의 전통적인 민중 연극을 이르는바, 에도(江戶, えど, 동경의 옛 이름) 시대에 완성되었다. 이는 삼국유사의 기록에서 확인된다. 신라 경덕왕 때 가무기(歌舞伎)가 있었음을 알 수 있다(구중회(2012), 자료를 통해 본 백제 가악 참조).

가부좌(跏趺坐)

세 번 사양했으나 어머니는 세 번 권했다. 진정은 어머니의 뜻을 어기기 어려워서 길을 떠나 3일 만에 태백산에 이르러 의상대사에게 청하여 머리 깎고 제자가 되어 이름을 진정(眞定)이라 했다. 3년 뒤 어머니의 부음이 오자 진정은 가부좌를 하고 선정(禪定)에 들어가 7일 만에 나왔다.

(출전) 三辭三勸之. 定重違其志, 進途宵征, 三日達于太伯山, 投湘公剃染爲弟子, 名曰眞定. 居三年, 母之訃音至. 定跏趺入定, 七日乃起(권5 효선 진정사 효선쌍미)

(새김)

가부좌(跏趺坐)라 함은 승려들의 앉음새를 이른다. 결가부좌(結跏趺坐)의 줄임말이다. 반가부좌도 있다. 가부좌란 책상다리를 하고 앉는 앉음새가 된다. **선정(禪定)**이라 함은 불교 특유의 수행법인바, 명상하며 정신을 집중하는 모습을 이른다. 보살의 실천덕목인 6바라밀 중 마지막 덕목으로서 선(禪, zen)과 같은 말이다. 고대인도어인 댜나(dhyana) 또는 자나(jhana)의 소리를 음사하여 선나, 잔(jhan)을 선으로 음사한 것으로 보인다. 널리 통용되는 번역어는 정려이다.

가사(歌詞)

진덕여왕이 지은 태평가(太平歌)의 노래 말은 이러했다. 위대한 당 나라가 왕업을 세우니, 높디높은 황제의 꿈이 장엄하여라. 전쟁이 끝나니 온 누리를 평정하고, 문치(文治)를 닦으니 모든 임금이 뒤를 이었네. 하늘을 거느리니 좋은 비 내리고, 만물을 다스리니 모든 것이 빛이 나네. 깊고 어진 덕은 해와 달에 비길만하고, 돌아오는 운수는 요순보다 앞서네. 깃발은 어찌 그리 번쩍이는가, 징소리 북소리는 웅장도 하여라.

(출전) 其詞曰大唐開洪業, 巍巍皇猷昌. 止戈戎威定, 修文契百王. 統天崇雨施, 理物體含章. 深仁諧日月, 撫運邁虞唐. 幡旗何赫赫, 錚鼓何鍠鍠(권1 기이1 진덕왕)

(새김)

진덕여왕의 성은 김씨(金氏), 이름은 승만(勝曼)이다. 신라시대 3인의 여왕 중 한 사람으로서 선덕여왕(善德女王)의 유언에 따라서 즉위하였다. 진평왕(眞平王)의 친아우인 국반갈문왕(國飯葛文王)의 딸이며, 어머니는 월명부인(月明夫人) 박씨, 진덕여왕은 모습이 풍만하고 아름다웠으며 무척 총명했다. 즉위하던 첫 해(647) 김유신 등을 앞세워서, 반란을 일으켰던 상대등 비담(毗曇)을 비롯한 30인을 명활산성에서 처형하였다. 알천(閼川)을 상대등에 등용함으로써 정국의 안전을 꾀하였다. 한편, 당 나라에 사신을 보내서 외교관계를 굳건히 했다. 이는 당 나라의 힘을 빌려 고구려와 백제의 공격을 막기 위한 생존 전략이었다. 이 때 진덕여왕이 손수 지어 수를 놓아 당 나라 태종에게 보낸 태평가라는 노래다. 압독(押督, 현 경산)의 군주(軍主)로 있던 김유신으로 하여금 백제의 침략을 막는 한편, 김춘추로 하여금 대당 외교를 벌인 열매로 신라는 당 태종(太宗)으로부터 군사 지원을 얻어 낸다. 그리고 김춘추가 앞장서 당 나라의 정치제도와 문물을 받아들이는 이른바 한화정책(漢化政策)을 바탕으로 마침내 삼국통일의 디딤돌을 놓게 되었다.

가서갑(嘉栖岬)

또 삼국사(三國史, 삼국사기) 열전에 말하였다. 어진 선비 귀산(貴山)은 사량부 사람이었다. 같은 마을의 추항(箒項)과 친구가 되어 두 사람은 서로 다짐하였다. 우리들이 사대부들과 함께 하려면, 먼저 마음을 바르게 하여 처신하지 않는다면, 필경 욕을 면치 못할 것이다. 그러니 어찌 어진 사람을 찾아가서 올바른 도를 묻지 않겠는가. 이 때 원광법사가 수나라에 갔다가 돌아와서 잠시 가슬갑에 머물렀다(가슬갑은 혹은 가서(加西), 또는 가서(嘉栖)라 하는데 이는 모두 방언이다. 갑(岬)은 속언으로 곶(古尸)이라 한다. 때문에 이것을 고시사-곶절이라고 하니 갑사(岬寺)라는 것과 같다. 지금 운문사 동쪽 9천보쯤 되는 곳에 가서현이 있는데, 혹은 가슬현이라고 한다).

(출전) 又三國史列傳云, 賢士貴山者牟梁部人也. 與同里箒項爲友, 二人相謂曰, 我等期與士君子遊, 而不先正心持身, 則恐不免於招辱, 盍問道於賢者之側乎. 時聞圓光法師入隋回, 寓止嘉瑟岬(或作加西, 又嘉栖, 皆方言也. 岬, 俗云古尸, 故或云古尸寺, 猶言岬寺也. 今雲門寺東九千步許, 有加西峴, 或云嘉瑟峴, 峴之北洞有寺基, 是也)(권4 의해 원광서학)

(새김)

갑사(岬寺) : 갑사의 갑(岬)은 거북이처럼 생긴 산등성이를 말한다. 오늘날 공주의 갑사(甲寺)도 또 다른 이름은 갑사(岬寺)였다. 현지를 가보면 거북이 등처럼 툭 튀어나온 산기슭을 볼 수 있다. 말하자면, 장산곶의 -곶(串)과 같은 형태소로 볼 수 있다. 가슬-갓-곳-곶으로 그 형태의 유연성을 가늠하게 된다. 하나의 단어족으로 동아리를 할 수 있다.

가섭불연좌석(迦葉佛宴坐石)

옥룡집(玉龍集)과 자장전(慈藏傳), 그리고 여러 사람의 전기에는 모두 이렇게 말했다. 신라 월성 동쪽, 용궁 남쪽에 가섭불의 연좌석(宴坐石, 좌선하던 자리)이 있다. 여기는 곧 전불(前佛) 때의 절터이며, 지금 황룡사 터는 곧 일곱 절 가운데 하나이다. 국사(國史)를 살펴보면, 진흥왕이 즉위한 지 14년(553) 개국 3년(癸酉) 2월 동쪽에 신궁을 세우고자 했다. 그런데 여기서 황룡이 나타났으므로 왕은 이것을 주목하고 고쳐서 황룡사라 했다. 연좌석은 불전 후면에 있었다. 일찍이 한 번 본 일이 있는데 돌의 높이는 5, 6척이나 되었다. 그 둘레는 겨우 서 발밖에 되지 않았으며 우뚝하게 서 있고 그 위는 편편했다. 진흥왕 때 지은 이래 두 번이나 불에 탔다. 돌에는 불에 타 간 금이 남아 있으며 스님들이 쇠를 붙여 돌을 보호하였다. (중략) 일연은 찬하여 일렀다. 불교를 모름이 얼마인지 생각할 수 없었네. 오직 좌선 자리만 그대로 남아 있네. 뽕밭이 변해 몇 번이나 바다가 되었을까. 아깝게도 우뚝한 채 어느 곳으로도 옮기지 않았네.

(출전) 玉龍集及慈藏傳與諸家傳紀皆云, 新羅月城東, 龍宮南有迦葉佛宴坐石. 其地卽前佛時伽藍之墟也. 今皇龍寺之地卽七伽藍之一也. 按國史眞興王卽位十四, 開國三年癸酉二月, 築新宮於月城東, 有皇龍現其地. 王疑之. 改爲皇龍寺 宴坐石在佛殿後面, 嘗一謁焉, 石之高可五六尺來, 圍僅三肘幢立而平頂. 眞興創寺已來, 再經災火, 石有拆裂處, 寺僧貼鐵爲護(중략). 乃有讚曰, 惠日沈輝不記年, 唯餘宴坐石依然. 桑田幾度成滄海, 可惜巍然尚未遷(권3 탑상 가섭불연좌석)

(새김)

가섭불(迦葉佛) : 가섭불은 석가불 이전의 부처 중의 한 분이다. 현세인의 수명이 2만 세 때 해탈득도 함으로써 깨달음을 얻은 부처다. 산스크리트어로는 카샤파붓다(**काश्यपबुद्**, kasapa-buddha)이며 뒤치면 음광불(飮光佛)이 된다. 선가에서는 음역인 가섭불보다 의역인 음광불로 더 널리 알려져 있다. 많은 부처님이 나타난다는 현재의 현겁(賢劫)에 일천불이 나타난다고 한다. 그 가운데 제3의 부처님이 바로 가섭불이다. 인간의 평균 수명이 한 살씩 줄어 백세일 때 석가모니 부처가 나타난 것이다. 지금으로부터 약 2백만 년 전에 나타난 부처이다. 장아함 제1권에 따르면, 가섭불은 니그로다 나무 아래에서 성불하였으며 2만 명의 제자가 있다. 그 가운데 티싸와 바라드바자가 큰 제자이고 집사, 즉 비서의 직책을 맡은 제자는 사바미타였다. 아버지는 바라문 종족으로 브라흐마닷타요, 어머니의 이름은 다나바티다. 가섭불 아들의 이름은 집군(集軍)이요, 당시 왕은 키키였으며, 나라의 이름은 바라나시(वाराणसी, baranasi)였다. 제3권에 따르면 각덕비구(覺德比丘)에 대한 이야기가 있다. 즉 각덕비구가 정진하여 열반한 뒤 가섭불이 되었다는 것이다. 이 부처의 말씀이 있는데 이른바 칠불통게(七佛通偈)이다. 일체 악을 짓지 말고 마땅히 모든 선을 받들어 행하라. 스스로 그 의지와 마음을 깨끗이 하는 것, 이것이 곧 모든 부처님의 가르침이다. 흔히 가섭존자로 알려져 있는데 꽃을 들어 석가모니와 이심전심(以心傳心)의 웃음으로 대화하였음은 널리 알려진 일이다. **가섭불연좌석**은 신라에 불교가 이른 시기에 들어왔고 그 시기부터 신라가 불국토이었음을 물증으로 보여주고자 한 기록이다(남동신, 1992).

가섭원(迦葉原)

북부여의 왕 해부루 시절 재상인 아란불의 꿈에 하느님이 말하였다. 장차 내 자손을 시켜서 이곳에 나라를 세울 터이니 너는 다른 곳으로 옮겨 가거라(동명왕이 장차 나라를 세울 조짐이다). 동해 가에 가섭원이라는 곳이 있는데 땅이 기름지니 도읍을 할 만하다. 이에 재상 아란불(阿蘭弗)은 왕을 설득하여 그곳으로 도읍을 옮기고 국호를 동부여라 했다.

(출전) 北扶餘王解夫婁之相阿蘭弗, 夢天帝降而謂曰將使吾子孫立國於此, 汝其避之(謂東明將興之兆也), 東海之濱有地名迦葉原, 土壤膏腴, 宜立王都, 阿蘭弗勸王移都於彼, 國號東扶餘(권1 기이1 동부여)

(새김)

가섭원(迦葉原) : 가섭원의 위치는 강원도 강릉 부근으로 추정하기도 한다. 강릉 지역은 옛날 예국(濊國)으로 보고 있다. 고구려 때에는 하서량(何西良)으로, 뒤에 하슬라주(何瑟羅州)로 고쳐 불렀다. 하(何)의 본 한자음은 가(ka)이다. 강릉이 바다와 인접하여 붙여진 지명으로 가섭원과도 같은 맥락으로 본다. 여기 가섭존자는 석가모니 부처의 10대 제자 가운데 두타제일(頭陀第一)로 일컬었고, 석가모니의 열반 뒤 제자들을 이끌었던 고승대덕이다. 가섭원이라 함은 불교가 들어온 뒤 비슷한 소리를 한자에서 빌려 적은 것으로 볼 수 있다. 본디 예(濊)는 종족이름이며 부여국의 겨레였다. 부여(夫餘)는 그 발음이 푸위(puü)라고도 하며 사슴을 가리킨다. 말하자면 예(濊)는 사슴 토템의 종족이었다(만주원류고 참조). 고조선의 구성원이 예맥(濊貊)으로 상정한 견해도 있다(유엠부찐, 고조선(1982) 참조). 조선상고사(신채호, 1948)에서는 가섭원을 길림성 훈춘(琿春)으로, 가시라로 읽는다.

가슬갑사(嘉瑟岬寺)

이 때 원광법사가 수나라에 갔다가 돌아와서 잠시 가슬갑에 머물렀다(가슬갑은 혹은 가서(加西), 또는 가서(嘉栖) 이는 모두 방언이다. 갑(岬)은 속언으로 곶(古尸)이라고 한다. 때문에 이것을 고시사-곶절이라고 하니 갑사라 함과 같다. 지금 운문사 동쪽 9천보쯤 되는 곳에 가서현이 있는데, 혹은 가슬현이라고 한다).

(출전) 時聞圓光法師入隋回, 寓止嘉瑟岬(或作加西, 又嘉栖, 皆方言也. 岬俗云古尸, 故或云古尸寺, 猶言岬寺也. 今雲門寺東九千步許, 有加西峴, 或云嘉瑟峴, 峴之北洞有寺基, 是也)(권4 의해 원광서학)

(새김)

가슬갑사는 경북 청도군 운문면 호거산(虎踞山)에 자리한 절이다. 가슬현(嘉瑟峴) 고개의 북쪽에 있다. 원광이 가슬갑에서 점찰보(占察寶, 占察經)에 바탕을 둔 법회를 목적으로 세운 계(契)를 두어 법회를 정기적으로 열었다. 여기 계(契)의 본질은 약속이며 불교 수행을 위한 약속의 모임이라고 볼 수 있다. 계(契)의 반절식 읽기는 기흘절(欺訖切, 集韻)이니 글(geul)로 읽는다. 하면 글자로 약속의 중요성을 문서화한 것이다. 한글의 '글'이 바로 글자의 기원을 드러내는 표기다. 일종의 약속이며 두레라고 할 수 있다(진태하).

가야(伽耶)

그가 그달 보름에 왕위에 오르니 세상에 처음 나타났다고 해서 이름을 수로(首露)라고 했다. 혹은 수릉(首陵, 시호)이라고도 했다. 나라 이름을 대가락(大駕洛)이라 하고 또 가야국(伽耶國)이라고도 하니 이는 곧 여섯 가야 중의 하나다. 나머지 다섯 사람도 각각 가서 다섯 가야의 왕이 되니 동쪽은 황산강, 서남쪽은 창해, 서북쪽은 지리산, 동북쪽은 가야산이며 남쪽은 나라의 끝이었다.

(출전) 其於月望日卽位也. 始現故諱首露, 或云首陵(首陵是崩後謚也), 國稱大駕洛, 又稱伽耶國, 卽六伽耶之一也. 餘五人各歸爲五伽耶主, 東以黃山江, 西南以滄海, 西北以地理山, 東北以伽耶山, 南而爲國尾(권2 기이2 가락국기)

(새김)

가야의 어원에 대하여는 여러 가지 풀이가 있다. 1) 가나(駕那)설 : 끝이 뾰족한 관책(冠幘), 2) 평야설 : 남방어에서 개간한 평야를 뜻하는 말인 가라(kala), 3) 간나라설 : 신의 나라, 또는 큰 나라, 4) 갓나라설 : 가야가 한반도 남단의 해변에 자리한 갓나라[邊國], 5) 가람설 : 가야 제국이 여러 갈래로 나뉜 낙동강 지류에 이웃해 있으므로, 가야는 ᄀᆞ룸[江] 또는 가ᄅᆞ(갈래), 6) 겨레설 : 겨레라는 말의 기원이고, 그 뿌리는 알타이 제어의 사라(xala)[姓, 一族]에 있으며, 그것이 가라(kala), 가야(kaya), 캬레(kyare), 겨레(kyeore)로 변천, 7) 성읍설 : 가야는 곧 ᄀᆞᄅᆞ[大, 長]이며, 그 어원은 성읍(城邑)이며 구루(溝婁)라는 등의 풀이가 있다. 그 가운데 겨레설이 널리 알려져 있다. 산스크리트어로는 가장 거룩한 노래, 혹은 게송(偈頌,

गाय, gaya)인데 이와 관련한 말로는 가장 으뜸가는 우따마(उतम, uttama)의 속성을 갖고 있다(산스크리트-영어 사전). 불교적인 윤색의 의미가 복합된 것으로 보인다. 엮은이는 가야의 어원을 가락(駕洛)이라고 본다. 가락의 가(駕)를 상하로 나누어 읽는 이두로 보면 가마(加馬)가 된다. 가마 혹은 가미(거미)는 김해 지역의 말로 거북을 말한다. 하면 '거북신의 나라'라는 말이 된다(정호완, 가야의 언어와 문화(2008)). 참고로 일본어로 거북을 가메(かめ)라 함도 하나의 방증이 된다. 더불어 김해와 양산 지역의 민요인 모심기 가운데 '왕거미'가 있다. 여기 거미는 거북을 가리킨다(박지홍 구지가연구 참조).

가탐(賈耽)

가탐의 군국지(郡國志)에는, 발해국의 압록, 남해, 부여, 추성 등 사부는 모두 고구려의 옛 땅이었다.

(출전) 賈耽郡國志云渤海國之鴨淥, 南海, 扶餘, 橻城四府, 並是高麗舊地也(권1 기이1 말갈 발해)

(새김)

가탐(**賈耽**, 730-805)은 중국 당 나라의 정치가이다. 창주(滄州) 남피(南皮) 사람으로 자를 돈시(敦詩)라고 했다. 13년 동안 재상을 맡아 나라의 정사를 이끌었다. 지리학에 관심이 깊어 해내화이도(海內華夷圖)와 지지(地誌)인 고금군국도현사이술(古今郡國道縣四夷述) 40권 등을 남김으로써 후세 사람의 거울이 되었다.

각간(角干)

호력(虎力) 이간의 아들 서현(舒玄) 각간 김씨의 맏아들이 유신(庾信)이고 그 아우는 흠순(欽純)이다. 맏누이는 보희(寶姬)로서 아명은 아해이며, 누이동생은 문희(文姬)로서 아명이 아지이다. 유신은 진평왕 17년(乙卯, 595)에 태어났다. 그는 북두칠성의 정기를 타고났기 때문에 등에 일곱별의 무늬가 있었다. 그에게는 신기하고 이상한 일이 많았다.

(출전) 虎力伊干之子舒玄角干金氏之長子曰庾信, 弟曰欽純, 姊妹曰寶姬 · 小名阿海, 妹曰文姬 · 小名阿之. 庾信公以眞平王十七年乙卯生, 禀精七曜, 故背有七星文, 又多神異(권1 기이1 김유신)

(새김)

각간(角干)은 신라 때의 최고 벼슬로서, 이벌찬(伊伐飡), 이벌간(伊伐干), 우벌찬(于伐飡) 각찬(角粲), 서불한(舒弗邯, 삼국사기) 등 다른 이름이 있다. 처음에는 주다(酒多), 수불한(禾孛多)이라 하였다(계림유사). 진골만이 하는 벼슬이다. 신라 중엽에 이르러 각간 위에 대각간, 태대각간 등의 상위 관등을 두어 김유신처럼 국가에 특별한 공로가 있는 이들이 이 작위를 받았다. 범어로는 지배자(ककउढखन, kakud-khan)란 뜻이 된다. 각간은 홍산문화(紅山文化)의 유물로 각형옥벽(角形玉璧)을 지닌 샤먼의 상징으로 볼 수 있다(우실하, 2014).

간자(簡子)

이 가운데서 제8간자는 새로 얻은 묘계(妙戒)를 비유한 것이요, 제9간자는 구족의 계를 얻은 것에 비유한 것이다. 이 두 간자는 내 손가락뼈이며, 나머지는 모두 침향(沈香)과 단향(檀香) 나무로 만든 것으로, 이것은 모두 번뇌를 비유한 것이다. 너는 이것으로써 세상에 법을 전하여 남을 구원하는 뗏목을 삼아라.

(출전) 謂曰於中第八簡子, 喩新得妙戒, 第九簡子, 喩增得具戒. 斯二簡子是我手指骨, 餘皆沈檀木造, 喩諸煩惱, 汝以此傳法於世, 作濟人津筏(권4 의해 진표전간)

(새김)

간자(簡子) : 간자란 나무를 작은 손가락 크기로 만든 점대 곧 패쪽인데 윷처럼 생겼다. 이르자면 189는 몸을 버린 뒤에 가장 뛰어난 교법인 상승법(上乘法)에 머물게 되리라는 점괘 등이다.

갈문왕(葛文王)

신라 사람들은 사후에 임금으로 추대된 이들을 갈문왕이라고 불렀다. 이 일은 자세히 알 수 없다. 이 임금 때 낙랑국 사람들이 금성을 침략하였다. 저네들은 이기지 못하고 돌아갔다.

(출전) 羅人凡追封者稱葛文王, 未詳, 此王代樂浪國人來侵金城, 不克而還(권1 기이1 남해왕)

(새김)

갈문왕(葛文王) : 아들이나 동생, 사위 등이 임금이 됨으로써 그들의 부모나 형과, 그리고 장인이 받는 임금 칭호를 말한다(강헌규). 혹은 세상을 떠난 임금으로 장왕(藏王) 혹은 훙왕(薨王)이라고도 한다(양주동). 이르자면 혁거세에서 7대 일성왕까지 임금의 아버지를 갈문왕이라 하였다. 갈문왕은 매금왕(寐錦王)과 함께 이원(二元) 왕제의 임금이다. 중신회의의 수장이라 할 수 있다. 매금왕이 돌부(喙部) 소속인데 반하여 갈문왕은 사돌부(沙喙部) 소속이다(문경현).

갈반처(葛蟠處)

자장율사는 정관 17년(癸卯, 643)에 강원도 오대산에 가서 문수보살의 진신(眞身)을 보려 했으나 3일 동안이나 날이 어둡고 그늘져서 보지 못하고 돌아갔다. 그는 다시 원령사(元寧寺)에 살면서 비로소 문수보살을 만났다고 했다. 뒤에 칡덩굴이 서려 있는 갈반처로 갔는데, 지금의 정암사(淨岩寺)가 바로 이곳이다(이 또한 별전에 실려 있다).

(출전) 師以貞觀十七年來到此山, 欲覩眞身, 三日晦陰, 不果而還. 復住元寧寺, 乃見文殊云, 至葛蟠處, 今淨嵓寺是(亦載別傳)(권3 탑상 대산오만진신)

(새김)

갈반처(葛蟠處) : 칡넝쿨이 얽혀 있는 곳을 말한다. 불가에서는 사람의 말을 가리킨다. 섭대승론석(攝大乘論釋)에서 언어의 분별에 따라서 인식현상이 일어난다고 했다. 갈반처란 분별을 일으키는 곳이란 뜻이다. 칡처럼 갈래를 이루는바, 사물의 실마리를 알아차리게 된다. 칡의 옛말은 파찰음이 자리 잡지 못했기에 칠(ㄱ)-실로 이루어지니 실(슬-슷, 間, 훈몽자회)이란 곧 사이를 이르기에 그러하다. 사이는 시간, 공간, 관계로 가장 중요한 인식의 바탕이다(정호완). 영어의 실크(silk)도 실(ㄱ)에서 기원한 것으로 풀이하는 견해도 있다(박은용).

갈항사(葛項寺)

승전은 상주 영내의 개령군(開寧郡, 현 김천) 경계에 절을 새로 짓고 돌들로 신도를 삼아 화엄경을 강론했다. 그 뒤에 신라 스님 가귀(可歸)가 자못 총명하고 도리를 알아서 수도정진을 계속하여 이에 심원장(心源章)을 엮었다. 그 줄거리를 보면 이러하다. 승전법사는 돌의 무리들을 거느리고 불경을 논하고 법문을 했다. 그곳은 오늘날 김천 남면의 갈항사이다. 그 돌 80여 개는 지금까지 강사(綱司)가 전하고 있는데 자못 신령스럽고 이상한 것이 있다. 그 밖의 사적들은 모두 비문에 자세히 실려 있는데 대각국사실록(大覺國師實錄) 속에 있는 것과 같다.

(출전) 詮乃於尙州領內開寧郡境, 開創精廬, 以石髑髏爲官屬, 開講華嚴. 新羅沙門可歸, 頗聰明識道理, 有傳燈之續, 乃撰心源章, 其畧云勝詮法師領石徒衆, 論議講演, 今葛項寺也. 其髑髏八十餘枚, 至今爲綱司所傳, 頗有靈異, 其他事迹具載碑文, 如大覺國師實錄中 (권4 의해 승전촉루)

(새김)

강사(綱司)라 함은 절의 기강을 바로 잡아가는 구실(寺職)을 맡은 그런 사람을 말한다(지준모). 흔히 도력이 높은 스님이 맡는 경우가 많다. 말하자면 주지가 강사를 맡을 수도 있다. 예를 들면, 신안의 해저유물 발굴과정에서 1982년부터 배 밑에 쌓인 동전들을 인양했을 때 적지 않은 수의 소형 목패가 함께 올라왔다. 이 가운데는 동전의 수량과 구입한 시기를 나타낸 것으로 생각되는 날짜, 소유주의 이름, 그 아래에 수결(手決)이 먹으로 쓰여 있었다. 특히 그 가운데 강사라고 적은 목패가 가장 많았다. 이 이름은 중세 중국에서 선주와 선장을 겸한 인물에 대한 호칭으로 사용된 강수(綱首)라는 이름과 비슷하다. 그 밖에 약간의 스님들의 이름과 함께 일반인의 이름으로서는 대개가 일본 사람으로 생각되는 이름들이 발견되었다. 인명 외에 동복사(東福寺)라는 절 이름을 나타낸 것이 10여 개가 포함되어 있었다. 절간의 강사니까 주지이거나 아니면 절의 기강, 혹은 기록을 맡은 사람으로 보인다.

감산사(甘山寺)

이 절은 서라벌에서 동남쪽으로 20리 어름 되는 곳에 있다. 금당주미륵존상화광(金堂主彌勒尊像火光) 후기에는 다음과 같이 말하였다. 개원 7년(乙未, 719) 2월 15일에 중아찬 김지성(金志誠)이 그의 죽은 아버지 인장(仁章) 일길간과 죽은 어머니 관초리(觀肖里) 부인을 위해서 삼가는 마음으로 감산사와 돌미륵 하나를 만들고, 아울러 개원 이찬과 아우 간성(懇誠) 소사, 현도사(玄度師) 누이, 고파리(古巴里) 전처, 고로리(古老里)

후처 아호리(阿好里)와 또 서형 급막(及漠) 일길찬, 일당(一幢) 살찬, 총민(聰敏) 대사와 누이동생 수힐매(首肹買) 등을 위하여 이러한 좋은 일을 했다. 어머니 관초리 부인이 돌아가자 자신의 뼈를 동해 가에 뿌리라고 했다.

(출전) 寺在京城東南二十許里, 金堂主彌勒尊像火光後記云開元七年己未二月十五日, 重阿喰全忘誠, 爲亡考仁章一吉干 · 亡妃觀肖里夫人, 敬造甘山寺一所 · 石彌勒一軀, 兼及愷元伊喰 · 第懇誠小舍玄度師姊古巴里前妻古老里後妻阿好里, 兼庶族及漠一吉喰一幢薩喰聰敏大舍妹首肹買等, 同營玆善. 亡妣肖里夫人, 古人成之東海攸友邊散也(권3 탑상 남월산 감산사)

(새김)

원문에는 전망성(全忘誠)으로 실려 있으나 이는 오각인 것으로 보인다. 미타불화광후기(彌陀佛火光後記)에 김지성으로 나온다. 또한 설총(薛聰, 658-746)의 감산사 석조미륵보살입상조상기(甘山寺石造彌勒菩薩立像造像記)에도 김지성(金志誠)으로 적혀 있다.

감은사(感恩寺)

신라 제31대 신문대왕(神文大王)의 이름은 정명(政明), 성은 김씨다. 개요 원년(辛巳, 681) 7월 7일에 즉위했다. 아버지 문무대왕의 명복을 빌기 위하여 동해 바닷가에 감은사를 세웠다(절 안에 있는 기록에는 이렇게 말했다. 문무왕이 왜군을 진압하고자 이 절을 처음 세웠는데 끝내지 못하고 돌아간 뒤 바다의 용이 되었다. 그 아들 신문왕이 왕위에 올라 개요 2년(壬午, 682)에 공사를 끝냈다. 금당 뜰아래 동쪽을 향해서 구멍을 하나 뚫어 두었으니 용이 절에 들어와서 돌아다니며 쉬게 하기 위한 것이다. 대개 유언으로 유골을 간직해 둔 곳은 대왕암이고, 절 이름은 감은사이다. 뒤에 용이 나타난 것을 본 곳을 이견대라고 했다).

(출전) 第三十一神文大王, 諱政明, 金氏, 開耀元年辛巳七月七日卽位, 爲聖考文武大王創感恩寺於東海邊(寺中記云, 文武王欲鎭倭兵, 故始創此寺, 未畢而崩, 爲海龍. 其子神文立, 開耀二年畢排. 金堂砌下東向開一穴, 乃龍之入寺旋繞之備. 蓋遺詔之藏骨處, 名大王岩, 寺名感恩寺, 後見龍現形處, 名利見臺)(권2 기이2 만파식적)

(새김)

그림 3 감은사지

감은사는 신문왕 2년(壬午, 682) 그의 아버지 문무왕의 뜻을 이어 세운 절이다. 절터의 부근인 동해 바다에는 문무왕의 수중릉인 대왕암(大王巖)이 있다. 문무왕은 해변에 절을 세워 불력으로 왜구를 물리치려 하였으나, 절을 완공하기 전에 매우 아팠다. 문무왕은 스님 지의(智義)를 불러, 죽은 후 나라를 지키는 용이 되어 불법을 받들고 나라를 지킬 것을 유언하고 죽자 이에 따라 화장한 뒤 동해에 흩어 뿌렸다. 신문왕이 아버지 문무왕의 뜻을 받들어 절을 완공하고 감은사라 하였다. 그 때 금당(金堂) 아래에 용이 드나들 수 있도록 구멍을 파서 용이 된 문무왕이 파도를 타고 출입할 수 있도록 세심한 배려를 하였다. 682년 신문왕은 동해의 호국룡이 된 문무왕과 33천의 아들로 태어난 김유신으로부터 나라를 지킬 보물인 신비스러운 피리, 만파식적(萬波息笛)을 얻었다. 그 뒤 이 절은 황룡사, 사천왕사 등과 함께 호국의 사찰로서 그 명맥을 이어왔으나, 언제 없어졌는지는 밝혀지지 않고 있다. 절터에는 국보 제112호인 삼층석탑 2기가 있다(한국민족문화대백과사전 참조).

강구려(康仇麗)

어느 날 새벽 짙은 안개가 자욱하게 끼었는데 제상이 미해에게 말했다. 지금 빨리 떠나십시오. 미해는 함께 떠나자고 했으나 제상은 가지 않겠다고 말한다. 신이 만일 같이 떠난다면 왜인들이 알고 뒤를 좇을 것입니다. 원컨대 신은 여기에 남아 저들이 뒤쫓는 것을 막겠습니다. 미해가 다시 말한다. 지금 나는 그대를 어버이처럼 여기고 있는데 어찌 그대를 버려두고 혼자서만 돌아간단 말이오. 제상은 말한다. 신은 왕자님의 목숨을 구하는 것으로, 대왕의 마음을 위로해 드리면 그것으로 만족할 뿐입니다. 어찌 살기를 바라겠습니까. 그리고는 술을 부어 미해에게 올렸다. 이 때 계림 사람 강구려(康仇麗)가 왜국에 와 있었는데 그를 딸려 호송하게 했다.

(출전) 王甚喜之而無疑焉. 適曉霧濛晦, 堤上曰可行矣. 美海曰然則偕行. 堤上曰臣若行, 恐倭人覺而追之. 願臣留而止其追也. 美海曰今我與汝如父兄焉, 何得棄汝而獨歸 堤上曰 臣能救公之命, 而慰大王之情則足矣. 何願生乎, 取酒獻美海. 時雞林人康仇麗在倭國, 以其人從而送之(권1 기이1 내물왕 김제상)

(새김)

눌지(訥祗) 마립간이 용상에 올랐다. 그는 30년 동안 왜(倭)에 인질로 붙잡혀 있던 임금의 아우인 미사흔(未斯欣, 美海)을 구출하고자 김제상(金堤上)을 왜에 보냈다. 김제상은 처음 왜왕의 환심을 사서 안심시킨 뒤 그들이 마음을 놓은 틈을 보아서 미사흔을 도망치게 하고, 당시 신라 사람으로 일본에 와 있던 강구려로 하여금 미사흔의 귀국을 돕게 하였다. 강구려는 그를 수행하여 무사하게 바다를 건너왔다. 미사흔은 먼저 **강구려**로 하여금 자신의 귀국을 조정에 알리게 하였다. 이 때 눌지마립간은 백관들로 하여금 미사흔을 마중하게 하였다. 임금은 아우 보해(寶海)와 더불어 남쪽 교외까지 나아가 몸소 미사흔을 맞이하고 궁으로 돌아와 위로와 환영의 잔치를 베풀고, 죄수들에게 대사면령을 내려 풀어주었다.

강릉태수(江陵太守)

성덕왕(聖德王) 때 순정공(純貞公)이 강릉태수가 되어 임지로 가는 도중 바닷가에서 점심을 먹었다. 곁에는 바위가 병풍과 같이 바다에 닿아 있어 그 높이가 천 길이나 되었다. 그 위에 철쭉꽃이 활짝 피어 있었다. 공의 아내 수로(水路)가 꽃을 보더니 주위 사람들에게 말했다. 꽃을 꺾어다가 내게 줄 사람은 없는가. 그러나 사람들은, 저기는 사람이 올라 갈 수 없는 곳입니다 하고 아무도 나서지 못한다. 이 때였다. 암소를 끌고 길을 지나가던 늙은 사람이 부인의 말을 듣고는 그 꽃을 꺾어 노래를 지어 바쳤다. 하지만 그 노인이 어떤 사람인지 알 수가 없었다.

(출전) 聖德王代, 純貞公赴江陵太守(今溟州), 行次海汀晝饍. 傍有石嶂, 如屛臨海, 高千丈, 上有躑躅花盛開. 公之夫人水路見之. 謂左右曰折花獻者其誰, 從者曰非人跡所到, 皆辭不能. 傍有老翁牽牸牛而過者, 聞夫人言, 折其花, 亦作歌詞獻之. 其翁不知何許人也(권2 기이2 수로부인)

(새김)

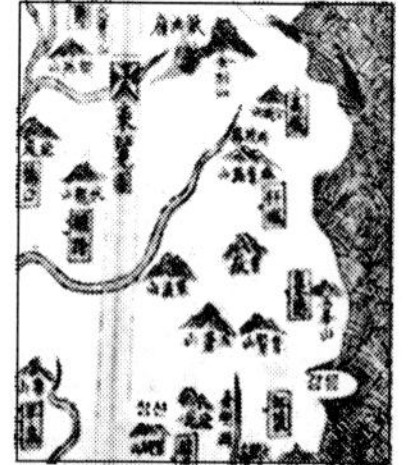

그림 4 강릉 고지도

신증동국여지승람(新增東國輿地勝覽)에 따르면, **강릉**은 본디 예국(濊國)이었다. 예(濊)의 고대 한자음이 세(시)이니까 시국이었을 것으로 보인다. 예국을 달리 철국(鐵國)이라 하였다. 고구려 시기에는 하서량(河西良), 선덕여왕 시기에는 소경(小京) 무열왕 시기에는 하슬라주(河瑟羅州), 경덕왕 시기에는 명주(溟州) 고려 충렬왕 시기에는 강릉부라고 하였으니 여기 강릉태수라 함은 강릉부사를 이를 수가 있다(문경현 참조). 말하자면 쇠가 강릉지방에서 생산 혹은 유통되었던 것으로 보인다. 지금도 양양군 손양면 오상리에 가면 철기 박물관이 있는데 선사시기의 철기 문화를 엿볼 수 있다. 이른 시기에 철기 문화가 정착되었던 곳으로 보인다.

강사(綱司)

이에 심원장(心源章)을 엮었다. 그 대략을 보매, 승전법사는 돌의 무리들을 거느리고 불경을 강론했다고 하니, 그곳은 지금의 갈항사(葛項寺, 김천)이다. 갈항사에 있던 돌 80여 개는 지금까지 강사가 전하고 있는데 자못 신령스럽고 이상한 것이 있다. 그 밖의 사적들은 모두 비문에 자세히 실려 있는데 대각국사실록 속에 있는 것과 같다.

(출전) 乃撰心源章其畧云勝詮法師領石徒衆, 論議講演, 今葛項寺也. 其髑髏八十餘枚, 至今爲綱司所傳, 頗有靈異 其他事迹具載碑文, 如大覺國師實綠中(권4 의해 승전촉루)

(새김)

강사(綱司)는 절의 운영이나 기강을 바로 잡아가는 구실을 맡은 사람을 말한다(지준모). 흔히 도력이 높은 스님이 맡는 경우가 많다. 말하자면 주지가 강사를 맡을 수도 있다. 신안의 해저 유물 발굴과정에서 배 밑에 쌓인 동전들을 인양했을 때 상당한 수의 소형 목패가 함께 올라왔다. 이 가운데에는 동전의 수량과 구입한 시기를 나타낸 것으로 생각되는 날짜, 소유주의 이름, 그 아래에 서명한 수결(手決)이 먹으로 쓰여 있었다(1982). 특히 그 가운데 강사라고 적은 목패가 가장 많았다. 이 이름은 중세 중국에서 선주와 선장을 겸한 인물에 대한 호칭으로 사용된 강수(綱首)라는 이름도 나왔다. 인명 외에 동복사(東福寺)라는 절 이름도 10여 개나 된다. 절간의 강사이니까 주지 아니면 절의 기강, 혹은 기록을 맡은 사람으로 상정할 수 있다.

강상왕(岡上王)

고구려 제16대 국원왕. 이름은 쇠(釗) 또는 사유(斯由) 혹은 강상왕이라고 한다. 신묘년(辛卯, 331)에 즉위, 통치는 40년간에 걸친다. 갑오년(甲午, 334)에 평양성을 증축하고 임인년(壬寅, 342) 8월에 안시성으로 도읍을 옮기니 이것이 환도성이다.

(출전) 第十六國原王名釗, 又斯由或云岡上(王)辛卯立, 理四十年(甲)(午)增築平壤城, 壬寅八月移都安市城, 卽(丸)都城(권1 왕력 국원왕)

(새김)

안시성(安市城) : 이 성은 고구려의 토성으로 안시성 전투가 일어난 장소이다. 중국 요녕성 하이청시 남동쪽 영성자(英城子) 혹은 철령(鐵嶺)에 자리해 있었다고 한다. 철령은 본디 안시현(安市縣)이었다(요사(遼史)). 안시성은 오늘의 철령으로 상정할 수 있다. **수**(隋, 581-619)는 중국 남북조 시대를 마감하고, 서진(西晉)이 망한 뒤, 중국을 약 3백년 만에 재통일한 나라이다. 그러나 제2대 황제인 양제 때 학정으로 말미암아 망하고, 그 뒤 당 나라가 중원을 다시 통일하였다. 안시성은 고구려 성곽 특유의 치(雉)가 있는 성이었다.

강수(强首)

신라왕은 문준이 말을 잘해서 황제도 그를 용서해 줄 뜻이 있다는 소식을 들었다. 이에 강수 선생에게 명하여 인문의 석방을 청하는 표문(表文, 탄원서)을 지어 사인 원우를 시켜 당 나라에 아뢰게 했더니 황제는 표문을 보고 눈물을 흘리면서 인문을 용서하고 위로해 돌려보냈다. 인문이 옥중에 있을 때 신라 사람들은 그를 위하여 절을 지어 인용사라 하고 관음도량을 열었는데 인문이 돌아오다가 바다에서 죽었기 때문에 미타도량으로 고쳤다.

(출전) 王聞文俊善奏, 帝有寬赦之意, 乃命强首先生作請放仁問表, 以舍人遠禹奏於唐. 帝見表流涕, 赦仁問慰送之. 仁問在獄時, 國人爲刱寺名仁容寺, 開設觀音道場. 及仁問來還, 死於海上, 改爲彌陁道場, 至今猶存(권2 기이2 문호(무)왕)

(새김)

강수의 아명은 우두(牛頭) 곧 쇠머리였다. 중원소경(中原小京, 현 충주)의 사량(沙梁) 출신이다. 6두품으로 보이는 내마(奈麻) 벼슬을 지낸 석체(昔諦)의 아들이었다. 그는 신라사회에서 6두품 이하의 신분으로 유학, 문장으로 한 세대를 휩쓴 지식인이었다. 새로운 유교적 사유를 주로 하는 인물로, 현존하는 기록상 최초의 본격적인 선비였다. 어머니가 그를 임신했을 때 꿈에서 머리에 뿔이 돋친 사람을 보았는데, 그가 태어나자 머리 뒤에 높은 뼈가 있었다. 상징적으로 보면 새로운 골품의 기상을 지니고 태어난 것이다. 어떤 예언가에게 가 물어보니 뛰어난 인물이 될 것이라고 말해 주었다(其母, 夢見人有角, 而妊身反及生, 頭後有高骨. 昔諦以兒就當時所謂賢者, 問曰, 此兒頭骨如此, 何也. 答曰, 吾聞之. 伏羲虎形, 女媧蛇身, 神農牛頭, 皇陶皐陶 馬口, 則聖賢同類, 而其相亦有不凡者. 又觀兒首有子, 於相法, 面無好, 頭無惡, 則此必奇物乎-삼국사기). 자라면서 스스로 글을 읽을 줄 알게 되었고 의리를 중히 여겼다. 아버지가 아들에게 물었다. 불도를 배우겠는가, 유도를 배우겠는가. 강수는 답하였다. 제가 듣기로는 불도는 세상을 등진 도라고 들었습니다. 저는 속세의 사람이온데 어찌 불도를 배우겠습니까. 유자의 도를 배우고자 합니다. 그가 정진한 것은 효경(孝經), 곡례(曲禮), 이아(爾雅), 문선(文選)으로, 주로 유교적인 실천도덕과 아울러 문자와 문학에 관한 것에 비중을 두었다. 이로 인해 그는 유학자로서보다 문장가로서 특히 외교문서를 쓴 것으로 더 널리 알려졌다. 삼국통일에 큰 공을 세웠다며 무열왕으로부터 사찬(沙飡)의 관등과 세조 200석을 받았다. 그가 죽자 왕은 후하게 장사를 지내주었고 많은 물품을 하사하였다. 그러자 집안사람들은 이를 모두 절에 보내주었다. 또한 그의 아내가 생활이 곤란해 향리로 돌아가려고 했을 때, 대신이 왕에게 청해 조 100석을 내리게 했으나 받지 않았다. 그 남편의 그 아내였다. 그는 청년시절에 자기보다 신분이 낮은 부곡(釜谷)의 대장장이의 딸과 정분이 났다. 그가 스무 살이 되자 부모가, 너는 지금 명성이 높아 모르는 사람이 없는데, 미천한 여자를 짝으로 삼으니 부끄러운 일이다. 새로 고을의 인물이 아름답고 행실이 좋은 여자에게 장가들어라. 그러나 답은 아니었다. 가난하고 천한 것은 부끄러운 바가 아니지만, 도를 배우고 행하지 않는 것이 진실로 부끄러운 일입니다. 신분이 낮은 아내를 택한 것은 새로운 윤리관의 제시이며, 신라의 전통적인 윤리에 대한 비판적 태도였다. 나아가 골품제에 바탕을 둔 신라의 신분제에 대한 비판적 성격이 짙다. 새로운 사유를 필요로 하는 신라의 선봉이 된 것이다(한국민족문화대백과사전 참조).

강주(康州)

대력 초년 강주(康州, 현 진주)의 청사 동쪽에서 땅이 점점 꺼져서 못이 되었는데(다른 책에는 대사(大寺) 동쪽의 조그만 못이라 했다), 세로가 13자, 가로가 7자였다. 문득 잉어 대여섯 마리가 나타나더니 계속해서 점점 커지고 여기에 따라 못도 커졌다. 혜공왕 2년(丁未, 766)에는 또 천구성이 동루 남쪽에 떨어졌는데 머리는 항아리만하고 꼬리는 3자 가량이나 되며, 빛은 활활 타오르는 불과 같고, 이 때문에 하늘과 땅도 또한 흔들렸다.

(출전) 大曆之初, 康州官署大堂之東, 地漸陷成池(一本大寺東小池), 從十三尺, 橫七尺, 忽有鯉魚五六, 相繼而漸大, 淵亦隨大. 至二年丁未, 又天狗墜於東樓南, 頭如瓮, 尾三尺許, 色如烈火, 天地亦振(권2 기이2 혜공왕)

(새김)

강주는 오늘날의 진주로 신라가 삼국통일 뒤에 정한 9주의 하나이다. 신문왕 5년(685) 거타주(居陀州, 일명 居烈州, 현 거창)를 고쳐 지금의 진주를 중심으로 해서 설치하였다. 그 뒤 경덕왕 16년(757) 12월, 9주의 이름을 고칠 때 강주(康州)로 했으나, 뒤에 청주(菁州)의 이름이 쓰였다. 경덕왕 때 개편 당시 11개 군, 27개 현을 아울렀으며, 주에 직속하는 현은 둘이었다. 치소(治所)는 지금의 진주다. 또한 군부대로서 소삼정(召參停)을 비롯하여 청주서(菁州誓), 만보당(萬步幢)을 두었다. 장관으로 도독(都督), 차관으로 주조(州助, 州輔), 그 밑에 장사(長史, 司馬)를 각각 1인씩 두었다(한국민족문화대백과사전 참조). 여기 강주는 강주(剛

州)의 잘못된 표기로 지금의 경북 영주(榮州)로 보인다(문경현).

강화도(江華島)

두 사람이 군사를 시켜 돌을 들게 하니 그 속에 작은 돌함이 있고, 함 속에는 유리통이 들어 있고, 통 속에는 사리가 단지 네 알뿐이었다. 이것을 서로 돌려보면서 경배했는데 통에 조금 상한 곳이 있었다. 이에 유공(庾公)이 마침 가지고 있던 수정함 하나를 시주하여 함께 간수해 두게 하고, 그 사실을 기록해 두었다. 이 때는 강화도로 서울을 옮긴 지 4년이 되던 을미년(乙未, 1235)이었다.

(출전) 二公令軍士固擧之. 內有小石函, 函襲之中, 貯以瑠璃筒, 筒中舍利只四粒, 傳示瞻敬. 筒有小傷裂處, 於是庾公適蓄一水精函子, 遂奉施兼藏焉, 識之以記, 移御江都四年乙未歲也(권3 탑상 전후소장사리)

(새김)

강화(江華)는 고려 태조 23년(940)부터 쓰이기 시작하였다. 그 전에는 해구(海口), 혈구(穴口) 등으로 불리었다가 이 때부터 강화현으로 확정하였다. 강화는 한강과 임진강, 예성강과 같이 여러 강을 끼고 있는 고장이라 하여 강하(江下)라고 부르기도 했다. 그 뒤 좀 더 좋은 이름으로 강화라고 불렀다. 천제를 올리는 마니산(摩尼山, 469m)의 참성단(塹星壇)이 있다.

개골산(皆骨山)

임금이 말하였다. 외롭고 위태롭기가 이와 같으니 형세는 보전될 수 없다. 이미 강해질 수도 없고 더 약해질 수도 없으니 죄 없는 백성들로 하여금 고생하게 하는 것은 내가 차마 할 수 없는 일이다. 이에 시랑 김봉휴(金封休)를 시켜서 국서를 가지고 태조에게 가서 항복하기를 청했다. 그러나 태자는 울면서 부왕을 떠나서 바로 개골산(皆骨山, 현 금강산)으로 들어가서 삼베옷을 입고 풀을 먹다가 생애를 마쳤다. 그의 막내아들은 머리를 깎고 화엄종에 들어가 중이 되어 법호를 범공(梵空)이라 했는데 그 뒤로 법수사와 해인사에 있었다고 한다.

(출전) 王曰孤危若此, 勢不能全, 旣不能强, 又不能弱. 至使無辜之民, 肝腦塗地, 吾所不忍也. 乃使侍郞金封休齎書, 請降於太祖. 太子哭泣辭王, 往皆骨山, (倚巖爲屋), 麻衣草食, 以終其身. 季子祝髮, 隷華嚴, 爲浮圖, 名梵空, 後住法水海印寺云(권2 기이2 김부대왕)

(새김)

개골산은 금강산의 겨울 이름이다. 금강은 온 산이 새싹과 꽃에 뒤덮일 때인 봄의 이름이며, 여름에는 녹음이 깔리므로 봉래산(蓬萊山), 가을에는 일만 이천 봉이 단풍으로 물들어 풍악산(楓嶽山), 겨울에는 낙엽이 져서 바위들이 앙상한 뼈처럼 드러나므로 개골산(皆骨山)이라고 한다. 하지만 이처럼 많은 이름을 가진 산이 금강산으로 널리 알려진 이유는 이곳이 불교의 영지(靈地)로 알려져 있기 때문이다. 금강(金剛)이라는 말은 산스크리트어의 바이로자나(वैरोचन, vairajana, 번개와 다이아몬드)와 통한다. 이곳에서 원효가 금강경을 풀이하였다 하여 붙여진 이름이라고 전한다.

개국사(開國寺)

그 뒤 굴산조사 범일(梵日)이 태화 연간(827-835)에 당 나라에 들어가 명주(明州) 개국사에 이르니 한 중이 왼쪽 귀가 없어진 채 여러 중들의 끝자리에 앉아 있다가 조사에게 말한다. 나도 또한 한 고향 사람이오. 내 집은 명주(溟州, 현 강릉)의 어름인 익령현(翼嶺縣) 덕기방(德耆坊)에 있습니다. 조사께서 다음날 본국에 돌아가시거든 모름지기 내 집을 지어주셔야 합니다. 드디어 조사는 총석(叢席, 절)을 두루 돌아다니다가 염관(鹽官)스님에게서 법을 얻고(이 일은 모두 본전에 자세히 있다) 회창 7년(丁卯, 847)에 본국으로 돌아오자 먼저 굴산사를 세우고 불교를 전했다.

(출전) 後有崛山祖師梵日, 太和年中入唐, 到明州開國寺, 有一沙彌截左耳, 在衆僧之末, 與師言曰吾亦鄉人也. 家在溟州界翼嶺縣德耆坊, 師他日若還本國, 須成吾舍, 既而遍遊叢席, 得法於鹽官(事具在本傳), 以會昌七年丁卯還國, 先創崛山寺而傳敎(권3 탑상 낙산이대성 관음 정취 조신)

(새김)

개국사는 당 나라 명주(明州)에 있던 절이다. 굴산조사 범일은 신라 때의 고승으로 신라 구산선문 중 사굴산파의 개창조이다. 15세에 집에서 출가하고 20세에 구족계를 받았다. 신라 흥덕왕 5년(831)에 왕자 김의종(金義宗)과 함께 당 나라로 구법 길에 올랐다. 여러 고승들을 만나던 중 제안(齊安) 대사를 만나 성불하는 법에 대하여 물었다. 제안이 답하기를, 도(道)란 닦는 것이 아니라 더럽히지 않는 것이다. 부처나 보살에 대한 사사로이 의견을 내지 않는 평상의 마음이 곧 도라고 하였다. 이 말에 범일은 크게 깨달았다. 그 뒤 제안의 문하에서 6년 동안 수행을 하다가 유엄을 찾아가서 선문답을 나누었다. 신라 문성왕 9년(847)에 돌아와서 851년까지 백달산에 머물면서 수도 정진했다. 명주(溟州, 현 강릉) 도독의 제청으로 굴산사로 옮겨 40여 년 동안 후진들을 가르쳤다. 염관(鹽官) 스님은 마조의 법을 이었고, 소주(蘇州)에서 살았다. 선사의 휘는 제안(齊安)이요, 성씨는 알 수 없다. 법공(法公)이라는 선사가 와서 선사에게 경전에 있는 온갖 진리를 두루 묻기에, 선사가 모두 대답해 준 뒤에 말했다. 총석(叢席)이란 스님들이 많이 모이는 곳을 말한다. **염관**제안(鹽官齊安)은 당 나라 때 남악(南岳)의 마조(馬祖) 대사의 제자였다. 해문군(海門郡) 태생으로 성은 이(李)씨. 해문군 운종(雲琮)의 문하에 출가, 지엄(智嚴) 대사에게 구족계를 받았다(송고승전).

개금(蓋金)

개금이 아뢰었다. 솥에는 세 발이 있고, 나라에는 세 가지 교가 있는 법입니다. 신이 보기에 이 나라 안에는 오직 유교와 불교만 있고 도교가 없으므로 나라가 위태로운 것입니다. 임금은 이를 옳게 여겨 당 나라에 알려 도교를 청하니 이에 태종이 서달(敍達) 등 도사 8명을 보내주었다(국사에는 무덕 8년(乙酉, 625)에 사신을 당 나라에 보내서 불교와 도교를 청했더니 당 나라 황제가 이를 허락했다고 올라 있다).

(출전) 金奏曰鼎有三足, 國有三教, 臣見國中, 唯有儒釋, 無道教, 故國危矣. 王然之. 奏唐請之. 太宗遣叙達等道士八人(國史云, 武德八年乙酉, 遣使入唐求佛,老, 唐帝許之. 據此則羊皿自甲戌年死, 而托生于此, 則才年十餘歲矣. 而云寵宰說王遣請, 其年月必有一誤, 今兩存)(권3 흥법 보장봉로 보덕이암)

(새김)

연개소문의 또 다른 이름이 **개금**(蓋金, 일명 盖金)이다. 일본서기(日本書紀)에는 이리가수미(伊梨柯須彌)로 올라 있다. 할아버지는 자유(子遊), 아버지는 태조(太祚)이며, 모두 총리격인 막리지(莫離支)의 벼슬을 했다고 천남생묘지(泉男生墓誌)에 올라 있다. 그의 본성은 중국측 기록에 천(泉) 또는 전(錢)이라 적혀 있다. 연(淵)이라는 그의 성씨가 당 나라 고조인 이연(李淵)과 같아 바뀐 것으로 보인다. 이러한 것을 피휘(避諱)라고 한다. 삼국사기에 그의 성이 천(泉)으로 나옴은 연개소문에 대한 기록이 모두 중국 자료에 힘입었기 때문이다.

개루왕(蓋婁王)

백제 제4대 개루왕은 기루왕의 아들로 무진년(戊辰, 128)에 즉위하여 38년 동안 나라를 다스렸다.

(출전) 第四代蓋婁王己婁子戊辰立, 理三十八年(권1 왕력 개로왕)

(새김)

개루왕은 기루왕의 맏아들이다. 그의 성품은 공손하였으며 행동이 반듯하였다. 기루왕이 재위 52년에 돌아가자 그가 곧 즉위하였다(蓋婁王己婁王之子, 性恭順有操行, 己婁在位五十二年薨卽位)(삼국사기 백제본기 제1).

개성(開城)

위서(魏書)에 이렇게 말했다. 지금으로부터 2천 년 전 단군왕검이 있었다. 그는 아사달(阿斯達, 경(經)에는 무엽산, 또는 백악이라고도 하는데 백주에 있었다. 혹은 또 개성 동쪽에 있다고도 한다. 이는 바로 현 백악궁이다)에 도읍을 정하고 새로 나라를 세워 국호를 조선이라고 불렀으니 이것은 고(高, 요 임금)와 같은 시기였다.

(출전) 魏書云, 乃往二千載有壇君王儉, 立都阿斯達(經云無葉山, 亦云白岳, 在白州地, 或云在開城東, 今白岳宮是), 開國號朝鮮, 與高同時(권1 기이1 고조선)

(새김)

위서(魏書)는 중국 남북조 시기 북제(北齊)의 위수(魏收)가 엮은 역사서이다. 본기와 열전으로 이루어지는 기전체(紀傳體)로 엮은 위나라의 역사인데 중국 25사의 하나이다. **아사달(阿斯達)**을 녹산(鹿山)이라 하여 중국 길림의 송화강 유역의 용담산(龍潭山)-동단산(東團山) 일원으로 보는 견해도 있다(李健才). 한편, 아사달은 ᄋᆞ스대라고 읽어야 하며 이는 중국의 하얼빈의 완달산(完達山)으로 본다(신채호).

개소문(蓋蘇文)

그 뒤에 보장왕이 즉위하던 정관 16년(壬寅, 642) 또한 유(儒), 불(佛), 도(道)의 세 교를 모두 일으키려 했다. 이 때 왕의 신임을 받던 재상 개소문이 왕에게 아뢰었다. 지금 유교와 불교는 다 같이 성하게 일어나지만 도교는 그렇지 못하오니 특별히 당 나라에 사신을 보내서 도교를 구하도록 하십시오. 이 때 보덕화상(普德和尙)이 반룡사에 머물고 있었다. 도교가 불교와 맞서서 나라의 운수가 위태로워질 것을 우려해 여러 번 직접 충언했지만 왕은 듣지 않으므로 이에 신력으로 지팡이를 날려 남쪽에 있는 완산주(完山州, 현 전주) 고대산으로 옮겨 가서 살았으니 곧 영휘 원년(庚戌, 650) 6월이었다(또 본전에는, 건봉 2년(丁卯, 667) 3월 3일의 일이라 했다).

(출전) 寶藏王卽位(貞觀十六年壬寅也), 亦欲併興三敎, 時寵相蓋蘇文, 說王以儒,釋並熾而黃冠未盛, 特使於唐求道敎. 時普德和尙住盤龍寺, 憫左道匹正, 國祚危矣. 屢諫不聽, 乃以神力飛方丈, 南移于完山州(今全州也), 孤大山而居焉, 卽永徽元年庚戌六月也(又本傳云, 乾封二年丁卯三月三日也)(권3 흥법 보장봉로 보덕이암)

(새김)

연개소문은 개금(蓋金 또는 盖金)이라고도 한다. 일본서기(日本書紀)에는 이리가수미(伊梨柯須彌)라고 올라 있다. 할아버지는 자유(子遊), 아버지는 태조(太祚) 모두 막리지(莫離支)라는 막강한 벼슬에 올랐다고 천남생묘지(泉男生墓誌)에 적혀 있다. 중국측 기록으로는 그의 성이 천(泉) 또는 전(錢)이라 되어 있다. 이는 연(淵)이라는 글자가 당 나라 고조(高祖)의 이름인 이연(李淵)과 같아 바뀐 것으로 보인다. 이른바 황제의 이름을 피한 것이다. 삼국사기에 그의 성이 천(泉)으로 나오는 것은 연개소문에 관한 기사가 중국기록을 따랐기 때문이다. 그의 시조는 샘(井) 또는 물(水)에서 태어났다고 한다. 연(淵)이라는 성도 거기에서 유래된 것 같다. 샘이나 내 또는 호수의 물신을 두려워하고 공경해, 이를 자신들의 시조와 연결시키는 것은 고대 동북아시아 여러 민족의 설화와 신화에서 흔히 볼 수 있다(한국민족문화대백과사전 참조). 개소문은 막강한 정치권력을 휘두르면서 온갖 만행을 자행하였다. 그는 항상 몸에 칼을 다섯 자루나 차고 다녔다. 좌우에 있는 사람들이 아무도 그를 감히 쳐다보지 못하였다. 말에 오르내릴 때면, 항상 귀인과 무장을 땅에 엎드리게 하여 발판으로 삼았으며, 외출할 때는 반드시 좌우에 줄을 세우고 지나다녔다. 긴 줄을 서있는 사람 앞에서 인도하는 사람이 길게 외치면 사람들은 모두 다투어 도망갈 때, 구덩이나 골짜기를 가리지 않았다. 백성들이 이를 몹시 고통스럽게 여겼다(於是, 號令遠近, 專制國事, 甚有威嚴. 身佩五刀, 左右莫敢仰視. 每上下馬, 常令貴人. 武將伏地, 而履之. 出行, 必布隊伍, 前導者長呼, 則人皆奔迸, 不避坑谷, 國人甚苦之)(삼국사기 열전 권44 개소문).

개운포(開雲浦)

신라 제49대 헌강대왕 때에는 서울로부터 지방에 이르기까지 집과 담이 잇달아 초가는 하나도 없었다. 음악과 노래가 길에 끊이지 않았고, 바람과 비는 사철 순조로웠다. 어느 날 대왕이 개운포(開雲浦, 현 울주)에서 돌아보다가 이제 돌아가려고 낮에 물가에서 쉬고 있었다. 문득 구름과 안개가 자욱해서 길을 잃었다. 왕이 이상하게 여겨 좌우 신하들에게 물었다. 일관(日官, 천문관)이 아뢴다. 이것은 동해용의 짓이니 마땅히 좋은 일을 해서 풀어야 할 것입니다. 이에 왕은 일을 맡은 관원에게 명하여 용을 위하여 근처에 절을 짓게 했다. 왕의 명령이 내리자 구름과 안개가 걷혔으므로 그곳을 개운포라 했다.

(출전) 第四十九憲康大王之代, 自京師至於海內, 比屋連墻無一草屋, 笙歌不絶道路, 風雨調於四時. 於是大王遊開雲浦(在鶴城西南今蔚州), 王將還駕, 晝歇於汀邊, 忽雲霧冥曀, 迷失道路. 怪問左右, 日官奏云此東海龍所變也. 宜行勝事以解之, 於是, 勅有司爲龍刱佛寺近境, 施令已出, 雲開霧散. 因名開雲浦(권2 기이2 처용랑 망해사)

(새김)

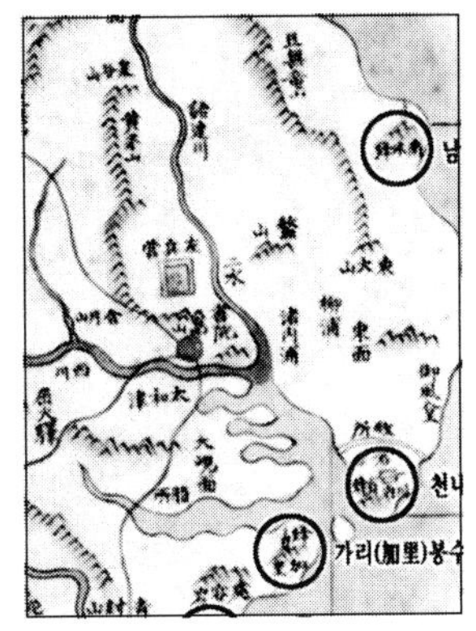

그림 5 울산 고지도

여기 구름과 안개는 혼란한 사회의 정황을 상징적으로 드러낸 것으로 보인다. 도처에 호족들이 판을 치니 중앙정부에 내야 할 세금도 내지 않았다. 반란이 일어나도 왕족들마저 사병을 내놓지 않으니 정국은 암울하기 그지없었다. 울산지방 호족의 원한을 잠재우기 위하여 헌강왕이 친히 군사를 이끌고 가서 회유하고 그 반란 세력을 진압하는 속내를 상징적으로 처용(處容)을 내세운 설화로 보인다. 마침내 진성여왕에 이르면 상주에서 일어난 원종과 애노 같은 소규모의 반역도 정부군으로 막지 못하였다. 벌떼 같이 일어나는 양길(梁吉, 원주)과 견훤(甄萱, 문경), 서라벌 서남쪽 지역에서 농민반란으로 대표되는 적고적(赤袴賊) 같은 무리들에 의하여 진성여왕은 스스로 임금의 자리도 내어놓고 양위 한지 6개월을 지나서 병을 얻어 죽고 말았다. 배경설화를 보면, 당시에는 천연두 같은 전염병이 기승을 부렸다.

개원석교록(開元釋敎錄)

개원. 정원 연간에 나온 두 석교록 속에는 정장(正藏)으로 편입되어 있으니, 비록 성종은 아니지만 그 상교의 대승으로는 자못 넉넉한 셈이다. 어찌 탑참이나 박참의 두 참(懺)과 함께 말할 수 있으랴.

(출전) 開元・貞元二釋敎錄中, 編入正藏, 雖外乎性宗, 其相敎大乘殆亦優矣. 豈與搭・撲二懺, 同一而語哉(권4 의해 진표전간)

(새김)

정장(正藏)이란 경율론(經律論)의 3장을 통틀어 이르는 말이다. 속장과 짝을 이루는 용어로 쓰인다. 정장이 인도에서 엮은 경, 율, 론 삼장의 한역본 대장경이라면, 속장은 우리나라를 비롯하여 중국, 일본, 거란 등 여러 나라의 학승들이 엮은 장경을 일컫는 말이다. 속장은 각 나라의 지역적 특성과 문화적 다양성, 사상적인 독자성에 따라 불교가 들어가 저마다 독특하게 정착한 것이어서 불교문화의 성숙과 변용의 측면에서 정장 못지않은 중요성을 가지고 있다. 그러나 정장이 부처님의 설법을 주로 하여 성립된 것이기에 불상이나 불사리처럼 신앙의 대상, 즉 법보로서 받들어 섬기는 한편, 속장은 다소 가볍게 다루어 시간이 지나면서 없어져 버리기가 일쑤였다. **참(懺)**은 죄를 참회함을 이른다.

개자추(介子推)

동궁에서 말고삐를 나란히 하고 놀던 친구들은 피눈물을 흘리면서 서로 돌아보았다. 정원에서 소매를 마주하던 친구들은 창자가 끊어지는 듯한 이별을 안타까이 이차돈의 관을 쳐다보고 우는 소리는 마치 부모를 잃은 것과 같았다. 그들은 모두 말했다. 개자추(介子推)가 다리의 살을 벤 일도 이차돈의 높은 절개에 비할 수 없으며, 홍연(弘演)이 배를 가른 일도 어찌 그의 장렬함에 비할 수 있으랴. 이것은 곧 대왕의 신심을 붙들어서 아도(阿道)의 불교 전파를 성취시킨 것이니 참으로 성자로다.

(출전) 春宮連鑣之侶, 泣血相顧, 月庭交袖之朋, 斷腸惜別, 望柩聞聲, 如喪考妣. 咸謂子推割股, 未足比其苦節, 弘演刳腹, 詎能方其壯烈. 此乃扶丹墀之信力, 成阿道之本心, 聖者也(권3 흥법 원종흥법 염촉멸신)

(새김)

진(晉)의 문공(文公)이 공자 시대에 망명하여 제(諸) 나라에서 고행을 할 때였다. 공자(公子)가 굶주리고 먹을 것이 없게 되자 개자추가 자신의 다리 살을 베어 주군을 먹여 살렸다. 다시금 복권이 되자 문공이 소외시키자 금산(錦山)에 들어가 숨어 살았다. 문공이 자신의 잘못을 뉘우치고 산에서 나오라고 하였으나 안 나오자 불을 놓아 마침내 타죽고 말았다. 그날이 한식날인데 충신 **개자추**를 흠모하여 찬밥을 먹게 되었다. **홍연(弘演)**은 위나라 의공(懿公)의 신하였다. 적군은 의공을 죽여 살은 다 먹고 간만 남겨 놓았다. 홍연이 사신으로 다른 나라에서 돌아와 보니 말이 아니었다. 죽은 의공의 간 앞에서 절을 하고 예를 갖추고 나서 자신의 배를 갈라 의공의 간을 넣고 죽었다(여씨춘추). **이차돈**의 이차(異次)-는 우리말 잋다(苦, 困, 疲, 厭)인데 여기에 한자의 뜻으로 쓴 -돈(頓)은 '그치다, 버리다'이니 합하면, 임금의 걱정을 멈추게 한 사람으로 볼 수도 있다.

개황력(開皇曆) ☞ 거등왕

거등왕(居登王)

가락국 제2대 거등왕의 아버지는 수로왕(首露王), 어머니는 허황후(許皇后)이다. 건안 4년(己卯, 199) 3월 13일에 즉위, 통치는 39년으로 가평 5년(癸酉, 253) 9월 17일에 돌아갔다. 왕비는 천부경 신보의 딸 모정(慕貞)이며 태자 마품(麻品)을 낳았다. 개황력에 성은 김씨니 대개 시조가 황금 알에서 난 까닭에 김으로 성을 삼았다.

(출전) 父首露王, 母許王后. 立安四年己卯三月十三日卽位, 治三十九年, 嘉平五年癸酉九月十七日崩, 王妃泉府卿申輔女慕貞, 生太子麻品. 開皇曆云姓金氏, 盖國世祖從金卵而生, 故以金爲姓爾(권2 기이2 가락국기)

거란(契丹)

또 해동의 명현 안홍(安弘)이 지은 동도성립기(東都成立記)에는 이런 말이 있다. 신라 제27대에는 여자가 왕이 되니 비록 올바른 도리는 있어도 위엄이 없어서 구한(九韓)이 침범하는 것이다. 만일 대궐 남쪽 황룡사에 9층탑을 세우면 이웃 나라가 침범하는 재앙을 진압할 수 있을 것이다. 제1층은 일본, 제2층은 중화, 제3층은 오월, 제4층은 탁라, 제5층은 응유, 제6층은 말갈, 제7층은 거란, 제8층은 여진, 제9층은 예맥을 제압한다.

(출전) 又海東名賢安弘撰東都成立記云, 新羅第二十七代, 女王爲主, 雖有道無威, 九韓侵勞, 若龍宮南皇龍寺建九層塔, 則隣國之災可鎭, 第一層日本, 第二層中華, 第三層吳越, 第四層托羅, 第五層鷹遊, 第六層靺鞨, 第七層丹國, 第八層女狄, 第九層穢貊(권3 탑상 황룡사구층탑)

(새김)

거란(契丹)은 몽고족과 퉁구스족의 혼혈족이라는 설도 있다. 현재로서는 몽고계의 한 종족으로 추측된다. 거란이라는 말은 모용연(慕容燕)에 의해 흩어진 선비족(鮮卑族)이 우문(宇文), 해(奚), 거란으로 나뉘어 송막(松漠) 지방으로 피한 4세기 전반부터 비로소 역사서에 나타난다. 이들은 주변 집단에 대한 약탈과 방어의 필요가 있을 때만 서로 잠정적으로 뭉쳤으며, 내부적으로는 끊임없이 충돌했기 때문에 중앙집권적인 군주를 정점으로 하는 정치질서를 이루지 못했다. 그러나 스스로를 남과 구별하여 키탄(Qitan)이라고 했다. 거란은 일찍이 중국과는 다른 문자를 갖고자 했던 흔적이 보인다. 선비족의 한 갈래였던 우문(宇文)이 반절식으로 읽으면 우글-위글이 된다. 말하자면 위구르(uighur) 문자를 쓰던 문화적인 흔적이라고 할 수 있다. 거란(契丹)의 반절식 풀이로도 그런 가능성이 있다. 거란의 걸(거란)-글(그란)이 그런 경우다. 계(契)를 반절 한자로 풀면 기흘절(欺訖切, 集韻)이니 기흘-글이 된다. 말하자면 한글의 글과 같은 것이다. 거란에게는 대문자와 소문자를 갖고 있었다. 대문자는 한자의 표의적인 성격이 강하고 소문자는 표음적인 성격이 강하다. 이 둘을 합하면 훈민정음과 비슷한 성격의 글자가 이루어질 수 있다. 훈민정음 창제에 깊이 관여했던 신숙주 선생은 몽고어에 많은 조예를 갖고 있었다. 몽고에서 쓰이던 문자의 뿌리가 산스크리트어이고 이를 몽고말에 맞게 현실화하여 파스파(八思巴, 1235-1280)가 원의 세조 쿠빌라이 왕명에 따라 만든 글자가 바로 파스파 글자였다. 최근 들어 훈민정음과 산스크리트어의 음운체계와 비교분석한 연구를 보면 산스크리트어와의 관련성을 가늠할 수 있다(김봉태, 훈민정음의 음운체계와 글자 모양, 2002).

거발성(居拔城)

북사(北史)에 이렇게 말했다. 백제는 동쪽으로는 신라에 접하고 서남쪽은 큰 바다에 접하며, 북쪽은 한강을 경계로 했다. 그 도읍은 거발성(居拔城, 부여) 또는 고마성(固麻城, 공주)이라고 하며, 이 밖에 다시 오방성이 있다.

(출전) 北史云百濟東極新羅, 西南限大海, 北際漢江, 其郡曰居拔城, 又云固麻城, 其外更有五

方城(권2 기이2 남부여 전백제 북부여)

거서간(居西干)

삼국사(三國史)를 돌이켜 보면, 신라에서는 왕을 거서간이라고 불렀다. 이는 진한(辰韓)의 말로 왕이란 말이다. 어떤 사람은 말하기를, 이는 귀인(貴人)을 부르는 칭호라고 하며, 차차웅(次次雄) 혹은 자충(慈充)이라고도 한다고 했다. 김대문(金大問)은 말하기를, 차차웅이란 무당을 이르는 방언이다. 세상 사람들은 무당이 귀신을 섬기고 제사를 숭상하기 때문에 그들을 두려워하고 공경한다. 마침내 존장이 되는 이를 자충이라 했다. 어떤 사람은 말하기를, 니사금(尼師今)이라고도 하는데 이것은 잇금[齒理]을 이르는 말이라고 했다.

(출전) 按三國史云新羅稱王曰居西干, 辰言王也. 或云, 呼貴人之稱. 或曰次次雄, 或作慈充. 金大問云, 次次雄方言謂巫也. 世人以巫事鬼神尙祭祀, 故畏敬之. 遂稱尊長者爲慈充, 或云尼師今, 言謂齒理也(권1 기이1 남해왕).

(새김)

거서간(居西干)은 일명 거수(渠帥)라고도 한다. 삼한의 임금 이름인데 이는 산스크리트어 거수(kəsu)와 대응된다. 거서간의 어원은 거서(kəsə)와 가간(kagan)의 합성어로 추정된다(kesimanju)(강길운, 어원사전 참조). 방언(강원, 전라 등)으로 거시는 지렁이를 이른다. 지렁이가 지룡(地龍)에서 온 말이라면, 알맹이는 용(龍)이 된다. 임금은 용 곧 신령한 지도자이다. 조선상고사(신채호, 1948)에서는 **진한**(辰韓)을 신한이라 읽으며 그 도읍을 ᄋᆞ스라(하얼빈)로 상정하고 있다. 신한은 불한과 말한을 속국으로 하였다.

거슬감(居瑟邯)

해설자에 따라서 이는 서술신모의 탄생을 말한다. 그래서 중국 사람들이 선도성모를 기린다. 나라를 세운 성현을 낳았다 함은 이를 말하는 것이다. 또 계룡(雞龍)이 상서를 나타내어 알영(閼英)을 낳았다는 이야기도 어찌 서술성모(西述聖母)의 현신을 말한 것이 아니겠는가. 부름말을 거슬감(居瑟邯)이라고 했다(혹은 거서간(居西干)이라고도 하니 그가 처음 입을 열 때에 스스로 말하기를, 알영거서간이 한번 일어났다고 한 그 말로 인해서 일컬은 것이다. 이 뒤부터 모든 왕의 존칭이 거서간으로 되었다).

(출전) 說者云, 是西述聖母之所誕也. 故中華人讚仙桃聖母, 有娠賢肇邦之語, 是也. 乃至雞龍現瑞産閼英, 又焉知非西述聖母之所現耶, 位號曰居瑟邯(或作居西干, 初開口之時, 自稱云閼智居西干一起, 因其言稱之. 自後爲王者之尊稱)(권1 기이1 신라시조 혁거세왕)

(새김)

거슬감(居瑟邯) : 거서간이라고도 한다. 어원으로 여러 가지 풀이가 있다. 궃한으로 시조왕(양주동), 거슬-거서-귀인의 존칭(이병도), 밝은 군장(아유가이)과 같은 이설들이 보인다.

거열랑(居烈郎)

제5거열랑(居烈郎), 제6실처랑(實處郎, 혹 突處郎), 제7보동랑(寶同郎) 등 세 화랑의 무리가 풍악(楓岳, 금강산)에 놀러 가려고 하는데 혜성(彗星)이 심대성(心大星)을 침범하였다. 낭도들은 이를 의아스럽게 생각하고 그 여행을 그만두려고 했다. 이 때에 융천사(融天師)가 노래를 지어 부르자 혜성의 괴변은 즉시 사라지고 일본 군사가 제 나라로 돌아가니 도리어 경사가 되었다. 왕이 기뻐하여 낭도들을 보내어 풍악에서 놀게 했으니, 노래는 이렇다. 옛날 동해 가에 건달바(乾達婆)가 놀던 성을 버리고, 왜군이 왔다고 봉화를 든 변경이 있구나. 세 화랑의 산 구경 오심을 듣고 달도 부지런히 등불을 켜는데, 길 쓸 별을 바라보고 혜성이여 하고 말한 사람 있구나. 아아, 달은 저 아래로 떠갔거니, 보아라, 무슨 혜성이 있으랴.

(출전) 第五居烈郎, 第六實處郎(一作突處郎)第七寶同郎等三花之徒, 欲遊楓岳, 有彗星犯心大星, 郎徒疑之. 欲罷其行. 時, 天師作歌歌之. 星怪卽滅, 日本兵還國, 反成福慶. 大王歡喜, 遣郎遊岳焉. 歌曰舊理東尸汀叱, 乾達婆矣遊烏隱城叱肹良望良古, 倭理叱軍置來叱多烽燒邪隱邊也. 藪耶, 三花矣岳音見賜烏尸聞古, 月置八切爾數於將來尸波衣, 道尸掃尸星利望良古, 彗星也. 白反也. 人是有叱多, 後句, 達阿羅浮去伊叱等邪, 此也.友物比所音叱彗叱只有叱故(권5 피은 융천사 혜성가)

거질미왕(居叱彌王)

가락 제4대 거질미왕은 달리 금물(今勿)이라고도 한다. 성은 김씨, 영평 원년(291)에 즉위하여 통치 56년 동안 나라를 다스렸으며 영화 2년(丙午, 346) 7월 7일에 죽었다. 왕비는 아궁아간(阿躬阿干)의 손녀 아지(阿志)로 왕자 이시품(伊尸品)을 낳았다.

(출전) 一云今勿, 金氏. 永平元年卽位, 治五十六年, 永和二年丙午七月八日崩. 王妃阿躬阿干孫女阿志, 生王子伊品(권2 기이2 가락국기)

(새김)

금물(今勿)은 한자의 소리로 우리말을 적은 것으로 보인다. 금물-그무-거미-가미-거북으로 보이는바, 오늘날에도 구포(龜浦)를 이른다. 구포를 달리 감동포(甘同浦)라고 한다(대동지지). 오늘날의 물금(勿禁)도 금물이 왕명(王名)이니 글자의 자리를 바꾸어 쓴 것으로 볼 수 있다.

거타지(居陁知)

이 때 군사 중에 거타지의 이름이 물에 잠겼으므로 그 사람을 남겨 두니 문득 순풍이 불어서 배는 거침없이 잘 나아갔다. 거타지가 조심스럽게 섬 위에 서 있는데 문득 노인 하나가 못 속에서 나오더니 말한다. 나는 서해약(西海若, 해신)이오. 해가 뜰 때면 한 스님이 하늘로부터 내려와 다라니 주문을 외면서 이 못을 세 번 돌면 우리 부부와 자손들이 물 위에 뜨게 되오. 그러면 스님은 내 아이들의 간을 빼어 먹곤 하오. 그래서 이제는 오직 우리 부부와 딸 하나만이 남아 있을 뿐인데 내일 아침에 그 스님이 또 반드시 올 것이니, 그대가 활로 쏘아 주시오. 거타지는 말했다. 활 쏘는 일이라면 내가 잘 하는 장기이니 말씀대로 하겠습니다. 노인은 고맙다는 인사를 하고 물속으로 들어가고 거타지는 숨어서 기다렸다.

(출전) 衆人曰宜以木簡五十片, 書我輩名, 沈水而鬮之. 公從之. 軍士有居陁知者, 名沈水中, 乃留其人, 便風忽起, 舡進無滯. 居陁愁立島嶼, 忽有老人, 從池而出, 謂曰我是西海若, 每一沙彌, 日出之時, 從天而降, 誦陁羅尼, 三繞此池, 我之夫婦, 子孫皆浮水上, 沙彌取吾子孫肝腸, 食之盡矣. 唯存吾夫婦與一女爾. 來朝又必來, 請君射之, 居陁曰, 弓矢之事, 吾所長也. 聞命矣. 老人謝之而沒. 居陁隱伏而待(권2 기이2 진성여대왕 거타지)

(새김)

서해약(西海若) : 서해의 해신을 말한다. 장자(莊子) 추수(秋水)편에 보면, 망양향약이탄(望洋向若而嘆)이라 하였다. 이 글의 주에 풀이하기를, 약(若)은 해신(海神)이라고 하였다. 거타지가 서해약의 딸을 꽃으로 변화시켰다가 다시 환생시켜 결혼하여 살았다는 설화는 왕건의 할아버지 작제건(作帝建)의 설화와 비슷하다. 고려사(高麗史)를 보면, 작제건이 배를 타고 가다가 서해용왕이 치성광여래(熾盛光如來)로 둔갑, 내려온 늙은 호랑이를 활로 쏘아 죽여 용왕의 딸-용녀〔元昌王后〕를 얻는 설화와 짜임새가 비슷하다.

건달바(乾達婆)

이 때에 융천사(融天師)가 노래를 지어 부르자 별의 괴변은 즉시 사라지고 일본군이 제 나라로 돌아가니 도리어 경사가 되었다. 임금이 기뻐하여 낭도들을 보내어 풍악에서 놀게 했으니, 노래는 이렇다. 옛날 동해 가에 건달바(乾達婆)가 놀던 성을 버리고, 왜군(倭軍)이 왔다고 봉화를 든 변경이 있어라. 세 화랑은 산 구경 오심을 듣고 달도 부지런히 등불을 켜는데, 길 쓸 별을 바라보고 혜성(彗星)이여 하고 말한 사람 있구나. 아아, 달은 저 아래로 떠갔거니, 보아라, 무슨 혜성이 있으랴.

(출전) 時, 天師作歌歌之. 星怪卽滅, 日本兵還國, 反成福慶. 大王歡喜, 遣郎遊岳焉. 歌曰舊理東尸汀叱, 乾達婆矣遊烏隱城叱肹良望良古, 倭理叱軍置來叱多烽燒邪隱邊也. 藪耶, 三花矣岳音見賜烏尸聞古,月置八切爾數於將來尸波衣, 道尸掃尸星利望良古, 彗星也. 白反也.人是有叱多, 後句, 達阿羅浮去伊叱等邪, 此也友物比所音叱彗叱只有叱故(권5 감통 융천사 혜성가)

(새김)

건달바(乾達婆) : 팔부신중의 하나로서 부처를 모시면서 음악을 맡고 있는 악신이다. 음식을 먹지 않고 향기로만 흠향하는 특이한 신으로 세속에서 아무것도 일하지 않으면서 빈둥거리는 사람을 건달이라 함도 여기서 유래한 것이다. 산스크리트어로 이르자면 간다르바(गन्धर्व, gandharva)인데 건달박(乾達縛), 건달바(健闥婆), 언달바(彦達婆), 건답바(乾沓婆), 건답화(乾沓和)라고도 하였다. 식향(食香), 심향행(尋香行), 향음(香陰), 향신(香神), 심향주(尋香主)

로 번역하기도 한다.

걸병표(乞兵表)

원광법사가 처음 중국에서 돌아왔을 때 신라에서는 임금과 신하들이 그를 존경하여 스승으로 삼으니 법사는 항상 대승경전(大乘經典)을 강의했다. 이 때 고구려와 백제가 항상 변방을 침범하니 왕은 몹시 이를 걱정하여 수나라(마땅히 당 나라라고 해야 한다)에 군사를 청하고자 법사를 청하여 걸병표(乞兵表, 군사 원조의 글)를 짓게 했다. 황제가 그 글을 보더니 30만 군사를 내어 친히 고구려를 쳤다. 이로부터 법사가 유술(儒術, 유교의 술법)까지도 두루 통달한 것을 세상 사람은 알았다. 나이 84세에 세상을 떠나니 명활성(明活城) 서쪽에 장사지냈다.

(출전) 法師始自中國來, 本朝君臣敬重爲師, 常講大乘經典. 此時, 高麗, 百濟常侵邊鄙, 王甚患之. 欲請兵於隋(宜作唐), 請法師作乞兵表. 皇帝見以三十萬兵親征高麗, 自此知法師旁通儒術也. 享年八十四入寂, 葬明活城西(권4 의해 원광서학)

걸승(乞升)

몽고 군사가 매우 급하게 공격하여 성이 장차 함락되려 하므로 주지 아행(阿行, 옛 이름은 희현)이 은으로 만든 합에 두 구슬을 넣어 가지고 도망하려 하자 이것을 절에 있는 종 걸승(乞升)이 빼앗아 땅속에 깊이 묻고 다짐했다. 내가 만일 전쟁에 죽음을 면하지 못한다면, 두 구슬은 끝내 인간 세상에 나타나지 못해서 아는 사람이 없을 것이요, 내가 만일 죽지 않는다면, 마땅히 이 두 보물을 받들어 나라에 바칠 것이다.

(출전) 大兵來攻甚急, 城將陷時, 住持禪師阿行(古名希玄)以銀合盛二珠, 佩持將逃逸, 寺奴名乞升奪取, 深埋於地, 誓曰我若不免死於兵, 則二寶珠終不現於人間, 人無知者. 我若不死, 當奉二寶獻於邦家矣(권3 탑상 낙산이대성 관음 정취 조신)

걸해왕(乞解王)

신라 제16대 걸해니질금의 성은 석씨이며 아버지는 우노음 각간이니 즉 내해왕의 둘째 아들이었다. 경오년(庚午, 310)에 즉위하여 46년 동안 나라를 다스렸다. 이 임금 때 백제가 처음으로 쳐들어왔다.

(출전) 第十六代乞解尼叱今 昔氏. 父于老音角干, 卽奈海王第二子也. 庚午立, 治(四)十六年. 是王代, 百濟兵始來侵(권1 왕력 걸해니질금)

게(偈)

꿈에 네 구의 게(偈)를 받았으나 범어로 되어 있어서 풀지 못하기 때문입니다. 스님은 그 글을 풀이하여 말했다. 가라파좌낭(呵囉婆佐曩)이란 일체의 법을 깨달았다는 말이요, 달예치구야(達嚟哆佉啰)란 본래의 성품은 가진 바 없다는 말이요, 낭가희가낭(曩伽

唎伽曩)이란 이와 같이 법성을 풀이한다는 말이요, 달예노사나(達㘑盧舍那)란 노사나불을 곧 본다는 말입니다. 말을 마치자 자기가 가졌던 가사 등 물건을 법사에게 주면서 부탁했다.

(출전) 師答以夢所受四句偈, 梵音不解爲辭, 僧譯之云呵囉婆佐曩, 是曰了知一切法, 達㘑哆佉啰, 云自性無所有, 曩伽唎伽曩, 云如是解法性, 達㘑盧舍那, 云卽見盧舍那, 仍以所將袈裟等, 付而囑云此是本師釋迦尊之道具也(권3 탑상 대산오만진신)

(새김)

게(偈) : 산스크리트어로 가타(गाथा, gathaa)라고 한다. 이는 어근 가이(√gai, to sing)의 명사로 구마라즙은 게(偈)로, 현장은 가타(伽陀)로 옮겼다. 9부교(部敎)의 하나이며 12부경(部經)의 하나다. 가타(伽他), 게타(偈陀) 혹은 게(偈)라고만 쓰기도 한다. 풍송(諷誦-諷頌), 게송(偈頌), 조송(造頌), 고기송(孤起頌), 송(頌)이라 뒤치기도 한다. 가요, 성가 등 불교의 노래란 뜻이다. 오늘날에는 산문체로 된 경전의 1절 또는 마무리에 아름다운 귀글로써 묘한 뜻을 읊어 놓은 운문인데 이것을 고기송, 부중송게(不重頌偈)라고 함은 본문의 내용을 거듭 말한 중송(重頌)에 대하여, 본문과 관계없이 노래한 운문이란 뜻이다. 영어의 기타(guitar)도 여기서 파생된 악기 이름이다(강상원).

견랑수(見郞樹)

지금까지도 나라 사람들이 신선을 가리켜 미륵선화라 한다. 중매하는 사람들을 미시〔未尸〕라고 하는 것은 모두 진자의 영향이다. 길가의 나무를 지금까지도 견량(見郞)[樹]이라 하고 또 우리말로 사여수(似如樹, 혹은 인여수(印如樹))라고 한다.

(출전) 今國人稱神仙曰彌勒仙花, 凡有媒係於人者曰未尸, 皆慈氏之遺風也. 路傍樹至今名見郞, 又俚言似如樹(一作印如樹), 讚曰, 尋芳一步一瞻風, 到處栽培一樣功. 驀地春歸無覓處, 誰知頃刻上林紅(권3 탑상 미륵선화 미시랑 진자사)

(새김)

미르〔未尸〕와 **미륵(彌勒)**은 미(未)와 미(彌)의 소리가 같고 시(尸)와 력(力)의 글자 모양이 거의 같다. 그래서 미르를 미륵이라 보는 것이다(未與彌聲相近, 尸與力形相類, 乃託其其近似而相謎也. 삼국유사).

견훤(甄萱)

삼국사(三國史) 본전을 보면 이러하다. 견훤은 상주 가은현 사람으로, 함통 8년(丁亥, 867)에 났다. 본디 성은 이(李)씨였는데 뒤에 견(甄)으로 성을 고쳤다. 아버지 아자개(阿慈介)는 농사를 지었다. 광계 연간에 사불성(沙弗城, 현 상주)에 웅거하여 스스로 장군이라 했다. 아들이 넷이 있어 모두 세상에 이름이 알려졌는데 그 중에 견훤은 남보다 뛰어나고 지략이 많았다. (중략) 그대가 처음에는 적을 가볍게 여겨 곧장 전진해 와서 마치 사마귀가 수레바퀴를 막는 것 같이 하더니, 마침내 어려움을 알고 용감히 물러가서 마치 모기가 산을 짊어진 것과 같이 했소. 그리고 손을 모아 공손한 말로 하늘을 가리켜 맹세하기를, 오늘 이후로는 길이 화목하며, 혹시라도 이 맹세를 어긴다면 신(神)이 벌을 줄 것이라 하였소.

(출전) 三國史本傳云甄萱尙州加恩縣人也. 咸通八年丁亥生, 本姓李, 後以甄爲氏, 父阿慈个, 以農自活, 光啓中據沙弗城(今尙州), 自稱將軍有四子, 皆知名於世, 萱號傑出, 多智畧, (중략) 足下始輕敵以直前, 若螳蜋之拒轍, 終知難而勇退, 如蚊子之負山. 拱手陳辭, 指天作誓今日之後, 永世歡和, 苟或渝盟, 神其殛矣(권2 기이2 후백제 견훤)

(새김)

견훤(甄萱) : 신라 진성여왕 때 서남해안의 국경을 지키는 장군이며 후백제의 건국 시조였다. 재위 43년(892-935) 동안 후백제를 다스렸다. 본디 성은 이씨였다. 뒤에 성을 고쳐 견씨라 하였다. 아버지 아자개(阿慈介)는 상주 가은현(加恩縣, 현 문경)의 농민 출신으로 뒤에 장군이 되었다. 이제가기(李磾家記)에서는 진흥왕의 후손인 원선(元善)이 아자개라 하였는데 확인하기 어렵다. 어머니의 성씨는 확실하지 않다. 두 부인을 두었는데, 상원부인과 남원부인으로 전해온다. 견훤은 장자이며, 동생으로 능애(能哀), 용개(龍蓋), 보개(寶蓋), 소개(小蓋)와 누이 대주도금(大主刀金)이 있었다. 그런데 고기(古記)에는 광주의 북촌에 한 부자가 살았는데 그 딸이 지렁이와 교접하여 견훤을 낳았다는 이야기가 실려 있다. 이는 어머니의 가문이 광주지역의 호족이었을 가능성을 가늠케 한다. 견훤에서 견(甄)의 소리는 견-진의 두 소리가 있다. 견훤의 출생지인 경상도 문경 가은에서는 설화만이 아니고 지금도 진훤이라 한다. 그러니까 진훤이라 함이 옳다(이도학, 문경현, 김상기, 이병도).

당랑거철(螳螂拒轍) : 사마귀가 수레바퀴를 막는다 함이니 힘이 없는 편이 겁 없이 강한 편에 대항함을 비유한 것이다. 출전은 장자(莊子)에서 비롯한 것이다.

겸지왕(鉗知王)

가락 제9대 겸지왕은 김겸왕(金鉗王)이라고도 한다. 영명 10년(492)에 즉위, 30년 동안 나라를 다스렸다. 정광 2년 신축(辛丑, 521) 4월 7일에 돌아갔다. 왕비는 각간 출충(出忠)의 딸 숙(淑)이며 왕자 구형을 낳았다.

(출전) 一云金鉗王. 永明十年卽位, 治三十年, 正光二年辛丑四月七日崩, 王妃出忠角干女淑, 生王子仇衡(권2 기이2 가락국기)

경덕왕(景德王)

신라 제35대 경덕왕은 물건의 길이가 여덟 치나 되었다. 아들이 없어 왕비를 폐하고 사량부인(沙梁夫人)에 봉했다. 후비 만월부인(滿月夫人)의 시호는 경수태후이니 의충(依忠) 각간의 딸이었다. 어느 날 왕은 표훈대덕에게 명했다. 내가 복이 없어서 아들을 두지 못했으니 바라건대, 대덕은 상제께 청하여 아들을 두게 해 주오. 표훈은 명령을 받아 상제에게 올라가 고하고 돌아와 왕께 아뢰었다. 상제께서 말씀하시기를, 딸을 구한다면 될 수 있지만 아들은 될 수 없다고 하셨습니다. 왕은 다시 말한다. 원컨대 딸을 바꾸어 아들로 만들어 주시오. 표훈은 다시 하늘로 올라가 상제께 청하자 상제는 말한다. 될 수는 있지만 그러나 아들이면 나라가 위태로울 것이다. 표훈이 내려오려고 하자 상제는 또 불러 말한다. 하늘과 사람 사이를 어지럽게 할 수는 없는 일이다. 지금 대사는 마치 이웃 마을을 왕래하듯이 하여 천기(天機, 하늘의 비밀)를 누설했으니 이제부터는 아예 다니지 말도록 하라. 표훈은 돌아와서 상제의 말대로 왕께 알아듣도록 말했건만 왕은 다시 말한다. 나라는 비록 위태롭더라도 아들을 얻어서 대를 잇게 하면 만족하겠소. 이리하여 만월왕후가 태자를 낳으니 왕은 무척 기뻐했다. 8세 때에 왕이 죽어서 태자가 왕위에 오르니 이 임금이 혜공대왕(惠恭大王)이다.

(출전) 王玉莖長八寸. 無子廢之. 封沙梁夫人. 後妃滿月夫人, 諡景垂太后, 依忠角干之女也. 王一日詔表訓大德曰朕無祐, 不獲其嗣, 願大德請於上帝而有之. 訓上告於天帝, 還來奏云帝有言, 求女卽可, 男卽不宜 王曰願轉女成男, 訓再上天請之. 帝曰可則可矣. 然, 有男則國殆矣. 訓欲下時, 帝又召曰天與人不可亂, 今師往來如隣里, 漏洩天機, 今後宜更不通 訓來以天語諭之. 王曰國雖殆, 得男而爲嗣足矣. 於是滿月王后生太子, 王喜甚. 至八歲王崩, 太子卽位, 是爲惠恭大王(권2 기이2 경덕왕)

(새김)

경덕왕은 신라 제35대 임금으로 재위 23년(742-765) 동안 나라를 다스렸다. 성은 김씨, 이름은 헌영(憲英), 제33대 성덕왕의 셋째아들이며, 어머니는 소덕왕후(炤德王后)이다. 효성왕의 친 아우인데 효성왕이 아들이 없어서 태자가 되었다가 왕위를 이었다. 왕비는 이찬 김순정(金順貞)의 딸인 삼모부인(三毛夫人)이다. 아들이 없어 경덕왕 2년(743) 다시 서불한 김의충의 딸을 왕비로 맞이하였으니 만월부인으로 돌아간 뒤의 시호는 경수태후(景垂太后)이다. 경덕왕은 왕16년(757) 한화정책(漢化政策)을 실시하여 신라의 모든 인명과 지명과 관직명을 당 나라 식으로 고쳐 오늘날에 이르기까지 쓰게 된다. 이것이 바로 주군현제다. 이르자면 서라벌을 경주라고 부름과 같다. 말하자면 중국 따라잡기를 함으로써 중국의 문화영토가 되고 말았다. 이른바 한화정책으로 왕권을 강화하고자 하였다. 말하자면, 주군현제를 도입하여 중국식으로 개명하였다. 모두가 2자식(-주, -군, -현) 지명이다. 경덕왕 16년(757) 겨울 12월, 사벌주를 상주로 고치고, 1주 10군 30현을 이에 들게 한다. 삽량주를 양주로 고치고, 1주 1소경 12군 34현을 이에 들게 한다. 청주를 강주로 고치고, 1주 11군 27현을 이에 들게 한다. 한산주를 한주로 고치고, 1주 1소경 27군 46현을 이에 들게 한다. 수약주를 삭주로 고치고, 1주 1소경 11군 27현을 이에 들게 한다. 웅천주를 웅주로 고치고, 1주 1소경 13군 29현을 이에 들게 한다. 하서주를 명주로 고치고, 1주 9군 25현을 이에 들게 한다. 완산주를 전주로 고치고, 1주 1소경 10군 31현을 이에 들게 한다. 무진주를 무주로 고치고, 1주 14군 44현을 이에 들게 한다(良州는 梁州로도 쓴다)(冬十二月, 改沙伐州爲尙州, 領州一, 郡十, 縣三十, 歃良州爲良州, 領州一, 小京一, 郡十二, 縣三十四, 菁州爲康州, 領州一, 郡十一, 縣二十七, 漢山州爲漢州, 領州一, 小京一, 郡二十七, 縣四十六, 首若州爲朔州, 領州一, 小京一, 郡十一, 縣二十七, 熊川州爲熊州, 領州一, 小京一, 郡十三, 縣二十九, 河西州爲溟州, 領州一 郡

九, 縣二十五, 完山州爲全州, 領州一, 小京一, 郡十, 縣三十一, 武珍州爲武州, 領州一, 小京一, 郡十四, 縣四十四[良州一作梁州](삼국사기 신라본기).

경명왕(景明王)

신라 제54대 경명왕 때 정명 5년(戊寅, 918)에 사천왕사(四天王寺) 벽화 속의 개가 울었다. 이 때문에 3일 동안 불경을 외워 이를 물리쳤으나 반나절이 지나자 그 개가 또 울었다. 7년(庚辰, 920) 2월에는 황룡사탑 그림자가 금모(今毛) 사지의 집 뜰 안에 한 달 동안이나 거꾸로 서서 비쳐 보였다. 또 10월에 사천왕사 오방신의 활줄이 모두 끊어졌으며, 벽화 속의 개가 뜰로 달려 나왔다가 다시 벽의 그림 속으로 들어갔다.

(출전) 第五十四景明王代, 貞明五年戊寅, 四天王寺壁畫狗鳴, 說經三日禳之. 大半日又鳴. 七年庚辰二月, 皇龍寺塔影, 倒立於今毛舍知家庭中一朔. 又十月, 四天王寺五方神, 弓弦皆絶, 壁畫狗出走庭中, 還入壁中(권2 기이2 경명왕)

(새김)

경명왕의 성은 박씨이고 이름은 승영(昇英)이고, 신덕왕(神德王)의 태자였다. 신덕왕은 아달라왕(阿達羅王)의 먼 후손인데 자신은 김씨이면서 박씨라 했다. 아달라왕은 일성니사금(逸聖叱師今)의 장자로 아들이 없었다. 이는 후대에 박씨로 만든 것으로 보인다(문경현 참조). 나라에 엄청난 변괴가 일어날 징조를 보이고 있다.

경문왕(景文王)

신라 제48대 경문왕의 이름은 응렴(膺廉)이니 나이 18세에 국선이 되었다. 약관에 이르자 헌안대왕(憲安大王)은 그를 불러 궁중에서 잔치를 베풀고 물었다. 국선은 사방을 돌아다니면서 놀았으니 무슨 이상한 일을 본 것이 있는가. 소신은 아름다운 행실이 있는 자 셋을 보았습니다. 그 이야기를 나에게 들려주게. 남이 윗자리에 있을 만한 사람이면서도 겸손하여 남의 밑에 있는 사람이 그 하나요, 세력 있고 부자이면서도 옷차림을 검소하게 한 사람이 그 둘이요, 본래부터 귀하고 세력이 있으면서도 그 위세를 떨지 않는 사람이 그 셋입니다. 왕은 그 말을 듣고 낭이 어질다는 것을 알고 자기도 모르게 눈물을 떨어뜨리면서 말했다. 나에게 두 딸이 있는데 낭의 시중을 들게 하리라. 낭이 자리에서 일어나 절하고 머리를 조아려 물러가 부모에게 고했다. 부모는 놀라고 기뻐하여 그 자제들을 모아 놓고 의논하기를, 왕의 큰 공주는 모양이 몹시 초라하고, 둘째 공주는 매우 아름답다 하니 그를 아내로 삼으면 다행이라고 하였다. 낭의 무리들 중에 우두머리로 있는 범교사(範敎師)가 이 말을 듣고 낭의 집에 가서 낭에게 물었다. 대왕께서 공주를 공의 아내로 주고자 한다니 사실인가. 그렇습니다. 어느 공주에게 장가들려는가. 부모께서 둘째 공주가 좋겠다고 하십니다. 범교사는 말한다. 낭이 만일 둘째 공주에게 장가를 든다면 나는 반드시 낭의 앞에서 죽을 것이고, 첫째 공주에게 장가간다면 반드시 세 가지 좋은 일이 있을 것이니 잘 살펴서 하도록 하시오. 그 말씀대로 하겠습니다. 그 뒤에 왕이 날을 가려서 낭에게 사자를 보내어 말했다. 두 딸 중에서 공의 뜻대로 결정하도록 하라. 사자가 돌아와서 낭의 의사를 왕에게 보고했다. 첫째 공주를 받들겠다고 합니다. 그런 지 석 달이 지나서 왕의 병이 위독했다. 여러 신하들을 불러 놓고 말한다. 내게는 사내자식이 없으니 죽은 뒤의 일은 마땅히 맏딸의 남편 응렴이 이어야 할 것이다. 이튿날 왕이 죽으니 낭이 유언을 받들어 왕위에 올랐다.

(출전) 王諱膺廉, 年十八爲國仙. 至於弱冠, 憲安大王召郞, 宴於殿中, 問曰郞爲國仙, 優遊四方, 見何異事 郞曰臣見有美行者三, 王曰, 請聞其說 郞曰有人爲人上者, 而撝謙坐於人下, 其一也. 有人豪富而衣儉易, 其二也. 有人本貴勢而不用其威者三也. 王聞其言而知其賢, 不覺墮淚而謂曰朕有二女, 請以奉巾櫛 郞避席而拜之. 稽首而退, 告於父母, 父母驚喜, 會其子弟議曰王之上公主貌甚寒寢, 第二公主甚美, 娶之幸矣 郞之徒上首範敎師者聞之. 至於家問郞曰大王欲以公主妻公, 信乎, 郞曰然, 曰奚娶, 郞曰二親命我宜弟 師曰郞若娶弟, 則予必死於郞之面前, 娶其兄, 則必有三美. 誡之哉 郞曰聞命矣. 旣而王擇辰而使於郞曰二女惟公所命, 使歸以郞意奏曰奉長公主爾, 旣而過三朔, 王疾革, 召群臣曰朕無男孫, 窀穸之事, 宜長女之夫膺廉繼之. 翌日王崩, 郞奉遺詔卽位(권2 기이2 경문대왕)

(새김)

경문왕(景文王) : 임금의 귀는 당나귀의 귀로 널리 알려진 임금이다. 백성들의 원성을 듣지 않는다는 일종의 풍유라고 할 수 있다. 대나무 숲을 베었다 함은 여론을 듣지 않고 탄압하는 임금의 세력을 상징하는 것으로 보인다. 대나무 대신 산수유를 심었다고 했다. 경문왕 6년에서 14년에 이르는 동안, 이찬 윤흥과 김예와 김현, 그리고 근종 등이 반란을 일으켰으나 모두 진압, 제거하고 새로운 인재들을 등용하여 정국을 안정시켰다. 대나무 숲은 뿌리 깊게 내린 임금의 즉위에 불만을 품었던 세력들일 것이고 산수유로 대신 한 것은 그 자리에 산수유 꽃 같은 새로운 영화를 가져 오게 할 신하들을 가리킬 수도 있다(삼국사기 참조). 귀는 옛말로 구이-구ᅀᅵ-구시로 재구성할 수 있다. 형태분석은 긋-+-이로 된다. 여기 긋-은 긋-귿-굴의 교체를 통하여 단어족을 이룬다. 하면 귀란 소리가 담기는 구멍이란 뜻이 된다(정호완, 우리말의 상상력). 제륭파와 균정파의 정치적인 절충으로 16세의 응렴이 왕위에 올랐다. 헌안왕의 왕비인 태후와 다섯 살이 더 많은 영화부인의 정치적인 전횡으로 말미암아 민심이 들끓었다. 게다가 가뭄과 전염병이 돌아 포용의 정치가 필요한데도 불구하고 무리한 공사 추진으로 민심이 등을 돌리게 되었다. 이로 하여 임금을 비난하는 내용의 참요가 돌기 시작한 것이다. 이로부터 후대로 갈수록 정치적인 암흑기로 접어들어 마침내 천년의 사직을 내려놓게 된 것이다. 경문왕은 밤마다 가슴이 답답하여 차가운 뱀을 가슴에 얹어놓지 않으면 잠을 이룰 수가 없었다. 여기 뱀이라 함은 정치적인 입지가 거의 없는 경문왕을 돕고자 밤만 되면 기어드는 뱀처럼 궁으로 찾아들어 임금을 보호하는 속내를 드러냈다고 할 수 있다(이범교, 삼국유사의 종합적 해석 참조). 헌안왕 5년 봄 정월, 왕이 병으로 누워 위독해지자, 신하들에게 말했다. 과인이 불행하게 아들이 없이 딸만 두었다. 우리나라에는 예전에 선덕과 진덕 두 여왕이 있었지만, 이는 암탉이 새벽을 알리는 것과 비슷한 일로써, 이를 본받을 수는 없다.

사위인 응렴은 나이가 비록 어리지만 성숙한 덕성을 갖추고 있다. 그대들이 그를 임금으로 세워 섬긴다면, 반드시 조종의 훌륭한 후계자를 잃지 않을 것이요, 내가 죽은 이후에도 나라에 해로운 일이 없을 것이다. 이 달 29일에 왕이 별세하였다. 시호를 헌안이라 하고, 공작지에 장사지냈다(五年, 春正月, 王寢疾彌留, 謂左右曰 寡人不幸, 無男子有女. 吾邦故事, 雖有善德. 眞德二女主, 然近於牝雞之晨, 不可法也. 甥膺廉, 年雖幼少, 有老成之德. 卿等立而事之. 必不墜祖宗之令緖, 則寡人死, 且不朽矣. 是月二十九日, 薨. 諡曰憲安, 葬于孔雀趾-삼국사기).

경복사(景福寺)

대안(大安) 8년(辛未, 1092)에 고려의 우세(祐世) 승통이 고대산(孤大山) 경복사의 비래방장(飛來方丈)에게 가서 보덕성사(普德聖師)의 영정에 예를 갖추고 시를 지어 올렸다. 열반의 평등한 가르침은, 우리 스승에게서 전해졌다고 하네. 안타깝게도 승방에 날아온 뒤에, 동명왕의 옛 나라 위태로웠네.

(출전) 大安八年辛未, 祐世僧統到孤大山景福寺飛來方丈, 禮普聖師之眞, 有詩云涅槃方等敎, 傳受自吾師云云, 至可惜飛房後, 東明古國危(권3 흥법 보장봉로 보덕이암)

(새김)

고대산(孤大山)은 고덕산 혹은 고달산이라고도 말한다. 산은 남근바위, 부인바위, 마당바위, 전망바위, 통천문, 촛대바위 등 기이한 바위들이 산에 오르는 이들로 하여금 눈길을 사로잡는다. 전주 근교에는 고덕산이 두 개가 있는데 산세와 유래가 전혀 달라 눈길을 끈다. 전주 고덕산은 삼국유사와 삼국사기에는 고대산(孤大山), 신증동국여지승람(新增東國輿地勝覽)에는 고덕산 또는 고달산(高達山)으로 올라 있다. 달구(達句)-대구(大邱)가 되듯이 지명의 변개에서는 흔히 볼 수 있는 변이로 보인다.

경순왕(敬順王)

신라 제56대 경순왕 시절 (고려)태조는 교외에 나가서 영접하여 위로하고 대궐 동쪽의 한 구역(현 정승원(正承院))을 주고, 장녀 낙랑공주를 그의 아내로 삼았다. 왕이 자기 나라를 떠나서 남의 나라에 와서 살았다 해서 이를 난조(鸞鳥)에 비유하여 공주의 칭호를 신란공주(神鸞公主)라고 고쳤으며, 시호를 효목(孝穆)이라 했다. 왕을 봉해서 정승을 삼으니 자리는 태자의 위상이며 녹봉 일천 석을 주었다. 시종과 관원, 장수들도 모두 임용해서 쓰도록 했으며, 신라를 고쳐 경주라 하여 이를 경순왕의 식읍으로 삼았다.

(출전) 太祖出郊迎勞, 賜宮東一區(今正承院), 以長女樂浪公主妻之. 以王謝自國居他國, 故以鸞喩之. 改號神鸞公主, 諡孝穆. 封爲正承, 位在太子之上. 給祿一千石, 侍從員將皆錄用之. 改新羅爲慶州, 以爲公之食邑(권2 기이2 김부대왕)

(새김)

경순왕은 신라의 제56대 임금으로 신라를 고려 태조에게 바친 것으로 알려져 있다. 성은 김씨, 이름은 부(傅)이며, 문성왕(文聖王)의 후손이다. 할아버지는 의흥대왕으로 추봉된 관□(官□, 혹은 實虹,乍慶)이며, 아버지는 신흥대왕으로 추봉된 효종이고, 어머니는 헌강왕의 딸인 계아태후이다. 왕비는 죽방부인(竹房夫人) 박씨이며, 큰아들은 마의태자(麻衣太子)이고 막내아들은 범공(梵空)이다. 고려에 항복한 뒤에 왕건(王建)의 장녀 낙랑공주와 다시 결혼하였다. 고려 태조 왕건은 경순왕을 태자보다 위인 정승공(正承公)으로 봉하였다. 그리고 그에게 녹미 천 석을 주고 그의 시종과 관원과 군사를 모두 임용하였다. 또한 신라를 고쳐 경주라 하고 그의 식읍으로 주었으며, 그를 경주의 사심관(事審官)으로 삼았다. 경종 3년(978) 4월에 죽었다. 무덤은 장단에 있다(太祖出郊迎勞, 賜宮東甲第一區, 以長女樂浪公主妻之. 十二月, 封爲正承公正承公, 位在太子之上, 給祿一千石, 侍從員將, 皆錄用之. 改新羅爲慶州, 以爲公之食邑. 初, 新羅之降也.-삼국사기)(한국민족문화대백과사전 참조).

경애왕(景哀王)

신라 제55대 경애왕이 즉위한 동광 2년(甲申, 924) 2월 19일에 황룡사에서 백고좌를 열어 불경을 풀이했다. 겸해서 선승 3백 명에게 음식을 먹이고 대왕이 친히 향을 피워 불공을 드렸다. 이것이 백고좌를 설립한 선교의 시작이었다.

(출전) 第五十五景哀王卽位, 同光二年甲辰二月十九日, 皇龍寺說百座說經, 兼飯禪僧三百, 大王親行香致供, 此百座通說禪教之始(권2 기이2 경애왕)

(새김)

경애왕(景哀王) : 신라 제55대 임금이다. 경명왕이 후사가 없이 돌아가자 경애왕이 즉위하였다. 신라의 장군들이 고려로 투항하고 고려 쪽으로 서자 견훤이 불시에 신라를 기습하게 된다. 포석정의 포석사에서 나라의 안녕을 비는 제를 올리다 견훤의 기습을 받고 스스로 자결한다. 견훤에 의하여 새로 임금이 된 김부가 경순왕이 되어 경애왕의 시신을 수습하여 해목령에 장사를 지냈다. 경애왕 2년(920) 경주에서 가까운 고울부(현 울산)의 장군 능문이 고려 태조에게 귀순 투항하는 일이 망국의 단초가 되었다. 같은 해 겨울 10월이었다. 태조가 그를 위로하고 타일러서 돌려보냈다. 왜냐하면 그 성이 신라의 서울과 가까웠기 때문이었다(年冬十月, 高鬱府將軍能文, 投於太祖 勞諭還之. 以其城迫近新羅王都故也)(삼국사기 신라본기).

경주(慶州)

신라 제49대 헌강대왕(憲康大王) 시절 서울로부터 지방에 이르기까지 집과 담이 잇닿았고 초가는 별로 보이지 않았다. 음악과 노래가 길에 끊이지 않았고, 바람과 비는 사철 순조로웠다. 어느 날 임금이 개운포(開雲浦, 현 울주)에서 놀다가 돌아가려고 낮에 물가에서 쉬고 있는데 문득 구름과 안개가 자욱해서 길을 잃었다.

(출전) 第四十九憲康大王之代, 自京師至於海內, 比屋連墻無一草屋, 笙歌不絶道路, 風雨調於四時. 於是, 大王遊開雲浦(在鶴城西南今蔚州), 王將還駕, 晝歇於汀邊, 忽雲霧冥曀, 迷失道路(권2 기이2 처용랑 망해사)

(새김)

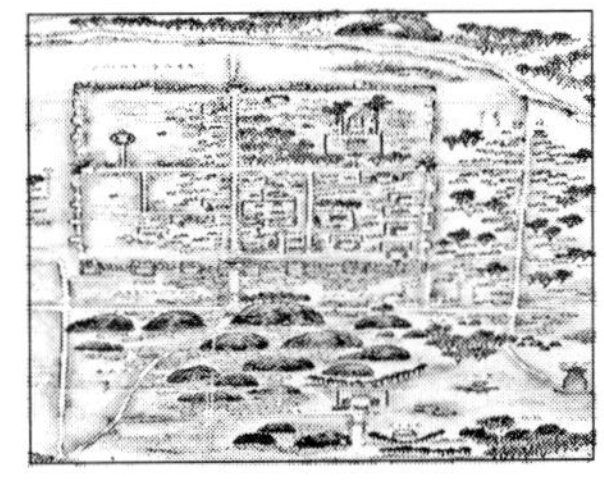

그림 6 경주 고지도

경주는 신라 천년의 심장이었다. 시조 혁거세가 건국할 때(전 57)부터 멸망할 경순왕 9년(935)까지 서라벌(徐羅伐) 금성(金城) 등 여러 가지로 불렸다. 이곳은 992년 동안 신라의 수도였다. 서라벌을 경주로 부르게 된 것은 고려 태조 18년(935)이다. 이후 동경(東京) 계림부(鷄林部) 등으로 바뀌었다가 조선 시대에 다시 경주로 바뀌었다. 경주에는 사찰, 유적, 석탑 등 많은 신라시대 문화재뿐만 아니라 경주 양동마을 등 조선시대 양반마을이 보존되어 있으며, 불국사, 석굴암과 남산, 월성, 대릉원, 황룡사, 산성 등 5곳의 경주역사유적지구, 그리고 경주 양동마을이 유네스코 세계문화유산으로 지정 고시되었다(2010). 행정구역은 4읍 8면 11개 동이다. <만주원류고>를 보면, 무열왕과 문무왕을 각각 계림주도독으로 임명, 오늘날의 장춘(長春)을 포함하는 길림성의 상당 부분을 관할한 것으로 올라 있다. 같은 책에서 계림과 지린(吉林, jilin)의 소리가 같다고 적고 있다.

경흥(憬興)

신문왕(神文王) 때의 고승 경흥의 성은 수씨(水氏)로서 웅천주(熊川州, 현 공주) 사람이다. 18세에 중이 되어 삼장(三藏)에 통달하니 명망이 한 시대에 높았다. 개요 원년(681) 문무왕이 장차 세상을 떠나려 할 때 신문왕에게 부탁했다. 경흥법사는 국사가 될 만하니 내 명을 잊지 말라. 신문왕이 즉위하여 국로로 책봉하고 삼랑사에 살게 했는데 문득 병이 들어 한 달이나 되었다. 이 때 여승 하나가 와서 그에게 문안하고 화엄경(華嚴經) 속의 착한 벗이 병을 고쳐 준다는 말을 얘기하고 말했다. 지금 스님의 병은 근심으로 해서 생긴 것이니, 기쁘게 웃으면 나을 것입니다. 이렇게 말하고 열한 가지 모습을 지어 저마다 각각 우스운 춤을 추게 하니, 그 모습은 뾰족하기도 하고 깎은 듯도 하여 그 변하는 형용을 이루 다 말할 수 없어 모두들 우스워서 턱이 빠질 지경이었다. 이에 법사의 병은 자기도 모르게 씻은 듯이 나았다. 여승은 드디어 문을 나가 남항사(삼랑사 남쪽에 있다)에 들어가서 숨었고, 그가 가졌던 지팡이는 새로 꾸민 불화 십일면 원통상 앞에 있었다. (중략) 일연이 찬(讚)하였다. 옛날 어진 이가 모범을 보인 것은 뜻한 바 많았는데, 어찌하여 자손들은 갈고닦지 않는가. 마른 고기를 등에 진 건 오히려 옳은 일이나, 다음날 용화(龍華) 저버릴 일 어찌 견딜까.

(출전) 神文王代, 大德憬興, 姓水氏, 熊川州人也. 年十八出家, 遊刃三藏, 望重一時. 開耀元年, 文武王將昇遐, 顧命於神文曰憬興法師可爲國師, 不忘朕命 神文卽位, 曲爲國老, 住三郎寺, 忽寢疾彌月, 有一尼來謁候之. 以華嚴經中善友原病之說爲言曰今師之疾, 憂勞所致, 喜笑可治, 乃作十一樣面貌, 各作俳諧之舞, 巉巖戌削, 變態不可勝言, 皆可脫頤, 師之病不覺洒然, 尼遂出門, 乃入南巷寺(寺在三郎寺南)而隱, 所將杖子, 在幀畫十一面圓通像前(중략) 讚曰, 昔賢垂範意彌多, 胡乃兒孫莫切瑳. 背底枯魚猶可事, 那堪他日負龍華(권5 감통 경흥우성)

(새김)

경흥 국사는 공주 사람으로 성씨가 수(水)씨인데, 오늘날 공주시에 가면 정안천 가에 수촌(水村) 마을이 있다. 수씨의 집성촌이었으나 지금은 확인되지 않는다. 그 주위에 백제 시대의 환두대도(環頭大刀)와 금동신발 같은 유물 유적이 발견되었다(2005). 백씨로 추정하는 설도 있으나 수씨로 볼 수도 있다. 백씨의 관향이 수원(水原)이니 가늠이 간다.

계귀(雞貴)

대사는 나란타사(那蘭陀寺)에 머물러 율장과 논장을 많이 읽고 패협(貝莢, 나뭇잎)에 베껴 썼다. 고국에 돌아오고 싶은 마음이 간절하였으나 뜻을 이루지 못하고 문득 그 절에서 세상을 떠나니, 그의 나이 일흔 남짓이었다. 그의 뒤를 이어 혜업(惠業), 현태(玄泰), 구본(求本), 현각(玄恪), 혜륜(惠輪), 현유(玄遊)와 그 밖에 또 이름을 알지 못하는 두 법사가 더 있었다. 모두 자기 자신을 잊고 불법을 따라 깨달음을 얻기 위해서 중천축(中天竺, 현 인도 중부)에 갔었다. 그러나 혹은 중도에서 일찍 죽고 혹은 살아남아서 그곳 절에 있는 이도 있으나 마침내는 다시 계귀와 당 나라에 돌아오지 못하고 그 중에 오직 현태 스님만이 당 나라에 돌아왔으나 이도 역시 어디서 죽었는지 알 수 없다.

(출전) 繼此有惠業, 玄泰, 求本, 玄恪, 惠輪, 玄遊, 復有二亡名法師等, 皆忘身順法, 觀化中天, 而或夭於中途, 或生存住彼寺者, 竟未有能復雞貴與唐室者. 唯玄泰師克返歸唐, 亦莫知所終(권4 의해 귀축제사)

(새김)

날란다(नलंद, Nālandā) 또는 **나란타**(那爛陀)는 인도 비하르 주의 대학이 자리한 고장이다. 비하르 주의 파트나에서 남동쪽 55마일 거리에 자리한다. 기원후 427-1197년까지 팔라 제국 아래에서 불교 교육의 성지였다. 대학의 역사를 가름하는 최초의 대학이다. 이를 나란타사라고도 한다. 아울러 계귀란 신라를 이르는 말이다. 천축 곧 인도 사람들은 우리나라[海東, 신라]를 구구타예설라(矩矩吒醫說羅)라 불렀다. 구구타란 닭의 울음소리를 대유적으로 말하는 것이고, 예설라란 존귀한 신적인 존재를 말한다.

계림(雞林)

선도성모가 처음 진한(辰韓)에 와서 거룩한 성자를 낳아 동국의 처음 왕이 되었으니 필경 혁거세(赫居世)와 알영(閼英)의 두 성군을 낳았을 것이다. 그래서 이를 계룡, 계림, 그리고 백마(白馬) 등으로 일컬으니 이는 닭이 서쪽에 속해 있기 때문이다.

(출전) 其始到辰韓也. 生聖子爲東國始君, 盖赫居 · 閼英二聖之所自也. 故稱雞龍 · 雞林 · 白馬等, 雞屬西故也(권5 감통 선도성모수희불사)

(새김)

계림은 경주시 교동에 자리한 경주김씨의 시조가 탄생한 곳이다. 사적 제19호로서 본디 시림(始林)이라 하였다. 신라초기부터 있던 숲으로 경역은 약 2천 2백 평 가량 된다. 느티나무, 물푸레나무, 싸리나무 등의 고목이 자생한다. 신라 제4대 탈해왕(脫解王) 9년 3월의 어느 날 밤, 금성의 서쪽 시림 가운데에서 닭 우는 소리가 들리므로 신하를 보내 알아보게 했다. 신하가 가본즉, 금궤 하나가 나뭇가지에 달려 있고, 흰 닭이 그 밑에서 울고 있었다. 신하가 돌아와 이 사실을 알리자 왕은 날이 밝는 대로 그 궤짝을 가져오게 해 열어보니 그 안에 슬기롭게 생긴 어린 사내아이가 있었다. 탈해왕은 이를 기뻐하며 아이 이름을 알지(閼智)라 불렀고, 금궤에서 나왔으므로 성을 김씨(金氏)라고 했다. 이 때부터 시림을 계림으로 고치고 나라 이름도 계림이라고 부르게 되었다(乃收養之及長聰明多智略乃名閼智以其出於金櫝姓金氏改始林名雞林因以爲國號(삼국사기 탈해왕)).

삼국유사 신라 시조 혁거세왕 조에 보면, 왕은 계정에서 태어났고 왕비 알영은 계룡으로부터 태어났기 때문에 계림국이란 나라 이름을 삼았다고 한다. 그러나 계림의 계(鷄)를 새로 읽어 계림을 새벌의 다른 표기로 보자는 풀이가 있다(브리태니카 사전 참조). 최남선에 따르면, 인도인은 한국을 쿠쿠타(矩矩吒)라 했는데 이를 뒤치면 계귀(鷄貴)라는 한다. 계귀란 산스크리트어로 쿠쿠타스바라(कउकउदसवअरा, kukutasvara)가 된다. 여기 쿠쿠타는 닭이고 스바라는 귀하다는 뜻으로 인도인들의 한국 호칭이다. 토템식으로 말하자면 닭의 신이란 말이 된다(대당서역구법고승전 참조). 청나라 건륭제 43년(1778)에 황명으로 아계(阿桂) 등이 지은 만주원류고(滿洲源流考)를 살펴보면, 계림(鷄林)과 길림(吉林)은 소리가 지린(jilin)으로 같으며 지리가 부합한다. 이 때 신라는 백제 고구려 땅과 말갈을 겸하여 차지하였다. 해서 그 지역에 도독부를 두어 왕으로 하여금 다스리게 했다. 문무왕 법민(法敏)을 계림주 도독으로 삼았다(按鷄林與今吉林音譯地理俱府是時新羅旣兼有百濟高麗之地與靺鞨故設都督府於此俾王領之以重其鎭耳授法敏爲鷄林州都督). 또한 김춘추를 우이도행군총관(嵎夷道行軍摠管)으로 하였다는 구당서(舊唐書)의 기록을 상고할 수 있다. 여기서 당 나라에서는 신라를 우이로 여겼음을 알 수 있다(심백강(2014) 우리역사 참조).

계백(階伯)

또 들으니 당 나라 군사와 신라 군사가 이미 백강과 탄현을 지났다 한다. 의자왕은 장군 계백(階(偕)伯)을 보내 결사대 5천 명을 거느리고 황산으로 나아가 신라 군사와 싸우게 했더니 계백은 네 번 싸워 네 번 다 이겼다. 하지만 군사는 적고 힘이 다하여 마침내 패하고 계백은 전사했다. 이에 당 나라 군사와 신라 군사는 합세해서 전진하여 나루터까지 나가서 강가에 군사를 주둔시켰다.

(출전) 又聞唐羅兵已過白江, 炭峴, 遣將軍偕伯, 帥死士五千出黃山, 與羅兵戰, 四合皆勝之. 然兵寡力盡, 竟敗而偕伯死之. 進軍合兵, 薄津口, 瀕江屯兵(권1 기이1 태종춘추공)

(새김)

신라 무열왕 7년(660) 당 나라의 신구도대총관(神丘道大摠管) 소정방이 이끄는 13만 수군과 신라의 대장군 김유신이 지휘하는 5만 육군이 수륙협공으로 백제를 침공했을 때, 계백의 관등은 달솔이었다. **계백**은 대장군으로서 5천 명의 결사대를 뽑아 황산벌에서 신라군과 맞섰다. 황산벌에 도착한 계백은 병사들 앞에서 월(越) 나라 왕 구천이 5천의 군사만으로 오(吳)나라의 70만 군사를 격파한 일을 언급하며, 용기를 다해 싸워서 나라에 충성하자는 말로 병사들을 독려했다. 이 때 세 곳에 나뉘어 진을 친 백제군은 신라군과 네 번 싸워 네 번 모두 이겼다(삼국사기 열전). 이에 신라군은 장수 김유신의 동생 김흠순의 아들 반굴(盤屈)을 싸움터로 내보냈으나 전사하고, 반굴 다음으로 선봉에 나선 좌장군 김품일의 아들 관창(官昌)은 사로잡혔다. 계백은 관창의 나이가 어린 것을 고려해 돌려보냈으나, 또다시 백제군 진영으로 쳐들어오자 결국 관창을 잡아 처형했다. 관창의 죽음에 자극을 받은 신라군은 죽을 각오로 백제군을 공격해 싸웠고, 마침내 백제군은 패하고 계백은 전사했다. 흔히 사람들은 계백을 이름으로 알고 있다. 김정호의 대동지지(大東地志)를 근거로 하여 계백은 본래 백제의 명장인 흑치상지(黑齒常之)처럼 백제 왕족의 후예였다는 견해가 제기되었다. 열전에서 계백은 기실 계백의 조상이 백제 왕실에서 분봉 받은 지역으로서 그곳은 김부식이 사대주의 사관에 따라서 엮은 삼국사기 잡지에 기록된 당시 개백현(皆伯縣)으로 보이며, 계백의 조상이 분봉된 지역이자 계백(階伯) 가문의 터전이 된 곳이라는 설이다. 계백은 백제인으로 관직이 달솔(達率, 현 장관)이었다. 당 현경 5년(庚申, 660)에 고종이 소정방을 신구도 대총관으로 삼아 군사를 거느리고 바다를 건너 신라와 함께 백제를 치게 했다. 계백은 장군이 되어 결사대 5천 명을 선발하여 이를 막으며 말했다. "한 나라의 인력으로 당과 신라의 대군을 당하자니, 나라의 존망을 알 수 없도다. 나의 처자가 붙잡혀 노비가 될 지도 모르니 살아서 치욕을 당하는 것보다 차라리 통쾌하게 죽는 것이 낫겠다." 그는 말을 마치고 마침내 자신의 처자를 모두 죽였다(階伯百濟人, 仕爲達率, 唐顯慶五年庚申高宗以蘇定方爲神丘道大摠管, 率師濟海, 與新羅伐百濟, 階伯爲將軍, 簡死士五千人拒之, 曰, 以一國之人, 當唐羅之大兵 國之存亡, 未可知也. 恐吾妻孥, 沒爲奴婢, 與其生辱, 不如死快, 遂盡殺之. 삼국사기 열전 계백).

계왕(契王)

백제의 제12대 계왕은 분서왕의 원자로 갑진년(甲辰, 344)에 즉위하여 2년 동안 나라를 다스렸다.

(출전) 第十二代契王汾西元子甲辰立, 理二年(권1 왕력 계왕)

(새김)

계왕의 계(契)는 설 혹은 글이라고 읽을 수 있다. 중국의 운서에 나타난 반절식으로 읽으면 기흘절(欺訖切, 集韻) 곧 '글'로 읽힐 수 있기에 그러하다. 이는 한글의 글과 같은 표기이며 한자(漢字)의 기원적인 형태라 할 갑골문자의 별칭이다. 글자 '계'의 형성과정을 보면, 칼도(刀)에다 풍성할 풍(丰)을 더하여 만들어진 글자이다. 여기 풍(丰)은 세 개의 옥(玉)을 줄로 꿴 모습이기도 하며 나무 판에 칼로 가로로 그어 약속을 기록해 놓은 형상이다(진태하). 홍산문화 곧 요하문명(遼河文明)의 옥기 문화시대를 가름하는 문자의 이름이 글(契)이었음을 고려하면, 한자의 기원이 바로 요하문명이었음을 미루어 볼 수 있다.

계정(雞井)

나라 이름을 서라벌(徐羅伐) 또는 서벌(徐伐, 지금 풍속에 경(京)을 서벌이라고 부르는 것은 이 때문이다)이라 하고, 혹은 사라(斯羅), 사로(斯盧)라고도 했다. 처음에 왕이 계정에서 탄생했기 때문에 혹 나라 이름을 계림국(雞林國)이라고도 했다. 이것은 계룡(雞龍)이 상서로움을 드러냈기 때문이다. 일설에는 탈해왕 때 김알지를 얻었는데 닭이 숲 속에서 울었다고 해서 국호를 계림이라 했다고도 한다. 후세에 와서 드디어 신라를 국호로 정했던 것이다.

(출전) 國號徐羅伐又徐伐(今俗訓京字云徐伐, 以此故也). 或云, 斯羅又斯盧初王生於雞井故或云, 雞林國以其雞龍現瑞也. 一說脫解王時, 得金閼智而雞鳴於林中, 乃改國號爲雞林(권1 기이1 신라시조 혁거세왕)

계품(戒品)

용삭 초년에 지통(智通)이란 중이 있었다. 그는 본래 이량공(伊亮公)의 집종이었다. 일곱 살에 출가했는데, 그 때 까마귀가 와서 울면서 말했다. 영취산(靈鷲山)에 가서 낭지(朗智)의 제자가 되어라. 지통이 그 말을 듣고 이 산을 찾아가서 골짜기 안 나무 밑에서 쉬는데 문득 이상한 사람이 나오는 것을 보았다. 그 사람이 말하기를, 나는 보현보살(普賢菩薩)인데 너에게 계품(戒品)을 주려고 왔다고 하며 계를 베풀고 사라졌다. 이 때 지통은 정신이 맑고 환해지면서 지증(智證, 슬기로운 판단)이 문득 두루 통해졌다.

(출전) 龍朔初, 有沙彌智通, 伊亮公之家奴也. 出家年七歲時, 有烏來鳴云靈鷲去投朗智爲弟子通聞之. 尋訪此山, 來憩於洞中樹下, 忽見異人出, 曰我是普大士, 欲授汝戒品, 故來爾因宣戒訖乃隱. 通神心豁爾(권5 피은 낭지승운)

(새김)

계품(戒品)이란 불교의 계율에는 5계와 10계, 10중대계(重大戒), 48경계(輕戒), 비구 250계와 비구니 348계가 있다. **보대사**는 보현보살(普賢菩薩, समन्तभद्र, samantabhadra)을 이른다(普大士). 보현보살은 불교의 진리와 수행의 덕을 맡고 있는 보살이다. 문수보살과 더불어 석가모니여래 옆을 지키고 있으며, 연화대에 앉아 있거나 여섯 이빨을 가진 흰 코끼리를 타고 있는 형상을 한다. 네 보살의 하나다. **용삭(龍朔)**은 당 나라 고종의 연호이다. **지증(智證)**은 불교적인 슬기로운 판단을 실천으로 옮겨 보이는 것을 이른다.

고골관(枯骨觀)

혼자서 그윽하고 험한 곳에 머물면서 이리나 범도 피하지 않았다. 고골관(枯骨觀)을 닦는데 조금 피곤한 일이 있으면 작은 집을 지어서 가시덤불로 둘러막고, 그 속에 발가벗고 앉아서 조금만 움직이면 가시에 찔리도록 했으며, 머리는 들보에 매달아 잡념이 없어지게 했다.

(출전) 獨處幽險不避狼虎, 修枯骨觀微或倦弊, 乃作小室周障荊棘裸坐其中, 動輒箴剌頭懸在梁 (권4 의해 자장정률)

(새김)

고골관(枯骨觀) : 사람이 죽은 뒤 시신이 썩어서 뼈로 되는 과정을 간접으로 체험하면서 무상함을 깨닫게 하는 수련을 말한다. 썩어 문드러지는 창상(脹想)-괴상(壞想), 피고름이 범벅이 되는 혈도상(血途想), 썩은 몸에서 구더기 나오는 농란상(濃爛想), 새들이 날아와 쪼아 먹는 담상(啖想), 뼈만 앙상하게 남는 골상(骨想), 불에 타고 재로 되는 소상(燒想) 등이 그러한 수행의 단계를 이르는 것이다. 깨달음이란 무엇인가. 닫혀 있음을 깨는 것이다. 세상 욕정에 물든 벽을 허물어 없게 하는 것이다.

고구려(高句麗)

신라 사람들은 추봉된 이들을 갈문왕(葛文王)이라고 불렀다. 이 일은 자세히 알 수 없다. 남해왕 때 낙랑국 사람들이 금성(金城, 현 경주)을 침범하다가 이기지 못하고 그대로 돌아갔다. 또 천봉 5년(戊寅, 18)에 고구려의 속국인 일곱 나라가 와서 항복했다.

(출전) 羅人凡追封者稱葛文王, 未詳. 此王代樂浪國人來侵金城, 不克而還. 又天鳳五年戊寅, 高麗之裨屬七國來投(권1 기이1 남해왕)

(새김)

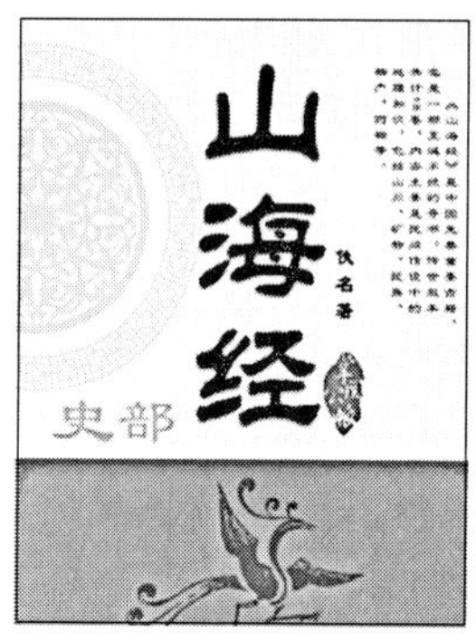

그림 7 산해경

고구려는 기원전 37년 무렵, 동명성왕 고주몽이 압록강 중류인 동가강 유역에서 세운 나라이다. 주몽은 부여계의 한 갈래로서 원주민 격인 예맥족의 통합으로 고구려를 세웠다. 고구려의 어원을 살펴보면, 고(高)는 머리 곧 수읍, 상읍을 말한다. 구려(句麗)는 성읍을 이르는 구루-골-홀과 같은 뜻으로 쓰였다(이병도). 지금도 중국의 내몽고에 가면, 홀(忽)-계 지명이 쓰이고 있다. -하오트(浩特)가 접미사로 붙어 쓰이는 후부 접사이다(울란하오트, 후어하오트, 시린하오트 등). 한편, 일본의 고사기(古事記)에서는 고구려와 관련한 모든 말을 고마라고 하였다(고려악-고마라꾸, 고려인-고마진 등). 당 나라 배구전(裵矩傳)에 따르면, 고려 곧 고구려는 본디 고죽국(孤竹國)이었다(高麗本孤竹國(今海州) 삼국유사 권1 기이1 고조선). 사고전서(四庫全書)의 명일통지(明一統志) 권5 영평부(永平府)에 따르면, 고죽국은 상(商) 나라였으며 주 나라 때는 유주(幽州) 춘추 시기에는 산융(山戎) 혹은 비자(肥子), 위(魏) 나라 시기에는 노룡(盧龍) 다시 북연시기에는 평주(平州) 혹은 낙랑군(樂浪郡)이었다. 명(明) 나라에 와서 영평부(永平府)라 하였다. 기자가 요(遼)의 낙랑에 임금으로 임명되었고, 평주의 노룡에 조선성(朝鮮城)이 있었다(현 秦皇島市). 그래서 무덕 8년에 요로써 기주(箕州)를 삼았다. 고려 역시 그 땅이었다(箕子後封遼之樂浪今平之盧龍有朝鮮城故武德以遼爲箕州八年而高麗亦其地, 路史 卷27 朝鮮). 일연이 고죽국을 주해하여 해주(海州)라 함은 사고전서를 섭렵하지 못한 상태에서 말미암은 것으로 보인다. 아울러

'동쪽의 바다 북해(渤海)의 모퉁이에 나라가 있는데 그 이름을 조선이라 한다(東海之內北海之隅有國名曰朝鮮天毒, 山海經)'는 기록과 '굽이도는 산으로 가다 이정표도 없이 조선하를 건너 9십리를 가면 고하구에 다다른다(入山屈曲。無復里堠。過朝鮮河九十里北至古河口, 武經總要前集 卷16下)"라고 하였다. 다시 '서쪽으로 여러 나라와 힘을 합쳐 안식국에 이르렀으며 동쪽으로는 갈석산을 지나서 현토 낙랑으로써 군을 삼았다(西連諸國至于安息東過碣石以玄菟樂浪爲郡, 前漢書 卷64下)"라고 한 기록과 '태행산맥 동쪽 끝의 갈석산으로부터 조선을 지나 대인국을 지나고, 동쪽으로 해가 뜨는 동쪽 부목(榑木) 땅에 다다른다(太行石間東方之極自碣石山過朝鮮貫大人之國東至日出之東榑木之地, 淮南子時則訓)는 기록을 보면, 기자가 찾아갔던 그 조선은 대동강 유역 평양이 아닌 하북성 조하 유역 평주 노룡현(盧龍縣) 지역이었음을 알게 된다. 한편, 이병도(1976)에서는, 삼국시대부터 고구려(高句麗)로 썼으나, 수, 당 대부터는 고려(高麗)라 줄여서 불렀다는 가능성을 보이고 있다. 조선상고사(신채호, 1948)에서 광개토왕 비문의 기록으로 보아 고구려의 건국시기를 170년 가량 앞선 기원전 200년으로 보고 있다. 광개토왕이 추모왕의 13손이 아니고 비문에서는 17세손으로 적고 있기 때문이다.

고구려본기(高句麗本紀)

고구려본기에 이렇게 말했다. 소수림왕(小獸林王)이 즉위한지 2년(壬申, 372)째 되는 해, 곧 동진 함안 2년이며, 효무제가 즉위한 해이다. 전진의 부견(符堅)이 사신과 중 순도(順道)를 시켜서 불상과 경문을 보내고(이 때 부견은 관중(關中) 즉 장안에 도읍하고 있었다), 또 4년(甲戌, 374)에는 아도(阿道)가 동진에서 왔다. 이듬해인 을해(乙亥, 375) 2월에 초문사(肖門寺)를 세워 순도를 거기에 두고 또 이불란사(伊弗蘭寺)를 세워 아도가 있게 하니, 이것이 고구려에서 불법이 들어온 비롯됨이다.

(출전) 高麗本記云, 小獸林王卽位二年壬申, 乃東晉咸安二年, 孝武帝卽位之年也. 前秦符堅遣使及僧順道, 送佛像經文(時堅都關中, 卽長安), 又四年甲戌, 阿道來自晋. 明年乙亥二月, 創肖門寺, 以置順道, 又創伊弗蘭寺, 以置阿道. 此高麗佛法之始(권3 흥법 순도조려)

고국천왕(故國川王)

고구려 제9대 고국천왕의 이름은 남호이고 혹은 이모라고 한다. 그는 기미년(己未, 179)에 즉위하여 20년 동안 나라를 다스렸다. 국천(國川)은 또한 국양(國讓)이라고도 하니 이는 곧 장지(葬地)의 이름으로 볼 수 있다.

(출전) 第九代故國川王名男虎, 或云夷謨, 己(未)立, 理二十年. 國川 · 亦曰國壤, 乃葬地名(권1 왕력 고국천왕)

고기(古記)

또 고기에는 이렇게 말했다. 옛날에 환인(桓因, 帝釋)의 서자 환웅(桓雄)이란 천신이 있었다. 자주 천하를 차지할 뜻을 두어 사람이 사는 세상을 탐내고 있었다. 그 아버지가 아들의 뜻을 알고 삼위태백산(三危太伯山)을 내려다보니 인간들을 널리 이롭게 해 줄만 했다. 이에 환인은 천부인(天符印) 세 개를 환웅에게 주어 인간의 세계를 다스리게 했다. 환웅은 무리 3천 명을 거느리고 태백산(太伯山, 현 묘향산) 산마루에 있는 신단수 밑에 내려왔다. 이곳을 신시(神市)라 하고, 이 분을 환웅천왕이라고 말한다.

(출전) 古記云, 昔有桓因(謂帝釋也)庶子桓雄, 數意天下, 貪求人世, 父知子意, 下視三危太伯可以弘益人間, 乃授天符印三箇, 遣往理之. 雄率徒三千, 降於太伯山頂(卽太伯今妙香山)神壇樹下, 謂之神市, 是謂桓雄天王也(권1 기이1 고조선)

(새김)

성삼제(2006)의 '고조선, 사라진 역사'를 따르면, 일본의 국립중앙박물관 소장본인 동경제국대학본(1904) '삼국유사'에는 석유환인(昔有桓因)이 석유환국(昔有桓國)으로 적혀 있다. 이본(1902)은 2년 전 동경제대 사학과에서 발간한 삼국유사 판본을 교정, 간행한 것이다. 그래서 실수로 석유환국이라고 썼을 가능성은 적다. 그런데 두 책 모두 사학과 대학원 과정 교재로 사용된 책인데, 이마니시류(今西龍)는 그 책을 활용하지 않고 본인이 갖고 있던 '임신가필본'을 줄여서 영인했다. 그게 바로 교토 대학에서 발행한 '삼국유사'(1921)이다. 당시 임신가필본(正德本)은 덧칠한 티가 나고, 석유환인(昔有桓因)으로 되어 있다. 그래서 당시 최남선 선생 등은 석유환국을 석유환인으로 날조하려고 하는 의도가 보이고 이는 이마니시류가 주도한 본이라는 주장을 한 바 있다. 천손강림을 내용으로 한 단군 관련 벽화가 동한 시절(147) 만들어져 산동성 가상현(嘉祥縣)의 무씨사당(武氏祠堂) 석실에 화상석(畵像石)으로 보존되어 있다. 김재원(1947, 단군신화의 신연구)에서 이를 바탕으로 단군신화의 역사성을 강조하였다. 이병도(1976)에서는 세종실록 지리지 평양부 조에 보이는 단군고기(檀君古記) 같은 것으로 보기도 한다. 그 밖에 고기(古記)란 일반적인 총칭이 아니고 인용된바, 위서와 당배구전, 그리고 통전 같은 특정 서적을 이른다(김정배 1987, 김상현 2013).

고도녕(高道寧)

아도본비(我道本碑)를 살펴보면 이러하다. 아도는 고구려 사람이다. 어머니는 고도녕이니, 정시 연간(240-248)에 조위(曹魏) 사람 아굴마(我堀摩)가 사신으로 고구려에 왔다가 고도녕과 정분을 트고 돌아갔는데 이로부터 태기가 있었다. 아도가 다섯 살이 되자 어머니는 그를 출가시켰고, 나이 16세에 위(魏) 나라에 가서 굴마를 뵙고 현창화상이 강독하는 자리에 나아가서 불법을 배웠다.

(출전) 按我道本碑云我道高麗人也. 母高道寧. 正始間, 曹魏人我(姓我也)堀摩奉使句麗, 私之而還, 因而有娠. 師生五歲, 其母令出家. 年十六歸魏, 省覲堀摩, 投玄彰和尙講下就業, 年十九又歸寧於母(권3 흥법 아도기라)

고려(高麗)

당 나라 배구전(裵矩傳)에는 이렇게 전한다. 고려는 원래 고죽국(孤竹國, 현 노룡현)이었다. 주(周) 나라에서 기자(箕子)를 봉해 줌으로써 조선이라 했다. 한(漢) 나라에서는 세 군으로 나누어 설치하였으니 이것은 곧 현토, 낙랑, 대방이다.

(출전) 唐裵矩傳云, 高麗本孤竹國(今海州). 周以封箕子爲朝鮮. 漢分置三郡, 謂玄菟, 樂浪, 帶方(권1 기이1 고조선)

(새김)

고구려를 **고려**라고도 한다. 국보 205호인 중원고구려비(中原高句麗碑, 현 충주)를 살펴보면, 고구려를 고려(高麗)라고 적었다. 고구려가 망하고 그 대통을 이은 발해의 문왕도 일본에 사신을 보내면서 국서에 자신을 고려국왕(高麗國王) 대흠무(大欽茂)라 했고 이에 답서를 보낸 일본 순인왕의 글에 문왕을 고려국왕이라 적고 있다(속일본기 참조). 왕건도 자신의 나라가 고려를 계승하고, 나라이름을 국호로 밝히고 있다. 일본에서는 아직도 고려 혹은 고구려를 고마(こま)라고 부른다. 동경 부근의 사이타마현에 고려 마을이 있다. 여기서는 고마노사토(高麗鄕)라 한다. 고마노사토에 가면 고마진자(高麗神社), 고마가와(高麗川) 등이 있다. 이 밖에도 고마라꾸(高麗樂), 고마진(高麗人) 같은 말들이 흔히 쓰인다. 고려 혹은 고구려는 고마 곧 곰족의 겨레들이 세운 나라임을 가늠할 수 있다. 말하자면, 고구려는 예맥의 맥(貊)족일 가능성이 있다. 현행 국사 교과서에서는 고구려의 발상지를 압록강의 중류인 동가강 유역의 환인 지역으로 보고 있다(이기백 참조). 그런데 중국의 송나라 말엽 원나라 초엽의 역사가인 마단림(馬端臨)의 문헌통고(文獻通考)에는, 고구려가 본디 조선 땅이었는데 한 무제가 고구려현을 설치, 낙랑군에 소속시켰다고 하였다(高麗本朝鮮地 漢武帝置縣屬樂浪郡). 그럼 여기 낙랑군은 어디인가. 송나라의 낙사가 지은 태평환우기(太平寰宇記)나 통감지리통석(通鑑地理通釋) 등의 중국 측 사료에서는 낙랑군이 진-한 시대 오늘날의 하북성 진황도시(秦皇島市) 노룡현(盧龍縣) 일원에 자리하였음을 기록하고 있다(심백강(2014) 우리역사 참조).

고려고기(高麗古記)

또 고려고기에 이렇게 말한다. 수(隋) 나라 양제(煬帝)가 대업 8년(壬申, 612)에 30만 명의 군사를 거느리고 바다를 건너 쳐들어왔다. 10년(甲戌, 614) 10월에 고구려왕(그 때는 제26대 영양왕이 즉위한 25년)이 표문을 올려 항복을 청할 때 한 사람이 비밀히 소노를 품안에 넣어 들어갔다.

(출전) 又按高麗古記云, 隋煬帝以大業八年壬申, 領三十萬兵, 渡海來征, 十年甲戌十月, 高麗王(時第三十六代嬰陽王立二十五年也)上表乞降. 時有一人, 密持小弩於懷中(권3 흥법 보장봉로 보덕이암)

(새김)

소노(小弩)-작은 노(弩)를 뜻한다. 쇠뇌라고도 한다. 기존의 활에 쇠로 만든 발사 장치를 붙여 여러 개의 화살이나 돌을 쏠 수 있는 기계식 활이다. 노기(弩機)라고도 한다. '노'는 일종의 활인데 개량식 활로써 쉽고 정확한 공격을 할 수 있게 만든 병기이다. 김유신의 만노군(萬弩軍)이 그 대표적인 사례라고 할 수 있다. 비유하자면 임진란 때 일본군이 썼던 조총(鳥銃)에 버금가는 활이다. 신라의 나당 연합군이 백제, 그리고 고구려와 전쟁을 할 때도 신라의 구진천(仇珍川)이란 명장이 노를 만들었다는 기록이 나온다(삼국사기 열전 김유신). 이를 신라노(新羅弩)라 하였다. 전쟁이 끝났을 때 당 나라에서는 구진천 명장을 데리고 갔으나 이렇다 할 보람을 거두지 못하였다고 적고 있다. 경기도 파주에 가면 김영집 명장이 세운 궁시박물관(弓矢博物館)에서 그 재현품을 볼 수 있다. 유물로는 북한에 자리한 낙랑무덤인 왕광묘, 왕근묘, 평양 석암리 제212호 무덤, 정백리 제356호 무덤 등에서 쇠뇌의 부분이 발굴되었다. 2004년에 와서 경북 영천시 고경면 용전리 널무덤〔木棺墓〕에서 청동으로 만든 쇠뇌가 남한 지역에서도 처음으로 선을 보였다.

고령가야(古寧伽耶)

아라가야(阿羅, 혹은 阿耶, 현 함안), 고령가야(古寧伽耶, 현 함녕), 대가야(大伽耶, 현 고령), 성산가야(星山伽耶, 현 경산 혹은 벽진), 소가야(小伽耶, 현 고성)가 있다. 또 고려사략(本朝史略)에는, 태조 천복 5년(庚子, 940)에 5가야의 이름을 고쳤다. 즉 첫째는 금관(金官, 현 김해부), 2는 고령(古寧, 현 가리현), 3은 비화(非火, 현 창녕)이니, 고령의 잘못이요, 나머지 둘은 아라와 성산이라 했다(위의 주와 같다. 성산은 혹 벽진가야라고도 한다).

(출전) 阿羅(一作耶)伽耶(今咸安), 古寧伽耶(今咸寧), 大伽耶(今高靈)星山伽耶(今京山, 一云碧珍)小伽耶(今固城), 又本朝史略云, 太祖天福五年庚子, 改五伽耶名, 一金官(爲金海府), 二古寧(爲加利縣), 三非火(今昌寧, 恐高靈之訛), 餘二阿羅, 星山(同前, 星山或作碧珍伽耶)(권1 기이1 오가야)

고마며지현(古馬旀知縣)

이리하여 왕은 망설이고 어느 말을 따를지 모르고 있었다. 이 때 좌평 흥수(興首)가 죄짓고 고마며지현(古馬旀知縣)에 귀양 가 있었으므로 사람을 보내어 물었다. 일이 급하니 어찌하면 좋겠는가. 흥수는 말한다. 대체로 좌평 성충(成忠)의 말과 같사옵니다. 대신들은 이 말을 믿지 않고 말하기를, 흥수는 죄인의 몸이어서 임금을 원망하고 나라를 사랑하지 않는 것이오니 그 말은 쓸 것이 되지 못합니다.

(출전) 王猶預不知所從, 時, 佐平興首得罪, 流竄于古馬旀知之縣, 遣人問之曰事急矣. 如(之)何, 首曰大概如佐平成忠之說, 大臣等不信, 曰興首在縲絏之中, 怨君而不愛國矣. 其言不可用也(권1 기이1 태종춘추공)

(새김)

고마며지현은 오늘날의 전라도 장흥(長興) 일원을 이른다. 신라 때 마읍(馬邑)으로 고쳤다(동국여지승람 권37 전라도 장흥도호부).

고본(古本)

탈해치질금(脫解齒叱今, 달리 吐解尼師今)은 남해왕 때였다(고본에는 임인년(壬寅)이라고 했으나 이것은 잘못이다. 가까운 일이라면 노례왕의 즉위 초년보다 뒤의 일일 것이니 양위를 다투는 일이 없었을 것이다. 또 먼저의 일이라면 혁거세왕 때의 일일 것이다).

(출전) 脫解齒叱今(一作吐解尼師今), 南解王時(古本云壬寅年至者, 謬矣. 近則, 後於弩禮卽位之初, 無爭讓之事, 前則, 在於赫居之世, 故知壬寅非也)(권1 기이1 탈해왕)

고선사(高仙寺)

어느 날 사복의 어머니가 죽었다. 그 때 원효(元曉)가 고선사에 머물렀다. 원효는 그를 맞아 예를 차렸으나 사복(蛇福)은 대꾸도 하지 않았다. 그대와 내가 옛날 경(經)을 싣고 다니던 암소가 이제 죽었으니 나와 함께 장사지냄이 어떨까. 원효는 그러자며 함께 사복의 집으로 갔다. 사복은 원효에게 포살계(布薩戒)를 주게 했다. 원효는 그 시신 앞에서 빌었다. 세상에 나지 말 것이니, 그 죽는 것이 괴로우니라. 죽지 말 것이니 세상에 나는 것이 괴로우니라. 사복은 원효의 말이 너무 번거롭다고 하며 고쳐서 말했다. 죽고 사는 게 모두 괴롭다.

(출전) 一日其母死, 時元曉住高仙寺. 曉見之迎禮, 福不答拜而曰君我昔日馱經牸牛, 今已亡矣. 偕葬何如 曉曰諾. 遂與到家, 令曉布薩授戒. 臨尸祝曰莫生兮其死也苦, 莫死兮其生也苦, 福曰詞煩, 更之曰死生苦兮(권4 의해 사복불언)

(새김)

고선사는 경주의 암곡리(暗谷里)에 자리하였고 원효의 손자인 설중업(薛仲業)이 세웠다는 서당화상비(誓幢和尙碑)가 있던 곳이다. 사복을 이두로 읽어 바얌보 혹은 뱀보라고 말한다(지준모).

고성수구(高城水口)

왕은 매우 가상히 여겨 술잔을 나누어 마시고 손을 잡아 작별해 보냈다. 제상은 왕의 앞에서 명령을 받고 바로 북해로 향하여 옷을 갈아입고 고구려에 들어가 보해가 있는 곳으로 가서 함께 도망할 날짜를 약속해 놓았다. 제상은 먼저 5월 15일에 고성(高城) 항구에 와서 배를 대고 기다리고 있었다. 약속한 날짜가 가까워지자 보해는 병을 핑계하고 며칠 동안 조회에 나가지 않았다. 그러다가 밤중에 도망하여 고성 바닷가에 이르렀다. 고구려왕은 이를 알고 수십 명 군사를 시켜 쫓게 하니 고성에 이르러 따라가게 되었다. 그러나 보해는 고구려에 있을 때에 늘 좌우에 있는 사람들에게 은혜를 베풀어 왔기 때문에 쫓아온 군사들은 그를 불쌍히 여겨 모두 화살의 촉을 뽑고 쏘아서 몸이 상하지 않고 돌아올 수가 있었다. 왕은 보해를 보자 미해 생각이 더욱 간절했다. 기쁨과 슬픔이 함께 했다.

(출전) 王甚嘉之. 分觴而飮, 握手而別. 堤上簾前受命, 徑趨北海之路, 變服入句麗. 進於寶海所, 共謀逸期, 先以五月十五日, 歸泊於高城水口而待. 期日將至, 寶海稱病, 數日不朝, 乃夜中逃出, 行到高城海濱, 王知之. 使數十人追之. 至高城而及之. 然寶海在句麗, 常施恩於左右, 故其軍士憫傷之. 皆拔箭鏃而射之. 遂免而歸. 王旣見寶海, 益思美海, 一欣一悲(권1 기이1 내물왕 김제상)

(새김)

고성수구(高城水口) : 오늘날에는 강원도 고성군인데 남북의 분단으로 휴전선을 사이하여 갈라져 있다. 옛날에는 고구려 땅이었으며 본디 달홀(達忽)이라고 하였다. 여기 고성수는 금강산에서 발원하는 신계천(神溪川)을 가리키는 듯하다. 옛 신계사 터가 있었으나 터만 남았다. 고성수구는 신계천의 어구를 말한다. 산천어가 사는 아름답고 깨끗한 물이 흐른다.

고성진(古省津)

삼국사기에 따르면, 백제 제26대 성왕(聖王) 26년(戊午, 539) 봄에 도읍을 사비(泗沘)로 옮기고 국호를 남부여라 했다 하고, 주에 그 지명은 소부리(所夫里)이며 사비는 현 고성진이요, 소부리는 부여의 딴 이름이라 했다.

(출전) 按三國史記, 百濟聖王二十六年戊午春, 移都於泗泚, 國號南扶餘. 注曰其地名所夫里 泗泚, 今之古省津也. 所夫里者, 扶餘之別號也(권2 기이2 남부여 전백제 북부여)

고승전(高僧傳)

고승전에 올렸다. 고승 보덕(普德)의 자는 지법(智法)이니, 전 고구려 용강현 사람이라 했으니 이것은 아래에 있는 본전에 자세히 나타나 있다. 보덕은 항상 평양성에 살고 있었다. 산방의 늙은 중이 와서 불경을 강론해 주기를 청하므로 굳이 사양하다가, 마지못해 가서 열반경 40여 권을 강의하였다. 강론을 마치고 성의 서쪽 대보산의 바위 굴 밑에 이르러서 선정에 들었다. 이 때 신인(神人)이 와서 청하기를, 이곳에 사는 것이 좋겠다고, 지팡이를 그의 앞에 놓고 땅을 가리키면서 말하기를, 이 속에 8면으로 된 7층의 석탑이 있을 것이라 하므로 땅을 파니 과연 그러했다. 이에 절을 세우고 이름을 영탑사(靈塔寺)라 하고 그곳에서 살았다.

(출전) 僧傳云釋普德字智法, 前高麗龍岡縣人也. 詳見下本傳. 常居平壤城, 有山方老僧, 來請講經. 師固辭不免, 赴講涅槃經四十餘卷. 罷席, 至城西大寶山嵒穴下禪觀, 有神人來請, 宜住此地, 乃置錫杖於前, 指其地曰此下有八面七級石塔, 掘之果然, 因立精舍, 曰靈塔寺, 以居之(권3 탑상 고려 영탑사)

고야촌(高耶村)

신라 6부촌 가운데 하나. 여섯째는 명활산(明活山) 고야촌이다. 촌장은 호진이다. 처음에 금강산에 내려왔으니 호진이 습비부 설씨(薛氏)의 조상이다. 지금은 임천부(臨川部)

라고 하는데 물이촌, 잉구미촌, 궐곡 등 동북촌이 여기에 속한다.

(출전) 六曰明活山高耶村, 長曰虎珍, 初降于金剛山, 是爲習比部薛氏祖, 今臨川部, 勿伊村, 仍仇旀村, 闕谷(一作葛谷)等東北村屬焉(권1 기이1 신라시조 혁거세왕)

고위산(高位山)

동도(東都)의 남산 남쪽에 봉우리 하나가 우뚝 솟아 있다. 세상에서는 이 산을 고위산(高位山)이라 한다. 산 남쪽에 절이 있는데 이른바 고사(高寺) 또는 천룡사(天龍寺)라고 한다. 토론삼한집(討論三韓集)에는 이렇게 말했다. 계림에는 두 줄기의 객수(客水)와 한 줄기의 역수(逆水)가 있는데 그 역수와 객수의 두 근원이 재해를 진압하지 못하면 천룡사가 뒤집혀 무너지는 재앙이 생긴다.

(출전) 東都南山之南, 有一峯屹起, 俗云高位山, 山之陽有寺, 俚云高寺, 或云天龍寺, 討論三韓集云雞林土內有客水二條·逆水一條, 其逆水·客水二源, 不鎭天災, 則致天龍覆沒之災(권3 탑상 천룡사)

(새김)

고위산(高位山, 494m)은 돌산 고허촌을 말한다. 오늘날에는 남산부를 이르며 구량벌과 마들오, 그리고 도북과 회덕이 모두 남촌에 속하였다(突山高墟村, 長曰蘇伐都利, 初降于兄山, 是爲沙梁部(梁讀云道, 或作涿, 亦音道)鄭氏祖, 今曰南山部, 仇良伐·麻等烏·道北·廻德等南村屬焉(권2기이1)). 삼국사기(三國史記)를 보면, 진평왕 48년(626)에 고허성(高墟城)을 쌓았다는 기록을 보면 분명 고허성은 고허촌에 속하였고 고려시대로 와서는 남산부라 하였음을 가늠할 수 있다. 음운상으로 보면 고허(高墟)의 소리가 약화 탈락하면서 고허-고어가 되었고 다시 고위(高位)라는 좋은 글자로 바꾸어 적었을 가능성이 높다. 돌산(突山)의 돌-도지명의 대응으로 보면 돌(突)과 고(高)-와 같은 의미로 볼 수 있다. 돌-의 옛말소리가 돌-돋-돝이라 보면 높이 솟았다는 의미를 품고 있기에 그러하다. 돌-의 모음은 당시에 아래 (·)에 대응하는 소리로 보면, 돌-달(達)-고(高)로 볼 가능성이 있다(고성(高城)-달홀(達忽)). 아직도 그 성터가 남아 있고 옛 지도에 고허산성으로 올라 있다. 고위산이 남산에서는 가장 높다. 삼국유사(三國遺事)의 기록처럼 고허촌의 머리는 소벌도리(蘇伐都利)였으며 처음에 형산(兄山)에 내려왔으니 여기를 사량부 혹은 사도 혹은 사탁부라 하였다. 정씨들의 조상이 되었다.

고이왕(古爾王)

백제 제8대 임금. 시조 온조왕은 동명왕(東明王)의 셋째 아들로서 몸이 훤칠하고 효도와 우애가 지극하며 말 타기와 활쏘기를 잘했다. 또 다루왕(多婁王)은 너그러웠으며 위엄과 인망이 있었다. 또 사비왕(沙沸王, 혹 사이왕)은 구수왕이 죽은 뒤에 왕위를 계승했으나 나이가 어려서 정사를 보살필 수가 없었기 때문에 즉시 이를 폐하고 고이왕을 세웠다.

(출전) 又始祖溫祚乃東明第三子, 體洪大, 性孝友, 善騎射, 又多婁王, 寬厚有威望, 又沙沸王

(一作沙伊王), 仇首崩, 嗣位, 而幼少不能政, 卽癈而立古爾王(권2 기이2 남부여 전백제 북부여)

고자국(古自國)

신라 제10대 내해왕(柰解王)이 즉위한 지 17년(壬辰, 212)에 보라국(保羅國, 현 나주), 고자국(古自國, 현 고성), 사물국(史勿國, 현 사주) 등 여덟 나라가 합세해서 변경을 쳐들어 왔다. 왕은 태자 내음(奈音)과 장군 일벌(一伐) 등에게 명하여 군사를 거느리고 이를 막게 하니 여덟 나라가 모두 항복했다. 이 때 물계자(勿稽子)의 전공이 으뜸이었다. 그러나 태자에게 미움을 받아 그 상을 받지 못했다.

(출전) 第十代奈解王卽位十七年壬辰, 保羅國, 古自國(今固城), 史勿國(今泗州) 等八國, 併力來侵邊境, 王命太子㮈音, 將軍一伐等, 率兵拒之. 八國皆降. 時, 勿稽子軍功第一, 然爲太子所嫌, 不賞其功(권5 피은 물계자)

(새김)

고자국은 변한 12소국 가운데 하나이다. 삼국지 위서(魏書) 동이전에는 변진 고자미동국(古資彌凍國)으로 기록되어 있으나, 삼국사기에는 고자군(古自郡) 또는 고사포국(古史浦國), 그리고 일본서기에는 고차국(古嵯國) 또는 구차(久嵯)로 되어 있다. 여기 고자는 곶(串)을 의미하며, 미동은 저수지, 물가 또는 하천 유역 등의 물과 관계있는 지역이라는 뜻이다. 고성군의 마암면, 동해면, 하이면, 상리면, 대가면, 그리고 이웃한 사천시 등지에 널려 있는 고인돌 군을 통해 보듯이, 이 지역에는 청동기시대 이래 다수의 소규모 세력집단들이 존재하고 있었다. 기원전 2세기경까지도 독립된 세력으로 존속하고 있던 이러한 소집단들이 초기철기문화를 바탕으로 합하여 나라를 세운 것이 고자미동국이다. 특히 고성읍을 중심으로 동외동, 송학동, 수남동 등지에 초기철기시대의 조개더미 유적들이 분포되어 있으며, 이 가운데 동외동 조개더미에서는 2세기 전반의 정치적 지배자의 존재를 반영하는 청동기와 철기유물군이 발견되기도 하였다. 이것으로 미루어 고자미동국의 수도는 고성읍 일대였을 것으로 가늠된다. 고자미동국은 소가야국으로 성장, 발전하면서 인근 도서지역을 포함하는 남해안 일대에서 상당기간 주요세력으로 존속하였다. 신라 내해니사금 때는 골포국(骨浦國), 칠포국(柒浦國) 등과 연합하여 가야를 공략하는 등 그 위세를 떨치기도 하였다(한국민족문화대백과사전 참조).

고장왕(高藏王)

고구려 제28대 보장왕은 고장왕이라고도 한다. 문무왕이 처음 즉위한 용삭 신유년(辛酉, 661)에 사비수 남쪽 바다 속에 한 여인의 시체가 떠올랐다. 키는 73자, 발의 길이는 6치, 음문의 길이가 3자이었다. 혹은 말하기를 키가 18자이며 건봉 2년(丁卯, 667)이라고 했다. 총장 무진(戊辰, 668)에 왕은 군사를 거느리고 인문(仁問), 흠순(欽純) 등과 함께 평양에 이르러 당 나라 군사와 합세하여 고구려를 멸망시켰다. 당 나라 장수 이적(李勣)은 고장왕을 잡아서 돌아갔다(왕의 성이 고씨이므로 고장(高藏, 寶藏)이라 했다).

(출전) 王初卽位, 龍朔辛酉, 泗沘南海中有死女尸, 身長七十三尺, 足長六尺, 陰長三尺. 或云身長十八尺, 在封乾二年丁卯. 總章戊辰, 王統兵, 與仁問欽純等至平壤, 會唐兵滅麗, 唐帥李勣獲高臧王還國(王之姓高, 故云高臧)(권2 기이2 문호왕 법민)

(새김)

고장왕은 고구려 제28대 임금으로 재위 26년(642-668) 동안 나라를 다스렸다. 이름은 장(臧, 藏) 또는 보장(寶臧, 寶藏) 고구려의 왕명은 대부분 시호이지만 보장왕은 고구려가 멸망당했기 때문에 시호가 없다. 영류왕의 동생인 태양왕(太陽王)의 아들이다. 반란을 일으켜 영류왕을 꺾고 권력을 쥔 연개소문에 의하여 왕위에 올랐기 때문에 비록 왕이라 하더라도 연개소문의 그늘에 가려 왕으로서의 실권을 행사하지 못했다. 재위 기간 중 국내적으로는 천재지변이 잦았고, 보장왕 2년(643)에는 연개소문의 주장에 따라 당 나라에 요청해 도교를 받아들이는 정책을 썼다. 이에 대해 고구려 불교계의 반발이 거셌고, 보덕(普德)과 같은 스님은 영양왕 9년(650)에 백제로 넘어가기까지 하였다. 당시의 도교 진흥책에 대해서는 도교를 믿는 당 나라와의 관계를 원활히 하기 위한 것이었다는 해석이 있는가 하면, 연개소문의 독재 권력을 뒷받침할 수 있는 사상적 기반을 마련하기 위한 것이었다는 풀이도 있다. 발해 사람 무예는 말하였다. 옛날 고구려의 전성시기에는 군사 30만으로 당과 대적하였다고. 고구려의 지세가 유리하고 군사가 강성하였다. 하지만 고구려 말엽 임금과 신하가 어리석고 사나워 각자가 자신의 도리를 다하지 못하자, 당 나라가 다시 군사를 일으켜, 신라가 이를 도와 그들을 쳐서 정벌했다. 고구려 지역의 대부분이 발해와 말갈로 속하게 되고, 신라는 그 남쪽 지역을 차지, 한주와 삭주, 명주의 3주와 군현을 두어 9주를 설치하였다(渤海人武藝曰 昔高麗盛時, 士三十萬, 抗唐爲敵. 則可謂地勝而兵强. 至于季末, 君臣昏虐失道, 大唐再出師, 新羅援肋助, 討平之. 其地多入渤海. 靺鞨, 新羅亦得其南境, 以置漢. 朔. 溟三州及其郡縣, 以備九州焉-삼국사기).

고전(古傳)

고전을 살피건대, 아육왕(阿育王)이 귀신들에게 명령해서 인구 9억 명이 사는 곳마다 탑 하나씩을 세웠다고 한다. 이렇게 해서 염부계(閻浮界) 안에 8만 4천개의 탑을 세워서 큰 돌 속에 감추어 두었다고 한다. 지금 여러 곳에서 그 상서로운 징조가 한두 번 나타난 것이 아니니 대개 진신의 사리란 그 감응되는 것을 헤아리기가 어렵다.

(출전) 古傳, 育王命鬼徒, 每於九億人居地立一塔, 如是起八萬四千於閻浮界內, 藏於巨石中, 今處處有現瑞非一, 蓋眞身舍利, 感應難思矣(권3 탑상 요동성육왕탑)

고전기(古典記)

고전기에 따르면 이러하다. 고구려 시조 동명왕의 셋째 아들 온조(溫祚)는 전한 홍가 3년(癸酉, 전18)에 졸본부여에서 위례성으로 와서 도읍을 정하고 왕이라 일컬었다.

(출전) 按古典記云, 東明王第三子溫祚, 以前漢鴻佳三年癸酉, 自卒本扶餘至慰禮城, 立都稱王(권2 기이2 남부여 전백제 북부여)

고조선(古朝鮮)

위서(魏書)에 이렇게 말했다. 지금으로부터 2천 년 전에 단군왕검이 있었다. 그는 아사달(阿斯達, 경(經)에는 무엽산이라 하고 또는 백악이라고도 하는데 백주에 있었다. 혹은 또 개성 동쪽에 있었다고 한다. 이는 바로 현 백악궁이다)에 도읍을 정하고 새로 나라를 세워 국호를 조선(朝鮮)이라고 불렀으니 이것은 고(高, 堯)와 같은 시기였다.

(출전) 魏書云, 乃往二千載有壇君王儉, 立都阿斯達(經云無葉山, 亦云白岳, 在白州地, 或云在開城東, 今白岳宮是) 開國號朝鮮, 與高同時(권1 기이1 고조선 왕검조선)

(새김)

조선은 옛말로 됴션이었다. 관자(管子)에 이르기를, 발조선(發朝鮮)이 조공을 바치지 않았다고 적었다. 여기 발조선이 바로 동이족이다. 조선족은 사슴을 기르는 유목민들이었다(發人鹿鹿者若鹿迅走, 逸周書). 전국책(戰國策)에도 조선이란 기록이 보인다. 말하자면 하북성 이북의 북방 민족을 이르는 범칭으로 보인다. 산해경(山海經)에서는 요녕성 방면으로 보고 있다. 고구려는 부리아트(부려-부여) 족의 한 갈래인 고리족일 가능성이 크다. 고구려를 고리(藁離族) 혹은 고씨라고도 한다. 백제를 세운 온조(溫祖)도 부여족의 한 갈래로 일본서기(日本書紀)에서는 구다라로 적고 있다. 옛 몽고말로 온조는 높다-고(高)를 이르는 온두르(ondur)였다. 넓게는 퉁구스족을 포괄한다고 볼 수 있다(강길운, 어원사전 참조). 사고전서(四庫全書)와 중국의 역대 사료를 중심으로 하여 고조선의 강역을 새로이 상정하고 있다(심백강 2014). 그 근거로는 다음의 몇 가지를 들 수 있다. 1) 송나라 때 엮은 '무경총요'와 '왕기공행정록'에서 오늘날 하북성 북경 동쪽에 있는 '조하(潮河)'가 송나라시대에는 '조선하(朝鮮河)'로 불렸다. 2) 송나라 사람 나필(羅泌)이 지은 '노사(路史)'에서, '산해경'에 실린 해내경(海內經) 권18에 고조선의 존재가 확인되었다. 동해의 안쪽이면서 북해 곧 발해의 모퉁이에 나라가 있었으니 그 이름을 조선(朝鮮)이라고 하였다(東海之內北海之隅有國名曰朝鮮). 3) 송나라 사람 낙사(樂史, 930-1997)의 '태평환우기(太平寰宇記)'에서 오늘날 하북성 진황도시 노룡현에 조선성(朝鮮城)이 있었음을 밝혔다. 4) 중국 최초의 정사인 진서(晉書)에서 전연(前燕)을 세운 선비족 모용황을 조선공(朝鮮公)에 봉했던 기록이 드러났다. 5) 1,500년 전 남북조시대의 대표적인 문인이던 유신(庾信)이 지은 두로영은(豆盧永恩)의 비명에서 선비족의 발상지 시라무렌강 유역에서 고조선이 세워졌다고 하는 사료를 확인하였다(심백강, 잃어버린 상고사 되찾은 고조선(2014)). 시라무렌이란 몽고어로 누렇다는 말인데, 황하와 구별하여 황수(潢水)라 적고 요하(遼河)에 합류되어 흐른다. 이밖에도 고조선의 옛터이며 요하문명의 알맹이라 할 홍산문화(紅山文化)에서 단(壇, 천제단), 묘(廟, 여신묘-신전), 총(塚, 적석총)과 옥룡(玉龍)으로 대표되는 옥기(玉器)가 비파형 청동기와 함께 고고학적인 증거물들이 나왔다(1980). 일제 강점기에 한국의 역사를 식민사관에 따라서 왜곡 날조할 때, 고조선의 역사를 신화로 좌단하고 기자조선과 위만조선, 한사군 같은 식민지(殖民地, colony)의 역사로 못 박았던 조선총독부가 펴낸 '조선사(朝鮮史)'가 허구요, 파렴치한 식민사학이요, 짓거리였음을 알 수 있다. 조선사편수회에서 심부름을 하였던 이들은, 최남선과 이병도, 신석호와 이능화, 그리고 홍희 등이었다. 이에 맞서 그 진실을 밝히려 했던 것이 신채호(申采浩)와 정인보(鄭

寅普), 그리고 박은식(朴殷植), 계연수(桂延壽) 선생을 중심으로 하는 학인들이었다.

고주몽(高朱蒙)

고구려의 첫째 임금은 동명왕이었다. 갑신년(甲申, 전37)에 나라를 세웠으며 18년 동안 나라를 다스렸다. 성은 고(高)씨요, 이름은 주몽(朱蒙)이었다. 달리 추몽(鄒蒙)이라 한다. 단군(壇君)의 자손이었다.

(출전) 高麗, 第一代東明王甲申立, 理十八年. 姓高, 名朱蒙, 一作鄒蒙, 壇君之子(권1 왕력 동명왕)

(새김)

고주몽은 기원전 37년에 고구려(高句麗, 일명 고려)를 세운 인물로서 성은 고씨(高氏), 이름은 주몽(朱蒙) 또는 추모(鄒牟), 상해(象解), 추몽(鄒蒙), 중모(中牟), 중모(仲牟), 도모(都牟)로도 부른다. 국사(國史) 고구려본기를 따다가, 삼국유사 및 삼국사기에는 성이 고씨, 이름은 주몽이라 하였다. 삼국사기에서는 주몽은 추모 또는 상해라 하였다고 적고 있다. 광개토왕릉비문에서는 모두루, 묘지에서는 추모왕이라 적고 있다. 한편 백제는 어떠한가. 온조의 시조로 모신 동명왕에 대하여 신찬성씨록(新撰姓氏錄) 등 일본문헌에는 도모(都慕, つも)라 적고 있다. 이러한 한자 표기는 모두 동명(東明)의 훈이나 소리를 따서 적은 것이라는 풀이도 있다(한국민족문화대백과사전 참조). 고주몽의 성씨를 고(高)씨로 적고 있으나 실상 고주몽의 조상이 단군이고 해모수이니 그의 성씨도 해(解)씨여야 맞다. '삼국유사'에 올리기를, 나라 이름을 북부여라 하고 스스로 이름을 해모수라 하였다. 아들을 낳았으니 부루라 하였고 해(解)로써 성을 삼았다(國號北扶餘自稱名解慕漱生子名扶婁以解爲氏). 고구려의 대무신왕의 이름을 대해주류왕(大解朱留王), 민중왕의 이름을 해읍주(解邑朱), 모본왕의 이름을 해애(解愛) 또는 해애루(解愛婁)라 함을 보아도 주몽의 성은 해(解)라 함이 온당하다(심백강(2014) 참조). 여기서 주목할 것은 삼국유사 왕력편에서 고주몽이 단군의 자손으로 나온다는 역사적인 사실이다. 한편 삼국유사 기이편 단군기에는 해모수의 아들로 나온다. 이는 고구려를 중심으로 하는 신화소의 적층성(積層性)으로 풀이할 수 있다고 본다. 그런데 어떻게 고조선의 역사가 신화라고 몰아서 기록할 수 있는가. 이는 일제의 이른바 식민사관에 따른 역사왜곡일 뿐이다. 그러면서도 일연은 삼국유사(三國遺事)에 고조선 다음에 위만 조선을 올리고 있다. 위만은 삼국유사의 왕력편에는 올라 있지 않다. 동명왕의 조상은 단군인데 북부여의 해모수(解慕漱)와 해부루(解扶婁)라 하였다. 해모수는 북부여의 시조이며 하늘의 천제(天帝)로서 오룡거를 타고 흘승골성(訖升骨城)에 내려와 도읍을 정하고 북부여를 세웠다(삼국유사). 그러니까 고조선의 왕통은 마땅히 단군의 고조선에서 북부여로 다시 고구려로 이어지고 여기서 갈라져 나아간 이들이 백제와 신라를 세웠다.

고죽국(孤竹國)

당 나라 배구전(裴矩傳)에는 이렇게 전한다. 고려는 원래 고죽국(孤竹國, 산동성 노룡현)이었다. 주(周) 나라에서 기자(箕子)를 봉해 줌으로써 조선이라 했다. 한(漢) 나라에서는 세 군으로 나누어 설치하였으니 이것은 곧 현토(玄菟), 낙랑(樂浪), 대방(帶方, 북대방)이다. 통전에도 이와 같다.

(출전) 唐裵矩傳云, 高麗本孤竹國(今海州), 周以封箕子爲朝鮮. 漢分置三郡, 謂玄菟, 樂浪, 帶方(北帶方)通典亦同此說(권1 기이1 고조선)

(새김)

중국 사료에서 **고죽국(孤竹國)**은 요서군(遼西郡) 영지현(令支縣) 하북성(河北省) 노룡현(盧龍縣) 일대, 또는 산해관(山海關) 부근, 조양현(朝陽縣) 서남 지구 등으로 그 위치를 비정할 수 있다. 그 나라가 난하(灤河) 하류에서 대릉하(大凌河)에 걸치는 발해만 북안 일원이다. 그 중심지는 요하의 지류인 대릉하 상류의 요령성(遼寧省) 객좌현(喀左縣) 지역이었던 것으로 보인다. 하지만 이 지역의 독특한 청동기 문화와, 은나라 영토가 중국의 장성(長城) 이북까지 분포되지 않았다는 점을 들어, 고죽국을 요녕성 지역에 비정하는 것을 부인하는 주장도 있다. 삼국유사(三國遺事) 고조선 부분을 보면, 당배구전(唐裵矩傳)에 고구려 관련부분이 있다. '고려는 본디 고죽국이었다(高麗本孤竹國)'는 암시를 주는 단서였다. 배구전이란 배구열전(裵矩列傳)을 말한다. 재상이었던 배구가 수(隋) 나라 양제에게 올린 상소문에 고구려 관련 부분이 나온다. '고구려는 본디 고죽국이었습니다. 주 나라 시기에 그 지역을 기자에게 다스리게 하였습니다. 한(漢) 나라 때에는 세 군으로 나누었고 진(晉) 나라 때에도 역시 요동에 통합시켰습니다. 지금은 신하의 예를 갖추지 않으니 선제(先帝, 수 문제)께서 이를 미워하여 그들을 정벌하려고 한 지가 오래 되었습니다(矩因奏狀曰 高麗之地 本孤竹國也. 周以之封於箕子 漢世分爲三郡 晉氏 亦統遼東 今不臣別爲外域 故先帝疾焉欲征之久矣. 隋書67). 고조선의 터인 고려로 온 기자는 뒤에 요의 낙랑의 임금에 임명되었다. 오늘날의 평주 노룡현 지역으로 여기에 조선성이 있었다. 그래서 무덕 연간에 요주를 기주로 삼았다. 무덕 8년(625) 고구려도 또한 그 지역에 있었다(箕子後封遼之樂浪 今平州之盧龍有朝鮮城 故武德以遼爲平州 八年而高麗亦其地. 路史 27朝鮮). 고죽(孤竹)이라 함은 백이와 숙제의 올곧은 삶을 상징적으로 대에 비유하여 고죽이라 하였던 것으로 보인다(정호완).

고파리(古巴里)

이 절은 서울에서 동남쪽으로 20리 쯤 되는 곳에 있다. 금당주미륵존상화광(金堂主彌勒尊像火光) 후기에는 다음과 같이 말하였다. 개원 7년(乙未, 719) 2월 15일에 중아찬 김지성(金志誠)이 그의 죽은 아버지 인장(仁章) 일길간과 죽은 어머니 관초리(觀肖里) 부인을 위해서 삼가 감산사(甘山寺)와 돌미륵 하나를 만들고, 겸하여 개원(愷元) 이찬과 아우 간성(懇誠) 소사, 현도사(玄度師), 누이 고파리(古巴里), 전처 고로리(古老里), 후처 아호리(阿好里)와 또 서형 급막(及漠) 일길찬, 일당(一幢) 살찬, 총민(聰敏) 대사와 누이동생 수힐매(首肹買) 등을 위하여 이러한 좋은 일을 했다. 어머니 관초리 부인이 고인이 되자 동해 흔지(欣支, 포항) 바닷가에 유골을 뿌렸다.

(출전) 寺在京城東南二十許里, 金堂主彌勒尊像火光後記云開元七年己未二月十五日, 重阿喰全忘誠, 爲亡考仁章一吉干・亡妃觀肖里夫人, 敬造甘山寺一所・石彌勒一軀, 兼及愷元

伊飡·第懇誠小舍玄度師·姊古巴里·前妻古老里·後妻阿好里，兼庶族及漠一吉飡·一幢薩飡·聰敏大舍·妹首肹買等，同營玆善. 亡妣肖里夫人，古人成之東海欣支邊散也(권3 탑상 남월산)

(새김)

고파리(古巴里)는 감산사(甘山寺) 아미타여래조상기에는 고보리(古寶里, 고운 임)라 실려 전한다. 파(巴)와 보(寶)의 소리가 비슷하여 서로 통용되었다고 볼 수 있다. 곱다에서 나온 말로 보인다. 장보고를 궁파(弓巴) 혹은 궁복(弓福)이라 함을 보고, 다시 사복(蛇福)-사파(蛇巴)에서 글자의 대응을 찾을 수가 있다.

고허촌(高墟村)

이는 돌산(突山) 고허촌(高墟村)이니, 촌장은 소벌도리(蘇伐都利)이다. 처음에 형산(兄山)에 내려왔으니 이 사람이 사량부(沙梁部, 양(梁)은 도(道)라고 읽고 혹은 탁(涿)으로도 쓴다. 그러나 역시 도(道)라고 읽는다) 정씨의 조상이 되었다.

(출전) 二曰突山高墟村，長曰蘇伐都利，初降于兄山，是爲沙梁部(梁讀云道，或作涿，亦音道)鄭氏祖(권1 기이1 신라시조 혁거세왕)

(새김)

삼국사기 유리왕 9년 부분에서는 **고허촌**이 최씨 마을로 기록되어 있다. 양산부는 양부로 고쳤고 성은 이씨로, 고허부는 사량부로 고쳤고 성은 최씨로, 대수부는 점량부(일명 모량)로 고쳤으며 성은 손씨, 간진부는 본피부로 고쳤으며 성은 정씨, 가리부는 한기부로 고쳤으며 성은 배씨, 명활부는 습비부로 고쳤으며 성은 설씨로 정하였다. 또한 관직에 다음과 같은 17등급을 두었다(九年春 改六部之名 仍賜姓 楊山部爲梁部 姓李高墟部爲沙梁部 姓崔 大樹部爲漸梁部一云牟梁 姓孫 干珍部爲本彼部 姓鄭 加利部爲漢祇部 姓裴 明活部爲習比部 姓薛(삼국사기 신라본기 유리왕)). 이로 하여 한 때 최씨와 정씨 마을에서는 엄청난 항의와 시비가 벌어졌으나 고치지 않고 지났다. 말하자면 지백호(智伯虎)에 대하여 고려 때 와서 일연의 삼국유사에서는 이를 소상하게 밝혀 그 실상을 기록하고 있다. 그러니까 정씨와 최씨의 조상이 서로 바뀐 결과를 가져오게 되어 미완의 과제로 남게 되었다.

곡도(鵠島)

진성여왕 때의 아찬(阿湌) 양패(良貝)는 왕의 막내아들이었다. 당(唐) 나라에 사신으로 갈 때에 후백제의 해적들이 진도(津島)에서 길을 막는다는 말을 듣고 활 쏘는 사람 50명을 뽑아 따르게 했다. 배가 곡도(鵠島, 우리말로는 골대도(骨大島)라 한다)에 이르니 풍랑이 크게 일어나 10여 일 동안 묵게 되었다. 양패공(良貝公)은 이것을 근심하여 사람을 시켜 점을 치게 하였더니, 섬에 신지(神池)가 있으니 거기에 제사를 지내면 좋겠습니다. 이에 못 위에 제물을 차려 놓자 못물이 한 길이나 넘게 치솟는다. 그날 밤 꿈에 노인이 나타나서 양패공에게 말한다. 활 잘 쏘는 사람 하나를 이 섬 안에 남겨 두면 순풍을 얻을 것이오. 양패공이 깨어 그 일을 좌우에게 물었다. 누구를 남겨 두는 것이 좋겠소. 여러 사람이 말한다. 나무 조각 50개에 저희들의 이름을 각각 써서 물에 가라앉게 해서 제비를 뽑으시면 될 것입니다. 공은 이 말을 좇았다.

(출전) 此王代阿飡良貝, 王之季子也. 奉使於唐, 聞百濟海賊梗於津㠘, 選弓士五十人隨之. 舡次鵠島(鄕云骨大島) 風濤大作, 信宿浹旬. 公患之. 使人卜之. 曰島有神池, 祭之可矣 於是 具奠於池上, 池水湧高丈餘. 夜夢有老人, 謂公曰善射一人, 留此島中, 可得便風 公覺而以事諮於左右曰留誰可矣 衆人曰宜以木簡五十片, 書我輩名, 沈水而鬮之. 公從之(권2 기이2 진성여대왕 거타지)

(새김)

곡도(鵠島) : 곡도는 지금의 백령진이라 하였다(삼국사기). 백령도는 본디 고구려의 곡도로서 고려 때는 백령진이라 하였다(신증동국여지승람). 백령도는 경기도 옹진군 강령리 지방의 섬으로 보인다. 심청이 뱃사람들에게 팔려 인당수에 몸을 던진 길목이 바로 곡도가 가까운 지점이다. 심청전(沈淸傳)은 삼국사기의 효녀 지은(知恩) 설화 혹은 삼국유사의 빈녀양모(貧女養母)를 배경으로 하여 지어진 것으로 본다. 그 뒤 많은 사람들의 가필을 통한 적층문학(積層文學)의 성격을 띠게 된다. 심청전은 눈 먼 아버지의 눈을 뜨게 하려고 봉은사 절에 공양미 3백 석에 몸을 판 심 청이 인당수의 제물이 되어 바다에 던져졌으나, 다시 살아 나와 왕후가 되어 봉사 잔치를 벌여 마침내 아버지를 만난다. 아버지도 심청이를 보려고 하다 문득 눈을 뜨게 된다는 놀라운 기적의 사연이다. 뒤에 이해조(李海朝)가 심청전을 번안하여 강상련(江上蓮, 1912)이란 소설로 세상에 다시 선을 보였다.

곤연(鯤淵)

부루(夫婁)는 늙도록 자식이 없었다. 어느 날 산천에 제사를 지내어 후사를 구했는데, 이 때 타고 가던 말이 곤연에 이르러 큰 돌을 보고는 서로 대하여 눈물을 흘렸다. 왕이 이상하게 여기고 사람을 시켜 그 돌을 들추어 보니 거기에 어린애가 하나 있는데 모양이 금빛 개구리와 같았다. 왕은 기뻐하여 말했다. 이것은 필경 하늘이 나에게 아들을 주시는 것이로구나. 그 아이를 거두어 기르면서 이름을 금와(金蛙)라고 했다. 차츰 자라자 태자로 삼았고 부루가 죽자 금와가 위를 이어 왕이 되었다. 그리고 다음의 대를 태자 대소(帶素)에게 전했다.

(출전) 夫婁老無子, 一日祭山川求嗣, 所乘馬至鯤淵, 見大石相對淚流, 王怪之. 使人轉其石, 有小兒金色蛙形. 王喜曰此乃天賚我令胤乎, 乃收而養之. 名曰金蛙, 及其長, 爲太子, 夫婁薨, 金蛙嗣位爲王. 次傳位于太子帶素(권1 기이1 동부여)

(새김)

여기 **곤연**이라 함은 중국 길림성 길림시에 자리한 송화호(松花湖)로 보인다. 송화호에 이웃한 곳에 주작산(朱雀山. 817m)이 있다. 중국말로는 주추에 산이라고 한다. 산의 8부 능선에 올라보면 신저석(神猪石)이라고 안내 글을 적어 놓았다. 일설에는 금개구리라 하여 와석(蛙

그림 8 금와석(길림)

石)이라 작은 글씨로 현지 지도에도 적어 놓았다. 현지에 가본즉, 눈이 개구리처럼 튀어 나오고 큰 형상을 하고 개구리의 뒷다리처럼 보이므로 와석이라 하였을 것이다. 그럼 신령한 돼지바위는 틀린 것인가. 그렇다고 볼 수 있다. 그 근거는 주작산에서 찾을 수 있다. 여기 현장 안내판에는 전설로는 이 산을 태양조산(太陽鳥山)이라 했다. 태양조라면 해속에 산다는 새이니 이는 삼족오가 아닌가. 그러니 삼족오(三足烏)로 상징되는 부여의 해부루가 지나가다 개구리 같이 생긴 금와를 만난 것이다. 주작산 삼림 공원 어구에 세워놓은 돌기둥 네 개인가 있는데 산제를 올리던 장소로 보였다. 기둥에 삼족오를 그려 넣은 것을 보고 해부루와 금와 왕자의 이야기, 그러니까 금개구리가 옳다는 생각을 굳히게 만들었다. 신화학과 음운론으로 보면, 금와-곰와-고마와 같이 연결되며 고마는 맥족(貊族)이라고 볼 수 있다. 말하자면 해모수-해부루로 이어지는 예족(濊族)의 해부루가 원주민이라 할 수 있는 고마족의 부족을 받아 들여 통합하는 과정으로 볼 수 있다. 맥족의 맥(貊)은 본초강목(本草綱目)에서 보면 맥(貊)은 식철사웅(食鐵似熊)이라 하여 곰을 토템으로 하던 겨레로 볼 가능성이 있다(정호완). 조선상고사(신채호, 1948)에서는 곤연을 경박호(鏡泊湖, 흑룡강성 영안)로 본다.

골암사(鶻嵒寺)

오진은 일찍이 하가산(下柯山, 현 학가산) 골암사에 살면서 밤마다 팔을 뻗쳐서 부석사 석등에 불을 켰다. 지통은 추동기(錐洞記)를 지었는데, 그는 친히 의상의 가르침을 받았기에 묘한 말이 많다. 표훈은 일찍이 불국사에 살았으며 항상 하늘을 오갔다. 의상이 황복사에 있을 때 여러 무리들과 함께 탑을 돌았다. 그는 항상 허공을 밟고 올라가 층계는 밟지 않았으므로 그 탑에는 사리를 설치하지 않았다.

(출전) 眞嘗處下柯山鶻嵒寺, 每夜伸臂點浮石室燈 通著錐洞記, 蓋承親訓, 故辭多詣妙, 訓曾住佛國寺, 常往來天宮. 湘住皇福寺時, 與徒衆繞塔, 每步虛而上, 不以階升, 故其塔不設梯磴(권4 의해 의상전교)

(새김)

하가산(下柯山)은 경북 안동의 학가산(鶴駕山, 882m)을 말한다. 옛 지도에는 하가산(下柯山)으로 올라 있다. 풍산의 뒷산이 하지산(下枝山)과 어우러져 말 그대로 나무로 비유하자면 산의 아래 가지 곧 태백산의 가지산이란 말이 된다. 안동 8경에 드는 산이다(鶴駕山影照三郡). 여기 삼군이라 함은 안동과 영주, 그리고 예천을 말한다. 골암은 우리말로는 송골매 바위, 흔히 매 바위라고 한다. 학가산의 글자대로라면 학 바위가 된다.

골포국(骨浦國) ☞ 물계자

골화관(骨火館)

우리들은 나림(奈林), 혈례(穴禮), 골화(骨火) 등 세 곳의 호국신이요. 지금 적국 사람이

유신공을 데리고 가는데도 공은 알지 못하고 따라가므로, 우리는 공을 말리려고 여기까지 온 것이었소. 말을 마치고 자취를 감추었다. 공은 말을 듣고 놀라 쓰러졌다가 두 번 절하고 나와서는 골화관(骨火館, 현 영천)에 묵으면서 백석에게 말했다. 나는 지금 다른 나라에 가면서 중요한 문서를 잊고 왔다. 너와 함께 집으로 돌아가 가지고 오도록 하자. 드디어 함께 집에 돌아오자 백석을 묶어 놓고 그 속사정을 물으니 백석이 사실을 털어 놓았다.

(출전) 我等奈林, 穴禮, 骨火等三所護國之神, 今敵國之人誘郞引之. 郞不知而進途, 我欲留郞而至此矣. 言訖而隱, 公聞之驚仆, 再拜而出. 宿於骨火館, 謂白石曰今歸他國, 忘其要文, 請與爾還家取來. 遂與還至家, 拷縛白石而問其情(권1 기이1 김유신)

(새김)

골화는 골화소국(骨火小國)을 말한다. 오늘날 경북의 영천을 말하는데 금강산 주변과 완산동 일대를 중심으로 하였다(이재수 참조). 삼국사기에 따르면, 신라 조분니사금 7년(236)에 골벌국왕 아음부(阿音夫)가 그들의 무리를 데리고 신라에 항복해 왔다. 신라에서는 집과 논밭을 주어 안착하게 하였다. 뒤에 그 땅을 군으로 삼았다(七年春二月骨伐國王阿音夫率衆來降賜第宅田莊安之以其地爲郡). 골화의 골(骨)은 옛 한자음으로 미루어 골-곧-곶으로 음운론적인 유연성이 있다. 이 가운데 '곶'은 꽃봉오리처럼 툭 튀어나온 땅의 모양으로 볼 수 있다. 말하자면 자호천과 고경천이 만나서 흐르는 남천과 고현천, 그리고 신녕천이 만나서 흐르는 북천이 만나는 곳에 쌓인 토사들이 모여서 땅을 만들어낸다. 그것이 바로 동경진(東京津) 나루로 보인다. 예전에는 동경진 나루에 배를 놓아 사람들이 오고갔을 것이다. 나루터로 들어가는 남천 절벽위에 영조 때 이형상(李衡祥) 선생이 시조를 모아놓은 병와가곡집(瓶窩歌曲集)의 산실이 볕 바른 양지 녘에 세워져 있다(정호완).

공굉장로(孔宏長老)

또 별기(別記)에는 이러하다. 경덕왕 때에 직장 이준(李俊, 고승전에는 이순)이 일찍이 소원을 빌었더니 나이 50이 되면 중이 되어 절을 세우게 되리라 했다. 천보 7년(戊子, 748)에 50세가 되자 조연소사(槽淵小寺)를 고쳐 지어 큰 절을 만들고 단속사(斷俗寺)라 하고, 자신도 삭발하고 법명을 공굉장로라 했다. 이준은 절에 거주한 지 20년 만에 세상을 떠났다.

(출전) 又別記云, 景德王代有直長李俊(高僧傳作李純), 早會發願, 年至知命, 須出家創佛寺. 天寶七年戊子, 年登五十矣. 改創槽淵小寺爲大刹, 名斷俗寺, 身亦削髮, 法名孔宏長老, 住寺二十年乃卒(권5 피은 신충괘관)

공덕보전(功德寶田)

신라 제36대 혜공왕은 이 소식을 듣고 두려워하여 이내 대신 김경신(金敬信)을 보내서 김유신(金庾信)공의 무덤에 가서 잘못을 사과하고 김공을 위해서 공덕보전 30결(結)을 취선사에 내려서 공의 명복을 빌게 했다.

(출전) 王聞之懼, 乃遣上臣金敬信, 就金公陵謝過焉, 爲公立功德寶田三十結于鷲仙寺, 以資冥福(권1 기이1 미추왕 죽엽군)

공손수(公孫遂)

천자는 이 싸움이 오래 되어도 끝이 나지 않자 옛날 제남태수 공손수를 시켜서 치게 하고, 모든 일을 상황에 따라서 처리하게 했다. 공손수는 우선 누선장군을 묶어 놓고 그 군사를 합쳐서 좌장군과 함께 급히 조선을 공격했다.

(출전) 使故濟南太守公孫遂往正之. 有便宜將以從事. 遂至縛樓舡將軍, 並其軍與左將軍, 急擊朝鮮(권1 기이1 위만조선)

(새김)

누선장군은 양복을 말한다. 여기 누선이란 일종의 군사용으로 쓰이는 배인데 몇 개 층으로 이루어진 군선을 말한다. 양복(楊僕)이 이끄는 수군이 7천명이라 하였다. 얼추 250척 이상은 동원되었을 것으로 본다. 한 무제(漢武帝)는 좌장군(左將軍) 순체(荀彘)가 이끄는 요동군이 있음에도, 먼 바다 항해의 위험을 무릅쓰고 수군을 동원하였다. 아마도 우거조선(右渠朝鮮)의 뒷덜미를 공략하겠다는 전략이었다. 그렇다면 우거조선이 한반도에 자리한다 함은 앞뒤가 맞지 않는다.

공주(公州)

그 뒤에 신효거사(信孝居士)라는 이가 있었는데 혹은 유동보살(幼童菩薩)의 화신이라고도 했다. 그의 집은 공주에 있고 효성을 다하여 어머니를 봉양했다. 어머니는 고기가 아니면 먹지 않으므로 거사는 고기를 구하려고 산과 들을 돌아다니다가 길에서 학 다섯 마리를 보고 활로 쏘았으나, 학 한 마리가 날개의 깃 한 조각을 떨어뜨리고 갔을 뿐이다. 거사는 그것을 집어 그것으로 눈을 가리고 사람을 보았더니 사람이 모두 짐승으로 보였다. 이에 고기는 얻지 못하고 자기의 넓적다리 살을 베어서 어머니께 바쳤다. 그 뒤에 그는 중이 되어 자기 집을 내놓아서 절을 만들었는데 현 효가원(孝家院)이다.

(출전) 後有信孝居士者, 或云幼童菩薩化身, 家在公州, 養母純孝, 母非肉不食, 士求肉出行山野, 路見五鶴射之. 有一鶴落一羽而去. 士執其羽, 遮眼而見人, 人皆是畜生, 故不得肉, 而因割股肉進母, 後乃出家. 捨其家爲寺, 今爲孝家院(권3 탑상 대산월정사 오류성중)

(새김)

공주는 옛 이름이 웅진(熊津) 곧 고마ᄂᆞᄅᆞ(용비어천가 3-15)였다. 토박이 이름으로 고만나루였다. 현대로 오면서 고마가 곰으로 바뀌어 곰나루가 되었다. 곰골-공골-공주로 그 표기가 바뀌면서 오늘에 이르렀다. 공주가 우리나라 역사에 크게 주목 받게 된 것은, 문주왕 1년(475) 백제의 서울이 한성으로부터 공주로 옮겨지면서다. 이 때 지명은 웅진(熊津)이고, 일본

그림 9 공주목

의 사서에는 고마성, 구마나리 등으로 적혀 있다. 거기서 문주-삼근-동성-무령-성왕 15년(538) 도읍을 부여로 옮길 때까지 5명의 왕이 즉위하였고, 그 가운데 특히 백제를 안정시킨 제25대 무령왕의 왕릉에서 1971년 풍부한 유물이 발견됨으로써 공주가 백제의 왕도였다는 사실을 널리 알리게 되었다. 통일 신라 시대 신문왕 6년(686) 웅천주(熊川州)로 재편되어 30여 개 군현, 대략 오늘의 충청남도 지역을 관할하는 지방 정치 도시였으며, 경덕왕 16년(757)에 웅주로 이름이 바뀌었다(한국향토문화전자대전 참조). 1964년부터 1974까지 10차례에 걸쳐 손보기(연세대) 교수팀에 의하여 발굴된 공주 석장리 구석기 시대의 유물 유적이 나옴에 따라서 일본의 동점설(東漸說)을 뒤엎는 기틀을 마련한 곳이기도 하다.

공직(龔直)

장흥 3년(932)에 견훤의 신하 공직이 용맹스럽고 지략이 있었는데 태조에게로 와서 항복하니 견훤은 공직의 두 아들과 딸 하나를 잡아서 다리 힘줄을 지져서 끊었다. 9월 견훤은 일길(一吉)을 보내어 수군을 이끌고 고려 예성강(禮成江)으로 들어가 3일 동안 머무르면서 염주, 백주, 진주 등 세 주의 배 100여 척을 빼앗아 불사르고 돌아갔다.

(출전) 長興三年甄萱臣龔直, 勇而有智畧, 來降太祖, 萱捉龔直二子一女, 烙斷股筋. 秋九月, 萱遣一吉, 以舡兵入高麗禮城江, 留三日, 取鹽, 白, 眞三州船一百艘, 焚之而去(권2 기이2 후백제 견훤)

공훤(公萱)

태조는 장군 공훤 등에게 명하여 삼군을 일시에 진군시켜 협공하니 백제군은 무너져 달아났다. 황산 탄현(炭峴)에 이르자 신검은 두 아우와 장군 부달(富達), 능환(能奐) 등 40여 명과 함께 항복했다. 태조는 항복을 받고 나머지는 모두 위로하여 처자와 함께 서울로 돌아가도록 허락했다. 태조가 능환에게 물었다. 처음에 양검 등과 남몰래 모의하여 대왕을 가두고 그 아들을 세운 것은 네 꾀이니, 신하된 의리에 이래서야 되겠는가. 능환은 머리를 숙이고 말을 하지 못했다. 이내 처형하였다.

(출전) 太祖命將軍公萱等, 三軍齊進挾擊, 百濟軍潰北, 至黃山炭峴, 神劍與二弟, 將軍富達, 能奐等四十餘人生降. 太祖受降, 餘皆勞之. 許令與妻子上京. 問能奐曰始與良劍等密謀, 囚大王立其子者, 汝之謀也. 爲臣之義, 當如是乎, 能奐俛首不能言(권2 기이2 후백제 견훤)

과공주(寡公主)

사람들이 아무도 그 노래의 속뜻을 알지 못했다. 이 때 태종(太宗)이 이 노래를 듣고 말했다. 이 스님은 분명 가인을 얻어서 귀한 아들을 낳고자 하는구나. 나라에 큰 현인이 있으면 이보다 더 좋은 일이 없을 것이다. 마침 요석궁(瑤石宮, 현 향교)에 과부 공주가 살았는데 왕이 궁리에게 명하여 원효(元曉)를 찾아 데려가라 했다. 궁리가 명령을 받들어 원효를 찾으니, 그는 이미 남산에서 내려와 문천교(蚊川橋, 사천(沙川)이니 사천을 달리 모천(牟川, 일명 蚊川)이라 한다. 또 다른 이름은 유교(楡橋))를 지나다가 만났다. 이 때 원효는 일부러 물에 빠져서 옷을 적셨다. 궁리가 원효를 요석궁에 데리고 가서 옷을 말리고 그곳에 쉬게 했다. 공주는 과연 태기가 있더니 설총(薛聰)을 낳았다. 설총은 나면서부터 슬기롭고 명민하여 경서와 역사에 널리 통달하니 신라 10현 가운데 한 사람이다.

(출전) 太宗聞之曰此師殆欲得貴婦, 産賢子之謂也. 國有大賢, 利莫大焉 時瑤石宮(今學院是也)有寡公主, 勅宮吏覓曉引入. 宮吏奉勅將求之. 已自南山來過蚊川橋(沙川, 俗云牟川, 又蚊川, 又橋名楡橋也)遇之. 佯墮水中濕衣袴. 吏引師於宮, 褫衣曬晾, 因留宿焉, 公主果有娠, 生薛聰. 聰生而睿敏, 博通經史, 新羅十賢中一也(권4 의해 원효불기)

(새김)

과공주(寡公主)는 남편 없이 홀로 된 공주를 이른다. 여기 태종은 문무왕으로 보인다. 과공주는 태종의 딸이며 동시에 문무왕의 여동생일 수 있다. 태종무열왕의 서녀쯤으로 보인다. 그녀는 6두품 정도이니까 원효와의 결혼에 무리가 없다(문경현). 문천(蚊川)을 모기 내로 읽어 목-: 문-의 대응을 바탕으로 하여 많은 물들이 모여드는 길목으로 보는 견해도 있다. 모기가 있어서 이름을 붙인 것이 아니고 사철(沙鐵)이 모여서 만들어진 내라 한 것이다(이영희).

과정법회(果訂(證)法會)

심지(心地) 왕사는 진한(辰韓, 신라) 제41대 헌덕대왕 김씨의 아들이었다. 나면서부터 효성과 우애가 깊고 천성이 맑고 슬기로웠다. 학문에 뜻을 둘 나이에 이르러 불도에 정진했다. 중악(中岳, 현 팔공산)에 가서 살고 있는데 마침 속리산의 심공(深公)이 진표율사의 불골간자(佛骨簡子)를 전해 받아서 과증법회를 연다는 말을 듣고, 뜻을 결정하여 찾아갔으나 이미 날짜가 지났기 때문에 참여할 수가 없었다. 이에 땅에 앉아서 마당을 치면서 신도들을 따라 예불하면서 참회했다.

(출전) 釋心地, 辰韓第四十一主憲德大王金氏之子也. 生而孝悌, 天性沖睿, 志學之年, 落采從師, 拳懃于道, 寓止中岳(今公山), 適聞俗離山深公傳表律師佛骨簡子, 設果訂法會, 決意披尋, 旣至後期, 不許叅例. 乃席地扣庭, 隨衆禮懺(권4 의해 심지계조)

(새김)

과증법회(果證法會) : 과증이란 부처가 되기 위하여 수행함으로써 도(道)를 여는 경지에 들어가 진리를 깨우치는 것을 말한다. 여기 열매라 함은 깨닫고자 하는 진리를 이름이다.

곽거(郭巨)

흥덕왕의 사신이 그 집에 가서 조사해 보고 그 사실을 자세히 아뢰니 왕은 말했다. 옛날 곽거가 아들을 땅에 묻자 하늘에서 금솥을 내렸더니, 이번에는 손순이 그 아이를 묻자 땅 속에서 석종이 솟아나왔으니 전세의 효도와 후세의 효도를 천지가 함께 보시는 것이로구나. 이에 집 한 채를 내리고 해마다 벼 50석을 주어 순후한 효성을 숭상했다. 이에 손순은 예전에 살던 집을 희사해서 절로 삼아 홍효사(弘孝寺)라 하고 돌종을 모셔 두었다.

(출전) 人來檢其家, 具事奏王. 王曰昔郭巨瘗子, 天賜金釜, 今孫順埋兒, 地湧石鐘. 前孝後孝, 覆載同鑑, 乃賜屋一區, 歲給粳五十碩, 以尙純孝焉. 順捨舊居爲寺, 號弘孝寺, 安置石鐘(권5 효선 손순매아)

(새김)

곽거(郭巨)는 후한(後漢) 사람인데 그의 효행이 뛰어나 후세의 거울이 된 사람이다. 곽거가 어머니를 봉양할 때 이야기이다. 그의 아이가 항상 어머니의 음식을 앗아 먹으니, 곽거는 민망히 여겨 그 아내에게 말했다. 아이는 다시 얻을 수가 있지만 어머니는 다시 구하기 어렵소. 그러니 이 아이를 땅에 묻어서 어머님 배를 부르게 해드려야겠소. 마침내 부부가 땅을 파니 황금 솥이 나왔다(蒙求. 郭巨將坑). **부재(覆載)**란 하늘 곧 건곤(乾坤)을 뜻한다. 하느님을 원관념으로 한다.

관기(觀機)

신라 때에 관기(觀機)와 도성(道成) 두 성사가 있었는데 어떤 사람인지는 알 수가 없다. 함께 포산(包山, 나라 사람들이 소슬산(所瑟山)이라 함은 범어이니 이는 포(包)를 뜻함)에 숨어 살았다. 관기는 남쪽 고개에 암자를 지었고, 도성은 북쪽 굴에 살았다. 서로 10여 리쯤 떨어졌으나, 구름을 헤치고 달을 노래하며 항상 서로 오고갔다. 도성이 관기를 부르고자 하면 산 속의 수목이 모두 남쪽을 향해서 굽혀 서로 영접하는 것 같으므로 관기는 이것을 보고 도성에게로 갔다. 또 관기가 도성을 맞이하고자 하면 역시 이와 반대로 나무가 모두 북쪽으로 구부러지므로 도성도 관기에게로 가게 되었다. 이와 같이 오고가기를 여러 해를 지났다. 도성은 그가 살고 있는 뒷산 높은 바위 위에 늘 좌선하고 있었다. 어느 날인가 바위 사이로 몸을 뛰쳐나와서는 몸을 허공에 날리면서 날라 가 버렸다. 그가 간 곳은 알 수 없었다. 혹 수창군(壽昌郡, 현 수성군)에 가서 죽었다는 말도 있다. 관기도 또한 뒤를 따라 세상을 떠났다.

(출전) 羅時, 有觀機, 道成二聖師, 不知何許人, 同隱包山(鄕云所瑟山, 乃梵音, 此云包也) 機庵南嶺, 成處北穴, 相去十許里, 披雲嘯月, 每相過從. 成欲致機, 則山中樹皆向南而俯, 如相迎者, 機見之而往, 機欲邀成也. 則亦如之皆北偃, 成乃至. 如是有年, 成於所居之後,高嵓之上, 常宴坐, 一日自嵓縫間透身而出, 全身騰空而逝, 莫知所至. 或云, 至壽昌郡(今壽城郡)指骸焉, 機亦繼踵歸眞(권5 피은 포산이성)

(새김)

관기는 하늘의 기미를 보고 안다는 법호요, **도성**은 수도 정진하여 불도를 이루겠다는 굳은 지향성이 담긴 이름이다. 2015년 들어 비슬산 대견사지의 터가 발견됨으로써 도성암과 관기암 자리를 가늠하게 되었다(영남일보).

관동풍악(關東楓岳)

이 기록은 절의 주지 영잠(瑩岑)이 지은 것으로 승안 4년(己未, 1199)에 돌을 세웠다. 진표율사(眞表律師)는 전주 벽골군 도나산촌(都那山村) 대정리(大井里) 사람이었다. 나이 12세에 중이 될 뜻을 가지니 아버지가 허락하므로 율사는 금산수(金山藪, 금산사) 순제법사(順濟法師)에게 가서 머리를 깎고 중이 되었다. (중략) 그들은 명주(溟州) 해변으로 돌아와 천천히 가는데, 물고기와 자라가 바다에서 나와 율사의 앞에 오더니 몸을 맞대어 육지처럼 만들어 주므로 율사는 그것을 밟고 바다에 들어가서 계법을 외워 주고 다시 나가 고성군에 이르렀다. 여기에서 금강산으로 들어가서 비로소 발연수(鉢淵藪, 발연사)를 세우고 점찰법회를 열었다. 여기에서 7년 동안 살았는데, 명주 지방에 흉년이 들어서 사람들이 모두 굶주렸다. 율사가 이들을 위해서 계법을 설하니 사람마다 받들어 지켜서 삼보에 공경을 다하여, 문득 고성 바닷가에 무수한 물고기들이 저절로 죽어서 나왔다. 사람들이 이것을 팔아서 먹을 것을 장만하여 죽음을 면할 수 있었다.

(출전) 此記乃寺主瑩岑所撰, 承安四年己未之石. 眞表律師, 全州碧骨郡都那山村大井里人也. 年至十二, 志求出家, 父許之. 師往金山藪順濟法師處零染, 濟授沙彌戒法(중략) 還向溟州海邊, 徐行次, 有魚鼈黿鼉等類, 出海向師前, 綴身如陸. 師踏而入海, 唱念戒法還出. 行至高城郡, 入皆骨山, 始創鉢淵藪, 開占察法會, 住七年. 時溟州界年穀不登, 人民飢饉, 師爲說戒法, 人人奉持, 致敬三寶. 俄於高城海邊, 有無數魚類, 自死而出, 人民賣此爲食, 得免死(권4 의해 관동풍악발연수석기)

(새김)

발연암(鉢淵庵) 또는 발연수(鉢淵藪)라고 한다. 여기 수(藪)는 암자 혹은 절을 말한다. 신라시대 진표(眞表) 율사가 뼈를 깎는 참회를 통하여 미륵보살로부터 친히 불골 간자(簡子)를 받았던 곳이다. 혜공왕 6년(770)에 진표가 이 절을 세웠다. 미륵봉 동쪽의 험준한 계곡 아래 발연이라는 못이 있는데, 이는 주위의 바위모양이 발우(鉢盂) 모양과 같다고 하여 붙여진 이름이며, 절 이름도 여기서 비롯한다. 효종 8년(1567)에 화재로 불타버린 뒤 1659년에 승찬(勝燦)이 다시 세웠다. 전설에 따르면, 어느 날 한 노인이 절을 찾아와서 구걸을 하였다. 절에서 귀찮다고 박대를 하면서 쫓아버리자 노인은 다음날 지관의 행색으로 다시 절을 찾아왔다. 절 앞 골짜기에 다리가 있다면 절이 더욱 발전할 것이라는 말을 되풀이하고는 절을 떠났다. 이에 스님들은 곧 다리를 만들어 무지개다리 곧 홍교(虹橋)라고 이름 지었다. 그런데 그 뒤부터 절의 살림이 자꾸 줄고 머지않아 절이 없어질 위기에 이르게 되었다.

관문(關門)

개원(開元) 10년(壬戌, 722) 10월 처음으로 모화군(毛火郡)에 관문(關門)을 쌓았다. 지금의 모화촌(毛火村)으로서 경주 동남쪽 어름에 있다. 이것은 곧 일본의 침략을 막는 요새가 되기도 했다. 둘레는 6,792보 5척, 여기에 동원된 사람은 3만 9,262명, 공사를 감독한 사람은 원진(元眞) 각간이었다. 개원 21년(癸酉, 733)에 당(唐) 나라 사람들이 북적(北狄)을 치려고 하여 신라에 군대를 청해 왔다. 이 때 사신 604명이 신라에 왔다가 돌아갔다.

(출전) 開元十年壬戌十月, 始築關門於毛火郡. 今毛火村, 屬慶州東南境, 乃防日本塞垣也. 周廻六千七百九十二步五尺, 役徒三萬九千二百六十二人, 掌員元眞角干. 開元二十一年癸酉, 唐人欲征北狄, 請兵新羅, 客使六百四人來還國(권2 기이2 효성왕)

(새김)

관문에서 성(城)이 빠져 있다. 효성왕의 아버지인 성덕왕 21년 10월 초 축모벌군성이차일본적로(築毛伐郡城以此日本賊路)의 군성(郡城)이 관문성이다. 신라의 서라벌을 지키려는 관문으로 성을 쌓았던 것이다. 경주와 울산의 어름에 있다. 울산은 바로 일본으로 통하는 관문이 되었기에 그러하다(문경현 역주 삼국유사 참조).

관불삼매경(觀佛三昧經)

가자(可字) 함의 관불삼매경 제7권에 이렇게 말했다. 부처님이 야건가라국 고선산 담복화림 독룡의 옆이요, 청련화천의 북쪽인, 나찰혈 가운데에 있는 아나사산 남쪽에 이르렀다.

(출전) 可函觀佛三昧經第七卷云, 佛到耶乾訶羅國古仙山, 薝葍花林毒龍之側, 靑蓮花泉北, 羅刹穴中, 阿那斯山南(권3 탑상 어산불영)

(새김)

관불삼매경(觀佛三昧經)은 관불삼매해경(觀佛三昧海經)의 줄임말이다. 한 마음으로 집중하여 부처님의 모습을 관찰하고 생각하면 부처님이 현신하여 깨닫게 된다. 깨달음의 넓이를 바다로 비유한 것이다.

관속(官屬)

승전은 상주(尙州) 관내의 개령군 경계에 절을 새로 짓고 돌들로 관속(官屬, 학인)으로 삼아 화엄경(華嚴經)을 개강했다. 그 뒤에 신라 중 가귀(可歸)가 자못 지혜로운 도리를 알아서 전등(傳燈)을 계속하여 이에 심원장(心源章)을 편찬하였으니, 그 대략에 보면 이러하다. 승전법사는 돌의 무리들을 거느리고 불경을 강론했다고 하니, 그곳은 지금의 갈항사(葛項寺)이다. 그 돌 80여 개는 지금까지 강사(綱司)가 전하고 있는데 자못 신령스럽고 이상한 것이 있다.

(출전) 詮乃於尙州領內開寧郡境, 開創精廬, 以石髑髏爲官屬, 開講華嚴. 新羅沙門可歸, 頗聰明識道理, 有傳燈之續, 乃撰心源章, 其畧云勝詮法師領石徒衆, 論議講演, 今葛項寺也. 其髑髏八十餘枚, 至今爲綱司所傳, 頗有靈異, 其他事迹具載碑文, 如大覺國師實綠中(권4 의해 승전촉루)

(새김)

여기서 **관속(官屬)**이란 관아에 속한 아전이 아니고 배우려는 학인을 뜻한다. 관(官)은 관(館)이며 속(屬)은 학관에 모인 생도들을 이른다. 승전의 생도는 돌이었다. 여기 **강사(綱司)**라 함은 절의 주지를 이르거나 강론을 주도한 기록을 뜻하는 것으로 보인다. 말하자면 승직(僧正, 僧都, 律師) 등에 관한 것을 말한다(지준모).

관음송(觀音松)

원효가 절에 이르자 관음보살상의 자리 밑에 또 전에 보던 신 한 짝이 벗겨져 있으므로 그제야 전에 만난 성녀가 관음의 진신임을 알았다. 때문에 당시 사람들은 그 소나무를 관음송이라 했다. 대사는 성굴로 들어가서 다시 관음의 진용을 보려고 했으나 풍랑이 크게 일어나 들어가지 못하고 그대로 떠났다.

(출전) 師旣到寺, 觀音座下又有前所見脫鞋一隻, 方知前所遇聖女乃眞身也. 故時人謂之觀音松. 師欲入聖崛, 更覩眞容, 風浪大作, 不得入而去(권3 탑상 낙산이대성 관음 정취 조신)

(새김)

원효와 흰옷을 입은 백의여인과의 대화 속에서 관음보살이 나타남을 보여준 것이다. 도구로 써 쓰인 것이 벼와 마실 물이었다. 다시 파랑새가 등장한다. 모두가 다 관음보살의 화신으로 보여준 징후였다고, 관음신앙의 영험함을 보여준 사례다. 이러한 관음보살의 현신은, 경흥국사의 병 고침이나 달달박박을 찾아와서 하룻밤 자고 갈 것을 청한 것이나 광덕의 처와 엄장의 일도 같은 경우라고 하겠다(지준모). 이밖에도 장춘(長春)의 아들 관련 보개 부인의 민장사 관음전의 기도를 통한 영험이나 도천수대비가에서 희명 부인의 기도로 눈이 먼 아이를 눈뜨게 하는 일, 조신의 설화에서도 관음현신의 예를 들 수 있다.

관중(關中)

전진(前秦)의 부견(符堅)이 사신과 중 순도(順道)를 시켜서 불상과 경문을 보내고(이 때 부견은 관중(關中) 즉 장안(長安)에 도읍하고 있었다), 또 4년 갑술(甲戌, 374)에는 아도(阿道)가 동진(東晋)에서 왔다. 이듬해 을해(乙亥, 375) 2월 초문사(肖門寺)를 세워 순도를 거기에 두고 또 이불란사(伊弗蘭寺)를 세워 아도가 있게 하니, 이것이 고구려에서 불법이 일어난 단초가 된다.

(출전) 前秦符堅遣使及僧順道, 送佛像經文(時堅都關中, 卽長安), 又四年甲戌, 阿道來自晋. 明年乙亥二月, 創肖門寺, 以置順道, 又創伊弗蘭寺, 以置阿道. 此高麗佛法之始(권3 흥법

순도조려)

(새김)

관중(關中)은 오늘날의 서안 곧 장안을 말한다. 관중의 관(關)은 요새 곧 관문을 뜻한다. 동쪽에 함곡관(函谷關) 서남북쪽에 관으로 이루어졌다. 산골짜기 사이로 난 길이므로 하나의 길목이 되므로 관이라 한 것이다. 천혜의 요새가 된다.

관행법(觀行法)

고승 연회(緣會)는 일찍이 영취산(靈鷲山)에 숨어 살면서 언제나 연경(蓮經, 법화경)을 읽어 보현보살의 수행법을 닦았다. 정원의 연못에는 언제나 연꽃 두세 떨기가 있어 항상에 시들지 않았다.

(출전) 高僧緣會, 嘗隱居靈鷲, 每讀蓮經, 修普賢觀行. 庭池常有蓮數朵, 四時不萎(권5 피은 연회도명 문수점)

(새김)

관행법(觀行法)은 보현보살의 수행법을 말한다. 이는 관보현보살행법경(觀普賢菩薩行法經)의 줄임말이다. 여래가 입적하기 석 달 전에 보현보살을 깊이 관심하여 6근(根)의 죄를 참회하는 법과 그 뒤의 공덕에 대하여 적어놓은 경전이다. 여기 보살은 산스크리트어로 보디사트바(बोधिसत्त्व, bodhisattva)라고 하는데 소리가 줄어들고 변하여 오늘날의 보살이 된 것이다.

광개토왕(廣開土王)

고구려 제19대 임금. 이름은 담덕(談德) 임진년(壬辰, 392)에 즉위, 21년 동안 나라를 다스렸다.

(출전) 高句麗第十九代廣開土王名談德壬辰立, 治二十一年(권1 왕력 광개토왕)

(새김)

광개토왕과 관련한 비문의 얼개는 이러하다. 고구려의 서울이었던 국내성(國內城, 현 지안현 퉁거우)의 동쪽인 국강상(國岡上)에 광개토왕릉 동쪽 편에 비각이 세워졌다. 국강상광개토경평안호태왕(國岡上廣開土境平安好太王)이라는 광개토왕의 시호를 흔히 호태왕비라고도 한다. 비가 자리한 압록강 북안인 중국 길림성 집안현 통구진(通溝鎭) 태왕향(太王鄕) 태왕촌(太王村)이다. 주변에는 대형고분과 성터를 비롯한 많은 고구려 유적이 흩어져 있다. 현재 비의 서남쪽 약 300m 지점에 있는 태왕릉을 광개토왕의 능으로 비정하는 견해가 유력하다. 장수왕릉으로 보기도 한다. 부근에서 원태왕릉안여산고여악(願太王陵安如山固如岳)이라는 명문이 새겨진 벽돌이 발견되었기 때문이다. 비문의 뜻은 '원컨대 태왕릉이 산처럼 안정되고 견고함이 봉우리와 같이 되기를 축원한다'는 것이다. 비문의 글자 크기와 간격을 고르게 하기 위해 비면에 가로, 세로의 선을 긋고 문자를 새겼다. 문자는 비의 4면에 모두 새겨져 총 44행 1,755자로, 이중 마멸되어 전혀 판독할 수 없는 것이 약 140여 자에 말한다. 글자의 크기는 일정하지 않으나 대략 가로, 세로가 14-15cm 안팎이며, 이체자와 간체자가 많은 것이 특징이다. 이 비각은 1976년에 낡아서 붕괴의 위험이 있다고 하여 헐고, 1982년에 중국 당국에 의해 대형 비각이 세워져 지금에 이른다. 엮은이가 2003년에 찾아갔을 때는 빗돌에 가까이 다가서서 사진도 찍고 손으로 만져 볼 수도 있었다. 동북공정의 영향인지 뒤에 다시 찾았을 때에는 이미 많은 통제가 따랐다. 마치 귀찮다는 듯이. 가장 많이 찾아가는 관람객이 한국인이었기에 그러한 듯 했다. 멀고 먼 올 날을 꿈꾸는 우리들에게 광개토대왕은 정녕 큰 바위 얼굴이 아닌가 한다.

광덕(廣德)

문무왕 때에 스님 광덕(廣德)과 엄장(嚴莊)이 있었다. 두 사람은 서로 사이가 좋아 밤낮으로 약속했다. 먼저 안양(安養, 극락)으로 돌아가는 자는 모름지기 서로 알리도록 한다. 광덕은 분황사 서리(혹은 황룡사에 서거방이 있다고 하니 어느 것이 옳은지 모르겠다)에 숨어 살면서 신을 삼는 것으로 업을 삼아, 처자를 데리고 살았다. 엄장은 남악에 암자를 짓고 살면서 나무를 베어 불사르고 농사를 지었다. (중략) 엄장은 이에 몸을 깨끗이 하고 잘못을 뉘우쳐 스스로 꾸짖고, 한 마음으로 도를 닦으니 역시 서방정토로 가게 되었다. 삽관법은 원효법사의 본전과 해동고승전 속에 있다. 그 부인은 바로 분황사의 일하는 보살이니, 대개 관음보살 십구응신의 하나였다. 광덕에게는 일찍이 노래가 있었다. 달님이시여, 서방까지 가시나이까, 무량수불 앞에 말씀(신라말로 알림을 말함) 아뢰소서. 다짐 깊은 부처님께 두 손 모아, 원왕생(願往生) 그리워하는 사람 있다고 아뢰소서. 아아, 이 몸 남겨 두고 사십팔원 이루어질까.

(출전) 文武王代, 有沙門名廣德, 嚴莊二人友善, 日夕約曰先歸安養者, 須告之. 德隱居芬皇西里(或云, 皇龍寺有西去房, 未知孰是) 蒲鞋爲業, 挾妻子而居 莊庵栖南岳, 大種力耕. 一日, 日影拖紅, 松陰靜暮, 窓外有聲, 報云某已四往矣. 惟君好住, 速從我來 莊排闥而出顧之. 雲外有天樂聲, 光明屬地. 明日歸訪其居, 德果亡矣. 於是乃與其婦收骸, 同營蒿里. 旣事, 乃謂婦曰夫子逝矣. 偕處何如. 婦曰可. 遂留, 夜將宿欲通焉, (중략)藏於是潔己悔責, 一意修觀, 亦得西昇. 錇觀在曉師本傳與海東僧傳中. 其婦乃芬皇寺之婢, 蓋十九應身之一德. 甞有歌云, 月下伊底亦, 西方念丁去賜里遣, 無量壽佛前乃, 惱叱古音(鄕言云報言也)多可支白遣賜立, 誓音深史隱尊衣希仰支, 兩手集刀花乎白良願往生願往生, 慕人有如白遣賜立阿邪, 此身遺也. 置遣, 四十八大願成遣賜去(권5 감통 광덕 엄장)

광무제(光武帝)

후한(後漢)의 세조 광무제 건무 18년(壬寅, 42) 계욕일(禊浴日)에 그들이 살고 있는 북쪽 구지(龜旨, 이것은 산봉우리를 말함이니, 마치 십붕(十朋, 많은 조개껍질)이 엎드린 모양과도 같기 때문에 이렇게 말한 것이다)에서 누군가를 부르는 이상한 소리가 났다. 2-3 백의 무리가 이곳에 모여들었다. 사람의 소리가 들렸다. 모습은 드러나지 않고 소리만 들렸다. 여기 사람이 없는가. 구간들이 저희들이 있습니다. 또 내가 있는 곳이 어디인가. 대답하기를 구지봉입니다.

(출전) 屬後漢世祖光武帝建武十八年壬寅三月禊浴之日, 所居北龜旨(是峯巒之稱, 若十朋伏之狀, 故云也)有殊常聲氣呼喚, 衆庶二三百人集會於此, 有如人音, 隱其形而發其音曰此有人否, 九干等云吾徒在, 又曰吾所在爲何, 對云龜旨也(권2 기이2 가락국기)

광주(光州)

후백제 견훤이 임자년(壬子, 892)에 비로소 광주에 도읍을 정하였다.

(출전) 後百濟, 甄萱, 壬子, 始都光州(권1 왕력 후백제 견훤)

(새김)

광주는 신라 경덕왕 이전에는 무진주(武珍州)였다. 경덕왕 16년(757)에 무주(武州)라 개칭하였다. 고려 태조 23년(940)에 다시 무주를 광주로 고쳤다.

광함(廣函)

광함의 구법고승전(求法高僧傳)에 이렇게 적었다. 중 아리나(阿離那, 那는 혹은 耶), 발마(跋摩, 摩는 혹은 郎)는 신라 사람이다. 처음에 정법한 교의(敎義)를 구하려고 일찍이 중국에 들어갔다. 성인의 지나간 발자취를 두루 찾아볼 마음이 간절했다. 이에 정관 연간(627-649)에 당(唐) 나라 서울인 장안을 떠나 오천(五天, 인도)에 갔다. 나란타사(那蘭陀寺)에 머물러 율장(律藏)과 논장(論藏)을 많이 읽고 패협(貝莢)에 베껴 썼다. 고국에 돌아오고 싶은 마음이 간절하였으나 뜻을 이루지 못하고 그 절에서 문득 세상을 떠나니, 그의 나이 70여 세였다.

(출전) 廣函求法高僧傳云釋阿離那(一作耶)跋摩(一作磨)新羅人也. 初希正敎, 早入中華, 思覲聖踪, 勇銳彌增, 以貞觀年中離長安, 到五天, 住那蘭陀寺, 多閱律論, 抄寫貝莢. 痛矣歸心, 所期不遂, 忽於寺中無常, 齡七十餘(권4 의해 귀축제사)

(새김)

광함(廣函)이란 고려 대장경 함(函)의 번호를 이른다. 한편, 오천(五天)이란 오천축(五天竺)을 말한다. 동서남북, 그리고 중앙의 천축을 이른다. 천축(天竺)이란 인도를 뜻한다. 설문해자(說文解字)를 살펴보면, 축(竺)은 큰산(大山)이란 말이다. 곧 히말라야(हिमालय, himalayas) 산맥을 이를 수도 있다. 히마(hima)는 희다(白)이니 눈산 혹은 설산(雪山)이란 뜻이 된다. 구법고승전은 대당서역구법고승전(大唐西域求法高僧傳)의 줄임말로 당의정(唐義淨, 635-714)이 지었다. 패협(貝莢)은 패다라(貝多羅)의 잎을 말한다. 인도에서는 패다라 나무 잎에다 불경을 썼다.

교관(敎觀)

대안 2년(1086) 고려 선종(宣宗) 때에는 우세승통 의천(義天)이 송나라에 들어가서 천태교관(天台敎觀)을 많이 가지고 왔으며, 이 밖에도 서적에 실리지 않은 고승과 신사(信士)들이 왕래하면서 가지고 온 것은 이루 자세히 기록할 수가 없다. 대체로 불교가 동방으로 전해 오는 데는 그 앞길이 양양했으니 경사스러운 일이다.

(출전) 大安二年, 本朝宣宗代, 祐世僧統義天入宋, 多將天台敎觀而來. 此外方冊所不載, 高僧信士往來所齎, 不可詳記. 大敎東漸, 洋洋乎慶矣哉(권3 탑상 전후소장사리)

(새김)

교관(敎觀) : 교상(敎相)과 관심(觀心)을 말한다. 교상은 석가 일대의 교법을 천태종의 종의에 따라서 분별 판단한 것이다. 한편 관심이란 종의에서 내세운 진리를 깨닫고 마음을 집중하는 것이다.

신사(信士)란 도교에 대한 믿음을 가지고 있는 남자를 이르며, 신녀(信女)는 도교에 대한 믿음을 가지고 있는 여자를 말한다.

교정랑(姣貞娘)

진흥왕은 또 천성이 풍미가 있어서 크게 신선을 숭상하여 민가의 처녀들 중에 아름다운 자를 뽑아서 원화(原花)를 삼았으니, 이것은 무리를 모아서 사람을 뽑고 그들에게 효제와 충신을 가르치려 함이었으며, 이것은 또한 나라를 다스리는 대들보이기도 했다. 이에 남모랑과 교정랑의 두 원화를 뽑았고, 여기에 모여든 사람이 3, 4백 명이나 되었다.

(출전) 又天性風味, 多尙神仙, 擇人家娘子美艷者, 捧爲原花, 要聚徒選士, 敎之以孝悌忠信, 亦理國之大要也. 乃取南毛娘, 姣貞娘兩花, 聚徒三四百人(권3 탑상 미륵선화미시랑 진자사)

(새김)

남모와 준정 두 여자가 미모를 시기하여 서로 다투다가, 준정이 먼저 남모를 자기 집으로 유인하여 술을 먹였다. 준정은 남모를 취하게 한 뒤 그녀를 끌어내어 강물에 던져 죽였다. 준정은 마침내 사형에 처해지고 모인 무리들은 사이가 좋지 못하여 흩어졌다. 그 뒤 다시 얼굴이 잘생긴 남자를 뽑아 보기 좋게 단장시켜 화랑(花郎)이라는 이름으로 부르게 하고, 그를 떠받들게 하였다. 그러자 무리들이 구름처럼 모여 들었다. 화랑들은 더러 도의를 서로 갈고 닦으며, 더러는 노래와 음악을 서로 즐기면서 산수를 찾아 유람하여, 먼 곳이라도 그들의 발길이 닿지 않은 곳이 없었다. 이로써 그 사람됨을 알아 골라서 조정에 추천하였다(俊貞引南毛於私第, 强勸酒至醉, 曳而投河水, 以殺之. 俊貞伏誅, 徒人失和罷散. 其後, 更取美貌男子, 粧飾之. 名花郎以奉之. 徒衆雲集, 或相磨以道義, 或相悅以歌樂, 遊娛山水, 無遠不至. 因此知其人邪正, 擇其善者, 薦之於朝-삼국사기).

구간(九干)

구간들은 이 말을 좇아 모두 기뻐하면서 노래하고 춤추다가 얼마 안 되어 우러러 쳐다보니 다만 자줏빛 줄이 하늘에서 드리워져서 땅에 닿아 있다. 그 노끈의 끝을 찾아보니 붉은 보자기에 금으로 만든 상자가 싸여 있으므로 열어보니 해처럼 둥근 황금 알 여섯 개가 있었다. 여러 사람들은 모두 놀라고 기뻐하여 함께 백배하고 얼마 있다가 다시 싸

안고 아도간(我刀干)의 집으로 돌아와 책상 위에 놓아두고 여러 사람은 각기 흩어졌다.

(출전) 九干等如其言, 咸忻而歌舞, 未幾, 仰而觀之. 唯紫繩自天垂而着地, 尋繩之下, 乃見紅幅裹金合子, 開而視之. 有黃金卵六圓如日者, 衆人悉皆驚喜, 俱伸百拜, 尋還裹著, 抱持而歸我刀家, 寘榻上, 其衆各散(권2 기이2 가락국기)

(새김)

구간의 간(干, **खन**, khan)에 주목하고자 한다. 징기스칸에서처럼 -칸과 버금하는 형태로 볼 수 있다. 말하자면 부족장 곧 임금 같은 지도자를 이르는 접미사다. 말하자면 거서간(居西干)의 -간이나 마립간(麻立干)의 -간이 모두 같은 의미를 드러낸다.

구겸지(寇謙之)

탁발도(拓拔燾)가 다시 장안(長安)을 쳐서 이기고 그 위세를 관중과 낙양(洛陽)에까지 떨쳤다. 지위가 위조(僞朝)의 재상에까지 올라서 탁발도의 신임을 받게 되자 그는 천사 구겸지와 함께 탁발도를 달래어 불교는 아무런 이익이 없고 백성들에게 해롭기만 합니다. 이에 그는 불교를 폐하도록 권했다고 한다.

(출전) 拓拔燾復剋長安, 擅威關, 洛, 時有博陵崔皓, 小習左道, 猜嫉釋敎. 旣位居僞輔, 爲燾所信, 乃與天師寇謙之說燾, 佛敎無益, 有傷民利, 勸令廢之云云(권3 흥법 아도기라)

구구타예설라(矩矩吒䃜說羅)

천축국(天竺國, 인도) 사람들이 해동(海東, 신라)을 불러 구구타예설라라 하는데, 이 구구타란 닭을 말함이요, 예설라는 귀함을 말한 것이다. 그곳에서 이렇게 서로 전해 말했다. 그 나라에서는 닭신을 받들어 존경하기 때문에 그 깃을 꽂아서 장식한다.

(출전) 天竺人呼海東云矩矩吒䃜說羅, 矩矩吒言雞也. 䃜說羅言貴也. 彼土相傳云, 其國敬雞神而取尊, 故戴翎羽而表飾也(권4 의해 귀축제사)

(새김)

구구타예설라(矩矩吒䃜說羅) : 노무라(野村)에 따르면, 구구타는 산스크리트어로 구구타(kukkuta)의 한자 음역이며 닭을 뜻한다. 예설라는 산스크리트어로 이싸라(issara)인데 귀하다는 뜻으로 풀이한다. 말하자면 닭의 신 곧 계신(鷄神)을 말한다. 불교식 이름으로 예수를 이사라고도 부름은 흥미롭다.

구당서(舊唐書)

신당서(新唐書)와 구당서(舊唐書)에는 모두 변한(卞韓)의 후손들이 낙랑 땅에 있었다 했고, 후한서(後漢書)에는, 변한은 남쪽에 있고, 마한은 서쪽에 있고, 진한은 동쪽에 있다고 했다.

(출전) 新舊唐書云, 卞韓苗裔在樂浪之地, 後漢書云, 卞韓在南, 馬韓在西, 辰韓在東, 致遠云,

卞韓, 百濟也(권1 기이1 변한 백제)

(새김)

여기 낙랑은 어디일까. 이병도는 그의 저서인 한국고대사연구(1976) 낙랑군고(樂浪郡考)에서 낙랑군은 황해도 수안(遂安)에 비정하고 싶다고 했다. 그런데 중국 측의 사료인 '진태강지리지(晉太康地理志)'에서는 '낙랑군 수성현(遂城縣)에 갈석산(碣石山)이 있고 여기가 장성(長城)의 기점이 된다(樂浪遂城縣有碣石山長城所起)'라고 하였다. 이렇게 보면, 황해도 수안 땅에 수성현이 있어야 하고 갈석산과 만리장성의 기점이 있어야 한다. 과연 그러한가. 얼핏 보아 수안의 수(遂), 한 글자만 같을 뿐 같을 수가 없다고 본다. 이것이 바로 식민사관의 기초인 고조선의 한반도설을 뒤집을 수 있는 단초가 된다(심백강(2014) 우리역사 참조).

구례마(俱(仇)禮馬)

셋째는 무산(茂山) 대수촌(大樹村)이다. 촌장은 구례마이다. 처음에 이산(伊山, 일명 皆比山)에 내려왔으니 이가 점량부(漸梁 혹은 涿部) 또는 모량부 손씨(孫氏)의 조상이 되었다. 지금은 장복부라고 한다. 여기에는 박곡촌 등 서촌이 소속된다.

(출전) 三曰茂山大樹村, 長曰俱(一作仇)禮馬, 初降于伊山(一作皆比山). 是爲漸梁(一作涿)部又牟梁部孫氏之祖, 今云長福部, 朴谷村等西村屬焉(권1 기이1 신라시조 혁거세왕)

구류손불(拘留孫佛)

석가세존이 100세 때부터 가섭불의 2만 세까지는 이미 200만여 세나 된다. 만일 현겁시초의 첫째 부처였던 구류손불 때에 이르면 또 몇 만 세가 된다. 구류손불 때로부터 위로 올라가 겁초의 무량세를 누리던 때까지는 또 얼마나 될 것인가.

(출전) 自釋尊百歲壽時, 至迦葉佛二萬歲時, 已得二百萬餘歲, 若至賢劫初第一尊拘留孫佛時, 又幾萬歲也. 自拘留孫佛時, 上至劫初無量歲壽時, 又幾何也(권3 탑상 가섭불연좌석)

(새김)

구류손불(拘留孫佛) : 산스크리트어로 쿠라쿠찬다(कउरकउघानद, krakucchanda)의 한자 음역이다. 과거불 가운데 제4불이며 주겁 1천 불 가운데 제1불이다. 인간의 수명이 4만세 때 성불하고 한 번 설법에 4만 비구를 교화한다는 부처가 구류손불이다.

구림(鳩林)

영평 3년(庚申, 달리 중원 6년이라고도 하나 잘못이다. 중원은 오직 2년뿐) 8월 4일에 호공(瓠公)이 밤에 월성 서리를 걸어가는데, 크고 밝은 빛이 시림(始林, 혹은 鳩林) 속에서 비치는 것이 보였다. 또 흰 닭이 나무 밑에서 울고 있었다. 호공은 이런 소식을 왕에게 알렸다. 왕이 그 숲에 가서 궤를 열어보니 어린 사내아이가 누웠다가 곧 일어났다. 이것은 마치 혁거세의 고사와도 같았으므로 그 말에 따라 그 아이를 알지(閼知)라고 불렀다.

(출전) 永平三年庚申(一云中元六年, 誤矣. 中元盡二年而已)八月四日, 瓠公夜行月城西里, 見大光明於始林中(一作鳩林), 有紫雲從天垂地, 雲中有黃金櫃, 掛於樹枝, 光自櫃出, 亦有白雞鳴於樹下. 以狀聞於王, 駕幸其林, 開櫃有童男, 臥而卽起, 如赫居世之故事. 故因其言, 以閼智名之(권1 기이1 김알지 탈해왕대)

구맥(九貊)

최치원(崔致遠)은 이렇게 말했다. 마한(馬韓)은 고구려이고, 진한(辰韓)은 신라다(삼국사기 본기에 따르면, 신라는 먼저 갑자년에 일어났고, 고구려는 그 뒤 갑신년에 일어났다고 했다. 여기에 말한 것은 조선왕 준(準)을 가리킨 것이다. 이것으로 본다면 동명왕이 일어날 때에 마한까지 차지했던 것을 알 수가 있다. 때문에 고구려를 마한이라고 부른다. 지금 사람들은 혹 금마산(金馬山)이 있다고 해서 마한을 백제라고 하지만 이것은 대개 잘못된 말이다. 고구려 땅에는 본래 읍산(邑山)이 있었기 때문에 이름을 마한이라 한 것이다). 사이(四夷), 구이(九夷), 구한(九韓), 예맥(穢貊)이 있는데, 주례(周禮)에 직방씨(職方氏)가 사이와 구맥을 통치를 하였다 함은 동이의 종족이니 곧 구이를 말한 것이다.

(출전) 崔致遠云, 馬韓麗也. 辰韓羅也(據本紀, 則羅先起甲子, 麗後起甲申, 而此云者, 以王準言之耳. 以此知東明之起, 已幷馬韓而因之矣. 故稱麗爲馬韓. 今人或認金馬山, 以馬韓爲百濟者, 盖誤濫也. 麗地自有邑山, 故名馬韓也), 四夷, 九夷, 九韓, 穢, 貊周禮, 職方氏掌四夷, 九貊者, 東夷之種卽九夷也(권1 기이1 마한)

(새김)

최치원은 호가 고운(孤雲)으로 신라의 6두품으로서 신라 유교의 얼굴이다. 특히 최씨 가문 중에서도 이른바 신라 말기 3최(崔)의 한 사람이다. 아버지 견일은 원성왕의 원찰인 숭복사(崇福寺)를 세웠다. 12살에 당 나라로 유학을 가서 18살에 빈공과(賓貢科, 외국인 과거)에 합격하여 중국에서 표수현위(漂水縣尉)의 벼슬을 지냈다. 황소(黃巢)의 난 때 그를 설득하는 토황소격문(討黃巢檄文)으로 널리 알려졌다. 그러나 신라로 돌아와서 개혁정치를 하려고 하였으나 골품제에 묶여 뜻을 펴지 못하였다. 말년에 가야산에 들어가 숨어 살면서 시문을 지었다. 그의 대표적인 저술로는 시문집인 계원필경(桂苑筆耕) 등이 있다. 고려 현종 때 문창(文昌)이라는 시호를 추서 받았다.

구법고승전(求法高僧傳)

광함(廣函)의 구법고승전에 이렇게 말했다. 스님 아리나(阿離那, 那는 혹은 耶)와 발마(跋摩, 摩는 혹은 磨)는 신라 사람이다. 처음에 정교를 구하려고 일찍이 중국에 들어갔다. 성인(聖人)의 발자취를 두루 찾아볼 마음이 간절했다. 이에 정관 연간(627-649)에 당 나라 서울인 장안을 떠나 오천축(五天竺, 인도)에 갔다. 나란타사에 머물러 율장과 논장을 많이 읽고 패협(貝莢)에 베껴 썼다. 고국에 돌아오고 싶은 마음이 간절하였으나 뜻을 이루지 못하고 문득 그 절에서 세상을 떠나니, 그의 나이 70여 세였다.

(출전) 廣函求法高僧傳云釋阿離那(一作耶)跋摩(一作磨), 新羅人也. 初希正教, 早入中華, 思覲聖踪, 勇銳彌增, 以貞觀年中離長安, 到五天, 住那蘭陀寺, 多閱律論, 抄寫貝莢. 痛矣歸心, 所期不遂, 忽於寺中無常, 齡七十餘(권4 의해 귀축제사)

(새김)

구법고승전(求法高僧傳) : 대당서역구법고승전의 줄임말이다. 당 나라의 스님 의정(義淨)이 인도에 유학하고 돌아와서 신문왕 11년(691) 무렵 엮은 책으로 중국인으로 인도에 가서 불법을 구한 고승 56명의 전기가 주된 내용이다.

나란타사(那蘭陀寺) : 산스크리트어로 나란다(नालंदा, nalanda)의 한자 음역이다. 중인도에 자리한 마갈타국의 왕사성 북쪽에 있던 절로서 5-12세기의 불교 교학의 모꼬지였다. 용수(龍樹)를 비롯한 고승들이 나온 지역이며 도량이다. 인류 대학 역사상 가장 오래고 큰 대학이었다.

구본(求本)

그의 뒤를 이어 혜업(惠業), 현태(玄泰), 구본(求本), 현각(玄恪), 혜륜(惠輪), 현유(玄遊)와 그 밖에 또 이름을 알지 못하는 두 법사가 있었다. 모두 자기 자신을 잊고 불법을 따라 관화(觀化, 관세음의 교화)를 보기 위해서 중천축(中天竺, 중부 인도)에 갔었다. 그러나 혹은 중도에서 일찍 죽고 혹은 살아남아서 그곳 절에 있는 이도 있었으나 마침내는 다시 계귀와 당 나라에 돌아오지 못하고 그 중에 오직 현태 스님만이 당 나라에 돌아왔으나 이도 역시 어디서 죽었는지 알 수 없다.

(출전) 繼此有惠業, 玄泰, 求本, 玄恪, 惠輪, 玄遊, 復有二亡名法師等, 皆忘身順法, 觀化中天, 而或夭於中途, 或生存住彼寺者, 竟未有能復雞貴與唐室者, 唯玄泰師克返歸唐, 亦莫知所終. 天竺人呼海東(권 4 의해 심지왕사)

구성(九聖)

지금 산 중에 9성인의 유사를 기록한 것이 있다. 이는 상세하지는 않으나 9성은 관기, 도성, 반사, 첩사, 도의, 자양, 성범, 금물녀, 백우사 들이다. 찬해 말한다. 서로 지나가다 달빛을 밟고 구름을 희롱하던, 두 노인의 풍류 몇 백 년이 지났는고. 안개 가득한 구렁엔 고목만이 남았는데, 엇비슷하게 누운 듯 찬 그림자 서로 맞는 모양일레.

(출전) 今山中嘗記九聖遺事, 則未詳. 曰觀機, 道成, 搬師, 楪師, 道義(有栢岩基)子陽, 成梵, 今勿女, 白牛師. 讚曰, 相過踏月弄雲泉, 二老風流幾百年. 滿壑烟霞餘古木, 偃昂寒影尙如迎 搬音般(권5 피은 포산이성)

구수왕(仇首王)

또 사비왕(沙沸王, 혹은 사이왕은 구수왕)이 죽은 뒤 갑오년(甲午, 214)에 왕위를 계승

했으나 나이가 어려서 정사를 보살필 수가 없었기 때문에 즉시 이를 폐위하고 고이왕(古爾王)을 세웠다.

(출전) 又沙沸王(一作沙伊王) 仇首崩, 嗣位, 而幼少不能政, 卽癈而立古爾王. 或云至樂初二年己未乃崩, 古爾方立(권2 기이2 남부여 전백제 북부여)

(새김)

구수왕은 백제의 제6대 임금으로 21년(214-234) 동안 재위하여 통치를 하였다. 귀수왕(貴須王)이라고도 하나 이는 근구수왕(近仇首王)을 이른다(일본서기). 제5대 초고왕(肖古王)의 아들이다.

구의지례(摳衣之禮)

지통과 원효는 모두 큰 성인이었다. 두 성인이 구의(摳衣)의 예로 섬겼으니 낭지 스님의 경지가 고매함을 알 수 있다. 스님은 일찍이 구름을 타고 중국 청량산(淸凉山)으로 가서 신도들과 함께 강의를 듣고 조금 뒤에 돌아오곤 했다. 그곳 중들은 그를 이웃에 사는 사람이라고 여겼으나 사는 곳을 알지 못했다.

(출전) 通與曉皆大聖也. 二聖而摳衣師之. 道邁可知. 師嘗乘雲往中國淸凉山, 隨衆聽講, 俄頃卽還, 彼中僧, 謂是隣居者, 然罔知攸止(권5 피은 낭지승운)

(새김)

구의지례(摳衣之禮)라 함은 스승으로 모실 때, 옷의 아래 부분을 걷어 올리고 무릎을 꿇고 큰 절을 하는 예법을 이른다. 충렬왕이 구의의 예로써 일연선사를 국사로 모셨음을 보각국존비명(普覺國尊碑銘)으로 알 수 있다.

구이(九夷)

사이(四夷), 구이(九夷), 구한(九韓), 예맥(穢貊)이 있는데, 주례에 직방씨가 사이와 구맥을 장악했다고 한 것은 동이의 종족이니 곧 구이를 말한 것이다.

(출전) 四夷, 九夷, 九韓, 穢貊, 周禮職方氏掌四夷, 九貊者, 東夷之種卽九夷也(권1 기이1 마한)

구이신왕(久爾辛王)

백제 제18대 전지왕(腆支王)의 아들. 경신년(庚申, 420)에 즉위, 7년 동안 통치하였다.

(출전) 百濟第十八代腆支子. 庚申立, 治七年(권1 왕력 구이신왕)

(새김)

백제 제19대 임금으로 8년(420-427) 동안 나라를 통치하였다. 전지왕의 아들이었다.

구지(龜旨)

후한(後漢)의 세조 광무제 건무 18년(壬寅, 42) 계욕일(禊浴日)에 그들이 살고 있는 북쪽 구지(龜旨, 이것은 산봉우리를 말함이니, 마치 십붕(朋, 많은 조개껍질))이 엎드린 모양과도 같기 때문에 이렇게 말한 것이다)에서 누군가를 부르는 이상한 소리가 났다. 백성 2-3백 명이 여기에 모였는데 사람의 소리 같기는 하지만 그 모양은 숨기고 소리만 내서 말한다. 여기에 사람이 있느냐. 아홉 간(干) 등이 말한다. 저희들이 있습니다. 그러자 또 말한다. 내가 있는 곳이 어디냐. 구지입니다. 또 말한다. 하늘이 나에게 명하기를 이곳에 나라를 새로 세우고 왕이 되라고 하였으므로 일부러 여기에 내려온 것이니, 너희들은 모름지기 산봉우리 꼭대기의 흙을 파면서 노래를 부르되 거북아, 거북아 머리를 내밀라. 만일 내밀지 않으면 구워먹겠다 하고, 뛰면서 춤을 추어라. 그러면 곧 대왕을 맞이하여 기뻐 뛰놀게 될 것이다. 구간들은 이 말을 좇아 모두 기뻐하면서 노래하고 춤추다가 얼마 안 되어 우러러 쳐다보니 다만 자줏빛 줄이 하늘에서 드리워져서 땅에 닿아 있었다.

(출전) 屬後漢世祖光武帝建武十八年壬寅三月禊浴之日, 所居北龜旨(是峯巒之稱, 若十朋伏之狀, 故云也)有殊常聲氣呼喚, 衆庶二三百人集會於此, 有如人音, 隱其形而發其音曰此有人否, 九干等云吾徒在, 又曰吾所在爲何, 對云龜旨也. 又曰皇天所以命我者, 御是處, 惟新家邦, 爲君后. 爲玆故降矣. 你等須掘峯頂撮土, 歌之云龜何龜何, 首其現也. 若不現也. 燔灼而喫也. 以之蹈舞, 則是迎大王,歡喜踴躍之也. 九干等如其言, 咸忻而歌舞. 未幾仰而觀之. 唯紫繩自天垂而着地(권2 기이2 가락국기)

(새김)

구지(龜旨) : 구지(龜旨)란 구지봉의 한자식 이름이다. 여기 구지의 지(旨)를 눈여겨 볼만하다. 여기 지(旨)가 상당한 암시를 준다. 임금과 관련하여 지(旨)란 왕이나 왕실의 명령을 뜻한다. 수로가 왕위에 오를 수 있는 막강한 세력과 덕망으로써 모든 백성이 진정으로 왕을 추대하는데 굳이 노래를 지어서 자기를 왕으로 추대하라고 명령을 내릴 필요가 있는가. 마침내 연구자는 구지가를 정책적으로 지은 책요(策謠)로 본 것이다. 구지가는 다분히 예언적인 속내를 드러낸 참요(讖謠)의 성격이 있다고 본다(이상돈(2013), 구지가사의 해석 참조). 구지의 구(龜)는 당시 김해지역말로 검(감, 甘)으로 읽었을 가능성이 있다. 김해의 강 건너에 있는 구포(龜浦)를 감동포(甘同浦)라 하였다(대동지지). 또한 김해와 이웃한 강 건너 양산지역 농요 가운데 왕거미 노래의 거미가 바로 거북을 뜻하기에 그렇다고 본 것이다(박지홍, 구지가 연구). 그렇다면 구지가의 구하(龜何)도 거미시여(임금이시여)로 풀어야 온당하다. 산스크리트어로 거북을 가베(kavve)라 하며 이를 왕이라고 풀이함을 보면 더욱 개연성이 있다(정호완). 신증동국여지승람(新增東國輿地勝覽)에 최치원의 석리정전(釋利貞傳)을 인용, 가야의 시원을 풀이하고 있다. 가야산의 산신 정견모주(正見母主)가 천신인 이비하(夷毗訶)와 교감함으로써 대가야의 뇌질주일(惱窒朱日)과 금관가야의 뇌질청예(惱窒靑裔)를 낳았다고 함이 가야사의 온당한 시조설화가 된다. 감생(感生) 설화에서 난생(卵生) 설화로 변모하여 전하였다. 경명왕이 손수 지은 비명에 김유신 관련, 그의 시조 수로는 헌원(軒轅)의 후손으로서 소호(小昊)의 자손이라고 적고 있다. 수로라는 이름은 후대에 와서 지은 것으로 보고 있다(문경현(2015), 역주 삼국유사 참조).

구지봉(龜旨峰) ☞ 구지(龜旨)

구한(九韓)

해동안홍기(海東安弘記)에 구한(九韓)이란, 첫째는 일본(日本), 2는 중화(中華), 3은 오월(吳越), 4는 탁라(乇羅), 5는 응유(鷹遊), 6은 말갈(靺鞨), 7은 단국(丹國), 8은 여진(女眞), 9는 예맥(穢貊)이라고 했다.

(출전) 海東安弘記云九韓者, 一日本, 二中華, 三吳越, 四乇羅, 五鷹遊, 六靺鞨, 七丹國, 八女眞, 九穢貊(권1 기이1 마한)

(새김)

구한(九韓) : 첫째는 일본, 2는 중국, 3은 오월이다. 탁라는 지금의 제주이고 응유는 백제이고 단국은 거란이다. 여진과 예맥은 글 그대로다. 마한(馬韓)의 위치에 대한 비정으로는 최치원의 고구려 지역과 권근의 백제 지역이 있는바, 마읍산이 나옴을 보면, 고구려 시대의 평양성 부근으로 보인다.

구형왕(仇衡王)

가야국 시조의 9대손 구형왕이 임자년(壬子, 532)에 신라에 항복할 무렵, 데리고 온 아들 세종(世宗)의 아들인 솔우공(率友公)의 아들 서운잡간(庶云匝干)의 딸 문명 황후께서 나를 낳으셨으니, 시조 수로왕은 어린 나에게 15대조가 된다.

(출전) 朕是伽耶國元君九代孫仇衡王降于當國也. 所率來子世宗之子率友公之子庶云匝干之女, 文明皇后寔生我者. 玆故元君於幼冲人, 乃爲十五代始祖也(권2 기이2 가락국기)

(새김)

구형왕(仇衡王) 달리 구해왕(仇亥王)이라고도 한다. 삼국사기 신라본기 법흥왕 19년(532)조에 금관국의 임금 김구해(金仇亥)가 왕비와 세 아들인 장남 노종(奴宗), 둘째 무덕(武德), 셋째 무력(武力)과 함께 국보를 갖고 신라에 투항하였다고 적었다. 삼국유사 가락국기에 따르면, 금관가야의 멸망연대를 진흥왕 23년으로 잘못 기록하고 있으나, 또한 개황력(開皇曆)을 인용하며 법흥왕 19년에 망한 사실을 싣고 있다. 또한, 가락국기에 따르면 왕비는 해상왕격인 뿐수니질금(分叱水尒叱今)의 딸 계화(桂花) 세 아들의 이름은 세종(世宗), 무도(茂刀), 무득(茂得)이라 하였는데, 삼국사기의 이름과 그 적기가 다르다. 삼국사기에는 금관가야가 망하자, 신라는 이들을 예로 대접하고, 왕에게 최고의 벼슬을 주고, 그 본국을 식읍으로 삼게 하였다고 하였다. 아들 무력은 많은 무공을 세우고 각간(角干)의 벼슬에까지 올랐다. 김유신은 무력의 손자이다. 금관가야는 멸망하였으나, 그 왕족은 진골귀족으로 신라에 편입되어 신김씨(新金氏)라 하면서 신라의 왕족에 버금하는 예우를 받았다(한국민족문화대백과사전 참조).

국내성(國內城)

고구려 제2대 유리왕 계해년(癸亥, 3)에 도읍을 국내성으로 옮겼다. 불이성(不而城)이라고도 한다.

(출전) 癸亥移都國內城, 亦云不而城(권1 왕력 고구려 유리왕)

(새김)

불이(不而)라 함은 전쟁을 하지 않고서도 이긴다는 철옹성을 뜻한다(不戰而勝).

국로(國老)

신문왕이 즉위하여 (경흥 스님을) 국로(國老, 국가 원로)로 책봉하고 삼랑사(三郎寺)에 살게 했는데 문득 병이 들어 한 달이나 되었다. 이 때 한 여승이 와서 그에게 문안하고 화엄경 속의 착한 벗이 병을 고쳐 준다는 말을 얘기하고 말했다. 지금 스님의 병은 근심으로 해서 생긴 것이니, 기쁘게 웃으시면 나을 것입니다. 이렇게 말하고 열한 가지 모습을 지어 저마다 각각 우스운 춤을 추게 하니, 그 모습은 뾰족하기도 하고 깍은 듯도 하여 그 변하는 모습을 이루 다 말할 수 없어 모두들 우스워서 턱이 빠질 지경이었다. 이에 국사의 병은 자기도 모르게 씻은 듯이 나았다.

(출전) 神文卽位, 曲爲國老, 住三郎寺, 忽寢疾彌月, 有一尼來謁候之. 以華嚴經中善友原病之說爲言曰今師之疾, 憂勞所致, 喜笑可治. 乃作十一樣面貌, 各作俳諧之舞, 巉巖戌削, 變態不可勝言, 皆可脫頤, 師之病不覺洒然(권5 피은 경흥우성)

(새김)

신라 제31대 신문왕은 경흥(憬興)을 국가원로로 삼고 삼랑사에 머물게 하였다. 삼국통일을 완성한 문무왕이 백제 출신의 경흥을 국사로 삼을 것을 유언으로까지 당부한 까닭은 무엇인가. 경흥은 47권의 저서를 남겼다. 그 무렵 원효에 버금하는 많은 저술이며 또한 그의 교학은 불교 전반에 걸치는 것이었다. 이로써 경, 율, 론 삼장에 통달함으로써 당대에 명망이 높았으므로 문무왕이 그를 국사로 삼기 원했던 일차적 이유가 된다. 보다 근원적인 이유로는, 임금이 백제 유민을 포섭하고 불교신앙으로 민족의 융합을 도모하려는 종교.정치적인 배려였을 것이다. 하지만 신문왕은 경흥을 국사로 삼지 않고 **국로(國老)**로 삼았다. 원문에는 곡위국로(曲爲國老)라고 했다. 문무왕의 유언을 조금 왜곡시켜 국사와 비슷한 국로로 삼았던 것이다. 신문왕은 경흥을 국사로 삼고자 했겠지만, 강하게 반발하는 신라계 귀족들의 설득을 위한 대안이었을 것이다. 통일신라 최초의 국로가 된 경흥은 서라벌의 삼랑사에 살면서 대궐을 출입했다. 말의 안장과 신과 갓이 매우 화려하여 길손들이 길을 비킬 만큼 요란한 행차였다. 어느 날 경흥은 문득 병을 얻어 한 달이 넘도록 앓았다. 이 때 한 비구니가 찾아와 문병하고 경흥의 병을 고쳐주는 이야기가 실려 있다. 이에 대한 기록은 삼국유사에 비해 해동법화전홍록(海東法華傳弘錄)이 더욱 상세하다. 해동법화전홍록은 삼국유사보다도 20년 정도 앞 선 원종 9년(1268) 무렵 진정국사(眞靜國師) 천책(天頙)이 찬술한 것이다(김상현).

국사(國史)

국사 고려본기에 이렇게 말했다. 시조 동명성제(東明聖帝)의 성은 고씨요, 이름은 주몽이다. 이보다 앞서 북부여의 해부루 왕은 그 땅을 동부여로 피하였고 부루가 죽자 이어 금와가 즉위하였다.

(출전) 國史高麗本記云始祖東明聖帝, 姓高氏, 諱朱蒙. 先是, 北扶餘王解夫婁, 旣避地于東扶餘, 及夫婁薨, 金蛙嗣位(권1 기이1 고구려)

국사(國師)

정공은 독룡의 해를 입어서 아무 죄 없이 나라로부터 형을 받았다. 왕은 이 말을 듣고 마음속으로 후회하였다. 이에 정공의 처자에게는 죄를 면하게 하고 혜통을 국사로 삼았다.

(출전) 通因言恭被毒龍之汚, 濫膺國刑, 王聞之心悔, 乃免恭妻孥, 拜通爲國師(권5 피은 혜통항룡)

(새김)

국사(國師) : 신라는 처음으로 국통(國統)이란 직제를 두었다. 진흥왕 때 이르러 고구려의 고승대덕인 혜량(惠亮)을 맞이하여 국통을 삼았다. 선덕여왕 시절 자장(慈藏)이 국통으로 임명되었다. 삼국통일이 된 뒤 신문왕 때에는 백제의 웅천주(熊川州, 현 공주) 출신 경흥(憬興)을 국로로 예우하였다. 효소왕 시절 혜통(惠通)이 국사로 책봉됨으로써, 최고의 승직인 국통과 이념적인 국사가 양립하였다. 그 뒤 국사의 책봉은 자주 나타나며, 이러한 승직은 조선 초기까지 이어졌다(한국민족문화대백과사전 참조).

국사방(國師房)

경덕왕이 그를 맞아 이바지를 하려고 사자를 보냈다. 영여(迎如)는 궐 안에 들어가 재를 마치고는 돌아가려고 하였다. 경덕왕은 사자로 하여금 절까지 대사를 모셔 가도록 하였다. 대사는 굴 안에 들어서자 몸을 감추었고 어디 있는지를 알지 못하였다. 사자가 와서 아뢰니 왕은 이상하게 생각하고 그를 국사에 추봉하였다. 그 뒤로 또한 다시는 세상에 나오지 않았는데 지금도 그 절을 국사방이라고 부른다.

(출전) 景德王將邀致供養, 遣使徵之. 如詣內, 齋罷將還, 王遣使陪送至寺, 入門卽隱, 不知所在. 使來奏, 王異之. 追封國師. 後亦不復現世, 至今稱曰國師房(권5 피은 영여사)

국선(國仙)

신라의 화랑을 격조 있게 부르는 이름이 국선이다. 왕의 이름은 응렴(膺廉)이었다. 나이 18세에 국선이 되었다. 스무 살이 되자 헌안대왕은 그를 불러 잔치를 베풀고 물었다. 그대는 국선이 되었는데 여러 곳을 다니면서 무슨 특이한 일을 보았는가. 국선이 말하였다. 소신이 세 가지 아름다운 일을 보았습니다. 말하여 보라. 어떤 사람이 남의 윗자리에 있을 수 있음에도 겸손하게도 사람들의 아랫자리에 앉는 것이 첫째 일이었습니다. 부유하면서도 검소한 차림으로 다니는 사람이 둘째였습니다. 또 어떤 사람이 지체가 높으면서도 그 위세를 부리지 않는 일이 셋째였습니다.

(출전) 王諱膺廉, 年十八爲國仙. 至於弱冠, 憲安大王召郎, 宴於殿中, 問曰, 郎爲國仙, 優遊四方, 見何異事 郎曰, 臣見有美行者三. 王曰, 請聞其說. 郎曰, 有人爲人上者, 而撝謙坐於人下, 其一也. 有人豪富而衣儉易, 其二也. 有人本貴勢而不用其威者, 三也. 王聞其言而知其賢(권2 기이2 경문대왕)

(새김)

국선이란, 풍월주와 다른 계통의 화랑의 우두머리다. 4세 풍월주 이화랑조에 사다함을 국선으로 불렀던 것으로 적혀 있다. 한편 문노는 진지왕 원년(576) 지도황후의 명으로 국선이 된 것으로 나온다. 국선 문노는 화랑도의 도맥으로는 풍월주인 설화랑의 스승이 되었다. 신문왕 원년(681) 화랑도가 없어졌다 다시 살아날 때, 풍월주 대신 국선이 화랑을 대표하게 된다. 그러한 사정으로 인하여 삼국사기와 삼국유사에는 풍월주 대신 국선으로 나온다(문화콘텐츠 용어사전 참조).

국양왕(國壤王)

고구려 제18대 임금. 이름은 이속(伊速) 혹은 어기지(於只支)로 갑신년(甲申, 384)에 즉위하여 통치는 8년 동안이다.

(출전) 第十八代國壤王, 名伊速, 又於只支. 甲申立, 治八年(권1 왕력 고구려 국양왕)

(새김)

국양왕은 8년(384-391)의 재위를 하였으며 이름은 이속(伊速) 또는 어기지(於只支)이다. 아버지는 16대 국원왕이고, 형은 17대 소수림왕이다. 아들 담덕(談德)이 뒤를 이어 19대 광개토왕(廣開土王)이 되었다. 임금이 죽자 고국양(故國壤)에 장사를 지냈다.

국원왕(國原王) ☞ 강상왕

국조왕(國祖王)

고구려 제6대 임금. 이름은 궁(宮) 또는 태조왕이라 한다. 계축년(癸丑, 53)에 즉위, 통치는 93년 동안. 후한전에 처음 났을 때부터 눈을 뜨고 보았다고 한다. 아우인 차대왕(次大王)에게 양위를 하였다.

(출전) 第六代國祖王, 名宮, 亦云大祖王. 癸丑立, 理九十三年. 後漢傳云, 初生開目能視. 後遜位于母弟次大王(권1 왕력 고구려 국조왕)

국존(國尊)

국존 조계종 가지산하 인각사 주지 원경충조대선사 일연이 지었다.

(출전) 國尊曹溪宗迦智山下麟角寺住持圓鏡冲照大禪師一然撰(권5 신주 밀본최사)

(새김)

국존(國尊) : 국사를 말한다. 당연히 국사(國師)로 써야 하나 비문에는 국존이라 하였다. 이는 원 나라 조정에서 국사를 쓰지 못하도록 하였던 까닭이다. 조계종은 선종을 통틀어 이르며 가지산파는 고려조에 9개 산문 가운데 하나이다. 인각사는 일연이 만년을 보내며 어머니를 모시고 간병을 하였던 도량이다. 원경충조(圓鏡冲照)는 일연이 입적한 뒤에 내려진 시호다. 대선사는 승직으로 고려시대에 가장 높은 직첩이다. 이 부분에서 일연이 삼국유사를 지었음을 알 수 있게 해주는 주요한 대목이다.

국청사(國淸寺)

지원(至元) 21년(甲申, 1284)에 국청사의 금탑을 수리하고 충렬왕(忠烈王)은 장목왕후(莊穆王后)와 함께 묘각사에 거둥하여 신도의 무리들을 모아 축하하고 찬미했다. 이것이 끝나자 심감(心鑑)이 바친 불아와 낙산(洛山)의 수정염주와 여의주를 군신과 여러 신도들이 모두 쳐다보고 경배한 뒤에 함께 금탑(金塔) 안에 봉안했다. 나도 역시 이 모임에 참석해서 이른바 불아라고 하는 것을 친히 보았는데 그 길이는 세 치 가량 되고 사리는 없었다. 무극(無極)은 쓴다.

(출전) 至元二十一年甲申, 修補國淸寺金塔, 國主與莊穆王后, 幸妙覺寺, 集衆慶讚訖, 右佛牙與洛山水精念珠·如意珠, 君臣與大衆, 皆瞻奉頂戴, 後幷納金塔內. 予亦預斯會, 而親見所謂佛牙者, 長三寸許, 而無舍利焉. 無極記(권3 탑상 전후소장사리)

(새김)

고려사 충렬왕 11년 조에 병진년 왕과 공주가 흥왕사에 가서 예불하고 마침내 묘련사에 갔다(丙辰王及公主幸興王寺拜金塔遂幸妙蓮寺)라는 기록을 보면, **국청사**가 아니고 흥왕사로 해야 온당하다(문경현).

국학(國學)

(국학은 신라 신문왕 2년(682)에 설총이 왕명으로 당 나라의 국자감을 거울로 하여 세운 최초의 국립대학이었다) 중국을 큰 나라로 성심껏 섬겨서 두 나라의 사신이 육로와 물길인 제항(梯航)으로 계속하여 항상 귀족의 자손들을 중국에 보내어 황제의 지킴이를 하게 하고 국자감에 들어가서 공부하게 했다.

(출전) 以至誠事中國, 梯航朝聘之使, 相續不絶, 常遣子弟, 造朝(而)宿衛, 入學而誦習(권2 기이2 김부대왕)

(새김)

여기 **제항(梯航)**이라 함은, 사닥다리를 놓고 산에 오르고 배를 타고 바다를 건넌다는 뜻으로, 산을 넘고 물을 건너 먼 곳을 감을 말한다. 그러니까 육로와 해로를 따라서 때때로 오고 갔음을 말한다.

군국지(郡國志)

후한서에 나오는 지리서의 일종으로 가탐이 지었다. 가탐(賈耽)의 군국지에는, 발해국의 압록(鴨綠), 남해(南海), 부여(扶餘), 추성(橻城, 훈춘) 등 사부는 모두 고구려의 옛 땅이었다고 기록하고 있다.

(출전) 賈耽郡國志云, 渤海國之鴨淥, 南海, 扶餘, 橻城四府, 並是高麗舊地也(권1 기이1 말갈 발해)

굴불산(掘佛山)

죽령(竹嶺) 동쪽으로 백리쯤 되는 어름에 우뚝하게 높은 산이 있다. 그 산의 이름을 역덕산(亦德山) 혹은 사불산(四佛山) 굴불산이라고 한다. 진평왕 9년(甲申, 587) 문득 몇 길이나 되는 큰 바위가 떨어졌다. 사면에 불상을 새기고 대승사라는 절을 세워 법화경을 잘 하는 스님을 모셔 불공을 올렸다. 임금도 찾아가서 예불을 하였으며 그 스님이 죽은 뒤로 그 자리에 연꽃이 피어났다고 한다. 또 경덕왕이 백률사(栢栗寺)에 행차해서 산 밑에 이르렀더니 땅속에서 염불하는 소리가 들리므로 그곳을 파게 했다. 큰 돌이 있는데 사면에 사방불이 새겨져 있었다. 여기에 절을 세우고 절 이름을 굴불사(掘佛寺)라고 했으니 잘못 전해져서 굴석사(掘石寺)라 한다.

(출전) 竹嶺東百許里, 有山屹然高峙, 眞平王九年甲申, 忽有一大石, 四面方丈, 彫四方如來, 皆以紅紗護之. 自天墜其山頂. 王聞之命駕瞻敬, 遂創寺嵓側, 額曰大乘寺. 請比丘亡名誦蓮經者主寺, 洒掃供石, 香火不廢, 號曰亦德山, 或曰四佛山. 比丘卒旣葬, 塚上生蓮. 又景德王遊幸栢栗寺, 至山下聞地中有唱佛聲, 命掘之. 得大石, 四面刻四方佛, 因創寺, 以掘佛爲號(권3 탑상 사불산 굴불산 만불산)

(새김)

굴불사는 경주 동천동에 있는 소금강산 백률사 아래 자리하였다. 오늘날에도 사면석불이 그 모습을 보전하고 있다. 가장 돋보이는 것은 서쪽으로 새겨진 아미타삼존불(阿彌陀三尊佛)이다. 서쪽으로 향한 것은 서방정토(西方淨土) 신앙에 지향성을 알 수가 있다. 경덕왕 때 석굴암이나 불국사를 세우는 등 불교가 꽃을 피우던 시기에 걸맞은 형상이라 할 수 있다.

굴헐역(屈歇驛)

미해는 바다를 건너 돌아왔다. 그는 먼저 강구려를 시켜 나라 안에 귀환 사실을 알렸다. 눌지왕은 놀라고 기뻐하여 백관들에게 명하여 미해를 굴헐역에 나아가서 맞게 했다. 왕은 아우 보해와 함께 남교에 나가서 친히 미해를 맞아 대궐로 들어갔다. 잔치를 베풀고 국내에 대사령을 내려 죄수들을 풀어 주었다. 또 제상의 아내를 국대부인에 봉하고, 그의 딸은 미해공의 부인을 삼았다.

(출전) 美海渡海而來, 使康仇麗先告於國中, 王驚喜, 命百官迎於屈歇驛, 王與親弟寶海迎於南

郊, 入闕設宴, 大赦國內, 冊其妻爲國大夫人, 以其女子爲美海公夫人(권1 기이1 내물왕 김제상)

(새김)

굴헐역은, 울산의 옛 이름이 굴아화(屈阿火)이고 일본과의 지리적인 여건으로 보아 경주에서 굴아화로 가는 가운데 있던 역참으로 보인다. 파사왕 시기에 현(縣)으로, 경덕왕 16년(757)에 임관군(臨關郡)으로, 고려 때 울주(蔚州)로, 조선 세조 때 울주군으로 하였다.

궁예(弓裔)

경복 원년(壬子, 892), 이 때 북원(北原, 원주)의 호족 양길(良吉)의 세력이 몹시 강성하여 궁예는 자진해서 그 부하가 되었다. 견훤이 이 소식을 듣고 멀리 양길에게 직책을 주어 비장(裨將, 부장)으로 삼았다.

(출전) 景福元年壬子, 是時, 北原賊良吉雄强, 弓裔自投爲麾下. 萱聞之. 遙授良吉職爲裨將(권2 기이2 견훤)

(새김)

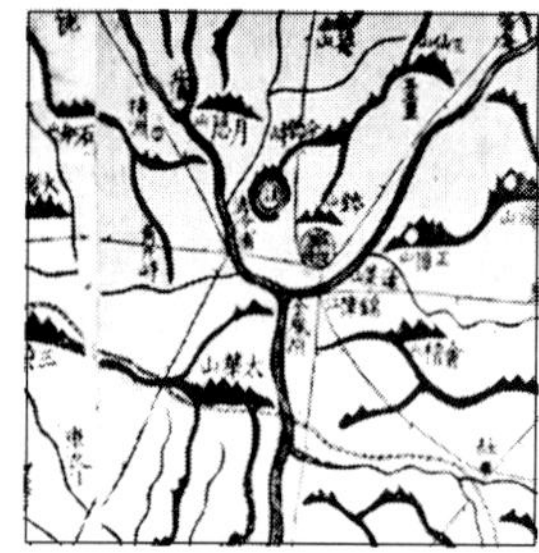

그림 10 영월 고지도

궁예는 후고구려를 세운 왕으로 재위 8년(901-918) 동안 나라를 다스렸다. 신라 사람으로 성은 김씨다. 아버지는 47대 헌안왕 의정(誼靖)이고, 어머니는 헌안왕의 궁녀라고 전한다. 혹은 48대 경문왕 응렴(膺廉)의 아들이라고도 한다. 왕실에서 버림받고 유모의 손에서 자라다가 세규사(世逵寺)에 들어가 중이 되어 선종(善宗)이라 불렸다. 궁예는 헌안왕의 서자로서 영월 태화산의 세규사에 출가, 진성여왕 시기에 준걸로서 기훤(箕萱)의 휘하에 들어갔다가 원주 양길(梁吉, 달리 良吉)의 휘하에 들어가 두각을 드러냈다. 뒤에 홀로서기를 하여 나라를 세우고 왕위에 올랐다. 연호를 태봉, 원년(901) 후삼국 중의 한 나라였던 후고구려(처음에 마진(摩震)을 태봉(泰封)으로 개명)로 나라의 이름을 삼았다. 광평성(廣評省)을 비롯한 여러 관부를 두어 나라의 체제를 갖추었고, 한 때 한반도의 3분의 2가량을 점령하는 등 막강한 세력을 떨쳤다. 그의 말년에는 미륵신앙에 기반을 둔 제정일치적인 전제주의 정치를 표방하였다. 고려 태조 원년(918) 6월 이에 반발한 변란이 일어나 임금 자리에서 쫓겨나 죽었다(한국민족문화대백과사전 참조).

궁파(弓巴)

신라 제45대 신무왕이 왕위에 오르기 전에 의협심이 많은 협사 궁파에게 말했다. 나에게는 이 세상을 같이 살아나갈 수 없는 원수가 있다. 네가 만일 나를 위해서 이를 없애준다면 내가 왕위에 오른 뒤에 네 딸을 맞아 왕비로 삼겠다. 궁파가 이를 허락하니 마음과 힘을 같이하여 군사를 일으켜 서울로 쳐들어가서 그 일을 성취하였다. 그 뒤에 이미 왕위를 빼앗고 궁파의 딸을 왕비로 삼으려 하매 여러 신하들이 극력 반대했다. 궁파는 아주 미천한 사람이오니 왕께서 그의 딸을 왕비로 삼으려는 것은 옳지 못합니다. 왕은 그 말을 따랐다.

(출전) 第四十五神武大王潛邸時, 謂俠士弓巴曰 我有不同天之讎, 汝能爲我除之. 獲居大位, 則娶爾女爲妃. 弓巴許之. 協心同力, 擧兵犯京師, 能成其事. 旣簒位, 欲以巴之女爲妃, 群臣極諫曰巴側微, 上以其女爲妃則不可, 王從之(권2 기이2 신무대왕)

(새김)

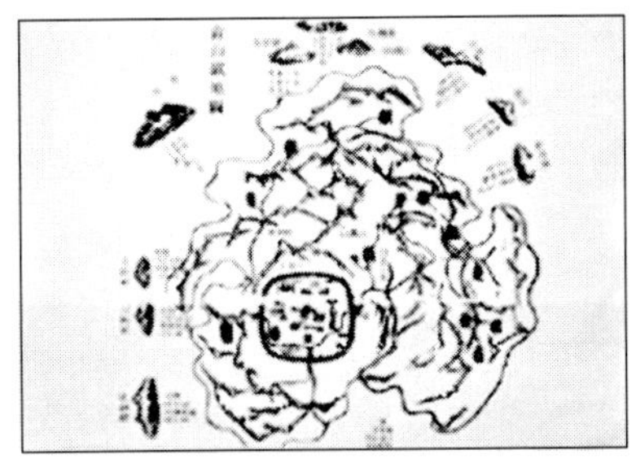

그림 11 완도 고지도

궁파(弓巴) : 궁파의 이름에 대한 자료는 다양하다. 이 글에서는 궁파(弓巴, 삼국유사), 뱀보를 사복으로 고치듯 궁복(弓福, 삼국사기), 궁복의 궁(弓)을 따서 비슷한 성씨로 장(張)씨를 칭하고 복은 다시 2음절 이름인 보고(保皐)로 나누고 의미를 부여한 것으로 보인다(신증동국여지승람, 신당서). 더러는 장보고(張宝高)로 기록되어 전한다. 궁복의 복(福)을 두 음절로 적어 보고(寶高)라 한 것이다. 궁자가 들어간 성으로 장(張)을 삼은 것으로 보인다. 일설에는 중국에 가서 대가의 성에 장씨(張氏)가 많으므로 스스로가 장을 성으로 삼았다는 구전이 있다. 장보고가 청해진 대사로 임명되면서 부와 권력을 아우르는 사람이라는 뜻으로 보배 보 높을 고자를 쓴 것은 아닌가 추정하는 이들도 있다. 덕수 장씨 대동보에는 장보고가 애장왕 2년(801) 왕도읍 장좌리 마을에서 장백인의 아들로 태어났다고 올라 있다. 나이 30세에 군사 1천 명을 지휘하는 군중소장이 되어 활동하였다. 귀국하여 흥덕왕의 승인을 받아 만 명의 군사를 바탕으로 하여 청해진을 설치하였다. 동아시아 삼국의 통제가 느슨한 틈을 타서 무역을 독점하였다. 자신의 딸을 왕비로 받아주겠다던 신무왕의 약속이 지켜지지 않자 이로 말미암아 갈등이 깊어지던 가운데 부하였던 염장(閻長)이 배신하고 장보고를 죽였다. 삼국사기(三國史記) 열전에 따르면, 청해에 당 나라 해적들이 들끓어 그 피해가 막심하였다. 장보고는 이를 흥덕왕에게 보고하고 군사를 얻어 청해를 평정하고 청해진 대사가 되었다(保皐還國, 謁大王曰 遍中國, 以吾人爲奴婢, 願得鎭淸海, 使賊不得掠人西去. 淸海新羅海路之要, 今謂之莞島. 大王與保皐萬人, 此後, 海上無鬻鄕人者. 保皐旣貴).

궁홀산(弓忽山)

단군왕검은 요 임금이 즉위한 지 50년인 경오년(庚午)에 도읍을 정하고 조선이라 하였다. 또 도읍을 백악산 아사달로 옮기더니 궁홀산(弓忽山 일명 方忽山)이라고도 하고 금미달이라고도 한다. 거기서 1,500년 동안 나라를 다스렸다.

(출전) 壇君王儉. 以唐高卽位五十年庚寅(唐高卽位元年戊辰, 則五十年丁巳, 非庚寅也. 疑其未實) 都平壤城(今西京), 始稱朝鮮. 又移都於白岳山阿斯達, 又名弓(一作方)忽山, 又今彌達, 御國一千五百年(권1 기이1 고조선)

(새김)

일설에는 백악산을 녹산(鹿山)이라고도 한다. 오늘날 중국 길림시의 용담산(龍潭山)을 말한다. 고구려성에 대한 안내문도 볼 수 있다. 토성의 흔적이 남아 전한다. 녹산의 녹(鹿) 곧 사슴은 만주말로 푸후(puhu)가 부여(夫餘, puü)와 그 소리가 거의 같고 아직도 그곳에 가면 주몽과 관련한 용담산의 동쪽이며 송화강을 끼고 도는 자리에 동단산(東壇山)의 자리를 볼 수 있다(李健才(1986) 東北史地考略 참조). 궁예는 후고구려를 세운 왕으로 재위 8년(901-918) 동안 나라를 다스렸다. 신라 사람으로 성은 김씨다. 아버지는 47대 헌안왕 의정(誼靖)이고, 어머니는 헌안왕의 궁녀라고 전한다. 혹은 48대 경문왕 응렴(膺廉)의 아들이라고도 한다. 왕실에서 버림받고 유모의 손에서 자라다가 세규사(世逵寺)에 들어가 중이 되어 선종(善宗)이라 불렸다. 부여는 예족(濊族)일 가능성이 있다. 예맥(濊貊)을 중국어로 후이모(huimo)라 읽는다(유엠부찐(1990), 고조선 참조).

귀교(鬼橋)

진평왕이 말하였다. 그렇다면 너는 그 귀신의 무리들을 데리고 신원사(神元寺) 북쪽 개천(신중사(神衆寺)라고도 하나 이는 잘못이다. 이곳을 황천 동쪽 심거라고도 한다)에 다리를 놓도록 해라. 비형은 명을 받아 귀신의 무리들을 시켜서 하룻밤 사이에 큰 다리를 놓았다. 그래서 이 다리를 귀교라고 했다.

(출전) 王曰然則, 汝使鬼衆, 成橋於神元寺北渠(一作神衆寺, 誤. 一云荒川東深渠), 荊奉勅, 使其徒鍊石, 成大橋於一夜, 故名鬼橋(권1 기이1 도화녀 비형랑)

(새김)

귀교와 관련하여 영묘사에 대한 기록을 살펴보도록 한다. 영묘사는 부의 서쪽 5리에 있다. 당 나라 정관 6년(632)에 신라의 선덕왕이 세웠다. 불당은 3층으로서 체제가 특이하다. 신라 때의 불당이 한둘이 아니었으나 다른 것은 다 무너지고 헐어졌는데, 유독 이 불당만은 온전히 어제 지은 듯한 모습으로 서 있다. 속설에 전하기를, 이 절터는 본래 큰 못이었다. 두두리(豆豆里)에 사는 여러 무리들이 하루 밤 사이에 메우고 드디어 이 불당을 세웠다고 전한다(在府西五里唐貞觀六年新羅善德王建殿宇三層體制殊異羅時殿宇非一而他皆頹毁獨此宛然如昨諺傳寺趾本大澤豆豆里之衆一夜塡之遂建此殿今廢-신증동국여지승람). 주목에 값하는 바는 두두리(豆豆里)이다. 어찌 보면 두두리는 마치 행정구역인 -리처럼 보인다. 당시의 행정구역명은 군, 현, 향, 부곡 등은 있어도 -리는 없었다. 두두리는 귀교(鬼橋)를 만들고 길달(吉達)이란 요귀를 물리친 비형랑이 나오는 삼국유사 부분이다. 하룻밤에 왕가 숲의 귀신들을 모아다가 귀교(鬼橋)를 만들었다. 이 비형랑의 고사를 바탕으로 당대 신라에서는 다음의 시를 포함하는 부적으로 대문에 붙여 못된 귀신을 쫓아내었다는 것이다. "성제의 혼이 아들을 낳았으니 바로 비형랑의 집이었네. 날고뛰는 귀신의 무리들아, 여기에는 머무르지 말 것이다." 이런 관습을 바로 목랑(木郞, 木神) 또는 두두리(豆豆里)라고 했다고 한다. 또한 귀신 숲인 왕가 숲은 어느덧 목랑을 붙이고 하늘에 제사를 지내게 되는 거목들의 숲으로 자리를 잡았다. 그럼 목랑이 두두리인가. 이 목랑을 왕가수(王家藪)라는 곳에서 제사하며, 두두리는 신라 진지왕의 혼령이 도화녀(桃花女)와의 사이에서 낳은 비형랑에서 비롯하였다는 사연이 두두리 민간신앙으로 굳어진 것으로 보인다. 이는 다시 고려로 이어져, 경주 출신들은 다른 지역에서 살더라도 두두리를 모셨다고 한다. 신증동국여지승람(新增東國輿地勝覽) 경주부 고적조에는 경주부 서쪽 10리쯤에 신원교(神元橋)가 나오는데 귀교의 이칭일 가능성이 있다(강인구 외, 2002).

귀비고(貴妃庫)

이렇게 말하고 비단을 주니 사자가 돌아와서 사실을 보고하고 그의 말대로 하늘에 제사를 드렸다. 이에 그 비단을 임금의 창고에 간수하고 국보로 삼으니 그 창고를 귀비고라 한다.

(출전) 仍賜其綃. 使人來奏, 依其言而祭之. 然後日月如舊. 藏其綃於御庫爲國寶, 名其庫爲貴妃庫. 祭天所名迎日縣, 又都祈野(권1 기이1 연오랑 세오녀)

귀산(貴山)

또 삼국사 열전에 이런 기록이 있다. 어진 선비 귀산은 모량부 사람이다. 같은 마을의 추항(箒項)과 벗이 되어 두 사람은 서로 말했다. 우리들이 군자들과 함께 사귀려면 먼저 마음을 바르게 하여 처신하지 않는다면, 필경 욕을 면치 못할 것이다. 그러니 어찌 어진 사람을 찾아가서 도를 묻지 않겠는가.

(출전) 又三國史列傳, 賢士貴山者牟梁部人也. 與同里箒項爲友, 二人相謂曰我等期與士君子遊, 而不先正心持身, 則恐不免於招辱, 盍問道於賢者之側乎(권4 의해 원광서학)

(새김)

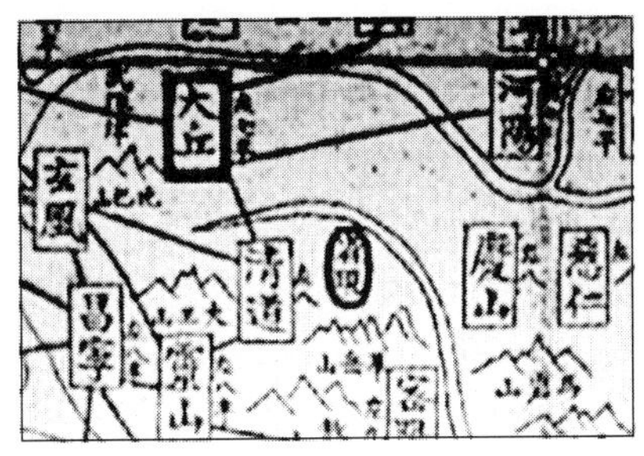

그림 12 청도군 고지도

귀산과 추항이 당 나라에서 수도정진하다 돌아와서 가슬갑사(현 청도군)에 머물고 있는 원광법사를 찾아가서 화랑이 지켜야 할 계율을 얻고자 하였다. 이른바 화랑의 세속오계(世俗五戒)가 가르침의 속내가 된다. 사군이충(事君以忠), 사친이효(事親以孝), 붕우유신(朋友有信), 임전무퇴(臨戰無退), 살생유택(殺生有擇)이 그 알맹이가 된다. 여기 살생유택이라 함은 짐승들의 산란기나 출산기를 피하라는 뜻이기도 하다. 이는 죽이는 대상을 선택하라는 것이다. 이제 반드시 필요한 경우에만 죽이고 그 이상은 죽이지 말 것이니, 이는 세속의 좋은 계율이라고 할 만하다. 귀산 등이 말했다. 지금부터는 이 가르침을 받들어 두루 실행하고, 감히 어기는 일이 없을 것입니다(如此, 唯其所用, 不求多殺, 此可謂世俗之善戒也. 貴山等曰自今已後, 奉以周旋, 不敢失墜. 삼국사기 열전 귀산).

귀진(貴珍)

경덕왕 시절이었다. 아간 귀진의 집에 계집종 하나가 있었는데 이름을 욱면(郁面)이라 했다. 그 주인을 따라 절에 가서 마당에 서서 중을 따라 염불했다. 그 주인은 그녀가 그 신분에 맞지 않는 짓을 하는 것을 미워하여 매양 곡식 두 섬을 주어 하룻밤 동안에 다 찧으라 했다. 욱면은 초저녁에 다 찧어 놓고 절에 가서 염불하여 밤낮으로 게을리 하지 않았다. 그녀는 뜰 좌우에 기다란 말뚝을 세워 두 손바닥을 뚫어 노끈으로 꿰어 말뚝 위에 메고는 합장을 하면서 좌우로 흔들어 자신을 격려했다.

(출전) 時, 有阿干貴珍家一婢名郁面, 隨其主歸寺, 立中庭, 隨僧念佛, 主憎其不職, 每給穀二碩, 一夕舂之. 婢一更舂畢, 歸寺念佛(俚言己事之忙, 大家之舂促, 盖出乎此), 日夕微怠, 庭之左右, 竪立長橛, 以繩穿貫兩掌, 繫於橛上合掌, 左右遊之激勵焉(권5 감통 욱면비 염불서승)

(새김)

승전(僧傳)에 따르면, 욱면은 하가산(下柯山, 현 안동)에 갔다가 신기한 꿈을 꾸고 나서 9년 동안 부처님께 정성껏 예불을 하였다. 그 뒤 아간 **귀진**의 집에 종으로 일하면서 산 채로 성불을 하여 극락을 간 것이다. 정토신앙의 본보기가 되었으며 신분이 천한 사람도 성불할 수 있다는 진리 앞에 평등함을 드러내 보여 주는 설화이다.

귀축제사(歸竺諸師)

구법고승전(求法高僧傳)의 광함(廣函)에 이렇게 말했다. 스님 아리나(阿離那, 那는 혹 耶), 발마(跋摩, 摩는 혹 郎)는 신라 사람이다. 처음에 정통한 교의를 구하려고 일찍이 중국에 들어갔다. 성인의 자취를 두루 찾아볼 마음이 더했다. 이에 정관 연간(627-649)에 당 나라 서울인 장안을 떠나 오천축(五天竺, 인도)에 갔다. 나란타사에 머물러 율장과 논장을 많이 읽고 패협(貝莢, 나뭇잎)에 베껴 썼다. 고국에 돌아오고 싶은 마음이 간절하였으나 뜻을 이루지 못하고 문득 그 절에서 세상을 떠나니, 그의 나이 70여 세였다. 그의 뒤를 이어 혜업(惠業), 현태(玄泰), 구본(求本), 현각(玄恪), 혜륜(惠輪), 현유(玄遊)와 그 밖에 또 이름을 알지 못하는 두 법사가 있었다. 모두 자기 자신을 잊고 불법을 따라 관화를 보기 위해서 중천축(中天竺, 중부 인도)에 갔었다. 그러나 혹은 중도에서 일찍 죽고 혹은 살아남아서 그곳 절에 있는 이도 있으나 마침내는 다시 계귀(雞貴, 신라)와 당 나라에 돌아오지 못하고 그 중에 오직 현태 스님만이 당 나라에 돌아왔으나 이도 역시 어디서 죽었는지 알 수 없다. 천축국 사람들이 해동을 불러 구구타예설라라 하는데, 이 구구타란 닭을 말함이요, 예설라는 귀함을 말한 것이다. (중략) 일연이 찬하였다. 천축의 머나먼 길 만첩 산인데, 가련타, 힘써 올라가는 선사들이여. 몇 번이나 저 달은 외로운 배를 보냈는가. 한 사람도 구름 따라 돌아오는 것 보지 못했네.

(출전) 廣函求法高僧傳云, 釋阿離那(一作耶)跋摩(一作磨)新羅人也. 初希正教, 早入中華, 思覲聖踪, 勇銳彌增, 以貞觀年中離長安, 到五天, 住那蘭陀寺, 多閱律論, 抄寫貝莢. 痛矣歸

心, 所期不遂, 忽於寺中無常, 齡七十餘. 繼此有惠業, 玄泰, 求本, 玄恪, 惠輪, 玄遊, 復有二亡名法師等, 皆忘身順法, 觀化中天, 而或夭於中途, 或生存住彼寺者, 竟未有能復雞貴與唐室者. 唯玄泰師克返歸唐, 亦莫知所終. 天竺人呼海東云矩矩吒䃜說羅, 矩矩吒言雞也. 䃜說羅言貴也(중략). 讚曰, 天竺天遙萬疊山, 可憐遊士力登攀. 幾回月送孤帆去, 未見雲隨一杖還(권4 의해 귀축제사)

(새김)

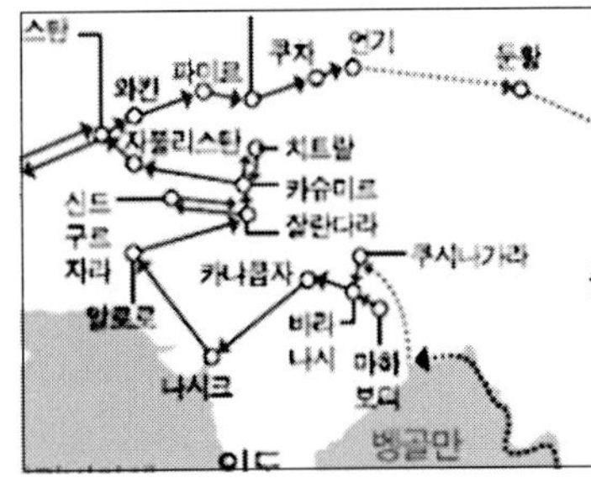

그림 13 인도

나란다(नालंदा, nalanda)의 불교대학의 유적이란 그 규모가 엄청났다. 부지의 면적이 세로 5킬로, 가로 11킬로미터가 된다. 말하자면 당 나라 고승대덕이었던 현장법사가 이곳에 머물면서 경, 율과 논장을 공부하였던 곳이다. 학승은 대략 만여 명, 교수는 1천 5백 명이라 하니 실로 대단한 크기였다. 여기가 혜업과 현태, 현각과 아리나, 발마와 같은 신라의 고승 대덕들이 이곳에 머물면서 경전을 패엽(貝葉)에 베껴 쓰고 하였던 곳이다. 나란다야말로 불교 교학의 성지였다. 나란다에 유학을 갔다 왔다는 것은 당시로는 불교학의 정규 과정을 거쳤다는 명예와 내공 수행의 중요한 사다리였다. 5세기에 세워진 이 대학은 12세기 이슬람 교도들이 허물어 버렸다. 인류문화 유산을 파괴한 것이다. 11개의 승원 터와 14개의 사원 터만은 아직도 남아있다(법정, 인도기행). 패엽은 패다라엽(貝多羅葉)을 말한다. 패다라는 범어 파타라(pattra)의 번역어로 인도에서 불경을 베끼는 데 쓰는 다라수(多羅樹)의 잎을 말한다. 현재 대구의 동화사(桐華寺)와 영월 법흥사(法興寺)에 패엽경이 보관되어 있다. 이 가운데 법흥사의 패엽경은 단 한 장으로, 앞뒤 가득 범어로 쓰여 있다. 이 패엽경은 본래 금강산 마하연사(摩訶衍寺)에 소장하고 있었으나, 광복 이후 한국전쟁 통에 행방을 모르다가 부산의 한 스님이 신도로부터 얻어서 법흥사에 모셔 놓았다.

규림(圭林)

장군은 몹시 두려워하여 그 진영을 모시고 사당으로 나가서 불태워 없애고 곧 수로왕의 친손 규림을 불러서 일렀다. 어제는 상서롭지 못한 일이 있었는데 어찌해서 이런 일들이 거듭 생기는 것인가. 이는 필시 사당의 영혼이 내가 진영을 그려서 모시는 것을 불손하게 여겨 크게 노하신 것인가 보다. 영규가 이미 죽었으므로 나는 몹시 두려워하여, 화상도 이미 불살라 버렸으니 반드시 신의 베임을 받을 것이다.

(출전) 將軍大懼, 捧持其眞, 就廟而焚之. 卽召王之眞孫圭林而謂曰, 昨有不祥事, 一何重疊 是必廟之威靈, 震怒余之圖畫而供養不孫. 英規旣死, 余甚怪畏. 影已燒矣. 必受陰誅(권2 기이2 가락국기)

(새김)

여기서 장군은 신라 말엽의 잡간(匝干)의 벼슬을 하던 충지(忠至)를 말한다. 그의 부하였던 아간 벼슬을 하던 영규(英規)가 충지의 세력을 믿고 수로왕의 제향을 빼앗아 제멋대로 지내다 단오 날 제향 때 문득 내려앉은 대들보에 깔려 죽었다. 이로 하여 수로왕의 후손을 불러들인 것이다.

근구수왕(近仇首王)

백제 제14대 근구수왕은 근초고왕(近肖古王)의 아들이었다. 을해년(乙亥, 375)에 즉위, 9년 동안 나라를 다스렸다.

(출전) 第十四代近仇首王近肖古之子也. 乙亥立, 理九年(권1 왕력 근구수왕).

(새김)

근구수왕의 재위 기간에 바다를 건너서 대륙을 공략하였다(百濟略有遼西晉平郡, 梁書). 이러한 사료는 자치통감(資治通鑑)에서도 보인다. 부여가 처음에 녹산에 웅거했다가 백제에게 침략을 당해 서쪽 연(燕) 나라 가까이 옮겼다(扶餘初據鹿山爲百濟所殘破西徒近燕)고 하였다. 일본서기(日本書紀)의 성덕태자(聖德太子)의 사적은 근구수왕에서 옮겨 간 것으로 본다(신채호, 조선상고사). 조선과 연의 경계를 산해관(山海關)으로 보고 있다.

근초고왕(近肖古王)

백제 제13대 임금으로 재위 29년(346-375) 동안 나라를 다스렸다. 백제 최전성기의 임금으로 왕권의 강화와 영토 확장을 통해 강력한 나라의 기반을 확립했다. 고전기에 따르면, 이러하다. 동명왕의 셋째 아들 온조(溫祚)는 전한 홍가 3년 계유(癸酉, 전 18)에 졸본부여에서 위례성으로 와서 도읍을 정하고 왕이라 일컬었다. 14년(丙辰)에 도읍을 한산(漢山)으로 옮겨 389년을 지냈다. 13세 근초고왕 때인 함안 원년(元年, 371)에 고구려의 남평양을 빼앗고 도읍을 북한성(현 양주)으로 옮겨 105년을 지냈다.

(출전) 按古典記云 東明王第三子溫祚, 以前漢鴻佳三年癸酉, 自卒本扶餘至慰禮城, 立都稱王, 十四年丙辰, 移都漢山(今廣州) 歷三百八十九年. 至十三世近肖古王, 咸安元年, 取高句麗南平壤, 移都北漢城(今楊州)(권2 기이2 남부여 전백제 북부여)

(새김)

근초고왕 24년(369) 가을 9월에 고구려왕 사유가 보병과 기병 2만 명을 거느리고 치양(雉壤, 하남성)에 와서 주둔하며 군사로 하여금 민가를 습격, 재물을 약탈하였다. 왕이 태자에게 군사를 주어, 지름길로 치양에 이르러서 불시에 반격하여 그들을 쳐부수고, 적병 5천여 명의 머리를 베었다. 빼앗은 물건은 장병들에게 나누어 주었다. 겨울 11월, 한강 남쪽에서 대대적으로 군사 훈련을 하였다. 모두 황색의 깃발을 사용하였다(二十四年, 秋九月, 高句麗王斯由帥步騎二萬, 來屯雉壤, 分兵侵奪民戶. 王遣太子, 以兵徑至雉壤, 急擊破之. 獲五千餘級, 其虜獲分賜將士. 冬十一月, 大閱於漢水南, 旗幟皆用黃-삼국사기).

근품성(近品城)

천성(天成) 2년(丁亥, 927) 9월 견훤은 금품성(近品城, 현 산양현)을 쳐 빼앗아 불을 질렀다. 이에 신라왕이 태조에게 원병을 청하자 태조는 장차 군사를 내려는데 견훤은 고울부(高鬱府, 현 울주)를 쳐서 취하고 시림(始林, 혹은 계림 서쪽 들)으로 진군하여 졸지에 신라 서울로 들어갔다. 이 때 신라왕은 부인과 함께 포석정(鮑石亭)에 나가 거닐고 있었으므로 더욱 쉽게 패했다. 견훤은 왕의 부인을 억지로 끌어다가 욕보이고 왕의 아우 김부(金傅)로 왕위를 잇게 하였다.

(출전) 天成二年丁亥九月, 萱攻取近品城(今山陽縣)燒之. 新羅王求救於太祖. 太祖將出師, 萱襲取高鬱府(今蔚州), 進軍於始林(一云鷄林西郊), 卒入新羅王都. 新羅王與夫人出遊鮑石亭, 時由是甚敗. 萱强引夫人亂之. 以王之族弟金傅嗣位(권2 기이2 후백제 견훤)

(새김)

동국여지승람(東國輿地勝覽) 상주 산양현 부분에 근품현(近品縣 달리 近巖縣)이라 하였다. 다시 삼국사기(三國史記) 본기 경애왕 4년 부분에 근암성(近巖城)이라 하였다. 하면 근품성의 품(品)은 암(嵒)의 오기일 가능성이 있다(이병도, 문경현). 근품성은 근암성으로 적어야 온당하다.

금강(金剛)

후백제를 세워 36년 동안 다스린 견훤이 큰 아들 신검을 뒤로 하고 슬기로운 넷째 왕자인 금강을 태자로 세웠다. 본디 견훤에게는 처첩들이 많아 아들 10여 명을 두었다. 넷째 아들 금강은 키가 크고 지혜가 많아 견훤이 특별히 그를 사랑하여 왕위를 전하려 하였다. 그 형인 신검, 양검, 용검 등이 이를 알고 몹시 못 마땅하게 여겼다.

(출전) 萱多妻妾, 有子十餘人, 第四子金剛, 身長而多智, 萱特愛之. 意欲傳位, 其兄神劍, 良劍, 龍劍知之憂悶(권2 기이2 후백제 견훤)

(새김)

삼국사기(三國史記)의 견훤 부분에 **금강**을 수미강(須彌强)이라 하였다. 금(金)의 뜻이 수미이고 부여족이 금을 쉬미라 하였다. 연개소문도 이리가수미라 하였다. 가수미(柯須彌)는 금을 뜻한다. 일본서기(日本書紀)에서 연개소문을 이리가수미라 함도 이와 같은 맥락이다(문경현).

금강사(金剛寺)

또 신인(神印)의 조사 명랑(明朗)이 새로 금강사를 세우고 낙성회를 열었다. 고승들이 다 모였으나 오직 혜공만은 보이지 않았다. 이에 명랑이 향을 피우고 정성껏 기도했더니 조금 뒤에 혜공이 왔다. 마침 이 때 큰 비가 내리고 있었지만 혜공의 옷은 젖지 않았고 발에 진흙도 묻지 않았다. 혜공이 명랑에게 말했다. 그대가 은근히 초청하기에 왔소이다. 이와 같이 그에게는 신령스러운 자취가 자못 많았다. 죽을 때는 공중에 떠올라 생을 마감했다. 사리(舍利)는 그 수를 셀 수 없을 만큼 많았다.

(출전) 又神印祖師明郎, 新創金剛寺, 設落成會, 龍象畢集, 唯師不赴, 朗卽焚香虔禱, 小選公至, 時方大雨, 衣袴不濕, 足不沾泥. 謂明朗曰辱召懃懃, 故玆來矣 靈迹頗多. 及終, 浮空告寂, 舍利莫知其數(권4 의해 이혜동진)

(새김)

금강사(金剛寺)는 경주시의 내남면 탑리에 자리하고 있었다.

금강산(金剛山)

그들은 모두 말했다. 개자추(介子推)가 다리의 살을 벤 일도 염촉(厭觸)의 인고와 절조에 비할 수 없으며, 홍연(弘演)이 배를 가른 일도 어찌 그의 장렬함에 비할 수 있으랴. 이것은 곧 대왕의 신력을 붙들어서 아도(阿道)의 본심을 성취시킨 것이니 참으로 성자로다. 드디어 북산 서쪽 고개(곧 금강산이다. 전에는, 이차돈의 머리가 날아가서 떨어진 곳이기 때문에 그곳에 장사지냈다고 했다. 그러나 여기에는 그것을 말하지 않은 것은 무슨 까닭인가)에 장사지냈다.

(출전) 咸謂子推割股, 未足比其苦節, 弘演刳腹, 詎能方其壯烈. 此乃扶丹墀之信力, 成阿道之本心, 聖者也. 遂乃葬北山之西嶺(卽金剛山也. 傳云, 頭飛落處, 因葬其地, 今不言何也)(권3 흥법 원종흥법 염촉멸신)

(새김)

금강산(金剛山, 177m) : 경주의 동북쪽 방향으로 백률사가 자리한 산을 말한다. 본디는 북악이라 하여 신라의 영산이었는데 법흥왕 14년(527) 이차돈의 순교 이후 금강산 혹은 금강령으로 고쳤다. 강원도 금강산과는 그 이름이 같을 뿐이다. 여기 금강(**वजरा**, vajra)은 금강석이 아니고 번개라는 산스크리트어에서 비롯한 것이다.

금곡사(金谷寺)

원광(圓光)은 천성이 조용하고 허허로운 것을 좋아하여, 말할 때는 언제나 웃음을 머금었고 얼굴에 노여워하는 빛이 없었다. 나이가 많아지자 수레를 타고 대궐에 드나들었다. 당시 덕과 의리가 있는 여러 어진 선비들도 그보다 뛰어난 사람이 없었다. 그의 넉넉한 글 솜씨는 한 나라의 거울이었다. 나이 80여 세로 정관 연간에 별세를 하니 그의 부도가 삼기산 금곡사(金谷寺, 현 안강 서남쪽 골짜기 즉 명활성 서쪽)에 자리하였다.

(출전) 光性好虛靜, 言常含笑, 形無慍色, 年臘既邁, 乘輿入內, 當時群彥, 德義攸屬, 無敢出其右者, 文藻之贍, 一隅所傾. 年八十餘, 卒於貞觀間, 浮圖在三岐山金谷寺(今安康之西南洞也. 亦明活之西也)(권4 의해 원광서학)

(새김)

원광서학의 본문 가운데 신과 원광과의 대화가 나온다. 내 또한 그대에게 계(戒)를 드리겠소.

말하고는 이에 생생상제(生生相濟)의 약속을 맺었다(神曰 吾亦授戒於神, 仍結生生相濟之約). 이 가운데 오역수계어신(吾亦授戒於神)은 문맥상의 흐름으로 보아 오역수계어사(吾亦受戒於師)로 함이 옳다. 신이 원광법사에게 수계를 주는 내용이므로 그렇다(지준모(2005), 삼국유사의 어문학적 연구 참조).

금관경(金官京)

가락국이 5백년 왕업의 막을 내린 뒤로는 대대로 그 부름말이 한결같지 않았다. 신라 제31대 신문왕이 즉위한 개요 원년(辛巳, 681)에는 금관경이라 하여 태수를 두었다. 그 후 고려 태조가 통합한 뒤로는 여러 대를 내려오면서 임해현이라 하고 배안사를 두어 48년 동안 나라를 다스렸다. 그 뒤로 임해군 혹은 김해부라고 하고 도호부를 두어 27년을 두었으며, 또 방어사를 두어 64년 동안 나라를 다스렸다.

(출전) 國亡之後, 代代稱號不一, 新羅第三十一政明王卽位, 開耀元年辛巳, 號爲金官京, 置太守, 後二百五十九年, 屬我太祖統合之後, 代代爲臨海縣, 置排岸使, 四十八年也. 次爲臨海郡, 或爲金海府, 置都護府, 二十七年也. 又置防禦使, 六十四年也(권2 기이2 가락국기)

금관국(金官國)

금관(金官, 현 김해)에 있는 호계사의 파사석탑은 옛날 이 고을이 금관국으로 있을 때 세조 수로왕의 왕비 허황후(許皇后) 황옥(黃玉)이 동한(東漢) 건무 24년(甲申, 48)에 서역 아유타국에서 배에 싣고 온 것이다. 처음에 공주가 부모의 명을 받들어 바다를 건너 동쪽으로 향하려 하는데, 해신의 노여움을 받게 되어서 가지 못하고 돌아와 부왕께 아뢰자 부왕은 이 탑을 배에 싣고 가라고 했다. 그리하여 편하게 바다를 건너 남쪽 언덕에 도착하여 배를 대었다. 이 때 그 배에는 붉은 돛과 붉은 깃발을 달았고 아름다운 보석이 실려 있었다. 지금 그곳을 주포(主浦)라고 한다.

(출전) 金官虎溪寺婆裟石塔者, 昔此邑爲金官國時, 世祖首露王之妃, 許皇后名黃玉, 以東漢建武二十四年甲申, 自西域阿踰陁國所載來. 初公主承二親之命, 泛海將指東, 阻波神之怒, 不克而還, 白父王, 父王命載玆塔, 乃獲利涉, 來泊南涯. 有緋帆茜旗珠玉之美, 今云主浦(권2 기이2 가락국기)

(새김)

금관국은 경남 김해시 일원에 자리했던, 일명 금관가야로 알려져 있던 여섯 가야연맹에서 가장 큰 나라였다. 삼국유사에 실려 있는 가락국기(駕洛國記)에 따르면, 시조는 김수로왕이다. 수로왕이 나라를 세우고 구형왕 대에 이르기까지 490년 동안 존속되었다. 열 분의 왕이 있었다. 일반적으로 삼국사기에 보이는 10대 구형왕까지를 왕조로 본다. 김해김씨 족보에는 11대 왕이 마지막으로 올라 있다. 4세기 중반까지 가야연맹의 맹주국이었으나 이시품왕 대에 이르러 쇠퇴한 것으로 보인다. 그러나 최근에는 광개토대왕의 남방 정벌 이후인 5세기 초

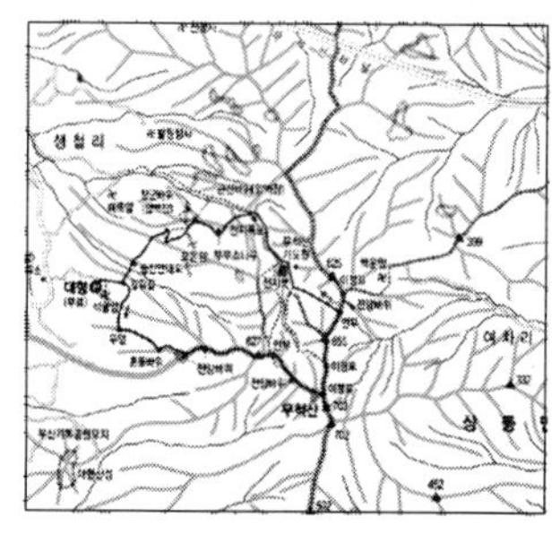

그림 14 김해(금관국)

반까지 국가의 기세가 기울지 않았다는 수정론도 있다. 금관가야와 관련된 주요 고분군은 김해 대성동 고분군과 부산 복천동 고분군이다.

아유타국(阿踰陁國) : 인도 북부 우타르프라데시 주 파이자바드 행정구에 있는 도시인데 아요다(अवध, awadh)라고도 말한다. 가가라(옛 이름은 고그라) 강가에 자리하였다. 고대 도시 아요디아는 힌두교의 7대 성지 가운데 하나이다. 처음에 코살라 왕국의 서울이었으나 불교시대(전6-5세기)에 이르러 슈라바스티 시로 바뀌었다. 학계에서는 이곳이 석가모니가 한 때 머물렀다는 사케타시였다고 한다. 아요디아는 이후 5세기 무렵 중국의 법현(法賢)의 기록에서 보듯이 1백여 개의 사원이 있는 불교 중심지가 되었다. 아소카왕(전 3세기)이 세웠다는 스투파(स्तूप, stupa, 率堵婆, 불교의 사리탑)를 비롯한 수많은 기념물들이 있다. 또한 이곳은 기원전 3백년 무렵에 발미키가 엮었다는 힌두교의 대서사시 라마야나(रामायण, rāmāyaṇa)에 나오는 라마의 출생이 나온다. 또는 그의 아버지 다샤라타의 통치와 관련된 장소로 힌두교도들은 신성시하는 성역이다. 라마야나에서는 이곳이 인구도 많고 환경이 좋은 도시로 적고 있다(브리태니카 사전 참조).

금관성파사석탑(金官城婆娑石塔)

금관(金官, 현 김해)에 있는 호계사(虎溪寺)의 파사석탑은 옛날 이 고을이 금관국으로 있을 때 세조 수로왕의 비 허황후(許皇后) 황옥(黃玉)이 동한 건무 24년(甲申, 48)에 서역(현 인도) 아유타국에서 배에 싣고 온 것이다. (중략) 일연이 이를 기려서 말한다. 석탑을 실은 붉은 돛대 깃발도 가벼운데, 신령께 빌어서 험한 물결 헤치고 왔네. 어찌 황옥(黃玉)만을 도와서 이 언덕에 왔으리. 천년 동안 성난 고래 같은 왜국을 막고자 함일세.

(출전) 金官虎溪寺婆娑石塔者, 昔此邑爲金官國時, 世祖首露王之妃, 許皇后名黃玉, 以東漢建武二十四年甲申, 自西域阿踰陁國所載來(중략). 讚曰, 載厭緋帆茜旆輕, 乞靈遮莫海濤驚. 豈徒到岸扶黃玉, 千古南倭遏怒鯨(권3 탑상 금관성파사석탑)

금관지주사(金官知州事)

가락국기는 고려 문종 무렵 대강 연간에 금관지주사 문인이 지은 것이다. 그 대략을 여기에 싣는다. 천지가 처음 열린 이후로 이곳에는 아직 나라 이름이 없었다. 그리고 또 군신의 이름도 없었다. 이럴 때에 아도간(我刀干)과 여도간(汝刀干), 피도간(彼刀干)과 오도간(五刀干), 유수간(留水干)과 유천간(留天干), 신천간(神天干)과 오천간(五天干), 그리고 신귀간(神鬼干) 등 아홉 간(干)이 있었다. 이들 부족장들이 백성들을 다스렸으니 부족 당 100호씩으로서 7만 5천 명이었다. 이 사람들은 거의 산과 들에 모여서 살았으며 우물을 파서 물을 마시고 밭을 갈아 곡식을 먹었다.

(출전) 文廟朝大康年間, 金官知州事文人所撰也. 今略而載之. 開闢之後, 此地未有邦國之號,

亦無君臣之稱. 越有我刀干·汝刀干·彼刀干·五刀干·留水干·留天干·五天干·神鬼干等九干者, 是酋長, 領總百姓, 凡一百戶, 七萬五千人. 多以自都山野, 鑿井而飮, 耕田而食(권2 기이2 가락국기)

(새김)

신라 법흥왕 시절 **금관**가야의 구해왕이 귀순해 오자 금관군(金官郡)으로, 문무왕 시절에는 금관소경(金官小京) 고려 태조 때에는 부(府)로, 뒤에 임해현(臨海縣)이라고 하였다. 고려 현종 때에는 강등하여 방어사를 두었다. 지금주사(知金州使)라 함은 맞지 않는다. 문종 때 이르러 금관지주사를 두었다. 동국여지승람(東國輿地勝覽) 능묘 부분에 문종 때 지주사가 있어 능명(陵銘)이 있다고 함을 보아 금관지주사가 지은 가락국기(駕洛國記)와 수로왕의 비명이 전하여졌음을 알 수가 있다(문경현 참조).

금광경(金光經)

경덕왕 천보 12년(癸巳, 753)에 가뭄이 심하니 대현을 대궐로 불러들여 금광경을 강론하여 단비를 빌게 했다. 어느 날 재를 올리는데 바라를 열어 놓고 한참 있었으나 공양하는 자가 정수(淨水)를 늦게 올리므로 감관이 꾸짖었다.

(출전) 景德王天寶十二年癸巳, 夏大旱, 詔入內殿, 講金光經, 以祈甘霔, 一日齋次, 展鉢良久而淨水獻遲. 監吏詰之(권4 의해 현유가 해화엄)

(새김)

금광경(金光經) : 금광명경(金光明經)을 말한다. 금(金)은 법신이고 법성을 드러낸다. 광(光)은 응신(應身)으로 지혜를 드러내며, 명(明)은 보신(用)으로 공덕을 드러낸다. 어두운 세상을 금빛으로 환하게 밝힌다는 뜻이다.

금광사(金光寺)

금광사 본기를 살펴보면 이렇다. 법사 명랑(明朗)이 신라에 태어나서 당 나라로 건너가 불도를 배우고 돌아오는 중이었다. 바다용의 청에 의해, 용궁에 들어가 비법을 전하고, 황금 일천 냥(혹 천근)을 시주받아 가지고 땅 밑을 지나서 자기 집 우물 밑에서 솟아나왔다. 이어 자기 집을 내놓아 절을 만들고 용왕이 시주한 황금으로 탑과 불상을 만드니 유난히 광채가 났다. 그런 까닭으로 절 이름을 금광사라고 했다(승전에는 금우사라고 했지만 잘못이다).

(출전) 按金光寺本記云, 師挺生新羅, 入唐學道. 將還, 因海龍之請, 入龍宮傳秘法, 施黃金千兩(一云千斤) 潛行地下, 湧出本宅井底, 乃捨爲寺, 以龍王所施黃金飾塔像, 光曜殊特, 因名金光焉. 僧傳作金羽寺誤)(권5 신주 명랑신인)

(새김)

명랑법사의 법호는 명랑이요, 자는 국육(國育)이며, 신라 사간 재량(才良)의 아들이다. 어머니는 남간부인(南澗夫人)으로서 혹 법괴랑(法乖娘)이라고도 하였다(師諱明朗, 字國育, 新羅

沙干才良之子, 母曰南澗夫人, 或云法乖娘). 여기서 법사의 어머니 남간부인을 달리 법괴랑이라 하였다. 법괴의 괴(乖)에 대하여 이병도와 이동환은 승(乘)의 잘못으로 지적한 바 있다. 판각된 글자가 확실하지 않지만, 승보다는 화(華)로 봄이 온당할 것이다(지준모 참조).

금광정(金光井)

경덕왕 천보 12년(癸巳, 754) 여름은 몹시 가물었다. 대사를 궁으로 불러들여 금광경을 강론하며 단비가 오도록 빌었다. 어느 날 재를 올리는데 바라를 열어 놓고 한참 있었으나 공양하는 자가 정수(淨水)를 늦게 올리므로 감리가 꾸짖었다. 이에 공양하는 자가 말했다. 대궐 안 우물이 말랐기 때문에 먼 곳에서 떠오느라고 늦었습니다. 대현(大賢)은 그 말을 듣고 말했다. 왜 진작 그런 말을 하지 않았는가. 낮에 강론할 때 대현은 향로를 받들고 잠자코 있으니 잠깐 사이에 우물물이 솟아 나와서 그 높이가 일곱 길이나 되어 절 당간의 높이와 가지런하게 되니, 궁중이 모두 놀라서 그 우물을 금광정이라 했다.

(출전) 景德王天寶十二年癸巳, 夏大旱, 詔入內殿, 講金光經, 以祈甘霔. 一日齋次, 展鉢良久而淨水獻遲. 監吏詰之. 供者曰宮井枯涸, 汲遠故遲爾, 賢聞之曰何不早云. 及晝講時, 捧爐黙然, 斯須井水湧出, 高七丈許, 與刹幢齊, 闔宮驚駭. 因名其井曰金光井(권4 의해 현유가 해화엄)

금당십성(金堂十聖)

동쪽 벽에 앉아서 서쪽으로 향한 이상(泥像)은 아도(我道), 염촉(厭觸), 혜숙(惠宿), 안함(安含), 의상(義湘)이다. 서쪽 벽에 앉아서 동쪽을 향한 이상은 표훈(表訓), 사파(蛇巴), 원효(元曉), 혜공(惠空), 자장(慈藏)이다.

(출전) 東壁坐庚向泥塑, 我道, 厭髑, 惠宿, 安含, 義湘, 西壁坐甲向泥塑, 表訓, 虵巴, 元曉, 惠空, 慈藏(권3 탑상 동경흥륜사금당십성)

(새김)

아도와 염촉이 신라불교의 창시자라면, 혜숙과 안함, 그리고 혜공과 자장은 신라불교의 중흥을 일으킨 분들이다. 다시 원효와 의상, 그리고 사복과 표훈은 신라불교의 완성자라고 할 수 있다(이범교, 삼국유사의 종합적 해석 참조).

금물녀(今勿女)

지금 산중에 9성(聖)의 유사(遺事)를 기록한 것이 있는데 자세하지는 않으나 9성은 관기, 도성, 반사, 첩사, 도의, 자양, 성범, 금물녀, 백우사 들이다.

(출전) 今山中嘗記九聖遺事, 則未詳. 曰觀機, 道成, 搬師, 楪師, 道義(有栢岩基)子陽, 成梵, 今勿女, 白牛師(권4 피은 포산이성)

금물왕(今勿王) ☞ 거질미

금미달(今彌達)

또 도읍을 백악산 아사달(阿斯達)로 옮기더니 궁홀산(弓忽山 일명 方忽山)이라고도 하고 금미달이라고도 한다.

(출전) 都平壤城(今西京), 始稱朝鮮. 又移都於白岳山阿斯達, 又名弓(一作方)忽山, 又今彌達, 御國一千五百年(권1 기이1 고조선)

(새김)

연구에 따르면, **백악산**은 일명 녹산(鹿山)이라고 한다. 현재 중국 길림성의 길림시에 자리한 용담산(龍潭山)으로 추정하고 있다. 녹산의 녹(鹿)이 사슴인데 만주어로는 푸후(puhu)라고 하는데 이는 소리가 약해지면 푸위(puü) 곧 부여(夫餘)와 같은 소리임을 알게 된다. 그러니까 한 때 부여의 서울이 있었던 곳으로 보고 있다(李健才(1986) 東北史地考略 참조).

금산사(金山寺)

아버지에게 알리기를, 부왕께서는 늙어서 군사와 정치에 어두우므로 맏아들 신검이 아버지의 왕권을 섭정하여야 한다고 하니 여러 장수들이 모두 옳다고 찬성하였다. 얼마 뒤에 아버지를 금산사 불당으로 옮기고 파달(巴達) 등 30명의 장사를 시켜서 지키게 하였다.

(출전) 告父曰王年老, 暗於軍國政要, 長子神劍攝父王位, 而諸將歡賀聲也. 俄移父於金山佛宇, 以巴達等壯士三十人守之(권2 기이2 후백제 견훤)

(새김)

전북 김제의 모악산(母岳山, 794m)에 자리하였다. **금산사지**(金山寺誌)를 따르면, 엄뫼나 큰뫼는 높은 산을 뜻한다. 한자 이름으로 바뀌면서 엄뫼가 모악(母岳)이라 했고, 큰뫼는 '큼'의 소리를 따서 금산(金山)이라고 적었다고 한다. 전설에 따르면, 모악산 꼭대기에서 아기를 안고 있는 어머니의 모습을 닮은 큰 바위가 있기 때문에 모악이라 했다는 것이다. 어머니의 방언 옴마(오매)로 볼 때, 곰-홈-옴-오마-오마니(오매)로 대응되므로 고마(熊, 용가 3,15)에서 비롯한 것으로 볼 수 있다.

금산보개(金山寶蓋)

세상에 전하는 말에 따르면, 의상은 금산보개의 화신이라 하는데 그의 제자로는 오진(悟眞), 지통(智通), 표훈(表勳), 진정(眞定), 진장(眞藏), 도융(道融), 양원(良圓), 상원(相源), 능인(能仁), 의적(義寂) 등 10명의 고승들이 나왔다. 그들은 모두 성인 반열에 올라 각각 전기가 있다. 오진은 일찍이 하가산(下柯山, 학가산) 골암사에 살면서 밤마다 팔을 뻗쳐서 부석사 석등에 불을 켰다. 지통은 추동기(錐洞記)를 지었는데, 그는 대개 몸소 의상의 가르침을 받았다.

(출전) 世傳湘乃金山寶蓋之幻有也. 徒弟悟眞・智通・表訓・眞定・眞藏・道融・良圓・相源・

能仁·義寂等十大德爲領首, 皆亞聖也. 各有傳. 眞嘗處下柯山鶻嵒寺, 每夜伸臂點浮石室燈, 通著錐洞記, 蓋承親訓(권4 의해 의상전교)

(새김)

금산보개(金山寶蓋) : 이는 부처를 말한다. 금산이란 부처의 몸이요, 보개란 옥으로 꾸민 양산이나 부처나 보살의 자리 뒤에다 달아 놓는다.

추동기(錐洞記) : 지통이 소백산 추동 90일 법회에서 의상대사가 법문을 한 내용을 적어 놓은 것이다. 의상대사가 그의 문하생인 진정(眞定)의 돌아간 어머니의 명복을 빌기 위하여 90일 동안 화엄경을 강론했던 소백산 추동(錐洞) 곧 송곳골은, 오늘날 영주시 풍기읍 영전동(靈田洞)의 좁은 골짜기를 말한다. 의상이 설법한 화엄경의 속내를 지통이 잘 엮어서 추동기(錐洞記) 2권을 저술하였다. 추동기란 책은, 추동이라는 골짜기 이름에서 따온 것이고, 또 이를 간추린 지통의 법명을 따라서 지통기(智通記)라고도 한다.

금서철계(金書鐵契)

삼가 윤언(綸言, 임금의 말씀)을 받들어 감히 버리지 말 것이며, 이미 맹세를 정한 뒤에는 함께 변하지 말도록 힘쓸 것이다. 만일 어기고 배신하여 그 덕을 변하여 군사를 일으켜 변방을 침범하면 천지신명이 이를 살펴서 백 가지 재앙을 내리시어 자손들도 키우지 못하고 사직도 지키지 못하여 제사는 끊어져서 남는 씨가 없게 될 것이다. 그렇기 때문에 여기에 금서철계를 만들어 종묘에 간직해 두는 것이니 자손은 만대가 되도록 감히 어기지 말 것이다. 신은 이를 듣고 이에 흠향하고 복을 주시옵소서. 맹세가 끝나자 폐백을 단 북쪽에 묻고 맹세한 글은 신라의 대묘에 간직해 두었다. 이 맹세하는 글은 대방도독(帶方都督) 유인궤가 지은 것이다(위에 있는 당사(唐史)의 글을 상고해 보면, 소정방이 의자왕과 태자 융(隆) 등을 당 나라 서울에 보냈다고 했는데 여기에서는 부여왕 융을 만났다고 했으니, 당 나라 황제가 융의 죄를 용서하고 돌려보내서 웅진도독을 삼은 것을 알 수 있다.

(출전) 祇奉綸言, 不敢墜失, 旣盟之後, 共保歲寒. 若有乖背, 二三其德, 興兵動衆, 侵犯邊陲, 神明鑒之. 百殃是降, 子孫不育, 社稷無宗, 禋祀磨滅, 罔有遺餘. 故作金書鐵契, 藏之宗廟, 子孫萬代, 無或敢犯. 神之聽之. 是享是福. 歃訖埋幣帛於壇之壬地, 藏盟文於大廟, 盟文乃帶方都督劉仁軌作(按上唐史之文, 定方以義慈王及太子隆等送京師, 今云會扶餘王隆, 則知唐帝宥隆而遣之. 立爲熊津都督也(권1 기이1 태종춘추공)

(새김)

금서철계(金書鐵契) : 철판에 글자를 새기고 여기에 금으로 칠을 하여 황제가 신하나 이민족이 군주와 서약할 때 주고받는 증서를 말한다. 중국의 한(漢) 고조가 천하를 평정하고 공신을 임명할 적에 처음으로 사용하여 명나라에 이르도록 사용하였다. 금서철계를 줄여서 서계(書契)라 하고 그 핵심은 계(契)이다. 이는 반절식으로 표기하면 기흘절(欺訖切, 集韻-geul)이다. 계의 자원은 계(㓞)로서, 이는 날카로운 물체로 나무나 쇠, 돌에다 표시를 하여 이를 약속의 기호로 쓰는 데서 비롯한 글자임을 눈여겨 볼 필요가 있다. 이것이 바로 갑골문자의 원형이며 한글의 글(契)이 되니 한자의 시작이 서계에서 말미암았음을 가늠할 수가 있다(진태하).

금성(金城)

노례왕(弩禮王) 14년(38)에 이서국 사람이 와서 금성을 공격했다. 제14대 유리왕(儒理(禮)王) 때 이서국 사람들이 금성을 공격해 왔다. 신라에서도 크게 군사를 동원하여 막았으나 오랫동안 맞설 수가 없었다. 그 때 문득 이상한 군사가 와서 신라군을 도왔는데 그들은 모두 댓잎을 귀에 꽂고 있었다. 이들은 신라 군사와 힘을 합해서 적을 격파했다. 그러나 적군이 물러간 뒤에는 이들이 어디로 갔는지 알 수가 없었다. 다만 댓잎만이 미추왕의 능 앞에 쌓여 있을 뿐이었다. 그제야 선왕이 남모르게 도와 나라에 공을 세웠다는 것을 알았다. 이리하여 그 능을 죽현릉(竹現陵)이라고 불렀다.

(출전) 弩禮王十四年, 伊西國人來攻金城(권1 기이 이서국), 第十四儒理王代, 伊西國人來攻金城, 我大擧防禦, 久不能抗, 忽有異兵來助, 皆珥竹葉, 與我軍幷力擊賊破之. 軍退後不知所歸, 但見竹葉積於未鄒陵前, 乃知先王陰隲有功. 因呼竹現陵(권1 기이1 미추왕 죽엽군)

(새김)

신라시조 혁거세왕이 왕위에 올라 갑신년(甲申, 전37)에 금성을 쌓았다고 한다(삼국유사). 이로 보면 금성은 신라 초기의 궁성으로 보인다(김호상, 1999). 금성은 월성이다(김정학, 1982).

금와(金蛙)

임금이 수상하게 여기고 사람을 시켜 그 돌을 들추어 보니 거기에 어린애가 하나 있는데 모양이 금빛 개구리와 같았다. 왕은 기뻐하여 말했다. 이것은 필경 하늘이 나에게 아들을 주시는 것이로구나. 그 아이를 거두어 기르면서 이름을 금와(金蛙)라고 했다. 차츰 자라자 태자로 삼았고 부루(夫婁)가 죽자 금와가 이어 왕이 되었다. 그리고 다음의 왕위를 태자 대소(帶素)에게 전했다.

(출전) 夫婁老無子, 一日祭山川求嗣, 所乘馬至鯤淵, 見大石相對淚流, 王怪之. 使人轉其石, 有小兒金色蛙形. 王喜曰此乃天賚我令胤乎, 乃收而養之. 名曰金蛙. 及其長, 爲太子, 夫婁薨, 金蛙嗣位爲王(권1 기이1 동부여)

(새김)

하루는 부루가 탄 말이 곤연에 이르렀는데, 말이 그곳의 큰 돌을 보고 눈물을 흘렸다. 왕이 이상하게 여기고 사람을 시켜 그 돌을 굴려보니, 금빛 개구리[蛙] 모양의 어린 아이가 있었다. 왕이 기뻐하며, 이 아이가 바로 하늘이 나에게 주신 아들이구나라고 말하고, 그를 데려와 기르며 금와라고 이름 지었다(삼국사기). 중국 길림성 길림시의 송화호(松花湖)와 이웃한 곳

그림 15 와석(蛙石)

에 주작산(朱雀山, 817m)이 있다. 산의 8부 능선에 올라보면 신저석(神猪石)이라고 안내 글을 적어 놓았다. 일설에는 금개구리라 하여 와석(蛙石)이라 작은 글씨로 현지 지도에도 적어 놓았다. 편자가 현지에 가본즉, 눈이 개구리처럼 튀어 나오고 큰 형상을 하고 개구리의 뒷다리처럼 보이므로 와석이라 하였을 것이다. 그럼 신령한 돼지 바위는 틀린 것인가. 그렇다고 볼 수 있다. 그 근거는 주작산에서 찾을 수 있다. 여기 현장 안내판에는 전설로는 이 산을 태양조산(太陽鳥山)이라 했다. 태양조라면 해속에 산다는 새이니 이는 삼족오가 아닌가. 그러니 삼족오(三足烏)로 상징되는 부여의 해부루가 지나가다 개구리 같이 생긴 금와를 만난 것이다. 주작산 삼림 공원 어구에 세워놓은 돌기둥 네 개가 있는데 산제를 올리던 장소로 보였다. 기둥에 삼족오를 그려 넣은 것을 보고 해부루와 금와 왕자의 이야기, 그러니까 금개구리가 옳다는 생각을 굳히게 만들었다. 신화학과 음운론적으로 보면, 금와-그돠-고마와 같이 연결되며 고마는 맥족(貊族)이라고 볼 수 있다. 말하자면 해모수-해부루로 이어지는 예족(濊族)의 해부루가 원주민이라 할 수 있는 고마족의 부족을 받아 들여 통합하는 과정으로 볼 수 있다. 맥족의 맥(貊)은 본초강목(本草綱目)에서 보면, 맥(貊)은 식철사웅(食鐵似熊)이라 하여 곰을 토템으로 하던 겨레로 볼 가능성이 있다(정호완). 이와 아울러 해부루 집단과 금와 집단은 계통을 달리하는 집단의 수장으로 이해할 수 있다. 해부루는 비류수를 중심으로, 금와는 곤연을 중심으로 와(蛙)-개구리 토템을 바탕으로 김씨 성을 칭한 것으로 보인다. 해부루는 현실적으로 금와 집단을 인정, 상당한 관계를 맺는 설화상의 구조로 이해할 수 있다(노중국, 1983).

금입택(金入宅)

신라 전성기에는 서울에 17만 8,936호, 1,369방, 55리, 35개의 금입택(金入宅)이 있었다.

(출전) 新羅全盛之時, 京中十七萬八千九百三十六戶, 一千三百六十坊, 五十五里, 三十五金入宅(言富潤大宅也)(권1 기이1 진한)

(새김)

금입택(金入宅) : 금물을 입힌 저택이란 말이다. 통일신라 귀족들의 막대한 금력과 호화롭고 사치스런 생활을 반영하는 상징이다. 통일신라 귀족들의 주택으로 경주에 35채가 있었다. 흥덕왕은 한 때 사치 금지령을 내린 적도 있었다.

급량부이씨(及梁部李氏)

첫째 마을은 알천(閼川) 양산촌(楊山村)이니 그 남쪽은 현 담엄사다. 촌장은 알평(謁平)이니 처음에 하늘에서 표암봉(瓢嵓峰)에 내려왔으니 이가 급량부 이씨의 조상이 되었다(노례왕 9년에 부를 두어 급량부라고 했다. 고려 태조 천복 5년(庚子, 940)에 중흥부라고 이름을 고쳤다. 파잠, 동산, 피상의 동촌이 여기에 소속된다).

(출전) 一曰閼川楊山村, 南今曇嚴寺, 長曰謁平, 初降于瓢嵓峰, 是爲及梁部李氏祖(弩禮王九年

置, 名及梁部, 本朝太祖天福五年庚子, 改名中興部, 波潛 · 東山 · 彼上 · 東村屬焉)(권1 기이1 신라시조 혁거세왕)

(새김)

급량부(及梁部) : 남산을 중심으로 한 남천 이남의 지역이다. 어원은 사량부에 대한 본래의 마을 곧 밑들이란 의미다. 혹은 신라의 벼슬 이름인 급벌간(級伐干)에서 온 것으로 진흥왕 순수비인 마운령비의 급벌(及伐)과 같은 뜻으로 보인다(양주동, 고가연구 참조).
삼국사기에서는 양부(梁部), 영일냉수리신라비(503)와 울진봉평신라비(524)에는 훼부(喙部)로 올라 있다(문경현).

기루왕(己婁王)

백제 제3대 임금으로 다루왕의 아들이다. 정축년(丁丑, 77)에 즉위하여 55년 동안 나라를 다스렸다.

(출전) 百濟第三代己婁王, 多婁子, 丁丑立. 理五十五年(권1 왕력 기루왕)

(새김)

다루왕(多婁王) 6년(33)에 태자가 되었고 재위 51년만에 죽자 개루왕(蓋婁王)이 즉위하였다. 다루왕과 기루왕 시절 태자 책립을 사실로 믿기 어렵다(이기백, 1996).

기림니질금(基臨尼叱今)

신라 제15대 기림니질금은 달리 기립왕(基立王)이라고도 하며 성은 석씨, 제분왕의 둘째 아들이다. 어머니는 아니(혜) 부인이고 무오년(戊午, 298)에 즉위하였으며 12년 동안 나라를 다스렸다. 정묘년(丁卯, 307)에 국호를 신라로 정하였다. 신(新)은 덕업일신의 뜻이고 라(羅)는 사방의 백성들을 망라한다는 것이다. 혹 계통으로는 지증왕이나 법흥왕으로 이어진다고 한다.

(출전) 一作基立王. 昔氏. 諸賁王之第二子也. 母阿尒(兮)夫人. 戊午立, 治十二年. 丁卯年定國號曰新羅. 新者德業日新, 羅者綱羅四方之民云. 或系智證法興之世(권1 왕력 기림니질금)

(새김)

조분왕(助賁王)의 둘째 아들이며, 어머니는 아니혜부인(阿爾兮夫人)이다. 삼국사기에는 기림왕의 후사가 없었던 것으로 나온다.

기림사(祇林寺)

신문왕은 놀라고 기뻐하여 오색 비단과 금과 옥을 주고는 사자를 시켜 대나무를 베어 가지고 바다에서 나왔다. 그 때 산과 용은 문득 모양을 감추고 보이지 않았다. 왕이 감은사에서 묵고 17일에 기림사 서쪽 시냇가에 이르러 수레를 멈추고 점심을 먹었다. 태자 이공(理恭, 뒤의 효소왕)이 대궐을 지키고 있다가 이 소식을 듣고 말을 달려와서 하례하고는 천천히 살펴보고 아뢰었다. 이 옥대(玉帶)의 여러 쪽은 모두 진짜 용입니다.

(출전) 王驚喜, 以五色錦彩金玉酬賽之. 勅使斫竹出海時, 山與龍忽隱不現. 王宿感恩寺, 十七日, 到祇林寺西溪邊, 留駕晝饍. 太子理恭(卽孝昭大王)守闕, 聞此事, 走馬來賀, 徐察奏曰此玉帶諸窠皆眞龍也(권2 기이2 만파식적)

(새김)

기림(祇林)의 어원은 지타(祇陀, jeta) 태자의 원림(園林) 곧 정원이란 뜻이다. 부정회귀 현상에 따라서 기림으로 읽었을 가능성이 있다. 선덕여왕 12년(643) 천축국(天竺國, 현 인도)의 스님 광유(光有)가 세워서 임정사(林井寺)라 불렀다. 뒤에 원효(元曉)가 다시 세워 머물면서 기림사로 개칭하였다. 기림사란 부처님 생전에 세웠던 인도의 기원정사(祇園精舍)를 뜻한다. 기림사의 기림을 우리말로 보면, 기리다(頌)의 뜻이니 부처님을 찬송함으로써 나라와 겨레가 번영한다는 믿음을 전제로 하였다. 임진왜란 때 승병과 의병의 지휘본부가 있던 진남루가 있다. 매월당 김시습 선생의 영정이 모셔져 있다.

기립왕(基立王) ☞ 기림니질금

기벌포(伎伐浦)

또 만일 다른 나라 군사가 오거든 육로로는 탄현(炭峴, 일명 침현(沈峴))이라고도 하니 백제의 요새지를 넘지 말 것이고, 수군은 기벌포(伎伐浦 곧 장암(長嵒))이니 손량(孫梁)이라고도 하고 기화포(只火浦) 또는 백강(白江))에 적군이 들어오지 못하게 할 것입니다. 험하고 좁은 길목을 막으면 가히 적을 막을 수가 있을 것입니다.

(출전) 若異國兵來, 陸路不使過炭峴(一云沈峴, 百濟要害之地), 水軍不使入伎伐浦(卽長嵒, 又孫梁, 一作只火浦, 又白江). 據其險隘以禦之. 然後可也(권1 기이1 태종춘추공)

(새김)

기벌포는 현재 금강의 하류인 장항 부근이라는 설(김부식, 삼국사기)과 부안에 자리한 백강구(白江口) 곧 동진강 어구라는 설(이께우찌(池內))이 있다. 이 내용은 삼국유사에서 기벌포의 위치를 적고 있다. 기벌포는 즉 장암 혹은 손량 또는 지벌포 또는 백강이라 한다(卽長岩, 又孫梁一作只伐浦又白江)는 기벌포에 대한 이름 가운데서 손량을 제외한 나머지 이름이 긴 강 혹은 큰 강이라는 동일한 뜻임을 확인할 수 있다. 위에서 살펴본 바와 같이 백강을 금강 하류로 보고 백강의 의미를 큰 강, 긴 강으로 풀이하였다(도수희).

기이(紀異)

기이(紀異) 제1 첫 머리에 적는다. 대체로 보아서 옛날의 성인은 예절과 음악을 가지고 나라를 세웠고, 인(仁)과 의(義)를 가지고 백성들을 다스렸다. 따라서 괴이한 일이나 힘이나 어지러운 일, 귀신에 대해서는 말하지 않았다. 그러나 군왕이 나라를 세울 때에는 반드시 부명(符命, 하늘의 명)을 얻고 도록을 받는다. 따라서 보통 사람과는 다른 점이 있다. 그런 뒤에라야 큰 변의 틈을 타서 큰 그릇으로 대업을 이룩할 수가 있었다.

(출전) 紀異卷第一 叙曰, 大抵古之聖人, 方其禮樂興邦, 仁義設敎, 則怪力亂神, 在所不語. 然而帝王之將興也. 膺符命 · 受圖籙, 必有以異於人者, 然後能乘大變, 握大器, 成大業也(권1 기이1 서문)

(새김)

여기 **기이(紀異)**에 대하여는 대체로 신기한 것 혹은 신이(神異)로 풀이하여 왔다. 이러한 풀이는 최남선 선생과 이병도 선생 이후로 줄곧 이어져 최근에는 신이사관을 바탕으로 한 학위 논문들이 선을 보이는 실정이다. 물론 삼국유사 전편에 신이한 점이 있음 또한 사실이다. 그러면 기이할 기(奇)를 써서 기이라 할 것이지 굳이 벼리 기(紀)를 썼을까. 엮은이는 삼국사기(三國史記)의 본기(本紀)와 다른 점을 기이편에서 다루었다고 본다. 한마디로 삼국사기에 나오는바, 신라, 고구려 그리고 백제의 본기와 다른 점을 적은 것이 기이편이라고 봄이 온당하다고 본다. 기이편에 실린 기록들은 모두가 신이한 것뿐인가. 그건 그렇지 않다. 상당 부분이 역사적인 사실을 적고 있지 신이한 부분이 얼마나 되는가. 마치 기이편의 모든 것이 신이하여 역사적인 사실이 아니라는 강한 인상을 심어주려던 일제의 식민사관과 비슷하다면 뭐라고 답을 할 것인가. 이건 아니다. 정말 사려 깊지 못한 관점일 수 있다는 것이다. 재고하여야 할 것이다(정호완).

기자(箕子)

주(周) 나라 호왕(虎王)이 즉위한 기묘년에 기자를 조선에 봉했다. 단군은 장당경으로 옮겨 갔다. 다시 돌아와 아사달에 숨어 살다가 산신이 되었다. 나이는 1908세였다.

(출전) 周虎王卽位己卯, 封箕子於朝鮮, 壇君乃移於藏唐京, 後還隱於阿斯達爲山神, 壽一千九百八歲(권1 기이1 고조선)

(새김)

그림 16 광주천자문

기자(箕子)는 고대 중국의 상나라 문정(文丁)의 아들이다. 왕족이면서 기자조선의 첫 시조로 알려진 전설적인 사람이다. 본디 성은 자(子) 이름은 서여(胥餘) 또는 수유(須臾)이며, 기자는 임금의 호칭인 동시에 별호다. 상나라 말엽 왕족으로 태어나 주왕(紂王) 때 활동하였다. 상나라가 주 무왕에게 점령당하자 조선으로 도망쳤다고 한다. 조선으로 망명한 뒤로 조선의 임금이 되어 그의 후손이 1천여 년 동안 고조선을 다스렸다고 한다. 광주천자문(光州千字文)에는 긔ᄌᆞ 왕(王)으로 나옴을 보면 임금의 호칭이 아닌가 한다. 망한 은(殷) 나라의 왕자였던 기자(箕子)가 조선으로 갔다. 이는 사기(史記)와 진서(晉書) 지리지 평주 낙랑군 조선현조를 보면, 주 나라가 기자를 봉한 것이다로 적고 있다. 다시 당 나라의 두우(杜佑)가 엮은 통전(通典)의 평주 부분을 보면, 평주는 은나라 시기에 고죽국, 춘추시기에는 산융, 비지, 진 나라 시기에는 우북평, 혹은 요서군, 전후한에서 위진 시기까지는 요서군이었다고 올라 있다. 결국 낙랑군 조선현은 평주(平州)에 자리하였음을 알 수가 있다. 그러다가 청나라 시대로 들어와서 대청일통지(大淸一統志)로 오면, 평주의 기자 조선을 한반도의 이씨조선으로 둔갑시키고 있다. 즉 평주의 낙랑군 조선현은 압록강 이남의 지역으로 비틀어 기록하고 있다(심백강, 사고전서 사료로 보는 한사군의 낙랑(2014) 참조). 한편, 이병도(1976)에서 준(準) 왕이 위만에게 밀려나서 남쪽에서 한왕(韓王)이라 한 것은 본디 그가 한씨였기 때문이다. 이른바 기자 조선의 점거는 토착 사회의 세대교체를 의미하며 한반도 서북 지방을 중심으로 한씨(韓氏) 조선이 이루어진 것으로 볼 수 있다. 기자 족이 오늘날의 평양 지역으로 이동한 것은 전국 시대 말엽 연 나라가 동방으로 침략해 옴에 따라서 때를 같이 하여 요서와 요동에 자리하였던 기자조선이 차츰 쇠퇴한 것으로 추정된다(천관우, 1989). 한편, 이형구(1996)에서는 대릉하 유역인 요녕성 객좌현(喀左縣) 유적에서 고죽(孤竹)과 기후(箕侯)라 새긴 청동기를 근거로 기후를 기자로 보아 은말, 주초에 은의 유민들이 고죽국으로 도망, 기자조선을 세운 것으로 본다.

기준(箕準)

위지(魏志)에 올렸다. 위만이 조선을 공격하자 조선왕 준(準)은 궁인과 좌우 사람을 거느리고 바다를 건너 서쪽 한(韓)의 땅에 이르러 나라를 세우고 마한이라고 했다.

(출전) 魏志云魏滿擊朝鮮, 王準率宮人左右, 越海而南至韓地, 開國號馬韓(권1 기이1 마한)

(새김)

마한은 경기 일부와 충청도, 전라도에 자리했던 고대부족사회 나라였다. '응제시주'와 '동사강목' 등에 따르면, 그 서울이 익산의 금마였다. 특히 익산의 경우, 미륵사지 어름에 있는 사자봉엔 **기준**성(箕準城) 터가 남아 있다. 고대 유물로는 용화산에서 나온 비파형동검을 들 수 있다. 우리나라에서 가장 오래된 동검의 형식으로 이로써 익산지역은 오래 전부터 청동기문화가 형성되었음을 뒷받침해 준다. 아울러 눈길을 끄는 것은 미륵산 출토의 도씨검(桃氏劍)이다. 이는 기원전 5세기경 중국의 전국시대의 검으로, 일찍부터 중국과 교류하고 있었음을 말해 주는 자료이며, 입점리 고분군도 마한의 역사를 입증해 주는 유물이다. 광주천자문에서는 왕(王)의 훈을 긔ᄌ 왕이라 적고 있어 기자(箕子)와의 관련을 가늠케 한다.

기출변(旗出邊)

문득 바다 서쪽에서 붉은 빛의 돛을 단 배가 붉은 기를 휘날리면서 북쪽을 바라보고 오고 있었다. 유천간 등이 먼저 망산도에서 횃불을 올리니 사람들이 다투어 육지로 내려 뛰어오므로 신귀간은 이것을 바라보다 대궐로 달려와서 임금에게 아뢰었다. 왕은 이 말을 듣고 무척 기뻐하여 이내 구간(九干) 등을 보내어 목련(木蓮)으로 만든 키를 갖추고 계수나무로 만든 노를 저어 가서 그들을 맞이하여 곧 모시고 대궐로 들어가려 하자 왕후가 말했다. 나는 본래 너희들을 모르는 터인데 어찌 감히 경솔하게 따라갈 수 있겠느냐. 유천간 등이 돌아가서 왕후의 말을 전달하니 왕은 옳게 여겨 유사(有司)를 데리고 행차해서, 대궐 아래서 서남쪽으로 60보쯤 되는 산기슭에 장막을 쳐서 임시 궁전을 만들어 놓고 기다렸다. 왕후는 산 밖의 별포(別浦) 나루터에 배를 대고 육지에 올라 높은 언덕에서 쉬고, 입은 비단바지를 벗어 산신령에게 폐백으로 바쳤다.

(출전) 忽自海之西南隅, 掛緋帆, 張茜旗, 而指乎北. 留天等先擧火於島上, 則競渡下陸, 爭奔而來. 神鬼望之. 走闕奏之. 上聞欣欣, 尋遣九干等, 整蘭橈, 揚桂楫而迎之. 旋欲陪入內, 王后乃曰我與(爾)等素昧平生, 焉敢輕忽相隨而去, 留天等返達后之語, 王然之. 率有司動蹕, 從闕下西南六十步許地, 山邊設幔殿祗候. 王后於山外別浦津頭, 維舟登陸, 憩於高嶠, 解所著綾袴爲贄, 遺于山靈也(권2 기이2 가락국기)

(새김)

이 밖에도 허황후와 관련한 지명으로는 공주가 처음으로 들어 왔다하여 주포(主浦), 공주의 비단 바지를 산신에게 바친 고개라고 하여 **능현(綾峴)**이라 하였다. 공주를 모시기 위하여 유천간 등에게 명하여 공주가 오는 것을 기다리게 한 섬이라 하여 **망산도(望山島)**라고 하였다. 배를 댄 곳을 **승점(乘岾)**이라고도 한다. 한편, 붉은 기를 단 공주의 배가 들어온 곳을 **기출변(旗出邊)**이라고 하였다.

기파랑(耆婆郞)

왕은 물었다. 그대는 대체 누구신가. 소승은 충담(忠談)이라고 합니다. 어디서 오는 길인가. 소승은 3월 3일과 9월 9일에는 차를 달여서 남산 삼화령의 미륵세존께 드리는데, 지금도 드리고 돌아오는 길입니다. 나에게도 그 차를 한 잔 나누어 주시겠는가. 중이 이내 차를 달여 올리니 차 맛이 이상하고 찻잔 속에서 이상한 향기가 풍긴다. 왕이 다시 물었다. 내가 일찍이 들으니 스님이 기파랑을 노래한 사뇌가가 그 뜻이 무척 고상하다고 하니 그 말이 과연 옳은가.

(출전) 王喜見之. 邀致樓上. 視其筒中, 盛茶具已. 曰汝爲誰耶. 僧曰忠談 曰何所歸來僧曰僧每重三重九之日, 烹茶饗南山三花嶺彌勒世尊, 今玆旣獻而還矣, 王曰寡人亦一甌茶有分乎, 僧乃煎茶獻之. 茶之氣味異常, 甌中異香郁烈. 王曰朕嘗聞師讚耆婆郞詞腦歌, 其意甚高, 是其果乎(권2 기이2 경덕왕 충담사 표훈대덕)

(새김)

신라 제35대 경덕왕 때 지어진 향가 찬기파랑가(讚耆婆郞歌)에 나오는 화랑, **기파랑**이 실제 누구인지는 기록이 남아 있지 않아 알 수 없다. 하지만 당대의 화랑 지도자의 한 명으로 보는 것이 일반적이다. 찬기파랑가에서 기파랑은 눈 내린 겨울의 푸른 솔가지처럼 지조가 곧고 드높은 기품을 지닌 사람으로 그리고 있다(양주동). 삼국사기 경덕왕 편을 보면 당 나라 현종이 안녹산의 난으로 피난을 가서 있었다. 경덕왕이 사신을 보내 조공을 했을 때, 현종이 지어 보낸 답시에 비슷한 구절(益重靑靑志 風霜恒不渝者)이 나오는 것으로 보아 경덕왕을 상징하는 것으로 보인다(정호완(2013) 삼국유사의 상상력 참조).

길달(吉達)

진평왕은 비형을 불러서 물었다. 네가 귀신들을 데리고 논다니 그게 사실이냐. 그렇습니다. 그렇다면 너는 그 귀신의 무리를 시켜 신원사(神元寺) 북쪽 개천(신중사라고도 하지만 그것은 잘못이다. 이것을 황천 동쪽 심거라고도 한다)에 다리를 놓아 보아라. 비형은 왕명으로 귀신의 무리들을 부려 하룻밤 사이에 큰 다리를 놓았다. 그래서 다리를 귀교(鬼橋)라고 했다. 왕은 또 물었다. 그들 귀신들 중에서 사람으로 화하여 조정 정사를 도울 만한 자가 있느냐. 길달이란 자가 있사온데 가히 정사를 도울 만합니다. 그러면 데리고 오도록 하여라. 이튿날 그를 데리고 와서 왕께 뵈니 집사 벼슬을 주었다.

(출전) 王召鼻荊曰汝領鬼遊, 信乎. 郎曰然 王曰然則, 汝使鬼衆, 成橋於神元寺北渠(一作神衆寺, 誤. 一云荒川東深渠) 荊奉勅, 使其徒鍊石, 成大橋於一夜, 故名鬼橋. 王又問鬼衆之中, 有出現人間 · 輔朝政者乎. 曰有吉達者, 可輔國政, 王曰與來, 翌日荊與俱見, 賜爵執事(권1 기이1 도화녀 비형랑)

길달문(吉達門)

이 때 각간 임종은 길달(吉達)을 시켜 흥륜사(興輪寺) 남쪽에 문루(門樓)를 세우게 했다. 그리고 밤마다 그 문루 위에 가서 자도록 했다. 그리하여 그 문루를 길달문이라고 했다.

(출전) 時, 角干林宗無子, 王勅爲嗣子, 林宗命吉達創樓門於興輪寺南, 每夜去宿其門上, 故名吉達門(권1 기이1 도화녀 비형랑)

길상사(吉祥寺)

영심 등이 가르침을 받들고 바로 속리산에 가서 길상초가 난 곳을 찾아 절을 세우고 길상사라고 했다.

(출전) 永深等奉敎, 直往俗離, 尋吉祥草生處, 創寺名曰吉祥(권4 의해 관동풍악발연수석기)

(새김)

길상이란 착하고 아름답다는 뜻으로 새긴다. 흔히 길상천녀(吉祥天女)라고 한다. 산스크리트어의 슈리마하데비(शरईमहटएवी, Śrīmahādevī)의 역어로서 쓰이니 길상이란 행복이란 말이 된다. 행복의 여신을 말한다. 실리마하제비(實利摩訶提毘), 마하실리(摩訶實利) 등의 소리로 번역한다. 길상천녀 또는 공덕천(功德天)이라 한다. 원래 인도 신화에서는 라크슈미라고도 하여 비슈누신의 아내이고, 애욕의 신 카마의 어머니이며, 행복을 다스리는 여신이었다. 그러다가 불교에 수용된 후로는 복덕을 주는 여신이 되어, 이 천녀에게 공양을 하면 누구나 복을 받는다고 한다. 또한 밀교(密敎)에서는 비사문천(毘沙門天)의 왕비로서 북방에 살고 있다고 한다. 그 형상은 일정하지 않으나 아름다운 얼굴에 천의(天衣)를 걸치고, 왼손에는 여의주(如意珠)를 들고 있는 모습이 많다. 길상천을 본존(本尊)으로 하여 복덕을 기원하는 수행법을 길상천녀법 또는 길상회과(吉祥悔過)라고도 한다(네이버 백과사전 참조).

길상초(吉祥草)

문수대성은 진여원과 금상원에서 36가지의 모습으로 변신하여 나타났다. 혹은 부처의 얼굴 모양이 되고 어떤 때는 보주 모양이 되고, 또 혹은 부처의 눈 모양으로도 되고, 혹은 부처의 손 모양으로도 되고, 혹은 보탑 모양으로도 되고, 혹은 만불두 모양으로도 되고, 혹은 만등 모양으로도 되고, 혹은 금교 모양으로도 되고, 혹은 금고 모양으로도 되고, 혹은 금종 모양으로도 된다. 혹은 신통 모양으로도 되고, 혹은 금루 모양으로도 되고, 혹은 금륜 모양으로도 되고, 혹은 금강저 모양으로도 되고, 혹은 금옹의 모양으로도 되고, 혹은 금비녀 모양으로도 된다. 또 혹은 오색 광명의 모양으로, 혹은 오색 원광의 모양으로, 혹은 길상초 모양으로, 혹은 푸른 연꽃 모양으로도 되었다. 두 사람은 늘 굴의 물을 길어다 차를 다려 부처님께 이바지를 하였다. 그리고 밤이 되면 각자의 암자에서 불도를 닦았다.

(출전) 文殊大聖到眞如院, 今上院, 變現三十六種形. 或時現佛面形, 或作寶珠形, 或作佛眼形, 或作佛手形, 或作寶塔形, 或萬佛頭形, 或作萬燈形, 或作金橋形, 或作金鼓形, 或作金鐘形, 或作神通形, 或作金樓形, 或作金輪形, 或作金剛杵形, 或作金甕形, 或作金鈿形, 或五色光明形, 或五色圓光形, 或吉祥草形, 或靑蓮花形, 或作金田形, 或作銀田形, 或作佛足形, 或作雷電形, 或(如)來湧出形, 或地神湧出形, 或作金鳳形, 或作金烏形, 或馬産師子形, 或雞産鳳形, 或作靑龍形, 或作白象形, 或作鵲鳥形, 或牛産師子形, 或作遊猪形, 或作靑蛇形. 二公每汲洞中水, 煎茶獻供, 至夜各庵修道(권3 탑상 대산오만진신)

(새김)

길상초(吉祥草) : 산스크리트어로 쿠사(कउशा, kusa)라 한다. 길상이란 석가세존이 이 풀을 깔고 앉아서 득도하였다 하여 유래된 것이다. 이 풀을 석존에게 바친 아이를 길상동자라 한다.

김경신(金敬信)

선덕왕(宣德王)이 돌아가자 나라 사람들은 임금의 자리에 주원을 세우고자 하였다. 주원이 입궁하고자 하였다. 그의 집은 북천에 있었다. 문득 물이 불어 건널 수가 없었다. 이에 경신이 먼저 궁에 들어가 왕위에 오르자 대신들이 모두 와서 따라 새 임금에게 축하를 드리니 이가 원성대왕이다. 왕의 이름은 경신(敬信)이요, 성은 김씨이니 대개 꿈이 맞은 것이었다. 주원은 명주(현 강릉)에 물러가 살았다. 경신이 왕위에 올랐으나 이 때 여산(餘山)은 이미 죽었기 때문에 그의 자손들을 불러 벼슬을 주었다.

(출전) 宣德王崩, 國人欲奉周元爲王, 將迎入宮, 家在川北, 忽川漲不得渡, 王先入宮卽位, 上宰之徒衆, 皆來附之. 拜賀新登之主. 是爲元聖大王諱敬信, 金武, 盖厚夢之應也. 周元退居溟州. 王旣登極, 時餘山已卒矣. 召其子孫賜爵(권2 기이2 원성대왕)

(새김)

김경신(金敬信)의 형인 김주원(金周元)이 혜공왕 13년(777)에 시중(侍中, 총리)이 되고 임금으로 추대되었다. 그러나 큰 비가 내려서 북천이 불어 궁성으로 올 수가 없었다. 대신들이 하늘의 뜻이라며 김경신을 임금으로 옹립하게 된다. 원성왕 때 당 나라의 사신들이 분황사의 우물에서 신라를 지키는 세 마리용을 잡아 작은 고기로 만들어 대롱 속에 넣어 본국으로 돌아가는 사단이 일어났다. 이는 나라를 지키는 호국룡이 신성함과 권위를 잃어버린다는 삼룡변어정의 일화가 삼국유사에 올라 있다. 나라의 힘이 약화되어 감을 상징하며 권위의 실추를 의미하기도 한다. 하양관에서 되찾아 동지와 청지, 그리고 분황사의 우물에 다시 놓아주었다.

김관의(金寬毅)

신라 왕조에 등사랑 김관의가 지은 왕대종록(王代宗錄)에 이와 같은 말이 있다. 신성왕후 이씨는 본래 경주 대위 이정언이 합주군수로 있을 때 태조가 그 고을에 갔다가 그를 왕비로 맞았다. 그런 때문에 그를 합주군이라고도 했다. 그의 원당은 현화사(玄化寺)이며, 3월 25일이 기일로, 정릉에 장사지냈다. 아들 하나를 낳으니 이 사람이 안종이다.

(출전) 本朝登仕郎金寬毅所撰王代宗錄云, 神成王后李氏, 本慶州大尉李正言爲俠州守時, 太祖幸此州, 納爲妃, 故或云俠州君. 願堂玄化寺三月二十五日立忌, 葬貞陵. 生一子, 安宗也(권4 의해 심지계조)

김균정(金均貞) ☞ 김우징

김대문(金大問)

삼국사(三國史)를 떠올려 보면, 신라에서는 왕을 거서간(居西干)이라고 불렀다. 이것은 진한의 말로 왕이란 말이다. 어떤 사람은 말하기를, 이는 귀인을 부르는 부름말이라고 하며, 차차웅(次次雄) 혹은 자충(慈充)이라고도 한다. 김대문은 말하였다. 차차웅이란 무당을 이르는 방언이다. 세상 사람들은 무당이 귀신을 섬기고 제사를 숭상하기 때문에 그들을 두려워하고 섬긴다. 그래서 드디어 존장이 되는 이를 자충이라 한다.

(출전) 按三國史云, 新羅稱王曰居西干, 辰言王也. 或云, 呼貴人之稱. 或曰次次雄, 或作慈充. 金大問云, 次次雄方言謂巫也. 世人以巫事鬼神尙祭祀, 故畏敬之. 遂稱尊長者爲慈充, 或云尼師今, 言謂齒理也(권1 기이1 남해왕)

(새김)

김대문은 원래 신라 귀족의 자제로서 성덕왕 3년(704)에 한산주(漢山州, 현 서울) 도독이 되었으며, 전기 몇 권을 지었는데 그 가운데서 고승전, 화랑 세기, 악본, 한산기는 아직도 남아 있다. 특히 **화랑세기(花郎世紀)**는 그의 가전이라 할 만큼 선조에 대한 기록이 많은 부분을 차지한다(金大問本新羅貴門子弟聖德王三年, 爲漢山州都督, 作傳記若干卷. 其高僧傳. 花郎世紀. 樂本. 漢山記猶存 삼국사기 열전 김대문 참조). 선생은 우리말 어원연구사에 가장 먼저 깃발을 꽂은 사람이다. 스승의 어원을 밝힌 분이다. 스승(慈充)이란 무당을 뜻한다. 당시는 제정일치이니까 스승은 임금이자 제사장이었다. 형태분석을 하면, 스승은 슷-+- 응(접미사)이 된다. 슷이란 사이(間)를 말한다(훈몽자회). 신과 인간의 사이, 인간과 인간의 사이에서 갈등을 조정하고 이끌어 나가는 지도자를 뜻한다. 사이의 가장 기초적인 바탕은 시간과 공간, 그리고 관계를 그 알맹이로 볼 수 있다(정호완). 신라의 왕호에 대한 김대문의 풀이는 그의 **계림잡전(鷄林雜傳)**에서 인용되었을 가능성이 있다(이기백, 1985). 그는 진골 귀족의 전통을 찬양, 발전시켜야 한다는 유교적인 성향의 인물이었다.

김대성(金大城) ☞ 대성(大城)

김락(金樂)

태조 왕건은 날쌘 기마병 5천을 거느리고 공산(公山, 현 팔공산) 아래서 견훤을 맞아서 크게 싸웠으나 태조의 장수 김락과 신숭겸은 죽고 모든 군사가 패했으며, 태조만이 겨우 죽음을 면했을 뿐 대항하지 못했으므로 견훤은 많은 죄악을 짓게 되었다.

(출전) 太祖以精騎五千, 要萱於公山下大戰, 太祖之將金樂, 崇謙死之. 諸軍敗北, 太祖僅以身免, 而不與相抵, 使盈其貫(권2 기이2 후백제 견훤)

(새김)

당악(唐岳) 김씨의 시조 **김락(金樂)**은 신라 신무왕의 5세손 무력(武力)의 아들로서 왕건을 도와 고려 건국에 으뜸가는 전공을 세워 개국통합삼한공신 1등으로 당악군(唐岳君)에 봉해지고 식읍 3천호를 받았다. 벼슬은 대아찬에서 원보(元甫) 겸 대장군으로 승진되었다. 태조 10년(927)) 7월에 대량성(大良城)을 공략, 강주(康州) 등 여러 성을 빼앗았다. 그 해 10월, 공산(公山)의 동수(桐藪, 현 팔공산) 싸움에서 견훤군에게 포위당해 태조 왕건이 위급하게 되자 태조를 덤불에 숨기고 대장 신숭겸(申崇謙)과 함께 왕의 수레를 대신 타고 싸우다 전사했다. 문종 2년(1052), 삼중대광 당악현 개국공(唐岳縣開國公)에 추봉되었다. 고려 16대 예종 15년(1115)에 임금이 김락과 신숭겸을 추도하여 지은 향가 도이장가(悼二將歌)가 장절공유사(壯節公遺事)에 실려 전한다. 그의 후손들이 태조가 내린 군호인 당악(唐岳)을 본관으로 했다. 시조의 묘소는 평안남도 중화 도로동에 있다고 하나 확인이 어렵다. 도이장가의 내용은 향찰로 적혀 전한다. 그 내용은 다음과 같다. 임을 온전케 하온/마음은 하늘 끝까지 미치니/넋은 가셨으되/몸 세우시고 하신 말씀/사명을 다하려고 활 잡는 그 마음 새로워지기를/좋습니다, 두 공신이시여/오래 오래 곧은 발자취를 나타내시오라(主乙完乎白乎心聞際天乙及昆魂是去賜矣中三烏賜敎職麻又欲望彌阿里刺乃彼可二功臣良久乃直隱跡烏隱現乎賜丁).

김무알(金武謁)

왕은 이 말을 듣고 매우 다행스럽게 여겼다. 이 일로 해서 두 나라가 사이좋게 지내기로 마음을 정하고 아우 보해에게 명하여 고구려로 가게 했다. 그리고 내신(內臣) 김무알을 수행원으로 함께 보냈더니 장수왕은 그들을 잡아 두고 돌려보내지 않았다.

(출전) 至訥祗王卽位三年己未, 句麗長壽王遣使來朝云, 寡君聞大王之弟寶海秀智才藝, 願與相親, 特遣小臣懇請 王聞之幸甚, 因此和通, 命其弟寶海, 道於句麗, 以內臣金武謁爲輔而送之. 長壽王又留而不送(권1 기이1 내물왕)

김문량(金文亮)

얼마 지나지 아니하여 대성은 세상을 떠났는데 이날 밤 재상 김문량의 집에 하늘의 소리가 들렸다. 모량리 대성이란 아이가 지금 네 집에 태어날 것이다. 집 사람들이 매우 놀라 사람을 시켜 모량리를 알아보게 하니, 대성(大城)이 정말로 죽었다. 그날 하늘에서 소리가 나던 때와 같았다. 이어 김문량의 아내는 임신해서 아이를 낳았는데 왼손을 꼭 쥐고 있다가 7일 만에야 폈는데 대성 두 자를 새긴 금간자가 있었으므로 다시 이름을 대성이라 하고, 그 어미를 집에 데리고 와서 함께 거두었다.

(출간) 未幾, 城物故, 是日夜, 國宰金文亮家, 有天唱云牟梁里大城兒, 今託汝家, 家人震驚, 使檢牟梁里, 城果亡. 其日與唱同時, 有娠生兒, 左手握不發, 七日乃開, 有金簡子彫大城二字, 又以名之. 迎其母於第中兼養之(권5 효선 대성효이세부모)

(새김)

김문량은 삼국사기(三國史記)의 **김문량(金文良)**과 같은 사람으로 보인다. 김문량은 성덕왕 5년(706)으로 대아찬으로 중시에 올랐다가 성덕왕 10년(711)에 별세하였다.

금간자(金簡子) : 간자라 함은 문자를 기록하기 위하여 만든 나무나 쇠로 된 윷과 같은 패쪽을 말한다. 금간자이니 금으로 만든 패쪽을 말한다.

김봉휴(金封休)

왕은 말했다. 외롭고 위태롭기가 이와 같으니 형세는 보전될 수 없다. 나라가 이미 강해질 수도 없고 더 약해질 수도 없으니 죄 없는 백성들로 하여금 고통을 당하게 하는 것은 내가 차마 할 수 없는 일이다. 이에 시랑 김봉휴를 시켜서 국서를 가지고 태조에게 가서 귀순할 것을 청했다.

(출전) 王曰孤危若此, 勢不能全, 旣不能强, 又不能弱. 至使無辜之民, 肝腦塗地, 吾所不忍也. 乃使侍郎金封休齎書, 請降於太祖. 太子哭泣辭王, 往皆骨山(권2 기이2 김부대왕)

김부(金傅)

견훤은 경애왕의 부인을 억지로 끌어다가 욕보이고 왕의 집안의 조카인 김부로 왕위를 잇게 한 뒤에 왕의 아우 효렴(孝廉)과 재상 영경(英景)을 사로잡고, 나라의 귀한 보물과 무기와 자녀들, 그리고 여러 가지 명장 중에 우수한 자들을 모두 데리고 갔다.

(출전) 萱强引夫人亂之. 以王之族弟金傅嗣位. 然後, 虜王弟孝廉, 宰相英景, 又取國(帑)珍寶, 兵仗, 子女, 百工之巧者(권2 기이2 후백제 견훤)

(새김)

김부(金傅)는 신라 제56대 경순왕(敬順王, 재위 927-935)의 본 이름이다. 문성왕(文聖王)의 6대손으로 아버지는 이찬 효종(孝宗)이며, 어머니는 헌강왕의 딸 계아태후(桂娥太后)이다. 927년 후백제 견훤의 기습으로 경애왕이 죽은 뒤 용상에 올랐다. 재위 동안 각처에서 군웅이 할거하여 국력이 날로 쇠약해지고, 나라의 운영이 어렵게 되었다. 민심이 왕건의 고려로 기울어지자 군신회의를 소집하여 고려에 귀순하기로 결정하였다. 935년 고려 태조에게 항복하였다. 고려 태조로부터 유화궁(柳花宮)을 하사받았으며, 낙랑공주(樂浪公主)를 아내로 맞고 정승공(政承公)에 봉해졌다. 경주를 식읍으로 받았다. 한편, 경주의 사심관에 임명됨으로써 고려시대 사심관제도의 시초가 되었다. 왕릉은 경기도 연천군 장남면(長南面)에 자리하고 있다. 경순왕 9년(935) 겨울 10월, 사방의 국토가 모두 타인의 소유로 되어, 국세가 약하고 고립되었으므로, 왕은 나라를 스스로 보존 할 수 없다고 판단, 여러 신하들과 함께 태조에게 항복할 것을 의논하였다. 여러 신하들이 의논하였으나, 옳다는 사람도 있었고, 옳지 않다고 하는 사람도 있었다. 이 때 마의태자가 "나라의 존속과 멸망은 반드시 하늘의 운명에 달려 있으니, 다만 충신 의사들과 함께 민심을 수습하여, 우리 자신을 굳건히 하고 힘이 다한 뒤에 망할지언정, 어찌 1천년의 역사를 가진 사직을 하루아침에 경솔히 남에게 주겠습니까?" 라고 반대했다. 왕은 "고립되고 위태로운 상황이 이와 같아서는 나라를 보전할 수 없다. 강하지도 못하고 약하지도 않으면서, 무고한 백성들이 참혹하게 죽도록 하는 것은, 임금인 나로서는 차마 할 수 없는 일이다"라고 말하고, 곧 시랑 김봉휴로 하여금 태조에게 편지를 보내 항복을 청하였다. 태자는 통곡하면서 왕에게 하직 인사를 하고, 그 길로 개골산(皆骨山, 현 금강산)으로 들어갔다. 그는 바위 아래에 집을 짓고, 삼베옷을 입고 풀잎을 먹으며 일생을 마쳤다(九年, 冬十月, 王以四方土地, 盡爲他有, 國弱勢孤, 不能自安, 乃與群下謀, 擧土降太祖. 群臣之議, 或以爲可, 或以爲不可. 王子曰, 國之存亡, 必有天命, 只合與忠臣義士, 收合民心, 自固力盡而後已, 豈宜以一千年社稷, 一旦輕以與人 王曰, 孤危若此, 勢不能全. 旣不能强, 又不能弱, 至使無辜之民, 肝腦塗地, 吾所不能忍也. 乃使侍郞金封休, 齎書請降於太祖. 王子哭泣辭王, 徑歸皆骨山. 倚巖爲屋, 麻衣草食, 以終其身-삼국사기). 왕력에서는 경순왕인데, 삼국사기나 삼국유사 본문에서는 김부라 적고 있다. 이는 경순왕에 대한 부정적인 정서를 드러낸 것으로 보인다(고운기, 2002).

김부대왕(金傅大王) ☞ 김부(金傅)

김부식(金富軾)

김부식이 정화 연간에 일찍이 사신으로 송나라에 들어가 신을 모시는 우신관(佑神館)에 나갔더니 어느 당(堂)에 여선(女仙)의 상이 모셔져 있었다. 관반학사 왕보가 말하기를, 이것은 귀국의 신(神)인데 공은 알고 있느냐고 했다.

(출전) 又國史, 史臣曰軾政和中, 嘗奉使入宋, 詣佑神館, 有一堂, 設女仙像. 館伴學士王黼曰, 此是貴國之神, 公知之乎(권5 피은 선도성모수희불사)

(새김)

김부식(金富軾, 1075-1151)은 고려 중기의 문신이며 역사가, 정치인. 그는 왕명으로 삼국사기(三國史記)를 지었다. 그의 이름은 소식(蘇軾)의 '-식'을 따서 지은 것으로 형제들이 모두가 소철-소순-소식에 터하여 김부철-김부순-김부식으로 돌림을 따서 지었다. 인종의 왕명을 받아 삼국사기를 지었다. 민족사관의 관점에서 보면 역사왜곡의 단초를 제공한 역사서로 볼 수 있다. 당(唐) 나라의 태종 이세민을 '우리 당태종(我唐太宗)은..'을 비롯하여 신라 진덕여왕 4년(650)에 처음으로 당 나라 고종의 연호 영휘(永徽)를 쓴 데 대하여 다음과 같이 사론을 하였다. 옛날 법흥왕(法興王) 23년(536)에 신라가 독자적으로 건원(建元)이라는 연호를 쓴 일은 변방의 작은 나라로서 잘못 되었다. 당 나라의 태종이 꾸짖음에도 불구하고 고치지 않았다. 그 뒤 진덕여왕에 와서 고치니 잘한 일이었다고 적고 있다. 그가 어느 나라의 선비인가를 알 수가 없다. 중국의 사서인 수서(隋書)에 '고구려가 거만하여 공손하지 않으매 황제가 장차 토벌하려고 하였다(高句麗驕傲不恭帝將討之)'는 기록을 '우리가 교만불손하므로 황상께서 장차 토벌하려 하였다(我驕傲不恭上將討之)'로 적고 있다. 너무 사대적인 기록으로 보인다.

김서현(金舒玄) ☞ 김유신(金庾信)

김수로왕(金首露王) ☞ 수로왕(首露王)

김알지(金閼智)

영평 3년(庚申, 60) 8월 4일에 호공(瓠公)이 밤에 월성 서리를 걸어가는데, 문득 크고 밝은 빛이 시림(始林) 속에서 비치는 것이 보였다. 자줏빛 구름이 하늘로부터 땅에 뻗쳤는데 그 구름 속에 황금 궤가 나뭇가지에 걸려 있었다. 빛이 궤 속에서 나오는 게 아닌가. 또 흰 닭이 나무 밑에서 울고 있었다. 호공은 이러한 정황을 탈해왕에게 아뢰었다. 탈해가 몸소 그 숲에 가서 궤를 열어보니 정말 사내아이가 누워 있다 그는 곧 일어났다. 이는 마치 혁거세의 일과도 같았으므로 그 말에 따라 그 아이를 알지라고 이름 지었다. 알지(閼智)란 곧 우리말로 어린 아이를 일컫는다. 그 아이를 안고 대궐로 돌아오니 새와 짐승들이 서로 따르면서 기뻐하여 뛰놀고 춤을 추었다. 왕은 손이 없는 날을 가려 그를 태자로 임명했다. 뒤에 알지는 태자의 자리를 파사왕(婆娑王)에게 물려주고 용상에 오르지 않았다. 금궤에서 나왔다 하여 성을 김씨(金氏)라 하였다.

(출전) 永平三年庚申(一云中元六年, 誤矣. 中元盡二年而已)八月四日, 瓠公夜行月城西里, 見大光明於始林中(一作鳩林), 有紫雲從天垂地, 雲中有黃金櫃, 掛於樹枝, 光自櫃出, 亦有白雞鳴於樹下. 以狀聞於王, 駕幸其林, 開櫃有童男, 臥而卽起, 如赫居世之故事. 故因其言, 以閼智名之. 閼智卽鄕言小兒之稱也. 抱載還闕, 鳥獸相隨, 喜躍蹌蹌. 王擇吉日, 冊位太子, 後讓於婆娑, 不卽王位. 因金櫃而出, 乃姓金氏(권1 기이1 알지)

(새김)

김알지(金閼智)는 경주김씨의 시조이다. 미추왕부터 그의 후손이 왕이 되어 신라의 왕통을 이어갔다. 몽고말로 알지는 황금을 말한다. 이는 철기문화를 일으킨 문화적인 배경을 가늠하게 해 준다. 김알지의 어원은, 신성한 아이(양주동), 신성한 시조신(미시나), 김씨 종족의 우두머리(강종훈)와 같이 여러 가지의 풀이가 있다. 여기 본문에서 알지(閼智)는 어린 아이를 말하며 김(金)은 성이니 김씨의 시조임을 드러내는 것으로 봄이 온당하다. 문화기호로 보면 김(金)은 쇠 곧 철기문화를 갖춘 겨레의 출현으로 볼 수 있다. 그 건 김 수로왕의 경우도 마찬가지이다(정호완). 금으로 된 궤짝 안에 아이가 있었음은 알지가 신성하고 존귀한 존재임을 드러내고 있다(최광식).

김양도(金良圖)

또 승상 김양도가 어렸을 때 문득 입이 붙고 몸이 굳어져서 말도 못하고 손발도 놀리지 못했다. 늘 보면, 큰 귀신 하나가 작은 귀신을 데리고 와서 집 안에 있는 음식을 모조리 맛보는 것이었다. 혹 무당이 와서 제사를 지내면 귀신들의 무리가 서로 다투어 가며 욕했다. 양도가 귀신들에게 물러가라고 명하고 싶었지만 입이 붙어 말을 할 수가 없었다. 아버지가, 이름은 전하지 않는 법류사(法流寺, 현 불국사)의 스님을 청하여 불경을 외우게 했더니, 큰 귀신이 작은 귀신에게 명하여 쇠망치로 스님의 머리를 때려 땅에 넘어뜨리니 피를 토하고 죽었다.

(출전) 又承相金良圖爲阿孩時, 忽口噤體硬, 不言不遂. 每見一大鬼率小鬼來, 家中凡有盤肴, 皆啖嘗之. 巫覡來祭, 則羣聚而爭侮之. 圖雖欲命撤, 而口不能言. 家親請法流寺僧亡名來轉經, 大鬼命小鬼, 以鐵槌打僧頭仆地, 嘔血而死(권5 신주 밀본최사)

김양상(金良相)

태자가 왕위에 오르니 이가 혜공대왕(惠恭大王)이다. 나이가 매우 어리기 때문에 태후가 섭정하였다. 임금은 정사를 다스리지 못하매 도둑이 벌떼처럼 일어나 이를 막을 수가 없다. 표훈 대사의 말이 맞았다. 왕은 이미 여자로서 남자가 되었기 때문에 돌날부터 왕위에 오르는 날까지 항상 여자의 놀이를 하고 자랐다. 비단 주머니 차기를 좋아하고 술법사들과 어울려 희롱하고 노니 나라가 크게 어지러워지고 마침내 선덕왕(宣德王)과 김양상에게 죽임을 당했다.

(출전) 太子卽位, 是爲惠恭大王. 幼冲故太后臨朝, 政條不理, 盜賊蜂起, 不遑備禦, 訓師之說驗矣. 小帝旣女爲男故, 自期晬至於登位, 常爲婦女之戱, 好佩錦囊, 與道流爲戱, 故國有大亂, 修爲宣德與金良相所弑(권2 기이2 혜공왕)

김용수(金龍樹) ☞ 태종춘추공(春秋公)

김용춘(金龍春) ☞ 태종춘추공(春秋公)

김우징(金祐徵)

신라 제45대 신호왕(神虎王)의 성은 김씨, 이름은 우징(祐徵)이다. 아버지는 균정(均貞) 각간이고 뒤에 성덕대왕으로 추봉되었다. 어머니는 정교(貞矯) 부인으로 할아버지 예영은 혜강대왕으로 추봉되었다. 왕비는 정종 부인이고 달리 계대후로서 명해□의 딸이다. 기미년(己未, 839) 4월에 즉위하였으나 11월 23일에 돌아갔다.

(출전) 第四十五代神虎王金氏名佑(徵), 父均貞角干, 追封成德大王, 母貞(矯)夫人, 追封祖禮英

(爲)惠康大王. 妃(貞)從, 一作繼大后, 明海□之女. 己未四月立, 至十一月二十三日崩(권1 왕력 신호왕)

김웅렴(金雄廉)

한 때 국상 김웅렴 등이 장차 그대를 서울로 불러들이려 한 것은 작은 자라가 큰 자라의 소리에 호응하는 것과 같으며, 종달새가 매의 죽지를 찢으려 드는 것과 같으니, 반드시 백성들이 허덕이고 종묘와 사직을 빈 터전으로 만들 것이오.

(출전) (新羅)國相金雄廉等將召足下入京, 有同鼈應黿聲, 是欲鷃披準翼, 必使生靈塗炭, 宗社丘墟(권2 기이2 후백제 견훤)

(새김)

김웅렴은 신라의 재상이었다. 경순왕 원년(927) 견훤이 고려 태조에게 보낸 서신을 보면, 그가 재상으로서 고려에 원병을 요청하러 갔다고 한다. 아마 경애왕, 경순왕 무렵 재상의 지위에 있었던 진골 신분으로 대아찬(大阿飡) 이상의 관직을 가졌던 것으로 보인다. 국상이란 재상이다. 대체로 상대등이나 병부령 등의 관직을 지낸 사람을 말한다. 견훤이 경애왕을 스스로 자결하게 한 뒤 왕의 아우인 효렴(孝廉)과 재상 김영경(金英景)을 포로로 잡아갔다는 것으로 보아, 경애왕의 근친으로서 혹 영경의 뒤를 이어 재상의 지위에 올랐던 것이 아닌가 한다(한국민족문화대백과사전 참조).

김유신(金庾信)

호력(虎力) 이간의 아들 서현(舒玄) 각간 김씨의 맏아들이 유신이고 그 아우는 흠순이다. 맏누이는 보희로서 아명은 아해(阿海)이며, 누이동생은 문희(文姬)로서 아명이 아지(阿之)이다. 유신공은 진평왕 17년(乙卯, 595)에 났는데, 일곱별의 정기를 타고났기 때문에 등에 일곱별의 무늬가 있었다. 그에게는 신기하고 이상한 일이 많았다. 나이 18세가 되는 임신(壬申) 년에 검술을 익혀 국선이 되었다.

(출전) 虎力伊干之子舒玄角干金氏之長子曰庾信, 弟曰欽純, 姊妹曰寶姬, 小名阿海, 妹曰文姬, 小名阿之. 庾信公以眞平王十七年乙卯生, 禀精七曜, 故背有七星文, 又多神異. 年至十八壬申, 修劍得術爲國仙(권1 기이1 김유신)

(새김)

김유신(595-673)은 김춘추와 손잡고 신라의 통일을 이룩한 대장군이다. 신라로 귀순한 가야국 왕실의 후손으로, 15세에 용화낭도의 화랑이 되었고 여러 전투에서 공을 세웠다. 중국 당(唐) 나라와 연합하여 백제와 고구려를 통합한 뒤, 삼국 전체를 지배하려는 당 나라의 군사를 내몰아 삼국 통일의 기반을 다졌다. 신라의 관원으로서는 최고의 지위인 태대각간(太大角干)에 올랐으며, 사후인 흥덕왕 10년(835)에 흥무대왕(興武大王)에 추존되었다. 그런데 삼국사절요(三國史節要) 권제14 경명왕 조에 같은 해 11월에 김유신을 흥무대왕으로 추봉했다는 기록으로 보아 삼국유사의 기록이 맞을 것으로 본다(문경현). 본디의 이름은 경신(庚辰)이었다. 삼국사기 권41 열전(列傳) 제1 김유신(金庾信)을 따르면, 김유신의 아버지 서현(舒玄)은 경진(庚辰)일 밤에 형혹(熒惑, 화성), 진성(鎭星, 토성) 두 별이 자신에게 내려와 떨어지는 꿈을 꾸었는데, 김유신의 어머니 만명(萬明) 부인도 또한 신축(辛丑) 일 밤에 한 동자가 금빛 갑옷을 입고 구름을 타고 하늘에서 내려와서 집안으로 들어오는 꿈을 꾸고 곧 임신하였다. 처음에는 꿈을 바탕으로 경신이라고 하였다. 이름에 해와 달을 이름으로 쓰지 않는다고 하여 같은 뜻이면서도 소리가 다른 이름으로 고친 것이다. 기계식 활이라 할 만노(萬弩) 부대를 이끌고 신라의 삼국통일에 기념비적인 공로를 세웠다. 그 대표적인 곳이 오늘날의 진천군을 당시 만노군(萬弩郡)이라 하고 유신공의 아버지인 서현공을 태수로 삼았다. 그를 도왔던 기계식 활인 만노의 명장 구진천(仇珍川)이 있었다.

김인문(金仁問)

당 나라 고종 총장 원년(戊辰, 668)에 우상 유인궤(劉仁軌), 대장군 이적(李勣)과 신라 김인문(金仁問) 등이 고구려를 쳐서 나라를 멸망시켜 왕을 사로잡아 당 나라로 돌아가니 보장왕의 서자가 4천여 세대를 거느리고 신라에 항복했다.

(출전) 高宗總章元年戊辰右相劉仁軌, 大將軍李勣, 新羅金仁問等攻破國滅, 擒王歸唐, 寶藏王庶子率四千餘家, 投于新羅(권3 흥법 보장봉로 보덕이암)

(새김)

김인문(金仁問)은 지혜로운 인물이었다. 그의 기지로 문무왕은 왕의 품계를 잃었다가 다시 되찾는 일이 벌어지기도 하였다. 내용인즉 문무왕이 당 나라 황제의 허락도 없이 백제의 옛 땅을 차지하였다는 것이다. 그 때 인문은 우효위 원외 대장군, 임해군공이 되어 당 나라 서울인 장안에 머물러 있었다. 황제는 인문을 임금으로 삼아 본국으로 돌아가서 그의 형을 대신하게 하고, 계림주대도독개부의동삼사로 봉하였다. 인문은 이를 간곡히 사양하였다. 인문이 본국의 돌아가는 길에서 문무왕이 보낸 사신을 만났다. 공물을 바치며 정성껏 사죄의 뜻을 전하라고 일러 주었다. 마침내 사신이 당 나라 황제에게 사죄하자 황제는 문무의 죄를 용서하고 왕의 자리를 회복시켰으며 인문은 중도에서 되돌아갔다. 그 뒤 조로 원년에 진군 대장군 행우무위위 대장군에 임명되었고, 재초 원년에는 보국대장군상주국 임해군 개국공 좌우림 장군에 임명되었다. 연재 원년 4월 29일, 당 나라 서울에서 병으로 66세를 일기로 생을 마감하였다(文武王納高句麗叛衆, 又據百濟故地. 唐皇帝大怒, 以劉仁軌爲雞林道大摠管, 發兵來討, 詔削王官爵. 時, 仁問爲右驍衛員外大將軍臨海郡公, 在京師, 立以爲王, 令歸國, 以代其兄, 仍策爲雞林州大都督開府儀同三司, 仁問懇辭不得命, 遂上道. 會, 王遣使, 入貢且謝罪, 皇帝赦之. 復王官爵, 仁問中路而還, 亦復前銜. 調露元年, 轉鎭軍大將軍行右武威衛大將軍, 載初元年, 授輔國大將軍上柱國臨海郡開國公左羽林[軍]將軍. 延載元年四月二十九日, 寢疾薨於帝都, 享年六十六(삼국사기 열전권44). 고구려와 백제를 정벌한 당 나라는 신라까지 병합하려는 야욕을 불태우고 있었다. 김인문을 통하여 이를 알게 된 문무왕은 백제, 고구려의 유민을 앞세워 당 나라의 군사를 공격하는 대대적인 당 나라 배척운동을 전개했다. 이러한 두 나라 사이의 대립은 문무왕 11년(671)에 신라로 보내온 설인귀(薛仁貴)의 항의문과 이에 답하는 국서에 잘 드러나 있다. 문무왕 14년(674) 신라가 고구려와 백제의 땅을 점령하면서 강력한 대당항쟁을 계속하였다. 당 나라는 문무왕을 내쫓고 대신 **김인문**을 신라왕으로 세우고 유인궤를 계림도대총관(鷄林道大摠管)으로, 이필(李弼)과 이근행(李謹行)을 부관으로 하여 쳐들어 왔다. 김인문의 기지로 문무왕이 형식상으로 사죄하는 사신을 보내자 김인문은 도중에서 당 나라로 돌아가 임해군(臨海君)에 임명되었다. 그는 당 나라에서 병사하였다. 바다에서 김인문이 돌아갔다는 기록은 잘못으로 보아야 한다.

김인부(金仁夫)

그러나 점숭은 입을 다물고 한 마디도 읽지 못한다. 이것을 보고 천사가 말한다. 스님은 참으로 관음대성이 보호하여 주시는 사람이로다. 이리하여 끝내 이 절을 빼앗지 않았다. 그 당시 점숭(占崇)과 같이 이 절에 살던 처사 김인부가 이 이야기를 고을의 노인들에게 전해 주고 또 전기로도 써 두었다.

(출전) 占崇應手披讀如流. 天使服膺, 退坐房中, 俾之再讀, 崇鉗口無言. 天使曰上人良由大聖之所護也. 終不奪之. 當時, 與崇同住者, 處士金仁夫, 傳諸鄕老, 筆之于傳(권3 탑상 삼소관음 중생사)

김제상(金堤上)

왜왕은 노했다. 제상의 발 가죽을 벗기고 벤 갈대[蒹葭] 위로 걸어가게 했다. 그리고는 다시 물었다. 너는 어느 나라 신하냐. 계림의 신하다. 왜왕은 또 쇠를 달구어 그 위에 세워 놓고 다시 물었다. 어느 나라 신하냐. 계림의 신하다. 왜왕은 그를 굴복시키지 못할 것을 알고 목도(木島)에서 불태워 죽였다.

(출전) 王怒, 命屠剝堤上脚下之皮, 刈蒹葭使趨其上(今蒹葭上有血痕, 俗云堤上之血), 更問曰汝何國臣乎, 曰雞林之臣也. 又使立於熱鐵上, 問何國之臣乎, 曰雞林之臣也. 倭王知不可屈, 燒殺於木島中(권1 기이1 내물왕 김제상)

(새김)

그림 17 은을암

삼국사기(三國史記) 열전에는 **박제상(朴堤上)**으로 나온다. 당시 박제상은 양산(梁山) 지방의 토호 세력으로서 삽량주간(歃良州干)이라는 벼슬을 하였다. 일본서기(日本書紀) 신공황후에서는 제상을 모마리질지(毛麻利叱智)라 적고 있다. 여기 모(毛)란 못을 이른다. 이르자면 제상의 제(堤)를, 마리(麻利)는 책임자(上)를 이른다. 질지(-ㅅ智)는 존칭의 접미사로 보인다(문경현). 고구려왕을 설득해 복호(卜好)를 구하여 무사히 귀환하도록 했다. 귀국하자마자 왜에 인질로 가 있는 미사흔을 구하기 위해 처자불고하고 왜국으로 떠났다. 그는 왜에 이르러 마치 신라를 뒤로 하고 망명해 온 것처럼 속였다. 마침 백제 사신이 와서 고구려와 신라가 모의해 왜를 침입하려 한다고 거짓으로 꾸며 말하였다. 왜가 신라를 치러 오는 길목에서 박제상은 강구려(康仇麗)와 공조하여 왜군을 속여 미사흔을 탈출시키는 데 성공했으나, 그 자신은 붙잡혀 왜왕에게 문초를 당하였다. 왜왕은 그를 신하로 삼기 위해 온갖 협박과 달콤한 말로 설득했으나 실패, 제상은 차라리 신라의 개나 돼지가 될지언정 결코 왜의 신하가 될 수 없다고 해 끝까지 절개를 지키다가 마침내 목도에서 불에 타서 생을 마감하였다. 죽은 뒤 제상의 부인 김씨는 새가 되어 바위에 숨었다는 전설이 전해 온다. 이곳이 바로 은을암(隱乙庵)이다. 왜인은 제상을 왕의 처소로 돌려보내고, 곧바로 목도로 유배시켰다가, 얼마 지나지 않아 장작불로 온 몸을 태운 뒤에 목을 베었다. 대왕은 이 소문을 듣고 애통해 하며 대아찬을 추증하고, 그의 가족들에게 후하게 후의를 베풀었다. 미사흔으로 하여금 제상의 둘째 딸을 데려다가 아내를 삼게 함으로써 은혜에 보답케 하였다. 처음 미사흔이 돌아올 때 대왕은 6부에 명령하여 멀리 나가서 그를 맞게 하였으며, 그를 만나게 되자 손을 잡고 서로 울었다. 형제들이 모여 술자리를 마련하고 마음껏 즐겼으며, 왕이 가무를 스스로 지어 자신의 뜻을 나타냈는데, 지금 향악 가운데의 우식곡(憂息曲)이 그것이다(歸堤上於王所, 則流於木島, 未幾, 使人以薪火燒爛支體, 然後, 斬之. 大王聞之哀慟, 追贈大阿飡, 厚賜其家, 使未斯欣, 娶其堤上之第二女爲妻, 以報之. 初, 未斯欣之來也. 命六部遠迎之. 及見, 握手相泣. 會兄弟置酒極娛, 王自作歌舞, 以宣其意. 今, 鄕樂憂息曲, 是也. 삼국사기 열전 박제상).

김주원(金周元)

이찬 김주원이 맨 처음에 상재(上宰, 총리)가 되고 원성왕 김경신은 각간으로서 상재의 다음 자리에 있었다. 꿈에 복두를 벗고 흰 갓을 쓰고 열두 줄 가야금을 들고 천관사 우물 속으로 들어갔다. 꿈에서 깨어 사람을 시켜 점을 치게 했더니 복두를 벗은 것은 관직을 잃을 징조요, 가야금을 든 것은 칼을 쓸 징조요, 우물 속으로 들어간 것은 옥에 갇힐 징조입니다. 왕은 이 말을 듣고 몹시 근심하여 문밖출입을 안 했다. 이 때 아찬 여삼(餘三, 일설 여산(餘山))이 와서 뵙기를 청했으나 왕은 병을 핑계를 대고 나오지 않았다. 아찬이 다시 청하여 한 번 뵙기를 원하므로 왕이 이를 허락하니 아찬이 물었다. 공께서 꺼리는 것은 무엇입니까. 왕이 꿈을 점쳤던 일을 자세히 말하니 아찬이 일어나서 절하고 말한다. 이는 좋은 꿈입니다. 공이 만일 왕위에 올라서도 나를 버리지 않으신다면 공을 위해서 꿈을 풀어 보겠습니다. 왕이 이에 좌우 사람들을 물리고 아찬에게 해몽하기를 청하니 아찬은 말한다. 복두를 벗은 것은 위에 앉는 이가 없다는 것이요, 흰 갓을 쓴 것은 면류관을 쓸 징조요, 열두 줄 가야금을 든 것은 12대손까지 왕위를 이어받을 징조요, 천관사 우물에 들어간 것은 궁궐에 들어갈 상서로운 징조입니다.

(출전) 伊飡金周元, 初爲上宰, 王爲角干, 居二宰. 夢脫幞頭, 著素笠, 把十二絃琴, 入於天官寺井中. 覺而使人占之. 曰脫幞頭者, 失職之兆 把琴者, 著枷之兆入井, 入獄之兆 王聞之甚患, 杜門不出. 于時, 阿飡餘三[或本餘山]來通謁, 王辭以疾不出. 再通曰願得一見 王諾之. 阿飡曰公所忌何事 王具說占夢之由, 阿飡與拜曰此乃吉祥之夢. 公若登大位而不遺我, 則爲公解之 王乃辟禁左右而請解之. 曰脫幞頭者, 人無居上也. 著素笠者, 冕旒之

兆也. 把十二絃琴者, 十二孫傳世之兆也. 入天官井, 入宮禁之瑞也(권2 기이2 원성대왕)

(새김)

김주원의 출생설화는 허균의 발연사(鉢淵寺, 금강산) 고적기에 올라 있는데 자못 흥취가 있다. 김주원의 아버지 김유정(金惟靖)과 그의 어머니 연화부인 박씨를 주인공으로 한 신어(神魚) 이야기이다. 당시 화랑이었던 김유정은 이 곳 명주에 유휴관으로 와 있었다. 때때로 무술연마를 위해 산야를 누비며 다녔다. 그러다가 냇가에서 빨래하던 연화를 만나 정분을 나누게 되었다. 유휴관 임기가 다시 서라벌로 돌아가게 되었다. 유정은 연화에게 다시 기별하겠다며 기약 없는 약속을 남긴 채, 서라벌로 돌아가 서로 헤어지고 만다. 그러나 이러한 사연을 연화의 부모는 알 리가 없었다. 시집보낼 준비를 서두르게 된다. 시간이 흘러도 유정에게서는 소식 없자 그녀는, 유정과 함께 거닐던 연못가에 찾아가 그 곳에 자라던 금빛 잉어에게 자신의 답답한 마음을 털어놓는다. 잉어가 이상하리만치 알아듣자 그녀는 옷소매를 뜯어, 당신에게 모든 것을 바친 순간 당신 이외의 사람과는 결혼을 할 수 없으니, 이 달 보름까지 안 오시면 목숨을 던질 수밖에 없다는 내용의 편지를 써 잉어의 입에 넣고 큰 냇가에 놓아주었다. 어느 날 서라벌에서 공무를 보던 김유정에게 부하가 안줏감으로 커다란 금빛 잉어를 잡아왔는데, 그 잉어가 뭔가를 토해냈다. 마침내 연화부인의 편지를 본 유정은, 까마득히 잊고 있던 지난 일에 대한 후회와 그리운 마음에 명주로 달려가 혼인을 하여 낳은 첫아이가 바로 김주원이었다. 그 뒤 후손들은 양어지 인근에 정자를 짓고, 김유정의 화랑 이름인 무월랑과 연화에서 한 자씩을 따와 월화정(月花亭)이라 했다. 오늘날 월화라는 이름은 강릉 김씨 종친회 회관으로 알려지고 있다. 그의 명주군 왕릉은 현재 강릉시 성산면 보광리에 자리하고 있다. 신라 진평왕 시절에 지어졌다는 명주가(溟州歌)와 사연이 비슷하다. 그러면 김주원은 원성왕 김경신의 형이고 김유정은 그들의 아버지니 신라 37대 선덕왕(宣德王) 때의 전설로 봄이 온당하다. 왜냐하면 김주원이 강릉 김씨의 시조가 되는 까닭이다.

김지전(金志全)

미타불화광(彌陀佛火光) 후기에는 이렇게 말했다. 중아찬 김지전(金志全, 김지성)은 일찍이 상의(尙衣)로서 임금을 모시고 또 집사시랑으로 있다가 67세에 벼슬을 사양하고 집에서 한가로이 지냈다. 이 때 국주 대왕(大王)과 이찬 개원(愷元), 죽은 아버지 인장(仁章) 일길간, 죽은 어머니, 죽은 동생, 소사 양성(梁誠), 사문 현도(玄度), 죽은 아내 고로리(古老里), 죽은 누이동생 고파리(古巴里) 또 아내 아호리(阿好里) 등을 위해서 감산(甘山)의 논밭을 내놓아 절을 세웠다.

(출전) 彌陁佛火光後記云重阿喰金志全, 曾以尙衣奉御, 又執事侍郎, 年六十七, 致仕閑居, 奉爲國主大王, 伊喰愷元, 亡考仁章一吉干, 亡妃, 亡弟, 小舍梁誠, 沙門玄度, 亡妻古路里, 亡妹古巴里, 又爲妻阿好里等, 捨甘山莊田建伽藍(권3 탑상 남월산)

(새김)

김지전은 김지성(金志誠)의 오각으로 보인다. 이는 경북 경주시 내동면 신계리의 감산사 터에서 1916년 발견한 감산사미륵보살조상기(甘山寺彌勒菩薩造像記)에 따른 것이다(지준모 참조). 기문은 현재 국립중앙박물관에 소장되어 있다. 또한 김지성의 동생 이름이 양성(梁誠)인데 양성의 성(誠)이 같은 돌림자로 보이기에 그러하다. 특히 눈에 띄는 것은 여성들의 이름에 -리(里)가 붙어 쓰이는 것이다(관초리, 고로리, 고파리, 아호리, 수힐매리 등). -리가 이두라고 볼 때, 형태적인 구성은 관형사형 어미 -ㄹ에 사람을 드러내는 접미사 '-이'가 붙어 이루어진 말로 보인다. 당시의 -ㄹ은 명사형 어미로서의 기능을 하였으므로 아랫말에 연철되어 그리 적혔을 것으로 볼 수 있다.

김질왕(金銍王)

가락 제8대 질지왕은 수로왕의 8대손이다. 김질왕은 정무에 부지런하고 또 참된 일을 매우 숭상하여 시조 할머니인 허황후(許皇后)를 위해서 그의 명복을 빌고자 했다. 처음 시조와 만났던 자리에 절을 지어 왕후사(王后寺)라 하고 밭 10결을 바쳐 비용에 쓰게 하였다. 통치는 42년 동안이다. 영명 10년(492, 壬申) 10월 4일에 돌아갔다. 왕비는 사간 김상(金相)의 딸 방원(邦媛)이며 왕자 겸지(鉗知)를 낳았다.

(출전) 一云金銍王. 元嘉二十八年卽位, 明年爲世祖許黃玉王后, 奉資冥福於初與世祖合御之地, 創寺曰王后寺, 納田十結充之. 治四十二年, 永明十年壬申十月四日崩. 王妃金相沙干女邦媛, 生王子鉗知(권2 기이2 김질왕)

(새김)

김수로왕이 황후 허황옥을 맞이하여 함께 나라를 다스린 것은 150여 년 동안이다. 당시에는 신라에 아직 절을 세우고 불법을 믿는 일이 없었다. 대개 불교가 전해오지 않아서 이 지방 사람들은 이를 믿지 않았다. 이 때문에 가락국기(駕洛國記)에는 절을 세웠다는 사연이 실려 있지 않다. 그러던 것이 제8대 질지왕 2년(壬辰, 452)에 이르러 황후를 위하여 허황옥과 김수로가 만난 곳에 절을 세우고, 왕후사(王后寺)를 세워 지금에 이르기까지 명복을 빌고 제향을 올린다(首露王聘迎之 同御國一百五十餘年 然于時海東未有創寺奉法之事 蓋像敎未至 而土人不信伏 故本記無創寺之文 逮第八代銍知王二年壬辰 置寺於其地 又創王后寺 至今奉福焉. 삼국유사 권제3 탑상 금관성파사석탑 참조).

김척명(金陟明)

그러나 그 두 전기에 모두 작갑(鵲岬)의 이목(璃目)과 운문(雲門)의 사실이 없는데, 청도 사람 김척명이 세간의 말만 가지고 잘못 글을 덧칠해서 원광법사전을 지어 함부로 운문사의 개산조인 보양 스님의 사적과 뒤섞어서 하나의 전기를 만들어 놓았다.

(출전) 然彼諸傳記, 皆無鵲岬璃目與雲門之事, 而鄕人金陟明, 謬以街巷之說, 潤文作光師傳, 濫記雲門開山祖寶壤師之事迹, 合爲一傳, 後撰海東僧傳者, 承誤而錄之(권3 탑상 원광서학)

김춘추(金春秋)

제29대 태종대왕의 이름은 춘추(春秋), 성은 김씨다. 용수(龍樹, 혹은 龍春) 각간으로 추봉된 문흥대왕의 아들이다. 어머니는 진평대왕의 딸 천명부인이며 비는 문명황후 문희(文姬)이니 곧 유신공의 막내 누이였다.

(출전) 第二十九太宗大王, 名春秋, 姓金氏, 龍樹(一作龍春)角干, 追封文興大王之子也. 妣眞平大王之女天明夫人, 妃文明皇后文姬, 卽庾信公之季妹也(권1 기이1 태종춘추공)

(새김)

진덕여왕 8년(654) 3월에 임금이 돌아가고, 진골 세력은 상대등 알천(閼川)에게 섭정을 청하였으나 알천은 이를 물리치고 **춘추**에게 보위를 권하였다. 춘추는 사양하다가 마침내 알천의 천거를 받아들여 임금으로 즉위하였다. 삼국사기(三國史記)에는 신라의 시조 혁거세(赫居世)부터 진덕여왕까지 28명의 임금을 성골, 무열왕부터 마지막 경순왕까지를 진골이라고 하였다. 즉위 직후 무열왕은 아버지 김용춘을 문흥대왕으로, 어머니 천명부인을 문정왕후로 추봉하여 왕권의 정통성을 확립하였다. 무열왕 2년(655) 문희의 맏아들 법민(法敏)을 태자로 삼고, 나머지 문희 소생의 왕자들에게도 벼슬을 주었다. 대각간 김유신에게는 딸 지소공주를 시집보내 덤불혼인을 하였다. 무열왕 2년(655)에 당에 사신을 보내어, 고구려가 백제와 말갈과 더불어 군사를 연합하여 신라의 북쪽 변경의 33개의 성을 빼앗겼음을 알리면서 군사를 요청하였다. 당(唐)은 3월, 영주도독 정명진(程名振)과 좌우위중랑장 소정방(蘇定方)을 보내어 고구려를 공격하였다. 또한 무열왕 3년(656)에는 신라의 개국 공신인 사로 6촌장을 왕으로 추존하였고, 당에서 돌아온 김인문을 압독 군주(軍主)로 삼았으며, 가을 7월에는 김문왕(金文汪)을 다시 당에 보내 조공하게 하였다. 귀국한 뒤 문왕은 무열왕 5년(658) 정월에 부왕으로부터 집사부의 중시(中侍)로 임명되고, 김인문도 무열왕 6년(659) 여름 4월 백제를 치기 위한 원병 파병을 요청하는 사신으로서 당에 파견되는 등, 친족 중심의 내각을 구성하여 왕권을 안정시켰다. 무열왕의 옹립에 절대적으로 이바지한 김유신에 대해서는 무열왕 7년(660) 정월에 상대등(上大等)으로 임명해 왕권을 보다 강화할 수 있는 계기를 만들었다. 그 이전에는 상대등을 중심으로 한 화백회의에서 임금의 임면을 주도하였다. 이런 강력한 왕권을 바탕으로 무열왕은 고구려 및 백제와 본격적인 전쟁을 통하여 삼국통일을 하였다.

김해부(金海府)

그 후 259년만에 우리 고려 태조가 통합한 뒤로는 여러 대를 내려오면서 임해현(臨海縣)이라 하고 배안사(排岸使)를 두어 48년을 다스렸으며, 다음에는 임해군 혹은 김해부라고 하고 도호부를 두어 27년을 다스렸다. 또 방어사를 두어 64년 동안 다스렸다.

(출전) 後, 二百五十九年, 屬我太祖統合之後, 代代爲臨海縣, 置排岸使, 四十八年也. 次爲臨海郡, 或爲金海府, 置都護府, 二十七年也. 又置防禦使, 六十四年也(권2 기이2 가락국기)

김현감호(金現感虎)

원성왕 때에 김현(金現)이라는 낭군이 있어서 밤이 깊도록 혼자서 탑을 돌기를 쉬지 않았다. 그때 한 처녀가 염불을 하면서 따라 돌다가 서로 마음이 맞아 눈을 주더니 돌기를 마치자 으슥한 곳으로 가서 정을 나누었다. 처녀가 돌아가려 하자 김현이 따라 가니 처녀는 사양하고 거절했지만 김현은 굳이 따라갔다. 길을 가다가 서산 기슭에 이르러서 한 초가집으로 들어가니 늙은 할머니가 처녀에게 물었다. 함께 온 사람이 누구냐. 처녀가 사실대로 말하자 늙은 할머니는 말했다. 아무리 좋은 일이라도 없는 것만 못하다. (중략) 일연은 찬탄하였다. 산골 집의 세 오라비 죄악이 많아, 고운 입에 한 번 승낙 어떻게 할까. 의리의 중함 몇 가지니 죽음은 가벼운데, 숲속에서 맺은 연분 낙화처럼 져갔도다.

(출전) 元聖王代有郎君金現者, 夜深獨遶不息, 有一處女, 念佛隨遶, 相感而目送之. 遶畢, 引入屛處通焉. 女將還, 現從之. 女辭拒而强隨之. 行至西山之麓, 入一茅店, 有老嫗問女曰附率者何人, 女陳其情. 嫗曰雖好事不如無也(중략)讚曰, 山家不耐三兄惡, 蘭吐那堪一諾芳. 義重數條輕萬死, 許身林下落花忙(권5 감통 김현감호)

(새김)

그림 18 호림정

신라 시절 호랑이가 처녀로 변형을 하여 **김현(金現)**과 정분을 나눈 뒤 그의 출세를 위해 죽고 김현은 호랑이를 위하여 명복을 빌기 위하여 호원사라는 절을 세워 그의 명복을 빌고 보은을 하게 된다. 이른바 호원설화(虎願說話)이다. 두 편의 호원설화는 김현설화이고, 다른 하나는 신도징설화(申屠澄說話)이다. 이 두 편의 호랑이 설화를 삼국유사에 올려놓은 일연(一然)의 의도는 한국 설화인 김현설화와 중국 설화인 신도징 설화를 통하여 범의 좋은 구실을 내세우는 데 있다고 생각된다. 실제로는 신라 사람들의 이야기를 하고 있는 것이다(한국민족문화대백과사전 참조). 소리 상징으로 보면, 범은 부처를 가리키는 범(梵) 곧 브라만을 뜻하는 것으로 보인다. 아미타불은 극락세계의 주불이며 미륵불은 다가올 내세의 구원불이다. 김현 설화는 미륵신앙을 바탕으로 하여 짐승과 인간을 초월한 자기희생이야말로 중요한 자비행임을 보여주고 있다.

김흠순(金欽純)

총장 무진(戊辰, 668)에 왕은 군사를 거느리고 인문(仁問)과 흠순(欽純) 등과 함께 평양에 이르러 당 나라 군사와 합세하여 고구려를 멸망시켰다. 당 나라 장수 이적(李勣)은 고장왕(高藏王, 보장왕)을 붙잡아가지고 당 나라로 돌아갔다(왕의 성이 고씨이므로 고장이라 했다).

(출전) 王初卽位, 龍朔辛酉, 泗沘南海中有死女尸, 身長七十三尺, 足長六尺, 陰長三尺. 或云身長十八尺, 在封乾二年丁卯. 總章戊辰, 王統兵, 與仁問, 欽純等至平壤, 會唐兵滅麗, 唐帥李勣獲高臧王還國(王之姓高, 故云高臧)(권2 기이2 문호(무)왕 법민)

김희령(金希寧)

고려의 명사인 오세문이 지은 역대가에 따르면, 대금(大金)의 정우 7년(己卯, 1219)에서 거슬러 따져서 4만 9,600여 세에 이르면 바로 반고씨가 천지를 창조한 무인년(戊寅)이 된다고 했다. 또 연희궁 녹사 김희령이 지은 대일역법(大一曆法)에 따르면, 천지를 만든 상원 갑자로부터 원풍 갑자년(甲子, 1084)에 이르기까지 193만 7,641세라고 했다.

(출전) 有本朝名士吳世文作歷代歌, 從大金貞祐七年己卯, 逆數至四萬九千六百餘歲, 爲盤古開闢戊寅, 又延禧宮錄事金希寧所撰大一歷法, 自開闢上元甲子至元豊甲子, 一百九十三萬七千六百四十一歲(권3 탑상 가섭불연좌석)

김희왕(金喜王)

가락 제7대 취희왕은 일명 김희왕이라고 한다. 아버지는 좌지왕이고 어머니는 복(수)왕후이다. 신유년(辛酉, 421)에 즉위하여 30년 동안 나라를 다스렸다.

(출전) 第七代吹希王 一云金喜. 父坐知王, 母福(壽) 辛酉立, 治三十年(권1 왕력 취희왕)

나란타사(那蘭陁寺)

구법고승전의 광함(廣函)에 이렇게 말했다. 스님 아리나와 발마(跋摩, 摩는 혹은 磨)는 신라 사람이다. 처음에 정통한 불교의 진리를 구하려고 일찍이 중국에 들어갔는데, 성인의 자취를 두루 찾아볼 마음이 간절했다. 이에 정관 연간(627-649)에 당 나라 서울인 장안을 떠나 오천축(五天竺, 인도)에 갔다. 나란타사에 머물러 율장과 논장을 많이 읽고 패협(貝莢)에 베껴 썼다. 고국에 돌아오고 싶은 마음이 간절하였으나 뜻을 이루지 못하고 문득 그 절에서 세상을 떠나니, 그의 나이 70여 세였다.

(출전) 廣函求法高僧傳云釋阿離那(一作耶)跋摩(一作磨), 新羅人也. 初希正教, 早入中華, 思覲聖跡, 勇銳彌增, 以貞觀年中離長安, 到五天竺, 住那蘭陀寺, 多閱律論, 抄寫貝莢. 痛矣歸心, 所期不遂, 忽於寺中無常, 齡七十餘(권4 의해 귀축제사)

(새김)

나란타 : 나란타 혹은 나란다(नाळनटा, Nālandā)는 인도 비하르 주에 자리한 인도의 옛날 대학이다. 비하르 주의 파트나에서 남동쪽에 자리한다. 서기 427년에서 1197년까지 이르는 동안의 팔라 제국 아래에서 불교의 교학 중심 대학이었다. 세계 대학의 역사로 볼 때 초유의 대학 가운데 하나로 추정된다. 현장과 삼국유사(三國遺事) 귀축제사에 나오는 신라의 스님들도 여기서 머물며 경전 공부도 하고 경전을 패엽에 베껴 쓰는 작업도 했을 것이다.

나무망국(南無亡國)

또 다라니의 은어는 이러했다. 나무망국 찰니나제 판니판니소판니 우우삼아간 부이사파가, 이 다라니를 풀이하는 사람은 이렇게 말했다. (나라를 망칠 것이다) 찰니나제(刹尼那帝)란 여왕을 가리킨 것이요, 판니판니소판니(判尼判尼蘇判尼)는 두 소판(蘇判)을 말한 것이다. 소판은 벼슬의 이름이요, 우우삼아간(于于三阿干)은 서너 명의 어슬렁거리는(于于) 총신을 말한 것이요, 부이(鳧伊)는 부호(鳧好)를 말한 것이다.

(출전) 陁羅尼曰南無亡國, 刹尼那帝, 判尼判尼, 蘇判尼, 于于三阿干, 鳧伊娑婆訶 說者云刹尼那帝者, 言女主也. 判尼判尼蘇判尼者, 言二蘇判也. 蘇判爵名, 于于三阿十也. 鳧伊者, 言鳧好也(권2 기이2 진성여대왕 거타지)

(새김)

나무망국(南無亡國) : 여기 나무는 산스크리트 말로 나마스(नमो, namas)는 돌아가다 이니 망국으로 간다는 것이다. 앞으로 망할 것이라는 예언이다. 불가에서는 불-법-승으로 귀의함을 생활의 신조로 한다. 찰니나제는 찰제리에서 온 말이다. 이는 크샤트리아(खसतरअ, kshatriya)의 줄임말로 보면 된다. 크샤트리아-샤트리아-사투리-찰제리(살데리-샤데리-샤드리)의 대응이 가능하다. 우리의 사투리가 바로 크샤트리아에서 왔음을 가늠하게 한다(강상원, 한글고어사전 실담어 주석 참조). 인도 사람의 인사말로 나마스떼라 함도 불심으로 돌아간다는 의미를 담고 있다. 나무아미타불의 나무도 아미타불에게로 돌아간다는 의미다.

나정(蘿井)

이에 그들이 높은 곳에 올라 남쪽을 바라보니 양산(楊山) 밑 나정(蘿井)이라는 우물가에 번갯빛처럼 이상한 기운이 땅에 닿도록 비치고 있다. 그리고 흰 말 한 마리가 땅에 꿇어앉아 절하는 모습을 하고 있었으므로 그곳을 찾아가 조사해 보았더니 거기에는 자줏빛 알 한 개(혹은 푸르고 큰 알이라고도 함)가 있었다. 그러나 말은 사람을 보더니 길게 울고는 하늘로 올라가 버렸다. 알을 깨고서 어린 사내아이를 얻으니, 그는 모양이 단정하고 아름다웠다. 모두 놀라 이상하게 여겨 그 아이를 동천(東泉, 동천사는 사뇌야 북쪽)에 목욕시켰더니 몸에서 광채가 나고 새와 짐승들이 따라서 춤을 췄다. 이내 천지가 진동하고 해와 달이 청명해졌다. 이에 그 아이를 혁거세왕(赫居世王)이라고 하였다(이 혁거세는 필경 신라 말일 것이다. 혹은 불구내왕이라고도 하니 밝게 세상을 다스린다는 뜻이다).

(출전) 於時, 乘高南望, 楊山下蘿井傍, 異氣如電光垂地, 有一白馬跪拜之狀. 尋撿之. 有一紫卵(一云青大卵) 馬見人長嘶上天, 剖其卵得童男, 形儀端美. 驚異之. 浴於東泉(東泉寺在詞腦野北) 身生光彩, 鳥獸率舞, 天地振動, 日月淸明, 因名赫居世王(盖鄕言也. 或作弗矩內王, 言光明理世也)(권1 기이1 신라 시조 혁거세왕)

(새김)

그림 19 나정

나정(蘿井) : 신라의 시조 혁거세가 태어난 우물이다. 어원으로 나라의 우물이다(이병도). 내을과 같은데 개천과 우물이다(양주동). 시조가 난 우물이다(미시나)와 같은 여러 풀이가 있다. 나(蘿)를 이두식 반절로 읽으면 초(艸)에 라(羅)로 나눌 수 있다. 당시 파찰음이 없었으니 초-소로 읽고 라의 리을(ㄹ)을 합하면 초라-소라-솔-솥이 된다. 말하자면 거룩한 장소 곧 소도(蘇塗)-솟대가 된다는 뜻으로 볼 수도 있다. 일종의 종교적인 공간으로 상정한다(정호완). 삼국사기(三國史記) 신라본기에 이 나정에 대한 사연이 실려 있다. 어느 날인가, 진한 6촌의 하나인 고허촌(高墟村)의 촌장 소벌도리공이 양산 밑 나정 우물곁에 있는 숲 사이를 바라보았다. 이상한 빛이 하늘로부터 내려왔다. 그 빛 속에는 흰 말 한 마리가 무릎을 꿇고 울고 있었다. 소벌도리 공이 그곳으로 찾아가 보았으나 흰 말은 간 곳이 없고 다만 붉고 큰 알이 있었다. 그 알을 이상하게 여겨 깨어보니, 그 알 속에는 수려한 어린아이가 들어 있었다. 소벌공이 즉시 이 아이를 데려다가 길렀다. 날로 자라나 나이 13살에 이르렀을 때 남들보다 유달리 뛰어났다. 이에 6부 촌장이 모여 모임을 갖고 의논하여 그 아이를 받들어 임금을 삼도록 하였다. 호를 거서간(居西干)이라 하였다. 그 알의 크기가 바가지(瓠)만 하였으므로 성을 박(朴)이라 하였으며, 세상을 밝게 다스린다는 뜻으로 이름을 혁거세(赫居世) 혹은 불구내(弗矩內)라 하였다. 이 분이 신라의 시조 박혁거세이며, 경주박씨의 시조가 되었다(高墟村長蘇伐公望楊山麓, 蘿井傍林間, 有馬跪而嘶, 則往觀之. 忽不見馬, 只有大卵. 剖之. 有嬰兒出焉, 則收而養之. 及年十餘{三}歲, 岐嶷然夙成. 六部人以其生神異, 推尊之. 至是立爲君焉. 辰人謂瓠爲朴, 以初大卵如瓠, 故以朴爲姓. 居西干-삼국사기).

나찰녀(羅刹女)

옛날 하늘에서 알이 바닷가로 내려와서 사람이 되어 나라를 다스렸으니 이 사람이 바로 수로왕이다. 이 때 국경 안에 옥지(玉池)가 있었고 못 속에는 독룡이 살고 있었다. 만어산(萬魚山)에 나찰녀 다섯이 있어서 독룡과 오고가면서 사귀었다. 그렇기 때문에 때때로 번개가 치고 비가 내려 4년 동안 곡식이 여물지 않았다. 왕은 주문을 외어 이것을 금하려 했으나 금하지 못하고 머리를 숙이고 부처를 청하여 설법한 뒤에 나찰녀는 오계를 받아 그 후로는 재앙이 없어졌다.

(출전) 昔天卵下于海邊, 作人御國, 卽首露王. 當此時, 境內有玉池, 池有毒龍焉. 萬魚山有五羅刹女, 往來交通, 故時降雷雨, 歷四年, 五穀不成. 王呪禁不能, 稽首請佛說法, 然後羅刹女受五戒而無後害(권3 탑상 어산불영)

(새김)

나찰녀(羅刹女) : 산스크리트어로 라크사사(raksasa)이며 여나찰은 라카사시(raksasi)였다. 야차와 함께 지옥의 악신이다. 불가에서는 흔히 나찰(羅刹)이라고도 한다. 마음대로 모습을 바꾸는 능력이 있어 짐승이나 괴물로 변하기도 한다. 여자 악마의 경우, 아름다운 여자로도 변한다. 해가 진 후, 특히 초승달이 뜨는 밤에 가장 힘이 세지만 해가 떠오르면 쫓겨 간다. 특히 제물과 기도를 싫어한다. 라크사사 가운데 가장 힘이 센 것은 이들의 왕으로 머리가 10개인 라바나이다. 락사시, 즉 악녀인 푸타나는 크리슈나가 어린 아기일 때 자신의 독 젖을 먹여 죽이려고 한 일로 잘 알려져 있다. 크리슈나가 젖을 빨아 죽게 된 것은 오히려 푸타나 자신이었다. 사람을 잡아먹는 악귀의 일종으로 불교에 귀의하여 불교의 수호신이 되었다.

낙랑(樂浪)

주(周) 나라에서 기자(箕子)를 봉해 줌으로써 조선이라 했다. 한(漢) 나라에서는 세 군으로 나누어 설치하였으니 이것은 곧 현토(玄菟), 낙랑(樂浪), 대방(帶方, 北帶方)이다.

(출전) 周以封箕子爲朝鮮. 漢分置三郡, 謂玄菟, 樂浪, 帶方(北帶方)通典亦同此說(권1 기이1 고조선)

(새김)

낙랑(樂浪) : 낙랑이 열수(洌水)에서 비롯하였음을 고려하면, 출내-술내로 볼 수 있다. 술은 흔히 사이를 뜻하므로 나라의 국경을 이루는 강을 뜻할 수 있다. 술내-술수-술미-술매가 그런 보기들이다. 낙랑의 위치에 대한 학설로는 크게 두 가지로 나눌 수 있다. 하나는 대동강 낙랑설(이병도, 이기백, 노태돈)이 있고, 다른 하나는 요동낙랑설(신채호, 정인보, 윤내현, 심백강, 임찬경 등)이 있다. 전자는 식민사관에 기반한 일본학자의 주장과 같다. 현재 교과서에서는 한반도 대동강을 중심으로 한 낙랑을 포함한 한사군의 위치를 비정하여 이를 교과서에 싣고 있다. 후자는 그 동안 위서라는 논란의 중심에 섰던 환단고기(桓檀古記)가 불분명한 사료라 하여 강단사학에서는 외면하였다. 최근 심백강(2014, 한사군의 낙랑)에서 중국 사서(史書)의 결정판이라 할 사고전서(四庫全書)에서 믿을 만한 정통한 사료를 찾음으로써 중국 하북성 보정시 수성진을 중심으로 하는 요동중심설이 화두가 되고 있다. 그 사연은 이렇다. 망한 은(殷) 나라의 왕자였던 기자(箕子)가 조선으로 갔다. 이는 사기(史記)와 진서(晉書) 지리지 평주 낙랑군 조선현조를 보면, '주 나라가 기자를 봉한 것이다'로 적고 있다. 다시 당 나라의 두우(杜佑)가 엮은 통전(通典)의 평주(平州) 부분을 보면, '평주는 은나라 시기에 고죽국, 춘추시기에는 산융(山戎), 비자(肥子), 진 나라 시기에는 우북평, 혹은 요서 2군, 전후한에서 위진 시기까지는 요서군이었다'고 적고 있다. 결국 낙랑군 조선현은 평주(平州)에 자리하였음을 알 수 있다. 그러다가 청나라로 들어와서 펴낸 대청일통지(大淸一統志)를 보면, 평주의 기자 조선을 한반도의 이씨조선으로 둔갑시키고 있다. 즉 평주의 낙랑군 조선현은 압록강 이남의 지역으로 비틀어 기록하고 있다. 이로써 낙랑 대동강 중심설을 넘어, 요동 중심설로 고쳐야 한다(심백강, 사고전서 사료로 보는 한사군의 낙랑(2014) 참조).

낙랑공주(樂浪公主) ☞ 낙랑군부인

낙랑국(樂浪國) ☞ 낙랑군부인

낙랑군부인(樂浪郡夫人)

이는 아마도 옛날 한(漢) 나라 때 낙랑군에 소속되었던 현일 것이다. 신라 사람들이 역시 이곳을 낙랑이라고 했기 때문에 지금 고려에서도 또한 여기에 따라 낙랑군부인이라 불렀다. 또 태조가 그 딸을 김부(金傅)에게 시집보내면서 역시 낙랑공주(樂浪公主)라 불렀다. 한서(漢書) 지리지의 낙랑 25국을, 뒤로 오면서 낙랑군 25현으로 고쳐 적어 놓았다.

(출전) 則殆古漢時樂浪郡之屬縣之地也. 新羅人亦以稱樂浪, 故今本朝亦因之而稱樂浪郡夫人, 又太祖降女於金傅, 亦曰樂浪公主(권1 기이1 낙랑국)

낙랑왕정승(樂浪王政承)

관광순화위국공신상주국낙랑왕정승식읍팔천호김부(觀光順化衛國功臣上柱國樂浪王政承食邑八千戶金傅)는 대대로 계림에 살고 있어서 벼슬은 왕의 작위를 받았고, 그의 뛰어난 기상은 하늘을 업신여길 만하고 문장은 땅을 진동할 만한 재주가 있었다.

(출전) 觀光順化衛國功臣上柱國樂浪王政承食邑八千戶金傅, 世(處)鷄林, 官分王爵, 英烈振淩雲之氣, 文章騰擲地之才(권2 기이2 김부대왕)

(새김)

경순왕 김부(金傅)가 고려 태조에게 귀순한 뒤로 태자보다 품계가 높은 **정승공(政承公)**의 작위를 받는다. 고려 태조는 경순왕에게 경주를 식읍(食邑)으로 주었다. 다시 유화궁(柳花宮)을 선물로 받고 지금의 개성과 가까운 곳에 옮겨 살았다. 이와 더불어서 경주의 사심관(事審官)에 임명됨으로써 고려시대 사심관 제도의 효시가 되었다. 경순왕 김부는 고려 태조가 돌아간 뒤 혜종, 정종, 광종을 거치는 사이에 모든 정치적 활동을 하지 않았다. 어떤 모략이나 숙청도 당하지 않고 경종 대까지 일신의 안위를 지켰다. 그의 딸인 헌숙왕후는 경종의 왕비가 되었고 경종은 특히 장인을 고려하여 그를 다시 정승공으로 봉하면서 식읍과 녹봉을 가일층 더했다. 고려 경종 3년(978) 한 많은 생을 마감하였다. 그의 능묘는 경기도 장단군 장단면(현 연천군 장남면)에 자리하였다.

낙산사(洛山寺)

법사가 듣고 굴에서 나오니 과연 대나무가 땅에서 솟아나왔다. 여기에 금당을 짓고 관음상을 만들어 모시니, 그 둥근 얼굴과 고운 바탕이 마치 천연적으로 생긴 것 같았다. 대나무가 도로 없어지므로 그제야 비로소 관음의 진신이 살고 있는 곳임을 알았다. 이 때문에 그 절 이름을 낙산사라 하고, 법사는 자기가 받은 두 구슬을 성전에 봉안하고 그곳을 떠났다.

(출전) 師聞之出崛, 果有竹從地湧出. 乃作金堂, 塑像而安之. 圓容麗質, 儼若天生, 其竹還沒, 方知正是眞身住也. 因名其寺曰洛山. 師以所受二珠, 鎭安于聖殿而去(권3 탑상 낙산이대성 관음 정취 조신)

(새김)

그림 20 양양군 고지도

낙산은 오봉산이라고도 한다. **낙산사**는 신흥사(新興寺)의 말사로서 동해 가에 자리하였다. 우리나라 3대 관음기도도량 가운데 하나이다. 낙산이란 산스크리트어 보타락가(補陀洛伽, potalaka)의 준말로서 관세음보살이 항상 머무르는 곳이라는 의미이다. 문무왕 11년(671) 의상(義湘)이 세웠다. 당 나라에서 화엄학을 공부한 의상은 귀국하자 관세음보살의 진신(眞身)이 낙산 동쪽 바닷가 굴속에 있다는 말을 듣고 관세음보살을 만나기 위해서 찾아갔다. 굴 어구에서 7일 동안 재계하고 좌구(座具)를 새벽물 위에 띄우자 용의 무리와 하늘나라의 사람 등 8부신장이 굴속으로 그를 인도하였다. 하늘을 향하여 경배하며 수정염주 한 꾸러미를 받아서 나오는데, 동해의 용이 의상에게 여의보주 한 알을 다시 바쳤다. 그 뒤 의상은 보주를 갖고 나와 다시 7일 동안 정진하여 관세음보살의 진신을 보았다. 관세음보살이 말하였다. 바위산의 산꼭대기에 한 쌍의 대나무가 솟아날 것이니, 그 땅에 절을 지음이 좋을 것이다. 이어 의상은 그 자리에 법당을 짓고 관음상을 모신 뒤 절 이름을 낙산사라 하고, 의상이 받은 두 구슬을 불전에 모셨다. 의상이 낙산사를 지은 뒤 원효(元曉)도 관세음보살을 친견하기 위하여 이 절을 찾았는데, 원효가 절에 이르기 전에 관세음보살의 화신을 만났지만 알아보지 못하였고, 낙산사에 가서도 풍랑이 심해 관세음보살이 상주하는 굴에 들어가지 못하게 되었다(삼국유사). 낙산사의 관음상에는 스님 조신(調信)이 헛된 속세의 욕망에 젖는 꿈을 꾸고 나서 자신의 잘못을 뉘우치게 되었다는 이야기가 삼국유사에 실려 전한다. 한 여인을 사랑하게 된 스님이 사랑이 맺어지기를 관음상 앞에서 간구하였다. 결혼한 지 십여 년 만에 생사의 허무함과 고통을 견디다 못해 마침내 헤어지게 된다는 줄거리이다. 춘원 이광수는 이런 조신의 설화를 바탕으로 '꿈'이라는 소설로 형상화 한다. 다시 영화로 만들어 진다. 낙산사의 빼어난 경관을 소재로 하여 송강 정철의 '관동별곡'의 한 구절이 지어지기도 하였다. ¶洛낙山산 東동畔반으로 義의相샹臺대예 올라 안자, 日일出출을 보리라 밤듕만 니러하니, 祥샹雲운이 집픠난 동, 六뉵龍뇽이 바퇴난 동, 바다해 떠날 제난 萬만國국이 일위더니, 天텬中듕의 티뜨니 毫호髮발을 혜리로다(송강가사 참조).

낙산사이대성(洛山寺二大聖)

옛날 의상법사가 처음 당 나라에서 돌아와 관음보살의 진신(眞身)이 이 해변 어느 굴 안에 산다는 말을 듣고, 이곳을 낙산(洛山)이라고 이름 했으니, 대개 서역에 보타락가산(寶陀洛伽山)이 있기 때문이다. 이것을 소백화라고도 했다. 백의대사의 진신이 머물러 있는 곳이기 때문에 이것을 빌려다가 이름을 지은 것이다. (중략) 조사는 놀라고 기뻐하여 그 아이와 함께 놀았다는 다리 밑에 가서 찾아보니 물속에 돌부처 하나가 있는데 꺼내 보니 한쪽 귀가 없어진 것이 앞서 보았던 중과 같았다. 이것은 곧 정취보살의 불상이었다. 이에 간자를 만들어 절을 지을 곳을 점쳤더니 낙산 위가 제일 좋다고 하므로 여기에 불우 3칸을 지어 그 불상을 모셨다.

(출전) 昔, 義湘法師始自唐來還, 聞大悲眞身住此海邊窟內, 故因名洛山, 盖西域寶陁洛伽山, 此云小白華, 乃白衣大士眞身住處, 故借此名之, (중략) 驚喜, 與其子尋所遊橋下, 水中有一石佛舁出之. 截左耳, 類前所見沙彌, 卽正趣菩薩之像也. 乃作簡子, 卜其營構之地, 洛山上方吉. 乃作殿三間安其像(권3 탑상 낙산이대성 관음 정취 조신)

난야(蘭若)

나인(內人)들은 이를 슬퍼하여 좋은 땅을 가려서 난야(절)를 세우고 이름을 자추사(刺楸寺)라고 했다. 이로부터 집집마다 부처를 받들면 반드시 대대로 영화를 얻게 되고, 사람마다 불도를 행하면 이내 불교의 이익을 얻게 된다고 믿었다. 진흥왕 5년(甲子, 544)에 대흥륜사를 지었다.

(출전) 內人哀之. 卜勝地, 造蘭若, 名曰刺楸寺. 於是 家家作禮, 必獲世榮, 人人行道, 當曉法利. 眞興大王卽位五年甲子, 造大興輪寺(권1 흥법 원종흥법 염촉멸신)

(새김)

난야(蘭若) : 절을 말한다. 산스크리트어로 아란야(आरआनय, aranya)의 줄임말이다. 스님들의 수도정진에 적절한 곳을 말한다. 이와 같이 산스크리트 말에 나오는 아(a)-는 흔히 줄여서 쓴다. 여기 아(a)는 산스크리트어의 가장 기본이 되는 소리이며 문자이다. 이는 훈민정음의 모든 글자의 소리에 아(a)가 들어 있음과 거의 같은 체계로 보인다(김봉태, 훈민정음의 음운체계와 글자 모양. 2002 참조).

난타벽제(難陀闢濟)

백제본기에 이렇게 말했다. 제15대 침류왕이 즉위한 갑신년(甲申, 384. 동진 효무제의 태원 9년)에 호승 마라난타(摩羅難陀)가 동진에서 오자 그를 맞아서 궁중에 두고 예의로 공경했다(해동고승전((海東高僧傳)에 14대라 한 것은 오기). 이듬해 을유(乙酉, 385)에 새 도읍인 한산주에 절을 세우고 도승 열 사람을 두었으니 이것이 백제 불법의 시초이다. (중략) 일연은 이를 기려서 말한다. 하늘의 조화는 옛날부터 아득한 것, 대체 잔재주로 솜씨부리기는 어려우리. 어른들은 스스로 노래와 춤을 가지고, 옆의 사람 끌어당겨 눈으로 보게 하네.

(출전) 百濟本記云第十五(僧傳云十四, 誤)枕流王卽位甲申(東晋孝武帝大元九年), 胡僧摩羅難陁自晋, 迎置宮中禮敬. 明年乙酉, 創佛寺於新都漢山州, 度僧十人, 此百濟佛法之始(중략), 讚曰, 天造從來草昧間, 大都爲伎也. 應難. 翁翁自解呈歌舞, 引得旁人借眼看(권3 흥법 난타벽제)

(새김)

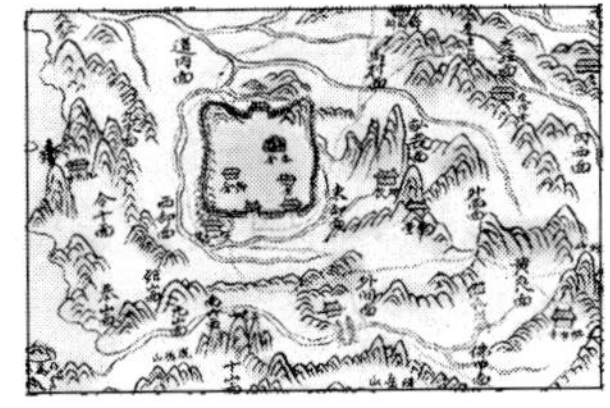

그림 21 영광군 고지도

백제의 불교를 처음으로 전파한 **난타(難陀)** 스님이 들어온 곳이라 하여 붙여진 지명이 법성포(法聖浦)이다. 영광 법성포는 호남지방을 들고 나는 관문이었고, 영광굴비 생산지로 널리 알려져 있다. 조선조 중종 9년(1514) 법성포에 진(鎭)을 설치하였고, 호남에서 생산되는 농수산물을 서울의 마포나루까지 실어 나르던 배며 중국까지 오가는 배들이 이곳 법성포를 거쳐 갔다. 영산포와 더불어 호남지방의 세곡을 모아두었던 조창(漕倉)의 구실은 물론, 조운(漕運)의 역할을 맡게 되면서부터 새로운 집들이 들어서게 되었고, 수군이 정박하며 주둔할 정도로 번창했다. 법성포에는 영광읍에서 흘러드는 와탄천과 전라북도 고창군에서 흘러드는 대산천이 법성포 앞바다로 흘러드는 토사가 쌓이면서 항구로서의 기능이 약화일로를 걷게 되었다. 이른바 백제불교가 바다를 건너 들어와 자리를 하게 한 성지라고 할 수 있다. 모악산 기슭에는 마라난타가 처음으로 세웠다는 불갑사(佛甲寺)가 있다. 이 절은 백양사의 말사이다. 불갑사창설유서(佛甲寺創設由緖, 1909)에 따르면 백제 침류왕 1년(384)에 마라난타가 세웠고, 애장왕 5년(805)에 다시 세웠다고 한다. 불갑(佛甲)이니 불교가 가장 처음(甲)으로 들어온 고장이란 말이다. 갑(甲)은 천간으로는 첫째가며 동물로는 거북을 상징한다. 흔히 나라를 세우는 원년을 갑자년으로 하기도 한다. 구지가(龜旨歌)도 물신과 땅신 곧 지모신을 상징하는 노래로써 김수로의 강림과 건국을 예고하고 있다. 갑자의 갑(甲)이 거북을 상징함과 무관하지 않다.

남간사(南澗寺)

원화 연간에 남간사의 중 일념(一念)이 촉향분례불결사문(髑香墳禮佛結社文)을 지었는데, 이 사실이 자세히 실려 있으니 그 대략은 이러하다. 예전에 법흥대왕이 자극전에서 왕위에 올랐을 때에 동쪽 지역을 살펴보고 말했다. 예전에 한(漢) 나라 명제가 꿈에 감응되어 불법이 동쪽으로 흘러들어왔다. 내가 왕위에 오른 뒤로 백성들을 위해 복을 닦고 죄를 없앨 곳을 마련하려 한다. 이에 조정대신들(향전에서는 공목, 알공(工目, 謁恭)) 등은 왕의 깊은 뜻을 헤아리지 못하고 오직 나라를 다스리는 대의만을 지켜 절을 세우겠다는 신령스러운 생각에 따르지 않자 대왕은 탄식했다.

(출전) 元和中, 南澗寺沙門一念, 撰髑香墳禮佛結社文, 載此事甚詳. 其畧曰昔在法興大王垂拱紫極之殿, 俯察扶桑之域, 以謂昔漢明感夢, 佛法東流. 寡人自登位, 願爲蒼生, 欲造修福滅罪之處. 於是 朝臣(鄕傳云, 工目・謁恭等)未測深意, 唯遵理國之大義, 不從建寺之神略. 大王嘆(권3 흥법 원종흥법 염촉멸신)

(새김)

남간사는 경주시 내남면 남간(南澗)에 자리하였다. 신문왕(681-692)과 효소왕(692-702) 시기의 고승 혜통(惠通)의 집이 있던 은천동(銀川洞)에 있었다고 하나, 세운 연대와 세운 사람은 알 수 없다. 오늘날 남간마을에는 보물 제909호인 남간사지 당간지주를 비롯한 8각의 대좌와 경상북도문화재자료 제13호인 남간사지석정(南澗寺址石井) 초석 등이 남아 있다. 이 중 당간지주는 현재는 가운데 있는데, 양지주가 동서로 대립하였고 상하에 구멍이 나 있으며, 높이는 3m 정도이다.

남대방(南帶方)

조위(曹魏) 때 비로소 남대방군(南帶方郡, 현 남원부)을 두었기 때문에 남대방이라 한 것이다. 대방의 남해 수 천리를 한해라 한다(후한 건안 연간에 마한 남쪽의 황무지를 대방군으로 삼았다. 왜와 한이 드디어 여기에 속했다는 것이 바로 이것이다).

(출전) 曹魏時始置南帶方郡(今南原府)故云, 帶方之南海水千里, 曰瀚海(後漢建安中, 以馬韓南荒地爲帶方郡, 倭韓遂屬, 是也)(권1 기이1 남대방)

남모랑(南毛娘)

이에 남모랑(南毛娘)과 교정랑(姣貞娘)의 두 원화를 뽑았고, 여기에 모여든 사람이 3, 4백 명이나 되었다. 교정이 남모를 질투하여 술자리를 마련하여 남모에게 취하도록 먹인 뒤에 남몰래 북천으로 데리고 가서 큰 돌을 들고 그 속에 묻어 죽였다. 이에 그 무리들은 남모가 간 곳을 알지 못해서 슬피 울다가 헤어졌다.

(출전) 乃取南毛娘, 姣貞娘兩花, 聚徒三四百人. 姣貞者嫉妬毛娘, 多置酒飮毛娘, 至醉潛舁去北川中, 擧石埋殺之. 其徒罔知去處, 悲泣而散(권3 탑상 미륵선화미시랑 진자사)

(새김)

신라 제24대 진흥왕(眞興王, 재위540-576)은 죽령을 넘어 한강 유역까지 신라의 강역을 넓히고 대가야를 통합하는 등 영토를 크게 넓혔다. 임금은 천성이 너그럽고 신선의 도를 숭상하기도 하였다. 마침내 민가의 처자 중에서 아름다운 이를 가려서 받들어 원화로 삼았다. **교정**과 **남모**의 시기와 질투 때문에 결국은 원화 제도를 없애고 남자로 구성되는 화랑제를 도입하는 계기가 되었다.

남백월(南白月)

그런데 짚신 그림자도 역시 못에 비치므로 황제는 이상하게 여겨 그 산 이름을 백월산이라고 했다(보름 전에는 백월의 그림자가 못에 나타나기 때문에 이렇게 이름을 붙인 것이다). 그러나 그 후로는 못 가운데에 산 그림자가 없어졌다. 이 산의 동남쪽 3천보쯤 되는 곳에 선천촌(仙川村)이 있고, 그 마을에는 두 사람이 살고 있었다. 그 하나는 노힐부득(努肹夫得)이니 아버지는 이름을 월장이라 했고, 어머니는 미승이라 했다. 또 하나는 달달박박(怛怛朴朴)이니 그의 아버지는 이름을 수범이라 했고, 어머니는 범마라 했다(향전에는 치산촌이라 했으나 잘못이다. 두 선비의 이름은 방언이니 두 집에는 각각 두 선비의 마음과 행동이 당당하고 고절하다는 두 가지 뜻에서 이렇게 이름 지은 것이다).

(출전) 履影亦現池. 帝乃異之. 賜名曰白月山望前白月影現, 故以名之. 然後池中無影. 山之東南三千步許, 有仙川村, 村有二人, 其一曰努肹夫得(一作等), 父名月藏, 母味勝 其一曰怛怛朴朴, 父名修梵, 母名梵摩(鄕傳云雉山村, 誤矣. 二士之名方言, 二家各以二士心行, 騰騰苦節二義(권3 탑상 남백월이성 노힐부득 달달박박)

(새김)

본문의 **노힐부득(努肹夫得)**의 어원은, 노힐의 노(努)는 높다(등등하다), 힐(肹)은 이름인 부득의 부(夫)를 유기음화하기 위한 첨사이다. **달달박바**의 달달(怛怛)은 담담하다(苦節)이고 박박은 이름이다(양주동, 고가연구). 달리 노힐부득은 노글 부들로 풀이할 수 있다(서정주, 신라초). 부득과 박박은 이름을 드러낼 가능성이 높다. 글자대로라면, 있는 부처님의 마음으로 너그럽게 대하는 쪽이 노힐부득이고, 달달박박은 수도에 도움이 안 되는 데는 빡빡하게-박하게 대하는 쪽이 박박이라 풀이할 수 있다.

남부여(南扶餘)

부여군은 전 백제의 도읍이니, 혹 소부리군(所夫里郡)이라고도 한다. 삼국사기에 따르면, 백제의 성왕 26년(戊午) 봄에 도읍을 사비로 옮기고 국호를 남부여라 했다 하고, 주(注)에 그 지명은 소부리이니 사비는 현 고성진(古省津)이요, 소부리는 부여의 딴 이름이라고 했다.

(출전) 扶餘郡者, 前百濟王都也. 或稱所夫里郡. 按三國史記, 百濟聖王二十六年戊午春, 移都

於泗沘, 國號南扶餘. 注曰, 其地名所夫里 泗沘, 今之古省津也. 所夫里者, 扶餘之別號也. 已上注(권2 기이2 남부여 전백제 북부여)

(새김)

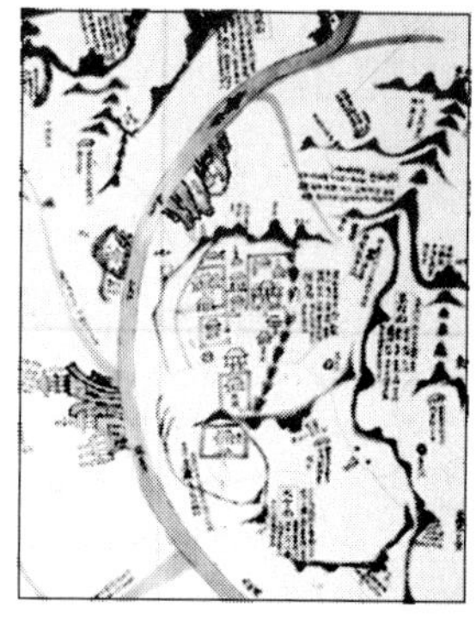
그림 22 부여군 고지도

남부여는 역사상의 백제를 말한다. 백제를 가리키는 이름은 다양하다. 십제(十濟), 백제(百濟), 백제국(伯濟國), 위례국(慰禮國), 남부여(南扶餘), 응준(鷹準), 나투(羅鬪) 등의 이름이 모두 백제를 말한다. 특히 남부여(南扶餘)란, 삼국사기를 보면 성왕 16년(538)에 수도를 웅진에서 사비로 옮기고, 국호를 남부여라고 바꾸게 되었다(十六年 春 移都於泗 一名所夫里 國號南扶餘). 성왕 16년(538) 봄 서울을 사비(泗沘)(달리 소부리(所夫里))로 옮기고, 국호를 남부여라 하였다(삼국사기 백제본기). 백제국(伯濟國)이라 함은 중국의 삼국지 한전(韓傳)편에 마한에 속한 54개 소국의 이름 가운데 백제국이 나온다. 이는 백제와 한자만 약간 다를 뿐 같은 소리로 된 글자이며, 또 백제국의 위치가 한강유역으로 추정함에 신빙성이 있다고 할 수 있다. 고려 시기의 이승휴의 제왕운기(帝王韻紀)에는, 후대의 왕 때 국호를 남부여라고 한 적이 있으며, 또 응준 혹은 나투라고 칭하기도 하였다는 대목이 있다. 응준과 나투는 모두 새의 일종인 매를 이르는 것으로 정식 국호는 아니고 백제의 별명 같은 것으로 보면 좋을 것이다.

남사(南史)

고구려 제25대 평원왕은 일명 평강왕이라고도 한다. 이름은 양성이며 남사에는 고양이라 했다. 기묘년(己卯, 199)에 즉위했다. 31년 동안 나라를 다스렸다.

(출전) 高句麗第二十五代平原王一作平岡. 名陽城. 南史云高陽. 己卯立, 理三十一年(권1 왕력 평원왕)

남산(南山)

남산 서쪽 기슭(현 창림사)에 궁실을 세우고 이들 두 성스러운 어린이를 모셔다가 길렀다. 남자 아이는 알에서 낳았고, 그 알의 모양이 박과 같았다. 사람들은 바가지를 박(朴)이라고도 하기 때문에 성을 박이라고 했다. 또 여자 아이는 그가 나온 우물 이름으로 이름을 삼았다. 두 성인은 13세가 되자 오봉 원년 갑자(甲子, 전57)에 남자는 왕이 되어 이내 그 여자로 왕후를 삼았다.

(출전) 營宮室於南山西麓(今昌林寺), 奉養二聖兒. 男以卵生, 卵如瓠, 鄉人以瓠爲朴, 故因姓朴, 女以所出井名名之. 二聖年至十三歲, 以五鳳元年甲子, 男立爲王, 仍以女爲后(권1 기이1 혁거세왕)

(새김)

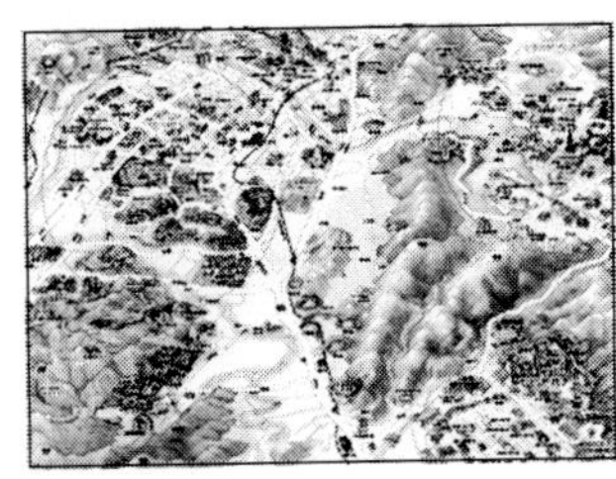
그림 23 경주시

경주의 남쪽에 자리한 산으로 북에는 금오봉(金鰲峰), 남에는 고위봉(高位峰, 468m)이 솟아 있다. 60개의 골짜기와 산줄기를 통틀어 남산이라 이른다. 조사된 사찰은 220개 인데 이 가운데 **남산**에 세운 절만 150개 정도이다. 대표적인 절로 천룡사와 보리사, 천은사와 천관사, 남간사와 인용사, 용장사와 석가사, 양피사와 피리사, 불무사와 창림사, 생의사 등이 있다. 산성으로는 도당산성(都堂山城)과 남산토성(南山土城), 고허성(高墟城) 등이 있다. 남산신성비(南山新城碑)는 성곽의 축성 연대와 참여한 사람들을 알 수가 있고 고대사와 고대어 특히 이두 연구에 많은 도움을 주고 있다. 남산에는 왕릉으로 추정되는 12기의 능침이 자리하고 있다. 남산은 이른바 살아있는 신라사의 얼굴이라 할 만하다.

남옥저(南沃沮)

돌아보건대, 동명제(東明帝)는 왕위에 오른 지 10년 만에 북옥저를 멸망시켰고, 온조왕 42년(23)에 남옥저의 20여 집이 신라에 투항했다. 또 혁거세 53년(전4)에 동옥저가 신라에 와서 좋은 말을 바쳤다고 했다. 그러니 동옥저란 땅도 있었던 것이다.

(출전) 按東明帝立十年滅北沃沮, 溫祚王四十二年南沃沮二十餘家來投, 新羅又赫居世五十三年東沃沮來獻良馬, 則又有東沃沮矣(권1 기이1 변한 백제)

남월산(南月山)

남월산의 감산사(甘山寺), 이 절은 서울에서 동남쪽으로 20리쯤 되는 곳에 있다. 금당주미륵존상화광(金堂主彌勒尊像火光)후기에는 다음과 같이 말하였다. 개원 7년(乙未, 719) 2월 15일에 중아찬 전망성(全忘誠, 김지성)이 그의 죽은 아버지 인장(仁章) 일길간과 죽은 어머니 관초리(觀肖里) 부인을 위해서 삼가 감산사와 돌미륵 하나를 만들고, 겸하여 개원(愷元) 이찬과 아우 간성(懇誠) 소사, 현도사(玄度師), 누이 고파리(古巴里), 전처 고로리(古老里), 후처 아호리(阿好里)와 또 서형 급막(及漠) 일길찬, 일당(一幢) 살찬, 총민(聰敏) 대사와 누이동생 수힐매(首肹買) 등을 위하여 이러한 착한 일을 했다.

(출전) 寺在京城東南二十許里, 金堂主彌勒尊像火光後記云, 開元七年己未二月十五日, 重阿喰全忘誠, 爲亡考仁章一吉干, 亡妃觀肖里夫人, 敬造甘山寺一所, 石彌勒一軀, 兼及愷元伊喰, 第懇誠小舍, 玄度師, 姊古巴里, 前妻古老里, 後妻阿好里, 兼庶族及漠一吉喰, 一幢薩喰, 聰敏大舍, 妹首肹買等, 同營玆善(권3 탑상 남월산)

(새김)

전망성(全忘誠)은 **김지성(金志誠)**의 오각으로 보인다. 이는 경북 경주시 내동면 신계리의 감산사 터에서 1916년 발견한 감산사미륵보살조상기(甘山寺彌勒菩薩造像記)에 따른 것이다

(지준모 참조). 기문은 현재 국립중앙박물관에 소장되어 있다. 또한 김지성의 동생이름이 양성(梁誠)인데 양성의 성(誠)이 같은 돌림자로 보이기에 그러하다. 특히 눈에 띠는 것은 여성들의 이름에 -리(里)가 붙어 쓰이는 것이다(관초리, 고로리, 고파리, 아호리, 수힐매리 등). 신라 말이라고 볼 때, 형태론적인 구성은 관형사형 어미 -ㄹ에 사람을 드러내는 접미사 '-이'가 붙어 이루어진 말로 보인다. 당시의 -ㄹ은 명사형 어미로서의 기능을 하였으므로 아랫말에 연철되어 그리 적혔을 것으로 볼 수 있다.

남평양(南平壤)

고전기(古典記)에 따르면 이러하다. 동명왕의 셋째아들 온조(溫祚)는 전한 홍가 3년(癸酉, 전18)에 졸본부여에서 위례성(慰禮城)으로 와서 서울을 정하고 왕이라 일컬었다. 14년 병진(丙辰)에 도읍을 한산(漢山, 현 서울)으로 옮겨 389년을 지냈으며, 13세 근초고왕 때인 함안 원년(元年, 371)에 고구려의 남평양을 앗아 도읍을 북한성(北漢城, 현 양주)으로 옮겨 105년을 지냈다. 22살 문주왕이 즉위하던 원휘 3년(乙卯, 475)에는 도읍을 웅천(熊川, 현 공주)으로 옮겨 63년을 지내고, 26세 성왕 대에 도읍을 소부리로 옮기고 국호를 남부여라 하여 31세 의자왕에 이르기까지 120년을 지냈다.

(출전) 按古典記云東明王第三子溫祚, 以前漢鴻佳三年癸酉, 自卒本扶餘至慰禮城, 立都稱王 十四年丙辰, 移都漢山(今廣州), 歷三百八十九年. 至十三世近肖古王, 咸安元年, 取高句麗南平壤, 移都北漢城(今楊州), 歷一百五年, 至二十二世文周王卽位, 元徽三年乙卯, 移都熊川(今公州) 歷六十三年, 至二十六世聖王, 移都所夫里, 國號南扶餘, 至三十一世義慈王, 歷一百二十年(권2 기이2 남평양 전백제 북부여)

(새김)

남평양의 자리는 어디일까. 대동지지(大東地志) 재령 연혁에 본디 고구려 땅으로 한홀(漢忽)이라 했다가 뒤에 한성(漢城) 일명 식성(息城)이라 하였다. 장수산성 남쪽 40리로 되었다. 그러나 신증동국여지승람에는 장수산 북 40리로 올라 있다. 대동지지에는 고읍이 올라 있고 이 일원에 장수산성을 배경으로 한 도읍터의 유적이 발굴되었다. 말하자면 장수산성을 포함하는 산남 구읍 재령이라고 할 수 있다(문경현 참조).

남해(南海)

가탐의 군국지(郡國志)에는, 발해국의 압록, 남해, 부여, 추성 등 4부는 모두 고구려의 옛 땅이었다. 신라 천정군(泉井郡, 지리지에는 삭주의 영현에 천정군이 있었으니 현 용주)에서 추성부에 이르기까지 도합 39역이 있다고 하였다.

(출전) 賈耽郡國志云渤海國之鴨淥, 南海, 扶餘, 橻城四府並是高麗舊地也. 自新羅泉井郡(地理志朔州領縣有泉井郡, 今湧州)至橻城府, 三十九驛(권1 기이1 말갈 발해)

(새김)

가탐(賈耽) : 가탐(賈耽, 730-805)은 중국 당 나라의 정치가이며 학자이다. 창주(滄州)의 남

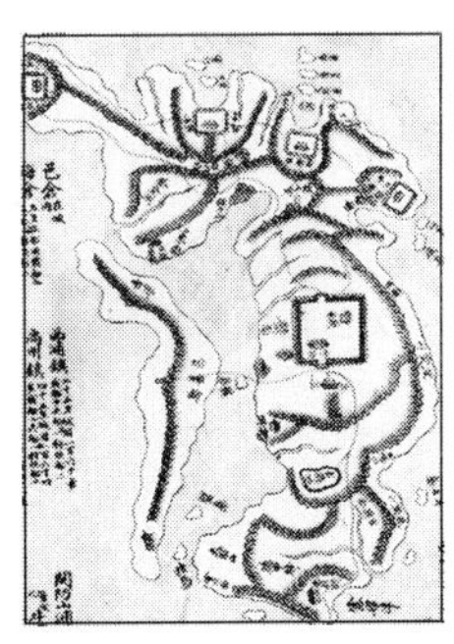

그림 24 남해군 고지도

피(南皮) 사람으로 자는 돈시(敦詩), 13년간 동안 조정의 재상을 맡아 국정을 운영했다. 지리학을 좋아해 지도 해내화이도(海內華夷圖)와 지지(地誌)인 고금군국현도사이술(古今郡國縣道四夷述) 40권 등을 남겼다. 말하자면 군국지란 고금군국현도사이술의 줄임말이다.

남해(南海) : 이 책의 저자 일연(一然)은 고려 희종 2년(1206)에 경산에서 출생했다. 속성은 김씨요, 이름은 견명(見明), 자는 회연(晦然)이다. 9세 때 출가하여 해양(海陽, 현 광주)의 무량사에 들어가 행자 생활을 했다. 22세 때에 상상과에 급제하고 44세에 정안의 초청으로 남해로 건너가 정림사를 중심으로 8만대장경의 마무리 작업을 하였다. 그 근거로 남해의 지명과 이름만 전해오는 대장수지록(大藏須知錄) 3권이 있다(보각국존 비명). 54세 때에 대선사가 되었다. 78세 때 충렬왕이 승지를 보내어 왕명으로 국사의 예를 갖추고자 하였으나, 굳이 이를 사양하므로 다시 근위하는 장군을 보내어 국존으로 책봉하고 궁으로 맞이해 들였다. 그러나 그는 도성에 있기를 싫어하여 노모의 병을 빙자하고 구산(舊山, 현 군위)으로 내려갔다. 84세 되던 1289년 7월 8일 제자로 하여금 북을 치게 하고 선사는 의자에 앉아 여러 스님과 더불어 태연하게 선문답을 하다가 문득 손으로 금강인을 맺고 세상을 떠났다. 그는 높은 덕과 깊은 학문으로 왕의 극진한 존경을 받았으며 많은 사람들의 존숭의 대상이었다(보각국존비명 참조).

남해거서간(南解居西干) ☞ 차차웅(次次雄)

남해왕(南解王)

신라 제2대 남해거서간(南解居西干)을 차차웅(次次雄)이라고도 한다. 이것은 존장에 대한 칭호인데 오직 남해왕만을 차차웅이라고 불렀다. 아버지는 혁거세요, 어머니는 알영부인이며, 왕비는 운제부인(雲帝夫人, 雲梯. 지금 영일현 서쪽에 운제산 성모가 있는데 가뭄 때 여기에 기도를 드리면 감응이 있다)이다. 전한 평제 원시 4년(甲子, 4)에 즉위하여 나라를 다스린 지 21년 만인 지황 4년(甲申, 24)에 돌아갔다. 이 왕이 삼황의 첫째라 한다.

(출전) 南解居西干, 亦云次次雄, 是尊長之稱, 唯此王稱之. 父赫居世, 母閼英夫人, 妃雲帝夫人(一作雲梯, 今迎日縣西有雲梯山聖母, 祈旱有應), 前漢平帝元始四年甲子卽位, 御理二十一年, 以地皇四年甲申崩, 此王乃三皇之第一云(권1 기이1 남해왕)

(새김)

남해왕(南解王) : 자충이라고도 하는바, 그 어원으로는, 다음 왕(양주동), 다음의 왕위를 이을 신령스러운 왕(마에마, 계림유사 여언고)으로 상정하고 있다. 다른 풀이의 가능성은 남개(木)- 신령한 숲이란 말이다. 남해의 해(解)를 한자음으로 읽는 개(gai, かい)가 있다. 또한 신라가 계림에서 시작하였으니 거룩한 제단이 있는 숲에 자리한 제단의 제사장 곧 차차웅-즈증-스승으로서 남해였음을 고려할 수 있다(칼그렌, 고대한자음 연구 참조). 스승을 형태

분석하면, 사이를 뜻하는 '슷(間, 훈몽자회 하34)'에 접미사 '-응'이 붙어 이루어진 말이다. 사이라면 신과 인간의 사이에서 종교적인 직능을, 인간과 인간 사이에서 정치적인 직능을 수행하는 지도자란 말이 된다(정호완, 스승의 형태와 의미).

남해차차웅(南解次次雄) ☞ 차차웅

낭지법사(朗智法師)

신라본기에 따르면, 법흥대왕이 즉위한 14년(527)에 신하 이차돈(異次頓)이 불법을 위해서 자기 몸을 바치니 곧 소량 보통 8년(丁未, 527)에 서천축의 달마대사가 금릉에 온 해다. 이 해에 낭지법사도 또한 영취산에 살면서 도량을 열었으니 불교의 흥하고 쇠하는 것도 반드시 원근에서 한 시기에 서로 감응한다는 것을 이 일로 해서 알 수가 있다. (중략) 일연은 이를 기려서 말하였다. 생각하니 산속에서 수도한지 백 년 동안, 고매한 이름 일찍이 세상에 드러나지 않고, 산새의 한가로운 지저귐 막을 길 없어, 구름 타고 오가는 것 속절없이 누설되었네.

(출전) 新羅本記, 法興大王卽位十四年, 小臣異次頓爲法滅身, 卽蕭梁普通八年丁未, 西竺達摩來金陵之歲也. 是年, 朗智法師亦始住靈鷲山開法, 則大教興衰, 必遠近相感一時, 於此可信(권3흥법 원종흥법 염촉멸신, 권5 피은 낭지승운보현수)

(새김)

낭지의 법맥은 지통(智通)과 연회(緣會)로 이어진다. 지통의 지(智)는 낭지의 지(智)로 이어진다. 그 인연은 연회로 이어져 연회는 낭지의 전기를 지어 후세에 남긴다. 연회는 나중에 국사(國師)가 되었지만 처음에는 공명심을 버리고 도망을 했던 대사였다. 지통은 본디 이량공의 머슴이었는데 일곱 살에 출가를 하였다. 길을 가는 도중에 까마귀가 나타나 말을 걸어왔다. 영취산으로 가서 낭지에게 몸을 던져 제자가 되라는 것이었다. 영취산은 본디 인도 마갈타국의 수도인 왕사성(王舍城)의 동북쪽에 자리한 기도굴산(耆闍崛山, gradhrakuta)이었다. 여기가 석가세존이 설법을 한 장소다.

내물왕(奈勿王)

신라 제17대 나밀왕(那密王)은 달리 내물왕이라 한다. 왕이 즉위한 36년(庚寅, 390)에 왜왕이 보낸 사신이 와서 말했다. 우리 대왕이 신성하다는 말을 듣고 신 등으로 하여금 백제가 지은 죄를 대왕에게 아뢰게 하는 것입니다. 원컨대 대왕께서는 왕자 한 분을 보내서 우리 임금에게 신의를 표하게 하십시오. 이에 왕은 셋째아들 미해(美海, 일명 미토희(未吐喜))를 왜국에 보냈다. 이 때 미해는 열 살이었다. 말하는 것이나 행동이 아직 익숙하지 못했으므로 가까운 신하인 박사람(朴娑覽)을 부사로 삼아 딸려 보냈다. 왜왕은 이들을 30년 동안이나 잡아두고 돌려보내지 않았다.

(출전) 第十七那密王卽位三十六年庚寅, 倭王遣使來朝曰寡君聞大王之神聖, 使臣等以告百濟之罪於大王也. 願大王遣一王子, 表誠心於寡君也. 於是, 王使第三子美海(一作未吐喜)

以聘於倭. 美海年十歲, 言辭動止猶未備具, 故以內臣朴娑覽爲副使而遣之. 倭王留而不送三十年(권1 기이1 내물왕 김제상)

내해왕(柰解王)

신라 제10대 내해왕(柰解王)이 즉위한 지 17년(壬辰, 212)에 보라국(保羅國, 현 나주), 고자국(古自國, 현 고성), 사물국(史勿國, 현 사주) 등 여덟 나라가 합세해서 변경을 침범해 왔다. 왕은 태자 나음(榛音)과 장군 일벌(一伐) 등에게 명하여 군사를 거느리고 이를 막게 하니 여덟 나라가 모두 항복했는데 이 때 물계자(勿稽子)의 전공이 제일이었다. 그러나 태자에게 미움을 받아 그 상을 받지 못했다. 어떤 사람이 물계자에게, 이번 싸움의 공은 오직 당신뿐인데, 상은 당신에게 미치지 않았으니 태자가 그대를 미워함을 원망하는가 하고 묻자, 물계자는 대답하기를, 나라의 임금이 위에 계신데 신하로서 태자를 어찌 원망하겠소. 그 사람이 그렇다면 이 일을 왕에게 아뢰는 것이 옳지 않겠소. 그는 말하기를, 전공을 자랑하고 이름을 다투며 자기를 나타내고 남을 가리는 것은 지조 있는 선비의 할 바가 아니오. 힘써 때를 기다릴 뿐이오, 하였다.

(출전) 第十奈解王卽位十七年壬辰, 保羅國(今固城)史勿國(今泗州)等八國, 併力來侵邊境, 王命太子榛音, 將軍一伐等, 率兵拒之. 八國皆降. 時, 勿稽子軍功第一, 然爲太子所嫌, 不賞其功. 或謂勿稽子此戰之功, 唯子而已, 而賞不及子, 太子之嫌君其怨乎, 稽曰國君在上, 何怨人臣, 或曰然則, 奏聞于王幸矣(권5 피은 물계자)

노례니질금(弩禮尼叱今)

신라 제3대 박노례니질금(朴弩禮尼叱今, 일명 유례왕)이 처음에 매부인 탈해에게 왕위를 물려주려고 하자 탈해가 말했다. 대개 덕이 있는 사람은 이가 많은 법이오. 그러니 잇금을 가지고 시험해 봅시다. 이리하여 떡을 물어 시험해 보니 왕의 이가 많았기 때문에 먼저 왕위에 올랐다. 이런 일로 인하여 왕을 니질금[尼叱今]이라고 한 것이다. 니사금이란 칭호는 이 왕 때부터 쓰기 시작했다. 유성공 갱시 원년(癸未, 23)에 즉위하여(연표에는 갑신년에 즉위) 6부의 이름을 고쳐서 정하고 여섯 성(姓)을 정해 주었다. 이 때 비로소 도솔가를 지었으니 차사와 사뇌격이 있었다. 또 비로소 농사에 필요한 보습과 얼음을 저장하는 창고와 수레를 만들었다. 건호 18년(42)에 이서국을 쳐서 멸망시켰다. 이 해에 고구려 군사가 침범해 왔다.

(출전) 朴弩禮尼叱今(一作儒禮王) 初, 王與妹夫脫解讓位, 脫解云凡有德者多齒, 宜以齒理試之乃咬餠驗之. 王齒多故先立, 因名尼叱今, 尼叱今之稱, 自此王始. 劉聖公更始元年癸未卽位(年表云, 甲申卽位) 改定六部號, 仍賜六姓, 始作兜率歌, 有嗟辭, 詞腦格. 製犂耜及藏氷庫, 作車乘. 建虎十八年, 伐伊西國滅之. 是年高麗兵來侵(권1 기이1 노례왕)

(새김)

노례왕(弩禮王) : 신라 제3대 임금으로 재위기간은 32년 동안(24-56) 다스렸다. 노례의 어원으로 누리(양주동, 고가연구), 왕통의 계승(마에마, 계림유사 여언고), 연장하다(스에마쓰, 신라사의 제 문제)와 같은 풀이가 있다. 누리로 봄이 온당하다.

노사나불(盧舍那佛)

가라파좌낭(呵囉婆佐曩)이란 일체의 법을 깨달았다는 말이요, 달예치구야(達㘑哆佉喏)란 본래의 성품은 가진 바 없다는 말이요, 낭가희가낭(曩伽呬伽曩)이란 이와 같이 법성을 풀이한다는 말이요, 달예노사나(達㘑盧舍那)란 노사나불을 곧 본다는 말이다. 말을 마치자 자기가 가졌던 가사 등 물건을 법사에게 주면서 부탁했다.

(출전) 呵囉婆佐曩, 是曰了知一切法, 了知一切法, 達㘑哆佉喏, 云自性無所有, 曩伽呬伽曩, 云如是解法性, 達㘑盧舍那, 云卽見盧舍那, 仍以所將袈裟等, 付而囑云此是本師釋迦尊之道具也(권3 탑상 대산오만진신)

(새김)

노사나불(盧舍那佛)은 산스크리트어로 바이로자나(**वैरोचन**, vairocana)의 한자 음역이다. 비로자나불의 줄임말이다. 천태종에서는 비로자나불을 법신불로 모신다. 노사나불을 보신, 석가불을 응신으로 구분한다. 보신노사불은 환관을 쓴 보살의 모습으로 두 손은 양쪽으로 들어 올려 석가모니불의 최초 설법 인을 짓고 있다.

노옹(老翁)

이 때 한 늙은이가 못 속에서 나오더니 글을 올렸다. 그 글 겉봉에는, 이 글을 떼어 보면 두 사람이 죽을 것이요, 떼어 보지 않으면 한 사람이 죽을 것입니다 했다. 신하가 돌아와 비처왕에게 글을 바치니 왕은 말한다. 두 사람을 죽게 하느니보다는 차라리 떼어 보지 않아 한 사람만 죽게 하는 것이 낫겠다.

(출전) 時, 有老翁自池中出奉書, 外面題云開見二人死, 不開一人死. 使來獻之. 王曰與其二人死, 莫若不開, 但一人死耳(권1 기이1 사금갑)

(새김)

여기 노옹(老翁)이라 함은 신령한 힘을 갖고 있는 신적인 존재로 보인다. 비슷한 이름으로 노인 혹은 노구가 나오기도 한다.

노인(路人)

공손수는 우선 누선장군을 묶어 놓고 그 군사를 합쳐서 좌장군과 함께 급히 조선을 공격했다. 이 때 조선의 재상 노인(路人)과 재상 한도(韓陶)와 또 이계의 재상 삼(參)과 장군 왕겹(王唊, 안사고는 말하기를, 이계(尼谿)는 지명으로 이들은 모두 네 명이라고 했다)은 서로 의논하여 항복하려 했으나 왕은 이 말을 좇으려 하지 않았다.

(출전) 遂至, 縛樓舡將軍, 並其軍與左將軍, 急擊朝鮮. 朝鮮相路人, 相韓陶, 尼谿相參, 將軍王

峽(師古曰, 尼谿地名, 四人也), 相與謀欲降, 王不肯之(권1 기이1 위만조선)

(새김)

노인(路人)은 고조선의 토박이 출신으로 위만조선의 집권세력에 참여하여 조선상의 벼슬을 지냈다. 서기전 109년 한 무제가 위만조선을 침략하였을 때 재상 한음(相韓陰), 이계상 삼(尼谿相參), 장군 왕겹(王唊) 등과 함께 주화론(主和論)을 주장, 우거왕(右渠王)에게 항복을 건의하였으나 받아들이지 않았다. 마침내 노인은 서기전 108년 4월 한음, 왕겹과 더불어 왕검성(王儉城)을 탈출하여 적군에 귀순하였으나 도중에 죽고 말았다. 한편, 노인의 아들 최(最)는 이보다 앞서 한(漢) 나라에 귀순하여, 우거왕이 죽임을 당한 뒤 최후까지 항거하는 고조선의 대신 성기(成己)를 암살하는 데 공을 세워 뒤에 한나라로부터 열양후(涅陽侯)에 봉해졌다(한국민족문화대백과사전 참조).

노힐부득(努肹夫得)

백월산양성성도기(白月山兩聖成道記)에 이렇게 말하였다. 백월산은 신라 구사군(仇史郡, 옛 이름은 굴자군 현 의안)에 있다. (중략) 백월산의 동남쪽 3천보 쯤 되는 곳에 선천촌이 있고, 그 마을에는 두 사람이 살고 있었다. 그 한 사람은 노힐부득이니 아버지는 월장이라 했고, 어머니는 미승이라 했다. 또 다른 한 사람은 달달박박이니 그의 아버지는 수범이라 했고, 어머니는 범마라 했다(향전에는 치산촌이라 했으나 잘못이다. 두 선비의 이름은 방언이니 두 집에는 각각 두 선비의 마음과 행동이 등등하고 고행 속에서도 정진한다는 두 가지 뜻에서 이렇게 부르게 된 것이다). (중략) 일연은 찬하였다. 골짜기에 해 저문데 어디로 가리, 남창에 자리 있으니 머물다 가오. 밤 깊어 백팔 염주 세고 있으니, 이 소리 시끄러워 길손의 잠 깰까 두려워라.

(출전) 白月山兩聖成道記云, 白月山在新羅仇史郡之北(古之屈自郡, 今義安郡) (중략) 山之東南三千步許, 有仙川村, 村有二人, 其一曰努肹夫得(一作等), 父名月藏, 母味勝 其一曰怛怛朴朴, 父名修梵, 母名梵摩(鄕傳云雉山村, 誤矣. 二士之名方言, 二家各以二士心行, 騰騰苦節二義, 名之爾), (중략) 讚曰, 谷暗何歸已暝煙, 南窗有簟且流連. 夜闌百八深深轉, 只恐成喧惱客眠(권3 탑상 남백월이성 노힐부득 달달박박)

(새김)

노힐부득(努肹夫得) : 노힐의 노(努)는 높다(등등하다), 힐(肹)은 이름인 부득의 부(夫)를 유기음화하기 위한 첨사이다. 달달박박의 달달(怛怛)은 담담하다(苦節)이고 박박은 이름이다(양주동, 고가연구), 달리 노힐부득은 노글부들로 풀이할 수 있다(서정주, 신라초). 부득과 박박은 이름을 드러낼 가능성이 높다. 부득은 부드럽다는 상징어이며, 박박은 빡빡하다는 뜻으로 그 성품을 드러낸 것으로 보인다. 노힐을 노혜(努肹)로 보아 혜(肹)를 근고모(勤苦貌)로 애쓰는 모습을 드러낸 것이다(문경현 참조). 이름이 방언이라 함을 보면, 노힐이 온당할 것으로 본다.

녹림군자(綠林君子)

도둑들은 그 노래에 감동되어 비단 두 필을 그에게 주니 영재는 웃으면서 사양하였다. 재물이 지옥에 가는 근본임을 알고 장차 궁벽한 산중으로 피해 가서 일생을 보내려 하는데 어찌 감히 이것을 받겠는가. 이어서 비단을 땅에 던지니 도둑들은 다시 그의 언행에 감동되어 가졌던 칼과 창을 버리고 머리를 깎고 영재의 제자가 되어 함께 지리산에 숨어 다시는 세상에 나오지 않았다. 영재의 나이 거의 90살이었으니 원성대왕의 시대이다.

(출전) 賊感其意, 贈之綾二端, 才笑而前謝曰知財賄之爲地獄根本, 將避於窮山, 以餞一生, 何敢受焉. 乃投之地. 賊又感其言, 皆釋釰投戈, 落髮爲徒, 同隱智異, 不復蹈世. 才年僅九十矣. 在元聖大王之世(중략)綠林休相贈 讃曰 策杖歸山意轉深, 綺紈珠玉豈治心. 綠林君子休相贈, 地獄無根只寸金(권5 피은 영재우적)

(새김)

녹림군자(綠林君子)란 호걸을 이르기도 하지만 여기서는 산중에 사는 도둑을 미화하여 적은 것이다. 도둑을 양상군자(梁上君子)라 함과 같은 맥락이다.

녹미(鹿尾)

녹미로 설법함도 한바탕 수고를 느껴, 지난날 불경을 외우던 소리 구름 속에 숨었어라. 세간의 역사에 길이 이름을 남겨, 죽은 뒤 붉은 연꽃처럼 혀가 꽃다웠네.

(출전) 讃曰, 鹿尾傳經倦一場, 去年淸誦倚雲藏. 風前靑史名流遠, 火後紅蓮舌帶芳(권5 피은 혜현구정)

(새김)

녹미(鹿尾) : 녹미는 혜현의 혀라는 풀이가 있다. 달리 원문의 녹미는 주미불자(麈尾拂子)라는 풀이가 있다(이재호). 여기 주(麈)는 큰 사슴으로 그 꼬리로서 뭇 사슴을 이끌고 다닌다는 뜻이다. 그러니 법문을 하는 이가 중생을 선도한다는 뜻이다.

논어정의(論語正義)

논어정의에는 구이(九夷)란, 첫째는 현토(玄菟), 2는 낙랑(樂浪), 3은 고려(高麗), 4는 만식(萬飾), 5는 부유(鳧臾), 6은 소가(素家), 7은 동도(東屠), 8은 왜인(倭人), 9는 천비(天鄙)라고 했다.

(출전) 論語, 正義云九夷者, 一玄菟, 二樂浪, 三高麗, 四滿飾, 五鳧臾, 六素家, 七東屠, 八倭人(권1 기이1 마한)

(새김)

구한(九韓) 가운데 가장 중심에 서는 것이 **낙랑(樂浪)**이다. 흔히 대동강 낙랑설을 중심으로 교과서가 기술되어 가르치고 있다. 그런데 중국의 사료를 보면 반드시 그렇지는 않다. 사기

(史記) 진시황본기를 살펴보면, 진 나라의 강역을 설명하면서 '땅이 동쪽으로 바다와 조선에 이르렀다(地東至海暨朝鮮)'고 적고 있다. 또한 당 나라의 장수절(張守節)이 사기를 주석하는 사기정의(史記正義)에서 괄지지(括地志)를 인용, 조선에 대하여 다음처럼 풀이하고 있다. 고구려는 평양성에 도읍하였는데 이는 바로 한 나라의 낙랑군 왕험성이며 바로 고조선이다(高麗治平壤城本漢樂浪郡王險城卽古朝鮮也). 이 사료를 보면, 평양성이 낙랑군 왕험성에 있었으며 여기에 고조선이 있었음을 알 수 있다. 식민사관에 따라서 대동강 낙랑설을 고착화하려는 의도로 밖에는 볼 수 없다(심백강(2014) 우리역사 참조).

농주(弄珠)의 희(戱)

정월 오기일(午忌日, 위의 사금갑에 보였으니 최치원의 설)에 유신이 춘추공과 함께 유신의 집 앞에서 공을 찼다(蹴鞠, 신라 사람은 공을 차는 것을 농주의 희롱이라 한다). 이 때 유신은 일부러 춘추의 옷을 밟아서 옷끈을 떨어뜨리게 하였다.

(출전) 正月午忌日(見上射琴匣事, 乃崔致遠之說)蹴鞠于庾信宅前(羅人謂蹴鞠爲弄珠之戱)故踏春秋之裙, 裂其襟紐(권1 기이1 태종춘추공)

(새김)

농주(弄珠) : 공놀이. 가죽으로 만든 공을 차고 노는 놀이를 축국(蹴鞠)이라고 한다. 공을 떨어트리지 않고 제기를 차듯이 일정한 곳까지 차면서 오가는 놀이를 말한다.

누리(累利)

고구려 제2대 유리는 달리 누리라고도 한다. 달리 유루라고도 한다. 동명왕의 아들로서 임인년(壬寅, 전19)에 즉위하였으며, 36년 동안 나라를 다스렸다.

(출전) 第二代瑠璃王一作累利, 又孺留, 東明子. 立壬寅, 理三十六年. 姓解氏(권1 왕력 누리왕)

눌지마립간(訥祗麻立干)

신라 제19대 눌지마립간은 달리 내기왕이라고도 한다. 성은 김씨로서 아버지는 내물왕이고, 어머니는 내례부인 김씨였다. 미추왕의 따님이다. 정사년(丁巳)에 즉위하였으며 41년 동안 나라를 다스렸다.

(출전) 第十九代訥祗麻立干一作內只王. 金氏. 父奈勿王, 母內禮希夫人金氏, 未鄒王女. 丁巳立, 治四十一年(권1 왕력 눌지마립간)

눌지왕(訥祗王)

신라본기(新羅本紀) 제4권에 이렇게 말했다. 제19대 눌지왕 때 중 묵호자(墨胡子)가 고구려에서 일선군(一善郡, 선산)에 오자 그 고을 사람 모례(毛禮, 혹 毛祿)가 집 안에 굴을 파서 선방을 만들어 편안히 있게 했다.

(출전) 新羅本記第四云第十九訥祇王時, 沙門墨胡子, 自高麗至一善郡, 郡人毛禮(或作毛祿) 於家中作堀室安置(권3 흥법 아도기라)

(새김)

여기 **묵호자**는 아도(阿道)로 보이며 모례의 집이 있던 자리에 오늘날 구미시 선산읍의 도리사(桃李寺)를 말한다. 도리란 이두로 모례(毛禮)와 같다. 도리-뎔-졀-절과 같은 대응을 찾을 수 있다.

능현(綾峴)

금관(金官, 김해)에 있는 호계사의 파사석탑(婆裟石塔)은 옛날 이 고을이 금관국으로 있을 때 세조 수로왕의 왕비 허황후 황옥(黃玉)이 동한 건무 24년(甲申, 48)에 서역 아유타국에서 배에 싣고 온 것이다. 처음에 공주가 두 부모의 명을 받들어 바다를 건너 동쪽으로 향하려 하는데, 해신의 노여움을 받게 되어서 가지 못하고 돌아와 부왕께 아뢰자 부왕은 이 탑을 배에 싣고 가라고 했다. 그리하여 편하게 바다를 건너 남쪽 언덕에 도착하여 배를 대었다. 이 때 그 배에는 붉은 돛과 붉은 깃발을 달았고 아름다운 주옥을 실었기 때문에 지금 그곳을 주포(主浦)라고 한다. 그리고 맨 처음에 공주가 비단 바지를 벗던 바위를 능현(綾峴)이라 하고, 붉은 기가 처음으로 해안에 들어가던 곳을 기출변(旗出邊)이라 한다.

(출전) 金官虎溪寺婆裟石塔者, 昔此邑爲金官國時, 世祖首露王之妃, 許皇后名黃玉, 以東漢建武二十四年甲申, 自西域阿踰陁國所載來. 初公主承二親之命, 泛海將指東, 阻波神之怒, 不克而還, 白父王, 父王命載玆塔, 乃獲利涉, 來泊南涯. 有緋帆茜旗珠玉之美, 今云主浦. 初解綾袴於岡上處曰綾峴, 茜旗初入海涯曰旗出邊. 首露王聘迎之. 同御國一百五十餘年(권3 탑상 금관성파사석탑)

(새김)

아유타에서 온 허황옥과 김수로왕이 가연을 맺은 곳에 세워진 절이 바로 흥국사(興國寺) 절이다. 여기가 **능현**이다. 흥국사의 현재 위치는 부산시 강서구 지사동에 자리하고 있다. 명월산(明月山, 255m)의 북쪽 기슭에 있는 도량으로 가야불교의 시원지라고 할 수 있다. 조선조 숙종 32년(1760) 증원(證元)이 지은 비문인 명월산흥국사사적비(明月山興國寺事蹟碑)에 김수로왕이 기원 후 48년 명월산 높은 다리 아래서 왕후 허씨를 친히 맞아들여 환궁하였다. 첫날밤을 지낸 이곳에서 허 황옥의 아름다움을 밝은 달에 빗대어 산 이름을 명월산으로 부르고, 다시 명월사를 지어 왕조의 태평성대를 비는 한편, 부인과 세자의 무병장수를 빌기 위하여 진국사와 흥국사를 세웠다고 적고 있다.

능환(能奐)

이찬 능환이 사람을 강주와 무주에 보내서 양검 등과 모의했다. 청태 2년(乙未, 935) 3월에 이들은 영순 등과 함께 신검을 권해서 견훤을 금산(金山) 불당에 가두고 사람을 보내서 금강을 죽이고 신검이 자칭 대왕이라 하고 나라 안의 모든 죄수들을 풀어 주었다.

(출전) 伊飧能奐使人往康, 武二州, 與良劍等謀, 至淸泰二年乙未春三月, 與英順等勸神劍, 幽萱於金山佛宇, 遣人殺金剛, 神劍自稱大王, 赦境內(云云)(권2 기이2 후백제 견훤)

니사금(尼師今)

탈해치질금(脫解齒叱今, 吐解尼師今)은 남해왕 때이다(고본에는 임인년이라고 했으나 이것은 잘못이다. 가까운 일이라면 노례왕의 즉위 초년보다 뒤의 일일 것이니 양위를 다투는 일이 없었을 것이다. 또 먼저의 일이라면 혁거세왕 때의 일일 것이다).

(출전) 脫解齒叱今(一作吐解尼師今)南解王時(古本云壬寅年至者, 謬矣. 近則, 後於弩禮卽位之初, 無爭讓之事, 前則, 在於赫居之世, 故知壬寅非也)(권1 기이1 탈해왕)

(새김)

니사금(尼師今) : 니질금(尼叱今)으로도 적었다. 삼국사기(三國史記)에서는 니질금은 이가 많은 사람이다. 임금의 기원형이다. 비교언어의 관점에서 보면, 산스크리트어로 왕을 니(**नइ**, ni)라고 한다. 사(sa)는 지배자이니 니사란 통치자를 말한다. 니질금은 신라의 제3대 유리 임금부터 쓴 말인데 이는 인도의 산스크리트어계에 속하는 타밀지방의 말로 볼 가능성이 있다. 타밀어로 임금을 니사금(nisagum)이라 한다. 탈해왕의 아버지는 다파나국의 함달파(含達婆) 왕, 즉 함달왕이라 했다. 여기 함달이라 함은 타밀인들이 가장 숭배하는 신, 한다파(handappa)이니 이는 아버지 곧 부왕이란 뜻이 될 개연성이 있다.

ㄷ

三國遺事 事典

다구(茶具)

좌우 신하들이 이 스님을 왕에게로 데리고 오니, 왕이 내가 말하는 위풍 있는 스님이 아니라고 그를 돌려보냈다. 다시 스님 한 사람이 있는데 납의(衲衣, 누비옷)를 입고 앵통을 지고 남쪽에서 오고 있었는데 왕이 보고 기뻐하여 누각 위로 영접했다. 통 속을 보니 다구가 들어 있었다. 왕은 물었다. 그대는 대체 누구요. 소승은 충담(忠談)이라고 합니다. 어디서 오는 길이오. 소승은 3월 3일과 9월 9일에는 차를 달여서 남산 삼화령의 미륵세존께 드리는데, 지금도 드리고 돌아오는 길입니다. 나에게도 그 차를 한 잔 나누어 주겠소. 스님이 이내 차를 달여 드리니 맛이 이상하고 찻잔 속에서 이상한 향기가 풍긴다. 왕이 다시 물었다.

(출전) 左右望而引見之. 王曰非吾所謂榮僧也. 退之. 更有一僧, 被衲衣負櫻筒(一作荷簣) 從南而來, 王喜見之. 邀致樓上. 視其筒中, 盛茶具已. 曰汝爲誰耶 僧曰忠談曰何所歸來 僧曰僧每重三重九之日, 烹茶饗南山三花嶺彌勒世尊, 今玆旣獻而還矣(권2 기이2 경덕왕 충담사 표훈대덕)

다라니(陀羅尼)

나는 서해약(西海若, 해신)이오. 한 스님이 해가 뜰 때면, 매양 하늘로부터 내려와 다라니의 주문을 외면서 이 못을 세 번 돌면 우리 부부와 자손들이 물 위에 뜨게 되오. 그러면 스님은 내 아이들의 간을 빼내서 먹게 되오. 그래서 이제는 오직 우리 부부와 딸 하나만이 남아 있을 뿐인데 내일 아침에 그 스님이 또 반드시 올 것이니 그대는 활로 쏘아 주시오.

(출전) 忽有老人, 從池而出, 謂曰我是西海若, 每一沙彌, 日出之時, 從天而降, 誦陁羅尼, 三繞此池, 我之夫婦, 子孫皆浮水上, 沙彌取吾子孫肝腸, 食之盡矣. 唯存吾夫婦與一女爾. 來朝又必來, 請君射之(권2 기이2 진성여대왕 거타지)

(새김)

다라니(陀羅尼) : 고대 인도의 산스크리트어로 주술적인 내용의 말을 외우는 것을 말한다. 짧은 글은 진언(眞言)이며 긴 글은 다라니(**धारानी**, dharani)라 하였다. 말 속에 영혼이 담긴다는 언령설(言靈說, phusei-theory)의 바탕 위에서 행하여지던 주술언어로 구연된다. 어느 종교이든 신과 인간이 언어를 통하여 소통한다고 믿기 때문에 이러한 언령설은 기도나 주술의 기본이다.

다루왕(多婁王)

백제 제2대 다루왕은 너그럽고 부드러웠으며 위엄과 인망이 있었다. 또 사비왕(沙沸王, 혹은 사이왕)은 구수왕이 죽은 뒤에 왕위를 이었으나 나이가 어려서 정사를 보살필 수가 없었기 때문에 즉시 이를 폐하고 고이왕(古爾王)을 세웠다.

(출전) 又始祖溫祚乃東明第三子, 體洪大, 性孝友, 善騎射, 又多婁王, 寬厚有威望, 又沙沸王(一作沙伊王)仇首崩, 嗣位, 而幼少不能政, 卽廢而立古爾王(권2 기이2 남부여 전백제 북부여)

단군(壇君)

주 나라 호왕(虎王, 武王)이 즉위한 기묘년(己卯)에 기자를 조선에 봉했다. 이에 단군은 장당경으로 옮겼다가 뒤에 돌아와서 아사달(阿斯達)에 숨어서 산신이 되니, 나이는 1,908세였다.

(출전) 周虎王卽位己卯, 封箕子於朝鮮, 壇君乃移於藏唐京, 後還隱於阿斯達爲山神, 壽一千九百八歲(권1 기이1 고조선)

(새김)

그림 25 백두산 고지도

단군(壇君) : 고조선을 세운 첫 임금이자 제사장이었다. 비교언어로 보면 단군은 몽고어로 뎅그리, 만주어로 당걸이었다. 필자가 몽고에서 국립 무용단의 공연을 보았을 때 다른 말은 알지 못하였으나 뎅그리는 알아들을 수 있었다. 지금도 전라도 말에서는 당골(당구르, 당골레)이라 함을 보면 제사장으로서의 구실을 엿볼 수 있게 하는 보기이다. 오늘날 단골 또한 단군의 이형태로 보면 된다. 단군왕검에서 제사장 단군이 제사하던 대상이 바로 임금 곧 하늘신과 땅신이었다. 뒤로 오면서 고유명사처럼 쓰이게 되었다(정호완, 우리말로 본 단군사화). 벽화 그림은 중국의 산동성 가상현 무씨사당의 벽화에서 나온 화상석이다. 중국에서는 서왕모 관련의 화상석으로 풀이한다. 2016년 엮은이가 갔을 때는 이미 무덤이 파헤쳐진 상태였다. 단군설화와 비슷한 이야기가 있다. 바이칼 호수 인근에 이르쿠츠쿠 부리아트 마을에는 예부터 전해오는 게세르 신화가 그것이다. 게세르는 하늘에 사는 신으로 뎅그리의 아들이었다. 아바이 게세르는 전쟁영웅이다. 하늘에 살던 게세르가 혼란에 빠진 땅으로 내려온다. 신들의 전쟁에서 악신들이 지상으로 추방되자 지상은 혼란에 빠진다. 이 때 아바이 게세르가 33명의 무사를 데리고 내려와 악신을 무찌르고 지상의 평화를 가져온다. 게세르는 지상에서 전쟁에서 승리한 뒤 결혼, 아들을 낳았다. 그는 지상의 악을 없이하고 큰 나라를 세운다. 이 과정에 신비한 상징이 생겨나고, 신시가 열리며, 토템이 생겨나고, 다양한 하부 종족들이 토템을 통해 생겨나는 전설이다.

단군기(壇君記)

단군기에는 단군이 서하의 하백(河伯)의 딸과 친하여 아들을 낳아서 부루(夫婁)라고 했다. 지금 이 기록을 떠올려 보면 해모수(解慕漱)가 하백의 딸과 사사로이 정을 통해서 주몽(朱蒙)을 낳았다고 했다. 단군기에는, 아들을 낳아 이름을 부루라고 했으니 그렇다면, 부루와 주몽은 배다른 형제일 것이다.

(출전) 壇君記云, 君與西河河伯之女要親, 有産子, 名曰夫婁. 今按此記, 則解慕漱私河伯之女而後産朱蒙, 壇君記云産子名曰夫婁, 夫婁與朱蒙異母兄弟也(권1 기이1 고구려)

(새김)

고려 말엽 행촌(杏村) 이암(李嵒) 선생이 쓴 단군세기(檀君世紀)가 있다. 이 책도 단군기(壇君記)를 바탕으로 한 자료로 보인다. 단군(壇君)이 단군(檀君)으로 적힌 것을 보면, 제왕운기(帝王韻紀)를 본 받아 적은 것으로 볼 수 있다. 일찍이 이암은 고려시대 진역유기(震域遺記)를 지은 이명(李茗)과 북부여기(北夫餘記)를 지은 범장(范樟) 등과 함께 경기도 양주 천보산(天寶山)에 올라갔었다. 그 때 태소암(太素庵)이란 암자에서 소중한 고서(古書)를 발견하여 읽고 난 뒤, 이 책을 지은 것으로 전한다.

단군왕검(壇君王儉)

웅족의 여인은 혼인해서 같이 살 사람이 없으므로 날마다 단수 밑에서 아기 갖기를 빌었다. 환웅이 짐짓 웅족의 사내로 변신하여 그와 혼인했더니 이내 아이를 가져 아들을 낳았다. 그 아기의 이름은 단군왕검이다. 단군왕검은 당고(唐高, 堯)가 즉위한 지 50년인 경인년(庚寅, 유가 즉위한 원년)은 무진년(戊辰)이다. 그러니 50년은 정사(丁巳)요, 경인(庚寅)은 아니다. 이것이 사실이 아닌지 의심스럽다)에 평양성(平壤城, 현 서경)에 도읍하여 비로소 조선이라고 불렀다. 또 도읍을 백악산 아사달(阿斯達)로 옮기더니 궁홀산(弓忽山, 일명 방홀산)이라고도 하고 금미달이라고도 한다. 그는 1,500년 동안 여기에서 나라를 다스렸다.

(출전) 熊女者無與爲婚, 故每於壇樹下, 呪願有孕, 雄乃假化而婚之. 孕生子, 號曰壇君王儉. 以唐高卽位五十年庚寅(唐高卽位元年戊辰, 則五十年丁巳, 非庚寅也. 疑其未實). 都平壤城(今西京), 始稱朝鮮. 又移都於白岳山阿斯達, 又名弓(一作方)忽山, 又今彌達, 御國一千五百年(권1 기이1 고조선 왕검조선)

(새김)

웅녀(熊女) : 고마(熊)는 고맙다의 어근으로 아직도 인사말에서 널리 쓰이고 있다. 고마는 경건하게 흠모해야할 인격신으로 상정된다(고마 敬, 고마 虔, 고마 欽(신증유합)). 형태분석은 고마 + -ㅂ다(如)이니, 당신의 은혜가 어머니, 조상신, 하느님의 은혜와 같다는 문화기호론적인 풀이가 가능하다. 충남 공주의 옛 이름이 웅진(熊津)이었는데 이를 고마ᄂᆞᄅᆞ(용비어천가 3:15)라고 적고 있다. 여기 웅녀는 곰이 변하여 된 여자가 아니고 웅족(熊族)의 여인을 말하는 것으로 보아야 한다. 서경(書經) 순전(舜典)에 순임금의 신하 가운데 주(朱), 호(虎),

웅(熊), 비(羆)가 있었다. 웅은 보통의 곰이고 비(羆)는 큰 곰 비라 하여 좀 더 힘센 곰을 이른 것이다. 이와 같이 단군사화의 일웅일호(一熊一虎)의 곰과 호랑이는 곰족과 호족을 가리킨다고 볼 수 있다. 이를 두고 일제의 식민사학에서는 곰과 호랑이의 귀신 씨 나락 까먹는 이야기로 둔갑시켜 신화로 좌단하여 허구적인 신화시대로 만들어 고대사를 잘라버린 것이다(정호완, 1993, 우리말의 상상력). 인류학적인 풀이로는 곰과 호랑이로 대표되는 새로운 인물의 출현을 이른다(고운기, 2002). 지금도 중국인의 성씨 가운데는 말 마(馬)씨, 돼지 저(猪)씨가 있음은 시사하는 바가 크다.

단수(壇樹) : 제단이 있는 나무. 흔히 박달나무로 풀이하는 보기들이 있으나 글자처럼 제단으로 봄이 온당하다. 제단은 말하자면 거룩한 공간이 된다. 오늘날의 단군(檀君)은 제왕운기(帝王韻紀)와 이규보의 동명왕편에 나오는 박달나무를 말한다. 삼국유사에는 제단 단(壇)을 썼으니 하늘과 땅신에게, 조상신에게 제를 올리는 제단을 이른 것이다.

위서(魏書) : 진수(陳壽)가 지은 삼국지(三國志) 가운데 가장 많은 부분인 위나라의 역사서이다. 진수는 중국 진(晉) 나라 때의 역사가(233-297)로서 자는 승조(承祚)이다. 촉한(蜀漢)을 섬기다가 뒤에 진에서 벼슬을 지냈다. 진이 천하를 통일한 후 삼국 시대의 정사(正史)인 삼국지(三國志)를 지었다.

단군왕검 : 종교와 행정을 아우르는 제정일치의 임금. 단군(壇君)은 뎅그리(몽고어), 당걸(여진어), 탱그리(터키어), 당골(한국어)의 음차로 적은 표기로 제사장을 말한다. 왕검(王儉)은 왕의 계승자 혹은 통치자로 풀이한다. 본디 어원은 왕검은 제사장인 단군이 제사를 모시던 대상신인 태양신 니마(님, 예족-해씨))와 태음신인 고마(곰, 웅족-고마씨)의 합성어라고 할 수 있다. 뒤로 오면서 제정일치에서 정교분리로 되면서 임금은 대상이 아니라 통치자가 되었고 단군은 무당-제사장으로 남아 쓰이게 되었다. 무당이라 함도 산스크리트어로 보면, 묻다(醫, 問)의 뜻으로서 메다(मधा, medha) 곧 병을 고치는 사람을 의미한다. 산스크리트어에서 영어로 차용이 되면서 메디씬(medicine)으로 굳어졌다(강상원). 단군왕검이 1,500년을 통치하였다 함은 고기(古記)에 따르면 47명의 통치자가 있었음을 알 수 있다. 단군은 산스크리트어로 단누라자(dhanu-raja)라고 말한다. 곧 부처의 조상이란 말이다. 이승휴의 제왕운기(帝王韻紀)에서는 단군을 박달나무 단으로 하여 단군(檀君)이라 하였다. 이는 단군의 실체를 허구로 보려는 정서를 바탕에 깔고 있다. 삼국유사(三國遺事)의 단군(壇君)은 신단(神壇)을 중심으로 하는 제정일치 시기의 제사장이자 통치의 머리임을 이르고 있다. 하늘의 태양신을 모시는 제의를 천제(天祭)라 한다. 태양신의 본질은 불(天神棲于日-皇極經世)이다. 요제(燎祭)라 하여 나뭇더미 위에 옥백(玉帛)과 희생(犧牲)의 제물을 올려놓고 이를 태움으로써 하늘에 제사를 지내는 의식이다(以槱燎祀, 周禮). 더러는 제물로 백인(白人)을 불태우는 경우도 있었다. 고조선 시기에 요하문명을 일으켰던 동이족들은 요하 어름에 천제단을 모셔 놓고 거기서 요제 곧 횃불 제사를 올렸던 것으로 볼 수 있다. 이러한 민속은 오늘날에도 전국체전 때 성화(聖火) 봉송을 하는 것이나 죽은 이의 옷을 태움도 이러한 요제의 의식에서 비롯한 것으로 보인다. 요즘 중원에서 가장 큰 화두로 떠오른 것이 요하문명이다. 요하의 요(遼)는 요(燎)와 함께 횃불이라는 뜻을 공유한다. 자원으로 보아 불과 관련한 요(遼)의 가장 주요한 자소가 불 화(火)인데 작을 소자(小)자로 변형되어 쓰인 것이다. 갑골문(甲骨文)으로 보면, 요

(燎)의 원 글자는 요(尞)인데 이는 화톳불위에 나뭇가지를 올려놓고 불꽃이 사방으로 튀는 모양을 형상화한 글자이다. 요(尞)는 다시 불 화(火-小)와 삼갈 신(慎)의 고자인 신(昚)의 합성자이다. 요(遼)의 소리는 랴오인데 이는 불 화(火)의 소리 렬-르어에서 비롯된 것이다. 하면 삼가서 천제를 올리라는 뜻으로 볼 수 있다. 요제(燎祭)와 함께 망제(望祭)가 있다. 흔히 망요제라고 하여 제사를 지내고 난 뒤 축문을 불사름도 요제에서 온 것으로 볼 수 있다. 망제는 명산이나 대천, 더러는 오악 같은 산천을 멀리서 바라보면서 제의를 모시는 데서 말미암은 것이다. 요하의 요(遼)의 뜻으로 '멀다'고 함도 요제나 망제와 무관하지 않다. 주로 경자(庚子) 일에 우사(雨師)가 요제(燎祭)를 올려 비가 오기를 기원하였다(明義士收藏甲骨, 釋文編). 홍산문화 유물 가운데 천단이 밝혀진바, 이는 여기서 요제(燎祭)를 드렸을 가능성이 높다(정호완, 2016). 김정학(1954)에서는, 단군신화를 태양신화와 토테미즘의 신화가 융합된 것으로 보인다. 말하자면 정치사회적으로 두 종족의 신화가 섞인 것으로 볼 수 있다.

그림 26 홍산

아사달(阿斯達) : 백악궁이 있는 구월산 어름. 백악궁은 경기도 장단군 서북부에 자리한 궁전이었다. 아사달의 어원과 위치에 대한 여러 가지 주장이 있다. 위치로는 황해도 구월산 쪽의 가능성이 높다는 것이 통설이다. 어원으로는 처음 곧 아침의 의미로, 문화적으로는 철기 곧 쇠를 뜻하는 말로 볼 가능성이 있다. 아사(asi, 알타이어 阿斯, 阿尸)가 쇠를 가리키기에 그렇게 본 것이다. 철기문명을 열었던 공간이었음을 드러낸다. 한편 아사달을 오늘날 중국 요녕성의 조양(朝陽)으로 보기도 한다(이병도). 일설 중앙아시아의 카자흐스탄에서는 신성한 곳을 아스타나(阿斯塔那)라 하는데 이 말에서 아사달이 왔을 것으로 추정하기도 한다. 최근 들어 홍산(紅山, 746m) 문화가 중국의 시원문명으로 조명을 받고 있다. 일설에는 홍산 인근의 커라신치(喀喇沁旗)에 자리한 아사하투(阿斯哈圖)에 화강암으로 이루어진 곳을 아사달로 보기도 한다. 아사하투의 -하투(哈圖)는 고구려 지명에서 보이는 미추홀의 홀(忽)을 적은 것으로 보인다. 하투를 한 음절로 폐쇄음으로 적으면 '하투-핱-홀-혿-홀/골'의 대응이 가능하기에 그렇다. 또한 지명에서 -홀(忽)은 -달(達)과 같은 의미로 쓰였다. 아사(아시)는 처음이라는 의미로도 볼 수 있다. 하면 처음으로 정한 도읍을 말한다. 곧 신시(神市)를 말한다(정호완). 김정학(1988)에서는 평양을 퍼들내로, 이는 특정한 지명이 아니라 보통명사로 볼 수 있다. 서영수(1988)에서는 아사달을 요동지역의 험독(險瀆)으로 보고 있다.

단속사(斷俗寺)

효성왕의 아우인 경덕왕 22년(癸卯, 764) 신충(信忠)은 두 친구와 서로 약속하고 벼슬을 버리고 남악(南岳, 현 지리산)에 들어갔다. 두 번을 불렀으나 나오지 아니하고 머리 깎고 스님이 되었다. 그는 왕을 위하여 단속사를 세우고 거기에 살았는데, 평생을 산골에서 대왕의 복을 빌기를 원했으므로 왕은 이를 허락하였다. 임금을 그린 모습을 모셔 두었는데 금당 뒷벽에 있는 것이 바로 그것이다.

(출전) 景德王(王卽孝成之弟也)二十二年癸卯, 忠與二友相約, 掛冠入南岳, 再徵不就, 落髮爲沙門. 爲王創斷俗寺居焉, 願終身丘壑, 以奉福大王, 王許之. 留眞在金堂後壁是也(권5 피은 신충괘관)

단연(檀緣)

또 미륵보살이 감동하여 도솔천에서 구름을 타고 내려와 율사에게 계법(戒法)을 주니 이에 율사는 단연을 권하여 미륵장륙상(彌勒丈六像)을 만들고, 또 미륵보살이 내려와서 계법을 주는 모양을 금당 남쪽 벽에 그렸다. 미륵상은 갑진년(甲辰, 764) 6월 9일에 완성하여 병오년(丙午, 766) 5월 1일에 금당에 모셨으니, 이 해가 대력 원년이었다.

(출전) 復感慈氏從兜率駕雲而下, 與師受戒法, 師勸檀緣, 鑄成彌勒丈六像, 復畵下降受戒威儀之相於金堂南壁, 於甲辰六月九日鑄成, 丙午五月一日, 安置金堂, 是歲大曆元年也(권4 의해 관동풍악발연수석기)

(새김)

단연(檀緣) : 보답 없이 남에게 물건을 주거나 도와주는 것을 말한다. 단(檀)은 물건을 남에게 주는 것을, 연(緣)은 멀리서 도와주는 것을 말한다. 시주한 신도를 말한다.

단오(端午)

신라 말년에 충지(忠至) 잡간이 있었는데 금관고성(金官高城)을 쳐서 빼앗아 성주장군이 되었다. 이에 영규(英規) 아간이 장군의 위엄을 빌어 (수로왕의) 제향을 빼앗아 함부로 제사를 지내더니, 단오를 맞아 고사를 지내는데 공연히 대들보가 부러져 깔려 죽었다.

(출전) 新羅季末有忠至匝干者, 攻取金官高城, 而爲城主將軍, 爰有英規阿干, 假威於將軍, 奪廟享而淫祀, 當端午而致告祠, 堂梁無故折墜, 因覆壓而死焉(권2 기이2 가락국기)

(새김)

단오는 달리 수릿날[戌衣日, 水瀨日], 중오절(重午節), 천중절(天中節), 단양(端陽)이라고도 한다. 단오의 단(端)자는 처음 곧 첫 번째를 뜻하고, 오(午)자는 오(五) 곧 다섯의 뜻으로 통하므로 단오는 초닷새라는 뜻이다. 한 해 가운데 가장 양기가 왕성한 날이라 해서 큰 명절로 여겨왔고 여러 가지 민속 행사가 널리 행해지고 있다. 단오는 더운 여름을 맞이하기 전 초하(初夏)의 계절이며, 모내기를 끝내고 풍년을 기원하는 기풍제 행사이기도 하다. 본디 단오의 유래는 중국 초나라 회왕(懷王) 때부터다. 굴원(屈原)이라는 신하가 간신들의 모함에 자신의 지조를 보이기 위하여 멱라수(汨羅水)에 투신자살하였다. 그날이 바로 5월 5일이었다. 그 뒤 해마다 굴원의 억울한 혼을 달래기 위하여 제사를 지내게 된다. 이것이 우리나라로 들어와 단오절이 되었다. 열양세시기(洌陽歲時記)에는 이날 밥을 수달(水獺)에 던져 굴원을 제사하는 풍속이 있으므로 수릿날이라고 부르게 되었다. 이날 산에서 자라는 수리치[狗舌草]라는 나물을 뜯어 떡을 해먹기도 한다. 또, 쑥으로도 떡을 해서 먹는데 떡의 둥그런 모양이 마치 수레바퀴와 같아서 수리라는 이름이 붙게 되었다고 한다. 수리란 우리말의 수레인데 높다,

위, 또는 신(神)이라는 뜻도 있어서 높은 날, 신을 모시는 날 등의 뜻을 지니고 있다. 단오의 풍속 및 행사로는 창포에 머리감기, 쑥과 익모초 뜯기, 부적 만들어 붙이기, 대추나무 시집보내기, 단오 비녀 꽂기 등의 풍속과 함께 그네뛰기, 씨름, 돌싸움, 활쏘기 등과 같은 민속놀이도 행해졌다(한국민족문화대백과사전 참조).

달달박박(怛怛朴朴)

경룡 3년(己酉, 709) 4월 8일은 성덕왕(聖德王) 즉위 8년이다. 해는 저물어 가는데 나이 20에 가깝고 얼굴이 매우 아름다운 낭자가 난초의 향기와 사향 냄새를 풍기면서 문득 북암(北庵, 향전에는 남암)에 와서 자고 가기를 청하면서 글을 읊는다. 가던 길 더딘데 해는 떨어져 모든 산이 어둡고, 길은 막히고 성은 멀어 인가도 아득하네. 오늘은 이 암자에서 자려 하오니, 자비스러운 스님은 노하지 마오. 박박은 말했다. 절은 깨끗해야 하는 것이니 그대가 가까이 올 곳이 아니오. 어서 다른 데로 가고 여기에서 지체하지 마시오. 하고는 문을 닫고 들어갔다. (중략) 일연은 찬하였다. 푸른빛 떨어지는 바위 앞에 문 두드리는 소리, 어떤 사람이 해 저문데 구름 속 길을 찾는가. 남암이 가까운데 그리로 갈 것이지, 푸른 이끼 밟고서 내 뜰을 더럽히지 마오.

(출전) 景龍三年己酉四月八日, 聖德王卽位八年也. 日將夕, 有一娘子年幾二十, 姿儀殊妙, 氣襲蘭麝, 俄然到北庵(鄕傳云南庵) 請寄宿焉, 因投詞曰行逢日落千山暮, 路隔城遙絶四隣. 今日欲投庵下宿, 慈悲和尙莫生嗔, 朴朴曰蘭若護淨爲務, 非爾所取近. 行矣. 無滯此處 閉門而入, (중략) 讚曰, 滴翠嵓前剝啄聲, 何人日暮扣雲扃, 南庵且近宜尋去, 莫踏蒼苔汚我庭右北庵(권3 탑상 남백월이성 노힐부득 달달박박)

(새김)

달달박박이 사투리라 함을 고려, 밤에 찾아온 나그네를 박절하게 내친 수행자의 기풍으로 보아 달달박박의 '박박'이 주목에 값한다. 빡빡하다(박절하다)는 속뜻이 담겨 있다고 본다. 반면에 노힐부득의 부득은 부드럽다의 부드러움을 드러낸 명명일 수 있다(서정주, 신라초 참조).

달도(怛忉)

말을 탄 기사가 돌아와 비처왕에게 (편지를) 바치니 왕은 말한다. 두 사람을 죽게 하느니보다는 차라리 떼어 보지 않아 한 사람만 죽게 하는 것이 낫겠다. 이 때 천문관이 아뢰었다. 두 사람이라 한 것은 서민을 말한 것이요, 한 사람이란 바로 전하를 말한 것입니다. 왕이 그 말을 옳게 여겨 글을 떼어 보니 거문고 갑을 쏘라고 했다. 왕은 곧 궁중으로 들어가 거문고 갑을 쏘았다. 그 거문고 갑 속에는 내전에서 분향수도하고 있던 중이 궁주와 은밀히 사통하고 있었다. 이에 두 사람을 사형에 처했다. 이런 일이 있은 뒤로 그 나라 풍속에 해마다 정월 상해(上亥), 상자(上子), 상오일(上午日)에는 모든 일을 조심하여 하고, 감히 움직이지 않았다. 그리고 16(5)일을 오기일(烏忌日)이라 하여 찰밥을 지어 제사지냈으나 이런 일은 지금까지도 계속 행해지고 있다. 속언에 이것을 달도라고 한다. 슬퍼하고 조심하며 모든 일을 금하고 꺼린다는 뜻이다. 또 노인이 나온 못을 이름하여 서출지(書出池)라고 했다.

(출전) 使來獻之. 王曰與其二人死, 莫若不開, 但一人死耳, 日官秦云二人者庶民也. 一人者王也. 王然之開見, 書中云射琴匣. 王入宮見琴匣射之. 乃內殿焚修僧與宮主潛通而所奸也. 二人伏誅. 自爾國俗每正月上亥上子上午等日, 忌愼百事, 不敢動作, 以十五日爲烏忌之日, 以糯飯祭之. 至今行之. 俚言怛忉, 言悲愁而禁忌百事也. 命其池曰書出池(권1 기이1 사금갑)

(새김)

달도(怛忉) : 달도는 슬픔과 근심(김사엽), 새해 첫머리에 따른 습속(양주동), 새롭다는 도리(이범교)에서 그 어원을 찾고 있다. 본문에 나오는 궁주는 일설 소지왕의 정비인 선혜부인(善兮夫人)인데 묘심과 사통하다 들통이 나서 묘심은 죽고 선혜부인은 유배를 당하였다고 한다(한국어위키백과 참조).

달마(達摩)

곧 눌지왕(訥祇王)과 고구려 소수림왕의 시대가 서로 가까우니 아도가 고구려를 떠나 신라로 온 것은 마땅히 눌지왕 시대였을 것이다. 또 왕녀의 병을 고친 것도 모두 아도가 한 일이라고 전하니 소위 묵호자란 것도 참 이름이 아니요, 그저 그런 사람들을 가리켜서 부른 말일 것이다. 이것은 양(梁) 나라 사람이 달마를 가리켜 눈 파란 벽안호라 하고, 진(晉) 나라에서 중 도안을 조롱하여 검은 옷 입은 칠도인이라고 한 것과 같은 것이니, 아도는 수행자의 행동으로 세상을 피하면서 자기 성명을 말하지 않은 때문이다.

(출전) 則訥祇旣與獸林世相接也. 阿道之辭麗抵羅, 宜在訥祇之世. 又王女救病, 皆傳爲阿道之事, 則所謂墨胡者非眞名也. 乃指目之辭. 如梁人指達摩爲碧眼胡, 晋調釋道安爲桼道人類也. 乃阿道危行避諱, 而不言名姓故也(권3 흥법 아도기라)

(새김)

달마(達磨) : 산스크리트어로는 보디다르마(बोधिधर, bodhidharma), 중국어로는 보제달마(菩提達磨, pútídámó), 영어로는 다르마(dharma)라고 적는다. 불교 선종(禪宗)의 개창자를 달마라 한다. 한자로는 보리달마(菩提達磨)라 옮기는데, 보통 칭하는 달마는 그 줄임말이다. 본디 그 뜻은 법 혹은 진리를 말한다. 남인도 향지국의 셋째왕자라 하나 기록이 많지 않아 뭘 했는지 알기는 어렵다. 520년, 중국으로 건너와 소림사에서 9년간 면벽 수련(눕지도 않고 벽만 9년을 보고 있었다는 이야기)를 하고 도를 얻어 사람의 마음은 본래 청정하며 오랜 수련으로 이를 깨달아야 한다고 주장했다. 즉, 이전의 경전 중심의 교종 불교에서 좌선 중심의 선종불교를 주장했다.

달솔(達率)

그러나 달솔 상영(常永) 등은 말한다. 그렇지 않습니다. 당 나라 군사는 멀리서 왔기 때문에 속히 싸우려고 서두르고 있으니 그 예봉을 당할 수가 없을 것입니다. 한편 신라 군사는 여러 번 우리에게 패했기 때문에 이제 우리 군사의 기세를 바라만 보아도 두려워하지 않을 수가 없을 것입니다. 하오니 오늘날의 계략은 마땅히 당 나라 군사의 길을 막고 그 군사들이 피로해지기를 기다릴 것입니다. 그러니 먼저 일부 조그만 군사로 신라를 쳐서 그 예봉을 꺾은 연후에 편의를 보아야 합니다.

(출전) 達率常永等曰不然 唐兵遠來, 意欲速戰, 其鋒不可當也. 羅人屢見敗於我軍, 今望我兵勢, 不得不恐. 今日之計, 宜塞唐人之路, 以待師老, 先使偏師擊羅, 折其銳氣, 然後伺其便(권1 기이1 태종춘추공)

(새김)

달솔(達率) : 삼국사기(三國史記)에는 달솔에서 나솔에 이르는 -솔 계 관등을 포함하는 16관등제가 고이왕 27년(260)에 갖추어진 것으로 되어 있으나 신빙성이 약하다. 완전한 제도화는 사비 천도 이후로 보인다. 옷차림을 보면 관모에 은꽃을 꽂고, 자색 옷에 자색 띠를 둘렀다. 달솔은 수도에 설치된 5부와 지방에 설치된 5방의 관장으로 각 지역을 통솔하는 구실을 하였다.

담마기금(擔麻棄金)

이제 이것을 시험 삼아 말을 한다. 청주거사 등의 탑참(搭懺, 선악에 대한 점을 치며 하는 참회)의 일은 마치 큰 선비가 시서발총(詩書發塚)하는 것과 같아 범을 그리다가 이루지 못하고 개를 그렸다고 할 수 있다. 불타가 미리 방비한 것은 바로 이 때문인 것이다. 만일 점찰경(占察經)을 번역한 사람이나 그 시일과 장소가 없다고 해서 의심스럽다고 한다면 이것도 또한 삼을 취하기 위해 금을 버리는 것과 같은 것이다. 왜냐하면, 그 경문을 자세히 읽어 보면 실단(悉壇)이 깊고 정밀하여 더러운 것과 흠이 있는 것을 깨끗이 씻어 주고 게으른 사람을 충격시키는 것이 이 경전만한 것이 없다. 그렇기 때문에 그 이름은 대승참(大乘懺)이라고 했다. 또 육근(六根)이 모인 가운데에서 나왔다고도 한다.

(출전) 今試論之. 靑州居士等搭懺等事, 如大儒以詩·書發塚, 可謂畫虎不成, 類狗者矣. 佛所預防, 正爲此爾. 若曰占察經無譯人時處, 爲可疑也. 是亦擔麻棄金也. 何則, 詳彼經文, 乃悉壇深密, 洗滌穢瑕, 激昂懶夫者, 莫如玆典. 故亦名大乘懺, 又云出六根聚中(권4 의해 진표전간)

(새김)

담마기금(擔麻棄金)은 중아함경(中阿含經)에 나오는 일종의 우화라고 할 수 있다. 어떤 사람이 길을 가다가 길섶에 삼이 있어 이 삼을 베어 갔다. 얼마 뒤에 다시 그 자리에 와 보니 은이 있고, 다음에 또 와본즉 금이 있었다. 한 사람은 금과 은을 가져갔으나 처음으로 본 사람은 삼만을 가져갔다는 이야기이다. **시서발총(詩書發塚)**은 시례발총(詩禮發塚)이라고도 한다. 유가의 형식주의를 지적한 것으로, 대낮에는 장례 예법을 따라 장례를 치르게 해놓고 밤에는 무덤을 파서 도굴을 하는 선비들의 거짓된 행위를 이른다. **실단(悉壇)**은 산스크리트어인 실담(सिद्ध, 悉曇, siddhartha)-싯다르타에서 비롯한 말이다. 원효(元曉)의 또 다른 이름인 시단(始旦)도 같은 맥락의 이름이다. 실단은 소원성취 또는 정설이란 말이다. **육근(根)**이란 눈과 귀, 코와 혀, 몸과 마음의 여섯 가지 감각을 통틀어 이른다. 중국어로 읽으면 실담이나 시단은 모두 시탄(sitan)이다.

담복화(薝蔔花)

가자(可字) 함의 관불삼매경(觀佛三昧經) 제7권에 이렇게 말했다. 부처님이 야건가라국 고선산 담복화림 독룡의 옆이요, 청련화천의 북쪽인, 나찰혈 가운데에 있는 아나사산(阿那斯山) 남쪽에 이르렀다. 이 때 그 구멍에는 나찰 다섯이 있어 이것이 암룡으로 변하여 독룡과 교접하였다. 독룡은 다시 우박을 내리고 나찰은 난폭한 행동을 하니 굶주림과 전염병이 4년 동안이나 계속되었다.

(출전) 可函觀佛三昧經第七卷云佛到耶乾訶羅國古仙山, 薝葍花林毒龍之側, 靑蓮花泉北, 羅刹穴中, 阿那斯山南. 爾時, 彼穴有五羅刹, 化作女龍, 與毒龍通, 龍復降雹, 羅刹亂行, 飢饉疾疫, 已歷四年(권3 탑상 어산불영)

(새김)

가함(可函)이라 함은, 해인사 대장경판을 보면 천자문의 자순으로 되었으되 가(可) 순으로 경판이 소장되어 있음을 이른다. **담복화(薝蔔花)**란 치자나무 꽃을 말한다. 관상용과 약용으로 쓰인다. 부처님의 눈을 연목(蓮目)이라 하는데 **청련화(靑蓮花)**와 같이 맑고 아름다움을 표상한다. 청련은 푸른 연꽃을 이르며 당 나라의 문호인 이백(李白, 701-762)의 호(號)이기도 하다.

담시(曇始)

담시(曇始 일명 惠始)는 관중(關中, 장안)사람이다. 출가한 뒤에 이상한 일이 많았다. 동진의 효무제 태원 9년(384) 말엽에 경과 율 수십 부를 가지고 요동으로 가서 불교를 전파했다.

(출전) 曇始(一云惠始)傳云, 始關中人, 自出家已後, 多有異迹. 晋孝武大元九年末, 齎經律數十部, 往遼東宣化(권3 흥법 아도기라)

담엄사(曇嚴寺)

여섯은 신유림(神遊林, 지금의 천왕사. 문무왕 기묘년에 공사가 시작)이요, 일곱은 서청전(婿請田, 지금의 담엄사)이다. 이것은 모두 전불(前佛) 때의 절터이니 불법이 앞으로 길이 전해질 곳이다. 너는 그곳으로 가서 불교를 전파하면 응당 네가 이 땅의 불교의 개창조가 될 것이다.

(출전) 六曰神遊林(今天王寺, 文武王己卯開), 七曰婿請田(今曇嚴寺). 皆前佛時伽藍之墟, 法水長流之地, 爾歸彼而播揚大敎, 當東嚮於釋祀矣(권3 흥법 아도기라)

(새김)

담엄사의 유지는 경주시 탑동 16번지 일대로서 오릉 남쪽의 주차장 부지 일부의 밭에 해당하는 자리다. 담엄사지에 남아 있던 석탑 부재들은 경주박물관으로 옮겨 놓았다(문화재관리국, 1977).

답견훤서(荅甄萱書)

천성 2년(927) 정월 고려 태조는 회답을 보냈다. 오월국의 통사 반상서(班尙書)가 전한 조서 한 통을 받들고, 겸하여 그대가 보낸 긴 편지도 받아 보았소. 화초부사(華軺膚使, 훌륭한 사신)가 조서를 가지고 왔고, 척소호음(尺素好音, 덕담)과 겸해서 가르침도 받았소. 지검(芝檢, 확인)을 받아 비록 감격은 더했지만 편지를 펴 보고 의심스러운 마음을 없애기 어려웠소.

(출전) 太祖答曰, 伏奉吳越國通(和)使班尙書所傳詔旨書一道, 兼蒙足下辱示長書叙事者. 伏以華軺膚使, 爰到制書, 尺素好音, 兼蒙敎誨. 捧芝檢而雖增感激, 闢華牋而難遣嫌疑(권2 후백제 견훤)

당교(唐橋)

또한 신라고전에 일렀다. 소정방이 이미 고구려, 백제 두 나라를 정벌하고 또 신라마저 치려고 머물러 있었다. 이 때 유신이 그 뜻을 알아채고 당 나라 군사를 초청하여 독약을 먹여 죽이고는 모두 쓸어 묻었다. 지금 상주와 문경 어름에 당교가 있는데 이것이 그들을 묻은 곳이다(당사를 돌아보건대, 그 죽은 까닭은 말하지 않고 다만 죽었다고만 했으니 무슨 까닭일까. 감추기 위한 것인가).

(출전) 又新羅古傳云定方旣討麗·濟二國, 又謀伐新羅而留連. 於是庾信知其謀, 饗唐兵鴆之. 皆死坑之. 今尙州界有唐橋, 是其坑地(按唐史, 不言其所以死, 但書云卒何耶 爲復諱之耶)(권1 기이1 태종춘추공)

(새김)

당교(唐橋)는 상주의 함창읍과 문경 모전동의 경계가 되는 어름의 지역에 놓였던 다리다. 1990년 시가지의 우회도로를 내면서 없애버렸다. 중국인을 비하하여 되 다리라 불렀다. 전설에 따르면 김유신 장군이 당 나라 군사들에게 짐독을 먹여 죽인 뒤에 묻은 구덩이가 있었고 시체더미를 밟고 다닌다 하여 붙여진 이름이다. 본디 다리의 어원은 달(懸)- +이-다리로 몸통에 달려 있는 물체를 다리라고 말한다. 소정방이 상주까지 와서 신라군과 싸움을 했을 가능성은 없다고 보는 견해도 있다.

당사(唐史)

그러므로 이 바위를 타사암(墮死岩)이라고 한다. 이것은 속설이 잘못 전해진 것이다. 다만 궁녀들만이 여기에 떨어져 죽은 것이오, 의자왕이 당 나라에서 죽었다는 것은 당사에 명문(明文)이 있다.

(출전) 故俗云墮死岩, 斯乃俚諺之訛也. 但宮人之墮死, 義慈卒於唐, 唐史有明文(권1 기이1 태종춘추공)

(새김)

일명 **낙화암(落花岩)**으로 불린다. 바위 위에는 백화정(百花亭)이라는 조그마한 정자가 세워져 있다. 삼국유사에 인용된바, 백제고기(百濟古記)에 따르면, 부여성 북쪽 모퉁이에 큰 바위가 있어 아래로는 강물이다. 나당연합군에 의하여 나라가 망하게 되자 모든 궁녀들이 굴욕을 면하지 못할 것을 알고 차라리 죽을망정 욕을 당하지 않겠다는 결심을 하고, 서로 이끌고 이곳에 와서 강에 빠져 죽었다고 한다. 그래서 이 바위를 타사암(墮死巖)이라 하였다.

당서(唐書)

신당서와 구당서에는 모두 변한(卞韓)의 후손들이 낙랑 땅에 있었다고 적고 있다. 후한서에는, 변한은 남쪽에 있고, 마한은 서쪽에 있고, 진한은 동쪽에 있다고 했다. 최치원은 말하기를, 변한은 백제라고 하였다.

(출전) 新舊唐書云, 卞韓苗裔在樂浪之地, 後漢書云卞韓在南, 馬韓在西, 辰韓在東, 致遠云卞韓, 百濟也(권1 기이1 변한 백제)

당속고승전(唐續高僧傳) ☞ 당승전

당승전(唐僧傳)

산중(절간)에 있는 고전(古傳)을 떠올려 보면 이렇게 말했다. 이 산을 진성(眞聖) 즉 문수보살이 살던 곳이라고 이름 지은 것은 자장법사로부터 시작되었다. 처음에 법사가 중국 오대산 문수보살의 진신을 보고자 하여 신라 선덕왕 대인 정관 10년(丙申, 636) (당승전에서는 12년이라고 했지만 여기에서는 삼국본사에 따른다)에 당 나라로 들어갔다.

(출전) 按山中古傳, 此山之署名眞聖住處者, 始自慈藏法師. 初法師欲見中國五臺山文殊眞身, 以善德王代, 貞觀十年丙申(唐僧傳云十二年, 今從三國本史)入唐(권3 탑상 대산오만진신)

당태종(唐太宗)

신문왕 때에 당 나라 고종이 신라에 사신을 보내서 말했다. 나의 아버지 당태종은 어진 신하 위징(魏徵), 이순풍(李淳風)을 얻어 마음을 합하고 덕을 같이하여 천하를 통일했다. 그렇기 때문에 이를 태종황제라고 했다. 너희 신라는 바다 밖의 작은 나라로서 태종이란 칭호를 써서 천자의 이름을 겁도 없이 쓰고 있으니 그 뜻이 매우 불손하다. 속히 그 칭호를 고치도록 하라. 이에 신라왕은 표(表)를 올려 말했다. 신라는 비록 작은 나라이나 성스러운 신하 김유신을 얻어 삼국을 통일했으므로 태종이라 한 것입니다. 당 나라 황제가 그 글을 보고 생각하니, 그가 태자로 있을 때에 하늘에서 말하기를, 33천의 한 사람이 신라에 태어나서 김유신(金庾信)이 되었다. 책에 기록해 둔 일이 있는데, 이것을 꺼내 보고는 놀라고 두려움을 참지 못했다. 다시 사신을 보내어 태종의 칭호를 고치지 않아도 좋다고 했다.

(출전) 神文王時, 唐高宗遣使新羅曰朕之聖考得賢臣魏徵, 李淳風等, 協心同德, 一統天下, 故爲太宗皇帝. 汝新羅海外小國, 有太宗之號, 以僭天子之名, 義在不忠, 速改其號 新羅王上表曰新羅雖小國, 得聖臣金庾信, 一統三國, 故封爲太宗 帝見表乃思儲貳時, 有天唱空云三十三天之一人, 降於新羅爲庾信, 紀在於書, 出撿視之. 驚懼不已, 更遣使許無改太宗之號(권1 기이1 태종춘추공)

대가야(大伽耶)

가락국기(駕洛國記)의 찬시를 살펴보면, 자줏빛 끈 하나가 내려와 둥근 알 여섯 개를 내려 주었다. 이 중 다섯 개 알은 각 읍으로 돌아가고 한 개는 이 성에 있어서 수로왕(首露王)이 되었고, 각 읍으로 돌아간 다섯 개는 각각 다섯 가야의 주인이 되었다 한다. 그러므로 금관국이 이 다섯 개의 수에 들지 않은 것은 마땅하다. 그런데 고려사략에는 금관까지 그 수에 넣고 창녕까지 더 기록했으니 잘못이다. 아라가야(阿羅伽耶, 혹은 伽耶, 현 함안), 고령가야(古寧伽耶, 현 함녕), 대가야(大伽耶, 현 고령), 성산가야(星山伽耶, 현 경산 혹은 벽진), 소가야(小伽耶, 현 고성)가 그것이다.

(출전) 按駕洛記贊云, 垂一紫纓, 下六圓卵, 五歸各邑, 一在茲城. 則一爲首露王, 餘五各爲五伽耶之主, 金官不入五數當矣. 而本朝史略, 並數金官而濫記昌寧誤, 阿羅(一作耶)伽耶(今咸安), 古寧伽耶(今咸寧), 大伽耶(今高靈), 星山伽耶(今京山, 一云碧珍), 小伽耶(今固城)(권1 기이1 오가야)

(새김)

그림 27 대가야 지도

오늘날 경북 고령군 일원에 자리했던 나라가 대가야국이다. 가락국기(駕洛國記)에는 금관가야(金官伽耶)를 **대가야(大伽耶)**로 적고 있다. 가야연맹 전기에 금관가야가 가장 큰 나라였기에 금관가야를 본가야(本伽耶)라고 한 것이다. 삼국사기 지리지에 고령군은 본디 대가야국으로 존속 기간이 시조 이진아시왕(伊珍阿豉王)에서 도설지왕(道設智王)까지 16세 520년 동안인데, 진흥왕이 쳐서 멸망시키니 그 땅을 대가야군(大伽耶郡)으로 삼았다고 했다. 이는 금관가야의 세력이 약해진 뒤, 아니면 금관가야가 없어진 뒤 고령을 중심으로 한 가야국만이 맹주가 되어 대가야라고 불렸기 때문으로 보인다. 삼국사기 신라본기에는 진흥왕 23년(562) 가야가 배신했기 때문에 이사부(異斯夫)에게 명을 내려 사다함(斯多含)과 함께 쳐서 멸망시켰다는 것이다. 여기서 말하는 가야는 고령의 대가야임에 틀림없다. 왜냐하면 이 때 금관가야는 이미 멸망하고 없었다. 삼국사기에는 이 밖에도 가야에 대한 기사가 여러 곳에 등장한다. 그것이 어느 가야를 말하는 것인지 분명하지 않다. 또 대가야도 위와 같이 금관가야를 가리키는 경우와 고령가야를 가리키는 경우가 있어 혼란이 있고, 맹주를 뜻하는 임나(任那)라는 용어도 금관가야를 말하는 것인지 고령가야를 말하는 것인지 가늠이 어렵다. 일본서기(日本書紀)에도 금관가야와 고령가야를 모두 가라(加羅)라고 불렀다. 더러는 금관가야를 남가라라고 하여 고령가야와 구별하고 있다. 삼국사기 신라본기 진흥왕 23년(562)의 기사에 맞먹는 일본서기 긴메이(欽明紀) 23년(562)에 신라가 임나관가를 쳐서 멸망시켰다고 했다. 그 주(注)에 가라 10개국의 이름을 들었는데 그 중에 가라국이 있다. 일본서기에서 임나라는 용어는 여러 가야를 통틀어 부르는데 썼으므로 우리나라의 경우와는 다르다. 우리나라에서는 특정한 맹주국, 즉 대가야를 임나라고 불렀기 때문이다. 이처럼 문헌에 따라 가야-가라 또는 대가야라는 용어를 달리 사용해 가락국기에 나오는 가야의 멸망 연대에 대해서도 정설이 오락가락이다. 즉 구형왕(仇衡王)이 신라에 항복한 해를 보정 2년(562)이라 하고, 그 아래에 개황록(開皇錄)을 들어 양(梁) 나라의 중대통(中大通) 4년(532)에 신라에 항복했다는 기사를 말했다. 전자는 고령가야가 멸망한 연대이고, 후자는 금관가야가 통합된 해이므로 얼마간의 어긋남이 있다(한국민족문화대백과사전 참조).

대각국사실록(大覺國師實錄)

승전(勝詮)은 상주 영내의 개령군 경계에 절을 새로 짓고 돌들로 관속을 삼아 화엄경을 강론했다. 그 뒤에 신라 스님 가귀(可歸)가 자못 총명하고 도리를 알아서 전등을 계속하여 이에 심원장(心源章)을 엮었으니, 그 대략을 보면 이러하다. 승전법사는 돌의 무리들을 거느리고 불경을 강론했다고 하니, 그곳은 현 갈항사이다. 그 돌 80여 개는 지금까지 강사(綱司)가 전하고 있는데 자못 신령스럽고 이상한 것이 있다. 그 밖의 사적들은 모두 비문에 자세히 실려 있는데 대각국사실록 속에 있는 것과 같다.

(출전) 詮乃於尙州領內開寧郡境, 開創精廬, 以石髑髏爲官屬, 開講華嚴. 新羅沙門可歸, 頗聰明識道理, 有傳燈之續, 乃撰心源章, 其畧云勝詮法師領石徒衆, 論議講演, 今葛項寺也. 其髑髏八十餘枚, 至今爲綱司所傳, 頗有靈異, 其他事迹具載碑文, 如大覺國師實綠中(권4 의해 승전촉루)

(새김)

갈항사(葛項寺) : 경상북도 김천시 남면 봉오리 금오산 서쪽에 자리하였던 절이다. 신라의 승전(勝詮)이 세웠다. 돌 80개를 앞에 놓고 화엄경을 강론하던 곳이다. 절터에 남아있던 2기의 석탑은 1915년 경복궁 안으로 옮겨졌다. 신라 석탑 중에서 유일한 명(銘)이 있는 탑으로서, 다른 탑의 연대 추정에 기준이 된다. 여기 강사(綱司)라 함은 절의 주지를 이르거나 강론을 주도한 기록을 뜻하는 것으로 보인다. 말하자면 승직(僧正, 僧都, 律師) 등을 말한다.

대구화상(大矩和尙) ☞ 문군곡

대국통(大國統)

어느 해 여름에 선덕왕이 궁중으로 청하여 대승론(大乘論)을 강론하게 하고 또 황룡사에서 보살계본(菩薩戒本)을 7일 밤낮 동안 강론하게 하니, 하늘에서는 단비가 내리고 구름과 안개가 자욱하게 끼어 강당을 덮었다. 이것을 보고 사부대중이 모두 그의 신통함에 탄복했다. 이에 조정에서 의론하기를, 불교가 우리 동방에 번져서 비록 오랜 세월이 지났지만 그 주지를 모시는 규범이 없으니 이것을 통괄해서 다스리지 않고는 바로잡을 수가 없다. 왕이 자장을 대국통으로 삼아 스님들의 모든 규범을 승통(僧統, 현 조계종 종정)에게 총괄하도록 했다.

(출전) 一夏請至宮中, 講大乘論, 又於皇龍寺演菩薩戒本七日七夜, 天降甘澍, 雲霧暗靄, 覆所講堂, 四衆咸服其異. 朝廷議曰佛敎東漸, 雖百千齡, 其於住持修奉, 軌儀闕如也. 非夫綱理, 無以肅淸 啓勅藏爲大國統, 凡僧尼一切規猷, 總委僧統主之(권4 의해 자장정률)

대덕(大德)

뒤에 대덕 자장(慈藏)이 중국으로 유학하여 오대산에 이르렀다. 문수보살이 현신해서 감응하여 비결을 주면서 그에게 말한다. 너희 나라의 황룡사는 바로 석가와 가섭불(迦葉佛)이 설법하던 곳으로, 연좌석(宴坐石, 참선 장소)이 아직도 있다. 그렇기 때문에 인도의 무우왕(無憂王)이 황철 몇 근을 모아서 바다에 띄웠던 것인데, 1,300여 년이 지난 뒤에야 너희 나라에 이르러서 불상이 이루어지고 그 절에 모셔졌으니, 이는 대개 위덕의 인연이 그렇게 만들어 준 것이다(별기에 실려 있는 것과 같지 않다).

(출전) 後大德慈藏西學到五臺山, 感文殊現身授訣. 仍囑云, 汝國皇龍寺, 乃釋迦與迦葉佛講演之地, 宴坐石猶在. 故天竺無憂王, 聚黃鐵若干斤泛海, 歷一千三百餘年, 然後乃到而國, 成安其寺, 蓋威緣使然也(與別記所載不同)(권3 탑상 황룡사장륙)

(새김)

대덕(大德) : 산스크리트어로 바단타(भदन्त, bhadanta, 婆檀陀)의 한자 음역이다. 본디는 부처를 이르는 말로서 뒤로 오면서 사문(沙門)의 존칭으로 되었다. 고려 시대에는 승과에 급제하면 주어졌던 스님의 직첩 이름이다.

문수보살(文殊菩薩) : 산스크리트어 만쥬사리(मंजुश्री, manjuśri)의 한자 음역이다. 문수사리의 줄임말이 문수다. 석가모니불의 왼쪽에 모신 지혜의 상징이다. 바른 손에는 칼을, 왼손에는 푸른 연꽃을 쥐고 있기도 한다. 때로는 사자를 타고 위엄과 용맹을 드러내기도 한다.

대도곡(大道曲)

국선 요원랑과 예흔랑, 계원과 숙종랑 등이 금란(金蘭, 현 금강산)을 갔는데 은근히 임금을 위하여 나라를 잘 다스리게 해달라고 비는 뜻이 있었다. 이에 노래 세 수를 짓고, 다시 심필(心弼) 사지를 시켜서 실로 묶은 종이를 대구화상(大矩和尙)에게 보내서 노래 세 수를 짓게 하니 첫째는 현금포곡이요, 둘째는 대도곡이요, 셋째는 문군곡이었다.

(출전) 國仙邀元郞, 譽昕郞, 桂元, 叔宗郞等遊覽金蘭, 暗有爲君主理邦國之意, 乃作歌三首, 使心弼舍知授針卷, 送大炬和尙處, 令作三歌, 初名玄琴抱曲, 第二大道曲, 第三問群曲, 入奏於王, 王大喜稱賞. 歌未詳(권2 기이2 경문대왕)

대동강(大同江)

국사(國史)에는 이런 말이 있다. 혁거세 30년(전27)에 낙랑 사람들이 신라에 귀순했다. 또 제3대 노례왕 4년(전27)에 고구려의 제3대 무휼왕이 낙랑을 멸망시키니 그 나라 사람들은 대방(帶方, 北帶方)과 함께 신라에 투항해 왔다. 또 무휼왕 27년(44)에 광호(무)제가 사자를 보내어 낙랑을 치고 그 땅을 빼앗아 군현을 삼으니, 살수(薩水) 이남의 땅은 한(漢) 나라에 소속되었다(이상의 여러 글에 따르면 낙랑이 곧 평양성이란 것이 마땅하다. 혹은 말하기를, 낙랑의 중두산 아래가 말갈과의 경계이고, 살수는 현 대동강이라고 한다. 어느 말이 옳은지 알 수가 없다).

(출전) 又第三弩禮王四年, 高麗第三無恤王伐樂浪滅之. 其國人與帶方(北帶方)投于羅, 又無恤王二十七年, 光虎帝遣使伐樂浪, 取其地爲郡縣, 薩水已南屬漢(據上諸文, 樂浪卽平壤城, 宜矣. 或云樂浪, 中頭山下靺鞨之界, 薩水今大同江也. 未詳孰是)(권1 기이1 낙랑국)

(새김)

대동강은 고조선 시대에는 열수(洌水), 고구려 시대에는 패수(浿水), 패강(浿江) 또는 왕성강(王城江)이라고 불려오다가 고려시대 이래로 대동강이라 부르게 되었다. 고려 때에는 왕성강이라고도 하였는데, 이는 고종 때의 문인 최자(崔滋)가 그의 글에서, 여러 물이 모여서 돌아흐르므로 이름이 대동강이 되었다(衆水所匯名爲大同)고 대동강의 유래를 밝혀 적고 있다(한국민족문화대백과사전 참조).

대망(大蟒)

또 도둑떼가 사당 안에 금과 옥이 많이 있음을 알고 그것을 훔쳐 가려고 했다. 그들이 처음에 왔을 때는, 몸에 갑옷을 입고 투구를 쓰고 활에 살을 당긴 한 용사가 사당 안에서 나오더니 사면을 향해서 비 오듯 화살을 쏘아서 7, 8명이 맞아 죽으니, 나머지 도둑떼들은 달아나 버렸다. 며칠 뒤 다시 오자 길이 30여 척이나 되는 눈빛이 번개와 같은 큰 구렁이〔大蟒〕가 사당 옆에서 나오더니 8-9명을 물어 죽였다. 겨우 살아남은 사람들도 모두 자빠지면서 도망가 버렸다. 마침내 능 안에는 반드시 신기한 짐승이 있어 지키고 있음을 알았다.

(출전) 又有賊徒, 謂廟中多有金玉, 將來盜焉. 初之來也. 有躬擐甲冑 · 張弓挾矢 · 猛士一人從廟中出, 四面雨射, 中殺七八人, 賊徒奔走. 數日再來, 有大蟒長三十餘尺, 眼光如電, 自廟旁出, 咬殺八九人, 粗得完免者, 皆僵仆而散. 故知陵園表裡, 必有神物護之(권2 기이2 가락국기)

대문류(大文類)

하오니 상인(上人, 부처)께서는 그 잘잘못을 자세히 검토하셔서 가르쳐 주시면 고맙겠습니다. 엎드려 바라옵건대, 마땅히 내세에서는 온 정성을 다하여 함께 노사나불(盧舍那佛)의 이와 같은 끝이 없는 묘법을 듣고, 이와 같은 무량한 보현보살의 원행을 수행한다면, 나의 남은 악업은 하루아침에 떨어질 것입니다. 바라옵건대, 상인께서는 옛날의 일을 잊지 마시고 여러 가지 갈래 가운데서 정도로써 가르쳐 주시옵소서. 인편이 있으면 때때로 안부를 전해 주시기 바랍니다. 이만 갖추지 못합니다(이 글은 대문류(본문류)에 실려 있다).

(출전) 請上人詳檢臧否, 幸示箴誨. 伏願當當來世, 捨身受身, 相與同於盧舍那, 聽受如此無盡妙法, 修行如此無量普賢願行. 儻餘惡業, 一朝顚墜. 伏希上人不遺宿昔, 在諸趣中, 示以正道, 人信之次, 時訪存沒. 不具(文載大文類)(권4 의해 의상전교)

대방(帶方) ☞ 북대방

대산오류성중(臺山五類聖衆)

거사는 이것이 관음보살의 가르침인 것을 알고, 곧 성오평(省烏坪)을 지나서 자장법사(慈藏法師)가 처음 초가집을 지은 곳으로 들어가 살았다. 이윽고 스님 다섯 명이 오더니 말한다. 그대가 가지고 온 가사 한 폭은 지금 어디 있는가. 거사가 영문을 몰라 하자 스님이 또 말한다. 그대가 집어서 눈을 가리고 사람을 본 그 학의 깃이 바로 가사다. 거사가 그 깃을 내주자, 스님은 그 깃을 가사의 뚫어진 폭 속에 갖다 대니 서로 꼭 맞았는데, 그것은 깃이 아니고 베였다. 거사는 다섯 스님과 작별하고 나서야 비로소 이들이 다섯 성인들의 화신임을 알았다.

(출전) 士知觀音所敎, 因過省烏坪, 入慈藏初結茅處而住. 俄有五比丘到云, 汝之持來袈裟一幅今何在, 士茫然, 比丘云 汝所執見人之羽, 是也. 士乃出呈. 比丘乃置羽於袈裟闕幅中相合, 而非羽乃布也. 士與五比丘別, 後方知是五類聖衆化身也(권3 탑상 대산월정사오류성중)

대산오만진신(臺山五萬眞身)

자장법사는 정관 17년(643)에 강원도 오대산에 가서 문수보살의 진신을 보려 했으나 3일 동안이나 날이 어둡고 그늘져서 보지 못하고 돌아갔다가 다시 원령사(元寧寺)에 살면서 비로소 문수보살을 뵈었다고 하였다. 뒤에 칡덩굴이 서려 있는 곳으로 갔는데, 현 정암사(淨岩寺, 정선)가 바로 이곳이다(이것도 역시 별전에 실려 있다). 그 후 두타(頭陀, 삼척) 신의(信義)는 범일대사(梵日大師)의 제자로서 이 산을 찾아 자장법사가 쉬던 곳에 암자를 짓고 살았다. 신의가 죽은 뒤에는 암자도 역시 오랫동안 헐려져 있었는데, 수다사(水多寺)의 장로 유연(有緣)이 새로 암자를 짓고 살았으니 현 월정사가 바로 이 절이다.

(출전) 師以貞觀十七年來到此山, 欲覩眞身, 三日晦陰, 不果而還. 復住元寧寺, 乃見文殊云, 至葛蟠處, 今淨嵓寺是(亦載別傳) 後有頭陁信義, 乃梵日之門人也. 來尋藏師憩息之地, 創庵而居. 信義旣卒, 庵亦久廢, 有水多寺長老有緣, 重創而居, 今月精寺是也(권3 탑상 대산오만진신)

대성(大城)-김대성(金大城)

얼마 지나지 아니하여 대성은 세상을 떠났는데 이날 밤 재상 김문량의 집에 하늘에서 소리가 들렸다. 모량리 대성이란 아이가 지금 네 집에 태어날 것이다. 집 사람들이 매우 놀라 사람을 시켜 모량리를 살펴보니, 대성(大城)이 과연 죽었는데 그날 하늘에서 외치던 때와 같았다. 김문량의 아내는 아이를 배어 낳았으니 왼손을 꼭 쥐고 있다가 7일 만에야 폈는데 대성이란 두 자를 새긴 금간자(금 패쪽)가 있었으므로 다시 이름을 대성이라 하고, 그 어미를 집에 데려 와서 함께 봉양했다. (중략) 일연은 이를 기려서 말한다. 모량에 봄이 지나니 삼무의 밭을 보시하고, 향령(香嶺)에 가을이 오니 만금을 거두었다. 어머니는 백 년 사이 가난과 부귀를 겪었는데. 괴정(槐庭, 고위 관직)은 한 꿈 사이에 이세를 오갔구나.

(출전) 未幾, 城物故, 是日夜, 國宰金文亮家, 有天唱云牟梁里大城兒, 今託汝家, 家人震驚, 使檢牟梁里, 城果亡. 其日與唱同時, 有娠生兒, 左手握不發, 七日乃開, 有金簡子彫大城二字, 又以名之. 迎其母於第中兼養之(중략). 讚曰, 牟梁春後施三畝, 香嶺秋來獲萬金. 萱室百年貧貴, 槐庭一夢去來今(권5 효선 대성효이세부모)

(새김)

앞으로 일어날 일에 대하여 꿈으로 현몽하는 일이 왕왕이 있다. **김대성**도 그러했다. 김문량의 아내가 임신을 해 아들을 낳았다. (중략) 대성이 자라자 사냥을 좋아해, 하루는 토함산(吐含山)에 올라가 곰 한 마리를 잡고 산 밑 마을에서 잠을 자면서 꿈을 꾸었다. 귀신으로 변신한 곰이 사람의 말로, 그대가 나를 죽였으니 나도 그대를 잡아먹을 것이다. 대성이 겁에 질려 용서해 달라고 하니까 곰의 귀신이, 네가 나를 위해 절을 지어주겠는가 하고 물어 대성이 그리 하겠다고 다짐을 하였다. 꿈이었다. 온 몸에 땀이 흘러 자리를 적셨다. 그 뒤로는 일체 사냥을 하지 않고, 곰의 영혼을 위하여 사냥하던 자리에 장수사(長壽寺, 일명 熊狩寺)란 도량을 세웠다(한국불교연구원, 불국사 참조). 그리고 현생의 부모를 위해서는 불국사를, 전생의 어버이를 위해서는 석불사(石佛寺, 현 석굴암)를 세워서 영혼을 위로하였다. 말하자면 효도로써 세운 절이 국보가 되고 다시 세계문화유산이 된 것이다. 일종의 조상숭배를 강조하는 바, 효치(孝治)와 더불어 불교를 홍보하는 정치사회적인 사유를 담아 이야기로 만들어진 것으로 보인다.

대소(帶素)

부루(夫婁)는 늙도록 자식이 없었다. 어느 날 산천에 제사를 지내어 후사를 구했는데, 이 때 타고 가던 말이 곤연(鯤淵)에 이르러 큰 돌을 보고는 서로 대하여 눈물을 흘렸다.

왕이 이상하게 여기고 사람을 시켜 그 돌을 들추어 보니 거기에 어린애가 하나 있는데 모양이 금빛 개구리와 같았다. 왕은 기뻐하여 말했다. 이것은 필시 하늘이 나에게 아들을 주시는 것이로구나. 그 아이를 거두어 기르면서 이름을 금와(金蛙)라고 했다. 차츰 자라자 태자로 삼았고 부루가 죽자 금와가 보위를 이어 왕이 되었다. 그리고 다음의 보위를 태자 대소에게 전했다. 지황 3년 임오(壬午, 22)에 이르러서 고구려왕 무휼이 이를 쳐서 대소를 죽이니 나라가 없어졌다.

(출전) 夫婁老無子, 一日祭山川求嗣, 所乘馬至鯤淵, 見大石相對淚流, 王怪之. 使人轉其石, 有小兒金色蛙形. 王喜曰此乃天賚我令胤乎 乃收而養之. 名曰金蛙. 及其長, 爲太子, 夫婁薨, 金蛙嗣位爲王. 次傳位于太子帶素, 至地皇三年壬午, 高麗王無恤伐之. 殺王帶素, 國除(권1 기이1 동부여)

(새김)

여기 **곤연(鯤淵)**이라 함은 오늘날의 송화호(松花湖)를 이르는 것으로 추정된다. 한 때 고주몽이 부여를 통합하고 용담산(龍潭山)에 웅거했음을 고려하면 부여의 해부루가 산천에 제사를 올려 후사를 얻고자 하였던 산도 바로 송화호에 이웃한 주작산(朱雀山, 817m)으로 상정할 수 있다. 만주원류고(滿州源流考)를 보면, 송화강의 송화(松花)를 만주말로는 송아리우라(松阿里烏拉)라 하여 '하늘강'이라는 뜻이라 하였다. 하늘 강이면 그 발원이 곧 천지(天池)가 된다. 주작산(朱雀山) 전설에 따르면, 이 산은 본디 태양조(太陽鳥) 산이라 했다. 뒤에 주작산으로 고쳤다는 것이다. 태양조라, 해 속에 산다는 새면 필시 삼족오(三足烏)일 가능성이 높다. 삼족오를 뒤에 주작으로 바꾸어 놓은 것이다. 엮은이가 주작산을 찾아 갔을 때, 확인한 것은 안내문에 태양조산이라는 것과 삼림공원 어귀의 제단에 세운 듯한 돌기둥이 몇 개 서있다. 거기에 다리가 셋인 삼족오를 그려놓았음을 확인할 수 있었다. 주작산 8부 능선쯤에 신저석(神猪石)이라고 알림 글을 적어 놓았는데 길림시 지도에는 개구리 와자 와석(蛙石)이라고 적어 놓았다. 어찌 보면 돼지 같아도 보이지만 커다란 금개구리가 웅크리고 앉아 있는 모습이었다. 다른 이들도 개구리 같다는 글을 올려놓기도 하였다.

대수촌(大樹村) ☞ 신라시조 혁거세왕

대승론(大乘論)

자장율사가 본국에 돌아오자 온 나라가 그를 환영하고 선덕여왕은 그를 분황사(芬皇寺, 당전(唐傳)에서는 왕분사(王芬寺)라고 했다)에 있게 하니, 물건과 시위는 조밀하고도 넉넉했다. 어느 해 여름에 왕이 궁중으로 청하여 대승론을 강론하게 하고 또 황룡사에서 보살계본을 7일 밤낮 동안 강연하게 하니, 하늘에서는 단비가 내리고 구름과 안개가 자욱하게 끼어 강당을 덮었다. 이것을 보고 사람들이 모두 그의 신기함에 탄복했다.

(출전) 旣至, 洎擧國欣迎, 命住芬皇寺(唐傳作王芬) 給侍稠渥. 一夏請至宮中, 講大乘論, 又於皇龍寺演菩薩戒本七日七夜, 天降甘澍, 雲霧暗靄, 覆所講堂, 四衆咸服其異(권4 의해 자장정률)

(새김)

대승론(大乘論) : 대승은 산스크리트어로 마하야나(महायान, mahayana)를 한자로 음역한 것이다. 보살중심의 불교를 대승불교라 하는데 대승에는 반야경, 법화경, 화엄경 같은 경전들과 중론(中論), 섭대승론(攝大乘論) 등의 논(論)이 있다.

보살계본(菩薩戒本) : 보살계경이라고도 말한다. 범망경(梵網經)에 나오는 열 가지 중요하게 지켜야 할 계율과 48가지의 계율을 따로 뽑아 만든 책이다.

사부대중(四部大衆) : 사부대중은 사중 혹은 사부제자라고도 한다. 흔히 비구와 비구니, 우바새(upasai, 優婆塞, 남신도)와 우바이(upai, 優婆夷, 여신도)를 말한다.

대승사(大乘寺)

죽령(竹嶺) 동쪽 100리쯤 되는 곳에 우뚝 솟은 높은 산이 있는데, 진평왕(眞平王) 9년(甲申, 587)에 문득 사면이 한 길이나 되는 큰 돌이 나타났다. 거기에는 사방여래(四方如來)의 상을 새기고 모두 붉은 비단으로 싸여 있었는데 하늘에서 그 산마루에 떨어진 것이다. 왕이 이 말을 듣고 그곳으로 가서 그 돌을 쳐다보고 나서 드디어 그 바위 곁에 절을 세우고 절 이름을 대승사라고 했다. 여기에 이름은 전하지 않으나 연경(蓮經, 법화경)을 외우는 중을 초청하여 이 절을 맡겨 공석(供石, 받침돌)을 깨끗이 쓸고 향화를 끊이지 않았다.

(출전) 竹嶺東百許里, 有山屹然高峙, 眞平王九年甲申, 忽有一大石, 四面方丈, 彫四方如來, 皆以紅紗護之. 自天墜其山頂. 王聞之命駕瞻敬, 遂創寺嵓側, 額曰大乘寺. 請比丘亡名誦蓮經者主寺, 洒掃供石, 香火不廢, 號曰亦德山, 或曰四佛山(권3 사불산 굴불산 만불산)

(새김)

본문에 **대승사**의 창건 연대가 진평왕 9년(甲申, 587)이라 하였다. 9년은 정미(丁未)이고 갑신(甲申)은 46년이다. 흔히 간지로 연차를 적는 것이 보통의 경우임을 고려하면, 진평왕 46년(624) 갑신이 온당할 것으로 보인다(지준모).

대안법사(大安法師)

원효(元曉)도 역시 방언이니, 당시 사람들은 모두 새벽〔始旦〕이라고 했다. 그는 일찍이 분황사(芬皇寺)에 살면서 화엄경소를 지었는데, 제4권 십회향품에 이르러 마침내 붓을 놓았다. 또 일찍이 수도의 갈래로 인해서 신분을 백 등급으로 나눴으므로 모든 사람들이 이를 위계의 디딤돌이라고 말했다. 또한 바다용의 권유로 해서 노상에서 조서(詔書)를 받아 삼매경소를 지었는데, 붓과 벼루를 소의 두 뿔 위에 놓았으므로 각승이라 했다. 이것은 또한 본시이각(本始二覺)이 숨어 있는 뜻을 나타낸 것이다. 대안법사가 이것을 헤치고 와서 종이를 붙였는데 이것은 또한 뜻을 살펴 서로 화답한 것이다.

(출전) 元曉亦是方言也. 當時人皆以鄕言稱之始旦也. 會住芬皇寺, 纂華嚴疏, 至第四十廻向品,

終乃絶筆. 又嘗因訟, 分軀於百松, 故皆謂位階初地矣. 亦因海龍之誘, 承詔於路上, 撰三昧經疏, 置筆硯於牛之兩角上, 因謂之角乘. 亦表本始二覺之微旨也. 大安法師排來而粘紙, 亦知音唱和也(권4 의해 원효불기)

(새김)

원효 역시 방언이라 하였으며 사람들은 당시의 경산 지역어로 시단(始旦)이라 하였다. **시단**은 부처의 이름으로, 아명은 싯다르타(सिद्धार्, sidhartha)로 성은 고타마였다. 불교가 중국으로 들어오면서 실담(悉曇)이라 불렀는데, 이를 중국어로 하면 시탄(悉曇, xitan)이 된다. 우리말로 하면 시단이 되는데 이를 다시 시단(始旦)으로 하여 원효를 그렇게 불렀던 것이다. 말하자면 부처를 믿는 사람들을 시단이라고 했을 가능성도 있다. 시단은 완성을 뜻한다.

대왕포(大王浦)

사비수(泗沘水) 언덕에는 또 돌 하나가 있는데 10여 명이 앉을 만하다. 백제왕이 왕흥사에 가서 부처에게 예를 드리려 할 때면 먼저 그 돌에서 부처를 바라보고 절을 하면 그 돌이 저절로 따뜻해졌다 해서 그 돌을 돌석(㷝石, 구들돌)이라고 한다. 또 사비하의 양쪽 언덕은 마치 그림 병풍과 같아서 백제왕이 매양 그곳에서 잔치를 열고 노래하고 춤추면서 즐겼다. 그 때문에 지금도 이곳을 대왕포라고 일컫는다.

(출전) 又泗沘崖又有一石, 坐十餘人, 百濟王欲幸王興寺禮佛, 先於此石望拜佛, 其石自煖, 因名㷝石. 又泗沘河兩崖如畫屛, 百濟王每遊宴歌舞, 故至今稱爲大王浦(권2 기이2 남부여 전백제 북부여)

(새김)

지금도 부소산에서 조각 공원이 있는 나루터를 구드레 나루라 한다. 이는 앞서 본 바의 구들(㷝石)에서 비롯한 것으로 보인다. 이에 대한 여러 가지 어원 풀이가 있다. 일본에서는 백제를 구다라(*クダラ*, kudara)라 함도 이에서 비롯한 것으로 볼 수 있다. 의자왕의 왕자였던 부여선광(夫餘禪廣)이 일본에 정착하여 지토(持統) 천황으로부터 구다라노코니키시(善光禪廣, ***クダラノコニキシ***)라는 이름을 받았다.

대왕흥륜사(大王興輪寺)

진흥왕은 그 아버지의 덕을 계승한 성군으로 임금의 직책을 이어받아 임금의 자리에 올라 위엄으로 백관을 다스리고, 호령이 갖추어져서 이 절에 대왕흥륜사라는 이름을 하사했다. 선왕인 법흥왕의 성은 김씨요, 출가한 뒤의 이름은 법운(法雲)이며 자는 법공(法空)이다.

(출전) 眞興乃繼德重聖, 承袞職處九五, 威率百僚, 號令畢備, 因賜額大王興輪寺. 前王姓金氏, 出家法雲, 字法空(僧傳與諸說亦以王妃出家名法雲, 又眞興王爲法雲, 又以爲眞興之妃名法雲, 頗多疑混)(권3 흥법 원종흥법 염촉멸신)

대일역법(大一曆法)

또 연희궁 녹사 김희령(金希寧)이 지은 대일역법(大一曆法)에 따르면, 천지개벽한 상원 갑자로부터 원풍 갑자(甲子, 1084)에 이르기까지 193만 7,641세라고 했다.

(출전) 又延禧宮錄事金希寧所撰大一曆法, 自開闢上元甲子至元豊甲子, 一百九十三萬七千六百四十一歲(권3 탑상 가섭불연좌석)

대장경(大藏經)

대중 5년(851)에는 당 나라에 보낸 사신 원홍(元弘)이 불경 몇 축을 가지고 왔고, 나말에 보요선사(普耀禪師)가 두 번이나 오월국에 가서 대장경을 싣고 왔으니, 그는 곧 해룡왕사의 개산조이다.

(출전) 大中五年, 入朝使元弘, 齎佛經若干軸來. 羅末普耀禪師再至吳越, 載大藏經來, 卽海龍王寺開山祖也(권3 탑상 전후소장사리)

(새김)

대장경이란, 시대에 따라서 삼장(三藏) 달리 일체경(一切經) 등으로도 불렸던 불교경전을 통틀어 말한다. 여기서 삼장은 경, 율, 론(經律論)을 새긴 패엽(貝葉)을 담은 세 개의 광주리라는 뜻으로 산스크리트어로 트리피타카(तरपीदकॉ, tripitaka)를 한역한 것이다. 삼장의 경은 부처님의 가르침을, 율은 수행의 계율을, 논은 경전이나 고승들에 대한 연구를 모아 놓은 걸 말한다. 대장경은 옮긴 말에 따라 팔리어 삼장, 한역대장경, 티베트대장경, 몽고어와 만주어 대장경 등이 현재 전해오고 있다(한국민족문화대백과사전 참조).

대조영(大祚榮)

통전(通典)에 이렇게 말했다. 발해(渤海)는 본래 속말말갈(粟末靺鞨)이다. 그 추장 조영(祚榮)에 이르러서 나라를 세우고 국호를 스스로 진단(震旦)이라고 했다. 선천 연간(현종, 임자년)에 비로소 말갈이라는 이름을 버리고 오로지 발해라고 일컬었다. 개원 7년(己未, 719)에 조영이 죽자, 그 시호를 고왕(高王)이라 했다. 세자가 대를 이어 왕위에 오르자 당 나라의 명황은 그를 임금으로 임명, 왕위를 잇게 했다. 사사로이 연호를 고쳐 썼으나 마침내 해동의 큰 나라가 되었다. 그 땅에는 5경, 15부, 62주의 행정 조직들이 있었다.

(출전) 通典云渤海, 本粟末靺鞨, 至其酋祚榮立國, 自號震旦, 先天中(玄宗王子)始去靺鞨號, 專稱渤海. 開元七年(己未)祚榮死, 諡爲高王. 世子襲立, 明皇賜典冊襲王, 私改年號, 遂爲海東盛國, 地有五京 · 十五府 · 六十二州(권1 기이1 말갈 발해)

(새김)

고구려가 망한 뒤, 그 유민을 모아 신라 효소왕 7년(698)에 발해를 세웠다. **대조영**의 가계나 고구려에서 누렸던 사회적 지위는 기록이 서로 일치하지 않는다. 아버지는 걸걸중상(乞乞仲

象)으로 알려져 온다(신당서). 당 나라의 정사인 구당서(舊唐書) 발해전에는 대조영을 고구려인의 별종이라고 했고, 신당서(新唐書) 발해전에는 원래 속말말갈의 족속인데 나중에 고구려에 통합되었다고 했다. 유득공의 발해고(渤海考)를 비롯한 우리의 선인들은 그를 대체로 고구려인으로 본다. 그는 당 나라 정세가 불안할 때 말갈 추장인 걸사비우(乞四比羽)와 함께 당의 지배로부터 벗어나 동쪽으로 이동했다. 당의 추격을 천문령(天門嶺, 長嶺山脈-哈達嶺) 산악지대에서 당의 이해고 부대를 격파했다. 천문령 전투 후, 대조영은 동부 만주 쪽으로 이동하여 신라 효소왕 8년(699) 지금의 길림성 돈화시의 동모산(東牟山)에 성을 쌓고 나라를 세워 국호를 진(震)이라 했다. 뒤에 당과의 화해가 이루어져 특사 최흔(崔忻)을 보내 대조영을 발해군왕에 봉하였다. 국호는 발해로 다시 정립하였다. 고려 태조 7년(926)에 거란의 급습을 받아 멸망하였다(다음 백과사전 참조).

대조왕(大祖王)

고구려 제6대 국조왕의 이름은 궁(宮)이며 일명 대조왕이라고 한다. 계축년(癸丑, 53)에 즉위하였으며, 93년 동안 나라를 다스렸다. 후한전에 이르기를, 처음 태어났을 때부터 능히 볼 수 있었다. 뒤에 친아우인 차대왕에게 왕위를 물려주었다.

(출전) 第六代國祖王名宮, 亦云大祖王. 癸丑立, 理九十三年. 後漢傳云, 初生開目能視. 後遜位于母弟次大王(권1 왕력 국조왕)

대종역경(大種力耕)

문무왕 시절 중 광덕(廣德)과 엄장(嚴莊)이 있었다. 두 사람은 서로 마음이 통하여 밤낮으로 다짐했다. 먼저 안양(安養, 극락)으로 돌아가는 이는 모름지기 서로 알리도록 하자. 광덕은 분황(芬皇) 서리(西里, 혹은 황룡사의 서거방(西去方)이 있다고 하니 어느 곳인 지 알 수 없다)에 숨어 살면서 신 삼는 업으로 처자를 데리고 살았다. 엄장은 남악(南岳, 남산)에 암자를 짓고 살면서 나무를 베어 불태우고 농사를 지었다(大種力耕, 火種力耕).

(출전) 文武王代, 有沙門名廣德·嚴莊二人友善. 日夕約曰先歸安養者, 須告之, 德隱居芬皇西里(或云, 皇龍寺有西去房, 未知孰是), 蒲鞋爲業, 挾妻子而居, 莊庵栖南岳, 大種力耕(중략)明月入戶, 時昇其光, 加趺於上. 竭誠若此(권5 감통 광덕 엄장)

(새김)

대종역경(大種力耕) : 화종역경(火種力耕)의 오기인 것으로 보인다. 화전 농사를 힘써 지었다는 사연이다(이범교, 문경현).

시승기광(時昇其光) : 빛 위에 올라가 가부좌를 했다 함은 광덕과 달의 동질성을 말한다. 달은 부처의 상징이니까 깨달음의 속내다(황패강, 향가문학의 이론과 해석). 깨달음이란 닫혀 있음을 깨는 행위이다. 그러니까 욕정에 닫혀 있던 인간의 본성을 열린 불성으로 만든다는 말이다.

대통사(大通寺)

법흥. 진흥 두 왕이 왕위를 버리고 출가한 것을 사관이 쓰지 않은 것은 세상을 경영하는 교훈이 되지 못하기 때문이었다. 또 대통 원년(丁未)에는 양(梁)의 무제를 위하여 웅천주(熊川州)에 절을 세우고 이름을 대통사라고 했다(웅천은 곧 공주이니, 그 때는 신라에 소속되었기 때문이다. 그러나 정미년(丁未)의 일은 아닐 것으로, 중대통(中大通) 원년(己酉, 529)에 세운 것이다. 흥륜사를 처음 세우던 정미년에는 다른 군에 절을 세울 겨를이 없었을 것이다).

(출전) 又於大通元年丁未, 爲梁帝創寺於熊川州, 名大通寺(熊川卽公州也. 時屬新羅故也. 然恐非丁未也. 乃中大通元年己酉歲所創也. 始創興輪之丁未, 未暇及於他郡立寺也)(권3 흥법 원종흥법 염촉멸신)

(새김)

대통사는 충남 공주에 자리하였던 절이다. 진흥왕 10년(549) 봄에 양나라에서 사신 심호(沈湖)가 올 때 승 각리(覺利)와 함께 왔을 때가 바로 양 무제가 죽기 직전의 일이었다. 신라로서는 처음 있는 일이므로 기념으로 절을 지었다 함이 옳을 것이다. 그러나 법흥왕 10년(523)이라면 양무제가 불사리를 보내기 20년 전의 일이니까 축복하여 기념할 도량을 지을 이유가 없다. 재고의 여지가 있다(지준모). 공주시 반죽동에 남아 있는 당간지주는 통일 신라 시대의 것으로 추정된다. 백제 시기의 유물은 발견하지 못했다(박대재 외, 2012).

대현(大賢)

유가종의 조사인 고승 대현은 서라벌 남산의 용장사(茸長寺)에 살았다. 그 절에는 돌로 만든 미륵보살의 16치(6,6m)되는 불상이 곧 장륙상이 있었다. 대현이 항상 이 장륙상을 돌면 장륙상도 역시 대현을 따라 얼굴을 돌렸다. 대현은 슬기롭고 분명하고 정밀하고 민첩해서 판단하고 분별하는 것이 명백했다. 대개 법상종의 헤아림은 그 뜻과 이치가 그윽하고 깊어서 해석하기가 매우 어렵다.

(출전) 瑜珈祖大德大賢, 住南山茸長寺. 寺有慈氏石丈六, 賢常旋繞, 像亦隨賢轉面. 賢惠辯精敏, 決擇了然. 大抵相宗詮量, 旨理幽深, 難爲剖析, 中國名士白居易, 當窮之未能, 乃曰唯識幽難破, 因明擘不開 是以學者難承稟者尙矣. 中國名士白居易, 當窮之未能, 乃曰唯識幽難破, 因明擘不開, 是以學者難承稟者尙矣(권4 의해 현유가 해화엄)

대호신왕(大虎(武)神王)

고구려 제3대 대호(무)신왕은 이름이 무휼, 혹은 미류라 하며 성은 해씨다. 유리왕의 셋째 아들이다. 무인년(戊寅, 18)에 즉위하여 26년 동안을 다스렸다.

(출전) 第三代大虎神王 名無恤, 一作味留, 姓解氏. 瑠璃第三子. 戊寅立, 理二十六年(권1 왕력 대호신왕)

대화사(大和寺)

자장(慈藏)이 오대산에서 받아 가져온 사리 100알을 탑 기둥 속과, 통도사 계단(戒壇)과 또 대화사 탑에 나누어 모셨으니, 이것은 못에 있는 용의 요청에 따른 것이다(대화사는 아곡현(阿曲縣) 남쪽에 있다. 현 울주이니 역시 자장법사가 세운 절이다). 탑을 세운 뒤에 천하가 형통하고 삼한이 통일되었으니 어찌 탑의 영험이 아니겠는가.

(출전) 慈藏以五臺所授舍利百粒, 分安於柱中幷通度寺戒壇及大和寺塔, 以副池龍之請(大和寺在阿曲縣南, 今蔚州, 亦藏師所創也) 樹塔之後, 天地開泰, 三韓爲一, 豈非塔之靈蔭乎(권3 탑상 황룡사구층탑)

덕만(德曼)

선덕왕(善德王) 덕만이 병이 들어 오랫동안 낫지 않자, 흥륜사의 스님 법척(法惕)이 임금의 부름을 받아 병을 치료했으나 오래 되어도 효력이 없었다. 이 때 밀본법사(密本法師)의 덕행이 나라 안에 소문이 퍼져서 좌우 신하들이 법척을 밀본으로 바꾸기를 청했다. 왕은 그를 궁중으로 불러들이니 밀본은 궁실 밖에서 약사경(藥師經)을 읽었다. 경을 다 읽고 나자 가졌던 육환장이 침실 안으로 날아 들어가더니 늙은 여우 한 마리와 법척을 찔러서 뜰아래에 거꾸로 내던지니 왕의 병은 이내 나았다.

(출전) 善德王德曼, 遘疾彌留, 有興輪寺僧法惕, 應詔侍疾, 久而無效. 時有密本法師, 以德行聞於國, 左右請代之. 王詔迎入內. 本在宸仗外, 讀藥師經, 卷軸纔周, 所持六環, 飛入寢內, 刺一老狐與法惕, 倒擲庭下, 王疾乃瘳(권5 신주 밀본최사)

(새김)

선덕왕의 성은 김씨(金氏), 이름은 덕만(德曼)이다. 진평왕의 장녀이며, 어머니는 마야부인(摩耶夫人)이다. 진평왕이 아들이 없이 죽자 귀족들로 이루어진, 오늘날의 제한적인 국회라 할 화백회의에서 그를 왕으로 추대하고, 성조황고(聖祖皇姑)란 호를 올렸다고 한다. 마침내 신라 제27대 선덕여왕이 진평왕 54년(632)에 즉위할 수 있었던 바탕은 성골이라는 골품제도에 기초한 특수한 왕족 혈통문화의 배경이 되었기에 가능했다(聖骨男盡). 신라왕의 칭호로 불교식 이름가운데 하나이다. 법흥, 진흥, 진지, 진평, 선덕, 진덕이 모두 그러하다. 덕만이 선덕여왕이 되어 나라를 다스리면서 이해하기 어려운 세 가지 일을 흔히 지기삼사(知幾三事)라 한다. 첫째, 당(唐) 나라 태종이 홍. 자. 백의 세 가지 빛으로 그린 모란과 그 씨 석 되를 보내 온 일이 있었다. 임금은 그림의 꽃을 보더니 말하기를, 이 꽃에는 향기가 없을 것이다. 씨를 심어 꽃을 보니 향기가 없었다. 둘째, 한 겨울에 영묘사(靈廟寺) 옥문지에 개구리들이 많이 모여들어 사나흘 동안 울어 댔다. 임금은 급히 알천(閼川)과 필탄(弼呑) 등에게 명하여 2천의 군사를 가려 뽑아 속히 서쪽의 부산으로 가서 여근곡(女根谷)을 찾아 백제 우소장군의 군대를 엄습하여 모두 죽이라고 했다. 백제 장군 우소(于召)와 그의 군사 1,200명을 모두 죽여 한 사람도 남김이 없었다. 셋째, 왕이 죽기 전에 자신이 죽으면 도리천(忉利天) 속에 장사 지내도록 하라. 그 곳은 낭산(狼山) 남쪽이 된다고 했다. 그 뒤 임금이 돌아가자 여러 신하들은 낭산 양지에 장사지냈다. 10여 년이 흐른 뒤 문무왕이 선덕여왕의 무덤 아래 사천왕사(四天王寺)를 세웠으니 예언대로 되었다.

도교(道敎)

고구려 제27대 영류왕이 즉위한 지 7년이 되었다. 무덕 7년(甲申, 625) 그 이듬해 고구려에서는 당 나라에 사신을 보내서 불교와 도교의 배움을 청하자 당 나라 황제(皇帝, 고조)는 이를 허락했다.

(출전) 卽第二十七代榮留王卽位七年, 武德七年甲申也. 明年遣使往唐, 求學佛, 老, 唐帝(謂高祖也)許之(권3 흥법 보장봉로 보덕이암)

(새김)

도교(道敎)는 기원전 3세기 무렵 중국에서는 신선설로부터 비롯한다. 이 신선설은 중국 고대에 있었던 산악신앙과 깊은 관련이 있다. 말하자면 화랑도, 풍류도 혹은 국선도라 하여 명산대찰을 찾아다니면서 심신수련을 하고 무술을 익혔던 애국 청년의 수양단체가 있음도 도교적인 성격을 띤다. 여기에 중국의 원초적 종교라 할 무술(巫術)과 자연숭배 등이 융합되어, 사람의 힘이 미치지 못하는 어려운 문제를 해결한다는 방술(方術)이 생겨났다. 이 방술은 전국시대에 이미 성립되어 민간에도 널리 알려져 있었다. 방술을 하는 사람을 방사(方士)라고 한다. 방사가 제왕과 밀접하게 된 것은 진시황(秦始皇) 때부터였고, 한 무제 때에는 제왕 측근에서 거의 떠나지 않을 정도였으므로 방술은 상층사회에 굳게 뿌리 내리게 되었다. 전한 말엽부터 전설적 임금인 황제(黃帝)와 도덕경(道德經)의 저자로 전해지는 노자(老子)가 초인적인 존재로 여겨지고 신선으로 꼽혀 황로신앙(黃老信仰)이 대두하였다. 방사들의 조작적인 선전과 참위설(讖緯說)의 유행이 황로신앙을 가열시켰다. 이러한 황로신앙을 가르친 신선방술의 내용이 조정, 확대되고 신흥종교였던 불교의 영향을 겪으며 도교로 재구성되는 한 종교로 형태를 갖추게 되었다. 그러나 우리나라의 신선사상은 중국의 그것과는 성격을 달리한다(한국민족문화대백과사전 참조).

도기야(都祈野)

그런 뒤에 해와 달이 예전과 같았다. 이에 그 비단을 임금의 창고에 보관하고 국보로 삼으니 그 창고를 귀비고(貴妃庫)라 한다. 또 하늘에 제사 지낸 곳을 영일현 또는 도기야라 한다.

(출전) 然後日月如舊. 藏其綃於御庫爲國寶, 名其庫爲貴妃庫. 祭天所名迎日縣, 又都祈野(권1 기이1 연오랑 세오녀)

(새김)

도기야(都祈野) : 도기야의 위치로는 포항시 동해면 도구동(윗도구, 아랫도구)과 일월동 일원을 말한다. 어원으로는 도기-돋이(도처, 도치)의 소리에서 비롯한 것이다(양주동). 등잔의 심지를 돋운다고 한다. 이 때 돋우다의 방언으로 돋구다가 있다. 어간 돋구-돋기에서 도기가 상통하며 해가 불쑥 솟아올라 돋아남을 말한다.

도덕경(道德經)

고구려본기에 이렇게 말했다. 고구려 말기인 무덕, 정관 연간에 나라 사람들은 다투어 오두미교(五斗米教)를 신봉했다. 당 나라 고조가 이 말을 듣고 도사를 시켜 천존상(天尊像)을 보내고, 또 도덕경을 강론케 하여 왕이 백성들과 함께 들으니 곧 제27대 영류왕 즉위 7년(甲申, 624)이다. 이듬해 고구려에서는 당 나라에 사신을 보내서 불교와 도교의 배움을 청하자 당 나라 고조는 이를 허락했다.

(출전) 高麗本記云, 麗季武德貞觀間, 國人爭奉五斗米教, 唐高祖聞之. 遣道士, 送天尊像來, 講道德經, 王與國人聽之. 卽第二十七代榮留王卽位七年, 武德七年甲申也. 明年遣使往唐, 求學佛, 老, 唐帝(謂高祖也)許之(권3 흥법 보장봉로 보덕이암)

(새김)

이른바 도교의 뿌리는 동한(東漢) 말엽, 후한(25-220) 때 장생도(長生道)를 배우고 금단법(金丹法)을 체득한 장도릉(張道陵)이 신도를 모을 때, 쌀 5말을 이바지해야 교인이 될 수 있었기에 **오두미교(五斗米教)**라고 하였다. 이는 전래하던 신선사상에다 노장의 교설을 더하여 정립한 것이다. 그 뒤 체계화한 도교사상은 유교와 쌍벽을 이루는 중국의 양대 사상으로 발돋움을 하여 커다란 산맥을 이루었다.

도량사(道場寺)

후세 사람들이 그를 위해서 금강산 동남쪽에 절을 세우고 절 이름을 도량사라 하여, 해마다 3월 14일이면 점찰회(占察會)를 여는 것을 상례로 삼았다. 사복이 세상에 영험을 나타낸 것은 오직 이것뿐이다. 그런데 민간에서는 황당한 얘기를 덧붙였으니 가소로운 일이다.

(출전) 後人爲創寺於金剛山東南, 額曰道場寺. 每年三月十四日, 行占察會爲恒規, 福之應世, 唯示此爾, 俚諺多以荒唐之說託焉, 可笑(권4 의해 사복불언)

(새김)

도장(道場)을 도량이라 함은 언어의 금기현상에 따른 보기라고 할 수 있다. 언어적 금기 현상은 비정상적인 음운 변화를 일으키기도 한다. 불교에서 쓰이는 도장(道場)의 경우, 본디 한자음으로는 도댱이어서 국어의 일반적인 규칙대로라면 도장으로 되어야 하는데 그렇게 하지 않고 도량이라고 한다. 도장은, 살생이 금지된 사찰에서 도살장을 뜻하는 도장(屠場)의 소리와 같아지기 때문에 그렇게 변칙적으로 변화한 것으로 풀이하기도 한다.

도리천(忉利天)

계림(雞林)의 북쪽 산을 금강령이라 하는데 이 산의 남쪽에는 백률사가 있다. 그 절에 불상이 하나 있었다. 어느 때 만든 것인지 알 수가 없으나 영험이 자못 뚜렷했다. 혹자는 말하기를, 이것은 중국의 명장이 중생사의 관음소상(觀音塑像)을 만들 때 함께 만든 것이라고 하였다. 이 부처가 일찍이 도리천에 올라갔다.

(출전) 雞林之北岳曰金剛嶺. 山之陽有栢栗寺, 寺有大悲之像一軀. 不知作始, 而靈異頗著. 或云, 是中國之神匠塑衆生寺像時幷造也 諺云 此大聖曾上忉利天(권3 탑상 백률사)

(새김)

도리천이란, 산스크리트어로 트라야스트림사(त्रायसत्त्रिंश, Trāyastriṃśa)인데 음역하여 다라야등릉사(多羅夜登陵舍) 또는 달리야달리사(怛唎耶怛唎奢)라고도 적으며, 의역하여 33천(天)이라고도 한다. 불교의 우주론에 따르면, 도리천은 6욕천(六欲天) 가운데 네 번째인 하늘을 가리킨다. 수미산(須彌山)의 꼭대기에 자리하고 있다. 수미산 정상에는 하늘의 천사들이 사는 곳이다.

도림사(道林寺)

신라의 제48대 경문왕이 왕위에 오르자 왕의 귀가 문득 길어져서 나귀의 귀처럼 되었다. 왕후와 궁인들은 모두 이를 알지 못했지만 오직 머리 손질하는 복두장 한 사람만은 이 일을 알고 있었으나 그는 평생 이 일을 남에게 말하지 않았다. 그 사람은 죽을 무렵 도림사 대밭 속 아무도 없는 곳으로 들어가서 대를 보고 외쳤다. 우리 임금의 귀는 당나귀 귀다. 그런 후로 바람이 불면 대밭에서 소리가 났다. 우리 임금의 귀는 당나귀 귀다. 왕은 이 소리가 듣기 싫어서 대를 베어 버리고 그 대신 산수유 나무를 심었다. 그랬더니 바람이 불면 거기에서는 다만 '우리 임금의 귀는 길다'고 하는 소리가 났다(도림사는 예전에 서울로 들어가는 곳에 있는 숲가에 있었다).

(출전) 乃登位, 王耳忽長如驢耳. 王后及宮人皆未知, 唯幞頭匠一人知之. 然生平不向人說, 其人將死, 入道林寺竹林中無人處, 向竹唱云吾君耳, 如驢耳. 其後風吹, 則但聲云吾君耳長(道林寺舊在入都林邊)(권2 기이2 경문대왕)

(새김)

도림사의 대밭에 자라는 대숲을 다 잘라버림은 비유적으로 뿌리 깊은 귀족의 세력을 없앴음을 드러낸 표현이다. 상대적으로 새롭게 산수유를 심었다 함은 왕정을 돕는 신진 세력을 암유한다고 볼 수 있다. 이 때 복두장의 말은 표현하지 않고는 견딜 수 없는 표현충동(impulse of expression)이 가슴앓이를 풀어내는 문학의 문학치료적인 치유의 효과라고 볼 수 있다. 1927년 분황사 폐사지에서 도림(道林)이라는 양각의 기와가 발견되었다. 이를 서울대학교에서 보관하고 있다.

도성(道成)

신라 때에 관기와 도성 두 성사가 있었는데 어떤 사람인지는 알 수가 없다. 함께 포산(包山, 일명 소슬산(所瑟山)이라 함은 범어이니 이는 포(包)를 뜻한다)에 숨어 살았는데, 관기는 남쪽 고개에 암자를 지었고, 도성은 북쪽 굴에 살았다. 서로 10리쯤 떨어졌으나,

구름을 헤치고 달을 노래하며 항상 서로 왕래했다. 도성이 관기를 부르고자 하면 산 속의 수목이 모두 남쪽을 향해서 굽혀 서로 영접하는 것 같으므로 관기는 이것을 보고 도성에게로 갔다. 또 관기가 도성을 맞이하고자 하면 역시 이와 반대로 나무가 모두 북쪽으로 구부러지므로 도성도 관기에게로 가게 되었다. 이와 같이 하기를 여러 해를 지났다. 도성은 그가 살고 있는 뒷산 높은 바위 위에 늘 좌선하고 있었는데, 어느 날 바위 사이로 몸을 솟구쳐 허공에 날리면서 떠나갔는데, 간 곳을 알 수 없었다. 혹 수창군(壽昌郡, 현 수성군)에 가서 죽었다는 말도 있다. 관기도 또한 뒤를 따라 세상을 떠났다.

(출전) 羅時有觀機, 道成二聖師, 不知何許人, 同隱包山(鄕云所瑟山, 乃梵音, 此云包也). 機庵南嶺, 成處北穴, 相去十許里, 披雲嘯月, 每相過從. 成欲致機, 則山中樹皆向南而俯, 如相迎者, 機見之而往 機欲邀成也. 則亦如之皆北偃, 成乃至. 如是有年, 成於所居之後, 高嵓之上, 常宴坐, 一日自嵓縫間透身而出, 全身騰空而逝, 莫知所至. 或云, 至壽昌郡(今壽城郡)指骸焉, 機亦繼踵歸眞(권5 피은 포산이성)

도성암(道成庵)

이제 두 성사(聖師)의 이름으로써 그 터를 명명했는데 모두 터전이 남아 있다. 도성암은 높이가 두어 길이나 되는데, 후인들이 그 굴 아래에 절을 지었다. 태평흥국 7년(壬午, 982)에 중 성범이 처음으로 이 절에 와서 살았다. 만일미타도량을 열어 50여 년을 부지런히 힘썼는데 여러 번 특이한 상서로움이 있었다.

(출전) 今以二師名命其墟, 皆有遺趾. 道成嵓高數丈, 後人置寺穴下. 大平興國七年壬午, 有釋成梵, 始來住寺, 敞萬日彌陀道場, 精懃五十餘年, 屢有殊祥(권5 피은 포산이성)

(새김)

도성암은 대구시 달성군 유가면에 자리한 비슬산에 터하여 있다. 포산이성(包山二聖)이 머물렀던 이곳 어름의 인흥사에서 몽고의 병란을 피하면서 일연선사가 머물렀다. 거기서 삼국유사의 디딤돌이라 할 왕력(王曆)을 기초하였다고 전해 온다. 최근에 도성암이 비슬산 대견사지 어름의 바위굴 같이 생긴 공간임을 발견하였다(영남일보 2013.6).

도솔가(兜率歌)

신라 제35대 경덕왕 19년(庚子, 760) 4월 초하루에 두 개의 해가 나란히 나타나서 열흘 동안 없어지지 않으니 천문관(日官)이 아뢰었다. 인연 있는 스님을 청하여 산화공덕(散花功德)을 지으면 재앙을 물리칠 수 있을 것입니다. 이에 조원전에 단을 정결히 모으고 왕이 청양루에 거둥하여 인연 있는 스님이 오기를 기다렸다. 이 때 월명사가 긴 밭두둑 길을 가고 있었다. 왕이 사람을 보내서 그를 불러 단을 열고 기도하는 글을 짓게 하니 월명사가 아뢴다. 저는 다만 국선의 무리에 속해 있기 때문에 겨우 향가만 알 뿐이고 범패에는 서투릅니다. 왕이 말했다. 이미 인연이 있는 중으로 왔으니 향가라도 좋소. 이에 월명이 도솔가를 지어 바쳤는데 가사는 이러하다. 오늘 여기 산화가(散花歌)를 불러,

뿌린 꽃아 너는. 곧은 마음의 명령을 부림이니, 미륵좌주를 모시게 하라. 이것을 풀이하면 이렇다. 용루에서 오늘 산화가를 불러, 청운에 한 송이 꽃을 뿌려 보내네, 은근하고 정중한 곧은 마음이 시키는 것이니, 멀리 도솔대선(兜率大僊, 미륵불)을 맞으라. 지금 민간에서는 이것은 산화가라고 하지만 잘못이다. 마땅히 도솔가라고 해야 할 것이다. 산화가는 따로 있는데 그 글이 많아서 실을 수 없다. (중략) 이를 기려서 말한다. 바람은 종이돈 날려 죽은 누이동생의 노자를 삼게 하고, 피리는 밝은 달을 일깨워 항아(姮娥)가 그 자리에 멈추었네. 도솔천이 하늘처럼 멀다고 말하지 말라. 만덕화(萬德花) 그 한 곡조로 즐겨 맞았네.

(출전) 景德王十九年庚子四月朔, 二日並現, 挾旬不滅. 日官奏請緣僧, 作散花功德則可禳. 於是 潔壇於朝元殿, 駕幸靑陽樓, 望緣僧. 時有月明師, 行于阡陌時之南路, 王使召之. 命開壇作啓. 明奏云臣僧但屬於國仙之徒, 只解鄕歌, 不閑聲梵, 王曰旣卜緣僧, 雖用鄕歌可也. 明乃作兜率歌賦之. 其詞曰今日此矣散花唱良巴, 寶白乎隱花良汝隱, 直等隱心音矣命叱使以惡只, 彌勒座主陪立羅良 解曰龍樓此日散花歌, 挑送靑雲一片花, 殷重直心之所使, 遠邀兜率大僊家, 今俗謂此爲散花歌, 誤矣. 宜云兜率歌. 別有散花歌, 文多不載. (중략) 讚曰, 風送飛錢資逝妹, 笛搖明月住姮娥. 莫言兜率連天遠, 萬德花迎一曲歌(권5 감통 월명사 도솔가)

(새김)

도솔가(兜率歌) : 충청도 칠갑산에 자리한 백제시대에 쌓은 도솔성이 있다. 여기 도솔이나 향가의 도솔이 같은 뜻으로 볼 수 있다. 이 노래는 문학이었음에 틀림없다. 여기 도솔은 산스크리트어(梵語) 두시다(तउषता, tusita)에서 유래한 것으로, 지족(知足), 묘족(妙足), 희족(喜足), 희락(喜樂)이란 말인데 미륵보살이 사는 하늘이라는 말이다. 도솔천(兜率天)은 산스크리트어로 두시다데와(तउषतादेव, tusita-deva)라 한다. 수미산 꼭대기에서 12만 유순 되는 곳에 자리한 천계이다. 도솔의 어원은 여러 가지의 풀이가 있다. 불교의 미륵정토인 도솔천이다(양주동, 정열모). 신령을 제사하는 덧소리(최남선), 백성을 다스리는 다술노래다(조지훈). 두리 혹은 두레에서 왔는데 화합 혹은 원만함을 말한다. 작자의 경우, 실재했던 인물이라기보다는 설화 상 달밤에 피리를 잘 불고 도솔가에서 두 해에 관한 문제를 해결하였다 하여 월명(月明)이라 하였다. 두 해의 해괴한 이변은 왜군의 침략을 이르며 미륵좌주의 출현은 위대한 화랑의 역할기대를 축원하는 내용으로 볼 수 있다(장진호, 신라향가의 연구 참조). 도솔가는 불교 유입 이전의 노래이므로 도솔푸리 혹은 도살푸리라고 보아야 한다(이혜구, 1957). 더러는 일본의 도리소(鳥蘇)와 같은 신사 무악이다(이두현, 1966).

도안(道安)

곧 눌지왕과 고구려 소수림왕의 시대가 서로 가까우니, 아도가 고구려를 떠나 신라로 온 것은 마땅히 눌지왕 시대였을 것이다. 또 공주의 병을 고친 것도 모두 아도가 한 일이라고 전하니 소위 묵호(墨胡)란 것도 참 이름이 아니요, 그저 그를 지목해서 부른 말일 것이다. 이것은 양나라 사람이 달마(達磨)를 가리켜 벽안호(碧眼胡)라 하고, 진(晉)

나라에서 중 도안(道安)을 조롱하여 칠도인(漆道人)이라고 한 것과 같은 것이니, 아도는 높은 행동으로 세상을 피하면서 자기 이름을 말하지 않았기 때문이다.

(출전) 則訥祇既與獸林世相接也. 阿道之辭麗抵羅, 宜在訥祇之世. 又王女救病, 皆傳爲阿道之事, 則所謂墨胡者非眞名也. 乃指目之辭. 如梁人指達摩爲碧眼胡, 晋調釋道安爲柒道人類也. 乃阿道危行避諱, 而不言名姓故也(권3 흥법 아도기라)

도의(道義)

지금 산중에 9성의 유사(遺事)를 기록한 것이 있는데 자세하지는 않으나 9성(聖)은 관기, 도성, 반사, 첩사, 도의, 자양, 성범, 금물녀, 백우사 들이다.

(출전) 今山中嘗記九聖遺事, 則未詳. 曰觀機 · 道成 · 搬師 · 楪師 · 道義(有栢岩基) · 子陽 · 成梵 · 今勿女 · 白牛師(권4 의해 포산이성)

도화랑(桃花娘)

신라 제25대 사륜왕의 시호는 진지대왕으로, 성은 김씨, 왕비는 기오공의 딸 지도부인이다. 대건 8년(丙申, 576)(고본에는 11년 기해라고 했는데 이는 잘못이다)에 왕위에 올랐다. 나라를 다스린 지 4년(己亥, 579)에 주색에 빠져 음란하고 정사가 어지러워지자 나라 사람들은 그를 폐위시켰다. 이보다 먼저 사량부의 어떤 민가의 여자 하나가 얼굴이 곱고 아름다워 당시 사람들은 도화랑(桃花娘)이라 불렀다. 왕이 이 소문을 듣고 궁중으로 불러들여 욕정을 채우고자 하니 여인은 말한다. 여자가 지켜야 하는 것은 두 남편을 섬기지 않는 일입니다. 그런데 남편이 있는데도 남에게 시집가는 일은 비록 만승(萬乘, 천자)의 위엄을 가지고도 맘대로 하지는 못할 것입니다. 왕이 말한다. 너를 죽인다면 어찌하겠느냐. 여인이 대답한다. 차라리 거리에서 베임을 당하더라도 딴 데로 가는 일은 원치 않습니다. 왕은 농담으로 말했다. 남편이 없으면 되겠느냐. 되겠습니다. 왕은 그를 놓아 보냈다. 이 해에 왕은 자리에서 쫓겨나고 죽었는데 그 후 2년 만에 도화랑의 남편도 또한 죽었다.

(출전) 第二十五舍輪王諡眞智大王, 姓金氏, 妃起烏公之女, 知刀夫人. 大建八年丙申卽位(古本云, 十一年己亥, 誤矣) 御國四年, 政亂荒婬, 國人廢之. 前此, 沙梁部之庶女, 姿容艶美, 時號桃花娘. 王聞而召致宮中, 欲幸之. 女曰女之所守, 不事二夫. 有夫而適他, 雖萬乘之威, 終不奪也. 王曰殺之何, 女曰寧斬于市, 有願靡他 王戲曰無則可乎, 曰可, 王放而遣之. 是年, 王見廢而崩. 後三年, 其夫亦死(권1 기이1 도화랑 비형랑)

돌백사(堗白寺)

돌백사 주첩주각(柱貼注脚, 공문서)에 씌어 있는 것을 살펴보면 이러하다. 경주의 호장 거천의 어머니는 아지녀(阿之女)이고, 이 아지녀의 어머니는 명주녀(明珠女)였다. 명주녀의 어머니인 적리녀(積利女)의 아들은 광학(廣學) 대덕과 대연삼중(大緣三重, 본명은

善會)이다. 이들 형제 두 사람이 모두 신인종에 귀의했다.

(출전) 按堗白寺柱貼注脚載慶州戶長巨川母阿之女, 女母明珠女, 女母積利女之子廣學大德 · 大緣三重(古名善會)昆季二人, 皆投神印宗(권5 신주 명랑신인)

(새김)

주첩(柱貼)이라 함은 고려 때, 상-하급 관청 사이에서 주고받는 왕복 공문서를 이른다. 본문에서 상급관청에서 **돌백사**에 보낸 공문에 세부사항을 적은 공문의 내용을 보탠 글이다.

돌산(突山)

둘째는 돌산 고허촌이니, 촌장은 소벌도리이다. 처음에 형산에 내려왔으니 이가 사량부(沙梁部, 량은 도라고 읽고 혹 탁으로도 쓴다. 그러나 역시 도로 읽는다) 정씨(鄭氏)의 조상이 되었다. 오늘날에 와서 남산부라고 한다. 구량벌, 마등량, 도북, 그리고 회덕 등이 남촌에 속한다.

(출전) 二曰突山高墟村, 長曰蘇伐都利, 初降于兄山, 是爲沙梁部(梁讀云道, 或作涿, 亦音道)鄭氏祖, 今曰南山部, 仇良伐, 麻等烏, 道北, 廻德等南村屬焉(권1 기이1 신라시조 혁거세왕)

(새김)

고허촌은 오늘날의 고위산(高位山, 495m) 기슭에 자리한 마을이었다. 산의 8부 능선에 가면 아직도 고허산성(高墟山城)의 성터가 있다. 말하자면 고허-고어-고위로 대응되어 좋은 글자로 바뀌어 쓰이고 있다. 여기 높을 고(高)는 옛 지명에서 고(高)-달(達)로 대응된다. '달'의 경우, 아래아로 소리가 나던 'ᄃᆞᆯ'은 경상도 방언에서 아직도 -오-로 소리가 나는 일이 있다(달라-돌라 파리-포리 등). 그렇다면 돌산-고허의 대응도 예서 다름이 아니다. 경주 남산에서는 고위산이 가장 높으니까 돌출하여 위로 솟은 산이라 하여 그리 붙인 것으로 보인다. 또 하나의 가능성은 돌-: 달(鷄)의 대응이다. 경주 지역의 방언에서는 닭을 흔히 '달'이라 한다. 닭이 새니까 새 샤머니즘의 출현이다. 소리의 유사함으로써 새(鳥, 鐵) : 해(日)의 대응이 가능하다. 마침내 고(高):돌(突):달(鷄)-계림(鷄林)이니 박혁거세가 새의 알(卵)에서 나온 신화적인 의미가 상징적으로 쓰인 것으로 보인다. 좀 더 일반화하면 이는 조이족(鳥夷族) 더 나아가서 태양신 숭배의 샤머니즘이 바탕에 자리한 신화적인 풀이가 된다. 한마디로 철기문화를 지닌 새 신앙을 지닌 예(濊) 민족의 영입, 아니면 정복을 상징적으로 표현 것으로 보인다. 여기 돌산의 고허촌이 사량부 정씨의 촌이 되고 취산 진지촌의 지백호를 최씨의 조상으로 삼국유사에서는 적고 있다. 그러나 삼국사기 유리왕조에서는 취산 진지촌의 촌장인 지백호(智伯虎)를 정씨의 조상으로 적고 있어 성씨의 조상에 대한 헛갈림이 일어나고 있다.

돌석(堗石)

사비하 언덕에는 또 돌 하나가 있는데 10여 명이 앉을 만하다. 백제왕이 왕흥사에 가서 부처에게 예불을 드리려 할 때, 먼저 그 돌에서 부처를 바라보고 절을 하면 그 돌이 저절로 따뜻해졌다 해서 그 돌을 돌석이라고 한다. 또 사비하의 양쪽 언덕은 마치 그림 병풍과 같아서 백제왕이 매양 그곳에서 잔치를 열고 노래하고 춤추면서 즐겼다. 그렇기 때문에 지금도 이곳을 대왕포(大王浦)라고 일컫는다.

(출전) 又泗沘崖又有一石, 坐十餘人, 百濟王欲幸王興寺禮佛, 先於此石望拜佛, 其石自煖, 因名㶡石. 又泗沘河兩崖如畫屛, 百濟王每遊宴歌舞, 故至今稱爲大王浦(권2 기이2 남부여 전백제 북부여)

동도(東都)

동도(東都, 경주)의 남산 남쪽에 봉우리 하나가 우뚝 솟아 있는데 세속에서는 고위산이라 한다. 산 남쪽에 절이 있는데 속칭 고사(高寺) 또는 천룡사(天龍寺)라고 한다. 토론삼한집에는 이렇게 말했다. 계림에는 두 줄기의 본류가 아닌 객수(客水)와 한 줄기의 역수(逆水)가 있는데 그 역수와 객수의 두 근원이 천재를 진압하지 못하면 천룡사가 뒤집혀 무너지는 재앙이 생긴다. 속전에는 이렇게 말한다. 역수는 이 고을 남쪽 마등오촌(馬等烏村)의 남쪽을 흐르는 내가 이것이다. 또 이 물의 근원이 천룡사에서 시작되는데, 중국에서 온 사자 악붕귀가 와서 보고 말하기를, 이 절을 파괴하면 이내 나라가 망할 것이다.

(출전) 東都南山之南, 有一峯屹起, 俗云高位山, 山之陽有寺, 俚云高寺, 或云, 天龍寺. 討論三韓集云雞林土內有客水二條, 逆水一條, 其逆水, 客水二源, 不鎭天災, 則致天龍覆沒之災, 俗傳云逆水者, 州之南馬等烏村南流川, 是又是水之源致天龍寺, 中國來使樂鵬龜來見云破此寺則國亡無日矣(권3 탑상 천룡사)

동도성립기(東都成立記)

또 해동의 명현 안홍(安弘)이 지은 동도성립기에는 이런 말이 있다. 신라 제27대에는 여자가 왕이 되니 비록 올바른 도리는 있어도 위엄이 없어서 구한이 침범하는 것이다. 만일 대궐 남쪽 황룡사에 구층탑을 세우면 이웃 나라가 침범하는 재앙을 진압할 수 있을 것이다. 제1층은 일본, 제2층은 중화, 제3층은 오월, 제4층은 탁라, 제5층은 응유, 제6층은 말갈, 제7층은 거란, 제8층은 여진, 제9층은 예맥을 진압시킨다.

(출전) 又海東名賢安弘撰東都成立記云新羅第二十七代, 女王爲主, 雖有道無威, 九韓侵勞, 若龍宮南皇龍寺建九層塔, 則隣國之災可鎭, 第一層日本, 第二層中華, 第三層吳越, 第四層托羅, 第五層鷹遊, 第六層靺鞨, 第七層丹國, 第八層女狄, 第九層穢貊(권3 탑상 황룡사구층탑)

동로수(冬老樹)

왕은 물건의 길이가 한 자 다섯 치가 돼 배필을 얻기 어려웠다. 그래서 특사를 삼도에 보내서 배필을 구했다. 특사가 모량부 동로수 밑에 이르니 개 두 마리가 북만큼 큰 똥 덩어리의 양쪽 끝을 물고 싸우고 있다. 사자는 그 마을 사람을 찾아보고 누가 눈 똥인가를 물었다. 한 소녀가 말하였다. 이것은 모량부 상공의 딸이 여기서 빨래를 하다가 숲속에 숨어서 싼 것입니다. 그 집을 찾아가 살펴보니 그 여자는 키가 7자 5치나 된다. 이 사실을 왕께 아뢰었더니 왕은 수레를 보내서 여자를 궁중으로 맞아 황후를 봉하니 여러 신하들이 모두 하례했다.

(출전) 王陰長一尺五寸, 難於嘉耦, 發使三道求之. 使至牟梁部冬老樹下, 見二狗嚙一屎塊如鼓大, 爭嚙其兩端. 訪於里人, 有一小女告云此部相公之女子洗澣于此, 隱林而所遺也. 尋其家檢之. 身長七尺五寸. 具事奏聞, 王遣車邀入宮中, 封爲皇后, 群臣皆賀(권1 기이1 지철로왕)

(새김)

이영희(1999, 노래하는 역사)는 똥을 누었소의 옛말로 동로수를 풀이하였다. 미시나(三品, 삼국유사고증)는 동(冬)을 갈지(之)의 오기로 보고 모량부지수(牟梁部之樹)라 하여 모량부의 오래 된 나무로 상정하였다. 엮은이가 보기로는 앞의 풀이가 온당할 것으로 본다. 당시에 아직 경음의 소리가 변별력을 갖지 못하였기에 동으로, 로(老)는 누다의 어간 노(누)-로, 수(樹)-소(종결어미)로 본다. 받침을 줄여 노다로 썼기에 그러하다.

동명기(東明記)

동명기에는, 졸본성은 땅이 말갈(혹은 현 동진이라 함)에 연접되어 있다. 신라의 제6대 지마왕 14년(乙丑, 125)에, 말갈의 군사가 북쪽 국경으로 크게 들어와 큰 고개인 대령의 성책을 습격하고 니하(泥河)로 지나갔다고 했다. 후위서(後魏書)에 말갈은 바로 물길이라 했고, 지장도(指掌圖)에는, 읍루와 물길은 다 숙신이라 했다.

(출전) 又東明記云, 卒本城連靺鞨(或云今東眞), 羅第六祇麻王十四年(乙丑), 靺鞨兵大入北境, 襲大嶺柵, 過泥河後魏書靺鞨作勿吉指掌圖云挹屢與勿吉皆肅愼也(권1 기이1 말갈 발해)

동명왕(東明王)

국사(國史) 고려본기에 이렇게 말했다. 시조 동명성제의 성은 고씨(高氏)요, 이름은 주몽(朱蒙)이다. 이보다 앞서 북부여의 왕 해부루(解夫婁)가 이미 동부여로 피해 가고, 부루가 죽자 금와(金蛙)가 왕위를 이었다. 이 때 금와는 태백산 쪽 우발수(優渤水)에서 여자 하나를 만나서 물으니 그 여자는 말하기를, 나는 하백의 딸로서 이름을 유화(柳花)라고 합니다. 여러 동생들과 함께 물 밖으로 나와서 노는데, 남자 하나가 오더니 자기는 하느님의 아들 해모수(解慕漱)라고 하면서 나를 웅신산(熊神山, 백두산) 밑 압록강 가의 집으로 유인하여 남몰래 정분을 트고 가더니 돌아오지 않았습니다. 부모는 내가 중매도 없이 혼인한 것을 꾸짖어서 드디어 이곳으로 귀양 보냈습니다.

(출전) 國史, 高麗本記云始祖東明聖帝, 姓高氏, 諱朱蒙. 先是, 北扶餘王解夫婁, 旣避地于東扶餘, 及夫婁薨, 金蛙嗣位. 于時, 得一女子於太伯山南優渤水, 問之. 云我是河伯之女, 名

柳花, 與諸弟出遊, 時有一男子, 自言天帝子解慕漱, 誘我於熊神山下鴨渌邊室中私之. 而往不返(壇君記云君與西河河伯之女要親, 有産子, 名曰夫婁. 今按此記, 則解慕漱私河伯之女而後産朱蒙, 壇君記云産子名曰夫婁, 夫婁與朱蒙異母兄弟也). 父母責我無媒而從人, 遂謫居于此(권1 기이1 고구려)

(새김)

마침내 **유화부인**은 알을 낳아 그 알에서 고주몽이 태어났다. 많은 시련을 겪으면서 부여를 통합하여 고구려를 세우고 첫 임금이 되었다. 주몽(朱蒙)이란 활을 잘 쏘는 사람(善射者)을 말한다. 백두산을 웅신산(熊神山) 곧 곰산과 관련하였으니 그 족속으로 보아 맥족(貊族)이라 할 수 있다. 해모수는 해(解)- 곧 예족(濊族, suei 濊의 고대음)이니 예족은 태양신 숭배를 하고 쇠를 사용하였던 겨레들이다. 말하자면 고조선은 예맥족의 통합을 이룬 것이니 단군왕검의 후손이라 할 것이다. 우리의 인사말로 고맙다는 곰을 뜻하는 고마(熊, 용비어천가 3-15)에 같다는 뜻의 접미사 -ㅂ다가 붙어 이루어진 형용사이다. 말을 문화기호라 할 때, 우리민족은 곰을 토템으로 하던 겨레였음을 알 수 있다. 심백강(우리역사, 2014)은 맥족을 밝달 민족으로 풀이하고 있다. 조선상고사(신채호, 1948)에서는 동명을 한몽으로 읽는다. 성왕(聖王)의 성을 주무의 의역으로 보았다.

동부도위부(東部都尉府)

전한서(前漢書)에 이렇게 말했다. 소제 시원 5년(己亥, 전 82)에 두 외부를 두었다. 이것은 조선의 옛 땅인 평나와 현토군 등을 평주도독부로 삼고, 임둔, 낙랑 등 두 군의 땅에 동부도위부를 둔 것을 말함이다(내가 생각하기에 조선전에는 진번, 현토, 임둔, 낙랑 등 네 군으로 되어 있다. 그런데 지금 이 글에는 평나가 있고 진번이 없으니 대개 한 지방을 두 이름으로 불렀던 것 같다).

(출전) 前漢書, 昭帝始元五年己亥, 置二外府, 謂朝鮮舊地平那及玄菟郡等, 爲平州都督府, 臨屯, 樂浪等兩郡之地, 置東部都尉府(私曰, 朝鮮傳則眞番, 玄菟, 臨屯, 樂浪等四, 今有平那無眞番, 盖一地二名也)(권1 기이1 이부)

동부여(東扶餘)

고기(古記)에 이렇게 말했다. 전한 선제 신작 3년(壬戌, 전 58) 4월 8일에 천제가 흘승골성(訖升骨城, 대요 의주)에 내려왔다. 오룡거를 타고 도읍을 정하여 왕이라 일컫고 국호를 북부여라고 하고, 스스로 이름을 해모수라고 했다. 아들을 낳아 이름을 부루(扶婁)라 하고 해(解)로 성을 삼았다. 왕은 뒤에 상제의 명령으로 도읍을 동부여로 옮겼다. 동명제는 북부여를 계승하여 일어나서 졸본에 도읍을 정하고 졸본부여가 되었으니, 이 분이 곧 고구려의 시조다(아래에 보인다).

(출전) 古記云, 前漢書宣帝神爵三年壬戌四月八日, 天帝降于訖升骨城(在大遼醫州界) 乘五龍車, 立都稱王, 國號北扶餘, 自稱名解慕漱, 生子名扶婁, 以解爲氏焉. 王後因上帝之命,

移都于東扶餘, 東明帝繼北扶餘而興, 立都于卒本州, 爲卒本扶餘, 卽高句麗之始(見下) (권1 기이1 동부여)

(새김)

부여국은 서쪽으로는 오환(烏桓), 선비(鮮卑)와 연접하고, 동쪽으로는 읍루(挹婁)와 잇닿으며, 남으로는 고구려와 인접하고, 서남쪽으로는 요동의 중국세력과 연결되어 있었다. 3세기 전후 무렵, 그 강역은 사방 2천리에 달하는 광활한 만주의 벌판이었다. 부여국의 중심지역인 부여성(夫餘城)의 위치에 대해서는 오늘날의 장춘(長春), 농안(農安) 부근으로 상정하는 학설이 일찍이 제기되었다. 길림성에는 송원시(松源市)가 있는데 본디 이름이 부여현(夫餘縣)이라고 불렀다. 일설에는 길림시의 용담산성에서 동명제가 도읍을 하고 부여를 통합하였다고 한다. 용담산성에 가면, 동명제가 알에서 나와 말들이 돌보는 그런 형상을 조각으로 만들어 공원에 세워 놓았다. 난생설화가 우리 옛적의 역사에는 많이 등장한다. 김수로나 박혁거세, 김알지나 고주몽이 그런 경우이다. 알을 낳는 주체는 새인데, 이는 새를 토템으로 하는 원시신앙에서 나온 것으로 보인다. 중국의 사서인 사기(史記) 오제본기에 순(舜) 임금을 설명하는 부분에 조이(鳥夷)가 나온다. 진(晋) 나라의 황보밀이 지은 제왕세기(帝王世紀)를 보면, 태호제(太昊帝) 포희(庖犧)씨의 성(姓)은 풍(風)이라고 적고 있다(太昊帝庖犧氏風姓也). 풍(風)은 봉(鳳)과 통한다. 특히 갑골문의 풍(風)은 사방에서 새들이 날아드는 모습을 그린 것이다. 그럼 태호와 복희는 모두가 조이족(鳥夷族)과 관련이 있다는 것이다. 조이는 구이(九夷)의 뿌리가 된다. 송나라 나필(羅泌)의 로사(路史)에는 '복희가 구이에서 태어났다(伏犧生於九夷)'로 적고 있다. 또한 괄지지(括地志)에는 '조이(鳥夷)는 옛 숙신(肅愼)이다'라 함을 보면 적어도 복희(伏犧)씨는 조이의 지도자였을 가능성이 높다. 요즘 떠오르고 있는 내몽고 적봉시(赤峰市)의 홍산문화는 용과 봉(鳳)으로 상징된다(심백강(2014) 우리역사 참조). 이른바 요하문명의 주도세력이 조이족이었고 고조선의 문화 건설의 주체들이었다고 할 수 있다. 조이의 조(鳥)는 우리말 새(sai)인데, 지역에 따라서는 세, 시, 쌔, 사이(소이)로도 말한다. 조이족의 얼굴은 단연코 삼족오(三足烏)라 할 수 있다. 쌍영총(雙楹塚)의 벽화는 물론, 도처에 부여 고구려로 이어지는 유적과 지명(太陽鳥山, 朱雀山 817m)에 삼족오가 드러남은 조이족의 그림자라 할 수 있을 것이다. 이르자면 삼국유사의 사금갑(射琴匣)이나 일본의 아스카(飛鳥) 문화의 뿌리라 할 연오랑과 세오녀의 전설도 이와 무관하지 않다고 본다. 한편, 예맥족의 예(濊)의 고대한자음이 쉐이-수에이-셰-예의 대응됨이 있다. 한마디로 조이는 예족(濊族)이다. 그들은 물질적으로는 일찍부터 쇠(鐵, 소이>조이)를 씀으로 하여 높은 농업생산을 가능하게 하고 강력한 전쟁능력을 갖추었다고 본다. 신앙적으로는 태양 곧 해-새를 숭배하던 민족이었다. 신석기에서 청동기에 이르는 시기에 요하문명을 주도했던 세력이었을 가능성이 높다. 우리는 더러 소도에 새들이 앉아 있는 모습을 본다. 신앙적으로는 해 곧 태양숭배이고 물질로는 쇠를 상징하는 문화코드로 볼 수 있다는 이야기이다. 그럼 고주몽도 조이족이고 원주민격인 곰을 토템으로 하는 주민들을 통합하여 고대 국가의 체제를 형성하였다고 보아야 한다. 오늘날의 길림성 송원시(松源市)는 송화강과 눈강(嫩江)이 만나서 퇴적평야를 이룬 곳으로 부여국이 웅거하였을 가능성이 높다. 아직도 송원에는 백금보(白金寶) 문화라 하여 그 유적이 있다. 이 지역을 조원(肇源)이라 함을 보아도 그렇다. 조원의 조(肇)-는 처음으로 시작한다는 뜻이기에 그럴 개연성을 갖고 있다(정호완). 삼국유사와 삼국사기를 비롯한 광개토대왕비 등에서 '부여(扶餘)-동부여-북부여-졸본부여' 등의 다양한 부여의 존재를 말하고 있다. 여기서 동부여를 따로 떼어서 파악하는 견해가 있다(박경철, 1994). 이와 함께 예족(濊族)의 이주로 빚어진 나라를 동부여로 보자는 견해도 있다(송호정, 1997). 만주원류고(滿洲源流考)를 따르면, 부여의 구성원은 예족(濊族)으로 보인다.

동성왕(東城王)

백제 제24대 동성왕의 이름은 모대, 혹은 마제, 또는 여대라 한다. 삼근왕의 집안 동생인데 기미년(己未, 479)에 즉위하여 22년 동안 나라를 다스렸다.

(출전) 第二十四代東城王 名牟大, 一云麻帝, 又餘大. 三斤王之堂弟. 己未立, 理二十二年(권1 왕력 동성왕)

(새김)

백제 제21대 임금인 개로왕(蓋鹵王)의 손자이며 그 둘째 아들인 곤지(昆支)의 아들이다. 23년 동안 재위기간을 통하여 구세력과 신진 세력 간의 사이에서 정치적인 안정을 강화하려다 신진 세력에게 시해 당하였다. 동성왕 때부터 시호제가 실시되었다. 왕은 열너덧 살 어린 나이에 즉위, 천성이 숙성하고 활을 잘 쏘았다. 고구려와 위(魏)의 공격을 물리쳐 국난을 평정하고, 나아가서 오늘날의 산동성과 절강성 등지를 점령하고 일본을 속국으로 만들었다(西渡海至越州北渡海至高麗南渡海至倭, 舊唐書 百濟傳). 삼국사기(三國史記)에는 한두 번의 가뭄과 홍수, 그리고 사냥한 일을 적었을 뿐이다(신채호, 조선상고사 참조). 여기 월주는 회계(會稽, 절강성 소흥)를 이른다. 왕 23년(501) 11월 사비 부여의 마포촌(馬浦村)에서 큰 눈을 만나서 쉬고 있던 왕에게 평소 불만을 품었던 위사좌평 가림성주(加林城主) 백가(苩加)가 보낸 자객의 칼에 숨을 거두었다. 왕의 나이는 30세였다.

동신성모(東神聖母)

또 송나라 사신 왕양(王襄)이 우리 조정에 와서 동신성모를 제사지낼 때에 그 제문에, 어진 사람을 낳아 비로소 나라를 세웠다는 글귀가 있었다.

(출전) 又大宋國使王襄到我朝, 祭東神聖母, 文有娠賢肇邦之句(권5 감통 선도성모수희불사)

동악신(東岳神)

내가 탈해(脫解)이다. 내 뼈를 소천구(疏川丘)에서 파내다가 소상을 만들어 토함산에 안치하도록 하라. 왕은 그 말을 좇았다. 그런 까닭에 지금까지 제사를 끊이지 않고 지내니 이를 동악신이라고 한다.

(출전) 夜見夢於太宗, 有老人貌甚威猛, 曰我是脫解也. 拔我骨於疏川丘, 塑像安於土含山 王從其言, 故至今國祀不絶, 卽東岳神也云(권1 기이1 탈해왕)

동옥저(東沃沮)

돌아보건대, 동명제는 왕위에 오른 지 10년 만에 북옥저를 멸망시켰고, 온조왕 42년(24)에 남옥저의 20여 집이 신라에 투항했다. 또 혁거세 52년(전5)에 동옥저가 신라에 와서 좋은 말을 바쳤다고 했다. 그러니 동옥저란 땅도 있었던 것이다.

(출전) 按東明帝立十年滅北沃沮, 溫祚王四十二年南沃沮二十餘家來投, 新羅又赫居世五十三年東沃沮來獻良馬, 則又有東沃沮矣(권1 기이1 말갈 발해)

동요(童謠)

선화공주(善化公主)님은 남몰래 정을 통하고 서동방을 밤에 몰래 안고 간다. 이 동유가 서울에 가득 퍼져서 대궐 안에까지 들리자 백관들이 진평왕에게 극력 간해서 공주를 먼 곳으로 귀양 보내게 하여 장차 떠나려 하는데 왕후는 순금 한 말을 주어 노자로 쓰게 했다. 공주가 장차 귀양지에 도착하려는데 도중에 서동이 나와 공주에게 절하면서 모시고 가겠다고 했다.

(출전) 善化公主主隱, 他密只嫁良置古, 薯童房乙, 夜矣卯乙抱遣去如 童謠滿京, 達於宮禁, 百官極諫, 竄流公主於遠方. 將行, 王后以純金一斗贈行, 公主將至竄所, 薯童出拜途中, 將欲侍衛而行, 公主雖不識其從來(권2 기이2 무왕)

(새김)

4구체의 향가이다. 향찰로 표기된 **참요성(讖謠性)** 민요로 보는 풀이가 있다. 이 노래는 삼국유사 기이(紀異) 제2 무왕조에 실려 있는 서동설화에 올라 있다. 이 이야기에 따르면, 이 노래는 백제 무왕이 소년 시절에 마를 캐서 팔아 생업을 삼는 서동(薯童)으로 서라벌에 들어가 선화공주를 얻으려고 지어 부르게 하였다고 전한다. 하지만 이 서동요의 배경설화를 여러모로 분석, 검토한 결과 그 설화의 역사적 주인공은 무왕이 아니라 백제 동성왕이라는 주장이 나왔다. 또한 동성왕도 아니고 신라의 원효라는 풀이까지도 나왔다. 요즘 이 서동요의 배경설화를 익산미륵사연기전설(益山彌勒寺緣起傳說)로 보아 그 설화의 주인공은 백제의 무령왕이나 그 설화의 민담적 주인공은 서동(薯童)이라는 주장도 나왔다. 사실 이 설화는 서동과 선화공주의 애정담을 핵심으로 하는 민담의 형태를 지니고 있으므로, 그 허구적 주인공 서동이 백제 동성왕이나 무령왕, 혹은 신라 원효 등이 지닌 소년시절의 모습이나 이름일 수는 없다. 따라서 이들 역사적 인물 중 어느 누구도 이 노래의 작자가 될 수는 없을 것이다. 서동은 마를 비롯한 산약과 산나물을 캐어 생활을 이어가던 소년의 무리를 지칭하던 보통명사로 나무 하는 초동, 소를 치는 목동 등과 같은 종류의 집단 이름이라고 볼 수 있다. 그러므로 이 서동요는 서동들에 얽힌 이야기, 그 속에 들어 있는 하나의 노래로 전승된 것이라 하겠다. 이 노래는 확고하게 지은이를 찾을 수 없이 전승된 민요적 성격의 향가이다(한국민족문화대백과사전 참조).

동이(東夷)

사이(四夷), 구이(九夷), 구한(九韓), 예맥(穢貊)이 있었다. 주례(周禮)에 직방씨(職方氏)

가 사이와 구맥(九貊)을 다스렸다고 함은 동이의 종족이니 곧 구이를 이르는 것이다.

(출전) 四夷, 九夷 · 九韓 · 穢 · 貊周禮 · 職方氏掌四夷 · 九貊者, 東夷之種卽九夷也(권1 기이1 마한)

(새김)

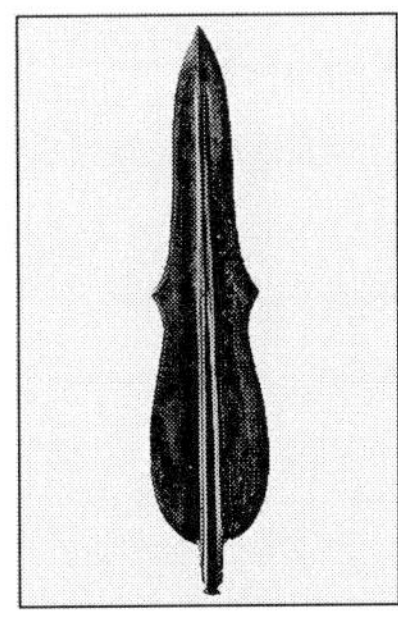
그림 28 비파형동검

동이족은 이렇게 광범위한 분포로 널리 퍼져 살았다. 이들은 중원 대륙에 비파형 동검으로 대표되는 청동기-철기 문화를 전함으로써 황하와 양자강을 중심으로 하는 남북의 축을 동서의 축으로 바꾸어 놓았던 겨레들이다. 요즘 중원에서는 이제까지의 황하문명 기원설을 넘어 요하(遼河) 문명을 중국 역사의 시원으로 설정, 고대사를 새로 구축하고 있다. 여기 요하문명의 알맹이라 할 홍산문화(紅山文化)의 지역은 모두가 고조선의 강역이었다. 비파형 청동기의 최초 발굴지인 적봉(赤峰)의 하가점(夏家店)에는 기념박물관을 짓고 있다(2016 답사). 당시로는 중원이 통일 국가가 아니었을 뿐 아니라 고조선의 거점이었을 것으로 보인다. 이는 옥기(玉器)로 상징되는 문화인바, 적석총 무덤의 규모로 보아 원시국가 형태를 형성하고 있다고 본다. 특히 한자의 기원으로 풀이되는 갑골문자(甲骨文字)의 본디 이름이 서계(書契) 곧 계(契)-계(刧)가 된다. 여기 계(刧)의 반절식 소리는 한글의 글과 같다. 곧 기흘(欺訖切<集韻>)의 절(切)이 되니 기의 기역과 흘의 을이 합하여 '글'이 된다. 소리와 뜻과 모양으로 본 한자의 짜임으로 보면 칼(刀)로 나무 혹은 돌에, 혹은 쇠에 옆으로 그어 놓고 이를 하나의 약속의 징표로 삼아 쓴 데서 비롯한 것이다(진태하 참조). 비교언어학적으로 보면 동이는 중국어로 뚱이라고 읽는다. 이 말은 산스크리트어로 뚱이(**तउङगइ**, tungi)가 된다. 이는 뚱가(**तउङग**, tunga)의 여성형인데 그 뜻은 뛰어난 민족이란 말이다. 동이란 슬기로운 겨레라는 말이다(산스크리트-영어 사전 참조). 이르자면 철기문화를 처음으로 중원에 전파시키고 문자를 전한 겨레란 속내가 된다. 중국의 문헌에서는 동이 혹은 이(夷)라 함은 오랑캐를 이른다(禮記 王制). 한족의 뿌리인 화(華)나 하(夏) 곧 화하족에 대립하는 이질 족속을 말한다(기수연, 1993).

동진(同塵)

이혜동진(二惠同塵) 중 혜숙(惠宿)이 화랑인 호세랑(好世郞)의 무리 중에서 자취를 감추자 호세랑은 이미 황권(黃卷)에서 이름을 지워 버리니 혜숙은 적선촌(赤善村, 현 안강현 적곡촌(赤谷村))에 숨어서 산 지 20여 년이나 되었다.

(출전) 二惠同塵釋惠宿, 沈光於好世郞徒, 郞旣讓名黃卷, 師亦隱居赤善村(今安康縣有赤谷村)二十餘年(권4 의해 이혜동진)

(새김)

동진(同塵)은 화광동진(和光同塵)의 줄임말로 노자(老子)에 나오는 화기광동기진(和其光同其塵)에서 나온 말이다. 불보살이 존엄한 부처의 빛을 부드럽게 하고 재능과 지혜를 숨겨 중생과 함께 하는 일을 이른다. 침광(沈光)이라고도 한다.

동진(東晋)

동진의 효무제 태원 9년(384) 말에 경(經)과 율(律) 수십 부를 가지고 요동으로 가서 불교를 전파했다. 여기에서 삼승을 가르쳐 즉시 불계(佛戒)에 귀의했으니 이것이 대략 듣건대, 고구려에서 불교가 처음으로 들어왔다.

(출전) 晋孝武大元九年末, 齎經律數十部, 往遼東宣化, 現授三乘, 立以歸戒, 盖高麗聞道之始也(권2 기이2 흥법 아도기라)

동천사(東泉寺)

원성왕이 즉위한 지 11년(乙亥, 795)에 당(唐) 나라 사자가 서라벌에 와서 한 달을 머물러 있다가 돌아갔는데, 하루 뒤에 두 여자가 대전으로 나와서 아뢴다. 저희들은 동지(동지), 청지(靑池, 청지는 곧 동천사의 샘이다. 절에 있는 기록을 보면 이 샘은 동해의 용이 오가면서 불법을 듣던 곳이요, 절은 진평왕이 지은 것으로서 오백 성도와 오층탑과 전민까지 함께 헌납했다고 했다)에 있는 두 용의 아내입니다.

(출전) 王卽位十一年乙亥, 唐使來京, 留一朔而還, 後一日, 有二女進內庭, 奏曰妾等乃東池·靑池(靑池卽東泉寺之泉也. 寺記云, 泉乃東海龍往來聽法之地. 寺乃眞平王所造, 五百聖衆·五層塔, 幷納田民焉)二龍之妻也(권2 기이2 원성대왕)

(새김)

신라 제38대 원성왕 때 당 나라 사신들은, 신라를 지키던 분황사 삼룡변어정(三龍變魚井)의 용 세 마리를 작은 고기로 변화시켜 이를 대롱 속에 넣어 당 나라로 붙잡아 갔다. 이들은 당 나라 하서(河西) 출신의 사신으로서 신라를 지키고 있던 호국룡을 도술로 변화시켜 돌아가던 중 갑작스런 홍수로 물이 불어 경산의 하양관(河陽館) 객사에서 머물고 있었다. 용지와 청지에 살던 용의 아내들이 임금에게 이러한 딱한 사정을 알리자 임금은 군사를 데리고 하양관으로 가서 세 마리의 용들을 모두 다 동지와 청지에 놓아주어 활기를 되찾았다. 이로써 신라는 더욱 굳건하게 되었다. 오늘날 동천사로 추정되는 곳은 동전천(東田泉)이나 동(東) 등의 명문이 발견된 동천동의 전(傳) 헌덕왕릉의 서북쪽 일원으로 보인다(진성규, 이인철, 2002).

동천왕(東川王)

고구려 제11대는 동천왕의 통치의 시대였다.

(출전) 第十一代東川王(권1 왕력 동천왕)

(새김)

동양왕(東襄王)이라고도 하며 재위 기간은 21년(227-247)이었다. 삼국지에는 위궁(位宮)이라고 하였으며, 삼국사기에는 우위거(憂位居), 어릴 때 이름은 교체(郊彘)였다. 위(魏)의 관구검의 침략을 받아 환도성이 함락되기도 하였다.

동축사(東竺寺)

현(縣)의 관리가 문서를 갖추어서 보고하자 왕은 사자를 시켜 그 고을 성 동쪽의 높고 깨끗한 땅을 골라서 동축사를 세우고 세 불상을 편안히 모시게 했다. 그리고 그 금과 쇠는 서울로 보내서 태건 6년(甲午, 574) 3월(사중기엔 계미년 10월 17일)에 장륙존상을 부어 만들었는데 공사는 금세 이루어졌으며, 그 무게는 3만 5,007근으로 황금 198푼이 들었고 두 보살상은 쇠 만 2천근과 황금 만 136푼이 들어갔다. 장륙상을 황룡사에 봉안하였다.

(출전) 縣吏具狀上聞, 勅使卜其縣之城東爽塏之地, 創東竺寺, 邀安其三尊, 輸其金鐵於京師, 以大建六年甲午三月(寺中記云, 癸巳十月十七日), 鑄成丈六尊像, 一鼓而就, 重三萬五千七斤, 入黃金一萬一百九十八分, 二菩薩入鐵一萬二千斤, 黃金一萬一百三十六分, 安於皇龍寺(권3 탑상 황룡사 장륙)

(새김)

아육왕(阿育王)은 재위 38년(전232)에 죽었다. 같은 해 울산 사포(絲浦)에 금과 쇠를 싣고 왔다는 진흥왕 30년(569)의 사이에는 약 8백년의 거리가 있으므로 아육왕이 배를 띄웠다는 전설은 믿기가 어렵다(지준모).

동학(童學)

또 아신왕(阿莘王)이 즉위한 대원 17년(392) 2월에 영을 내려 불법(佛法)을 숭상하고 믿어서 복을 구하라고 했다. 마라난타(摩羅難陀)는 번역해서 동학(童學, 그의 이적은 해동고승전에 자세히 나타나 있다)이라고 한다.

(출전) 又阿莘王卽位大元十七年二月, 下敎崇信佛法求福 摩羅難陁, 譯云童學(其異跡詳見僧傳)(권3 흥법 난타벽제)

동화사(桐華寺)

노래를 마치자 간자를 숲속 샘에서 찾아 곧 그 자리에 당(堂)을 짓고 간자를 모셨으니, 지금 동화사 첨당(籤堂, 점집) 북쪽에 있는 작은 우물이 이것이다. 고려 예종이 일찍이 부처의 간자를 맞아 대궐 안에서 예배했는데, 갑자기 아홉 번째 간자 하나를 잃어 아간(牙簡, 치아)으로 대신하여 본사에 돌려보냈더니, 지금은 이것이 점점 변해서 같은 빛이 되어 새것과 옛것을 분별하기 어렵다. 그리고 그 바탕은 상아도 옥도 아니다.

(출전) 旣唱而得簡於林泉中. 卽其地構堂安之. 今桐華寺籤堂北有小井是也. 本朝睿王嘗取迎聖簡, 致內瞻敬, 忽失九者一簡, 以牙代之. 送還本寺. 今則漸變同一色, 難卞新古, 其質乃非牙非玉(권4 의해 심지계조)

(새김)

동화사(桐華寺)는 대구의 팔공산에 자리한 절이다. 대한불교조계종 제9교구 본사이다. 소지왕 15년(493) 극달(極達)이 세워 유가사(瑜伽寺)라 하였다. 그 뒤 흥덕왕 7년(832) 왕사 심지(心地)가 다시 세웠는데, 그 때가 겨울철임에도 절 주위에 오동나무 꽃이 만발하였으므로 동화사로 고쳐 불렀다고 한다. 신라 때에는 동수(桐藪) 혹은 동사(桐寺)라 하였다가 고려 중기에 와서 동화사라고 불렀다. 아울러 같은 팔공산 줄기인 환성산 기슭 아래 환성사를 세워 수도 정진하였다. 환성산(環城山, 811m)이란 이름 그대로 산의 모양이 고리처럼 둥그렇게 절을 싸고 있어 그리 붙인 것으로 보인다. 종교적으로 말하자면 원 사상 곧 윤회 사상을 바탕에 깔고 있는 것으로 보인다.

두루미〔鶴〕

그 뒤에 신효거사(信孝居士)라는 이가 있었는데 혹은 유동보살(幼童菩薩)의 화신이라고도 했다. 그의 집은 공주에 있었고 정성을 다하여 어머니를 봉양했다. 어머니는 고기가 아니면 먹지 않으므로 거사는 고기를 구하려고 산과 들을 돌아다니다가 길에서 학 다섯 마리를 보고 활로 쏘나, 학 한 마리가 날개의 깃 한 조각을 떨어뜨리고 갔다. 거사는 그것을 집어 그것으로 눈을 가리고 사람을 보았더니 사람이 모두 짐승으로 보였다. 이에 고기는 얻지 못하고 자신의 허벅지 살을 베어 어머니께 드렸다. 뒤에 집을 나와 승려가 되었고 살던 집을 내놓아 절로 삼았으니 오늘날의 효가원(孝家院)이다.

(출전) 後有信孝居士者, 或云幼童菩薩化身, 家在公州, 養母純孝, 母非肉不食, 士求肉出行山野, 路見五鶴射之. 有一鶴落一羽而去. 士執其羽, 遮眼而見人, 人皆是畜生, 故不得肉, 而因割股肉進母, 後乃出家. 捨其家爲寺, 今爲孝家院(권3 탑상 대산월정사오류성중)

득오(得烏)

신라 제32대 효소왕 때에 죽만랑(竹曼郞)의 무리 가운데 득오(得烏 혹은 得烏谷)라는 급간이 있었다. 그는 풍류황권에 이름을 올려놓고 날마다 나오고 있었는데, 한 번은 열흘이 넘도록 보이지 않았다. 그의 어머니를 불러 아들이 어디 갔느냐고 물었다. 득오의 어머니가 말하였다. 당전 모량의 익선(益宣) 아간이 아들을 창고지기로 불렀습니다. 급히 가느라고 낭주에게 말할 틈도 없이 갔습니다.

(출전) 第三十二孝昭王代, 竹曼郎之徒有得烏(一云谷)級干, 隷名於風流黃卷, 追日仕進, 隔旬日不見. 郎喚其母, 問爾子何在, 母曰幢典牟梁益宣阿干, 以我子差富山城倉直, 馳去行急, 未暇告辭於郎(권2 기이2 효소왕 죽지랑)

(새김)

죽지랑은 부랴부랴 낭도를 이끌고 그가 일하는 현장에 달려가서 익선에게 득오에게 휴가를 줄 것을 간청하였으나 끝내 거절하였다. 마침내 죽지랑은 익선에게 사지(舍知)인 진절(珍節)의 기마안장을 얻어 익선에게 선물로 주고 겨우 득오의 말미를 얻어냈다. 이런 괴이한 소문이 조정의 화주(花主)의 귀에 들어갔다. 드디어 익선은 처벌을 받게 되었고, 득오는 부역에서 벗어났다. 뒷날 득오는 죽지랑을 그리워하는 노래인 향가 모죽지랑가(慕竹旨郎歌)를 지었다. 삼국유사에서는 **득오**의 부역 사실이 효소왕 때의 일로 기록하였으나, 실은 진평왕 때의 사실을 기록한 것으로 봄이 온당할 듯하다(문경현).

등주(登州)

삼국사(三國史)에는 이렇게 말했다. 의봉 3년(678), 고종 무인년에 고구려의 남은 무리가 그 무리를 모아 북으로 태백산 밑에 자리하여 국호를 발해라고 했다. 개원 20년 무렵 당의 명황(明皇, 현종)이 장수를 보내서 발해를 정벌했다. 또 성덕왕 32년, 현종 갑술년에 발해와 말갈이 바다를 건너 당 나라 등주를 침공하자 현종은 이를 물리쳤다.

(출전) 三國史云, 儀鳳三年, 高宗戊寅, 高麗殘孽類聚, 北依太伯山下, 國號渤海. 開元二十年間, 明皇遣將討之. 又聖德王三十二年, 玄宗甲戌, 渤海靺鞨越海侵唐之登州, 玄宗討之(권1 기이1 말갈, 발해)

(새김)

등주(登州)는 오늘날의 중국 산동성 봉래시(蓬萊市) 일원을 말한다. 발해(渤海)의 등주 공격 시기로는 구당서(舊唐書)를 바탕으로 하여 732년으로 본다. 발단은 당 나라가 흑수말갈에 당 나라의 관리를 파견하려는 데서 비롯한다. 마침내 발해가 흑수말갈과 당 나라 사이에 끼어 어려움을 겪게 된 발해는 흑수말갈을 공격하게 된다. 이러한 발해에 대한 침공을 반대한 발해 무왕의 동생인 대문예(大門藝)와 무왕(武王) 사이에 벌어진 흑수말갈 토벌에 대한 의견 차이로 빚어진 것이다. 끝내 대문예는 당 나라로 망명을 하였고 무왕은 당에 그의 송환을 요청하였으나 당 나라에서는 이를 거절하였다. 결론은 등주를 공격하게 되었다.

마라난타(摩羅難陀)

백제본기(百濟本記)에 이렇게 올렸다. 제15대(해동고승전에 14대라 한 것은 잘못) 침류왕이 즉위한 갑신(甲申, 384. 동진(東晉) 효무제의 태원 9년)에 호승 마라난타가 동진에서 오자 그를 궁으로 맞아들이고 예로써 공경했다. 다음 해 을유년(乙酉, 385)에 새 도읍지인 한산주(漢山州, 서울)에 절을 세우고 인도 승 열 사람을 두었으니 이것이 백제 불법의 첫걸음이다. 또 아신왕이 즉위한 대원 17년(392) 2월 왕명으로 불법을 숭상하고 믿어서 복을 구하라고 했다. 마라난타는 번역하면 동학(童學, 그의 이적은 해동고승전에 자세히 올라 있다)이라고 한다.

(출전) 百濟本記云第十五(僧傳云十四, 誤)沈流王卽位甲申(東晋孝武帝大元九年), 胡僧摩羅難陁自晋, 迎置宮中禮敬. 明年乙酉, 創佛寺於新都漢山州, 度僧十人, 此百濟佛法之始. 又阿莘王卽位大元十七年二月, 下教崇信佛法求福 摩羅難陁, 譯云童學(其異跡詳見僧傳)(권2 흥법 난타벽제)

(새김)

마라난타(**मरनदा**, marananta)는 백제 침류왕 1년(384) 동진(東晉)에서 백제로 건너왔다. 왕이 성 밖까지 나가 맞이하여 궁궐 안에 머무르게 하고 이 때부터 백제 불교가 시작하였다. 영광에 가면 법성포(法聖浦)가 있는데 바다를 건너서 가장 먼저 불교가 백제로 들어왔다는 설화가 지명 유래로 남아 있다. 그곳에 가면 불갑사(佛甲寺)라 하여 그 난타벽제의 공을 기리고 있다. 영광(靈光) 또한 그렇다. 난타 스님의 영적 광명이 백제의 땅에 비쳐들기 시작하였다는 뜻으로 보인다. 불갑사의 갑(甲)은 간지로 보아 가장 앞서는 차례인 만큼 백제 불교의 첫 삽을 떴다는 의미가 엿보인다.

마리성(馬利城)

추조(雛造)를 성 가에서 잡았을 때에는 시체가 들을 덮었소. 연산군에서는 길환(吉奐)을 군사들 앞에서 베었고, 마리성(馬利城, 강원도 이산군인 듯) 가에서는 수오(隨晤)를 깃발 아래서 죽였소.

(출전) 禽雛造於城邊, 伏屍蔽野. 燕山郡畔, 斬吉奐於軍前 馬利(疑伊山郡)城(邊)戮隨晤於纛下(권2 기이2 후백제 견훤)

마립간(麻立干)

어떤 사람은 임금을 마립간이라고도 했다. 김대문은 마립간을 해석하기를, 마립간이란 서열을 뜻하는 방언이다. 서열은 위계를 따라 정하기 때문에 임금의 서열은 주가 되고 신하의 서열은 아래에 위치한다. 그래서 이렇게 이름으로 삼은 것이라고 했다.

(출전) 或曰麻立干(立一作袖), 金大問云麻立者, 方言謂橛也. 橛標准位而置, 則王橛爲主, 臣橛列於下, 因以名之(권1 기이1 남해왕)

(새김)

마립간(麻立干) : 마립-머리의 대응으로 보아 정상(頂上, 양주동, 이병도)으로 그 어원을 상정하였다. 마립간이라는 왕 칭호가 쓰인 것은, 제17대 내물왕 때부터 제22대 지증왕 때까지 쓰였다. 조선상고사(신채호,1948)에서는 마립간을 말간>말한으로 풀이한다.

마야사산(摩耶斯山)

고기(古記)에 이렇게 말했다. 만어산(萬魚山)은 옛날의 자성산, 또는 아야사산(阿耶斯山, 이것은 마땅히 마야사(摩耶斯)라고 해야 할 것이다. 즉 고기를 말한 것이다)이니, 그 곁에 가라국이 있었다. 옛날 하늘에서 알이 바닷가로 내려와서 사람이 되어 나라를 다스렸으니 이가 바로 수로왕이다. 이 때 국경에 옥지라는 연못이 있었고 못 속에는 독룡이 살고 있었다. 만어산에 나찰녀 다섯이 있어서 독룡과 왕래하면서 사귀었다. 그렇기 때문에 때때로 번개가 치고 비가 내려 4년 동안 곡식이 익지 않았다. 왕은 주문을 외어 이것을 금하려 했으나 금하지 못하고 머리를 숙이고 부처를 청하여 설법한 뒤에 나찰녀는 오계를 받았고 그 후로는 재앙이 없어졌다. 때문에 동해의 물고기와 용이 마침내 변화하여 골짜기 속에 가득 찬 돌이 되어서 각각 쇠북과 경쇠의 소리가 났다.

(출전) 古記云, 萬魚寺者古之慈成山也. 又阿耶斯山(當作摩耶斯, 此云魚也), 傍有呵囉國, 昔天卵下于海邊, 作人御國, 卽首露王. 當此時, 境內有玉池, 池有毒龍焉. 萬魚山有五羅刹女, 往來交通, 故時降電雨, 歷四年, 五穀不成. 王呪禁不能, 稽首請佛說法, 然後羅刹女受五戒而無後害, 故東海魚龍遂化爲滿洞之石, 各有鍾磬之聲(권3 탑상 어산불영)

(새김)

마야사(摩耶斯) : 산스크리트어로 마타야(**मतय**, mataya)의 한자 음역인데 마사(麽沙)로 물고기를 뜻한다. 일연은 아야사와 마야사의 음이 상통한다고 보았으나 김사엽은 일연의 오역으로 상정하였다. 오늘날 '맛이 있다'의 맛(味)도 물고기와 무관하지 않을 것으로 보인다. 마사-맛으로 대응된다면, 두 음절의 마사가 내파음이 되고 한 음절이 되면서 맛으로 굳어져 쓰이게 된 것으로 상정할 수 있다. 여기서 물고기와 용이 화하여 돌이 된 것은 부처의 설법을 듣고 감화에 힙 입어 쇠북과 경쇠의 소리로 남아 오래 동안 부처의 교화를 전하게 된 상징으로 볼 수 있다.

마읍산(馬邑山)

이것으로 본다면 동명왕이 일어날 때에 마한까지 차지했던 것을 알 수가 있다. 그래서 고구려를 마한이라고 부른다. 지금 사람들은 혹 금마산이 있다고 해서 마한(馬韓)을 백제라고 하지만 이것은 대개 잘못된 것이다. 고구려 땅에는 본래 읍산(邑山)이 있었기 때문에 이름을 마한이라 한 것이다.

(출전) 以此知東明之起, 已幷馬韓而因之矣. 故稱麗爲馬韓. 今人或認金馬山, 以馬韓爲百濟者, 盖誤濫也. 麗地自有邑山, 故名馬韓也)(권1 기이1 마한)

(새김)

마읍산은 삼국사기(三國史記)에 올라 있다. 가을 8월 소정방이 패강에서 백제군을 이기고 마읍산을 빼앗고 이어서 평양성을 포위하였다. 그런데 삼국사기 잡지에 이름만 전하는데 마읍산이 들어 있다. 삼국유사에서는 최치원의 견해를 들어 마읍산에서 마한이 나왔다고 하였다. 이런 삼한관은 조선 중기 이후로 마한은 백제와의 관련 지명으로 봄이 일반적이다(김병곤, 2005).

마제(麻帝)

백제 제24대 동성왕의 이름은 모대, 혹은 마제, 또는 여대라고 한다. 삼근왕의 집안 아우이며 기미년(己未, 479)에 즉위하여 24년 동안 나라를 다스렸다.

(출전) 百濟第二十四代東城王名牟大一云麻帝又餘大. 三斤王之堂弟. 己未立, 理二十二年(권1 왕력 동성왕)

마제국(磨帝國)

제6대 지마니질금은 일명 지미라 하며 성은 박씨다. 아버지는 파사(왕)이고 어머니는 사초부인, 왕비는 마제국왕의 딸인 □례부인, 일명 애례로 성은 김씨였다. 임자년(壬子, 112)에 즉위하여 23년 동안 나라를 다스렸다. 이 왕 때 음질국(音質國, 현 안강) 및 압량국(押梁國, 현 경산)을 멸망시켰다.

(출전) 第六代祇磨尼叱今一作祇味, 姓朴氏. 父婆娑(王) 母史肖夫人, 妃磨帝國王之女 · □禮夫人一作愛禮, 金氏. 壬子立, 理二十三年. 是王代滅音質國今安康 · 及押梁國今(慶)山(권1 왕력 지마니질금)

마진(摩震)

궁예는 대순 원년(庚戌, 890)에 비로소 북원의 난신인 양길둔에 투항하였다. 병진년에 철원성(鐵原城, 현 동주)에 도읍을 했다가 정사년에 송악군으로 도읍을 옮겼다. 신유년에 나라 이름을 고려라 하고 갑자년에 다시 마진이라고 고쳤다. 연호를 호태라 하였다.

(출전) 弓裔大順庚戌, 始投北原賊良吉屯. 丙辰都鐵圓城今東州也. 丁巳移都松岳郡. 辛酉, 稱高麗. 甲子, 改國號摩震, 置元虎泰(권1 왕력 궁예)

마품왕(麻品王)

가락 제3대 마품왕은 달리 마품(馬品)이라고도 한다. 성은 김씨. 가평 5년(癸酉, 253)에 즉위. 통치는 39년으로, 영평 원년(辛亥, 291) 1월 29일에 돌아갔다. 왕비는 종정감 조광의 손녀 호구(好仇)로 태자 거질미(居叱彌)를 낳았다.

(출전) 一云馬品金氏. 嘉平五年癸酉卽位, 治三十九年, 永平元年辛亥一月二十九日崩. 王妃宗正監趙匡孫女好仇, 生太子居叱彌(권2 기이2 가락국기)

마한(馬韓)

위서(魏書)에 이렇게 말했다. 위만이 조선을 공격하자, 조선왕 준(準)은 궁인과 좌우 사람을 거느리고 바다를 건너 서쪽 한(漢)의 땅에 이르러 나라를 세우고 마한이라고 했다. 또 견훤이 고려 태조에게 올린 글에, 옛적에 마한이 먼저 일어나고 뒤를 이어 혁거세가 일어났으며, 백제는 금마산에서 나라를 세웠다고 했다. 최치원은 이렇게 말했다. 마한은 고구려이고, 진한은 신라다(삼국사기 본기에 따르면, 신라는 먼저 갑자년에 일어났고, 고구려는 그 뒤 갑신년에 일어났다고 했다. 여기에 말한 것은 조선왕 준을 가리킨 것이다. 이것으로 본다면 동명왕이 일어날 때에 마한까지 차지했던 것을 알 수가 있다. 때문에 고구려를 마한이라고 부른다).

(출전) 魏志云, 魏滿擊朝鮮, 王準率宮人左右, 越海而南至韓地, 開國號馬韓. 甄萱上太祖書云昔馬韓先起, 赫世勃興, 於是百濟開國於金馬山. 崔致遠云, 馬韓麗也. 辰韓羅也(據本紀, 則羅先起甲子, 麗後起甲申, 而此云者, 以王準言之耳. 以此知東明之起, 已幷馬韓而因之矣. 故稱麗爲馬韓(권1 기이1 마한)

(새김)

마한(馬韓) : 마한은 고구려요, 진한이라 하였다. 마한의 어원에 대한 여러 가지의 풀이가 있다. 이를 동아리해 보면 답이 나올 듯하다. 개마한(蓋馬韓) 곧 고마한의 약칭으로 남쪽에 자리한 가장 큰 나라였다(이병도). 마한의 한(韓)의 소리는 동국정운(東國正韻)을 따르자면 햔〔韓, खन, xan〕이었다. 징기스칸이나 거서간, 대각간의 간(汗, 干)과 같은 음상을 지닌다. 이는 산스크리트어로 임금 혹은 부족장을 말한다. 그러니 마한이라 함은 말(머리)칸이 된다. 가장 커다란 왕국을 말한다. 한국이 제왕의 나라였음을 미루어 볼 수 있다(동국정운 참조).

막리지(莫離支)

연개소문은 스스로 성을 개(蓋)라 하고 이름을 금(金)이라 했으며 지위가 소문(蘇文)에까지 이르니 바로 시중의 벼슬이다(당서에는 개소문이 자칭 막리지라고 했으니 당 나라의 중서령과 같은 것이라 했다. 또 신지비사의 서문을 보면 소문 대영홍이 서문을 쓰고 또 주를 달았다고 했다. 그렇다면 소문은 곧 직명으로서 문증이 있다. 전(傳)에는, 문인 소영홍이 서문을 썼다고 했다. 어느 것이 옳은지 미상). 개금(盖金)이 아뢰었다. 솥에는 세 발이 있고, 나라에는 세 가지 교가 있는 법입니다. 신이 보기에 이 나라 안에는 오직 유교와 불교만 있고 도교가 없으므로 나라가 위태로운 것입니다. 왕은 옳게 여겨 당 나라에 도교를 청하니 이에 태종이 서달 등 도사 8명을 보내주었다.

(출전) 自稱姓盖名金, 位至蘇文, 乃侍中職也(唐書云 盖蘇文自謂莫離支, 猶中書令. 又按神誌秘詞·序云, 蘇文大英弘序幷注. 則蘇文乃職名, 有文證, 而傳云文人蘇英弘序, 未詳孰是), 金奏曰, 鼎有三足, 國有三教, 臣見國中, 唯有儒釋, 無道教, 故國危矣. 王然之. 奏唐請之. 太宗遣叙達等道士八人(권3 흥법 보장봉로 보덕이암)

(새김)

막리지(莫離支) : 고구려의 수상. 구당서 고구려전에 따르면, 막리지란 중국의 병부상서와 중서령을 겸한 벼슬에 버금하는 막강한 벼슬이다. 막리지의 어원은 막리-ᄆᆞᄅᆞ, 마루(宗)로 대인 혹은 상인(上人)이란 의미로 쓰였다. -지(支)는 허사로 본다(양주동, 고가연구). 말하자면 여기 막리지는 연개소문(淵蓋蘇文)을 말한다. 일본서기에서는 소문을 이리가수미(伊梨柯須彌)라 읽고 있다. 소문은 벼슬이름이며 개금(蓋金)이라고도 한다.

만덕화(萬德花)

찬(讚)해 말한다. 바람에 종이돈 날려 죽은 누이동생의 노자를 삼게 하였네. 피리는 밝은 달을 일깨워 항아가 그 자리에 멈추었다네. 도솔천이 하늘처럼 멀다고 말하지 말라, 만덕화 그 한 곡조로 즐겨 맞았네.

(출전) 讚曰, 風送飛錢資逝妹, 笛搖明月住姮娥. 莫言兜率連天遠, 萬德花迎一曲歌(권5 감통 월명사 도솔가)

(새김)

만덕화(萬德花)는 꽃을 뿌리는 산화(散花) 의식에서 꽃의 끝없는 공덕을 만덕이라고 한다.
항아(姮娥)는 달 속에 산다는 여자 신선을 말한다.

만만파파식적(萬萬波波息笛)

임금이 환궁하자 그 대나무로 피리를 만들었고 월성 천존고에 보관하였다. 이 피리를 만파식적이라 부르고 국보로 삼았다. 효소왕 때에 이르러 천수 4년(癸巳, 693)에 부례랑(夫禮郞)이 살아서 돌아온 신기한 일로 해서 다시 이름을 고쳐 만만파파식적이라 했다.

(출전) 駕還, 以其竹作笛, 藏於月城天尊庫. 吹此笛則兵退病愈, 旱雨雨晴, 風定波平, 號萬波息笛, 稱爲國寶. 至孝昭大王代, 天授四年癸巳, 因失禮郞生還之異, 更封號曰萬萬波波息笛, 詳見彼傳(권2 기이2 만파식적)

만분지계(滿分之戒)

낭지는 감탄해서 말했다. 잘했구나. 네가 이미 친히 보살의 만분지계를 받았으니 내 너에게 아득히 미치지 못하는구나. 말을 마치고 도리어 지통에게 예배를 했다. 이로 인해서 그 나무를 이름하여 보현수(普賢樹)라 했다.

(출전) 智嘆曰善哉, 汝已親禀大士滿分之戒. 我自生年來, 夕惕慇懃, 念遇至聖, 而猶未能昭格. 今汝已受, 吾不及汝遠矣. 反禮智通, 因名其樹曰普賢(권5 피은 낭지승운)

(새김)

만분지계(滿分之戒)라 함은 집에서 수도하는 우바새와 우바이가 삼귀계(三歸戒)를 받은 뒤 1계를 받으면 1분계(一分戒), 2계를 받으면 소분계(小分戒), 3-4분계를 받으면 다분계(多分戒), 5계를 모두 받는 것을 만분계라고 한다. 혹은 비구의 구족계(具足戒)를 받음을 만분계라고도 한다. 구족계는 이미 사미계를 받은 이에 한한다. 나이로는 만 20세 이상 사미계를 받은 지 3년 이상으로 한다. 사미니의 경우도 동일하다. 사미, 사미니의 단계를 근책이라 하고 이를 근책율의라고도 한다. 이들이 지켜야 할 계율을 사미계라고 한다. 10가지 계율은, 살생하지 말라, 훔치지 말라, 음행하지 말라, 거짓말하지 말라, 술 마시지 말라, 향수나 꽃다발로 바르거나 치장하지 말라, 노래와 춤을 듣지도 말고 보지도 말라, 사치스럽고 화려한 자리에 앉거나 눕지 말라, 때 아닌 식사를 하지 말라, 금은 등의 보화를 받지도 비축하지도 말라 등이다.

만불산(萬佛山)

그 머리는 혹은 큰 기장만 하고 혹은 콩 반쪽만 하다. 머리털과 흰 백모, 눈썹과 눈이 또렷하여 모든 형상이 다 갖추어졌으니, 다만 비슷하게 비유할 수는 있어도 자세히 풀이할 수는 없다. 이 때문에 이 산을 만불산이라고 했다. (중략) 일연은 찬하였다. 하늘은 보름달을 단장시켜 사방불을 마련했고, 땅은 명호(明毫, 밝은 눈썹)를 솟구어 하룻밤에 열렸도다. 교묘한 솜씨로 다시금 만불을 새겼으니, 부처님의 풍화를 삼재에 두루 퍼지게 하리.

(출전) 其頭或巨黍者, 或半菽者, 螺髻白毛, 眉目的皪, 相好悉備, 只可髣髴, 莫得而詳, 因號萬佛山. (중략) 讚曰, 天粧滿月四方裁, 地湧明毫一夜開. 妙手更煩彫萬佛, 眞風要使遍三才(권3 사불산 굴불산 만불산)

만식(滿飾)

논어정의에 구이(九夷)란, 첫째는 현토(玄菟), 2는 낙랑(樂浪), 3은 고려(高麗), 4는 만식(滿飾), 5는 부유(鳧臾), 6은 소가(素家), 7은 동도(東屠), 8은 왜인(倭人), 9는 천비(天鄙)라고 했다.

(출전) 論語正義云, 九夷者 一玄菟, 二樂浪, 三高麗, 四滿飾, 五鳧臾, 六素家, 七東屠, 八倭人, 九天鄙(권1 기이1 마한)

(새김)

논어정의라는 논어의 주석에는 구이 가운데 **만식**과 부유, 소가와 동도, 그리고 천비는 어디인지 잘 알 수 없다고 하였다. 일설에는 이들 나라를 노(魯) 나라의 강역으로 설명하기도 한다. 다만 소리로 미루어 보면, 부유(鳧臾)는 푸위(puü)라고 소리를 낸다. 이는 부여와 마찬가지로 보인다(심백강 2014, 우리역사). 그렇다면 부여라는 말이 된다. 만식의 경우, 육당 최남선의 답사기인 백두산근참기(白頭山覲參記, 1926)에 만식림(滿飾林)이 나온 것으로 보아 백두산 지역의 만주를 이르는 것으로 상정할 수 있다. 노나라가 태산 어름에 있던 산동 반도의 지역이었으니까 동도(東屠) 또한 산동 지역이 아닌가 한다. 글자대로라면 동쪽에 살면서 짐승을 잘 잡는 겨레들이니까 활을 잘 쏘는 동이족들일 가능성이 있다. 그럼 천비(天鄙)는 어디일까. 천산(天山) 지역에 살던 동이의 족속들이 아닐까 한다. 말하자면 티베트나 신강 지역에 살던 사람들로 미루어 볼 수 있다.

만어사(萬魚寺)

또 생각해 보면, 대정 12년(庚子, 1180)은 고려 명종 11년인데 이 때 비로소 만어사를 세웠다. 동량(棟梁) 보림(寶林)이 임금에게 글을 올렸는데 그 글에 말했다. 이 산 속의 기이한 자취가 북천축 가라국 부처의 모습과 서로 같은 것이 세 가지가 있다. 그 첫째는 산 가까운 곳이 양주(梁州) 경계의 옥지인데 여기에도 역시 독룡이 살고 있음이요, 둘째는 때때로 강가에서 구름 기운이 일어나서 산마루에까지 이르는데, 그 구름 속에서 음악소리가 나는 것이요, 셋째는 부처 모습의 서북쪽에 반석이 있어 항상 물이 괴어 없어지지 않는데, 이것은 부처가 가사를 빨던 곳이라고 한다.

(출전) 又按, 大定十二年庚子, 卽明宗十一年也. 始創萬魚寺, 棟梁寶林狀奏所稱山中奇異之迹, 與北天竺訶羅國佛影事符同者有三, 一, 山之側近地梁州界玉池, 亦毒龍所蟄是也. 二, 有時自江邊雲氣始出, 來到山頂, 雲中有音樂之聲是也. 三, 影之西北有盤石, 常貯水不絶, 云是佛浣濯袈裟之地是也(권3 탑상 어산불영)

(새김)

여기 독룡과 사귀는 여인이 **나찰녀**(羅刹女, raksana)였다. 악행을 일삼았는데 임금이 석가모니 부처님께 빌어 나찰녀로 하여금 오계를 받고 물러서게 하는 설화이다. 나찰이란 일종의 악독한 귀신을 말한다. 철선공주(鐵扇公主)는 서유기(西遊記)에 나오는 가공적인 인물이다. 일명 나찰녀(羅刹女)라고도 한다. 우마왕(牛魔王)의 아내이자 홍해아(紅孩兒)의 어머니로서 화염산(火餤山)의 불길을 잡아주는 부채인 철선(鐵扇, 쇠부채)을 갖고 있다.

만월성(滿月城)

신라 제35대 경덕왕 시절 도사들은 국내의 이름난 산천을 돌아다니며 이를 진압시키는데, 옛 평양성의 지세가 신월성이라 하여 도사들이 주문을 읽어 남하(南河)의 용에게 명령해서 만월성을 더 쌓아서 용언성이라 했으며, 참기(讖記, 예언서)를 지어 용언도(龍堰堵) 또는 천년보장도라고 했다.

(출전) 古平壤城勢新月城也. 道士等呪勅南河龍, 加築爲滿月城, 因名龍堰城, 作讖曰龍堰堵, 且云千年寶藏堵(권3 흥법 보장봉로 보덕이암)

만파식적(萬波息笛)

신라 제31대 신문대왕의 이름은 정명(政明), 성은 김씨다. 개요 원년(辛巳, 681) 7월 7일에 즉위했다. 아버지 문무대왕의 명복을 빌기 위하여 동해 가에 감은사를 세웠다(절 안에 있는 기록에는 이렇게 말했다. 문무왕이 왜군을 진압하고자 이 절을 처음 세웠는데 끝내지 못하고 죽어 바다의 용이 되었다. 그 아들 신문왕이 왕위에 올라 개요 2년(壬午, 682)에 공사를 끝냈다. 금당 뜰아래에 동쪽을 향해서 구멍을 하나 뚫어 두었으니 용이 절에 들어와서 돌아다니게 하기 위한 것이다. 대개 유언으로 유골을 간직해 둔 곳은 대왕암이고, 절 이름은 감은사다. 뒤에 용이 나타난 것을 본 곳을 이견대라고 했다).

(출전) 第三十一神文大王, 諱政明, 金氏, 開耀元年辛巳七月七日卽位, 爲聖考文武大王創感恩寺於東海邊(寺中記云, 文武王欲鎭倭兵, 故始創此寺, 未畢而崩, 爲海龍. 其子神文立, 開耀二年畢排. 金堂砌下東向開一穴, 乃龍之入寺旋繞之備. 蓋遺詔之藏骨處, 名大王岩, 寺名感恩寺, 後見龍現形處, 名利見臺)(권2 기이2 만파식적)

(새김)

효소왕이 신문왕 2년(682) 태자 시절에 흑옥대와 **만파식적**을 임금에게 바쳤다고 하였다. 그러나 이는 물리적으로 가능한 시점이 아니었다. 이 시점은 효소왕이 태어나기 5년 전의 일이기에 그렇다(정민, 불국토를 꿈꾼 그들 참조). 만파란 엄청난 파랑 곧 시련을 상징한다. 신문왕이 즉위하자마자 임금의 장인이자 장관급인 소판(蘇判) 김흠돌(金欽突)이 파진찬 흥원(興元)과 대아찬 진공(眞功)과 함께 반란을 일으킨 것이다. 참으로 아연실색할 노릇이었다. 여기다가 병부령이던 김군관(金軍官)이 이런 정보를 알았음에도 은근히 방조하는 형국이었다. 진공은 흠돌의 매제였고 군관은 그의 사위였으니 집안끼리 뭉쳐서 왕권을 탈취하려던 일대 모반이었던 것으로 보인다. 이런 역모사건을 잠재우는 피리가 바로 만파식적이었다. 피리를 부는 이는 다름 아닌 신문왕이었고 그의 세자였다. 특히 신문왕의 어머니였던 자의(慈儀) 왕후와 그를 도왔던 28대 풍월주였던 오기(吳起)가 중심세력이 되어 반란의 정보를 미리 알고 궁으로 들어온 흠돌의 반란군을 일망타진하는 전과를 올림으로써 역당들을 처단한다. 오기공은 화랑세기(花郎世紀)를 쓴 김대문의 아버지였다. 말하자면, 임금이 김유신 이후 형성되었던 무신세력을 제거하고 문치를 힘쓰며 삼국통일의 안정 기조를 마련하기에 힘쓴다. 우적가로 도적을, 혜성가로 천재지변을, 신문왕은 피리로 변괴를 없애는 등 음악으로 정치를 하는 이른바 악치(樂治) 시대를 누렸다.

말갈(靺鞨)

신라 사람들은, 북쪽에는 말갈이 있고 남쪽에는 왜인이 있고, 서쪽에는 백제가 있으니 이것이 바로 나라에 해로움이 된다고 했고, 또 말갈은 땅이 아슬라주(阿瑟羅州)에 연접되어 있다고 했다. 동명기에는, 졸본성은 땅이 말갈(혹은 현 동진)에 연접되어 있다.

(출전) 羅人云, 北有靺鞨, 南有倭人, 西有百濟, 是國之害也. 又靺鞨地接阿瑟羅州. 又東明記云卒本城連靺鞨(或云今東眞)(권1 기이1 말갈 발해)

(새김)

말갈이란, 흔히 흑수말갈(黑水靺鞨)로 불리는 흑룡강(黑龍江) 중, 하류에 사는 겨레들을 말한다. 그러나 말갈은 중국의 동북지방에 사는 몇 개 이민족에 대한 통칭이며, 때로는 고구려의 변방주민들에 대한 낮춤말로 쓰기도 한다. 말(靺)은 가죽버선이고 갈(鞨)은 가죽신을 뜻한다. 따라서 말갈 안에는 예맥계(濊貊系)와 부여, 고구려, 옥저계의 속말말갈(粟末靺鞨)과 백산말갈(白山靺鞨) 등이 들어간다. 말갈의 조상으로 알려진 겨레는 진(秦) 이전의 숙신(肅愼)과 한대(漢代)의 읍루(挹婁, 만주원류고), 그리고 후위대(後魏代)의 물길(勿吉)로 불리는 족속들이다(한국민족문화대백과사전 참조). 읍루(挹婁)는 불과 물을 다스리는 별신인 루(婁)에게 제사를 드리고 숭배하는 민족이란 말이 된다. 말갈의 갈(鞨)은, 중국어 발음으로는 모허(mohé)이고 반절식 음은 호갈(胡葛)의 절이니 할(hal)로 소리가 난다. 그럼 말갈-말할-말한의 대응성을 떠올릴 수가 있다. 본디 마한(馬韓)의 한(韓)의 동국정운식 발음으로는 ᅘᅡᆫ(xan)의 소리, 곧 칸에 가까운 소리로 읽는다. 그러니까 마한-말칸-말갈의 대응 가능성을 일깨워준다(정호완).

말법(末法)

경흥이 뿌린 덕의 향기와 남긴 맛은 중 현본(玄本)이 엮은 삼랑사 비문에 자세히 실려있다. 일찍이 보현장경(普賢章經)을 보니 미륵보살이 말했다. 나는 내세에는 염부제(閻浮提)에 나서 먼저 석가의 말법 제자들을 먼저 구원할 것이다. 그런데 다만 말 탄 비구승만은 제외시켜서 그들에게는 부처를 보지 못하게 할 것이다. 그러니 어찌 경계하지 않겠는가.

(출전) 興之德馨遺味, 備載釋玄本所撰三郎寺碑. 嘗見普賢章經, 彌勒菩薩言我當來世, 生閻浮提, 先度釋迦末法弟子, 唯除騎馬比丘不得見佛, 可不警哉(권5 감통 경흥우성)

(새김)

말법(末法)이란 부처가 입적한 뒤 오랜 시간이 흘러 불교의 교법이 쇠락한 시기를 이른다.

염부제(閻浮提)는 우주의 중앙이 되는 수미산을 중심 삼아서 남쪽에 자리한 사대주(四大洲) 가운데 하나이다. 본디 히말라야 산맥의 남쪽을 말하였으나 부처가 입적한 뒤로 사람들이 살고 있는 세계 전반을 가리킨다.

망(望)

사소는 편지를 보고 소리개를 놓아 보냈다. 소리개가 선도산(仙桃山)으로 날아와서 멈추므로 드디어 그곳에 살아 지선(地仙)이 되었다. 때문에 산 이름은 서연산(西鳶山)이라고 했다. 신모는 오랫동안 이 산에서 살면서 나라를 호위하니 신령스럽고 이상한 일이 매우 많았다. 때문에 나라가 세워진 뒤로 항상 삼사(三祀)의 하나로 삼았고, 그 차례도 여러 망(望, 망제)의 머리에 있었다.

(출전) 父皇寄書繫足云隨鳶所止爲家 蘇得書放鳶, 飛到此山而止, 遂來宅爲地仙, 故名西鳶山.

神母久據玆山，鎭祐邦國，靈異甚多．有國已來，常爲三祀之一，秩在群望之上(권5 감통 선도성모수희불사)

(새김)

그림 29 화파절

망(望)이란 망제(望祭)를 뜻한다. 조상신을 위하여 명산대천 혹은 조상이 묻힌 곳을 향하여 제를 올리는 곳이다. 여기서는 신라를 세운 시조를 위한 제사를 이른다. 청(淸) 나라에서는 망제와 함께 불신을 제사하는 요제(燎祭)를 올렸다. 이는 사만들의 제의행위였다. 고대사회는 제정일치이니까 사먼(薩滿, **शमन**, saman)이 곧 임금이었다. 고대 한국에서는 스승(慈充. zizeung>sising)문화가 있었다. 지금도 중국 길림성 무송현(撫松縣) 등에서는 파화지(䎱火池) 축제를 행하며 이는 천신을 모시는 타오로(打五路)와 함께 치러진다. 운남성에서는 백족(白族)을 중심으로 하는 소수 민족들이 화파절(火把節, 횃불제)이라 하여 큰 축제로 행하여 그 명맥을 이어 가고 있다. 일종의 태양신-하늘신 숭배의 신앙으로 볼 수 있다. 최근 중원 역사문명의 시원으로 알려진 요하(遼河) 문명의 요(遼)도 불신숭배 곧 태양신숭배의 원형으로 보인다(정호완).

망덕사(望德寺)

처음에 제상이 신라를 떠날 때 부인이 듣고 남편의 뒤를 쫓아갔으나 따르지 못했었다. 이에 망덕사 문 남쪽 모래사장 위에 이르러 주저앉아 길게 부르짖었다. 이런 일이 있었다 하여 그 모래사장을 장사(長沙, 남천)라고 불렀다. 친척 두 사람이 부인을 모시고 돌아오려 하자 부인은 다리를 뻗은 채 앉아서 일어나지 않았다. 그래서 그곳을 벌지지(伐知旨)라고 이름 지었다. 이런 일이 있은 지 오래 된 뒤에 부인은 남편을 사모하는 마음을 이기지 못하여 세 딸을 데리고 치술령(鵄述嶺)에 올라가 왜국을 바라보고 통곡하다가 죽고 말았다. 그래서 그를 치술신모라고 하는데, 지금도 그의 제사를 모시는 사당이 있다.

(출전) 初堤上之發去也．夫人聞之追不及，及至望德寺門南沙上，放臥長號，因名其沙曰長沙．親戚二人，扶腋將還，夫人舒脚坐不起，名其地曰伐知旨．久後夫人不勝其慕，率三娘子上鵄述嶺，望倭國痛哭而終，仍爲鵄述神母，今祠堂存焉(권1 기이1 내물왕 김제상)

망신참법(亡身懺法)

진표는 스승의 말을 듣고 명산을 두루 다니다가 선계산(仙溪山) 불사의암(不思議庵)에 머물면서 삼업(三業)을 닦아 망신참법으로 계를 얻었다. 그는 처음에 7일 밤을 기약하고 오륜(五輪, 온몸)을 돌에 두들겨서, 무릎과 팔뚝이 모두 부서지고 바위 언덕에까지 피가 쏟아졌다.

(출전) 表聞師之言，遍遊名岳，止錫仙溪山不思議菴，該鍊三業，以亡身懺悔得戒，初以七宵爲

期, 五輪撲石, 膝腕俱碎, 雨血嵒崖(권4 의해 진표전간)

(새김)

망신참법(亡身懺法) : 몸을 망가뜨리면서도 참회하는 수행법을 말한다. 진표 율사는 스스로 성불하리라는 다짐을 하여 선계산(仙溪山) 불사의암(不思議庵)에 머물고 있었다. 21일의 기약을 하고 생사를 걸고 더욱 분발하여 망신참법으로 온몸을 돌에 두드리며 간절히 자신의 죄업을 뉘우치니 손과 팔이 사흘 만에 부러져 떨어지고 온몸이 피투성이가 되었다. 이레째 되던 날 밤 지장보살이 손에 금 지팡이를 흔들며 찾아와서 율사를 가호하니 몸이 다시 좋아졌다. 작심한 마지막 날이었다. 정진 수행을 마치던 날 하늘의 눈이 열리어 미륵불께서 수많은 도솔천의 천인들을 거느리고 광명 속에서 오시는 모습을 보게 되었다. 미륵불께서 율사의 이마를 어루만지며 말씀하시기를, 장하다, 대장부로다. 이처럼 계(戒)를 구하다니 제 목숨을 아끼지 않고 간절히 구해 뉘우치는구나. 하며 격려해주었다. 이 때 미륵불께서 점찰경 두 권과 증과간자(證果簡子) 189개를 진표에게 내려 주며 말씀하시기를, 너는 이것으로써 법을 세상에 전하여 남을 구제하는 뗏목으로 삼으라. 진표는 미륵보살의 별기를 받고 금산사에 머물면서 풍교와 법화를 두루 미치게 되었다. 마침내 아슬라주(阿瑟羅州, 현 강릉)에 가서는 물고기와 자라들에게까지 가르침을 주었다(삼국유사 참조).

망탁(莽卓)

큰 의리에 따라서 주(周) 나라 왕실을 존숭함에 그 누가 제(齊) 나라의 환공(桓公)과 문공(文公)의 패업과 같겠는가. 기회를 타서 한(漢) 나라를 침략한 것은 오직 왕망(王莽)과 동탁(董卓)의 간사함을 볼 수 있을 뿐이오. 임금이란 지극히 높은 지위로서 몸을 굽혀 그대에게 자(子)라고 하여 높고 낮은 질서를 잃게 하였으니 상하가 모두 조심해서 으뜸으로 도울 충성스런 신하가 아니라면 어떻게 나라를 편안케 할 수 있으랴 했소.

(출전) 仗義尊周, 誰似桓 · 文之覇 乘間謀漢, 唯看莽 · 卓之奸. 致使王之至尊, 枉稱子於足下, 尊卑失序, 上下同憂. 以爲非有元輔之忠純, 豈得再安社稷(권2 기이2 후백제 견훤)

(새김)

망탁(莽卓)이라 함은 왕망(王莽)과 동탁(董卓)을 이른다. 한마디로 역적의 무리를 이른다. 왕망은 전한(前漢)을 빼앗아 새로운 나라를 세웠으며, 후한의 영걸로서 원소(袁紹)에게 토벌되었다. 견훤을 빗대어 역적의 무리로 표현을 한 것이다.

망해사(望海寺)

왕은 서울로 돌아오자 이내 영취산 동쪽 기슭의 경치 좋은 곳을 가려서 절을 세우고 이름을 망해사라 했다. 또는 이 절을 신방사(新房寺)라 했으니 이것은 용을 위해서 세운 절이다. 왕이 또 포석정에 갔을 때 남산의 신이 왕 앞에 나타나 춤을 추었는데 좌우의 사람에겐 그 신이 보이지 않고 왕만이 혼자서 보았다. 사람이 나타나 앞에서 춤을 추니 왕 자신도 춤을 추면서 형상을 보였다. 신의 이름을 혹 상심(祥審)이라고도 했으므로 지금까지 나라 사람들은 이 춤을 전해서 어무상심(御舞祥審) 또는 어무산신(御舞山神)이라 한다.

(출전) 王旣還, 乃卜靈鷲山東麓勝地置寺, 曰望海寺, 亦名新房寺, 乃爲龍而置也. 又幸鮑石亭, 南山神現舞於御前, 左右不見, 王獨見之. 有人現舞於前, 王自作舞, 以像示之. 神之名或曰祥審, 故至今國人傳此舞, 曰御舞祥審, 或曰御舞山神. 或云, 旣神出舞 審象其貌, 命工摹刻, 以示後代, 故云象審. 或云霜髥舞, 此乃以其形稱之(권2 기이2 처용랑 망해사)

매〔鷹〕

방울소리를 듣고 찾아 굴정현 관청 북쪽 우물가에 이르니 매는 나무 위에 앉아 있고 꿩은 우물 속에 있는데 물이 마치 핏빛 같았다. 여기에서 꿩은 두 날개를 벌려 새끼 두 마리를 안고 있고, 매도 역시 그것을 측은하게 여겨서인지 감히 꿩을 잡지 않고 있다. 충원공이 이것을 보고 측은히 여기고 감동하여 그 땅을 점쳐 보니 가히 절을 세울 만하다고 한다. 서울로 돌아와 이 사실을 왕에게 아뢰어 그 현청을 다른 곳으로 옮기고 그곳에 절을 세워 이름을 영취사(靈鷲寺)라고 했다.

(출전) 到屈井驛桐旨野駐歇, 忽見一人放鷹而逐雉, 雉飛過金岳, 杳無蹤迹. 聞鈴尋之. 到屈井縣官北井邊, 鷹坐樹上, 雉在井中, 水渾血色, 雉開兩翅, 抱二雛焉. 鷹亦如相惻隱而不敢攫也. 公見之惻然有感, 卜問此地, 云可立寺. 歸京啓於王, 移其縣於他所, 創寺於其地, 名靈鷲寺焉(권3 탑상 영취사)

매복(梅福)

그 후 임기가 끝나 돌아가려 할 때는 이미 1남 1녀를 두었는데 또한 총명하고 슬기로워 그는 아내를 더욱 공경하고 사랑했다. 일찍이 아내에게 주는 시를 지었는데 이러했다. 한 번 벼슬하니 매복이 부끄럽고, 3년이 지나니 맹광(孟光)이 부끄럽구나. 이 정을 어디다 비길까, 냇물 위에 원앙새 떠 있구나.

(출전) 後秩滿將歸, 已生一男一女, 亦甚明惠, 澄尤加敬愛. 嘗作贈內詩云一宦慚梅福, 三年愧孟光. 此情何所喩, 川上有鴛鴦 其妻終日吟諷, 似黙有和者, 未嘗出口. 澄罷官, 罄室歸本家(권5 감통 김현감호)

(새김)

매복(梅福)은 전한 시기의 학자였다. 남창위(南昌尉)가 되어 성제(成帝)에게 자주 시사에 대하여 상서를 하였다. 이후 벼슬을 버리고 은거하여 독서를 즐겼다. 왕망(王莽)이 즉위하자 처자를 버리고 구강(九江)에 들어가서 신선이 되었다. **맹광(孟光)**은 후한 대의 사람으로 양홍(梁鴻)의 아내였다. 어질고 가난한 선비였던 지아비의 뜻을 받들어 함께 패릉산(覇陵山)에 들어가서 농사하고 길쌈을 하며 고락을 함께 했던 현모양처의 모범이 되었다(後漢書 列傳 梁鴻傳).

맥국(貊國)

사이(四夷), 구이(九夷), 구한(九韓), 예맥(穢貊)이 있는데, 주례(周禮)에 직방씨(職方氏)가 사이와 구맥을 다스렸다고 한 것은 동이의 종족이니 곧 구이를 말한 것이다. 삼국사(三國史)에는 이렇게 씌었다. 명주(溟州)는 옛날의 예국(穢國)이었다. 주민이 밭을 갈다가 예왕의 도장을 얻어서 바쳤다. 또 춘주(春州)는 옛날의 우수주(牛首州, 현 춘천)인데 곧 옛날의 맥국(貊國)이다. 또 혹은 지금의 삭주(朔州)가 바로 맥국이다. 혹은 평양성이 맥국이다.

(출전) 四夷, 九夷 · 九韓 · 穢 · 貊周禮 · 職方氏掌四夷 · 九貊者, 東夷之種卽九夷也. 三國史云溟州, 古穢國, 野人耕田得穢王印, 獻之 又春州古牛首州, 古貊國 又或云, 今朔州是貊國, 或平壤城爲貊國(권1 기이1 마한)

(새김)

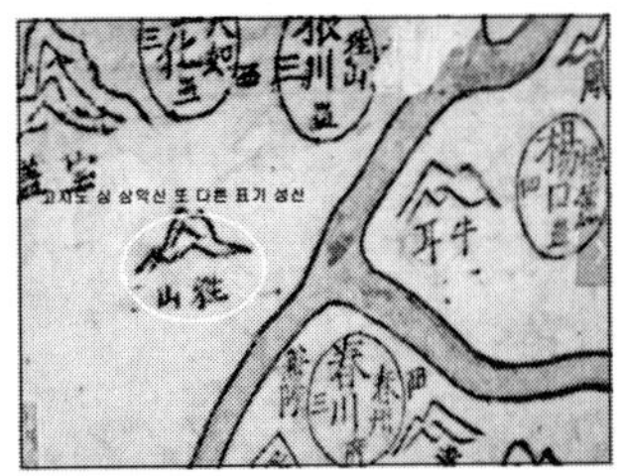

그림 30 춘천 고지도

본디 맥(貊)은 예(濊), 한(韓)과 더불어 우리 민족의 주된 구성소로서 시경, 서경을 보면 중국 주대(周代)에 주나라의 동북방에 살고 있었다. 그 뒤 북중국의 요동, 만주지역으로 옮겨서 고구려, 부여 등이 나라를 세우기 전까지 예와 맥으로 중국 측 기록에는 실려 있다. 이들은 북방정세의 변화 또는 다른 요인에 의해 한반도로 이주한 고구려와 계통을 같이하는 맥족(貊族)의 한 겨레였다. 맥국의 위치는 삼국사기 지리지에 당 나라 사람 가탐(賈耽)이 쓴 고금군국지(古今郡國志)를 인용해, 고구려의 남동쪽 예의 서쪽이 옛 맥의 땅인데 지금 신라의 북쪽이 삭주(朔州, 현 춘천)이며, 선덕여왕 6년(637)에 우수주(牛首州)로 삼아 군주(軍主)를 두었다고 하였다. 또한 삼국유사는, 춘주(春州)는 옛 우두주(牛頭州)로 옛날의 맥국인데 혹 지금의 삭주를 맥국이라 하기도 하고, 혹은 평양성을 맥국이라 하나, 춘천을 맥국이라고 보고 있다. 일연(一然)이 삭주(현 평북)설과 평양성 설을 더하고 있다. 삭주설은 시대적 혼동이며, 평양성을 맥국으로 본 것은 고구려의 주요 구성체가 맥족이라 고구려 초기에는 맥과 고구려라는 국명이 병용되었기 때문이다. 춘천지역을 맥국으로 비정하고 있는 가장 오래된 기록은 현존하지 않는 고금군국지(古今郡國志)이다. 삼국사기, 삼국유사를 포함, 이후의 맥국 관계 기록은 대부분 이에 근거하고 있다. 지리지 이외의 맥국 관계 기록은 삼국사기 권1 신라 유리니사금 17년(40)과 19년(42) 그리고 권24 백제 책계왕 13년(298) 부분과 수서(隋書) 백제전의 기록에 보인다. 이는 춘천 지역이 옛날 맥국임을 말해주고 있다. 춘천 지역에는 맥국 관계의 지명 및 전설이 전해오고 있다. 덕두원(德斗院)의 남방에 위치하는 삼악산성(三嶽山城)은 신라(또는 예국)의 공격을 받고 맥국이 최후를 마친 맥국산성(貊國山城)이라고 전해온다. 또 지금의 등선폭포는 당시에 쌀을 씻었던 곳이라 하여 시궁치, 아랫마을은 군사들이 옷을 말리던 곳이라 하여 의암(衣巖) 등으로 불린다. 이 밖에 일제강점기까지 보존되어 있던 토성인 우두산성(牛頭山城)도 맥국이 축조한 것이라고 하며, 춘천시 동면 월곡리에는 맥국왕의 무덤이라고 전하는 능산(陵山)이 있다. 한편 평창과 횡성에 걸쳐 있는 태기산(泰岐山)은, 맥국의 마지막 왕 태기가 신라(또는 예국)에 쫓겨 마지막 전투를 한 곳으로 전한다. 또한 맥국의 왕궁터로 전해오는 춘천시 신북면 발산리는 원래 이름이 바리뫼(발의뫼)로서 발(發, 貊과 같은 뜻)의 뫼란 말이고, 이 산을 맥국산 또는 왕대산(王臺山)이라 칭한다. 산 부근에는 대궐터를 의미하는 궐터 마을 등 맥국관계 지명이 있다. 춘천 맥국설의 중심이 되는 지석묘 사회에 대한 논의는 크게 이들을 계급사회로 볼 것인가 평등사회로 볼 것인가에 대한 문제로 나뉘고 있다. 그런데 넓은 의미로서의 맥국은 흔히 말갈(靺鞨)로 기록되어 맥국으로보다는 말갈의 실체 규명을 위한 연구로 진행되어 왔다. 이러한 넓은 의미의 맥국은, 춘천을 중심으로 임진강 유역의 경기도 연천을 비롯해 북한강 유역의 경기도 양평과 남한강 유역의 충청북도 제천까지를 그 지역으로 넓게 상정할 수 있다. 이러한 사실은 맥국으로 상정할 수 있는 적석총이 이들 지역에도 존재하는 것에서 확인이 가능하다(한국민족문화대백과사전 참조). 문화적인 상징으로는 비단 같이 아름다운 옷을 일러 맥포(貊布, 곰 가죽 일종), 원거리 사격이 가능한 맥궁(貊弓), 가시나무 화살〔楛矢〕 등이 널리 알려졌다. 앞에서 보기를 들은 맥국산성이나 태기산의 성터 등과 함께 발산리에 자리한 수리봉 산성에 드러나는 기와조각 같은 유물들이 왕궁터임을 가늠케 한다(박성수). 맥(貊)의 어원을 보면, 본초강목(本草綱目)에 식철사웅(食鐵似熊)이라 하여 곰의 한 갈래로 보았으니 백두산을 중심으로 한 백산 말갈의 한 겨레가 고조선의 멸망이후 남으로 내려온 존속한 연합형태의 부족 집단이 아닌가 한다. 이와 관련, 우수주(牛首州)의 풀이는 문화기호론적으로 볼 수 있다. 부여 시절 각 부족장의 이름에 접미사 -가(加)를 붙여 일렀다. 마가, 우가, 저가, 양가, 구가 등이 그런 보기다. 말하자면 우수주는 우가(牛加)가 중심에 서서 맥을 이어온 백산 말갈의 한 겨레들이라고 볼 수 있다. 소는 한 마디로 농경문화를 말한다. 소가 있어야 농사를 짓고 짐을 나르고 그 고기와 뼈를 이용하는 등 많은 도움을 받으므로 일종의 소를 표방한 토템 문화라고 상정할 수 있다. 우수가 우두(牛頭)로 바꾸었으나 그 뜻은 하나도 다를 바가 없다. 강원도 춘천에 가면 아직도 법정동으로 우두동이 있다(정호완). 여기 마가와 우가, 저가와 양가, 그리고 구가의 가(-加)는 어제부여국전정와(御製夫餘國傳訂訛)에서는 가(-家)로 해야 옳다고 적었다(만주원류고).

맹아득안(盲兒得眼)

경덕왕 때에 한기리에 사는 희명(希明)이라는 부인의 아이가, 난 지 5년 만에 문득 눈이 멀었다. 어느 날 어머니는 이 아이를 안고 분황사 좌전 북쪽 벽에 그린 천수관음 앞에 나가서 아이를 시켜 노래를 불러 빌게 했더니 멀었던 눈을 떴다. 그 노래는 이러하다. 무릎을 세우고 두 손바닥 모아, 천수관음 앞에 비옵나이다. 천 손과 천 눈의 하나만 내어 주시기를, 둘 다 없는 이 몸이오니 하나만이라도 주시옵소서. 아아, 나에게 주시오면, 그 자비 얼마나 클 것인가 (중략) 일연은 찬하였다. 죽마(竹馬)와 총생(葱笙, 파피리)의 벗이 거리에서 놀더니, 하루아침에 두 눈 먼 사람 되었네. 대사(大士, 부처)가 자비로운 눈을 돌리지 않았다면, 몇 사춘(社春, 입춘 후 다섯 번째의 무일(戊日))이나 버들 꽃못 보고 지냈을까.

(출전) 景德王代, 漢歧里女希明之兒, 生五稔而忽盲. 一日其母抱兒詣芬皇寺左殿北壁畫千手大

悲前, 令兒作歌禱之. 遂得明. 其詞日 膝肹古召旀, 二尸掌音毛乎支內良. 千手觀音叱前良中, 祈以支白屋尸置內乎多, 千隱手□叱千隱目肹. 一等下叱放一等肹除惡支, 二于萬隱吾羅, 一等沙隱賜以古只內乎叱等. 邪阿邪也. 吾良遺知支賜尸等焉, 放冬矣用屋尸慈悲也. 根古(중략) 讚曰, 竹馬葱笙戲陌塵, 一朝雙碧失瞳人. 不因大士廻慈眼, 虛度楊花幾社春(권3 탑상 분황사천수대비 맹아득안)

(새김)

신라 35대 경덕왕 시절 한기리(漢岐里)의 여인 **희명(希明)**의 아이가 난 지 다섯 해만에 문득 눈이 멀었다. 하루는 그 어머니가 그 아이더러 노래를 불러 부처님께 빌라고 하더니 마침내 눈을 떴다. 일연은 이 사연을 예찬하여 시를 지었으니, 막대로 말을 삼고 파로 피리를 불어 골목에서 뛰놀다가 하루아침에 반짝이는 두 눈동자 보이지 않는구려. 만일 관음보살의 인자한 눈을 떠서 돌보지 않았다면 버들개지 휘날리는 몇몇 봄빛을 헛되이 보냈을 것이니(讚曰, 竹馬葱笙戲陌塵, 一朝雙碧失瞳人. 不因大士廻慈眼, 虛度楊花幾社春-삼국유사 탑상) 도천수대비가라고도 한다. 다섯 살 난 희명(希明)이라는 아이의 노래라기보다는 눈이 먼 아이 어머니의 절규라고도 볼 수 있다. 아이 이름에 눈뜸에 대한 절절한 염원이 담겨 있다. 아니면 분황사의 스님이 지은 향가에 기도의 내용을 더하여 어머니가 아이에게 부르도록 했다고 봄이 온당하다. 지성이면 감천(至誠則感天)이라고 부처님의 가피를 입어 눈을 뜨게 되었다는 것이다.

명랑법사(明朗法師)

법사의 이름은 명랑이요, 자는 국육이며, 신라 사간 재량(才良)의 아들이다. 어머니는 남간부인으로서 혹 법승랑이라고도 하는데, 소판 무림(戊林)의 딸 김씨로서 즉 자장(慈藏)의 누이 동생이다. 재량에게 세 아들이 있는데, 맏이는 국교대덕이요, 다음은 의안대덕이며, 법사는 막내다. 처음에 그 어머니의 꿈에 푸른빛이 나는 구슬을 입에 삼키고 태기가 있었다. 신라 선덕여왕 원년(壬辰, 632)에 당 나라에 들어갔다가 정관 9년(乙未, 635)에 돌아왔다. 총장 원년(戊申, 668)에 당 나라 장수 이적(李勣)이 대병을 거느리고 신라 군사와 합세하여 고구려를 멸망시키고, 그 남은 군사를 백제에 머물러 두고 장차 신라를 쳐서 멸망시키려 했다. 신라 사람들이 이것을 알고 군사를 내어 이를 막았다. 당 나라 고종이 이 말을 듣고 크게 노하여 설방(薛邦)에게 명하여 군사를 일으켜 장차 신라를 치려고 했다. 문무왕이 이것을 듣고 두려워하여 법사를 청하여 비법을 써서 빌어서 이를 물리치게 했다(이 사실은 문무왕전 속에 있다). 이 때문에 그는 신인종의 시조가 되었다.

(출전) 師諱明朗, 字國育, 新羅沙干才良之子, 母曰南澗夫人, 或云法乘娘, 蘇判茂林之子金氏, 則慈藏之妹也. 三息, 長曰國教大德, 次曰義安大德, 師其季也. 初母夢呑青色珠而有娠. 善德王元年入唐, 貞觀九年乙未來歸. 總章元年戊辰, 唐將李勣統大兵, 合新羅, 滅高麗. 後餘軍留百濟, 將襲滅新羅, 羅人覺之. 發兵拒之. 高宗聞之赫怒, 命薛邦興師將討之. 文武王聞之懼, 請師開秘法禳之(事在文武王傳中), 因玆爲神印宗祖(권5 신주 명랑신인)

(새김)

명랑(明朗) 법사는 선덕여왕 때 당 나라에 유학하고 돌아와 문무왕 8년(668) 당 나라의 내침 소식을 듣고 낭산(狼山) 남쪽 신유림(神遊林)에 사천왕사(四天王寺)를 세우면 물리칠 수 있다고 제안하였다. 비단으로 절 모양을 꾸민 다음, 풀로써 오방신상(五方神像)을 만들어 세우고 유가명승〔瑜伽明僧〕 12명과 문두루비법(文豆婁秘法)을 써서 태풍을 일으켜 당 나라 병선을 함몰시켰다. 그는 또한 이러한 비법의 근거인 금광명경(金光明經)의 뜻을 살리기 위하여 용왕이 시주한 황금으로 자신이 살던 집 자리에 절을 짓고 탑상을 꾸미고 금광사(金光寺)라 하였고, 뒤에 진언종의 갈래인 신인종(神印宗)의 조사(祖師)가 되었다. 문두루란 산스크리트 무드라(मुद्र, mudra)의 소리를 적은 것으로 신인(神印)이라 풀이된다. 명랑법사가 처음으로 신라에 들여온 문두루 비법은 불설관정복마봉인대신주경(佛說灌頂伏魔封印大神呪經)에 따른 비술이다. 신주경에 따라서 야단을 마련하고 다라니를 외우면 나라의 재난을 물리치고 지킬 수 있으며 사회 안전을 꾀할 수 있다는 것이다. 고려에 들어와서도 문두루 비법은 자주 시행되었다. 동북방의 완안여진(完顔女眞)이 쳐들어왔을 때도 예종 3년(1108) 7월 국경 어름에 자리한 진정사(鎭靜寺)에서 문두루 도량을, 그 다음해 4월 서경의 흥복사(興福寺), 영명사(永明寺), 금강사(金剛寺), 장경사(長慶寺) 등 4개 도량에서 문두루 도량을 열어 국난극복을 위한 기도를 올렸다.

명신(明神)

또 사재(私財)로 계를 모아서, 해마다 여기에 공양할 일, 특히 이 절의 법을 지키며 존경을 받던 엄흔(嚴欣), 백흔(伯欣)의 두 명신(明神)과 근악(近嶽) 등 세 분 신위 앞에 계를 모아 공양할 일(세속에 전하기는 엄흔, 백흔 두 사람이 집을 내놓아 절을 만들었기 때문에 절 이름을 백엄사(伯嚴寺)라 했으며, 이에 호법신을 삼았다고 했다). 금당 앞의 나무주발에 매달 초하룻날 공양미를 갈아놓을 일 등을 정했다. 이하 조목은 기록하지 않았다.

(출전) 以私財立寶, 追年供養條, 第一當寺護法敬僧嚴欣 · 伯欣兩明神及近岳等三位前, 立寶供養條(諺傳嚴欣 · 伯欣二人, 捨家爲寺, 因名曰伯嚴, 仍爲護法神), 金堂藥師前木鉢, 月朔遞米條等, 已下不錄(권3 탑상 백암사 석탑사리)

(새김)

명신(明神) : 공덕을 많이 쌓은 스님이나 신도가 별세하면 명신이라고 부른다. 일본의 엔닌(円仁)이 장보고를 일러 적산명신(赤山明神)이라고 기록한 것이 그런 보기이다.

명익(冥益)

대개 부처가 사물에 감응함이 여러 방면이었던 까닭에 김현공(金現公)이 능히 탑을 돌기에 정성을 다한 것에 감응하여 명익을 갚고자 했을 뿐이다. 그 때에 복을 받은 것은 당연한 일이라 할 수 있지 않겠는가.

(출전) 盖大聖應物之多方, 感現公之能致精於旋遶, 欲報冥益耳, 宜其當時能受禧佑乎(권5감통 김현감호)

(새김)

명익(冥益)이란 부처나 보살이 남 모르게 베풀어 주는 이익을 이른다. 다른 사람의 손과 눈이 못 미치는 가운데 선행(善行)을 하면 그에 대하여 보이지 않는 손이 도와준다는 말이다.

명주(溟州)

그 뒤에 굴산조사 범일(梵日)이 태화 연간(827-835)에 당 나라에 들어가 명주 개국사에 이르니 한 중이 왼쪽 귀가 없어진 채 여러 중들의 끝자리에 앉아 있다가 조사에게 말한다. 나도 또한 한 고향 사람으로, 내 집은 명주의 경계인 익령현 덕기방에 있습니다. 조사께서 훗날 본국에 돌아가시거든 모름지기 내 집을 지어주셔야 합니다. 이윽고 조사는 총석(叢席, 절간)을 두루 돌아다니다가 염관에게서 법을 얻고(이 일은 모두 본전에 자세히 있다) 회창 7년(丁卯, 847)에 본국으로 돌아오자 먼저 굴산사를 세우고 불교를 전했다.

(출전) 後有崛山祖師梵日，太和年中入唐，到明州開國寺，有一沙彌截左耳，在衆僧之末，與師言曰吾亦鄉人也. 家在溟州界翼嶺縣德耆坊，師他日若還本國，須成吾舍，旣而遍遊叢席，得法於鹽官(事具在本傳)，以會昌七年丁卯還國，先創崛山寺而傳敎(권3 탑상 낙산 이대성 관음 정취 조신)

(새김)

명주(溟州) : 오늘날의 강릉을 말한다. 본디 고구려에 속하였던바, 신라 선덕여왕 때 들어와 하슬라(何瑟羅) 소경을 두었던 곳이다. 동국여지승람을 보면, 본디 예국(濊國) 혹은 철국(鐵國) 또는 예국(蕊國)이 있었다. 한(漢) 나라 무제가 원봉 2년(전109)에 장수를 보내, 우거(右渠)를 토벌하고 4군을 정할 때에, 이 지역을 임둔이라 했다. 고구려에서는 하서량(河西良) 혹은 하슬라주라고도 하였다. 신라 선덕여왕은 작은 서울을 설치하여, 오늘날의 광역시장격인 사신을 두었다. 무열왕 5년(658)에 이 지역이 말갈과 이웃하였다 하여 소경이라는 이름을 고쳐 주(州)로 만들고, 도독을 두어서 지키도록 하였다. 경덕왕 16년(757)에 명주라 고쳤다. 고려 태조 19년(937)에는 동원경(東原京)이라 불렀고, 충렬왕 34년(1308)에 지금 이름으로 고쳐 부로 만들었다. 강양도라 하였다가 다시 강원도로 되었다. 강양도는 강릉과 양양의 약칭이다.

명활산(明活山)

처음에 명활산에 내려왔으니 이가 습비부 설씨(薛氏)의 조상이다. 지금은 임천부라고 하는데 물이촌(勿伊村), 잉구미촌(仍仇旀村), 궐곡(闕谷) 등 동북촌이 여기에 속하였다.

(출전) 明活山高耶村，長曰虎珍，初降于金剛山，是爲習比部薛氏祖，今臨川部，勿伊村，仍仇旀村，闕谷(一作葛谷)等東北村屬焉(권1 기이1 신라시조 혁거세왕)

명활성(明活城)

원광법사(圓光法師)가 처음 중국에서 돌아왔을 때 신라에서는 임금과 신하들이 그를 존경하여 스승으로 삼으니 법사는 항상 대승경전(大乘經典)을 강의했다. 이 때 고구려와 백제가 항상 변방을 침범하니 왕은 몹시 이를 걱정하여 수(隋) 나라(마땅히 당 나라라고 해야 할 것이다)에 군사를 청하고자 법사를 청하여 걸병표(乞兵表)를 짓게 했다. 당 나라 황제가 그 글을 보더니 30만 군사를 내어 몸소 고구려를 쳤다. 이로부터 법사가 유술까지도 두루 통달한 것을 세상 사람은 알았다. 나이 84세에 세상을 떠나니 명활성 서쪽에 장사지냈다.

(출전) 法師始自中國來, 本朝君臣敬重爲師, 常講大乘經典. 此時, 高麗百濟常侵邊鄙, 王甚患之. 欲請兵於隋(宜作唐) 請法師作乞兵表. 皇帝見以三十萬兵親征高麗, 自此知法師旁通儒術也. 享年八十四入寂, 葬明活城西(권4 의해 원광서학)

(새김)

그림 31 명활산성

삼국사기(三國史記)에 따르면, **명활성**은 실성왕(實聖王) 4년(405)에 왜구를 물리쳤다는 사료에 가장 처음으로 나타난다. 다시 자비마립간(慈悲麻立干) 18년(475)부터 소지마립간(炤知麻立干) 10년(488)까지 이 곳 명활성이 임시 궁궐로 사용됐다는 기록이 보인다. 한편 선덕왕(善德王) 16년(647)에는 비담과 염종의 반란군들이 반역을 도모한 기지로 삼기도 하였다. 서라벌에서 지정학적으로도 외적을 물리치고 군사훈련을 함에 긴요한 성채로 보고 있다. 명활산성작성비(明活山城作城碑)로 불리는 빗돌은 진흥왕 12년(551) 경주에 명활산성을 쌓은 뒤 세운 것이다. 비문의 내용은 진흥왕 12년(551) 11월 15일-12월 20일의 35일 동안 오대곡(烏大谷) 주민들이 상인나두(上人邏頭), 본피부(本彼部), 이피이리(伊皮尒利), 길지(吉之. 제14등)와 군중상인(郡中上人) 오대곡의 구지지(仇智之), 하간지(下干支, 제7등)의 통솔 아래 높이 10보, 길이 14보 3자, 3치의 성벽을 쌓았다는 것이다. 산성의 짜임새는 진평왕 13년(591)에 세워진 남산신성비와 거의 비슷하다. 비문 가운데 상인나두라는 벼슬 이름이 나오는데, 다른 비문에서는 상인과 나두가 분리되어 나온다. 상인은 웃어른이고 나두는 지방에 파견되는 지방관을 이른다. 이 비문으로 6세기 신라의 부역 동원의 체제 변화와 지방에 대한 통제 강화의 변천 양상을 가늠할 수 있다. 삼국사기 직관지에는 명활전(明活典)이라는 관서명이 보인다. 명활성을 관리 운영하던 곳으로 볼 수 있다. 이는 흥덕왕 2년(827) 혹은 신덕왕 2년(913)에 설치, 소속관원에 대사(大舍) 1인, 간옹(看翁) 1인을 두었다.

모대(牟大) ☞ 마제

모량부손씨(牟梁部孫氏)

셋째는 무산(茂山) 대수촌(大樹村)이다. 촌장은 구(俱, 혹은 仇)례마(禮馬)이다. 처음에 이산(伊山, 혹은 皆比山)에 내려왔으니 이가 점량부(漸梁 혹은 涿部) 또는 모량부 손씨의 조상이 되었다. 지금은 장복부라고 한다. 여기에는 박곡촌 등 서촌이 소속된다.

(출전) 三曰茂山大樹村, 長曰俱(一作仇)禮馬, 初降于伊山(一作皆比山), 是爲漸梁(一作涿)部又牟梁部孫氏之祖, 今云長福部, 朴谷村等西村屬焉(권1 기이1 신라시조 혁거세왕)

모례(毛禮)

신라 제21대 비처왕 때에 이르러 아도화상(我道和尙)이 시자 세 사람을 데리고 역시 모례의 집에 왔는데 모습이 묵호자와 비슷했다. (중략) 이에 속림(續林, 현 일선현)의 모록(毛祿, 祿은 禮와 글자 모양이 비슷한 데서 생긴 잘못)의 집에서 숨어 지냈다. 고기에 보면, 법사가 처음 모록의 집에 오니 그 때 천지가 진동했다.

(출전) 又至二十一毗處王時, 有我道和尙, 與侍者三人, 亦來毛禮家, 儀表似墨胡子, (중략) 乃逃隱于續林(今一善縣)毛祿家(祿與禮形近之訛) 古記云, 法師初來毛祿家, 時天地震驚(권3 흥법 아도기라)

(새김)

모례는 달리 모록(毛祿)이라고도 말한다. 모례는 오늘날의 경북 구미시 선산읍의 옛 이름인 일선군(一善郡)에 들어와 살았다. 눌지왕 때 고구려의 스님 묵호자(墨胡子)가 불교를 전파하기 위해서 신라로 왔지만, 당시 신라의 외래종교에 대한 배척이 심하여 전교할 수 없었다. 집안에 굴을 파서 3년 동안 묵호자를 숨겨주었다. 소지왕 때에도 스님 아도(阿道)가 수행 스님 3인을 데리고 신라로 왔을 때 자신의 집에 머무르게 하고 본인도 불교신자가 되었다. 그 때 모례의 누이 사씨(史氏)도 아도에게서 구족계(具足戒)를 받고 최초의 신라 비구니가 되었으며, 뒤에 영흥사(永興寺)를 세웠다고 전한다. 모례의 이름이 모록으로 기록된 것은 녹(祿)과 예(禮)의 글자 모양이 비슷하여(形相似) 생긴 것으로 보인다. 한편 도리사사적비(桃李寺事蹟碑)에는 아도가 모례에게 시주를 받아 신라 최초의 사찰인 도리사를 세웠다고 하였다. 현재 도리사 주변에는 모례 장자 터와 모례 장자 샘이 남아 있다. 또한 우리나라에서 사찰을 절이라고 부르게 된 것은 모례의 털 모(毛)를 털례라고 불렀다가 례를 빼고 털로, 다시 절로 바뀐 것이라는 설이 있다. 당시의 소리로는 털-절-절과 같이 미루어 볼 수 있기에 그러하다(한국민족문화대백과사전 참조). 절을 흔히 '사찰'이라 한다. 사찰의 찰(刹)이란 글자는 국토, 불국토를 뜻하는 산스크리트어 크샤트라(खसतरअ, kshatra)를 중국어로 음역하여 차다라(差多羅), 찰다라(刹多羅), 흘차달라(紇差達羅), 찰마(刹摩)라 하고, 땅, 나라, 처소라 한 데서 비롯한다. 그러므로 사찰은 불사를 뜻하는 초기의 한자어와 인도의 고대어인 산스크리트어 음역 한자어를 원용한 조어법으로 우리가 만들어 쓴 용어로 보인다(이은순 참조). 트라를 산스크리트어로 소리 내면 듣기에 따라서 타라-다라-더라-뎌르-져러-졀-절로 굳어져 다시 일본으로 건너가서 데라로 굳어진 것으로 보인다. 본디 크샤트라는 거룩한 곳이라는 성소를 이르는 말이기도 하다.

모본왕(慕本王)

고구려 제5대 모본왕은 민중왕의 형으로, 이름은 애류 혹은 애우이다. 무신년(戊申, 48)에 즉위하였으며 5년 동안 나라를 다스렸다.

(출전) 第五代慕本王閔中之兄, 名愛留, 一作憂. 戊申立, 理五年(권1 왕력 모본왕)

(새김)

해씨(解氏) 왕 시대를 마감한 임금이고 그의 왕자 익(翊)을 태자로 삼았으나 일찍 죽고 계루부 고씨(高氏) 가문의 재사(再思)의 아들, 궁(宮)이 태조왕으로 왕통을 이었다.

모죽지랑가(慕竹旨郎歌)

공의 아내는 그 꿈을 꾸던 날로부터 태기가 있어 아이를 낳으니 이름을 죽지(竹旨)라고 했다. 이 죽지랑이 커서 벼슬을 하게 되어 유신공과 함께 부장이 되어 삼한을 통일했다. 진덕, 태종, 문무, 신문의 4대에 걸쳐 재상으로서 나라를 안정시켰다. 처음에 득오곡(得烏谷)이 죽지랑(竹曼郞)을 사모하여 노래를 지으니 이러하다. 간 봄 그리워하니, 모든 것이 시름이로세. 아담하신 얼굴, 주름살이 지시려 하네. 눈 돌릴 사이에나마, 만나 뵙도록 때를 보리라. 낭(郎)이여, 그리운 마음에, 가고 오는 길. 쑥 우거진 마을에 잘 밤 있을지라도.

(출전) 妻氏自夢之日有娠, 旣誕, 因名竹旨. 壯而出仕, 與庾信公爲副帥, 統三韓, 眞德 · 太宗 · 文武 · 神文四代爲冢宰, 安定厥邦. 初得烏谷慕郞而作歌曰 去隱春皆理米, 毛冬居叱沙哭屋尸以憂音, 阿冬音乃叱好支賜烏隱, 皃史年數就音墮支行齊, 目煙廻於尸七史伊衣, 逢烏支惡知乎下是, 郞也. 慕理尸心未, 行乎尸道尸, 蓬次叱巷中宿尸夜音有叱下是(권2 기이2 효소왕대 죽지랑)

(새김)

죽지랑에 대한 절절한 그리움을 드러낸 득오의 향가다. 좀 더 구체적으로 풀이한 노랫말을 살펴보도록 한다. 이미 흘러간 화려했던 지난날을 곰곰이 생각해보니 슬프지 않은 것이 없습니다. 한창 때 그리도 좋아 보이던 얼굴에는 주름살만 덧없이 늘어나고 민망스럽습니다. 눈을 돌려 돌아본들 옛날의 모습을 어찌 볼 수 있겠습니까. 임을 그리는 마음에 임께서 죽어 묻힌다 해도 저는 죽음의 길까지라도 임을 따르겠습니다(박노준, 신라가요의 연구 참조). 노래의 주원성을 기반으로 하여 모죽지랑가의 창작 시기는 득오(得烏)가 부산성 창지기로 끌려가서 익선 아간에게 노역을 할 때 지은 것으로 보인다. 글의 흐름으로 보아 죽지의 생전에 지은 것으로 상정된다(이동근, 장진호).

모척(毛尺)

그 뒤 태종대왕 때 재상 김양도(金良圖)가 불법을 믿어 화보(花寶), 연보(蓮寶) 두 딸을 바쳐 이 절의 시종으로 하였으며, 또 역신 모척(毛尺)의 가족을 데려다가 절의 노예로 삼았으니 이 두 가족의 후손은 지금까지도 끊어지지 않았다. 그 절의 주지가 되어 몸소 넓게 교화를 하였다.

(출전) 後至太宗王時, 宰輔金良圖信向佛法, 有二女曰花寶 · 蓮寶, 捨身爲此寺婢. 又以逆臣毛尺之族, 沒寺爲隷, 二族之裔至今不絶, 主住其寺, 躬任弘化(권3 흥법 원종흥법 염촉멸신)

(새김)

선덕여왕 11년(642) 대야성의 전투가 있을 때 성주 김품석(金品石)이 검일(黔日) 장군의 아내를 범하자 이에 **모척(毛尺)**은 검일과 공모, 군량미 창고를 불사르고 백제군과 밀통하여 대야성을 함락하게 한 역신이었다. 백제에서 영화를 누렸으나 후일 백제가 망하였을 때 문무왕이 목을 베었다.

묘정(妙正)

어느 날 왕이 황룡사(어떤 책에는 화엄사, 또 금강사라고도 했으니 이것은 아마 절 이름과 불경 이름을 혼동한 듯)의 스님 지해(智海)를 대궐 안으로 청하여 화엄경을 50일 동안 읽게 했다. 사미 묘정이 매양 금광정(金光井, 대현법사가 이 이름을 지었다) 가에서 바리때를 씻는데 자라 한 마리가 우물 속에서 떴다가는 다시 가라앉곤 하므로 사미는 늘 먹다 남은 밥을 자라에게 주면서 희롱했다.

(출전) 王一日請皇龍寺注或本云, 華嚴寺又金剛寺, 蓋以寺名經名, 混之也. 釋智海入內, 稱華嚴經五旬. 沙彌妙正, 每洗鉢於金光井(因大賢法師得名)邊, 有一黿浮沈井中. 沙彌每以殘食, 餽而爲戲(권2 기이2 원성대왕)

묘향산(妙香山)

환웅(桓雄)은 무리 3천 명을 거느리고 태백산(太伯山) 마루턱(곧 태백산은 지금의 묘향산)에 있는 신단수 밑에 내려왔다. 이곳을 신시(神市)라 하고, 이 분을 환웅천왕(桓雄天王)이라고 이른다.

(출전) 雄率徒三千, 降於太伯山頂(卽太伯今妙香山)神壇樹下, 謂之神市, 是謂桓雄天王也(권1 기이1 고조선)

(새김)

신증동국여지승람(新增東國輿地勝覽) 권54 평안도 영변대도호부 산천조에서는 묘향산을 부(府)의 동쪽 130리 어름에 있는데 이를 태백산(太伯山)이라고 한다. 고려 중기 이후에는 묘향산의 바위들이 희고 깨끗하다고 하여 태백산(太白山)이라고도 하였다. 더러는 신향산(神香山), 구향산이라고도 한다. 흔히 신향산 일대를 묘향산의 정수리로 본다. 고려시기에 태백산을 묘향산으로 본 것은, 여진족에게 백두산 일대를 내주었기 때문에 백두산에서 묘향산으로 그 중심이 바뀐 것으로 보인다. 최남선(1927)에서는 불함문화권의 중심으로 태백을 백두로 본 것이다. 그 논거로 백(白)-계열의 지명을 눈여겨 볼 필요가 있다. 여기서 태양신에 제사를 모시던 곳으로 볼 수 있다는 것이다.

무극(無極)

나도 역시 이 모임에 참석해서 이른바 불아(佛牙, 부처의 이)라고 하는 것을 친히 보았는데 그 길이는 세 치 가량 되고 사리는 없었다. 무극은 쓴다.

(출전) 予亦預斯會，而親見所謂佛牙者，長三寸許，而無舍利焉. 無極記(권3 탑상 전후소장사리)

(새김)

무극은 일연의 제자이며 이름은 혼구(混丘)이다. 고려 고종 38년(1251)에 태어나 충숙왕 9년(1322) 72세의 나이로 생을 마감하였다. 의해편 관동풍악발연수석기(關東楓岳鉢淵藪石記)에도 무극이라고 실려 있음을 보면 일연이 입적을 하고 나서 20여년이 지난 뒤 삼국유사를 정리하여 엮은 것으로 추정된다.

무릉왕(武陵王)

그 화공의 이름은 전하지 않는데 혹은 장승요(張僧繇)라고도 한다. 그렇다면 그는 오(吳) 나라 사람으로, 양(梁) 나라 천감 연간에 무릉왕국(武陵王國)의 시랑직비각지화사(侍郎直秘閣知畵事)가 되었고, 우장군(右將軍)과 오흥태수(吳興太守)를 지냈다. 그러니 여기에 말한 천자는 중국 양(梁)이나 진(陳) 나라 무렵의 제왕일 것이다.

(출전) 畫工傳失其名，或云張僧繇，則是吳人也. 梁天監中爲武陵王國侍郎直秘閣知畫事，歷右將軍・吳興太守則乃中國梁・陳間之天子也. 而傳云唐帝者，海東人凡諸中國爲唐爾，其實未詳何代帝王，兩存之(권3 탑상 삼소관음 중생사)

(새김)

무릉왕은 양 무제의 여덟 째 아들이다. 무산(茂山) 촉지 익주자사가 되었다가 무제가 돌아간 뒤 즉위하였다. 연호를 천정(天正)이라 한다. 강릉에 있는 형 원제(元帝)를 치려다가 전사하였다.

무림(茂林)

대덕 자장은 김씨(金氏)이니 본디 진한의 진골로서 소판(蘇判, 장관급) 무림의 아들이다. 그의 아버지는 맑은 요직을 지냈으나 뒤를 이을 아들이 없었다. 삼보에 마음을 두어 천부관음에게 아들 하나 낳기를 바라고 이렇게 빌었다. 만일 아들을 낳게 되면 그 아이를 내놓아서 법해의 대들보로 삼겠습니다. 갑자기 그 어머니의 꿈에 별 하나가 떨어져서 품 안으로 들어오더니 이내 태기가 있어서 아이 하나를 낳았는데 부처님과 같은 날이므로 이름을 선종랑(善宗郎)이라 했다. 그는 정신과 뜻이 맑고 슬기로웠으며 문재가 날로 풍부하고 속세의 취미에 물들지 않았다. 일찍이 두 부모를 여의고 속세의 시끄러움을 싫어해서 처자를 버리고, 자기의 논밭을 내 놓아 원녕사(元寧寺)를 삼았다.

(출전) 大德慈藏，金氏，本辰韓眞骨蘇判(三級爵名)茂林之子. 其父歷官淸要，絶無後胤，乃歸心三寶，造于千部觀音，希生一息，祝曰若生男子，捨作法海津梁 母忽夢星墜入懷，因有娠，及誕，與釋尊同日. 名善宗郎，神志澄睿，文思日贍，而無染世趣. 早喪二親，轉厭塵譁，捐妻息，捨田園爲元寧寺(권4 의해 자장정률)

(새김)

무림(茂林)을 **무림(武林)**으로도 적었다. 진골 왕족인데 진덕여왕 시절, 국왕을 선출하기 위한 화백회가 경주 남산 우지암(亏知岩)에서 열렸을 때 참석한 6명 중의 한 사람이다. 이르자면, 알천공(閼川公)과 유신공(庾信公), 임종공(林宗公)과 술종공(述宗公), 염장공(廉長公)과 무림공(茂林公)이 그들이다. 고려 혜종의 이름자인 무(武)를 피하여 소리가 같은 무(茂)를 쓴 것으로 보인다(문경현).

무산대수촌(茂山大樹村)

셋째는 무산 대수촌이다. 촌장은 구례마(俱禮馬, 仇禮馬)이다. 처음에 이산(伊山, 일명 皆比山)에 내려왔으니 이가 점량부(漸梁 일명 涿) 또는 모량부 손씨(孫氏)의 조상이 되었다.

(출전) 三曰茂山大樹村, 長曰俱(一作仇)禮馬, 初降于伊山(一作皆比山), 是爲漸梁(一作涿)部又牟梁部孫氏之祖, 今云長福部, 朴谷村等西村屬焉(권1 기이1 신라시조 혁거세왕)

무상고공(無常苦空)

절의 스님이 나와 보니 다섯 비구는 무상고공(無常苦空)의 이치를 설명하고 유해를 벗어 버리더니 큰 광명을 내비치면서 서쪽으로 가는 것이었다. 그들이 유해를 버린 곳에 절의 스님이 정자를 짓고 이름을 치루(置樓)라 했으니, 지금도 남아있다.

(출전) 五比丘爲說無常苦空之理, 蛻棄遺骸, 放大光明, 向西而去. 其捐舍處, 寺僧起亭榭, 名置樓, 至今存焉(권5 피은 포천산 오비구)

(새김)

무상고공(無常苦空) : 비상고공비아(非常苦空非我)에서 비롯하였다. 중생의 일이 모두가 괴로움이라는 관점에서 보면, 관(觀) 무상 즉 비상과 괴로움과 공허함을 말한다.

무애가(無㝵歌)

원효는 우연하게도 광대들이 가지고 노는 큰 박을 얻었는데 그 모양이 진기했다. 그는 그 모양을 따라서 도구를 만들어 화엄경 속에 말한, 모든 무애인은 한 결 같이 죽고 사는 것을 벗어난다는 글귀를 따다 이름을 무애(無㝵)라 하고 끊임없이 노래를 지어 세상에 퍼뜨렸다. 어느 날 이 박을 가지고 수많은 마을에서 노래하고 춤추면서 교화시키고 읊다가 돌아오니, 이 때문에 상추옹유(桑樞瓮牖, 가난뱅이), 확후(玃猴, 멍청이)의 무리들로 하여금 모두 부처의 이름을 알고, 나무아미타불을 부르게 하였으니 원효의 교화야말로 참으로 컸다 할 것이다. 그가 태어난 마을 이름을 불지촌이라 하고, 절 이름을 초개사(初開寺)라 하였으며 스스로 원효라 한 것은 모두 불교를 처음 빛나게 했다는 뜻이다. 원효도 역시 방언이니, 당시 사람들은 모두 신라어로 새벽이라고 했다.

(출전) 偶得優人舞弄大瓠, 其狀瑰奇, 因其形製爲道具, 以華嚴經一切無㝵人, 一道出生死, 命名曰無㝵, 仍作歌流于世. 嘗持此, 千村萬落且歌且舞, 化詠而歸, 使桑樞瓮牖玃猴之輩, 皆識佛陀之號, 咸作南無之稱, 曉之化大矣哉, 其生緣之村名佛地, 寺名初開, 自稱元曉者, 蓋初輝佛日之意也. 元曉亦是方言也(권4 의해 원효불기)

(새김)

상추옹유(桑樞瓮牖) 확후(玃候)라 함은 가난한 사람의 집과 원숭이 무리와 같이 우매한 사람들을 말한다. 상추옹유는 뽕나무 지게문과 헌 독의 주둥이로 한 봉창을 이르니 얼마나 가난한 집인가를 알 수 있다. 불지촌과 초개사와 관련하여 원효의 위계를 풀이함에 있어 초지(初地)가 나온다. 여기 초지의 초(初)는 초개사의 초이고, 지(地)는 불지촌(佛地村)의 지로 볼 수 있다. 무애와 관련하여 이인로(李仁老)의 파한집(破閑集)에는 **무애무**를 기려서 이르되, 배가 가을 매미 같고 목은 여름의 매미와 같다고 하였다. 고려사 악지에는, 무애희(無碍戱)는 서역에서 온 것이다. 불교 용어와 방언이 뒤섞여 기록하기가 어렵다. 잠시 절주만 남겨놓았다고 적었다. 그러다 조선조에 들어와서 세종 16년(1434) 조선왕조실록을 보면, 예조에서 무애정재는 그 가사에 불가 용어를 쓰므로 하여 민망하므로 이후로는 모든 궁중연희의 음악에서 무애정재를 빼버렸다. 매월당 시집 권12에 무쟁비(無諍碑)가 나온다. 국사로 추봉하여 무애라 하는바, 무쟁은 잘못 적은 것으로 보인다(정민, 불국토를 꿈꾼 그들 참조).

무양왕(武陽王)

고구려 제27대 영류왕의 별호. 그 때 무양왕(武陽王, 국사에 영류왕의 이름은 건무(建武) 혹은 건성(建成)이라고 했는데 여기에는 무양왕은 미상)이 그의 어질다는 말을 듣고 불러들여 신하로 삼았다. 그는 스스로 성을 개(蓋)라 하고 이름을 김(金)이라 했으며 지위가 소문(蘇文)에까지 이르니 바로 시중의 벼슬이다(당서에는 개소문(蓋蘇文)이 자칭 막리지(莫離支)라고 했으니 당 나라의 중서령과 같은 것이라 했다).

(출전) 武陽王聞其賢(國史榮留王名建武, 或云建成, 而此云武陽, 未詳), 徵入爲臣, 自稱姓盖名金, 位至蘇文, 乃侍中職也(唐書云盖蘇文自謂莫離支, 猶中書令)(권3 흥법 보장봉로 보덕이암)

무열왕(武烈王)

신라 제29대 태종대왕의 이름은 춘추(春秋), 성은 김씨다. 용수(龍樹 혹은 龍春) 각간으로 추봉된 문흥대왕의 아들이다. 어머니는 진평대왕의 딸 천명부인이며 비는 문명왕후 문희(文姬)이니 곧 유신공의 막내 누이였다.

(출전) 第二十九太宗大王, 名春秋, 姓金氏, 龍樹(一作龍春)角干, 追封文興大王之子也. 妣眞平大王之女天明夫人, 妃文明皇后文姬, 卽庾信公之季妹也(권1 기이1 태종춘추공)

(새김)

무열왕은 신라 제29대 임금으로 재위 8년(654-661) 동안 나라를 다스렸다. 성은 김씨. 이름은 춘추(春秋) 진지왕의 손자로 이찬(伊湌) 용춘(龍春 또는 龍樹)의 아들이다. 어머니는 천명부인(天明夫人)으로 진평왕의 딸이다. 왕비는 문명부인(文明夫人)으로, 각간 김서현(金舒玄)의 딸이며 김유신(金庾信)의 누이동생 문희(文姬)이다. 김유신의 옹립에 힘입어 진골 출신의 첫 임금이 되었다. 진덕왕이 돌아갔다. 여러 신하들이 이찬 알천에게 섭정할 것을 요청하였다. 알천은 굳이 사양했다. 나는 늙었고 이렇다 할 만한 실적이 없다. 지금 덕망이 두텁기로는 춘추공 만한 이가 없다. 그는 실로 세상을 다스릴 영걸이라고 본다. 마침내 그를 받들어 왕으로 삼으려 하니 춘추가 세 번이나 사양하다가 어쩔 수 없이 용상에 올랐다(眞德薨 群臣請閼川伊湌攝政 閼川固讓曰臣老矣 無德行可稱 今之德望崇重 莫若春秋公 實可謂濟世英傑矣 遂奉爲王 春秋三讓 不得已而就位)(삼국사기 신라본기 무열왕).

무엽산(無葉山)

위서(魏書)에 이렇게 말했다. 지금으로부터 2천 년 전에 단군왕검이 있었다. 그는 아사달(阿斯達, 경에는 무엽산이라 하고 또는 백악(白岳)이라고도 하는데 백주(白州)에 있었다. 혹은 또 개성 동쪽에 있다고도 한다. 이는 바로 현 백악궁)에 도읍을 정하고 새로 나라를 세워 국호를 조선이라고 불렀으니 이것은 고(高)와 같은 시기였다.

(출전) 魏書云, 乃往二千載有壇君王儉, 立都阿斯達(經云無葉山, 亦云白岳, 在白州地, 或云在開城東, 今白岳宮是) 開國號朝鮮, 與高同時(권1 기이1 고조선)

(새김)

여기 **백악산(白岳山)**이 나오는데 일설에는 중국 길림시의 송화강 가에 자리한 용담산성(龍潭山城)이라고 한다. 이곳에서 부여를 통합하고 고구려를 세웠다는 것이다. 백악산은 일명 녹산(鹿山)이라고 한다. 녹산의 녹(鹿)은 사슴을 이르는바, 만주말로 사슴을 푸후(puhu)라고 한다. 소리로 봐서 부여(夫餘)를 푸위(puü)라고 하니 소리는 비슷하다. 그럼 아사달도 용담산성에 있었다는 말인데 확고한 사료나 유적이 있음으로써 믿을 만하게 된다. 좀 더 후일을 기다려야 할 필요가 있다(李健才(1986) 東北史地考略 참조). 일종의 사슴토템으로 볼 수 있다.

무왕(武王)

백제 제30대 무왕의 이름은 장(璋)이다. 그 어머니는 과부가 되어 서울 남쪽 못 가에 집을 짓고 살았는데 못 속의 용과 관계하여 장을 낳았던 것이다. 아이 때 이름은 서동이고 그의 사람됨을 헤아리기 어려웠다. 매양 마를 캐서 팔아서 생업을 삼았으므로 사람들이 이로 하여 그를 서동(薯童)이라 불렀다.

(출전) 第三十武王, 名璋. 母寡居, 築室於京師南池邊, 池龍交通而生, 小名薯童, 器量難測. 常掘薯蕷, 賣爲活業, 國人因以爲名(권2 기이2 무왕)

(새김)

우여곡절 끝에 서동은 임금이 되어 재위 42년 동안 내치와 외치를 두루 살펴 나라를 잘 다스렸다. **무왕** 42년(642) 봄 3월, 왕이 돌아갔다. 시호를 무(武)라고 하였다. 당 나라의 황제가

그림 32 사리봉안기

특별히 조문의 예를 갖추었다. 사신이 당 나라에 가서 소복을 입고 표문을 바쳐, 임금의 번신 부여 장(璋)의 죽음을 알렸다. 황제는 현무문에서 추도 의식을 거행하고 조서를 보내 이르기를, 먼 나라를 사랑하는 방도는 총명 보다 나은 것이 없고, 죽은 자를 표창하는 의리는 먼 곳이라 하여 막힌 것이 아니다. 고주국(故柱國) 대방군왕 백제왕 부여장은 산을 넘고 바다 건너 멀리까지 와서 초하루 보름으로 예를 갖추었고, 공물을 바치고 표문을 올리기를 한 결 같이 하다가 문득 죽음을 당하였으니 그를 깊이 추도한다. 마땅히 상례 이상으로 조의를 표하여 광록대부로 추증하노라 하며 부의를 매우 후하게 보냈다(四十二年 春三月 王薨 諡曰武 使者入唐 素服奉表曰君外臣扶餘璋卒帝擧哀玄武門 詔曰懷遠之道 莫先於寵命 飾終之義 無隔於遐方 故柱國帶方郡王公百濟王扶餘璋 棧山航海 遠稟正朔 獻琛奉牘 克固始終 奄致薨殞 追深愍悼 宜加常數 式表哀榮 贈光祿大夫 賻賜甚厚)(삼국사기 백제본기). 2009년 문화재청의 발표를 따르면, 익산미륵사의 석탑 해체 과정에서 나온 금제 사리 봉안기에 백제 무왕의 왕후는 선화공주가 아니라 좌평 사택적덕(沙宅積德)의 따님으로 앞과 뒤 193자로 된 기록이 밝혀졌다. 우리가 알고 있던 서동요의 선화가 아니었다. 그러다가 2015년 국립중앙박물관이 선화공주가 실제 존재했으며 무왕과 나란히 익산 쌍릉에 묻혀 있을 가능성을 보여주는 유물을 찾아냈다고 보도했다. 앞으로 그 연결고리를 어떻게 잇는가 하는 과제가 있다. 본문의 경사(京師)는 백제의 수도였던 사비성(부여)을 말한다. 연못은 궁남지로 보인다. 무왕의 아버지는 지룡(池龍)이고 어머니는 사비성 연못가에 살던 과부였다. 지룡의 정체는 법왕(法王)으로 보인다. 삼국사기에는 무왕의 이름은 장(璋)이고 아버지는 법왕이라고 하였다. 마침내 서동은 왕족의 혈통이라는 말이 된다. 서동이 세자가 되고 임금으로 즉위할 때까지 많은 시련이 있었다. 일종의 통과의례적인 사건들이었다. 말하자면 서동은 어머니와 함께 익산(본디 지명은 枳慕蜜地)으로 옮겨 살다 머리를 깎고 중이 되어 서라벌로 들어간 것으로 보인다. 선화공주를 음해하는 참요(讖謠, 서동요)를 퍼뜨린다. 뒤에 지명법사(知命法師)의 도움으로 진평왕의 사위로 공식적인 인정을 받고 신분 상승의 유력한 고지를 점령하게 된다. 여기 지명(知命)이라 함은 의미가 깊다. 서동의 임금 만들기 아니면 진평왕과 법왕의 화해하기의 특명을 맡아서〔知〕 수행하는 행위자를 말한다. 진평왕과 같이 전륜성왕의 화신을 표방한 무왕의 꿈을 이루어 가는 과정이라고 볼 수 있다. 미륵하생경(彌勒下生經)에 드러난 미륵의 세상을 이 땅에 구현해 보고자 했다.

무외삼장(無畏三藏)

당 나라에 가서 무외삼장을 뵙고 배우기를 청하니 삼장이, 우이(嵎夷, 신라)의 사람이 어떻게 수도자가 될 수 있겠는가 하고 가르쳐 주지 않았다. 그러나 혜통은 쉽게 물러가지 않고 3년 동안이나 부지런히 섬겼다. 그래도 무외가 허락하지 않자 혜통은 이에 분하고 애가 타서 뜰에 서서 불화로를 머리에 이고 있었다. 조금 뒤에 정수리가 터지는데 소리가 천둥과 같았다. 삼장(三藏)이 이 소리를 듣고 와서 보더니 물동이를 치우고 손가락으로 터진 곳을 만지면서 주문을 외우니 상처는 이내 아물어서 전과 같이 되었다. 그러나 흉터가 생겨 왕자(王字) 무늬와 같으므로 왕화상(王和尙)이라고 하여 그의 인품을 깊이 인정하여 인결(印訣)을 전했다. 인결은 수기(授記)와 같은 말이다. 인가(印可)와 수결(授訣)의 줄임말이다. 제자의 깨달음을 인정하는 인가와 앞으로 보리심을 얻을 수 있음을 공인해 주는 것을 이른다.

(출전) 往唐謁無畏三藏請業, 藏曰嵎夷之人豈堪法器, 遂不開授, 通不堪輕謝去, 服勤三載, 猶不許. 通乃憤悱立於庭, 頭戴火盆, 須臾頂裂聲如雷. 藏聞來視之. 撤火盆, 以指按裂處, 誦神咒, 瘡合如平日, 有瑕如王字文. 因號王和尙, 深器之. 傳印訣(권5 신주 혜통항룡)

(새김)

무외삼장(無畏三藏, 637-735)은 인도의 마갈타국의 국왕으로 출가하여 승려가 되었다. 716년 당 나라 장안에 와서 밀교(密敎)를 전한 중국 밀교의 시조이다. 대일경(大日經)을 한문으로 번역하였으며 99세로 입적하였다. **우이(嵎夷)**란 중국의 산동성 등주(登州)의 옛이름이다. 동이와 같은 뜻이며 신라를 이른다. 백제를 정벌할 당시 소정방을 신구도행군대총관(神丘道行軍大摠管)으로, 무열왕을 우이도행군대총관(嵎夷道行軍大摠管)으로 임명한 것으로도 우이는 신라를 의미함을 알 수 있다.

무의자(無衣子)

그 때는 바로 요(遼)의 응력 3년(癸丑, 953)이요, 고려 광종 5년으로, 탑이 세 번째로 불타던 때였다. 조계(曹溪)의 무의자(無衣子, 혜심)가 시를 남겨 말하기를, 들으니 황룡사 탑이 불타던 날, 번져서 탄 한 쪽에도 틈이 없었네 라고 한 것이 바로 이것이다.

(출전) 卽大遼應曆三年癸丑歲也. 本朝光廟五載也. 塔之第三災也. 曹溪無衣子留詩云 聞道皇龍災塔日, 連燒一面示無間. 是也(권4 탑상 전후소장사리)

(새김)

고려 고종 때 이규보가 쓴 진각국사비(眞覺國師碑)에 그의 생애가 자세하게 전한다. 무의자란 진각국사 혜심(慧諶)이 스스로 호를 지은 자호로 보인다. 수선사의 제2세 사주이다. 속성은 최씨(崔氏)이고 이름은 식(寔)이다.

무장사 미타전(鍪藏寺彌陀殿)

서라벌 동북쪽 20리 쯤 되는 암곡촌(暗谷村) 북쪽에 무장사가 있으니, 이것은 신라 제38대 원성대왕의 아버지 대아간 효양(孝讓) 즉 추봉된 명덕대왕의 숙부 파진찬을 추모해서 세운 것이다. 그윽한 골짜기가 몹시 험준해서 마치 깎아 세운 듯하다. 그곳은 깊고 어두워 저절로 은신처가 생길 것이니, 이야말로 마음을 쉬고 도를 즐길 만한 신령스러운 곳이었다. 절의 위쪽에 아미타의 옛 전각이 있다. 곧 소성대왕(昭成大王, 혹 昭聖大王)의 비 계화왕후가, 대왕이 먼저 세상을 떠나자, 근심에 차서 황당하여 어찌할 줄 모르고 지극히 슬퍼하여 피눈물을 흘리고 괴로워했다. 이에 그는 밝고 아름다운 일을 돕고 명복을 빌 것을 생각했다. 이 때 서방에 아미타라는 대성이 있어 지성으로 그를 믿으면 잘 구원하여 맞아 준다는 말을 듣고 이것이 사실이라면 어찌 나를 속이겠느냐. 이에 육의(六衣, 황후가 입던 옷)의 화려한 옷을 희사하고 구부에 저장해 두었던 재물을 다 내어 이름난 공인들을 불러서 아미타불상 하나를 만들게 하고, 아울러 신중도 만들어 모셨다.

(출전) 京城之東北二十許里, 暗谷村之北有鍪藏寺, 第三十八元聖大王之考大阿干孝讓追封明德大王之爲叔父波珍喰追崇所創也. 幽谷逈絶, 類似削成, 所寄冥奧, 自生虛白, 乃息心樂道之靈境也. 寺之上方, 有彌陁古殿, 乃昭成(一作聖)大王之妃桂花王后爲大王先逝, 中宮乃充充焉, 皇皇焉, 哀戚之至, 泣血棘心, 思所以幽贊明休, 光啓玄福者, 聞西方有大聖曰彌陀, 至誠歸仰, 則善救來迎, 是眞語者, 豈欺我哉. 乃捨六衣之盛服, 罄九府之貯財, 召彼名匠, 教造彌陀像一軀, 幷造神衆以安之(권3 무장사 미타전)

(새김)

무장사(鍪藏寺) : 경주시 암곡동에 자리하였던 절이다. 통일신라 때 만든 3층 석탑 1기와 비신이 없어지고 그 자리에 비석 받침과 석등의 기둥만 남아 있다.

충충황황(充充皇皇) : 충충은 마음속에 근심이 가득한 것을, 황황은 마음을 잡지 못하고 방황하는 것을 말한다.

읍혈극신(泣血棘心) : 피눈물을 흘리며 상심하였다.

무진주(武珍州)

문무왕의 이복 아우인 차득공은 스님의 옷을 입고 비파를 들어 마치 거사의 모습을 하고 서울을 떠났다. 아슬라주(阿瑟羅州, 현 명주), 우수주(牛首州, 현 춘주), 북원경(北原京, 현 충주)을 거쳐 무진주(武珍州, 海陽 현 광주)에 이르러 두루 마을을 돌아다녔다. 무진주의 관리 안길(安吉)이 그를 남다른 사람인 줄 알고 자기 집으로 모셔다가 정성을 다해서 대접했다. 밤이 되자 안길은 처첩 세 사람을 불러 말했다. 오늘밤에 거사 손님을 모시고 잠자리를 하는 이는 내가 몸을 마치도록 함께 살 것이오. 두 아내는, 차라리 함께 살지 못할지언정 어떻게 남과 함께 잔단 말이오. 그 중에 아내 한 사람이 말한다. 그대가 몸을 마치도록 함께 살겠다면 명을 받들겠습니다.

(출전) 公著緇衣, 把琵琶爲居士形, 出京師, 經由阿瑟羅州(今溟州)牛首州(今春州)北原京(今忠州), 至於武珍州(今海陽) 巡行里閈, 州吏安吉見是異人, 邀致其家, 盡情供億. 至夜安吉喚妻妾三人曰, 今茲侍宿客居士者, 終身偕老. 二妻曰, 寧不並居, 何以於人同宿. 其一妻曰, 公若許終身並居, 則承命矣. 從之(권2 기이2 문호왕 법민)

(새김)

달리 무주(武州)라고도 한다. 본디 **무진주**는 마한(馬韓)의 땅이었다. 백제가 마한을 통합하면서 노령산맥 이북의 땅이 백제에 속한다. 노령산맥 이남의 마한세력은 영산강 유역을 중심으로 침미다례라는 작은 소국을 이루었다. 근초고왕 시절 백제의 지배를 받게 된다. 한편으로 영산강 유역을 바탕으로 자체의 문명과 정치체제를 유지했다. 3세기 초 나주의 보라국(保羅國 또는 不彌國)을 중심으로 가야의 포상팔국(浦上八國)에 가담하여 가락국 및 신라에 항쟁하기도 하고 중국과의 교역을 하기도 했다. 무령왕 시대로 들어오면서 침미다례(忱彌多禮, 일명 新彌國, 제주 혹은 해남)를 병합해 구지하성(久知下城, 현 장성)을 중심으로 5방 중에 남방을 설치했다. 신라 문무왕 1년(660) 백제가 신라에 멸망하자 당 나라는 백제 땅에 웅진도독부를 설치, 그 아래 담양군의 분차주, 나주의 대방주, 영광의 사반주의 3개주를 두어 다스렸지만 올바른 통치가 어려웠다. 문무왕 16년(676) 한반도에서 당 나라의 세력을 깨끗이 정리한 신라는 무진주로 고쳤다. 경덕왕 16년(757) 당 나라의 주군현제를 실시하면서 무진주도 무주(武州)로 개칭했다. 그 뒤 여수와 순천 일대에서 해적을 소탕하면서 세력을 키운 견훤은 무진주에 치소를 두어 스스로 왕을 칭했고 무진주를 기반으로 완산주로 북상해 후백제를 세운다. 고려로 후삼국이 통일되면서 고려 성종 2년(983) 중앙정부의 출장소인 12목 중에 나주(羅州), 승주(昇州)의 2목이 설치되었다. 성종 14년(995)에 전국을 10도로 개편하며 해양도(海陽道)가 설치되어 14주 62현을 다스렸다. 현종 9년(1018) 전국을 5도 양계로 다시 재편하면서 전북의 강남도와 통합하여 전라도로 명명한다. 고종 33년(1896) 전국이 13도제로 재편되어 전라도로 굳어졌다. 무진(武珍)의 어원은 무등(無等)과 같은데 무당을 뜻한다(조재훈, 1975).

무휼왕(無恤王)

고구려 제3대 대호신왕의 별호가 무휼이다. 국사(國史)에는 이런 말이 있다. 혁거세 30년(전27)에 낙랑 사람들이 신라에 항복했다. 또 제3대 노례왕 4년(전27)에 고구려의 제3대 무휼왕이 낙랑을 멸망시키니 그 나라 사람들은 대방(帶方, 北帶方)과 함께 신라에 투항해 왔다. 또 무휼왕 27년(44)에 광무제가 사자를 보내어 낙랑을 치고 그 땅을 빼앗아 군현을 삼으니, 살수(薩水) 이남의 땅은 한(漢) 나라에 소속되었다.

(출전) 國史云, 赫居世三十年, 樂浪人來投. 又第三弩禮王四年, 高麗第三無恤王伐樂浪滅之. 其國人與帶方(北帶方)投于羅. 又無恤王二十七年, 光虎帝遣使伐樂浪, 取其地爲郡縣, 薩水已南屬漢(권1 기이1 낙랑국)

(새김)

조선상고사(신채호, 1948)에서는 무휼왕을 무뢰 곧 우박신〔雹神〕으로 본다. 동부여 군사를 요해지인 학반령(鶴盤嶺)에서 습격, 이를 계기로 부여국을 고구려에 통합한다.

묵호자(墨胡子)

신라본기(新羅本紀) 제4권에 이렇게 말했다. 제19대 눌지왕 때 스님 묵호자가 고구려로부터 일선군으로 오자 그 고을 사람 모례(毛禮 혹은 毛祿)가 집 안에 굴을 파서 방을 만들어 편안히 있게 했다.

(출전) 新羅本記第四云, 第十九訥祇王時, 沙門墨胡子, 自高麗至一善郡, 郡人毛禮(或作毛祿) 於家中作堀室安置(권3 흥법 아도기라)

(새김)

묵호자라 함은 글자 그대로 보면, 사람의 이름이라기보다 검은 옷을 걸친 외국인 스님을 통틀어 이르는 것으로 볼 수 있다. 아도(阿道)의 또 다른 이름으로 보인다. 신라에 불교를 전도하기 위해 일선군 모례의 집에 와서 사람들의 눈을 피하여 굴을 파고 살았다. 이 때 양나라 사신이 신라로 의복류와 향을 가져왔으나 향의 사용법을 모르자 묵호자가 이를 알려주었고, 또한 심한 병을 앓던 공주를 고쳐주었다. 이에 왕이 흥륜사를 지어주고 불법을 펴게 했다. 그 뒤 영흥사를 세웠지만 임금이 죽자 그를 해치려는 백성들을 피해 모례의 집에 돌아와서 굴을 파고 문을 봉한 뒤 다시는 나오지 않았다 한다. 삼국사기에는 눌지왕 때의 묵호자로, 삼국유사에는 미추왕 때의 아도로 기록되어 있으나 같은 인물로 보는 설이 있다(브리태니카 사전 참조).

묵화상(墨和尙)

또 천성 3년(戊子, 928)에 묵화상이 당에 들어가 역시 대장경을 가지고 왔으며, 고려 예종 때에는 혜조국사가 조서를 받들고 중국으로 유학 가서 요본 대장경 3부를 사 가지고 왔는데, 그 한 본은 지금 정혜사에 있다(해인사에 한 본이 있고 허 참정댁에 한 본이 있다).

(출전) 又天成三年戊子, 黙和尙入唐, 亦載大藏經來 本朝睿廟時, 慧照國師奉詔西學, 市遼本大藏三部而來, 一本今在定惠寺(海印寺有一本, 許叅政宅有一本)(권4 탑상 전후소장사리)

문경(文慶)

정원 2년(丙寅, 786) 10월 11일 일본왕 문경 시절이었다. 일본제기를 보면 제55대 왕 문덕이라고 했는데 아마 이 사람인 듯하다. 그 밖에 문경(어떤 책에는 이 왕의 태자라고 했다)이 군사를 일으켜 신라를 치려다가 신라에 만파식적이 있다는 말을 듣고 군사를 물리고 금 50냥을 사자에게 주어 보내서 피리를 달라고 청하므로 왕이 사자에게 일렀다. 내가 듣건대, 선대 진평왕 때에 그 피리가 있었다고 하는데 지금은 어디에 있는지 알 수가 없다. 이듬해 7월 7일에 다시 사자를 보내어 금 천 냥을 가지고 와서 청하며 말하기를 내가 그 신비로운 물건을 보기만 하고 그대로 돌려보내겠다. 왕은 먼저와 같은 대답으로 이를 거절했다. 그리고 은 3천 냥을 그 사자에게 주고, 보내 온 금은 돌려주고 받지 않았다. 8월에 사자가 돌아가자 그 피리를 내황전에 간수해 두었다.

(출전) 貞元二年丙寅十月十一日, 日本王文慶(按日本帝紀, 第五十五主文德王, 疑是也. 餘無文慶. 或本云, 是王太子), 擧兵欲伐新羅, 聞新羅有萬波息笛退兵, 以金五十兩, 遣使請其笛. 王謂使曰朕聞上世眞平王代有之耳, 今不知所在 明年七月七日, 更遣使, 以金一千兩請之曰寡人願得見神物而還之矣, 王亦辭以前對, 以銀三千兩賜其使, 還金而不受. 八月, 使還, 藏其笛於內黃殿(권2 기이2 원성대왕)

문군곡(問群曲)

국선 요원랑(邀元郞), 예흔랑(譽昕郞), 계원(桂元), 숙종랑(叔宗郞) 등이 금란(金蘭, 현 금강산)을 유람하는데 남모르게 임금을 위하여 나라를 잘 다스리게 해달라고 비는 뜻이 있었다. 이에 노래 세 수를 짓고, 다시 심필(心弼) 사지를 시켜서 책 만드는 종이를 대구 화상에게 보내어 노래 세 수를 짓게 하니 첫째는 현금포곡이요, 둘째는 대도곡이요, 셋째는 문군곡이었다.

(출전) 國仙邀元郞, 譽昕郞, 桂元, 叔宗郞等遊覽金蘭, 暗有爲君主理邦國之意, 乃作歌三首, 使心弼舍知授針卷, 送大炬和尙處, 令作三歌. 初名玄琴抱曲, 第二大道曲, 第三問群曲, 入奏於王, 王大喜稱賞. 歌未詳(권2 기이2 경문대왕)

(새김)

문군곡의 가사는 전하지 않으며, 다만 노래의 사연만이 삼국유사 경문대왕 부분에 올라 있다. 노래의 성격은 그 창작 시기나 과정으로 볼 때, 향가 안민가(安民歌)와 일맥상통하는 바가 있다. 따라서 작자의 감성에 바탕을 둔 서정이라기보다는 교훈적인 성격이 짙을 것으로 생각된다. 대구화상(大矩和尙)이 악곡으로 올렸다고 한다(한국민족문화대백과사전 참조).

문두루(文豆婁)

그리고 유가(瑜伽)의 밝은 열두 명으로 하여금 명랑을 우두머리로 하여 문두루의 비법을 쓰게 했다. 그때 당 나라 군사와 신라 군사는 아직 싸움하기 전인데 바람과 물결이 사납게 일어나서 당 나라 군사는 모두 물속에 빠져 돌아갔다. 그 뒤에 절을 고쳐 짓고 사천왕사라 하여 지금까지 단석이 없어지지 않았다.

(출전) 以瑜珈明僧十二員, 明朗爲上首, 作文豆婁秘密之法. 時唐, 羅兵未交接, 風濤怒起, 唐舡皆沒於水. 後改剏寺, 名四天王寺, 至今不墜壇席(권2 기이2 문호(무)왕 법민)

(새김)

문두루(文豆婁) : 둥근 나무에다 동서남북 중앙의 오방신의 이름을 써넣는 것을 문두루라 한다. 그 어원은 산스크리트어인 무드라(**मउदर**, mudra)에서 기원하였다. 풀이에 따라 조금씩 차이가 있다. 손을 맺는 수인(手印)(비로영우, 신라밀교), 신인종(김상현)이라는 풀이가 있다. 문두루 비법은 관정경(灌頂經) 권7에 나오는 빈두로(賓頭盧)에서 비롯하였다는 풀이도 있다(미시나, 삼국유사고증). 빈두로는 부처님의 제자인 16나한 가운데 한 사람이다. 주로 유가수행에서 많이 나오는 손과 손가락의 모양을 이르기도 한다.

문무왕(文武王)

신라 제30대 문무왕은, 총장 원년(戊辰, 668)에 몸소 군사를 거느리고 인문(仁問)과 흠순(欽純)이 함께 평양에 이르러 당 나라 군사와 합세하여 고구려를 멸망시켰다. 당 나라 장수 이적(李勣)은 고장왕(高藏王, 보장왕)을 잡아가지고 당 나라로 돌아갔다(왕의 성이

고씨이므로 고장이라 했다). (중략) 이 때 의상법사가 유학하러 당 나라에 갔다가 인문을 찾아보자 인문은 그 사실을 말했다. 이에 의상이 돌아와서 왕께 아뢰니 왕은 몹시 두려워하여 여러 신하들을 모아 놓고 이것을 막아 낼 방법을 물었다. 각간 김천존이 말했다. 요즘 명랑법사가 용궁에 들어가서 비법을 배워 왔으니 그를 불러 물어보십시오. 명랑이 말했다. 낭산 남쪽에 신유림(神遊林)이 있으니 거기에 사천왕사를 세우고 도량을 개설하면 좋겠습니다. 그때 정주에서 사람이 달려와 보고한다. 당 나라 군사가 무수히 우리 국경에 이르러 바다 위를 돌고 있습니다. 왕은 명랑을 불러 물었다. 일이 이미 급하게 되었으니 어찌 하면 좋겠는가. 명랑이 말한다. 여러 가지 빛깔의 비단으로 절을 임시로 지으면 될 것입니다. 이에 채색 비단으로 임시로 절을 만들고 풀로 오방의 신상(神像)을 만들었다. 그리고 유가의 밝은 열두 명으로 하여금 명랑을 우두머리로 하여 문두루(文豆婁)의 비밀한 술법을 쓰게 했다. 그때 당 나라 군사와 신라 군사는 아직 싸움하기 전인데 바람과 물결이 사납게 일어나서 당 나라 군사는 모두 물속에 빠져 돌아갔다. 그 뒤에 절을 고쳐 짓고 사천왕사라 하여 지금까지도 단석이 없어지지 않았다.

(출전) 王初卽位, 龍朔辛酉, 泗沘南海中有死女尸, 身長七十三尺, 足長六尺, 陰長三尺. 或云身長十八尺, 在封乾二年丁卯. 總章戊辰, 王統兵, 與仁問, 欽純等至平壤, 會唐兵滅麗, 唐帥李勣獲高臧王還國(王之姓高, 故云高臧)(중략)以薛邦爲帥, 欲伐新羅. 時, 義相師西學入唐, 來見仁問, 仁問以事諭之. 相乃東還上聞, 王甚憚之. 會群臣問防禦策. 角干金天尊曰近有明朗法師入龍宮, 傳秘法以來, 請詔問之 朗奏曰狼山之南有神遊林, 創四天王寺於其地, 開設道場則可矣 時有貞州使走報曰唐兵無數至我境, 廻槧海上 王召明朗曰事已逼至如何, 朗曰以彩帛假搆矣. 王以彩帛營寺, 草搆五方神像, 以瑜珈明僧十二員, 明朗爲上首, 作文豆婁秘密之法. 時, 唐, 羅兵未交接, 風濤怒起, 唐舡皆沒於水. 後改刱寺, 名四天王寺, 至今不墜壇席(권2 기이2 문호(무)왕 법민)

(새김)

문무왕을 화장한 장소는 낭산(狼山) 서쪽 십이지신상이 둘러 새긴 능지탑 자리였고, 그 뼈를 대왕암에 산골을 했다고 한다.

문성왕(文聖王)

신라 제46대 임금. 당 나라 대중 5년(辛未, 851)에 당 나라로 갔던 사신 원홍(元弘)이 당에서 가지고 온 부처의 어금니(지금은 어디 있는지 알 수 없으나, 신라 문성왕 때의 일이다)와 후당 동광 원년(癸未, 923) 곧 고려 태조 즉위 6년에 당 나라로 보냈던 사신 윤질(尹質)이 가지고 온 오백나한의 상은 지금 북숭산 신광사에 있다.

(출전) 唐大中五年辛未, 入朝使元弘所將佛牙(今未詳所在, 新羅文聖王代), 後唐同光元年癸未, 本朝太祖卽位六年, 入朝使尹質所將五百羅漢像, 今在北崇山神光寺(권3 탑상 전후소장사리)

문수사(文殊寺)

나는 괴이한 것을 좋아하는 사람은 아니지만 부처의 위신(威神)이 그 자취를 나타내어 만물을 이롭게 하는 것이 이같이 빠른 것을 보고서 어찌 불자가 된 사람으로서 잠자코 말하지 않을 수 있으랴. 정풍 원년(丙子, 1156) 10월에 백운자(白雲子)는 쓰노라.

(출전) 余非好怪者, 然見其佛之威神, 其急於現迹利物如此, 爲佛子者詎可黙而無言耶. 時正豊元年丙子十月日, 白雲子記(권3 탑상 오대산문수사석탑기)

(새김)

백운자를 삼국유사에서는 일연의 제자로서 해주 신광사에 머물던 경한(景閑)의 법호로 보고 있다(이재호). 살펴보면, 일연은 84세(1206-1289)에 생을 마감하였고, 백운자는 76세(1299-1375)로 생을 마감하였으니 백운자를 일연의 제자라 함은 온당하지 않다. 백운자가 경한이라면, 삼국유사가 일연의 사후에 일부 가필되었을 가능성이 있다(지준모). 여기 문수사는 평창 오대산에 자리한 도량을 말한다. 오대산은 비로봉(1563m)을 꼭지점으로 해서 남으로 호령봉(1561m), 북동으로 상왕봉(1493m), 두로봉(1422m), 동대산(1434m)의 다섯 봉우리가 마치 연꽃모양으로 둘러싸고 있어서 오대산이라 하였다. 불가에서는 문수보살은 석가모니의 왼쪽에서 자리하며, 지혜를 상징하는 보살이다. 문수보살이 있는 상원사 적멸보궁을 중심으로 오류성중(五類聖衆) 즉 다섯 부류의 성인들이 머무는 신성한 곳에 각각 동대(관음암), 서대(수정암), 남대(지장암), 북대(미륵암), 중대(사자암)를 짓고 성지로 삼고 있다.

문수점(文殊岾)

연회(緣會)가 이에 암자로 돌아오자, 조금 뒤에 왕의 사자가 명을 받들고 와서 부르니 연회는 진작 받아야 될 것임을 알고 임금의 명을 받아 대궐로 가니 왕은 그를 국사로 봉했다(승전(僧傳)에는 헌안왕이 두 왕에 걸친 이조왕사로 삼아 희(熙)라 부르고 감통 4년에 돌아갔다고 했으니 원성왕의 연대와 서로 다르다. 어느 것이 옳은지 알 수 없다). 스님이 노인에게 감명 받은 곳을 이름 하여 문수점이라 하고, 여인을 만나본 곳을 아니점이라 했다. 찬탄해 말한다. 도시에선 어진 이가 오래 숨지 못하는 것, 주머니 속 송곳 끝을 감추기가 어렵네. 뜰아래 연꽃으로 세상에 나갔지, 구름 산이 깊지 않은 탓은 아닐세.

(출전) 乃還庵中, 俄有天使齎詔徵之. 會知業已當受, 乃應詔赴闕, 封爲國師(僧傳云憲安王封爲二朝王師, 號照, 咸通四年卒 與元聖年代相左, 未知孰是). 師之感老叟處, 因名文殊岾, 見女處曰阿尼岾. 讚曰, 倚市難藏久陸沉, 囊錐旣露括難禁. 自緣庭下靑蓮誤, 不是雲山固未深(권5 피은 연회도명)

문주왕(文州王)

백제 제22대 문주왕은 일명 문주(文州)라고 하며 개로왕의 아들이다. 을묘년(乙卯, 475)에 즉위하여 웅천(熊川, 현 공주)으로 도읍을 옮겨 2년 동안 나라를 다스렸다.

(출전) 第二十二代文周王 一作文州. 盖鹵子. 乙卯立, 移都熊川. 理二年(권1 왕력 문주왕)

문주왕(文周王)

백제 제22대 문주왕은 즉위하던 원휘 3년(乙卯, 475)에는 도읍을 웅천(熊川, 현 공주)으로 옮겨 63년을 지내고, 26세 성왕 대에 도읍을 소부리(所夫里)로 옮기고 국호를 남부여라 하여 제31대 의자왕에 이르기까지 120년을 지냈다.

(출전) 至二十二世文周王卽位, 元徽三年乙卯, 移都熊川(今公州). 歷六十三年. 至二十六世聖王, 移都所夫里, 國號南扶餘, 至三十一世義慈王, 歷一百二十年(권2 기이2 남부여 전백제 북부여)

(새김)

소부리 : 부여의 옛 이름이 소부리(所夫里)와 사비(泗沘)임은 삼국사기에서 비롯한다. 소부리에서 사비로 바뀐 것이다. 소부리는 본디 토박이말로 ᄉᆡ부리-ᄉᆡ브리로 보는 풀이가 있다(도수희). 그 뜻은 동쪽 들, 새로운 들 등으로 풀이하였다. ᄉᆡ를 동(東)이나 새(新)로 보고, 부리-브리(비리)는 벌(原)의 개음절 표기로 보았다. 달리 백제를 남부여라고 하는 데 착안하고 비교언어학적인 풀이로서 외부리(南夫餘)로 보고자 하는 풀이도 있다(강길운). 소부-:사비:숣-(백강)의 대응에서 솔비-솔피(경계, 間)-솔풍-청풍으로 보아 강과 사잇강 사이에서 새로이 만들어진 들로 볼 수도 있다. 동시에 동쪽을 뜻하는 의미로도 풀이할 수 있다(정호완).

문희(文姬)

신라 제29대 태종대왕의 이름은 춘추(春秋), 성은 김씨다. 용수(龍樹 혹은 龍春) 각간으로 추봉된 문흥대왕의 아들이다. 어머니는 진평대왕의 딸 천명부인이며 비는 문명황후 문희이니 곧 유신공의 누이동생이었다. 처음에는 문희의 언니 보희가 꿈에 서악에 올라가서 오줌을 누는데 그 오줌이 서울 안에 가득 찼다. 이튿날 아침에 문희에게 꿈 이야기를 하자 문희는 이 말을 듣고 내가 그 꿈을 사겠다고 하니, 언니는 무슨 물건으로 사려 하느냐고 물었다. 비단치마를 주면 되겠지요. 언니가 좋다고 하여, 동생이 옷깃을 벌리고 받으려 하자 언니는 어젯밤 꿈을 네게 준다했고, 동생은 비단치마로 값을 치렀다.

(출전) 第二十九大(太)宗大王, 名春秋, 姓金氏, 龍樹(一作龍春)角干, 追封文興大王之子也. 妣眞平大王之女天明夫人, 妃文明皇后文姬, 卽庾信公之季妹也. 初文姬之姊寶姬, 夢登西岳捨溺, 瀰滿京城. 旦與妹說夢, 文姬聞之謂曰我買此夢, 姊曰與何物乎, 曰鬻錦裙可乎, 姊曰諾, 妹開襟受之. 姊曰疇昔之夢, 傳付於汝, 妹以錦裙酬之(권1 기이2 태종춘추공)

(새김)

순간의 판단이 운명을 바꾸어 놓는다. **문희**의 언니인 보희의 꿈이 어떤 가능성을 담고 있다는 판단, 그로부터 자신의 운명이, 집안의 운명이 뒤바뀌기 시작한 것이다. 꿈의 효능은 생각보다 빨랐다. 열흘 뒤 정월 오기일(烏忌日)이었다. 김유신은 김춘추와 유신의 집 앞에서 공차기〔蹴鞠〕를 했다. 유신이 작심하고 춘추의 옷고름을 밟은 것이다. 유신은 보희에게 춘추의 떨어진 옷고름을 달아드리라고 했으나 보희는 거절, 그러나 문희는 옷고름을 달아주었다. 그로부터 춘추와 문희는 정분이 났고 춘추의 아기를 갖게 된다. 문희의 임신 사실을 알게 된 유신은 짐짓 문희를 크게 꾸짖는다. 부모의 허락도 없이 아이를 밴 문희를 불에 태워죽일 거라는 소문을 서라벌에 널리 퍼뜨렸다. 그런 뒤 선덕여왕이 남산으로 행차하는 날을 골라 뜰 안에 섶나무를 쌓아놓고 불을 지펴 연기를 많이 나게 했다. 마침내 문희를 구하라는 왕명이 내려진다. 김춘추는 왕명을 받들어 문희를 구했고, 그들은 이윽고 정식으로 혼례를 치렀다. 그 뒤 춘추가 진덕왕 8년(654)에 임금이 돌아가자 춘추는 신라 제29대 임금이 되고, 문희는 문명왕후(文明王后)가 된다. 일연은 이것이 꿈의 효험이라고 풀이했다. 문희가 낳은 자식으로 태자 법민(문무왕), 각간 인문, 각간 문왕, 각간 노차, 각간 지경, 각간 개원 등의 기라성 같은 아이들을 낳아 춘추의 시대에 수를 놓는다. 춘추(春秋)를 흔히 역사라고 풀이하기도 한다. 말하자면 가장 힘이 없던 신라가 삼국통일을 하는 새로운 역사를 쓰게 한 사람이 춘추라는 풀이가 가능할 것이다.

물계자(勿稽子)

신라 제10대 내해왕은 태자 나음(㮈音)과 장군 일벌(一伐) 등에게 명하여 군사를 거느리고 이를 막게 하니 여덟 나라가 모두 항복했는데 이 때 물계자의 전공이 제일이었다. 그러나 태자에게 미움을 받아 그 상을 받지 못했다. 어떤 사람이 물계자에게 이번 싸움의 공은 오직 당신뿐인데, 상은 당신에게 미치지 않았으니 태자가 그대를 미워함을 그대는 원망하는가 하고 묻자, 물계자는 대답하기를, 나라의 임금이 위에 계신데 신하로서 태자를 어찌 원망하겠소. 그 사람이 그렇다면 이 일을 임금에게 아뢰는 것이 옳지 않겠소. 그는 말하기를, 전공을 자랑하고 이름을 다투며 자기를 나타내고 남을 가리는 것은 지사(志士)의 할 바가 아니오. 힘써 때를 기다릴 뿐이오 하였다.

(출전) 第十奈解王卽位十七年壬辰, 保羅國(今固城)史勿國(今泗州)等八國, 併力來侵邊境, 王命太子㮈音, 將軍一伐等, 率兵拒之. 八國皆降. 時勿稽子軍功第一, 然爲太子所嫌, 不賞其功. 或謂勿稽子此戰之功, 唯子而已, 而賞不及子, 太子之嫌君其怨乎, 稽曰國君在上, 何怨人臣, 或曰然則, 奏聞于王幸矣(권5 피은 물계자)

(새김)

물계자는 그의 아내에게 말했다. 일찍이 듣건대, 신하된 도리란 위급한 것을 보면 목숨을 내놓고, 어려운 일을 당하면 자기 몸을 잊는다고 하였소. 전날의 포상 갈화에서의 싸움은 위급하고도 어려운 일이었다고 할 수 있었지만 목숨을 내놓거나 몸을 버리며 싸울 수 없었소. 이것이 세상에 알려졌으니, 장차 무슨 얼굴로 거리에 나가겠소. 그는 마침내 머리를 풀고 거문고를 지닌 채 사체산으로 들어가 다시는 나오지 않았다(又無所得乃語其婦曰嘗聞爲臣之道見危則致命臨難則志忘身前日浦上竭火之役可謂危且難矣而不能以致命忘身聞於人將何面目以出市朝乎 遂被髮携琴 入師彘山 不反返. 삼국사기 열전 물계자).

물길(勿吉)

신라의 제6대 지마왕 14년(乙丑, 126)에 말갈의 군사가 북쪽 국경으로 크게 들어와 큰 고개인 대령(大嶺)의 성책을 습격하고 니하(泥河)로 지나갔다고 했다. 후위서에는 말갈은 바로 물길이라고 했고 지장도에는, 읍루와 물길은 다 숙신이라 했다.

(출전) 新羅第六祇麻王十四年(乙丑), 靺鞨兵大入北境, 襲大嶺柵, 過泥河後魏書靺鞨作勿吉指掌圖云挹屢與勿吉皆肅愼也(권1 기이1 말갈 발해)

미고(未古)

신라 제13대 미추니질금(未鄒尼叱今, 未祖 또는 未古)은 김알지의 7대손이다. 대대로 벼슬을 하고, 또 성스러운 덕이 있었다. 첨해왕의 뒤를 이어서 비로소 왕위에 올랐다(지금 세상에서 미추왕의 능을 시조당이라고도 한다. 이것은 대개 김씨로서 처음 왕위에 오른 때문이며, 후대의 모든 김씨왕들이 미추를 시조라 하는 것은 당연한 일이다).

(출전) 第十三未鄒尼叱今(一作未祖, 又未古)金閼智七世孫. 赫世紫纓, 仍有聖德, 受禪于理解, 始登王位(今俗稱王之陵爲始祖堂, 盖以金氏始登王位故. 後代金氏諸王皆以未鄒爲始祖宜矣)(권1 기이1 미추왕 죽엽군)

미륵사(彌勒寺)

부인이 왕에게 말하였다. 모름지기 여기에 큰 절을 지어 주십시오. 그것이 제 소원입니다. 왕은 그것을 허락했다. 곧 지명법사에게 가서 못을 메울 일을 물으니 신비스러운 힘으로 하룻밤 사이에 산을 헐어 못을 메워 평지를 만들었다. 여기에 미륵삼존의 상(像)을 만들고 회전과 탑과 낭무를 각각 세 곳에 세우고 절 이름을 미륵사(彌勒寺, 국사에서는 왕흥사)라 했다. 진평왕이 여러 공인들을 보내서 그 역사를 도왔는데 그 절은 지금도 보존되어 있다(삼국사에는 이 분을 법왕의 아들이라고 했는데, 여기에서는 과부의 아들이라고 했으니 자세히 알 수 없다).

(출전) 夫人謂王曰須創大伽藍於此地, 固所願也. 王許之. 詣知命所, 問塡池事, 以神力一夜頹山塡池爲平地. 乃法像彌勒三・會殿塔廊廡各三所創之. 額曰彌勒寺(國史云王興寺), 眞平王遣百工助之. 至今存其寺(三國史云, 是法王之子, 而此傳之獨女之子, 未詳)(권2 기이2 무왕)

(새김)

백제 제29대 임금인 법왕 때 터만 닦아 놓은 왕흥사를 무왕 때 와서 30년간에 걸쳐 완공하였다. 임금은 그 절 이름을 **미륵사**라고 하였다. 배산임수하고 그 경치가 빼어나 임금은 매양 배를 타고 아름다운 풍광을 즐겼다(권3 법왕금살 참조). 미륵사 항목은 미륵불이 환생한 도솔천 사자좌의 변용을 한 구도로 볼 수 있다. 미륵삼존이 나타난 연못의 뒷산은 용화산(龍華山)이고, 용화수 나무 아래 환생한 미륵보살을 나타내고 있다. 삼존(三尊)은 세 차례의 용화 법회를 뜻한다. 미륵사의 삼소(三所)로 구현해 내고 있음을 알 수 있다(정민, 불국토를 꿈꾼 그들 참조). 무왕의 미륵사 창건은 신라 진평왕의 황룡사를 표방한 대응 구도로 볼 수 있다. 그렇게 함으로써 귀족을 견제하고 왕권을 강화하려는 지배 이데올로기로써 그 기능을 수행하고자 하였다.

미륵선화(彌勒仙花)

진지왕 때에 와서 흥륜사 스님 진자(眞慈, 혹은 貞慈)가 항상 이 당의 주인인 미륵상 앞에 나아가 발원하여 다짐하여 말했다. 우리 미륵불께서 화랑으로 화하시어 이 세상에 나타나 제가 항상 모습을 가까이 뵙고 받들어 시중을 들게 해 주십시오. 그 정성스럽고 간절하게 기원하는 마음이 날로 더욱 두터워지자, 어느 날 밤 꿈에 스님 하나가 말했다. 네가 웅천 수원사(水源寺)에 가면 미륵선화를 볼 수 있을 것이다. 진자는 꿈에서 깨자 놀라고 기뻐하여 그 절을 찾아 열흘길을 가는데 발자국마다 절을 하며 그 절에 이르렀다. (중략) 일연은 찬해 말한다. 선화(仙花) 찾아 한 걸음 걸으며 그의 모습 생각하니, 곳곳마다 심은 것은 한결같은 공로일세. 졸지에 봄은 되돌아가고 찾을 곳 없으니, 누가 알았으랴. 상림(上林, 궁성) 한 때의 봄을.

(출전) 國史, 眞智王大建八年庚申, 始奉花郎, 恐史傳乃誤. 及眞智王代, 有興輪寺僧眞慈一作貞慈也. 每就堂主彌勒像前發原誓言, 願我大聖化作花郎, 出現於世, 我常親近睟容, 奉以□周旋. 其誠懇至禱之情, 日益彌篤, 一夕夢有僧謂曰汝往熊川(今公州)水源寺, 得見彌勒仙花也(중략). 讚曰, 尋芳一步一瞻風, 到處栽培一樣功. 驀地春歸無覓處, 誰知頃刻上林紅(권3 탑상 미륵선화미시랑 진자사)

(새김)

미륵선화(彌勒仙花) : 미륵선화에 대한 풀이는 다양하다. 미륵선화는 미륵화현 화랑(김영태), 미륵이 화랑으로 화현-석가모니는 국왕, 미륵은 화랑(이기백), 화랑이 지닌 종교적 요소가 미륵신앙과 융합으로 풀이하였다. 여기 미르〔未尸〕는 미륵이며 용을 상징한다(미시나). 미르〔未尸〕는 믿의 음차로 중매인을 가리킨다. 이는 증보의 옛말이 믿이므로 그러하다. 미륵은 산스크리트어로 마이트레야(मैत्रेय, maitreya)에서 비롯한다. 다시 약속을 상징하는 인도의 신 미트라(mitra)로 거슬러 오른다. 마이트레야의 뜻은 자비롭다 이니 미륵을 자씨(慈氏) 혹은 자존(慈尊)이라 부른다. 향가의 미시〔未尸〕를 미르라 읽는다. 미륵의 륵에서 종성을 읽지 않으므로 -르(r)-라 한다. 여기 시(尸)는 루(屢)의 약자이다. 그러니까 글자로는 시(尸)라 써놓고 읽기는 -르(r)-로 읽음이 온당하다(문경현). 미시랑이 본디 신라 사람이라 함은 미륵이 경주에서 나타난다는 신앙을 드러낸 것이다. 백제에서 신라로 신앙의 구심점을 옮겨간다는 것이다(최완수, 2000).

미소(味炤)

신라 제13대 미추니질금은 일명 미소, 혹은 미조, 또한 미소(未召)라고 한다. 성은 김씨, 김씨로서는 처음으로 임오년(壬午, 262)에 즉위한 임금이다. 아버지는 구도갈문왕이며 어머니는 생호(生乎) 일명 술례부인인데 이비갈문왕의 딸로서 성은 박씨다. 왕비는 제분왕의 딸인 광명랑이며. 임오년에 즉위하여, 20년 동안 나라를 다스렸다.

(출전) 第十三代未鄒尼叱今一作味炤, 又未祖, 又未召. 姓金氏始立. 父仇道葛文王. 母生乎, 一作述禮夫人, 伊非葛文王之女朴氏. 妃諸賁王之女光明娘. 壬午立, 理二十二年(권1 왕력 미추왕)

미조(未祖) ☞ 미추니질금

미천왕(美川王)

고구려 제15대 미천왕은 달리 호양이라 하며 이름은 을불 혹은 우불이라 한다. 경신년(庚申, 300)에 즉위하였으며 31년 동안 나라를 다스렸다.

(출전) 第十六代美川王一云好攘. 名乙弗, 又憂弗. 庚申立, 理三十一年(권1 왕력 미천왕)

미추니질금(未鄒尼叱今)

신라 제13대 미추니질금(未鄒尼叱今, 未祖 또는 未古)은 김알지의 7대손이다. 대대로 이름을 날리고, 또 성스러운 덕이 있었다. 첨해왕의 뒤를 이어서 비로소 왕위에 올랐다(지금 세상에서 미추왕의 능을 시조당이라고도 한다. 이것은 대개 김씨로서 처음 왕위에 오른 때문이며, 후대의 모든 김씨 왕들이 미추를 시조라 하는 것은 당연한 일이다). 왕위에 오른 지 23년(85)만에 돌아갔으며 왕릉은 흥륜사 동쪽에 있다.

(출전) 第十三未鄒尼叱今(一作未祖, 又未古)金閼智七世孫. 赫世紫纓, 仍有聖德, 受禪于理解, 始登王位(今俗稱王之陵爲始祖堂, 盖以金氏始登王位故. 後代金氏諸王皆以未鄒爲始祖宜矣), 在位二十三年而崩, 陵在興輪寺東(권1 기이1 미추왕 죽엽군)

(새김)

미고(未古)는 미소(未召)의 오기라고 본다. 본디의 뜻은 이두로 읽어 밋-밑 곧 원조(元祖)라는 말이다. 법흥왕의 이름이 원종(元宗) 혹은 모진(慕秦) 혹은 모즉지(牟卽智, 另卽智)라고 한다. 뭍 혹은 밑이란 말이다. 미추왕과 법흥왕을 혼동하여 미추왕의 사실로 잘못 적은 것으로 보인다. 김유신을 신김씨라 하여 진골로 받아 준 임금이 법흥왕이다(문경현(2015), 역주 삼국유사 참조).

미추왕(未鄒王) ☞ 미추니질금

미추홀(彌鄒忽)

비류가 바닷가에 가서 살자고 하자 열 명의 신하들은 간하기를 이 하남 땅은, 북쪽으로는 한강이 흐르며 동쪽으로는 높은 산을 의지했고, 남쪽으로 기름진 못을 바라보고, 서쪽으로는 큰 바다가 가로놓여 있어서 천험과 지리가 쉽게 얻기 어려운 형세입니다. 그러니 여기에 도읍을 정하는 것이 어찌 좋지 않겠습니까. 그러나 비류는 이 말을 듣지 않고 백성을 나누어 미추홀에 가서 살았다.

(출전) 沸流欲居於海濱, 十臣諫曰, 惟此河南之地, 北帶漢水, 東據高岳, 南望沃澤, 西阻大海, 其天險地利, 難得之勢, 作都於斯, 不亦宜乎, 沸流不聽, 分其民歸彌雛忽居之(권2 기이2 남부여 전백제 북부여)

(새김)

삼국사기-백제본기 온조왕 부분에 일렀다. 주몽(朱蒙)의 두 아들 비류(沸流)와 온조(溫祚)가 남쪽으로 내려왔다. 아우인 온조는 하남(河南)의 땅을 택하고, 비류는 **미추홀**에 가서 살았다. 삼국사기 지리지에는 매소홀현(買召忽縣)을 또한 미추홀이라고도 적었다. 매소홀(買召忽)의 매(買)는 미>믈(물)의 한자를 소리로 표기한 음독이다. 삼국사기 지리지에 수성군(水城郡)은 본디 고구려의 매홀군(買忽郡)이라고 한 데서 암시를 찾을 수 있다. 그리고 성(城)은 홀(忽)에 값한다. 용비어천가에서 소홀도(召忽島)를 죠콜셤이라고 하였다. 추(鄒)는 성 또는 홀이 되며 홀은 골의 한자표기임을 알 수 있다. 따라서, 미추홀은 매ㅅ골이 된다. 물론, 수성군은 지금의 수원이고, 미추홀은 지금의 인천에 해당한다. 이와 같이, 같은 이름의 지명이 많은 것은 고대의 지명이 대개 지형이나 지세에 따라 지은 것이 많기 때문이다. 삼국사기에 따르면, 미추홀은 바닷가이고 땅이 습하고 물이 짜서 잘 살 수가 없었다고 하였다. 미추홀은 지리적으로 보아 지금의 인천이다(한국민족문화대백과사전 참조).

미해(美海)

눌지왕은 보해를 만나자 미해를 생각하는 마음이 더욱 간절해졌다. 한편으로는 기뻐하고 한편으로는 슬퍼하여 눈물을 흘리면서 좌우 사람들에게 말한다. 마치 한 몸과 같아서 한 팔과 한 얼굴과 하나의 눈이라도 비록 하나를 얻었다 할지라도 한 쪽이 없어지면 어찌 감히 아프지 않겠는가.

(출전) 王旣見寶海, 益思美海, 一欣一悲, 垂淚而謂左右曰如一身有一臂一面一眼, 雖得一而亡一, 何敢不痛乎(권1 기이1 내물왕 김제상)

(새김)

미해(美海)는 내물왕의 셋째 아들이다. 삼국유사에서는 내물왕 36년(390)에 일본으로 들어갔다가 눌지왕 10년(425)에 돌아왔다고 했다. 그러나 삼국사기에서는 실성왕 1년(402)에 일본으로 들어갔다가 눌지왕 2년(418)에 귀환하였다고 올라 있다. 미해는 달리 미사흔(未斯欣), 미질허지(未叱許智), 미토희(未吐喜)라고도 한다(삼국사기). 미해의 어원은 막내의 뜻으로 쓰인 듯하다(양주동, 고가연구).

민애왕(閔哀王)

신라 제44대 민애왕이며 성은 김씨다. 이름은 명이며 아버지는 충공각간인데 뒤에 선강대왕으로 추봉된다. 물론 갈문왕이다. 어머니는 추봉된 혜충왕의 딸 귀파부인인데 시호는 선의왕후, 왕비는 기용황후로 영공각간의 딸이다. 무오년(戊午, 838)에 즉위하였고, 기미년(己未, 839) 정월 22일에 돌아갔다.

(출전) 第四十四代閔一作敏哀王金氏名明. 父忠恭角干, 追封宣康大王, 母追封惠忠王之女貴巴夫人, 謚宣懿王后. 妃旡容皇后, 永公角干之女. 戊午立, 至己未正月二十二日崩(권1 왕력 민애왕)

민장사(敏藏寺)

우금리에 사는 가난한 여자 보개에게 장춘(長春)이라는 아들이 있었다. 바다의 장사꾼을 따라 나가더니 오래 되어도 소식이 없자 그의 어머니가 민장사(敏藏寺, 이 절은 곧 민장 각간이 자기 집을 내놓아서 절을 만든 것이다) 관음보살 앞으로 가서 7일 동안 기도했더니 장춘이 금세 돌아왔다.

(출전) 禺金里貧女寶開, 有子名長春, 從海賈而征, 久無音耗. 其母就敏藏寺(寺乃敏藏角干捨家爲寺)觀音前克祈七日, 而長春忽至(권3 탑상 민장사)

(새김)

우금리의 우(禺)는 지명에서 쓰일 때, '옹'으로 읽으니 우금리를 옹금리라 함이 온당하다(지준모).

민중왕(閔中王)

고구려 제4대 민중왕의 이름은 색주이며 성은 해씨다. 대호왕의 아들이며 갑진년(甲辰, 44)에 즉위하여 4년 동안 나라를 다스렸다.

(출전) 第四代閔中王名色朱姓解氏. 大虎之子. 甲辰立, 理四年(권1 왕력 민중왕)

밀교(密敎)

이에 화상은 무외삼장(無畏三藏)의 골간자를 전하고, 속세를 두루 다니면서 사람을 구제하고 만물을 감화시켰다. 또 타고난 밝은 지혜로 절을 세워 원망을 풀게 하니 밀교의 풍도가 이에 크게 떨쳤다. 천마산 총지암과 무악의 주석원 등은 모두 그 도량에 든다.

(출전) 今和尙傳無畏之髓, 遍歷塵寰, 救人化物, 兼以宿命之明, 創寺雪怨, 密敎之風, 於是乎大振. 天磨之總持嵒, 母岳之呪錫院等, 皆其流裔也(권5 신주 혜통항룡)

(새김)

밀교(密敎) : 밀교는 대승불교의 한 갈래로 7세기 무렵 인도에서 일어났다. 밀교가 성립될 당시의 인도불교는 부파불교시대(소승불교시대)로서 실천보다는 이론과 스님 중심이었다. 이러한 불교계의 흐름은 교학(敎學)의 눈부신 발전을 가져오는 장점도 있었다. 그러나 많은 신도를 잃게 되고 교단의 위축을 스스로 가져오게 된다. 이러한 단점을 극복하고 실천을 위주로 한 대중 불교 운동이 밀교이다. 당시까지 발전되었던 불교사상의 두 주류인 중관학파(中觀學派)의 공사상(空思想)과 유가유식학파(瑜伽唯識學派)의 유사상(有思想)을 동시에 계승, 발전시키면서, 바라문교와 힌두교 및 민간신앙까지 폭넓게 받아들여, 그것을 다시 불교적으로 정립한 것이 밀교의 사상적 바탕이 되었다. 밀교사상의 교리를 밝힌 대일경(大日經)과 실천법의 체계를 세운 금강정경(金剛頂經)은 밀교의 핵심 경전이다. 이에 따르면, 밀교는 법신불인 대일여래(大日如來)를 중심으로 한 태장계(胎藏界)와 금강계(金剛界)의 수행법을 닦아 익히면 이 육신 자체가 바로 부처가 될 수 있다는 즉신성불(卽身成佛)을 역설한다. 그러므로 밀교의 수행자는 누구나 입으로 진언(眞言)을 외우고 손으로 인(印)을 하며 마음으로 대일여래를 생각하는, 신구의(身口意)의 삼밀가지(三密加持)를 행하여 중생의 삼밀과 부처님의 삼밀이 서로 동기감응을 하여 살아서 성불하는 것을 궁극적인 구경으로 한다(한국민족문화대백과사전 참조).

밀본(密本)

선덕여왕 덕만(德曼)은 병이 들어 오랫동안 낫지 않자, 흥륜사의 스님 법척(法惕)이 임금의 부름을 받아 병을 치료했으나 오래 되어도 효력이 없었다. 이 때 밀본의 덕행이 나라 안에 소문이 퍼져서 좌우 신하들이 바꾸기를 청했다. 왕은 그를 궁중으로 불러들이니 밀본은 궁궐 밖에서 약사경(藥師經)을 읽었다. 경을 다 읽고 나자 가졌던 육환장이 침실 안으로 날아 들어가더니 늙은 여우 한 마리와 법척을 찔러서 뜰아래에 거꾸로 내던지니 왕의 병은 이내 나았다. 이 때 밀본의 이마 위에 오색의 신비스러운 빛이 비쳐 보는 사람이 모두 놀랐다.

(출전) 善德王德曼, 遘疾彌留, 有興輪寺僧法惕, 應詔侍疾, 久而無效. 時有密本法師, 以德行聞於國, 左右請代之. 王詔迎入內. 本在宸仗外, 讀藥師經, 卷軸纔周, 所持六環, 飛入寢內, 刺一老狐與法惕, 倒擲庭下, 王疾乃瘳(권5 신주 밀본최사)

(새김)

밀본(密本) : 실존 인물이라기보다는 밀교의 본질을 알리는 어떤 사람이라는 속내다.

약사경(藥師經) : 약사여래본원경(藥師如來本願經)의 줄임말이다. 약사여래가 동방에 불국토를 세우고 정유리국(淨琉璃國)이라 하고 교주가 되어 12개의 대원을 다짐하고 모든 중생의 질병을 치료하기를 다짐하는 내용의 경전이다.

오색(五色) : 밀교에서 색채는 매우 중요한 의미를 띈다. 말하자면 보통 사람들의 잠든 영혼을 일깨워주는 구실을 한다. 청-귀의(歸依), 홍-제악(除惡, 熱情), 흑-사망(死亡), 백-청정(淸淨), 황-빛(光源)을 상징한다.

박문준(朴文俊)

이 때 한림랑 박문준은 인문을 따라 옥중에 있었는데 당 고종이 문준을 불러서 묻는다. 너희 나라에는 무슨 비밀한 방법이 있는가. 많은 병력을 보냈으나 살아 돌아온 자가 없었다. 문준이 답하였다. 천자를 모시는 저희들은 상국에 온 지가 십 년이 된지라, 본국의 일은 잘 알지 못합니다.

(출전) 是時翰林郎朴文俊, 隨仁問在獄中, 高宗召文俊曰汝國有何密法, 再發大兵, 無生還者, 文俊奏曰陪臣等來於上國一十餘年, 不知本國之事(권2 기이2 문호왕 법민)

박사람(朴娑覽)

미해는 나이가 열 살이라, 말하는 것이나 행동이 아직 익숙하지 못했으므로 임금과 가까운 신하인 박사람을 부사로 삼아 딸려 보냈다. 왜왕이 미해를 억류한 지 삼십 년이 되었다.

(출전) 美海年十歲, 言辭動止猶未備具, 故以內臣朴娑覽爲副使而遣之. 倭王留而不送三十年(권1 기이1 내물왕 김제상)

(새김)

박사람(朴娑覽) : 신라 사람을 고유명사처럼 올린 것이다. 박(朴)은 붉(식-서라벌-신라)이고 사람(娑覽)은 사람(人)을 음차한 것이다(양주동, 고가연구). 박사람을 이두식 표기로 본 것이다.

박이종(朴伊宗)

이에 왕은 이찬 박이종에게 명하여 군사를 거느리고 가서 치게 했다. 이 때 이종은 나무로 사자를 만들어 큰 배에 싣고 위협했다. 너희가 만일 항복하지 않으면 이 짐승을 놓아 버리겠다. 이에 오랑캐들은 두려워하여 항복했다. 이종에게 상으로 주백을 삼았다.

(출전) 王命伊喰朴伊宗將兵討之. 宗作木偶師子, 載於大艦之上, 威之云不降則放此獸, 島夷畏降. 賞伊宗爲州伯(권1 기이1 지철로왕)

(새김)

박이종(朴伊宗) : 삼국사기(三國史記)에서는 김이종으로 올라 있다. 지증왕 6년(505) 실직주(悉直州, 현 삼척)의 군주가 되었고 지증왕 13년(512)에 우산국을 정벌하였다. 박이종은 모계사회의 반영으로 어머니 성을 따랐기에 그렇게 적은 것으로 보인다. 이사부의 사(斯)는 이

(異)와 소리가 같아서 박이종의 이(伊)로 적었다(양주동, 고가연구). 단양의 신라 적성비(赤城碑)에서는 이사부지(伊史夫智)라 적고 있다. 여기 -지(智)는 귀인의 존칭 접미사로 보인다. 불교식으로 표현하면 지혜가 있는 석가모니에 비유하였다. 달리 김이사부(金異斯夫)라고도 한다.

박참법(撲懺法)

또 그는 스스로 박참법을 행해서 지은 죄를 없애게 한다고 하니 남녀가 한데 어울려서 함부로 달려들어 비밀히 행해서 청주에까지 퍼졌다. 동행을 한 관원이 조사해 보니 이는 요망한 것이라.

(출전) 又行自撲懺法, 以爲滅罪而男女合匝, 妄承密行. 青州接響, 同行官司檢察, 謂是妖妄(권 4 의해 진표전간)

(새김)

박참법(撲懺法) : 자신의 몸을 학대함으로써 선택과 집중을 하여 도를 구하는 수행법이다. 진표율사의 보기가 그런 경우이다. 진표 자신은 성불할 수 없다고 여기고 온 몸을 학대함으로써 부처님께 정성을 다하여 성불 곧 깨달음에 이르는 과정을 보여준 본이 된 것이다.

박혁거세(朴赫居世) ☞ 혁거세왕

반고사(磻高寺)

원효(元曉)가 반고사에 있을 때에는 항상 낭지(郎智)에게 가서 뵈오니 그는 원효에게 초장관문과 안신사심론을 쓰게 했다. 원효가 짓기를 마친 뒤에 숨어 사는 은사인 문선(文善)을 시켜 책을 받들어 보내면서 그 책 끝에 게구를 적었으니, 이러하다. 서쪽 골에 중의 머리 조아려, 동쪽 봉우리 상덕 고암(高巖) 앞에 예하노라(반고사는 영취산의 서북쪽에 있으므로 서쪽 골짜기의 중은 바로 자신을 말한다).

(출전) 元曉住磻高寺時, 常往謁智, 令著初章觀文及安身事心論, 曉撰訖, 使隱士文善奉書馳達. 其篇尾述偈云西谷沙彌稽首禮, 東岳上德高巖前(磻高在靈鷲之西北故, 西谷沙彌乃自謂也)(권5 피은 낭지승운 보현수)

반룡사(盤龍寺)

이 때 보덕화상(普德和尙)이 반룡사에 머물고 있었다. 도교가 들어와 불교와 맞서서 나라의 운세가 위태로워질 것을 염려해 여러 번 말했지만 보장왕은 듣지 않았다. 이에 화상은 신통력으로 방장(方丈, 고승의 처소)을 날려 남쪽에 있는 완산주(完山州, 현 전주) 고대산(孤大山, 일명 고달산)으로 옮겨 가서 살았으니 곧 영휘 원년(庚戌, 650) 6월이었다(또 본전에는 건봉 2년(丁卯, 667) 3월 3일의 일이라 했다). 그런 지 얼마 안 되어 나라가 멸망했다.

(출전) 時寵相蓋蘇文, 說王以儒·釋並熾而黃冠未盛, 特使於唐求道教. 時普德和尙住盤龍寺, 憫左道匹正, 國祚危矣. 屢諫不聽, 乃以神力飛方丈, 南移于完山州(今全州也)孤大山而居焉, 卽永徽元年庚戌六月也(又本傳云, 乾封二年丁卯三月三日也). 未幾國滅(권3 흥법 보장봉로 보덕이암)

(새김)

도교(道教)란 고대 중국에서 발생한 종교로서 신선사상을 근본으로 한다. 음양, 오행, 복서, 무축, 참위 등을 더하고, 거기에 도가(道家)의 철학을 통합하고, 거기다 불교의 영향을 받아 발달했다. 도교는 하나인 도(道)의 세 가지의 발현 모습인 옥청(玉清, 원시천존), 상청(上清, 영보천존), 태청(太清, 도덕천존)의 삼청(三清)을 최고신으로 하는 다신교라 할 수 있다. 경전으로는 도장(道藏)이 있다. 도교의 신자를 도교인 또는 도교도라고 하며, 신선의 승천을 뜻하는 우화등선(羽化登仙)을 목표로 하는 무리라는 뜻에서 우류(羽流)라고 하기도 한다. 일종의 샤머니즘의 성격이 강하다. 도사(道士)는 도교의 전문적인 종교가이며 여성 도사는 여관(女冠)이라고 한다. 교단 도교와 민중 도교가 있다. 도교의 창시자는 오두미도(五斗米道) 또는 천사도의 창시자인 후한(後漢) 시대의 장도릉(張道陵)으로 알려져 있다. 도교라는 용어를 처음으로 사용한 사람은 북위(北魏)의 구겸지(寇謙之, 365-448)인데 도교를 체계화한 최초의 교단 도교의 개척자로 알려져 있다.

반사(搬師)

지금 산중에 아홉 성인의 유사를 기록한 것이 있는데 자세하지는 않으나 관기, 도성, 반사, 첩사, 도의, 자양, 성범, 금물녀, 백우사 들이다.

(출전) 今山中嘗記九聖遺事, 則未詳. 曰觀機·道成·搬師·楪師·道義(有栢岩基)·子陽·成梵·今勿女·白牛師(권4 포산이성 관기 도성)

반포(反哺)

이 여인은 가난해서 밥을 빌어다가 어머니를 봉양한 지가 이제 여러 해가 되었다. 때마침 흉년이 들어 걸식해서 모시기도 어렵게 되어 남의 집에 가서 품을 팔아 곡식 30석을 얻어서 주인집에 맡겨 놓고 일을 해왔다. 날이 저물면 쌀을 가지고 집에 와서 밥을 지어 먹고 어머니와 같이 잠을 자고, 새벽이면 주인집에 가서 일을 했다. 이렇게 한 지 며칠이 되었다. 그 어머니가 말하기를 앞서 겨밥을 먹었을 때는 마음이 편하더니 요새 쌀밥을 먹으니 창자를 찌르는 것 같아 마음이 편안치 못하니 어찌된 일이냐고 했다. 그 여인이 사실대로 말했더니 어머니는 통곡하는 것이었습니다. 이에 여인은 자기가 다만 어머니의 얻어먹기 봉양만을 하고 색난(色難, 마음이 편안함)을 하지 못함을 탄식하여 서로 껴안고 울고 있는 것이었다. 이것을 구경하느라고 이렇게 늦었다. 효종랑이 이런 소문을 듣고 눈물을 흘렸다.

(출전) 此女家貧, 乞啜而反哺有年矣. 適歲荒, 倚門難以藉手, 贖賃他家, 得穀三十石, 寄置大

家服役, 日暮橐米而來家, 炊餉伴宿, 晨則歸役大家, 如是者數日矣. 母曰昔日之糠粃, 心和且平, 近日之香秔, 膈肝若刺而心未安, 何哉. 女言其實, 母痛哭, 女嘆己之但能口腹之養, 而失於色難也. 故相持而泣. 見此而遲留爾 郎聞之潸然(권5 효선 빈녀양모)

(새김)

반포(反哺)란 어버이의 은혜를 갚는다는 말이다. 마치 새끼 까마귀가 늙은 어미 까마귀를 먹여 살린다는 비유에서 비롯한 것이다. 흔히 반포지효(反哺之孝)라 한다. **의문(倚門)**은 남의 집을 찾아서 먹을 것을 구걸함을 이른다. **자수(藉手)**는 남의 힘을 빌려서 생활을 한다는 말이다. 얻어먹음을 이른다. **강비(糠粃)**란 거친 음식을 이른다. 겨밥 혹은 겨죽 등을 이른다. **향갱(香秔)**은 냄새가 구수하여 좋은 쌀밥을 이르고, **색난(色難)**이란 어버이의 마음을 즐겁고 편하게 함을 이른다. **산연(潸然)**은 빗물이 흐르듯 눈물이 줄줄 흐르는 모양을 이른다. 산언(潸焉)이라고도 한다.

발연사(鉢淵寺)

경덕왕(景德王)이 이 말을 듣고 그를 궁으로 맞아들여 보살계를 받고 곡식 7만 7천석을 내렸다. 초정(椒庭, 왕후)과 열악(列岳, 왕의 친척)들도 모두 계품을 받고, 비단 5백 필과 황금 5십 냥을 주었다. 그는 이것을 모두 받아서 여러 절에 나누어 주어 널리 불사를 일으켰다. 그의 사리는 지금의 발연사에 있으니, 곧 바다의 물고기들을 위해서 계를 주던 땅이다.

(출전) 景德王聞之. 迎入宮闥, 受菩薩戒, 嚫租七萬七千石. 椒庭列岳皆受戒品, 施絹五百端, 黃金五十兩, 皆容受之. 分施諸山, 廣興佛事. 其骨石今在鉢淵寺, 卽爲海族演戒之地(권4 의해 진표전간)

발연석기(鉢淵石記)

이 기록에 실린 진표의 사적은 발연석기와는 서로 다르다. 때문에 영잠(瑩岑)이 기록한 것만 추려서 싣는 것이다. 후세의 어진 이들은 마땅히 상고할 것이다. 무극(無極)은 쓴다.

(출전) 此錄所載眞表事跡, 與鉢淵石記, 互有不同, 故刪取瑩岑所記而載之. 後賢宜考之. 無極記(권3 탑상 관동풍악발연수석기)

(새김)

발연의 발(鉢)은 바릿대를 이르는 말로 어원은 발우에서 비롯한다. 이는 다시 산스크리트어의 파트라(**पादरा**, patra)의 소리를 딴 발다라(鉢多羅)에서 온 것으로 풀이한다. 파트라를 한자로 뒤치면 우(盂)라도 하며 우란 음식물이 담기는 그릇이다. 그러므로 발우-바리는 산스크리트어의 발(鉢)과 한자의 우(盂)를 합한 말이 된다.

발천(撥川)

이날 사량리에 있는 알영정(閼英井) 가에 계룡(雞龍)이 나타나서 왼쪽 갈비에서 어린 여자아이를 낳았다(혹은 용이 나타났다가 죽었는데 그 배를 가르고 여자애를 얻었다고 했다). 얼굴과 모습이 매우 고왔으나 입술이 마치 닭의 부리와 같았다. 이에 월성 북쪽에 있는 냇물에 목욕을 시켰더니 그 부리가 떨어졌다. 이런 일로 하여 그 내를 발천이라고 한다.

(출전) 是日沙梁里閼英井(一作娥利英井)邊, 有雞龍現而左脇誕生童女(一云龍現死, 而剖其腹得之), 姿容殊麗, 然而唇似雞觜, 將浴於月城北川, 其觜撥落, 因名其川曰撥川(권1 기1 신라시조 혁거세왕)

발해(渤海)

통전(通典)에 이렇게 말했다. 발해는 본래 속말말갈이다. 추장 조영(祚榮)에 이르러서 나라를 세우고 국호를 스스로 진단(震旦)이라고 했다. 선천 연간(현종 임자년)에 비로소 말갈이라는 이름을 버리고 오로지 발해라고 일컬었다. 개원 7년(己未, 719)에 조영이 죽고 시호를 고왕이라 하였으며 세자가 대를 이었다.

(출전) 通典云, 渤海本粟末靺鞨, 至其酋祚榮立國, 自號震旦, 先天中(玄宗王子)始去靺鞨號, 專稱渤海. 開元七年(己未)祚榮死, 謚爲高王. 世子襲立(권1 기이1 말갈 발해)

(새김)

발해(渤海)는 지리적으로 요동반도와 산동 반도의 사이에 있는 바다를 말한다. 나라로서는 발해의 전신이 진국(震國)이고 그 전신은 말갈이었다. 대조영(大祚榮)이 698년에 세운 나라로서 15대 임금의 세계를 이루었다. 그 개략을 보면 아래와 같다. 1. 고왕 대조영(698-719), 2. 무왕 대무예(719-737), 3. 문왕 대흠무(737-793), 4. □왕 대원의(793-793), 5. 성왕 대화여(793-794), 6. 강왕 대승린(794-809), 7. 정왕 대원유(809-812), 8. 희왕 대언의(812-817), 9. 간왕 대명충(817-818), 10. 선왕 대인수(818-830), 11. □왕 대이진(831-857), 12. □왕 대건황(858-871), 13. □왕 대현석(872-894), 14. □왕 대위해(895-906), 15. □왕 대인선(907-926)으로 이어져 왔다. 나라 안에 살고 있는 그 후손으로는 현재 협계 태씨와 영순(永順) 태씨가 있다. 영순 태씨는 경산시 남천면에 집성하여 살고 있다. 예천의 옥천서원에서 태두남을 비롯한 선조들을 배향하고 있으며, 전국적으로 약 4천에 이르는 종친들이 살고 있다. 동사통감(東史通鑑)에서 대씨(大氏)를 태씨(太氏)로 고쳐 썼다고 한다. 백산 말갈족이 발해를 세웠다. 맥국의 말갈과 발해는 한 겨레이다(삼국지 위서 물길전). 맥국의 맥(貊)도 백산의 백(白)도 모두가 곰이란 의미소를 갖고 있다. 백산은 백두산인데 백두산은 달리 웅신산(熊神山)이라고도 말한다. 백(白)이 방맥(傍陌)의 반절이니 여기서 맥(陌)이 힘쓸 맥이라 하여 맥국의 맥과 같은 맥락으로 본 것이다. 신당서(新唐書) 발해전을 따르면, 발해가 건국 이후 말갈이라 하였다. 당에서 대조영을 좌효위대장군발해군왕(左驍衛大將軍渤海郡王)과 홀한주도독(忽汗州都督)을 겸임, 비로소 말갈이란 이름을 버리고 발해로만 불렀다고 적고 있다. 마침내 말갈과 발해는 같은 맥락으로 볼 수 있다. 말갈이 세운 맥국도 발해와 그 맥을 함께 한다. 삼국유사(三國遺事)를 보면 말갈은 일명 물길(勿吉)이라고도 한다. 물길은 송화강 연안을 따라서 웅거하였던 여러 겨레들이다. 하면 물길의 물(勿)은 물(群) 곧 여럿이란 말이요, 길(吉)은 물길이며 더러 길리약 민족이 이동하여 온 것으로 보기도 한다(강길운 참조). 문자의 문화투영이라는 관점에서 보면 다음과 같다. 발해(渤海)의 '발(渤)'을 살펴보면, 형성글자로 핵심은 발(孛)이다. 여기에 물 수(水)와 힘 력(力)을 더한 형성글자이다. 발(孛)을 전문(篆文)으로 보면, 열매의 받침 꼭지 부분이 불룩 나온 모양을 이른 것이다. 달리 초목이 무성한 모습을 드러낸 것이다. 발해만이 산동반도와 요동반도를 싸고 있는 바다로 그 모양새가 열매의 받침 모양으로 생겼다. 발생론적으로 보면, 물(水)의 힘(力)으로 이루어졌으니 황하와 요하에서 내려오는 토사의 퇴적으로 말미암은 것으로 볼 수 있다. 그 열매가 요동반도와 산동반도로 보인다. 이두로 읽자면 발(渤)-발/벌(뻘):벋/받으로 물로 인하여 이루어진 벌판 혹은 뻘이라고 읽을 수 있다. 한편, 발(孛)은 이두로 '불'의 변이형으로도 보인다. 말하자면 요하문명의 요(遼)가 횃불을 피워놓고 하늘에 제사를 모시는 천단이 최근 홍산문화(紅山文化)에서 밝혀진 바 있다. 불 곧 태양이 핵심이다. 제 때에 비를 오게 하고 풍년을 기원하는 그런 제의문화의 맥락으로 보면 발해-요하의 상관성이 가늠되기도 한다(정호완). 중국에서는 발해의 10대 선왕(宣王) 대인수(大仁秀) 시기를 해동성국이라 하였다(新唐書 北狄 渤海).

방언(方言)

한 사람은 노힐부득(努肹夫得, 혹은 等)이니 아버지는 이름을 월장이라 했고, 어머니는 미승이라 했다. 다른 한 사람은 달달박박(怛怛朴朴)이니 그의 아버지는 이름을 수범이라 했고, 어머니는 범마라 했다(향전에는 치산촌(雉山村)이라 했으나 잘못이다. 두 선비의 이름은 방언이니 두 집에는 각각 두 선비의 마음과 행동이 등등하고 고절하다는 두 가지 뜻에서 이렇게 이름을 지은 것이다).

(출전) 其一曰努肹夫得(一作等) 父名月藏, 母名味勝, 其一曰怛怛朴朴, 父名修梵, 母名梵摩(鄕傳云雉山村誤矣. 二士之名方言, 二家各以二士心行, 騰騰苦節二義, 名之爾)(권3 탑상 남백월이성 노힐부득 달달박박)

(새김)

방언이란 오늘날의 개념과는 달리 중국말이 아닌 변방 나라의 말 곧 신라 말을 말한다. 이는 마치 김대문이 자충(慈充)을 방언으로 무당(巫)을 말한다고 할 때의 경우와 같다(삼국사기 신라본기). 방언을 방음(方音)이라고도 하며 이를 적은 글자를 속문(俗文, 屬文)이라고도 한다. 설총이 표준화한 이두가 방언의 얼굴이다. 한자의 뜻과 소리를 빌어다가 우리말 순서에 맞고 실사와 허사를 구분하여 적었던 것이 모두가 다 신라의 말 곧 방언이었던 것이다. 노힐부득은 '녹을 부들'로 부드럽다는 뜻을, 달달박박은 '달달볶고 빡빡하다'는 뜻을 드러내는 것으로 보인다(서정주, 신라초 참조).

배구전(裵矩傳)

당 나라 배구전에는 이렇게 전한다. 고려는 원래 고죽국(孤竹國, 현 진황도시 노룡현)이었다. 주 나라에서 기자(箕子)를 봉해 줌으로써 조선이라 했다. 한 나라에서는 세 군으로 나누어 설치하였으니 이것은 곧 현토, 낙랑, 대방(북대방)이다.

(출전) 唐裵矩傳云, 高麗本孤竹國(今海州), 周以封箕子爲朝鮮. 漢分置三郡, 謂玄菟, 樂浪, 帶方(北帶方)通典亦同此說(漢書則眞, 臨, 樂, 玄四郡, 今云三郡, 名又不同, 何耶)(권1 기이1 고조선)

(새김)

수나라의 명재상이었던 **배구(裵矩)**가 수양제 양광(楊廣)에게 올린 상소문의 일단을 살펴보도록 한다. 고구려의 땅은 본디 고죽국(孤竹國)이었습니다. 주나라 시기에는 그 지역을 기자에게 봉하였습니다. 한 나라 시기에는 세 군을 나뉘었으며, 진(晉) 나라 시기에는 요동에 통합이 되었습니다(矩因奏狀曰, 高麗之地本孤竹國也. 周以之封於箕子, 漢世分爲三郡, 晉氏亦統遼東, 수서 배구열전). 이제까지 식민사관의 스승이라 할 쯔다쇼기치(津田左右吉)를 추종하는 이병도 계열의 학인들은 한 무제의 한사군이 압록강 유역에 자리하였던 것으로 풀이하였다. 그런데 여기 '수서' 배구열전에서는 중국의 하북성 진황도시(秦皇島市)에 자리한 노룡현(盧龍縣) 일대에 백이숙제의 나라였던 고죽국의 땅이 있었는데 갈라져 세 군이 되었음을 드러내 주고 있다(심백강(2014) 우리역사).

배씨(裵氏)

다섯째는 금산 가리촌(加利村, 현 금강산 백률사 북쪽 산)이다. 촌장은 지타(祇沱, 혹은 只他)이다. 처음에 명활산에 내려왔으니 이가 한기부(漢岐部) 또는 한기부 배씨의 조상이다. 지금은 가덕부라 하는데 상서지와 하서지 내아 등 동촌이 여기에 속한다.

(출전) 五曰金山加里村(今金剛山栢栗寺之北山也), 長曰祇沱(一作只他) 初降于明活山, 是爲漢歧部又作韓歧部 裵氏祖, 今云加德部, 上下西知乃兒等東村屬焉(권1 기이1 신라시조 혁거세왕)

백강(白江)

또 들으니 당 나라 군사와 신라 군사가 이미 백강과 탄현을 지났다 한다. 의자왕은 장군 계백(階(偕)伯)을 보내 결사대 5천명을 거느리고 황산(黃山, 논산)으로 나가 신라 군사와 싸우게 했더니 계백은 네 번 싸워 네 번 다 이겼다. 하지만 군사는 적고 힘이 다하여 마침내 패하고 계백은 전사했다. 이에 당 나라 군사와 신라 군사는 합세해서 전진하여 나루터까지 나가서 강가에 군사를 주둔시켰다.

(출전) 王曰然, 又聞唐, 羅兵已過白江, 炭峴, 遣將軍偕伯, 帥死士五千出黃山, 與羅兵戰, 四合皆勝之. 然兵寡力盡, 竟敗而偕伯死之. 進軍合兵, 薄津口, 瀕江屯兵(권1 기이1 태종춘추공)

(새김)

백강이란 오늘날의 백마강(白馬江)을 말한다. 나당연합군에 맞서 싸우던 역사의 현 주소이기도 하다. 백강전투는 신라 문무왕 4년(663) 8월 오늘날의 금강 어름에서 벌어진 싸움이다. 백마강은 충남 부여의 규암면 호암리 천정대(天政臺)에서 세도면 반조원리까지의 강물의 이름이다. 부소산을 감돌아 흐르는 백마강에는 당시 중요한 국사를 의논했다는 천정대, 낙화암, 조룡대, 대재각, 스스로 따뜻해졌다는 자온대 등이 있다. 이 강은 백제 시기 방어의 요해지였으며 해자의 구실을 하였다(한국지명유래집 참조).

백거이(白居易)

대현은 슬기롭고 분명하고 정밀하고 민첩해서 판단하고 분별하는 것이 명백했다. 대개 법상종의 사유는 그 뜻과 이치가 그윽하고 깊어서 해석하기가 매우 어렵다. 때문에 중국의 명사 백거이도 일찍이 이것을 사색하다가 다 알지 못하고 말았다. 유식(唯識)은 뜻이 그윽하여 알기 어렵고, 인명(因明)은 분석해도 열리지 않는다. 그러니 학자들이 배우기 어려운 것은 당연했다.

(출전) 賢惠辯精敏, 決擇了然. 大抵相宗詮量, 旨理幽深, 難爲剖析, 中國名士白居易, 當窮之未能, 乃曰唯識幽難破, 因明擘不開, 是以學者難承稟者尙矣(권4 의해 현유가 해화엄)

(새김)

인명론이란 불교의 인식논리를 말한다. 인명의 산스크리트어로는 헤투비댜(hetu-vidyā)라 하며 인도의 논리학을 총칭한다. 인도에서는 정리(正理) 또는 정리명(正理明)으로, 이에 고인명(古因明)과 신인명(新因明)으로 갈래를 짓는다. 고인명에서는 종(宗), 인(因), 유(喩), 합(合), 결(結)의 다섯 갈래를 쓰고, 신인명에서는 종, 인, 유의 세 가지 갈래를 쓴다. 앞의 것은 비론법(比論法) 뒤의 것을 연역법(演譯法)에 바탕을 둔 것이라 할 수 있다. 현장법사의 인명입정론(因明入定論)을 비판하여 종유인의 비량을 설파한 것이 원효의 판비량론(判比量論)이다. 최근 일본에서 일부(7-14)가 두루마리 형태로 알려졌다가 2010년 경주박물관 원효 특별전에서 공개된 바가 있다.

백두산(白頭山)

보질도태자는 항상 골짜기에 신령스러운 물을 마시더니 몸이 공중을 떠서 유사강(流沙江)에 이르러 울진대국의 장천굴에 들어가 도를 닦다가 다시 오대산 신성굴로 돌아와 50년 동안이나 도를 닦았다고 한다. 오대산은 바로 백두산의 큰 줄기로서 각 대(臺)에는 진신이 항상 머물렀다고 한다.

(출전) 寶叱徒太子常服于洞靈水, 肉身登空, 到流沙江, 入蔚珍大國掌天窟修道, 還至五臺神聖窟, 五十年修道(云云), 五臺山是白頭山之根脈, 各臺眞身常住(云云)(권3 탑상 보질도태자전기)

(새김)

백두산이 처음으로 문헌에 보이는 것은 고려사 성종 10년(981) 부분에 나타난다. 삼국유사나 제왕운기에서는 태백산으로 나온다. 단군사화, 부여, 고구려의 사료를 적으면서 태백산을 무대로 설정하고 있다. 대체로 10세기 후반부터 이 산을 백두산이라 부른 것으로 상정할 수 있다. 그 전까지 백두산은 백산 혹은 불함산 등으로 불렸다. 중국에서는 산해경(山海經)의 기록에선 **불함산(不咸山)**으로, 위진남북조 시대에서 태백산(太白山), 도태산(徒太山) 등 여러 이름으로 불리었다. 오늘날 중국에서는 백두산을 장백산(長白山)이라고 말한다. 이는 만주어로 길고 흰 산, 크고 흰 산이라는 뜻을 품은 골민샹기얀알린(golmin šangiyan alin)을 의역한 것으로, 역사적으로는, 요, 금나라 시기부터 쓴 것으로 보인다(위키백과 참조). 일명 웅신산(熊神山)이라 하여 고주몽 설화의 중요한 공간으로 설정된다. 장백산뿐만 아니라 장(長)- 혹은 길(吉)-, 영(永)-으로 시작하는 지명이 상당수 있다. 강길운(1990, 고대사의 비교언어학적 연구)에서는 이를 두고 길리야크 민족이 대이동을 하면서 붙여진 이름으로 보았다. 이르자면 장(長)-계로는 장수, 장단, 장흥, 장성 등이 있고, 길(吉)-계로는 길주, 길안, 길림 등이 있다. 한편 영(永)-계는 상당한 분포를 보인다. 이는 장(長)의 뜻을 소리로 적은 것이다. 보기로는 영천, 영등포, 영흥, 영동, 영춘, 영길(중국) 등이 있다.

백률사(栢栗寺)

계림 북쪽 산을 금강령(金剛嶺)이라 하고 산의 남쪽에는 백률사가 있다. 그 절에 부처의 상이 하나 있는데 어느 때 만든 것인지 알 수가 없으나 영험이 자못 뚜렷했다. 혹은 말하기를, 이것은 중국의 명장들이 중생사(衆生寺)의 관음소상을 만들 때 함께 만든 것이라 하고, 또 속전에는 이렇게 말한다. 이 부처님이 일찍이 도리천에 올라갔다가 돌아와서 법당에 들어갈 때 밟았던 돌 위의 발자국이 지금까지 없어지지 않고 남아 있다. 또 어떤 사람은 말하기를, 부처님이 부례랑(夫禮郎)을 구출하여 돌아올 때에 보였던 자취라고 한다.

(출전) 雞林之北岳曰金剛嶺. 山之陽有栢栗寺, 寺有大悲之像一軀. 不知作始, 而靈異頗著. 或云, 是中國之神匠塑衆生寺像時幷造也. 諺云, 此大聖曾上忉利天, 還來入法堂時, 所履石上脚迹至今不刓, 或云救夫禮郎還來時之所視迹也(권3 탑상 백률사)

(새김)

백률사(栢栗寺)는 달리 자추사(刺楸寺)라고도 불린다. 창건 연대는 분명하지 않다. 절의 대웅전에는 이차돈(異次頓)의 공양석당(供養石幢)이 모셔 있던 것으로 보아, 불교를 신라의 국교로 공인받게 하기 위하여 자신의 목숨을 던진 이차돈을 기리기 위하여 세운 도량으로 보인다. 따라서 절의 창건 시기는 법흥왕(法興王) 15년(527) 무렵일 것으로 보인다. 신문왕(神文王) 때 중창되었다는 기록은 알 수 있다. 이 대웅전에는 이차돈의 공양 석당(石幢) 밖에도 높이가 1미터가 넘는 금동약사여래입상이 있었지만 모두 1927년 국립경주박물관으로 이관했다. 여기 금동약사여래좌상은 오늘날 불국사에 소장되어 있는 금동아미타여래좌상(金銅阿彌陀如來坐像) 및 금동비로자나불좌상(金銅毘盧遮那佛坐像)과 비슷한 시기에 만들어진 통일신라시대의 3대 금동불상으로 알려져 있다. 본래의 대웅전은 임진왜란 때 불에 타버렸고, 지금 있는 건물은 조선 선조 무렵에 다시 세운 것이다.

백석(白石)

그날 밤 대왕의 꿈에 추남(楸南)이 신라 서현공(舒玄公) 부인의 품속으로 들어가는 것을 보고 여러 신하들에게 물었더니 모두 추남이 다짐하고 죽더니 과연 맞았다고 했소. 그런 때문에 고구려에서는 나를 보내서 그대를 유인하게 한 것이오. 유신은 곧 백석을 죽이고 음식을 갖추어 삼신(三神)에게 제사 지내니 이들은 모두 나타나서 제물을 흠향했다.

(출전) 其日夜大王夢, 楸南入于新羅舒玄公夫人之懷, 以告於群臣, 皆曰, 楸南誓心而死, 是其果然. 故遣我至此謀之爾, 公乃刑白石, 備百味祀三神, 皆現身受奠(권1 기이1 김유신)

백송(百松)

그는 일찍이 분황사에 살면서 화엄경소(華嚴經疏)를 지었는데, 제4권 십회향품에 이르러 마침내 붓을 놓았다. 또 일찍이 송사로 인해서 몸을 백송으로 나눴으므로 모든 사람들이 이를 위계의 초지라고 말했다. 또한 바다용의 권유로 해서 노상에서 조서를 받아 삼매경소를 지었는데, 붓과 벼루를 소의 두 뿔 위에 놓았으므로 각승(角乘)이라 했다. 이것은 또한 본시이각이 숨어 있는 뜻을 나타낸 것이다.

(출전) 曾住芬皇寺, 纂華嚴疏, 至第四十廻向品, 終乃絶筆. 又嘗因訟, 分軀於百松, 故皆謂位階初地矣. 亦因海龍之誘, 承詔於路上, 撰三昧經疏, 置筆硯於牛之兩角上, 因謂之角乘. 亦表本始二覺之微旨也(권4 의해 원효불기)

(새김)

백송(百松) : 몸을 일백 개의 소나무로 나누었으므로 모든 사람들이 이를 위계의 초지라고 했다. 보살수행 과정에서 41위에서 50위까지를 10지(地)라고 한다. 이 가운데 첫 번째 환희지를 초지(初地)라고 한다. 환희지 보살은 그 몸을 백 개의 몸으로 변화시킬 수가 있다. 비유적으로 보아 원효는 초지의 보살 같은 성자의 반열에 올라 있음을 의미한다(이범교, 삼국유사의 종합적 해석 참조).

백악궁(白堊宮)

지금으로부터 2천 년 전에 단군왕검이 있었다. 그는 아사달(阿斯達, 경에는 무엽산 또는 백악이라고도 하는데 백주에 있었다. 혹은 또 개성 동쪽에 있다고도 한다. 이는 바로 현 백악궁)에 도읍을 정하고 새로 나라를 세워 국호를 조선이라고 불렀으니 이것은 고(高, 堯)와 같은 시기였다.

(출전) 魏書云, 乃往二千載有壇君王儉, 立都阿斯達(經云無葉山, 亦云白岳, 在白州地, 或云在開城東, 今白岳宮是). 開國號朝鮮, 與高同時(권1 기이1 고조선)

백악산(白岳山)

또 도읍을 백악산 아사달(阿斯達)로 옮기더니 궁홀산(弓忽山, 일명 方忽山)이라고도 하고 금미달이라고도 한다. 그는 천오백년 동안 여기에서 나라를 다스렸다.

(출전) 都平壤城(今西京). 始稱朝鮮. 又移都於白岳山阿斯達, 又名弓(一作方)忽山, 又今彌達,

御國一千五百年(권1 기이1 고조선)

(새김)

중국측의 사료를 바탕으로 한 연구에서는 아사달이 있던 **백악(白岳)**을 길림성 길림시에 있는 용담산(龍潭山)으로 추정하고 있다. 용담산을 달리 녹산(鹿山)이라고도 한다. 녹산의 녹(鹿)은 사슴을 이르는 말이다. 사슴을 만주말로는 푸후(puhu)라고도 하는데 이는 부여(夫餘, puü)와 소리가 거의 같고 유적으로 보아도 그렇다는 것이다(李健才(1986) 東北史地考略 참조).

백엄사 석탑사리(伯嚴寺 石塔舍利)

그러나 고전(古傳)에는 이렇게 말했다. 전대인 신라 때에 북택의 터를 희사해서 이 절을 세웠다. 중간에 오래 동안 없어졌다가 지난 병인년(丙寅, 1026)에 사목곡 양부(陽孚) 스님이 고쳐 짓고 그 주지가 되었다가 정축년(丁丑, 1037)에 돌아갔다. 을유년(乙酉, 1045)에 희양산의 긍양(兢讓)이 와서 10년 동안 살다가 을미년(乙未, 1055)에 다시 희양으로 돌아갔다. 그때 신탁(神卓)이 남원 백암수(白嵓藪, 백암사)에서 이 절로 와서 전에 있던 법대로 주지가 되었다. 또 함옹 원년(1065) 11월에 와서 이 절의 주지인 득오미정대사 석수립(釋秀立)이 절의 상규 10조를 정했다. 또한 새로 5층 석탑을 세우고 진신 불사리 42알을 가져다 모셨다.

(출전) 但古傳云, 前代新羅時, 北宅廳基捨置玆寺, 中間久廢, 去丙寅年中, 沙木谷陽孚和尙, 改造住持, 丁丑遷化 乙酉年曦陽山兢讓和尙, 來住十年, 又乙未年却返曦陽 時有神卓和尙, 自南原白嵓藪, 來入當院, 如法住持 又咸雍元年十一月, 當院住持得奧微定大師, 釋秀立, 定院中常規十條, 新竪五層石塔, 眞身佛舍利四十二粒安邀. 以私財立寶(권3 탑상 백엄사 석탑사리)

(새김)

양부(陽孚)는 일명 양부(揚孚)라 한다. 희양산문(曦陽山門)의 개창조이다. 봉암사(鳳巖寺) 지증대사(智證大師)인 도헌(道憲)의 문하생이다. 정진대사(靜眞大師) 긍양(兢讓)이 서혈원(西穴院)의 양부선사를 찾아가서 문하생이 되었다. 그의 법통은 신라의 북선(北禪)을 이었다. 긍양이 고려 태조 10년(927) 52살에 스승인 양부선사가 머물던 서혈사를 찾아서 거기서 머물렀다. 경애왕이 존숭하여 봉종대사(奉宗大師)라 하였다.

백우사(白牛師)

지금 산중에 9성의 유사를 기록한 것이 있는데 자세하지는 않으나 9성(聖)은 관기, 도성, 반사, 첩사, 도의, 자양, 성범, 금물녀, 백우사 등이다.

(출전) 今山中嘗記九聖遺事, 則未詳. 曰觀機 · 道成 · 搬師 · 楪師 · 道義(有栢岩基) · 子陽 · 成梵 · 今勿女 · 白牛師(권4 의해 포산이성)

백운자(白雲子)

나는 괴이한 것을 좋아하는 사람은 아니지만 부처의 위신이 그 자취를 나타내어 만물을 이롭게 하는 것이 이같이 빠른 것을 보고서 어찌 불자가 된 사람으로서 잠자코 말하지 않을 수 있으랴. 정풍 원년(丙子, 1156) 10월 어느 날에 백운자는 쓰노라.

(출전) 余非好怪者, 然見其佛之威神, 其急於現迹利物如此, 爲佛子者詎可黙而無言耶, 時正豊元年丙子十月日, 白雲子記(권3 탑상 오대산문수사 석탑기)

(새김)

백운자(白雲子)는 일연(一然)의 문하생이다(이민수, 이재호). 혹은 황해도 해주 신광사(神光寺)에 있던 경한(景閑)의 법호라고도 한다. 대부분의 역자들이 백운자의 정체를 알 수 없다고 하였다. 다만 백운자가 12세기에 살았던 사람이 13세기에 살았던 일연의 문하생이라 함은 앞뒤가 맞지 않는다(문경현).

백정왕(白淨王)

신라 제26대 백정왕의 시호는 진평대왕(眞平大王), 성은 김씨다. 대건 11년(己亥, 579) 8월에 즉위했다. 11자의 키로서 궁 안의 제석궁에 갔을 때(일명 천주사인데 왕이 지은 절이다) 섬돌을 밟았을 때 돌 두 개가 부러졌다.

(출전) 第二十六白淨王, 謚眞平大王, 金氏, 大建十一年己亥八月卽位. 身長十一尺, 駕幸內帝釋宮(亦名天柱寺, 王之所創)踏石梯 二石並折(권1 기이1 천사옥대)

백제(百濟)

두 각간이 명을 받고 각각 군사 천 명을 거느리고 서쪽 교외에 가 보니 부산(富山) 아래 과연 여근곡(女根谷)이 있고 백제 군사 500명이 와서 거기에 숨어 있었으므로 이들을 모두 죽여 버렸다.

(출전) 二角干旣受命, 各率千人問西郊, 富山下果有女根谷, 百濟兵五百人來藏於彼, 並取殺之(권1 기이1 선덕왕 지기삼사)

(새김)

백제(百濟) : 단적으로 백제는 그 뿌리로 보아 맥제로 해야 옳다고 본다. 말하자면 고조선을 건설하고 우리겨레의 원류가 된 예맥족(濊貊族)의 맥족(貊族)이 세운 나라가 맥제(貊濟)이다. 너무나 황당할 줄로 안다. 백제라고 배웠고 그렇게 가르쳤으며 통용해 썼으니 황당함은 너무나 당연하다. 고구려가 되기 전 부여를 이루는 여러 겨레 가운데는 마가(馬加), 우가(牛加), 저가(猪加), 구가(狗加)와 같이 짐승을 얼굴로 하는 토템 문화가 있었다. 맥족의 맥(貊)은 곽박의 이아나 일본서기, 본초강목 등에서 곰(熊)의 한 갈래로 보았다. 말하자면 곰을 조상신으로 섬기는 강력한 겨레를 맥족이라고 불렀던 것이다. 그런데 어느 때부턴가 맥족의 맥은 어디가고 백(百)으로만 가르쳐 읽고 배웠다. 이런 걸 문자의 환영(幻影)이라고 한다. 본질을 지나서 우선 겉만 본다는 것이다. 옛적의 나라 이름은 상당 부분 그 나라의 역사와 문화를 투영하는 경우가 많다. 그런 관점에서 백제를 맥제로 해야 된다는 의견이다. 백제(百濟)의 백(百)에 대하여 살펴본다. 1) 百- 백〔pæk〕/맥〔mæk〕-行杖道驅人五百(대한한사전)〔mai, china〕〔mp〕〔m〕/〔p〕(複聲母의 分化) 2) 貊(=貊〔陌〕)百/白 3) 濟-在: 城曰재(城/只) 4) 百濟-貊濟(=貊族의 나라)(정호완, 삼국유사의 상상력). 한편, 중국의 사료를 보면, 고구려가 요동을 지배하고 백제의 도읍은 진평군(晉平郡) 진평현이라 적고 있다(송서(宋書) 권97 백제전). 또한 만주원류고(滿洲源流考)에서는 백제의 도읍이 요서에 있었다고 했다(國都在遼西). 여기 진평군은 어디인가. 마단림(馬端臨)의 통고(通考)에서는 진평은 유성(柳城)과 북평(北平)의 중간쯤으로 보았으며, 만주원류고에서는 이를 바탕으로 하여 청나라 시기의 금주(錦州) 영원(寧遠) 광녕(廣寧) 일원으로 보았다. 오늘날의 요녕성 서남부 지역이며 당시로는 요서지방이 되는 곳이다. 같은 사료에서는 양나라 천감(天監) 시기 백제 무령왕 때 오늘날의 한반도 부여 지방으로 천도한 것으로 보고 있다(심백강(2014) 우리역사 참조).

백제(白帝)

황아(皇娥)가 궁상이라는 들판에서 노는데 자칭 백제의 아들이라고 하는 신동이 와서 황아와 관계하여 소호(少昊)를 낳았다. 간적(簡狄)은 알 하나를 삼키더니 설(契)을 낳고 강원(姜嫄)은 한 거인의 발자취를 밟고서 기(弃)를 낳았다. 요(堯)의 어머니는 잉태한 지 14개월이 된 뒤에 요를 낳았고, 패공(沛公)의 어머니는 용과 큰 연못에서 교접해 패공을 낳았다. 이 뒤로도 이런 일이 많지만 어떻게 다 기록할 수가 있는가.

(출전) 皇娥遊窮桑之野, 有神童自稱白帝子, 交通而生小昊, 簡狄呑卵而生契, 姜嫄履跡而生弃, 胎孕十四月而生堯, 龍交大澤而生沛公. 自此而降, 豈可殫記(권1 왕력 서)

(새김)

백제는 오제 가운데 하나로서 오행의 백(白)은 서쪽이고, 계절이라면 가을이 된다. 서방을 다스리는 제왕을 이른다(최광식 외(2014) 참조).

백제고기(百濟古記)

백제고기에는 이렇게 말했다. 부여성 북쪽 모퉁이에 큰 바위가 있는데 아래로 강물을 내려다보고 있다. 옛날부터 전해 오는 말에 의자왕과 여러 후궁들은 죽음을 면하지 못할 것을 알고 서로 이르기를, 차라리 자살해 죽을지언정 남의 손에 죽지 않겠다고 서로 이끌고 여기에 와서 강에 몸을 던져 돌아갔다 했다.

(출전) 百濟古記云, 扶餘城北角有大岩, 下臨江水, 相傳云, 義慈王與諸後宮知其未免, 相謂曰, 寧自盡, 不死於他人手. 相率至此, 投江而死(권1 기이1 태종춘추공)

(새김)

백제는 고구려와 함께 부여의 대통을 이은 나라였다. 백제야말로 가장 확고한 부여의 왕통을 이어간 나라였다고 보아야 한다. 그것은 백제왕들의 성을 부여(夫餘)-로 하기 때문이다. 부여풍(夫餘豊), 부여융(夫餘隆), 부여장(夫餘璋) 등이 그러한 예들이다. 최근 들어 중국 사료의 결정판이라 할 사고전서(四庫全書)의 내용들이 알려지면서 요서백제(遼西百濟)가 있었다는 사실이다. 이와 관련, 하광악(何光岳)의 동이원류사(東夷源流史)에서는 백제의 -제(濟)를 산동성의 제수(濟水)에서 유래한 것으로 보자는 것이다. 오늘날의 제남(濟南)이 산동성의 성도인데 여기도 제수의 남쪽에 자리한 도시라는 말이 된다. 제수는 하남성 제원현(濟源縣) 왕옥산(王屋山)에서 발원한다. 주서(周書) 백제전을 보면, 백제의 건국 시조는 구태(九台)라고 싣고 있다, 하면 하남위례성의 온조의 한반도 백제 이전에 대륙에 백제가 있었다는 가설을 상정할 수 있다(심백강(2014) 우리역사 참조). 백제의 의자왕과 후궁들의 비극적인 최후가 끼어듦을 보고, 백제고기의 인용부문을 보더라도 백제부흥을 표방한 견훤의 신라에 대한 공격이 보상작용의 성격으로 수행되었을 가능성이 높다(이강래, 1996).

백제본기(百濟本記)

백제본기에 이렇게 말했다. 제15대(해동고승전에 14대라 한 것은 잘못이다) 침류왕이 즉위한 갑신년(甲申, 384. 동진 효무제의 태원 9년)에 호승 마라난타(摩羅難陀)가 동진에서 오자 그를 맞아서 궁중에 두고 예로써 공경했다.

(출전) 百濟本記云第十五(僧傳云十四, 誤), 沈流王卽位甲申(東晋孝武帝大元九年), 胡僧摩羅難陁自晋, 迎置宮中禮敬. 明年乙酉, 創佛寺於新都漢山州, 度僧十人, 此百濟佛法之始(권3 흥법 난타벽제)

백제지리지(百濟地理志)

백제지리지에는 후한서(後漢書)에 있는 말을 인용해서 이렇게 말했다. 삼한이 대개 78개국인데 백제는 그 가운데 한 나라다. 북사(北史)에는 이렇게 말했다. 백제는 동쪽으로는 신라에 접하고 서남쪽은 큰 바다에 접하며, 북쪽은 한강을 경계로 했다. 그 도읍은 거발성(居拔城) 또는 고마성(固麻城)이라고 하며, 이 밖에 다시 오방성(五方城)이 있다. 통전(通典)에는 이렇게 말했다. 백제는 남쪽으로 신라에 접하고 북쪽으로는 고구려에 이르며, 서쪽으로는 큰 바다에 닿았다.

(출전) 百濟地理志曰後漢書曰, 三韓凡七十八國, 百濟是其一國焉北史云百濟東極新羅, 西南限大海, 北際漢江, 其郡曰居拔城, 又云固麻城, 其外更有五方城通典云百濟南接新羅, 北距高麗, 西限大海(권2 기이2 남부여 전백제 전부여)

(새김)

고마성(固麻城)은 오늘날의 공주를 말한다. 웅진을 용비어천가(3:15)에서 고마ᄂᆞᄅᆞ(熊津)라고 하였다. 고마의 음절이 줄어지면 고마-곰이 된다. 여기 고마가 일본으로 건너가 아직도 곰을 구마(kuma, くま)라고 한다. 달리 거발한이라 하였다. 공주(公州)는 고마골-곰골-공골-공주(公州)로 변하여 오늘날에도 쓰인다(도수희).

백족화상(白足和尙)

의희 초년(405)에 **스님** 담시(曇始)는 다시 관중(關中, 장안)으로 돌아와 삼보(三輔, 지방 장관)에 불교를 전파시켰다. 그는 발이 얼굴보다 희었고, 아무리 진흙물을 건너도 더러워지거나 젖는 일이 없었으므로 세상 사람들이 모두 그를 백족화상이라고 불렀다.

(출전) 義熙初復還關中, 開導三輔. 始足白於面, 雖涉泥水, 未嘗沾濕, 天下咸稱白足和尙云(권3 흥법 아도기라)

백좌(百座)

신라 제55대 경애왕이 즉위한 동광 2년(甲申, 924) 2월 19일에 황룡사에서 백좌(百座, 고승들의 법회)를 열어 불경을 풀이하는 법회를 열었다. 이것이 백좌의 시작이 되었다.

(출전) 第五十五景哀王卽位, 同光二年甲辰二月十九日, 皇龍寺說百座說經, 兼飯禪僧三百, 大王親行香致供, 此百座通說禪教之始(권2 기이2 경애왕)

백팔번뇌(百八煩惱)

그렇다면 이 8과 9의 두 간자는 오직 189개 가운데서 나온 것이다. 필경 저 백팔번뇌의 이름으로 알고 말한 것 같다. 그런데 송전(宋傳)에서는 다만 108첨자(籤子, 제비뽑기)라고만 한 것은 무슨 까닭인가. 아마도 저 백팔번뇌란 부름말로 알고 말한 것 같다. 그리고 또 경문을 살펴보지도 않은 것 같다.

(출전) 但從百八十九中而來者也. 而宋傳但云百八籤子, 何也. 恐認彼百八煩惱之名而稱之. 不揆尋經文爾(권4 의해 심지계조)

(새김)

백팔번뇌(百八煩惱)는 불가에서 흔히 쓰는 사람의 여러 가지 걱정을 말한다. 그 고뇌의 갈래가 108가지라는 것이다. 6근(根)에 각기 고락(苦樂)과 불고불락(不苦不樂)이 있어 18가지가 되고, 이에 탐(貪)과 무탐(無貪)이 있어 36가지가 되며, 이것을 다시 과거, 현재, 미래로 각각 풀면 108가지가 된다. 일반적으로 사람의 마음속에 있는 엄청난 번뇌(煩惱, **क्लेश**, kleśa, kleshas)를 말한다. 1926년에 최남선이 출간한 시조집의 이름이기도 하다.

벌지지(伐知旨)

처음에 제상이 신라를 떠날 때 부인이 듣고 남편의 뒤를 쫓아갔으나 따르지 못했었다. 이에 망덕사(望德寺) 문 남쪽 모래사장 위에 이르러 주저앉아 길게 부르짖었다. 이런 일이 있었다 하여 그 사장을 장사(長沙)라고 불렀다. 집안사람 두 명이 부인을 도와 집으로 돌아가려 하자 부인은 다리를 쭉 뻗고 앉아서 일어나려고 하지 않았다. 그래서 그곳을 벌지지라고 이름 지었다. 이런 일이 있은 지 오래 된 뒤에 부인은 남편을 사모하는 마음을 이기지 못하여 세 딸을 데리고 치술령(鵄述嶺)에 올라가 왜국을 바라보고 통곡하다가 죽고 말았다.

(출전) 初堤上之發去也. 夫人聞之追不及, 及至望德寺門南沙上, 放臥長號, 因名其沙曰長沙. 親戚二人, 扶腋將還, 夫人舒脚坐不起, 名其地曰伐知旨. 久後夫人不勝其慕, 率三娘子上鵄述嶺, 望倭國痛哭而終, 仍爲鵄述神母, 今祠堂存焉(권1 기이1 내물왕 김제상)

(새김)

때는 내물왕 시절이었다. 신라의 충신 **김제상(金堤上)**이 인질로 잡혀간 미해왕자(美海王子)를 구출하기 위하여 왜국으로 떠난 뒤 부인 김씨는 동해가 내려다보이는 치술령(鵄述嶺)에 올라가서 남편을 기다리다가, 남편이 처형되었음을 전하여 듣고 두 딸과 함께 남편의 뒤를 따라 돌아갔다. 그 때 부인의 주검은 망부석(望夫石)으로 변하였고 넋은 새가 되어 날아올라 이 절이 있는 바위틈에 숨었다 하여 그 바위를 은을암(隱乙巖)이라 불렀다. 그 뒤 새가 날아오른 자리를 비조(飛鳥)라 하였는데, 이로 하여 울주군 두동면 만화리에는 비조마을이 생겼다. 그 뒤 충절과 정절을 기리기 위하여 은을암을 세웠다고 전한다. 삼국사기(三國史記)에는 김제상이 박제상(朴堤上)으로 나온다.

벌휴니질금(伐休尼叱今)

제9대 벌휴니질금이 나라를 통치하였다.

(출전) 第九代伐休尼叱今(권1 왕력 벌휴니질금)

(새김)

신라의 제9대 임금으로 13년 재위(184-196)하였으며 이름은 발휘(發暉), 성은 석씨(昔氏)이다. 탈해 임금 이후 첫 번째의 석씨 임금이다. 아버지는 구추(仇鄒) 각간, 어머니는 김씨 지진내례부인(只珍內禮夫人)이다. 김씨와 석씨의 공조 시대를 연 것이다(이기백, 1982).

범공(梵空)

경순왕의 막내아들은 머리를 깎고 화엄종에 들어가 중이 되어 법명을 범공이라 했는데 그 뒤로 법수사(法水寺)와 해인사(海印寺)에 머물렀다고 한다.

(출전) 季子祝髮, 隷華嚴, 爲浮圖, 名梵空, 後住法水海印寺云(권2 기이2 김부대왕)

범망경(梵網經)

김현(金現)은 벼슬길에 오르자, 서천 가에 절을 지어 호원사(虎願寺)라 하고 항상 범망경을 강론하여 범의 저승길을 인도하고 또한 범이 제 목숨을 바쳐 자기를 성공하게 해준 은혜에 보답했다. 김현은 죽을 때에 지나간 일의 기이함에 깊이 감동하여 이에 붓으로 적어 전하였으므로 세상에서 비로소 듣고 알게 되었으며, 그래서 이름은 논호림(論虎林)이라 했는데 지금까지도 그렇게 일컬어 온다.

(출전) 現旣登庸, 創寺於西川邊, 號虎願寺, 常講梵網經, 以導虎之冥遊, 亦報其殺身成己之恩.

現臨卒, 深感前事之異, 乃筆成傳, 俗始聞知, 因名論虎林, 稱于今(권5 감통 김현감호)

(새김)

범망경(梵網經, **ब्रह्मजालसुत्त**, brahmajala sutra) : 노사나불이 설파한 보살심지계품(菩薩心地戒品) 제10의 줄임말이다. 범망이라 함은 부처님의 법이 중생의 모든 일에 하나도 새어 가는 일이 없음을 상징한 것이다. 구마라집이 번역을 했다고 전하나 실은 중국에서 만든 거짓 경전으로 알려져 있다(이범교, 삼국유사의 종합적 해석 참조).

범서(梵書)

옛날 고구려의 성왕이 국경을 순행하던 길에 요동성에 다다랐다. 문득 오색구름이 땅을 덮는 것을 보고는 그 구름 속을 찾아가 돌아보았다. 웬 중 하나가 지팡이를 짚고 서 있었다. 중 옆에는 세 겹으로 된 흙으로 지은 탑이 있었다. 위로는 마치 솥을 덮은 것 같지만 그게 무엇인지 알 수가 없었다. 그러다 다시 중을 찾아보았으나, 오직 거친 풀만이 있을 따름이었다. 탑이 있던 자리를 한 길 깊이 정도 팠더니 지팡이와 신이 나왔다. 더 파 보았더니 무슨 글자가 새겨진 명(銘)이 나왔으니 그 명위에 범서가 있었다. 수행하던 신하가 이 글을 알아보고 불탑이라고 보고하였다.

(출전) 昔高麗聖王按行國界次, 至此城, 見五色雲覆地, 往尋雲中, 有僧執錫而立, 旣至便滅, 遠看還現. 傍有土塔三重, 上如覆釜, 不知是何. 更往覓僧, 唯有荒草, 掘尋一丈, 得杖幷履, 又掘得銘, 上有梵書. 侍臣識之. 云是佛塔(권3 탑상 요동성육왕탑)

(새김)

범어(梵語)로 된 글이나 책을 말한다. 여기 범서의 범(梵)은 브라만(**ब्रहमन**, brahman)의 줄임말이다. 오늘날에는 데바나가리라고 부른다. 데바(**देव**, deva)는 신이고 나가리(**नागरी**, nagari)는 용(龍) 또는 글자를 말한다. 합하면 데바나가리란 용서(龍書)라고도 풀이한다. 흔히 산스크리트어(**संस्कृते**, sanskrit)라고 말한다. 이 말은 인도의 옛 말로 불교 경전이나 문학 작품을 이로써 적었다. 힌두교나 자이나교 경전도 마찬가지. 오늘날에 와서는 힌두교 학자들 사이에서 학술적 표현 수단으로 쓰인다. 더러 브라만 같은 상층 계급에서는 산스크리트어를 모국어로 쓰며, 학교에서 읽고 쓰는 법을 가르친다. 이는 베다 산스크리트어와 고전 산스크리트 두 가지로 갈래를 짓는다. 베다 범어는 사라지고 고전 산스크리트어는 파니니가 문법을 체계화해 2천 5백 년 동안 전해 온다. 훈민정음과 관련하여 범자기원설이 끊임없이 제기되어 왔다. 신미대사가 세종을 도와 범자의 이형이라 할 몽고의 파스파 문자의 표기체계를 참고하여 만들었다는 주장이 제기되기도 한다(강상원). 역사적으로는 성현의 용재총화(慵齋叢話), 이수광의 지봉유설(芝峯類說), 황윤석의 운학본원(韻學本源), 이능화의 조선불교통사(朝鮮佛敎通史)에서도 같은 주장을 찾아 볼 수 있다. 최근 들어 인도 뿌네 대학에서 수학, 출간한 훈민정음과 산스크리트어의 음운체계 비교 연구(김봉태, 2002)와 한국어로 재정립한 범어문법(권중혁, 2015) 등이 있다. 김봉태(2002)에서는 범어의 자음 체계와 훈민정음의 자음체계가 아설순치후의 순서로 배열되었고 글자의 모양이 비슷함을 지적하였다. 특히 일타스님이 중국여행 중에 구해왔다는 원각선종석보(圓覺禪宗釋譜)가 훈민정음의 표기와 거의 같다. 이 책은 간행 연도가 정통3년(1438)이니까 훈민정음이 창제되기 5년 앞선 시기이다. 속리산 법주사의 복천암사적기에 세종이 신미(信眉)에게 범어의 자음과 모음을 설명해보라고 하였다는 기록이 있다. 아울러 신미대사의 속가의 족보인 영산김씨 족보에 수성(守省, 법호 信眉)은 집현전 학사였고 세종의 총애를 받았다고 적고 있다. 조선왕조실록을 보면 문종 원년에 세종이 내린 신미의 사호인 선교양종도총섭밀전정법비지쌍운우국이세원융무애혜각존자(禪教兩宗都摠攝密傳正法悲智雙運祐國利世圓融無碍慧覺尊者)라고 하는 긴 작호를 내린 것이 반대상소의 불씨를 지폈다. 마침내 우국이세를 도생이물(度生利物)로 존자를 종사(宗師)로 고쳐 갈등을 봉합한다. 이런 작호는 몽고의 원나라 세조인 쿠빌라이가 범어문자에 바탕을 둔 몽고문자 곧 파스파를 만든 스님이었던 파스파(八思巴)에게 내린 사호 황천지하일인지사선문보치대성대덕보각진지우국여의대보법왕서천불자대원제사(皇天之下一人之士 宣文輔治大聖臺德普覺眞智佑國如意大寶法王西天佛子大元帝師)와 비슷하다.

범수(梵修)

그 뒤에 **스님** 범수가 멀리 당 나라에 가서 새로 번역한 후분화엄경(後分華嚴經) 관사의소(觀師義疏)를 구해 가지고 돌아와 강술했다고 하니, 이 때는 정원 기묘년(己卯, 799)이었다.

(출전) 厥後有僧梵修, 遠適彼國, 求得新譯後分華嚴經觀師義疏, 言還疏演, 時當貞元己卯(권4 의해 승전촉루)

범어(梵語)

자장율사는 말하였다. 꿈에 네 구의 게(偈)를 받았으나 범어로 되어 있어서 풀지 못했기 때문입니다. 중은 그 글을 번역하여 말했다. 가라파좌낭(呵囉婆佐曩)이란 일체의 법을 깨달았다는 말이요, 달예치구야(達㘑哆佉嘢)란 본래의 성품은 가진 바 없다는 말이요, 낭가희가낭(曩伽呬伽曩)이란 이와 같이 법성을 풀이한다는 말이요, 달예노사나(達㘑盧舍那)란 노사나불을 곧 본다는 말입니다. 말을 마치자 자기가 가졌던 가사 등 물건을 법사에게 주면서 부탁했다. 이것은 본사(本師) 석가세존이 쓰시던 도구이니 그대가 잘 보호해 가지시오.

(출전) 師答以夢所受四句偈, 梵音不解爲辭, 僧譯之云呵囉婆佐曩, 是曰了知一切法, 達㘑哆佉嘢, 云自性無所有, 曩伽呬伽曩, 云如是解法性, 達㘑盧舍那, 云卽見盧舍那 仍以所將袈裟等, 付而囑云此是本師釋迦尊之道具也(권3 탑상 대산오만진신)

(새김)

범어(梵語)란 산스크리트(संस्कृते, sanscrit)어를 이른다. 산스크리트란 완성된 언어라고 풀이한다. 산스크리트어를 간략하게 범어(梵語)라 한다. 이는 인도의 고전어로, 힌두교, 대승불교, 자이나교 경전의 언어이자 수많은 인도 제어의 고급 어휘의 근간을 구성하는 언어이다.

인도유럽어족은 유럽과 서아시아, 남아시아에 살고 있는 민족들의 언어가 속하는 어족이다. 흔히 인구어족(印歐語族)이라고도 한다. 근세에는 유럽인의 식민지 확장에 따라 아메리카 지역에서도 널리 쓰임에 따라 현존하는 어족 중에서 가장 널리 쓰인다. 오늘날 인도유럽 공통조어에서 나온 언어를 사용하는 인구는 약 30억 명, 즉 전체 인류의 거의 반에 이르는 것으로 추산된다.

범어사(梵魚寺)

의상은 이에 종단의 훈령을 내려 열 곳 절에서 불교를 전하니 태백산의 부석사, 원주의 비마라사, 가야산의 해인사, 비슬산의 옥천사, 금정산의 범어사, 남악의 화엄사 등이 이것이다.

(출전) 湘乃令十刹傳敎, 太伯山浮石寺, 原州毗摩羅, 伽耶之海印, 毗瑟之玉泉, 金井之梵魚寺, 南嶽華嚴寺等是也(권4 의해 의상전교)

(새김)

범어사의 한자 표기도 소리를 중심으로 한 브라만의 음역으로 보인다. 말하자면 산스크리트어를 연철하여 적으면, 버머, 브라흐마(梵魚, ब्रहमन, brahma)-브라마-버마-범의 관련을 지을 수 있기에 그러하다.

범왕(梵王)

자장이 물었다. 고향에 돌아가면 무슨 유익한 일이 있겠습니까. 신인이 말한다. 황룡사(皇龍寺)의 호법룡은 바로 나의 큰 아들이오. 범왕(梵王)의 명을 받아, 그 절에 와서 보호하고 있으니, 본국에 돌아가거든 절 안에 구층탑을 세우시오. 그러면 이웃 나라들은 항복할 것이며, 구한(九韓)이 와서 조공하여 왕업이 길이 편안할 것이오. 탑을 세운 뒤에는 팔관회(八關會)를 열고 죄인을 용서하면 외적이 해치지 못할 것이오. 다시 나를 위해서 경기 남쪽 언덕에 절 한 채를 지어 함께 내 복을 빌어 주면 나도 또한 그 은덕을 보답하겠소. 말을 하고 옥(玉)을 바친 후 이내 형체를 숨기고 나타나지 않았다(사중기(寺中記)에 말하기를, 종남산 원향선사에게서 탑을 세울 까닭을 들었다고 했다).

(출전) 藏問歸鄕將何爲利益乎, 神曰皇龍寺護法龍, 是吾長子. 受梵王之命, 來護是寺, 歸本國成九層塔於寺中, 隣國降伏, 九韓來貢, 王祚永安矣. 建塔之後, 設八關會, 赦罪人, 則外賊不能爲害. 更爲我於京畿南岸置一精廬, 共資予福, 予亦報之德矣. 言已遂奉玉而獻之. 忽隱不現(寺中記云, 於終南山圓香禪師處, 受建塔因由)(권3 탑상 황룡사구층탑)

(새김)

범왕(梵王) : 어원은 산스크리트어로 브라만(ब्रहमन, brahman)의 한자 음역(梵)이며 줄임말이다. 불교의 정법을 지키며 부처님의 오른편에서 손에 총채를 들고 서 있다. 고대 인도에서, 브라만 계급을 중심으로 베다(veda)를 기본 경전으로 하여 발달한 종교를 바라문교라 말한다. 브라만의 소리가 줄어지면서 브라만-범으로 적힌 것으로 보인다.

범일(梵日)

그 뒤에 굴산조사 범일이 태화 연간에 당 나라에 들어가 명주(明州) 개국사에 이르니 한 중이 왼쪽 귀가 없어진 채 여러 중들의 끝자리에 앉아 있다가 조사에게 말한다. 저도 고향이 같습니다.

(출전) 後有崛山祖師梵日, 太和年中入唐, 到明州開國寺, 有一沙彌截左耳, 在衆僧之末, 與師言曰吾亦鄕人也(권3 탑상 낙산이대성 관음 정취 조신)

법계도(法界圖)

또 법계도서인(法界圖書印)과 약소(略疏)를 지어서 일승(一乘)의 요점을 모두 기록하여 천 년의 본보기가 되게 하였으니 이를 여러 사람이 다투어 소중히 지녔다. 이 밖에는 저술한 것이 없었으니 온 솥의 고기 맛을 알고자 할 때, 한 점의 살코기로도 족한 것이다. 법계도는 총장 원년(戊辰, 668)에 완성되었으며, 이 해에 지엄(智儼)도 세상을 떠났으니 이것은 마치 공자(孔子)가 기린을 잡았다는 구절에서 붓을 꺾은 것과 같다.

(출전) 又著法界圖書印幷畧疏, 括盡一乘樞要, 千載龜鏡, 競所珍佩. 餘無撰述, 嘗鼎味一臠足矣. 圖成總章元年戊辰, 是年儼亦歸寂, 如孔氏之絶筆於獲麟矣(권4 의해 의상전교)

법륜(法輪)

이를 기려서 말한다. 성인의 지혜는 원래 만세를 꾀하나니, 구구한 여론은 조금도 따질 것 없네. 법륜이 풀려 금륜(金輪)을 쫓아 구르니, 요순 세월 바야흐로 불교로 해서 이루어지네. 이것은 원종(原宗)을 위한 것이다.

(출전) 讚曰, 聖智從來萬世謀, 區區輿議謾秋毫. 法輪解逐金輪轉, 舜日方將佛日高(권3 흥법 원종흥법 염촉멸신)

(새김)

법륜(法輪) : 산스크리트어인 다르마차크라(**धर्मचक्**, dharmacakra)의 한자 음역이다. 부처님의 설법으로 중생의 악을 없앰이 수레와 같은 윤보가 산악과 바위를 부숨과 같다. 부처님의 설법으로 옮겨짐이 수레와 구름과 같다고 하여 붙여진 이름이다.

법림사(法林寺)

양지의 신기하고 이상하여 남이 헤아릴 수 없는 것이 모두 이와 같았다. 그는 또 한편으로 여러 가지 솜씨에도 통달해서 신묘함이 비길 데가 없었다. 또 글씨에도 능하여 영묘사(靈廟寺) 장륙삼존상과 천왕상, 또 도량의 기와와 천왕사 탑 밑의 팔부신장, 법림사의 주불삼존과 좌우 금강신 등은 모두 그가 만든 것이다. 영묘사와 법림사의 현판을 썼고, 또 일찍이 벽돌을 새겨서 작은 탑 하나를 만들고, 아울러 3천불을 만들어, 그 탑을 절 안에 모셔 두고 우러렀다.

(출전) 其神異莫測皆類此. 旁通雜譽, 神妙絶比, 又善筆札. 靈廟丈六三尊 · 天王像幷殿塔之瓦, 天王寺塔下八部神將, 法林寺主佛三尊 · 左右金剛神等, 皆所塑也. 書靈廟 · 法林二寺額. 又嘗彫磚造一小塔, 竝造三千佛, 安其塔置於寺中致敬焉(권4 의해 양지사석)

법민(法敏)

태자 법민(法敏)과 각간 인문(仁問), 각간 문왕(文王), 각간 노차(老且), 각간 지경(智鏡), 각간 개원(愷元) 등은 모두 문희가 낳은 아들이었으니 전날에 꿈을 샀던 보람이 여기에 나타난 것이다.

(출전) 太子法敏 · 角干仁問 · 角干文王 · 角干老且 · 角干智鏡 · 角干愷元等, 皆文姬之所出也. 當時買夢之徵, 現於此矣(권1 기이2 태종춘추공)

(새김)

법민은 문무왕(文武王)의 본 이름이다. 신라 제30대 문무왕은 재위 20년(661-681) 동안 나라를 다스렸다. 태종무열왕 김춘추와 문명왕후의 맏아들로 이름은 김법민(金法敏)이다. 문무왕 8년(668)에 고구려를 멸망시켰고, 신라에 계림대도독부를 설치하여 한반도를 점령하려던 당 나라의 군대를 나당 전쟁에서 격퇴함으로써 문무왕 16년(676)에 삼국통일을 완성한 임금이다. 왕후는 파진찬 김선품의 딸 자의왕후이다. 문무왕 18년(678)부터 돌아갈 때까지 3년 동안 아들 김정명(金政明, 신문왕)이 태자 신분으로 국사를 대리로 섭정하였다.

법성종(法性宗)

개원(開元) 정원(貞元) 연간에 나온 두 석교록(釋敎錄) 속에는 정장(正藏, 경-율-논)으로 편입되어 있으니, 비록 성종(性宗)은 아니지만 그 상교(相敎)의 대승(大乘)으로는 자못 넉넉한 셈이다. 어찌 탑참(搭懺)이나 박참(撲懺)의 두 참(懺)과 함께 말할 수 있으랴.

(출전) 開元 · 貞元二釋敎錄中, 編入正藏, 雖外乎性宗, 其相敎大乘殆亦優矣. 豈與搭 · 撲二懺, 同一而語哉(권4 의해 진표전간)

(새김)

법성종(法性宗) : 법성은 불성을 말한다. 모든 만들은 모두가 법성을 가지고 있으므로 부처가 될 수 있다는 종지이다. 원효가 분황사에서 처음으로 개종을 한 것이다. 법상종(法相宗)은 모든 만물의 현상과 모양을 구별한다고 하여 상교(相敎)라고 한다.

법수사(法水寺)

이에 시랑 김봉휴(金封休)를 시켜서 국서를 가지고 태조에게 가서 항복하기를 청했다. 그러나 태자는 울면서 왕을 하직하고 바로 개골산(皆骨山, 현 금강산)으로 들어가서 삼베옷을 입고 풀을 먹다가 세상을 마쳤다. 그의 막내아들은 머리를 깎고 화엄종(華嚴宗)에 들어가 중이 되어 법명을 범공(梵空)이라 했는데 그 뒤로 법수사와 해인사에 머물렀다고 한다.

(출전) 乃使侍郎金封休齎書, 請降於太祖. 太子哭泣辭王, 往皆骨山, (倚巖爲屋), 麻衣草食, 以終其身. 季子祝髮, 隸華嚴, 爲浮圖, 名梵空, 後住法水海印寺云(권2 기이2 김부대왕)

법왕(法王)

백제 제29대 법왕의 이름은 선(宣)인데 효순(孝順)이라고도 한다. 개황 10년(己未, 599)에 즉위하였다. 이해 겨울에 조서를 내려 살생을 금지시키고 민가에서 기르는 매나 새매 따위를 놓아주고 또 물고기 잡는 기구를 불살라서 일체 금지시켰다. 이듬해 경신년(庚申)에 30명의 도승을 두고 당시 서울인 사비성(현 부여)에 왕흥사(王興寺)를 세우려고 겨우 터를 닦다가 돌아갔다. 무왕(武王)이 왕위를 계승해서 아버지가 터를 닦은 것을 아들이 일으켜 몇 돌을 지내서 완성하니 그 절 이름도 역시 미륵사(彌勒寺)이다. 산을 등지고 물에 임했으며, 화초가 수려하여 사시의 아름다운 경치를 갖추었다. 왕은 항상 배를 타고 강물을 따라 절에 들어가서 그 경치가 장엄하고 고운 것을 구경했다. (중략) 일연은 찬해 말한다. 자애로운 왕명으로 짐승을 보호함은 그 은혜 온 산에 미치고, 은택이 돼지와 물고기에게까지 흡족하니 어짊이 온 세상에 넘치네. 성군이 문득 돌아감을 말하지 말라. 하늘 도솔(兜率)에는 이제 바로 꽃다운 봄이리.

(출전) 百濟第二十九法王諱宣, 或云孝順, 開皇十年己未卽位. 是年冬下詔禁殺生, 放民家所養鷹鸇之類, 焚漁獵之具, 一切禁止. 明年庚申, 度僧三十人, 創王興寺於時都泗沘城(今扶餘) 始立栽而升遐, 武王繼統, 父基子構, 歷數紀而畢成. 其寺亦名彌勒寺, 附山臨水, 花木秀麗, 四時之美具焉. 王每命舟, 沿河入寺, 賞其形勝壯麗. (중략) 讚曰, 詔寬狨狨千丘惠, 澤洽豚魚四海仁. 莫辱聖君輕下世, 上方兜率正芳春(권3 흥법 법왕금살)

법왕사(法王寺)

욱면(郁面)이 떠난 뒤에 귀진(貴珍)도 또한 그 집이 신이한 사람이 의탁해 살던 곳이라 해서, 집을 내놓아 절을 만들어 법왕사라 하고 토지를 바쳤는데 오랜 뒤에 절은 없어지고 빈 터만 남았다.

(출전) 郁面去後, 貴珍亦以其家異人托生之地, 捨爲寺曰法王, 納田民, 久後廢爲丘墟(권5 감통 욱면비염불서승)

법운지(法雲地)

낭지는 그 이튿날 산중의 기이한 나무 한 가지를 꺾어 가지고 돌아와 바쳤다. 그 곳의 스님이 그것을 보고 말했다. 이 나무는 산스크리트어로 달리가라 하고 여기서는 혁(赫)이라 한다. 오직 서천축과 해동의 두 영취산(靈鷲山)에만 있는데 이 두 산은 모두 제 10 법운지로서 보살이 사는 곳이니, 이 사람은 반드시 성자일 것이다. 마침내 행색을 살펴 그제야 해동 영취산에 살고 있음을 알게 되었다.

(출전) 智明日折山中異木一枝歸呈之. 彼僧見之. 乃曰此木梵號怛提伽, 此云赫, 唯西竺・海東

二靈鷲山有之. 彼二山皆第十法雲地菩薩所居, 斯必聖者也. 遂察其行色, 乃知住海東靈鷲也(권5 피은 낭지승운 보현수)

(새김)

법운지(法雲地) : 보살이 수행하는 52단계 가운데 41단계부터 50단계까지를 십지라 한다. 십지의 열 번째인 50위를 법운지라 한다. 진리의 비를 내리는 구름이 서린 곳이란 뜻이다.

법적방(法積房)

부득(夫得)과 박박(朴朴) 두 선비의 이름은 방언이니 두 집에는 각각 두 선비의 마음과 행동이 등등하고 고절하다는 두 가지 뜻에서 이렇게 이름을 지은 것이다. 이들은 모두 풍채와 골격이 뛰어나고, 속세를 떠난 마음이 있어 서로 좋은 벗이었다. 20세가 되자 마을 동북쪽 고개 밖에 있는 법적방에 가서 머리를 깎고 중이 되었다. 얼마 되지 않아 서남쪽 치산촌 법종곡 승도촌에 옛절이 있는데, 서진(栖眞, 수도정진)할 만하다는 말을 듣고, 함께 가서 대불전과 소불전의 두 마을에 각각 살았다.

(출전) 二士之名方言, 二家各以二士心行, 騰騰苦節二義, 名之爾 皆風骨不凡, 有域外遐想, 而相與友善. 年皆弱冠, 往依村之東北嶺外法積房, 剃髮爲僧. 未幾, 聞西南雉山村 · 法宗谷 · 僧道村有古寺, 可以栖眞, 同往大佛田 · 小佛田二洞各居焉(권3 탑상 남백월이성 노힐부득 달달박박)

법척(法惕)

선덕왕 덕만(德曼)이 병이 들어 오랫동안 낫지 않자, 흥륜사의 스님 법척이 임금의 부름을 받아 병을 고치려 했으나 별 효력이 없었다. 이 무렵 밀본법사(密本法師)의 덕행이 나라 안에 소문이 퍼져서 좌우 신하들이 바꾸기를 청했다. 임금은 그를 궁으로 불러들이니 밀본은 궁실 밖에서 약사경을 읽었다. 경을 다 읽고 나자 가졌던 육환장 지팡이가 침실 안으로 날아 들어가더니 늙은 여우 한 마리와 법척을 찔러서 뜰아래에 거꾸로 내던지니 왕의 병은 이내 나았다. 이 무렵 밀본의 이마 위에 오색의 신비스러운 광채가 있어 보는 사람이 모두 놀랐다.

(출전) 善德王德曼, 遘疾彌留, 有興輪寺僧法惕, 應詔侍疾, 久而無效. 時有密本法師, 以德行聞於國, 左右請代之. 王詔迎入內. 本在宸仗外, 讀藥師經, 卷軸纔周, 所持六環, 飛入寢內, 刺一老狐與法惕, 倒擲庭下, 王疾乃瘳. 時本頂上發五色神光, 覩者皆驚(권5 감통 밀본최사)

법해(法海)

그 이듬해 갑오년(甲午, 754) 여름에 왕은 또 고승 법해를 황룡사로 청해 화엄경을 강론하게 하고, 친히 가서 향을 피우고 조용히 말했다. 지난해 여름에 대현법사(大賢法師)는 금광경을 강론하여 우물물을 일곱 길이나 솟아나오게 했소. 그대의 법도는 어떠하오.

법해가 말한다. 그것은 매우 조그만 일이어서 그렇게 칭찬할 것이 못됩니다.

(출전) 王又請大德法海於皇龍寺, 講華嚴經. 駕幸行香, 從容謂曰前夏大賢法師講金光經, 井水湧七丈. 此公法道如何 海曰特爲細事, 何足稱乎(권4 의해 현유가 해화엄)

(새김)

금광경은 금광명경(金光明經)의 줄임말이다. 신라와 고려 시기에는 이에 바탕을 두어 인왕백고좌회(仁王百高座會)를 열기도 하였다. 호국불교의 지향성이 강하다. 가장 중요한 내용은 부처님의 가르침은 언제 어디서나 상존하며 부처님은 영원하다는 믿음을 강조한다.

법현(法現)

또 법현의 서역전(西域傳)에는 이렇게 말했다. 나갈국(那竭國)의 국경에 가면 나갈성(那竭城) 남쪽으로 반 유순(由旬)이 되는 곳에 석실이 있으니, 그곳은 박산(博山)의 서남쪽이며 그 속에 부처가 영상을 남겼다. 여기서 10여 보를 가서 보면 부처의 모습처럼 날빛이 환하게 나타나지만 멀어질수록 점점 희미하게 보였다. 여러 나라 왕들이 화공을 보내서 이것을 그리려 했지만 비슷하게도 그릴 수가 없었다.

(출전) 又法現西域傳云至那竭國界, 那竭城南半由旬有石室, 博山西南面, 佛留影此中. 去十餘步觀之. 如佛眞形, 光明炳著, 轉遠轉微. 諸國王遣工摹寫, 莫能髣髴(권4 의해 원광서학)

(새김)

유순(由旬) : 불가에서 쓰는 우주를 전제로 정한 거리 단위의 용어. 이르자면, 소달구지가 하루에 갈 수 있는 거리로서 80리인 대유순, 60리인 중유순, 40리인 소유순의 세 가지로 갈래를 가늠한다.

법흥왕(法興王)

신라 제23대 임금. 신라본기(新羅本紀)에 보면 법흥대왕이 즉위한 14년(527)에 신하 이차돈(異次頓)이 불법을 위해서 자기 목숨을 바치니, 곧 소량 보통 8년(丁未, 527)에 서천축(西天竺, 서인도)의 달마대사(達磨大師)가 금릉(金陵)에 온 해다. 이 해에 낭지법사(朗智法師)도 또한 영취산에 살면서 법장을 열었으니 불교의 흥하고 쇠하는 것도 반드시 원근에서 한 시기에 서로 감응한다는 것을 이 일로 해서 알 수가 있다.

(출전) 新羅本記, 法興大王卽位十四年, 小臣異次頓爲法滅身, 卽蕭梁普通八年丁未, 西竺達摩來金陵之歲也. 是年, 朗智法師亦始住靈鷲山開法, 則大敎興衰, 必遠近相感一時, 於此可信(권3 흥법 원종흥법 염촉멸신)

(새김)

신라 제23대 **법흥왕**은 재위 26년(514-540) 동안 나라를 다스렸다. 성은 김씨(金氏)이며 이름은 원종(原宗)이다. 지증왕의 원자이며, 어머니는 연제부인(延帝夫人) 박씨(朴氏)이고, 왕비는 보도부인(保刀夫人) 박씨, 키가 7자나 되고 도량이 넓으며 다른 사람을 사랑하였다. 지증왕 때 일련의 개혁 정치를 이어감으로써 중앙 집권적 왕권 중심의 정치체제를 갖추었다. 눈에 띄는 일은 법흥왕 4년(517)에 중앙부서로서 병부(兵部)를 두었다는 점이다. 신라에서 중앙 관부로는 병부가 제일 먼저 설치되었는바, 왕권중심의 체제를 확립함에 있어 가장 중요한 군사권을 국왕이 직접 장악할 수 있었던 것으로 볼 수 있다. 법흥왕 7년(520)에는 율령(律令)을 널리 펴고 17관등과 골품제도 등에 관한 규정이 포함되었을 것으로 보인다. 율령 제정의 역사적 의의는 매우 크다. 왜냐하면 율령에 의해 신라에 통합된 이질적 요소들이 파악됨으로써 통치가 보다 쉽게 이루어질 수 있었으며, 법에 따른 이질적 요소의 강제적 해소로 상대적으로 왕을 정점으로 하는 국가 권력의 강화를 꾀할 수 있었기 때문이다. 그리고 이러한 국가 권력, 즉 왕권의 강화를 단적으로 나타낸 제도가 바로 법흥왕 대에 비로소 설치된 상대등이다. 상대등은 수상과 같은 존재로서 법흥왕 18년(531)에 이찬(伊湌) 철부(哲夫)가 최초로 상대등에 임명되었다. 아울러 이차돈의 죽음으로써 불교를 공인하게 된다. 이로써 불교를 민초가 행복한 새로운 사회 개혁의 도구로써 활용하였다.

벽골제(碧骨堤)

신라 제16대 걸해니질금의 성은 석씨다. 아버지는 우로음 각간이니 즉 내해왕의 둘째 아들이라. 경오년(庚午, 310)에 즉위하였고 46년 동안 나라를 다스렸다. 이 왕 대에 백제군이 처음으로 쳐들어왔다. 기축(己丑)년에 비로소 벽골제를 쌓았다. 둘레는 □만칠천이십육보, □□백육십육보, 논이 일만사천칠십(□)이었다.

(출전) 第十六代乞解尼叱今昔氏父于老音角干, 卽奈海王第二子也庚午立, 治(四)十六年. 是王代, 百濟兵始來侵. 己丑始築碧骨堤, 周□萬七千二十六步, □□百六十六步, 水田一萬四千七十(□)(권1 왕력 걸해니질금)

벽진가야(碧珍伽耶)

즉 첫째는 금관(金官, 현 김해부), 2는 고령(古寧, 현 가리현), 3은 비화(非火, 현 창녕이니, 고령의 잘못인 듯)이요, 나머지 둘은 아라(阿羅)와 성산(星山)이라고 했다(위 주와 같다. 성산은 혹 벽진가야라고도 한다).

(출전) 改五伽耶名, 一金官(爲金海府), 二古寧(爲加利縣), 三非火(今昌寧, 恐高靈之訛), 餘二阿羅, 星山(同前, 星山或作碧伽耶)(권1 기이1 오가야)

변재천녀(辯才天女)

지통이 신기한 까마귀의 일을 자세히 말하자 스님은 빙그레 웃으면서, 내가 바로 낭지다. 지금 집 앞에 또한 까마귀가 와서 알리기를, 거룩한 아이가 장차 스님에게로 올 것이니 마땅히 나가서 영접하라 하므로 와서 맞이하는 것이라고 하면서 손을 잡고 감탄하여 말했다. 신령스런 까마귀가 너를 깨우쳐 내게 오게 하고, 내게 알려서 너를 맞게 하니 이 무슨 상서로운 일인가. 아마 산신령의 은밀한 도움인 듯하다. 전하는 말에, 산의 주인은 변재천녀라고 한다. 지통이 이 말을 듣고 울면서 감사하고 스님에게 귀의했다.

(출전) 乃問朗智師何所住, 僧曰奚問朗智乎, 通具陳神烏之事, 僧莞爾而笑曰我是朗智, 今玆堂前亦有烏來報, 有聖兒投師將至矣. 宜出迎, 故來迎爾, 乃執手而嘆曰靈烏驚爾投吾, 報予迎汝, 是何祥也. 殆山靈之陰助也. 傳云, 山主乃辯才天女. 通聞之泣謝, 投禮於師(권5 피은 낭지승운 보현수)

(새김)

변재천녀(辯才天女) : 뛰어난 말솜씨가 있어 불법을 널리 펴고 목숨을 늘려 주는 신이며 원한을 물리치고 재물을 도와주는 신이다. 음악과 지혜와 말하는 재주 곧 변재를 다스리는 신이며 비파를 연주하여 중생을 즐겁게 해준다. 산스크리트어 사라스바티(**खारखवत**, sarasvati)에서 비롯한 이름이다. 강의 이름이자 신의 이름으로 중국에서는 변천(辯天)이라 한다. 처음에는 깨끗이 정화하는 물로써 축복하는 강의 여신으로 인격화되었다. 뒤로 오면서 강처럼 흐르는 말 잘 하는 변설(辯舌)의 여신 바크로 되었다. 본디 비슈누에게는 세 명의 지혜로운 아내가 있었다. 정력이 달려 그들을 다루기가 어려워지자 사라스바티는 브라흐마에게 넘겨주었다. 바시슈타를 데려오라는 비스와미트라의 명령을 거역하므로 강물이 피로 변하였다고 한다. 원성왕 시절 국사로 책봉이 되었던 연회(緣會) 스님의 소극적인 행태를 꾸짖었던 이가 바로 변재천녀다. 여기서는 일종의 호법의 화신으로 볼 수 있다(지준모 참조).

변한(卞韓)

최치원(崔致遠)은, 변한은 바로 백제라고 했다. 본기(本紀)를 떠올려 본다면, 온조왕이 일어나서 나라를 세운 것은 홍가 4년(甲辰, 전 17)의 일이라고 한다. 그렇다면 혁거세나 동명왕 시대보다 40여 년이나 뒷일이 된다.

(출전) 致遠云卞韓, 百濟也. 按本紀, 溫祚之起, 在鴻嘉四年甲辰, 卽後於赫居世, 東明之世四十餘年(권1 기이1 변한 백제)

(새김)

변한(卞韓) : 경상도 전역과 강원도 남부를 말한다. 변한의 변(卞, 弁)은 고깔을 의미한다(이병도). 곳갈의 갈은 가ᄅ에서 왔으므로 모자와 더불어 분기점을 뜻한다(양주동). 변한 건립의 주체는 북에서 내려온 유이민 세력으로 보는 견해(천관우, 1989)와 철기문화를 발전시킨 토착세력으로 보는 견해(백승충, 1995)도 있다. 또한 문신과 편두의 풍습으로 보아 남방 아시아 계통의 해양세력이 세운 나라로 보기도 한다(김정학, 1990). 그 성립 시기는 기원전 1세기 무렵으로 본다(박대제, 2010).

별기(別記)

선덕왕(善德王)이 영묘사를 세운 일은 양지사전(良志師傳)에 자세히 실려 있다. 별기에 말하기를, 이 임금 때에 돌을 다듬어서 첨성대를 쌓았다고 했다.

(출전) 善德之創靈廟寺, 具載良志師傳詳之. 別記云, 是王代, 鍊石築瞻星臺(권1 기이1 선덕왕

지기삼사)

별전(別傳)

효소대왕은 이 말을 듣고는 놀라움을 금치 못하여 말했다. 선왕께서 신통한 피리를 나에게 전해 주셔서 지금 거문고와 함께 안 창고에 간수해 두었는데, 무슨 일로 해서 국선이 문득 적에게 잡혀갔단 말인가. 이 일을 어찌하면 좋겠는가(거문고와 피리의 일은 별전에 자세히 적혀 있다).

(출전) 大王聞之. 驚駭不勝曰先君得神笛, 傳于朕躬, 今與玄琴藏在內庫, 因何國仙忽爲賊俘, 爲之奈何(琴笛事具載別傳)(권3 탑상 백률사)

별포(別浦)

수로왕의 왕후는 산 밖의 별포 나루터에 배를 대고 육지에 올라 높은 언덕에서 쉬고, 입은 비단바지를 벗어 산신령에게 폐백으로 바쳤다.

(출전) 王后於山外別浦津頭, 維舟登陸, 憩於高嶠, 解所著綾袴爲贄, 遺于山靈也(권2 기이2 가락국기)

보덕(普德)

이 때 보덕화상이 반룡사(盤龍寺)에 있었는데 도교가 불교와 맞서서 나라의 운세가 위태로워질 것을 우려해 여러 번 바로 말했지만 왕은 듣지 않으므로 이에 신력으로 방장을 날려 남쪽에 있는 완산주(完山州, 현 전주) 고대산(孤大山)으로 옮겨 가서 살았으니 곧 영휘 원년(庚戌, 650) 6월이었다(또 본전에는, 건봉 2년(丁卯, 667) 3월 3일의 일이라 했다). 그런 지 얼마 안 되어 나라가 망했다. (중략) 일연은 이를 기려서 말한다. 불교는 넓어서 바다와 같이 끝이 없어서, 바다 건너 유교와 도교를 모두 받아들이네. 가소롭다. 저 고려왕(麗王, 보장왕)은 웅덩이를 막고, 바다로 와룡이 옮겨가는 것 알지 못하네.

(출전) 時普德和尙住盤龍寺, 憫左道匹正, 國祚危矣. 屢諫不聽, 乃以神力飛方丈, 南移于完山州(今全州也)孤大山而居焉, 卽永徽元年庚戌六月也(又本傳云, 乾封二年丁卯三月三日也), 未幾國滅(以摠章元年戊辰國滅, 則計距庚戌十九年矣), 今景福寺有飛來方丈是也. 云云, (중략) 讚曰, 釋氏汪洋海不窮, 百川儒・老盡朝宗. 麗王可笑封沮洳, 不省滄溟徙臥龍(권3 흥법 보장봉로 보덕이암)

(새김)

도교(道敎)의 수입과 천리장성을 연개소문(淵蓋蘇文)이 주도한 것으로 적고 있다. 이는 당서(唐書)에 빗대어 가져 온 것으로 보인다. 더욱이 양명(羊皿)의 후신이 개씨(盖氏)가 되었다고 함은 믿기 어렵다. 당서(唐書)에 고구려의 도교 수입은 당 고조 무덕 7년(624)으로 잡고 있다. 이 때 연개소문의 나이가 겨우 8살이다. 그런데 나이 15세에 신하가 되어 당에 아뢰어 도교를 청하였다 함은 말이 안 된다. 또한 장성의 축조는 영류왕 14년(631)에 시작, 16년 만에 준공하였으니 보장왕 5년(646)이 된다. 그렇다면 당 태종이 쳐들어 온 이듬해에 장성을 마친 셈이 된다. 앞뒤가 맞지 않는다(신채호, 조선상고사 참조). 연개소문의 출생 시기가 확실하지 않아서 단재 선생의 주장에 연구가 필요하다.

보동랑(寶同郞)

제5거열랑(居烈郞), 제6실처랑(實處郞, 혹은 突處郞), 제7보동랑(寶同郞) 등 세 화랑의 무리가 풍악(楓岳, 현 금강산)에 놀러 가려고 하는데 혜성(彗星)이 심대성(心大星, 임금)을 범하였다. 낭도들은 이를 의아스럽게 생각하고 그 여행을 중지하려고 했다. 이 때에 융천사(融天師)가 노래를 지어 부르자 꼬리별의 이변은 즉시 사라지고 일본 군사가 제 나라로 돌아가니 도리어 경사가 되었다.

(출전) 第五居烈郞, 第六實處郞(一作突處郞)第七寶同郞等三花之徒, 欲遊楓岳, 有彗星犯心大星, 郞徒疑之. 欲罷其行. 時, 天師作歌歌之. 星怪卽滅, 日本兵還國, 反成福慶(권5 감통 융천사 혜성가)

보라국(保羅國)

제10대 내해왕(奈解王)이 즉위한 지 17년(壬辰, 212)에 보라국(保羅國, 현 나주)과 고자국(古自國, 현 고성), 사물국(史勿國, 현 사주) 등 여덟 나라가 합세해서 변경을 침범해 왔다.

(출전) 第十奈解王卽位十七年壬辰, 保羅國(今固城), 史勿國(今泗州)等八國, 併力來侵邊境(권5 피은 물계자)

(새김)

원문에는 보라국(保羅國)이 현재 경남 고성(固城)으로 되어 있으나 삼국사기를 고려하면, 보라국은 현재의 나주(羅州)다. 고성은 당시 고자군(古自郡)으로 오늘날의 고성군이 된다. 고자국을 넣어서 바로 잡아야 할 부분이다.

보량법사(寶良法師)

보량법사 한 사람을 대도유나(大都維那)로 삼고 주통(州統) 9인과 군통(郡統) 18인을 두었다. 자장 때에 와서 다시 대국통 한 사람을 두었으니 이것은 일상적인 자리가 아니었다.

(출전) 明年辛未, 以高麗惠亮法師爲國統, 亦云寺主, 寶良法師爲大都維那一人, 及州統九人, 郡統十八人等, 至藏更置大國統一人, 蓋非常職也(권4 의해 자장정률)

보리사(菩提寺)

아간의 집은 혜숙법사가 세운 미타사(彌陀寺)에서 그다지 멀지 않았다. 아간이 항상 그 절에 가서 염불하는데 욱면도 따라 뜰에서 염불했다고 한다. 이렇게 하기를 9년, 을미년(乙未) 정월 21일에 부처에게 예배하다가 집의 대들보를 뚫고 올라가 소백산에 이르러 신 한 짝을 떨어뜨려 그곳에 보리사를 짓고 산 밑에 이르러 그 몸을 버렸으므로 그곳에 제2 보리사를 짓고 그 전당에 방을 써 붙여 욱면등천지전(郁面登天之殿, 욱면이 하늘로 올라간 집)이라 했다. 집 마루에 뚫린 구멍이 열 아름이나 되었다. 아무리 강한 폭우나 세찬 눈이 내려도 집 안은 젖지 않았다.

(출전) 阿干每至其寺念佛, 婢隨往, 在庭念佛云云 如是九年, 歲在乙未正月二十一日, 禮佛撥屋梁而去, 至小伯山, 墮一隻履, 就其地爲菩提寺. 至山下棄其身, 卽其地爲二菩提寺, 榜其殿曰郁面登天之殿. 屋脊穴成十許圍, 雖暴雨密雪不霑濕(권5 감통 욱면비염불서승)

보살(菩薩)

법흥왕은 말했다. 난새와 붕새의 새끼는 어려도 하늘을 날을 듯한 마음이 있고 홍곡(鴻鵠, 큰 고니)의 새끼는 나면서부터 물결을 헤칠 기세를 품었다 하니 네가 그렇게 할 수 있다면 가위 대사(大士, 보살)의 행동이라 할 수 있겠다. 이에 대왕은 일부러 위의를 정제하고 동서쪽에는 풍도(風刀)를, 남북쪽에는 상장(霜仗)을 벌여 놓고 여러 신하를 불러 물었다. 그대들은 내가 절을 지으려 하는데 일부러 이를 반대하지 않았느냐.

(출전) 王曰, 鸞鳳之子幼有凌霄之心, 鴻鵠之兒, 生懷截波之勢. 爾得如是, 可謂大士之行乎 於焉, 大王權整威儀, 風刁東西, 霜仗南北, 以召群臣, 乃問 卿等於我欲造精舍, 故作留難(권3 흥법 원종흥법 염촉멸신)

(새김)

보살(菩薩) : 산스크리트어 보디사트바(बोधिसत्त्व, bodhisattva)를 한자의 소리로 적은 보리살타(菩提薩埵)의 줄임말이다. 일반적으로 보살은 깨달음을 구해서 수도하는 중생, 구도자, 지혜를 가진 자 등으로 풀이된다. 보살이란 말이 처음 보이는 것은 기원전 2세기 무렵이다. 본생담(本生譚)에서 나타난다. 본생담은 석가모니가 전생에서 수행한 여러 행적에 대한 이야기이다. 이 때의 보살은 후대에 나타나는 대승의 보살에 대하여 흔히 본생보살이라고 한다. 본생보살은 본생담에서 여러 가지 형태, 즉 범천(梵天), 수신왕(樹神王), 장자(長者), 사제(司祭), 선인(仙人), 사자, 코끼리, 원숭이, 새 등으로 다양하게 나온다. 그러나 이들은 석가모니에게로 모여든다. **풍도(風刀)**는 예리한 칼날이고, **상장(霜杖)**은 서릿발 같은 형장을 말한다.

보살계(菩薩戒)

바라옵건대, 한 말씀을 주시어 평생의 거울이 되게 해 주십시오. 원광이 말했다. 불교에는 보살계가 있으니, 첫째는 임금을 충성으로 섬기는 일이요, 둘째는 부모를 효도로 섬기는 일이요, 셋째는 벗을 믿음으로 사귀는 일이요, 넷째는 싸움에 임해서는 물러서지 않는 일이요, 다섯째는 산 생물을 죽이는 데 가려서 한다는 일이다. 너희들은 이 일을 실행하여 소홀히 하지 말라. 귀산 등이 말하였다. 다른 것을 말씀을 따르겠습니다. 이른바 살생유택의 참뜻을 알지 못하겠습니다. 원광이 말하였다. 육재일과 봄과 여름에는 살생을 하지 않는데 이는 시기를 가림이다.

(출전) 願賜一言, 以爲終身之誡. 光曰佛敎有菩薩戒, 其別有十, 若等爲人臣子, 恐不能堪. 今有世俗五戒, 一曰事君以忠, 二曰事親以孝, 三曰交友有信, 四曰臨戰無退, 五曰殺生有擇. 若(等)行之無忽. 貴山等曰他則旣受命矣. 所謂殺生有擇, 特未曉也. 光曰六齋日春夏月不殺, 是擇時也(권4 의해 원광서학)

(새김)

보살계(菩薩戒) : 보살이 지켜야 할 계율을 말한다. 그 갈래로는 삼취정계, 십중금계, 사십팔경계, 이백오십계, 삼백사십팔계 등이 있다. 특히 십중금계의 속내는 아래와 같다. 살생을 하지 말라, 도적질 하지 말라. 음란하지 말라, 거짓말 하지 말라, 술 마시지 말라, 남의 죄과를 말하지 말라, 성내는 마음을 갖지 말라, 자기를 내세우지 말고 남을 헐뜯지 말라, 인색하고 탐욕하지 말라, 성냄을 갖지 말라, 불법승 삼보를 비방하지 말라 등이다.

육재일(六齋日) : 불가에서 매달 몸과 마음을 조신하고 깨끗이 하는 여섯 날을 말한다. 매달 8일, 14일, 15일, 23일, 29일, 30일이 그런 날이다. 왜냐하면 이 날에는 사천왕이 사람의 선악을 경계하는 날이고 악귀가 사람을 엿보기에 그렇다.

보양(寶壤)

보양전(寶壤傳)에는 그의 고향과 집안은 실려 있지 않으나 삼가 청도군의 문적을 떠올려 보면 이렇게 씌어 있다. 천복 8년(癸酉, 943, 태조 즉위 26년) 정월의 청도군 계리(界里) 심사 순영(順英), 대내말 수문(水文) 등의 주첩 공문을 보면, 운문산 선원 장생의 남쪽은 아니점(阿尼岾)이요, 동쪽은 가서현(嘉西峴)이라고 했다. 절의 삼강(三剛)의 전주인(典主人)은 보양화상이요, 원주는 현회장로(玄會長老), 정좌는 현량상좌(玄兩上座), 직세는 신원선사(信元禪師, 위 공문은 청도군의 도전장부에 따른 것)라 했다.

(출전) 釋寶壤傳, 不載鄕井氏族, 謹按淸道郡司籍, 載天福八年癸酉(太祖卽位第二十六年也)正月日, 淸道郡界里審使順英, 大乃末水文等柱貼公文, 雲門山禪院長生, 南阿尼岾, 東嘉西峴(云云), 同藪三剛典主人寶壤和尙, 院主玄會長老, 貞座玄兩上座, 直歲信元禪師(右公文淸道郡都田帳, 傳准)(권4 의해 보양이목)

보장왕(寶藏王)

고구려 제28대 보장왕으로 정관 16년(壬寅, 642)에 즉위하였다. 왕은 또한 유(儒), 불(佛), 도(道)의 세 교를 모두 일으키려 했다. 이 때 왕의 신임을 받던 재상 개소문(蓋蘇文)이 왕에게 아뢰었다. 지금 유교와 불교는 다 같이 성하게 일어나지만 도교는 그렇지 못하오니 특별히 당 나라에 사신을 보내서 도교를 구하도록 하십시오. 이 때 보덕화상(普德和尙)이 반룡사에 있었는데 도교가 불교와 맞서서 나라의 운수가 위태로워질 것을 우려해 여러 번 간했지만 왕은 듣지 않으므로 이에 신력으로 방장을 날려 남쪽에 있는 완산주(현 전주) 고대산(孤大山)으로 옮겨 가서 살았으니 곧 영휘 원년(庚戌, 650) 6월이었다. 얼마 가지 않아 나라가 망하였다.

(출전) 及寶藏王卽位(貞觀十六年壬寅也), 亦欲併興三敎, 時寵相蓋蘇文, 說王以儒, 釋並熾而黃冠未盛, 特使於唐求道敎. 時, 普德和尙住盤龍寺, 憫左道匹正, 國祚危矣. 屢諫不聽, 乃以神力飛方丈, 南移于完山州(今全州也)孤大山而居焉, 卽永徽元年庚戌六月也. 未幾國滅矣(권3 흥법 보장봉로보덕이암)

보질도태자(寶叱徒太子)

신라의 정신태자(淨神太子) 보질도(寶叱徒)는 그 아우 효명태자(孝明太子)와 함께 하서부(河西府)의 세헌(世獻) 각간의 집에 가서 하룻밤을 자고 이튿날 큰 고개를 넘어 각각 천 명을 거느리고 성오평(省烏坪)에 가서 여러 날 놀다가 태화 원년(359) 8월 5일에 형제가 함께 오대산으로 들어가 숨었다. 이 때 그 무리 중의 호위하는 자들은 두 태자를 찾지 못하고 모두 서울로 돌아갔다. 형인 태자는 오대산 중대 남쪽 밑에 있는 진여원(眞如院) 터 아래 산 끝에 푸른 연꽃이 핀 것을 보고, 그 터에 풀로 암자를 지어 살고, 아우인 효명은 북대의 남쪽 산 끝에 푸른 연꽃이 핀 것을 보고 그곳에 역시 풀로 암자를 짓고 살았다.

(출전) 新羅淨神太子寶叱徒, 與弟孝明太子, 到河西府世獻角干家一宿, 翌日踰大嶺, 各領一千人到省烏坪, 累日遊翫, 太和元年八月五日, 兄弟同隱入五臺山. 徒中侍衛等推覓不得, 並皆還國. 兄太子見中臺南下眞如院基下山末靑蓮開, 其地結草菴而居, 弟孝明見北臺南山末靑蓮開, 亦結草菴而居. 兄弟二人禮念修行(권3 탑상 명주오대산 보질도태자전기)

(새김)

보질도(寶叱徒) : 보천의 또 다른 이칭이다. 보질도의 보(寶)는 보천 태자를 이름이고, 질(叱)은 말을 이어가는 연사이며, 도(徒)는 우리네의 네와 같다(양주동, 미시나), 아우르면 보천태자의 무리들이 된다. 이두로 읽으면 봇도-붓다-붇다-불타가 된다(정호완).

보천태자(寶川太子)

이 때 정신왕(淨神王)의 아우가 왕과 왕위를 다투었으므로 나라 사람들은 이를 폐하고, 네 사람의 장군을 보내서 산에 와서 이들 두 태자를 데려오게 했다. 이들은 먼저 효명(孝明)의 암자 앞에 이르러 만세를 부르니 오색구름이 7일 동안 그곳을 덮어 나라 사람들이 그 구름을 찾아 모두 모여 행장을 벌여놓고 두 태자를 데려가려 했다. 그러나 보천(寶川)은 울면서 이를 사양하므로 효명을 받들고 돌아가서 왕위에 오르게 했는데, 효명이 나라를 여러 해 통치를 하였다.

(출전) 淨神王之弟與王爭位, 國人廢之. 遣將軍四人到山迎之. 先到孝明庵前呼萬歲, 時有五色雲, 七日垂覆. 國人尋雲而畢至, 排列鹵簿, 將邀兩太子而歸, 寶川哭泣以辭, 乃奉孝明歸卽位. 理國有年(권3 탑상 대산오만진신)

(새김)

일설에는 진덕여왕 1년(647)에 두 태자가 오대산에 들어간 것으로 기록되어 있다. 이러한 기록에 대하여 일연(一然)은 삼국유사에서 정신왕을 신문왕(神文王)으로 보았다. 그의 왕자였던 **보천**과 효명이 오대산에 입산하였다. 그 가운데 효명이 뒤에 효소왕이 되었다고 적고 있다. 하지만 진여원을 세운 것은 성덕왕(聖德王)이어서, 효명이 성덕왕이 되어야 하니 앞뒤가 맞지 않는다. 다만, 같은 흐름의 명주오대산보질도태자전기(溟州五臺山寶叱徒太子傳記)에는, 정신태자 보질도(寶叱徒)가 아우인 효명태자와 함께 오대산으로 들어갔다고 하여 보질도가 정신이며 왕으로 추대된 효명은 성덕왕이라고 주장하기도 한다. 연대 추정에 상당한 어긋남이 있는 것으로 보인다. 보질도를 이두로 적으면 봇도-붓다-붇다-불타가 된다. 불타를 향한 지향성이 짙은 이름이다(정호완).

보타락가산(寶陁洛伽山)

옛날 의상법사가 처음 당(唐) 나라에서 돌아와 관음보살(觀音菩薩)의 진신이 이 해변 어느 굴 안에 산다는 말을 듣고, 이곳을 낙산(洛山)이라고 이름 했으니, 대개 서역에 보타락가산이 있기 때문이다. 이것을 소백화(小白華)라고도 했는데 백의대사(白衣大士)의 진신이 머물러 있는 곳이기 때문에 이것을 빌어다가 이름을 삼은 것이다. 여기에서 의상이 재계한 뒤 7일 만에 자리를 새벽 물 위에 띄웠더니 용천팔부의 시종들이 굴속으로 안내해 들어가므로 공중을 향해 참례하니 수정으로 만든 염주 한 꾸러미를 내주었다.

(출전) 昔義湘法師始自唐來還, 聞大悲眞身住此海邊窟內, 故因名洛山, 盖西域寶陁洛伽山, 此云小白華, 乃白衣大士眞身住處, 故借此名之齋戒七日, 浮座具晨水上, 龍天八部侍從, 引入崛內. 叅禮空中, 出水精念珠一貫給之(권3 탑상 낙산이대성 관음 정취 조신)

(새김)

보타락가산(寶陁洛伽山) : 산스크리트어로 포타라카(potalaka)의 소리를 한자로 음역한 것이다. 뜻은 광명인데 인도의 남해안에 자리한 8각의 산으로 관음이 항상 머물고 있다. 보타는 이두로 보면 보타-부타-붓타-붇타-불타가 된다.

백의대사(白衣大士) : 33관음의 하나인 흰옷을 입은 관음보살이다. 대백의 혹은 백처관음(白處觀音)이라고도 한다. 항상 연꽃에 앉아 있는 관세음보살이다.

용천팔부(龍天八部) : 부처를 지키는 여덟 신장 가운데 신통력이 뛰어난 용, 혹은 하늘을 머리로 하는 의미로 그렇게 쓴다. 8부란, 천신(deva), 용(naga), 야차(yaksa, 공중을 나는 귀신), 건달바(gandharva, 음악신), 아수라(asura, 추악한 용모의 미녀 신), 가루라(garuda, 용을 먹음), 긴나라(kinnara, 음악신, 머리에 뿔), 마후라가(mahoraga, 몸은 사람, 머리는 뱀인 사신)와 같은 신장들이 있다.

보해(寶海)

눌지왕은 놀라고 기뻐하여 백관들에게 명하여 미해를 굴헐역(屈歇驛)에 나가서 맞게 했다. 왕은 아우 보해와 함께 남쪽 마을로 나가서 친히 미해를 맞아 대궐로 들어갔다. 잔치를 베풀고 국내에 대사면령을 내려 죄수를 풀어 주었다. 또 제상의 아내를 국대부인

(國大夫人)에 봉하고, 그의 딸은 미해공의 부인을 삼았다.

(출전) 王驚喜, 命百官迎於屈歇驛, 王與親弟寶海迎於南郊, 入闕設宴, 大赦國內, 冊其妻爲國大夫人, 以其女子爲美海公夫人(권1 기이1 내물왕 김제상)

(새김)

보해(寶海) : 내물왕의 둘째 왕자다. 보해는 달리 복호(卜好)로 올라 있다. 보해는 옛말 볽히의 속음으로 볼 수 있다(양주동).

보현수(普賢樹)

지통이 이 말을 듣고 울면서 감사하고 스님에게 귀의했다. 이윽고 계를 주려 하니 지통이 말했다. 저는 동구 나무 밑에서 이미 보현보살에게 정계(正戒)를 받았습니다. 낭지는 감탄해서 말했다. 잘했구나. 네가 이미 친히 보살의 만분지계를 받았으니 내 너에게 아득히 미치지 못하는구나. 말을 마치고 도리어 지통에게 예를 표했다. 이로 인해서 그 나무를 이름하여 보현수라 했다. 지통이 법사께서 여기에 거주하신 지가 오래된 듯합니다. 하고 말하자 낭지는, 법흥왕 정미년(丁未, 572)에 처음으로 여기에 와서 살았는데 지금 얼마나 되었는지 모르겠다고 말했다. 지통이 이 산에 온 것이 문무왕 즉위 원년(661)이니, 계산해 보면 135년이 된다. 지통은 뒤에 의상(義湘)의 처소에 가서 깊고 오묘한 이치를 깨달아 불교의 교화에 이바지하였다. 지통은 곧 추동기(錐洞記)의 작자다.

(출전) 通聞之泣謝, 投禮於師, 旣而將與授戒. 通曰予於洞口樹下, 已蒙普賢大士乃授正戒 智嘆曰善哉, 汝已親稟大士滿分之戒. 我自生年來, 夕惕慇懃, 念遇至聖, 而猶未能昭格. 今汝已受, 吾不及汝遠矣 反禮智通, 因名其樹曰普賢. 通曰法師住此, 其已久如, 曰法興王丁未之歲, 始寓足焉, 不知今幾 通到山之時, 乃文武王卽位元年辛酉歲也. 計已一百三十五年矣. 通後詣義湘之室, 升堂覩奧, 頗資玄化, 寔爲錐洞記主也(권5 피은 낭지승운 보현수)

(새김)

보현(普賢) : 산스크리트어로 사만타발타라(समन्तभद्र, samantbhaltara)를 한자로 의역한 말이다. 문수보살과 함께 석가여래의 오른쪽의 협시 보살로서 부처님의 지덕과 중생들의 목숨을 길게 해주는 덕을 갖추었으므로 보현연명보살이라고도 말한다. 흰 코끼리를 타거나 연화대에 앉은 모습을 하고 있다.

보현원행(普賢願行)

바라옵건대, 마땅히 내세에서는 온 정성을 다하여 함께 노사나불(盧舍那佛)의 이와 같은 그지없는 묘법을 듣고, 이와 같은 그지없는 보현보살의 원행(願行)을 실천 수행한다면 나의 남은 악업은 하루아침에 떨어질 것입니다. 바라옵건대, 상인(上人, 보현보살)께서는 옛날의 일을 잊지 마시고 여러 취향 중에서 정도로써 가르쳐 주시옵소서. 인편이 있으면 때때로 안부를 전해 주시기 바랍니다. 이만 갖추지 못합니다.

(출전) 伏願當當來世, 捨身受身, 相與同於盧舍那, 聽受如此無盡妙法, 修行如此無量普賢願行. 儻餘惡業, 一朝顚墜. 伏希上人不遺宿昔, 在諸趣中, 示以正道, 人信之次, 時訪存沒. 不具(권4 의해 의상전교)

(새김)

보현원행(普賢願行)은 보현보살의 열 가지 큰 소원을 이른다. 예경제불(禮敬諸佛), 칭찬여래(稱讚如來), 광수공양(廣修供養), 참회업장(懺悔業障), 수희공덕(隨喜功德), 청전법륜(請轉法輪), 청불주세(請佛住世), 상수불학(常隨佛學), 항순중생(恒順衆生), 보개회향(普皆廻向), 총결무진(總結無盡)을 이른다. **제취(諸趣)**는 5취(趣)와 5악취(惡趣)를 이른다. 지옥과 아귀(餓鬼) 축생(畜生)과 인간, 하늘(天)을 이른다. **노사나불(盧舍那佛)**은 부처님의 참다운 모습을 드러내는 부름말이다. 부처님의 모습과 지혜는 법계를 고루 비추어 빠짐이 없으며 원만하고 흠결이 없음을 상징한다. 노사나불은 바이로차나(वैरोचन, vairocana)의 음역인 비로자나(毗盧遮那)의 다른 이름이기도 하다.

보희(寶姬)

처음에는 문희의 언니 보희가 꿈에 서악(西岳, 선도산)에 올라가서 오줌을 누었는데 오줌이 서울 안에 가득 찼다. 이튿날 아침에 문희에게 꿈 이야기를 하자 문희는 이 말을 듣고 내가 그 꿈을 사겠다고 하니, 언니는 무슨 물건으로 사려 하느냐하고 물었다. 비단치마를 주면 되겠지요. 언니가 그렇게 하자하여, 동생이 옷깃을 벌리고 받으려 하자 언니는 어젯밤 꿈을 네게 준다했고, 동생은 비단치마로 값을 치렀다.

(출전) 初文姬之姊寶姬, 夢登西岳捨溺, 瀰滿京城. 旦與妹說夢, 文姬聞之謂曰我買此夢, 姊曰與何物乎, 曰鬻錦裙可乎, 姊曰諾, 妹開襟受之. 姊曰疇昔之夢, 傳付於汝, 妹以錦裙酬之(권1 기이1 태종춘추공)

복회(福會)

신라 풍속에 해마다 2월이 되면 초파일(初八日)에서 15일까지 서울의 남녀가 다투어 흥륜사(興輪寺)의 전탑을 도는 복회가 열렸다. 원성왕 시절 김현이란 젊은이가 있었다. 밤이 깊도록 쉬지 않고 홀로 탑돌이를 했는데 이 때 한 처자도 함께 염불을 하며 돌았다. 서로는 마음이 통하고 눈이 맞았다. 탑돌이가 끝나자 다른 이가 보이지 않는 곳으로 가서 정분을 나누었다.

(출전) 新羅俗每當仲春, 初八至十五日, 都人士女, 競遶興輪寺之殿塔爲福會. 元聖王代有郎君金現者, 夜深獨遶不息, 有一處女, 念佛隨遶, 相感而目送之. 遶畢, 引入屛處通焉(권5 감통 김현감호)

(새김)

신라에 불교가 들어온 이후 매년 2월 8일에서 15일까지 서라벌의 남녀들이 흥륜사에 모여 전각과 탑을 돌면서 나라의 안위와 자신들의 복을 빌던 불교 행사를 말한다. 2월 8일은 석가모니가 출가한 날 또는 태어난 날이며 2월 15일은 열반한 날이다. 중국에서는 불상을 모시고 거리를 행진하기도 하였다.

본시이각(本始二覺)

원효는 제4권 십회향품(十廻向品)에 이르러 마침내 붓을 놓았다. 또 일찍이 송사로 인해서 몸을 백송(百松)으로 나눴으므로 모든 사람들이 이를 위계의 초지라고 말했다. 또한 바다용의 권유로 해서 노상에서 임금의 조서(詔書)를 받아 삼매경소(三昧經疏)를 지었다. 붓과 벼루를 소의 두 뿔 위에 놓았으므로 각승(角乘)이라 했다. 이것은 또한 본시이각이 숨어 있는 뜻을 드러낸 것이다. 대안법사가 이것을 헤치고 와서 종이를 붙였는데 이것은 또한 뜻이 통하여 서로 감응한 것이다.

(출전) 至第四十廻向品, 終乃絶筆. 又嘗因訟, 分軀於百松, 故皆謂位階初地矣. 亦因海龍之誘, 承詔於路上, 撰三昧經疏, 置筆硯於牛之兩角上, 因謂之角乘. 亦表本始二覺之微旨也. 大安法師排來而粘紙, 亦知音唱和也(권4 의해 원효불기)

(새김)

십회향품(十廻向品)이란 보살 수행의 52단계 가운데 31에서 40위까지의 단계를 이른다. 이제까지 닦은 모든 수행의 결과를 중생에게 돌려주며 그 공덕으로 해탈 득도의 경지에 도달하는 것을 이른다. **초지(初地)**는 보살 수행의 첫 단계를 이른다. 52단계 가운데 10단계의 경지를 이른다. **삼매경소(三昧經疏)**는 금강삼매경(金剛三昧經)의 줄임말이다. **본시이각(本始二覺)**은 본각과 시각을 통틀어 이르는 말이다. 본각(本覺)은 유-무정의 모든 감각을 통한 타고난 자성(自性)의 본체로서 갖추어 있는 여래장으로서의 진여(眞如) 곧 있는 그대로의 진리를 뜻한다. 시각(始覺)이란 본각을 바탕으로 하여 진리를 깨달아 아는 것을 이른다. **지음(知音)**이란 상대방의 속마음을 소리를 듣듯이 알아차린다는 말이다. 고대 중국의 종자기(鍾子期)가 백아(伯牙)가 타는 금(琴)의 음을 알아주었다는 고사에서 나온 말이다. **대안(大安)**은 송고승전(宋高僧傳) 원효전에 나온다. 다 떨어진 옷을 입고 민중불교를 실천하며 바리를 치면서 거리에서 대안(大安)을 노래하며 다녔다고 대안대사가 되었다. 용왕이 넘겨준바, 흩어진 금강삼매경을 순서대로 책을 다시 만들어 원효에게 강론하도록 국왕에게 건의하였다. 대안과 원효, 혜공과 혜숙을 민중불교의 사걸(四傑)이라 한다.

본조사략(本朝史略)

또 본조사략에는, 태조 천복 5년(庚子, 940)에 오가야의 이름을 고쳤다. 즉 첫째는 금관(金官, 현 김해부), 둘째는 고령(古寧, 가리현 현 성주), 셋째는 비화(非火, 현 창녕이니, 고령의 잘못인 듯)요, 나머지 둘은 아라(阿羅)와 성산(星山)이라 했다(위 주와 같다. 성산은 혹 벽진가야라고도 한다).

(출전) 又本朝史略云太祖天福五年庚子, 改五伽耶名, 一金官(爲金海府), 二古寧(爲加利縣), 三非火(今昌寧, 恐高靈之訛), 餘二阿羅,星山(同前, 星山或作碧伽耶)(권1 기이1 오가야)

(새김)

가리현(加利縣)은 본디 신라의 일리현(一利縣)이었다. 경덕왕 16년(757)에 성산군으로 고치고 도산, 신안, 수동, 계자 등 4현을 영현으로 다스렸다. 고려 태조 23년(940)에 가리현으로 이름을 바꾸었다. 고려 현종 9년(1018)에 경산부(京山府)의 속현으로 병합되었다. 별호는 기성이었다. 1914년의 군면을 통합할 때 성산면(星山面)으로 고쳐 불렀다. 일리(一利)를 이두로 읽으면, 빌(星)이 된다. 일(一)이 비롯하다(始)의 비롯-빌(birk<turk>)과 대응이 되기에 그렇다. 가리(加利)의 가(加)는 비롯할 시(始)의 이체자로 보인다. 시(始)를 행초서로 써보면 가(加)-시(始)-여(如)가 크게 다르지 않다. 뒤로 오면서 가(加)로 굳혀서 쓴 것으로 보인다. 시(始)의 훈이 비롯- : 빌-이니 일리현의 일리에서 일(一) : 빌(birk)-의 대응성을 상정할 수 있다(정호완).

본피부최씨(本彼部崔氏)

넷째는 취산 진지촌(珍支村, 賓之 혹은 氷之)이다. 촌장은 지백호(智伯虎)로 처음에 화산에 내려왔으니 이가 본피부 최씨의 조상이 되었다. 지금은 통선부(通仙部)라 한다. 시파 등 동남촌이 여기에 소속된다. 최치원은 바로 본피부 사람이다. 지금은 황룡사 남쪽 미탄사 남쪽에 옛 터가 있다고 한다. 이것이 바로 최후의 옛집이 거의 분명하다.

(출전) 四曰觜山珍支村(一作賓之. 又賓子, 又氷之). 長曰智伯虎, 初降于花山, 是爲本彼部崔氏祖, 今曰通仙部, 柴巴等東南村屬焉, 致遠乃本彼部人也. 今皇龍寺南味呑寺南有古墟, 云是崔侯古宅也. 殆明矣(권1 기이1 신라시조 혁거세왕)

(새김)

삼국사기와 동경지(東京誌)에는 신라 건국의 공신 **지백호(智伯虎)**는 화산에 내려와 진지촌을 다스렸다. 신라 유리왕 9년(32)에 6부의 이름을 개칭할 때 진지부를 본피부라 하고 정씨의 성을 하사하였다. 그 뒤 태종무열왕 3년(656)에 진지부 촌장 지백호를 감문왕(甘文王)에 추봉한다고 적고 있다. 이로 보면 삼국유사의 기록과 삼국사기의 기록이 서로 어긋남을 알 수 있다. 지금도 정씨 문중에서는 지백호를 도시조(都始祖)로 모시고 있다.

봉덕사(奉德寺)

신라 제35대 경덕대왕이 천보 13년(甲午, 754)에 황룡사의 종을 만들었다. 길이는 1장(丈, 10자) 3치, 두께는 9치, 무게는 49만 7,581근이었다. 시주는 효정이왕(孝貞伊王)의 삼모부인(三毛夫人)이요, 장인은 이상택(里上宅) 하전(下典)이었다. 숙종 때에 새 종을 만들었는데 길이가 6치 8치였다. 이듬해 을미년(乙未, 755)에 분황사의 약사여래불의 동상을 만들었는데, 무게가 30만 6,700근이요, 장인은 본피부 강고내말(强古乃末)이었다. 또 경덕왕은 황동 12만 근을 내놓아 그 아버지 성덕왕을 위하여 큰 종 하나를 만들려 하다가 이루지 못하고 죽으니, 그 아들 혜공대왕 건운(乾運)이 대력 5년(庚戌, 770) 12월에 유사에게 명하여 장인들을 모아서 기어이 완성시켜 봉덕사에 안치했다.

(출전) 新羅第三十五景德大王, 以天寶十三甲午, 鑄皇龍寺鐘, 長一丈三寸, 厚九寸, 入重四十九萬七千五百八十一斤, 施主孝貞伊王三毛夫人, 匠人里上宅下典. 肅宗朝重成新鐘, 長六尺八寸. 又明年乙未, 鑄芬皇藥師銅像, 重三十萬六千七百斤, 匠人本彼部强古乃未. 又捨黃銅一十二萬斤, 爲先考聖德王欲鑄巨鐘一口, 未就而崩, 其子惠恭大王乾運, 以大曆庚戌十二月, 命有司鳩工徒, 乃克成之. 安於奉德寺(권3 탑상 황룡사종 분황사약사, 봉덕사종)

(새김)

그림 33 봉덕사 종

봉덕사 신종은 일명 에밀레종이라고 전해 온다. 경덕왕이 아버지인 성덕왕(聖德王)의 덕을 기리기 위하여 만든 것으로 혜공왕 때 이르러 완성되었다. 전해 오는 이야기에 따르면, 봉덕사 신종을 만들 때 어린아이를 끓는 쇳물에 넣어 만들었다고 한다. 절에서 울리는 종소리로 하여금 죽어서 지옥에 간 사람들의 영혼까지도 구제하겠다는 깊은 뜻이 있다. 그런데 어떻게 살아 있는 아이를 시주로 받아 종을 만들 수 있다는 말인가. 그 어떤 기록이나 전설 채집의 과정에서도 근거를 찾을 수가 없다. 종의 성분을 분석한 결과 구리와 주석, 그리고 소량의 다른 금속 성분이 검출 되었을 뿐, 이렇다 할 유아공희에 대한 단서를 확인할 수는 없다. 유교사회로 오면서 불교에 대한 좋지 않은 정서를 퍼뜨리기 위하여 만들어진 속설 정도로 보면 좋을 듯하다. 상원사 범종과 함께 한국불교 범종사에 한 획을 그을 만한 걸작으로 알려져 있다. 국보 29호로 국립 경주박물관에 보관되어 있다.

봉덕사의 종 ☞ 봉덕사

봉상왕(烽上王)

고구려 제14대 봉상왕은 일명 치갈왕이라고도 한다. 이름은 상부이고 임자년(壬子, 292)에 즉위하였다. 8년 동안 나라를 다스렸다.

(출전) 第十四代烽上王一云雉葛王, 名相夫壬子立, 治八年(권1 왕력 봉상왕)

(새김)

즉위하자 삼촌을 먼저, 뒤에 동생 돌고(咄固)를 죽이고 학정을 일삼았다. 두 번에 걸친 선비족(鮮卑族) 모용외의 침략을 물리쳤다. 국상 창조리(倉租利)의 충언을 뒤로 하다가 왕은 폐위당하고 그 자리에 돌고의 아들 을불(乙弗)을 왕으로 삼았다. 자신은 목을 매어 죽었다. 두 아들도 따라 죽었다.

봉성사(奉聖寺)

이 일을 자세히 효소왕에게 보고하자 임금은 크게 놀라 사람을 보내어 그들을 맞이하니 부례랑은 현금과 신적을 가지고 대궐 안으로 들어갔다. 임금은 50냥의 금은으로 만든 그릇 다섯 개씩 두 벌과, 마납가사 다섯 벌, 대초 3천 필, 밭 만 경(頃, 이랑)을 백률사에 바쳐서 부처님의 은덕에 보답하고, 나라 안의 죄인들에게 대사령을 내리고, 관리들에게는 벼슬 3계급을 높여 주고, 백성들에게는 3년간의 조세를 면제해 주었으며, 절의 주지를 봉성사로 옮겨 살게 했다. 부례랑을 봉하여 대각간을 삼고, 아버지 대현(大玄) 아찬은 태대각간을 삼고, 어머니 용보부인(龍寶夫人)은 사량부의 경정궁주를 삼았다.

(출전) 於是具事馳聞, 王大驚使迎郎, 隨琴·笛入內, 施鑄金銀五器二副各重五十兩, 摩衲袈裟五領, 大綃三千疋, 田一萬頃納於寺, 用答慈庥焉, 大赦國內, 賜人爵三級, 復民租三年, 主寺僧移住奉聖, 封郎爲大角干(羅之冢宰爵名), 父大玄阿喰爲太大角干, 母龍寶夫人爲沙梁部鏡井宮主(권3 탑상 백률사)

부개사(夫蓋寺)

우조는 신령스럽고 이상한 것이 이미 나타났기 때문에 드디어 스님이 되어 이름을 바꾸어 혜공(惠空)이라 했다. 그는 항상 조그만 절에 살면서 매양 미친 듯이 크게 술에 취해서 삼태기를 지고 거리를 돌아다니면서 노래하고 춤추니 부궤화상(負簣和尚)이라고 불렀다. 그리고 그가 있는 절을 부개사라고 했는데, 이 말은 우리말로 삼태기이다. 매양 절의 우물 속에 들어가면 몇 달씩 나오지 않으므로 스님의 이름을 따서 우물 이름을 지었다. 또 우물 속에서 나올 때면 푸른 옷을 입은 신동이 먼저 솟아나왔기 때문에 절의 스님들은 이것으로 조짐을 삼았으며, 우물에서 나와도 옷은 젖지 않았다. 만년에는 항사사(恒沙寺, 현 영일현 오어사다. 세상에서는 항사처럼 많은 사람이 출세했기 때문에 항사동이라 한다)에 가 있었다.

(출전) 遂出家爲僧, 易名惠空, 常住一小寺. 每猖狂大醉, 負簣歌舞於街巷, 號負簣和尚, 所居寺因名夫蓋寺, 乃簣之鄉言也. 每入寺之井中, 數月不出, 因以師名名其井. 每出有碧衣神童先湧, 故寺僧以此爲候, 旣出, 衣裳不濕. 晚年移止恒沙寺(今迎日縣吾魚寺, 諺云恒沙人出, 世故名恒沙洞)(권4 의해 이혜동진)

부견(符堅)

고려본기에 이르기를, 소수림왕(小獸林王)이 즉위한 2년(壬申, 372)은 곧 동진(東晉) 함안 2년이며, 효무제(孝武帝)가 즉위한 해이다. 전진(前秦)의 부견이 사신과 중 순도(順道)를 시켜서 불상과 경문을 보내고(이 때 부견은 관중(關中) 즉 장안에 도읍하고 있었다) 또 4년(甲戌, 374)에는 아도(阿道)가 동진에서 왔다. 이듬해 을해(乙亥, 375) 2월에 초문사(肖門寺)를 세워 순도(順道)를 거기에 두고 또 이불란사(伊弗蘭寺)를 세워 아도가 있게 하니, 이것이 고구려에서 불법이 일어난 시초다.

(출전) 高麗本記云, 小獸林王卽位二年壬申, 乃東晉咸安二年, 孝武帝卽位之年也. 前秦符堅遣使及僧順道, 送佛像經文(時堅都關中, 卽長安), 又四年甲戌, 阿道來自晋. 明年乙亥二月, 創肖門寺, 以置順道, 又創伊弗蘭寺, 以置阿道. 此高麗佛法之始僧傳作二道來自魏云者, 誤矣. 實自前秦而來. 又云肖門寺今興國, 伊弗蘭寺今興福, 亦誤(권3 탑상 순도조려)

부군(副君)

이 때 정신태자(淨神太子)의 아우 부군이 서라벌에서 왕위를 다투다가 죽음을 당하니 나라 사람들이 장군 네 명을 보내서 오대산에 이르러 효명태자 앞에서 만세를 불렀다. 바로 이 때 오색 구름이 오대산에서부터 신라에까지 뻗쳐 7일 동안이나 밤낮으로 빛을 발했다. 나라 사람들은 그 빛을 찾아 오대산에 이르러 두 태자를 모시고 본국으로 돌아가려 했다. 그러나 보질도태자(寶叱徒太子)는 울면서 돌아가지 않으려 하니 효명태자를 모시고 돌아가 용상에 오르게 했다.

(출전) 淨神太子弟副君, 在新羅爭位誅滅, 國人遣將軍四人到五臺山, 孝明太子前呼萬歲, 卽是有五色雲, 自五臺至新羅, 七日七夜浮光. 國人尋光到五臺, 欲陪兩太子還國, 寶叱徒太子涕泣不歸, 陪孝明太子歸國卽位(권3 탑상 명주 오대산 보질도태자전기)

(새김)

부군(副君)은 태자를 말한다. 삼국사기(三國史記) 헌덕왕 14년 부분에 어머니의 동생 수종이 부군이 되어 월지궁으로 들어갔다(以母弟秀宗爲副君入月池宮)고 올라 있다. 신라에서는 왕자를 모두 태자라 하고 왕위 계승자를 부군(副君) 혹은 저군(儲君)이라 하였다. 보질도태자의 보질도(寶叱徒)는 이두로 읽어 보질도-봇도-붓다-붇다-불타가 된다. 여기서는 붓다로 읽음이 적절하다.

부궤화상(負簣和尙)

마침내 집을 나와서 **스님**이 되고 이름을 혜공이라 하였다. 그는 항상 조그만 절에 살면서 매양 미친 듯이 크게 술에 취해서 삼태기를 지고 거리를 돌아다니면서 노래하고 춤추니 부궤화상이라고 불렀다.

(출전) 遂出家爲僧, 易名惠空, 常住一小寺. 每猖狂大醉, 負簣歌舞於街巷, 號負簣和尙, 所居寺因名夫蓋寺, 乃簣之鄕言也(권4 의해 이혜동진)

(새김)

경상도 방언으로 부대(負袋) 자루를 부궤-부기라 하는바, 항상 자루를 갖고 다니기에 붙여진 이름이다. 삼태기라 할 수도 있겠으나 이는 짊어진다와 걸맞지 않는다. 신라어의 잔영이 아직도 방언에 쓰인다는 보기로 들 수 있다(문경현).

부례랑(夫禮郞)

그 대나무로써 피리를 만들어 월성 천존고에 두었다. 이 피리를 불면 침략군이 물러나고 나쁜 병이 사라졌다. 가뭄에 비를 내리고 장마가 지면 다시 비를 그치게 하였다. 바람도 재우고 풍파도 잠재우게 하니 만파식적이라 하여 나라의 보배로 삼았다. 효소왕(孝昭王) 때에 이르러 천수(天授) 4년(癸巳, 693)에 부례랑이 살아서 돌아온 이상한 일로 해서 다시 이름을 고쳐 만만파파식적(萬萬波波息笛)이라 했다.

(출전) 以其竹作笛，藏於月城天尊庫．吹此笛則兵退病愈，旱雨雨晴，風定波平，號萬波息笛，稱爲國寶．至孝昭大王代，天授四年癸巳，因夫禮郞生還之異，更封號曰萬萬波波息笛，詳見彼傳(권2 기이2 만파식적)

(새김)

부례 화랑은 효소왕 2년(693) 3월 화랑의 무리를 이끌고 금란(金蘭, 현 통천)으로 순례를 나가서 다시 북명(北溟, 현 원산만) 지역에 이르렀다가 낭도인 안상(安常)과 함께 오랑캐에게 붙잡혀 돌아갈 수가 없었다. 궁에서는 만파식적을 불어 해결하려고 하였으나 피리도 도적을 맞아 어쩔 도리가 없었다. 그 해 5월 부례랑의 부모가 백률사(柏栗寺) 대비 상 앞에 나아가 여러 날 무사귀환을 빌었다. 부례랑은 바다의 용으로 화하여 나타난 만파식적(萬波息笛)을 타고 바다를 건너 안상과 함께 무사히 귀환하였다고 한다. 이로 하여 만파식적을 만만파파식적이라고 고쳐 부르게 되었다.

부루(夫婁)

이보다 앞서 북부여의 왕 해부루(解夫婁)가 이미 동부여로 피해 가고, 부루가 죽자 금와(金蛙)가 왕위를 이었다. 이 때 금와는 태백산(太伯山) 남쪽 우발수에서 여자 하나를 만나서 누구인가를 물었다. 그 여자는 말하기를, 나는 하백(河伯)의 딸로서 이름을 유화(柳花)라고 합니다. 여러 동생들과 함께 물 밖으로 나와서 노는데, 남자 하나가 오더니 자기는 천제의 아들 해모수(解慕漱)라고 하면서 나를 웅신산(熊神山, 현 백두산) 밑 압록강 가의 집 속으로 데리고 가서 남몰래 정을 통하고 가더니 돌아오지 않았습니다. 부모는 내가 중매도 없이 혼인한 것을 꾸짖어서, 드디어 이곳으로 귀양 보냈습니다(단군기에는 단군이 서하의 하백의 딸과 친하여 아들을 낳아서 부루라고 이름 했다고 했다. 지금 이 기록을 떠올려 보면 해모수가 하백의 딸과 남몰래 만나서 주몽을 낳았다고 했다).

(출전) 先是北扶餘王解夫婁，旣避地于東扶餘，及夫婁薨，金蛙嗣位．于時得一女子於太伯山南優渤水，問之．云我是河伯之女，名柳花，與諸弟出遊，時有一男子，自言天帝子解慕漱，誘我於熊神山下鴨淥邊室中私之．而往不返(壇君記云君與西河河伯之女要親，有產子，名曰夫婁．今按此記，則解慕漱私河伯之女而後產朱蒙，壇君記云產子名曰夫婁，夫婁與朱蒙異母兄弟也)(권1 기이1 고구려)

(새김)

범어(梵語)에서 **부루**의 어근을 살펴보면, √br-인데 여기에 '우(u)'가 들어가 갈라져 나온 말로 보인다. 곧 신을 예찬하고 제사장이란 말이 된다. 관련한 우리말로는 '부르다, 기도하다'로 풀이할 가능성이 있다. 베다의 말과도 상통한다. 그럼 해부루의 해(解)-는 무엇인가. 태양 곧 해를 뜻한다. 말하자면 태양신을 제사하고 하늘에 사람과 신의 사이에서 신의 말씀을 사람에게, 사람의 말을 신에게 전하는 그런 구실을 한다. 브라만이 중국으로 들어와 브라만-브람-브럼-범(梵)으로 소리가 약화 탈락하여 한반도로 들어온 것으로 볼 수 있다. 브라만은 더러 바라문(婆羅門)으로도 적혀 쓰인다(권중혁(2015), 유라시아어의 기원과 한국어 참조).

부명(符命)

대체로 옛날 성인(聖人)은 예절과 음악을 가지고 나라를 세웠고, 인(仁)과 의(義)를 가지고 백성들을 가르쳤다. 때문에 괴상한 일이나 힘이나 어지러운 일, 귀신에 대해서는 말하지 않았다. 하지만 제왕이 일어날 때에는 반드시 부명을 얻고 도록(圖籙)을 받게 된다. 때문에 보통 사람과는 다른 점이 있게 마련이다. 그런 뒤에라야 큰 변의 틈을 타서 대기(大器, 계기)를 잡아 대업을 이룩할 수가 있었던 것이다.

(출전) 叙曰大抵古之聖人, 方其禮樂興邦, 仁義設教, 則怪力亂神, 在所不語. 然而帝王之將興也. 膺符命 · 受圖籙, 必有以異於人者, 然後能乘大變, 握大器, 成大業也(권1 기이1 서)

(새김)

부명(符命)의 부(符)란 앞날을 미리 예언하는 영험한 문서를 말한다. 부명이란 제왕이 될 사람에게 천명을 받을 것을 내리는 상서로운 문서를 이른다(최광식 외(2014) 역주 삼국유사 참조).

부석사(浮石寺)

의상은 이에 명령을 내려 열 곳에 절을 지어 불교를 전하니 태백산의 부석사, 원주의 비마라사, 가야산의 해인사, 비슬산의 옥천사, 금정산의 범어사, 남악의 화엄사 등이 이것이다.

(출전) 湘乃令十刹傳教, 太伯山浮石寺, 原州毗摩羅, 伽耶之海印, 毗瑟之玉泉, 金井之梵魚, 南嶽華嚴寺等, 是也(권4 의해 의상전교)

(새김)

부석사(浮石寺)는 의상의 화엄 십찰의 하나로 세워졌다. 그 뒤 의상의 문하생들이 지켜 온 중요한 도량이다. 의상은 문무왕 16년(676) 부석사에 자리 잡은 뒤 입적할 때까지 이곳을 떠나지 않았고 그의 법을 이은 법손들 역시 마찬가지였다. 부석사 원융국사비(圓融國師碑)에는 지엄으로부터 법을 전해 받은 의상이 다시 제자들에게 전법하여 원융국사에까지 이른 것과 원융국사가 법손이 된 뒤 부석사에 자리를 잡았다는 사실 등이 밝혀져 있다. 구한말 민속학자인 이능화 선생의 '화엄경판고'란 책에 따르면, 고려 초엽 태백산 부석사에서 2종의 화엄경을 목판에 새겼다고 하였다. 부석사에 자리한 원융대덕의 비문에 따르면, 그의 성은 김씨이고 자는 혜일이었다. 12세에 용흥사에서 출가하여 복흥사에서 수계하고, 28세에 대덕이 되었다. 정종 때 왕사, 문종 때 국사가 되었다. 원융이 귀산사에 갔을 때, 꿈에 미륵보살이 나타나서, 네 품속에 두 아들이 있으니 하나는 해요, 다른 하나는 달이라고 말하는 순간 문득 깨달음을 얻었는데 이 일이 있은 뒤 자를 혜일이라 하였다고 한다. 부석(浮石)의 석(石)의 훈이 돌이니 부석의 근본이 부도(budo)로서 붓다에 뿌리를 두는 말로 보인다. **부처**(佛陀, बुद्ध,buddha)는 불가에서 깨달은 사람, 눈을 뜬 사람, 이해하고 자신의 것으로 한 사람이란 말이다. 흔히 석가모니를 말한다. 한자로 불(佛. 뿛, 동국정운)은 이 개념을 표현하기 위해 만들어진 한자이다. 붓다에 가까운 발음인 불(弗)에 사람 인 변을 더했다. 원래의 한국 한자음은 '붇'이었지만 시대가 흐르면서 '불'로 그 소리가 단순화했다. 주목할 것은 동국정운(東國正韻)의 각자병서인 '뿛'의 쌍비읍이 된소리가 아니고 유성음을 적기 위한 음소였음을 유념할 필요가 있다. 주시경의 국어문전음학(1908)에서 쌍비읍을 된소리로 보고 합용병서와 하나의 된소리로 처리하여 음소체계를 만든 것은 잘못된 음소인식에서 비롯한 것이다. 음소가 두 개 이상이면 복모음으로 보아 무거운 소리라 하여 탁음 곧 유성음을 혼동한 것이다. 일본어의 탁음(濁音)이 유성음임은 너무나도 자명하기에 그렇다(정호완).

부여(扶餘)

부여군은 전 백제의 도읍이니, 혹 소부리군이라고도 한다. 삼국사기(三國史記)에 따르면, 백제의 성왕 26년(戊午, 528) 봄에 도읍을 사비(泗沘)로 옮기고 국호를 남부여라 했다 하고, 주에 그 지명은 소부리이니 사비는 현 고성진(古省津)이요, 소부리는 부여의 딴 이름이라고 했다.

(출전) 扶餘郡者前百濟王都也. 或稱所夫里郡. 按三國史記, 百濟聖王二十六年戊午春, 移都於泗泚, 國號南扶餘.(注曰其地名所夫里, 泗沘今之古省津也. 所夫里者, 扶餘之別號也. 已上注)(권2 기이2 남부여 전백제 북부여)

(새김)

부여(扶餘) : 부여의 어원에 대하여는 여러 가지 풀이가 있다. 붉에서 벌(伐)로 소리를 빌린 뒤 부여로(최남선), 평야를 뜻하는 부리(夫里)(이병도), 예(濊)의 중국 음인 후이(리지린)에서, 부리아트에서 부려-부여(강길운)로 되었다는 풀이다. 음운론과 민족 이동이라는 관점에서라면 부리아트와 후이라는 풀이가 가장 근접한 경우라고 할 수 있다. 엮은이의 생각으로는 후이(濊, 穢, hui)가 기본적인 풀이라고 본다. 예(濊)의 고대음이 세(쇠-수에이)였음을 고려하면 이는 예족이 철기문화를 주도했던 겨레라는 문화기호론적인 풀이를 할 수 있다. 이로 보면, 부여의 옛 땅은 예(濊)의 강역으로 보인다. 청나라 지리서인 '대청일통지(大淸一統志)'에는 예하(濊河)가 나온다. 예하를 달리 포오거(蒲吾渠)라고 한다. 곧 포오강이란 말이다. 중국 발음으로는 푸위이고 부여도 푸위니 소리의 같음을 가늠하게 된다. 그러니까 포오거-부여하-예하의 대응을 알 수가 있다. 이러한 현상은 금(金) 나라가 고려 인종 3년(1125)에 중국의 동북지역을 통일한 뒤 부여의 옛 땅에 포여로(蒲與路)를 설치하였다. 이 또한 푸위루이니 부여의 다른 표기이다. 마찬가지로 명나라에서 부여의 땅에 설치하였던 복여위(福餘衛)의 복여-푸위도 같은 맥락으로 볼 수 있다. 예하는 오늘날 하북성 보정시(保定市)의 호타하(滹沱河) 지류였으니 예맥의 예 지역이 부여하 유역을 포괄하는 지역이었음을 알 수 있다(심백강(2014), 우리역사 참조). 뿐만 아니라 부여의 강역은 오늘날의 동북 지방의 장춘과 사평, 송원과 길림에 이르는 송화강(松花江)과 눈강(嫩江) 지역에 만나는 삼차하(三叉河) 지역을 아우르는 드넓은 가슴을 지닌 영역이었다. 송화강의 '송화'는 만주어의 송아리(松阿里)로 하늘을 뜻하는바, 이는 백두산의 천지로부터 흘러내리는 강을 뜻할 것으로 보인다. 눈강은 대흥

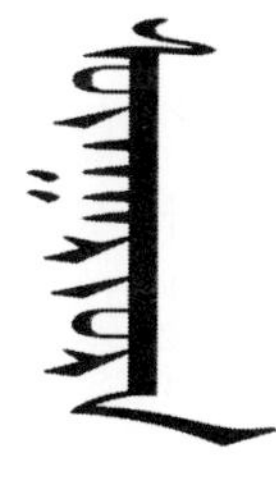
그림 34 송화강

안령으로부터 발원하여 부여현의 삼차하에서 송화강과 만나 드넓은 평원을 이루어내었다. 일설에는 부여의 수도가 송화강변에 자리한 녹산(鹿山) 곧 오늘날의 길림성 길림시의 용담산(龍潭山)으로 보기도 한다(李健才(1986) 東北史地考略 참조). 만주말로 녹산의 녹, 곧 사슴을 푸후(puhu)라고 하는 바, 이는 부여(puü)와 그 소리가 같다는 것이다. 또한 그 주변에서 사슴의 뼈 등이 출토되었다는 보고가 있다. 송화강은 다시 서북으로 흘러 흑룡강과 합하고, 다시 러시아 동쪽에서 흘러드는 우수리강과 합류하여 가목사(佳木斯) 시의 삼강평원을 이루어낸다. 마침내 이는 세계 3대평원의 곡창을 빚어낸다. 삼국지(三國志)에 따르면, 부여의 왕조는 위구태(尉仇台)-간위거(簡位居)-마여(麻余)-의려(依慮)로, 다시 의라(依羅, 晉書)로 이어졌다. 부여국의 도성인 부여성은 현재 길림성 농안(農安)으로 추정한다(삼국지). 후한서(後漢書)에 따르면, 부여의 국왕이 아들 위구태(尉仇台)를 대궐로 보내어 우의를 두텁게 하였다(만주원류고).

부여문사(扶餘文思) ☞ 부여태

부여융(扶餘隆)

신라별기(新羅別記)에 따르면, 문호(文虎(武))왕이 즉위한 5년(乙丑, 665) 추팔월 경자일에 왕이 친히 군사를 거느리고 웅진성에 가서 가왕 부여융과 만나 단을 만들고 백마를 잡아 다짐하는데, 먼저 천신과 산천의 신령에 제사를 지낸 뒤에 말의 피를 뿌리고 글을 지어 다짐을 했다.

(출전) 新羅別記云, 文虎王卽位五年乙丑秋八月庚子, 王親統大兵, 幸熊津城, 會假王扶餘隆作壇, 刑白馬而盟, 先祀天神及山川之靈(권1 기이1 태종춘추공)

부여태(扶餘泰)

의자왕(義慈王)은 드디어 태자 융(隆, 孝라고도 했지만 잘못이다)과 함께 북비(北鄙, 북쪽 변방)로 도망했다. 소정방이 그 성을 포위하자 왕의 둘째아들 태(泰)가 스스로 왕이 되어 무리를 거느리고 성을 굳게 지켰다. 이 때 태자의 아들 문사(文思)가 태(泰)에게 말한다. 왕이 태자와 함께 성에서 나가 달아났는데 숙부가 맘대로 왕이 되었으니, 만일 당나라 군사가 포위한 것을 풀고 물러간다면 그때에는 우리들이 어떻게 온전할 수가 있겠습니까. 하고는 좌우 사람들을 거느리고 성을 넘어 나아가자 백성들은 모두 그를 따르니 태는 이것을 말릴 수가 없었다.

(출전) 遂與太子隆(或作孝, 誤也)走北鄙. 定方圍其城, 王次子泰自立爲王, 率衆固守. 太子之子文思謂王泰曰王與太子出, 而叔擅爲王, 若唐兵解去, 我等安得全率左右縋而出, 民皆從之. 泰不能止(권1 기이1 태종춘추공)

부재(覆載)

왕의 사자가 그 집에 가서 조사해 보고 그 사실을 자세히 아뢰니 왕은 말했다. 옛날 곽거(郭巨)가 아들을 땅에 묻자 하늘에서 금솥을 내렸더니, 이번에는 손순이 그 아이를 묻자 땅 속에서 돌종이 솟아나왔으니 전생의 효도와 후생의 효도를 천지가 함께 보시는 것이로구나. 이에 집 한 채를 내리고 해마다 벼 50석을 주어 지극한 효성을 상찬했다. 이에 손순은 예전에 살던 집을 기꺼이 내놓아 절로 삼아 홍효사(弘孝寺)라 하고 돌종을 모셔 두었다.

(출전) 王人來檢其家, 具事奏王. 王曰昔郭巨瘞子, 天賜金釜, 今孫順埋兒, 地湧石鐘. 前孝後孝, 覆載同鑑乃賜屋一區, 歲給粳五十碩, 以尙純孝焉. 順捨舊居爲寺, 號弘孝寺(권5 효선 손순매아 흥덕왕대)

(새김)

곽거(郭巨) : 중국 한(漢) 나라 때의 효자다. 이야기는 손순과 비슷하나 돌종이 아닌 황금 솥이 나왔다(출전 : 蒙求, 郭巨將坑).

부재(覆載) : 원문에 부(覆)는 덮는다 함이니 하늘이요, 재(載)는 싣는다 함이니 땅을 말한다. 곧 하늘과 땅을 이른다.

북대방(北帶方)

북대방은 본래 죽담성(竹覃城)이다. 신라 노례왕 4년(27) 대방 사람들이 낙랑 사람들과 함께 신라에 항복해 왔다(이것은 모두 전한 때 설치한 두 군의 이름이다. 그 뒤에 건방지게 나라라고 불러 오다가 이 때에 와서 항복한 것이다).

(출전) 北帶方, 本竹覃城. 新羅弩禮王四年, 帶方人與樂浪人投于羅(此皆前漢所置二郡名, 其後僭稱國, 今來降)(권1 기이1 북대방)

(새김)

삼국지(三國志) 위서 한전(韓傳)에 따르면, 후한(後漢) 건안 연간에 요동의 공손씨(公孫氏) 정권이 세운 나라였다. 대방의 도읍은 곧 군치(郡治)는 황해도 사리원 일원이라고 봄이 일반적이다. 5세기 중엽 북위가 북연을 멸망시키는 과정에서 대릉하 방면의 사람들을 북경 방면으로 강제 이주시키면서 없어진 것으로 보인다. 이 때 동이교위부(東夷校尉府)가 그 중심 역할을 담당하였다(임기환, 2000). 한편 명문자료와 전실묘의 분포로 보아 대방군은 황해도 봉산에 자리하였던 것으로 봄이 일반적이다(오영찬(2003) 참조).

북부여(北扶餘)

고기(古記)에 이렇게 적었다. 전한(前漢) 선제 신작 3년(壬戌, 전 58) 4월 8일에 천제가 흘승골성(訖升骨城, 대요 의주 지경)에 내려왔다. 오룡거를 타고 도읍을 정하여 왕이라 일컫고 국호를 북부여라고 하고, 스스로 이름을 해모수(解慕漱)라고 했다. 아들을 낳아 이름을 부루(扶婁)라 하고 해(解)로 씨(氏)를 삼았다. 왕은 뒤에 상제의 명령으로 도읍을 동부여로 옮겼다. 동명제는 북부여를 계승하여 일어나서 졸본에 도읍을 정하고 졸본부여가 되었으니, 이것이 곧 고구려의 시조이다(아래에 보인다).

(출전) 古記云, 前漢書宣帝神爵三年壬戌四月八日, 天帝降于訖升骨城(在大遼醫州界) 乘五龍車, 立都稱王, 國號北扶餘, 自稱名解慕漱, 生子名扶婁, 以解爲氏焉. 王後因上帝之命, 移都于東扶餘, 東明帝繼北扶餘而興, 立都于卒本州, 爲卒本扶餘, 卽高句麗之始(見下) (권1 기이1 동부여)

(새김)

해모수가 오룡거를 타고 내려온 북부여는 어디쯤인가. 이와 관련한 자료를 보기로 한다. 나라의 원로들이 스스로 말하기를 옛적에 스스로 도망 나온 사람들이었다고 했다. (중략) 그 나라에서 사용하는 인장 가운데 예왕(濊王)의 것이라고 적혀 있다. 본디는 예맥의 땅이었다(國之耆老自說古之亡人(중략) 其(國王)印文言濊王之印... 삼국지위지 동이전). 다시 후한서(後漢書) 동이열전을 보면, 본디 예(濊)의 땅이었다(本濊地也). 또한 부여국에 옛 성이 있었는데 그 이름은 예성(濊城)이었다(國有故城 名濊城, 삼국지 위지 동이전). 이로 보면, 북부여는 예하(濊河) 유역에 자리하였을 가능성이 있다(심백강(2014). 우리 역사 참조). 예하는 평산현의 서북쪽에서 흘러나와 현의 동남쪽으로 흐르다가 호타하로 들어간다고 하였기에 북부여를 예하 유역으로 볼 수 있다(明一統志 참조).

북사(北史)

북사에는 이렇게 말했다. 백제는 동쪽으로는 신라에 접하고 서남쪽은 큰 바다에 접하며, 북쪽은 한강을 경계로 했다. 그 도읍은 거발성(居拔城) 또는 고마성(固麻城)이라고 하며, 이 밖에 다시 오방성이 있다.

(출전) 北史云, 百濟東極新羅, 西南限大海, 北際漢江, 其郡曰居拔城, 又云固麻城, 其外更有五方城(권2 기이2 남부여 전백제 북부여)

북옥저(北沃沮)

돌아보건대, 동명제(東明帝)는 왕위에 오른 지 10년만에 북옥저를 멸망시켰고, 온조왕 42년(23)에 남옥저의 20여 집이 신라에 투항했다.

(출전) 按東明帝立十年滅北沃沮, 溫祚王四十二年南沃沮二十餘家來投(권1 기이1 말갈 발해)

북한산(北漢山)

백제 제13대 근초고왕은 비류왕의 둘째 아들로서 병오년(丙午, 346)에 즉위하여 29년 동안 나라를 다스렸다. 신미년(辛未, 371)에 도읍을 북한산으로 옮겼다.

(출전) 第十三代近肖古王, 比流第二子. 丙午立, 理二十九年. 辛未, 移都北漢山(권1 왕력 근초고왕)

분수승(焚修僧)

이 때 한 늙은이가 못 속에서 나와 글을 올렸다. 그 글의 겉봉에는, 이 글을 떼어 보면 두 사람이 죽을 것이요, 떼어 보지 않으면 한 사람이 죽을 것입니다. 궁인이 돌아와 비처왕(毗處王, 炤智王)에게 바치니 왕은 말한다. 두 사람을 죽게 하느니보다는 차라리 떼어 보지 않아 한 사람만 죽게 하는 것이 낫겠다. 이 때 일관(日官, 天文官)이 아뢰었다. 두 사람이라 한 것은 백성을 말한 것이요, 한 사람이란 바로 전하를 말한 것입니다. 왕이 그 말을 옳게 여겨 글을 떼어 본즉, 금갑(琴匣)을 쏘라고 했을 뿐이다. 왕은 곧 궁중으로 들어가 거문고 갑을 쏘았다. 그 거문고 갑 속에는 내전에서 분향수도하고 있던 스님이 궁주와 은밀히 간통을 하고 있었다. 이에 두 사람을 사형에 처했다.

(출전) 時, 有老翁自池中出奉書, 外面題云開見二人死, 不開一人死. 使來獻之. 王曰與其二人死, 莫若不開, 但一人死耳 日官奏云二人者庶民也. 一人者王也. 王然之開見, 書中云射琴匣. 王入宮見琴匣射之. 乃內殿焚修僧與宮主潛通而所奸也. 二人伏誅. 自爾國俗每正月上亥上子上午等日, 忌愼百事, 不敢動作, 以十五日爲烏忌之日, 以糯飯祭之. 至今行之. 俚言怛忉, 言悲愁而禁忌百事也. 命其池曰書出池(권1 기이1 사금갑)

(새김)

김대문의 화랑세기(花郎世紀)에는 다음과 같은 관련 기록이 올라 있다. 소지왕 10년(戊辰, 488) 내전에서 죽어 나간 사람에 관한 기록을 찾아보면 화랑세기에 재미난 이야기가 전해진다. 소지왕의 비는 **선혜왕후(善兮王后)**인데 왕후는 눌지왕의 딸인 조생과 내숙 사이에 태어나고, 소지왕은 눌지왕의 아들인 자비왕과 미사흔의 딸인 수리 사이에 태어난다. 수리는 김제상과 치술성모(실성왕녀) 사이에 태어난 보미와 미사흔 사이에서 태어난다. 선혜왕후는 천주공의 아들 묘심(妙心)과 사사로이 정을 통하다 소지(비처)왕에게 들통이 나서 **묘심**은 죽고 선혜왕후도 죽음 직전에 이르나 보기공의 의술로 살아난다. 삼국유사에는 단순히 궁주와 스님의 일로 인해서 둘이 돌아갔다고 하나 선혜왕후는 죽지 않고 단지 폐위 되어 위화랑의 처인 오도부인을 낳는다. 또한 폐위된 선혜왕비는 신궁의 궁주가 되어 보기공의 아들인 흥기와 관계를 가져 기오공을 낳는다. 기오공은 뒤에 김춘추의 아버지인 용춘공의 어머니인 지도태후를 낳는다. 그러니까 분향을 하던 수도승이라 함은 실상은 귀족의 이름을 그렇게 에둘러 적은 것이다(화랑세기 참조).

분황사(芬皇寺)

원성왕이 즉위한 지 11년(乙亥, 795)에 당(唐) 나라 사자가 서울에 와서 한 달을 머물러 있다가 돌아갔다. 하루 뒤에 두 부인이 궁궐에 와서 임금에게 아뢴다. 저희들은 동지(東池), 청지(青池, 청지는 곧 동천사의 샘이다. 절에 있는 기록을 보면, 이 샘은 동해의 용이 왕래하면서 불법을 듣던 곳이요, 절은 진평왕이 지은 것으로서 오백 성중과 오층탑과 농민까지 함께 헌납했다고 했다)에 있는 두 용의 아내입니다. 그런데 당 나라 사자가 하서국(河西國) 사람들을 데리고 와서 우리 남편인 두 용과 분황사 우물에 있는 용까지 모두 세 용의 모습을 바꾸어 작은 고기로 변하게 해서 통 속에 넣어 가지고 돌아갔습니다. 바라옵건대, 폐하께서는 그 두 사람에게 명령하여 우리 남편들인 나라를 지키던 용을 여기에 머무르게 해 주십시오. 왕은 하양관(河陽館, 현 하양)까지 쫓아가서 친히 연회를 열고 하서국 사람들에게 명령했다. 너희들은 어찌해서 우리나라의 세 용을 잡아 여기까지 왔느냐. 만일 사실대로 고하지 않으면 반드시 처형할 것이다. 그제야 하서국 사람들이 고기 세 마리를 내어 바치므로 세 곳에 놓아 주자, 각각 물속에서 한 길이나 뛰고 기뻐하면서 가 버렸다. 이에 당 나라 사람들은 왕의 명철함에 감복했다.

(출전) 唐使來京, 留一朔而還, 後一日, 有二女進內庭, 奏曰妾等乃東池, 靑池(靑池卽東泉寺之泉也. 寺記云, 泉乃東海龍往來聽法之地. 寺乃眞平王所造, 五百聖衆, 五層塔, 幷納田民焉)二龍之妻也. 唐使將河西國二人而來, 呪我夫二龍及芬皇寺井等三龍, 變爲小魚, 筒貯而歸. 願陛下勅二人, 留我夫等護國龍也. 王追至河陽館, 親賜享宴, 勅河西人曰爾輩何得取我三龍至此 若不以實告, 必加極刑 於是 出三魚獻之. 使放於三處, 各湧水丈餘, 喜躍而逝(권2 기이2 원성대왕)

(새김)

분황사(芬皇寺) : 분황이라 함은 분타리(芬陀利, पुंडलिक, pundarika)와 각황(覺皇)의 합성어다. 분타리는 백련(白蓮)이 피어 가장 아름다운 모양을 이르며, 각황은 깨달음을 얻은 부처를 말한다. 분황사에서 황을 왕(王)으로 고쳐 왕분사라고도 한다. 당 나라에서는 분황사를 분타리의 왕이라는 황분타리의 뜻으로 보았다(김영태, 분황사와 원효의 관계사적 고찰 참조).

불국사(佛國寺)

오진은 일찍이 하가산(下柯山, 현 학가산) 골암사(鶻嵓寺)에 살면서 밤마다 팔을 뻗쳐서 부석사 석등에 불을 켰다. 지통은 추동기(錐洞記)를 지었는데, 그는 대개 친히 의상의 가르침을 받았기 때문에 묘한 말이 많다. 표훈은 일찍이 불국사에 살았으며 항상 천궁(天宮, 하늘)을 왕래했다. 괴이한 일이 많았으므로 세상 사람을 가르침에 온당하지 않았다. 나머지는 최치원의 본전에 전해오는 것과 같다.

(출전) 眞嘗處下柯山鶻嵒寺, 每夜伸臂點浮石室燈, 通著錐洞記, 蓋承親訓, 故辭多詣妙, 訓曾住佛國寺, 常往來天宮. 必以爲怪, 不可以訓世, 餘如崔侯所撰本傳(권5 효선 대성효이세부모)

(새김)

그림 35 불국사

불국사 절은 경북 경주시의 동녘 토함산 기슭에 자리한다. 신라 35대 경덕왕에서 혜공왕 시대를 걸쳐 큰 규모로 지었다. 그 뒤 임진왜란의 화마에 잿더미가 되었으나 다시 중건하여 유네스코 세계문화유산이 되었다. 불국사고금창기에 따르면, 불국사는 법흥왕 15년(528) 왕모(王母, 할머니) 영제 부인의 발원으로 지어졌고, 574년에 진흥왕의 어머니인 지소 부인이 다시 지으면서 비로자나불과 아미타불을 봉안하였다. 문무왕 10년(670) 무설전을 새로 지어 여기서 화엄경을 가르쳤다. 불국사의 얼굴이라 할 석가탑, 다보탑과 청운교, 백운교 등의 건조물을 포함, 대규모 중창불사가 이루어진 것은 신라의 재상인 김대성에 의해서 이루어졌다. 김대성이 전생의 부모를 위해 석굴암 석불사를, 현생의 부모를 위하여 불국사를 세웠다. 그가 공사를 마치기 전에 죽자, 나라에서 이를 마무리를 지었다.

불무사(佛無寺)

효소왕이 놀랍고 부끄러워 동쪽 언덕에 달려 올라가서 그가 간 곳을 향해 멀리 절하고 사람을 시켜 찾게 하니 남산 삼성곡, 혹은 대적천원이라고 하는 돌 위에 이르러 지팡이와 바리때를 놓고 숨어 버렸다. 사자가 와서 보고하자 왕은 드디어 석가사를 비파암 밑에 세우고, 또 그 자취가 없어진 곳에 불무사를 세워 지팡이와 바리때를 두 곳에 나누어 두었다. 두 절은 지금까지도 남아 있으나 지팡이와 바리때는 없어졌다.

(출전) 王驚愧, 馳上東岡, 向方遙禮, 使往尋之. 到南山參星谷, 或云大磧川源石上, 置錫鉢而隱. 使來復命, 遂創釋迦寺於琵琶嵓下, 創佛無事於滅影處, 分置錫鉢焉. 二寺至今存, 錫鉢亡矣(권5 감통 진신수공)

불사의암(不思議庵)

진표는 스승의 말을 듣고 명산을 두루 다니다가 선계산(仙溪山) 불사의암에 머물면서 삼업(三業)을 닦아 온몸을 돌로 두들기며 간절히 참회하는 망신참법(亡身懺法)으로 계를 얻었다. 그는 처음에 7일 밤을 기약하고 머리와 팔과 다리를 돌에 두들겨서, 무릎과 팔뚝이 모두 부서지고 바위 언덕에까지 피가 쏟아졌다. 그래도 아무런 부처의 감응이 없으므로 몸을 버리기로 결심하고 다시 7일을 더 기약하여 14일이 되자 마침내 지장보살을 뵙고 정계(淨戒)를 받았으니 이 때는 바로 개원 28년(庚辰, 740) 3월 15일 진시요, 진표의 나이 23세였다.

(출전) 遍遊名岳, 止錫仙溪山不思議庵, 該鍊三業, 以亡身懺悔得戒, 初以七宵爲期, 五輪撲石, 膝腕俱碎, 雨血嵒崖, 若無聖應. 決志捐捨, 更期七日, 二七日終, 見地藏菩薩, 現受淨戒, 卽開元二十八年庚辰三月十五日辰時也. 時齡二十餘三矣(권4 의해 진표전간)

(새김)

몸으로 짓는 일은 신업(身業), 말로 짓는 일은 구업(口業), 생각으로 짓는 일은 의업(意業)이라고 한다. 이 **삼업**은 다시 그 행실의 좋고 나쁨에 따라 선업과 악업, 선에도 악에도 속하지 않는 무기업(無記業)으로 갈래를 짓는다. 불가에서는 이 같은 세 가지 삼업을 올바르게 갈고 닦는 것을 바탕으로 하고 있다. 따라서 불교의 십선(十善)과 십악(十惡)은 삼업과 아주 불가분리의 상관성을 갖고 있다.

불이성(不而城)

고구려 제2대 유리왕은 일명 누리라고도 한다. 또한 유류라고 한다. 동명왕의 아들이며 임인년(壬寅, 전 19)에 즉위하였다. 36년 동안 나라를 다스렸다. 성은 해씨이고 계해년(癸亥, 3)에 도읍을 국내성으로 옮겼다. 또한 이를 불이성이라고도 한다.

(출전) 第二代瑠璃王一作累利, 又(孺)留, 東明子. 立壬寅, 理三十六年. 姓解氏. 癸亥移都國內城, 亦云不而城(권1 왕력 유리왕)

(새김)

불이성의 불이(不而)라 함은 우선 아무런 조건이 없음에도 바람직한 결과를 얻었을 경우에 쓰는 관용어 표현이다(不戰而勝). 여기서도 그렇게 볼 수는 있다. 나라와 겨레의 번영을 중시하는 의미가 있다. 한편, 국내성과 대응됨을 참고로 불(不)-국(國)- 벌/이(而)- 내(內, 耐)로 보는 견해도 있다.

불지촌(佛地村)

성사 원효(元曉)의 속성은 설씨(薛氏)이다. 할아버지는 잉피공(仍皮公) 또는 적대공(赤大公)이라고도 한다. 지금 적대연(赤大淵) 옆에 잉피공의 사당이 있다. 아버지는 담날내말(談捺乃末)이다. 원효는 처음에 압량군의 남쪽(현 경산) 불지촌 북쪽 율곡(栗谷)의 사라수(裟羅樹) 밑에서 태어났다. 그 마을의 이름은 불지(佛地)인데 혹은 발지촌(發智村, 속언에 불등을촌(弗等乙村))이라고도 한다. 사라수란 것을 속언에 이렇게 말한다. 스님의 집이 본래 이 골짜기 서남쪽에 있었다. 그 어머니가 태기가 있어 이미 만삭인데, 마침 이 골짜기에 있는 밤나무 밑을 지나다가 문득 해산하였으므로 몹시 급했기 때문에 집으로 돌아가지 못하고 남편의 옷을 나무에 걸고 그 속에서 지냈기 때문에 이 나무를 사라수라 했다.

(출전) 聖師元曉, 俗姓薛氏, 祖仍皮公, 亦云赤大公, 今赤大淵側有仍皮公廟. 父談捺乃末. 初, 示生于押梁郡南(今章山郡) · 佛地村北, 栗谷裟羅樹下. 村名佛地, 或作發智村(俚云弗等乙村) 裟羅樹者, 諺云, 師之家本住此谷西南, 母旣娠而月滿, 適過此谷栗樹下, 忽分産, 而倉皇不能歸家, 且以夫衣掛樹, 而寢處其中, 因號樹曰裟羅樹(권4 의해 원효불기)

(새김)

불지촌(佛地村) : 이에 대한 풀이는 다양한 바가 있다. 불지촌의 본디 이름은 불등을촌(佛等乙村)으로 이는 현재의 도들마을이다. 불지촌은 부처님이 태어난 마을이며, 발지촌은 지혜가 피어난 마을이다(이봉춘). 불등을촌은 지금의 버들마을로 경산의 여천동이다(안태중). 불등을은 불지(불땅), 불등(佛等, 불뜽)을 풀어 썼다(이종대). 엮은이가 보기로는 불등을은 부들-버들로 읽어야 한다고 본다. -을(乙)이 말음첨기로 앞의 훈이 리을(ㄹ)로 끝나는 소리로 읽으라고 한 것이니 불들(돌)-부들-버들-버드(벋-벋드-붇다)로 읽을 가능성이 높다. 붓다와 같은 소리를 내며 붓다의 뜻이 싹이라 함도 암시를 준다.

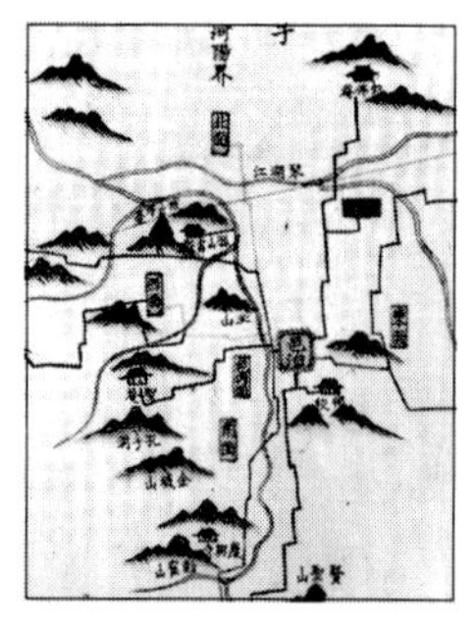

그림 36 경산현 고지도

사라수(裟羅樹) : 사라수에 대한 여러 가지 풀이를 살펴보면 다음과 같다. 석가모니의 탄생과 같이 승화시키고자 하는 후세인들의 정서가 담겼다. 석가세존의 어머니 마야부인이 해산을 위하여 친정인 코올리성으로 가던 중 룸비니 동산에서 문득 산기를 느껴 무우수 아래 아이를 낳고 무지개 같은 광명이 갓난아기에 비쳤다. 무우수란 사라수의 의역이다(김지견, 이봉춘). 사라수란 털옷을 펼쳐 걸은 나무다(김영태). 산스크리트어로 된 능엄경에는 가을의 신선한 열매를 맺는 나무-사라담(शरदां, saradam)으로 가늠할 수도 있다. 엮은이가 보기로는 사라-살-쌀로 보아 정신의 양식이라는 뜻으로 볼 수 있다. 여기 사라의 사(裟)를 털옷으로 보았는바, 당시는 유기음소가 자리하지 못하였다고 보면, 털-덜-데라(절-절)로 볼 수 있다.

비구니(比丘尼)

책부원구(冊府元龜)에 보면 법흥왕의 성은 모(募), 이름은 진(秦)이라 했다. 처음 공사를 시작했던 을묘년(乙卯, 535)에 왕비도 역시 영흥사(永興寺)를 세우고 모록(毛祿)의 누이동생인 사씨(史氏)의 유풍을 사모해서 법흥왕과 함께 머리를 깎고 중이 되어 이름을 묘법(妙法)이라 했으며 역시 영흥사에 살다가 여러 해 뒤에 돌아갔다. 국사(國史)에는 건복 31년(614)에 영흥사의 소상이 저절로 무너지더니 얼마 되지 않아 진흥왕비인 비구니가 돌아갔다고 했다. 살펴보건대, 진흥왕은 법흥왕의 조카요, 왕비 사도부인(思刀夫人) 박씨(朴氏)는 모량리 영실각간의 딸로서, 역시 출가하여 비구니가 되었으나 영흥사를 세운 주인은 아니다.

(출전) 冊府元龜云姓募, 名秦. 初興役之乙卯歲, 王妃亦創永興寺, 慕史氏之遺風, 同王落彩爲尼, 名妙法, 亦住永興寺, 有年而終國史云建福三十一年, 永興寺塑像自壞, 眞興王妃比丘尼卒, 按眞興乃法興之姪子, 妃思刀夫人朴氏, 牟梁里英失角干之女, 亦出家爲尼, 而非永興寺之創主也(권3 흥법 원종흥법 염촉멸신)

(새김)

비구니(比丘尼) : 여승을 말한다. 그 어원을 살펴보면, 바라문의 비구(bhiku)를 한자로 적은 것이다. 뜻은 밥을 얻어먹는 거지란 말이다. 또한 법을 빌어 육신과 정신의 양식을 해결한다. 이와 함께 보살(菩薩)은 산스크리트어로 보디사트바(बोधिसत्, bodhisattva)의 한자 음역이다. 비구가 자기중심의 소승이라면, 보살은 타인 중심의 대승 불교를 말한다.

비래방장(飛來方丈)

대안 8년(辛未, 1092)에 고려의 우세(祐世) 승통이 고대산(孤大山) 경복사의 비래방장에 가서 보덕성사(普德聖師)의 영정에 예를 갖추고 시를 지었다. 열반(涅槃)의 평등한 가르침은, 우리 스승에게서 전해졌다고 하네. 애석하게도 승방에 날아온 뒤에, 동명왕의 옛 나라 위태로웠네. 그 발문에는 이렇게 썼다. 고구려 보장왕이 도교에 혹해서 불교를 믿지 않기 때문에 보덕법사는 이에 승방을 날려서 남쪽 이산으로 옮겨 놓았다. 그 뒤에 신인이 고구려 마령(馬嶺)에 나타나서 사람들에게 말하기를, 너의 나라가 망할 날이 얼마 남지 않았다고 했다.

(출전) 大安八年辛未, 祐世僧統到孤大山景福寺飛來方丈, 禮普聖師之眞, 有詩云涅槃方等敎, 傳受自吾師云云, 至可惜飛房後, 東明古國危, 跋云高麗藏王, 惑於道敎, 不信佛法, 師乃飛房, 南至此山. 後有神人, 現於高麗馬嶺, 告人云汝國敗亡無日矣(권3 흥법 보장봉로 보덕이암)

비류(沸流)

주몽은 왕위를 이어 받았다. 그는 두 아들을 낳았는데 맏이는 비류(沸流)이고 다음은 온조(溫祚)이다. 태자가 이를 받아들이지 않을 것을 염려했다. 마침내 오간과 마리 등 신하들과 남행을 하니 따르는 백성이 많았다. 드디어 한산에 이르러 부아악에 올라 보니 가히 살만한 곳이라 생각이 들었다.

(출전) 朱蒙嗣位, 生二子, 長曰沸流, 次曰溫祚. 恐後太子所不容, 遂與烏干・馬黎等(十)臣南行, 百姓從之者多. 遂至漢山, 登負兒岳, 望可居之地. 沸流欲居於海濱(권2 기이2 남부여 전백제 북부여)

(새김)

여기 한산(漢山)은 오늘날의 서울이요, 부아악(負兒岳)은 북한산(北漢山)을 말한다. 북한산 인수봉 옆에는 옛날 지도에 아이를 업은 어머니의 모습을 한 바위가 있다고 하여 붙여진 지명이다. **온조**는 기원전 18년에 부아악에 올라서 풍수지리에 알맞은 곳을 골라서 하남위례성(河南慰禮城) 쪽으로 자리를 잡았을 것으로 추정할 수 있다. 그러나 **비류**는 생각이 달랐다. 마침내 비류는 미추홀(味鄒忽) 그러니까 인천으로 가서 오늘날 문학산성 쪽으로 도읍을 정하고 자리를 잡았으나 적응을 못하고 백성들은 온조 쪽으로 되돌아 왔으나 비류는 그 과정에서 병들어 돌아갔다.

비류수(沸流水)

마침내 도읍을 정하였다. 그러나 미처 궁실을 세울 겨를이 없어서 비류수 가에 집을 짓고 살면서 국호를 고구려(高句麗)라 하고, 고(高)로 씨(氏)를 삼았다.

(출전) 遂都焉. 未遑作宮室, 但結廬於沸流水上居之. 國號高句麗, 因以高爲氏(권1 기이1 고구려)

(새김)

비류수는 오늘날 중국의 요녕성(遼寧省)과 길림성(吉林省)의 경계를 이루며 흐르는 하천이다. 현재 이름은 부이강(富尒江)이고 심양으로 흘러 도는 혼강(渾江, 또는 佟佳江)의 가지 내다. 삼국시대 이전부터 송양국(松讓國) 등이 상류에 자리하고 살았다. 뒤에 주몽이 졸본부여로 옮겨 오면서 이를 통합하여 고구려를 세우게 되었다. 만주원류고(滿洲源流考)를 보면, 혼하(渾河, hunhe)는 홍수에 흙모래가 와류(渦流)를 이루며 흘러 토사가 쌓이는 강이라 하였다. 홍수 철이면 물이 빠지지 않고 늘 흐린 물이라 하며 심수(沈水)라고도 이른다. 오늘날에는 맑은 물이 흘러 심양의 젖줄이 된다. 비류(沸流)의 고대한자음으로는 불류-부류-부루라고 읽을 수 있다. 그러니까 오늘날에도 부르(富尒, bure)라고 읽는다. 부르는 만주어인데 버드나무(柳樹)를 뜻한다. 부르-불-붇-벋으로 소리의 유연성을 보아 우리말의 버들이 가까운 음상을 갖고 있다(정호완).

비류왕(比流王)

백제 제11대 비류왕은 구수왕의 둘째 아들이며 사반의 아우다. 갑자년(甲子, 304)에 즉위하였으며 40년 동안 나라를 다스렸다.

(출전) 第十一代比流王仇首第二子, 沙泮之弟也. 甲子立, 治四十年(권1 왕력 비류왕)

(새김)

비류왕은 구수왕의 둘째 아들이며 사반왕과는 형제간이다. 비류왕이 구수왕의 둘째 아들인가에 대하여는 의문을 갖는 견해도 있다(이기백, 1996. 이기동, 1982. 강종원, 2002).

비마라사(毗摩羅寺) ☞ 부석사

비왕 장(裨王 長)

원봉 2년(전109) 한(漢) 나라 사신 섭하(涉何)는 그곳을 떠나 국경에 이르러 패수에 당도하자 말을 모는 부하를 시켜서 자기를 데리러 온 조선의 비왕 장(長, 안사고는, 장은 섭하를 호송하는 자의 이름이다)을 찔러 죽였다. 그리고는 곧 패수를 건너 달려서 변경요새를 넘어 자기 나라에 돌아가 이 사실을 보고했다.

(출전) 元封二年, 漢使涉何論右渠, 終不肯奉詔. 何去至界, 臨浿水, 使馭刺殺送何者朝鮮裨王長(師古曰, 送何者名也), 卽渡水, 馳入塞遂歸報(권1 기이1 위만조선)

(새김)

비왕이라 함은 임금의 부왕(副王)이다(리지린, 1963). 비왕은 직명으로서 국왕을 지키는 무관과 같은 것이다(이병도, 1976). 비왕은 비장(裨將)의 뜻으로 쓰였다(노태돈, 2000).

비유왕(毘有王)

백제 제20대 비유왕은 구이신왕의 아들이며 정묘년(丁卯, 427)에 즉위하였다. 28년 동안 나라를 다스렸다.

(출전) 第二十代毗有王久爾辛子丁卯立, 治二十八年(권1 왕력 비유왕)

(새김)

비유왕은 제19대 구이신왕(久爾辛王)의 아들이다. 나이 차로 보아 아들이라기보다는 형제일 가능성도 있고, 정변에 의하여 죽었을 수도 있다(이도학, 1995).

비장산(臂長山)

진평왕(眞平王) 22년(庚申, 600, 삼국사에는 다음 해인 신유년)에 원광법사는 중국에 왔던 조빙사(朝聘使)를 따라서 본국에 돌아왔다. 법사는 신에게 감사를 드리고자 하여 전에 살던 삼기산의 절에 갔다. 밤중에 신이 역시 와서 법사의 이름을 부르고 말했다. 바다와 육지의 먼 길을 어떻게 왕복하였소. 신의 큰 은혜를 입어 편안히 다녀왔습니다. 내 또한 그대에게 계(戒)를 드리겠소. 말하고는 이에 함께 하는 아름다운 약속을 맺었다. 법사가 또 청했다. 신의 참 얼굴을 볼 수가 있습니까. 법사가 만일 내 모양을 보고자 하거든 내일 아침에 동쪽 하늘가를 바라보시오. 법사가 이튿날 아침에 하늘을 바라보니 큰 팔뚝이 구름을 뚫고 하늘가에 닿아 있었다. 그날 밤에 신이 또 와서 말한다. 법사는 내 팔뚝을 보았소. 보았는데 매우 기이하고 이상했습니다. 이로 인하여 흔히 비장산(臂長山)이라고 했다.

(출전) 眞平王二十二年庚申(三國史云, 明年辛酉來), 師將理策東還, 乃隨中國朝聘使還國. 法師欲謝神, 至前住三岐山寺, 夜中神亦來呼其名曰, 海陸途間, 往還如何 對曰, 蒙神鴻恩, 平安到訖. 神曰, 吾亦授戒於神, 仍結生生相濟之約. 又請曰, 神之眞容, 可得見耶 神曰, 法師若欲見我形, 平旦可望東天之際. 法師明日望之. 有大臂貫雲, 接於天際. 其夜神亦來曰 法師見我臂耶 對曰, 見已甚奇絶異. 因此俗號臂長山(권4 의해 원광서학)

비처왕(毗處王)

신라 제21대 비처왕(毗處王, 일명 소지왕)이 즉위한 10년(戊辰, 488)에 천천정(天泉亭)에 거동했다. 이 때 까마귀와 쥐가 와서 울더니 쥐가 사람의 말로, 이 까마귀가 날아가는 곳을 찾아보시오 한다(혹은 말하기를, 신덕왕이 흥륜사에 가서 분향하려 하는데 길에서 보니 여러 마리 쥐가 꼬리를 물고 있었다. 이상하게 여겨 돌아와 점을 쳐 보니 내일 제일 먼저 우는 까마귀를 따라가 찾아보라고 한다. 하지만 이 설은 잘못이다). 왕은 궁인에게 명하여 까마귀를 따르게 했다. 남쪽 피촌(避村, 현 양피사이니 남산 동쪽 기슭)에 이르러 보니 돼지 두 마리가 싸우고 있다. 이것을 한참 쳐다보고 있다가 문득 까마귀가 날아간 곳을 잊고 길에서 서성거리고 있었다. 이 때 한 늙은이가 못 속에서 나와 글을 올렸는데, 그 글 겉봉에는, 이 글을 떼어 보면 두 사람이 죽을 것이요, 떼어 보지 않으면 한 사람이 죽을 것입니다. 궁인이 돌아와 비처왕에게 바치니 왕은 말한다. 두 사람을 죽게 하느니보다는 차라리 떼어 보지 않아 한 사람만 죽게 하는 것이 낫겠다. 이 때 일관(日官, 천문관)이 아뢰었다. 두 사람이라 한 것은 백성을 말한 것이요, 한 사람이란 바로 전하를 말한 것입니다. 왕이 그 말을 옳게 여겨 글을 떼어 보니 거문고 갑을 쏘아라[射琴匣]고 했을 뿐이다. 왕은 곧 궁중으로 들어가 거문고 갑을 쏘았다. 그 거문고 갑 속에는 내전에서 분향수도하고 있던 중이 궁주와 은밀히 간통을 하고 있었다. 이에 두 사람을 처형했다.

(출전) 第二十一毗處王(一作炤智王)卽位十年戊辰, 幸於天泉亭, 時有烏與鼠來鳴. 鼠作人語云

此烏去處尋之(或云，神德王欲行香興輪寺，路見衆鼠含尾，怪之而還占之. 明日先鳴烏尋之云云，此說非也)，王命騎士追之. 南至避村(今壤避寺村在南山東麓)，兩豬相鬪，留連見之. 忽失烏所在. 徘徊路傍，時有老翁自池中出奉書，外面題云開見二人死，不開一人死. 使來獻之. 王曰與其二人死，莫若不開，但一人死耳，日官奏云二人者庶民也. 一人者王也. 王然之開見，書中云射琴匣. 王入宮見琴匣射之. 乃內殿焚修僧與宮主潛通而所奸也. 二人伏誅(권1 기이1 사금갑)

(새김)

비처왕은 달리 소지왕이라고도 하였다. 여기 비처는 비추다의 뜻으로 가늠되며 이는 산스크리트어로 바이로차나-비로자나의 줄임말로 보인다. 보통 사람의 육안으로는 볼 수 없는 광명(光明)의 부처이다. 산스크리트어 바이로차나(**वैरोचन**, vairocana)를 음역하여 비로자나라고 한다. 법신은 빛깔이나 형상이 없는 우주의 본체인 진여실상(眞如實相)을 의미하는 것이다. 이 부처를 신(身)-몸이라고 하였을망정 평범한 색신(色身)이나 생신(生身)이 아니며, 갖가지 몸이 이것을 근거로 나오게 되는 원천적인 몸을 뜻한다. 이 부처님을 형상화시킬 때는 천엽연화(千葉蓮華)의 단상에 결가부좌를 하고 앉아, 왼손은 무릎 위에 놓고 오른손은 가볍게 들고 있다. 불상의 화대(華臺) 주위에 피어 있는 천 개의 꽃잎 하나하나가 백억의 국토를 표현한 것으로, 이 부처님이 있는 세계의 공덕이 무량함과 광대하고 장엄함은 헤아릴 길이 없음을 형상화한다. 또, 큰 연화로 이루어진 이 공간에는 우주의 모든 만물을 지니고 있다. 흔히 연화장세계(蓮華藏世界)라고 한다(한국민족문화대백과사전 참조).

비파암(琵琶嵓)

재가 끝나자 효소왕은 그를 가볍게 보고 말했다. 그대는 어디 사는가. 비구승이 대답한다. 비파암에 있습니다. 왕이 말했다. 이제 가거든 다른 사람들에게 국왕이 친히 불공하는 재에 참석했다고 말하지 말라. 스님은 웃으면서 대답했다. 폐하께서도 역시 다른 사람에게 진신(眞身) 석가를 공양했다고 말하지 마십시오. 말을 마치자 몸을 솟구쳐 하늘로 올라가 남쪽을 향하여 갔다. (중략) 지론(智論) 제4에 이렇게 말했다. 옛날에 계빈국(罽賓國, 북인도 케피시) 삼장법사가 아란야법(阿蘭若法)을 행하여 일왕사(一王寺)에 이르니 절에서는 큰 모임이 열리고 있었다.

(출전) 將罷，王戱調之曰住錫何所 僧曰琵琶嵓 王曰此去，莫向人言，受國王親供之齋，僧笑答曰陛下亦莫與人言，供養眞身釋迦 言訖，湧身凌空，向南而行(중략)智論第四云昔有罽賓三藏，行阿蘭若法，至一王寺，寺設大會(권5 감통 진신수공)

(새김)

비파암(琵琶嵓) : 경주시 내남면 비파골에 자리한 바위를 말한다. 동경잡기(東京雜記)에 따르면, 바위의 모양이 비파처럼 생겼다고 하여 붙여진 이름이다.

아란야법(阿蘭若法) : 산스크리트어로 아란야(**अरण्य**, aranya)의 한자 음역이다. 절이나 스님이 살고 있는 곳을 말한다. 야(若)는 절을 말한다.

비형랑(鼻荊郞)

진평대왕이 그 이상한 소문을 듣고 아이를 궁중에 데려다가 길렀다. 15세가 되어 집사라는 벼슬을 주었다. 그러나 비형(鼻荊)은 밤마다 멀리 도망가서 놀곤 하였다. 왕은 용사 50명을 시켜서 지키도록 했으나 그는 언제나 월성을 날아 넘어가서 서쪽 황천(荒川, 거슬내) 언덕 위에 가서는 귀신들을 데리고 노는 것이었다. 병사들이 숲 속에 엎드려서 엿보았더니 귀신의 무리들이 여러 절에서 들려오는 새벽 종소리를 듣고 각각 흩어져 가버리면 비형랑도 또한 집으로 돌아왔다. 병사들이 이 사실을 왕에게 보고했다. 왕은 비형을 불러서 말했다. 네가 귀신들을 데리고 논다니 그게 사실이냐. 그렇습니다. 그렇다면 너는 그 귀신의 무리들을 데리고 신원사(神元寺) 북쪽 개천(신중사라고도 하지만 그것은 잘못이다. 이것을 황천 동쪽 심거라고도 한다)에 다리를 놓도록 해라. 비형은 명을 받아 귀신의 무리들을 시켜서 하룻밤 사이에 큰 다리를 놓았다. 그래서 다리를 귀교(鬼橋)라고 했다.

(출전) 王使勇士五十人守之. 每飛過月城, 西去荒川岸上(在京城西) 率鬼衆遊. 勇士伏林中窺伺, 鬼衆聞諸寺曉鐘各散, 郎亦歸矣. 軍士以事奏, 王召鼻荊曰汝領鬼遊, 信乎, 郎曰然王曰然則, 汝使鬼衆, 成橋於神元寺北渠(一作神衆寺誤. 一云荒川東深渠), 荊奉勅, 使其徒鍊石, 成大橋於一夜, 故名鬼橋(권1 기이1 도화녀 비형랑)

(새김)

비형랑(鼻荊郞) : 비형랑은 이무기와 같이 큰 뱀으로 장차 용이 될 존재다(김기흥, 천년의 왕국 신라). 비형은 한자의 뜻으로 볼 때 코의 가시인데 용의 코가 가시처럼 돋아 있음을 상징한다. 달리 비형은 ㅂ얌-배암-뱀과도 소리(비형-비영-비얌)의 유연성이 있다. 비형을 한자의 훈으로 읽으면 고가시가 된다. 고는 코(鼻)이고 이는 곶-꽃(花)과 무관하지 않다. 말하자면 도화녀의 자식이니 고는 꽃이요, 도화녀(桃花女)임을 상징한다. 다시 가시는 거스러미가 살에 박히는 것을 가시라고도 한다. 여기 거스러미의 거슬다는 황천의 황(荒)이 거츠르-거스르이니 정상적인 관계를 넘어 귀신과의 접촉으로 생겨난 비정상적인 관계로 태어난 사람임을 풍유하고 있다. 말하자면 진지왕의 혼과 도화녀의 사이에서 태어났다는 상징성을 바탕으로 한 설정이 아닌가 한다. 성적인 상징으로라면 고-코는 남자의 성을 말한다(큰 코 다친다). 그러면서도 왕의 자식이니 용의 코에 가시가 돋친 중의적 의미를 부여하고 있다. 비형랑은 진지왕의 분신이며 새로운 임금으로의 부활을 의미하기도 한다. 앞으로 진지왕의 아들인, 무열왕의 아버지 용춘(龍春, 혹은 龍樹)의 도래를 암시하는 대목이기도 하다. 용춘공은 아들인 김춘추가 임금이 되면서 문흥 갈문왕으로 추존된다(정호완). 비형랑의 코가 두드러지게 뾰족하다 하여 코가시-비형이라 이름지었을 가능성이 있다. 신증동국여지승람에서는 목랑(木郞)-두두리라 하였다. 두두리는 두드리다(도깨비 방망이)에 그 어원을 둔다. 일명 두두을(豆豆乙)-두둘이라고 하였다. 처음에는 비형이 두두리의 우두머리였다가 나중에는 왕을 지키는 사람이 되고 두두리의 머리인 길달(吉達)을 죽임으로써 사악한 귀신을 물리치는 벽사(辟邪)의 문신(門神)이 되었다고 한다. 길달을 죽이고 난 뒤의 비형은 그 모습을 드러내지 않는다. 왕의 자리에서 쫓겨 난 진지왕의 아들인 용수(龍樹, 일명 龍春)와 같은 인물이 아닌가 하는 의견도 있다. 길달 처형 이후 20여년 뒤에 용춘은 임금을 지키는 내성사신(內城私臣)으로 나타난다. 삼국사기에는 비형랑이 보이지 않는다. 비형이 귀신의 우두머리에서 왕실의 지킴이로 그 역할이 바뀐다. 용춘은 뒤에 김춘추를 얻어 통일신라의 꿈을 이루게 된다(김두진, 신라 진평왕대 초기의 정치개혁, 진단학보69 참조).

비화가야(非火伽耶)

또 본조사략(本朝史略)에는, 태조 천복 5년 경자(庚子)에 오가야의 이름을 고쳤다. 즉 1은 금관(金官, 김해부로 됨), 2는 고령(古寧, 지금의 가리현), 3은 비화(非火, 지금의 창녕, 고령의 잘못인 듯)요, 나머지 둘은 아라(阿羅)와 성산(星山)이라고 했다(위 주와 같다. 성산은 혹 벽진가야라고도 한다).

(출전) 又本朝史略云, 太祖天福五年庚子, 改五伽耶名, 一金官(爲金海府), 二古寧(爲加利縣), 三非火(今昌寧, 恐高靈之訛), 餘二阿羅 · 星山(同前, 星山或作碧伽耶)(권1 기이1 오가야)

(새김)

비화가야는 경남 창녕에 자리하였던 가야국이다. 비화가야는 일명 비자벌(比自伐, 북한산 진흥왕순수비), 비자발(比自鉢, 일본서기), 불사국(不斯國, 삼국지) 등이 있다. 이러한 이형들은 모두가 빛벌(빗벌)을 한자의 소리만 따다가 적은 것이다(백승옥, 2003).

빙녀(氷女)

신라 제40대 애장왕 때, 스님 정수(正秀)는 황룡사에 머물고 있었다. 겨울날 많은 눈이 쌓이고 날은 이미 저물었는데, 삼랑사에서 돌아오다가 천엄사 문밖을 지나게 되었다. 그 때 한 거지가 아이를 낳고 누워서 얼어 죽게 되었다. 스님이 이를 보고 불쌍히 여겨 그를 안아 주었더니 한참 뒤에 깨어났다. 스님은 이에 옷을 벗어 덮어 주고 벌거벗은 채 본사로 달려와서 거적으로 몸을 덮고 밤을 새웠다.

(출전) 第四十哀莊代, 有沙門正秀, 寓止皇龍寺. 冬日雪深, 旣暮, 自三郎寺還, 經由天嚴寺門外, 有一乞女産兒, 凍臥濱死. 師見而憫之. 就抱, 良久氣蘇. 乃脫衣以覆之. 裸走本寺, 苫草覆身過夜(권5 감통 정수사구빙녀)

사금갑(射琴匣)

이 때 한 늙은이가 못 속에서 나와 글을 올렸는데, 그 글 겉봉에는, 이 글을 떼어 보면 두 사람이 죽을 것이요, 떼어 보지 않으면 한 사람이 죽을 것입니다 했다. 궁인이 돌아와 비처왕(毗處王)에게 바치니 왕은 말한다. 두 사람을 죽게 하느니보다는 차라리 떼어 보지 않아 한 사람만 죽게 하는 것이 낫겠다. 이 때 일관이 아뢰었다. 두 사람이라 한 것은 서민을 말한 것이요, 한 사람이란 바로 왕을 말한 것입니다. 왕이 그 말을 옳게 여겨 글을 떼어 보니 금갑을 쏘라고 했다. 왕은 곧 궁중으로 들어가 거문고 갑을 쏘았다. 그 거문고 갑 속에는 내전에서 분향수도하고 있던 스님이 궁주(宮主)와 은밀히 간통하고 있었다. 이에 두 사람을 사형에 처했다.

(출전) 時, 有老翁自池中出奉書, 外面題云開見二人死, 不開一人死. 使來獻之. 王曰與其二人死, 莫若不開, 但一人死耳. 日官奏云, 二人者庶民也. 一人者王也. 王然之開見, 書中云射琴匣. 王入宮見琴匣射之. 乃內殿焚修僧與宮主潛通而所奸也. 二人伏誅(권1 기이1 사금갑)

(새김)

화랑세기(花郎世紀)에 따르면, 그 사연은 삼국유사와 많이 다르다. 선혜(善兮) 왕후는 천주공의 아들 묘심과 사통하다 소지왕에게 들통이 나 묘심(妙心)은 죽고 선혜 왕후도 죽음직전에 이르게 된다. 그러나 보기공의 치료를 받고 겨우 살아난다. 또한 쫓겨난 폐비는 신궁의 궁주가 되어 보기공의 아들인 흥기와 정분이 나서 기오공을 낳는다. 기오공은 뒤에 김춘추의 아버지인 용춘공의 어머니인 지도태후를 낳는다. 또한 비지공의 아들인 호조공과 관계를 가져 비조공과 양화공주를 낳는다. 선혜 왕후는 소지왕과 사이에서 법흥왕의 왕비인 보도를 낳았다.

사내곡택(思內曲宅)

신라 전성기에는 서울에 17만 8천 9백 36호, 1천 3백 6십방, 55리, 35금입택(잘 사는 부자 집)이 있었다. 이것은 남택(南宅), 북택(北宅), 우비소택(亐比所宅), 본피택(本彼宅), 양택(梁宅), 지상택(池上宅, 본피부), 재매정택(財買井宅, 유신공의 조종), 북유택(北維宅), 남유택(南維宅, 반향사 하방), 대택(隊宅), 빈지택(賓支宅, 반향사 북쪽), 장사택(長沙宅), 상앵택(上櫻宅), 하앵택(下櫻宅), 수망택(水望宅), 천택(泉宅), 양상택(楊上宅, 양부 남쪽), 한기택(漢岐宅, 법류사 남쪽), 비혈택(鼻穴宅, 위와 같음), 판적택(板積宅, 분황사 상방), 별교택(別敎宅, 내의 북쪽), 아남택(衙南宅), 금양종택(金梁宗宅, 양관사 남쪽), 곡수택(曲水宅, 내의 북쪽), 유야택(柳也宅), 사하택(寺下宅), 사량택(沙梁宅), 정상택(井上宅), 이남택(里南宅, 우소택), 사내곡택(思內曲宅), 지택(池宅), 사상택(寺上宅, 대숙택). 임상택(林上宅, 청룡사의 동쪽에 못이 있음), 교남택(橋南宅), 항질택(巷叱宅, 본피부), 누상택(樓上宅), 이상택(里上宅), 명남택(椧南宅), 정하택(井下宅)이 있었다.

(출전) 新羅全盛之時, 京中十七萬八千九百三十六戶, 一千三百六十坊, 五十五里, 三十五金入宅(言富潤大宅也), 南宅, 北宅, 亐比所宅, 本彼宅, 梁宅, 池上宅(本彼部), 財買井宅(庾信公祖宗), 北維宅, 南維宅(反香寺下坊), 隊宅, 賓支宅(反香寺北), 長沙宅, 上櫻宅, 下櫻宅, 水望宅, 泉宅, 楊上宅(梁南), 漢歧宅(法流寺南), 鼻穴宅(上同), 板積宅(芬皇寺上坊), 別敎宅(川北), 衙南宅, 金楊宗宅(梁官寺南), 曲水宅(川北), 柳也宅, 寺下宅, 沙梁宅, 非上宅, 里南宅(亐所宅), 思內曲宅, 池宅, 寺上宅(大宿宅), 林上宅(靑龍之寺東方有池), 橋南宅, 巷叱宅(本彼部), 樓上宅, 里上宅, 椧南宅, 井下宅(권1 기이1 진한)

(새김)

사내곡택의 사내곡(思內曲)은 사내악(思內樂)을 이르는 것으로 보인다. 내해왕(奈解王) 때 지었다는 신라 향악(鄕樂)의 하나로도 본다. 사내악에 대해서는 여러 가지 주장이 있다. 1) 사내악(思內樂)은 사뇌 노래 또는 향악(양주동, 고가연구), 2) 사내악과 사뇌악의 기원을 경주 황룡사 인근의 사뇌야(詞腦野)(이혜구, 시나위와 사뇌에 대한 고찰), 3) 그 기원을 가야금악의 발생지로서의 성열현(省熱縣, 辛爾縣)의 음악(김동욱, 우륵 십이곡에 대하여) 등이 있다. 삼국사기 악지(樂志)에 신문왕 시절에 연주되었다는 사내무(思內舞)가 나타나고 애장왕 시절에 연주하였다는 사내금(思內琴)이 보인다. 사내악은 금가무(琴歌舞)의 종합적 무악(舞樂)으로 전승되었음을 알 수 있다. 사내악이 향찬(鄕讚)이나 기악(伎樂)과 함께 사찰이나 궁중무악의 시나위로 전승되었다고 볼 수 있다(역주삼국사기, 한국정신문화연구원 참조).

사뇌가(詞腦歌)

경덕왕이 물었다. 나에게도 그 차를 한 잔 나누어 주시겠소. 충담이 이내 차를 달여 드리니 차 맛이 이상하고 찻잔 속에서 이상한 향기가 풍긴다. 왕이 다시 물었다. 내가 일찍이 들으니 스님이 기파랑(耆婆郎)을 찬미한 사뇌가가 그 뜻이 무척 고상하다고 하니 그 말이 과연 옳은가요.

(출전) 王曰, 寡人亦一甌茶有分乎 僧乃煎茶獻之. 茶之氣味異常, 甌中異香郁烈. 王曰, 朕嘗聞師讚耆婆郞詞腦歌, 其意甚高, 是其果乎, 對曰然, 王曰, 然則爲朕作理安民歌, 僧應時奉勅歌呈之. 王佳之. 封王師焉, 僧再拜固辭不受(권2 기이2 경덕왕 충담사)

(새김)

신라의 향악(鄕樂)은 최치원의 **향악잡영(鄕樂雜詠)**에서 볼 수 있듯이 신라의 속악(俗樂)을 통틀어 가리키며 외래악을 두루 포괄한다. 향악의 뿌리는 신라의 고유한 가무악(歌舞樂)에 둔다. 이러한 가무악은 음악과 춤과 노래가 하나로 어울리는 종합 예술의 성격을 띠었다. 말하자면 노래하는 문학이요, 무용인 셈이다. 예컨대, 사내무(思內舞)는 악감(樂監)이 세 사람,

금척(琴尺)이 한 사람, 무척(舞尺)이 두 사람, 가척(歌尺)이 두 사람이다(삼국사기 악지(樂志)). 여기서 가척은 노래를 하는 가객의 구실을 맡는다. 따라서 사뇌가는 특히 사뇌악에 쓰였던 가곡 유형을 가리킨다(한국민족문화대백과사전 참조). **사뇌가**는 달리 향가를 말한다. 향가의 기원에 대하여는 여러 가지 풀이가 있다. 산스크리트어의 관점에서라면, 샹카(**शकर**, sankha)-향가는 비슈누 신을 찬미하는 것이고, 범패(梵唄)는 브라만을 찬미하는 것으로 볼 수 있다. 향가 자체가 불교적인 내용이 대부분이고 그 뿌리가 인도북부와 중부, 곧 중천축국을 포함하는 오천축의 노래라고 보면 더욱 설득력이 있다. 음운과 어휘, 그리고 문법 대응이나 문자의 체계로 보아 산스크리트어와 상당한 유연성을 갖고 있다. 현대 중국어로도 향가를 샹거(鄕歌, xiangge)라고 한다. 이로 보면 불찬가 형식으로 인도에서 받아들인 노래 샹카가 우리 땅에 와서 향가로 뿌리를 내린 것으로 보인다.

사뇌격(詞腦格)

유성공(劉聖公) 갱시 원년(癸未, 23)에 즉위하여(연표에는 갑신년에 즉위) 6부의 이름을 고쳐서 정하고 여섯 성을 하사했다. 이 때 비로소 도솔가(兜率歌)를 지었으니 차사(嗟辭)와 사뇌격(詞腦格)이 있었다. 또 비로소 보습과 얼음을 저장하는 창고와 수레를 만들었다. 건호 18년(42)에 이서국을 쳐서 없애버렸다.

(출전) 劉聖公更始元年癸未卽位(年表云, 甲申卽位) 改定六部號, 仍賜六姓, 始作兜率歌, 有嗟辭, 詞腦格. 製犂耜及藏氷庫, 作車乘. 建虎十八年伐伊西國滅之(권1 기이1 노례왕)

사뇌야(詞腦野)

그러나 말은 사람을 보더니 길게 울고는 하늘로 올라가 버렸다. 알을 깨고서 어린 사내아이를 얻으니, 그는 모양이 단정하고 아름다웠다. 모두 놀라 이상하게 여겨 그 아이를 동천(東泉, 동천사는 사뇌야 북쪽)에 목욕시켰더니 몸에서 광채가 나고 새와 짐승들이 따라서 춤을 췄다. 이내 천지가 진동하고 해와 달이 청명해졌다. 이에 그 아이를 혁거세왕(赫居世王)이라고 불렀다(이 혁거세는 필경 신라 말일 것이다. 혹은 불구내왕(弗矩內王)이라고도 하니 밝게 세상을 다스린다는 뜻이다).

(출전) 馬見人長嘶上天, 剖其卵得童男, 形儀端美. 驚異之. 浴於東泉(東泉寺在詞腦野北) 身生光彩, 鳥獸率舞, 天地振動, 日月淸明, 因名赫居世王(盖鄕言也. 或作弗矩內王, 言光明理世也)(권1 기이1 신라시조 혁거세왕)

(새김)

사뇌야(詞腦野)는 사내곡택(思內曲宅)의 사내(思內, sainai)와 같은 말로 보인다. 글자만 달랐지 그 뜻은 다를 바가 없다(미시나(三品彰英), 1975 참조). 동천사는 사뇌야의 남쪽에 있었던 절로서 오늘날 경주시 동천동의 헌덕왕릉 뒤편에 자리한 동전천(東田泉) 어름인데, 최근 동전천의 동(東)-의 명문 기와가 출토됨으로써 동천사의 터로 추정한다(진성규, 이인철(2002) 참조).

사동(蛇童)

서울 만선북리(萬善北里)에 있는 과부가 남편도 없이 태기가 있어 아이를 낳았는데 나이 12세가 되어도 말을 못하고 일어나지 못하므로 사동(蛇童, 아래에는 사복(蛇卜) 또 사파(蛇巴). 사복(蛇伏)이라고 썼다. 하지만 이것은 모두 사동을 말한다)이라고 불렀다. 어느 날 그의 어머니가 죽었는데 그때 원효(元曉)는 고선사(高仙寺)에 있었다. 원효는 그를 맞아 예를 했으나 사복은 답례도 하지 않고 말한다. 그대와 내가 옛날에 경(經)을 싣고 다니던 암소가 이제 죽었으니 나와 함께 장사지내는 것이 어떻겠는가. 원효는 좋다 하고 함께 사복의 집으로 갔다.

(출전) 京師萬善北里有寡女, 不夫而孕, 旣産, 年至十二歲, 不語亦不起, 因號虵. 童(下或作虵. 卜, 又巴又伏等, 皆言童也), 一日其母死, 時元曉住高仙寺. 曉見之迎禮, 福不答拜而曰 君我昔日馱經牸牛, 今已亡矣. 偕葬何如 曉曰諾(권4 의해 사복불언)

(새김)

사복(蛇伏) 혹은 사파(蛇巴)라 함은 당시 이두로 읽으면 뱀보가 된다. 뱀보는 어렸을 때부터 12살이 되도록 뱀처럼 기어 다니기만 하고 말을 못하였기에 붙여진 이름으로 보인다. 사람 이름에 붙이는 접미사 -보(바보, 느림보 등)가 한자의 소리를 빌어서 쓴 음독(音讀) 표기로 보인다. 뱀과 용, 그리고 거북은 같은 파충류이다. 상징적으로 용(龍)이 불교를 수호하고 임금의 권위를 드러내는 존재라면 여기 뱀보도 왕족 출신 아니면 고승대덕이었을 가능성이 높다. 삼국유사의 신라고승전이라 할 의해(義解) 부분에 사복불언(蛇伏不言)이라 올린 것을 보면 사복의 법력이 높아 원효와 같은 반열의 고승이었음을 알 수 있다.

사라(斯羅)

나라 이름을 서라벌(徐羅伐) 또는 서벌(徐伐, 지금 풍속에 경(京)을 서벌이라고 부르는 것은 이 때문이다)이라 하고, 혹은 사라(斯羅), 사로(斯盧)라고도 했다. 처음에 왕이 계정(雞井)에서 탄생했기 때문에 혹 나라 이름을 계림국(雞林國)이라고도 했다. 이것은 계룡이 상서를 나타냈기 때문이다. 일설에는 탈해왕 때 김알지를 얻는데 닭이 숲속에서 울었다 해서 국호를 계림이라 했다고도 한다. 후세에 와서 드디어 신라라는 국호로 정했던 것이다.

(출전) 國號徐羅伐, 又徐伐(今俗訓京字云徐伐, 以此故也), 或云斯羅, 又斯盧, 初王生於雞井, 故或云雞林國以其雞龍現瑞也. 一說脫解王時得金閼智而雞鳴於林中, 乃改國號爲雞林, 後世遂定新羅之號(권1 기이1 신라시조 혁거세왕)

(새김)

계림국과 관련하여 이제까지 우리가 알던 서라벌 중심의 계림만이 아니고 중국의 동북 지역도 계림의 강역이었다는 기록을 참고로 하여 이런 관점에서 재조명할 필요가 있다. 청나라 건륭제(乾隆帝) 43년(1778)에 왕명으로 아계(阿桂) 등이 엮은 만주원류고(滿洲源流考)에 따르면, 신라국으로써 계림주도독부(鷄林州都督府)를 삼았다고 했다. 계림과 길림(吉林)은 소리가 같고 지리가 모두 일치한다. 이 때 신라는 백제와 고구려, 그리고 말갈을 겸하여 소유한 것이다(按鷄林與今吉林, 音譯地理俱符是時新羅旣兼有百濟高麗之與靺鞨). 아울러 법민을 계림주도독으로 삼은 것이다(授法敏爲鷄林州都督). 동시에 같은 기록에 법민의 아버지인 김춘추를 우이도행군총관(嵎夷道行軍摠管)을 삼았다 당에서는 신라를 우이(嵎夷)로 보았다는 이야기다. 이로 보면 신라가 우이인데 이는 동이의 뿌리가 된다(심백강(2014) 우리역사 참조).

사라수(裟羅樹)

성사 원효의 속성은 설씨이며 조부는 잉피공 혹은 적대공이라 한다. 지금도 적대연 옆에 잉피공의 사당이 있다. 부친은 담날이며 벼슬은 내마였다. 원효는 처음에 압량군(押梁郡)의 남쪽(현 장산군) 불지촌 북쪽 율곡(栗谷)의 사라수 밑에서 태어났다.

(출전) 聖師元曉, 俗姓薛氏, 祖仍皮公, 亦云赤大公, 今赤大淵側有仍皮公廟. 父談捺乃末. 初, 示生于押梁郡南(今章山郡)佛地村北, 栗谷裟羅樹下. 村名佛地, 或作發智村(俚云弗等乙村)(권4 의해 원효불기)

(새김)

사라수는 달리 사라쌍수(裟羅雙樹)라고도 말한다. 여기 사라는 산스크리트어 살라(शाला, sala)에서 나온 말인데 견고함을 뜻한다. 석가세존이 구시나가라의 사라나무 숲속에서 열반에 들었는데 동서남북에 이 나무가 두 그루씩 서 있었기에 사라쌍수라고 한다. 부처님이 열반에 들자 그 중 한 나무씩 죽었다고 한다. 인도에서는 이 나무를 신성한 나무로 여기고 있으며 주요 산림식물의 하나로 본다. 석가세존이 입적하신 곳에 무성했던 나무로 유명하다. 나무의 줄기는 크고, 잎은 장타원형으로 길이 7-8치, 꽃은 가지 끝이 뾰족하게 피는 꽃방이 있고, 꽃잎은 담황색으로 2-3푼의 작은 꽃으로 핀다. 재목으로는 찌크 재 다음 가는 것으로 배 만드는데 쓴다. 나무 기름은 물감이나 약품으로 사용하기도 한다(불교용어사전 참조).

사라율(裟羅栗)

원효 스님의 집이 본래 이 골짜기 서남쪽에 있었다. 그 어머니가 태기가 있어 이미 만삭인데, 마침 이 골짜기에 있는 밤나무 밑을 지나다가 문득 해산하였으므로 몹시 급했기 때문에 집으로 돌아가지 못하고 남편의 옷을 나무에 걸고 그 속에서 지냈기 때문에 이 나무를 사라수라 했다. 그 나무의 열매가 또한 이상하여 지금도 사라율이라 한다.

(출전) 師之家本住此谷西南, 母旣娠而月滿, 適過此谷栗樹下, 忽分産, 而倉皇不能歸家, 且以夫衣掛樹, 而寢處其中, 因號樹曰裟羅樹. 其樹之實亦異於常, 至今稱裟羅栗(권4 의해 원효불기)

사량(沙梁)

이보다 먼저 사량부(沙梁部)의 어떤 민가의 여자 하나가 얼굴이 아름다워 당시 사람들은 도화랑(桃花娘)이라 불렀다. 진지왕이 이 소문을 듣고 궁중으로 불러들여 색욕을 채우고자 하니 여인은 말한다. 여자가 지켜야 하는 것은 두 남편을 섬기지 않는 일입니다. 그런데 남편이 있는데도 남에게 시집가는 일은 비록 만승의 위엄을 가지고도 맘대로 하지는 못할 것입니다. 왕이 말한다. 너를 죽인다면 어찌하겠느냐. 여인이 대답한다. 차라리 거리에서 베임을 당하더라도 딴 데로 가는 일은 원치 않습니다. 왕은 농담으로 말했다. 남편이 없으면 되겠느냐. 되겠습니다. 왕은 그를 놓아 보냈다. 이 해에 왕은 폐위되고 죽었는데 그 후 2년 만에 도화랑의 남편도 또한 죽었다.

(출전) 第二十五舍輪王, 諡眞智大王, 姓金氏, 妃起烏公之女, 知刀夫人. 大建八年丙申卽位(古本云, 十一年己亥, 誤矣). 御國四年, 政亂荒婬, 國人廢之. 前此, 沙梁部之庶女, 姿容艶美, 時號桃花娘. 王聞而召致宮中, 欲幸之. 女曰女之所守, 不事二夫. 有夫而適他, 雖萬乘之威, 終不奪也. 王曰殺之何 女曰寧斬于市, 有願靡他. 王戲曰無則可乎, 曰可. 王放而遣之. 是年, 王見廢而崩. 後三年, 其夫亦死(권1 기이1 신라시조 혁거세왕)

(새김)

사량(沙梁) : 새터라는 뜻으로 새로운 마을(양주동), 사량의 사(沙)는 새의 음차이고 량은 터 혹은 도라는 뜻이다. 본디는 급량부 중심으로 귀족사회를 이끌어 갔으나 김유신이 속하였던 사량부가 강력한 세력으로 등장했다(미시나, 삼국유사고증).

사량부 정씨(沙梁部 鄭氏)

둘째는 돌산(突山) 고허촌(高墟村)이니, 촌장은 소벌도리(蘇伐都利)다. 처음에 형산(兄山)에 내려왔으니 이가 사량부(沙梁部, 양(梁)은 도(道)라고 읽고 혹 탁(涿)으로도 쓴다. 그러나 역시 도(道)라고 읽는다) 정씨의 조상이 되었다. 지금은 남산부라 하여 구량벌(仇梁伐), 마등오(麻等烏), 도북(道北), 회덕(廻德) 등 남촌이 여기에 소속된다(지금이라고 함은 고려태조 때에 설치한 것이다).

(출전) 二曰突山高墟村, 長曰蘇伐都利, 初降于兄山, 是爲沙梁部(梁讀云道, 或作涿, 亦音道)鄭氏祖, 今曰南山部, 仇良伐, 麻等烏, 道北, 廻德等南村屬焉(稱今曰者, 太祖所置也)(권1 기이1 신라시조 혁거세왕)

(새김)

삼국사기와 동경지에는 신라 건국의 공신 **지백호(智伯虎)**는 화산에 내려와 진지촌을 다스렸다. 신라 유리왕 9년(32)에 6부의 이름을 개칭할 때 진지부를 **본피부**라 하고 정씨의 성을 하사하였다. 그 뒤 태종무열왕 3년(656)에 진지부 촌장 지백호를 감문왕(甘文王)에 추봉한다고 적고 있다. 이로 보면 삼국유사의 기록과 삼국사기의 기록이 서로 어긋남을 알 수 있다. 지금도 정씨 문중에서는 지백호를 모든 정씨의 도시조로 모시고 있다.

사령지(四靈地)

신라에는 네 곳의 신령스러운 땅이 있었다. 나라의 큰일을 상의할 때면 대신들이 반드시 사령지에 모여서 나라의 일을 의논했다. 그러면 그 일이 잘 이루어졌다. 이 네 곳의 첫째는 동쪽의 청송산(靑松山)이요, 둘째는 남쪽의 우지산(亏知山)이요, 셋째는 서쪽의 피전(皮田)이요, 넷째는 북쪽의 금강산(金剛山)이다. 진덕왕 무렵 비로소 정월 초하룻날 아침의 조례(朝禮)를 시행했고, 또 시랑(侍郎)이라는 관명도 이 때에 처음으로 쓰기 시작했다.

(출전) 新羅有四靈地, 將議大事, 則大臣必會其地謀之. 則其事必成. 一曰東靑松山, 二曰南亏知山, 三曰西皮田, 四曰北金剛山. 是王代始行正旦禮, 始行侍郞號(권1 기이1 진덕왕)

(새김)

경주 남산의 삼화술(三花述) 배실봉 꼭대기에는 신선들이 모여 바둑을 두었다고 하는 큰 바위(11m*6m)가 있다. 이곳에 거문고의 명인 옥보고(玉寶高)가 거문고를 탔다는 금송정(琴松亭) 터와 거문고의 음악에 따라 봉황이 춤을 추었다는 봉생암(鳳生岩)이 있다. 바둑 바위는 기우제 같은 제사를 모시던 자리였으며 신선들이 모였다 함은 화백회의를 열었다는 신화적 풀이가 가능하다.

사로(斯盧) ☞ 사라

사론(史論)

사론(史論)에는 이렇게 말했다. 신라왕으로서 거서간(居西干)과 차차웅(次次雄)이란 이름을 쓴 이가 각기 하나요, 니사금(尼師今)이라고 한 이가 열여섯이며, 마립간(麻立干)이라 한 이가 넷이다. 신라 말기의 명유 최치원이 제왕연대력(帝王年代曆)을 지을 적에는 모두 모왕(某王)이라고만 하고 거서간 등이라고 하지 않았다. 이것은 혹시 그 말이 야비해서 부르지 못할 것이라고 생각해서인가. 그러나 지금 신라의 일을 기록하는 데 방언을 모두 그대로 두는 것도 또한 마땅한 일일 것이다.

(출전) 史論曰新羅稱居西干, 次次雄者一, 尼師今者十六, 麻立干者四. 羅末名儒崔致遠作帝王年代曆, 皆稱某王, 不言居西干等, 豈以其言鄙野不足稱之也. 今記新羅事, 具存方言亦宜矣(권1 기이1 남해왕)

사륜왕(舍輪王)

신라 제25대 사륜왕의 시호는 진지대왕으로, 성은 김씨, 왕비는 기오공의 딸 지도부인(知刀夫人)이다. 대건 8년(丙申, 576)에 즉위하였다. 4년 동안 나라를 다스렸다. 정사가 문란하고 음란하여 나라의 사람들이 폐위시켰다.

(출전) 第二十五舍輪王, 諡眞智大王, 姓金氏, 妃起烏公之女, 知刀夫人. 大建八年丙申卽位(古本云, 十一年己亥, 誤矣). 御國四年, 政亂荒婬, 國人廢之(권1 기이1 도화녀 비형랑)

(새김)

사륜왕(舍輪王) : 신라 제25대 임금의 이름이다. 사륜은 신라 왕실이 석가불의 왕통이라는 개념을 투영한 것이다. 삼국사기에 사륜을 달리 금륜(金輪)이라 적고 있다. 이로 보면, 사륜의 사(舍)는 쇠를 뜻하는 시의 음차로 볼 수 있다. 사륜(舍輪)-진지왕인데, 법흥왕은 금륜, 진흥왕은 은륜, 동륜태자는 동륜이며 선덕과 진덕도 모두가 불교식 이름이다. 한편, 일본의 미시나(三品)는, 사륜왕은 마립간(麻立干)을 뜻하는 것으로 풀이하였다. 사(舍)의 훈인 말과 륜을 합하면 마립에 상응한다. 아울러 륜(輪)은 법륜의 의미를 갖고 있다. 부처는 교법의 수레바퀴를 굴려 중생의 모든 번뇌를 항복시키므로 이를 수레바퀴에 비유하여 법륜이라고 하였다. 초기 불교의 교단에서는 부처의 설법을 뜻하는 말로 사용되었지만, 중국에서는 석가모니의 가르침을 분류하는 교상판석(教相判釋, 경전을 내용, 시기 등에 따라 갈래지음)에 많이 붙여 통용하였다.

사릉(蛇陵)

혁거세 왕이 돌아가 하늘로 올라간 지 이레 뒤 유해가 땅 위에 떨어져 흩어졌다. 왕후 역시 따라서 돌아갔다. 나라 사람들은 이들을 합해서 장사지내려 했으나 큰 뱀이 나타나더니 쫓아다니면서 이를 방해하므로 오체(五體)를 각각 장사지내어 오릉(五陵)을 만들고, 또한 능의 이름을 사릉이라고 했다. 담엄사 북릉이 이것이다. 태자 남해왕이 곧 즉위하였다.

(출전) 王升于天, 七日後, 遺體散落于地, 后亦云亡. 國人欲合而葬之. 有大蛇逐禁, 各葬五體爲五陵, 亦名蛇陵, 曇嚴寺北陵是也. 太子南解王繼位(권1 기이1 신라시조 혁거세왕)

사리(舍利)

대청 원년(547)에 양(梁) 나라 사신 심호(沈湖)가 사리를 가져오고 천가 6년(565)에 진(陳) 나라 사신 유사(劉思)가 명관(明觀)과 함께 불경을 받들고 오니 절과 절이 별처럼 벌여 있고, 탑과 탑이 기러기처럼 줄을 지었다. 법당을 세우고 범종도 달아 용상의 스님들은 천하의 복전(福田)이 되고, 대승과 소승의 불법은 서울의 자비로운 구름이 되었다.

(출전) 大淸之初, 梁使沈湖將舍利, 天嘉六年, 陳使劉思幷僧明觀, 奉內經幷次, 寺寺星張, 塔塔鴈行. 竪法幢, 懸梵鏡(권3 흥법 원종흥법 염촉멸신)

(새김)

사리(舍利) : 산스크리트어 사리(舍利, सिर, sari)를 한자로 음역한 말이다. 좁은 의미로 불타나 고승들을 화장한 뒤에 나오는 뼈 같은 구슬인데 일종의 생체 호르몬의 결정체라고 한다. 석가모니 몸에서 나온 것을 진신사리, 대승과 소승의 모든 경전을 법신사리, 다보 부처와 같이 온몸이 그대로 사리가 된 것으로 나누어진다.

사물국(四勿國)

신라 제10대 내해왕(柰解王)이 즉위한 지 17년(壬辰, 212)에 보라국(保羅國, 현 고성), 고자국(古自國, 현 고성), 사물국(史勿國, 현 사주) 등 여덟 나라가 합세해서 변경을 침범해 왔다. 왕이 태자와 장군 내음과 일벌 등에게 명을 내려 군사를 거느리고 이를 막았다. 여덟 나라가 투항하여 왔다.

(출전) 第十奈解王卽位十七年壬辰, 保羅國, 古自國(今固城), 史勿國(今泗州)等八國, 倂力來侵邊境, 王命太子㮈音, 將軍一伐等, 率兵拒之. 八國皆降(권5 피은 물계자)

(새김)

보라국, **고자국**, **사물국**은 이른바 포상팔국(浦上八國)이다. 신라 내해왕 6년(201) 포상팔국이 가야국을 침략하므로 가야국은 신라에게 구원병을 요청하였다. 신라는 군사를 보내 장군을 죽이고 6천인의 포로를 다시 돌려보냈다. 포상팔국의 난이라고 부르기도 한다(김태식, 미완의 문명 참조).

사반왕(沙泮王)

백제 제7대 사반왕은 달리 사□□(沙□□)이라고도 한다. 구수왕의 아들이며 갑인년(甲寅, 234)에 즉위하자 바로 폐위 당하였다.

(출전) 第七代沙泮王一作沙□□. 仇首之子. 立卽廢(권1 왕력 사반왕)

(새김)

삼국사기(三國史記)에 따르면, 구수왕이 죽은 뒤 사반왕이 즉위하여 5년 동안 재위하다 돌아갔다. 사반이 왕위를 이었으나 나이가 어려서 정치를 할 수가 없어서 고이왕에게 선위를 하였다.

사방여래(四方如來)

죽령(竹嶺) 동쪽 100리쯤 되는 곳에 우뚝 솟은 높은 산이 있는데, 진평왕 9년(甲申, 587)에 문득 사면이 한 길이나 되는 큰 돌이 나타났다. 거기에는 사방여래의 상을 새기고 모두 붉은 비단으로 싸여 있었는데 하늘에서 그 산마루에 떨어진 것이다. 왕이 이 말을 듣고 그곳으로 가서 그 돌을 쳐다보고 나서 드디어 그 바위 곁에 절을 세우고 절 이름을 대승사(大乘寺)라고 했다. 여기에 이름은 전하지 않으나 연경(蓮經, 법화경)을 외우는 스님을 데려다가 이 절을 맡겨 보기가 좋은 돌을 깨끗이 쓸고 향화를 끊이지 않았다. 그 산을 역덕산(亦德山)이라 하고 혹은 사불산이라고도 한다. 그 절의 스님이 죽어 장사지냈더니 무덤 위에 연꽃이 피었다.

(출전) 竹嶺東百許里, 有山屹然高峙, 眞平王九年甲申, 忽有一大石, 四面方丈, 彫四方如來, 皆以紅紗護之. 自天墜其山頂. 王聞之命駕瞻敬, 遂創寺嵓側, 額曰大乘寺. 請比丘亡名誦蓮經者主寺, 洒掃供石, 香火不廢, 號曰亦德山, 或曰四佛山. 比丘卒旣葬, 塚上生蓮(권3 탑상 사불산 굴불산 만불산)

(새김)

이는 밀교에서 나온바, 대일여래(大日如來)를 중심으로 사방에 안치된 여래를 말한다. 동에 아축여래(阿閦如來), 서에 아미타여래(阿彌陀如來), 남에 보생여래(寶生如來), 그리고 북에 불공성취여래(不空成就如來)를 모셨다.

사복(蛇福)

서라벌의 만선북리에 한 과부가 살았다. 남편도 없이 아이를 가져 낳았다. 아이 나이가 열두 살이 되어도 말을 하지 못하고 일어서지도 못하므로 뱀보라고 하였다(사복의 보나 파나 복은 모두 아이를 말한다). 어느 날 그의 어미가 돌아갔다. 이 때 원효는 고선사에 머물고 있었다. 원효는 뱀보를 맞아 예를 했으나 사복은 답례도 하지 않고 말한다. 그대와 내가 옛날 경(經)을 싣고 다니던 암소가 이제 죽었으니 나와 함께 장사지내는 것이 어떻겠는가. 원효가 좋다고 하였다. 마침내 뱀보의 집으로 함께 가서 죽은 이에게 포살수계를 하는 주문을 했다. 나지 말지어다 죽음이 괴롭도다. 죽지 말지어다. 그 삶이 괴롭도다. 사복이 일렀다. 말이 너무 번거롭도다. 죽고 사는 게 괴롭다고 하면 될 것을. (중략) 일연은 이를 기려서 말한다. 잠자코 자는 용이 어찌 등한하리. 세상 떠나면서 읊은 한 곡조 간단도 해라. 고통스런 생사가 본래 고통이 아니거니, 연화장 세계 넓기도 해라.

(출전) 京師萬善北里有寡女, 不夫而孕, 旣產, 年至十二歲, 不語亦不起, 因號虵童(下或作虵卜, 又巴又伏等, 皆言童也), 一日其母死, 時元曉住高仙寺. 曉見之迎禮, 福不答拜而曰君我昔日駄經牸牛, 今已亡矣. 偕葬何如 曉曰諾. 遂與到家, 令曉布薩授戒. 臨尸祝曰莫生兮其死也. 苦 莫死兮其生也. 苦 福曰 詞煩. 更之曰 死生苦兮. (중략) 讚曰, 淵黙龍眠豈等閑, 臨行一曲沒多般. 苦兮生死元非苦, 華藏浮休世界寬(권4 의해 사복불언)

(새김)

사복(蛇福) : 일명 사동(蛇童), 사복(蛇卜), 사파(蛇巴)라고도 말한다. 어원으로는 뱀과 아이의 합성어로 보고 복(福, 卜, 伏)은 동(童)의 음차이다(이기문, 신라어, 복에 대하여). 달리 뱌얌에 인칭접미사 -보의 합성으로 보는 풀이도 있다(양주동, 고가연구). 원효의 손자인 설중업(薛仲業)이 세운 고선사서당화상탑비(高仙寺誓幢和尙塔碑)를 보면, 만선화상(萬善和尙)이 나온다. 사복이 만선북리의 사람이니 사복은 만선화상으로 볼 수 있다(정민, 불국토를 꿈꾼 그들 참조).

사불산(四佛山)

죽령(竹嶺) 동쪽 100리쯤 되는 곳에 우뚝 솟은 높은 산이 있는데, 진평왕 9년(甲申, 587)에 문득 사면이 한 길이나 되는 큰 돌이 나타났다. 거기에는 사방여래(四方如來)의 상을 새기고 모두 붉은 비단으로 싸여 있었는데 하늘에서 그 산마루에 떨어진 것이다. 왕이 이 말을 듣고 그곳으로 가서 그 돌을 쳐다보고 나서 드디어 그 바위 곁에 절을 세우고 절 이름을 대승사(大乘寺)라고 했다. 여기에 이름은 전하지 않으나 법화경을 외우는 중을 청하여 이 절을 맡겨 돌단을 깨끗이 쓸고 향화를 끊이지 않았다. 그 산을 역덕산(亦德山) 혹은 사불산이라고도 한다. 그 절의 중이 죽어 장사지냈더니 무덤 위에 연꽃이 피었다.

(출전) 竹嶺東百許里, 有山屹然高峙, 眞平王九年甲申, 忽有一大石, 四面方丈, 彫四方如來, 皆以紅紗護之. 自天墜其山頂. 王聞之命駕瞻敬, 遂創寺嵒側, 額曰大乘寺. 請比丘亡名誦蓮經者主寺, 洒掃供石, 香火不廢, 號曰亦德山, 或曰四佛山. 比丘卒旣葬, 塚上生蓮(권3 탑상 사불산 굴불산 만불산)

사불성(沙弗城)

삼국사 본전에 일렀다. 견훤은 상주 가은 사람이었다. 함통 8년(丁亥, 867) 생으로 본디 성은 이(李)였는데 뒤에 견(甄)으로 성을 고쳤다. 아버지 아자개(阿慈介)는 농사를 지었는데, 광계 연간에 사불성(沙弗城, 현 상주)에 자리를 잡고 스스로 장군이라 했다.

(출전) 三國史本傳云 甄萱尙州加恩縣人也. 咸通八年丁亥生, 本性李, 後以甄爲氏. 父阿慈个, 以農自活, 光啓中據沙弗城(今尙州), 自稱將軍(권2 기이2 후백제 견훤)

(새김)

사불은 달리 사벌, 혹은 사량벌이라고 한다. 경주의 옛 이름이 서라벌이다. 사벌의 사(沙)에 대해서 많은 학자들이 동(東), 상(上), 수(首), 신(新) 등의 의견을 제시하였다. 서라벌(徐羅伐)의 서라(徐羅)는 신라(新羅), 사라(斯羅), 사로(斯盧) 등과 같은 기원을 둔 형태소의 표기이고 서벌은 서라벌의 두 번째 음절이 탈락한 것으로 생각한다(권택룡). 사벌에서 소리가 약화탈락하면서 사벌-사블-셔블-서울로 바뀌어 오늘의 서울이 되었다(최범훈, 서울의 고명고 참조). 지금도 상주에 가면 사벌면이 있음은 살아있는 증거가 된다고 볼 수 있다.

사비(泗沘)-사자(泗泚)

낭장 유인원에게 명하여 사비성(泗沘城)을 지키게 하고, 또한 좌위낭장 왕문도로 웅진도독(熊津都督)을 삼아 백제에 남아 있는 백성들을 무마하게 했다. 소정방은 포로들을 이끌고 당 나라 임금에게 뵈니, 왕은 이들을 책망만 하고 용서해 주었다. 백제왕은 병들어 죽고 금자광록대부위위경이란 작호를 내렸다.

(출전) 命郎將劉仁願守都城, 又左衛郎將王文度爲熊津都督, 撫其餘衆. 定方以所俘見, 上責而宥之. 王病死, 贈金紫光祿大夫衛尉卿(권1 기이1 태종춘추공)

(새김)

사비성(泗沘城) : 백제의 마지막 수도를 말한다. 달리 사자(泗泚)로 쓰기도 하는데 사비(泗沘)의 잘못된 글자로 본다. 사비하가 그렇고 사비성이 그렇기 때문이다. 어원으로 보면 사비 곧 삽-사비-사ᄫᅵ-사이를 뜻할 가능성이 있기 때문이다.

사비하(泗沘水-泗沘河)

또 사비하 가에는 바위 하나가 있는데 소정방이 일찍이 그 바위 위에 앉아서 물고기와 용을 낚았다 하며 바위 위에는 용이 꿇어앉았던 자취가 있으므로 그 바위를 용암이라고 한다.

(출전) 又泗沘河邊有一嵓，蘇定方嘗坐此上，釣魚龍而出，故嵓上龍跪之跡，因名龍嵓(권2 기이2 남부여 전백제 북부여)

(새김)

사비하는 오늘날의 금강이며 사비는 백제 말엽의 수도로 부여를 말한다. 사자(泗泚)라 적는 것은 잘못된 오기다. 금강이 사비하이고 사비성이 있고 부여가 사비인데 달리 사자라 적을 이유가 없다. 여기 용(龍)이라 함은 백제의 의자왕을 상징한다.

사소(娑蘇)

신모는 본래 중국 황제의 딸이며, 이름은 사소였다. 일찍이 신선의 술법을 배워 해동(海東, 신라)에 와서 머물러 오랫동안 돌아가지 않았다. 이에 아버지 황제가 소리개 발에 매달아 그에게 보낸 편지에 말했다. 소리개가 머무는 곳에 집을 지으라. 사소는 편지를 보고 솔개를 놓아 보내니, 이 선도산으로 날아와서 멈추므로 드디어 거기에서 살면서 지선이 되었다. 때문에 산 이름을 서연산(西鳶山)이라고 했다.

(출전) 神母本中國帝室之女，名娑蘇. 早得神仙之術，歸止海東，久而不還，父皇寄書繫足云隨鳶所止爲家. 蘇得書放鳶，飛到此山而止，遂來宅爲地仙，故名西鳶山(권1 기이1 선도성모수희불사)

(새김)

사소(娑蘇)는 선도산신모(仙桃山神母), 선도성모(仙桃聖母)라고도 한다. 본디는 중국 황실의 딸로, 일찍이 신선의 술법을 배워 해동(海東, 신라)에 와서 머물렀는데 오랫동안 돌아가지 않았다. 오랫동안 이 산에 머물면서 나라를 지켰는데 이상하고 신령스러운 일이 많았다. 그녀가 처음 진한(辰韓)에 와서 신성한 아이를 낳았으니 신라의 첫 임금이 되었으매 혁거세와 알영을 낳았을 것이다. 또 일찍이 하늘의 선녀에게 비단을 짜게 해서 붉은 빛으로 물들여 조복을 만들어 남편에게 주니 나라 사람들은 이 때문에 비로소 신비스러운 영험을 알게 되었다. 진평왕 때는 안흥사(安興寺)의 지혜(智惠)라는 비구니가 새로 불전을 수리하려 했으나 힘이 모자랐는데, 어느 날 꿈에 사소가 나타나 도와주었다. 또, 매 사냥을 좋아하는 경명왕이 선도산에 올라가서 매를 잃어 버렸다가 사소의 도움으로 찾게 되자 그녀를 대왕으로 봉작하였다. 한편, 고려시대 김부식이 일찍이 사신으로 중국 송나라에 가서 우신관(佑神館)에 나갔더니 한 사당에 사소의 상이 모셔져 있음을 보았다고 한다. 이와 같은 내용은 마치 가야 수로왕의 비 허왕후가 아유타국(阿踰陁國)의 공주라고 한 것과 비슷한데, 이는 아마도 고대 우리 민족이 대륙에서 한반도로 옮겨 온 것과 관련된 듯하다(한국민족문화대백과사전 참조).

사여수(似如樹)

풀이하는 자가 말한다. 미(未)는 미(彌)와 음(音)이 서로 같고 시(尸)는 역(力)과 글자 모양이 서로 비슷하기 때문에 그 가까운 것을 취해서 바꾸어 부르기도 한 것이다. 부처님이 유독 진자의 정성에 감동된 것만이 아니라 이 땅에 인연이 있었기 때문에 가끔 나타났던 것이다. 지금까지도 나라 사람들이 신선을 가리켜 미륵선화라 하고 중매하는 사람들을 미르(未尸)라고 하는 것은 모두 진자의 유풍이다. 길섶 나무를 지금까지도 견량수(見郎樹)라 하고 또 우리말로 사여수(似如樹, 혹 印如樹)라고 한다.

(출전) 說者曰, 未與彌聲相近, 尸與力形相類, 乃託其其近似而相謎也. 大聖不獨感慈之誠款也. 抑有緣于玆土, 故比比示現焉. 至今國人稱神仙曰彌勒仙花, 凡有媒係於人者曰未尸, 皆慈氏之遺風也. 路傍樹至今名見郎, 又俚言似如樹(一作印如樹)(권3 탑상 미륵선화미시랑 진자사)

(새김)

사여수(似如樹) : 불교를 상징하는 나무 사라수(裟羅樹)의 향찰식 표기로 보인다. 견랑(見郎)을 사여수로 적음은 견(見)을 '살피다'의 '살'에서 사여가 된 것이다(이범교, 삼국유사의 종합적 해석). 사여수에서 여(如)의 중국 한자음으로 루(ru)였음을 고려하면 사여수-사루수-사라수와 같이 소리의 비슷함으로 그 유연성을 찾을 수 있다. 글자가 비슷하기로는 루(屢)에서 리을을 따오고 글자로서는 주검 시(尸)만을 따다가 썼다고 볼 수 있다(문경현).

사자사(師子寺)

이에 금을 모아 산더미처럼 쌓아 놓고, 용화산(龍華山) 사자사의 지명법사에게 가서 이것을 실어 보낼 방법을 물으니 법사가 말한다. 내가 신통한 힘으로 보낼 터이니 금을 이리로 가져 오시오. 이리하여 공주가 부모에게 보내는 편지와 함께 금을 사자사 앞에 갖다 놓았다. 법사는 신통한 힘으로 하룻밤 동안에 그 금을 신라 궁중으로 보내자 진평왕은 그 신비스러운 현상을 이상하게 여겨 더욱 서동을 신임해서 항상 편지를 보내어 안부를 물었다. 서동은 이로부터 인심을 얻어서 드디어 왕위에 올랐다.

(출전) 於是聚金積如丘陵, 詣龍華山師子寺知命法師所, 問輸金之計, 師曰吾以神力可輸, 將金來矣. 主作書, 幷金置於師子前, 師以神力, 一夜輸置新羅宮中, 眞平王異其神變, 尊敬尤甚, 常馳書問安否, 薯童由此得人心, 卽王位(권2 기이2 무왕)

사자성(泗沘城) ☞ 사비성

사자암(師子庵)

왕이 화공에게 그 형상을 그리게 하였다. 사람을 보내 나라 안을 찾게 하였다. 사자가 해동(海東. 신라)에 이르러 보니 그 산에 큰 사자암이 있고 산의 서남쪽 두 걸음쯤 되는 곳에 삼산(三山)이 있는데 그 이름은 화산(花山, 그 산의 몸체는 하나인데 봉우리가 셋이어서 삼산이라고 했다)으로서 모양이 그림과 같았다.

(출전) 上命畵工圖其狀, 遣使搜訪天下, 至海東見此山有大師子嵓. 山之西南二步許有三山, 其

名花山(其山一體三首, 故云三山), 與圖相近. 然未知眞僞(권3 탑상 남백월이성 노힐부득 달달박박)

사절유택(四節遊宅)

봄에는 동야택(東野宅), 여름에는 곡량택(谷良宅), 가을에는 구지택(仇知宅), 겨울에는 가이택(加伊宅)에서 놀았다. 제49대 헌강대왕 때에는 성 안에 초가집은 하나도 없고, 집의 처마와 담이 이웃집과 서로 이웃해 있었다. 또 노랫소리와 피리 부는 소리가 길거리에 가득 하고 밤낮으로 끊이지 않았다.

(출전) 春 東野宅, 夏谷良宅, 秋仇知宅, 冬加伊宅. 第四十九憲康大王代, 城中無一草屋, 接角連墻, 歌吹滿路, 晝夜不絶(권1 기이1 우사절유택)

(새김)

사절유택(四節遊宅) : 봄과 여름, 가을과 겨울의 계절을 따라서 휴양 삼아 다니던 별장을 말한다. 여기 우(又)라 함은 금물을 입힌 금입택 말고도 더 있다는 뜻으로 보아야 할 것이다.

사천(蛇川)

백제 시조 온조왕은 동명왕의 셋째 아들이며 혹은 둘째 아들이라고 한다. 계묘년(癸卯, 전18)에 즉위하였으며 45년 동안 나라를 다스렸다. 위례성에 도읍을 하였는데 일명 사천이라고 한다. 현 직산이다. 병진년(丙辰, 전5)에 한산(漢山, 한성)으로 도읍을 옮겼으며 현 경기도 광주(廣州)를 말한다.

(출전) 第一代溫祚王, 東明第三子, 一云第二. 癸卯(立)在位四十五. 都慰禮城, 一云虵川, 今稷山. 丙辰移都漢山, 今廣州(권1 왕력1 온조왕)

사천왕사(四天王寺)

월명은 항상 사천왕사에 있으면서 피리를 잘 불었다. 어느 날 달밤에 피리를 불면서 문 앞 큰길을 지나가니 달이 그를 위하여 움직이지 않고 서 있었다. 이로 하여 이 길을 월명리라 하였다. 월명사 역시 이로써 유명해졌다. 대사는 곧 능준대사의 문인이었다.

(출전) 明常居四天王寺, 善吹笛. 嘗月夜吹過門前大路, 月馭爲之停輪. 因名其路曰月明里, 師亦以是著名. 師卽能俊大師之門人也(권5 감통 월명사 도솔가)

(새김)

사천왕사는 신라 30대 문무왕 19년(679)에 지었다. 본디는 신문왕릉 옆에 자리하였다. 문무왕 15년(675) 당 나라는, 신라가 그들의 식민통치의 심장이었던 도독부(都督府) 군부를 공략한다는 이유로 오십 만 군사를 일으켜 신라를 공격해 왔다. 이에 신라는 불력(佛力)으로 당 나라 군사를 물리치기 위하여 이 절을 세운 것이다. 의상이 이 때 당 나라에 유학승으로 있을 때였다. 같은 해 2월 김인문(金仁問)으로부터 당 나라의 침략에 대한 정보를 알고 의상

그림 37 사천왕사지

(義湘)은 곧바로 귀국하여 문무왕에게 이 사실을 보고하였다. 임금은 명랑법사(明朗法師)에게 적을 막을 방책을 물었다. 명랑은 낭산 남쪽 신유림(神遊林)에 사천왕사를 세우고 도량을 열 것을 제안하였다. 하지만 갑작스런 당 나라의 침략으로 절을 세울 시간적 여유가 없었다. 명랑은 비단으로 절을 짓고 풀로써 오방의 신상(神像)을 만든 뒤 유가명승(瑜伽明僧) 12인과 함께 밀교의 비술인 문두루(文豆婁, मुद्र, mudra) 비법을 썼다. 당 나라 군사들이 쳐들어오기에 앞서 태풍이 불어 당 나라 전함이 모두 물속에 잠겼다. 그 뒤 5년 만에 절을 짓고 사천왕사라 하였다. 삼국유사에 따르면, 고려 때까지 문두루 비법을 활용하였던 단석(壇席)이 남아 있었다. 하지만 그 자취를 찾아볼 수 없다. 이 절을 지은 곳인 신유림은 7처 가람의 하나로서 선덕여왕이 그곳을 도리천(忉利天)이 있는 곳이라 하여 신성시하고 자신이 죽거든 도리천에 묻으라고 예언하였던 선덕여왕의 지기삼사(知幾三事)의 현장이기도 하다.

사탁(沙涿)

그런 때문에 탁수(涿水)의 이름을 따서 그들이 사는 읍과 마을을 사탁(沙涿), 점탁(漸涿)이라고 불렀다(신라 사람의 방언에 탁(涿)의 음을 도(道)라고 했다. 때문에 지금도 혹 사량(沙梁)이라 하는데, 양(梁)을 도(道)라고도 읽는다).

(출전) 故取涿水之名, 稱所居之邑里, 云沙涿·漸涿等(羅人方言, 讀涿音爲道. 故今或作沙梁, 梁亦讀道)(권1 기이1 진한)

(새김)

신라 6부 중의 하나로 사량부(沙梁部)라고도 한다. 사훼(沙喙)라고도 적었다(영일냉수리신라비, 울진 봉평리 신라비, 울주 천전리 각석). 사로 6촌 가운데 돌산고허촌(突山高墟村)이 귀순자나 복속된 이들을 합하여 사탁부(사량부)가 되었다(이문기, 1980).

사파(蛇巴) ☞ 사복

산상왕(山上王)

고구려 제10대 임금이다.

(출전) 第十代山上王(권1 왕력 산상왕)

(새김)

산상왕은 신대왕의 아들이고 고국천왕의 동생이다. 왕위 계승에 불만을 품은 그의 형인 발기(發岐)의 모반을 물리치고 환도성(丸都城)을 쌓고 천도를 하였다.

산신(山神)

또 도읍을 백악산(白岳山) 아사달(阿斯達)로 옮기더니 궁홀산(弓忽山, 일명 方忽山)이라고도 하고 금미달(今彌達)이라고도 한다. 그는 1,500년 동안 여기에서 나라를 다스렸다. 주(周,) 나라 호왕(虎王)이 즉위한 기묘년에 기자를 조선에 봉했다. 이에 단군(壇君)은 장당경(藏唐京)으로 옮겼다가 뒤에 돌아와서 아사달에 숨어서 산신이 되니, 나이는 1,908세였다고 한다.

(출전) 又移都於白岳山阿斯達, 又名弓(一作方)忽山, 又今彌達, 御國一千五百年. 周虎王卽位己卯, 封箕子於朝鮮, 壇君乃移於藏唐京, 後還隱於阿斯達爲山神, 壽一千九百八歲(권1 기이1 고조선)

(새김)

그림 38 포석정

산신 신앙은 수렵문화 단계에서 출발한다. 이 때 산신은 산의 일체를 다스리는 자연의 주인(master of nature)이다. 신체(神體)는 호랑이었다. 동예(東濊)의 호랑이 신 숭배는 이러한 전통을 이어받은 것이다. 단군사화(壇君史話)에서 단군이 마지막에 아사달 산신이 되었음을 보면 고조선 시대에도 산신신앙이 널리 행해지고 있었다. 이는 특히 신라에서 성행, 신라 국가제사의 대상 대부분이 산신이었다. 산신이 나라를 지켜준다는 믿음에 기초한 것이었다. 그래서 나라가 위기에 처했을 때 산신이 나타나 이를 경고하기도 했다. 신라 제49대 헌강왕이 포석정이나 북악에 행차했을 때 3산 5악의 신들이 나타나 어무상심무를 추면서 다가올 위기를 경고했다는 것은 이를 뒷받침한다. 고려시대에는 산신들에 대해 수시로 봉작을 내려 산신의 가호를 빌기도 했으며, 조선시대에는 중요 산악들을 나라의 제의대상으로 삼아 정기적으로 제사했다. 한편 불교가 들어오면서 전통신앙과 불교의 융합이 이루어지고, 이에 따라 산신은 사찰의 수호신으로 자리 잡는다. 말하자면 절간의 산신각 혹은 산령각을 지어 산신을 모시게 되는데, 그 시기는 대략 조선 후기로 짐작된다(한국어 위키백과 참조). 신라의 화랑도 역시 명산대천을 찾아 다녔는데 이 또한 산신신앙과 다르지 않다. 지형으로 보아 산이란 하늘에 가장 가까이 자리하였고 하늘에 제를 올리는 제단 곧 솟대의 구실을 하는 것으로 보인다. 기원적으로 단군은 단골이며 무당이었다. 함경도 사투리로는 스승이라고 한다. 이르자면 제사장이다. 오늘날의 무당이나 스승 혹은 단골이라 함도 산 신앙 문화의 그림자라고 볼 수 있다.

산화공덕(散花功德)

신라 제35대 경덕왕(景德王) 19년(庚子, 760) 4월 초하루에 두 개의 해가 나란히 나타나서 열흘 동안 없어지지 않으니 일관(日官, 천문관)이 아뢰었다. 인연이 있는 중을 청하여 꽃을 뿌리는 산화공덕을 지으면 재앙을 물리칠 수 있을 것입니다.

(출전) 景德王十九年庚子四月朔, 二日並現, 挾旬不滅. 日官奏請緣僧, 作散花功德則可禳(권5 감통 월명사 도솔가)

(새김)

산화공덕(散花功德) : 부처님에게 꽃을 뿌려 공양을 드리는 것을 말한다. 공양함으로써 자신에게 그 보답이 돌아온다고 믿는 것이다. 꽃의 의미에 대하여는 여러 가지의 풀이가 있다. 두 개의 해를 진정시킨 마법의 꽃이다(박노준). 생명을 만들어내는 주술적인 꽃이다(현용준, 도솔가).

살수(薩水)

또 무휼왕 27년(丁亥, 44)에 광호제(光虎帝, 光武帝)가 사자를 보내어 낙랑을 치고 그 땅을 빼앗아 군현을 삼으니, 살수 이남의 땅은 한(漢) 나라에 소속되었다(이상의 여러 글에 따르면 낙랑이 곧 평양성이란 것이 마땅하다. 혹은 말하기를, 낙랑의 우두산(牛頭山) 밑이 말갈(靺鞨)과의 경계이고, 살수(薩水)는 현 대동강이라고 한다. 어느 말이 옳은지 알 수가 없다).

(출전) 又無恤王二十七年, 光虎帝遣使伐樂浪, 取其地爲郡縣, 薩水已南屬漢(據上諸文, 樂浪卽平壤城, 宜矣. 或云樂浪牛頭山下靺鞨之界, 薩水今大同江也. 未詳孰是(권1 기이1 낙랑국)

(새김)

여기 **살수**라 함은 청천강을 말한다. 대동강으로 적고 있음은 오기일 것으로 본다. 청천(淸川)-살수(薩水)의 대응에서 보이는 살-청은 청주(淸州)-살매(薩買)나 청풍(淸風)-살미(乷味)에서와 같이 '사이(間), 맑다, 살갑다, 깨끗하다'의 뜻으로 쓰였음을 가늠할 수 있기에 그렇다. 요즘 북한에서는 살수를 압록강 북쪽에 자리한 요동반도를 흐르는 대양하(大洋河)의 지류인 소자하로 상정하고 있다. 오늘날로 보면 태자하(太子河) 일명 오열하라는 것이다. 수나라 양제가 점령하고자 했던 평양성도 압록강 북쪽에 자리한 봉황성(鳳凰城, 현 鳳城)이라고 본다. 당시의 평양성은 북평양과 남평양의 부수도를 갖고 있었으며 북평양은 임금이 머물던 북평양을 말한다는 것이다(조선일보 2001.6.11 참조). **중두산(中頭山)**은 우두산(牛頭山)의 오각이며 황해도 금천군 우봉(牛峰) 지역으로 비정한다(이병도, 1977).

살찬(薩飡)

천수 3년(壬辰, 692) 9월 7일에 효소왕은 대현(大玄) 살찬의 아들 부례랑을 국선으로 삼았고, 주리(珠履)의 무리가 천명이나 되었는데 안상(安常)과는 무척 친했다. 천수 4년(癸巳, 693) 3월에 부례랑은 무리들을 거느리고 금란(金蘭, 금강산)에 놀러 갔는데, 북해의 경계에 이르렀다가 오랑캐에게 사로잡혀 갔다.

(출전) 天授三年壬辰九月七日, 孝昭王奉大玄薩喰之子夫禮郎爲國仙, 珠履千徒, 親安常尤甚. 天授四年(□長壽二年)癸巳暮春之月, 領徒遊金蘭, 到北溟之境, 被狄賊所掠而去(권3 탑상 백률사)

(새김)

살찬(薩飡) : 신라 17관등의 8위인 사찬의 별칭이다. 사(沙)와 살(薩, sa)은 소리가 비슷하다. 살(薩)은 중국어로 리을 끝소리가 묵음이 되기에 그러하다.

삼걸왕(三乞王)

백제 제23대 삼근왕은 일명 삼걸왕이라고도 한다. 문주왕의 아들이며 정사년(丁巳, 477)에 즉위하여 2년 동안 나라를 다스렸다.

(출전) 第二十三代三斤王, 一作三乞王. 文周子. 丁巳立, 理二年(권1 왕력 삼근왕)

(새김)

문주왕의 아들로 13살에 즉위하여 즉위 3년 만에 당대 최고의 실력자였던 해구(解仇)의 반란을 이겨냈다. 난이 평정된 다음 해(479) 임금이 죽자, 동성왕(東城王)이 즉위하였다.
삼근왕(三斤王)은 임근왕(壬斤王)의 잘못된 적기로 보인다. 임근왕의 또 다른 이름이 임걸(壬乞)이기에 그렇다(신채호, 조선상고사 참조).

삼국본사(三國本史)

양(梁)과 당(唐)의 두 승전(僧傳)과 삼국본사(三國本史)에는 모두 고구려와 백제 두 나라의 불교의 시작이 진(晉) 나라 말년인 태원 연간이라 했으니, 순도(順道), 아도(我道) 두 법사가 소수림왕 4년(甲戌, 374)에 고구려에 온 것은 분명하여 이 전기는 잘못되지 않았다.

(출전) 梁唐二僧傳, 及三國本史皆載, 麗濟二國佛敎之始, 在晋末大元之間, 則二道法師, 以小獸林甲戌, 到高麗明矣. 此傳不誤(권3 흥법 아도기라)

삼국사(三國史)

또 삼국사 열전에 이런 기록이 있다. 어진 선비 귀산(貴山)은 사량부 사람이다. 같은 마을의 추항(箒項)과 친구가 되어 두 사람은 서로 말했다. 우리들이 군자들과 함께 사귀려면 먼저 마음을 바르게 하여 처신하지 않는다면, 필경 욕을 당하는 것을 면치 못할 것이다.

(출전) 又三國史 · 列傳云賢士貴山者牟梁部人也. 與同里箒項爲友, 二人相謂曰我等期與士君子遊, 而不先正心持身, 則恐不免於招辱(권4 의해5 원광서학)

(새김)

삼국사는 삼국사기의 다른 이름이다. 본디 이름이 삼국사였는데 이마니시류(今西龍)로부터 -기(記)를 붙여 삼국사기(三國史記)라 한 것으로 추정된다. 삼국사는 고려 인종의 명을 받아 김부식(金富軾)이 인종 23년(1145)에 완성한 삼국시대 역사서이다. 한국에서 가장 오래된 사서로서, 신라, 고구려, 백제 삼국의 정치적 흐름을 중심으로 기술한 기전체의 역사서이다. 한국의 사기(史記)인 셈이다. 비유하자면 한국의 사마천이 김부식이다. 모두가 50권인데 본기가 28권(신라, 통일신라 12권, 고구려 10권, 백제 6권), 연표 3권, 지(志) 9권, 열전 10권으로 구성되어 있다. 이 가운데 가장 알맹이가 되는 두 부분을 들라면 크게 본기와 열전이 된다. 해서 이를 기전체(紀傳體)라 이르는 것이다. 삼국과 통일신라 시기의 역사와 문화를 살핌에 있어 중요한 사료가 된다. 삼국사기의 판본에 고려본과 조선본이 있다. 송나라 왕응린(王應麟)의 옥해(玉海)에 명종 4년(1174)에 해동삼국사기(海東三國史記) 헌서(獻書) 기록으로 볼 때 이 책이 고려시대에 지은 뒤부터 바로 간행되었고, 간행 당시의 공식 이름이 〈해동삼국사기〉였을 것으로 가늠하기도 한다. 고려본으로는 13세기 말엽에 간행된 것으로 보이는 잔존본인 성암본(誠庵本)이 있다. 이는 보물 제722호로 지정되어 있다. 조선시대에 들어 와서 태조 2년(1393)에 진의귀(陳義貴), 김거두(金居斗) 등이 경주부사로 있을 때 간행한 적이 있으나 현재는 전하는 것이 없다. 중종 7년(1512)에 목판으로 간행된 완질본으로 보물 제723호로 지정된 것이 있다. 같은 판본으로 선조 6년(1573)에 간행한 완질본이 있다. 일찍이 알려져 보물 제525호로 지정되었고 이언적 선생을 모신 경주의 옥산서원본이 있다. 이 두 판본은 명나라 무종 정덕(正德) 연간에 간행되었음으로 하여 정덕본이라 말한다. 중종 7년(1512) 임신년에 경주부사 이계복(李繼福)이 간행을 주도했다. 흔히 중종 임신본 혹은 정덕임신본, 더러는 정덕본(正德本)이라고도 부른다. 삼국사기를 중심으로 하여 우리나라의 역사를 경계 짓는 데는 한계가 있다. 삼국사의 역사 기술은 신라가 건국한 기원전 57년까지이고 그 이전의 역사는 찾아 볼 수가 없다. 이르자면 단군조선이나 부여, 가락국기, 그리고 삼한시대의 기록이 없는 것이 결정적인 흠이다. 엮은이는 삼국사보다 약 136년 가량 뒤에 엮어 만든 일연의 삼국유사의 기이(紀異) 부분을 보면, 기이란, 삼국사의 본기와 다른 부분(-異)을 말한다고 본다. 서로 같은 부분은 바탕으로 삼고 다른 부분만 아우르면 삼국사진표(三國史進表)에 드러난 삼국사(三國史)의 모습을 복원할 수 있으리라고 본다. 우리 역사를 새로 써야 할 큰 과제이다. 그 동안의 학계나 문화계에서는 삼국유사의 기이(紀異)를 신이(神異)한 내용으로만 보아 이런 관점에서 박사학위 청구 논문으로까지 굳어져 가는 양상이다. 되돌아보아야 할 화두이다(정호완). **삼국사(三國史)**는 김부식의 삼국사기를 말한다는 견해(이강래, 1996)와 삼국사기 그 이전에 엮은 구삼국사(舊三國史)를 말한다는 견해(정구복, 1993)가 있다.

삼근왕(三斤王) ☞ 삼걸왕

삼랑사(三郎寺)

개요 원년(辛巳, 681) 문무왕이 장차 세상을 떠나려 할 때 신문왕에게 부탁했다. 경흥(憬興) 법사는 국사가 될 만하니 내 명을 잊지 말라. 신문왕이 즉위하여 나라의 원로로 책봉하고 삼랑사에 살게 했는데 문득 병이 든 지 한 달이나 되었다. 이 때 여승 하나가 와서 그에게 문안하고 화엄경 속의 착한 벗이 병을 고쳐 준다는 말을 얘기하고 말했다. 지금 스님의 병은 근심으로 해서 생긴 것이니, 기쁘게 웃으면 나을 것입니다. 이렇게 말하고 열한 가지 모습을 지어 저마다 각각 우스운 춤을 추게 하니, 그 모습은 뾰족하기도 하고 깍은 듯도 하여 그 변하는 형용을 이루 다 말할 수 없어 모두들 우스워서 턱이 빠질 지경이었다. 이에 법사의 병은 자기도 모르게 씻은 듯이 나았다.

(출전) 開耀元年, 文武王將昇遐, 顧命於神文曰憬興法師可爲國師, 不忘朕命 神文卽位, 曲爲國老, 住三郎寺, 忽寢疾彌月, 有一尼來謁候之. 以華嚴經中善友原病之說爲言曰今師之疾, 憂勞所致, 喜笑可治 乃作十一様面貌, 各作俳諧之舞, 巉巖戌削, 變態不可勝言, 皆

可脫頤, 師之病不覺洒然(권5 감통 경흥우성)

(새김)

9세기 후반의 사람인 박거물(朴居勿)이 짓고 요극일(姚克一)이 쓴 **삼랑사비**의 조각이 단국대학교 박물관에 소장되어 있다. 삼랑사는 경주 건성동에 자리하였던 절이다.

삼론(三論)

중 혜현(惠現)은 백제 사람이다. 어려서 중이 되어 애써 뜻을 모아 법화경(法華經)을 외우는 것으로 업을 삼았으며 부처께 기도하여 복을 청해서 영험한 감응이 실로 많았다. 삼론을 배우고 도를 닦아서 신명에 통하였다.

(출전) 釋惠現百濟人, 小出家苦心專志, 誦蓮經爲業, 祇禳請福, 靈應良稠, 兼攻三論, 染指通神(권5 피은 혜현구정)

(새김)

삼론이란 용수(龍樹)가 지은 중관론(中觀論)과 십이문론(十二門論), 용수의 제자인 제바(提波)의 백론(百論)을 합하여 삼론이라 한다. 중관론이란 일종의 존재론이다. 중관파는 용수(龍樹, 150-250)의 불교사상을 바탕으로 체계화한 인도 대승불교의 한 종파이다. 중관파는 유식유가행파와 더불어 인도 대승불교의 양대 산맥을 이루었다. 중국 불교에서 삼론종은 인도 불교의 중관파에 대한 중국 측 이름으로 볼 수 있다(고익진).

삼뢰칠정(三牢七鼎)

어느 날 중이 문간에 와서 절을 지을 쇠붙이를 구하므로 어머니가 솥을 시주했다. 이윽고 진정이 밖에서 돌아오자 어머니는 그 사실을 말하고 또한 아들의 생각이 어떤가를 살피니, 진정이 기쁜 안색을 나타내며 말했다. 불사(佛事)에 시주하는 것이 얼마나 좋은 일입니까. 비록 솥이 없더라도 무엇이 걱정이 되겠습니까. 이에 기와를 솥으로 삼아 음식을 익혀 어머니를 봉양했다.

(출전) 母曰噫, 爲我防出家, 令我便墮泥黎也. 雖生養以三牢七鼎, 豈可爲孝, 予其衣食於人之門, 亦可守其天年. 必欲孝我, 莫作爾言, 定沈思久之(권5 효선 진정사효선쌍미)

(새김)

삼뢰칠정(三牢七鼎)이란 소와 양, 그리고 돼지고기와 종묘대제에 쓰는 제기(祭器)며 성대한 요리를 이른다. 다른 사람들의 집의 문(門)을 **오래**라고 한다.

삼매경소(三昧經疏)

원효는 또한 바다용의 권유로 해서 길에서 조서(詔書)를 받아 삼매경소(三昧經疏)를 지었는데, 붓과 벼루를 소의 두 뿔 위에 놓았으므로 각승(角乘)이라 했다. 이것은 또한 본시이각(本始二覺)이 미묘한 뜻을 나타낸 것이다.

(출전) 亦因海龍之誘, 承詔於路上, 撰三昧經疏, 置筆硯於牛之兩角上, 因謂之角乘. 亦表本始二覺之微旨也(권4 의해 원효불기)

(새김)

삼매경소(三昧經疏) : 금강삼매경을 말한다. 금강삼매경의 속내란 부처님이 영축산에 들어가 더없는 깨달음인 일승(一乘)의 참된 진리를 설법하는 내용이다. 금강삼매경소는 원효가 금강삼매경을 풀이한 것이다.

삼맥종(彡麥宗)

신라 제24대 진흥왕의 성은 김씨요, 이름은 삼맥종(彡麥宗)인데, 혹은 심맥종(深麥宗)이라고도 한다. 양나라 대동 6년(540) 경신에 즉위하였다.

(출전) 第二十四眞興王, 姓金氏, 名彡麥宗, 一作深麥宗. 以梁大同六年庚申卽位(권3 탑상 미륵선화미시랑 진자사)

삼모부인(三毛夫人)

신라 제35대 경덕왕이 천보 13년(甲午, 754)에 황룡사(皇龍寺)의 종을 만들었는데, 길이는 1장 3촌, 두께는 9촌, 무게는 49만 7,581근이었다. 시주는 효정(孝貞) 이찬 삼모부인(三毛夫人)이요, 기술자는 이상택(里上宅) 하전이었다. 고려 숙종 때에 새 종을 만들었는데 길이가 6척 8촌이었다.

(출전) 新羅第三十五景德大王, 以天寶十三甲午, 鑄皇龍寺鐘, 長一丈三寸, 厚九寸, 入重四十九萬七千五百八十一斤, 施主孝貞伊湌三毛夫人, 匠人里上宅下典. 肅宗朝重成新鐘(권3 탑상 황룡사종)

(새김)

삼모부인은 향찰로 읽어 싀돌 부인이다. 후비였던 사월(沙月) 부인도 향찰로 읽어 싀돌로 삼모(三毛)나 다름이 없다. 이상택(里上宅)은 금입택(金入宅)의 하나로서 부유한 큰 집으로서 엄청난 사병과 농지를 갖고 있었다. 물론 식객도 많았다. 말하자면 왕족이라고 볼 수 있다(문경현).

삼보감통록(三寶感通錄)

삼보감통록에 이렇게 실려 있다. 고구려 요동성(遼東城) 곁에 있는 탑은 어르신들의 전하는 말에 따르면 이러하다. 옛날 고구려 성왕(聖王)이 국경 지방을 순행하던 길에 이 성에 이르렀다. 여기에서 오색구름이 땅을 덮는 것을 보고는 그 구름 속을 찾아가 보았다.

(출전) 三寶感通錄載高麗遼東城傍塔者, 古老傳云, 昔高麗聖王按行國界次, 至此城, 見五色雲覆地, 往尋雲中(권3 탑상 요동성육왕탑)

(새김)

중국의 당 나라 시기, 도선(道宣, 596-667) 율사는 법과 불, 그리고 스님에 대한 **삼보감통록**(三寶感通錄)이란 책을 지었다. 이 책 속에는 불상, 불탑 등에서 일어났던 이채로운 영험 등 삼보가 감응한 보기들을 모아 싣고 있다. 또한 대승경전의 곳곳에 삼보의 공덕을 기린 내용이 올라 있다.

삼소(三所)

이에 그들과 함께 들어가니 신녀들은 문득 신(神)으로 변하더니 말하였다. 우리들은 나림(奈林), 혈례(穴禮), 골화(骨火) 등 세 곳의 나라를 지키는 호국신입니다. 지금 적국 사람이 유신랑을 꾀어 가는데도 공은 이를 알지 못하고 따라가므로, 우리는 공을 말리려고 여기까지 온 것이었소. 말을 마치고 이내 자취를 감추었다. 공은 말을 듣고 놀라 쓰러졌다가 두 번 절하고 나왔다.

(출전) 乃與俱入, 娘等便現神形曰我等奈林 · 穴禮 · 骨火等三所護國之神, 今敵國之人誘郞引之. 郞不知而進途, 我欲留郞而至此矣, 言訖而隱, 公聞之驚仆, 再拜而出(권1 기이1 김유신)

(새김)

나림은 낭산의 동쪽이며 **혈례**는 대성군(大城郡)이니 영일군 일원을 이른다. 흔히 청도라고 하였으나 이는 잘못이다. **골화(骨火)**는 골화군이 있던 영천을 말한다. 골화는 골벌-곧벌을 뜻한다. 화령천과 고경천 사이에서 이루어진 꽃봉오리 같이 생긴 삼각주로 보인다. 삼산은 신라 건국에 관여한 세력을 중심으로 한 고장으로 보인다. 여기에 대사(大祀)를 올렸음이 이를 뒷받침한다(문경현).

삼소관음(三所觀音) ☞ 중생사

삼승(三乘)

담시(曇始)는 관중(關中, 섬서성) 사람이다. 출가한 뒤에 이상한 일이 많았다. 동진(東晉)의 효무제 태원 9년(384) 말에 경과 율 수십 부를 가지고 요동으로 가서 불교를 전파했다. 여기에서 삼승을 가르쳐 즉시 불계에 귀의했으니 이것이 대개 고구려에서 불교를 알게 된 시초였다.

(출전) 曇始(一云惠始)傳云, 始關中人, 自出家已後, 多有異迹. 晋孝武大元九年末, 齎經律數十部, 往遼東宣化, 現授三乘, 立以歸戒, 盖高麗聞道之始也(권3 흥법 아도기라)

(새김)

삼승(三乘) : 우매한 중생이 열반에 이르려 할 때, 받아드리는 사람의 갈래를 세 가지로 나눈다. 가장 낮은 단계로는 성문승(聲聞乘, 고집멸도의 사성체를 깨달은 사람들), 중간단계로 연각승(緣覺乘)이 있다. 연각승은 제행무상과 제법무아와 열반적정, 그리고 무명 등 12연기를 깨달은 사람들이다. 다음으로 보살승(菩薩乘)은 보시와 지계, 인욕 등 6 바라밀을 행하여 성불한 사람들을 말한다.

삼위태백(三危太伯)

옛날에 환인(桓因, 제석(帝釋)을 말함)의 서자 환웅(桓雄)이란 이가 있었는데 자주 천하를 차지할 뜻을 두어 사람이 사는 세상을 탐내고 있었다. 그 아버지가 아들의 뜻을 알고 삼위태백산을 내려다보니 인간들을 널리 이롭게 해 줄 만 했다. 이에 환인은 천부인(天符印) 세 개를 환웅에게 주어 인간의 세계를 다스리게 했다.

(출전) 古記云, 昔有桓國(謂帝釋也)庶子桓雄, 數意天下, 貪求人世, 父知子意, 下視三危太伯可以弘益人間, 乃授天符印三箇, 遣往理之(권1 기이1 고조선)

(새김)

삼위산(三危山)은 제왕운기(帝王韻紀)에서 구월산 곧 아사달의 다른 이름으로 보았다. 중국 고전의 이름으로 보기보다는 궁홀이나 아사달 같은 우리말로 봄이 온당하다(시종원, 2004). 이병도(1976)에서는 삼위산을 삼고산(三高山)이라고도 보았다.

삼장(三藏)

진흥왕 때인 천가 6년 을유(乙酉, 565)에 진(陳) 나라에서는 유사(劉思)와 중 명관(明觀)을 시켜 불경과 논(論) 1,700여 권을 보내왔으며, 정관 17년(643)에는 자장법사가 삼장 4백여 상자를 싣고 돌아와서 통도사에 봉안했다.

(출전) 眞興王代天嘉六年乙酉, 陳使劉思與釋明觀, 載送佛經論一千七百餘卷. 貞觀十七年, 慈藏法師載三藏四百餘函來, 安于通度寺(권3 탑상 전후소장사리)

(새김)

삼장(三藏) : 경장(經藏) 율장(律藏) 그리고 논장(論藏)을 말한다. 경장은 산스크리트어로 수트라(सूत्र, sutra)라고 하며 이는 불타의 설법 내용을 알기 쉽게 풀이하여 정리한 글이다. 율장은 산스크리트어로 비나야(vinaya)라고 하며 이는 악행을 응징하거나 제거하는 내용을 담은 글이다. 논장은 산스크리트어로 아비달마(अभिधर्म, abidharma)라고 한다. 이는 불타가 설법한 내용을 주로 연구하거나 풀이를 하는 글이다.

삼한(三韓)

진덕왕(眞德王)이 죽자, 영휘 5년(甲寅, 654)에 춘추공이 즉위하였다. 그가 나라를 다스린 지 8년만인 용삭 원년(辛酉, 661)에 돌아가니 나이 59세였다. 애공사(哀公寺) 동쪽에 장사지내고 신도비를 세웠다. 무열왕은 유신과 함께 신비스러운 슬기와 힘을 다해서 삼한을 통일하여 나라에 큰 공을 세웠다. 그렇기 때문에 묘호를 태종(太宗)이라고 했다. 태자 법민(法敏)과 각간 인문(仁問), 각간 문왕(文王), 각간 노차(老且), 각간 지경(智鏡),

각간 개원(愷元) 등은 모두 문희가 낳은 아들이었다. 전날에 꿈을 샀던 효험이 여기에 나타난 것이다.

(출전) 眞德王薨, 以永徽五年甲寅卽位, 御國八年, 龍朔元年辛酉崩, 壽五十九歲, 葬於哀公寺東, 有碑. 王與庾信神謀戮力, 一統三韓, 有大功於社稷, 故廟號太宗. 太子法敏 · 角干仁問 · 角干文王 · 角干老且 · 角干智鏡 · 角干愷元等, 皆文姬之所出也. 當時買夢之徵, 現於此矣(권1 기이1 태종춘추공)

삼화상전(三和尙傳)

남쪽에 속휴(俗休)라는 마을이 있었는데 지금은 와전되어 소화리(小花里)라고 한다(삼화상전을 살펴보면 신충 봉성사가 있는데 이것과 서로 혼동된다. 따져보면 신문왕 때는 경덕왕과 100여 년이나 되는데, 하물며 신문왕과 신충(信忠)이 숙세의 인연이 있다는 사실은 이 신충이 아님이 분명하다. 자세히 살펴야 할 일이다).

(출전) 南有村名俗休, 今訛云小花里(按三和尙傳, 有信忠奉聖寺, 與此相混. 然計其神文之世, 距景德已百餘年, 況神文與信忠乃宿世之事, 則非此信忠明矣. 宜詳之(권5 피은8 신충괘관)

삼화술(三花述)

효종랑(孝宗郞)이 남산 포석정(鮑石亭, 혹은 三花述)에서 놀고자 하매 손님들이 모두 급히 달려왔으나, 오직 두 사람만이 뒤늦게 오므로 효종랑이 그 까닭을 물으니 그들이 대답했다.

(출전) 孝宗郞遊南山鮑石亭(或云三花述), 門客星馳, 有二客獨後. 郞問其故(권5 효선 빈녀양모)

(새김)

삼화술(三花述)은 서라벌의 남산을 가리킨다. 신라시대에는 산을 수리 혹은 술이라고 불렀을 가능성이 높다. 삼국사기(三國史記)에는 삼화술(三花述)을 삼화령(三花嶺)이라 적고 있기에 그렇다. 고리를 짓자면, 술(述)은 영(嶺)의 뜻으로 그 소리를 빌려 쓴 훈음차(訓音借)이고 영(嶺)은 한자의 뜻을 빌려 쓴 훈차(訓借)로 보인다. 그러니까 술은 우리말이라는 것이다. 또한 머리 꼭대기를 정수리라고 한다. 삼화술의 술(述)은 쉬엄쉬엄 갈 착(辶)이 의미부이고 출(朮)이 소리부로 구성되어 있다(說文解字). 출(朮)이 갑골문(甲骨文)에 이삭이 나와서 꺾인 모양을 드러내는 글자이고 쉬엄쉬엄 가다의 의미를 드러내는 착(辶)이 합쳐진 글자이다. 산과 관련하여 풀이하면, 산꼭대기로 가자면 쉬엄쉬엄 올라감을 뜻할 수 있다. 이삭은 가장 상층부를 가리킨다. 이두식 표기로 보인다. 수리-술-숟-숫-슷(間)으로 단어족(單語族)이 됨을 고려하면, 한 지역과 다른 지역의 사이에서 그 경계를 삼는 것이 산이니 이두로 보더라도 가늠이 간다. 산악숭배(山嶽崇拜)와 관련하면, 산에 제사를 모시던 산제(山祭)와 상관성이 깊다. 말하자면 솟대 신앙과 같은 맥락이다. 태양 숭배에 그 정점을 두고 있다. 동물 토템으로 보면, 독수리 곧 수리 신앙과 깊은 관련이 있을 수 있다. 수리(鷹)-매는 하늘 곧 태양으로 날아 올라가서 빛과 불을 세상으로 가져와서 얼음과 눈을 녹여 사람과 생물이 살아갈 수 있게 해준다는 신앙이 있다. 특히 만주족 토템에서 이러한 믿음이 두드러진다. 어미 매가 죽으면 어미 살만(薩滿, shaman, saman(중국))이 되어 빛과 불을 다스린다. 매신은 광명과 어둠을 지배한다고 믿었다. 한국의 산 이름 가운데 수리(소리개-솔개)-매(鷹, 鷲, 鳶)가 들어가는 보기들이 있다(鷹峰山, 靈鷲山, 西鳶山, 수리봉, 매봉 등). 사람 이름에도 쓰였다(管述, 雨述, 牙述, 黃述, 述郞, 述宗 등). 원형 의미는 수리(소리)-술(솔)의 소리 혹은 뜻을 취하여 뒤에 한자로 적은 것으로 볼 수 있다. 술-솔-살은 하나의 단어족으로 보인다. 살-솔-술은 모두가 태양 숭배의 문화적인 흔적이라 할 수 있다(정호완). 서라벌의 선도산(仙桃山)을 서연산(西燕山) 혹은 서술산(西述山)이라 함은 상당한 유연성을 가늠하게 한다. 서술성모(西述聖母)가 곧 선도성모(仙桃聖母)에서 서술산 혹은 선도산이 비롯한 것으로 보인다(권1 기이1 신라시조 혁거세왕 참조).

삽관법(鍤觀法)

엄장은 이 말을 듣고 부끄러워 물러나 그 길로 원효법사(元曉法師)의 처소로 가서 진요(津要, 요체)를 간곡하게 구했다. 원효는 삽관법을 만들어 그를 지도했다. 엄장은 이에 몸을 깨끗이 하고 잘못을 뉘우쳐 스스로 꾸짖고, 한 마음으로 도를 닦으니 역시 서방정토로 가게 되었다. 삽관법은 원효법사의 본전(本傳)과 해동고승전 속에 있다. 그 부인은 바로 분황사의 시녀니, 대개 관음보살 십구응신의 하나였다.

(출전) 莊愧赧而退, 便詣元曉法師處, 懇求津要, 曉作鍤觀法誘之. 藏於是潔己悔責, 一意修觀, 亦得西昇. 鍤觀在曉師本傳與海東僧傳中. 其婦乃芬皇寺之婢, 盖十九應身之一德(권5 감통 광덕 엄장)

(새김)

삽관법(鍤觀法)은 정관법(淨觀法)과 같은 뜻으로 쓰인다. 몸과 마음을 깨끗이 하여 그지없이 일어나는 번뇌를 끊는 법을 이른다(이민수). 십구응신(十九應身)은 관세음보살이 중생을 구제하기 위하여 33가지의 형상으로 나타남을 이른다. 그 가운데 보통의 부녀자로 나타나는 거부여신(居婦女身)을 말한다.

삽라군(歃羅郡)

누가 능히 그 지혜로운 방책을 이룰 수가 있겠는가. 이 말을 듣자 백관(百官)이 입을 모아 아뢰었다. 이 일은 쉬운 일이 아닙니다. 반드시 지혜와 용맹이 겸한 사람이라야만 될 것입니다. 신 등의 생각으로는 삽라군 태수 제상(堤上)이 적임자라고 생각합니다.

(출전) 誰能成其謀策, 時百官咸奏曰此事固非易也. 必有智勇方可. 臣等以爲歃羅郡太守堤上可也(권1 기이1 내물왕 김제상)

(새김)

삽라군(歃羅郡) : 삽라군은 오늘날의 경남 양산이다. 삼국사기에는 삽량주(歃良州)라 올라 있다. 삼국사기에 박제상은 삽량주간(歃良州干)이라고 하였으니, 당시 양산군의 지방장관격인 태수라 함은 그를 추봉하는 뜻으로 승격하여 올린 것으로 보인다. 삼국사기에는 성이 박씨로, 삼국유사엔 김씨라 올라 있어 어느 것이 온당한 것인지 가늠하기 어렵다. 어머니 성을 따를 수 있기에 두 성의 사용이 가능한 것으로 보인다.

상고(上古)

신라 제22대 지증마립간은 달리 지철로 혹은 지도로 왕이라 하며 성은 김씨다. 아버지는 눌지왕의 아우인 기보 갈문왕이고 어머니는 오생부인인데 눌지왕의 딸이다. 왕비는 영제부인인데 검람대한지등허 혹은 □□각간의 딸이다. 경진년(庚辰, 500)에 즉위하였고 14년 동안 나라를 다스렸다. 지증마립간 이전의 세대를 상고라 하며 이하를 중고라 한다.

(출전) 第二十二代智訂麻立干一作智哲(老), 又知度路王金氏. 父訥祇王弟期寶葛文王, 母烏生夫人, 訥祇王之女. 妃迎帝夫人, 儉攬代漢只登許一作□□角干之女庚辰立, 理十四年. 已上爲上古. 已下爲中古(권1 왕력 지증마립간)

(새김)

순암수택본(順菴手澤本, 안정복)에서는 검람(儉攬)을 어람(於攬)으로 적고 있다.

상률사(廂律師)

최후로 신라국에 이르러 진흥왕이 문잉림(文仍林)에서 이것을 부어 만들어 불상을 이루니 얼굴이 이루어졌다. 아육왕은 이래서 근심이 없게 되었다. 뒤에 대덕 자장(慈藏)이 중국으로 유학하여 오대산(五臺山)에 이르렀더니 문수보살(文殊菩薩)이 현신해서 감응하여 비결을 주면서 그에게 부탁한다. 너희 나라의 황룡사는 바로 석가와 가섭불(迦葉佛)이 강연하던 곳으로, 연좌석(宴坐石, 좌선하던 자리)이 아직도 있다. 그렇기 때문에 인도의 무우왕(無憂王)이 황철 몇 근을 모아서 바다에 띄웠던 것인데, 1,300여 년이 지난 뒤에야 너희 나라에 이르러서 불상이 이루어지고 그 절에 모셔졌으니, 이는 대개 부처의 위덕을 드러낸 인연이 그렇게 만들어 준 것이다(별기에 실려 있는 것과 같지 않다). 불상이 이루어진 뒤에 동축사(東竺寺)의 삼존불도 역시 황룡사로 옮겨져 봉안했다. 사기(史記)에는 이렇게 말했다. 진평왕 6년(甲辰, 584)에 이 절의 금당이 이루어지고, 선덕왕 때에 이 절의 첫 번째 주지는 진골의 환희사(歡喜師)였고, 제2대 주지는 자장국통(慈藏國統), 그 다음은 국통혜훈(國統惠訓), 그 다음은 상률사(廂律師)였다. 이제 전쟁을 겪은 이후로 큰 불상과 두 보살상은 모두 녹아 없어졌고, 작은 석가상만 남아 있을 뿐이다.

(출전) 眞興王鑄之於文仍林, 像成. 相好畢備, 阿育此翻無憂. 後大德慈藏西學到五臺山, 感文殊現身授訣. 仍囑云 汝國皇龍寺, 乃釋迦與迦葉佛講演之地, 宴坐石猶在. 故天竺無憂王, 聚黃鐵若干斤泛海, 歷一千三百餘年, 然後乃到而國, 成安其寺, 蓋威緣使然也(與別

記所載不同), 像成後, 東竺寺三尊亦移安寺中, 寺記云眞平五年甲辰, 金堂造成, 善德王代, 寺初主眞骨歡喜師, 第二主慈藏國統, 次國統惠訓, 次廂律師云, 今兵火已來, 大像與二菩薩皆融沒, 而小釋迦猶存焉(권3 탑상 황룡사 장륙)

상보(尙父)

태조의 손자 경종(景宗) 주(伷)는 정승공의 딸을 맞아 왕비를 삼으니, 이가 헌승황후(憲承皇后)이다. 이에 정승공을 봉해서 상보를 삼았다. 태평흥국 3년(戊寅, 978)에 죽으니 시호를 경순(敬順)이라 했다. 상보로 책봉하는 고명(誥命, 국왕의 임명)에서 이렇게 말했다.

(출전) 太祖之孫景宗伷, 聘政承公之女爲妃, 是爲憲承皇后, 仍封政承爲尙父. 太平興國三年戊寅崩, 諡曰敬順. 冊尙父誥曰勅(권2 기이2 김부대왕)

상염무(霜髥舞)

헌강왕이 또 포석정에 갔을 때 남산의 신(神)이 왕 앞에 나타나 춤을 추었는데 좌우의 사람에겐 그 신이 보이지 않고 왕 혼자서 보았다. 사람이 나타나 앞에서 춤을 추니 왕 자신도 춤을 추면서 형상을 보였다. 신의 이름을 혹 상심(詳審)이라고도 했으므로 지금까지 나라 사람들은 이 춤을 전해서 어무상심(御舞詳審) 또는 어무산신(御舞山神)이라 한다. 혹은 말하기를, 신이 먼저 나와서 춤을 추자 그 모습을 살펴 공인에게 명해서 새기게 하여 후세 사람들에게 보이게 했기 때문에 상심(象審)이라고 했다 한다. 혹은 상염무라고도 하는데 이것은 그 모습에 따라서 이름 지은 것이다.

(출전) 又幸鮑石亭, 南山神現舞於御前, 左右不見, 王獨見之. 有人現舞於前, 王自作舞, 以像示之. 神之名或曰祥審, 故至今國人傳此舞, 曰御舞祥審, 或曰御舞山神. 或云, 旣神出舞 審象其貌, 命工摹刻, 以示後代, 故云象審. 或云霜髥舞, 此乃以其形稱之(권2 기이2 처용랑 망해사)

(새김)

상염무(霜髥舞) : 상염은 흰 서리와 같이 보이는 수염을 말한다. 말하자면 상염의 원관념은 산신이니 산신이 추는 춤을 상염무라 한 것이다. 산신이 춤을 추며 전달하는 화두는 지리다도파(智理多都波)였다. 지혜롭게 다스리지 못하면 다 망할 것이라는 뜻으로 미루어 풀이 한다. 나라가 망할 조짐을 보여주는 경고의 춤이었다. 증보문헌비고(增補文獻備考)의 신라악조(新羅樂條) 보주(補註)에는 처용무를 달리 상염무라고 적었다. 이 점에서 흰 수염의 신이 춘 춤이라는 뜻의 상염무는 늙은 처용의 옹면(翁面, 노인탈) 춤으로 풀이하기도 한다. 처용무도 수신무(水神舞)와 산신무(山神舞)를 합성한 춤으로 볼 수 있다. 그러나 남산신과 헌강왕이 모두 상염무를 추었고, 또 처용이 급간(級干)이라는 벼슬을 받은 반면에 상염무의 산신은 벼슬을 받은 사실이 없다는 점에서라면, 상염무는 국왕과 동등한 토착 신이 춘 춤으로 풀이되므로 처용무와 동일시하기에는 문제가 있다. 상염무는 왕이 남산신의 탈을 쓰고 벽사진경(辟邪進慶)의 의미로 춘 산신 굿의 일종으로 짐작되며, 여기에는 당시의 시대적인 상황이 투영

되었다. 처용무와 동일시되는 측면에서 상염무는 한국의 탈이 귀면(鬼面)에서 노인의 탈인 옹면으로 옮겨가는 전기를 뒷받침한다고 할 수 있다(한국민족문화대백과사전 참조).

상영(常永)

그러나 달솔 상영(常永) 등은 말한다. 그렇지 않습니다. 당 나라 군사는 멀리서 왔기 때문에 속히 싸우려고 서두르고 있으니 그 예봉을 당할 수가 없을 것입니다. 한편 신라 군사는 여러 번 우리에게 패했기 때문에 이제 우리 군사의 기세를 바라만 보아도 두려워하지 않을 수가 없을 것입니다. 하오니 오늘날의 전략은 마땅히 당 나라 군사의 길을 막고 그 군사들이 피로해지기를 기다릴 것입니다. 그러니 먼저 일부 적은 군사로 신라를 쳐서 그 날카로운 기세를 꺾은 연후에 편의를 보아서 싸운다면 군사를 하나도 죽이지 않고서 나라를 보전할 것입니다.

(출전) 率常永等曰不然 唐兵遠來, 意欲速戰, 其鋒不可當也. 羅人屢見敗於我軍, 今望我兵勢, 不得不恐. 今日之計, 宜塞唐人之路, 以待師老, 先使偏師擊羅, 折其銳氣, 然後伺其便而合戰, 則可得全軍而保國矣(권1 기이1 태종춘추공)

(새김)

상영(常永) : 백제 말엽의 문신으로 백제의 16관등 가운데 제2관등에 해당하는 달솔(達率, 장관)이었다. 무열왕 7년(660)에 백제가 패하자 무열왕에 의하여 등용되어 일길찬(7관등)의 벼슬을 하였다. 태종춘주공의 공(公)은 왕(王)과 같은 쓰임이다.

상추옹유(桑樞甕牖)

어느 날 원효(元曉)가 이 도구를 가지고 수많은 마을에서 노래하고 춤추면서 교화시키고 읊다가 돌아왔다. 이로 하여 상추옹유(桑樞甕牖, 가난한 집)와 확후(玃候, 거지)의 무리들로 하여금 모두 부처의 이름을 알고, 나무아미타불을 부르게 하였으니 원효의 교화야말로 참으로 컸다 할 것이다.

(출전) 嘗持此, 千村萬落且歌且舞, 化詠而歸, 使桑樞甕牖玃猴之輩, 皆識佛陀之號, 咸作南無之稱, 曉之化大矣(권4 의해 원효불기)

(새김)

상추옹유(桑樞甕牖) : 뽕나무로 된 문과 헌 독 주둥이로 한 봉창을 말한다. 찢어지게 가난한 집의 형상을 말한다(桑以爲樞 甕以爲牖, 莊子).

색주(色朱)

고구려 제4대 민중왕의 이름은 색주이고 성은 해씨다. 대호신주의 아들이고 갑진년(甲辰, 44)에 즉위하였다. 4년 동안 나라를 다스렸다.

(출전) 第四代閔中王名色朱, 姓解氏. 大虎之子. 甲辰立, 理四年(권1 왕력 민중왕)

생생(生生)

진평왕(眞平王) 22년(庚申, 600, 삼국사(三國史)에는 다음 해인 신유년에 왔다고 했다)에 원광법사는 중국에 왔던 조공 사절을 따라서 본국으로 돌아왔다. 법사는 신에게 감사를 드리고자 하여 전에 살던 삼기산의 절에 갔다. 밤중에 신이 역시 와서 법사의 이름을 부르고 말했다. 바다와 육지의 먼 길을 어떻게 왕복하였소. 신의 큰 은혜를 입어 편안히 다녀왔습니다. 내 또한 그대에게 계(戒)를 드리겠소. 말하고는 이에 오래도록(生生) 모두에게 도움이 될 약속을 맺었다. 법사가 또 청했다. 신령님의 참 얼굴을 볼 수가 있습니까. 법사가 만일 내 모양을 보고자 하거든 내일 아침에 동쪽 하늘가를 바라보시오. 법사가 이튿날 아침에 하늘을 바라보니 큰 팔뚝이 구름을 뚫고 하늘가에 닿아 있었다.

(출전) 眞平王二十二年庚申(三國史云, 明年辛酉來), 師將理策東還, 乃隨中國朝聘使還國. 法師欲謝神, 至前住三岐山寺, 夜中神亦來呼其名曰海陸途間, 往還如何 對曰蒙神鴻恩, 平安到訖. 神曰吾亦授戒於神, 仍結生生相濟之約. 又請曰神之眞容, 可得見耶 神曰法師若欲見我形, 平旦可望東天之際. 法師明日望之. 有大臂貫雲, 接於天際(권4 의해 원광서학)

(새김)

생생(生生) : 생생세세(生生世世)의 줄임말이다. 중생들이 죽고 다시 태어나는 윤회를 되풀이함을 말한다. 생명의 영원성을 이른다.

생의사(生義寺)

선덕왕 때에 중 생의(生義)는 항상 도중사(道中寺)에 살고 있었다. 어느 날 꿈에 한 중이 그를 데리고 남산으로 올라가서 풀을 매어 표를 해 놓게 하고는 산 남쪽 골짜기에 와서 말한다. 내가 이곳에 묻혀 있으니 스님은 나를 파내다가 고개 위에 편하게 묻어 주시오. 꿈에서 깨자 그는 친구와 함께 표해 놓은 곳을 찾아 그 골짜기에 이르러 땅을 파자 거기에서 돌미륵이 나왔으므로 삼화령(三花嶺) 위로 옮겨 놓았다. 선덕왕 13년(甲申, 644)에 그곳에 절을 세우고 살았는데 뒤에 절 이름을 생의사라고 했다(지금은 잘못 전해져서 성의사(性義寺)라고 한다. 충담사가 해마다 3월 3일과 9월 9일이면 차를 달여서 공양한 것이 바로 이 부처다).

(출전) 善德王時, 釋生義常住道中寺, 夢有僧引上南山而行, 令結草爲標, 至山之南洞, 謂曰我埋此處, 請師出安嶺上 旣覺, 與友人尋所標, 至其洞掘地, 有石彌勒出, 置於三花嶺上. 善德王十二年甲辰歲, 創寺而居, 後名生義寺(今訛言性義寺. 忠談師每歲重三重九, 烹茶獻供者, 是此尊也)(권3 탑상 생의사 석미륵)

서달(敍達)

왕은 옳게 여겨 당 나라에 아뢰어 도교를 청하니 이에 태종이 서달 등 도사 8명을 보내주었다(국사에는 무덕 8년(乙酉, 625)에 사신을 당 나라에 보내서 불교와 도교를 청했더니 당 나라 황제가 이를 허락했다고 했다. 이 기록으로 보면, 양명(羊皿)이 갑술년(甲戌, 614)에 죽어서 고구려에 태어났다면 나이 겨우 10여 세에 재상이 되고 왕을 달래어 사신을 당 나라에 보내어 도교를 청했다 하니 그 연월일에 필경 한 가지 잘못된 곳이 있을 것이다. 그래서 여기에는 두 가지를 모두 기록한다).

(출전) 王然之. 奏唐請之. 太宗遣叙達等道士八人(國史云 武德八年乙酉, 遣使入唐求佛 · 老, 唐帝許之. 據此則羊皿自甲戌年死, 而托生于此, 則才年十餘歲矣. 而云寵宰說王遣請, 其年月必有一誤, 今兩存(권3 흥법 보장봉로 보덕이암)

(새김)

삼국사기 고구려본기 보장왕 부분에서는 숙달(叔達)로 올라 있다.

서당(誓幢)

불지촌은 지금 자인현(慈仁縣)에 속해 있으니, 바로 압량군에서 갈라져 나간 곳이다. 원효 스님의 아이 때 이름은 서당이요, 또 한 가지 이름은 신당(新幢, 당(幢)은 우리말로 모(毛))이다. (중략) 원효 역시 방언이다. 당시 사람들이 쓰는 말로 시단이라 하였다.

(출전) 佛地村今屬慈仁縣, 則乃押梁之所分開也. 師生小名誓幢, 第名新幢(幢者俗云毛也)(중략)元曉亦是方言也. 當時人皆以鄕言稱之始旦也(권4 의해 원효불기)

(새김)

서당(誓幢) : 서당은 새털이다(김영태). 한편, 서당화상비에 서당이 있으므로 아이 때의 이름이 아니다(김상현). 서당은 신라 때 군사조직의 이름이기도 했다. 김유신이 대당주였듯이. 원효의 아버지가 서당 출신이었기에 서당 집 아이라고 부르다가 굳혀진 이름으로 보인다. 자인이란 지명은 상징성이 강하다. 자인의 자(慈)는 원효로 비롯하는 불교를 이르고, 인(仁)은 설총으로 비롯하는 유교를 함의하는 것으로 보인다. **시단(始旦)**이란 중국에서는 실담(悉曇, xitan)이다. 중국어로 읽는 시탄과 관련하여 실담-시탄-시단으로 굳어져 신라에서 통용된 것으로 보인다. 실담이란 싯다르타(悉達多, सिद्धा, siddhartha)에서 온 것인데 한역되는 과정에서 실담으로 적힌 것으로 보인다. 서당도 시단의 다른 표기라고 볼 수 있다. 중국어로 그 소리가 비슷하다(정호완).

서동(薯童)

어릴 때 이름은 서동으로 재주와 도량이 커서 헤아리기 어려웠다. 항상 마[薯蕷]를 캐다가 파는 것으로 생업을 삼았으므로 사람들이 서동이라고 불렀다. (중략) 이에 동요를 지어 아이들을 꾀어서 부르게 하니 그것은 이러하다. 선화공주(善化公主)님은 남몰래 정을 통하고 서동님을 밤에 몰래 안고 간다. 이런 동요가 서울에 가득 퍼져서 대궐 안에까지 들리자 모든 신하들이 임금에게 극력 간해서 공주를 먼 곳으로 귀양 보내게 하여 장차 떠나려 하는 데 왕후는 순금 한 말을 주어 노자로 쓰게 했다.

(출전) 小名薯童, 器量難測. 常掘薯蕷, 賣爲活業, 國人因以爲名(중략)乃作謠, 誘羣童而唱之云 善化公主主隱, 他密只嫁良置古, 薯童房乙, 夜矣卯乙抱遣去如, 童謠滿京, 達於宮禁, 百官極諫, 竄流公主於遠方. 將行, 王后以純金一斗贈行, 公主將至竄所(권2 기이2 무왕)

(새김)

서동(薯童) : 서동의 서(薯)는 마-맛-뭇으로 뭇의 옛말이다. 서동의 동(童)은 옛말이 -둥이며 어린아이들에게 흔히 붙이던 말 조각이다. 세종실록 지리지에서는 말통대왕(末通大王)이라 적고 있다. 말(末)은 맏, 통(通)은 퉁이다(양주동, 고가연구 참조). 서동은 무왕(양주동), 동성왕의 본 이름이 모태(牟太)이니 맛둥과 비슷한 음상(이병도), 무왕의 주에서 무강왕이라 하였다. 무강왕은 무령왕을 지칭하니 서동은 무령왕의 탈을 쓰고 등장한 전설적인 영웅(사재동)으로 풀이하기도 한다. 내용으로 보아 마를 캐던 서동들의 노래에다 무왕의 이야기가 더 보태진 것이다(장진호). 서동설화는 온달 이야기와 마찬가지로 삼국통일 이후에 만들어진 이야기이다. 당시 성골은 성골끼리만 혼인이 되었다. 천민출신의 서동과 결혼이란 있을 수가 없는 일이다. 무왕의 할아버지 성왕이 관산성(管山城, 현 옥천) 전투에서 진흥왕의 신라군에 잡혀 전사한 원수의 나라였으니 결혼이란 어불성설이다(문경현). 일종의 망한 백제와 통일한 신라와의 관계를 승화시킨 설화로 볼 수도 있다. **묘을(卯乙)**은 서동요에서 관점에 따라서 여러 가지로 다양한 풀이를 하고 있다. 알 난(卵)을 토끼 묘(卯)라고 보는 데서 이런 다양한 풀이가 족출하게 된 것이다. 이르자면, 음독으로 몰(몰래)(양주동), 믈(무엇을)(이탁), 몰올(마를)(황패강)이 있다. 훈독으로는, 알(부랄)(서재극), 알(당시 은어)(김완진), 알(공알)(홍재휴) 등이 있다.

서라벌(徐羅伐)

나라 이름을 서라벌 또는 서벌(徐伐, 지금 풍속에 경(京)을 서벌이라고 부르는 것은 이 때문이다)이라 하고, 혹은 사라(斯羅), 사로(斯盧)라고도 했다.

(출전) 國號徐羅伐, 又徐伐(今俗訓京字云徐伐, 以此故也) 或云斯羅, 又斯盧, 初王生於雞井, 故或云雞林國以其雞龍現瑞也(권1 기이1 신라시조 혁거세왕)

(새김)

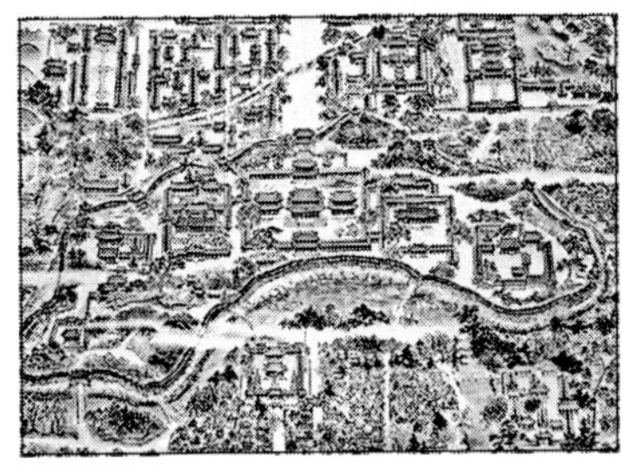

그림 39 서라벌

서라벌(徐羅伐) : 어원에 대한 여러 풀이가 있다. 서라벌은 싀벌 혹은 싀닉(東川)(양주동), 수도 상국읍(上國邑)(이병도), 나라 이름(미시나)으로 그 말밑을 상정하였다. 서라-사라는 소리가 비슷하며 그 뜻 또한 유연성을 지닌다. 사라(裟羅)는 신라의 국호인 사로(斯盧)와 거의 같은 음과 뜻이니 신라는 부처님의 나라라는 의미부여가 가능하다. 여기 -벌(伐)은 도읍 혹은 나라를 뜻하는데 백제로 넘어가면 개음절 형으로 -부리(夫里) -비리(卑里) 형이 분포한다. 비교언어학적으로 보면, 서라벌은 산스크리트어와 관련지을 가능성이 있다. 석가모니의 기원정사가 자리한 곳이 쉬라바스티, 신라의 서울 서라벌(徐羅伐)과 음상이 비슷하다. 서라(徐羅)도 중국 한자음으로는 쉬루어-쉬라가 되니 아주 흡사하다. 그럼 벌(伐)은 어떤가. 인도의 지명 접미사로는 -푸르(पउर, pur)로 끝나는 보기들이 제법 있다. 하지푸르, 손푸르, 고락푸르, 발람푸르 등이 그런 경우다. 서라벌이 통용되던 당시 신라 말에는 유기음이 음소로 구실을 못 했으니까 푸르-부르-벌의 대응이 가능하다는 점에서 그렇다. 풀의 뜻은 성(城) 혹은 도시란 말이다. 금강경의 저술 공간이 쉬라바스티(खरावखती, s´ra-vasti)이다. 붓다는 쉬라바스티에서 24회나 칩거를 했다. 인도에선 우기에 석 달간, 1년에 한 번만 안거를 지냈으니 붓다는 여기서 24년의 칩거를 보낸 것이다. 그래서일까. 시라바스티는 붓다가 금강경을 비롯한 많은 경전을 강론한 곳이다(정호완). 문경현(1983)에서는 싀를 금(金)으로, 릐는 국(國)을 뜻하는바, 신라가 황금을 숭배하던 나라였다.

서리리(黍離離)

신라가 이미 땅을 고려에게 바쳐 나라가 없어지자, 아간 신회(神會)는 외직을 내놓고 돌아왔는데 도성이 황폐한 것을 보고 서리리의 탄식함이 있어 이에 노래를 지었으나 그 노래는 없어져서 알 수가 없다.

(출전) 新羅旣納土國除, 阿干神會罷外署還, 見都城離潰, 有黍離離嘆, 乃作歌, 歌亡未詳(권2 기이2 김부대왕)

(새김)

서리리(黍離離) : 신라 제56대 경순왕 때에 신라가 멸망하자 아간(阿干) 신회는 벼슬을 버리고 돌아와서 쑥대밭이 된 서라벌을 보고 시경의 왕풍 편에 나오는 서리(黍離)의 탄식을 하면서 노래를 지었으나 전하지 않는다. 서리(黍離)에서 리(離)자는 떠나는 것 말고도 흩어지다, 늘어놓다 등의 뜻이 있는바, '기장은 우거졌는데'로 뒤침이 온당하다. 한편 한자사전에는 서리란 관용어로서, 망한 나라의 성터가 황폐해서, 기장 같은 풀이 자라 쓸쓸한 모습으로 풀이하였다. 이는 마치 기자의 맥수가(麥秀歌)와 맥을 같이 한다. 사기(史記)에 실려 전해 온다. 기자(箕子)가 망한 은(殷) 나라의 도읍을 지나며 본즉, 옛 궁성은 쑥대밭이 되어 보리밭으로 되어 있음을 노래한 것이다. 지난날의 영화를 그리워하며 지었다고 한다. '보리 이삭은 점점 자라고, 벼와 기장 무성하기도 해라, 저 꾀 많은 아이는, 나와는 사이가 좋지를 않네(麥秀漸漸兮 禾黍油油兮 彼狡童兮 不與我好兮)'라 하였다. 시 속의 교동(狡童)은 비유적으로 은나라의 폭군 주(紂)를 가리킨다. 그의 학정으로 은나라가 결국 망할 수밖에 없었음을 풍유한 것이다. 이 노래를 듣고 부르면서 은 나라의 모든 백성들이 눈물을 흘리며 슬퍼하였다. 고사성어로 맥수지탄(麥秀之歎)이라 함은 이를 두고 생긴 말이다. 망한 나라를 한탄하는 정서가 가득하다.

서벌(徐伐)

나라 이름을 서라벌(徐羅伐) 또는 서벌(徐伐, 지금 풍속에 경(京)을 서벌이라고 부르는 것은 이 때문이다)이라 하고, 혹은 사라(斯羅), 사로(斯盧)라고도 했다. 처음에 임금이

계정에서 태어났으므로 더러 계림국이라 하였다. 하여 계룡이 상서를 드러낸 것이다.

(출전) 國號徐羅伐, 又徐伐(今俗訓京字云徐伐, 以此故也) 或云斯羅, 又斯盧, 初王生於雞井, 故或云雞林國以其雞龍現瑞也(권1 기이1 신라시조 혁거세왕)

(새김)

서벌(徐伐) : 서울을 뜻한다. 흔히 서라벌이라 하는바, 서라벌의 소리가 약화 탈락하여 서라벌-서야벌-셔벌-셔울-서울로 그 변천을 가늠하기도 한다. 경북 상주에 가면 아직도 사벌면(沙伐面)이 있는데 이것이 서라벌의 화석형이라고 풀이한다(최범훈).

서술성모(西述聖母) ☞ 선도성모

서역기(西域記)

성자(星字, 함의 번호) 함(函)의 서역기 제2권에는 이렇게 말했다. 옛날 여래(如來)가 세상에 있을 때에 이 용이 소치는 사람이 되어 왕에게 소의 젖을 올리다가 잘못하여 꾸지람을 받자 속으로 분하고 원망하는 마음을 품어 돈을 주고 꽃을 사서 부처님에게 공양했다.

(출전) 星函西域記第二卷云昔, 如來在世之時, 此龍爲牧牛之士, 供王乳酪, 進奏失宜, 旣獲譴嘖, 心懷恚恨, 以金錢買花供養(권3 탑상 어산불영)

서역전(西域傳)

또 법현(法現)의 서역전에는 이렇게 말했다. 나갈국(那竭國)의 국경에 가면 나갈성 남쪽으로 반 유순이 되는 곳에 석실이 있으니, 그곳은 박산(博山)의 서남쪽이며 그 속에 부처가 영상을 남겼다. 여기서 10여 보를 가서 보면 부처의 모습처럼 광명이 환하게 나타나지만 멀어질수록 점점 희미하게 보였다. 여러 나라 왕들이 화공을 보내서 이것을 그리려 했지만 비슷하게도 그릴 수가 없었다. 나라 사람들에게 전해 오는 말로는 현겁(賢劫)의 일천불이 모두 마땅히 여기에 영상을 남길 것이니, 그 영상의 서쪽 100보쯤 되는 곳에, 부처가 이 세상에 있을 때 머리를 깎고 손톱을 깎던 곳이 있다고 한다.

(출전) 又法現西域傳云至那竭國界, 那竭城南半由旬有石室, 博山西南面, 佛留影此中. 去十餘步觀之. 如佛眞形, 光明炳著, 轉遠轉微. 諸國王遣工摹寫, 莫能髣髴. 國人傳云, 賢劫千佛, 皆當於此留影, 影之西百步許, 有佛在時剃髮剪爪之地(云云)(권3 탑상 어산불영)

(새김)

현겁(賢劫)이란 우주적인 시간을 나누어 부르는 3겁 중의 하나인데 현재의 주겁(住劫)을 뜻한다. 오늘날의 주겁이 20회 되풀이하여 증감하는 가운데 구류손불, 구나함모니불, 가섭불, 석가모니불 등의 천 불(佛)이 나타나므로 현겁이라 한다. 일명 선겁(善劫)이라고도 한다.

서연산(西燕山)

이에 부황(父皇)이 솔개 발에 매달아 그에게 보낸 편지에 말했다. 솔개가 머무는 곳에 집을 지으라. 사소는 편지를 보고 솔개를 놓아 보내니, 이 선도산(仙桃山)으로 날아와서 멈추므로 드디어 거기에 살면서 산신의 신모가 되었다. 때문에 산 이름은 서연산이라고 했다. 신모는 오랫동안 이 산에서 살면서 나라를 수호하니 신령스럽고 이상한 일이 매우 많았다.

(출전) 父皇寄書繫足云隨鳶所止爲家, 蘇得書放鳶, 飛到此山而止, 遂來宅爲地仙, 故名西鳶山. 神母久據玆山, 鎭祐邦國, 靈異甚多(권5 감통 선도성모수희불사)

서천왕(西川王)

고구려 제13대 서천왕의 이름은 약로이며 달리 약우라고도 한다. 서천왕 원년(庚寅, 270)에 즉위하였으며 20년 동안 나라를 다스렸다.

(출전) 第十三代西川王名藥盧, 又若友庚寅立, 理二十年(권1 왕력 서천왕)

서출지(書出池)

그리고 15일을 오기일(烏忌日)이라 하여 찰밥을 지어 제사지냈으나 이런 일은 지금까지도 계속 행해지고 있다. 속설에 이것을 달도(怛忉)라고 한다. 슬퍼하고 조심하며 모든 일을 금하고 꺼린다는 뜻이다. 또 노인이 나온 못을 이름 하여 서출지라고 했다.

(출전) 以十五日爲烏忌之日, 以糯飯祭之. 至今行之. 俚言怛忉, 言悲愁而禁忌百事也. 命其池曰書出池(권1 기이1 사금갑)

(새김)

달도란 설의 또 다른 이름이기도 하다. 설날을 원일(元日), 원단(元旦), 원정(元正), 원신(元新), 원조(元朝), 정조(正朝), 세수(歲首), 세초(歲初), 연두(年頭), 연수(年首), 연시(年始), 신일(愼日)이라고도 한다. 이는 한 해의 첫날임을 뜻하는 말이다. 이 말은 근신하고 조심하는 날이라는 뜻이다. 설이란 나이를 헤아리는 말로 풀이하기도 한다. 해가 바뀌어 새로운 한 해를 맞이하는 첫 날인 설을 쇨 때마다 한 살 씩 더 먹는다. 설을 살이라고 하여 나이를 헤아리는 단위 명사로 쓰인다. 살이란 사이(間, 훈몽자회. 하)를 뜻하는 ᄉᆞᆺ-ᄉᆞᆫ-ᄉᆞᆯ-살로 소리가 변동하여 된 말이며 이는 모음교체를 통하여 설-계로 변동되어 단어족(單語族)을 이루게 된다.

석가사(釋迦寺)

왕이 놀랍고 부끄러워 동쪽 언덕에 달려 올라가서 그가 간 곳을 향해 멀리 절하고 사람을 시켜 찾게 하니 남산 삼성곡(參星谷) 혹은 대적천원(大磧川源)이라고 하는 돌 위에 이르러 지팡이와 바리때를 놓고 숨어 버렸다. 사자가 와서 석존의 일을 전하자 왕은 드디어 석가사를 비파암 밑에 세우고, 또 그 자취가 없어진 곳에 불무사를 세워 지팡이와 바리때를 두 곳에 나누어 두었다. 두 절은 지금까지도 남아 있으나 지팡이와 바리때는 없어졌다.

(출전) 王驚愧, 馳上東岡, 向方遙禮, 使往尋之. 到南山參星谷, 或云大磧川源石上, 置錫鉢而隱. 使來復命, 遂創釋迦寺於琵琶嵓下, 創佛無事於滅影處, 分置錫鉢焉. 二寺至今存, 錫鉢亡矣(권5 감통 진신수공)

석가세존(釋迦世尊)

석가세존이 100세 때부터 가섭불의 2만 세까지는 이미 200만여 세나 된다. 만일 현겁 시초의 첫째 부처였던 구류손불(拘留孫佛) 때에 이르면 또 몇 만 세가 된다. 구류손불 때로부터 위로 올라가 겁초(劫初)의 무량세(無量歲)를 누리던 때까지는 또 얼마나 될 것인가.

(출전) 自釋尊百歲壽時, 至迦葉佛二萬歲時, 已得二百萬餘歲, 若至賢刧初第一尊拘留孫佛時, 又幾萬歲也. 自拘留孫佛時, 上至刧初無量歲壽時, 又幾何也(권3 탑상 가섭불연좌석)

(새김)

그림 40 구시나가라

석가세존(釋迦世尊) : 산스크리트어로 샤카무니(शाक्यमुनि, sākya-muni)라고 말한다. 석가의 석(釋, शाक, sak)은 싹을 뜻한다. 붓다도 마찬가지다. 불교의 싹이며 씨앗을 뿌린 것이다. 능인적묵(能仁寂默)이라 풀이한다. 석가문(釋迦文)·석가(釋迦)라고도 약칭. 석가는 종족의 이름이며 석가모니라 함은 석가의 성자 곧 세자란 뜻이다. 무니가 세자란 뜻이니까 그렇다. 석가모니를 높여서 부른 말이 석가세존이다. 중인도 가비라 벌솔도(伐窣堵)의 성주인 정반왕의 태자였다. 어머니는 마야(摩耶) 부인이며 기원전 623년 룸비니 동산 무우수(無憂樹, ashoka) 아래서 태어났다. 나면서부터 7보씩 걸으면서 천상천하유아독존(天上天下唯我獨尊)이라고 외쳤다고 한다. 난지 이레 만에 어머니를 잃고, 이모인 파사파제(波闍波提)에게서 자랐다. 어릴 때 이름은 교답마(喬答摩, 고다마) 혹은 실달다(悉達多)였다. 점점 자라면서 과학과 문학, 베다[吠陀]를 배우며, 무예도 연마하여 숙달한다. 선각왕의 딸 야수다라와 결혼, 아들 라후라를 낳았다. 29세(혹 19세)에 사방의 성문으로 다니면서 생로병사의 현장을 보고 출가할 뜻을 내어 하루 밤에 왕성을 넘어서 동방의 남마성(藍摩城) 밖 숲속에서 태자의 옷을 벗어 버리고 출가한다. 남방으로 비야리, 마갈타를 지나다니면서, 발가바(跋伽婆), 아람가람(阿藍伽藍), 울다라(鬱陀羅) 등의 선인을 만나 6년 동안 고행을 한 끝에 금욕만으로는 아무 이익이 없음을 알고, 불타가야의 보리수 아래 단정히 앉아 깊이 사유하여 마침내 크게 깨달아 부처가 되었다. 그때 나이는 35세. 이로부터 스스로 깨달은 교법을 널리 퍼뜨리려고, 먼저 녹야원(鹿野園)에 가서 아야교진여 등 5인을 교화, 다음에 가섭 3형제, 사리불, 목건련 등을 제도하여 교단을 조직, 깨달은 뒤 3년(혹 6년)에 가비라 벌솔도에 돌아가서 부왕을 뵙고 가족에게 전도하였다. 한편, 여러 나라로 다니면서 빈바사라, 아사세, 바사닉왕을 교화하여 불교에 귀의시켰다. 북방의 구시나가라 성 밖 발제하(跋提河) 언덕 사라쌍수 아래 누워 최후의 설법을 하며 45년 동안의 전도 생활을 마치고 밤중에 열반에 들었다. 때는 기원전 544년 2월 15일 나이는 80세였다.

석굴사(石崛寺)

법사의 행장은 고전(古傳)에는 실려 있지 않고 다만 민간에서 이렇게 말한다. 석굴사의 비허사(備虛師, 혹은 비허)와 형제가 되어 봉성(奉聖), 석굴(石崛), 운문(雲門) 등 세 절이 잇단 산봉우리에 늘어서 있었기 때문에 서로 오고갔다. 후세 사람들이 신라이전(新羅異傳)을 고쳐 지으면서 작갑사의 탑과 이목(璃目)의 속내를 원광(圓光)의 전기 속에 잘못 기록해 넣었다.

(출전) 師之行狀, 古傳不載, 諺云, 與石崛備虛師(一作毗虛)爲昆弟, 奉聖. 石崛. 雲門三寺, 連峯櫛比, 交相往還爾. 後人改作新羅異傳, 濫記鵲塔 · 璃目之事于圓光傳中(권4 의해 보양이목)

(새김)

석굴사는 오늘날의 석골사(石骨寺)로 볼 수도 있다. 운문사에서부터 호거산을 북쪽에서 남쪽으로 넘어 상운암을 지나 서쪽으로 내려가면, 밀양 산내에 있으니 서로 자주 오고 갈 수가 있다. 이 석골사 이웃한 곳에 석굴이 있다(지준모, 삼국유사의 어문학적 연구 참조).

석남원(石南院, 淨岩寺)

자장이 놀라 일어나서 일찍 송정(松汀)에 가니 과연 문수보살이 감응하여 와 있었다. 그에게 법요(法要, 진리의 실체)를 물으니 대답하기를, 태백산 칡이 서린 곳에서 다시 만나자 하고 드디어 자취를 숨기고 나타나지 않았다. 자장이 태백산에 가서 찾다가 큰 구렁이가 나무 밑에 서리고 있는 것을 보고 시자에게 말했다. 이곳이 바로 이른바 갈반지이다. 이에 석남원(石南院, 현 정선의 정암사)을 세우고 큰 대성이 내려오기를 기다렸다.

(출전) 驚悸而起, 早行至松汀, 果感文殊來格, 諮詢法要, 乃曰重期於太伯葛蟠地, 遂隱不現(松汀, 至今不生荊刺, 亦不棲鷹鸇之類云), 藏往太伯山尋之. 見巨蟒蟠結樹下. 謂侍者曰此所謂葛蟠地, 乃創石南院(今淨岩寺), 以候聖降(권4 의해 자장정률)

석불사(石佛寺)

이에 대성은 이승의 양친을 위해 불국사를 세우고, 전생의 부모를 위해 석불사를 세우고, 신림(神琳), 표훈(表訓) 두 성사를 청하여 각각 살게 했다. 아름답고 큰 불상을 설치하여 부모의 양육한 수고를 갚았으니 한 몸으로 전세와 현세의 두 부모에게 효도한 것은 옛적에도 또한 드문 일이었다. 그러니 착한 보시의 영험을 가히 믿지 않겠는가.

(출전) 乃爲現生二親, 創佛國寺, 爲前世爺孃創石佛寺, 請神琳 · 表訓二聖師各住焉, 茂張像設, 且酬鞠養之勞. 以一身孝二世父母, 古亦罕聞, 善施之驗, 可不信乎(권5 효선 대성효이세부모)

석씨(昔氏)

아이가 말하였다. 저의 조상은 본시 야장이었습니다. 잠시 이사하여 다른 곳으로 나가 사는 동안 다른 사람이 이 집을 취하여 살았습니다. 바라건대, 땅을 파서 검색해 보십시오. 아이의 말을 따랐다. (중략) 옛날에 남의 집을 내 집이라 하여 빼앗았다 해서 석씨(昔氏)라고 했다. 혹 또 까치로 해서 궤를 열게 되었기 때문에 까치[鵲]라는 글자에서 조(鳥)를 떼고 석(昔)으로 성을 삼았다고도 한다. 또 궤를 열고 알을 벗기고 나왔다 해서 이름을 탈해(脫解)로 했다고 한다. 재위 23년 동안 통치를 하였으며 탈해왕 4년(己卯, 29)에 돌아갔다.

(출전) 童曰我本冶匠, 乍出隣鄕, 而人取居之. 請掘地撿看 從之(중략) 以昔是吾家取他人家故, 因姓昔氏. 或云, 因鵲開櫃, 故去鳥字, 姓昔氏, 解櫃脫卵而生, 故因名脫解. 在位二十三年, 建初四年己卯崩(권1 기이1 탈해왕)

(새김)

석탈해는 자신의 조상이 대장장이〔冶匠〕곧 제철기술자라고 하였고 용성국에서 왔다고 하였다. 여기 용성국이란 인도의 남부 타밀지역어라는 주장이 있다. 인도 남부 타밀지역에서 하는 말로 대장장이를 석갈린감(seokalingam)이라 하였다. 석탈해의 탈해는 타밀어로 탈레 혹은 탈아이라 하였다. 석갈린감을 줄여서 석 혹은 석가라고 쓰이기도 한다. 어휘와 소리의 비슷함만 갖고 같은 말이라기에는 보다 많은 검토가 필요하다.

석장사(錫杖寺)

스님 양지(良志)는 그 조상이나 고향에 대해서는 자세히 알 수 없고, 오직 신라 선덕왕(善德王) 때에 자취를 나타냈을 뿐이다. 석장(錫杖, 지팡이) 끝에 포대 하나를 걸어 두기만 하면 그 지팡이가 저절로 날아 시주의 집에 가서 흔들리면서 소리를 낸다. 그 집에서 이를 알고 재(齋)에 쓸 비용을 여기에 넣는데, 포대가 차면 날아서 돌아온다. 때문에 그가 있던 절을 석장사라고 했다. 양지의 신기하고 이상하여 남이 헤아릴 수 없는 것이 모두 이와 같았다. 그는 또 한편으로 여러 가지 솜씨에 통달해서 신묘함이 비길 데가 없었다. 또 글씨에도 능하며 영묘사 장륙삼존상과 천왕상 또 전탑의 기와와 천왕사 탑 밑의 팔부신장, 법림사의 주불삼존과 좌우 금강신 등은 모두 그가 만든 것이다.

(출전) 釋良志, 未詳祖考鄕邑, 唯現迹於善德王朝. 錫杖頭掛一布帒, 錫自飛至檀越家, 振拂而鳴, 戶知之納齋費, 帒滿則飛還. 故名其所住曰錫杖寺, 其神異莫測皆類此 旁通雜譽, 神妙絶比, 又善筆札. 靈廟丈六三尊·天王像幷殿塔之瓦, 天王寺塔下八部神將, 法林寺主佛三尊·左右金剛神等, 皆所塑也(권4 의해 양지사석)

(새김)

석장(錫杖) : 지팡이를 뜻한다. 산스크리트어로 카까라(खक्खर, khakkara)인데 석장 혹은 성장(聲杖), 명장(鳴杖)이라고도 한다. 지팡이의 머리에 여섯 개의 고리를 달아 흔들면 소리가 나도록 되어 있다. 비구가 걸식을 할 때 짐승이나 뱀을 쫓을 때 사용한다.

사천왕상(四天王像) : 사천왕은 수미산(須彌山)의 가운데 허리에 자리하여 욕계 6천의 하늘 가운데 가장 낮은 것이다. 수미산의 네 방위를 지키는 부처이다.

금강신(金剛神) : 부처님을 지키는 신장을 말한다. 근본비나야잡사경(根本毘奈耶雜事經)에 나온다. 아 금강역사와 훔 금강역사가 있다. 아와 훔은 산스크리트의 머리와 꼬리를 말한다. 완전하게 지킨다는 의미로 볼 수 있다.

석충(釋沖)

또 떠올려 보면, 고려의 문사 김관의(金寬毅)가 지은 왕대종록 2권에 신라 말년의 고승 석충이 고려 태조에게 진표율사의 가사 한 벌과 계율을 적은 계간자(戒簡子) 189개를 바쳤다고 올라있다.

(출전) 又按本朝文士金寬毅所撰王代宗錄二卷云, 羅末新羅大德釋冲, 獻太祖以表律師袈裟一領, 戒簡百八十九枚(권4 의해 심지계조)

석해(石海)

찬탄하는 글에 일렀다. 법해(法海)의 물결 움직임을 보니 법계는 넓기도 해라, 사해를 늘이고 줄이는 것도 어려울 것 없네. 높은 수미(須彌)를 크다고만 말하지 말라, 모두 우리 스님의 한 손가락 끝에 있느니(이것은 석해가 말한 것이다).

(출전) 讚曰, 法海波瀾法界寬, 四海盈縮未爲難. 莫言百億須彌大, 都在吾師一指端(石海云)(권4 의해 현유가 해화엄)

선덕왕(善德王)

신라 제27대 덕만(德曼, 만(曼)은 만(萬)으로도 씀)의 시호는 선덕여대왕, 성은 김씨, 아버지는 진평왕이다. 정관 6년(壬辰, 632)에 즉위하여 나라를 다스린 지 16년 동안에 미리 안 일이 세 가지가 있었다. 첫째는, 당 나라 태종이 붉은빛. 자줏빛. 흰빛의 세 가지 빛으로 그린 모란과 그 씨 석 되를 보내 온 일이 있었다. 왕은 그림의 꽃을 보더니 말하기를, 이 꽃은 필경 향기가 없을 것이다 하고 씨를 뜰에 심도록 했다. 거기에서 꽃이 피어 떨어질 때 보니 과연 왕의 말과 같았다. 둘째는, 영묘사 옥문지에 겨울인데도 개구리들이 많이 모여들어 사나흘 동안 울어 댄 일이 있었다. 나라 사람들이 이상하게 여겨 왕에게 물었다. 그러자 왕은 급히 각간 알천(閼川)과 필탄(弼呑) 등에게 명하여 정예병 2천 명을 뽑아 가지고 속히 서교로 가서 여근곡이 어딘지 찾아 가면 반드시 적병이 있을 것이니 엄습해서 모두 죽이라고 했다. 두 각간이 명을 받고 각각 군사 천 명을 거느리고 서쪽 교외로 가 보니 부산 아래 과연 여근곡(女根谷)이 있고 백제 군사 5백 명이 와서 거기에 숨어 있었으므로 이들을 모두 죽여 버렸다. 백제의 장군 우소(于召)가 남산 고개 바위 위에 숨어 있었으므로 활을 쏘아 죽였다. 또 뒤에 군사 천 이백 명이 따라오고 있었는데, 모두 쳐서 죽여 한 사람도 남기지 않았다. 셋째는 왕이 건강할 때 여러 신하들에게 일렀다. 나는 아무 해 아무 날에 죽을 것이니 나를 도리천(忉利天) 속에 장사지내도록 하라. 여러 신하들이 그게 어느 곳인지 알지 못해서 물으니 왕이 말하였다. 낭산 남쪽이니라. 그 날이 이르니 왕은 과연 죽었고, 여러 신하들은 낭산 양지에 장사지냈다. 10여 년이 지난 뒤 문무왕이 왕의 무덤 아래에 사천왕사를 세웠다. 불경에 말하기를, 사천왕천 위에 도리천이 있다고 했으니 그제야 대왕의 영험함을 알 수 있었다.

(출전) 第二十七德曼(一作万)謚善德女大王, 姓金氏, 父眞平王. 以貞觀六年壬辰卽位, 御國十六年, 凡知幾有三事. 初, 唐太宗送畵牧丹三色紅紫白, 以其實三升, 王見畫花曰此花定無香. 仍命種於庭, 待其開落, 果如其言. 二, 於靈廟寺玉門池, 冬月衆蛙集鳴三四日, 國人怪之. 問於王, 王急命角干閼川弼呑等, 鍊精兵二千人, 速去西郊, 問女根谷, 必有賊兵, 掩取殺之. 二角干旣受命, 各率千人問西郊, 富山下果有女根谷, 百濟兵五百人來藏於彼, 並取殺之. 百濟將軍亐召者, 藏於南山嶺石上, 又圍而射之殪. 又有後兵一千三百人來, 亦擊而殺之. 一無孑遺. 三, 王無恙時, 謂羣臣曰朕死於某年某月日, 葬我於忉利天中. 群臣罔知其處, 奏云何所, 王曰狼山南也. 至其月日王果崩, 群臣葬於狼山之陽. 後十餘年文虎大王創四天王寺於王墳之下, 佛經云, 四天王天之上有忉利天, 乃知大王之靈聖也(권1 기이1 선덕왕 지기삼사)

(새김)

그림 41 선덕여왕릉

선덕(善德)이란 이름은 불교의 왕명으로 선덕바라문(善德婆羅門)에서 비롯한다. 국왕으로 추대되어 성조황고(聖祖皇姑)라는 칭호를 올렸다. 선덕여왕의 사적을 좀 더 알아보면 아래와 같다. 선덕왕 7년(638) 10월에 고구려가 칠중성(七重城, 현 파주시 적성면)을 공격해 오자 11월에 이를 물리쳤으며, 선덕왕 11년(642) 백제의 의자왕에게 미후성 등 40여 성을 빼앗겼다. 이어 백제가 고구려와 공모하여 당항성(黨項城)을 빼앗아 나당(羅唐)의 통로를 끊어버리자, 여왕은 이 사실을 당 나라에 호소하였다. 이어 백제에게 대야성(大耶城)이 함락되자 춘추(春秋)를 고구려에 보내어 구원을 청하였으나 실패하였다. 선덕왕 12년(643)에 다시 고구려, 백제의 침입을 당 나라에 호소하고 원병을 청하였으며 이듬해 김유신(金庾信)으로 하여금 백제에게 빼앗긴 성을 회복하게 하였다. 선덕왕 14년(645) 당태종이 고구려에 원군을 보냈으나 다시 백제에게 서변 7성을 빼앗겼다. 선덕왕 16년(647) 상대등 비담(毗曇)과 염종(廉宗) 등이 여왕의 무능을 구실로 반란을 일으켰으나 곧 진압했으나 같은 해 여왕은 신병으로 돌아가니 유언을 따라서 낭산(狼山)에 장사했다. 여왕은 선정을 베풀어 민생을 향상시켰고 구휼사업에 힘썼으며 당 나라의 문화를 수입하였다. 자장법사를 당에 보내어 불법을 수입하였으며, 첨성대, 황룡사 9층탑을 세우는 등 많은 업적이며 불사를 어느 임금보다도 힘썼다. 선덕을 비롯하여 진덕, 법흥과 진흥, 진지와 진평 모두가 불교식 왕명으로 불교를 새로운 왕권 강화의 구심점으로 한 불치(佛治)를 추구한 것으로 보인다. 특히 선덕은 자신의 건강과 나라의 안녕과 발전을 염원하는 귀의처로서 많은 불사를 하였다.

선덕왕(宣德王)

신라 제37대 선덕왕의 성은 김씨, 이름은 양상. 아버지는 효방 해간(海干, 17 관등 가운데 4번 째) 개성대왕으로 추봉되었다. 즉 원훈 각간의 아들로 어머니는 사소부인이다. 시호는 정의태후로 성덕왕의 따님이다. 왕비는 구족왕후이니 낭품 각간의 딸이다. 경신년(庚申, 780)에 즉위하여 5년 동안 나라를 다스렸다.

(출전) 第三十七代宣德王, 金氏名亮相. 父孝方海干, 追封開聖大王, 卽元訓角干之子. 母四召夫人, 謚(貞)懿太后, 聖德王之女. 妃具足王后, 狼品角干之女. 庚申立, 理五年(권1 왕력 선덕왕)

선도산(仙桃山)

진평왕 때 지혜(智惠)라는 비구니가 있어 어진 행실이 많았다. 안흥사(安興寺)에 살았는데 새로 불전을 수리하려 했지만 힘이 모자랐다. 어느 날 꿈에 모양이 아름답고 구슬로 머리를 장식한 한 선녀가 와서 그를 위로해 말했다. 나는 바로 선도산 신모인데 네게 불전을 수리하려 하는 것을 기쁘게 생각하여 금 10근을 주어 돕고자 한다. 내가 있는 자리 밑에서 금을 꺼내서 주존(主尊) 삼상을 장식하고 벽 위에는 오삼불(五三佛), 육류성중(六類聖衆) 및 모든 천신과 오악의 산신(神君, 신라 때 오악은 동의 토함산, 남의 지리산, 서의 계룡산, 북의 태백산, 중앙의 부악, 또는 공산이다)을 그리고, 해마다 봄과 가을의 10일에 남녀 신도들을 많이 모아 널리 모든 신령을 위해서 점찰법회(占察法會)를 베푸는 것으로써 일정한 규정을 삼도록 하라. (중략) 이를 기려서 말한다. 서연산에 와서 몇 십 년이나 지냈는가. 천제의 여인 불러 옷감을 짰었네. 길이 사는 법도 이상한 일 없지 않았는데, 금선(金仙, 부처)을 뵙고 옥황이 되었네.

(출전) 眞平王朝, 有比丘尼名智惠, 多賢行, 住安興寺. 擬新修佛殿而力未也. 夢一女仙風儀婥約, 珠翠飾鬟, 來慰曰我是仙桃山神母也. 喜汝欲修佛殿, 願施金十斤以助之. 宜取金於予座下, 粧點主尊三像, 壁上繪五十三佛, 六類聖衆及諸天神, 五岳神君(羅時五岳, 謂東吐含山, 南智異山, 西雞龍, 北太伯, 中父岳亦云公山也)(중략) 讃曰, 來宅西鳶幾十霜, 招呼帝子織霓裳. 長生未必無生異, 故謁金仙作玉皇(권5 감통 선도성모수희불사)

선도성모(仙桃聖母)

어느 날 꿈에 모양이 아름답고 구슬로 머리를 장식한 한 선녀가 와서 그를 격려하면서 말했다. 나는 바로 선도산 신모인데 네가 불전을 수리하려 하는 것을 기쁘게 생각하여 금 10근을 주어 돕고 싶다. 내가 앉은 자리 밑에서 금을 꺼내서 주존(主尊) 삼상을 장식하고 벽 위에는 15불 6류 성중 및 모든 천신과 5악의 산신(神君, 신라 때의 오악은 동의 토함산, 남의 지리산, 서의 계룡산, 북의 태백산, 중앙의 부악, 또는 공산이다)을 그리고, 해마다 봄과 가을의 10일에 남녀 신도들을 많이 모아 널리 모든 신령을 위해서 점찰법회를 베푸는 것으로써 일정한 규정을 삼도록 하라.

(출전) 我是仙桃山神母也. 喜汝欲修佛殿, 願施金十斤以助之. 宜取金於予座下, 粧點主尊三像, 壁上繪五十三佛 · 六類聖衆及諸天神 · 五岳神君(羅時五岳, 謂東吐含山, 南智異山, 西雞龍, 北太伯, 中父岳亦云公山也) 每春秋二季之十日, 叢會善男善女, 廣爲一切含靈, 設占察法會以爲恒規(권5 감통 선도성모수희불사)

(새김)

문화의 통섭이라는 관점에서 보면, 불교는 물론이고 **선도성모**의 말 가운데 천신과 산신을 함께 모셔 점찰법회를 하라고 함은 선도와 불도의 통섭을 이르는 것으로 보인다. 지혜 스님이 머물렀던 안흥사는 팔공산에 자리하였던 절로 오늘날의 기기암(寄寄庵)으로 볼 수 있다. 안흥사는 헌덕왕 8년(816) 정수(正秀)가 안덕사(安德寺) 또는 안흥사라는 이름으로 세웠다. 고려 명종 16년(1186)에 다시 세우면서 몸은 사바세계에 머물러도 마음은 극락세계에 머문다(身寄娑婆 心寄極樂)는 의미로 기기암이라 불렀다고 한다(지준모).

선율환생(善律還生)

망덕사 스님 선율(善律)은 시주받은 돈으로 육백반야경(六百般若經)을 이루고자 했다. 공사가 아직 끝나기 전에 문득 저승사자에게 잡혀서 명부에 이르니 명사(冥司, 저승사자)가 물었다. 너는 인간 세계에 있을 때에 무슨 일을 했느냐. 선율이 말한다. 저는 늘그막에 대품반야경(大品般若經)을 만들려 하다가 일을 마치지 못하고 왔습니다. 명사는 너희 수록(壽籙, 생명부)에 따르면 네 목숨은 이미 끝났지만 가장 좋은 소원을 마치지 못했다니 다시 인간 세상에 돌아가서 보전을 끝내어 이루도록 하라면서 다시 돌려보냈다.

(출전) 望德寺僧善律, 施錢欲成六百般若, 功未周, 忽被陰府所追, 至冥司, 問曰汝在人間作何業, 律曰貧道暮年欲成大品經, 功未就而來 司曰汝之壽籙雖盡, 勝願未終, 宜復人間, 畢成寶典 乃放還(권5 감통 선율환생)

(새김)

선율 스님은 반야경 108권을 간행하려다 마치기도 전에 저승사자에게 잡혀가서 판관 앞에 서게 되었다. 선율의 갸륵한 발원의 사연을 들은 판관이 일을 다 마치고 그 때 들어오라며 살려 보내준다. 돌아오는 길목에서 서라벌의 사량리의 한 여인이라는 사람을 만난다. 그 처자는 눈물로 호소하였다. 자신의 부모가 금강사 절의 논 한 뙈기를 숨겨 가졌기에 자신이 대신 많은 고초를 겪었다고. 돌아가거든 자신의 부모에게 이런 사연을 들려주어 절로 다시 그 논을 되돌려 주라고 하란다. 자신의 생전에 짜두었던 모시 세포와 몰래 감추었던 기름을 반야경(般若經)의 간행에 보태 달라는 간절한 사연이었다. 부모가 지은 업보로 저승의 딸이 고통을 받는다는 인과응보(因果應報)의 줄거리다.

선율사(宣律師)

옛날 의상법사가 당 나라에 들어가 종남산의 지상사(至相寺) 지엄존자(智儼尊者)에게 배우러 갔다. 이웃에 선율사가 있어서, 항상 하늘의 공양을 받고 재를 올릴 때마다 하늘 주방에서 먹을 것을 보내 왔다. 어느 날 선율사는 의상법사를 청하여 재를 올리는데 의상이 자리를 잡고 앉은 지 오랜데도 하늘에서 보내는 음식은 때가 지나도 오지 않는다. 의상이 빈 바리때만 가지고 돌아가자 비로소 천사가 내려왔다.

(출전) 昔義湘法師入唐, 到終南山至相寺智儼尊者處. 隣有宣律師, 常受天供, 每齋時天廚送食. 一日律師請湘公齋, 湘至坐定旣久, 天供過時不至. 湘乃空鉢而歸, 天使乃至(권3 탑상 전후소장사리)

(새김)

선율사(宣律師)는 당 나라 때 승려로서 속고승전(續高僧傳)을 지었다.

선종랑(善宗郞)

대덕 자장(慈藏)은 김씨이니 본래 진한(辰韓)의 진골 소판(蘇判, 3관등의 벼슬 이름) 무림(茂林)의 아들이다. 그의 아버지는 맑은 요직을 지냈으나 뒤를 계승할 아들이 없으므로 삼보(三寶)에 마음을 돌려 천부관음에게 아들 하나 낳기를 바라고 이렇게 빌었다. 만일 아들을 낳게 되면 그 아이를 내놓아서 법계의 인재로 삼겠습니다. 문득 그 어머니의 꿈에 별 하나가 떨어져서 품 안으로 들어오더니 이내 태기가 있어서 아이 하나를 낳았는데 석존과 같은 날이므로 이름을 선종랑이라 했다.

(출전) 大德慈藏金氏, 本辰韓眞骨蘇判(三級爵名)茂林之子. 其父歷官淸要, 絶無後胤, 乃歸心三寶, 造于千部觀音, 希生一息, 祝曰若生男子, 捨作法海津梁. 母忽夢星墜入懷, 因有娠, 及誕, 與釋尊同日. 名善宗郞(권4 의해 자장정률)

선지식(善知識)

또 아미타불상을 만들어 강당에 모셨는데, 남은 금물이 모자라 몸에 전부 바르지 못했기 때문에 아미타불상에는 역시 얼룩진 흔적이 있다. 그 액자는 현신성도무량수전(現身成道無量壽殿)이라 했다. 논평해 말한다. 낭자는 참으로 부녀의 몸으로서 성불했다고 할 만하다. 화엄경에 마야부인(摩耶夫人) 선지식이 십일지에 살면서 부처를 낳아 해탈문을 꿈에 본 것과 같다. 이제 낭자의 순산한 뜻이 여기에 있으며, 그가 준 글은 슬프고도 간곡하고 사랑스러워서 신선의 의취가 있다.

(출전) 廣德二年(古記云大曆元年, 亦誤)甲辰七月十五日, 寺成, 更塑彌勒尊像, 安於金堂, 額曰現身成道彌勒之殿, 又塑彌陁像安於講堂, 餘液不足, 塗浴未周, 故彌陁像亦有斑駁之痕, 額曰現身成道無量壽殿. 議曰, 娘可謂應以婦女身攝化者也. 華嚴經摩耶夫人善知識, 寄十一地生佛如幻解脫門, 今娘之梚産微意在此. 觀其投詞, 哀婉可愛, 宛轉有天仙之趣(권

3 탑상 남백월이성 노힐부득 달달박박)

(새김)

마야부인(摩耶夫人) : 석가모니의 어머니. 구도자인 선재동자가 53인의 선지식에게 법문을 들을 때, 41번째 선지식이 마야부인이다. 본 이름은 마하마야(महामाय, mahamaya)로 거룩한 마야라는 뜻이다.

선지식(善知識) : 부처님의 설법을 중생들에게 전하여 고통에서 벗어나 피안의 세계로 인도하는 부처를 말한다. 산스크리트어로 칼랴미트라(काळयमिटर, kalyāamitra)로 악지식에 대응되는 명사다. 선지식이란 지식(知識), 선우(善友), 친우(親友), 선친우(善親友), 승우(勝友)라고도 한다. 부처님이 말씀한 교법을 말하여 다른 이로 하여금 고통 세계를 벗어나 이상향에 이르게 하는 사람 또는 남녀노소, 귀천을 가리지 않고, 모두 불은을 입게 하는 사람을 말한다.

선화공주(善花(化)公主)

신라 진평왕의 셋째 공주 선화(善花, 혹은 善化)가 뛰어나게 아름답다는 말을 듣고는 머리를 깎고 서울로 가서 마을 아이들에게 마를 주기도 하였다. 이내 아이들이 친해져 그를 따르게 되었다. 이에 동요를 지어 아이들을 꾀어서 부르게 하니 그것은 이러하다. 선화공주(善化公主)님은 남몰래 정을 나누고 서동(薯童)님을 밤에 몰래 안고 간다. 이 노래가 서라벌 안에 퍼지자 궁에까지 그 소문이 들어갔다. 모든 신료들이 강력한 상소로 공주를 멀리 유배를 보내기로 하였다.

(출전) 第三十武王, 名璋. 母寡居, 築室於京師南池邊, 池龍交通而生, 小名薯童, 器量難測. 常掘薯蕷, 賣爲活業, 國人因以爲名. 聞新羅眞平王第三公主善花(一作善化)美艷無雙, 剃髮來京師, 以薯蕷餉閭里羣童, 郡童親附之. 乃作謠, 誘羣童而唱之云, 善化公主主隱, 他密只嫁良置古, 薯童房乙, 夜矣卯乙抱遣去如. 童謠滿京, 達於宮禁, 百官極諫, 竄流公主於遠方(권2 기이2 남부여 전백제 북부여)

(새김)

선화공주를 둘러 싼 민요풍의 향가인 서동요(薯童謠)와 관련, 이병도(李丙燾)는 진평왕과 무왕 때의 신라, 백제 두 나라의 관계는 원수 사이였으므로 이 같은 혼인이 성립될 수 없다고 보았다. 어쩌면 493년에 백제 동성왕과 신라 왕족 비지(比智)의 딸이 통혼한 사실을 가지고 만들어진 설화일 수도 있다고 가늠한다. 만약 그렇다면 선화공주는 이벌찬(伊伐飡) 비지의 딸이 되는 셈이다. 이와는 달리 일본의 세키노(關野貞)는 미륵사의 창건 시기를 7세기 후반으로 내려 보는 관점에서, 삼국통일 직후에 신라가 고구려 부흥군의 중심인물이었던 고구려의 왕족 안승(安勝)을 회유해 신라 쪽으로 끌어들이는 한편, 이 곳에 보덕국(報德國)을 만들어 그를 국왕으로 삼고 문무왕의 여동생을 그의 아내로 삼았던 사실을 주목하였으니 문무왕의 여동생의 다른 이름이 아닌가 한다는 것이다. 2009년 문화재청의 발표를 따르면, 익산 미륵사의 석탑 해체 과정에서 나온 금제 사리 봉안기에 백제 무왕의 왕후는 선화공주가 아니라 좌평 사택적덕(沙宅積德)의 따님으로 앞과 뒤 193자로 된 기록이 밝혀졌다. 우리가 알고 있던 서동요의 선화가 아니었다. 그러다가 2015년 국립중앙박물관이 선화공주가 실제 존재했으며 무왕과 나란히 익산 쌍릉에 묻혀 있을 가능성을 보여주는 유물을 찾아냈다고 보도했다. 앞으로 그 연결고리를 어떻게 잇는가 하는 과제가 있다. 선화공주와 서동 곧 무왕의 사이에 태어난 후손이 의자왕(義慈王)으로 보인다. 의자는 생모가 아닌 왕비와 부왕에게 효성과 형제간의 우애가 깊었다. 해서 의자를 흔히 해동증자(海東曾子)라 불렀다. 일본서기 등의 기록으로 보아 의자의 세자 책봉에 반대하던 세력들을 제거하는 정변을 일으켰다(정민, 불국토를 꿈꾼 그들 참조). 한편 마한에 무강왕의 왕비가 선화부인이었다는 설화를 주목, 신라의 공주 이벌찬의 딸이 백제 동성왕에게 시집갔다가 동성왕이 일찍 죽자, 다시 동성의 이복동생인 무령왕의 왕비가 되었다고 풀이한다(문경현(2015), 역주 삼국유사).

설씨(薛氏) ☞ 신라시조 혁거세

설원랑(薛原郞)

원화를 없앤 지 여러 해가 되자 진흥왕은 또 나라를 일으키려면, 반드시 풍월도(風月道)를 먼저 만들어야 한다고 생각하고 다시 영을 내려 귀족의 자제 중에 덕행이 있는 남자를 뽑아 이름을 고쳐 화랑(花郞)이라 하고, 비로소 설원랑을 받들어 국선을 삼으니, 이것이 화랑 국선의 시초다.

(출전) 廢原花累年, 王又念欲興邦國, 須先風月道, 更下令選良家男子有德行者, 改爲花娘, 始奉薛原郞爲國仙, 此花郞, 國仙之始(권3 탑상 미륵선화미시랑 진자사)

설인귀(薛仁貴)

또한 당(唐) 나라 용삭 연간(661-662)에 요동에 전쟁이 벌어져서 행군 설인귀는 수양제(隋煬帝)가 토벌한 요동의 옛 땅에 이르렀다가 여기에서 산에 있는 불상을 보았는데 모두 텅 비어 있고 몹시 쓸쓸하여 사람의 왕래가 끊어져 있었다. 노인에게 물었더니 이 불상은 선대에 나타난 것이라고 하였다.

(출전) 又唐龍朔中, 有事遼左, 行軍薛仁貴行至隋主討遼古地, 乃見山像, 空曠蕭條, 絶於行往, 問古老, 云是先代所現(권3 탑상 요동성육왕탑)

설총(薛聰)

공주는 홀연 태기가 있더니 설총을 낳았다. 설총은 태어나면서부터 지혜롭고 민첩하여 경서와 역사에 널리 통달하니 신라 10현 중의 한 사람이다. 신라 말로 중국과 외이(外夷, 다른 나라)의 각 지방 풍속과 물건 이름 등에도 통달하여 육경과 문학을 풀어 썼다. 지금도 우리나라에서 명경을 업으로 하는 사람들이 이를 전수해서 끊이지 않는다.

(출전) 公主果有娠, 生薛聰. 聰生而睿敏, 博通經史, 新羅十賢中一也. 以方音通會華, 夷方俗物名, 訓解六經文學, 至今海東業明經者, 傳受不絶. 曉旣失戒生聰, 已後易俗服, 自號小

姓居士(권4 의해 원효불기)

(새김)

설총(薛聰, 658-746) : 경주(慶州, 현 경산)사람으로 무열왕 때 원효와 요석공주 사이에서 태어나 신문왕 때 이르러 당 나라의 국자감을 받아 들여 국학을 도입, 새로운 인재등용의 틀을 만들고 이두식 글자를 통하여 새로운 학습법을 내놓았다. 자는 총지(聰智)로 증조부는 잉피공(仍皮公, 또는 赤大公), 할아버지는 내마(奈麻) 담날이고, 아버지는 원효(元曉) 대사였다. 6두품 출신으로 관직은 한림학사에 이르렀다. 선생의 생몰연대는 그의 경주설씨 가전에 기초하여 설정한 것이다. 증보문헌비고에는 경주설씨(慶州薛氏)의 시조로 기록되어 있다. 그의 출생에 대하여 삼국유사 원효불기(권4 의해) 부분에 자세하게 기록되어 있다. 나면서부터 재능이 뛰어나고 유불에 널리 통했으며, 우리말로 9경을 읽음으로써 후학의 사표가 되었다. 마침내 신라 10현의 한 사람이며, 또 강수(强首), 최치원(崔致遠)과 더불어 신라 3문장의 한 사람으로 꼽혔다. 여러 지역의 향교에는 동방십현이라 하여 가장 첫 머리에 그의 자리가 설정되었다. 선생이 태어난 경산에서는 삼성현(三聖賢)이라 하여 원효와 일연과 함께 삼성현 역사문화공원을 만들고 문화관을 지어 선생의 업적을 기리며 향사를 자인향교에서 모신다. 한 때 도동재라고 하였으나 근래 들어와 유림들이 도동재의 승격을 제청했다. 성균관에서는 이를 받아들여 도동서원(道東書院)으로 승격시켰다(2007). 선생의 가장 대표적인 작품은 임금을 풍유하는 화왕계(花王戒)가 전해 온다. 임금은 모란으로, 충신은 할미꽃으로, 간신배는 장미꽃으로 등장한다. 이에 왕이 정색을 하며 말하기를, 그대의 우화는 진실로 깊은 뜻이 담겨 있도다. 기록해 두어 왕자의 경계로 삼게 하기 바란다며 마침내 선생을 높은 관직에 등용하였다. 선생은 나중에 백의정륜학사라는 벼슬을 받았다(於是 王愀然作色曰子之寓言, 誠有深志, 請書之. 以謂爲王者之戒 遂擢聰以高秩, 삼국사기 열전 설총).

설필하력(契苾何力)

고구려왕의 성이 고(高)이므로 고장(高藏)이라 했다. 당서(唐書) 고종기를 살펴보면, 현경 5년(庚申, 660)에 소정방 등이 백제를 정벌하고, 그 뒤 12월에 대장군 설필하력으로 패강도(浿江道) 행군대총관을, 고종 때 소정방으로 요동도 대총관을 삼고, 유백영으로 평양도 대총관을 삼아서 고구려를 쳤다.

(출전) 王之姓高, 故云高臧. 按唐書・高記現慶五年庚申, 蘇定方等征百濟. 後十二月大將軍契苾何力爲浿道行軍大摠管, 蘇定方爲遼東道大摠管, 劉伯英爲平壤道大摠管, 以伐高麗(권2 기이2 문무왕 법민)

(새김)

설필하력(契苾何力)은 돌궐 가한(可汗)의 후손으로 당 나라 태종 때 천여 명의 군사를 데리고 투항, 고종 무렵 좌효위대장군에 임명되었다. 고창(高昌)과 고구려를 정벌하여 성국공(郕國公)에 봉작을 받았다. 설필이라 함은 일종의 종족의 이름이다.

섭론(攝論)

원광(圓光)은 학문이 오월(吳越)을 통달했기 때문에 문득 중국 북쪽 지방인 주(周)와 진(秦)의 문화를 보고자 하여 개황 9년(589)에 수나라 서울에 유학했다. 마침 불법의 초회(初會)를 당해서 불교의 유식학인 섭론이 비로소 일어나니 문언(文言)을 받들어 간직하여 미서(微緖, 의문의 실마리)를 떨치고 또 혜해(慧解, 해탈)를 이루어 그 이름을 중국 서울에까지 드날렸다. 내공이 이루어지자 신라로 돌아가서 계속해야겠다고 생각했다. (중략) 그의 제자 원안(圓安)은 정신이 지혜롭고 바탕이 총명하며, 천성이 두루 유람하는 것을 좋아하여 그윽한 곳에서 도(道)를 구하면서 스승을 우러러 사모했다. 그는 드디어 북쪽으로 구도(九都)에 가고, 동쪽으로 불내(不耐)를 보고, 또 서쪽으로 북쪽 중국인 연(燕)과 위(魏)에 가고, 뒤에는 장안(長安)에까지 이르렀으니, 이리하여 각 지방의 풍속에 자세히 통하고 여러 가지 경륜(經綸, 경전)을 구해서 중요한 줄거리를 널리 익히고 자세한 뜻도 밝게 알았다. 그는 늦게 심학(心學, 유심론)에 돌아갔는데 세속 사람보다 지취가 높았다.

(출전) 光學通吳越, 便欲觀化周秦, 開皇九年, 來遊帝宇. 値佛法初會, 攝論肇興, 奉佩文言, 振績微緖, 又馳慧解, 宣譽京皐. 勣業旣成, 道東須繼, (중략) 有弟子圓安, 神忘機穎, 性希歷覽, 慕仰幽求, 遂北趣九都, 東觀不耐, 又西燕 · 魏, 後展帝京, 備通方俗, 尋諸經論, 跨轢大綱, 洞淸織旨, 晩歸心學, 高軌光塵(권4 의해 원광서학)

(새김)

초회(初會) : 보살이 성불하고 처음으로 설법을 하는 법회를 말한다.

섭론(攝論) : 모든 존재란 오로지 유심(唯心)으로 돌아간다는 이론이다. 섭대승론을 기본으로 하는 섭론종의 가장 주요한 화두다. 4세기 무렵 인도의 아상가(अशनग, asanga)가 대승불교를 통일하기 위하여 지은 불서를 말한다. 유식설(唯識說)의 관점에서 대승 불교 전체를 하나의 정연한 조직으로 묶어 논한 서책으로, 전 10장으로 이루어져 있다.

신혜기영(神慧機穎) : 정신이 슬기롭고 뛰어나다.

혜해(慧解)는 혜해탈의 줄임말이다. 우리가 흔히 삶의 과정에서 보고 듣고 느끼고 생각하고 인식하는 것이 오온(五蘊)이다. 해탈(解脫)이란 이러한 오온의 삶에서 본디의 삶으로 돌아가는 것을 뜻한다. 마음에 탐욕을 제거하여 의식적이고 인위적인 행위를, 그런 행함을 없애면 그것이 심해탈(心解脫)이다. 한편, 의식적인 행위를 없애고 만들지 않으면, 연기(緣起)의 진리를 깨닫게 된다, 즉 무명(無明)이 사라진다, 자연의 섭리를 좇아가게 되는 것이다. 이것이 혜해탈이다. 동사강목(東史綱目) 부록 하권 **불내(不耐)**와 화려(華麗) 두 현에 대하여 말했다. 한서(漢書) 지리지에 따르면, 두 현은 낙랑 동쪽에 자리하고, 불이현(不二縣)은 군 단위의 치안관인 도위(都尉)가 다스리는 소재지였다. 불이(不二)는 또한 불내(不耐)라고도 한다.

심학(心學)은 왕양명(王陽明)이 제창한 새로운 개념의 유학이다. 왕양명의 본명은 왕수인(王守仁)이다. 심성론(心性論)으로 널리 알려져 동아시아의 여러 나라의 철학사상에 깊은 영향을 주었다. 양지(良知, 선악을 구분할 줄 아는 마음)가 바로 천리(天理, 세상의 올바른 이치)

라는 그의 학설은 12세기의 성리학자 주희(朱熹)가 말한바, '각각의 사물에 그 이치가 있다' 라는 주장과는 다른 관점이다. 주자의 이론대로 실재하는 사물에서 이를 찾으려는 것보다는, 자신의 마음에서 올바른 이치를 발견해야 한다는 것이었다. 마침내 왕양명은 12세기의 철학자 육구연이 처음 창도한 심성론을 한 단계 승화시켰다.

섭하(涉何)

원봉 2년(전109)에 한나라에서는 섭하를 보내어 우거를 타일렀지만 우거는 끝내 명령을 듣지 않았다. 섭하는 그곳을 떠나 국경에 이르러 패수에 당도하자 말을 모는 신하를 시켜서 자기를 호송하러 온 조선의 비왕 장(長, 안사고는 말하기를, 장(長)은 섭하의 호송원의 이름이라고 했다)을 찔러 죽였다.

(출전) 元封二年, 漢使涉何諭右渠, 終不肯奉詔. 何去至界, 臨浿水, 使馭刺殺送何者朝鮮裨王長(권1 기이1 위만조선)

섭화(攝化)

논자는 말한다. 낭자는 참으로 부녀의 몸으로서 중생을 교화했다 할 만하다. 화엄경(華嚴經)에 마야부인(摩耶夫人) 선지식이 십일지에 살면서 부처를 낳아 해탈문을 여환(如幻, 꿈꾸는 것)한 것과 같다. 이제 낭자의 순산한 뜻이 여기에 있으며, 그가 준 글은 슬프고도 간곡하고 사랑스러워서 신선의 의취가 있다. 아, 낭자가 만일 중생을 따라서 다라니를 해득할 줄 몰랐더라면 과연 이같이 할 수가 있었겠는가.

(출전) 議曰, 娘可謂應以婦女身攝化者也. 華嚴經摩耶夫人善知識, 寄十一地生佛如幻解脫門, 今娘之梚産微意在此. 觀其投詞, 哀婉可愛, 宛轉有天仙之趣. 嗚呼, 使娘婆不解隨順衆生語言陁羅尼, 其能若是乎(권3 탑상 남백월이성 노힐부득 달달박박)

(새김)

섭화(攝化)란 섭수교화(攝受敎化)의 줄임말이다. 중생을 불법에 따라서 교화함을 이른다. **마야부인(摩耶夫人)**은 석가모니의 어머니로서 도리천에서 살고 있다. 아울러 **선지식(善知識)**이란, 부처의 교법을 말하여 다른 이로 하여금 고해를 벗어나서 이상 세계로 선도하는 사람을 이른다. 불교 경전에서 법문으로 된 짧은 구절을 진언(眞言) 혹은 주(呪) **다라니(陀羅尼)**라고 한다. 긴 구절로 된 것을 다라니 대주(大呪)라고 한다. 다라니를 흔히 범문을 번역하지 않고 소리 나는 대로 외우는 말을 이른다. 그 글 자체에 그윽한 뜻이 있어 이를 외우는 것만으로도 더없는 기억력을 얻고 모든 재난에서 벗어나는 등 많은 공덕을 받는다고 믿는다.

성골(姓骨)

이윽고 말을 하였다. 나는 본래 용성국(龍城國) 사람이오(正明國 혹은 완하국이라고도 한다. 완하는 또 화하국이라고도 하니, 용성은 왜국 동북쪽 1천리 떨어진 곳에 있다). 우리나라에는 원래 28 용왕이 있어서 그들은 모두 사람의 태에서 났으며 나이 5, 6세부터 왕위에 올라 만민을 가르쳐 성명을 바르게 했소. 8품의 성골이 있는데 그들은 고르는 일이 없이 모두 왕위에 올랐소. 그 때 부왕 함달파(含達婆)가 적녀국(積女國)의 왕녀를 맞아 왕비로 삼았소. 오래 되어도 아들이 없자 기도를 드려 아들 낳기를 구하여 7년 만에 커다란 알[卵] 한 개를 낳았소. 이에 대왕은 모든 신하들을 모아 묻기를, 사람으로서 알을 낳았으니 고금에 없는 일이다.

(출전) 迺言曰我本龍城國人(亦云正明國, 或云琓夏國, 琓夏或作花厦國, 龍城在倭東北一千里). 我國嘗有二十八龍王, 從人胎而生, 自五歲六歲繼登王位, 敎萬民修正性命, 而有八品姓骨, 然無揀擇, 皆登大位. 時, 我父王含達婆, 娉積女國王女爲妃, 久無子胤, 禱祀求息, 七年後産一大卵. 於是大王會問群臣 人而生卵, 古今未有(권1 기이1 탈해왕)

(새김)

성골(姓骨)이라 함은 분명하지 않으나 신라 초기의 8품계로 나누어 성씨를 구별했던 데서 비롯한 것으로 보인다(강인구 참조). 본디 성(姓)은 모계 중심이고, 씨(氏)란 부계 중심의 사회를 가리킨다.

성기(成己)

그러므로 우거의 대신인 성기가 또 자기 나라를 배반했다. 좌장군은 우거의 아들 장(長)과 노인(路人)의 아들 최(最)로 하여금 자기들의 백성을 타이르고 성기를 죽이도록 했다. 이리하여 마침내 조선을 평정하고 진번, 임둔, 낙랑, 현토의 네 군으로 삼았다.

(출전) 故右渠之大臣成己又反. 左將軍使右渠子長, 路人子最, 告諭其民, 謀殺成己, 故遂定朝鮮, 爲眞番, 臨屯, 樂浪, 玄菟四郡(권1 기이1 위만조선)

(새김)

성기(成己)는 재상이나 장군 급의 인물인데 아상(亞相)이나 장군을 대신이라 한 것이다(노태돈, 2000). 낙랑과 관련, 대동강 낙랑설을 중심으로 하는 종래의 풀이라면, **한사군**은 당연히 한반도의 대동강 중심으로 있어야 한다. 한 나라의 무제가 조선을 멸망시키고 그 자리에 있었던 것이다. 그러나 중국의 사료를 모아놓은 사서의 결정판이라 할 사고전서(四庫全書)를 보면 한사군의 가장 얼굴이라 할 낙랑군이 산동반도의 진황도시(秦皇島市) 노룡현(盧龍縣) 중심으로 있었음이 밝혀졌다. 말하자면, 요서낙랑설이 되는 셈이다. 대동강 낙랑설의 주창세력은 이마니시류(今西龍)나 쯔다쇼기치(津田左右吉)로 비롯하는 이른바 식민통치의 수단으로 한국의 역사, 그것도 고대사를 단절하고 왜곡하며 쪼개버리는 식민사관(植民史觀)에 따라서 고착화시켰던 학자들임을 상기할 필요가 있다. 물론 그 근본적인 원인 제공은 명(明)나라나 청(淸) 나라의 사가들이 조선을 반도 쪽으로 내몰고 가는 기록을 남겼기 때문이다(심백강(2014) 우리역사 참조).

성덕왕(聖德王)

신라 제33대 성덕왕 신룡 2년(丙午, 706)에 흉년이 들어 백성들이 몹시 굶주렸다. 그 이듬해인 정미년(丁未, 707) 정월 초하루부터 7월 30일에 이르기까지 백성을 구제하기 위하여 곡식을 나누어 주는데, 한 식구에 하루 석 되씩으로 정했다. 일을 마치고 계산해 보니 도합 30만 5백석이었다. 왕은 태종대왕을 위하여 봉덕사를 짓고 인왕도량을 열고 죄수를 풀어주었다. 이 때 비로소 시중 직을 두었다.

(출전) 第三十三聖德王, 神龍二年丙午歲禾不登, 人民飢甚. 丁未正月初一日至七月三十日, 救民給租, 一口一日三升爲式, 終事而計, 三十萬五百碩也. 王爲太宗大王刱奉德寺, 設仁王道場七日, 大赦始有侍中職(一本系孝成王)(권2 기이2 성덕왕)

성도기별(成道記莂)

문수보살이 혹 보천(寶川)의 이마에 물을 붓고 성도기별(成道記莂, 예언)을 주었다. 보천이 죽던 날, 후일에 산 속에서 행할 국가를 이롭게 할 일을 기록해 두었는데 거기에 이렇게 말했다. 이 산은 곧 백두산의 큰 산맥으로, 각 대는 진신이 항상 있는 곳이다. 푸른빛 방위인 동대, 북각(北角) 아래의 북대의 남쪽 기슭 끝에는 마땅히 관음방(觀音房)을 두어서 원상(圓像)의 관음보살과 푸른 바탕에 그린 일만 관음보살상을 모시도록 하라.

(출전) 文殊或灌水寶川頂, 爲授成道記莂. 川將圓寂之日, 留記後來山中所行輔益邦家之事云此山乃白頭山之大脉, 各臺眞身常住之地. 靑在東臺北角下 · 北臺南麓之末, 宜置觀音房, 安圓像觀音及靑地畫一萬觀音像(권3 탑상 대산오만진신)

(새김)

성도기별(成道記莂)이란, 부처가 수도자에게 성불할 것을 미리 예언하는 것을 이른다. 이러한 기별을 주는 행위를 수기(授記)라고 한다. 예언에는 겁수(劫數)와 국토(國土), 불명(佛名)과 수명(壽命) 등을 적는다.

성모명진(姓募名秦)

앞선 법흥왕의 성은 김씨(金氏)요, 출가한 뒤의 이름은 법운(法雲)이며 자(字)는 법공(法空)이다. 승전(僧傳)과 여러 설을 보면, 왕비도 출가하여 이름을 법운(法雲)이라 했고, 진흥왕도 법운(法雲)이라 했으며, 진흥왕비도 법운이라 했다니 의심스럽고 혼동된 것이 아주 많다) 책부원구에 보면 법흥왕의 성은 모(募) 이름은 진(秦)이라 했다.

(출전) 前王姓金氏, 出家法雲, 字法空, 僧傳與諸說亦以王妃出家名法雲, 又眞興王爲法雲, 又以爲眞興之妃名法雲, 頗多疑混)冊府元龜云姓募, 名秦(권3 흥법 원종흥법 염촉멸신)

(새김)

삼국사기 법흥왕 부분 책부원구(冊府元龜)에 **성모명진(姓募名秦)**을 들었다. 이는 이름인 모진을 모(募)와 진(秦)으로 성과 이름으로 오인한 것이다. 법흥왕 11년(524)에 세운 거벌모라남미지비(居伐牟羅男彌只碑)에 모즉지(牟卽智)라 하고 울주 천전리서석(川前里書石)에 무즉

지(务卽智)가 나온다. 모-무는 신라어로 원(原)에 해당하는 글자이다. 밑 곧 바탕을 뜻한다(문경현).

성범(成梵)

태평흥국(太平興國) 7년(壬午, 982)에 스님 성범이 처음으로 이 절에 와서 살았다. 만일미타도량을 열어 50여 년을 부지런히 힘썼는데 여러 번 특이한 상서가 있었다. 이 때 현풍(玄風)의 신도 20여 명이 해마다 뜻을 함께 하여 향나무를 주워 절에 바쳤다. 언제나 산에 들어가 향나무를 채취해서 쪼개어 씻어서 발 위에 펼쳐 두면 그 향나무가 밤에 촛불처럼 빛을 발하였다. 이로부터 고을 사람이 그 향나무에게 보시하고 빛을 얻은 해라 하여 하례하였다. 이는 두 성사의 영감이요, 혹은 산신의 도움이었다. 산신의 이름은 정성천왕(靜聖天王, 산신령)으로 일찍이 가섭불(迦葉佛) 때에 부처님의 부탁을 받았으니 그 본서에 말하기를, 스님에서 천 명의 출가를 기다려 남은 과보를 받겠다고 했다. 지금 산중에 9성의 유사(遺事)를 기록한 것이 있는데 자세하지는 않으나 9성은 관기, 도성, 반사, 첩사, 도의, 자양, 성범, 금물녀, 백우사 들이다.

(출전) 大平興國七年壬午, 有釋成梵, 始來住寺, 敞萬日彌陀道場, 精懃五十餘年, 屢有殊祥. 時, 玄風信士二十餘人歲結社, 拾香木納寺, 每入山採香, 劈析淘洗, 攤置箔上. 其木至夜放光如燭. 由是郡人項施其香徒, 以得光之歲爲賀, 乃二聖之靈感, 或岳神攸助也. 神名靜聖天王, 嘗於迦葉佛時受佛囑, 有本誓, 待山中一千人出世, 轉受餘報. 今山中嘗記九聖遺事, 則未詳. 曰觀機, 道成, 搬師, 楪師, 道義(有栢岩基)子陽, 成梵, 今勿女, 白牛師 (권4 의해 포산이성)

(새김)

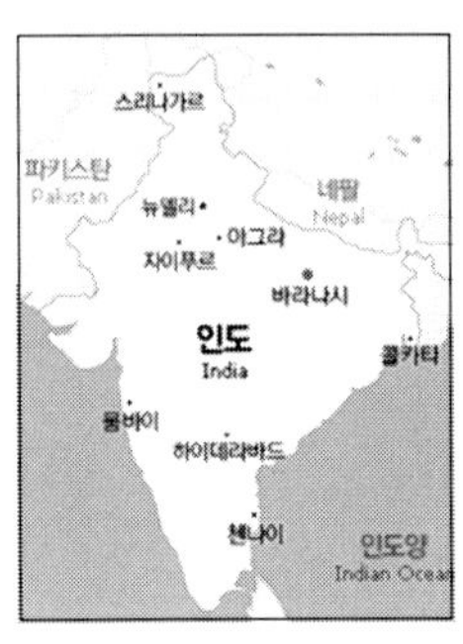

그림 42 바라나시

가섭불이란 석가불 이전의 부처 중의 한 분이다. 현세인의 수명이 2만 세 때 출세간하여 깨달음을 얻은 부처다. 산스크리트어로는 카샤파붓다(काश्यपबुद्, kasapa-buddha)이며 뒤치면 음광불(飮光佛)이 된다. 선가에서는 음역인 가섭불보다 의역인 음광불로 더 널리 알려져 있다. 많은 부처님이 나타난다는 현재의 현겁(賢劫)에 일천불이 나타난다고 한다. 그 가운데 제3의 부처님이 바로 가섭불이다. 인간의 평균 수명이 한 살씩 줄어 백세일 때 석가모니 부처가 나타난 것이다. 지금으로부터 약 2백만 년 전에 나타난 부처이다. 장아함 제1권에 따르면 가섭불은 니그로다 나무 아래에서 성불하였으며 2만 명의 제자가 있다. 아버지는 바라문 종족으로 브라흐마닷타요, 어머니의 이름은 다나바티이다. 가섭불 아들의 이름은 집군(集軍)이요, 당시 왕은 키키였으며, 나라의 이름은 바라나시(वाराणसी, baranasi)였다. 제3권에 따르면 각덕비구(覺德比丘)에 대한 이야기가 있다. 즉 각덕비구가 정진하여 열반한 뒤 가섭불이 되었다는 것이다. 이 부처의 말씀이 있는데 이른바 칠불통게(七佛通偈)이다. 일체 악을 짓지 말고 마땅히 모든 선을 받들어 행하라. 스스로 그 의지와 마음을 깨끗이 하는 것, 이것이 곧 모든 부처님의 가르침이다. 흔히 가섭존자로 알려져 있는데 꽃을 들어 석가모니와 이심전심(以心傳心)의 웃음으로 대화하였음은 널리 알려진 일이다.

성부산(星浮山)

이 말을 임금께 아뢰고 성부산(星浮山, 혹은 星損乎山) 아래 있는 땅을 무진주 상수리(上守吏)의 소목전(燒木田, 땔감 터)으로 삼아 백성들의 나무 벌채를 금하여 사람들이 감히 가까이 가지 못하니 안팎 사람들이 모두 부러워했다. 산 아래 밭 30무(畝)가 있는데 씨 3석(石)을 뿌리는 밭이다. 이 밭에 풍년이 들면 무진주가 모두 풍년이 들고, 흉년이 들면 무진주도 또한 흉년이 들었다 한다.

(출전) 聞於上以星浮山(一作星損乎山)下爲武珍州上守吏燒木田, 禁人樵採, 人不敢近, 內外欽羨之. 山下有田三十畝, 下種三石, 此田稔歲, 武珍州亦稔, 否則亦否云(권2 기이2 문무왕 법민)

(새김)

상수리(上守吏)는 신라 시대 지방의 관원이 서라벌에 가서 살면서 당해 지방 행정에 자문을 하는 일종의 볼모와 같은 성격의 벼슬을 이른다. 중앙정부의 지방관원에 대한 통제의 한 수단으로 쓰였다.

성산가야(星山伽耶)

오가야는 아라가야(阿羅伽耶, 라(羅)는 야(耶)라고도 했다. 현 함안), 고령가야(古寧伽耶, 현 함창), 대가야(大伽耶, 현 고령), 성산가야(星山伽耶, 현 경산(京山) 혹은 벽진), 소가야(小伽耶, 현 고성)이다.

(출전) 阿羅(一作耶)伽耶(今咸安) 古寧伽耶(今咸寧) 大伽耶(今高靈) 星山伽耶(今京山, 一云碧珍) 小伽耶(今固城) 又本朝史略云 太祖天福五年庚子, 改五伽耶名, 一金官(爲金海府), 二古寧(爲加利縣), 三非火(今昌寧, 恐高靈之訛), 餘二阿羅, 星山(同前, 星山或作碧伽耶)(권1 기이1 오가야)

(새김)

성산은 오늘날의 경북 성주를 말한다. **성산가야**가 신라에 통합된 이후 삼국사기(三國史記) 지리지에 일리군(一利郡)으로 나온다. 특히 신라는 통합된 소국들을 군, 현으로 삼아 지방체제에 흡수하면서 그 단위를 기존의 소국으로 하였다. 나라 이름을 그대로 고을이름으로 사용하였다. 성주의 경우, 삼국사기에 처음 신라에 병합되고 나서 일리군으로 불렸지만, 삼국을 통일한 후 경덕왕 16년(757)에 당 나라의 주군현제를 도입하면서 성산군(星山郡)으로 삼았다. 성산의 원 이름은 빌티(星峙)에서 비롯한 것으로 보인다. 지금도 빌티재가 있다. 가리군(加里郡)을 다른 이름으로 일리군(一利郡)이라 한 것에 대한 풀이는 어떠한가. 일리(一利)의 일(一)이 터키어로 빌그(birk, 비롯)이다. 성주말로 별을 빌이라 함을 떠올리면 대응 가능성이 있다. 한편 가리의 가(加)를 짐작하건대, 행초서로 보면 가(加)와 시(始, 비롯하다)가 거의 같다. 필사하는 과정에서 가(加)로 굳힌 것이 아닌가 한다(정호완). 빌티재의 빌(bil)과 상응됨을 가늠할 수 있다. 성주 월항에 가면 세종의 왕자들의 태실이 있는 곳이다. 한편 함녕의 경우, 현종 10년(1019)에는 다시 상주목이 되었다. 함창지역은 고령군이 되었다가 광종 15년(964) 함령군(咸寧郡)으로 고쳤다.

성왕(聖王)

삼국사기에 따르면, 백제의 성왕 26년(戊午, 548) 봄에 도읍을 사비(泗沘)로 옮기고 국호를 남부여라 했다 하고, 주(注)에, 그 지명은 소부리(所夫里)이니 사비는 지금의 고성진(古省津)이요, 소부리는 부여의 딴 이름이라고 했다. 또 양전장부에 따르면, 소부리군은 농부의 주첩이라 했으니 지금 말하는 부여군이란 옛 이름을 되찾은 셈이다. 백제왕의 성이 부여씨(扶餘氏)였으므로 그리 말했던 것이다.

(출전) 按三國史記, 百濟聖王二十六年戊午春, 移都於泗沘, 國號南扶餘. 注曰其地名所夫里, 泗沘, 今之古省津也. 所夫里者, 扶餘之別號也. 已上注. 又按量田帳籍, 曰所夫里郡田丁柱貼, 今言扶餘郡者, 復上古之名也. 百濟王姓扶餘氏, 故稱之(권2 기이2 남부여 전백제 북부여)

(새김)

백제 제26대 **성왕**(聖王, 523-554)은 31년 동안 나라를 다스렸다. 성은 부여(扶餘) 이름은 명농(明禯)인데 삼국유사에는 명농(明穠), 양서(梁書)에는 명(明)으로 올라 있다. 무령왕의 아들로서 과단성이 있고 슬기롭고 성정이 맑고 빼어났다. 무령왕이 돌아가자 왕위에 오른 명농을 사람들은 성명왕이라고 불렀다. 일본서기(日本書紀)에는 성명왕(聖明王) 달리 명왕(明王)이라고 적혀 있다. 미루어 보건대, 성왕은 전륜성왕의 줄인 이름으로, 성왕은 불가의 전륜성왕을 자임하여 왕권을 강화함에 불교를 적극 활용한 이른바 불치(佛治)를 한 것이다. 한편 성왕은 일본에 불상과 불경을 전해주었고, 또 겸익이 인도에서 불경 등을 가지고 돌아오자 이를 크게 환영하는 한편, 그 불경을 뒤치게 하는 등 불교 융성의 시대를 열고자 했다. 다른 나라에서 그림 그리는 화원 등을 불러다가 도량을 세우고 불상을 만들어 보급하였다. **주첩(柱帖)**이란 궁전 기둥에 경계나 송축의 글을 써서 붙이는데, 입춘이나 단옷날에 흔히 써서 붙인다. 영조(英祖)는 공적이 있는 신하의 이름이나 긴요한 정사를 기둥이나 벽에 비망의 목적으로 써 붙였다가 인사가 있을 때 이를 고려하였다고 한다.

성(星)자 함(函)

성자(星字) 함의 서역기 제2권에는 이렇게 말했다. 옛날에 여래가 세상에 있을 때에 이 용이 소를 치는 사람이 되어 왕에게 소의 젖을 올렸는데, 올리다가 잘못하여 꾸지람을 받자 속으로 분하고 원망하는 마음을 품어 돈을 주고 꽃을 사서 부처님에게 공양했다. 그리고 솔도파(窣堵婆)에게 수기(授記)하기를, 부디 악룡(惡龍)이 되어 나라를 깨뜨리고 왕을 해치게 해 주십시오 하고는 석벽에 가서 몸을 던져 죽자, 드디어 이 굴 속의 큰 용왕이 되어 악한 마음을 일으켰다.

(출전) 星函西域記第二卷云昔, 如來在世之時, 此龍爲牧牛之士, 供王乳酪, 進奏失宜, 既獲譴嘖, 心懷恚恨, 以金錢買花供養, 授記窣堵婆, 願爲惡龍破國害王, 特趣石壁, 投身而死, 遂居此窟爲大龍王(권3 탑상 어산불영)

(새김)

성자함(星字函)은 가자함(可字函)과 같이 천자문의 순서대로 소장한 장경판을 이른다. **수기(授記)**란 수행자가 앞으로 더없는 깨달음을 성취하게 됨을 부처님이 약속하고 예언하는 것을 말한다. 수기는 범어 비가라나(व्याकरण, vykarana)의 뒤침말로서 화가라나(和伽羅那) 달리 화라나(和羅那)로 음역하며 기별(記別), 기설(記說), 수결(受決), 수결(授決), 기(記) 등으로도 번역하기도 한다. **소도파**(**窣堵婆**, **स्तूप**, stupa)는 스투파 곧 무덤을 이른다. 석가모니의 유골을 넣은 탑파를 말한다. 이 말이 한국으로 들어오면서 스투파-투파-타파-탑으로 굳어져 쓰이게 되었다. 솟대도 일종의 소도파의 변이형으로 보인다. **서역기(西域記)**는 현장이 지은 대당서역기(大唐西域記)를 말한다.

성충(成忠)

의자왕은 당시 해동증자라 불렸다. 정관 15년(辛丑, 641)에 즉위하였다. 차츰 술과 색에 빠져 정치는 어지럽고 나라는 위태로워졌다. 좌평(佐平, 백제의 장관) 성충이 애써 직언했지만 듣지 않고 도리어 옥에 가두니 몸이 야위고 피곤해서 거의 죽게 되었으나 성충은 글을 올려 말했다. 충신은 죽더라도 군왕을 잊지 않습니다. 한 말씀 드리고 죽고자 합니다. 신이 일찍이 보기로는 변란의 조짐이 있으니 전쟁을 대비하여야 합니다. 군사를 씀에 있어 그 장소를 잘 살펴 골라야 합니다. 상류에 진을 치면 어느 정도 막을 수 있습니다.

(출전) 時號海東曾子, 以貞觀十五年辛丑卽位, 耽婬酒色, 政荒國危, 佐平(百濟爵名)成忠極諫不聽, 囚於獄中. 瘐困濱死, 書曰忠臣死不忘君, 願一言而死. 臣嘗觀時變, 必有兵革之事. 凡用兵, 審擇其地, 處上流而迎敵, 可以保全(권1 기이1 태종춘추공)

(새김)

성충(成忠)은 백제 의자왕 때 충신으로 일명 정충(淨忠)이라고도 불렀다. 왕16년(656) 좌평(佐平. 장관)으로 있을 때 의자왕이 신라와의 싸움에서 이긴 나머지, 자만과 주색에 빠지자 국운이 위태로워짐을 극간하다가 투옥되었다.

성함서역기(星函西域記)

성함(星函)의 서역기 제2권에는 이렇게 적었다. 옛날 여래가 세상에 있을 때 이 용이 소를 치는 사람이 되어 왕에게 소의 젖을 올렸다. 올리다가 잘못하여 꾸지람을 받자 속으로 분하고 원망하는 마음을 품어 돈을 주고 꽃을 사서 부처님에게 이바지했다. 그리고 솔도파(率堵婆)에게 수기하기를, 부디 악룡이 되어 나라를 깨뜨리고 왕을 해치게 해 주시오. 그리고 석벽에 가서 몸을 던져 죽자, 드디어 이 굴 속의 거대한 용왕이 되어 악독한 마음을 일으켰다.

(출전) 星函西域記第二卷云昔, 如來在世之時, 此龍爲牧牛之士, 供王乳酪, 進奏失宜, 旣獲譴嘖, 心懷恚恨, 以金錢買花供養, 授記窣堵婆, 願爲惡龍破國害王, 特趣石壁, 投身而死, 遂居此窟爲大龍王. 適起惡心(권3 탑상 어산불영)

(새김)

이내 용왕은 부처를 만나 마음을 고쳐 생물을 죽이지 않게 되는 계율을 받았다. 용왕이 공양받기를 청하매 부처가 말하였다. 나는 이제 다른 곳으로 갈 것인즉, 네가 만일 독하고 분한 마음이 생길 때 언제나 내 영상을 보면 독한 마음이 반드시 사라지게 될 것이다. 일연은 아야사산이 마땅히 물고기를 뜻하는 범어 마타야(मतय, mataya)의 음가인 아야사산이 되어야 할 것이라는 주석을 달고 있다. 그는 물고기를 뜻하는 마야사를 통해 쌍어문의 출발지로 알려진 인도와 부처님 그림자의 재현이라는 인연의 깊이와 그 의미를 부여하고자 하였다.

세규사(世逵寺)

옛날 서라벌이 서울이었을 때 세규사(世逵寺, 현 흥교사)의 농장이 명주 날리군(㮈李郡, 현 영월)에 있었다. 또 우수주(牛首州) 영현에 날령군(㮈靈郡)이 있는데 본래는 날이군(㮈已郡)이요, 지금의 강주(剛州)이다. 우수주는 지금의 춘주(春州, 현 춘천)이니 여기에 말한 날리군은 어느 곳인지 알 수가 없다)에 있었는데, 본사에서 스님 조신(調信)을 보내서 장원을 맡아 관리하게 했다.

(출전) 昔新羅爲京師時, 有世逵寺(今興教寺也)之莊舍, 在溟州㮈李郡(按地理志, 溟州無㮈李郡, 唯有㮈城郡, 本㮈生郡, 今寧越. 又牛首州領縣有㮈靈郡, 本㮈已郡, 今剛州. 牛首州今春州, 今言㮈李郡, 未知孰是), 本寺遣僧調信爲知莊(권3 탑상 낙산이대성 관음 정취 조신)

(새김)

세규사(世逵寺) : 흥교사라고도 한다. 현재 강원도 영월군 영월읍 흥교마을 초등학교 폐분교 자리에 있다. 더러 세규사를 세달사(世達寺)라고도 하는데 세달사는 부석사의 별칭이다. 춘원 이광수의 소설 꿈(1947)의 주인공이었던 조신 스님이 관리하였던 절이기도 하다. 뒤에 궁예가 흥교사(興敎寺)라 하여 다시 지어 전해오다가 지금은 절터만 남아 있다. 2012년 절터를 발굴하여 문화재 관리 차원에서 역사적인 의미를 부여하고 있다.

세리지왕(世里智王)

신라 제14대 유례니질금은 달리 세리지왕이라고도 한다. 성은 석씨이고, 어머니는 □소부인 박씨였다. 세리지왕 원년(甲辰, 284)에 즉위하였고 15년 동안 나라를 다스렸다. 월성의 보수를 하다 다시 지었다.

(출전) 第十四代儒禮尼叱今一作世里智王. 昔氏. 父諸賁(王), 母□召夫人朴氏甲辰立, 治十五年. 補築月城(권1 왕력 유례니질금)

세속오계(世俗五戒)

두 사람은 그에게 나아가 아뢰었다. 저희들 세속의 선비는 어리석어서 아는 것이 없습니다. 바라옵건대, 한 말씀을 주시어 평생의 경계가 되게 해 주십시오. 원광이 말했다. 불교에는 보살계가 있으니, 첫째는 임금을 충성으로 섬김이요, 둘째는 부모를 효도로 섬김이요, 셋째는 벗을 신의로 사귐이요, 넷째는 싸움에 임해서는 물러서지 않음이요, 다섯째는 산 짐승을 죽이는 데 가리는 일이다. 너희들은 이 일을 실행하여 소홀히 하지 말라. 귀산 등이 말했다. 다른 일은 모두 알겠습니다. 말씀하신바, 산 짐승을 죽이는 데 가려서 한다는 것은 잘 알 수가 없습니다. 원광이 말했다. 6재일(齋日)과 봄과 여름에는 죽이지 않는 것이니 이것은 시기를 가리는 것이다. 말과 소, 개 등 가축을 죽이지 않고 고기가 한 점도 되지 못하는 생물을 죽이지 않는 것이니 이것은 물건을 가리는 것이다.

(출전) 二人詣門進告曰 俗士顓蒙, 無所知識, 願賜一言, 以爲終身之誡. 光曰, 佛教有菩薩戒, 其別有十, 若等爲人臣子, 恐不能堪. 今有世俗五戒, 一曰, 事君以忠, 二曰, 事親以孝, 三曰, 交友有信, 四曰, 臨戰無退, 五曰, 殺生有擇. 若(等)行之無忽. 貴山等曰他則旣受命矣. 所謂殺生有擇, 特未曉也. 光曰, 六齋日春夏月不殺, 是擇時也. 不殺使畜, 謂馬・牛・犬・雞, 不殺細物, 謂肉不足一臠, 是擇物也(권4 의해 원광서학)

세오녀(細烏女)

신라 제8대 아달라왕(阿達羅王)이 즉위한 지 4년(丁酉, 157)에 동해 바닷가에는 연오랑(延烏郞)과 세오녀(細烏女) 부부가 살고 있었다. 하루는 연오랑이 바다에 나가 바다풀을 따고 있었다. 문득 웬 바위(일설에 물고기 한 마리)가 와서 업고 일본으로 건너갔다. 사람들이 이를 보고 이 사람은 비범한 사람이라고 하여 임금으로 삼았다.

(출전) 第八阿達羅王卽位四年丁酉, 東海濱有延烏郞・細烏女, 夫婦而居. 一日, 延烏歸海採藻, 忽有一巖(一云一魚), 負歸日本, 國人見之曰此非常人也. 乃立爲王(권1 기이1 연오랑 세오녀)

(새김)

연오랑의 아내 세오는 남편이 돌아오지 않자 찾아 나섰다가 남편이 벗어 둔 신을 보고 그 바위에 오르니 바위가 또 세오를 일본으로 실어 갔다. 그 나라 사람들이 놀라 이 사실을 왕께 아뢰니 부부가 서로 만나 세오를 왕비로 삼았다. 때를 같이 하여 신라에서는 해와 달이 제 빛을 잃었다. 큰일이었다. 일관(日官)이 임금에게 아뢰기를, 해달의 정기가 일본으로 건너가 버렸기 때문이라고 하였다. 마침내 임금은 사자를 일본에 보내서 이들 부부를 찾게 되었다. 사자를 만난 연오는 자신들의 일은 하늘의 뜻임을 말하고 세오가 짠 비단으로 하늘에 정성껏 제사하면 다시 해달이 밝아질 거라고 하였다. 이에 사자가 가지고 돌아온 그 비단을 모셔 놓고 제사를 드렸더니 해와 달이 옛날같이 다시 밝아졌다. 비단을 창고에 모셔 국보로 삼고 그 창고를 귀비고(貴妃庫)라 하였으며, 하늘에 제사 지내던 곳을 영일현(迎日縣) 또는 도기야(都祈野)라 하였다. 이는 해 속에 까마귀가 산다는 양오전설(陽烏傳說)의 변형으로 볼 수 있고, 세오도 쇠오, 즉 금오(金烏)의 변형으로 볼 수 있다. 연오와 세오의 이동으로 해달이 빛을 잃었다가 세오의 비단 제사로 다시 빛을 찾았다는 일월지(日月池)의 전설과 자취는 지금도 포항 영일만에 남아 전한다. 영일현의 영일(迎日) 곧 해맞이의 지명도 태양신화와 직접 관련이 있으며, 일본서기의 천일창설화(天日槍說話)의 아마데라스 오미가미의 이야기도 같은 유의 해신, 즉 태양신화의 변이라 할 수 있다. 한국의 동남 해안과 일본의 이즈모(出雲) 지방은 역사적으로도 문화의 전승길이였음을 고려해 볼 때, 그러한 문화를 따라 이동한 태양신화의 한 모습을 이 설화는 잘 설명하고 있다. 이 비단을 최남선은 마나(mana)라는 말로 표현하였으며, 비단으로 제사하여 광명을 회복하였고, 이 비단을 귀비고에 간직하여 국보로 삼았다고 하였다. 한편, 도기야는 동국여지승람에 욱기야(郁祈野)라고도 하였으니, 이는 경상도지리지 근오지(斤烏支)의 오지(烏支)와도 음이 일치하며 일본의 지명 오키(隱岐)와도 비슷하다. 연오와 세오가 일본에 건너가 인연의 땅 오키(迎日)의 이름을 자기의 신왕국의 이름으로 삼았다고도 볼 수 있다. 일본인 나카다(中田)도 출항과 기항지를 영일만과 오키 지부도(知夫島)로 비정하고 있다. 마침내 연오랑 세오녀 설화는 일찍이 우리 민족이 일본 땅을 개척하여 통치자가 되고 오고간 문화적 사실을 원시적 태양신화의 동점(東漸) 설화에 붙여 상징적으로 설명하고 있는 좋은 예화라 생각된다. 하면 연오와 세오도 태양을 의인화한 이름으로 보는 것이 온당할 것이다(한국민족문화대백과사전 참조).

소가(素家)

논어정의에는 구이(九夷)란, 첫째는 현토(玄菟), 2는 낙랑(樂浪), 3은 고려(高麗), 4는 만식(滿飾), 5는 부유(鳧臾), 6은 소가(素家), 7은 동도(東屠), 8은 왜인(倭人), 9는 천비(天鄙)라고 했다. 해동안홍기에는, 구한(九韓)이란, 첫째는 일본(日本), 2는 중화(中華), 3은 오월(吳越), 4는 탁라(乇羅), 5는 응유(鷹遊, 백제), 6은 말갈(靺鞨), 7은 단국(丹國), 8은 여진(女眞), 9는 예맥(穢貊)이라고 했다.

(출전) 論語・正義云九夷者, 一玄菟, 二樂浪, 三高麗, 四滿飾, 五鳧臾, 六素家, 七東屠, 八倭人, 九天鄙, 海東安弘記云九韓者 一日本, 二中華, 三吳越, 四乇羅, 五鷹遊, 六靺鞨, 七丹國, 八女眞, 九穢貊(권1 기이1 마한)

(새김)

논어정의(論語正義)에서도 구이 가운데 만식과 **부유**, 소가와 동도, 천비는 잘 알 수가 없다고 하였다. 미루어 보건대, 부유(鳧臾)는 소리의 비슷함으로써 부여(夫餘)일 가능성이 있다. **만식**은 육당의 백두산근참기(白頭山覲參記, 1926 동아일보)에 만식림(滿飾林)이 나오는 것으로 보아 백두산 어름에 살던 만주를 가기키는 것으로 보인다. **동도(東屠)**는 구이가 노(魯)나라 지역이었음을 고려하면, 산동지방에 자리하였던 동이족 가운데 하나였을 것으로 볼 수 있다. **천비(天鄙)**의 경우, 천산(天山) 어름에 살던 동이족의 가까운 족속으로 보인다.

소가야(小伽耶)

또 본조사략(本朝史略)에는, 태조 천복 5년 경자(庚子)에 오가야의 이름을 고쳤다. 즉 1

은 금관(金官, 김해부로 됨), 2는 고령(古寧, 지금의 가리현), 3은 비화(非火, 지금의 창녕, 고령의 잘못인 듯)요, 나머지 둘은 아라(阿羅)와 성산(星山)이라고 했다(위주와 같다. 성산은 혹 벽진가야라고도 한다).

(출전) 小伽耶又本朝史略云太祖天福五年庚子, 改五伽耶名, 一金官(爲金海府), 二古寧(爲加利縣), 三非火(今昌寧, 恐高靈之訛), 餘二阿羅 · 星山(同前, 星山或作碧伽耶)(권1 기이1 오가야)

(새김)

소가야는 경남 고성(固城)에 자리하였던 나라다. 삼국사기(三國史記)에는 고성을 고자(古自), 삼국지(三國志) 동이전에는 고자미동국(古資彌凍國)이라 하였다. 여기 고자(古自)와 고자(古資)는 동음이의자다. 삼국사기 열전 물계자전에는 고사포(古史浦)라 적고 있다. 모두가 같은 지명의 다른 표기다. 고자의 자(自, 資)는 우리의 옛말로 잣(城)을 말한다. 당시 파찰음 '자'는 방언에서 음소로 자리 잡지 못하여 자-사로 넘나들어 쓰였다고 본다(고사-고자). 고성을 소가야라 함은 대가야에 대응하는 지명으로 쓴 것으로 본다(김태식,1993). 조선상고사(신채호,1948)에서는 -미동을 믿〔水灣〕으로, 구지〔古資〕는 반도로 풀이한다.

소고(素古) ☞ 초고왕

소문(蘇文)

소문은 스스로 성을 개(蓋)라 하고 이름을 김(金)이라 했으며 지위가 소문에까지 이르니 바로 시중의 벼슬(당서에는 개소문(蓋蘇文)이 자칭 막리지(莫離支)라고 했으니 당 나라의 중서령과 같은 것이라 했다)에 해당한다.

(출전) 自稱姓盖名金, 位至蘇文, 乃侍中職也(唐書云 盖蘇文自謂莫離支, 猶中書令)(권3 흥법 보장봉로 보덕이암)

(새김)

소문의 할아버지는 자유(子遊), 아버지는 태조(太祚)이며 모두 막리지(莫離支)라는 최고의 벼슬을 지냈다고 천남생묘지(泉男生墓誌)에 기록되어 올라 있다. 성씨는 중국측 기록에 천(泉) 또는 전(錢)으로 적혀 있다. 연(淵)이라는 글자가 당 고조(高祖)의 이름인 이연(李淵)과 같아 피한 것으로 보인다. 그의 시조는 샘(井)이나 물에서 태어났다고 한다. 연(淵) 또한 마찬가지이다. 샘이나 내와 호수의 정령(精靈)을 존숭하고 이를 자신들의 시조와 연결시키려 함은 고대 동북아시아 제 민족의 전승되는 광포설화의 한 보기라 할 수 있다.

소백산(小伯山)

경덕왕 14년(乙未, 755) 정월 21일에 부처에게 예불하다가 집의 대들보를 뚫고 올라가 소백산에 이르러 신 한 짝을 떨어뜨려 그곳에 보리사(菩提寺)를 짓고 산 밑에 이르러 그 육신을 버렸으므로 그곳에 제2 보리사를 짓고 그 전당에 방을 써 붙여, 욱면(郁面) 등천지전(登天之殿)이라 했다. 집 마루에 뚫린 구멍이 열 아름이나 되었는데 아무리 폭우나 세찬 눈이 내려도 집 안은 젖지 않았다.

(출전) 歲在乙未正月二十一日, 禮佛撥屋梁而去, 至小伯山, 墮一隻履, 就其地爲菩提寺. 至山下棄其身, 卽其地爲二菩提寺, 榜其殿曰郁面登天之殿. 屋脊穴成十許圍, 雖暴雨密雪不霑濕(권5 감통 욱면비염불서승)

소벌도리(蘇伐都利)

둘째는 돌산(突山) 고허촌(高墟村)이니, 촌장은 소벌도리이다. 처음에 형산에 내려왔으니 소벌도리가 사량부(沙梁部, 梁은 道라고 읽고 혹 탁(涿)으로도 쓴다. 그러나 역시 도(道)라고 읽는다)이니 정씨의 조상이 되었다.

(출전) 二曰突山高墟村, 長曰蘇伐都利, 初降于兄山, 是爲沙梁部(梁讀云道, 或作涿, 亦音道)鄭氏祖(권1 기이1 신라시조 혁거세왕)

(새김)

소벌도리(蘇伐都利) : 수도에 살고 있던 집단이다(이병도). 소벌은 서벌과 비슷한 소리로 서라벌 곧 서울이란 뜻이다. 도리는 돌(達)의 또 다른 이형이 아닌가 한다. 돌은 땅 혹은 나라로 보면 좋을듯 하다. 돌-돌-고(高)의 대응은 고대 지명에서 흔히 보이는 경우들이다. 그러니까 돌산이나 고허촌이나 같은 뜻의 의미소를 갖고 있다.

소부리(所夫里)

삼국사기(三國史記)에 따르면, 백제의 성왕(聖王) 26년(戊午, 548) 봄에 도읍을 사비(泗沘)로 옮기고 국호를 남부여(南扶餘)라 했다 하고, 주에 그 지명은 소부리이니 사비는 현 고성진(古省津)이요, 소부리는 부여의 또 다른 이름이라고 했다.

(출전) 扶餘郡者, 前百濟王都也. 或稱所夫里郡. 按三國史記, 百濟聖王二十六年戊午春, 移都於泗沘, 國號南扶餘. 注曰, 其地名所夫里泗沘, 今之古省津也. 所夫里者, 扶餘之別號也. 已上注(권1 기이1 남부여 전백제 북부여)

(새김)

소부리의 어원으로는 몇 가지의 풀이가 있다. 소부리는 수풀이고 사비는 숲이다(신태현). 소부리는 ᄉᆡ불(쌜) 곧 서야벌 혹은 사벌(양주동, 도수희), 소부리는 쇠잣(鈴木治), 쇠불(鈴木武樹), 소부리는 외부리(강길운)와 같은 여러 가지 이설이 있다. 소부리의 소(所)를 행정의 중심 곧 치소(治所)가 있는 곳이라고 보면 소부리는 임금의 궁이 있는 고장이라는 풀이도 가능하다.

소성왕(昭聖王)

신라 제39대 소성왕은 달리 소성왕(昭成王)이라고도 한다. 성은 김씨이며 이름은 준옹이다. 아버지는 혜충태자이며 어머니는 성목태후였다. 그의 왕비는 계화 왕후인데 숙명

공의 따님이었다. 기묘년(己卯, 799)에 즉위하여 돌아갔다.

(출전) 第三十九代昭聖王一作昭成王. 金氏, 名俊邕. 父惠忠大子, 母聖穆大后. 妃桂花王后, 夙明公女. 己卯立而崩(권1 왕력 소성왕)

소수림왕(小獸林王)

소수림왕은 고구려 제17대 임금이다. 고려본기(高麗本紀)에 일렀다. 소수림왕이 즉위한 2년(壬申, 372)은 곧 동진(東晋) 함안 2년이며, 효무제가 즉위한 해이다. 전진의 부견(符堅)이 사신과 중 순도(順道)를 시켜서 불상과 경문을 보내고(이 때 부견은 관중, 즉 장안에 도읍하고 있었다), 또 4년(甲戌, 374)에는 아도(阿道)가 동진에서 왔다. 이듬해 을해(乙亥, 375) 2월에 초문사(肖門寺)를 세워 순도를 거기에 두고 또 이불란사(伊弗蘭寺)를 세워 아도가 있게 하니, 이것이 고구려에서 불법이 일어난 처음이다.

(출전) 高麗本記云, 小獸林王卽位二年壬申, 乃東晋咸安二年, 孝武帝卽位之年也. 前秦符堅遣使及僧順道, 送佛像經文(時堅都關中, 卽長安), 又四年甲戌, 阿道來自晋. 明年乙亥二月, 創肖門寺, 以置順道, 又創伊弗蘭寺(권3 흥법 순도조려)

소우(蕭瑀)

이리하여 각 지방의 풍속에 자세히 통하고 여려 가지 경륜을 구해서 중요한 줄거리를 널리 익히고 자세한 뜻도 밝게 알았다. 원안(圓安)은 늦게 심학(心學, 인식론)에 돌아갔는데 세속 사람보다 자취가 높았다. 처음 장안의 절에 있을 때 도력이 높다는 소문이 나자 특진 소우가 임금에게 청하여 남전(藍田) 땅에 지은 진량사(津梁寺)에 살게 하고 사사(四事)의 공급이 6시에 변함이 없었다.

(출전) 備通方俗, 尋諸經論, 跨轢大綱, 洞淸纖旨, 晩歸心學, 高軌光塵. 初住京寺, 以道素有聞, 特進蕭瑀奏請住於藍田所造津梁寺, 四事供給, 無替六時矣(권4 의해 원광서학)

(새김)

사사(四事)는 옷과 먹을거리, 탕약과 잠자리 도구 등을 이른다. **소우**(**蕭瑀**, 574-647)는 당나라의 초엽에 널리 알려진 명신이었다. **6시**는 온종일을 이른다. 말하자면, 신조(晨朝)와 일중(日中, 정오), 일몰(日沒)과 초야(初夜), 중야(中夜)와 후야(後夜)를 이른다. **심학(心學)**은 왕양명(王陽明)이 개척한 새로운 유학으로 심리적인 존재로서의 인간의 인식의 주체를 풀이한다. 마음이 없으면 사물은 없다는 식이다. 그의 본명은 왕수인(王守仁)으로 명나라 시기의 정치가이자 사상가였다. 송 나라시기의 유학자인 주희(朱熹)가 주도한 이학(理學)이 사물 자체로서의 존재와 원인에 대한 인식의 방향과는 서로 유교사상의 쌍벽을 이룬다. **남전(藍田)**은 중국의 섬서성에 있는 산인데 옥의 명산지이다. 예로부터 명옥(名玉)을 산출하는 곳으로 유명하다.

소정방(蘇定方)

당의 고종은 좌효위장군 형국공 소정방(蘇定方)으로 신구도행군총관(神丘道行軍摠管)을 삼아 좌효위장군 유백영(劉伯英)과 좌효위장군 풍사귀(馮士貴), 좌효위장군 방효공(龐孝公) 등을 거느리고 13만의 군사를 이끌고 와서 백제를 치게 했다.

(출전) 高宗詔左虎衛大將軍荊國公蘇定方爲神丘道行策摠管, 率左衛將軍劉伯英字仁遠, 左虎衛將軍馮士貴, 左驍衛將軍龐孝公等, 統十三萬兵來征(권1 기이1 태종춘추공)

(새김)

소정방(蘇定方, 592년-667년)은 당 나라의 장군이다. 그의 본명은 **소열**(蘇烈)이나 자(字)인 정방으로 더 널리 알려져 있다. 기주(冀州) 무읍현(武邑縣) 사람으로 환갑을 넘겨서야 주목받았다. 강행군과 속공을 특화하여 서돌궐, 사결, 백제의 세 나라를 정복하고 그 왕을 모두 생포하였다. 나아가 고구려의 평양까지 공략하였다.

소지왕(炤智王)

신라 제21대 비처왕(毗處王, 일명 炤智王)이 즉위한 10년(戊辰, 488)에 천천정(天泉亭)에 거동했다. 이 때 까마귀와 쥐가 와서 울더니 쥐가 사람의 말로, 이 까마귀가 가는 곳을 찾아보시오 한다(혹은 말하기를, 신덕왕이 흥륜사에 가서 행향하려 하는데 길에서 보니 여러 마리 쥐가 꼬리를 물고 있었다. 이상하게 여겨 돌아와 점을 쳐 보니, 내일 제일 먼저 우는 까마귀를 따라가 찾아보라고 한다. 하지만 이 설은 잘못이다).

(출전) 第二十一毗處王(一作炤智王)卽位十年戊辰, 幸於天泉亭, 時有烏與鼠來鳴. 鼠作人語云此烏去處尋之(或云, 神德王欲行香興輪寺, 路見衆鼠含尾, 怪之而還占之. 明日先鳴烏尋之云云, 此說非也)(권1 기이1 사금갑)

(새김)

여기 **소지왕**은 조지왕으로 읽어야 온당하다. 소(昭)는 조(照)와 같다. 비처왕의 비처는 조(照)의 훈으로 볼 수 있기에 그렇다(문경현). 그러나 당시의 음운 체계로 보아 파찰음 지읒이 정립되지 않음을 고려하면 소지왕으로 읽음에 큰 무리가 없다.

소판(蘇判)

해설하는 사람은 이렇게 말했다. 찰니나제란 진성여왕을 가리킨 것이요, 판니판니소판니(判尼判尼蘇判尼)는 두 소판을 말한 것이다. 소판은 벼슬의 이름이요, 우우삼아간(于于三阿干)은 3, 4명의 총신을 말한 것이요, 부이(鳧伊)는 부호(鳧好)를 말한 것이다.

(출전) 說者云, 刹尼那帝者, 言女主也. 判尼判尼蘇判尼者, 言二蘇判也. 蘇判爵名于于三阿干也. 鳧伊者, 言鳧好也(권2 기이2 진성여대왕 거타지)

(새김)

본디 **소판**은 신라의 17관등 가운데 3등급으로, 삼국사기에는 유리니사금 9년(32)에 제정하였다고 하나 법흥왕 7년(520)에 율령공포를 하면서 설치된 것으로 보인다. 진골만이 받을 수 있는 관등으로, 관복의 색깔은 자주색이었다. 당시의 대구화상(大矩和尙) 같은 난신들을 말한다. **우우(于于)**란 자족하여 어슬렁거림을 드러내는 말로 아첨하는 간신배를 이르는 것으로 보인다(金先生搖着一把折扇于于(然)来了). **판니(判尼)**의 판(判)은 당시의 소판 즉 대구화상과 위홍을 이르고, 니(尼)는 가깝다는 뜻이니 진성여왕의 애인쯤으로 보인다(悅尼而來遠, 爾雅).

속리산(俗離山)

그의 제자 중에서 불법을 얻은 수제자로는 영심(永深), 보종(寶宗), 신방(信芳), 체진(體珍) 진해(珍海), 진선(眞善), 석충(釋忠) 등이 있는데, 모두 각 산문의 개조가 되었다. 영심은 진표가 간자를 전했으므로 속리산에 살았는데 이가 진표의 법통을 계승한 제자다.

(출전) 得法之袖領, 曰永深, 寶宗, 信芳, 體珍, 珍海, 眞善, 釋忠等, 皆爲山門祖, 深則眞表簡子, 住俗離山, 爲克家子, 作壇之法(권4 의해 진표전간)

(새김)

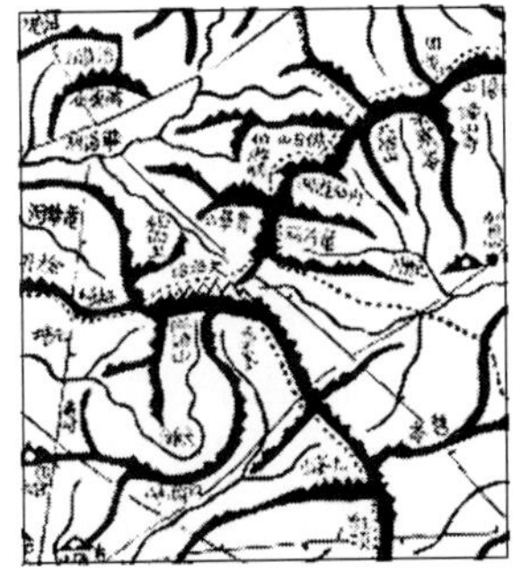

그림 43 속리산 고지도

신라말의 학자요, 시인이었던 고운(孤雲) 최치원(崔致遠) 선생이 헌강왕 12년(886)에 **속리산** 묘덕암(妙德庵)에 왔다가 속리산의 절경을 보고 읊었다는 시의 마지막 구절을 따서 산의 이름을 지었다고 한다. 도가 사람을 멀리하지 않는데 사람이 도를 멀리하고 산은 세속을 여의지 않는데 세속은 산을 멀리하고 있구나(道不遠人人遠道, 山不離俗俗離山). 훈민정음 창제에 결정적인 다리를 놓았던 신미대사가 머물렀던 복천암을 찾아서 노을빛에 물든 스님의 부도를 보았다. 그 흔적이 바로 훈민정음이 만들어지던 세종 25년(1443)보다 5년 앞선 세종 20년(1438)에 나온 원각선종석보(圓覺禪宗釋譜)가 바로 그것이다. 스님은 산스크리트어에 능통하여 범어의 소리글자 체계를 한자의 뜻글자체계에 접목시키는 실험을 이 책으로 해보였던 것이다. 이 과정에서 신미대사를 왕자와 정의공주의 스승으로 삼고 세종이 돌아가기 20일 전 무렵, 신미대사에게 선교종도총섭 밀전정법우국이세 비지쌍운 원융무애 혜각존자(禪敎宗都摠攝密傳正法悲智雙運祐國利世圓融無碍 慧覺尊者)란 존호를 유언으로 내린다(세종실록). 여기서 엄청스런 논란 끝에 우국이세(祐國利世)는 도생이물(度生利物)로 고치고, 존자(尊者)를 종사(宗師)로 고쳐서 문종과 존호의 시행을 반대하는 집현전 중심의 선비들과의 절충을 시도하였다.

속말말갈(粟末靺鞨)

통전(通典)에 이렇게 올렸다. 발해(渤海)는 본래 속말말갈이다. 그 추장 조영(祚榮)에 이르러서 나라를 세우고 국호를 스스로 진단(震旦)이라고 했다. 선천 연간(현종의 임자년 무렵)에 비로소 말갈이라는 이름을 버리고 오로지 발해라고 일컬었다. 개원 7년(己未,

719)에 조영이 죽자, 그 시호를 고왕(高王)이라 했다. 세자가 대를 이어 왕위에 올랐다.

(출전) 通典云渤海, 本粟末靺鞨, 至其酋祚榮立國, 自號震旦, 先天中(玄宗王子)始去靺鞨號, 專稱渤海. 開元七年(己未)祚榮死, 諡爲高王. 世子襲立(권1 기이1 말갈 발해)

(새김)

속말말갈(粟末靺鞨), 송화강 유역에서 살면서 돈화(敦化)의 동모산(東牟山, 600m) 기슭에서 발해(698-926)를 세웠다. 송화강은 여진말로 송아리우라(松阿里烏拉, songariula)인데, 이는 하늘 강이란 뜻이다. 말하자면 백두산 천지에서 발원한 강이란 말이다(만주원류고). 흑룡강의 본류를 이루며 하얼빈 태양도(太陽島)에서 대흥안령 산맥 쪽에서 흘러오는 물과 송화강이 합류하여 흑룡강(黑龍江)을 이룬다. 러시아에서는 흑룡강을 아무르(Амур(러), Amur(영))라 한다. 이 강에는 시츄섬이라는 섬이 있다. 여기에 단군사화에 나오는 곰 토템 곧 곰 제의를 올리는 겨레들이 수천 명이 살고 있다. 흑룡강 동북쪽에 살고 있는 흑수말갈(黑水靺鞨)과 양대 주류를 이루고 있다. 대조영의 후손인 영순 태씨들이 경북 경산시 남천면 송백리에 30여 호 집성하여 살고 있으며 전북 남원의 협계 태씨와 함께 매년 제향을 모시고 있다. 이로 보아도 고조선의 웅녀(熊女)는 곰족(熊族)을 말한다(서경 참조).

손순(孫順)

손순(孫順, 고본에는 손순(孫舜))은 모량리 사람이니 아버지는 학산(鶴山)이다. 아버지가 죽자 아내와 함께 남의 집에 품을 팔아 양식을 마련해서 늙은 어머니를 모셨는데 어머니의 이름은 운오(運烏)였다. 손순에게는 어린 아이가 있었다. 아이가 늘 어머니의 음식을 빼앗아 먹으니, 손순은 미안하게 여겨 그 아내에게 말했다. 아이는 다시 얻을 수가 있지만 어머니는 다시 구하기 어렵소. 그런데 아이가 어머님의 음식을 빼앗아 먹어서 어머님은 굶주림이 심하시니 이 아이를 땅에 묻어서 어머님 배를 부르게 해드려야겠소. 이어 아이를 업고 마을 서북쪽에 있는 취산으로 가서 땅을 파고 있었다. 문득 돌종이 나왔는데 매우 이상하였다. 부부는 놀라서 종을 나무에 매달고 시험 삼아 쳤다.

(출전) 孫順者(古本作孫舜)牟梁里人, 父鶴山. 父沒, 與妻同傭作人家, 得米穀養老孃, 孃9名運烏. 順有小兒, 每奪孃食, 順難之. 謂其妻曰兒可得, 母難再求, 而奪其食, 母飢何甚. 且埋此兒, 以圖母腹之盈, 乃負兒歸醉山(山在牟梁西北)北郊, 堀地忽得石鐘甚奇. 夫婦驚怪, 乍懸林木上, 試擊之(권5 효선 손순매아)

(새김)

신라 흥덕왕 때 일어났던 이야기로 삼국유사 효선편에 실려 전한다. 한마디로 효 사상을 기림으로써 효(孝)를 정치이념을 삼으려는 이른바 효치(孝治)의 설화로 보인다. 자식보다는 어버이에 대한 효를 더한 가치로 삼고 있다. 어려운 살림이지만 효행으로 흥덕왕의 상을 받고 명예를 얻는다. 여기 돌종(石鐘)의 구실은 부처님의 가피로 풀이된다. 이는 손순이 살던 집을 이바지하여 홍효사(弘孝寺)로 삼고, 여기다 돌종을 봉안한 데서 찾을 수 있다. 부모에게 효도를 하기 위하여 아이를 죽이려는 살자(殺子) 효행의 설화는 송나라 태평어람에 나오는 곽세도의 이야기도 비슷한 구도를 갖는다. 충북 옥천에도 이와 흡사한 이야기 전해 온다. 말하자면 활아봉친(活兒奉親)의 거울이 된 것이다. 손순은 마침내 경주(월성) 손씨의 시조가 되었다. **손순(孫順)**은 이름이지 손씨가 아니었다. 귀족이 아닌 가난한 백성이었다. 백성이었으므로 성씨가 없었다. 귀족만이 성을 가질 수 있었다. 당서(唐書)에 일반 백성들은 성씨가 없었다(民無姓氏)고 했다(문경현).

손씨(孫氏)

셋째 마을은 무산(茂山) 대수촌이다. 촌장은 구(俱, 혹은 仇)례마(禮馬)이다. 처음에 이산(伊山, 혹은 皆比山)에 내려왔으니 이가 점량부(점량부, 혹은 탁부) 또는 모량부 손씨의 조상이 되었다. 지금은 장복부라고 한다. 여기에는 박곡촌 등 서촌이 소속된다.

(출전) 三曰茂山大樹村, 長曰俱(一作仇)禮馬, 初降于伊山(一作皆比山), 是爲漸梁(一作涿)部又牟梁部孫氏之祖, 今云長福部, 朴谷村等西村屬焉(권1 기이1 신라시조 혁거세왕)

송악군(松岳郡)

고려 태조는 원년(戊寅, 918)에 궁예가 죽자 철원경에서 즉위하였다. 태조 2년(己卯, 919) 송악군으로 도읍을 옮겼다. 법왕, 자운, 왕륜, 내제석, 사나 또한 대선원 곧 보제, 원통, 지장 등 16개의 절을 세웠다. 모두가 다 이 해에 지어졌다. 경진년(庚辰) 유암 아래에 유시를 설립하였다. 이로 하여 지금도 이시(利市)를 유하라고도 한다. 10월에 대흥사를, 더러는 임오년이라고도 한다. 임오년에 또 일월사를, 더러 신사년이라고도 한다. 갑신년에 외제석과 신중원, 흥국사를 정해년에 묘□사를, 기축년에 구산을 열었다.

(출전) 太祖戊寅六月裔死, 太祖卽位于鐵原京. 己卯, 移都松岳郡. 是年, 創法王, 慈雲, 王輪, 內帝釋, 舍那. 又創大禪院卽普濟, 新興, 文殊, (圓)通, 地藏. …前十六寺, 皆是年所創. 庚辰乳岩下立油市, 故今俗利市云乳下. 十月創大興寺, 或系壬午. 壬午又創日月寺, 或系辛巳. 甲申, 創外帝釋, 神衆院, 興國寺. 丁亥創妙□寺. 己丑創龜山(권1 왕력 후고구려)

송전(宋傳)

이것으로 점을 쳐 보면, 마음이 행하려고 한 일과 간자가 서로 맞으면 감응하고 그렇지 못하면 지극한 마음이 되지 못했다고 해서 이것을 허류(虛謬)라고 한다. 그렇다면 이 8과 9의 두 간자는 오직 189개 가운데서 나온 것이다. 그런데 송전(宋傳)에서는 다만 108 첨자라고만 한 것은 무슨 까닭일까. 필시 저 백팔번뇌의 이름으로 알고 말한 것 같다. 그리고 또 경문을 고려하지 않은 듯하다.

(출전) 以此占看, 得與心所行事相當, 則爲感應, 否則爲不至心, 名爲虛謬. 則此八 · 九二簡, 但從百八十九中而來者也. 而宋傳但云百八籤子, 何也. 恐認彼百八煩惱之名而稱之. 不揆尋經文爾(권4 의해 심지계조)

송화방(松花房)

김유신의 아내 재매부인(財買夫人)이 죽자 청연(靑淵) 상곡에 장사를 지내고 재매곡(財買谷)이라 불렀다. 해마다 봄이 되면 온 집안의 남녀들이 그 골짜기 남쪽 시냇가에 모여서 잔치를 열었다. 이럴 때엔 백 가지 꽃이 화려하게 피고 송화가 골짜기 안 숲속에 가득했다. 골짜기 어귀에 암자를 짓고 이름을 송화방이라 하여 전해 오다가 원찰로 삼았다. 54대 경명왕 때에 유신공을 봉해서 흥호(무)대왕(興虎(武)大王)이라 했다. 능은 서산 모지사(毛只寺) 북쪽 동으로 향해 뻗은 봉우리에 있다.

(출전) 金氏宗財買夫人死，葬於靑淵上谷，因名財買谷. 每年春月，一宗士女會宴於其谷之南澗，于時百卉敷榮，松花滿洞府林. 谷口架築爲庵，因名松花房，傳爲願刹. 至五十四景明王，追封公爲興虎大王，陵在西山毛只寺之北，東向走峯(권1 기이1 김유신)

(새김)

삼국사기에 따르면, 흥덕왕 10년(835)에 김유신 장군을 흥무대왕으로 추봉하였다. 그런데 삼국사절요(三國史節要)권14 경명왕 조에는 같은 해 11월에 김유신을 흥무대왕으로 추봉했다는 기록으로 보아 삼국유사의 기록이 맞을 것으로 본다(문경현).

수(藪)

진표 율사는 미륵상 앞에서 부지런히 계율을 구했으나 3년이 되어도 수기(授記)를 얻지 못했다. 이에 더욱 속이 상해 바위 아래에 몸을 던지니, 갑자기 청의동자가 손으로 받들어 돌 위에 올려놓았다. 율사는 다시 서원을 하여 21일을 기약하고 밤낮으로 부지런히 수도하여 돌로 몸을 두드리면서 참회하니, 3일 만에 손과 팔뚝이 부러져 땅에 떨어진다. 7일이 되던 날 밤에 지장보살이 손에 금 지팡이를 흔들면서 와서 그를 도와주니 손과 팔뚝이 전과 같이 되었다. 보살이 그에게 가사와 바리때를 주니 율사는 그 영험에 감동하여 더욱더 정진했다. 21일이 다 차니 곧 천안(天眼)을 얻어 도솔천의 사령들이 오는 모양을 볼 수 있었다.

(출전) 師勤求戒法於彌勒像前，三年而未得授記. 發憤捨身嵓下，忽有靑衣童，手捧而置石上. 師更發志願，約三七日，日夜勤修，扣石懺悔，至三日手臂折落. 至七日夜，地藏菩薩手搖金錫，來爲加持，手臂如舊. 菩薩遂與袈裟及鉢. 師感其靈應，倍加精進，滿三七日，卽得天眼，見兜率天衆來儀之相(권4 의해 관동풍악발연수석기)

(새김)

수(藪)는 절을 뜻한다. 다른 말로 이르자면, 사(寺，社), 원(院), 사찰(寺刹), 정사(精舍), 초제(招提), 난야(蘭若), 암(庵，總指嵓), 가람(伽藍), 굴(窟，水精窟), 방(房，元曉房), 성(城，銀海城)이라고도 한다. **금석(金錫)**은 금제 지팡이를 뜻한다. **수기(授記**，**व्याकरण**，vyakarana)는 내세에 부처가 된다든지 혹은 장래에 어떻게 되리라하는 것을 미리 기록해 받는 것을 이른다.

수다사(水多寺)

자장율사의 만년에는 서울을 떠나서 강릉군(江陵郡, 현 명주)에 수다사를 세우고 거기에 살았더니 북대에서 본 것과 같은 모습을 한 이상한 중이 다시 꿈에 나타나서 말했다. 내일 대송정에서 그대를 만날 것이다. 자장이 놀라 일어나서 일찍 송정(松汀)에 다다르니 과연 문수보살이 감응하여 와 있었다. 불법에 대하여 질의하였다.

(출전) 暮年謝辭京輦, 於江陵郡(今冥州也)創水多寺居焉. 復夢異僧, 狀北臺所見, 來告曰明日見汝於大松汀 驚悸而起, 早行至松汀, 果感文殊來格, 諮詢法要(권4 의해 자장정률)

수덕사(修德寺)

스님 혜현(惠現)은 백제 사람이다. 어려서 중이 되어 오로지 뜻을 모아 법화경(法華經)을 외우는 것으로 업을 삼았으며 부처께 기도하여 복을 청해서 영험한 감응이 실로 많았다. 삼론(三論)을 배우고 도를 닦아서 신명에 통하였다. 처음에 북부 수덕사(修德寺)에 살았는데 신도가 있으면 불경을 강론하고 없으면 불경을 외웠으므로 사방의 먼 곳에서도 그의 품격을 흠모하여 문밖에 신이 가득했다.

(출전) 釋惠現, 百濟人, 小出家苦心專志, 誦蓮經爲業, 祇禳請福, 靈應良稠, 兼攻三論, 染指通神. 初住北部修德寺, 有衆則講, 無則持誦, 四遠欽風, 戶外之履滿矣(권5 피은 혜현구정)

수로부인(水路夫人)

성덕왕 때 순정공(純貞公)이 강릉태수(현 명주)로 부임하는 도중 바닷가에서 점심을 먹었다. 곁에는 돌 봉우리가 병풍과 같이 바다를 두르고 있어 그 높이가 천 길이나 되는데, 그 위에 철쭉꽃이 만발하여 있다. 공의 부인 수로가 이것을 보더니 좌우 사람들에게 말했다. 꽃을 꺾어다가 내게 줄 사람은 없는가. 그러나 수행원들은, 거기에는 사람이 갈 수 없는 곳입니다 하고 아무도 나서지 못한다. 이 때 암소를 끌고 길을 지나가던 늙은이 하나가 있었는데 부인의 말을 듣고는 그 꽃을 꺾어 가사까지 지어서 바쳤다. 그 노인이 누구인지는 알지 못했다.

(출전) 聖德王代, 純貞公赴江陵太守(今溟州) 行次海汀晝饍. 傍有石嶂, 如屛臨海, 高千丈, 上有躑躅花盛開. 公之夫人水路見之. 謂左右曰折花獻者其誰, 從者曰非人跡所到, 皆辭不能. 傍有老翁牽牸牛而過者, 聞夫人言, 折其花, 亦作歌詞獻之. 其翁不知何許人也(권2 기이2 수로부인)

(새김)

수로(水路)의 어원과 의미 부여는 여러 가지이다. 수신을 맞이하는 의례에 등장하는 신령(미시나), 그 의미 부여를 함에 있어 기우제를 지내는 무녀(이혜화, 김문태), 풍어제를 지내는 무녀(최인표), 무병에 몰입하는 아름다운 여인(장진호), 서울의 아름다운 여인(윤영옥, 박노준, 황패강)으로 다양하다. 해가와 구지가와의 관계 속에서 헌화가를 살펴보면 노옹의 '나를 아니 부끄러워하시면'이라는 것이 단지 아름다운 여인인 수로부인에게 꽃만을 건네주는 관계로 보기에는 미흡해 보인다. 반면 노인은 순정공(純貞公)으로 대표되는 신라 왕실의 사상적 배경인 보천의 화엄사상과 문수(밀교) 사상을 집대성한 오대산 만다라 사상과 동해용으로 상징되는 지방 권력과의 갈등 해소의 메신저인 수로부인에게 오대산 문수보살의 36종 변상 중 34번째 사자를 낳는 소형[牛産師子] 화불로 나타나 보살행을 펼친 것으로 본다(고영섭). 수로를 이두로 읽으면, '물'이 된다. 하면, 수로는 물신에게 굿을 하는 무녀로 봄이 온당하다(정호완).

수로왕(首露王)-김수로왕(金首露王)

가락국의 시조. 수로왕의 8대손 김질왕(金銍王)은 선정을 힘쓰고 또 참된 일을 매우 숭상하여 시조모 허황후(許皇后)를 위해서 그의 명복을 빌고자 했다. 이에 원가 29년(壬辰, 452)에 수로왕과 허황후가 혼인하던 곳에 절을 세워 절 이름을 왕후사라 하고 사자를 보내어 절 근처에 있는 평전 10결을 측량해서 삼보를 공양하는 비용으로 쓰게 했다.

(출전) 元君八代孫金銍王克勤爲政, 又切崇眞, 爲世祖母許皇后奉資冥福, 以元嘉二十九年壬辰, 於元君與皇后合婚之地創寺, 額曰王后寺, 遣使審量近側平田十結, 以爲供億三寶之費(권2 기이2 가락국기)

(새김)

수로(首露) : 수로의 어원으로는, 고위-신성함을 드러낸 것이고(이병도), 천신 혹은 구지의 산신령(미시나)과 같은 풀이가 있다. 구지가에서 '머리(首)를 내밀어라(露)'를 대응시키면, 김수로의 김(金)은 거북에 해당한다. 양산지역의 모심기 노래를 보면 거북은 왕거미의 거미 곧 검으로 상정할 수 있다. 하면 김수로는 '거미시여, 머리를 내미시오'의 줄임말이라고 볼 수 있다(정호완(2007), 가야의 언어와 문화).

수릉(首陵)

처음으로 태어났으므로 이름을 수로 혹은 수릉(首陵, 수릉은 죽은 후의 시호)이라고도 했다. 나라 이름을 대가락이라 하고 또 가야국이라고도 하니 이는 곧 여섯 가야 중의 하나이다.

(출전) 始現故諱首露, 或云首陵(首陵是崩後謚也), 國稱大駕洛, 又稱伽耶國, 卽六伽耶之一也(권2 기이2 가락국기)

수양제(隋煬帝)

또 고구려고기(高句麗古記)에 이렇게 적었다. 수나라 양제가 대업 8년(壬申, 612)에 30만 명의 군사를 거느리고 바다를 건너 쳐들어왔으며, 10년(甲戌, 614) 10월에 고구려왕(그 때는 제26대 영양왕이 즉위한 25년이다)이 표문(表文, 청원서)을 올려 항복을 청할 때 한 사람이 비밀히 소노(小弩, 활의 일종)를 품속에 감추고, 표문을 가진 사신을 따라 양제가 탄 배 안에 들어갔다. 양제가 표문을 들고 읽는데 소노를 쏘아 양제의 가슴을 맞혔다. 양제가 즉시 군사를 돌리려 하여 좌우 사람들에게 말했다. 내가 천하의 군주가 되어 몸소 작은 나라를 정복하여 이기지 못했으니 만대의 웃음거리가 되었다.

(출전) 又按高麗古記云隋煬帝以大業八年壬申, 領三十萬兵, 渡海來征, 十年甲戌十月, 高麗王(時第三十六代嬰陽王立二十五年也)上表乞降. 時有一人, 密持小弩於懷中, 隨持表使到煬帝舡中, 帝奉表讀之. 弩發中帝胸, 帝將旋師, 謂左右曰, 朕爲天下之主, 親征小國而不利, 萬代之所嗤(권3 흥법 보장봉로 보덕이암)

(새김)

고구려에 대한 수양제의 침공은 실패하였으나 다시 재차 침공을 하여 왔다. 이 때 불린 노래가 무향요동랑사가(無向遼東浪死歌)였다. 헛되이 죽으니 요동 전쟁에 가지 말라는 내용이다. 이 때 고구려 수륙(水陸)의 대원수는 건무(建武) 장군, 육군의 원수는 을지문덕(乙支文德)이었다. 당 나라 신하인데 반란을 꾀하다가 고구려에 투항한 곡사정(斛斯政)을 돌려주는 조건으로 화의를 제안하였다(신채호, 조선상고사 참조).

수원사(水源寺)

그 정성스럽고 간절하게 기원하는 마음이 날로 더욱 두터워지자, 어느 날 밤 꿈에 중 하나가 말했다. 그대가 웅천(熊川, 현 공주) 수원사에 가면 미륵선화(彌勒仙花)를 볼 수 있을 것이다. 진자(眞慈)는 꿈에서 깨자 놀라고 기뻐하여 그 절을 찾아 열흘길을 가는데 발자국마다 절을 하며 그 절에 이르렀다. 문 밖에 탐스럽고 곱게 생긴 한 소년이 있다가, 예쁜 눈매와 입맵시로 맞이하여 작은 문으로 데리고 들어가 객실로 안내하니, 진자는 올라가 읍(揖)하고 말한다.

(출전) 其誠懇至禱之情, 日益彌篤, 一夕夢有僧謂曰汝往熊川(今公州)水源寺, 得見彌勒仙花也. 慈覺而驚喜, 尋其寺, 行十日程, 一步一禮, 及到其寺, 門外有一郎, 濃纖不爽, 盼倩而迎, 引入小門, 邀致賓軒, 慈且升且揖曰(권3 탑상 미륵선화미시랑 진자사)

수이전(殊異傳)

또 서라벌의 안일호장 정효(貞孝)의 집에 있는 고본 수이전에 원광법사전이 실려 있는데 이렇게 말했다. 법사의 속성은 설씨(薛氏)로 서라벌 사람이다. 처음에 중이 되어 불법을 배웠는데 나이 30세에 여유롭게 지내다가 불도를 닦으려고 결심하여 삼기산(三岐山)에 홀로 살기를 4년, 이 때 중 하나가 와서 멀지 않은 곳에 따로 절을 짓고 2년 동안 살았다. 그는 사람됨이 강하고 용맹스러우며 주술을 배우기도 좋아했다. 법사가 밤에 홀로 외우면 문득 그의 이름을 부르는 하늘의 소리가 들렸다. 그대의 수행이 아름답도다.

(출전) 又東京安逸戶長貞孝家在, 古本殊異傳載圓光法師傳曰法師俗姓薛氏, 王京人也. 初爲僧學佛法, 年三十歲, 思靜居修道, 獨居三岐山. 後四年有一比丘來, 所居不遠, 別作蘭若,

居二年, 爲人强猛, 好修呪述. 法師夜獨坐誦經, 忽有神聲呼其名, 善哉善哉, 汝之修行(권 4 의해 원광서학)

(새김)

수이전(殊異傳) : 신라 수이전은 최치원 혹은 김척명이 지었다고 하지만, 일설에는 고려 때 박인량이 지었다고 한다. 한문으로 표기된 설화집이다. 원본은 없으나 일부만 남아 있다.

수현소(搜玄疏)

의봉 원년(676)에 의상은 태백산에 돌아가서 조정의 뜻을 받들어 부석사(浮石寺)를 세우고 대승(大乘)을 폈더니 영험이 많이 나타났다. 종남문인(終南門人) 현수(賢首)가 수현소(搜玄疏)를 지어서 부본을 의상에게 보내고, 아울러 은근한 뜻이 담긴 편지를 올렸다. 서경 숭복사(崇福寺) 중 법장(法藏)은 해동 신라 화엄법사의 행자에게 글을 올립니다. 작별한 지 벌써 20여 년이 되니 사모하는 정성이 어찌 마음속에서 떠나겠습니까.

(출전) 儀鳳元年, 湘歸太伯山, 奉朝旨創浮石寺, 敷敞大乘, 靈感頗著. 終南門人賢首撰搜玄疏, 送副本於湘處, 并奉書懃懇, 曰西京崇福寺僧法藏, 致書於海東新羅華嚴法師侍者. 一從分別二十餘年, 傾望之誠, 豈離心首(권4 의해 의상전교)

(새김)

수현소(搜玄疏)는 현수가 지은 화엄경탐현기(華嚴經探玄記)를 말한다. 그의 스승이었던 지엄(智嚴)의 화엄경수현기(華嚴經搜玄記)에 주해를 붙인 것이다. 서경의 숭복사(崇福寺)는 천복사(薦福寺)라고도 한다.

숙달(叔達)-서달(叙達)

개금(蓋金)이 임금에게 아뢰었다. 솥에도 발이 셋이듯 나라에도 세 개의 종교가 있어야 합니다. 소신이 보건대, 나라에는 유독 유교와 불교만이 있습니다. 앞으로 나라가 위태로워 질 수 있습니다. 왕은 옳게 여겨 당 나라에 아뢰어 도교를 청하니 이에 태종(太宗)이 서달 등 도사 8명을 보내주었다(국사에는 무덕 8년(乙酉, 625)에 사신을 당 나라에 보내서 불교와 도교를 청했더니 당 나라 황제가 이를 허락했다고 했다. 이 기록으로 보면, 양명(羊皿)이 갑술년(甲戌, 614)에 죽어서 이 고구려에 태어났다면 나이 겨우 10여 세에 총재가 되고 왕을 달래어 사신을 당 나라에 보내어 도교를 청했다 하니 그 시점에 필경 한 가지 잘못된 곳이 있을 것이다. 그래서 여기에는 두 가지를 모두 기록한다).

(출전) 金奏曰, 鼎有三足, 國有三教, 臣見國中, 唯有儒釋, 無道教, 故國危矣. 王然之. 奏唐請之. 太宗遣叙達等道士八人(國史云 武德八年乙酉, 遣使入唐求佛, 老, 唐帝許之. 據此則羊皿自甲戌年死, 而托生于此, 則才年十餘歲矣. 而云寵宰說王遣請, 其年月必有一誤, 今兩存)(권3 흥법 보장봉로 보덕이암)

숙명지명(宿命之明)

이보다 앞서 밀본 법사의 뒤에 고승 명랑(明郞)이 있었다. 용궁에 들어가서 신인(神印, 범서엔 문두루(文豆婁)라고 했는데, 여기에는 신인이라고 했다)을 얻어 신유림(神遊林, 지금의 천왕사)를 처음 세우고, 여러 번 이웃 나라가 침입해 온 것을 기도로 물리쳤다. 이에 화상은 무외삼장의 골자(骨子)를 전하고, 속세를 두루 다니면서 사람을 구제하고 만물을 감화시켰다. 또 숙명의 밝은 지혜로 절을 세워 원망을 풀게 하니 밀교의 풍도가 이에 크게 떨쳤다. 천마산(天磨山) 총지암과 무악(毋岳)의 주석원 등은 모두 그 지류가 된다.

(출전) 先是, 密本之後, 有高僧明朗, 入龍宮得神印(梵云文豆婁, 此云神印), 祖創神遊林(今天王寺). 屢禳鄰國之寇. 今和尚傳無畏之髓, 遍歷塵寰, 救人化物, 兼以宿命之明, 創寺雪怨, 密敎之風, 於是乎大振. 天磨之總持嵒 · 毋岳之咒錫院等, 皆其流裔也(권5 신주 혜통항룡)

(새김)

숙명지명(宿命之明)이라 함은 자신과 다른 사람의 전생과 현생, 그리고 내생의 생활상을 아는 슬기로움을 말한다. **천마산(天磨山)**은 개경에 있는 산이고, **무악산(毋岳山)**은 전북 김제에 있는 산이다. 모악이라 함은 잘못이다. 모(毋)의 고대음이 무(mu)이다. **총지암(總持嵓)**은 개성 성거산(聖居山)에 있던 절이다. **문두루(文豆婁)** : 둥근 나무에다 동서남북 중앙의 오방신의 이름을 써넣는 것을 문두루라 한다. 그 어원은 산스크리트어인 무드라(मउदर, mudra)에서 기원하였다. 풀이에 따라 조금씩 차이가 있다. 손을 맺는 수인(手印)이라는 풀이(비로영우, 신라밀교), 신인종의 의미라는 풀이가 있다(김상현). 한편, 문두루 비법은 관정경(灌頂經) 권7에 나오는 빈두로(賓頭盧)에서 비롯하였다는 풀이도 있다(미시나, 삼국유사고증). 빈두로는 부처님의 제자인 16나한 가운데 한 사람이다. 주로 유가 수행에서 많이 나오는 손과 손가락의 모양을 이르기도 한다.

숙신(肅愼)

후위서(後魏書)에는, 말갈은 바로 물길(勿吉)이라 했고, 지장도(指掌圖)에는, 읍루(挹婁)와 물길(勿吉)은 다 숙신(肅愼)이라 했다.

(출전) 後魏書靺鞨作勿吉, 指掌圖云挹屢與勿吉皆肅愼也. 黑水, 沃沮, 按東坡指掌圖, 辰韓之北, 有南北黑水(권1 기이1 말갈 발해)

(새김)

중국 자료인 국어(國語)를 따르면, **숙신**은 당 나라 때의 진서(晋書)에서 풀이한 바와 같이 흑룡강(黑龍江) 중, 하류의 주민이 아니다. 고조선과 깊은 관련을 갖는 동북방을 비롯한 산동반도 및 남만주 주민을 통틀어 이른다. 숙신의 후예로서는 읍루(挹婁), 물길(勿吉)과 말갈(靺鞨)과 발해 멸망 이후의 여진(女眞)을 들 수 있다. 따라서 숙신은 일반적으로 여진족의 선조로 인정하고 있다. 지금까지의 연구로는 고아시아족 기원설과 퉁구스, 몽고족, 동이족을 포

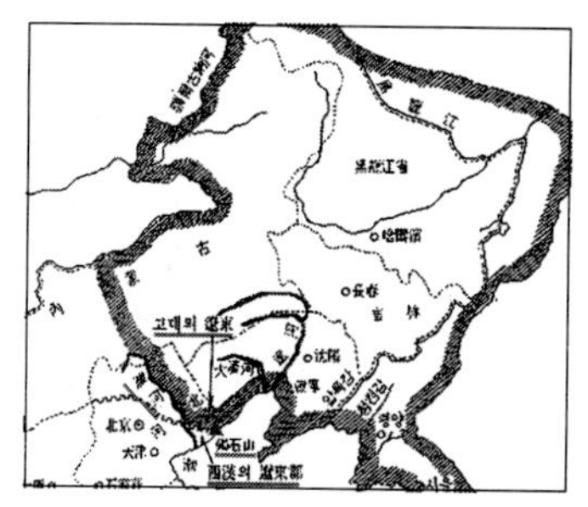
그림 44 흑룡강

괄하는 은인(殷人) 기원설 등이 보고되었다. 엮은이가 보기로는, 숙신은, 살만(薩滿)을 주축으로 하는 백두산맥 중심의 민족으로 보고자 한다. 문자를 문화코드로 보면 그럴 가능성이 있다. 우선 여진의 경우, 여(女)는 모계사회의 여자 중심의 사제집단을 이른다. 여진의 진(眞)은 설문해자로 보아 그 자원(字源)은 '신선이 변화하여 하늘로 올라감을 이른다(僊人變化而登天)'에서 찾을 수 있다. 여기 진(眞)은 숙신의 신(愼)과 샤먼문화를 공유한다. 마음 심(心)에 진(眞)이니 삼가는 마음으로 하늘과 땅신에게 염원을 드리는 사제(司祭)로 보이기에 그렇다. 삼가 신에게 인간의 소원을 빌어 나라와 겨레의 번영을 빌었던 제사장, 곧 교황이었다. 읍루의 루(婁) 또한 그렇다. 이는 서방의 별신을 뜻하는바, 물과 불을 다스리는 별신이니 샤먼과 무관할 수가 없다. 읍(挹)은 샤먼의 비는 모습을 그린 것으로 보인다. 뒤에 누루하치(奴尒哈赤)가 여진을 만주(滿洲)라 하였는데 여기 만(滿)은 샤먼(薩滿, shaman)의 만으로 볼 수 있다. 그럼 청(淸)은 어떻게 관련지을 수가 있을까. 만주국을 청(淸)으로 고쳤는데 여기 청(淸)은 살만의 살(薩)과 깊은 관련이 있다고 본다(淸州-薩買, 淸川江-薩水, 淸風-薩風 등). 숙신은 샤머니즘의 바탕 위에 제사장이 이끌어 가던 민족이었다(정호완).

순도(順道)

고구려 제17대 소수림왕(小獸林王)이 즉위한 2년(壬申, 372)은 곧 동진(東晋) 함안 2년이며, 효무제가 즉위한 해이다. 전진의 부견이 사신과 **스님** 순도를 시켜서 불상과 경문을 보내고(이 때 부견은 관중, 즉 장안에 도읍하고 있었다), 또 4년(甲戌, 374)에는 아도(阿道)가 동진에서 왔다. 이듬해 을해년(乙亥, 375) 2월에 초문사(肖門寺)를 세워 순도를 거기에 두고 또 이불란사(伊弗蘭寺)를 세워 아도가 있게 하니, 이것이 고구려에서 불법이 일어난 시초이다. (중략) 일연은 이를 기려서 말한다. 압록강에 봄 깊어 물빛은 곱고, 백사장 갈매기 한가로이 조네. 문득 어디서 들리는 노 젓는 소리에 놀라니, 어느 곳 어선인지 길손은 벌써 당도했네.

(출전) 高麗本記云, 小獸林王卽位二年壬申, 乃東晋咸安二年, 孝武帝卽位之年也. 前秦符堅遣使及僧順道, 送佛像經文(時堅都關中, 卽長安), 又四年甲戌, 阿道來自晋. 明年乙亥二月, 創肖門寺, 以置順道, 又創伊弗蘭寺, 以置阿道. 此高麗佛法之始(중략), 讚曰, 鴨淥春深渚草鮮, 白沙鷗鷺等閑眠. 忽驚柔櫓一聲遠, 何處漁舟客到烟(권3 흥법 순도조려)

(새김)

순도는 고구려에 처음으로 불교를 들여온 중국 진 나라의 스님이다. 소수림왕 2년(372) 6월 진(秦) 나라의 임금 부견(符堅)이 순도로 하여금 불상과 불경을 고구려에 전하였다. 소수림왕은 부견왕에게 사신 편에 고마운 사의를 전하고 순도로 하여금 왕자를 가르치도록 하였다. 순도의 인적 사항은 확실하지가 않다. 다만 중국 사람이라기보다는 호승(胡僧)인 것으로 보고 있다. 그는 또 덕과 재능을 갖춘 사람이며 신심이 깊은 사람이었다. 고구려에서는 예를 갖추어 정중하게 성문(省門)이라는 곳으로 맞아들였고, 환영의 뜻을 표했다. 성문을 초문(肖門)으로도 쓴다. 이는 초(肖)와 성(省)의 비슷한 자형 때문으로 보인다. 기본은 성문이 옳다고 본다. 성문의 성(省)은 그 뜻이 살피인데, 여기서 살피란 경계를 가리킨다. 그러니까 불교가 처음으로 고구려와 백제, 그리고 신라의 살피를 넘어 섰다는 의미로 봄이 좋을 것이다. 그가 머물렀던 도량은 소수림왕 5년(375)에 세운 성문사(省門寺)였다. 뒤에 흥국사(興國寺)라고 개명을 하였다.

순체(荀彘)

좌장군 순체는 요동으로 나와서 우거(右渠)를 쳤다. 우거는 지세가 험한 곳에 군사를 내어 그를 막았다. 누선장군(樓船將軍)은 제(齊)의 군사 7천 명을 거느리고 먼저 왕검성(王儉城)에 이르렀다. 이 때 우거는 성을 지키고 있었는데 누선의 군사가 얼마 되지 않는 것을 정탐해서 알고 곧 나가서 누선을 공격하니 누선이 패해 달아났다. 누선장군 양복은 군사들을 잃고 산 속으로 도망해서 죽음을 면했다. 좌장군 순체도 조선의 패수 서쪽을 쳤지만 깨뜨리지 못했다.

(출전) 左將軍筍彘出遼, 討右渠, 右渠發兵距嶮. 樓舡將軍將齊七千人, 先到王儉, 右渠城守, 規知樓舡軍小, 卽出擊樓舡, 樓舡敗走, 僕失衆遁山中獲免. 左將軍擊朝鮮浿水西軍, 未能破(권1 기이1 위만조선)

술종공(述宗公)

처음에 술종공이 삭주도독사(朔州都督使)가 되어 임지로 가는데, 마침 삼한(三韓)에 병란이 있어 기마병 3천 명으로 그를 호송하게 했다. 일행이 죽지령(竹旨嶺)에 이르니 한 거사가 그 고갯길을 닦고 있었다. 공(公)이 이것을 보고 탄복하여 칭찬하니 거사도 공의 위세가 놀라운 것을 보고 좋게 여겨 서로 마음속에 감동한 바가 있었다. 공이 고을의 임소에 부임한 지 한 달이 지나서 꿈에 거사가 방으로 들어오는 것을 보았는데 공의 아내도 같은 꿈을 꾸었다. 더욱 놀라고 이상하게 여겨 이튿날 사람을 시켜 거사의 안부를 물으니 그곳 사람들이 거사는 죽은 지 며칠 되었습니다. 사자가 돌아와 고하는데 그가 죽은 것은 꿈을 꾸던 것과 같은 날이었다. 이에 공이 말한다. 필경 거사는 우리 집에 태어날 것이다. 공은 다시 군사를 보내어 고개 위 북쪽 봉우리에 장사지내고, 돌로 미륵을 하나 만들어 무덤 앞에 세워 놓았다. 공의 아내는 그 꿈을 꾸던 날로부터 태기가 있어 아이를 낳으니 이름을 죽지(竹旨)라고 했다. 이 죽지랑이 커서 벼슬을 하게 되어 유신공(庾信公)의 부장이 되어 삼한을 통일했다. 진덕, 태종, 문무, 신문의 4대에 걸쳐 재상으로서 나라를 발전시켰다.

(출전) 初, 述宗公爲朔州都督使, 將歸理所, 時三韓兵亂, 以騎兵三千護送之. 行至竹旨嶺, 有一居士, 平理其嶺路. 公見之歎美, 居士亦善公之威勢赫甚, 相感於心. 公赴州理, 隔一

朔, 夢見居士入于房中, 室家同夢, 驚怪尤甚. 翌日使人問其居士安否, 人曰居士死有日矣. 使來還告其死, 與夢同日矣. 公曰殆居士誕於吾家爾 更發卒修葬於嶺上北峯, 造石彌勒一軀, 安於塚前. 妻氏自夢之日有娠, 旣誕, 因名竹旨. 壯而出仕, 與庾信公爲副帥, 統三韓, 眞德, 太宗, 文武, 神文四代爲冢宰, 安定厥邦(권2 기이2 효소왕 죽지랑)

(새김)

여기 죽지가 화랑의 낭주였을 때, 그의 지휘를 받던 득오(得烏)가 죽지랑의 인품을 사모하여 지은 향가가 바로 모죽지랑가(慕竹旨郎歌)이다. 죽지는 오늘날 죽령(竹嶺)의 본디 이름이었다. 이로 인하여 죽지라는 사람의 이름이 되었고 예언대로 삼국통일의 길을 닦는 훌륭한 인재를 얻게 된 것이다. 모죽지랑가에 나오는 '쑥'은 죽죽 고개(竹竹, 竹嶺의 원 이름)와 그 소리가 비슷하기도 하다. 당시로는 파찰음이 음소로 자리 잡지 못하였기에 그리 볼 수 있다. 원관념은 죽지랑으로 볼 수도 있다. 아니면 말 그대로 쑥대밭 같이 죽음의 자리를 은유적으로 드러낼 수도 있다.

숭제법사(崇濟法師)

나이 12세에 중이 될 뜻을 가지니 아버지가 허락하므로 율사(律師)는 금산수(金山藪, 현 금산사) 숭제법사에게 가서 머리를 깎고 중이 되었다. 불교를 전하고 차례로 비법 1권을 점찰선악업보경 2권을 모셨다. 거기서 이르기를, 그대는 이 계율과 법도를 지켜 미륵과 지장 두 성인 앞에 가서 참회를 구하고 친히 계법을 얻으라. 그리고 세상에 전하라. 진표율사는 이런 가르침을 받들고 물러나왔다.

(출전) 眞表律師, 全州碧骨郡都那山村大井里人也. 年至十二, 志求出家, 父許之. 師往金山藪崇濟法師處零染, 濟授沙彌戒法, 傳教供養次第秘法一卷, 占察善惡業報經二卷曰 汝持此戒法, 於彌勒, 地藏兩聖前, 懇求懺悔, 親受戒法, 流傳於世. 師奉教辭退(권4 의해 진표전간)

습비부(習比部)

6은 명활산 고야촌(高耶村)이다. 촌장은 호진(虎珍)이다. 처음에 금강산에 내려왔으나 이가 습비부 설씨(薛氏)의 조상이다. 지금은 임천부라고 하는데 물이촌, 잉구미촌, 궐곡 등 동북촌이 여기에 소속되었다.

(출전) 六曰明活山高耶村, 長曰虎珍, 初降于金剛山, 是爲習比部薛氏祖, 今臨川部, 勿伊村 · 仍仇旀村 · 闕谷(一作葛谷)等東北村屬焉(권1 기이1 혁거세왕)

(새김)

고려태조 23년(940)에 임천부로 개칭되었으며 영일냉수리신라비에는 사피(斯彼)라고 올라 있다. 경주 안압지 발굴할 때 기와 표면의 무늬와 함께 **습부**(習部, 習府)라는 명문이 나왔다(문화재관리국, 1978).

승광별원(勝光別院)

자장은 자기가 이미 성별(聖莂, 만수대성의 기별)을 받은 것을 알고 북대에서 내려와 태화지(太和池)에 이르러 당 나라 서울에 들어가니 태종이 칙사를 보내어 그를 위로하고 승광별원에 거처하도록 했다. 태종의 은총과 내린 물건이 매우 많았으나 자장은 그 번거로움을 꺼려서 표문을 올리고 종남산 운제사 동쪽 절벽에 들어가서 바위에 나무를 걸쳐 방을 만들고 3년 동안을 살면서 사람과 신들이 계를 받아 영험이 날로 많았는데, 말이 번거로워서 여기에는 싣지 않는다.

(출전) 藏知已蒙聖莂, 乃下北臺, 抵太和池, 入京師, 太宗勅使慰撫, 安置勝光別院, 寵賜頗厚. 藏嫌其繁, 擁啓表入終南雲際寺之東崿, 架嵓爲室, 居三年, 人神受戒, 靈應日錯, 辭煩不載(권4 의해 자장정률)

승당도오(升堂覩奧)

지통(智通)은 뒤에 의상(義湘)의 문하로 가서 그윽하고 오묘한 이치를 깨달아 불교의 교화에 이바지하였다. 이가 곧 추동기(錐洞記)의 저자이다. 원효가 반고사(磻高寺)에 있을 때에는 항상 낭지(郎智)에게 가서 뵈었다. 그는 원효에게 초장관문(初章觀文)과 안신사심론(安身事心論)을 짓게 하였다.

(출전) 通後詣義湘之室, 升堂覩奧, 頗資玄化, 寔爲錐洞記主也. 元曉住磻高寺時, 常往謁智, 令著初章觀文及安身事心論(권5 피은 낭지승운)

(새김)

승당도오(升堂覩奧)란 학문과 덕행에 높이 올라 정미하고 그윽한 경지에 도달한 것을 이른다. **추동기(錐洞記)**란 의상이 소백산의 추동(錐洞)에 머물면서 3천명의 제자들을 90일 동안 화엄경(華嚴經)을 가르치고 정진할 때의 언행을 적어 놓은 것을 이른다. **반고사(磻高寺)**는 울산의 영취산(靈鷲山)에 있던 절 이름이다.

승전(僧傳)

엄장(嚴莊)은 얼굴을 붉히며 물러나 곧바로 원효의 처소로 찾아갔다. 수도의 길을 물으며 간절하게 구하였다. 원효는 삽관법(鍤觀法)을 만들어 그를 지도했다. 엄장은 이에 몸을 깨끗이 하고 잘못을 뉘우쳐 스스로 꾸짖고, 한 마음으로 도를 닦으니 역시 서방정토로 가게 되었다. 삽관법은 원효법사의 본전(本傳)과 해동고승전 속에 있다. 그 부인은 바로 분황사의 시녀이니, 대개 관음보살 십구응신의 하나였다.

(출전) 今師之觀可云東矣. 西則未可知也. 莊愧赧而退, 便詣元曉法師處, 懇求津要, 曉作鍤觀法誘之. 藏於是潔己悔責, 一意修觀, 亦得西昇. 鍤觀在曉師本傳與海東僧傳中. 其婦乃芬皇寺之婢, 盖十九應身之一德(권5 감통 광덕 엄장)

승전(勝詮)

스님 승전은 그 내력을 자세히 알 수 없다. 일찍이 배를 타고 중국에 가서 현수국사(賢首國師)의 강론에 나가 가르침을 받아 정치한 것을 연구하여 생각을 쌓고, 보는 것이 슬기롭고 뛰어나 깊은 것과 숨은 것을 찾아 그 묘함이 심오함을 더하였다. 이에 그는 인연 있는 곳으로 가고자 하여 고국으로 돌아올 마음을 가졌다. 처음에 현수는 의상(義湘)과 함께 배워 지엄화상(智儼和尙)의 정성어린 가르침을 받았다. 현수는 스승의 말에 대하여 글뜻과 과목을 연마하여, 승전법사가 고향에 돌아가는 것을 기회로 이 글을 보내니 의상도 역시 글을 보냈다고 한다.

(출전) 釋勝詮, 未詳其所自也. 常附舶指中國, 詣賢首國師講下, 領受玄言, 研微積慮, 惠鑒超穎. 探賾索隱, 妙盡隅奧, 思欲赴感有緣, 當還國里. 始賢首與義湘同學, 俱禀儼和尙慈訓. 首就於師說, 演述義科, 因詮法師還鄉寄示(권4 의해 승전촉루)

(새김)

승전은 상주 관내의 개령군(開寧郡, 현 김천) 어름에 절을 새로 짓고 돌로 신도를 삼아 화엄경을 법문했다. 그 뒤 가귀(可歸) 대사가 자못 뛰어나고 도리를 알아서 불법을 전하니 이에 심원장(心源章)을 엮었으니 그 내용은 이러하다. 승전법사는 돌의 무리들을 거느리고 불경을 강론했다고 하니, 그곳은 지금의 갈항사(葛項寺, 현 김천 남면 오봉리)이다. 그 돌 80여 개는 지금까지도 강사(綱司, 원 자료)가 전하고 있는데 자못 신령스럽고 이상한 것이 있다. 그 밖의 사적들은 모두 비문에 자세히 실려 있다(대각국사실록(大覺國師實錄)).

승점(乘岾)

왕은 마침내 유천간(留天干)에게 명해서 가벼운 배와 말을 타고 망산도(望山島)에 가서 서서 기다리게 하고, 신귀간(神鬼干)에게 명하여 승점(乘岾, 망산도는 서울 남쪽의 섬이요, 승점은 경기 안에 있는 작은 산이었다)으로 가게 했더니 갑자기 바다 서쪽에서 붉은 빛의 돛을 단 배가 붉은 기를 휘날리면서 북쪽을 바라보고 오고 있었다. 유천간 등이 먼저 망산도에서 횃불을 올리니 사람들이 다투어 육지로 내려 뛰어오므로 신귀간은 이것을 바라보다 대궐로 달려와서 왕께 아뢰었다.

(출전) 遂命留天干押輕舟, 持駿馬, 到望山島立待, 申命神鬼干就乘岾(望山島, 京南島嶼也. 乘岾, 輦下國也) 忽自海之西南隅, 掛緋帆, 張茜旗, 而指乎北. 留天等先擧火於島上, 則競渡下陸, 爭奔而來. 神鬼望之. 走闕奏之(권2 기이2 가락국기)

(새김)

승점은 작은 언덕을 이른다. **연하국(輦下國)**의 국(國)을 나라로 풀이하면 나라 안에 나라가 있는 셈이 된다. 그러니까 국(國)은 강(岡)으로 고쳐야 한다. 초간본에는 강(岡)으로 나와 있다(문경현).

승통(僧統)

이에 조정에서 의논하기를, 불교가 우리 동방에 번져서 비록 오랜 세월이 지났지만 그 주지를 모시는 전범이 없으니 이것을 통괄해서 다스리지 않고는 바로잡을 수가 없다. 하고 왕이 자장을 대국통(大國統)으로 삼아 스님들의 모든 규범을 승통에게 위임하여 주장하도록 했다.

(출전) 朝廷議曰佛敎東漸, 雖百千齡, 其於住持修奉, 軌儀闕如也. 非夫綱理, 無以肅淸 啓勅藏爲大國統, 凡僧尼一切規猷, 總委僧統主之(권4 의해 자장정률)

시단(始旦)

그가 태어난 마을 이름을 불지촌(佛地村)이라 하였다. 절 이름은 초개사(初開寺)였으며 스스로 원효라 함은 모두 신라 불교를 처음으로 빛나게 했다는 것이다. 원효 또한 방언이니, 당시 사람들은 모두 사투리로 시단이라 했다. 일찍이 원효는 분황사에 머물면서 화엄경소(華嚴經疏)을 지었는데, 제4권 십회향품에 이르러 붓을 놓았다.

(출전) 其生緣之村名佛地, 寺名初開, 自稱元曉者, 蓋初輝佛日之意也. 元曉亦是方言也. 當時人皆以鄕言稱之始旦也. 會住芬皇寺, 纂華嚴疏, 至第四十廻向品, 終乃絶筆(권4 의해 원효불기)

(새김)

시단(始旦)은, 당시 압량(현 경산)의 사투리로 새벽이라 하였다고 풀이한다. 원효가 깨달은 바 있어 처음으로 신라 불교를 처음으로 만들었으니 이를 해동불교 혹은 원효종이라고 한다. 원효의 별명인 시단(始旦, sidan)이란, 소리로 보면 중국의 실담(悉曇, xitan)-시탄과 아주 가깝다. 여기 -담(曇)이란 불법(佛法)을 이르기도 한다. 어원을 찾아보면 실담이란 석가모니의 아이 때 이름이었던 싯다르타(सिद्धार, siddhartha)에서 비롯한다. 그러니까 싯다르타란 이름이 중국으로 들어와 한문으로 번역하는 과정에서 소리를 따다가 시탄(悉曇)으로 적힌 것이다. 싯다르타의 뜻은 '목적을 이루다, 소원을 성취하다'이니, 이를 불교식으로 표현하면 성불(成佛)이요, 깨달아 열반에 이르렀다는 말이 된다. 원효가 처음으로 귀족불교를 중심으로 하는 데서 더 많은 사람이 극락왕생에 대한 꿈을 갖고 평안한 마음으로 살 수 있게 하려는 첫 새벽을 열었으니 시단(始旦) 곧 통일신라의 석가모니가 될 법하다. 의상처럼 지엄의 문하에서 현장법사의 인명론(因明論)을 배우지 않고서도 이를 비판한 판비량론(判比量論)이라는 놀라운 저술을 할 수가 있었다. 원효가 태어난 고장의 이름을 자인현(慈仁縣)이라 하였고 지금도 자인면이 있다. 원효와 관련하여 보면, 여기 자인의 자(慈)는 불교를 가리키는 원효와 일연을 이름이며, 자인의 인(仁)은 원효의 아들로 태어나 유교를 처음으로 받아들여 신문왕 때 새로운 시대를 열었던 설총(薛聰)을 그 원관념으로 볼 수 있다(정호완).

시랑(侍郞)

신라에는 네 곳의 신령스러운 땅이 있어서 나라의 큰일을 의논할 때면 대신들은 반드시 그곳에 모여서 일을 의논했다. 그러면 그 일이 반드시 이루어지는 것이었다. 이 네 곳의 첫째는 동쪽의 청송산(靑松山)이요, 둘째는 남쪽의 우지산(亐知山)이요, 셋째는 서쪽의 피전(皮田)이요, 넷째는 북쪽의 금강산(金剛山)이다. 진덕왕 때에 비로소 정월 초하룻날 아침의 조례를 행했고, 또 시랑이라는 칭호도 진덕왕 때에 처음으로 쓰기 시작했다.

(출전) 新羅有四靈地, 將議大事, 則大臣必會其地謀之. 則其事必成. 一曰東靑松山, 二曰南亐知山, 三曰西皮田, 四曰北金剛山. 是王代始行正旦禮, 始行侍郎號(권1 기이1 진덕왕)

시림(始林)

이에 신라왕이 태조에게 구원을 청하자 태조는 장차 군사를 내려는데 견훤은 고울부(高鬱府, 현 울주)를 쳐서 취하고 족시림(族始林, 혹은 계림 서쪽 들이라고 했다)으로 진군하여 졸지에 신라 서울로 들어갔다. 경애왕은 부인과 함께 포석정에 나들이를 갔다. 이로 말미암아 엄청난 참상을 당하였다. 견훤은 왕비를 강제로 욕보이고 왕의 아우인 김부를 임금의 자리에 앉혔다.

(출전) 新羅王求救於太祖. 太祖將出師, 萱襲取高鬱府(今蔚州) 進軍族始林(一云鷄林西郊) 卒入新羅王都. 新羅王與夫人出遊鮑石亭, 時由是甚敗. 萱强引夫人亂之. 以王之族弟金傅嗣位(권2 기이2 후백제 견훤)

(새김)

시림(始林) : 시림의 어원은, 싀불로 나라의 이름(양주동), 새로운 성지(미시나), 계림이라는 나라 이름에 억지로 맞춘 것(강종훈) 등으로 풀이된다. 계림의 계(雞)의 훈은 새인데 새의 방언형으로 시-쉬-사이가 있다. 이로 보면 시림-계림이라는 대응이 가능하다. 한편, 중국의 만주원류고(滿洲源流考)를 보면, 계림(鷄林)과 길림(吉林)의 소리가 같다고 하였다. 문무왕을 계림주대도독(鷄林州大都督)으로 임명하기도 하였다. 지금도 길림성 장춘시에는 동음이의어로 계림로(桂林路)라는 시가지 이름으로 남아서 쓰이고 있다. **견훤**을 진훤이라 읽음이 온당하다(문경현). 호공이 밤에 월성 서쪽 마을을 가고 있을 때 광명을 보았다는 삼국유사 탈해조의 기사로 보아 **시림**은 금성(金城, 현 경주) 서쪽에 자리하고 있다고 보아야 한다(이근직, 1997).

시생(示生)

성사 원효(元曉)의 성씨는 설씨(薛氏)이다. 할아버지는 잉피공(仍皮公) 또는 적대공(赤大公)이라고도 하는데 지금 적대연(赤大淵) 옆에 잉피공의 사당이 있다. 아버지의 이름은 담날(談捺)이며 그의 관등은 내말(乃末)이다. 원효는 처음에 압량군의 남쪽(현 章山郡) 불지촌 북쪽 율곡의 사라수 밑에서 태어났다. 그 마을의 이름은 불지(佛地)인데 혹은 발지촌(發智村, 흔히 불등을촌(弗等乙村))이라고도 한다.

(출전) 聖師元曉, 俗姓薛氏, 祖仍皮公, 亦云赤大公, 今赤大淵側有仍皮公廟. 父談捺乃末. 初, 示生于押梁郡南(今章山郡)·佛地村北, 栗谷裟羅樹下. 村名佛地, 或作發智村(俚云弗等

乙村)(권4 의해 원효불기)

(새김)

시생(示生)이라 함은 시현수생(示顯受生)의 줄임말이다. 흔히 보살의 태어남을 이를 때 쓰는 표현이다. **내말(乃末)**은 내마(奈麻)라고도 하는데 이는 신라의 17관등 가운데 11관등에 속한다. **압량군(押梁郡)**은 오늘날의 경산시이다. 신라 때에는 압독군(押督郡)이라고 하였다. **불등을촌(弗等乙村)**은 이두로 읽어 부돌마을이라고 해야 한다. 일설에 붙들마을로 읽기도 하였다(문경현).

시조당(始祖堂)

제13대 미추니질금은 김알지의 7세손이었다. 대대로 이름을 날리고, 또 성스러운 덕이 있었다. 첨해왕(沾解王)의 뒤를 이어서 비로소 왕위에 올랐다(지금 세상에서 미추왕의 능을 시조당이라고도 한다. 이것은 대개 김씨로서 처음 왕위에 오른 때문이며, 후대의 모든 김씨왕들이 미추를 시조라 하는 것은 당연한 일이다).

(출전) 第十三未鄒尼叱今(一作未祖, 又未古), 金閼智七世孫. 赫世紫纓, 仍有聖德, 受禪于理解, 始登王位(今俗稱王之陵爲始祖堂, 盖以金氏始登王位故. 後代金氏諸王皆以未鄒爲始祖宜矣)(권1 기이1 미추왕 죽엽군)

시중(侍中)

신라 제33대 성덕왕 신룡 2년(丙午, 706)에 흉년이 들어 백성들이 몹시 굶주렸다. 그 이듬해인 정미년(丁未, 707) 정월 초하루부터 7월 30일에 이르기까지 백성을 구제하기 위하여 곡식을 나누어 주는데, 한 식구에 하루 석 되씩으로 정했다. 일을 마치고 계산해 보니 도합 30만 500석이었다. 왕이 태종대왕을 위해서 봉덕사를 세우고 7일간 인왕도량을 열고 대사령을 내렸다. 이 때 비로소 시중이라는 직책을 두었다(다른 책에는 효성왕 때의 일이라고 했다).

(출전) 第三十三聖德王神龍二年丙午歲禾不登, 人民飢甚. 丁未正月初一日至七月三十日, 救民給租, 一口一日三升爲式, 終事而計, 三十萬五百碩也. 王爲太宗大王刱奉德寺, 設仁王道場七日, 大赦. 始有侍中職(권2 기이2 성덕왕)

신검(神劍)

병신년(丙申, 936) 정월에 견훤은 그 아들에게 말했다. 내가 신라 말에 후백제를 세운 지 여러 해가 되어 군사는 북쪽의 고려 군사보다 배나 되는데도 오히려 이기지 못하니 필경 하늘이 고려를 위하여 손을 도와주는 것 같다. 어찌 북쪽 고려왕에게 귀순해서 생명을 보전하지 않을 수 있겠느냐. 그러나 그 아들 신검(神劍), 용검(龍劍), 양검(良劍) 등 세 사람은 모두 응하지 않았다.

(출전) 丙申正月, 萱謂子曰 老夫新羅之季, 立後百濟名, 有年于今矣. 兵倍於北軍, 尙爾不利.

殆天假手爲高麗, 盍歸順於北王, 保首領矣. 其子神劍, 龍劍, 良劍等三人皆不應(권2 기이2 후백제 견훤)

신공사뇌가(身空詞腦歌)

원성대왕(元聖大王)은 실로 인생의 곤궁하고 영화로운 이치를 알았으므로 신공사뇌가(身空詞腦歌, 노래는 미상)를 지을 수가 있었다. 왕의 아버지 대각간 효양(孝讓)이 조상의 만파식적을 왕에게 전했다. 왕은 이것을 얻게 되었으므로 하늘의 은혜를 두텁게 입고 그 덕이 멀리까지 빛났던 것이다.

(출전) 大王誠知窮達之變, 故有身空詞腦歌(歌亡未詳). 王之考大角干孝讓, 傳祖宗萬波息笛, 乃傳於王, 王得之. 故厚荷天恩, 其德遠輝(권2 기이2 원성대왕)

신광사(神光寺)

고려 태조 즉위 6년(癸未, 923)에 당 나라로 보냈던 사신 윤질(尹質)이 가지고 온 오백나한의 상은 지금의 북숭산 신광사에 있다. 송(宋) 나라의 선화 원년(己亥, 1119) 예종 15년에 입공사 정극영(鄭克永), 이지미(李之美) 등이 가지고 온 부처의 어금니는 지금 내전에 모셔 둔 것이 바로 이것이다.

(출전) 本朝太祖卽位六年, 入朝使尹質所將五百羅漢像, 今在北崇山神光寺. 大宋宣和元年己卯(睿廟十五年) 入貢使鄭克永 · 李之美等所將佛牙, 今內殿置奉者是也(권3 탑상 전후소장사리)

신귀간(神鬼干)

개벽 이후 이 땅에는 나라의 이름이 아직 없었다. 그리고 또 군신의 칭호도 없었다. 이럴 때에 아도간(我刀干), 여도간(汝刀干), 피도간(彼刀干), 오도간(五刀干), 유수간(留水干), 유천간(留天干), 신천간(神天干), 오천간(五天干), 신귀간(神鬼干) 등 아홉 간(干)이 있었다. 이들은 추장으로서 백성을 거느렸다. 대략 일백 호 가량이며 7만 5천인 정도 되었다. 대부분이 스스로 산과 들에서 우물을 파서 마시고 농사를 지어 먹고 살았다.

(출전) 開闢之後, 此地未有邦國之號, 亦無君臣之稱. 越有我刀干, 汝刀干, 彼刀干, 五刀干, 留水干, 留天干, 五天干, 神鬼干等九干者, 是酋長, 領總百姓, 凡一百戶, 七萬五千人. 多以自都山野, 鑿井而飮, 耕田而食(권2 기이2 가락국기)

(새김)

신귀간(神鬼干)을 포함한 9간의 부름말을 왕명에 따라서 모두 고쳤다. 아도는 아궁(我窮)으로, 여도는 여해(汝諧), 피도는 피장(彼藏)으로, 오도는 오상(五常), 유수 유천은 유공(留功)과 유덕(留德), 신천은 신도(神道), 오천은 오능(五能), 신귀는 글자만 고쳐 신귀(臣貴)로 바꾸었다. 이어 신라의 직제와 의례를 취하였다(遂改我刀爲我躬 · 汝刀爲汝諧 · 彼刀爲彼藏 · 五方爲五常, 留水 · 留天之名, 不動上字, 改下字留功 · 留德, 神天改爲神道, 五天改爲五能,

神鬼之音不易, 改訓爲臣貴. 取雞林職儀, 가락국기).

신단수(神壇樹)

고기(古記)에는 이렇게 말했다. 옛날에 환인(桓因, 제석을 말함)의 서자 환웅(桓雄)이란 이가 있었는데 자주 천하를 다스릴 뜻을 두어 사람이 사는 세상을 탐내고 있었다. 그 아버지가 아들의 뜻을 알고 삼위태백산을 내려다보니 인간들을 널리 이롭게 해 줄만했다. 이에 환인은 천부인 세 개를 환웅에게 주어 인간의 세계를 다스리게 했다. 환웅은 무리 3천 명을 거느리고 태백산(太伯山) 마루턱(태백산은 현 묘향산)에 있는 신단수 밑에 내려왔다. 이곳을 신시라 하고, 이 분을 환웅천왕이라고 말한다.

(출전) 古記云. 昔有桓國(謂帝釋也)庶子桓雄, 數意天下, 貪求人世, 父知子意, 下視三危太伯可以弘益人間, 乃授天符印三箇, 遣往理之. 雄率徒三千, 降於太伯山頂(卽太伯今妙香山)神壇樹下, 謂之神市, 是謂桓雄天王也(권1 기이1 고조선)

(새김)

신단수(神壇樹)에 대하여 제왕운기(帝王韻紀)의 기록은 삼국유사의 기록과 서로 다른 점이 드러난다. 3천의 무리가 3천의 귀신으로, **단(壇)**이 **단(檀)**으로 올라 있다. 더욱 확실한 차이는 두 기록에서 보이는 신단수에 대한 개념의 차이다. 삼국유사에서는, 언제나 단수 아래에서 웅족의 여인이 빌어 아기 가지기를 원하였다고 적고 있다. 그럼 제왕운기는 어떤가. 웅이 그 손녀로 하여금 약을 마시게 하여 사람이 되게 한 뒤 단수신과 결혼하여 사내아이를 낳게 하였다고 적고 있다. 삼국유사의 경우, 신단이 영험과 기원의 공간이라면, 제왕운기의 그것은 신수(神樹)의 관념을 넘어 수인신(樹人神)의 모습으로 보인다. 신단수는 하늘에서 환웅이 내려왔으니 천신숭배이며 나무신앙이 융합된 상징으로 볼 수 있다. 뒤로 올수록 신단수는 서낭나무, 당산나무 등으로 이어지며 나무와 숲에 대한 신앙적인 관습으로 이어진다. 무당들이 집 앞에 혹은 동네어귀에 신나무를 세우는 것은 이러한 나무를 신성한 기원의 대상으로 삼고 있다는 증거가 된다. 일종의 우주 나무 혹은 세계수, 무수(巫樹) 등과도 같은 신앙형태로 볼 수 있다. 여기 세계수에 대한 신화나 민담의 갈래로는 두 가지가 있다. 하나는 이 나무를 하늘과 땅을 잇는 수직적인 것이고, 다른 하나는 지구의 수평적인 구심점이 되는 생명의 뿌리로 보는 갈래다(한국민족문화대백과사전 참조).

신답평(新畓坪)

정월에 수로왕이 말하기를, 내가 서울을 정하려 한다 하고는 이내 임시 궁궐의 남쪽 신답평(新畓坪, 이는 옛날부터 묵은 밭인데 새로 경작했기 때문에 신답평이라 했다. 답(畓)자는 속자다)에 나가 사방의 산천을 바라보다가 좌우 사람을 돌아보고 말한다. 이 땅은 협소하기가 여뀌 잎과 같지만 빼어나고 기이하여 가히 16나한이 살 만한 곳이다. 더구나 1에서 3을 이루고 그 3에서 7을 이루니 7성이 살 곳으로 가장 적합하다. 여기에 터를 잡아 강토를 개척해서 마침내 좋은 곳을 만드는 것이 어떻겠느냐.

(출전) 王若曰, 朕欲定置京都, 仍駕幸假宮之南新畓坪(是古來閑田, 新耕作故云也. 畓乃俗文也) 四望山嶽, 顧左右曰, 此地狹小如蓼葉, 然而秀異, 可爲十六羅漢住地. 何況, 自一成三, 自三成七, 七聖住地, 固合于是. 托土開疆, 終然允臧歟(권2 기이2 가락국기)

신대왕(新大王)

고구려 제8대 왕이며 이름은 백고(伯固) 혹은 백구(伯句)이다. 을사년(乙巳, 165)에 즉위하여 14년 동안 나라를 다스렸다.

(출전) 第八代新大王名(伯)(固)一作伯句. 乙巳立, 理十四年(권1 왕력 신대왕)

신덕왕(神德王)

신라 제52대 효공왕 때 광화 15년(壬申, 912)(사실은 주량(朱梁)의 건화 2년)에 봉성사 외문 동서쪽 21칸에 까치가 집을 지었다. 또 신덕왕 즉위 4년(乙亥, 915), 고본에는 천우 12년이라고 했으나 마땅히 정명 원년)에 영묘사(靈廟寺) 안 행랑에 까치집이 34개나 되고, 까마귀 집이 40개나 되었다. 또 3월에는 서리가 두 번이나 내렸고 6월에는 참포(斬浦, 흥해의 곡강)의 물과 바닷물의 물결이 사흘 동안이나 서로 싸웠다.

(출전) 第五十二孝恭王光化, 十五年壬申(實朱梁乾化二年也)奉聖寺外門東西二十一間鵲巢, 又神德王卽位四年乙亥(古本云天祐十二年, 當作貞明元年), 靈廟寺內行廊鵲巢三十四, 烏巢四十. 又三月, 再降霜 六月, 斬浦水與海水波相鬪三日(권2 기이2 효공왕)

신도징(申屠澄)

정원 9년(793)에 신도징이 야인으로서 한주(漢州) 십방현위(十邡縣尉)에 임명되어 진부현(眞符縣)의 동쪽 10리 쯤 되는 곳에 이르렀을 때였다. 눈보라와 추위를 만나 말이 앞으로 더 이상 나아갈 수가 없었다. 길섶에 주막이 있었다. 가운데는 불이 있어 아주 따듯하였다. 등불이 켜 있어 가보니 늙은 부부와 처자가 등불을 둘러 앉아 있었다.

(출전) 貞元九年, 申屠澄自黃冠, 調補漢州什邡縣之尉, 至眞符縣之東十里許, 遇風雪大寒, 馬不能前. 路傍有茅舍, 中有煙火甚溫, 照燈下就之. 有老父嫗及處子, 環火而坐(권5 감통 김현감호)

(새김)

황관(黃冠)이란 벼슬이 없는 야인(野人)의 관과 의복을 이른다. 말하자면 일반 서민을 말한다. 김현감호와 같은 흐름의 이야기와 같다. 비유적으로 실어놓은 설화로 보인다.

신라(新羅)

최치원(崔致遠)은 이렇게 말했다. 마한은 고구려이고, 진한(辰韓)은 신라다(삼국사기 본기에 따르면, 신라는 먼저 갑자년(甲子, 전57)에 일어났고, 고구려는 그 뒤 갑신년(甲申,

전37)에 일어났다고 했다. 여기에 말한 것은 조선왕 준(準)을 가리킨다. 이것으로 본다면 동명왕이 일어날 때에 마한까지 차지했던 것을 알 수가 있다. 때문에 고구려를 마한이라고 부른다. 지금 사람들은 혹 금마산이 있다고 해서 마한을 백제라고 하지만 이것은 대개 잘못된 말이다. 고구려 땅에는 본래 읍산이 있었기 때문에 이름을 마한이라 한 것이다).

(출전) 崔致遠云馬韓, 麗也. 辰韓, 羅也(據本紀, 則羅先起甲子, 麗後起甲申, 而此云者, 以王準言之耳. 以此知東明之起, 已幷馬韓而因之矣. 故稱麗爲馬韓. 今人或認金馬山, 以馬韓爲百濟者, 盖誤濫也. 麗地自有邑山, 故名馬韓也)(권1 기이1 마한)

(새김)

신라(新羅) : 삼국사기에서 신라란, 덕업일신(德業日新)과 망라사방(網羅四方)의 줄임말로 풀이하였다. 그러나 신라는 달리 시라(尸羅)로도 적는다(금강경). 산스크리트어 실라(śīla)는 6바라밀의 하나로 계율(戒律), 율(律)이라 풀이한다. 부처님이 제정한 법을 지켜 허물이 없도록 하고, 악을 멀리 하는 것을 말한다. 신라를 걸식의국(乞食衣國) 혹은 대식국(大食國)으로 적는다. 걸(乞)은 산스크리트어로 굴(gur, 蚕) 곧 누에이며 실을 뜻한다. 식의(食衣)는 산스크리트어로 시크사(siksa)인데 이는 '알다 연구하다, 전문가'란 말이니 누에를 기르며 실을 생산하는 겨레란 뜻으로도 새길 수 있다.

신라고기(新羅古記)

또 신라고기에 이런 말이 있다. 고구려의 옛 장수 조영(祚榮)의 성은 대씨(大氏)이다. 그는 남은 군사를 모아 태백산 남쪽에 나라를 세우고 국호를 발해(渤海)라고 했다. 위의 여러 글을 돌아보건대, 발해는 바로 말갈의 별종이다. 다만 그 갈라지고 합한 것이 서로 같지 않을 뿐이다. 또 지장도(指掌圖)를 떠올려 보면 발해는 만리장성 동북의 모퉁이 밖에 있었다.

(출전) 又新羅古記云高麗舊將祚榮姓大氏, 聚殘兵, 立國於大伯山南, 國號渤海 按上諸文, 渤海乃靺鞨之別種, 但開合不同而已. 按指掌圖, 渤海在長城東北角外(권1 기이1 말갈 발해)

신라고전(新羅古傳)

신라고전에는 이러하다. 소정방이 이미 고구려와 백제 두 나라를 토벌하고 또 신라마저 치려고 머물러 있었다. 이 때 유신이 그 뜻을 알아채고 당 나라 군사를 초대하여 독약을 먹여 죽이고는 모두 쓸어 묻었다. 지금 상주(尙州)와 문경 어름에 당교(唐橋)가 있는데 이곳이 그들을 묻은 곳이다.

(출전) 又新羅古傳云定方旣討麗, 濟二國, 又謀伐新羅而留連. 於是 庾信知其謀, 饗唐兵鴆之. 皆死坑之. 今尙州界有唐橋, 是其坑地(권1 기이1 태종춘추공)

(새김)

상주와 문경의 사이 어름에 다리가 있는데 이러한 전설을 바탕으로 당교라 하여 알려져 온다. 일명 되다리라고 한다. 1914년에 함창읍 당교리라 하여 행정 지명으로도 쓰였다. 현재 상주 함창읍 윤직 2리에 당교(唐橋) 마을로 그 이름이 존속되어 내려온다. 이러한 사적은 다른 역사서에는 소정방과 당의 군사를 살해했다는 기록을 확인하기 어렵고 삼국유사 태종춘추 부분에만 기록되어 있다.

신라별기(新羅別記)

신라별기에 따르면, 문호(무)(文虎(武))왕이 즉위한 5년(乙丑, 665) 8월 경자(庚子)일에 왕이 친히 군사를 거느리고 웅진성(熊津城)에 가서 임시 왕인 부여 융(隆)과 만나 단(壇)을 만들고 백마를 잡아 다짐하는데, 먼저 천신과 산천의 신령에게 제사를 지낸 뒤에 말의 피를 뿌리고 글을 지어 다짐했다.

(출전) 新羅別記云文虎王卽位五年乙丑秋八月庚子, 王親統大兵, 幸熊津城, 會假王扶餘隆作壇, 刑白馬而盟, 先祀天神及山川之靈, 然後歃血爲文而盟(권1 기이1 태종춘추공)

신라본기(新羅本紀)

신라본기 제4권에 이렇게 말했다. 제19대 눌지왕 때 스님 묵호자(墨胡子)가 고구려에서 일선군(一善郡)에 오자, 그 고을 사람 모례(毛禮, 혹은 毛祿)가 집 안에 굴을 파서 방을 만들어 편안히 있게 했다.

(출전) 新羅本記第四云第十九訥祇王時, 沙門墨胡子, 自高麗至一善郡, 郡人毛禮(或作毛祿) 於家中作堀室安置(권3 흥법 아도기라)

(새김)

신라 불교가 처음으로 들어 올 때 아도는 몰래 오늘날의 구미 선산의 부자였던 모례(毛禮)의 집으로 들어왔다. 당시는 일선군(一善郡)이라 했다. 신라 제19대 눌지왕 무렵, 고구려의 스님 묵호자(墨胡子)가 불교의 포교를 위하여 신라로 들어왔다. 당시로는 신라 귀족들의 외래 종교에 대한 반대가 극심하여 포교활동을 못하고 모례의 집안에 굴을 파고 거기서 3년 동안 묵호자가 숨어 산 일이 있었다. 다시 소지왕 무렵 고구려 스님 아도(阿道)가 시자 세 사람을 데리고 신라로 왔을 때 모례의 집에 머무르게 할 뿐더러 자신도 불교신자가 되었다. 그때 모례의 누이 사씨(史氏)도 아도에게서 구족계(具足戒)를 받고 스님이 되었으며, 뒤에 영흥사(永興寺)를 세웠다고 한다. 모례 혹은 모록이라 함은 녹(祿)과 예(禮)의 글자 모양이 비슷하므로 생긴 표기라고 본다. 선산의 도리사사적비를 보면, 아도가 모례에게 시주를 받아 신라 최초의 사찰인 도리사를 세웠다고 했다. 오늘날에도 도리사 인근에는 모례 장자터와 모례 장자 샘 같은 지명들이 쓰이고 있다. 사찰을 절이라고 부르는 것도 모례의 털 모(毛)를 털례라고 불렀다가 '례'는 위의 모(毛)를 그 뜻(뎔)로 읽으라는 말음표지로 보면 된다. 당시의 말소리로는 유기음이 자리 잡지 못하였기에 텰-뎔-졀-절의 과정을 거쳐 오늘의 절이 된 것이다.

지금도 일본어로는 절을 데라(てら)라 함도 뎔과 무관하지 않다.

신라이전(新羅異傳)

후세 사람들이 신라이전을 고쳐 엮으면서 작갑사의 탑과 이목(璃目)의 사실을 원광(圓光)의 전기 속에 잘못 기록해 넣었다. 또 견성(犬城)의 사실을 비허사(毗虛師)의 전기에 넣은 것도 이미 잘못인 데다가 더구나 또 해동승전(海東僧傳)을 지은 이도 여기에 따라서 글을 윤색하고 보양(寶壤)의 전기가 없어 뒷사람들이 의심내고 잘못 알게 했으니 그 얼마나 무망한 짓인가.

(출전) 後人改作新羅異傳, 濫記鵲塔, 璃目之事于圓光傳中, 系犬城事於毗虛傳, 旣謬矣. 又作海東僧傳者, 從而潤文, 使寶壤無傳而疑誤後人, 誣妄幾何(권4 의해 보양이목)

신란공주(神鸞公主)

태조는 성 밖에 나가서 맞아들여 위로하고 대궐 동쪽의 한 구역(현 정승원)을 주고, 맏딸 낙랑공주를 그의 아내로 삼도록 하였다. 경순왕이 자기 나라를 떠나서 다른 나라에 와서 살았다 해서 이를 난새에 빗대어 공주의 칭호를 신란공주라고 고쳤으며, 시호를 효목(孝穆)이라 했다. 왕을 봉하여 정승(正承)을 삼으니 자리는 태자 이상의 품계이며 녹봉 일천 석을 주었다.

(출전) 太祖出郊迎勞, 賜宮東一區(今正承院) 以長女樂浪公主妻之. 以王謝自國居他國, 故以鸞喩之. 改號神鸞公主, 諡孝穆. 封爲正承, 位在太子之上. 給祿一千石(권2 기이2 김부대왕)

(새김)

고려 태조 왕건은 신라의 왕으로서 귀순한 경순왕에게 정략적으로 자신의 맏딸인 낙랑공주를 시집보내어 경순왕의 왕비로 삼았다. 하여 낙랑을 **신란(神鸞)**이라 고쳤다. 공주의 몸에서 아이를 낳으면 혈연이 생기니 이만한 관계가 없기에 그리 한 것이다. 거꾸로 경순왕의 백부인 억렴(億廉)의 딸인 공녀(公女)를 고려 태조의 왕비로 삼게 하니 이 분이 신성왕후가 된다. 말하자면 겹사돈이란 굳건한 인연의 고리를 엮은 셈이다.

신림(神琳)

이에 이승의 양친을 위해 불국사(佛國寺)를 세우고, 전생의 부모를 위해 석불사(石佛寺)를 세우고, 신림(神琳)과 표훈(表訓) 두 성사를 청하여 각각 살게 했다. 아름답고 큰 불상을 설치하여 부모의 양육한 수고를 갚았으니 한 몸으로 전세와 현세의 두 부모에게 효도한 것은 옛적에도 또한 드문 일이었다.

(출전) 乃爲現生二親, 創佛國寺, 爲前世爺孃創石佛寺, 請神琳, 表訓二聖師各住焉, 茂張像設, 且酬鞠養之勞. 以一身孝二世父母, 古亦罕聞, 善施之驗, 可不信乎(권5 효선 대성효이세부모)

신무대왕(神武大王)

신라 제45대 신무대왕이 왕위에 오르기 전에 협사 궁파(弓巴)에게 말했다. 나에게는 이 세상을 같이 살아나갈 수 없는 원수가 있다. 네가 만일 나를 위해서 이를 없애준다면 내가 왕위에 오른 뒤에 네 딸을 맞아 왕비로 삼겠다. 궁파가 이를 허락하니 마음과 힘을 같이하여 군사를 일으켜 서울로 쳐들어가서 그 일을 성취하였다. 이미 왕위를 빼앗은 임금은 궁파의 딸을 왕비로 삼으려 하매 여러 신하들이 힘써 반대한다. 궁파는 아주 미천한 사람이오니 왕께서 그의 딸을 왕비로 삼으려는 것은 옳지 못합니다. 왕은 그 말을 따랐다. 궁파는 청해진에서 군영을 지켰다. 왕이 약속을 지키지 않았음을 원망하여 반란을 꾀하고자 하였다. 그러나 그의 부하였던 염장에게 죽임을 당하였다.

(출전) 第四十五神武大王潛邸時, 謂俠士弓巴曰我有不同天之讎, 汝能爲我除之. 獲居大位, 則娶爾女爲妃 弓巴許之. 協心同力, 擧兵犯京師, 能成其事. 旣纂位, 欲以巴之女爲妃, 群臣極諫曰巴側微, 上以其女爲妃則不可 王從之. 時, 巴在淸海鎭爲軍戍, 怨王之違言, 欲謀亂(권2 기이2 신무대왕 궁파 염장)

신문왕(神文王)

신라 제31대 임금. 신문왕이 감은사에서 묵고 17일에 기림사(祇林寺) 서쪽 시냇가에 이르러 수레를 멈추고 점심을 먹었다. 태자 이공(理恭, 효소왕)이 대궐을 지키고 있다가 이 소식을 듣고 말을 달려와서 하례하고는 천천히 살펴보고 아뢰었다. 이 옥대의 여러 쪽은 모두 진짜 용입니다. 왕이 말한다. 네가 어찌 그것을 아느냐. 이 쪽 하나를 떼어 물에 넣어 보십시오. 이에 옥대의 왼편 둘째 쪽을 떼어서 시냇물에 넣으니 금세 용이 되어 하늘로 올라가고 그 땅은 이내 못이 되었으니 그 못을 용연(龍淵)이라고 불렀다. 왕이 대궐로 돌아오자 그 대나무로 피리를 만들어 월성천존고(月城天尊庫)에 간직해 두었다. 이 피리를 불면 적군이 물러가고 몸의 병이 나으며, 가뭄에는 비가 오고 장마가 지면 날이 개며, 바람이 멎고 물결이 가라앉는다. 이 피리를 만파식적(萬波息笛)이라 부르고 국보로 삼았다. 효소왕(孝昭王) 때 천수 4년(癸巳, 693)에 부례랑(夫禮郞)이 살아서 돌아온 일로 해서 다시 이름을 고쳐 만만파파식적(萬萬波波息笛)이라 했다. 자세한 것은 그의 전기에 실려 있다.

(출전) 王宿感恩寺, 十七日, 到祇林寺西溪邊, 留駕晝饍. 太子理恭(卽孝昭大王)守闕, 聞此事, 走馬來賀, 徐察奏曰此玉帶諸窠皆眞龍也. 王曰汝何知之. 太子曰摘一窠沈水示之. 乃摘左邊第二窠沈溪, 卽成龍上天, 其地成淵, 因號龍淵. 駕還, 以其竹作笛, 藏於月城天尊庫. 吹此笛則兵退病愈, 旱雨雨晴, 風定波平, 號萬波息笛, 稱爲國寶. 至孝昭大王代, 天授四年癸巳, 因失禮郞生還之異, 更封號曰萬萬波波息笛, 詳見彼傳(권2 기이2 만파식적)

신보(申輔)

잉신(媵臣) 천부경 신보(申輔)와 종정감 조광(趙匡) 등은 이 나라에 온 지 30년 만에 각각 두 딸을 낳았는데 그들 내외는 12년을 지나 모두 죽었다.

(출전) 媵臣泉府卿申輔 · 宗正監趙匡等到國三十年後, 各産二女焉, 夫與婦踰一二年而皆抛信也(권2 기이2 가락국기)

(새김)

잉신(媵臣)이란 옛날 공주 같이 귀한 사람이 시집을 갈 때 데리고 가는 몸종 혹은 그러한 구실을 맡아서 돕는 신하를 말한다. 중국의 고사로 상(商) 나라 탕왕과 이윤의 고사가 전해 온다. 탕왕이 이윤의 현명하다는 소문을 듣고 다섯 번이나 사람을 시켜 맞아들였다는 것과, 반대로 이윤이 탕을 만나려고 했으나 길이 없게 되자 유신씨(有莘氏)의 잉신(媵臣) 즉 시집갈 때 따라가는 몸종이 되어 솥과 도마를 지고 가서 탕에게 음식 맛의 예를 들어 설득함으로써 왕도(王道)에 이르게 했다는 이야기가 전한다.

신숭겸(申崇謙)

태조는 정예 기병(騎兵) 5천 명을 거느리고 공산(公山, 현 팔공산) 아래에서 견훤을 맞아서 크게 싸웠으나 태조의 장수 김락(金樂)과 신숭겸(申崇謙)은 죽고 모든 군사가 패했으며, 태조만이 겨우 죽음을 면했을 뿐 대항하지 못했기 때문에 견훤은 많은 죄악을 짓게 되었다.

(출전) 太祖以精騎五千, 要萱於公山下大戰, 太祖之將金樂, 崇謙死之. 諸軍敗北, 太祖僅以身免, 而不與相抵, 使盈其貫. 萱乘勝(권2 기이2 후백제 견훤)

(새김)

고려 제16대 예종이 서경(西京, 평양)의 팔관회(八關會)에 참관하였을 때, 허수아비 둘이 관복을 갖추어 입고 말에 앉아 뜰을 뛰어다녔다. 이상하게 여겨 물으니, 좌우에서 다음과 같이 그 까닭을 풀이하였다. 허수아비들은 **신숭겸(申崇謙)**과 **김락(金樂)**으로, 태조 왕건이 견훤과 싸우다가 궁지에 몰렸을 때 죽게 되었으매 왕건을 대신해서 죽은 두 공신이다. 그래서 그 공을 높이고자 태조 때부터 팔관회에서 추모하는 행사를 벌였다. 태조는 그 자리에 두 공신이 없는 것을 애석하게 여겨, 풀로 두 공신의 허수아비를 만들어 복식을 갖추고 자리에 앉게 하였다. 그랬더니 두 공신은 술을 받아 마시기도 하고 생시와 같이 일어나서 춤을 추었다. 이러한 설명을 듣고 예종이 감격해서 한시의 형태이나 향찰로 적은 도이장가(悼二將歌)를 지었다. '임을 온전하게 하신, 그 충심은 하늘 끝까지 미치니, 넋은 가셨지만, 몸 세우시고 하신 말씀, 사명을 다 하려고 활 잡던 그 마음, 새로워지기를, 좋다, 두 공신이시여, 오래 오래 곧은 자취를 나타내시라.' 이 향가는 형식으로 보아 8구체의 향가로 볼 수 있다(한국민족문화대백과사전 참조).

신시(神市)

이곳을 신시라 하고, 이 분을 환웅천왕(桓雄天王)이라고 말한다. 그는 바람 스승, 비 스승, 구름 스승을 거느리고 곡식, 수명, 질병, 형벌, 선악 등을 주관하고, 모든 인간의

360여 가지 일을 주관하여 세상을 다스리고 이끌었다.

(출전) 雄率徒三千, 降於太伯山頂(卽太伯今妙香山)神壇樹下, 謂之神市, 是謂桓雄天王也. 將風伯, 雨師, 雲師, 而主穀, 主命, 主病, 主刑, 主善惡, 凡主人間三百六十餘事, 在世理化(권1 기이1 고조선)

(새김)

삼국유사 권1 고조선조에 이끌어 쓴 고기(古記)에 따르면, 환인(桓因)의 아들 환웅(桓雄)이 천부인(天符印) 세 개와 무리 3천 명을 거느리고 태백산(太伯山) 꼭대기 신단수(神壇樹) 아래로 내려왔는데, 이곳을 **신시(神市)**라고 하였다고 한다. 신시는 그 뒤 환웅이 웅족녀(熊族女)와 혼인하여 단군(壇君)을 낳고, 단군이 평양을 도읍지로 하여 고조선을 건국할 때까지 고조선 종족의 중심지였던 것으로 짐작된다. 신시에 대해서는 크게 두 가지 해석이 있다. 첫째, 신시는 제정일치 시대에 도읍 주위에 있던 별읍(別邑)으로서 삼한의 소도(蘇塗)와 성격이 같은 신읍이었다는 해석과, 둘째, 신시는 지명이 아니라 인명으로서 환웅을 가리키며, 그것은 조선 고대의 국가들에서 왕을 뜻하는 신지(臣智)가 존칭화한 것이라는 풀이다(한국민족문화대백과사전 참조). 신시란 하늘과 땅이 합쳐지는 어울림의 공간이었다. 여기서 태어난 사람이 단군이었다. 아사달의 아침이 열린 것이다(이어령, 삼국유사이야기). 신시를 검불이라고 풀이함이 온당하다(안호상). 최근 들어 단군사화에 나오는 곰은 동물이 아니라 신(神)을 뜻하는 말일 수 있고 단군의 탄생 무대인 신시 또한 신성한 나무숲을 뜻하는 신불(神市)로 읽어야 단군사화의 환경적, 문화적 의미가 되살아난다(신종원, 2004).

신웅(神雄)

이 때 범족의 한 여인과 곰족의 한 여인이 같은 굴속에서 살고 있었는데 그들은 항상 신웅 즉 환웅에게 빌어 환웅의 사람이 되기를 원했다. 이 때 신웅이 신령스러운 쑥 한 줌과 마늘 20개를 주면서 말하기를 '너희들이 이것을 먹고 백일 동안 햇빛을 보지 않으면 곧 사람이 될 것이다' 했다. 이에 곰족과 범족이 이것을 받아서 먹고 삼칠일(21일) 동안 삼가했더니 곰족은 여자의 몸으로 변했으나 범족은 참지 못해서 환웅의 사람이 되지 못했다. 웅족녀(熊族女)는 혼인해서 같이 살 사람이 없으므로 날마다 단수(壇樹) 밑에서 아이 배기를 축원했다. 환웅이 잠시 짐짓 사람으로 변하여 그와 혼인했더니 이내 잉태해서 아들을 낳았다. 그 아기의 이름을 단군왕검(壇君王儉)이라 한 것이다.

(출전) 時, 有一熊, 一虎, 同穴而居, 常祈于神雄, 願化爲人, 時, 神遺靈艾一炷 · 蒜二十枚曰爾輩食之. 不見日光百日, 便得人形, 熊 · 虎得而食之忌三七日, 熊得女身, 虎不能忌而不得人身. 熊女者無與爲婚, 故每於壇樹下, 呪願有孕, 雄乃假化而婚之. 孕生子, 號曰壇君王儉(권1 기이1 고조선)

(새김)

환웅은 단군의 아버지가 된다. 단군사화의 생성시기를 고려 후기로 보자는 주장이 있다. 불교적 표현이라 할 환인(桓因)이나, 도교적 표현으로 보이는 풍백, 우사, 운사 등의 용어가 후

그림 45 단군벽화

대에 만들어진 것이라는 주장이 있다. 제왕운기에서도 환인을 상제(上帝) 또는 석제(釋帝)라고 쓰고 있어 산스크리트어인 사크라데바(शक्रदेव, sakradeva)를 한역하는 과정에서 그 소리를 중심으로 석제환인(釋帝桓因)이라 했다는 것이다. 설화란 적층성(積層性)이 있어서 문득 어떤 설화가 만들어졌다고 봄은 무리가 있다. 입에서 입으로 전해오던 화소들이 문자화되는 과정에서 통섭되었다고 봄이 온당할 것이다. 한반도에는 구석기시대부터 살아온 선인들이 있었다. 토속신앙에 뿌리를 내리면서 새로운 개념의 불교 혹은 도교의 용어가 융합되었을 가능성이 높다. 하늘에서 오룡거를 타고 땅으로 내려온 환웅 기사는 기존의 세력을 넘어서 새로운 질서를 이룩하려는 겨레들의 사연이라고 풀이함이 좋을 것이다. 삼위태백(三危太伯)이란 공간 설정이 특정한 공간 곧 새로운 시대의 서막이라 볼 수 있다. 흔히 삼위태백을 묘향산으로 알고 있다. 그것보다는 세 개의 위태롭고 높은 산 정도로 이해함이 온당하다. 말하자면 고산족이라 할 백두산족이 들어와 토착민과 동화해 가는 이야기의 과정이라 해도 좋다. 환웅의 환(桓)이 하늘이나 빛을 상징한다. 이는 곧 태양신이나 하느님을 말한다. 환웅의 웅(雄)은 수컷 곧 남자 신을 뜻할 수도 있다. 여기서는 풍사, 우사, 운사 할 때의 -사(師)가 스승인데 그 바탕은 사이를 뜻하는 슷(間, 훈몽자회-하)의 이형 숫으로 봄이 온당하다. 제정일치이니까 하늘과 땅, 사람과 사람의 사이에서 종교와 정치적인 중재의 구실을 했기에 그러하다. 다시 환웅은 사회문화적으로 고산족이며 수렵문화를 일삼던 사람들이 곰족-맥족으로 상징되는 농경문화로 정착해가는 이야기를 상징화한 이야기라고도 보인다. 그 결정판이 단군왕검이라고 보는 것이다. 지금까지 기존의 연구에서는 단군은 제사장이고 왕검은 행정의 수반으로 보는 것이 통설이었다. 제정일치의 신정시대에 무슨 행정 따로 제의 따로 그러한 직능이 필요하였을까. 단군이 제사장이라면 왕검은 제의대상으로 왕검(王儉)의 왕은 환웅계로 보이는 님(니마, 하늘)이고 검(고마, 땅)이라고 보면, 이러한 어긋남이 풀린다고 본다(정호완, 단군왕검의 형태론적 풀이 참조). 중국의 산동성 가상현 무씨사당 석실에 소장된바, 단군 관련 화소가 살아 있는 벽화가 사화(史話)로서의 개연성을 더해 주고 있다. 이 벽화가 조성된 연대를 동한(東漢) 무렵(147)으로 보고 있다. 중국에서는 서왕모(西王母) 신화로 보고 있다. 편자가 찾아갔을 때(2016), 석실은 훼손되어 화상석만 사당 전시실에서 볼 수 있었다. 북경대학 한화연구소(漢畵硏究所) 실습장을 겸하고 있다.

신원사(神元寺)

진평왕은 비형을 불러서 말했다. 네가 귀신들을 데리고 논다니 그게 사실이냐. 그렇습니다. 그렇다면 너는 그 귀신의 무리들을 데리고 신원사 북쪽 개천(신중사라고 하나 잘못이다. 이것을 황천 동쪽 심거라고도 한다)에 다리를 놓도록 해라. 비형은 명을 받아 귀신의 무리들을 시켜서 하룻밤 사이에 큰 다리를 놓았다. 그래서 다리를 귀교(鬼橋)라고 했다.

(출전) 軍士以事奏, 王召鼻荊曰汝領鬼遊, 信乎, 郞曰然, 王曰然則, 汝使鬼衆, 成橋於神元寺北渠(一作神衆寺, 誤. 一云荒川東深渠) 荊奉勅, 使其徒錬石, 成大橋於一夜, 故名鬼橋

(권2 기이2 도화녀 비형랑)

(새김)

진평왕 때의 귀교(鬼橋)는 비형을 중심으로 하여 귀신들이 놓았다고 붙여진 이름이다. 2000년에 조사 보고된바, 황남동 오릉 쪽에서 발견되어 2007년에 발굴하였다. 말하자면 도깨비다리가 된다. 다리가 놓인 곳은 지리적으로 모량내와 기린내, 그리고 불개내가 모이는 곳이어서 여름철 비가 많이 올 때는 이곳을 지나다니기가 어려워 현실적으로 다리가 필요했을 것이다. 추정하기로는 당시 다리가 놓이던 어름에는 왕 버들과 소나무, 팽나무가 많이 자생하던 지역이었다는 것이다. 왕 버드나무의 경우, 나무의 수명이 길고 나무 가운데 구멍이 나는 수가 많아 벌레나 곤충들이 들어가 살다가 죽은 것들이 많아 거기서 나오는 인광(燐光)이 곧 도깨비불로 보일 수 있다. 진평왕 시절에는 이러한 종류의 신비한 전설이 전해 온다. 귀신을 두두리라고도 하니 귀교는 두두리 다리가 된다. 두두리는 두드리다의 명사형으로 보인다. 민간어원으로 보아 도깨비의 정체가 나무방망이라고 보면, 뭔가 두드리면 도깨비가 사라지기도 하고 나와서 소원을 들어 주기도 한다는 속설이 있다. 은방망이 금방망이 설화가 그것이다. 은 나와라 뚝딱, 금 나와라 뚝딱 세상에 그런 방망이가 어디 있을까. 현실적으로 꼭 필요했던 귀교를 가능하게 했던 두두림을 했을 것이다.

신월성(新月城)

옛날 평양성의 형세가 초승달과 같았다. 도사들은 국내의 이름난 산천을 돌아다니며 이를 진압시키는데, 옛 평양성의 지세가 신월성이라 하여 도사들이 주문을 읽어 남하(南河)의 용에게 명령해서 만월성(滿月城)을 더 쌓아서 용언성(龍堰城)이라 했으며, 참기(讖記)를 지어 용언도(龍堰堵) 또는 천년보장도(千年寶藏堵)라고 했다.

(출전) 古平壤城勢新月城也. 道士等呪勅南河龍, 加築爲滿月城, 因名龍堰城, 作讖曰龍堰堵, 且云千年寶藏堵(권3 흥법 보장봉로 보덕이암)

(새김)

평양(平壤)은 산스크리트어로 꽃이 피다(फइ, pi, 盛)란 뜻이다. 지리적인 형성과정을 보면 강물의 퇴적 작용으로 인한 벌판으로 볼 때, '벌-뻘'에서 한자로 차용하는 과정에서 평양으로 된 것으로 볼 가능성이 있다.

신유림(神遊林)

왕은 몹시 두려워하여 여러 신하들을 모아 놓고 이것을 막아 낼 방법을 물었다. 각간 김천존(金天尊)이 말했다. 요새 명랑법사(明朗法師)가 용궁에 들어가서 비법을 배워 왔으니 그를 불러 물어보십시오. 명랑이 말했다. 낭산(狼山) 남쪽에 신유림이 있으니 거기에 사천왕사를 세우고 도량을 세우면 좋겠습니다. 그때 당 나라 정주(貞州)에서 사람이 달려와 보고한다. 당 나라 군사가 무수히 우리 국경에 이르러 바다 위를 떠돌고 있습니다. 왕은 명랑을 불러 물었다. 일이 이미 급하게 되었으니 어찌 하면 좋겠는가. 명랑이 말한다. 여러 가지 빛의 비단으로 절을 가설하면 될 것입니다. 이에 채색 비단으로 임시로 절을 만들고 풀로 오방의 신상을 만들었다.

(출전) 王甚懼之. 會群臣問防禦策. 角干金天尊曰近有明朗法師入龍宮, 傳秘法以來, 請詔問之朗奏曰狼山之南有神遊林, 創四天王寺於其地, 開設道場則可矣. 時有貞州使走報曰唐兵無數至我境, 廻槧海上, 王召明朗曰事已逼至如何, 朗曰以彩帛假搆矣, 王以彩帛營寺, 草搆五方神像, 以瑜珈明僧十二員, 明朗爲上首, 作文豆婁秘密之法(권2 기이2 문호왕 법민)

(새김)

신유림(神遊林) : 신들이 노니는 신성한 숲이라는 뜻이다. 천경림이나 문잉림과 같이 거룩한 숲 곧 성역으로 존숭되었다. 삼국유사 아도기라 부분에서 신라 서라벌 안의 일곱 곳의 가람터 가운데 하나로 손꼽히는 장소이기도 하다. 말하자면 성림(聖林, hollywood)이 신유림이다. 달리 소도(蘇塗)라고 할 수 있다. 이곳에서 하늘에 제를 올리고 신들을 맞아 함께 놀고 보내는 축제의 장소였을 가능성이 있다.

신인종(神印宗)

총장(總章, 당 고종의 연호) 원년(戊辰, 668)에 당 나라 장수 이적(李勣)이 대군을 거느리고 신라 군사와 합세하여 고구려를 멸망시키고, 그 남은 군사를 백제에 머물러 두고 장차 신라를 쳐서 멸망시키려 했다. 신라 사람들이 이것을 알고 군사를 내어 이를 막았다. 당 나라 고종이 이 말을 듣고 크게 노하여 설방(薛邦)에게 명하여 군사를 일으켜 장차 신라를 치려고 했다. 문무왕이 이것을 듣고 두려워하여 명랑법사를 청하여 비법을 써서 빌어서 이를 물리치게 했다(이 사실은 문무왕전에 있다). 이 때문에 그는 신인종의 시조가 되었다.

(출전) 總章元年戊辰, 唐將李勣統大兵, 合新羅, 滅高麗. 後餘軍留百濟, 將襲滅新羅, 羅人覺之. 發兵拒之. 高宗聞之赫怒, 命薛邦興師將討之. 文武王聞之懼, 請師開秘法禳之(事在文武王傳中), 因玆爲神印宗祖(권5 신주 명랑신인)

(새김)

신인종(神印宗) : 신인종은 용과 바다, 그리고 사천왕과 깊은 관계를 지닌 밀교로 명랑에 의하여 정립되었다고 한다. 신인종은 과거의 죄를 없애고 깨달음을 얻게 하는 12신왕결원신주법(十二神王結願神呪法)인 무드라(मुद्र, mudra) 신인 비법을 주로 한다. 관정경(灌頂經)과 금광명경을 중심으로 설법을 하는 밀교에서 존숭하는 다라니경 중심의 종단이다. 흔히 유가에서 손가락으로 하는 수인(手印)으로 정신세계를 표현하는 방법과 같다.

신지비사(神誌秘詞)

그는 스스로 성을 개(蓋)라 하고 이름을 김(金)이라 했으며 지위가 소문(蘇文)에까지 이르니 바로 시중의 벼슬이다(당서에는 개소문이 자칭 막리지라고 했으니 당 나라의 중서령과 같은 것이라 했다. 또 신지비사의 서문을 보면 소문 대영홍(大英弘)이 서문과 주를 달았다고 했다. 그렇다면 소문은 곧 벼슬이름으로서 문서증거가 있다. 전에는, 문인 소영홍이 서문을 썼다고 했다. 어느 것이 옳은지 자세하지 않다).

(출전) 自稱姓盖名金, 位至蘇文, 乃侍中職也(唐書云, 盖蘇文自謂莫離支, 猶中書令. 又按神誌秘詞 · 序云 蘇文大英弘序并注. 則蘇文乃職名, 有文證, 而傳云文人蘇英弘序, 未詳孰是)(권3 흥법 보장봉로 보덕이암)

(새김)

그림 46 갑골문자

신지비사(神誌秘詞) : 고려 시대 초엽에 널리 퍼진 도참서인데 단군의 신지선인이 쓴 책이라고 전해온다. 여기 도참(圖讖) 또는 참위(讖緯)라 함은, 앞으로 일어날 일들에 대한 예언 혹은 징조를 통틀어 하는 낱말로, 특히 사람의 길흉화복이나 흥망성쇠에 대한 예언 또는 징조를 말한다. 신(神)의 자원을 보면, 신령한 기운을 드러내는 시(示)에 신을 뜻하는 신(申-神)에서 비롯한다. 신(申)은 갑골문자에서 번개의 모양을 하였다고 하였다(殷墟書契前編集釋-葉玉森). 갑골문자(甲骨文字)란 1899년 황하 유역의 하남성 안양현 소툰촌(小屯村)에서 발굴된바, 거북의 배와 소의 어깨뼈에 새기어 쓰던 한자의 기원형이라고 할 수 있다. 당시 국자감 좨주를 하던 왕의영(王懿榮)이란 사람이 약으로 알고 복용하다가 발견하였던 글자로 알려져 온다. 처음에는 용골(龍骨)이란 약재로 알려져 왔다. 갑골이란 구갑우골(龜甲牛骨)의 줄임말이다. 특히 거북의 경우는 거북의 딱딱한 배를 말한다. 이를 달리 서계(書契) 혹은 계(初, 欺訖切<集韻>) 곧 글이라 하였다. 이는 한글의 '글'과 같은 뜻이 된다.

신찬(臣瓚)

차츰 진번(眞蕃), 조선(朝鮮)의 오랑캐들과 또 옛날에 연(燕)과 제(齊)에서 망명해 온 자들을 자기에게 소속시켜 왕이 되고 왕검성에 도읍했다(이기(李奇)는 지명이라 했고, 신찬(臣瓚)은 말하기를, 왕검성은 낙랑군의 패수(浿水) 동쪽에 있다고 했다).

(출전) 稍役屬眞番 · 朝鮮蠻夷及故燕 · 齊亡命者王之. 都王儉(李奇曰地名, 臣瓚曰王儉城在樂浪郡浿水之東)(권1 기이1 위만조선)

신천간(神天干)

나라가 만들어진 이후 이곳에는 국호나 신하의 이름이 없었다. 아도간(我刀干), 여도간(汝刀干), 피도간(彼刀干), 오도간(五刀干), 유수간(留水干), 유천간(留天干), 신천간(神天干), 오천간(五天干), 신귀간(神鬼干) 등 아홉 간(干)이 있었다. 이들은 추장으로 백성들을 다스렸다.

(출전) 開闢之後, 此地未有邦國之號, 亦無君臣之稱. 越有我刀干, 汝刀干, 彼刀干, 五刀干, 留

水干, 留天干 神天干, 五天干, 神鬼干等九干者, 是酋長, 領總百姓(권2 기이2 가락국기)

(새김)

가락국기에 나오는 아홉 간(干)들은 허황옥이 수로왕의 왕비가 된 뒤, 대내외적으로 역할에 걸맞은 이름이 아니라고 하여 모두 조금씩 이름을 바꾸었다. 아도(我刀)는 아궁(我躬), 여도(汝刀)는 여해(汝諧), 피도(彼刀)는 피장(彼藏), 오도(五刀)는 오상(五常), 유수(留水)는 유공(留功), 유천(留天)은 유덕(留德), 신천(神天)은 신도(神道), 오천(五天)은 오능(五能)으로 바꾸고, 신귀(神鬼)는 소리는 그대로 하되 뜻을 달리 하는 한자를 써서 신귀(臣貴)로 부르도록 하였다. 도덕이나 오상, 공이나 능이 나오는 것으로 보아 다분히 유교와 도교적인 이념이 바탕에 깔린 것으로 보인다. 이는 기존의 토착세력을 새로운 정치질서로 바꾸려는 전환기적인 성격이 강하다.

신총(宸聰)

손순의 일이 왕에게 알려지자(宸聰), 그 때 진성왕은 곡식 5백석과 집 한 채를 내려 주고 또 군사들을 보내서 그 집을 지켜서 도둑을 막도록 했다. 또 그 마을을 표창해서 효양리(孝養里)라 했다. 그 뒤에 손순이 자신의 집을 내놓아 절을 삼고 양존사(兩尊寺)라 했다.

(출전) 事達宸聰, 時眞聖王賜穀五白石, 幷宅一廛, 遣卒徒衛其家, 以儆劫掠. 旌其坊爲孝養之里, 後捨其家爲寺, 名兩尊寺(권5 효선 빈녀양모)

(새김)

신총(宸聰)이란 임금의 귀에 들어간 일을 이른다. **정(旌)**은 정려(旌閭)를 이른다. 정려는 효자와 충신에게 왕명으로 표(表)를 내려 집을 지어 깃대를 세우고 많은 사람에게 알리도록 한다. 임금이라도 어버이에게 불효하면 그 자리에서 쫓겨난다(연산군, 광해군 등). 말하자면 효행으로써 나라를 다스리는 유교국가로서의 푯대를 세운 것이다. 이름 하여 효치(孝治)라고 한다. 그 대표적인 저술이 삼강행실도(三綱行實圖) 류의 책이나 이륜행실도(二倫行實圖) 그리고 오륜행실도(五倫行實圖) 등을 들 수 있다.

신충(信忠)

신라 제34대 효성왕이 왕이 되기 전에 어진 선비 신충과 더불어 궁정의 잣나무 밑에서 바둑을 두면서 일찍이 말하기를, 훗날 만약 그대를 잊는다면 저 잣나무가 증거가 될 것이다. 하니 신충이 일어나서 절을 했다. 몇 달 뒤에 효성왕이 왕위에 올라 공신들에게 상을 주면서 신충을 잊고 차례에 넣지 않았다. 신충이 원망하여 노래를 지어 잣나무에 붙였더니 나무가 문득 말라 버렸다. 왕이 이상하게 여겨 사람을 보내 살펴보게 했더니 노래 가사를 구하여 바쳤다. 왕은 크게 놀라서 말했다. 정무가 복잡하고 바빠 각궁(角弓)을 거의 잊을 뻔했구나. 이에 신충을 불러 벼슬을 주니 잣나무가 그제야 다시 살아났다. 그 노래는 이러하다. 뜰의 잣나무가 가을에 시들지 않았는데 너를 어찌 잊으랴 하시던 우러러 뵙던 얼굴 계시온데, 달그림자가 옛 못의 가는 물결 원망하듯이, 얼굴사 바라보니, 누리도 싫은지고. 후구는 없어졌다. 이로써 신충에 대한 총애는 양조에 두터웠다. 경덕왕(景德王, 왕은 곧 효성왕의 아우임) 22년(癸卯, 748)에 신충은 두 친구와 서로 약속하고 벼슬을 버리고 남악(南岳, 현 지리산)에 들어갔다. 두 번을 불렀으나 나오지 아니하고 머리 깎고 중이 되었다. 그는 왕을 위하여 단속사(斷俗寺)를 세우고 거기에서 살았는데, 평생을 산골에서 마치면서 대왕의 복을 빌기를 원했으므로 왕은 이를 허락하였다. 임금의 진영을 모셔두었는데 금당 뒷벽에 있는 것이 바로 그것이다.

(출전) 孝成王潛邸時, 與賢士信忠, 圍碁於宮庭栢樹下, 嘗謂曰他日若忘卿, 有如栢樹 信忠興拜. 隔數月, 王卽位賞功臣, 忘忠而不第之. 忠怨而作歌, 帖於栢樹, 樹忽黃悴, 王怪使審之. 得歌獻之. 大驚曰萬機鞅掌, 幾忘乎角弓, 乃召之賜爵祿, 栢樹乃蘇. 歌曰物叱好支栢史, 秋察尸不冬爾屋支墮米, 汝於多支行齊敎因隱, 仰頓隱面矣改衣賜乎隱冬矣也. 月羅理影支古理因淵之叱, 行尸浪, 阿叱沙矣以支如支, 皃史沙叱望阿乃, 世理都, 之叱逸烏隱第也. 後句亡. 由是. 寵現於兩朝. 景德王(王卽孝成之弟也)二十二年癸卯, 忠與二友相約, 掛冠入南岳, 再徵不就, 落髮爲沙門. 爲王創斷俗寺居焉, 願終身丘壑, 以奉福大王, 王許之. 留眞在金堂後壁是也(권5 피은 신충괘관)

(새김)

각궁(角弓) : 공신을 뜻한다. 각궁의 출전은 시경 소아(小雅)편에 실려 있다. 유왕이 간신배의 말을 듣고 골육지친을 멀리하자, 이에 따른 원망과 불만을 노래한 시다. 신라의 각간(角干)과 같은 말인데 이는 산스크리트어로 까꾸드칸(ककउढखन, kakkudkhan)은 왕족, 귀족을 말한다. 한자로는 각(角)이다. 각간(角干)이란 귀족 중의 귀족이란 말이다(강상원. 실담어 사전 참조). 최근 요하문명(遼河文明)의 유물 가운데 뿔 모자를 쓴 출토품이 나온 바가 있다. 특히 각형옥벽(角形玉璧)은 샤먼을 상징한다(우실하).

백수(栢樹) : 잣나무를 말한다. 그 상징성의 풀이는 다음과 같다. 거룩한 왕권의 흔들림 없음을 드러냈다(황패강). 소도(蘇塗)와 같이 신단수의 성격을 띠며 종교적인 징표이다(김열규).

작가(作歌) : 향찰로 지은 노래 원가의 배경에 대한 풀이는 다음과 같다. 경덕왕 22년(763) 김양상 일파의 세력에 밀려 상대등에서 해임되고 임금을 모실 수 없다는 안타까움을 노래했다(이기백, 경덕왕과 단속사). 달리 효성왕 시절 임금은 순원 등 외척세력에 밀려 신충을 등용할 수 없게 되면서 이에 대한 원망스러움을 노래했다(박노준, 신라 향가의 연구). 주술적인 노래로 욕구 충족을 위한 제의를 담은 노래이다(김열규, 원가의 수목 상징). **괘관(掛冠)**이라 함은 신충이 벼슬을 그만둠을 이른다. **앙장(鞅掌)**은 일이 바빠서 틈이 없음을 드러낸다.

신충봉성사(信忠奉聖寺)

처음에 신문왕이 등창이 나서 혜통(惠通)에게 치료해 주기를 청하므로 혜통이 와서 주문을 외우니, 그 자리에서 병이 나았다. 이에 혜통이 말했다. 폐하께서 전생에 재상의 몸으로 장인(臧人) 신충(信忠)이란 사람을 잘못 판결하여 종으로 삼으셨으므로 신충이

원한을 품고 윤회환생을 할 때마다 보복하는 것입니다. 지금 이 등창도 역시 신충의 탈이오니 마땅히 신충을 위해서 절을 세워 그 명복을 빌어서 원한을 풀게 하십시오. 왕이 옳다고 생각하여 절을 세워 이름을 신충봉성사라고 했다. 절이 다 이루어지자 공중에서 노래하는 소리가 났다. 왕이 절을 지어 주셨기 때문에 괴로움에서 벗어나 하늘에 태어났으니, 원한은 이미 풀렸습니다. (중략) 일연은 이를 기려서 말한다. 공명은 다하지 못했는데 귀밑털이 먼저 세고, 임금의 총애 비록 많으나 한평생이 바쁘도다. 언덕 저 편 산이 자주 꿈속에 드니, 가서 향불 피워 왕의 복을 비오리.

(출전) 初, 神文王發疽背, 請候於通, 通至, 咒之立活. 乃曰陛下曩昔爲宰官身, 誤決臧人信忠爲隷, 信忠有怨, 生生作報. 今玆惡疽亦信忠所崇, 宜爲忠創伽藍, 奉冥祐以解之, 王深然之. 創寺號信忠奉聖寺. 寺成, 空中唱云因王創寺, 脫苦生天, 怨已解矣, (중략) 讚曰, 功名未已鬢先霜, 君寵雖多百歲忙. 隔岸有山頻入夢, 逝將香火祝吾皇(권5 신주 혜통항룡)

(새김)

봉성사의 **신충**과 단속사를 짓고 원가를 부른 신충은 같은 사람인가. 원가를 지은 신충은 효성왕과 경덕왕의 통치에 그의 사적이 올라 있으나 봉성사 관련의 신충은 원한을 풀기 위한 것이므로 같은 사람으로 보기가 어렵다(지준모).

신효사(神孝寺)

임진년(壬辰, 1232)에 서울을 강화로 옮길 때 내관들은 총망한 중에 잊어버리고 이를 거두어 챙기지 못했다. 병신년(丙申) 4월에 왕의 원당(願堂)인 신효사 스님 온광(蘊光)이 불아(佛牙)에 예불하기를 청하므로 왕에게 아뢰니 왕은 내신을 시켜서 두루 궁중을 찾아보았으나 보이지 않았다. 이 때 백대 시어사 최충(崔沖)이 설신(薛伸)에게 명하여 급히 여러 알자의 방을 다니면서 물었으나 모두 어쩔 줄을 모를 뿐이었다.

(출전) 至壬辰歲移御次, 內官悤遽中忘不收檢, 至丙申四月, 御願堂神孝寺釋蘊光請致敬佛牙, 聞于上, 勅令內臣遍檢宮中, 無得也. 時, 栢臺侍御史崔沖命薛伸, 急徵于諸謁者房, 皆未知所措(권3 탑상 전후소장사리)

신효거사(信孝居士)

이 월정사(月精寺)는 처음에 자장법사가 띠집을 지었으며, 그 다음에는 신효거사가 와서 살았고, 그 다음에는 범일(梵日)의 제자인 신의두타(信義頭陀)가 와서 암자를 세우고 살았으며 뒤에 또 수다사(水多寺) 장로 유연(有緣)이 와서 살았다. 이로부터 점점 큰 절이 되었다. 절의 다섯 성중과 9층으로 된 석탑은 모두 성자의 자취이다.

(출전) 此月精寺, 慈藏初結茅, 次信孝居士來住, 次梵日門人信義頭陁來, 創庵而住. 後有水多寺長老有緣來住, 而漸成大寺. 寺之五類聖衆, 九層石塔皆聖跡也(권3 탑상 대산월정사오류성중)

신훈성불종자(新熏成佛種子)

미륵보살이 율사에게 말하였다. 이 두 간자는 내 손가락뼈이니, 이것은 곧 시(始)와 본(本)의 두 각(覺)을 이르는 것이다. 또 아홉 번째 간자는 법이고, 여덟 번째 간자는 신훈성불종자이니, 이것으로써 마땅히 과보를 알 수 있을 것이다. 너는 현세의 몸을 버리고 대국왕의 몸을 받아 이후에 도솔천에 가서 태어나게 될 것이다. 이렇게 말을 마치고 두 보살은 곧 숨었다. 이 때가 임인년(壬寅, 762) 4월 27일이었다.

(출전) 告師曰, 此二簡子者, 是吾手指骨, 此喩始本二覺. 又九者法爾, 八者新熏成佛種子, 以此當知果報. 汝捨此身, 受大國王身, 後生於兜率. 如是語已, 兩聖卽隱, 時壬寅四月二十七日也(권4 의해 관동풍악발연수석기)

(새김)

신훈성불종자(新熏成佛種子)란 유식종(唯識宗)에서는 모든 만물의 물심(物心)이며 현상을 야뢰야식에서 온다고 풀이한다. 이를 종자(種子)라 하고 선천적인 본유종자와 후천적인 신훈종자(新熏種子)로 나누어 풀이한다. **과보(果報)**에서 과(果)란 원인으로 하여 생기는 법인데 선악에 따라서 받게 되는 열매를 보(報)라고 한다. 특히 수행한 결과로 얻게 되는 과보를 진생(眞性) 달리 간자(簡子)를 이른다.

실례랑(失禮郎)

효소왕(孝昭王) 때에 이르러 천수(天授) 4년(癸巳, 693)에 실례랑이 살아서 돌아온 이상한 일로 해서 다시 이름을 고쳐 만만파파식적(萬萬波波息笛)이라 했다. 자세한 것은 그의 전기(傳記)에 실려 있다.

(출전) 至孝昭大王代, 天授四年癸巳, 因失禮郎生還之異, 更封號曰萬萬波波息笛, 詳見彼傳(권2 기이2 만파식적)

(새김)

흔히 부례랑으로 읽는다. 이는 실례랑이 온당하다. 신증동국여지승람(新增東國輿地勝覽) 권45 고성군 산천 부분에 사선유차(四仙遊此)의 술랑(述郞)은 **실례랑(失禮郎)**의 이자(異字)로 가늠하고 있다.

실성왕(實聖王)

신라 제18대 임금. 의희 9년(癸丑, 413)에 평양주의 대교가 완성되었다. 왕은 선왕의 태자 눌지(訥祇)가 덕망이 있는 것을 꺼려서 이를 죽이고자 했다. 이에 고구려의 군사를 청하여 거짓으로 눌지를 맞이하도록 했다. 그러나 고구려 사람들은 눌지에게 어진 행실이 있음을 알고는 창끝을 뒤로 돌려 실성왕을 죽이고 눌지를 세워 왕을 삼고 갔다.

(출전) 義熙九年癸丑, 平壤州大橋成(恐南平壤也. 今楊州) 王忌憚前王太子訥祇有德望, 將害之. 請高麗兵而詐迎訥祇, 高麗人見訥祇有賢行, 乃倒戈而殺王, 乃立訥祇爲王而去(권1

기이1 실성왕)

(새김)

실성왕은 삼국유사 왕력 편에 일명 실주(實主) 또는 실금(實金)이라 한다. 아울러 영일 냉수리 신라비문에서 확인된바, 사부지(斯夫智)라고 하였다. 당시 사-시로 통용하여 썼던 것으로 보이며 -부지는 존칭 접미사로 볼 수 있다. 신라어의 경우, 종성발음이 나오지 않는 경우가 많으므로 실-시로 형태 변이를 할 수 있다(문경현 참조). **고려병(高麗兵)**은 고구려 군사를 이른다. 이 때 고구려 군사들이 신라의 서라벌에 머물고 있었다. 중원고려비(中原高麗碑)에 보면, 신라 영토 안에 고구려의 당주(幢主)가 있었음을 알 수가 있다(新羅土內幢主). 또한 신라 임금의 왕위 계승에도 관여했음을 엿볼 수 있다.

실성마립간(實聖麻立干)

신라 제18대 실성마립간은 달리 실주왕(實主王)이라고도 한다. 또는 보금이라고 한다. 아버지는 미추왕의 아우인 대서지 각간이며 어머니는 예생부인이다. 성은 석씨이고 등야 아간의 따님이시다. 왕비는 아류 부인이다. 임인년(壬寅, 402)에 즉위하고 15년 동안 나라를 다스렸다. 이 왕은 곧 치술의 아버지가 된다.

(출전) 第十八代實聖麻立干一作實主王, 又寶金. 父未鄒王弟大西知角干. (母)禮生夫人, 昔氏, 登也. 阿干(女)也. 妃阿留 夫人. 壬寅立, 治十五(年) 王卽鵄述之父(왕력 권1 실성왕).

실제사(實際寺)

실제사의 스님 영여(迎如)는 그 집안과 성씨가 자세치 못하나 덕과 행실이 모두 높았다. 경덕왕이 그를 맞아 공양을 드리려고 사자를 보내서 부르니, 영여는 대궐 안에 들어가 재를 마치고는 돌아가려 했다. 왕은 사자를 시켜 그를 절에까지 모시고 가도록 했다. 그는 절 문에 들어서자 즉시 숨어 버려 있는 곳을 알 수가 없었다.

(출전) 實際寺釋迎如, 未詳族氏, 德行雙高. 景德王將邀致供養, 遣使徵之. 如詣內, 齋罷將還, 王遣使陪送至寺, 入門卽隱, 不知所在(권5 피은 영여사)

(새김)

실제사(實際寺) : 삼국사기 진흥왕 27년(566)에 기원사와 실제사 두 절이 이룩되었다고 함을 보면, 포석정 어름에 자리하였던 절로 보인다. 포석정가에 실제사가 보인다. 기원사와 실제사여 두 절이 마주하였네(祇園實際兮二寺東西)라고 하였다.

심감(心鑑)

임금과 장목왕후가 묘각사에 거둥할 때 모인 관중이 경하드림을 마치고 심감이 바친 불아와 낙산(洛山)의 수정염주와 여의주를 군신과 여러 신도들이 모두 쳐다보고 경배한 뒤에 함께 금탑(金塔) 안에 안치했다. 나도 역시 이 모임에 참석해서 이른바 부처의 어금니를 친히 보았는데 그 길이는 세 치 가량 되고 사리는 없었다.

(출전) 國主與莊穆王后, 幸妙覺寺, 集衆慶讚訖, 右佛牙與洛山水精念珠, 如意珠, 君臣與大衆, 皆瞻奉頂戴, 後幷納金塔內. 予亦預斯會, 而親見所謂佛牙者, 長三寸許, 而無舍利焉(권3 탑상 전후소장사리)

심맥종(深麥宗)

신라 제24대 진흥왕(眞興王)의 성은 김씨(金氏)요, 이름은 삼맥종(彡麥宗)인데, 혹 심맥종(深麥宗)이라고도 한다. 양 나라 대동 6년(庚申, 534)에 즉위하였다. 큰아버지인 법흥왕의 뜻을 따라서 한 마음으로 부처를 받들고 불사를 널리 일으켰다. 사람들이 스님이 됨을 허락하였다.

(출전) 第二十四眞興王, 姓金氏, 名彡麥宗, 一作深麥宗. 以梁大同六年庚申卽位, 慕伯父法興之志, 一心奉佛, 廣興佛寺, 度人爲僧尼(권3 탑상 미륵선화미시랑 진자사)

심지(心地)

스님 심지는 진한(辰韓) 제41대 헌덕왕 김씨의 아들이다. 나면서부터 효성과 우애가 깊고 천성이 맑고 지혜가 있었다. 학문에 뜻을 두는 나이에 불도에 부지런했다. 중악(中岳, 현 팔공산)에 가서 살고 있는데 마침 속리산의 심공(深公)이 진표율사(眞表律師)의 불골간자(佛骨簡子)를 전해 받아서 과정법회(果訂法會)를 연다는 말을 듣고, 뜻을 결정하여 찾아갔으나 이미 날짜가 지났기 때문에 참여할 수가 없었다. 이에 땅에 앉아서 마당을 치면서 신도들을 따라 예배하고 참회했다. 7일이 지나자 큰 눈이 내렸으나 심지(心地)가 서 있는 사방 10척 가량은 눈이 내리지 않았다. 여러 사람이 그 신기하고 이상함을 보고 당에 들어오기를 허락했으나 심지는 사양하여 거짓 병을 빌미로 방 안에 물러앉아 법당을 향해 조용히 예배했다. 그의 팔꿈치와 이마에서 피가 흘러내려 마치 진표공(眞表公)이 선계산(仙溪山)에서 피를 흘리던 일과 같았는데 지장보살이 매일 와서 위문했다. 법회가 끝나고 산으로 돌아가는 도중에 옷깃 사이에 간자(簡子) 두 개가 끼여 있는 것을 발견했다. 그는 가지고 돌아가서 심공에게 아뢰니 영심(永深)이 말하기를, 간자는 함 속에 들어 있는데 그럴 리가 있는가 하고 조사해 보니 함은 봉해 둔 채로 있는데 열고 보니 간자는 없었다. 심공이 매우 이상하게 여겨 다시 간자를 겹겹이 싸서 간직해 두었다. 심지가 또 길을 가는데 간자가 먼저와 같았다. 다시 돌아와서 아뢰니 심공이 말하기를, 부처님 뜻이 그대에게 있으니 그대는 받들어 행하도록 하라하고 간자를 그에게 주었다. 심지가 머리에 이고 중악(中岳, 현 팔공산)으로 돌아오니 중악의 신이 신선둘을 데리고 산꼭대기에서 심지를 맞아 그를 인도하여 바위 위에 앉히고는 바위 밑으로 돌아가 엎드려서 공손히 정계(正戒)를 받았다. 이 때 심지가 말했다. 이제 땅을 가려서 부처님과 간자를 모시려 하는데, 이것은 우리들만이 정할 일이 못되니 그대들 셋과 함께 높은 곳에 올라가서 간지를 던져 자리를 점치도록 하자. 이에 신들과 함께 산마루로 올라가서 서쪽을 향하여 간자를 던지니, 간자는 바람에 날아간다. 이 때 신이 노래를 지어 불렀다. 막혔던 바위 멀리 물러가니 숫돌처럼 평평하고, 낙엽이 날아 흩어지니 앞길이 훤해지네. 불골(佛骨, 부처의 뼈) 간자(簡子, 조각)를 찾아 얻어서, 깨끗한 곳 찾아 정성 드리려네. 노래를 마치자 간자를 숲속 샘에서 찾아 곧 그 자리에 당을 짓고 간자를 모셨으니, 지금 동화사(桐華寺) 첨당 북쪽에 있는 작은 우물이 이것이다. (중략) 일연은 이를 기려서 말한다. 금규(金閨, 궁궐) 속에서 자랐건만 일찍 속박을 벗어났고, 부지런함과 총명함을 하늘이 주었네. 뜰에 가득 쌓인 눈 속에서 간자를 뽑아, 동화사 높은 봉우리에 갖다 놓았네.

(출전) 釋心地, 辰韓第四十一主憲德大王金氏之子也. 生而孝悌, 天性冲睿, 志學之年, 落采從師, 拳懃于道, 寓止中岳(今公山), 適聞俗離山深公傳表律師佛骨簡子, 設果訂法會, 決意披尋, 旣至後期, 不許叅例. 乃席地扣庭, 隨衆禮懺. 經七日, 天大雨雪, 所立地方十尺許, 雪飄不下, 衆見其神異, 許引入堂地. 撝謙稱恙, 退處房中, 向堂潛禮, 肘顙俱血, 類表公之仙溪山也. 地藏菩薩日來問慰, 洎席罷還山, 途中見二簡子貼在衣褶間, 持廻告於深, 深曰簡在函中, 那得至此 檢之封題依舊, 開視亡矣. 深深異之. 重襲而藏之. 又行如初, 再廻告之. 深曰佛意在子, 子其奉行 乃授簡子, 地頂戴歸山, 岳神率二仙子, 迎至山椒, 引地坐於嵒上, 歸伏嵒下, 謹受下戒. 地曰今將擇衣奉安聖簡, 非吾輩所能指定. 請與三君, 憑高擲簡以卜之 乃與神等陟峯巔, 向西擲之. 簡乃風颺而飛. 時, 神作歌曰礙嵒遠退砥平兮, 落葉飛散生明兮. 覓得佛骨簡子兮, 邀於淨處投誠兮, 旣唱而得簡於林泉中. 卽其地構堂安之. 今桐華寺籤堂北有小井是也(중략), 讚曰, 生長金閨早脫籠, 儉懃聰惠自天鍾. 滿庭積雪偸神簡, 來放桐華最上峰(권4 의해 심지계조)

(새김)

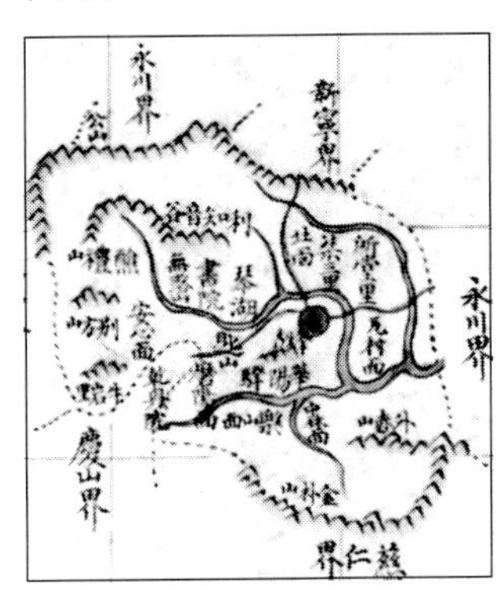

그림 47 하양현

심지(心地)는 신라 41대 헌덕왕의 아들로 태어나 동화사를 다시 세우고 흥덕왕 10년(835)에 팔공산의 하양 쪽 지맥인 환성산(811m) 기슭에 환성사를 세웠다. 절의 이름과 같이 환성산이 가락지처럼 둥그렇게 절을 감싸 안는다. 그 뒤 고려말엽에 불에 타버리고 사라진 것을 다시 세웠다. 조선 인조 13년(1635) 신감대사(神鑑大師)가 다시 세우고, 고종 34년(1898) 긍월대사(亘月大師)가 다시 지어 오늘에 이르고 있다. 수월관(水月觀) 밑을 지나면 석탑이 있는 안마당으로 들어간다. 수월관에 올라보면 더욱이 달 밝은 밤에 올라보면 수월관 아래로 자리한 연못 물위에 달이 비친다. 가히 월인천강(月印千江)의 경지다. 거기에 부처님의 자애로운 달빛이 연꽃을 피우는 듯하다. 대웅전의 수미단이 보물 제562호로 지정되었으며 서쪽에는 심검당(경상북도 유형문화재 제84호)이 있다. 주련과 현액은 영남 서예의 맥을 이은 죽농(竹農) 서동균 선생의 서품이 보는 이의 눈길을 끌게 한다. 아무리 찾으려 해도 왕사전은 보이지 않는다. 주지 스님을 만나 왕사님이 지은 절인데 왕사전이 있어야 함을 이야기하였다. 주지는 짓겠다고 했다. 신라고승전이라 할 삼국유사 의해편에 심지계조가 여러 가지 왕사의 사연을 잘 말해 준다. **심지계조(心地繼祖)**란 심지가 스승인 진표와 영심의 맥을 이어감을 강조한 화두라 할 수 있다.

과정법회(果訂法會)란 수행 과정에서 깨달음에 대한 일을 화두로 하여 갖는 스님들의 모임을 말한다.

심필(心弼)

남모르게 군주가 나라를 다스림을 위한 노래 세 수(首)를 짓고, 다시 심필 사지를 시켜서 빈 종이책을 주어 대구화상(大矩和尙)에게 보내어 노래 세 수를 짓게 하니 첫째는 현금포곡(玄琴抱曲)이요, 둘째는 대도곡(大道曲)이요, 셋째는 문군곡(問群曲)이었다. 대궐에 들어가 경문대왕께 아뢰니 왕은 기뻐하여 칭찬하고 상을 주었다. 노래는 알 수가 없다.

(출전) 暗有爲君主理邦國之意, 乃作歌三首, 使心弼舍知授針卷, 送大炬和尙處, 令作三歌. 初名玄琴抱曲, 第二大道曲, 第三問群曲, 入奏於王, 王大喜稱賞. 歌未詳(권2 기이2 경문대왕)

심호(沈湖)

국사에 이르기를, 진흥왕 대청 3년(547)에 양(梁) 나라 사신 심호가 사리 약간을 가져오고 선덕왕대 정관 17년(癸卯, 643)에 자장법사가 모셔온 불두골(佛頭骨, 부처의 머리뼈)과 사리 백 알과 부처님께 입혀드린 비단금점 가사 일령(한 벌), 그 사리를 셋으로 나누어 하나는 분황사에, 하나는 태화탑에, 다른 하나는 가사와 함께 통도사 계단에 두었다. 그 나머지는 어디에 두었는지 알 수 없다.

(출전) 國史云, 眞興王大淸三年己巳, 梁使沈湖送舍利若干粒, 善德王代貞觀十七年癸卯, 慈藏法師所將佛頭骨, 佛牙, 佛舍利百粒, 佛所著緋羅金點袈裟一領, 其舍利分爲三, 一分在皇龍寺, 一分在太和塔, 一分幷袈裟在通度寺戒壇, 其餘未詳所在(권3 탑상 전후소장사리)

십육관(十六觀)

부인은 말했다. 남편은 나와 함께 십여 년을 같이 살았지만, 일찍이 하룻밤도 잠자리를 함께 하지 않았거늘, 더구나 어찌 몸을 더럽히겠습니까. 다만 밤마다 단정히 앉아서 한결같은 목소리로 아미타불을 불렀습니다. 또 혹은 십육관을 만들어 미혹을 깨치고 달관하여 밝은 달이 창에 비치면 때때로 그 빛에 올라 가부좌하였습니다.

(출전) 婦曰夫子與我, 同居十餘載未嘗一夕同床而枕, 況觸汚乎. 但每夜端身正坐, 一聲念阿彌陁佛號, 或作十六觀, 觀旣熟(권5 감통 광덕 엄장)

(새김)

십육관(十六觀)이란 마음을 가다듬고 서방정토를 생각하는 16가지의 방법을 이른다. 일상

(日想)과 지상(地想), 수상(水想)과 수상(樹想), 팔공덕수상(八功德水想)과 총관상(總觀想), 화좌상(華座想)과 상상(像想), 변일체색신상(徧一切色身想)과 관관세음보살상(觀觀世音菩薩想), 진실색신상(眞實色身想)과 관대세지색신상(觀大勢至色身想), 보관상(菩觀想)과 잡상관(雜想觀), 상배생상(上輩生想)과 중배생상(中輩生想), 그리고 하배생상(下輩生想)이 있다. **부자(夫子)**는 아내가 남편을 이르는 말이다.

아나사산(阿那斯山)

가자함(可字函)의 관불삼매경(觀佛三昧經) 제7권에 이렇게 말했다. 부처님이 야건가라국 고선산(古仙山) 담복화림 독룡의 옆이요, 청련화천의 북쪽인, 나찰혈 가운데에 있는 아나사산 남쪽에 이르렀다. 이 때 그 구멍에는 나찰 다섯이 있어 이것이 여룡으로 화하여 독룡과 교접하는데, 독룡은 다시 우박을 내리고 나찰은 난폭한 행동을 하니 굶주림과 전염병이 4년 동안이나 계속되었다.

(출전) 可函觀佛三昧經第七卷云佛到耶乾訶羅國古仙山, 薝葍花林毒龍之側, 靑蓮花泉北, 羅刹穴中, 阿那斯山南. 爾時, 彼穴有五羅刹, 化作女龍, 與毒龍通, 龍復降雹, 羅刹亂行, 飢饉疾疫, 已歷四年. 王驚懼, 禱祀神祇, 於事無益(권3 탑상 어산불영)

(새김)

아야사산을 '아얏산'의 소리를 따온 것으로 보고, '낮은 산(低山)'이라 풀이하였다. 얏-얕(열)으로 모음이 교체하면서 이루어진 이형으로 상정할 수 있기는 하다(김사엽, 완역 삼국유사). -나(那)를 -야(耶)의 오기로 본 것이다. 일명 마야사라 했는데 이는 산스크리트어인 마타샤(**मतस**, matsya)에서 비롯한 말이다(강헌규). 우리말에서 맛〔味〕이 고기를 뜻하는 범어와의 관련을 상정할 수 있다. 영어의 미트(meat)도 범어인 마타-에서 갈라져 나아간 말로 보인다.

아누보리(阿耨菩提)

이 때 용왕(龍王)과 나찰녀(羅刹女)는 온 몸뚱이를 땅에 던져 부처에게 계(戒)를 받기를 청했다. 이에 부처는 곧 그들을 위하여 삼귀(三歸) 오계(五戒)를 설법하니 용왕은 이 설법을 다 듣고 나자 꿇어앉아 합장하고 세존이 항상 여기에 머물러 있기를 청하여 부처님께서 만일 이곳에 계시지 않으면 저에게 악한 마음이 생겨서 아누보리가 될 수 없습니다. 이 때 범천왕(梵天王)이 다시 와서 부처에게 예를 올렸다.

(출전) 爾時, 龍王及羅刹女, 五體投地, 求佛受戒. 佛卽爲說三歸五戒, 龍王聞已, 長跪合掌勸請世尊常住此間, 佛若不在, 我有惡心, 無由得成阿耨菩提. 時, 梵天王復來禮佛(권3 탑상 어산불영)

(새김)

아누보리는 아누다라삼먁삼보리((**阿耨菩提**, **अनउतर**, anuttara)의 한자 음역이며 줄임말이다. 무상정등각(無上正等覺)으로서 최상의 깨달음을 말한다.

아니부인(阿尼夫人)

이 때 남해왕(南解王)은 그 어린이, 탈해(脫解)가 지혜가 있는 사람임을 알고 맏 공주로 그의 아내를 삼게 하니 이가 아니부인이다. 하루는 토해(吐解)가 동악(東岳)에 올라갔다가 내려오는 길에 백의(白衣, 수행원)를 시켜 물을 떠 오게 했다. 백의는 물을 떠 가지고 오다가 길에서 먼저 마시고는 탈해에게 주려고 했다. 그러나 물그릇 한 쪽이 입에 붙어서 떨어지지 않았다. 탈해가 꾸짖자 백의는 다짐하였다. 이 뒤로는 가까운 곳이거나 먼 곳이거나 감히 먼저 마시지 않겠습니다. 그제야 물그릇이 입에서 떨어졌다. 이로부터 백의는 두려워하고 복종하여 감히 속이지 못했다. 지금 동악 속에 우물 하나가 있는데 세상에서 요내정(遙乃井)이라고 부르는 우물이 바로 이것이다.

(출전) 時, 南解王知脫解是智人, 以長公主妻之. 是爲阿尼夫人. 一日, 吐解登東岳, 程廻次, 令白衣索水飮之. 白衣汲水, 中路先嘗而進, 其角盃貼於口不解. 因而嘖之. 白衣誓曰爾後若近遙, 不敢先嘗 然後乃解. 自此白衣讋服, 不敢欺罔. 今東岳中有一井, 俗云遙乃井是也(권1 기이1 탈해왕)

(새김)

아니부인(阿尼夫人) : 아니부인은 남해왕의 딸로서 아노 혹은 아효 부인 등으로 적혀 있다. 아노는 알, 아리, 아루와 같은 말인데 새알 혹은 낟알과 같은 뜻을 지니고 있다(미시나, 삼국유사고증).

아니점(阿尼岾)

천복 8년(癸酉, 946, 태조 즉위 26년) 정월 어느 날에 청도군 계리(界里)의 심사 순영(順英) 대내말 수문(水文) 등의 주첩공문(柱貼公文, 이정표)을 보면, 운문산 선원 장생(長生, 이정표)의 남쪽은 아니점이요, 동쪽은 가서현이라고 했다.

(출전) 載天福八年癸酉(太祖卽位第二十六年也)正月日, 淸道郡界里審使順英 · 大乃末水文等柱貼公文雲門山禪院長生, 南阿尼岾, 東嘉西峴(云云)(권4 의해 보양이목)

(새김)

장생(長生, 長性)이라 함은 이정표 곧 장승을 말한다. 흔히 살피재라 하여 지역과 지역의 경계가 되는 어름에 장승을 세운다. 한자로는 성현(省峴)이라 하여 한자의 뜻을 중심으로 읽는 이두식 훈독이라 할 수 있다. 그러니까 운문산 선원이 있는 곳에 대한 이정표 곧 장승을 이르는 것으로 보인다(南省峴, 三省峴 등).

아달라니질금(阿達羅尼叱今)

신라 제8대 아달라니질금 또 흥왜국상□□□□령에 고개를 만들었으니 오늘날 미륵대원 동령이 바로 그것이다.

(출전) 第八代阿達羅尼叱今又興倭國相□□□□嶺立峴今彌勒大院東嶺是也(권1 왕력 아달라

니질금)

(새김)

아달라왕의 아버지는 일성왕(逸聖王)이고 어머니는 지소례왕의 딸 박씨다. 왕비는 내례부인으로 지마왕(祗摩王)의 딸이다. 계립령과 죽령의 길을 열고 일본과 교류하였다.

아도(阿道)

신라본기(新羅本紀) 제4권에 이렇게 말했다. 제19대 눌지왕 때 스님 묵호자(墨胡子)가 고구려에서 일선군(一善郡)에 오자 그 고을 사람 모례(毛禮, 혹은 毛祿)가 집 안에 굴을 파서 방을 만들어 편안히 있게 했다. 이 때 양(梁) 나라에서 사신을 통해 의복과 향(香, 고득상의 영사시에는, 양 나라에서 사자인 스님 원표 편에 명단과 불상을 보내 왔다고 했다)을 보내 왔는데 군신들은 그 향의 이름과 쓰는 방법을 알지 못했다. 이에 사람을 시켜 향을 가지고 두루 나라 안을 돌아다니면서 묻게 했다. 묵호자가 이를 보고 말했다. 이는 향을 태우면 향기가 몹시 풍기는데, 이는 정성이 신성한 곳에까지 이르기 때문입니다. 신성이란 삼보(三寶)보다 더한 것이 없으니, 만일 이것을 태우고 축원하면 반드시 영험이 있을 것입니다. (중략) 일연은 이를 기려서 말한다. 금교(金橋, 서천교)에 눈이 쌓여 얼고 풀리지 않으니, 계림의 봄빛 아직도 온전히 돌아오지 않았네, 예쁘다. 봄의 신은 재주도 많아서, 먼저 모랑의 집 매화나무에 꽃이 피게 했네.

(출전) 新羅本記第四云第十九訥祇王時, 沙門墨胡子, 自高麗至一善郡, 郡人毛禮(或作毛祿)於家中作堀室安置. 時梁遣使賜衣著香物(高得相詠史詩云梁遣使僧曰元表, 宣送溟檀及經像), 君臣不知其香名與其所用, 遣人齎香遍問國中. 墨胡子見之曰此之謂香也. 焚之則香氣芬馥, 所以達誠於神聖. 神聖未有過於三寶, 若燒此發願, 則必靈應, (중략) 讚曰, 雪擁金橋凍不開, 雞林春色未全廻. 可怜青帝多才思, 先着毛郎宅裏梅(권3 흥법 아도기라)

(새김)

그림 48 선산현

아도(阿道)는 일명 아두(阿頭)라고도 말한다. 그는 고구려 사람으로 어머니인 고도녕(高道寧)과 정시 연간(正始年間, 240-248)에 고구려에 사신으로 왔던 아버지 조위인(曺魏人) 아굴마(我堀摩)와의 사이에서 태어났다. 어머니의 권유로 16살에 위나라로 가서 아버지 아굴마를 만나보고, 현창화상(玄彰和尙)의 문하생이 되어 정진하다가 19살에 돌아왔다. 불교를 전도하기 위하여 아도는 미추왕 2년(263) 신라로 가서 서라벌의 서리(西里)에 머물렀다. 마침내 아도가 궁으로 들어가 불교를 전하려 하였으나 그를 해치려는 사람이 있었다. 그는 드디어 일선현(一善縣, 현 선산)의 부자인 모례(毛禮)의 집으로 가서 사정을 말하고 거기서 숨어 살았다. 미추왕 3년(264) 성국공주(成國公主)의 병을 고쳐주니 임금이 매우 기뻐하며 그의 소원을 물었다. 이로 하여 천경림에 절을 세워 불교를 크게 일으켜 나라의 번영을 빌었다. 다시 띠로 지붕을 덮고 흥륜사(興輪寺)를 세운 뒤 그곳에서 불법을 강론하였다. 그 뒤 미추왕이 돌아가자 사람들이 다시 그를 해하려 하였다. 다시 일선현 모례의 집으로 돌아와 스스로 토굴을 만들고 다시 나타나지 않았다고 한다(한국민족문화대백과사전 참조). 아도로 인한 지명이 전설로 남아 전한다. 아도가 숨어살던 곳이 태조산을 일명 냉산(冷山)이라 하였고 그가 주도하여 세운 절이 바로 도리사(桃李寺)이다. 절을 지을 때가 늦가을인데 복숭아와 오얏꽃이 피었다고 하여 도리사라 하였다는 전설이 전해 온다. 모례장자샘(혹은 모례가정(毛禮家井))이나 도개면(桃開面)과 도개리(道開里), 모례가 양 천 마리와 소 천 마리를 길렀다 하여 양천골, 소천골이라는 지명도 생겼다고 전한다. 모례(毛禮)란 한자도 이두로 읽으면 뎔-뎔-절이고 이는 도리와 같은 맥락으로 읽을 수 있다. 일본에서는 지금도 절을 데라(寺, てら)라고 한다. 모례의 모(毛)-를 한자의 뜻으로 읽으라는 석독구결이고 -례(禮)는 앞의 말을 ㄹ을로 끝나는 말로 읽으라는 말음 첨기의 표기로 볼 수 있다. 금오산(金烏山)을 와불산(臥佛山)이라 함도 아도의 불교 전파와 깊은 관련이 있을 것으로 본다. 신라에 불교를 전파한 아도는 별칭으로 묵호자라 함을 보면 인도나 서역 계통의 승려일 가능성이 있다(이병도, 1976). 신라인들은 아두삼마, 아도라는 막연한 전법승(傳法僧)의 전설을 신라 불교의 첫 전도자로 재구성함으로써 아도라는 하나의 접법 성자를 옹립한 것으로 보인다(김영태, 1978).

아도간(阿刀干) ☞ 오도간

아라가야(阿羅伽耶)

가락국기(駕洛國記)의 찬(贊)을 살펴보면, 자줏빛 끈 하나가 내려와 둥근 알 여섯 개를 내려 주었다. 이 중 다섯 개 알은 각 읍으로 돌아가고 한 개는 이 성에 있어서 수로왕이 되었고, 각 읍으로 돌아간 다섯 개는 각각 다섯 가야의 주인이 되었다 한다. 그러므로 금관국이 이 다섯 개의 수에 들지 않음은 마땅하다. 그런데 본조사략(本朝史略)에는 금관까지 그 수에 넣고 창녕까지 더 기록했으니 잘못이다. 아라가야((阿羅伽耶, 현 함안), 고령가야(古寧伽耶, 현 함녕), 대가야(大伽耶, 현 고령), 성산가야(星山伽耶, 현 경산(京山, 성주) 혹은 벽진(碧珍)), 소가야(小伽耶, 현 고성)이다. 또 본조사략에는, 태조 천복 5년(庚子)에 오가야의 이름을 고쳤다. 즉 첫째는 금관(金官, 김해부로 됨), 2는 고령(古寧, 현 가리현), 3은 비화(非火, 현 창녕)이니, 고령의 잘못인 듯)요, 나머지 둘은 아라와 성산이라고 했다(위주와 같다. 성산은 혹 벽진가야라고도 한다).

(출전) (按駕洛記贊云, 垂一紫纓, 下六圓卵, 五歸各邑, 一在茲城. 則一爲首露王, 餘五各爲五伽耶之主, 金官不入五數當矣. 而本朝史略, 並數金官而濫記昌寧, 誤), 阿羅(一作耶)伽耶(今咸安), 古寧伽耶(今咸寧), 大伽耶(今高靈), 星山伽耶(今京山, 一云碧珍), 小伽耶(今固城), 又本朝史略云太祖天福五年庚子, 改五伽耶名, 一金官(爲金海府), 二古寧(爲加利縣), 三非火(今昌寧, 恐高靈之訛), 餘二阿羅 · 星山(同前, 星山或作碧珍伽耶)(권1 기이1 오가야)

(새김)

삼국사기(三國史記) 잡지 지리1 강주 함안군조에, 함안군은 법흥왕이 많은 군사로 하여금 아시량국(阿尸良國 또는 阿那加耶)을 멸망시키고 그 땅을 군으로 삼았다(咸安郡法興王以大兵滅阿尸良國一云阿那加耶 以其地爲郡)고 기록하고 있다. 이로 보면 아라가야는 법흥왕 시기에 멸망하였음을 알 수가 있다.

아란불(阿蘭弗)

북부여(北扶餘)의 왕인 해부루의 재상 아란불의 꿈에, 천제가 내려와서 말했다. 장차 내 자손을 시켜서 이곳에 나라를 세울 터이니 너는 다른 곳으로 피해 가도록 하라(이것은 동명왕이 장차 일어날 조짐을 말함이다). 동해 가에 가섭원(迦葉原)이라는 곳이 있는데 땅이 기름지니 왕도를 세울 만할 것이다.

(출전) 北扶餘王解夫婁之相, 阿蘭弗夢天帝降而謂曰將使吾子孫立國於此 汝其避之(謂東明將興之兆也), 東海之濱, 有地名迦葉原, 土壤膏腴, 宜立王都, 阿蘭弗勸王移都於彼, 國號東扶餘(권1 기이1 북부여)

아란야법(阿蘭若法)

지론(智論) 제4에 이렇게 말했다. 옛날에 계빈국(罽賓國)에서 삼장법사(三藏法師)가 아란야법을 행하여 일왕사(一王寺)에 이르니 절에서는 큰 모임이 열리고 있었다. 문지기는 그의 옷이 허름한 것을 보고 문을 막고 들어오지 못하게 했다. 이렇게 여러 번 들어가려 했건만 옷이 추하다 해서 번번이 들어가지 못했다. 그는 문득 방편을 손을 써서 좋은 옷을 빌려 입고 가니 문지기가 보고 들어가게 하고 막지 않았다. 이렇게 하여 그 자리에 나아가, 여러 가지 좋은 음식을 얻어 옷에게 먼저 주니 여러 사람들이 물었다. 어찌해서 그렇게 하는가.

(출전) 二寺至今存, 錫鉢亡矣. 智論第四云昔有罽賓三藏, 行阿蘭若法, 至一王寺, 寺設大會, 守門人見其衣服麤弊, 遮門不前. 如是數數, 以衣弊故, 每不得前, 便作方便, 假借好衣而來, 門人見之. 聽前不禁. 旣獲詣坐, 得種種好食, 先以與衣, 衆人問言何以爾乎(권5 감통 진신수공)

(새김)

아란야법(阿蘭若法)에서 아란야(阿蘭若)의 아란(阿蘭)은 난야(蘭若)라고도 한다. 난야는 절이니 결국 절간에서 행하는 의식이나 법도를 이른다. **계빈국**은 오늘날 아프간의 카불 일원을 이른다(왕오천축구전 참조).

아리나발마(阿離那跋摩) ☞ 귀축제사

아리영정(娥利英井)

이에 당시 사람들은 다투어 축하하였다. 이제 천자가 이미 내려왔으니 마땅히 덕 있는 왕후를 찾아 배필을 삼아야 한다고 했다. 이 날 사량리(沙梁里)에 있는 알영정(閼英井, 달리 아리영정) 가에 계룡이 나타나서 왼쪽 갈비에서 어린 계집애를 낳았다(혹은 용이 나타났다가 죽었는데 그 배를 가르고 계집애를 얻었다고 했다). 얼굴과 모습이 매우 고왔으나 입술이 마치 닭의 입부리와 같았다. 이에 월성 북쪽에 있는 냇물에 목욕을 시켰더니 그 부리가 떨어졌다. 이 일로 그 내를 발천(撥川)이라고 한다. 남산 서쪽 기슭(현 창림사)에 궁실을 세우고 이들 두 성스러운 어린이를 모셔다가 길렀다. 남자아이는 알에서 나왔고, 그 알의 모양이 박[瓠]과 같았는데, 사람들은 박을 박(朴)이라고도 하기 때문에 성을 삼았다. 또 여자아이는 그가 나온 우물 이름으로 이름을 삼았다.

(출전) 時, 人爭賀曰今天子已降, 宜覓有德女君配之, 是日, 沙梁里閼英井(一作娥利英井)邊, 有雞龍現而左脇誕生童女(一云龍現死, 而剖其腹得之), 姿容殊麗, 然而唇似雞觜, 將浴於月城北川, 其觜撥落, 因名其川曰撥川. 營宮室於南山西麓(今昌林寺), 奉養二聖兒. 男以卵生, 卵如瓠, 鄕人以瓠爲朴, 故因姓朴 女以所出井名名之(권1 기이1 신라시조 혁거세왕)

아비지(阿非知)

선덕왕이 여러 신하들에게 이 일을 의논하니 신하들은 말하기를, 백제에서 장인을 청해 데려와야 되겠습니다. 이에 보물과 비단을 가지고 백제에 가서 청해 오게 했다. 이리하여 아비지라고 하는 장인이 명을 받고 와서 나무와 돌을 재고, 이간 용춘(龍春, 일명 龍樹)이 황룡사구층탑의 역사를 주관하는데 거느리고 일한 장인들은 2백 명이나 되었다. 처음에 절의 기둥을 세우던 날에 장인은 꿈에 본국인 백제가 멸망하는 모양을 보았다. 장인은 마음속에 의심이 나서 일을 멈추었더니, 문득 천지가 진동하며 어두워지는 가운데 노승 한 사람과 장사 한 사람이 금전문에서 나와 그 기둥을 세우고는 중과 장사는 모두 없어지고 보이지 않았다. 장인은 일을 멈춘 것을 후회하고 그 탑을 완성시켰다.

(출전) 群臣曰, 請工匠於百濟, 然後方可 乃以寶帛請於百濟. 匠名阿非知, 受命而來, 經營木石, 伊干龍春(一作龍樹)幹蠱, 率小匠二百人. 初立刹柱之日, 匠夢本國百濟滅亡之狀, 匠乃心疑停手, 忽大地震動, 晦冥之中, 有一老僧, 一壯士, 自金殿門出, 乃立其柱, 僧與壯士皆隱不現. 匠於是改悔, 畢成其塔(권3 탑상 황룡사구층탑)

아사달(阿斯達)

단군왕검은 당고(唐高, 堯)가 즉위한 지 50년인 경인년(庚寅年), 요(堯)가 즉위한 원년은 무진년(戊辰)이다. 그러니 50년은 정사(丁巳)요, 경인(庚寅)은 아니다. 이것이 사실이 아닌지 의심스럽다. 평양성(현 서경)에 도읍하여 비로소 조선이라고 불렀다. 또 도읍을 백악산 아사달로 옮기더니 궁홀산(弓忽山, 일명 方忽山)이라고도 하고 금미달이라고도 한다. 그는 1,500년 동안 여기에서 나라를 다스렸다. 주 나라 호왕(虎王, 일명 武王)이 즉위한 기묘년(己卯年)에 기자를 조선에 봉했다. 이에 단군은 장당경으로 옮겼다가 뒤에 돌아와서 아사달에 숨어서 산신이 되니, 나이는 1,908세였다.

(출전) 熊女者無與爲婚, 故每於壇樹下, 呪願有孕, 雄乃假化而婚之. 孕生子, 號曰壇君王儉. 以唐高卽位五十年庚寅(唐高卽位元年戊辰, 則五十年丁巳, 非庚寅也. 疑其未實) 都平壤城(今西京), 始稱朝鮮. 又移都於白岳山阿斯達, 又名弓(一作方)忽山, 又今彌達, 御國一千五百年. 周虎王卽位己卯, 封箕子於朝鮮, 壇君乃移於藏唐京, 後還隱於阿斯達爲山神, 壽一千九百八歲(권1 기이1 고조선)

(새김)

아사달(阿斯達) : 산스크리트어로 아사다르(अशधर, asaddhar, invincible)란 정복할 수 없는 그런 곳(達)이란 뜻이다. 산스크리트어에서 아(a)는 부정의 뜻을 드러낸다(강상원). 아사달은 아침을 뜻한다. 뿐만 아니라 동경, 서라벌, 소부리도 모두가 시옷과 비읍이 들어가 새롭고 밝음이라는 의미를 드러내고 있다(이어령). 일설에는 백악산을 녹산(鹿山)이라고 한다. 녹산의 녹(鹿)은 사슴인데 만주말로 사슴을 푸후(puhu)라고 한다. 부여를 중국어로 푸위(puü)라고 하니 소리가 거의 같을뿐더러 이를 뒷받침할 유적들이 나온다는 것이다. 녹산은 오늘날 중국 길림시의 용담산(龍潭山)을 말한다(李健才(1986) 東北史地考略 참조). 지금도 그곳에 가면 고구려의 옛 성터가 있다.

아슬라주(阿瑟羅州)

거득공(車得公)은 가사를 입고 비파를 들어 마치 거사의 모습을 하고 서울을 떠났다. 아슬라주(阿瑟羅州, 현 명주), 우수주(牛首州, 현 춘주), 북원경(北原京, 현 충주)을 거쳐 무진주(武珍州, 현 해양)에 이르러 두루 촌락을 돌아다니노라니 무진주의 관리 안길(安吉)이 그를 남다른 사람인 줄 알고 자기 집으로 청하여 정성을 다해서 대접했다. 밤이 되자 안길은 처첩 세 사람을 불러 말했다. 오늘밤에 거사 손님을 모시고 자는 사람은 내가 몸을 마치도록 함께 살 것이오. 두 아내는, 차라리 함께 살지 못할지언정 어떻게 남과 함께 자겠느냐는 말로 거절했다. 그 중에 아내 한 사람이 말한다. 그대가 평생토록 함께 살겠다면 명령을 받들겠습니다.

(출전) 公著緇衣, 把琵琶爲居士形, 出京師, 經由阿瑟羅州(今溟州)牛首州(今春州)北原京(今忠州), 至於武珍州(今海陽), 巡行里閈, 州吏安吉見是異人, 邀致其家, 盡情供億. 至夜安吉喚妻妾三人曰今玆侍宿客居士者, 終身偕老, 二妻曰寧不並居, 何以於人同宿, 其一妻曰公若許終身並居, 則承命矣, 從之(권2 기이2 문호왕 법민)

(새김)

아슬라주는 오늘날의 강릉을 말한다. 삼국사기 관련 이사부의 부분에 아슬라가 나타난다. 이사부는 일명 태종(苔宗)이라 한다. 우리말로 잇ᄆᆞᄅᆞ라고 읽을 가능성이 있다. 성은 김씨로서 내물왕의 4대 후손이다. 지증왕 6년(505) 국경 지역인 실직주(悉直州, 현 삼척)의 군주(軍主)로 임명되었다. 신라에서는 처음으로 군현제(郡縣制)가 실시된 경우다. 지증왕 13년(512) 아슬라주의 군주로 일하면서 오늘날의 울릉도인 우산국(于山國)을 신라에 통합시켰다. 이사부는 전략의 하나로 나무 사자를 배에 싣고 가서 울릉도 사람들에게 항복하지 않으면 사자를 풀어 모두 죽이겠다고 협박을 함으로써 마침내 울릉도 사람들이 손을 들고 말았다. 해서 울릉도의 도백이 된다. 그는 뒤에 상대등이 되어 실권을 장악하였고 진흥왕 6년(545) 신라의 국사 편찬을 하자고 하여 거칠부(居柒夫)로 하여금 국사(國史)를 엮는 전기를 마련하였다.

아신왕(阿莘王)

백제 제17대 임금. 또 아신왕이 즉위한 대원 17년(392) 2월에 영을 내려 불법을 숭상하고 믿어서 복(福)을 구하라고 했다. 마라난타(摩羅難陀)는 번역해서 동학(童學, 불교학, 그의 이적은 해동고승전에 자세히 나타나 있다)이라고 한다.

(출전) 又阿莘王卽位大元十七年二月, 下敎崇信佛法求福, 摩羅難陁譯云童學(其異跡詳見僧傳)(권3 흥법 난타벽제)

아유타국(阿踰陁國)

이에 왕이 왕후와 함께 잠자리에 드니 왕후가 조용히 왕에게 말한다. 저는 아유타국의 공주인데, 성은 허(許)이고 이름은 황옥(黃玉)이며 나이는 16살입니다. 본국에 있을 때 금년 5월에 부왕과 모후께서 저에게 말씀하시기를, 우리가 어젯밤 꿈에 함께 하늘의 상제를 뵈었는데, 상제께서는, 가락국의 왕 수로(首露)를 하늘이 내려 보내서 왕위에 오르게 하였으니 신령스럽고 성스러운 사람이다.

(출전) 於是王與后共在御國寢, 從容語王曰妾是阿踰陁國公主也. 姓許名黃玉, 年二八矣. 在本國時, 今年五月中, 父王與皇后顧妾而語曰, 爺孃一昨夢中, 同見皇天上帝, 謂曰駕洛國元君首露者, 天所降而俾御大寶, 乃神乃聖, 惟其人乎(권2 기이2 가락국기)

(새김)

아유타국(**阿踰陁國**, **अयोध्या**, ayodhya) : 중인도(中印度)에 자리한 고대 왕국을 말한다. 아유타국은 둘레가 5천여 리이며 도읍의 성은 주위가 2십리나 된다. 먹을거리가 넉넉하며 기후풍토가 적당하다. 이곳은 아육왕이 다스리던 곳이다. 허황후가 바다를 건너 김해로 들어온 줄거리만 있다가 왕후사 창건의 연기담이나 다른 이야기들이 덧붙은 것으로 보인다. 이를 설화의 적층현상(積層現象)이라 부르기로 한다. 이 과정에서 불교적으로 이야기가 윤색되었을 것으로 상정한다. 왕후가 157세까지 살았다 함은, 왕후의 장수가 도교적인 장생술(長生術)과 관련이 있음을 보여준다. 탈해왕의 경우와 마찬가지로 허황후가 배를 타고 바다로 들어 온 것은 새로운 세상을 갈구하는 젊은이들의 호기심에서 나온 것으로 보인다.

아육왕(阿育王)

별본(別本)에는 이렇게 말했다. 아육왕은 서축(西竺, 서인도) 대향화국(大香華國)에서 부처님이 세상을 떠난 후 100년 만에 태어났다. 그는 부처님께 공양하지 못한 것을 한스럽게 여겨 금과 쇠 몇 근씩을 모아서 세 번이나 불상을 부어 만들었지만 성공하지 못했다. 이 때 왕의 태자가 아뢰기를, 그 일은 혼자의 힘으로 성공하지 못할 것을 저는 벌써부터 알고 있었습니다. 왕은 그 말을 옳게 여겨 그것을 배에 실어 바다에 띄웠더니, 그 배는 남염부제(南閻浮提)의 16개 큰 나라와 5백의 중국 10천의 소국 8만의 마을을 두루 돌아다니지 않은 곳이 없었으나 모두 불상을 부어 만드는 일에 성공하지 못했다. 최후로 신라국에 이르러 진흥왕이 문잉림(文仍林)에서 이것을 부어 만들어 불상을 이루니 좋은 모양이 다 이루어졌다. 아육왕은 그제서 근심이 없게 되었다.

(출전) 別本云阿育王在西竺大香華國, 生佛後一百年間, 恨不得供養眞身, 斂化金鐵若干斤, 三度鑄成無功. 時王之太子獨不預斯事, 王使詰之. 太子奏云, 獨力非功, 曾知不就. 王然之. 乃載舡泛海, 南閻浮提十六大國, 五百中國, 十千小國, 八萬聚落, 靡不周旋, 皆鑄不成, 最後到新羅國, 眞興王鑄之於文仍林, 像成. 相好畢備, 阿育此翻無憂(권3 탑상 황룡사 장륙)

(새김)

아육왕은 기원전 3세기 초엽의 인도 마가다국 마우리 왕조의 제3대 임금이다. 인도 역사상 최초의 통일국가를 이룬 임금으로 재위는 기원전 265-238 경 27년 동안 나라를 다스렸다. 흔히 아소카(अशोकमउरय, Ashokamaurya)로 불린다. 중국에서는 아육왕(阿育王)으로 통한다. 아육왕은 불교를 강력하게 장려함으로써 인도 전역에 불교가 퍼지도록 했다. 동부 해안에 자리한 칼링가국과의 피비린내 나는 싸움에서 승리한 뒤 비폭력과 인도적인 윤리에 바탕한 다르마(धरर्म, dharma) 곧 진리의 정복이란 정책을 추구했다. 아소카는 자신의 가르침과 사업을 널리 알리기 위해 포고문도 펴고 돌기둥에 새겨 널리 알도록 했다. 서축 아육왕 장주조 석가 삼존상(西竺阿育王將鑄造釋迦三尊像)이 나오는데 기원전 3세기 무렵에는 불상이 없었다. 경배의 대상은 사리를 모신 탑(stupa)이었다. 불상은 1세기 이후 알렉산더 대왕의 동정(東征)으로 하여 그리스에서 발달한 인체 조각의 헬레니즘 예술의 영향을 받아 간다라 지방에서 불상이 나타나기 시작하였다. 이러한 연기설화는 뒤에 만들어진 허구일 가능성이 높다(문경현 참조).

아자개(阿慈介)

삼국사(三國史) 본전에 보면 이러하다. 견훤(甄萱)은 상주 가은현 사람으로, 함통 8년(丁亥, 867)에 태어났다. 본디 성은 이(李)였는데 뒤에 견(甄)으로 성씨를 고쳤다. 아버지 아자개는 농사를 지었는데, 광계 연간에 사불성(沙弗城, 현 상주)에 웅거하여 스스로 장군이라 했다. 아들이 넷이 있어 모두 세상에 이름이 알려졌는데 그 중에 견훤은 남보다 뛰어나고 슬기로웠다.

(출전) 三國史本傳云甄萱尙州加恩縣人也. 咸通八年丁亥生, 本性李, 後以甄爲氏. 父阿慈个, 以農自活, 光啓中據沙弗城(今尙州), 自稱將軍. 有四子, 皆知名於世, 萱號傑出(권2 기이2 후백제 견훤)

(새김)

아자개(阿慈介)는 일명 아자개(阿慈个), 아자개(阿字蓋) 또는 원선(元善)이라 한다. 이제가

기(李磾家記)에 따르면, 아자개는 신라 진흥왕과 사도부인(思刀夫人) 사이에서 태어난 구륜공(仇輪公)의 자손으로 알려져 온다. 그는 처음 농사를 지었지만, 혼란한 정국을 틈타서 헌강왕 11년(885)에 사불성(沙弗城, 현 상주)을 본영으로 하여 군대를 일으켰다. 그 뒤 그의 아들인 견훤이 892년 무진주(武珍州, 현 광주)를 손에 넣고, 효공왕 4년(904)) 완산주(完山州, 현 전주)를 근거로 후백제를 세운 이후에도, 아자개는 계속해서 상주지방에 자리 잡고 있었다. 후백제는 신검을 중심으로 한 아들들의 자중지란으로 신음하다가 태조 1년(918) 7월에 고려 태조 왕건에게 투항하였다.

아지(阿之) ☞ 아해

아진의선(阿珍義先)

이 때 마침 포구에 한 늙은 할멈이 있어 이름을 아진의선이라고 하였는데 이가 바로 혁거세의 고기잡이 할멈이었다. 그는 이 배를 바라보고 말했다. 이 바다 가운데에는 본래 바위가 없는데 무슨 까닭으로 까치들이 모여들어서 우는가. 배를 끌어당겨 찾아보니 까치들이 배 위에 모여들었다. 그 배 안에는 궤 하나가 있었다. 길이는 20척이오. 너비는 13척이나 된다. 그 배를 끌어다가 나무 숲 밑에 매어 두었다. 그러나 이것이 흉한 것인지 길한 것인지 몰라서 하늘을 향해 고했다.

(출전) 時, 浦邊有一嫗, 名阿珍義先, 乃赫居王之海尺之母. 望之謂曰此海中元無石嵓, 何因鵲集而鳴 拏舡尋之. 鵲集一舡上, 舡中有一櫃子, 長二十尺, 廣十三尺. 曳其船, 置於一樹林下, 而未知凶乎吉乎, 向天而誓爾(권1 기이1 탈해왕)

(새김)

탈해왕이 알에서 나왔다는 것은 난생설화의 좋은 보기다. 다음으로 탈해가 탄 배를 끌어다가 그 길흉을 하늘에 물어 점을 쳤다 함은 무교(巫敎)의 행태라고 보인다. 탈해의 아버지가 용성국 28왕 중에 함달파(含達婆)였다. 이는 당시에도 해상을 통한 해상 교통이 있었음을 드러내는 가능성을 보여주었다고 할 것이다(지준모 참조). 함달파는 고대 인도의 음악 신이었던 간다르바(乾達婆, गन्धर्व, gandarba)로 추정된다. 직접 음식을 먹지 않고 향기로만 배를 불린다는 악신(樂神)이다. 뒤로 오면서 임금의 이름으로 쓰인 것이다. 우리말에서는 일도 않고 빈둥거리며 노는 사람을 이른다.

아진포(阿珍浦)

그러나 그 배는 나는 듯이 계림 동쪽 하서지촌(下西知村)의 아진포로 달아났다(지금도 상서지촌. 하서지촌의 이름이 있다).

(출전) 駕洛國海中有船來泊, 其國首露王, 與臣民鼓譟而迎, 將欲留之. 而舡乃飛走. 至於雞林東下西知村阿珍浦(今有上西知, 下西知村名)(권2 기이2 가락국기)

(새김)

아진포는 토함산을 넘어서면 대왕암이 보인다. 여기서 남쪽으로 3km 어름에 석탈해 유허비각이 있는 지점이라고 본다(고운기, 2002).

아함경(阿含經)

아함경을 떠올려 보면 이러하다. 가섭불(迦葉佛)은 바로 몇 겁에 나타나는 세 번째 부처다. 그는 사람의 나이로 쳐서 2만 세 때에 세상에 태어났다고 한다. 여기에 따라서 증감법으로 계산한다면 언제나 윤회하는 성겁의 시초에는 모두 무량세를 누렸다.

(출전) 按阿含經, 迦葉佛是賢刧第三尊也. 人壽二萬歲時, 出現於世. 據此以增減法計之. 每成刧初, 皆壽無量歲(권3 탑상 가섭불연좌석)

(새김)

아함경(阿含經) : 이는 산스크리트어로 아가마(**आगम**, āgama)의 한자 음역이다. 그 말은 스승에서 제자로 이어짐을 뜻한다. 여기 경이라 함은 불타가 말한 설법을 정리하여 모은 글모음인데 추기에는 4아함 5부로 되어 있었다. 산스크리트어로는 아가마보다 모음을 뜻하는 니카야(nikāya)를 널리 썼다. 그 갈래로는 장아함경(장편)과 중아함경(중편), 그리고 증일아함경(법문을 순서대로 편집)과 잡아함경(다른 경에 없는 것의 모음)이 있었다.

아해(阿海)

호력 이간의 아들 서현 각간 김씨의 맏아들은 김유신이었다. 그의 아우는 흠순이고 맏누이는 보희로서 아명은 아해(阿海)이며, 누이동생은 문희로서 아명이 아지(阿之)였다. 유신공은 진평왕 17년(乙卯, 595)에 났는데, 칠요(七曜, 북두칠성)의 정기를 타고났기 때문에 등에 일곱별의 무늬가 있었다. 그에게는 신기하고 이상한 일이 많았다.

(출전) 虎力伊干之子舒玄角干金氏之長子曰庾信, 弟曰欽純, 姊妹曰寶姬, 小名阿海, 妹曰文姬小名阿之. 庾信公以眞平王十七年乙卯生, 稟精七曜, 故背有七星文, 又多神異. 年至十八壬申, 修劍得術爲國仙(권1 기이1 태종춘추공)

아행(阿行)

몽고 군사가 몹시 급하게 공격하여 성이 장차 함락되려 하므로 주지인 아행(阿行, 옛 이름은 希玄) 선사가 은으로 만든 상자에 두 구슬을 넣어 가지고 도망하려 하자 이것을 절에 있는 종 걸승(乞升)이 빼앗아 땅속에 깊이 묻고 다짐했다.

(출전) 大兵來攻甚急, 城將陷時, 住持禪師阿行(古名希玄)以銀合盛二珠, 佩持將逃逸, 寺奴名乞升奪取, 深埋於地, 誓(권3 탑상 낙산이대성 관음 정취 조신)

안국병법(安國兵法)

또 이 해에 금포현(今浦縣)의 오 경 가량의 논 속에서 쌀이 모두 이삭으로 매달렸다. 7월에는 북궁 뜰 안에 두 별이 떨어지고 또 한 별이 떨어지니 세 별이 모두 땅 속으로 들어갔다. 이보다 먼저 대궐 북쪽 뒷간 속에서 두 줄기 연이 나고 또 봉성사 밭 속에서

도 연이 생겨났으며 범이 궁성 안으로 들어온 것을 쫓아가 잡으려다가 놓쳤으며, 각간 대공(大恭)의 집 배나무 위에 참새가 무수히 모여들었다. 안국병법 하권에 따르면, 이런 일이 있으면 천하가 크게 어지러워진다는 것이다. 이에 왕은 대사령을 내리고 몸을 닦고 반성했다.

(출전) 又是年, 今浦縣稻田五頃中, 皆米顆成穗. 是年七月, 北宮庭中, 有二星墜地, 又一星墜, 三星皆沒入地. 先時, 宮北厠圊中, 二莖蓮生, 又奉聖寺田中生蓮. 虎入禁城中, 追覓失之. 角干大恭家梨木上雀集無數, 據安國兵法下卷云, 天下兵大亂, 於是大赦修省(권2 기이 2 혜공왕)

안길(安吉)

밤이 되자 안길은 처첩 세 사람을 불러 말했다. 오늘밤에 거사 손님을 모시는 사람은, 내가 평생 함께 살 것이오. 두 아내는, 차라리 함께 살지 못할지언정 어떻게 다른 사람과 함께 잠을 잔단 말이오. 그 중에 아내 한 사람이 말한다. 그대가 평생 나와 함께 살겠다면 명령을 받들겠습니다. 이튿날 일찍 떠나면서 거사는 말했다. 나는 서울 사람이오. 내 집은 황룡사와 황성사 두 절 사이에 있고, 내 이름은 단오(端午, 속언에 단오를 수리(車衣)라고 한다)요. 주인이 만일 서울에 오거든 내 집을 찾아 주면 고맙겠소. 그 뒤에 거득공(車得公, 수리)은 서울로 돌아와서 재상이 되었다. 나라 법에 해마다 각 고을의 관원 한 사람을 서울에 있는 여러 관청에 올려 보내서 머물게 했으니 이것이 곧 지금의 그 사람이다.

(출전) 至夜安吉喚妻妾三人曰今兹侍宿客居士者, 終身偕老, 二妻曰寧不並居, 何以於人同宿, 其一妻曰公若許終身並居, 則承命矣. 從之. 詰旦居士欲辭行時曰僕京師人也. 吾家在皇龍·皇聖二寺之間, 吾名端午也(俗謂端午爲車衣), 主人若到京師, 尋訪吾家幸矣 國之制, 每以外州之吏一人上守京中諸曹, 注, 今之其人也(권2 기이2 문호왕 법민)

안민가(安民歌)

그렇다면 나를 위하여 안민가를 지어 주시오. 충담은 이내 왕의 명을 받들어 노래를 지어 바치니 왕은 아름답게 여기고 그를 왕사로 봉했으나 충담은 두 번 절하고 굳이 사양하여 받지 않았다. 안민가는 이러하다. 임금은 아버지요, 신하는 사랑스런 어머니시라. 백성을 어리석은 아이라 여기시니, 백성이 그 은혜를 알리. 꾸물거리면서 사는 중생들에게, 이들을 먹여 다스리네. 이 땅을 버리고 어디로 가랴, 나라 안이 유지됨을 알리. (후구) 임금은 임금답게 신하는 신하답게 백성은 백성답게 하면, 나라는 태평하리다.

(출전) 王曰然則, 爲朕作理安民歌, 僧應時奉勅歌呈之. 王佳之. 封王師焉, 僧再拜固辭不受 安民歌曰, 君隱父也. 臣隱愛賜尸母史也. 民焉狂尸恨阿孩古爲賜尸知民是愛尸知古如, 窟理叱大肹生以支所音物生此肹喰惡支治良羅, 此地肹捨遣只於冬是去於丁, 爲尸知國惡支持以, 支知古如, 後句, 君如君臣如臣多支民隱民如, 爲內尸等焉國惡太平恨音叱如(권2

기이2 경덕왕 충담사 표훈대덕)

(새김)

안민가(安民歌)의 배경설화에서 3산5악의 신이 대궐 안에 나타났다는 불안한 요소를 없애고자 하는 주술적인 내용을 노래한 것이다. 당시의 우리말 중심의 언어를 전제하여 현대어로 옮긴 풀이를 참고로 올려 본다. 임금은 아버지요, 신하는 사랑하실 어머니라, 백성은 철없는 아이라, 어떠하실지, 백성의 사랑함을 알 것이라. 굶주린 백성을 살리기에 있음을, 백성들을 먹여 다스리도다, 이 땅을 버리고 어디로 갈 것인가, 할 바를 나라에서 알 것이로다. 아, 임금은 임금답게 신하는 신하답게 백성은 백성답게 하면 나라는 태평할 것입니다(양희철). 위 풀이를 앞선 연구자(양주동, 김완진 등)의 풀이와 비하면 많은 차이점이 드러난다. 그 가운데 상당수는 당시의 우리말로 풀이하느냐 한자 중심으로 풀이하느냐의 차이로 보인다. 이런 것들은 그 의미상에서는 세 해독의 의미가 거의 같으나, 이 해독은 시어의 특성인 많은 중의법들을 고려한 차이다. 그러나 중의법을 제외하고도 의미와 표기가 다른 것을 보면, 위의 구리(窟理, 理窟) 한흘은 구릿ᄒᆞ놀과 구믈ㅅ다히로, 살이기 솜 갓살(物生, 生物)은 살이기 바라몰씨와 살손(物生)으로, 자압은 치악과 머기로, 다술아라는 다ᄉᆞ릴러라와 다ᄉᆞ라로 해독하기도 하였다. 동시에 작품의 분구에서도 ᄒᆞ실디, ᄒᆞᆯ디, ᄒᆞ놀둔 등은 앞의 구에 혹은 해당 구에 붙는다고 풀이하기도 하나, 두 가지가 동시에 가능한 것으로 보인다(한국민족문화대백과사전 참조).

안민강(安民江)

살펴보건대, 고구려의 도읍은 안시성(安市城)이며, 이것을 혹은 안정홀(安丁忽)이라고도 하는데 요수(遼水) 북쪽에 있다. 요수의 다른 이름은 압록(鴨綠)인데 지금은 안민강이라고 한다. 어찌 송경(松京) 흥국사의 이름이 여기에 있을 수 있으랴.

(출전) 按麗時都安市城, 一名安丁忽, 在遼水之北. 遼水一名鴨淥, 今云安民江, 豈有松京之興國寺名(권3 흥법 순도조려)

(새김)

만주원류고(滿洲源流考)를 따르면, 안시성은 오늘날의 요녕성 철령시(鐵嶺市)를 이른다. 철령의 본디 이름이 안시현(安市縣)였기에 그러하다. 여기서부터 장령산맥으로 이어지는 험준한 곳에 합달령(哈達嶺, [만주문자], hadalling) 혹은 천문령이라 하는데 여기서 당 나라 이해고 장군의 군대와 대조영의 군대가 건곤일척의 싸움을 벌여 대조영이 승전함으로써 동모산성에 발해를 세우게 되었다. 합달령의 합달(哈達)은 만주어인데 길다(長)는 뜻이다.

안사고(顔師古)

전한서(前漢書)의 조선전에는 이렇게 씌어져 있다. 맨 처음 연(燕) 나라 때부터 진번, 조선(안사고는 말하였다. 전국 시대에 연나라가 처음으로 이 땅을 침략해서 차지했다고 한다)을 침략해서 이를 차지하고, 관원들을 두어 변방의 요새를 쌓았다. 그 뒤에 진(秦)

이 연을 멸망시키자 이 땅을 요동군 변방에 귀속시켰다.

(출전) 前漢朝鮮傳云自始燕時, 常畧得眞番, 朝鮮(師古曰, 戰國時(燕)因始略得此地也) 爲置吏築障. 秦滅燕, 屬遼東外徼(권1 기이1 위만조선)

(새김)

안사고(安師古, 581-645)는 당 나라 초기의 문헌학자로 널리 알져 온다. 자는 주. 당 태종 시대에 나라에서 실시하던 여러 가지 문화사업, 예를 들면 오경정의(五經正義), 수서(隋書) 등의 편찬 비서감의 역할로 참여했다. 또 그가 펴낸 한서(漢書)의 풀이는 후한 이래의 주석을 함께 모은 것으로서 조부 안지추, 숙부 안유진이 쌓아올린 가문의 학풍을 전승한 것이다. 그밖에도 사유(史游)의 속성 문자교본인 급취장(急就章)의 풀이, 문자, 음운학에 관한 주석서인 광류정속(匡謬正俗) 8권 등의 서책이 전한다.

안사(安史)의 난(亂)

장수(長壽) 원년 임진(壬辰, 692)에 효소왕이 즉위하여 처음으로 망덕사(望德寺)를 세워 당 나라 제실의 복을 받들려 했다. 그 후 경덕왕 14년(755)에 망덕사 탑이 흔들리더니 이 해에 안사의 난리가 일어났다. 신라 사람들은 말했다. 당 나라 제실을 위하여 이 절을 세웠으니 마땅히 그 영험이 있을 것이다.

(출전) 長壽元年壬辰, 孝昭卽位, 始創望德寺, 將以奉福唐室. 後, 景德王十四年, 望德寺塔戰動, 是年有安史之亂, 羅人云爲唐室立玆寺, 宜其應也(권5 감통 진신수공)

(새김)

그림 49 성도(成都)

안사의 난이란, 당 나라 현종 말엽에 일어난 안녹산과 사사명이 일으킨 반란이다. 개원(開元)의 치(治)라고 기림을 받던 현종이 점차 사치스러운 생활에 빠져 정사를 멀리하고, 권신과 환관이 전횡을 일삼으면서 정치가 어지러워졌다. 특히 아들의 후궁인 양귀비의 미모에 현혹하여 재상 이임보와 양씨의 일족인 양국충이 정치를 좌우하면서 사회적 불안이 가중되었다. 안녹산은 이란계 소그드인 아버지와 돌궐인 어머니 사이에서 태어난 인물로 유주절도사 휘하의 병사로 입문한 뒤 차츰 무공을 인정받고 뇌물로써 궁정 관리와 통하면서 승진을 계속하여 급기야 평로, 범양, 하동의 세 번진의 절도사를 겸하게 되었다. 그러나 자신이 지지하던 이임보가 사망하고, 이임보의 정적인 양귀비의 일족 양국충이 집권하였다. 안녹산은 돌궐의 날쌘 기병을 중심으로 정병 15만을 조직하여 반란을 일으켰다. 반란은 순식간에 확산되어 현종은 청두(成都)로 피난했고, 안녹산은 장안을 점령하고 대연황제라 칭하였다. 그러나 왕위 계승을 둘러싼 불화로 인하여 아들인 안경서에 의해 살해되었으며, 안경서는 부장(部將) 사사명에 의하여 살해되었다. 사사명 또한 왕위 계승 문제로 그의 아들 사조의에게 살해되니 반란 세력은 크게 약화되어 위구르의 도움을 받은 조정의 반격으로 반란은 진압되었다. 8년 동안 지속된 안사의 난은 단순한 농민 반란이 아니었으며, 이민족이 주체가 되고 군벌이 가세한 조직적인 군사 행동이었다. 이 난은 남북조 시대 이래로 발전되어 온 귀족 계층을 붕괴시키고, 당 말기 5대의 사회적 변혁을 거쳐 송나라에 와서 서민 사회를 여는 계기가 되었다. 또한 정복 왕조의 출현을 가능하게 하여 동아시아 국제 질서에 큰 변화를 가져왔다(천재학습백과 참조).

안상(安常)

문객들은 모두 어쩔 줄을 모르고 그대로 돌아왔으나 홀로 안상만이 그를 좇아갔는데 이때는 3월 11일이었다. 대왕은 이 말을 듣고는 놀라움을 금치 못하여 말했다. 선왕께서 신통한 피리를 얻어 나에게 전해 주셔서 지금 현금(玄琴)과 함께 비밀창고에 간수해 두었는데, 무슨 일로 해서 국선이 문득 적에게 잡혀갔단 말인가. 이 일을 어찌하면 좋겠는가(현금과 만파식적의 일은 별전에 자세히 적혀 있다). 이 때 상서로운 구름이 천존고(天尊庫)를 덮자 왕은 또 놀라고 두려워하여 조사하게 하니, 천존고 안에 있던 현금과 피리 두 보배가 없어졌다.

(출전) 門客皆失措而還, 獨安常追迹之. 是三月十一日也. 大王聞之. 驚駭不勝曰先君得神笛, 傳于朕躬, 今與玄琴藏在內庫, 因何國仙忽爲賊俘, 爲之奈何(琴笛事具載別傳), 時有瑞雲覆天尊庫. 王又震懼使檢之. 庫內失琴,笛二寶(권3 탑상 백률사)

안시성(安市城)

돌아보건대, 고구려의 도읍은 안시성이며, 이것을 혹은 안정홀이라고도 하는데 요수(遼水) 북쪽에 있다. 요수의 다른 이름은 압록인데 지금은 안민강이라고 한다. 그러니 어찌 송경(松京, 개경) 흥국사의 이름이 여기에 있을 수 있으랴.

(출전) 按麗時都安市城, 一名安丁忽, 在遼水之北. 遼水一名鴨渌, 今云安民江, 豈有松京之興國寺名(권3 흥법 순도조려)

안신사심론(安身事心論)

원효가 반고사에 있을 때에는 항상 낭지(郎智)에게 가서 뵈니 그는 원효에게 초장관문과 안신사심론을 저술하게 했다. 원효가 짓기를 마친 뒤에 은사 문선(文善)을 시켜 책을 받들어 보내면서 그 편미에 게구(偈句)를 적었으니, 이러하다. 서쪽 골에 중의 머리 조아려, 동쪽 봉우리 상덕 고암(高巖) 앞에 예하노라(반고사는 영취산의 서북쪽에 있으므로 서쪽 골짜기의 스님은 바로 자신을 일컫는 것이다).

(출전) 元曉住磻高寺時, 常往謁智, 令著初章觀文及安身事心論, 曉撰訖, 使隱士文善奉書馳達. 其篇尾述偈云西谷沙彌稽首禮, 東岳上德高巖前(磻高在靈鷲之西北故, 西谷沙彌乃自謂也)(권5 피은 낭지승운 보현수)

안원왕(安原王)

고구려 제23대 안원왕의 이름은 보영이다. 신해년(辛亥, 531)에 즉위하여 14년 동안 나라를 다스렸다.

(출전) 第二十三代安原王名寶迎. 辛亥立, 理十四年(권1 왕력 안원왕)

(새김)

고구려 23대 안원왕의 이름은 보영(寶迎)으로 아버지는 제21대 문자명왕이며 형은 제22대 안장왕이다. 안장왕의 후사가 없었으므로 그가 죽자 즉위하였다.

안장법사(安藏法師)

신라 진흥왕 11년(庚午, 550)에 안장법사로 대서성을 삼으니 이것은 한 사람뿐이고, 또 소서성 두 사람이 있었다. 명년 신미(辛未)에 고려의 혜량법사로 국통을 삼고 또한 절의 주지라 일렀다.

(출전) 新羅眞興王十一年庚午, 以安藏法師爲大書省一人, 又有小書省二人. 明年辛未, 以高麗惠亮法師爲國統, 亦云寺主(권4 의해 자장율사)

안장왕(安藏王)

고구려 제22대 안장왕의 이름은 흥안이었다. 기해년(己亥, 519)에 즉위하였으며 12년 동안 나라를 다스렸다.

(출전) 第二十二代安藏王名興安. 己亥立, 理十二年(권1 왕력 안장왕)

(새김)

안장왕(安藏王)의 이름은 흥안(興安)으로 아버지는 제21대 문자명왕이다. 문자명왕 7년(498)에 태자가 되었다. 일본서기(日本書紀)에서는 안장왕이 피살되었다고 올라 있다. 이는 왕위 문제를 놓고 귀족들 간에 힘겨루기로 이어져 이로 하여 대규모 학살이 일어났다(김현숙, 2005). 해상잡록(海上雜錄)의 전설과 삼국사기 지리지의 기록을 보면, 안장왕이 개백현을 점령하였을 가능성이 높다. 왕봉현은 일명 개백현이니 한씨 미녀가 안장왕을 만난 곳이다(王逢縣一云皆伯 漢氏美女 迎安藏王之地, 삼국사기 지리지). 안장왕이 태자 시절에 장사치의 차림으로 개백현(皆伯縣, 행주)에 갔다가 그곳의 부자인 한씨(漢氏)의 딸 주(珠)의 아름다움에 빠져 한씨의 집에 몰래 숨어들어 한씨녀 주와 정을 통하고 다시 찾아오겠다는 약속을 하고는 달아나서 돌아갔다. 그런데 그곳의 태수가 한씨녀의 부모에게 청혼을 하였다. 한씨녀가 거절하자 첩자로 몰아 옥에 가두었다. 이러한 소식을 알게 된 안장왕은 갖은 수단으로 한씨녀를 구하고자 자신의 동생 안학(安鶴)을 을밀(乙密) 장군에게 결혼시키는 조건으로 한씨녀를 구해오도록 하였다. 태수의 생일날 무객(舞客)으로 가장, 결국 한씨녀를 구해 온다. 이어 한강 일대의 여러 성읍을 항복 받게 된다(해상잡록 참조).

안함(安含)

동쪽 벽에 앉아서 서쪽으로 향한 이상(泥像, 진흙 불상)은 아도(我道), 염촉(厭髑), 혜숙(惠宿), 안함(安含), 의상(義湘)이다. 서쪽 벽에 앉아서 동쪽을 향한 이상은 표훈(表訓), 사파(蛇巴), 원효(元曉), 혜공(惠空), 자장(慈藏)이다.

(출전) 東壁坐庚向泥塑, 我道, 厭髑, 惠宿, 安含, 義湘, 西壁坐甲向泥塑, 表訓, 虵巴, 元曉, 惠空, 慈藏(권3 탑상 동경흥륜사 금당십성)

안홍(安弘)

또 해동의 명현 안홍이 지은 동도성립기(東都成立記)에는 이런 말이 있다. 신라 제27대 선덕여왕 때에는 여자가 왕이 되니 비록 올바른 도리는 있어도 위엄이 없어서 구한(九韓)이 침범하는 것이다. 만일 대궐 남쪽 황룡사에 구층탑을 세우면 이웃 나라가 침범하는 재앙을 진압할 수 있을 것이다. 제1층은 일본(日本), 2층은 중화(中華), 3층은 오월(吳越), 제4층은 탁라(托羅), 제5층은 응유(鷹遊, 백제), 제6층은 말갈(靺鞨), 제7층은 거란(契丹), 제8층은 여진(女眞), 제9층은 예맥(穢貊)을 다스린다.

(출전) 又海東名賢安弘撰東都成立記云新羅第二十七代, 女王爲主, 雖有道無威, 九韓侵勞, 若龍宮南皇龍寺建九層塔, 則隣國之災可鎭, 第一層日本, 第二層中華, 第三層吳越, 第四層托羅, 第五層鷹遊, 第六層靺鞨, 第七層丹國, 第八層女狄, 第九層穢貊(권3 탑상 황룡사구층탑)

안흥사(安興寺)

진평왕 시절 지혜(智惠)라는 비구니가 있어 어진 행실이 많았다. 안흥사에 머물렀다. 새로 불전을 수리하려 했지만 힘이 부쳤다. 어느 날 꿈에 모습이 아름답고 구슬로 머리를 꾸민 한 선녀가 와서 그를 격려해 말했다. 나는 바로 선도산(仙桃山) 신모인데 네가 불전을 수리하려 하는 것을 기쁘게 생각하여 금 10근을 주어 돕고자 한다.

(출전) 眞平王朝, 有比丘尼名智惠, 多賢行, 住安興寺. 擬新修佛殿而力未也. 夢一女仙風儀婥約, 珠翠餙鬟, 來慰曰我是仙桃山神母也. 喜汝欲修佛殿, 願施金十斤以助之(권5 감통 선도성모수희불사)

알영(閼英)

그가 처음 진한(辰韓)에 와서 성자를 낳아 동국의 처음 왕이 되었으니 필경 혁거세와 알영의 두 성군을 낳았을 것이다. 그런고로 계룡, 계림, 백마 등으로 부르게 된 것이다. 닭이란 서쪽을 가리키는 까닭이다.

(출전) 其始到辰韓也. 生聖子爲東國始君, 盖赫居·閼英二聖之所自也. 故稱雞龍·雞林·白馬等, 雞屬西故也(권5 감통 선도성모수희불사)

(새김)

알영(閼英)은 혁거세 3년(전53) 무렵에 태어난 것으로 추정된다. 신라 시조왕 혁거세 거서간의 아내. 달리 아리영(娥利英), 아이영(娥伊英), 아영(娥英)이라고도 말한다. 알영정(閼英井)가에 용(또는 雞龍)이 나타나더니 옆구리에서 여자 아이를 낳았다. 말하자면 용생녀(龍生女)가 된 셈이다. 아이의 입술이 마치 닭의 부리와 같았다. 북천으로 데리고 가 목욕을 시키니 그 부리가 사라졌다. 우물의 이름을 본떠서 아이를 알영이라 불렀다. 설화는 알지(閼智)와 이어지는바, 상징적으로 조수 신앙으로서 닭을 조상신으로 섬기는 토착세력이라 할 김씨를 드러낸 것이라고도 한다. 이와 달리 알영 설화는 용 토템에 가까우며 김씨 세력과는 연결될 수 없고, 혁거세와 같은 시기에 이주한 겨레로 보는 풀이도 있다. 알영은 남다른 미모와 덕성을 갖추어 혁거세를 내조하는 왕비가 되었다. 신라 사람들은 이 두 사람을 두 성인으로 섬겼다. 알영이 옆구리에서 태어난 이야기는 석가의 탄생을 연상시켜 불교의 영향으로 보는 후세인의 윤색으로 볼 수 있다(신종원 참조). 계룡(雞龍)의 분포는 동북아에 널리 퍼져 있는 광포 전설이라고 할 수 있다. 아울러 용의 옆구리에서 나온 현상은 불교가 들어온 이후의 영향으로 생겨난 설화로 보인다(지준모). 아리영의 아리(娥利)는 산스크리트어에서 군주 혹은 임(अरि, ari)을 뜻한다. 그러니까 임금의 부인인 왕비라는 말로 볼 수 있다. 알영신화는 지모신화소에 중국신화소나 불교적인 신화소를 덧붙여 신비로운 경외감을 더하기 위한 신화소의 융합이라고 볼 수 있다(김두진, 1990).

알영정(閼英井)

이날 사량리(沙梁里)에 있는 알영정(閼英井, 일명 娥利英井) 가에 계룡이 나타나서 왼쪽 갈비에서 어린 계집애를 낳았다(혹은 용이 나타났다가 죽었는데 그 배를 가르고 여자 아이를 얻었다고 했다).

(출전) 是日沙梁里閼英井(一作娥利英井)邊, 有雞龍現而左脇誕生童女(一云龍現死, 而剖其腹得之)(권1 기이1 신라시조 혁거세왕)

알지거서간(閼智居西干)

또 계룡이 상서를 나타내어 알영(閼英)을 낳았다는 이야기도 어찌 서술성모의 현신을 말한 것이 아니겠는가. 임금의 호를 거슬감(居瑟邯)이라고 했다(혹은 거서간(居西干)이라고도 하니 그가 처음 입을 열 때에 스스로 말하기를, 알지거서간이 한번 일어났다는 그 말로 인해서 일컬은 것이다. 이 뒤부터 모든 왕자의 존칭이 거서간으로 되었다).

(출전) 乃至雞龍現瑞産閼英, 又焉知非西述聖母之所現耶, 位號曰居瑟邯(或作居西干, 初開口之時, 自稱云閼智居西干一起, 因其言稱之. 自後爲王者之尊稱)(권1 기이1 신라시조 혁거세왕)

(새김)

알지(閼智) : 어원으로 어린아이를 의미하는 아기, 아지(양주동), 신령의 대리자(미시나) 설이 있다. 산스크리트어 관련으로 보면 알-아리(अिर, ari)로 임금 혹은 주인이란 뜻으로 첫 군왕이란 말이 된다. 아리랑도 떠난 임을 그리워하는 이별의 노래로 볼 수 있다.

알지(閼智)-김알지(金閼智)

일설에는 탈해왕(脫解王) 때 김알지(金閼智)를 얻었는데 닭이 숲속에서 울었다 해서 국호를 계림(雞林)이라 했다고도 한다. 후세에 와서 드디어 신라라는 국호로 정했던 것이다. 혁거세왕이 나라를 다스린 지 61년 되던 어느 날 왕은 하늘로 올라갔는데 7일 뒤에 그 죽은 몸뚱이가 땅에 떨어져 흩어졌다. 그러더니 왕후도 역시 왕을 따라 세상을 떠났다. 나라 사람들은 이들을 합해서 장사지내려 했으나 큰 뱀이 나타나더니 쫓아다니면서 이를 방해하므로 오체를 각각 장사지내어 오릉(五陵)을 만들고, 또한 능의 이름을 사릉(蛇陵)이라고 했다. 담엄사 북릉(北陵)이 바로 이것이다. 태자 남해왕(南解王)이 왕위를 계승했다.

(출전) 一說, 脫解王時得金閼智而雞鳴於林中, 乃改國號爲雞林, 後世遂定新羅之號. 理國六十一年, 王升于天, 七日後, 遺體散落于地, 后亦云亡. 國人欲合而葬之. 有大蛇逐禁, 各葬五體爲五陵, 亦名蛇陵, 曇嚴寺北陵是也. 太子南解王繼位(권1 기이1 신라시조 혁거세왕)

알천(閼川)

둘째로는, 영묘사 옥문지에서 겨울인데도 개구리들이 모여 삼사일을 울었다. 나라 사람들이 이상하게 여겨 왕에게 물었다. 그러자 왕은 급히 각간 알천(閼川), 필탄(弼呑) 등에게 명하여 말 탄 정병 2천 명을 뽑아 가지고 속히 서쪽 교외로 가서 여근곡(女根谷)이 어딘지 찾아 가면 반드시 적병이 있을 것이니 엄습해서 모두 죽이라고 했다. 두 각간이 명을 받고 각각 군사 천 명을 거느리고 서교에 가 보니 부산(富山) 아래 과연 여근곡이 있고 백제 군사 오백 명이 와서 거기에 숨어 있었으므로 이들을 모두 죽여 버렸다.

(출전) 二, 於靈廟寺玉門池, 冬月衆蛙集鳴三四日, 國人怪之. 問於王, 王急命角干閼川弼呑等, 鍊精兵二千人, 速去西郊, 問女根谷, 必有賊兵, 掩取殺之. 二角干旣受命, 各率千人問西郊, 富山下果有女根谷, 百濟兵五百人來藏於彼, 並取殺之(권1 기이1 선덕왕 지기삼사)

(새김)

알천(閼川) : 오늘날의 남천을 뜻한다(이병도). 양산촌의 양산은 남산을 의미하고, 알천 내가 박, 석, 김 세 마을을 관류하기에 그렇다. 어원은 밝음의 강에서 비롯한다. 벌올에서 소리가 변한 결과이다(양주동). 산스크리트어로 보면, 알-아리(ari)는 임 혹은 군주를 뜻하니 임의 강 혹은 임금을 태어나게 한 강이란 뜻으로 볼 수 있다.

알천공(閼川公)

왕의 대에 알천공(閼川公), 임종공(林宗公), 술종공(述宗公), 호림공(虎林公, 자장의 아버지), 염장공(廉長公), 유신공(庾信公)이 있었다. 이들은 남산 우지암(亐知巖)에 모여서 나랏일을 의논했다. 이 때 큰 범 한 마리가 좌중에 뛰어들었다. 여러 사람들은 놀라 일어났지만 알천공만은 조금도 움직이지 않고 태연히 담소하면서 범의 꼬리를 잡아 땅에 메쳐 죽였다. 알천공의 완력이 이처럼 세었으므로 그를 수석에 앉혔었다. 그러나 모든 사람들은 유신공의 위엄에 마음으로 압도당하고 있었다.

(출전) 王之代有閼川公 · 林宗公 · 述宗公 · 虎林公(慈藏之父) · 廉長公 · 庾信公, 會于南山亐知巖, 議國事, 時有大虎走入座間, 諸公驚起, 而閼川公略不移動, 談笑自若, 捉虎尾撲於地而殺之. 閼川公膂力如此, 處於席首, 然諸公皆服庾信之威(권1 기이1 진덕왕)

알평(謁平)

진한의 땅에 예로부터 여섯 마을이 있었다. 첫째는 알천 양산촌이다. 남쪽으로는 현 담엄사이다. 촌장은 알평(謁平)이니 처음에 하늘에서 표암봉(瓢嵓峰)에 내려왔으니 이가 급량부(及梁部) 이씨(李氏)의 조상이 되었다(노례왕 9년에 부를 두어 급량부라고 했다. 고려 태조 천복 5년(庚子, 940)에 중흥부라고 이름을 고쳤다. 파잠(波潛), 동산(東山) 피상(彼上)의 동촌이 여기에 소속된다).

(출전) 辰韓之地, 古有六村, 一曰閼川楊山村, 南今曇嚴寺, 長曰謁平, 初降于瓢嵓峰, 是爲及梁部李氏祖(弩禮王九年置, 名及梁部, 本朝太祖天福五年庚子, 改名中興部, 波潛 · 東山 · 彼上 · 東村屬焉)(권1 기이1 신라시조 혁거세왕)

(새김)

그림 50 표암봉

알평(謁平) : 신성한 임금이 태어난 땅이란 뜻으로 볼 수 있다. 알평의 알(謁)은 산스크리트어로는 아리(अरि, ari)로 임 혹은 임금이란 말이다. 알평의 평(平)은 평(坪)의 약자다(미시나(三品)). 벌 혹은 들판이란 뜻으로 보인다. 박처럼 생겼다고 표암이라 하였고 여기서부터 내려와 자리를 잡았으니 표암공(瓢嵓公)이라 하였다. 표암은 박 바위라고도 한다. 6촌의 머리들이 모여 화백회의를 열어 마침내 새로운 지도자인 박혁거세를 맞아들이기로 한 곳이다. 박혁거세를 도와 세상을 밝게 다스리는 주춧돌을 놓았다. 박은 본디 인도가 원산지로서 열대지방에서 자라던 덩굴식물로 한국에서 심기 시작한 시기는 정확한 기록이 없으나 삼국시대 이전에도 있었던 것으로 보인다. 삼국사기에 신라의 시조인 박혁거세 임금이 박에서 나왔다는 기록을 보더라도 세간에서 널리 박을 심어 가꾸었을 것으로 보인다. 뒤로 오면서 흥부전에도 박타는 노래가 중심 소재로 쓰이기도 하였다. 신화구조로 볼 때, 6촌 집단은 고조선의 유민으로서 기원전 2세기 무렵 경주 일원에 정착한 것으로 보인다. 처음에 시조가 어떤 산이나 봉우리에서 내려왔음은 단순구조의 신화로 형상화한 것이다. 마침내 6촌은 사로국보다 이른 시기의 사회였음을 암시하고 있다(김병곤, 2003).

압량국(押梁國)

신라 제6대 지마니질금은 일명 지미라고 한다. 성은 박씨이고 아버지는 파사왕이며 어머니는 사초부인이다. 왕비는 마제국왕의 딸인 □례부인, 일명 애례부인으로 성은 김씨였다. 임자년(壬子, 112)에 즉위하여 23년 동안 나라를 다스렸다. 지마 임금 시절에 현 안강 땅인 음집국과 현 양산 땅인 압량국을 멸망시켰다.

(출전) 第六代祇磨尼叱今一作祇味, 姓朴氏. 父婆娑(王) 母史省夫人, 妃磨帝國王之女 · □禮夫人一作愛禮, 金氏. 壬子立, 理二十三年. 是王代滅音質(汁)國今安康 · 及押梁國今(梁)山 (권1 왕력 압량국)

(새김)

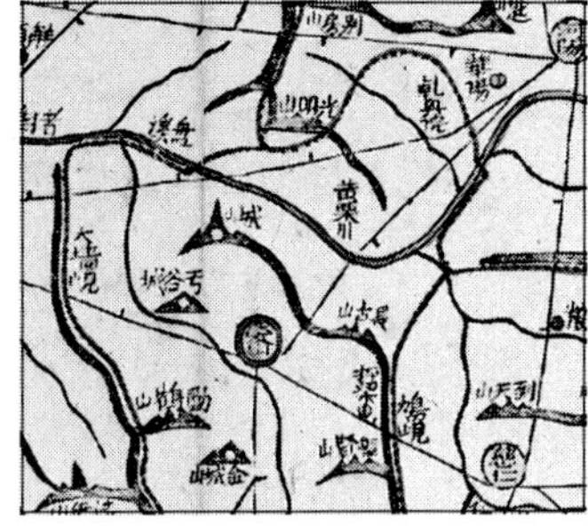

그림 51 경산 고지도

압독국(押督國)이라고도 하며 드넓은 농경지를 바탕으로 작지만 안정된 나라를 이루고 살아 왔다. 그러다 신라 파사왕 23년(102)에 신라에 투항, 통합되었다. 이 때 왕이 노하여 군사를 동원하여 음집벌국을 공격하니, 그 우두머리가 자기의 무리와 함께 스스로 항복하였다. 실직(悉直)과 압독(押督) 두 나라 왕이 항복해 왔다. 10월 초겨울인데도 복숭아와 오얏나무 꽃이 피었다(王怒 以兵伐音汁伐國 其主與衆自降 悉直押督二國王來降冬十月 桃(桃)李華(삼국사기 신라본기 파사왕). 압량은 압독이라고도 한다. 압량의 어원은 거북신앙과 깊은 관련이 있다. 압량의 압(押)이 금호강의 금(琴)-구(龜)의 거북-검-금과 무관하지 않다. 압(押)의 한자 구성에서 알맹이가 갑(甲)인데 이는 동물상징으로 볼 때 거북이 된다. 압독을 압량(押梁)이라고도 말한다. 지금도 압량면이 있기에 그 발자취가 되기에 충분하다. 압량이 소리로는 암냥이 되니 압독(압량)-갑량-감냥의 맞걸림으로 보아 감(갑)-금-암(검)의 대응이 가능하다는 말이 된다. 지금도 압량에 가면 금구동의 금구(金龜) 곧 금자라-금거북 마을이 있다. 이는 다시 대구의 진산이며 앞산의 땅 밑을 흐르는 불기운을 누르기 위하여 연구산(連龜山)으로 그 맥을 이어간다. 이어 신천과 금호강이 만나는 어름하여 검단동이 있다. 여기 검단(黔丹)은 바로 거북(玄武-검-금)을 말한다. 다시 북쪽으로 올라 우리 민족의 애환을 지켜온 팔공산 곧 공산(公山, 1,193m)이 솟아오른다. 삼산오악의 가운데가 되는 중악(中嶽)은 동시에 모자산에 짝이 되는 부악(父嶽)이 된다. 거북이 목을 빼면 용두(龍頭)가 되니 남성의 상징이요, 움츠리면 자라 곧 모자산이 된다. 자연물을 숭배하던 시기의 물과 산을 다스리는 신은 절대적인 삶의 터전이며 보호자였다. 하여 서거정의 대구십영(大丘十詠)이라는 한시를 보면 팔공산이며 동서로 흐르는 금호나루의 정경을 노래하고 있다. 낙동강을 관류하는 거북의 정령은 김해에서부터 금호평야로 이어지는 고을마다 그 맥을 이어왔다. 거북과 용은 본디 하나로 보는 구룡동원(龜龍同源)의 관점이 있었다(정호완).

압유사(鴨遊寺)

대체로 자장이 세운 절과 탑이 10여 곳이다. 절을 세울 때마다 반드시 특이한 상서로움이 있었기 때문에 그를 받드는 포새(浦塞, 신도)들이 거리를 메울 만큼 많아서 며칠이 안 되어 완성했다. 자장이 쓰던 도구, 옷감, 버선과 태화지의 용이 바친 목압침(木鴨枕)과 석존의 유의(由衣, 의복)들은 모두 통도사(通度寺)에 있다. 또 헌양현(巘陽縣, 현 언양)에 압유사가 있는데, 침압(枕鴨)이 일찍이 이곳에서 이상한 일을 나타냈으므로 이름을 삼게 된 것이다.

(출전) 凡藏之締構寺塔, 十有餘所, 每日與造必有異祥, 故蒲塞供塡市, 不日而成. 藏之道具布襪, 幷大和龍所獻木鴨枕, 與釋尊由衣等, 合在通度寺. 又巘陽縣(今彦陽)有鴨遊寺, 枕鴨嘗遊此現異(권4 의해 자장정률)

(새김)

포새(浦塞)라 함은 이포새(伊蒲塞)의 줄임말이다. 흔히 우바새(優婆塞)라 하는바, 절간에서 남자 신도를 일컫는 부름말이다. 한편 **침압(枕鴨)**은 나무로 만든 목침에 새긴 오리를 말한다. **유의(由衣)**는 옷을 이른다.

애장왕(哀莊王)

신라 제40대 애장왕 말년(戊子, 808) 8월 15일에 눈이 내렸다. 제41대 헌덕왕 때인 원화 13년(戊戌, 818) 3월 14일에 많은 눈이 내렸다(어떤 책에는 병인이라 했으나 이는 잘못이다. 원화는 15년에 끝났기 때문에 병인은 아니다).

(출전) 第四十哀莊王, 末年戊子, 八月十五日有雪. 第四十一憲德王, 元和十三年戊戌, 三月十四日大雪(一本作丙寅, 誤矣. 元和盡十五, 無丙寅)(권2 기이2 조설)

앵무(鸚鵡)

신라 제42대 흥덕대왕은 보력 흥덕왕 2년(丙午, 826)에 즉위하였다. 얼마 되지 않아서 어떤 사람이 당(唐) 나라에 사신으로 갔다가 앵무새 한 쌍을 가지고 돌아왔다. 오래지 않아 암놈이 죽자 홀로 남은 수놈은 슬피 울기를 그치지 않았다. 왕은 사람을 시켜 그 앞에 거울을 걸어 놓게 했더니 새는 거울 속의 그림자를 보고는 제 짝을 얻은 줄 알고 그 거울을 쪼다가 제 그림자인 것을 알고는 슬피 울다 죽었다. 이에 왕이 앵무새를 두고 노래를 지었다고 하나 가사는 알 수 없다.

(출전) 第四十二興德大王, 寶曆二年丙午卽位. 未幾, 有人奉使於唐, 將鸚鵡一雙而至, 不久雌死, 而孤雄哀鳴不已. 王使人掛鏡於前, 鳥見鏡中影, 擬其得偶, 乃啄其鏡而知其影, 乃哀鳴而死. 王作歌云, 未詳(권2 기이2 흥덕왕 앵무)

약사경(藥師經)

선덕왕(善德王) 덕만(德曼)이 병이 들어 오랫동안 낫지 않자, 흥륜사의 승려 법척(法惕)

이 임금의 부름을 받아 병을 치료했으나 오래 되어도 효력이 없었다. 이 때 밀본법사(密本法師)의 덕행이 나라 안에 소문이 퍼져서 좌우 신하들이 바꾸기를 청했다. 왕은 그를 궁중으로 불러들이니 밀본은 대궐 밖에서 약사경을 읽었다. 경을 다 읽고 나자 가졌던 육환장(六環杖)이 침실 안으로 날아 들어가더니 늙은 여우 한 마리와 중 법척을 찔러서 뜰아래에 거꾸로 내던지니 왕의 병은 이내 나았다.

(출전) 善德王德曼, 遘疾彌留, 有興輪寺僧法惕, 應詔侍疾, 久而無效. 時有密本法師, 以德行聞於國, 左右請代之. 王詔迎入內. 本在宸仗外, 讀藥師經, 卷軸纔周, 所持六環, 飛入寢內, 刺一老狐與法惕, 倒擲庭下, 王疾乃瘳(권5 신주 밀본최사)

(새김)

약사경(藥師經)은 약사여래본원경(藥師如來本願經)의 줄임말이다. 약사유리광여래(藥師琉璃光如來) 부처가 말씀한 것을 모아놓은 경전이다. 12대원을 세워 동방에 정유리 세계를 일으킴으로써 교주가 되었다. 약사여래는 모든 중생의 질병과 재난을 없애고 먹고 입는 것을 흡족하게 해주는 구실을 한다. 흔히 약통을 한 손에 든 불상이 많다.

양강왕(陽崗王)

고구려 제24대 양원왕은 일명 양강왕이라고도 한다. 이름은 평성이고 기축년(己丑, 545)에 즉위하였다. 14년 동안 나라를 다스렸다.

(출전) 第二十四陽原王一云陽崗王, 名平成. 乙丑立, 理十四年(권1 왕력 양강왕)

양검(良劍)

그러나 그 아들 신검(神劍), 용검(龍劍), 양검(良劍) 등 세 사람은 모두 응하지 않았다. 이제가기(李磾家記)에는 이렇게 말했다. 견훤에게는 아들 아홉이 있었으니, 맏이는 신검, 둘째는 태사 겸뇌, 셋째는 좌승 용술, 넷째는 태사 총지, 다섯째는 대아간 종우, 여섯째는 이름을 알 수 없고, 일곱째는 좌승 위흥, 여덟째는 태사 청구이며, 딸 하나는 국대부인(國大夫人)이니 모두 상원부인(上院夫人)의 소생이다. 또 말하기를, 견훤은 처와 첩이 많아서 아들 10여 명을 두었는데, 넷째아들 금강(金剛)은 키가 크고 지혜가 많아 견훤이 특히 그를 사랑하여 왕위를 전하려 하니 그 형인 신검, 양검, 용검 등이 알고 몹시 싫어했다.

(출전) 李磾家記云萱有九子, 長曰神劍(一云甄成) 二子太師謙腦, 三子佐承龍述, 四子太師聰智, 五子大阿干宗祐, 六子闕, 七子佐承位興, 八子太師靑丘, 一女國大夫人, 皆上院夫人所生也. 萱多妻妾, 有子十餘人, 第四子金剛, 身長而多智, 萱特愛之. 意欲傳位, 其兄神劍, 良劍, 龍劍知之憂慨(권2 기이2 후백제 견훤)

양길(梁吉) ☞ 양길둔(良吉屯)

양길(良吉)

이 때 북원(北原, 현 원주)의 도둑 양길의 세력이 몹시 강성하여 궁예는 자진해서 그 부하가 되었다. 견훤이 이 소식을 듣고 멀리 양길에게 직책을 주어 비장(裨將, 수행 무관)으로 삼았다. 견훤이 서쪽으로 순행하여 완산주에 이르니 고을 백성들이 영접하면서 위로했다.

(출전) 是時北原賊良吉雄强, 弓裔自投爲麾下. 萱聞之. 遙授良吉職爲裨將. 萱西巡至完山州, 州民迎勞, 喜得人心(권2 기이2 후백제 견훤)

양길둔(良吉屯)

대순 경술년(庚戌, 850)에 (궁예는) 비로소 북원(北原, 현 원주)의 역도인 양길둔에 투항하였다. 병진년(丙辰, 896)에 철원성(현 동주)에 도읍하였다가 정사년(丁巳, 897) 송악군으로 도읍을 옮겼다. 신유년(辛酉, 902)에 고려라고 일컬었다.

(출전) 大順庚戌, 始投北原賊良吉屯. 丙辰都鐵圓城今東州也. 丁巳移都松岳郡. 辛酉, 稱高麗(권1 왕력 궁예)

(새김)

양길둔에서 -둔(屯)은 군사 주둔지 혹은 군 부대를 말한다. 우리나라와 중국 동북 지역에는 -둔(屯, tun)이 들어가는 지명이 널리 분포되어 있다. 군영지를 중심으로 군영의 안에 있으면 둔내(횡성), 군영지가 있는 산이면 둔산(대전), 둔촌(서울), 개산툰(길림성), 소둔촌(하남성) 등이 있다.

양도(良圖)

이 때 이미 본국의 승상 김흠순(金欽純, 혹은 仁問), 양도(良圖) 등이 당 나라에 갇혀 있었는데 당 나라의 고종이 장차 크게 군사를 일으켜 신라를 치려 하자 흠순 등은 몰래 의상(義湘)을 권유하여 먼저 돌아가게 하여, 함형 원년(庚午, 670)에 본국으로 돌아왔다. 이 일을 본국 조정에 알리자 신인종의 고승 명랑에게 명하여 밀교 야단을 가설하고 비법으로 기도해서 국난을 면할 수 있었다.

(출전) 旣而本國承相金欽純[一作仁問], 良圖等, 往囚於唐, 高宗將大擧東征, 欽純等密遣湘誘而先之. 以咸享元年庚午還國, 聞事於朝, 命神印大德明朗, 假設密壇法禳之. 國乃免(권4 의해 의상전교)

양명(羊皿)

수(隋) 나라 양제가 즉시 군사를 돌리려 하여 좌우 사람들에게 말했다. 내가 천하의 군주가 되어 작은 나라를 정복하려다 이기지 못했으니 만대의 웃음거리가 되었다. 이 때 우상 양명이 아뢴다. 신이 죽으면 고구려의 대신이 되어 반드시 그 나라를 멸망시켜 제왕의 원수를 갚겠습니다. 양제가 죽은 뒤에 그는 말대로 고구려에 태어났다. 나이 15세에 총명하고 신기한 무술과 용맹이 있었다.

(출전) 帝將旋師, 謂左右曰 朕爲天下之主, 親征小國而不利, 萬代之所嗤. 時右相羊皿奏曰 臣死爲高麗大臣, 必滅國, 報帝王之讎. 帝崩後, 生於高麗, 十五聰明神武(권3 흥법 보장봉로 보덕이암)

양복(楊僕)

천자는 누선장군 양복을 보내서 제(齊)에서 배를 타고 발해로 건너가 조선을 치게 하니 병력은 5만이었다. 좌장군 순체(荀彘)는 요동으로 나와서 우거(右渠)를 쳤다. 우거는 지세가 험한 곳에 군사를 내어 그를 막았다. 누선장군은 제(齊)의 군사 7천 명을 늘리고 먼저 왕검성(王儉城)에 이르렀다. 이 때 우거는 성을 지키고 있었는데 누선의 군사가 얼마 되지 않는 것을 정탐해서 알고 곧 나가서 누선을 공격하니 누선이 패해 달아났다. 누선장군 양복은 군사들을 잃고 산 속으로 도망해서 죽음을 면했다.

(출전) 天子遣樓舡將軍楊僕, 從齊浮渤海, 兵五萬 左將軍筍彘出遼, 討右渠, 右渠發兵距嶮. 樓舡將軍將齊七千人, 先到王儉, 右渠城守, 規知樓舡軍小, 卽出擊樓舡, 樓舡敗走, 僕失衆遁山中獲免(권1 기이1 위만조선)

양산촌(楊山村)

진한에는 이전부터 6촌이 있었다. 첫째는 알천양산촌(閼川楊山村)이니 그 남쪽은 현 담엄사다. 촌장은 알평(謁平)이니 처음에 하늘에서 표암봉에 내려왔으니 이가 급량부 이씨(李氏)의 조상이 되었다(노례왕 9년(32)에 부를 두어 급량부라고 했다).

(출전) 辰韓之地, 古有六村, 一曰閼川楊山村, 南今曇嚴寺, 長曰謁平, 初降于瓢嵓峰, 是爲及梁部李氏祖(弩禮王九年置, 名及梁部, 本朝太祖天福五年庚子, 改名中興部, 波潛, 東山, 彼上, 東村屬焉)(권1 기이1 신라시조 혁거세왕)

양원왕(陽原王) ☞ 양강왕(陽岡王)

양장곡(楊長谷)

신라 제35대 경덕왕의 성은 김씨요, 이름은 헌영이다. 아버지는 성덕왕이며 어머니는 소덕태후이시다. 앞선 왕비는 삼모 부인이나 폐비되고 아들이 없었다. 후비는 만월 부인인데 시호는 경수태후이다. 경수의 수(垂)는 달리 목(穆)이라고도 한다. 의충 각간의 따님이고 임오년(壬午, 742)에 즉위하여 23년 동안 나라를 다스렸다. 처음 장지는 경지사 서쪽 봉우리에 하였다가 돌을 다듬어 능을 만들었으나 뒤에 양장곡에 장사를 하였다.

(출전) 第三十五景德王金氏名憲英. 父聖德, 母炤德大后. 先妃三毛夫人, 出宮旡後. 後妃滿月夫人, 諡景垂王后, 垂一作穆, 依忠角干之女. 壬午立, 理二十三年. 初葬頃只寺西岑, 鍊

石爲陵, 後移葬楊長谷中(권1 왕력 경덕왕)

양전도장(量田都帳)

이 때문에 양전도장〔토지대장〕에는 그의 도장이 찍히지 않았다. 그 뒤에 사신이 와서 그 밭을 검사해 보니 겨우 11결 12부 9속뿐이며 3결 87부 1속이 모자랐다. 이에 모자라는 밭을 어찌했는가를 조사해서 내외의 관원에게 보고하고, 임금의 명령으로 그 부족한 것을 채워 주게 했는데 이 때문에 고금의 일을 개탄하는 사람이 있었다.

(출전) 是故量田都帳不著印也. 後人奉使來, 審檢厥田, 才一結十二負九束也. 不足者三結八十七負一束矣. 乃推鞫斜入處, 報告內外官, 勅理足支給焉. 又有古今所嘆息者(권2 기이2 가락국기)

양전사(量田使)

순화 2년(991)에 김해부의 양전사 중대부 조문선(趙文善)은 조사해서 보고했다. 수로왕의 능묘에 소속된 밭의 면적이 많으니 마땅히 15결을 가지고 전례대로 제사를 지내게 하고, 그 나머지는 부(府)의 역정들에게 나누어 주는 것이 좋겠습니다.

(출전) 淳化二年金海府量田使, 中大夫趙文善申省狀稱, 首露陵王廟屬田結數多也. 宜以十五結仍舊貫, 其餘分折於府之役丁(권2 기이2 가락국기)

양전장부(量田帳簿)

또 양전장부(量田帳簿), 토지대장)에 따르면, 소부리군은 농부의 주첩이라 했으니 지금 말하는 부여군이란 옛 이름을 되찾은 셈이다. 백제왕의 성이 부여씨(扶餘氏)였으므로 그렇게 말했던 것이다.

(출전) 按量田帳籍曰所夫里郡田丁柱貼, 今言扶餘郡者, 復上古之名也. 百濟王姓扶氏, 故稱之(권2 기이2 남부여 전백제 북부여)

양존사(兩尊寺)

이 일이 왕에게 알려지자 그 때 진성왕(眞聖王)은 곡식 500석과 집 한 채를 내려 주고 또 군사들을 보내서 그 집을 호위해서 도둑을 막도록 했다. 또 그 마을을 표창해서 효양리(孝養里)라 했다. 그 뒤에 그 집을 희사해서 절을 삼고 양존사라 했다.

(출전) 時眞聖王賜穀五白石, 幷宅一廛, 遣卒徒衛其家, 以儆劫掠. 旌其坊爲孝養之里, 後捨其家爲寺, 名兩尊寺(권5 효선 빈녀양모)

(새김)

양존사(兩尊寺) : 분황사 동쪽 마을에 자리하였을 가능성이 높다. 당시에는 효양리라고 하였다. 삼국사기에는 빈녀(貧女)가 효녀 지은(知恩)으로 나온다(삼국사기 권48). 그 줄거리는 다음과 같다. 한기부(韓歧部)의 사람 연권(連權)의 딸 지은은 효심이 지극했다. 일찍이 아버지를 여의고 홀어머니를 봉양하느라 32세가 되도록 시집도 가지 않고 동냥을 하여 극진히 모셨다. 생계를 잇기가 어려워 부잣집에 몸을 팔아 종이 되어 쌀 여남은 석을 얻었다. 낮에는 부잣집에서 일을 해주고 밤에는 돌아와 밥을 지어 봉양했다. 3, 4일 후 어머니가 전에는 밥이 나빠도 맛이 좋더니 지금은 밥이 좋아도 뱃속을 칼로 에이는 듯 하니 어쩐 일이냐고 했다. 딸이 사실을 말하니 어머니는, 네가 나 때문에 종이 되었으니 빨리 죽느니만 못하다고 하면서 둘이 목을 놓아 울었다. 지나가던 효종랑이 이 사연을 듣고 감동을 받아 부모에게 청하여 쌀 100석과 옷을 보내주고 지은을 종으로 산 집에 몸값을 갚아주었다. 이에 화랑도 수천 명이 각각 곡식 1섬씩을 내었고 임금도 벼 500석과 집 1채를 주고 일체 부역에서 면제해 주었다. 쌀이 많으니 도둑이 들까 염려하여 병사를 보내 지키게 했고 그 마을을 표창하여 효양방(孝養坊)이라 하고 표문을 올리니 이 효행이 당 나라에까지 전해졌다. 심청전(沈淸傳)의 원형 설화로 널리 알려져 있다.

양지(良志)

스님 양지는 그 조상이나 고향에 대해서는 자세히 알 수 없고, 오직 신라 선덕왕(善德王) 때에 자취를 나타냈을 뿐이다. 지팡이 끝에 포대 하나를 걸어 두기만 하면 그 지팡이가 저절로 날아 시주의 집에 가서 흔들리면서 소리를 낸다. 그 집에서 이를 알고 재(齋)에 쓸 비용을 여기에 넣는데, 포대가 차면 날아서 돌아온다. 때문에 그가 있던 곳을 석장사(錫杖寺)라고 했다. (중략) 그가 영묘사(靈廟寺)의 장륙상을 만들 때에는 입정해서 정성껏 주물러서 만드니, 온 성 안의 남녀들이 다투어 진흙을 운반해 주었다. 그 때 부른 풍요(風謠)는 이러하다. 왔도다. 왔도다. 인생은 서러워라. 서러워라 우리들은, 공덕 닦으러 왔네. 지금까지도 시골 사람들이 방아를 찧을 때나 다른 일을 할 때에는 모두 이 노래를 부르는데 그것은 대개 이 때 시작된 것이다.

(출전) 釋良志, 未詳祖考鄕邑, 唯現迹於善德王朝. 錫杖頭掛一布帒, 錫自飛至檀越家, 振拂而鳴, 戶知之納齋費, 帒滿則飛還. 故名其所住曰錫杖寺(중략). 其塑靈廟之丈六也. 自入定以正受所對爲揉式, 故傾城士女爭運泥土. 風謠云來如來如來如, 來如哀反多羅, 哀反多矣徒良, 功德修叱如良來如(권4 의해 양지사석)

(새김)

양지(良志)는 삼국유사 양지사석에 나오는 고승대덕으로 그의 사적이 올라 있다. 불교조각사 연구자들을 들뜨게 하는 명장이다. 서양 조각사에 파이디아스(Phidias, 전480-전430)가 있다면, 우리에겐 양지가 있다. 그는 삼국유사에 여러 차례 보인다. 이에 따르면 선덕여왕 시기에 활동한 예승(藝僧)이다. 작품을 통해 이름을 남긴 작가는 많으나 정식으로 역사서에 그 이름과 행적을 남긴 예술가는 손으로 꼽을 정도다. 삼국사기(三國史記)에는 양지와 함께 백결선생(百結先生), 솔거(率居), 우륵(于勒), 김생(金生)이 기록에 올라 있다. 이들은 그야말로 한 시대를 풍미하던 예술의 얼굴들이었다(법보신문 참조).

어목(魚目)

찬하여 읊었다. 붉은 노을빛 자줏빛이 분분해 몇 번이나 주색(朱色)을 어지럽히니, 슬프다, 어목(魚目, 고기눈)도 어리석은 사람 속였네. 거사가 손가락 가볍게 튀기지 않았더라면, 건상(巾箱, 비단 상자)속에 무부(碔趺, 옥돌)를 얼마나 담았을까.

(출전) 讚曰, 紅紫紛紛幾亂朱, 堪嗟魚目誑愚夫. 不因居士輕彈指, 多小巾箱襲碔砆(권5 신주 밀본최사)

(새김)

어목(魚目)은 물고기의 눈을 말한다. 비유하여 말하자면 비슷하지만 비슷하지 않은 것을 이른다. 물고기의 눈이 구슬과 같아 보이나 구슬이 아닌 것 같은 비유다. **무부(碔趺)**는 옥을 닮은 옥돌을 이른다. 전국책(戰國策)에 '붉은 바탕에 흰무늬가 있는 옥돌과 비슷하면서 옥이 아니다(白骨疑象珷玞類玉)'에서 그 보기를 들 수 있다.

어무상심(御舞詳審)

왕이 또 포석정(鮑石亭)에 갔을 때 남산의 신이 왕 앞에 나타나 춤을 추었는데 좌우의 사람에겐 그 신이 보이지 않고 왕만이 혼자서 보았다. 사람이 나타나 앞에서 춤을 추니 왕 자신도 춤을 추면서 형상을 보였다. 신의 이름을 혹 상심(詳審)이라고도 했으므로 지금까지 나라 사람들은 이 춤을 전해서 어무상심(御舞詳審) 또는 어무산신(御舞山神)이라 한다.

(출전) 又幸鮑石亭, 南山神現舞於御前, 左右不見, 王獨見之. 有人現舞於前, 王自作舞, 以像示之. 神之名或曰祥審, 故至今國人傳此舞, 曰御舞祥審, 或曰御舞山神(권2 기이2 처용랑 망해사)

어법집(語法集)

어법집에 말하기를, 그때 산신이 춤을 추고 노래 부르기를, 지리다도파(智理多都波)라 했는데 도파(都波)라고 한 것은 대개 지혜로 나라를 다스리는 사람이 미리 사태를 알고 많이 도망하여 도읍이 장차 파괴된다는 뜻이라고 했다. 즉 지신과 산신은 나라가 장차 멸망할 것을 알기 때문에 춤을 추어 이를 경고한 것이나 나라 사람들은 깨닫지 못하고 도리어 상서가 나타났다 하여 술과 여색을 더욱 즐기다가 나라가 마침내 망하고 말았다.

(출전) 語法集云于時, 山神獻舞, 唱歌云, 智理多都波都波等者, 盖言以智理國者, 知而多逃, 都邑將破云謂也. 乃地神, 山神知國將亡, 故作舞以警之. 國人不悟, 謂爲現瑞, 耽樂滋甚, 故國終亡(권2 기이2 처용랑 망해사)

(새김)

어법집(語法集)에 대하여 알려진 바가 없지만, 여기서는 삼국유사 처용랑 망해사조의 설화들이 실려 있을 것으로 보인다.

어산불영(魚山佛影)

고기(古記)에 이렇게 말했다. 만어산(萬魚山)은 옛날의 자성산(慈成山) 또는 아야사산(阿耶斯山, 이것은 마땅히 마야사(摩耶斯)라고 해야 한다. 즉 고기를 말한 것이다)이니, 그 곁에 가라국(呵囉國)이 있었다. 옛날 하늘에서 황금 알이 바닷가로 내려와서 사람이 되어 나라를 다스렸으니 이가 바로 수로왕이다. 이 때 국경 안에 옥지(玉池)가 있었고 못 속에는 독룡이 살고 있었다. 만어산에 나찰녀 다섯이 있어서 독룡과 왕래하면서 사귀었다. 그런 때문에 때때로 번개가 치고 비가 내려 4년 동안 오곡이 익지 못했다. 왕은 주문을 외어 이것을 금하려 했으나 금하지 못하고 머리를 숙이고 부처를 청하여 설법한 뒤에 나찰녀는 오계를 받아 그 후로는 재앙이 없어졌다. 때문에 동해의 물고기와 용이 마침내 화하여 골짜기 속에 가득 찬 돌이 되어서 각각 쇠북과 경쇠의 소리가 났다(이상은 고기에 있다).

(출전) 古記云, 萬魚寺者古之慈成山也. 又阿耶斯山(當作耶斯, 此云魚也). 傍有呵囉國, 昔天卵下于海邊, 作人御國, 卽首露王. 當此時, 境內有玉池, 池有毒龍焉. 萬魚山有五羅刹女, 往來交通, 故時降電雨, 歷四年, 五穀不成. 王呪禁不能, 稽首請佛說法, 然後羅刹女受五戒而無後害, 故東海魚龍遂化爲滿洞之石, 各有鍾磬之聲(已上古記)(권3 탑상 어산불영)

(새김)

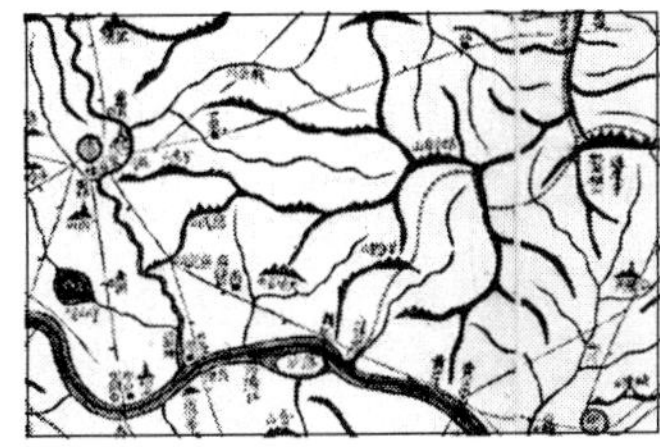

그림 52 만어산

어산불영에서 만어사산(萬魚寺山)은 원문에 만어사(萬魚寺)라고 하였으나 잘못이다. 다음에 나오는 산 이름 자성산(慈成山)과 아야사산(阿耶斯山)으로 미루어 보아, 만어사산(萬魚寺山)이 옳다. 아야사산(阿耶斯山)은 (잘못된 것이니) 마땅히 마야사산(摩耶斯山)이라고 해야 하는데 그 마야사(摩耶斯)의 의미는 산스크리트어로 보아 고기(魚)이다. 그러나 일껏 바로잡았다고 하는 마야사산(摩耶斯山)의 마야사(摩耶斯)도 마나사(**मतय**, manasa)의 오각(誤刻)인 듯하다. 마나사(摩那斯)는 산스크리트어의 한자 표기로서, 그 뜻이 고기이기에 그렇다(강헌규 참조). 풀이에 따라서는 어산(魚山)을 중국 산동성의 동아현(東阿縣)에 있는 산으로 보기도 한다. 어조산(魚條山)이라고도 한다. 위(魏) 나라의 조식(曹植)이 어산에 올라 공중에서 들려오는 범천(梵天)의 소리를 듣고 그 음률을 본떠서 만든 것이 어산(魚山) 혹은 어패(漁唄) 더러는 어범(漁梵)이라 한다. 이는 범패의 한 종류가 된다. 중국의 어산에 빗대어 삼랑진의 자성산을 어산이라고 불렀다. 이 산 골짜기의 모든 돌에서는 음악소리가 들린다(문경현). 불영(佛影)이라 함은 현장(玄奘)이 지은 대당서역기(大唐西域記)에 나오는바, 북천축 나게라갈국(那揭羅曷國)의 도성 20여 리쯤에 있는 바위를 이른다. 고대 인도의 아소카왕(無憂王)이 세운 절이 있었다. 서남쪽의 석벽에 구파라용(瞿波羅龍)이 사는 동굴이 있었다. 여기 불영(佛影)이 있어 밝게 빛나고 부처의 진짜 모습과 같았다. 뒤로 오면서 이 불영을 볼 수가 없었다.

엄수(淹水)

이에 주몽은 오이(烏伊) 등 세 사람을 벗으로 삼아 엄수에 이르러 물을 보고 말했다. 나는 천제의 아들이요, 하백(河伯)의 손자이다. 오늘 도망해 가는데 뒤쫓는 자들이 거의 따라오게 되었으니 어찌하면 좋겠느냐. 이에 고기와 자라들이 다리를 놓아 건네주고는 다리를 없앴다. 따라오던 기마병들은 물을 건너지 못하였다.

(출전) 於時蒙與烏伊等三人爲友, 行至淹水(今未詳) 告水曰我是天帝子, 河伯孫, 今日逃遁, 追者垂及, 奈何, 於是, 魚鼈成橋, 得渡而橋解, 追騎不得渡(권1 기이 고구려)

(새김)

엄수(淹水) : 큰 강이라는 뜻으로 위치로는 송화강의 상류인 휘발하(輝發河)를 말한다(이병도, 부여고). 엄수란 엄니에서 비롯한 것이다. 엄(암)은 검(곰, 神)에서 소리가 변한 것이다(양주동, 고가연구).

엄장(嚴莊)

신라 제30대 문무왕 때에 스님 광덕(廣德)과 엄장(嚴莊)이 있었다. 두 사람은 서로 사이가 좋아 밤낮으로 약속했다. 먼저 안양(安養, 극락)으로 돌아가는 사람은 모름지기 서로 알리도록 하자고. 광덕은 분황사 서리(西里, 혹은 황룡사에 서거방이 있다고 하니 어느 것이 옳은지 모른다)에 숨어 살면서 신을 삼는 것으로 업을 삼아, 처자를 데리고 살았다. 엄장은 남악에 암자를 짓고 살면서 나무를 베어 불태우고 화전 농사를 지었다. 어느 날 해 그림자가 붉은 노을을 머금고 소나무 그늘이 고요히 저물었는데, 창밖에서 소리가 났다. 나는 이미 서쪽으로 가니 그대는 잘 있다가 속히 나를 따라오라. 엄장이 문을 밀치고 나가 보니 구름 밖에 하늘의 음악 소리가 들리고 밝은 빛이 땅에 드리웠다. 다음날 그가 살던 집을 가보니 광덕이 정말로 죽었다.

(출전) 文武王代, 有沙門名廣德, 嚴莊二人友善. 日夕約曰先歸安養者, 須告之. 德隱居芬皇西里(或云, 皇龍寺有西去房, 未知孰是), 蒲鞋爲業, 挾妻子而居 莊庵栖南岳, 大種力耕. 一日, 日影拖紅, 松陰靜暮, 窓外有聲, 報云某已四往矣. 惟君好住, 速從我來 莊排闥而出顧之. 雲外有天樂聲, 光明屬地. 明日歸訪其居, 德果亡矣(권5 감통 광덕 엄장)

여근곡(女根谷)

둘째는, 영묘사 옥문지(玉門池)에 겨울인데도 개구리들이 많이 모여들어 3, 4일 동안 울어 댄 일이 있었다. 나라 사람들이 이상하게 여겨 왕에게 물었다. 그러자 왕은 급히 각간 알천(閼川)과 필탄(弼呑) 등에게 명하여 정병 2천 명을 뽑아 가지고 속히 서쪽 교외로 가서 여근곡이 어딘지 찾아 가면 반드시 적병이 있을 것이니 엄습해서 모두 죽이라고 했다. 두 각간이 명을 받고 각각 군사 천 명을 거느리고 서교에 가 보니 부산(富山) 아래 과연 여근곡이 있고 백제 군사 오백 명이 와서 거기에 숨어 있었으므로 이들을 모두 죽여 버렸다. 백제의 장군 우소(于召)란 자가 남산 고개 바위 위에 숨어 있었으므로 포위하고 활을 쏘아 죽였다. 또 뒤에 군사 1천 2백 명이 따라오고 있었는데, 모두 쳐서 죽여 한 사람도 남기지 않았다.

(출전) 二, 於靈廟寺玉門池, 冬月衆蛙集鳴三四日, 國人怪之. 問於王, 王急命角干閼川弼呑等, 鍊精兵二千人, 速去西郊, 問女根谷, 必有賊兵, 掩取殺之. 二角干旣受命, 各率千人問西郊, 富山下果有女根谷, 百濟兵五百人來藏於彼, 並取殺之. 百濟將軍亐召者, 藏於南山嶺石上, 又圍而射之殪. 又有後兵一千三百人來, 亦擊而殺之. 一無孑遺(권1 기이1 선덕왕 지기삼사)

(새김글)

여근곡(女根谷) : 경주 건천읍에 자리한 부산의 한 골짜기가 여성의 옥문과 같다 하여 붙여진 이름이다. 전해오는 말에 길가는 나그네가 여근곡을 보면 재수가 없다고 한다. 김종직의 한시가 전해온다. 주민들이 선덕왕의 지혜로운 일을 이야기 하지만, 헛되이 사람의 수레를 돌려 길을 가게 하는구나(居民爭說知幾事 空使元戎枉道行).

여대(餘大)

백제 제24대 동성왕의 이름은 모대 혹은 마제이고 또한 여대이다. 삼근왕의 집안 아우인데 기미년(己未, 479)에 즉위하여 22년 동안 나라를 다스렸다.

(출전) 第二十四代東城王名牟大一云麻帝, 又餘大. 三斤王之堂弟. 己未立, 理二十二年(권1 왕력 동성왕)

여도간(汝刀干) ☞ 오도간

여등(女登)

그러므로 하수(河水)에서 그림이 나왔으며, 낙수(洛水)에서는 글이 나와서 이로써 거룩한 성인(聖人)이 태어났다. 무지개가 신모(神母)의 몸을 두르더니 복희(伏羲)를 낳고, 용이 여등(女登)과 정분이 나더니 염제(炎帝)를 낳았다.

(출전) 故河出圖, 洛出書而聖人作, 以至虹繞神母而誕羲, 龍感女登而生炎(권1 기이1 서문)

(새김)

하수(河水)는 황하(黃河)를 이르고 낙수(洛水)는 황하의 지류로서 낙양의 남쪽으로 흘러 황하로 든다. 여기서 하도와 갑골문자(甲骨文字)가 나왔다. 특히 하도(河圖)란 약 5천 년 전 태호복희씨(太昊伏羲氏)가 황하에서 잡은 용마의 등에 지고 나온 무늬를 말한다.

여시오어(汝屎吾魚)

이 때 원효(元曉)가 여러 가지 불경의 소(疏)를 찬술하고 있었는데, 언제나 혜공 스님에게 가서 묻고 더러는 서로 한담도 했다. 어느 날 혜공과 원효가 시내를 따라 가면서 물고기와 새우를 잡아먹다가 돌 위에서 대변을 보았다. 혜공이 그를 가리키면서 농담의 말을 했다. 그대가 눈 똥은 내가 잡은 물고기일 게요. 이런 일이 있었기 때문에 이 절을 오어사(吾魚寺)라 했다. 어떤 사람은 이것을 원효대사의 말이라 하지만 이는 잘못이다. 세상에서는 그 시내를 잘못 불러 모의천(芼矣川)이라고 한다.

(출전) 時元曉撰諸經疏, 每就師質疑, 或相調戱. 一日二公沿溪掇魚蝦而啖之. 放便於石上, 公指之戱曰汝屎吾魚, 故因名吾魚寺. 或人以此爲曉師之語, 濫也. 鄕俗訛呼其溪曰芼矣川 (권4 의해 이혜동진)

(새김)

여시오어(汝屎吾魚) : 그대는 똥을, 나는 고기를 쌌다. 원문의 여시오어를 불가에서 이르는 선어(禪語)로 풀이하면, 같은 고기 잡아 먹고 너는 끙끙거리지만 나는 노래를 부른다로 새긴다. 모의천(芼矣川)의 모의는 모혜(芼兮)와 같은 음으로 쓰인다. 경주시 기계면이 모혜현이었으므로 모의천은 오늘날의 기계천이다(김부식). 한편, 산스크리트어로 물고기는 마타야(मतय, mataya)이니 물고기의 냇물이란 뜻이다(강헌규). 오늘날에는 오어사 옆을 흐르는 항사천을 말한다. 원효(元曉)와 혜공(惠空)에 대한 설화가 전해 온다. 두 사람이 이 골짜기에서 물고기를 잡아먹고 똥을 누었다. 두 마리 고기 가운데 한 마리는 물을 거슬러 올라가면서 헤엄치고 있었다. 이 고기를 보고 서로 자기가 눈 똥이라 하였다는 이야기이다. 그래서 절의 이름을 오어사라 했다. 절을 세운 이후의 역사는 알 수가 없다. 절의 유적에 따르면, 자장과 혜공, 원효와 의상의 네 스님이 오어사와 깊은 연이 있었음을 알 수 있다. 절의 북쪽에 자장암과 혜공암, 남쪽에 원효암, 서쪽에 의상암 등의 수도처가 있음으로 미루어 보는 것이다. 지금은 모혜천에 쇠다리가 놓여 많은 이들이 오고간다. 나그네는 다리를 건너가며 두리번댔지만, 어디쯤 두 선사가 있었을까를 가늠하기 어려웠다.

여주(餘州)

혹 여주라고도 말하는 것은, 군의 서쪽에 있는 자복사(資福寺) 높은 좌대에 수놓은 장막이 있는데 그 수놓은 글에 말하기를, 통화 15년(丁酉, 997) 5월에 여주 공덕대사의 수장(繡帳)이라고 했다.

(출전) 今言扶餘郡者, 復上古之名也. 百濟王姓扶氏, 故稱之. 或稱餘州者, 郡西資福寺高座之上, 有繡帳焉. 其繡文曰統和十五年丁酉五月日, 餘州功德大寺繡帳(권2 기이2 남부여 전백제 북부여)

역대가(歷代歌) ☞ 오세문

연개소문(淵蓋蘇文) ☞ 개소문(蓋蘇文)

연오랑(延烏郎)

신라 제8대 아달라왕(阿達羅王)이 즉위한 4년(丁酉, 157)에 동해 바닷가에는 연오랑(延烏郎)과 세오녀(細烏女) 부부가 살고 있었다. 어느 날 연오랑이 바다에 나가 바다풀을 따고 있는데 문득 바위 하나(물고기 한 마리라고도 한다)가 나타나더니 연오랑을 등에 업고 일본으로 가 버렸다. 이것을 본 나라 사람들은, 이는 범상한 사람이 아니다 하고 세워서 왕을 삼았다(일본제기를 살펴보면 전후에 신라 사람으로 왕이 된 사람은 없다. 그러니 이는 변두리의 조그만 나라의 왕이고 참말 왕은 아닐 것이다).

(출전) 第八阿達羅王卽位四年丁酉, 東海濱有延烏郞, 細烏女, 夫婦而居. 一日, 延烏歸海採藻, 忽有一巖(一云一魚), 負歸日本, 國人見之曰此非常人也. 乃立爲王(按日本帝記, 前後無新羅人爲王者, 此乃邊邑小王而非眞王也)(권1 기이1 연오랑 세오녀)

(새김)

연오랑(延烏郞) : 연오랑에서 연오의 어원으로는, 태양 속에 까마귀가 산다는 양오(陽烏) 전설에서 양오-연오로 소리가 바뀌었다(소재영, 연오세오설화고). 달리 신라인의 인칭어미(양주동, 고가연구)로 풀이하기도 한다. 연오는 달리 영오(迎烏)라 하였다. 우여곡절 끝에 세오가 짠 비단을 신라 임금이 보낸 사자에게 주어 하늘에 제사를 올리게 된다. 하여 이 곳을 영일현(迎日縣)이라 하였다(수이전). 연오랑 세오녀의 설화적 상징성은 어떤가. 비단이 나오는 것으로 보아 당시에 누에치기와 견직이 이루어졌음을 알 수가 있다. 다음으로는 해와 달이 왕과 왕비를 가리킬 수가 있다. 신라인이 일본으로 건너가 상층 계급 형성에 간여하고 있음을 미루어 가늠할 수가 있다(지준모 참조).

연좌석(宴坐石)

옥룡집(玉龍集)과 자장전(慈藏傳), 그리고 여러 사람의 전기에는 모두 이렇게 말했다. 신라 월성 동쪽, 용궁 남쪽에 가섭불(迦葉佛)의 연좌석이 있으니, 이것은 곧 전불(前佛) 때의 절터이며, 지금 황룡사(皇龍寺) 터는 곧 일곱 절의 하나이다. 국사(國史)를 상고하면, 진흥왕 즉위 14년 개국 3년(癸酉, 553) 2월에 동쪽에 신궁을 세웠는데 여기에서 황룡이 나타났으므로 왕은 이것을 의심해서, 고쳐서 황룡사라 했다.

(출전) 玉龍集及慈藏傳與諸家傳紀皆云新羅月城東·龍宮南, 有迦葉佛宴坐石. 其地卽前佛時伽藍之墟也. 今皇龍寺之地卽七伽藍之一也. 按國史眞興王卽位十四, 開國三年癸酉二月, 築新宮於月城東, 有皇龍現其地. 王疑之(권3 제4 탑상 가섭불연좌석)

(새김)

연좌석(宴坐石)은 앉아서 선(禪)을 하던 자리를 이른다. 한편 옥룡집(玉龍集)은 도선국사(道詵國師)의 문집이다. 그는 신라 말엽 전통지리학인 풍수지리의 선각자로 전남 광양의 백계산 옥룡사에서 머물렀다. 옥룡자비결이란 예언서가 유행하였고 그 밖에 송악명당가(松嶽明堂歌)와 도선답사가(道詵踏査歌), 그리고 삼각산명당기(三角山明堂記) 등이 고려 일대를 풍미했다. 뒤에 선각국사(先覺國師)로 추봉되었다.

연회(緣會)

고승 연회는 일찍이 영취산(靈鷲山)에 숨어 살면서 언제나 연경(蓮經, 법화경)을 읽어 보현보살의 관행법(觀行法)을 닦았다. 정원의 연못에는 언제나 연꽃 두 세 떨기가 있어 사시에 시들지 않았다(현 영취사 용장전이 바로 연회의 옛 거처). 원성왕이 그의 상서롭고 기이함을 듣고 그를 불러 국사를 삼으려 하니 스님이 그 소식을 듣자 암자를 버리고 도망했다. 서쪽 고개 바위 사이를 넘는데 한 노인이 밭을 갈고 있다가 스님에게 어디로 가느냐고 물으므로 스님이 말했다. 내 들으니 나라에서 잘못 듣고 나를 벼슬로써 얽매려 하므로 피해 가는 것입니다. 노인은 듣고 말했다. 여기에서도 가히 팔 수가 있을 텐데 어째서 수고로이 멀리 팔려고 하십니까. 스님이야말로 이름 팔기를 싫어하지 않는다고 하겠습니다. 연회는 그가 자기를 업신여기는 것이라 생각하고, 듣지 않고 마침내 몇 리쯤을 더 갔다. 시냇가에서 한 노파를 만났는데, 스님에게 어디로 가느냐고 물으므로 연회는 먼저처럼 대답하니, 노파가 말했다. 앞에서 사람을 만났습니까. 연회가 말했다. 한 노인이 있는데 나를 업신여김이 심하기에 불쾌해서 또 오는 것입니다. 노파는 말했다. 그분이 문수보살이신데, 그분 말을 듣지 않았으니 어찌 하겠습니까. 연회는 이 말을 듣자 곧 놀라고 송구스러워 급히 노인에게 되돌아가 머리를 숙여 사과했다. (중략) 일연은 이를 기려서 말한다. 도시에선 어진 이가 오래 숨지 못하는 것, 주머니 속 송곳 끝을 감추기가 어렵네. 뜰아래 연꽃으로 세상에 나갔지, 운산(雲山)이 깊지 않은 탓은 아닐세.

(출전) 高僧緣會, 嘗隱居靈鷲, 每讀蓮經, 修普賢觀行. 庭池常有蓮數朶, 四時不萎(今靈鷲寺龍藏殿是緣會舊居), 國主元聖王聞其瑞異, 欲徵拜爲國師. 師聞之. 乃棄庵而遁, 行跨西嶺嵒間, 有一老叟今爾耕, 問師奚適, 曰吾聞邦家濫聽, 縻我以爵, 故避之爾, 叟聽曰於此可賈, 何勞遠售, 師之謂賣名無厭乎. 會謂其慢己, 不聽遂行數里許. 溪邊遇一媼, 問師何往, 答如初. 媼曰前遇人乎. 曰有一老叟侮予之甚, 慍且來矣 媼曰文殊大聖也. 夫言之不聽何 會聞卽驚悚, 遽還翁所, 扣顙陳悔(중략), 讚曰, 倚市難藏久陸沉, 囊錐旣露括難禁. 自緣庭下靑蓮誤, 不是雲山固未深(권5 피은 연회도명)

열반(涅槃)

대안 8년(辛未, 1092)에 고려의 우세(祐世) 승통이 고대산 경복사의 비래방장에 가서 보덕성사(普德聖師)의 영정에 예를 갖추고 시를 지었다. 열반의 평등한 가르침은, 우리 스승에게서 전해졌다고 하네. 애석하게도 승방에 날아온 뒤에. 동명왕의 옛 나라 위태로웠네.

(출전) 大安八年辛未, 祐世僧統到孤大山景福寺飛來方丈, 禮普聖師之眞, 有詩云涅槃方等教, 傳受自吾師云云, 至可惜飛房後, 東明古國危(권3 흥법 보장봉로 보덕이암)

(새김)

열반(涅槃) : 산스크리트어로 니르바나(निर्वाण, nirvana)의 한자 음역이다. 소승열반경과 대승열반경이 있다. 전자는 석가모니 입적 이후 그의 사적을 적은 것이고, 후자는 부처의 열반은 사라지는 것이 아니고 영원한 진리로 살아있는 것이다. 활활 타고 있는 불처럼 끓어오르는 번뇌의 불꽃을 지혜로 꺼서 모든 번뇌와 고뇌가 사라진 상태를 이른다.

염부제주(閻浮提洲)

성왕은 이로부터 불교를 믿을 마음이 생겨서 이내 7중의 목탑을 세웠고, 뒤에 불법이 비로소 전해 오자 그 시말을 자세히 알게 되었다. 지금 다시 그 탑의 높이를 줄이다가 본탑이 썩어서 무너졌다. 아육왕(阿育王)이 통일했다는 염부제주에는 곳곳에 탑을 세웠으니 이는 이상할 것이 없다.

(출전) 王因生信, 起木塔七重, 後佛法始至, 具知始末. 今更損高, 本塔朽壞, 育王所統一閻浮提洲, 處處立塔, 不足可怪(권3 탑상 요동성 육왕탑)

(새김)

염부제주(閻浮提洲) : 수미산의 남쪽에 자리한 섬으로 사람이 사는 곳 혹은 인도 지방을 가리킨다. 염부제는 산스크리트어로 얌부드비파(जामवउतवोप, jambudvipa)의 한자음역이다. 염부란 나무이름이며 제(提)는 제비파(提鞞婆)의 줄임말이다. 이 주의 가운데 염부라는 나무숲이 있다. 매월당 김시습의 한문소설인 남염부주지(南炎浮洲志)에 나오는 염부주로 보인다. 말하자면 이상향 같은 그런 곳이다. 부제(浮提) 혹은 부주(浮洲)라 함은 물위에 뜬 섬으로 보인다.

염불사(念佛寺)

남산 동쪽 산기슭에 피리촌(避里村)이 있고, 그 마을에 절이 있는데 피리사라 했다. 그 절에 이상한 스님이 있었는데 이름은 말하지 않았다. 항상 아미타불을 외워 그 소리가 성 안에까지 들려서 360방 17만 호에서 그 소리를 듣지 않은 사람이 없었다. 소리는 높고 낮음이 없이 낭랑하기 한결같았다. 이로써 그를 이상하게 여겨 공경치 않는 이가 없었고, 모두 그를 염불사(念佛師)라 불렀다. 그가 죽은 뒤에 소상을 만들어 민장사(敏藏寺) 안에 모시고 그가 본래 살던 피리사를 염불사로 이름을 고쳤다.

(출전) 南山東麓有避里村, 村有寺, 因名避里寺. 寺有異僧, 不言名氏, 常念彌陀, 聲聞于城中, 三百六十坊,十七萬戶, 無不聞聲. 聲無高下, 琅琅一樣, 以此異之. 莫不致敬, 皆以念佛師爲名. 死後泥塑眞儀, 安于敏藏寺中, 其本住避里寺, 改名念佛寺, 寺旁亦有寺, 名讓避, 因村得名(권5 피은 염불사)

(새김)

염불사(念佛寺) : 경주시 남산 동쪽에 자리한 남산리에 쌍탑이 있다. 거기서 조금 위로 가면 남리 사지를 염불사로 추정한다(이범교).

염장(閻長)

신라 제45대 신무대왕(神武大王)이 왕위에 오르기 전에 협사 궁파(弓巴)에게 말했다. 나에게는 이 세상을 같이 살아나갈 수 없는 원수가 있다. 네가 만일 나를 위해서 이를 없애 준다면 내가 왕위에 오른 뒤에 네 딸을 맞아 왕비로 삼겠다. 궁파가 이를 허락하니 마음과 힘을 같이하여 군사를 일으켜 서울로 쳐들어가서 그 일을 성취하여 왕위를 빼앗았다. 이제 궁파의 딸을 왕비로 삼으려 하였으나 많은 신하들이 강력하게 반대하였다. 궁파는 매우 미미한 사람이므로 그 사람의 딸을 왕비로 들이는 것은 불가하다는 것이다. 신무왕도 이를 따랐다. 청해진의 궁파는 이에 앙심을 품고 반란을 일으키려 하였다. 장군 염장이 임금에게 말하기를, 앞으로 궁파가 불충을 할지 모른다고 아뢰었다. 자신이 궁파를 없애겠다고 하니 임금이 이를 허락하였다.

(출전) 第四十五神武大王潛邸時, 謂俠士弓巴曰我有不同天之讎, 汝能爲我除之. 獲居大位, 則娶爾女爲妃 弓巴許之. 協心同力, 擧兵犯京師, 能成其事. 旣簒位, 欲以巴之女爲妃, 群臣極諫曰巴側微, 上以其女爲妃則不可 王從之時, 巴在淸海鎭爲軍戍, 怨王之違言, 欲謀亂. 時, 將軍閻長聞之. 奏曰巴將爲不忠, 小臣請除之 王喜許之(권2 기이2 신무대왕 염장 궁파)

염장공(廉長公)

진덕왕 때 알천공(閼川公), 임종공(林宗公), 술종공(述宗公), 호림공(虎林公, 자장의 아버지), 염장공(廉長公), 유신공(庾信公)이 있었다. 이들은 남산 우지암(亐知巖)에 모여서 나랏일을 의논했다. 이 때 큰 범 한 마리가 좌중에 뛰어들었다. 여러 사람들은 놀라 일어났지만 알천공만은 조금도 움직이지 않고 태연히 담소하면서 범의 꼬리를 잡아 땅에 메쳐 죽였다. 알천공의 완력이 이처럼 세었으므로 그를 수석에 앉혔었다. 그러나 모든 사람들은 유신공의 위엄에 눌렸다.

(출전) 王之代有閼川公, 林宗公, 述宗公, 虎林公(慈藏之父)廉長公, 庾信公, 會于南山亐知巖, 議國事, 時有大虎走入座間, 諸公驚起, 而閼川公略不移動, 談笑自若, 捉虎尾撲於地而殺之. 閼川公膂力如此, 處於席首, 然諸公皆服庾信之威(권1 기이1 진덕왕)

염정(念定)

그런 까닭에 성실론(成實論)과 열반경(涅槃經)을 얻어 마음에 간직해 두고 삼장(三藏)과 석론(釋論)을 두루 살펴서 찾았다. 끝으로 또 오(吳) 나라 호구산(虎丘山)에 올라가 염정을 서로 따르고, 각관을 잊지 않으니 수행자의 무리들이 구름처럼 산으로 모여들었다. 또 사아함경(四阿含經)을 두루 읽어 그 효험이 팔정(八定)에 흐르니 밝은 선행을 쉽게 익혔고 간결하고 솔직함에 어그러진 것이 없었다. 자기가 본래 가지고 있던 마음과 너무나 잘 맞았기 때문에 드디어 이곳에서 일생을 마치려는 생각이 있었다. 이에 밖과의 교류를 아주 끊고 성인의 자취를 두루 돌아보며 생각을 세상 밖에 두어 길이 속세를 잊으려 했다.

(출전) 故得成實涅槃, 蘊括心府, 三藏釋論, 偏所披尋. 末又投吳之虎(丘)山, 念定相沿, 無忘覺觀. 息心之衆, 雲結林泉, 並以綜涉四含, 功流八定, 明善易擬, 簡直難虧. 深副夙心, 遂有終焉之慮, 於卽頓絶人事, 盤遊聖迹, 攝想靑霄, 緬謝終古(권4 의해 원광서학)

(새김)

염정(念定)이란 정념(正念)과 정정(正定)을 이른다. 정념은 참다운 슬기로써 정도를 생각하고 사약한 마음이 없음을 이른다. 한편 정정이란 흔들리는 마음을 없이 하고 고요한 상태에서 마음을 옮기지 않는 것을 이른다. **성실론(成實論)**은 가리발마(訶梨跋摩)가 지은 책으로 구마라집(鳩摩羅什)이 한문으로 번역한 16권의 책이다. 열반은 열반경 40권을 이른다. **호구산(虎丘山)**은 강소성 소주(蘇州)에 있는 산으로 널리 알려져 있다. 호구탑(虎丘塔)이며 운암사(雲岩寺)와 같은 명승고적이 많다. **각관(覺觀)**이란 총체적으로 사유하는 것을 이르며, **간직(簡直)**은 소박하고 정직함을 이른다.

염촉(厭觸)

신라본기에 보면 법흥대왕이 즉위한 14년(527)에 신하 이차돈(異次頓)이 불법을 위해서 자기 몸을 바치니 곧 소량 보통 8년(丁未, 527)에 서천축(西天竺, 서인도) 달마대사(達磨大師)가 금릉에 온 해이다. 이 해에 낭지법사(朗智法師)도 또한 영취산(靈鷲山)에 살면서 도량을 열었으니 불교의 흥하고 쇠하는 것도 반드시 원근에서 한 시기에 서로 감응한다는 것을 이 일로 해서 알 수가 있다. (중략) 대의를 쫓아 생명을 가볍게 하니 놀라운 일인데, 천화(天花, 꽃비)와 흰 젖의 이적 다시 다정해라. 이윽고 몸은 비록 한 칼에 죽었지만, 절마다 울리는 종소리는 서울을 뒤흔드네.

(출전) 新羅本記, 法興大王卽位十四年, 小臣異次頓爲法滅身, 卽蕭梁普通八年丁未, 西竺達摩來金陵之歲也. 是年, 朗智法師亦始住靈鷲山開法, 則大敎興衰, 必遠近相感一時, 於此可信(중략). 徇義輕生已足驚, 天花白乳更多情. 俄然一釰身亡後, 院院鍾聲動帝京(권3 흥법 원종흥법 염촉멸신)

(새김)

그림 53 이차돈비

염촉(厭髑)의 성은 박씨, 달리 이차돈(異次頓)이라고도 하며, 태어난 해가 지증왕 2년(501)이라는 설도 있다. 아버지의 이름은 미상이며, 지증왕의 생부인 습보갈문왕의 후예라 한다. 그러나 삼국유사의 주(註)에 따르면, 김용행(金用行)이 지은 아도비문(阿道碑文)에는 그의 아버지는 길승(吉升), 할아버지는 공한(功漢), 증조부는 흘해왕(訖解王)으로 되어 있다. 어려서부터 성정이 곧아 사람들의 칭송을 받았으며, 일찍부터 불교를 믿었다. 당시 신라에서 국법으로 불교가 허용되지 않음을 안타깝게 여겼다. 그 당시의 왕이었던 법흥왕도 불교를 백성들에게 알리고 불력(佛力)에 의하여 국운의 번영을 꾀하였으나 신하들의 줄기찬 반대로 불교를 공인할 수가 없었다. 임금의 뜻을 헤아린 이차돈은 왕에게, 나라를 위하여 몸을 바치는 것은 신하의 대절이요, 임금을 위하여 목숨을 바치는 것은 백성의 바른 뜻이라 하고, 거짓 왕명을 전한 죄를 내려 자신의 머리를 베면 만인이 다 감복하여 왕명을 어기지 못할 것이라고 하였다. 하지만 임금은 머리를 흔들었다. 반대였다. 이차돈은 다시 말하였다. 모든 것 중에서 버리기 어려운 것이 목숨이지만 이 몸이 저녁에 죽어 아침에 불교가 공인되면 불일(佛日, 부처)이 다시 중천에 오르고 전하께서 길이 편안할 것임을 알면서 왕의 허락을 청하였다. 마침내 천경림(天鏡林)에 절을 짓기 시작했다. 이차돈이 왕명을 받들어 불사(佛事)를 시작한다는 것이다. 상대등이 궁으로 달려 들어가 임금에게 물었다. 임금은 자신이 명을 내린 것이 아니라 하고, 이차돈을 불렀다. 이차돈은 단호히 말하였다. 불사를 일으켰음은 부처님의 뜻에 따라 자신이 한 일이라 하고 이 불법(佛法)을 행하면 나라가 크게 편안하고 경제에 유익할 것이니 왕명을 어긴다 한들 무슨 죄가 되겠는가 하고 되물었다. 신하들의 거센 반대가 커지자 왕은 이차돈과 처음 약속한 대로 형리를 불러 이차돈의 목을 베도록 하였다. 이차돈은, 부처님이 신령하다면 내가 죽은 뒤 반드시 이적이 일어날 것이라며 하늘을 향하여 기도하였다. 목을 베자 머리는 멀리 날아 금강산(金剛山) 꼭대기에 떨어졌고, 잘린 목에서는 흰 젖이 수십 장(丈)이나 솟아올랐으며, 문득 캄캄해진 하늘에서는 아름다운 꽃이 떨어지고 땅이 크게 진동하였다. 이적이 일어난 것이다(한국민족문화대백과사전 참조). 염촉(厭觸)은 위촉(猒觸)의 오각이거나 필사과정에서 잘못 전사한 것이다. 그렇게 해야 이차돈-위촉에서 잋- : 우잋>잋-의 대응이 가능하다(강헌규 참조).

영규(英規)

당시 견훤은 후궁과 나이 어린 남녀 두 명, 시비 고비녀(古比女) 나인 능예남(能乂男) 등과 함께 갇혀 있었다. 그러다가 4월에 이르러 견훤은 술을 빚은 뒤에 지키는 장사 30명에게 먹여 취하게 하고는 고려로 도망해 왔다. 이에 태조는 소원보(小元甫), 향예(香乂) 오염(吳琰)의 나이가 10년 위라고 하여 높여서 상보라 하여 남궁에 편안히 있게 하고 양주의 식읍, 전장과 노비 40명, 말 아홉 필을 주고, 먼저 항복해 와 있는 신강(信康)으로 아전을 삼았다. 견훤의 사위 장군 영규가 비밀히 그 아내에게 말했다. 대왕께서 나라를 위해서 애쓰신 지 40여 년에 공업이 거의 마무리 되려 한다. 그런데 하루 아침에 집안의 불화로 나라를 잃고 고려에 오게 되니, 대체로 열녀는 두 남편을 모시지 않고 충신은 두 임금을 섬기지 않는 법이오. 만일 내 임금을 버리고 반역한 아들을 섬긴다면 무슨 낯으로 천하의 의사들을 본단 말이오.

(출전) 萱與後宮年少男女二人, 侍婢古比女, 內人能又男等囚繫. 至四月, 釀酒而飮醉守卒三十人, 而與小元甫, 香又, 吳琰忠質等以海路迎之. 旣至, 以萱爲十年之長, 尊號爲尙父, 安置于南宮, 賜楊州食邑田庄, 奴婢四十口, 馬九匹, 以其國來降者信康爲衙前. 甄萱婿將軍英規密語其妻曰大王勤勞四十餘年, 功業垂成, 一旦以家人之禍, 失地從於高麗. 夫貞女不可二夫, 忠臣不事二主, 若捨己君, 以事逆子, 則何顔以見天下之義士乎(권2 기이2 후백제 견훤)

영랑(永郞)

그 뒤에도 신령스럽고 이상한 일이 많았지만 글이 번거로워 다 싣지 않는다. 세상에서는 안상을 준영랑(俊永郞)의 무리라고 했으나 이 일은 자세히 알 수가 없다. 영랑의 무리에는 오직 진재(眞材), 번완(繁完) 등의 이름이 알려졌지만 이들도 역시 알 수 없는 사람들이다(자세한 것은 별전에 실려 있다).

(출전) 後多靈異, 文煩不載. 世謂安常爲俊永郎徒, 不之審也. 永郎徒, 唯眞才, 繁完等知名, 皆亦不測人也(詳見別傳)(권3 탑상 백률사)

영류왕(榮留王)

고구려 제27대 임금. 고려 본기에 일렀다. 여말 무덕 정관 연간에 나라의 사람들이 다투어 오두미교를 신봉하였다. 당 나라 고조가 이 말을 듣고 도사를 시켜 천존상을 보내고, 또 도덕경(道德經)을 강론하게 하여 왕이 백성들과 함께 들으니 곧 제27대 영류왕 즉위 7년 곧 무덕 7년(甲申, 624)이었다.

(출전) 高麗本記云, 麗季武德貞觀間國人爭奉五斗米敎, 唐高祖聞之. 遣道士, 送天尊像來, 講道德經, 王與國人聽之. 卽第二十七代榮留王卽位七年, 武德七年甲申也(권3 흥법 보장봉로 보덕이암)

영묘사(靈妙寺)

진자는 왕의 뜻을 받들어 무리들을 모아 두루 마을을 돌면서 찾으니, 단장을 갖추어 얼굴 모양이 수려한 한 청년이 영묘사 동북쪽 길가 나무 밑에서 거닐며 놀고 있었다. 진자는 그를 만나보자 놀라서 말한다. 이 분이 미륵선화다. 그는 나가서 물었다. 청년의 집은 어디에 있으며 청년은 누구인지 듣고 싶네요. 청년이 대답한다. 내 이름은 미르(未尸)입니다. 진자가 그를 태워 가지고 들어가 왕께 뵈었다. 왕은 그를 존경하고 사랑하여 받들어 국선을 삼았다. 그는 화랑도 무리들을 서로 화목하게 하고 예의와 인품이 보통사람과 달랐다.

(출전) 慈奉宸旨, 會徒衆, 遍於閭閻間物色求之. 有一小郎子, 斷紅齊具, 眉彩秀麗, 靈妙寺之東北路傍樹下, 婆娑遊. 慈迓之驚曰此彌勒仙花也. 乃就而問曰郎家何在, 願聞芳氏 郎答曰我名未尸, 兒孩時爺孃俱歿, 未知何姓, 於是, 肩輿而入見於王, 王敬愛之. 奉爲國仙. 其和睦子弟, 禮義風敎, 不類於常(권3 미륵선화미시랑 진자사)

(새김)

영묘사(靈廟寺)는 경주부의 서쪽 5리쯤에 있다. 당 나라 정관 6년(637) 신라의 선덕왕(善德王)이 세웠다. 불당은 3층으로서 체제가 특이하다. 신라 때의 불전이 한둘이 아니었으나 다른 것은 다 무너지고 헐어졌는데, 유독 이 불전만은 완연히 어제 지은 듯한 모습으로 서 있다. 사람들이 말하기를, 이 절터는 본래 큰 못이었다. 두두리(豆豆里)에 사는 여러 무리들이 하루 밤 사이에 메우고 드디어 이 불전을 세웠으나 지금은 사라졌다(靈妙寺在府西五里唐貞觀六年新羅善德王建殿宇三層體制殊異羅時殿宇非一而他皆頹毁獨此宛然如昨諺傳寺趾本大澤豆豆里之衆一夜塡之遂建此殿今廢(신증동국여지승람). 여기 두두리는 비형랑 설화와 관련이 있을 것으로 본다. 비형랑이 왕가 숲의 귀신들을 불러다가 하룻밤에 귀신다리(鬼橋)를 놓았다. 근년까지만 해도 경주 일원에서는 두두리를 나무로 만들어 세우는 목각 우상으로 숭배했다는 속설이 있다(한국위키백과 참조). 신증동국여지승람이나 삼국유사의 영묘사 기록과 옥문지 기록이 상응한다는 점에서 경주시 동천동 일대를 영묘사 터로 상정할 만하다(권3 탑상 영묘사 장륙).

영묘사(靈妙寺)의 장륙

선덕왕(善德王)이 절을 짓고 소상을 만든 내력은 모두 양지법사전(良志法師傳)에 실려 있다. 경덕왕(景德王) 즉위 23년(764)에 장륙존상(丈六尊像, 불상)을 금으로 다시 칠했는데, 그 비용으로 벼가 2만 3천 7백석이었다(양지전에는 불상을 처음 만들 때의 비용이라고 썼다. 이 두 가지 설을 모두 싣는다).

(출전) 善德王創寺塑像因緣, 具載良志法師傳, 景德王卽位二十三年, 丈六改金, 租二萬三千七百碩(良志傳, 作像之初成之費, 今兩存之)(권3 탑상 영묘사 장륙)

영사시(詠史詩)

이 때 양(梁) 나라에서 사신을 통해 의복과 향(香, 고득상의 영사시에, 양나라의 사자인 스님 원표를 보내 명단(溟檀)과 불상을 보내 왔노라)을 보내 왔는데 여러 신하들은 그 향의 이름과 쓰는 방법을 알 수 없었다.

(출전) 時, 梁遣使賜衣著香物(高得相詠史詩云, 梁遣使僧曰元表, 宣送溟檀及經像). 君臣不知其香名與其所用(권3 흥법 아도기라)

영산사(靈山寺)

그러나 그의 뜻이 자씨(慈氏, 부처)에게 있었으므로 감히 중지하지 않고 영산사(靈山寺, 혹은 변산 또는 능가산)로 옮겨가서 또 처음과 같이 부지런하고 용감하게 수행했다. 과연 미륵보살이 감응해 나타나 점찰경(占察經) 2권(이 경은 진·수 시절에 외국에서 번역된 것이니 지금 처음으로 나타난 것은 아니다. 다만 미륵보살이 이 경을 진표에게 주었을 뿐이다)과 증과(證果, 수행의 결과)의 간자 189개를 주면서 일렀다.

(출전) 然, 志存慈氏, 故不敢中止, 乃移靈山寺(一名邊山, 又楞伽山), 又懃勇如初, 果感彌力現授占察經兩卷(此經乃陳·隋間外國所譯, 非今始出也. 慈氏以經授之耳), 並證果簡子一百八十九介(권4 의해 진표전간)

영석(靈石)

옛 평양성의 지세가 신월성(新月城)이라 하여 도사들이 주문을 읽어 남하(南河)의 용에게 명령해서 만월성을 더 쌓아서 용언성이라 했으며, 참기(讖記)를 지어 용언도(龍堰堵) 또는 천년보장도(千年寶藏堵)라고 했다. 여기에 혹 영석(靈石, 속언에는 도제암, 또 조천석이라고 하니 대개 옛날에 성제가 이 돌을 타고 상제에게 올라가 뵈었기 때문에 이렇게 불렀다)을 파서 깨뜨리기도 했다. 개금(盖金)은 또 왕에게 아뢰어 동북과 서남쪽에 긴 성을 쌓게 했다.

(출전) 古平壤城勢新月城也. 道士等呪勅南河龍, 加築爲滿月城, 因名龍堰城, 作讖曰龍堰堵, 且云千年寶藏堵, 或鑿破靈石(俗云都帝嵓, 亦云朝天石, 蓋昔聖帝騎此石, 朝上帝故也)(권3 흥법 보장봉로 보덕이암)

영수선사(永秀禪師)

원화 12년(丁酉, 817) 8월 5일은 바로 신라 제41대 헌덕대왕 9년이니, 흥륜사의 영수선사(永秀禪師, 이 때 유가의 여러 **스님**을 모두 선사라고 했다)는 이 무덤에 예불할 향도들을 모아 매월 5일에는 영혼을 위한 절묘한 다짐의 단을 쌓고 법회를 열었다.

(출전) 元和十二年丁酉八月五日, 卽第四十一憲德大王九年也. 興輪寺永秀禪師(于時, 瑜伽諸德皆稱禪師), 結湊斯塚禮佛之香徒, 每月五日, 爲魂之妙願, 營壇作梵(권3 흥법 원종흥법 염촉멸신)

영심(永深)

그의 수제자 중에서 불법을 얻은 영도로는 영심(永深), 보종(寶宗), 신방(信芳), 체진(體珍), 진해(珍海), 진선(眞善), 석충(釋忠) 등이 있는데, 모두 각 산문의 개창조가 되었다.

(출전) 得法之袖領, 曰永深, 寶宗, 信芳, 體珍, 珍海, 眞善, 釋忠等, 皆爲山門祖(권4 의해 심지계조)

영양왕(嬰陽王)

고구려 제26대 임금. 고구려고기(高句麗古記)에 이렇게 말한다. 수(隋) 나라 양제(煬帝)가 대업 8년(壬申, 612)에 30만의 군사를 거느리고 바다를 건너 쳐들어왔으며, 10년(甲戌, 614) 10월에 고구려왕(高句麗王, 그때는 제26대 영양왕이 즉위한 지 25년)이 표문(表文, 임금에게 올리는 글)을 올려 항복을 청할 때 한 사람이 비밀히 소노(小弩, 작은 활)를 품속에 감추고, 표문을 가진 사신을 따라 양제가 탄 배 안에 들어갔다.

(출전) 又按高麗古記云, 隋煬帝以大業八年壬申, 領三十萬兵, 渡海來征, 十年甲戌十月, 高麗王(時第三十六代嬰陽王立二十五年也)上表乞降. 時有一人, 密持小弩於懷中, 隨持表使到煬帝舡中, 帝奉表讀之. 弩發中帝胸(권3 흥법 보장봉로 보덕이암)

영여사(迎如師)

실제사(實際寺)의 스님 영여는 그 혈통과 성씨가 분명하지 않으나 덕과 행실이 모두 높았다. 경덕왕이 그를 맞아 공양을 드리려고 사자를 보내서 부르니, 영여는 대궐 안에 들어가 재를 마치고는 돌아가려 했다. 왕은 사자를 시켜 그를 절에까지 모시고 가도록 했다. 그는 절 문에 들어서자 즉시 숨어 버려 있는 곳을 알 수가 없었다. 사자가 와서 아뢰니 왕은 이상하게 생각하고 그를 국사에 추봉했다. 그 뒤로 또한 다시는 세상에 나오지 않았는데 지금도 그 절을 국사방(國師房)이라고 부른다.

(출전) 實際寺釋迎如, 未詳族氏, 德行雙高. 景德王將邀致供養, 遣使徵之. 如詣內, 齋罷將還, 王遣使陪送至寺, 入門卽隱, 不知所在. 使來奏, 王異之. 追封國師. 後亦不復現世, 至今稱曰國師房(권5 피은 영여사)

영일현(迎日縣)

이에 그 비단을 임금의 창고에 간수하고 국보로 삼으니 그 창고를 귀비고(貴妃庫)라 한다. 또 하늘에 제사를 지낸 곳을 영일현, 또는 도기야라 한다.

(출전) 然後, 日月如舊. 藏其綃於御庫爲國寶, 名其庫爲貴妃庫. 祭天所名迎日縣, 又都祈野(권1 기이1 연오랑 세오녀)

(새김)

그림 54 포항진

영일(迎日)은 연오랑 세오녀와 관련한 고장이다. 이처럼 해와 달에 대한 이야기들은 전국적으로 분포하면서 무가에까지 삽입되었다. 연오(延烏)와 세오(細烏) 이름에 까마귀 오(烏)가 들어가 있음은 필시 태양을 숭배하는 신앙과 깊은 관련이 있을 것으로 보인다. 까마귀는 태양 속에 살고 있는 신령스런 새로서 태양신으로 우러렀다. 연오와 세오가 살던 지방의 이름을 삼국유사에서는 도기야라 하고 있다. 하지만 동국여지승람에서는 욱기야(郁祈野)라 적고 있다. 이는 경상도지리지의 근오지(斤烏支)의 오지(烏支)와 소리가 비슷하다. 나아가 일본의 오키(隱岐)와도 소리가 다르지 않다. 연오와 세오가 바다 건너 일본으로 건너가 태양과 관련이 있는 땅인 오키(迎日)라는 땅이름을 저네들의 나라 이름 일본(日本)으로 삼은 것으로 보인다. 일본국의 본디 이름은 일출국(日出國)이었음을 상기할 필요가 있다. 수서(隋書)에 양제가 일본에 보내는 국서에 일본을 일출지천자(日出之天子)라 함도 하나의 방증이 된다. 마침내 연오랑 세오녀 신화는 태양을 숭배하던 한민족이 해의 근거지를 찾아 바다를 건너 일본으로 가서 그곳에서 통치자가 됨을 드러낸 설화로 볼 수 있다. 태양을 해라고 하며 해를 방언으로 새(세-시)라고도 한다. 하면 연오와 세오를 합하면 연일이 된다. 특히 연오의 연(延)은 '불러들이다-맞아들이다'의 뜻이 있음을 고려하면 더욱 그러하다. 연일이 뒤로 오면서 더욱 그 뜻을 명확하게 하려고 영일(迎日)로 쓴 것으로 보인다. 연오의 오(烏)는 까마귀이다. 까마귀의 옛말은 가마괴(용비어천가 9:37)였다. 가마괴의 가마는 일본어로 신을 뜻하는 가미(神, かみ)와 깊은 소리 상징이 있다. 우리말에 신(神)을 검(감)(신자전)이라 하는데 개음절 형으로 하면 가미-거미가 됨은 매우 흥미롭다.

영재(永才)

스님 영재는 성품이 익살스럽고 재물에 얽매이지 않았으며, 향가(鄕歌)를 잘했다. 만년에 장차 남악(南岳)에 은거하려고 대현령(大峴嶺)에 이르렀을 때 도둑 60여 명을 만났다. 도둑들이 그를 해치려 했으나 영재는 칼날 앞에 섰어도 두려워하는 기색이 없이 편안하게 대하였다. 도둑들이 이상하게 여겨 그 이름을 물으니 영재라고 대답했다. 도둑들이 평소에 그 이름을 들었으므로 이에 노래를 짓게 했다. 그 가사는 이러하다. 제 마음에 형상을 모르려 하던 날, 멀리□□□ 지나치고 이제는 숨어서 가고 있네, 오직 그릇된 파계주(破戒主)를 두려워할 짓에 다시 또 돌아가리. 이 칼날이 지나고 나면 좋은 날이 오리니, 아아, 오직 이만한 선(善)은 새 집이 되지 않으리. 도둑들은 그 노래에 감동되어 비단 2필을 그에게 주니 영재는 웃으면서 사양하여 말했다. 재물이 지옥에 가는 근본임을 알고 장차 궁벽한 산중으로 피해 가서 일생을 보내려 하는데 어찌 감히 이것을 받겠는가. 이에 비단을 땅에 던지니 도둑들은 다시 그 말에 감동되어 가졌던 칼과 창을 버리고 머리를 깎고 영재의 제자가 되어 함께 지리산(智異山)에 숨어 다시는 세상에 나오지 않았다. 영재의 나이 거의 90살이었으니 원성대왕의 시대였다. (중략) 일연은 이를 기려서 말한다. 지팡이 짚고 산으로 돌아가니 뜻이 한결 깊은데, 비단의 구슬인들 어찌 마음 다스리랴. 숲속의 군자들아 그런 것 건너지 말라. 지옥은 다름 아닌 재물이 근원이네.

(출전) 釋永才性滑稽, 不累於物, 善鄕歌. 暮歲將隱于南岳, 至大峴嶺, 遇賊六十餘人. 將加害, 才臨刃無懼色, 怡然當之. 賊怪而問其名, 曰永才. 賊素聞其名, 乃命□□□作歌. 其辭曰自矣心米, 皃史毛達只將來呑隱, 日遠鳥逸□□過出知遣, 今呑藪未去遣省如, 但非乎隱焉, 破□主次弗□史內於都還於尸朗也. 此兵物叱沙過乎好尸曰沙也. 內乎呑尼, 阿耶, 唯只伊吾音之叱恨隱潽陵隱, 安支尙宅都乎隱, 以多賊感其意, 贈之綾二端, 才笑而前謝曰知財賄之爲地獄根本, 將避於窮山, 以餞一生, 何敢受焉 乃投之地. 賊又感其言, 皆釋釰投戈, 落髮爲徒, 同隱智異, 不復蹈世. 才年僅九十矣. 在元聖大王之世(중략). 讚曰, 策杖歸山意轉深, 綺紈珠玉豈治心. 綠林君子休相贈, 地獄無根只寸金(권5 피은 영재우적)

(새김)

영재(永才) : 스님의 이름. 이에 대한 어원을 들어보면, 길치 혹은 길째였다(양주동, 고가연구). 향가를 잘하는 인물이었다(최철, 신라향가). 작자로서 영재는 실재하던 인물이라기보다는 설화상의 주제 곧 노래를 잘 부르던 영재를 노래의 이름으로 삼은 것이다.

가사(歌詞) : 가사의 성격에 대한 몇 가지 풀이를 살펴본다. 도적을 깨우치기 위한 법열에 사무친 노래다. 첫 절에서는 무명을, 둘째 절에서는 정진과 생사의 경계를 방황하는 신화적인 비약을, 결구에서는 도적의 교화를 노래하였다(지헌영, 향가려요 신석). 칼부림하는 신라사회를 불교로 교화하기 위한 노래(장진호, 신라 향가의 연구), 미륵정토의 희원을 노래(김동욱, 향가와 불교문화), 도적까지 연민하는 고도의 인간적인 서정시(윤영옥, 신라시가의 연구)로 풀었다.

영제부인(迎帝夫人)

신라 제 22대 지증마립간은 달리 지철로 혹은 지도로왕이라고도 한다. 성은 김씨이며 아버지는 눌지왕의 아우였던 기보갈문왕이었다. 어머니는 오생부인이고 왕비는 영제부인이었다. 검람 대한지 등허 혹은 □□각간의 딸이었다. 경진년(庚辰, 500)에 즉위하였으며 14년 동안 나라를 다스렸다. 지증마립간 이상은 상고시대이며 이하는 중고 시기였다.

(출전) 第二十二智訂麻立干一作智哲(老), 又知度路王金氏. 父訥祇王弟期寶葛文王, 母烏生夫人, 訥祇王之女. 妃迎帝夫人, 儉攬代漢只登許一作□□角干之女. 庚辰立, 理十四年. 已上爲上古. 已下爲中古(권1 기이1 왕력).

영질(郢質)

그를 맞아 조용히 말했다. 내가 꾼 어젯밤 꿈은 그대가 내게 올 징조였구려. 이에 방에 들어올 것을 허락하였다. 의상은 화엄경(華嚴經)의 깊은 뜻을 내밀한 곳까지 풀이했다. 지엄은 영질(郢質, 동지)을 만난 것을 기뻐하여 새로운 이치를 터득해 내니 이야말로 깊이 숨은 것을 찾아내서 남천(藍茜)이 그 본색을 잃은 것이라 하겠다.

(출전) 從容謂曰吾昨者之夢, 子來投我之兆, 許爲入室. 雜花妙旨, 剖析幽微. 儼喜逢郢質, 克發新致, 可謂鉤深索隱, 藍茜沮本色(권4 의해 의상전교)

(새김)

영질(郢質)이란 학문과 진리에 대한 문답을 주고받을 만한 상대를 이른다. **구심색은(鉤深索隱)**은 깊고 그윽한 사물의 이치를 찾아냄을 이른다(易經 繫辭篇). **남천저어본색(藍茜沮於本色)**이라 함은 쪽과 꼭두서니가 본색을 잃었다는 말이니 청출어람(靑出於藍)과 같은 뜻이다. 배우러 간 의상(義湘)이 스승인 지엄(智嚴)보다 훌륭하다는 속뜻이다.

영취사(靈鷲寺)

절의 고기(古記)에 이렇게 말했다. 신라 진골 제31대왕 신문왕 때인 영순 2년(683, 본문에는 원년이라고 함은 잘못이다)에 재상 충원공(忠元公)이 장산국(萇山國, 곧 동래현이니 또한 내산국이라고도 한다). 온천에서 목욕하고 성으로 돌아올 때 굴정역(屈井驛) 동지야(桐旨野)에 이르러서 쉬었다. 여기에서 문득 보니 한 사람이 매를 놓아서 꿩을 쫓게 하자 꿩은 날아서 금악(金嶽)을 지나 어디로 갔는지 종적이 없다. 방울소리를 듣고 찾아 굴정현(屈井縣) 관아 북쪽 우물가에 이르니 매는 나무 위에 앉아 있고 꿩은 우물 속에 있는데 물이 마치 핏빛 같았다. 여기에서 꿩은 두 날개를 벌려 새끼 두 마리를 안고 있고, 매도 역시 그것을 측은하게 여겨서인지 감히 꿩을 잡지 않고 있다. 공이 이것을 보고 측은히 여기고 감동하여 그 땅을 점쳐 보니 가히 절을 세울 만하다고 한다. 서울로 돌아와 이 사실을 왕께 아뢰어 그 현청을 다른 곳으로 옮기고 그곳에 절을 세워 이름을 영취사라고 했다.

(출전) 寺中古記云, 新羅眞骨第三十一主神文王代, 永淳二年癸未(本文云元年, 誤), 宰相忠元公, 萇山國(卽東萊縣, 亦名萊山國)溫井沐浴, 還城次, 到屈井驛桐旨野駐歇, 忽見一人放鷹而逐雉, 雉飛過金岳, 杳無蹤迹. 聞鈴尋之. 到屈井縣官北井邊, 鷹坐樹上, 雉在井中, 水渾血色, 雉開兩翅, 抱二雛焉. 鷹亦如相惻隱而不敢攫也. 公見之惻然有感, 卜問此地, 云可立寺. 歸京啓於王, 移其縣於他所, 創寺於其地, 名靈鷲寺焉(권3 탑상 영취사)

(새김)

영취사는 울산시에 있던 사찰로서 오늘날에도 그 유적이 남아 있다(문경현). 이병도는 장기(長鬐), 이민수와 이재호는 동래(東萊)로 상정한 바 있다. 영축사라고도 읽는다. 한자의 본음이 형성자로서 취(鷲)라 함이 온당하다.

영취산(靈鷲山)

이로 하여 나라 사람들이 대문에 처용의 얼굴을 그려 붙여 사악한 일을 멀리하고 좋은 일을 맞아들이게 되었다. 왕은 서울로 돌아오자 이내 영취산 동쪽 기슭의 경치 좋은 곳을 가려서 절을 세우고 이름을 망해사(望海寺)라 했다. 또는 이 절을 신방사라 했으니 이것은 용을 위해서 세운 것이다.

(출전) 因此, 國人門帖處容之形, 以僻邪進慶. 王旣還, 乃卜靈鷲山東麓勝地置寺, 曰望海寺, 亦名新房寺, 乃爲龍而置也(권2 기이2 처용랑 망해사)

(새김)

영취산(靈鷲山) : 울산의 문수산(文殊山, 599m) 동쪽에 자리한 아름다운 산이다. 이 산에 있는 영축사는 문무왕 때의 낭지스님과 원성왕 시절 연회 스님이 은거하였는데 이 때 산신인 변재천녀의 많은 도움을 받았다고 전해 온다. 삼국유사 탑상편에 보면, 영취산의 내력이 나온다. 신문왕 때였다. 당시의 재상 충원공이 장산국(萇山國, 현 동래)에서 온천을 하고 돌아가는 길이었다. 굴정역(屈井驛) 동지(桐旨) 들에서였다. 꿩을 쫓던 매가 꿩이 우물 속으로 들어가 새끼를 품고 피를 흘리며 눈물을 흘리는 것으로 보고 더 이상 매가 꿩을 쫓지 않았다. 이 일을 신문왕에게 보고하자 영취사를 세우라고 하였다. 영취산은 영축산이라고도 말한다. 이 산은 산스크리트어로 기사굴산(耆闍崛山, grdhrakuta)의 번역어이다. 인도 마갈타국 왕사성 부근에 있는 비하라(विहार, vihara) 절에서 석가모니가 성불한 뒤 법화경을 설법한 곳이다. 산의 모양이 독수리 같다고 하여 붙여진 이름이다. 18세기 이후 양산 통도사의 산 이름을 축서산(鷲棲山)에서 영축산으로 바꿔 잘못 알려지고 있다. 창녕군 영산에 가면 영축산이 있다. 고려 말 지공대사(指空大師)가 와보고 산의 모양이 인도 영축산과 비슷하다 하여 그렇게 이름을 불렀다(문경현 참조).

영탑사(靈塔寺)

고승전(高僧傳)에 말하기를, 스님 보덕(普德)의 자는 지법(智法)이니, 전 고구려 용강현(龍岡縣) 사람이라고 했다. 이것은 아래에 있는 본전에 자세히 나타나 있다. 보덕은 항상 평양성에 살고 있었는데 산방의 늙은 스님이 와서 불경을 강론해 주기를 청하므로 굳이 사양하다가, 마지못해 가서 열반경(涅槃經) 40여 권을 강의하였다. 강의를 마치고 성 서쪽 대보산(大寶山)의 바위로 된 굴 밑에 이르러서 선정에 들었다. 이 때 신인이 와서 청하기를, 이곳에 사는 것이 좋겠다하고, 지팡이를 그의 앞에 놓고 땅을 가리키면서 말하기를 이 속에 8면으로 된 7층의 석탑이 있을 것이다 하므로 땅을 파니 과연 그러했다. 이에 절을 세우고 이름을 영탑사라 하고 그곳에서 살았다.

(출전) 僧傳云釋普德字智法, 前高麗龍岡縣人也. 詳見下本傳. 常居平壤城, 有山方老僧, 來請講經. 師固辭不免, 赴講涅槃經四十餘卷. 罷席, 至城西大寶山嵓穴下禪觀, 有神人來請, 宜住此地. 乃置錫杖於前, 指其地曰此下有八面七級石塔, 掘之果然, 因立精舍, 曰靈塔寺, 以居之(권3 탑상 고려 영탑사)

영품리왕(寧稟離王)

북부여의 제2대 임금. 일명 부루. 주림전(珠琳傳) 제21권에 이렇게 실려 있다. 옛날 영품리왕의 여종이 임신을 했다. 관상을 보는 자가 점을 쳐 말하기를, 귀하게 되어 왕이 될 것입니다 하자 왕은 내 아들이 아니니 마땅히 죽여야 한다고 했다. 시비가 말하기를 무슨 이상한 기운이 하늘로부터 내려오더니 임신한 것입니다. 드디어 아이를 낳자 왕은 상서롭지 못한 일이라 하여 돼지우리에 내다 버리니 돼지가 입김을 불어 보호해 주고, 마구간에 내다 버리니 말이 젖을 먹여서 죽지 않게 해 주었다. 이 아이가 자라서 마침내 부여(扶餘)의 왕이 되었다.

(출전) 珠琳傳第二十一卷載, 昔寧稟離王侍婢有娠, 相者占之曰, 貴而當王. 王曰非我之胤也. 當殺之. 婢曰氣從天來, 故我有娠. 及子之産, 謂爲不祥, 捐圈則猪噓, 棄欄則馬乳而得不死. 卒爲扶餘之王(권1 기이1 고구려)

(새김)

영품리왕(寧稟離王) : 부루왕의 또 다른 이름이다. 부루와 주몽은 이복형제로 보인다. 단군기(檀君記)에는 단군이 서하 하백의 딸과 친하여 아들을 낳으니 부루라 하였기에 그렇게 본 것이다. 문헌에 따라서 영품리왕을 고리국왕(稟離國王, 삼국지), 색리국왕(索離國王, 후한서/북사), 탁리국왕(槖離國王, 통전/논형), 고려국왕(高麗國王, 수서)으로 올라 있다. 탁리(槖離)의 탁(槖)이 위략(魏略)에는 고(稟)-로 올라 있다. 이는 곧 고려의 다른 표기로 보인다(이병도, 1959).

영휘초년(永徽初年)

영휘 초년에 마침 당 나라 사신이 배를 타고 본국으로 돌아가는 자가 있었다. 의상(義湘)은 그 배를 타고 중국에 들어갔다. 처음 양주(揚州)에 머물렀는데 양주의 장수 유지인이 의상을 청하여 관아에 머무르게 하고 대접하는 것이 매우 푸짐했다. 그 후 얼마 안 되어 종남산 지상사(至相寺)에 가서 지엄(智儼)을 만났다. 지엄은 그 전날 밤 꿈에,

큰 나무 하나가 해동에서 났는데 가지와 잎이 널리 퍼져서 중국에까지 와서 덮였고, 가지 위에는 봉황새의 집이 있는데, 올라가서 보니 마니보주 하나가 있어 그 광명이 먼 곳에까지 비쳤다.

(출전) 永徽初, 會唐使舡有西還者, 寓載入中國, 初止揚州, 州將劉至仁請留衙內, 供養豊贍. 尋往終南山至相寺, 謁智儼. 儼前夕夢一大樹生海東, 枝葉溥布, 來蔭神州. 上有鳳巢, 登視之. 有一摩尼寶珠, 光明屬遠(권4 의해 의상전교)

(새김)

의상이 당 나라에 간 시점을 놓고 이런저런 기록이 있다. 송고승전에는 총장 2년(669, 문무왕 9년) 무극이 인용한 부석본비(浮石本碑)에는 영휘 원년(庚戌, 661, 문무왕 원년) 의천의 해동화엄초조기신원문(海東華嚴初祖忌晨願文)에는 용삭 2년(662, 문무왕 2년)이라 하였다. 아주 다양한 기록들이다. 부석본지를 보면, 의상이 무덕(武德) 8년(625, 진평왕 47년)에 태어나 10살이 안 되어 불문에 들어갔다. 우여곡절 끝에 다시 신라로 왔다가 용삭 원년(辛酉)에 당 나라에 들어갔다(至龍朔元年入唐). 이런 의상본비(義相本碑)가 가장 믿을 만하다고 본다(문경현). 이로 보면 의상의 원명도 의상(義相)이 옳을 것으로 본다. **신주(神州)**는 중국을 이른다.

영흥사(永興寺)

모록(毛祿)의 누이동생의 이름은 사씨(史氏)인데 법사에게 와서 중이 되어 역시 삼기천(三岐川) 어름에 절을 세우고 살았으니 절 이름을 영흥사라고 했다. 얼마 안 되어 미추왕(未鄒王)이 세상을 떠나자 나라 사람들이 해치려 하므로 법사는 모록의 집으로 돌아가 스스로 무덤을 만들고 그 속에서 문을 닫고 소식을 끊고 다시 나타나지 않았다. 이 때문에 불교도 또한 문을 닫았다.

(출전) 毛祿之妹名史氏, 投師爲尼, 亦於三川岐, 創寺而居, 名永興寺. 未幾, 未雛王卽世, 國人將害之. 師還毛祿家, 自作塚, 閉戶自絶, 遂不復現. 因此大敎亦廢(권3 흥법 아도기라)

(새김)

영흥사는 진흥왕 시절에 비구니의 사찰로 지어진 것이다. 진흥왕비인 사도부인(思道夫人) 묘법(妙法) 비구니가 머물렀던 절이다. 신증동국여지승람(新增東國輿地勝覽)에는 법흥왕 22년에 왕비 보도부인(保刀夫人)을 위하여 지었다고 한다. 진흥왕의 경우가 더 온당하다(문경현).

예맥(穢貊)

또 해동의 명현 안홍(安弘)이 지은 동도성립기(東都成立記)에는 이런 말이 있다. 신라 제27대에는 여자가 왕(선덕왕)이 되니 비록 올바른 도리는 있어도 위엄이 없어서 구한이 침범하는 것이다. 만일 대궐 남쪽 황룡사에 구층탑을 세우면 이웃 나라가 침범하는 재앙을 진압할 수 있을 것이다. 1층은 일본(日本), 2층은 중화(中華), 3층은 오월(吳越),

4층은 탁라(托羅), 5층은 응유(鷹遊, 백제), 6층은 말갈(靺鞨), 7층은 거란(契丹), 8층은 여진(女眞), 9층은 예맥(穢貊)을 제압한다.

(출전) 又海東名賢安弘撰東都成立記云, 新羅第二十七代, 女王爲主, 雖有道無威, 九韓侵勞, 若龍宮南皇龍寺建九層塔, 則隣國之災可鎭, 第一層日本, 第二層中華, 第三層吳越, 第四層托羅, 第五層鷹遊, 第六層靺鞨, 第七層丹國, 第八層女狄, 第九層穢貊(권3 탑상 황룡사구층탑)

(새김)

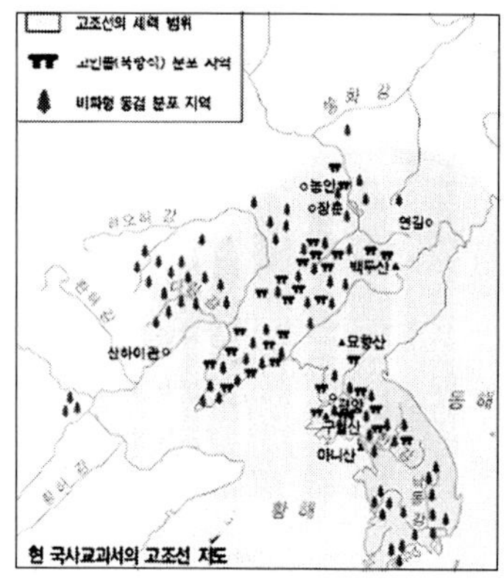

그림 55 고조선의 강역

예맥(穢貊) : 일명 예맥(濊貊). 고조선을 구성하던 겨레로서 압록강과 혼강에서 산동지역에 이르는 넓은 지역에 분포하여 살았다(유엠부찐, 고조선). 문자를 문화기호로 볼 때, 예맥의 예(濊)는 칼그렌이 밝힌 고대한자음이 쉐(shwei)이고, 동국여지승람의 강릉이 예국(濊國)이며 동시에 철국(鐵國)이라 함을 동아리하면 쉐(세, 쇠, 시)-쇠임을 알 수 있다. 말하자면 철기문화를 주도하였던 겨레라고 상정할 수 있다. 예맥의 맥(貊)은 불곰 맥이라고도 읽는다. 말하자면 고마(곰)의 겨레였음을 알 수가 있다. 단군을 있게 한 토착민으로서의 가능성을 엿볼 수가 있다. 오늘날에도 고맙다에서도 고마(熊)가 어머니, 조상신, 하느님의 은혜와 같다는 뜻으로 인사말이 남아 쓰임을 고려하면 우리말에 겨레의 역사와 문화가 투영되었음을 알 수 있다. 고려사 지리지에서 강원도 춘천이 맥국이라 적고 있다. 춘천시 신북읍 발산리에 가면 발산이라는 작은 산이 있다. 여기가 바로 맥국의 왕궁터가 있던 곳이고 일명 왕대산 혹은 왕뒤라고 한다. 이르자면, 곰 웅(熊)-자의 지명의 또 다른 이형이 맥(貊)이라고 본다. 백제(百濟)의 백(百)-도 한자음을 찾아보면 힘쓸 맥으로도 읽는다. 그렇다면 백제는 맥제로 해야 온당하다. 이를 언젠가부터 우리는 백제로 배웠고 백제로 가르쳤다. 이는 우리 고조선 역사의 맥을 잃어버린 뒤틀린 교육이요, 학문이다(정호완, 삼국유사의 상상력). 삼국유사의 예국(穢國)은 삼국지(三國志) 예전에 보이는 예(濊)를 말한다. 일반적으로 예(濊)로 쓴다. 특히 동예는 한반도의 동북부 지역의 민무늬 토기 문화를 기반으로 하는 예족이 세운 나라가 예국이다. 현재 강원도 강릉 혹은 함경도 안변 지역으로 추정되는바, 밭을 갈던 농부가 예왕(濊王)의 인장을 발견하여 바쳤다. 이 지역에서는 구멍무늬토기(孔列土器)가 나온다는 특징을 갖고 있다. 이런 자료로 보아 예국의 영역이 의외로 넓었음을 알 수가 있다(이현혜, 1997c). 예(濊)의 원음이 세(歲, suei)였음을 고려, 이는 철기 문화 곧 쇠를 생산했던 문화로 보인다. 강릉의 또 다른 이름이 철국(鐵國)이었고 동온(東溫)이라고도 했다(신증동국여지승람). 강릉의 예국과 춘천의 맥국(貊國)이 하나로 되었을 때는 예맥국이 된다.

오가야(五伽耶)

가락국기(駕洛國記)의 찬시를 살펴보면, 자줏빛 끈 하나가 내려와 둥근 알 여섯 개를 내려 주었다. 이 중 다섯 개 알은 각 읍으로 돌아가고 한 개는 이 성에 있어서 수로왕(首露王)이 되었고, 각 읍으로 돌아간 다섯 개는 각각 다섯 가야의 주인이 되었다 한다. 그러므로 금관국(金官國)이 다섯 개의 수에 들지 않은 것은 마땅하다. 그런데 고려사략(本朝史略)에는 금관까지 그 수에 넣고 창녕까지 더 기록했으니 잘못이다).

(출전) 按駕洛記贊云, 垂一紫纓, 下六圓卵, 五歸各邑, 一在玆城. 則一爲首露王, 餘五各爲五伽耶之主, 金官不入五數當矣. 而本朝史略, 並數金官而濫記昌寧, 誤(권1 기이1 오가야)

오경(五京)

개원 7년(己未, 719)에 조영(祚榮)이 죽자, 그 시호를 고왕(高王)이라 했다. 세자가 대를 이어 왕위에 오르자 명황(明皇, 당 현종)은 그를 책봉하여 왕위를 잇게 했다. 사사로이 연호를 고치고 드디어 해동의 큰 나라가 되었다. 그 땅에는 5경, 15부, 62주가 있었다. 후당 천성 초년에 거란(契丹)이 발해를 멸망시켰다. 그 뒤로는 마침내 거란에게 지배를 받게 되었다.

(출전) 開元七年(己未)祚榮死, 諡爲高王. 世子襲立, 明皇賜典冊襲王, 私改年號, 遂爲海東盛國, 地有五京, 十五府, 六十二州. 後唐天成初, 契丹攻破之. 其後爲丹所制(권1 기이1 말갈 발해)

오기일(烏忌日)

이로부터 그 나라 풍속에 해마다 정월 상해(上亥), 상자(上子), 상오일(上午日)에는 모든 일을 조심하여 하고, 감히 움직이지 않았다. 그리고 15일을 오기일이라 하여 찰밥을 지어 제사지냈으나 이런 일은 지금까지도 계속 행해지고 있다. 민속에 이것을 달도(怛忉)라고 한다. 슬퍼하고 조심하며 모든 일을 삼가하고 꺼린다는 뜻이다. 또 노인이 나온 못을 이름 하여 서출지(書出池)라고 했다.

(출전) 自爾國俗每正月上亥上子上午等日, 忌愼百事, 不敢動作, 以十五日爲烏忌之日, 以糯飯祭之. 至今行之. 俚言怛忉, 言悲愁而禁忌百事也. 命其池曰書出池(권1 기이1 사금갑)

(새김)

서출지(書出池)란 글이 나온 못이란 말이다. 지금도 경주시 남산동에 자리한 삼국시대의 연못이다. 사적 제138호로 지정되어 관리 보존하고 있다. 신라 소지왕(炤智王) 때, 이 못 근처에서 문득 나타난 노인이, 선혜왕후와 묘심과의 간음 사실을 알리는 편지글을 전했다는 고사가 전해 온다(화랑세기 참조).

오당(吳堂)

다음에 무수한 천신(天神)들이 둘러서서 기다렸다. 조금 있더니 밀본이 도착하여, 경문을 펴기도 전에 양도의 병은 나아서 말도 하고 몸도 움직였다. 그리하여 지나간 사실을 자세히 말했다. 양도는 이 일로 해서 불교를 독실하게 믿어 한평생 게을리 하지 않았다. 흥륜사 오당(吳堂, 금당)의 주불인 미타존상과 좌우 보살을 소상(塑像)으로 만들고, 또 그 당에 금으로 벽화를 그렸다.

(출전) 次有無數天神, 環拱而待. 須臾本至, 不待開經, 其疾乃治, 語通身解, 具說件事. 良圖因此篤信釋氏, 一生無怠, 塑成興輪寺吳堂主, 彌勒尊像, 左右菩薩, 竝滿金畫其堂(권5 신주 밀본최사)

(새김)

근래 들어 번역본에서는 **오당(吳堂)**을 법당(法堂)의 오기로 보았다. 법당은 무설전(無說殿)이라고도 하여 불전(佛殿) 뒤에 있다. 그러면 불전인 금당(金堂)이 온당하다. 흥륜사 주불인 아미타 3존이 안치된 불우는 금당이 옳을 것으로 본다(문경현). **소상(塑像)**이란 흙으로 만든 형상을 이른다. 여기서는 흙으로 빚은 불상을 말한다. **미타존상(彌陀尊像)**은 아미타여래(阿彌陀如來)의 상을 말한다.

오대산(五臺山)

뒤에 대덕 자장(慈藏)이 중국으로 유학하여 오대산에 이르렀더니 문수보살이 현신해서 감응하여 비결을 주면서 그에게 부탁한다. 너희 나라의 황룡사는 바로 석가와 가섭불이 강연하던 곳으로, 연좌석(宴坐石)이 아직도 있다. 그렇기 때문에 인도의 무우왕이 황철 몇 근을 모아서 바다에 띄웠던 것인데, 일천삼백여 년이 지난 뒤에야 너희 나라에 이르러서 불상이 이루어지고 그 절에 모셔졌으니, 이는 대개 위덕의 인연이 그렇게 만들어 준 것이다.

(출전) 後大德慈藏西學到五臺山, 感文殊現身授訣. 仍囑云, 汝國皇龍寺, 乃釋迦與迦葉佛講演之地, 宴坐石猶在. 故天竺無憂王, 聚黃鐵若干斤泛海, 歷一千三百餘年, 然後乃到而國, 成安其寺, 蓋威緣使然也(권3 탑상 황룡사 장륙)

(새김)

오대산(五臺山, 1,563m)에는 한국의 전통 도량으로 월정사와 상원사가 그 중심에 자리한다. 오방의 오대의 도량으로는, 각각 사자암, 관음암, 수정암, 지장암, 미륵암 등을 들 수 있다. 주봉인 비로봉(毘盧峰)을 중심으로 하여 다섯 봉우리가 연꽃처럼 둘러서 있다. 동대로는 만월산(滿月山), 서대로는 장령산(長嶺山), 남대로는 기린산(麒麟山), 북대로는 상왕산(象王山), 중대로는 지로산(智爐山)으로 그 봉우리(臺)를 이른다. 월정사 경내에는 월정사 8각 9층 석탑(국보 제48호), 월정사 석조보살좌상(보물 제139호) 등 중요한 문화재가 많이 보존되어 전한다. 월정사 북쪽에 자리한 상원사에도 상원사동종(上院寺銅鐘, 국보 제36호) 등의 문화재가 있다. 오대산은 문수보살이 머무는 거룩한 산으로 존숭되며 산 전체가 불교성지가 되는

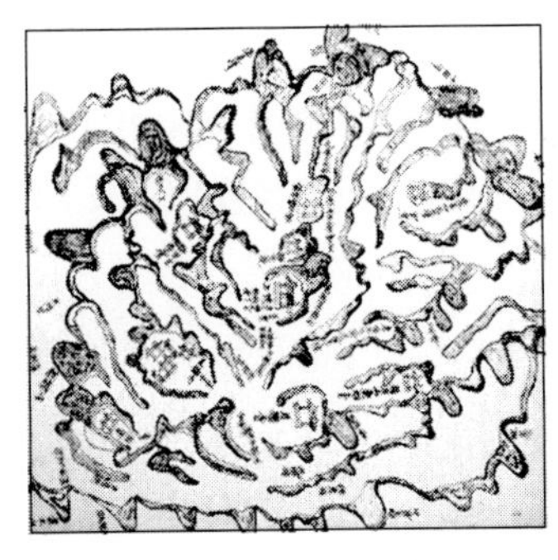

그림 56 오대산 고지도

곳은 남한에서는 오대산뿐이다. 월정사는 자장율사에 의해서, 신라 선덕여왕 12년(643)에 세워진다. 자장(慈藏)은 당 나라에 유학하여 산서성 오대산의 태화지에서 문수보살을 만난다. 이 때 문수보살이 부처님의 사리와 가사를 전해준 뒤, 신라에서도 오대산을 찾으라는 가르침을 받게 된다. 율사는 돌아와 찾게 된 곳이 강원도 오대산이며, 이 때 월정사를 세우고 오대(五臺) 중 중대에 부처님의 사리를 모신 적멸보궁을 만들게 된다. 세조가 병 고침을 얻으려고 찾아갔으며 거기서도 훈민정음(訓民正音)을 창제하는 다리 구실을 하였던 신미대사(信眉大師)를 스승으로 모셨던 공간이기도 하다.

오대산문수사(五臺山文殊寺)

옛날에 연곡현(連谷縣, 현 강릉) 사람이 배를 타고 바닷가에서 물고기를 잡고 있었다. 이 때 문득 탑 하나가 배를 따라오는 것을 보았는데, 그 그림자를 보자 물속 고기들이 모두 흩어져 달아났다. 이 때문에 어부는 한 마리도 잡지 못해서 분한 마음을 참지 못하여 그림자를 따라서 찾아가니 이 탑이었다. 이에 도끼를 들어 그 탑을 쳐부수고 갔는데, 지금 이 탑의 네 귀퉁이가 모두 떨어진 것은 이 까닭이다. 나는 이 말을 듣고, 놀라서 탄식해 마지않았다. 하지만 그 탑의 자리가 조금 동쪽으로 당겨져서 중앙에 있지 않은 것을 이상하게 여겨서 현판 하나를 쳐다보니 거기에는 이렇게 씌어 있다. 비구 처현(處玄)이 일찍이 이 절에 있으면서 탑을 뜰 가운데로 옮겼더니 그 후 30여 년 동안 잠잠히 아무 영험도 없었다. 일자(日者, 점술가)가 터를 구하려고 여기에 와서 탄식하기를, 이 뜰 가운데는 탑을 세울 곳이 아닌데 어찌해서 동쪽으로 옮기지 않는가 했다. 이에 여러 중들이 깨닫고 다시 옛 자리로 옮겼으니 지금 서 있는 곳이 바로 그곳이다. 나는 괴이한 것을 좋아하는 사람은 아니지만 부처의 영험한 신이 그 자취를 나타내어 만물을 이롭게 하는 것이 이같이 빠른 것을 보고서 어찌 불자가 된 사람으로서 잠자코 말하지 않을 수 있으랴. 정풍 원년(丙子, 1156) 10월에 백운자(白雲子)는 쓰노라.

(출전) 昔, 連谷縣人具船沿海而漁, 忽見一塔隨逐舟楫, 凡水族見其影者, 皆逆散四走, 以故漁人一無所得. 不堪憤恚, 尋影而至, 蓋此塔也. 於是, 共揮斤斫之而去, 今此塔四隅皆缺者以此也. 予驚嘆無已, 然怪其置塔, 稍東而不中, 於是仰見一懸板云, 比丘處玄曾住此院, 輒移置庭心, 則二十餘年間寂無靈應. 及日者求基抵此, 乃嘆曰, 是中庭地, 非安塔之所, 胡不移東乎. 於是, 衆僧乃悟, 復移舊處, 今所立者是也. 余非好怪者, 然見其佛之威神, 其急於現迹利物如此, 爲佛子者詎可默而無言耶. 時正豊元年丙子十月日, 白雲子記(권3 탑상 오대산문수사 석탑기)

오도간(五刀干)

개벽 이후에 이 땅에는 나라의 이름과 벼슬의 이름이 없었다. 이럴 때에 아도간(我刀干), 여도간(汝刀干), 피도간(彼刀干), 오도간(五刀干), 유수간(留水干), 유천간(留天干), 신천간(神天干), 오천간(五天干), 신귀간(神鬼干) 등 아홉 간(干)이 있었다.

(출전) 開闢之後, 此地未有邦國之號, 亦無君臣之稱. 越有我刀干, 汝刀干, 彼刀干, 五刀干, 留水干, 留天干, 五天干, 神鬼干等九干者, 是酋長, 領總百姓(권2 기이2 가락국기)

(새김)

아도간(我刀干) 여도간 피도간 등 : 그 어원을 살펴보면 다음과 같다. 아도간은 우리 두레의 추장, 여도간은 너의 두레, 피도는 저의 두레(이병도)이다. 수로왕 이전의 호족들의 존호(미시나)와 같은 풀이들이 있다. 한(韓)의 동국정운식 표기를 보면, 햔(韓, xan)으로 간(干, kan)의 소리와 음상이 같다. 한 마디로 한국은 칸(khan)의 나라 곧 황제의 나라인 것이다(成吉思汗)(강상원).

오두미교(五斗米敎)

고구려본기(高句麗本記)에 이렇게 말했다. 고구려 말기인 무덕과 정관 연간에 나라 사람들은 다투어 오두미교를 믿었다. 당고조가 이를 듣고 도사를 파견하였다. 천존상과 함께 보내왔다. 도덕경을 강론하고 왕과 백성들이 이를 경청하였다.

(출전) 高麗本記云, 麗季武德貞觀間, 國人爭奉五斗米敎, 唐高祖聞之. 遣道士, 送天尊像來, 講道德經, 王與國人聽之(권3 흥법 보장봉로 보덕이암)

(새김)

오두미교(五斗米敎) : 중국의 후한 말 2세기 중엽이다. 사천성에서 장도릉(張道陵)이 만든 도교를 말한다. 당시의 신자들은 쌀 다섯 말을 교단에 바침으로써 입교를 이루는 것으로 통하였다. 창시자인 장도릉을 천사(天師)라 하므로 도교를 천사교라고도 하였다.

오류성중(五類聖衆)

이에 묘범산(妙梵山)으로 가서 정암사를 세웠다. 그 뒤에 신효거사(信孝居士)라는 이가 있었는데 혹은 유동보살의 화신이라고도 했는데 그의 집은 공주(公州)에 있고 효성을 다하여 어머니를 봉양했다. (중략) 이 월정사는 처음에 자장법사가 초가집을 지었으며, 그 다음에는 신효거사가 와서 살았고, 그 다음에는 범일(梵日)의 제자인 신의두타가 와서 암자를 세우고 살았으며 뒤에 또 수다사 장로 유연(有緣)이 와서 살았다. 이로부터 점점 큰 절을 이루었다. 절의 다섯 성중과 9층으로 된 석탑은 모두 성자의 자취이다.

(출전) 而到妙梵山創淨岩寺. 後有信孝居士者, 或云幼童菩薩化身, 家在公州, 養母純孝(중략) 此月精寺, 慈藏初結茅, 次信孝居士來住, 次梵日門人信義頭陁來, 創庵而住. 後有水多寺長老有緣來住, 而漸成大寺. 寺之五類聖衆, 九層石塔皆聖跡也(권3 탑상 대산월정사

오류성중)

(새김)

유동보살(幼童菩薩) : 문수보살(文殊菩薩, मञ्जुश्री, mañjuśrī)을 뜻한다. 문수는 지혜의 보살로서 청순한 어린이와 같으므로 동자상으로 표현한다(미시나, 삼국유사고증). 석가모니 전세의 보살로서 연등불에 공양하던 때의 이름이다(조명기, 불교사전).

오류성중(五類聖衆) : 탑상편의 대산오만진신과 명주 오대산 태자전기 부분에 적혀 있는 관음보살, 지장보살, 대세지보살, 5백 나한, 그리고 문수보살을 통틀어 가리킨다.

오릉(五陵)

나라를 다스린 지 61년 되던 어느 날 혁거세 왕은 하늘로 올라갔는데 7일 뒤에 그 죽은 몸뚱이가 땅에 흩어져 떨어졌다. 그러더니 왕후도 역시 왕을 따라 세상을 떠났다 한다. 나라 사람들은 이들을 합해서 장사지내려 했으나 큰 뱀이 나타나더니 쫓아다니면서 이를 방해하므로 오체를 각각 장사지내어 오릉을 만들고, 또한 능의 이름을 사릉(蛇陵)이라고 했다. 담엄사 북릉이 바로 이것이다. 태자 남해왕이 왕위를 계승했다.

(출전) 理國六十一年, 王升于天, 七日後, 遺體散落于地, 后亦云亡. 國人欲合而葬之. 有大蛇逐禁, 各葬五體爲五陵, 亦名蛇陵, 曇嚴寺北陵是也. 太子南解王繼位(권1 기이1 신라시조 혁거세왕)

오세문(吳世文)

고려의 명사 오세문이 역대가(歷代歌)를 지었는데 여기에 따르면, 대금(大金)의 정우 7년(己卯, 1219)에서 거슬러 따져서 4만 9,600여 세에 이르면 바로 반고씨가 천지를 개벽한 무인년이 된다고 했다.

(출전) 有本朝名士吳世文作歷代歌, 從大金貞祐七年己卯, 逆數至四萬九千六百餘歲, 爲盤古開闢戊寅(권3 탑상 가섭불연좌석)

(새김)

오세문은 고려 중후기의 문호로 판소리의 고향, 고창 사람이었다. 한림학사 오학린(吳學麟)의 손자이다. 세공(世功)과 세문(世文), 그리고 세재(世才) 삼 형제가 문단의 큰 별이었다. 오세문의 역대가(歷代歌)는 서거정이 기술한 대로 동방의 문장이라고 서거정의 동인시화(東人詩話)에서 평하였다.

오어사(吾魚寺)

이 때 원효(元曉)가 여러 가지 불경의 소(疏, 풀이)를 쓰고 있었는데, 언제나 혜공 스님에게 가서 묻고 혹은 서로 희롱도 했다. 어느 날 혜공과 원효가 시내를 따라 가면서 물고기와 새우를 잡아먹다가 돌 위에서 대변을 보았다. 혜공이 원효를 가리키면서 장난기 어린 말을 했다. 그대가 눈 똥은 내가 잡은 물고기일 게요. 이런 일이 있었기 때문에 이 절을 오어사라 했다. 어떤 사람은 이것을 원효대사의 말이라 하지만 이는 잘못이다. 세상에서는 그 시내를 잘못 불러 모의천(芼矣川)이라고 한다.

(출전) 時元曉撰諸經疏, 每就師質疑, 或相調戲. 一日二公沿溪掇魚蝦而啖之. 放便於石上, 公指之戲曰汝屎吾魚, 故因名吾魚寺. 或人以此爲曉師之語, 濫也(권4 의해 이혜동진)

(새김)

오어사(吾魚寺)는 신라 진평왕 무렵에 세웠다고 한다. 절은 경북 포항시 오천읍 항사리에 있는 운제산(雲梯山)에 자리한다. 절의 본 이름은 항사사(恒沙寺)였다. 포항에서 가장 큰 절이며, 운제산은 크고 넓어 가슴 넓은 부처님을 떠올리게 한다. 전설에 따르자면, 혜공(惠空)이 이 절에 머물렀을 때였다. 혜공을 찾아온 원효(元曉)가 자신의 저술에 대한 자문을 구하기 위함이었다. 두 스님은 함께 골짜기에서 고기를 잡아먹고 따스한 바위에서 잠을 자다가 일어나 똥을 누었다. 똥에서 나온 물고기가 문제였다. 두 마리 중 한 마리가 살아서 헤엄치는 고기를 보고 서로 자기 고기라고 했다 하여 오어사(吾魚寺)라고 하였다. 말하자면 여시오어(汝屎吾魚)라는 주장이다. 조선 영조 12년(1736) 절이 불에 탔다가 영조 18년(1742)에 치철(致哲)이 다시 세웠다. 그 뒤의 역사는 알 수가 없다. 유적에 따르면, 절의 북쪽에 자장암과 혜공암, 남쪽 원효암, 서쪽에 의상암 등의 수도처가 있었음으로 미루어 이들 네 스님의 행적과 깊은 인연이 있을 것으로 본다. 절 뒤편의 절벽 위를 올라 다니며 이곳에서 수도하던 스님들은 계곡의 구름을 사다리 삼아 다녔다고 하여 산 이름을 운제라고 하였다. 오늘날에는 딸린 암자로 자장암과 원효암이 자리하고 있으며, 오어사 앞의 저수지와 홍계폭포, 기암절벽 등의 풍광이 아름답다.

오월(吳越)

또 해동의 명현 안홍(安弘)이 지은 동도성립기(東都成立記)에는 이런 말이 있다. 신라 제27대에는 여자가 왕이 되니 비록 올바른 도리는 있어도 위엄이 없어서 구한(九韓)이 침범하는 것이다. 만일 대궐 남쪽 황룡사에 구층탑을 세우면 이웃 나라가 침범하는 재앙을 진압할 수 있을 것이다. 1층은 일본(日本), 2층은 중화(中華), 3층은 오월(吳越), 4층은 탁라(托羅), 5층은 응유(鷹遊, 백제), 6층은 말갈(靺鞨), 7층은 거란(契丹), 8층은 여진(女眞), 9층은 예맥(穢貊)을 다스린다.

(출전) 又海東名賢安弘撰東都成立記云新羅第二十七代, 女王爲主, 雖有道無威, 九韓侵勞, 若龍宮南皇龍寺建九層塔, 則隣國之災可鎭, 第一層日本, 第二層中華, 第三層吳越, 第四層托羅, 第五層鷹遊, 第六層靺鞨, 第七層丹國, 第八層女狄, 第九層穢貊(권3 탑상 황룡사구층탑)

오이(烏伊)

이에 주몽은 오이 등 세 사람을 벗으로 삼아 엄수(淹水)에 이르러 물을 보고 말했다. 나는 천제의 아들이요, 하백(河伯)의 손자이다. 오늘 도망해 가는데 뒤쫓는 자들이 거의 따라오게 되었으니 어찌하면 좋겠느냐. 이에 고기와 자라들이 다리를 놓아 주몽 일행이 다 건너니까 다리를 해체하였다. 그러니까 좇아오던 대소의 말 탄 군사들이 강을 건너지 못하였다.

(출전) 於時, 蒙與烏伊等三人爲友, 行至淹水(今未詳) 告水曰我是天帝子, 河伯孫, 今日逃遁, 追者垂及, 奈何 於是 魚鼈成橋, 得渡而橋解, 追騎不得渡(권1 기이1 고구려)

(새김)

오이(烏伊) : 주몽을 도와 고구려 건국의 새벽을 열었던 선구자들이다. 삼국사기 고구려본기 부분에서는 오이와 마리(摩離), 그리고 협부(俠夫)로 올라 있다.

오진(悟眞)

세상에서 전하는 말에 의상(義湘)은 금산보개(金山寶蓋)의 화신이라 하는데 그의 제자에는 오진, 지통, 표훈, 진정, 진장, 도융, 양원, 상원, 능인, 의적 등 10명의 고승들이 영도가 되었는데, 그들은 모두 성현에 버금가는 아성들이며 각각 전기가 있다.

(출전) 世傳湘乃金山寶蓋之幻有也. 徒弟悟眞, 智通, 表訓, 眞定, 眞藏, 道融, 良圓, 相源, 能仁, 義寂等十大德爲領首, 皆亞聖也. 各有傳(권4 의해 의상전교)

오천간(五天干) ☞ 오도간

오회사(烏會寺)

그러나 왕은 그 말을 깨닫지 못했다. 현경 4년(己未, 659)에 백제 오회사(烏會寺, 달리 오합사)에 크고 붉은 말 한 마리가 나타나 밤낮으로 여섯 번이나 절을 돌아다녔다. 2월에는 여우 여러 마리가 의자왕의 궁중으로 들어왔는데 그 중 한 마리는 좌평(佐平)의 책상 위에 올라앉았다. 4월에는 태자궁 안에서 암탉과 작은 참새가 짝짓기를 했다. 5월에는 사비수(泗沘水, 부여에 있는 강) 언덕 위에 큰 물고기가 나와서 죽어 있었는데 길이가 세 길이나 되었으며 이것을 먹은 사람은 모두 죽었다.

(출전) 王不省. 現慶四年己未, 百濟烏會寺(亦云烏合寺)有大赤馬, 晝夜六時, 遶寺行道, 二月, 衆狐入義慈宮中, 一白狐坐佐平書案上, 四月, 太子宮雌雞與小雀交婚, 五月, 泗沘(扶餘江名)岸大魚出死, 長三丈, 人食之者皆死(권1 기이1 태종춘추공)

옥룡집(玉龍集)

옥룡집(玉龍集)과 자장전(慈藏傳), 그리고 여러 사람의 전기에는 모두 이렇게 말했다. 신라 월성 동쪽, 용궁 남쪽에 가섭불의 연좌석이 있으니, 이것은 곧 전불(前佛) 때의 절터이며, 지금 황룡사 터는 곧 일곱 절의 하나다.

(출전) 玉龍集及慈藏傳與諸家傳紀皆云新羅月城東, 龍宮南, 有迦葉佛宴坐石. 其地卽前佛時伽

藍之墟也. 今皇龍寺之地卽七伽藍之一也(권3 탑상 가섭불연좌석)

(새김)

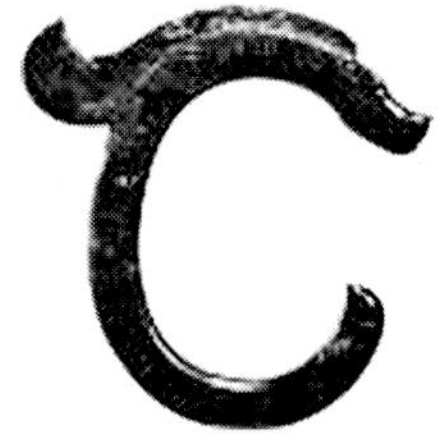

그림 57 옥룡

옥룡(玉龍)이란 글자 그대로 풀면 옥으로 만든 용을 말한다. 옥(玉)은 자원으로 볼 때, 갑골문에서는 구슬 세 개를 나란히 엮어놓은 형상이다. 그 소리는 어욕절(魚欲切)로 발음은 유(yu)가 된다. 허신의 설문해자(說文解字)에서는 옥이 인의지용혈(仁義智勇絜)의 오덕을 갖추었다고 하였다. 옥으로 대표되는 곧 홍산문화(紅山文化)의 유물 가운데 가장 두드러진 것이 씨(C)자 형의 옥룡(玉龍)이다. 옥이란 임금이 하늘의 신과 소통하는 매개물이다. 옥새(玉璽)가 옥기문화의 상징적인 얼굴이다. 황하문명으로부터 발달한 문명이 중화문명으로 기술되던 시점에서 다시 요하(遼河) 문명으로 재구조화되는 추세다. 그렇게 함으로써 중국 역사의 기원이 천 년 정도 거슬러 기술되는 결과를 가져 온다. 요하문명의 공간을 고조선의 강역으로 상정한다. 중국 요녕성의 조양시 우하량과 내몽고자치구의 적봉시 하가점, 그리고 오한기가 그 중심에 자리한다. 옥으로 빚은 용인데 돼지 같은 형상으로, 혹은 곰 같은 형상으로, 혹은 새 같은 형상으로 풀이되기도 한다. 여기서 빼놓을 수 없는 유물이 여신상이다. 여신상의 발모양이 곰의 발바닥과 비슷하여 웅녀(熊女)로 추정하기도 한다. 신석기 시대와 청동기 시대의 어름에 옥기 시대를 설정할 지경에 이르렀다. 갑골문자로 보아 예(禮)란 글자는, 제기(豆) 위에 두 개의 옥(玉)을 올려놓은 형상(曲)이다. 그러니까 옥을 신에게 예물로 드린 것이다. 실제로 유물 가운데 옥 거북이, 옥 베개, 옥패(玉牌)가 출토되었다. 이와 함께 요녕성 조양시 우하량(牛河梁)의 무덤 양식도 고구려와 같은 돌을 쌓아 만든 적석총(積石塚)이다. 큰 것은 한 변이 60미터가 넘는 큰 피라미드형으로 원시 국가의 존재를 가늠하게 해준다. 석곽 안의 석관에서 씨자(C)형 옥룡(玉龍)이 출토되고 적석총의 돌 사이에서 청동기를 만들던 도구가 나온 것이다. 제철 이후에 남아 버린 찌꺼기(殘滓, sludge)가 나왔다. 특히 옥기문화의 후속 문화로서 청동기 문화가 이어진다. 적석총의 분포는 요동반도-한반도-일본에서 확인되었다. 중원에서는 찾기 어렵다. 더불어 고인돌(支石, dolmen)의 분포와 맞먹는다. 이는 단군조선의 비파형 동검으로 대표되는 것이며 옥기문화와 비파형 동검의 청동기 문화 유적지가 상당부분 겹쳐진다는 점을 주목할 필요가 있다. 옥기 문화는 동이족의 문화일 가능성이 높다고 볼 수 있다. 이러한 옥기문화는 압록강 주변과 강원도 고성에도 확인되는바, 이는 동이족의 민족 이동에 따른 결과로 보인다(정호완).

옥문지(玉門池)

신라 제27대 덕만(德曼, 曼은 달리 萬)의 시호는 선덕여대왕 성은 김씨, 아버지는 진평왕이다. 정관 6년(壬辰, 632)에 즉위하여 나라를 다스린 지 16년 동안에 미리 안 일이 세 가지가 있었다. 첫째는, 당 나라 태종이 붉은 빛, 자줏빛, 흰빛의 세 가지 빛으로 그린 모란과 그 씨 석 되를 보내 온 일이 있었다. 왕은 그림의 꽃을 보더니 말하기를, 이 꽃은 필경 향기가 없을 것이다 하고 그 씨를 뜰에 심도록 했다. 거기에서 꽃이 피어 떨어질 때까지 보니 과연 왕의 말이 맞았다. 둘째는, 영묘사 옥문지에 겨울인데도 개구리들이 많이 모여들어 3, 4일 동안 울어댄 일이 있었다.

(출전) 第二十七德曼(一作万)諡善德女大王, 姓金氏, 父眞平王. 以貞觀六年壬辰卽位, 御國十六年, 凡知幾有三事. 初, 唐太宗送畵牧丹三色紅紫白, 以其實三升, 王見畫花曰此花定無香 仍命種於庭, 待其開落, 果如其言. 二, 於靈廟寺玉門池, 冬月衆蛙集鳴三四日(권1 기이1 선덕왕 지기삼사)

(새김)

옥문지(玉門池)라 함은 여성의 옥문과 같이 생긴 연못이란 뜻이다. 옥동자가 나오는 문이라고 하여 미화법으로 승화시킨 표현이다. 본디 옥문(玉門)은 옥으로 만든 문을 말한다. 옥(玉)은 인간과 신이 서로 교통하는 상징으로써 역대 제왕들이 하늘에 제를 올릴 때 쓰던 소중한 보배이기도 했다. 임금의 옥새(玉璽)가 그 얼굴이다. 옥출곤강(玉出崑崗)이라 하여 중국의 곤륜산에 나오는 옥을 가장 좋은 것으로 여겼다. 여근곡(女根谷)과 대조를 이룬다. 여근곡 아래의 들을 씹들이라 한다.

옥저(沃沮)

흑수(黑水)와 옥저(沃沮)에 대해서는 동파(東坡)의 지장도(指掌圖)를 보면 진한(辰韓) 북쪽에 남북의 흑수가 있다고 했다. 돌아보건대, 동명제는 왕위에 오른 지 10년만에 북옥저를 멸망시켰고, 온조왕 42년(23)에 남옥저의 20여 집이 신라에 투항했다. 또 혁거세 53년(전5)에 동옥저가 신라에 와서 좋은 말을 바쳤다고 했다. 그러니 동옥저란 땅도 있었던 것이다.

(출전) 黑水, 沃沮, 按東坡指掌圖, 辰韓之北, 有南北黑水. 按東明帝立十年滅北沃沮, 溫祚王四十二年南沃沮二十餘家來投, 新羅又赫居世五十三年東沃沮來獻良馬(권1 기이1 말갈발해)

(새김)

중국 서진(西晉)의 진수(陳壽)는 삼국지(三國志) 위서 동이전에서 북옥저나 동옥저를 다루었으나, 정작 중요한 남옥저는 기록이 보이지 않는다. 진수(233-297)는 삼국지의 저자이자 역사가였다. 자는 승조(承祚) 파서군(巴西郡) 안한현(安漢縣) 사람이었다. 김부식(金富軾)의 삼국사기에는 기원전 28년 북옥저가 고구려에게 가장 먼저 통합되었으며, 32년 무렵 남옥저를 통합, 동옥저의 완전한 통합까지를 간추려 적고 있다. 아울러 삼국사기 고구려본기에, 호동(好童)이 **옥저**로 놀러 갔을 때 낙랑왕(樂浪王) 최리(崔理)가 나왔다는 부분에서 남옥저를 낙랑왕(樂浪王)이라고 적고 있다. 이는 상황으로 보아 낙랑군(樂浪郡)의 예(濊)족들이 남옥저로 통합되면서 낙랑왕이라는 호칭을 쓴 것으로 보인다. 고구려가 남옥저를 통합한 때는 대무신왕 15년(32)이었다. 조선상고사(신채호, 1948)에서는 옥저를 와지라 하며 이는 가시라〔森林〕인데 한자로 옥저(沃沮)라 적었다.

옥천사(玉泉寺)

의상(義湘)은 이에 영을 내려 열 곳 절에서 불교를 전하니 태백산의 부석사(浮石寺), 원주의 비마라사(毗摩羅寺), 가야산의 해인사(海印寺), 비슬산의 옥천사(玉泉寺), 금정산의 범어사(梵魚寺), 남악의 화엄사(華嚴寺) 등이 이것이다.

(출전) 湘乃令十刹傳敎, 太伯山浮石寺, 原州毗摩羅, 伽耶之海印, 毗瑟之玉泉, 金井之梵魚, 南嶽華嚴寺等, 是也(권4 의해 의상전교)

(새김)

비슬산의 옥천사는 오늘날의 **용천사**(湧泉寺, 비슬산)를 말한다. 대구시 달성군에 자리한 비슬산(琵瑟山, 1084m)은 이두로 빗-빛-불을 연상하게 한다. 곧 화산작용으로 불빛이 상당 기간 주위를 비쳤던 것으로 보인다. 불교적으로는 부처님의 후광을 이른 것으로 볼 수 있다. 용천사에서 104명의 불교 성현이 태어날 것이라는 예언이 이를 뒷받침하기도 한다. 예전에는 포산(包山)이라고 불렀다. 관기(觀機)와 도성(道成) 두 성인의 사적이 삼국유사 의해편에 실려 있으며 일연(一然) 선사가 전후기 33년의 수도 생활을 하며 삼국유사의 구상과 왕력(王曆) 편을 지은 곳이다. 봄이면 진달래 축제로 널리 사랑을 받는 산이기도 하다.

온조왕(溫祚王)

또한 백제 온조왕에 대한 말에는 동쪽에 낙랑이 있고, 북쪽에 말갈(靺鞨)이 있다고 했다. 이는 아마도 옛날 한(漢) 나라 때 낙랑군에 소속되었던 현일 것이다. 신라 사람들이 역시 이곳을 낙랑(樂浪)이라고 했기 때문에 지금 고려에서도 또한 여기에 따라 낙랑군 부인이라 불렀다. 또 태조가 그 딸을 김부(金傅)에게 시집을 보내면서 역시 낙랑공주라 불렀다.

(출전) 又百濟溫祚之言, 曰東有樂浪, 北有靺鞨, 則殆古漢時樂浪郡之屬縣之地也. 新羅人亦以稱樂浪, 故今本朝亦因之而稱樂浪郡夫人, 又太祖降女於金傅, 亦曰樂浪公主(권1 기이1 낙랑국)

(새김)

온조의 어원에 대하여는 여러 가지 풀이가 있다. 그 대강을 들어 보이면 아래와 같다.

* 박은용(1972)에서는 백제를 온조와 함께 ənсə의 표기로 보고서 그 뜻을 廣/寬으로 풀이할 수 있다고 하였다. 본디의 의미는 선봉, 지도자를 의미하는 고유명사라고 하였다.

* 온조를 시조 개인의 왕호로 보지 말고 溫祚-百濟와 같이 대응시킬 때, 溫-百(祚≒濟)이 성립함으로써 백(百)의 훈 *on을 생각할 수 있다. 만일 은조(殷祚)가 온조의 이표기라면 이것들은 음독이 가능하며 백(百)의 훈과 정확히 일치한다. 중세국어의 온(溫(百曰溫, 계림유사))과도 일치를 보인다. 결국 백제는 우리말 수사 온(百)의 소리와 뜻을 빌어 적은 표기일 수 있다(도수희1977).

* 고대국어에서 온(溫)-의 종성이 외파음이므로 *ɔnə였다고 추측된다. 성(城)의 뜻으로 쓰인

경우가 있다. 행용이문(行用吏文)에 재(在)-성(城)曰재로 보아 백제는 ɔnə-cai ⇒ ɔnə-sai로 n이 모음 사이에서 r로 변동한 *ɔrə-sai로 추정한다(jərə(十濟)-ərəsai(百濟)-ərəsai(慰禮城)(이병선1988).

* 계림유사(雞林類事)에서도 百曰溫이었으며 중세어에서도 온(溫)으로 표기되었다. 백(百)의 온(溫)〔un〕 역시 고대인의 수 관념과 관련하여 십(十)과 마찬가지로 '많은 수' 곧 '온'이란 뜻으로 쓰인 것으로 보인다(천소영1990).

* 토이기어 온〔on〕은 십(十)을 뜻한다. 십제(十濟)를 역상불역하(譯上不譯下)하면 온제〔once〕가 된다. 위례성(慰禮城)의 위례는 십(十)을 뜻하는 말로 현대어 열과 유사한 음의 표기라고 본다. 성(城)은 잣. 제와 기〔ki〕가 있어 제(濟)와 통한다. 중세국어로 온〔on〕은 백을 뜻한다. 이는 백제가 온제〔once〕의 석차이다. 따라서 '十濟-百濟-伯濟-慰禮城'의 등식을 얻고 이들이 건국자 온조의 이표기임 을 알 수 있다(강헌규1988).

* 삼국사기(三國史記)의 백제본기의 십-백의 어원도 믿을 게 못된다. 十濟-百濟-溫祚는 모두 온제(onje-高氏 öndür, 몽고문어)로 읽어야 할 것이다. 십제(十濟)는 후기 신라의 지배층이 터키어를 썼던 만큼 백제인들이 왕을 온제(onje)라 하므로 자기들이 쓰는 말로 십을 온(on, turk)이라 하니 십(十)과 제(濟)를 붙여 십제(十濟-onje)라 했고 백제는 지배층이 몽고어를 썼다. 쟈군(jaɣun-百mong)에 비교가 될 수 있는 온(on-百훈독)에 제(je-濟음독)를 부가하여 백제(onje)라고 표기했던 것으로 추측된다(강길운1980).

* 문화기호론적인 관점에서 백제의 백(百)은 힘쓸 '맥'으로 볼 수 있다. 온조와 비류 같은 부여족 곧 맥족(貊族)의 후예들로서 남하하면서 78국 소국가 시절의 많은 나라를 통합하면서 세운 나라가 백제다. 맥의 본질은 수조신앙으로서 곰 조상 숭배문화다. 백두산(일명 熊神山)의 백(白)이 그렇고 웅진(熊津, 고마ᄂᆞᄅᆞ〔公州〕, 용가3-15)이 그렇다. 춘천에 가면 삼악산성을 둘러싼 지역에 맥국(貊國)의 터가 남아 오늘날까지도 산과 마을의 이름에 살아 쓰인다. 말하자면 곰(고마)을 조상으로 섬기는 조상숭배 신앙이라 할 것이다. 백제가 아니라 맥제라 해야 온당하다. 지금도 우리말에 고맙다는 그런 문화기호로 쓰이고 있다(정호완, 1991). 맥족의 나라로 통일하였으니 온조라 한 것으로 상정된다.

완산아(完山兒)

처음에 견훤이 아직 잠자리에서 일어나기 전이었다. 궁궐에서 환호하는 소리가 멀리 들렸다. 이 게 무슨 소리냐고 물었다. 신검이 아비에게 아뢰었다. '임금이 나이 들어 군사와 정치에 어두워서 맏아들 신검이 왕의 자리를 대신하니 여러 장수가 기꺼이 축하하는 소리입니다.' 얼마 뒤에 아비를 금산사로 옮기고 파달 등 장사 30여명이 지키도록 하였다. 동요에 이르기를, '불쌍하다. 완산아이여, 아비를 잃고 울고 있네.' 견훤은 후궁과 애첩 고비와 딸 애복, 막내 능예 등과 함께 절간에 갇혔다.

(출전) 初萱寢未起, 遙聞宮庭呼喊聲, 問是何聲歟 告父曰王年老, 暗於軍國政要, 長子神劍攝父王位, 而諸將歡賀聲也. 俄移父於金山佛宇, 以巴達等壯士三十人守之. 童謠曰可憐完山兒, 失父涕連洒, 萱與後宮年少男女二人・嬖妾古比女・子哀福內人季男能乂等囚繫

(권2기이 후백제 견훤).

완산주(完山州)

이 때 북원(北原)의 난신인 양길(良吉)의 세력이 몹시 강성하여 궁예(弓裔)는 자진해서 그 부하가 되었다. 견훤이 이 소식을 듣고 멀리 양길에게 직책을 주어 비장으로 삼았다. 견훤이 서쪽으로 순행하여 완산주(完山州, 전주)에 이르니 고을 백성들이 영접하면서 위로했다.

(출전) 北原賊良吉雄强, 弓裔自投爲麾下. 萱聞之. 遙授良吉職爲裨將. 萱西巡至完山州, 州民迎勞, 喜得人心(권2 기이2 후백제 견훤)

완하국(玩夏國)

이 때 문득 완하국 함달왕(含達王)의 부인이 아기를 배어 달이 차서 알을 낳으니, 그 알이 변화해서 사람이 되어 이름을 탈해(脫解)라 했는데, 이 탈해가 바다를 좇아서 가락국에 왔다. 키가 3척이요 머리 둘레가 1척이나 되었다.

(출전) 忽有琓夏國含達王之夫人妊娠, 彌月生卵, 化爲人, 名曰脫解. 從海而來, 身長三尺, 頭圍一尺(권2 기이2 가락국기)

(새김)

완하국은 석탈해가 태어난 나라다. 삼국사기에는, '탈해는 본래 다파나국의 소생이다. 그 나라는 왜국(倭國)의 동북 1천리 어름에 있다'고 하였다. 그러나 삼국유사에서 '나는 본래 용성국(龍城國) 사람이라'고 풀이하여 용성국은 달리 정명국(正明國)이라 하였다. 달리 완하국(琓夏國), 화하국(花廈國)이라고도 하며 왜국의 동북쪽 1천리가 된다고 하였다. 그러면 다파나국과 용성국이나 정명국, 완하국, 화하국은 다른 이름인 듯하다. 오늘날의 자리는 잘 알 수가 없다. 더러는 다파나국의 소리가 탐라국(耽羅國)의 소리가 비슷하기 때문에 지금의 제주도가 다파나국이라는 풀이도 있다. 탐라국은 담라-탐라의 대응이 되므로 다파-다바-담과 상응할 가능성은 있다고 본다. 일설에는 서남부 인도 지역이라고 한다.

왕거인(王居仁)

나라 사람들이 근심하여 이에 다라니(陁羅尼)의 은어를 지어 써서 길 위에 던졌다. 왕과 권세를 잡은 신하들은 이것을 얻어 보고 말했다. 이 글은 왕거인이 아니고는 지을 사람이 있겠느냐. 이리하여 거인을 옥에 가두자 거인은 시를 지어 하늘에 호소했다. 이에 하늘이 그 옥에 벼락을 쳐서 거인을 살아나게 했다.

(출전) 國人患之. 乃作陁羅尼隱語, 書投路上. 王與權臣等得之. 謂曰此非王居仁, 誰作此文 乃囚居仁於獄. 居仁作詩訴于天, 天乃震其獄囚以免之(권2 기이2 진성여대왕 거타지)

(새김)

다라니는 범어 다라니(धारनी, dharani)의 음역이며 다린니(陀隣尼)라고도 쓴다. 의역해서 총지(總持), 능지(能持), 능차(能遮)라 한다. 무량무변한 이치를 깨달아 지니고 상실하지 않는 정신력을 일컫는다. 일종의 연상사고인데, 하나의 일을 기억함으로써 다른 일까지 유추하고 잊어버리지 않도록 함을 이른다.

왕검(王儉)

위서(魏書)에 이렇게 말했다. 지금으로부터 2천 년 전에 단군왕검이 있었다. 그는 아사달(阿斯達, 경에는 무엽산 또는 백악이라고도 하는데 백주에 있었다. 혹은 또 개성 동쪽에 있다고도 한다. 이는 바로 현 백악궁)에 도읍을 정하고 새로 나라를 세워 국호를 조선(朝鮮)이라고 불렀으니 이것은 고(高, 堯)와 같은 시기였다.

(출전) 魏書云, 乃往二千載有壇君王儉, 立都阿斯達(經云無葉山, 亦云白岳, 在白州地, 或云在開城東, 今白岳宮是), 開國號朝鮮, 與高同時(권1 기이1 고조선)

(새김)

일설에 **백악산**을 중국 길림시에 자리한 용담산(龍潭山)으로 보기도 한다. 일명 녹산(鹿山)이라고도 한다. 녹산(鹿山)의 녹(鹿)은 사슴이다. 사슴을 만주말로는 푸후(puhu)라고 한다. 일종의 사슴 토템이다. 이는 부여(夫餘)의 소리가 푸위(puü)라고 한다. 또한 부여의 유적은 이를 뒷받침해 준다는 것이다(李健才(1986), 東北史地考略 참조). 지금도 용담산성에 가면 고구려의 옛 성터가 남아 있다.

왕검성(王儉城)

우거는 지세가 험한 곳에 군사를 내어 그를 막았다. 누선장군은 제(齊)의 군사 7천 명을 거느리고 먼저 왕검성에 이르렀다. 이 때 우거는 성을 지키고 있었는데 누선의 군사가 얼마 되지 않는 것을 정탐해서 알고 곧 나가서 누선을 공격하니 누선이 패해 달아났다. 누선장군 양복은 군사들을 잃고 산 속으로 도망해서 죽음을 면했다. 좌장군 순체도 조선의 패수 서쪽을 쳤지만 깨뜨리지 못했다.

(출전) 右渠發兵距嶮. 樓舡將軍將齊七千人, 先到王儉, 右渠城守, 規知樓舡軍小, 卽出擊樓舡, 樓舡敗走, 僕失衆遁山中獲免. 左將軍擊朝鮮浿水西軍, 未能破(권1 기이1 위만조선)

(새김)

왕검성은 위만조선의 도읍지이다. 난하(灤河)의 중 하류로 그 위치를 비정하는 풀이가 있다(윤내현). 왕검은 님금-임금이란 말을 적기 위하여 한자의 뜻과 소리를 빌려 적은 것이다. 말하자면 왕검의 검(儉)은 앞의 왕(王)을 님검으로 읽으라는 말음첨기의 표지 구실을 한다(정호완).

왕검조선(王儉朝鮮)

위서(魏書)에 이렇게 말했다. 지금으로부터 2천 년 전에 단군왕검이 있었다. 그는 아사달(阿斯達, 경에는 무엽산 또는 백악이라 하였는데 백주에 있었다. 혹은 또 개성 동쪽에 있다고도 한다. 이는 현 백악궁이다)에 도읍을 정하고 새로 나라를 세워 국호를 조선이라고 불렀으니 이것은 요 임금 시기와 같은 시기였다.

(출전) 魏書云, 乃往二千載有壇君王儉, 立都阿斯達(經云無葉山, 亦云白岳, 在白州地, 或云在開城東, 今白岳宮是), 開國號朝鮮, 與高同時(권1 기이1 고조선)

왕겹(王唊)

공손수는 우선 누선장군을 묶어 놓고 그 군사를 합쳐서 좌장군과 함께 급히 조선을 공격했다. 이 때 조선의 재상 노인(路人)과 재상 한도(韓陶)와 또 이계(尼谿)의 재상 삼(參)과 장군 왕겹(王唊, 안사고는 말하기를, 이계는 지명으로 이들은 모두 네 명이라고 했다)은 서로 의논하여 항복하려 했으나 왕은 이 말을 따르려 하지 않았다.

(출전) 天子以久不能決, 使故濟南太守公孫遂往正之. 有便宜將以從事. 遂至, 縛樓舡將軍, 並其軍與左將軍, 急擊朝鮮. 朝鮮相路人・相韓陶・尼谿相參・將軍王唊(師古曰, 尼谿地名, 四人也), 相與謀欲降, 王不肯之(권1 기이1 위만조선)

(새김)

왕겹(王唊)의 겹(唊)은 협이 아니라 겹으로 읽음이 맞다(古協切, 唐韻, jia). 왕이 직할하던 군사를 통솔하던 장군으로 그의 성씨가 왕(王)인데 평주후에 봉해졌다가 조선 멸망 후 열후(列侯)에 봉해졌다(한서 권17 경부소원성공신표).

왕대종록(王代宗錄)

또 떠올려 보면, 고려의 문사 김관의(金寬毅)가 지은 왕대종록 2권에 신라 말엽에 고승 석충(釋冲)이 고려 태조에게 진표율사의 가사 한 벌과 계간자(戒簡子) 189개를 바쳤다고 적혀 있다. 이것이 지금 동화사에 전해 오는 간자와 같은 것인지 다른 것인지 알 수 없다.

(출전) 又按本朝文士金寬毅所撰王代宗錄二卷云, 羅末, 新羅大德釋冲, 獻太祖以表律師袈裟一領, 戒簡百八十九枚, 今與桐華寺所傳簡子(권4 의해 심지계조)

(새김)

고려 의종 무렵 징사랑검교군기감(徵仕郎檢校軍器監)을 지낸 **김관의(金寬毅)**가 지은 고려 왕조에 관한 역사 기록이다. 모두가 2권으로 되어 있었다고 하지만 현전하지 않는다. 따라서 편찬, 간행의 동기 및 목적 등은 알 수가 없다.

왕망사(王望寺)

혜통이 왕망사에 있다가 갑옷 입은 병사가 오는 것을 보고 지붕에 올라가서 사기병과 붉은 먹을 찍은 붓을 가지고 그들에게 소리쳤다. 내가 하는 것을 보라고 병의 목에다 한 획을 그으면서 말한다. 너희들은 모두 너희들의 목을 보라. 목을 보니 모두 붉은 획이 그어져 있으므로 서로 보면서 놀랐다. 혜통은 또 소리친다. 내가 만일 이 병의 목을 자르면 너희들의 목도 잘려질 것이다. 어찌 하려느냐. 병사들이 달려와서 붉은 획이 그어진 자기네 목을 왕에게 보이니 왕이 말하기를, 스님의 신통력을 어찌 사람의 힘으로 막을 수 있겠느냐 하고 그대로 내버려두었다.

(출전) 通在王望寺, 見甲徒至, 登屋, 携砂瓶, 研朱筆而呼之見我所爲. 乃於瓶項, 抹一畫曰爾輩宜各見項, 視之皆朱畫, 相視愕然. 又呼曰若斷瓶項, 應斷爾項, 如何, 其徒奔走, 以朱項赴王, 王曰和尙神通, 豈人力所能圖, 乃捨之(권5 신주 혜통항룡)

왕화상(王和尙)

혜통은 이에 분하고 애가 타서 뜰에 서서 불 동이를 머리에 이고 있었다. 조금 뒤에 정수리가 터지는데 소리가 천둥과 같았다. 삼장(三藏)이 이 소리를 듣고 와서 보더니 물동이를 치우고 손가락으로 터진 곳을 만지면서 주문을 외니 상처는 이내 아물어서 전과 같이 되었다. 그러나 흉터가 생겨 왕자(王字) 무늬와 같으므로 왕화상이라고 하여 그의 인품에 깊이 통감하여 비법을 전했다.

(출전) 通乃憤悱立於庭, 頭戴火盆, 須臾頂裂聲如雷. 藏聞來視之. 撤火盆, 以指按裂處, 誦神咒, 瘡合如平日, 有瑕如王字文. 因號王和尙, 深器之. 傳印訣(권5 신주 혜통항룡)

(새김)

혜통은 해동 곧 신라에서 일어난 진언종(眞言宗)의 개척자였다. 경북 경주에서 태어났다. 어려서 수달을 잡아먹고 뼈를 마당에 버렸더니, 그 뼈가 살아 있는 것처럼 제 집으로 돌아가 새끼 다섯 마리를 품고 있는 것을 보고 크게 놀라 잘못을 뉘우치고 집을 나가 수도자의 길을 걷게 된다. 달리 **왕화상(王和尙)**이라 하였으며 선무외(善無畏) 화상의 밀교의 비법을 전수하여 신통력으로써 당 나라 고종(高宗)의 딸인 공주의 병을 고쳤으며, 신라에 돌아온 다음에도 여러 이적을 나타내었다.

왕후사(王后寺)

수로왕의 8대손 김질왕(金銍王)은 정치에 부지런하고 또 참된 일을 매우 숭상하여 시조모 허황후를 위해서 그의 명복을 빌고자 했다. 이에 원가 29년(壬辰, 452)에 수로왕과 허황후가 혼인하던 곳에 절을 세워 절 이름을 왕후사라 하고 사자를 보내어 절 근처에 있는 평전 10결을 측량해서 삼보를 공양하는 비용으로 쓰게 했다.

(출전) 元君八代孫金銍王克勤爲政, 又切崇眞, 爲世祖母許皇后奉資冥福, 以元嘉二十九年壬辰, 於元君與皇后合婚之地創寺, 額曰王后寺, 遣使審量近側平田十結, 以爲供億三寶之費(권2 기이2 가락국기)

왕흥사(王興寺)

백제 제29대 법왕(法王)의 이름은 선(宣)인데 효순(孝順)이라고도 한다. 개황 10년(己

未, 599)에 용상에 올랐다. 같은 해 겨울 조서를 내려 살생을 금지시키고 민가에서 기르는 매나 새매 따위를 놓아주고 또 물고기 잡는 도구를 불살라 모두 금하였다. 이듬해 경신년(庚申, 600)에 30명의 도첩을 받은 승려를 두고 당시 서울인 사비성(泗沘城, 현 부여)에 왕흥사를 세우려고 겨우 터를 닦다가 돌아갔다. 무왕이 왕위를 이어 아버지가 절터를 닦은 데다 아들이 절을 세웠다. 여러 해를 지나서 이루니 그 절 이름도 역시 미륵사였다.

(출전) 百濟第二十九法王諱宣, 或云孝順, 開皇十年己未卽位. 是年冬, 下詔禁殺生, 放民家所養鷹鸇之類, 焚漁獵之具, 一切禁止. 明年庚申, 度僧三十人, 創王興寺於時都泗沘城(今扶餘), 始立栽而升遐, 武王繼統, 父基子構, 歷數紀而畢成. 其寺亦名彌勒寺(권3 흥법 법왕금살)

왜국(倭國)

가락국본기(駕洛國本記)에는 절을 세웠다는 글이 실려 있지 않다. 그러던 것이 제8대 질지왕(銍知王) 2년(壬辰, 452)에 이르러 그곳에 절을 세우고 왕후사(王后寺)를 세워(이것은 아도와 눌지왕의 시대에 해당된다. 법흥왕 이전의 일이다) 지금에 이르기까지 복을 빌고 있다. 또 겸해서 남쪽 왜국을 진압시켰으니, 가락국본기에 자세히 실려 있다.

(출전) 故本記無創寺之文, 逮第八代銍知王二年壬辰, 置寺於其地, 又創王后寺(在阿道, 訥祇王之世, 法興王之前), 至今奉福焉, 兼以鎭南倭, 具見本國本記(권3 탑상 금관성파사석탑)

왜왕(倭王)

신라 제17대 나밀왕(那密王)이 즉위한 36년(庚寅, 390)에 왜왕이 보낸 사신이 와서 말했다. 우리 왕이 대왕의 신성하다는 말을 듣고 신 등으로 하여금 백제가 지은 죄를 대왕에게 아뢰게 하는 것입니다. 원컨대 대왕께서는 왕자 한 분을 보내서 우리 임금에게 신의를 표하게 하십시오.

(출전) 第十七那密王卽位三十六年庚寅, 倭王遣使來朝曰寡君聞大王之神聖, 使臣等以告百濟之罪於大王也. 願大王遣一王子, 表誠心於寡君也(권1 기이1 내물왕 김제상)

왜인(倭人)

어느 날 새벽 마침 안개가 자욱하게 끼었는데 제상이 미해에게 말했다. 지금 빨리 떠나십시오. 미해는 그러면 같이 떠나자고 했으나 제상은 말한다. 신이 만일 같이 떠난다면 왜인들이 알고 뒤를 좇을 것입니다. 원컨대 신은 여기에 남아 뒤쫓는 것을 막겠습니다. 미해가 다시 말한다. 지금 나는 그대를 부모처럼 여기고 있는데 어찌 그대를 버려두고 혼자서만 돌아간단 말이오. 제상은 말한다. 신은 공의 목숨을 구하는 것으로, 대왕의 마음을 위로해 드리면 그것으로 만족할 뿐입니다. 어찌 살기를 바라겠습니까.

(출전) 適曉霧濛晦, 堤上曰可行矣. 美海曰然則偕行, 堤上曰臣若行, 恐倭人覺而追之. 願臣留

而止其追也. 美海曰今我與汝如父兄焉, 何得棄汝而獨歸, 堤上曰臣能救公之命, 而慰大王之情則足矣. 何願生乎(권1 기이1 내물왕 김제상)

외부(外府)

전한서(前漢書)에 이렇게 말했다. 소제 시원 5년(己亥, 전82) 두 외부를 두었다. 이것은 조선의 옛 땅인 평나(平那)와 현토군(玄菟郡) 등을 평주도독부(平州都督府)로 삼고, 임둔(臨屯), 낙랑(樂浪) 등 두 군의 땅에 동부도위부(東部都尉府)를 둔 것을 말함이다(내가 생각하기에 조선전에는 진번, 현토, 임둔, 낙랑 등 네 군으로 되어 있다. 그런데 지금 이 글에는 평나가 있고 진번이 없으니 대개 한 지방을 두 이름으로 불렀던 것 같다).

(출전) 前漢書, 昭帝始元五年己亥, 置二外府, 謂朝鮮舊地平那及玄菟郡等, 爲平州都督府, 臨屯, 樂浪等兩郡之地, 置東部都尉府(私曰, 朝鮮傳則眞番, 玄菟, 臨屯, 樂浪等四, 今有平那無眞番, 盖一地二名也)(권1 기이1 이부)

(새김)

위만의 손자였던 **우거(右渠)**가 살았던 평주(平州)는 본디 고구려의 다지홀(多知忽)이었다. 뒤에 다시 대곡군(大谷郡)으로 고쳤다. 경덕왕 6년(747) 대곡성으로 고쳤고 경덕왕 16년(757) 영풍군(永豊郡)으로 바꾸면서 진서(鎭瑞)와 단계(檀溪)를 영현으로 하였으며 한주(漢州)에 예속시켰다. 이와는 달리 중국의 노사(路史)를 보면, 평주를 요동의 노룡현(盧龍縣) 지역으로 보고 있다(심백강(2014), 우리역사 참조). 이곳에 조선성이 있었던 것으로 기록하고 있다. 그래서 무덕 연간에 요를 기주로 삼았다. 고구려 역시 그 땅이다(箕子後封遼之樂浪, 今平州之盧龍有朝鮮城, 故武德以遼爲箕州, 八年而高麗亦其地, 路史 권27).

요내정(遙乃井)

어느 날 토해(吐解)는 동악에 올라갔다가 내려오는 길에 신하를 시켜 물을 떠 오게 했다. 신하는 물을 떠 가지고 오다가 중도에서 먼저 마시고는 탈해에게 주려고 했다. 그러나 물그릇 한 쪽이 입에 붙어서 떨어지지 않았다. 탈해가 꾸짖자 신하는 다짐하였다. 이 뒤로는 가까운 곳이거나 먼 곳이거나 감히 먼저 마시지 않겠습니다. 그제야 물그릇이 입에서 떨어졌다. 이로부터 백성들은 두려워하고 복종하여 감히 속이지 못했다. 지금 동악(東岳) 속에 우물 하나가 있는데 세상에서 요내정이라고 부르는 우물이 바로 이것이다.

(출전) 一日, 吐解登東岳, 廻程次, 令白衣索水飮之. 白衣汲水, 中路先嘗而進, 其角盃貼於口不解. 因而嘖之. 白衣誓曰爾後若近遙, 不敢先嘗 然後乃解. 自此白衣讋服, 不敢欺罔. 今東岳中有一井, 俗云遙乃井是也(권1 기이1 탈해왕)

(새김)

신라 우물에 대한 한 세미나에서 신라 서울의 우물제사와 관련, 토함산에 있는 요내정에서 산신에게 제를 올렸을 것이라는 주장이 나왔다. 짐승의 뿔로 만든 각배(角杯)에 떠 온 물은 일종의 신에게 드리는 성수(聖水)였을 것이다. 일종의 정령사상이다. 각배라고 하는, 근원이 먼 곳일 것 같은 각배가 석탈해의 일화에 나오는 것도 주목해야 한다(권오영 참조). 각간(角干)의 각(角)-도 제사장을 도와서 하늘과 땅신에게 부족을 대신하여 제례를 올리던 구실을 맡았던 관원이라고 할 수 있다. 산스크리트어로 각간(角干)은 각구드칸(ककउढख, kakudkhan)인데 이는 머리 곧 귀족을 말한다. 고대 인도의 카스트 계급으로 치면 크샤트리아(क्षत्रीय, khsatriya)에 버금가는 계층으로 진골 이상이 여기에 속한다. 그러니까 신라도 어떻게 보면 인도의 카스트 제도의 변형이라고도 볼 수 있다. 요하문명(遼河文明)의 유물 가운데 짐승의 뿔을 모자로 쓴 인물상이 나옴은 매우 흥미로운 일이다.

요동군(遼東郡)

전한서(前漢書)의 조선전(朝鮮傳)에는 이렇게 씌어져 있다. 맨 처음 연(燕) 나라 때부터 진번(眞蕃), 조선(朝鮮, 안사고는 말하기를, 전국 시대에 연나라가 처음으로 이 땅을 침략해서 차지했다고 한다)을 침략해서 이를 차지하고, 관리들을 두어 변방의 요새를 쌓았다. 그 뒤에 진(秦)이 연을 멸망시키자 이 땅을 요동군 변방에 소속시켰다. 한(漢) 나라가 일어나자 이 땅이 너무 멀어 지킬 수 없다 하여 다시 요동의 옛날 요새를 수리해서 쌓고 패수(浿水)로 경계를 삼아(안사고는 말하기를, 패수는 낙랑군에 있다고 했다) 연나라에 소속시켰다.

(출전) 前漢, 朝鮮傳云自始燕時, 常畧得眞番, 朝鮮(師古曰, 戰國時(燕)因始略得此地也) 爲置吏築障. 秦滅燕, 屬遼東外徼. 漢興爲遠難守, 復修遼東故塞, 至浿水爲界(師古曰, 浿在樂浪郡)屬燕(권1 기이1 위만조선)

(새김)

그림 58 요하입해구

요동이란 중국 요하(遼河)의 동쪽 지방을 말한다. 요하의 요(遼)는 요(燎)와 함께 횃불이라는 뜻을 공유한다. 한자의 자원으로 보아 불과 관련한 요(遼)의 가장 주요한 자소가 불 화(火)인데 작을 소자(小)자로 변형되어 쓰인 것이다. 갑골문(甲骨文)으로 보면, 요(燎)의 원 글자는 요(尞)인데 이는 화톳불위에 나뭇가지를 올려놓고 불꽃이 사방으로 튀는 모양을 형상화한 글자이다. 요(尞)는 다시 불 화(火-小)와 삼갈 신(愼)의 고자인 신(昚)의 합성자이다. 요(遼)의 소리는 랴오(Liao)인데 이는 불 화(火)의 소리 렬(熱)-르어에서 비롯된 것이다. 하면 삼가서 천제를 올리라는 뜻으로 볼 수 있다. 요제(燎祭)와 함께 망제(望祭)가 있다. 흔히 망요제라고 하여 제사를 지내고 난 뒤 축문을 불사름도 요제에서 온 것으로 볼 수 있다. 망제는 명산이나 대천, 더러는 5악 같은 산천을 멀리서 바라보면서 조상에 대한 제의를 모시는 데서 말미암은 것이다. 요하의 요(遼)의 뜻으로 '멀다'고 함도 요제나 망제와 무관하지 않다. 주로 경자(庚子) 일에 우사(雨師)에게 요제(燎祭)를 올려 비가 오기를 기원하였다(明義士收藏甲骨, 釋文編). 홍산 문화 유물 가운데 천단이 밝혀진바, 이는 여기서 요제(燎祭)를 드렸을 가능성이 높다. 오늘날 요녕성(遼寧省)의 동남부 일대를 일컫는다. 요하문명의 유물이 가장 많이 나온 적봉시는 한 때 열하성(熱河城)에 속하였다. 우리나라와 지리적으로 비교적 가깝고, 특히 중국으로 가는 중요한 육로였다. 각종 외교 사절과 상인들의 왕래가 빈번하게 이루어지기도 했으며 잦은 분쟁이 벌어지기도 했다. 1980년부터 요하문명이라 하여 요즘 중국 상고사의 시원으로 설정하여 새로운 조명을 받고 있다. 특히 요하지방 가운데서도 홍산 문화(紅山文化)라 하여 내몽고의 적봉시(赤峰市)와 요녕의 조양시(朝陽市) 사이에 어름 하는 지역을 말한다. 1980년 이후 본격적으로 유물과 유적을 발굴함으로써 홍산 문화를 가름하는 적석총(積石塚)과 신단(神壇)이며 여신묘(女神廟) 그리고 옥기(玉器)가 출토되어 세상에 선을 보였다. 특히 적석총의 석관에서 씨자(C)형 옥룡(玉龍)이 나왔다. 또한 돌 틈에서 제철 찌꺼기(鐵滓, sludge)가 나왔다. 청동기를 사용하던 나라의 사제가 묻혔을 가능성을 가늠케 한다. 이와 함께 이 지역은 고인돌(支石, dolmen)의 분포와 맞물린다. 고조선의 문화를 떠올리기에 충분하다. 이전까지만 해도 황하문명을 기점으로 하는 역사 기술이었다가 1980년 이후부터는 요하문명이 그 중심에 서게 되었다. 이르자면 요녕성 박물관과 덕봉 박물관, 그리고 적봉시 박물관을 구심점으로 하여 유물과 유적을 관리 운영, 홍보하고 있다. 요하문명의 주요한 거점으로는 흥륭와(興隆洼), 하가점(夏家店), 사해(査海) 그리고 조보구(趙寶溝)와 홍산(紅山) 문화를 들 수 있다. 옥기의 경우, 신석시대와 청동기 시대를 나누는 분기점으로 상정할 수도 있다. 흔히 옥룡(玉龍), 옥저룡(玉猪龍), 옥조룡(玉鳥龍), 옥웅룡(玉熊龍) 등으로 불리기도 한다. 여기 사용된 옥기들은 주로 압록강에서 가까운 수암(岫岩)에서 나오는 옥으로 추정한다. 옥기는 신과 인간이 소통하는 이른바 신탁(神託, oracle)의 상징이 된다. 그 대표적인 것이 임금의 징표로 쓰던 옥새(玉璽)나 옥결(玉玦)이 그런 상징이라 할 것이다. 주목할 만한 것은 요하문명의 지역이 빗살무늬, 적석총, 석성(石城) 비파형동검으로 대표되는 고조선의 신석기와 청동기문화의 특징이 드러난다는 점을 들 수 있다(정호완(2016), 요하문명과 불신숭배).

요동성(遼東城)

삼보감통록(三寶感通錄)에 이렇게 실려 있다. 고구려 요동성 곁에 있는 탑은 어르신들의 전하는 말에 따르면 이러하다. 옛날 고구려 동명성왕이 국경 지방을 순행하던 길에 이 성에 이르렀다. 문득 무지개가 땅을 덮었다. 구름 속을 찾아보니 웬 스님이 지팡이를 짚고 서 있었다. 그 곁에는 세 겹으로 된 흙 탑이 있는데 위는 솥을 덮은 것 같으나 그것이 무엇인지 알 수가 없다. 이에 다시 가서 중을 찾아보았으나, 다만 거친 풀이 있을 뿐이다. 거기를 한 길이나 깊이가 되게 파보았더니 지팡이와 신이 나왔다. 더 파 보았더니 명(銘)이 나왔는데 그 명에 범서(梵書)가 있었다. 같이 간 신하가 이 글을 알아보고 불탑이라고 말하였다. (중략) 일연은 이를 기려서 말한다. 아육왕(阿育王)의 보탑은 속세 곳곳에 세워져, 비에 젖고 구름에 묻히고 이끼마저 아롱졌네. 생각하건대, 그 때의 길손들의 보는 눈은, 몇 사람이나 제사 지내는 신(神)의 무덤을 가리켰을까.

(출전) 三寶感通錄載高麗遼東城傍塔者, 古老傳云, 昔高麗聖王按行國界次, 至此城, 見五色雲

覆地，往尋雲中，有僧執錫而立，旣至便滅，遠看還現. 傍有土塔三重，上如覆釜，不知是何. 更往覓僧，唯有荒草，掘尋一丈，得杖幷履，又掘得銘，上有梵書. 侍臣識之. 云是佛塔(중략)，讚曰，育王寶塔遍塵寰，雨濕雲埋蘚纈斑. 想像當年行路眼，幾人指點祭神墦(권3 탑상 요동성육왕탑)

(새김)

여기 **요동**의 위치는 오늘날 요녕성 요하의 동쪽으로 비정한다(이병도). 현재 교과서에도 이병도설을 따라서 그렇게 적고 있는 게 현실이다. 그러나 삼국사기 고구려 본기를 잘 살피면 전혀 그렇지 않다. 고구려 태조대왕 시기에 한(漢) 나라의 침략을 막기 위하여 요서에 10개 성을 쌓았다고 하였다. 같은 사료에서 태조대왕 53년(105)에 왕이 장수를 보내어 요동군을 침입, 6개현을 빼앗았다(王遣將入漢遼東奪掠六縣)고 했다. 만일 삼국사기의 기록처럼 요서에 10개성을 쌓았다면, 요동은 이미 고구려의 강역이 된다는 전제가 있어야 한다. 그러니까 요동은 오늘날 요녕성 요하의 동쪽이 아닌 하북성 동쪽 곧 하북성 승덕시 일원으로 보자는 것이다(심백강(2014) 우리역사 참조).

요본대장경(遼本大藏經)

또 천성(天成) 3년(戊子, 928)에 묵화상(默和尙)이 당에 들어가 역시 대장경을 가지고 왔으며, 고려 예종(睿宗) 때에는 혜조국사(慧照國師)가 조서를 받들고 중국으로 유학 가서 요본(遼本) 대장경 3부를 사 가지고 왔는데, 그 한 본은 지금 정혜사에 있다(해인사에 한 본이 있고 허참정댁에 한 본이 있다). 대안 2년(1086) 고려 선종 때에는 우세승통 의천(義天)이 송나라에 들어가서 천태교관(天台敎觀)을 많이 가지고 왔으며, 이 밖에도 서적에 실리지 않은 고승과 신도들이 왕래하면서 가지고 온 것은 이루 자세히 기록할 수가 없다.

(출전) 又天成三年戊子，默和尙入唐，亦載大藏經來，本朝睿廟時，慧照國師奉詔西學，市遼本大藏三部而來，一本今在定惠寺(海印寺有一本，許叅政宅有一本)，大安二年，本朝宣宗代，祐世僧統義天入宋，多將天台敎觀而來. 此外方冊所不載，高僧信士往來所賫，不可詳記(권3 탑상 전후소장사리)

(새김)

혜조국사와 대각국사 의천은 고려 선종(宣宗) 시대 무렵의 스님들이다. 혜조도 송나라에 들어가서 구법했고 정인(淨因)의 도맥을 이었다는 기록도 있다. 여기서 주목할 것은, 고려대장경보다 앞선 거란족의 **요본(遼本) 대장경** 3부를 갖고 돌아와 순천의 정혜사, 합천의 해인사, 그리고 허참정의 집에 보관했다. 혜조 스님이 간 곳은 송이 아니라 거란의 요(遼) 나라에서 구법했을 것으로 보인다. 고려대장경은 혜조 스님이 가져온 요본대장경을 저본으로 했기 때문이다. 거란족이나 그들이 세운 요(遼) 나라를 물리치고 아구타가 세운 금(金) 나라의 여진족은 모두 불교를 믿었다. 중화 중심의 화이관(華夷觀)으로 보면, 매우 참기 어려운 문화교류였다. 오랑캐라고는 하지만 이민족인 여진족이 다스리면서 고려와 문화적인 교류를 함에 있어 방관할 수밖에 없었던 것이 중국이었다. 오랑캐 경시풍조로 말미암아 요나 금과 교류했던 스님들의 기록이 없어졌을 것이다. 이르자면 송광사 천자암의 천자는 금나라의 천자인데 불구하고 쌍향수를 가지고 온 금나라의 왕자스님에 관한 사연이 남아있지 않음과 같다. 물론 정확한 사실은 알 수 없다. 요본대장경은 고려대장경과 마찬가지로 모두가 한문으로 된 대장경이다. 또한 이를 보관했던 순천의 정혜사는 보조국사 지눌의 정혜결사가 있기 전에 이미 정혜(定慧)의 이름을 쓰고 있음을 보아 당시 수선사와 관련이 있으며 절의 품격이 상당하였다고 할 수 있다(이희재 참조).

요석궁(瑤石宮)

이 때 요석궁(瑤石宮, 현 학원)에 과부 공주가 있었는데 왕이 궁리에게 명하여 원효(元曉)를 찾아 데려오라고 했다. 궁리가 명령을 받들어 원효를 찾으니, 그는 이미 남산에서 내려와 문천교(蚊川橋, 일명 사천이니 사천을 속담에는 모천, 또는 문천이라 한다. 또 다리 이름을 유교라 한다)를 지나다가 만났다. 이 때 원효는 일부러 물에 빠져서 옷을 적셨다. 궁리가 원효를 궁에 데리고 가서 옷을 말리고 그곳에 쉬게 했다. 공주는 과연 태기가 있더니 설총(薛聰)을 낳았다. 설총은 나면서부터 지혜롭고 민첩하여 경서와 역사에 널리 통달하니 신라 10현 중의 한 사람이다. 방언으로 중국과 다른 외국의 각 지방 풍속과 물건 이름 등에도 통달하여 육경과 문학을 풀이하였다. 지금도 우리나라에서 명경(明經)을 업으로 하는 사람이 이를 전수해서 끊이지 않는다.

(출전) 時, 瑤石宮(今學院是也)有寡公主, 勅宮吏覓曉引入. 宮吏奉勅將求之. 已自南山來過蚊川橋(沙川, 俗云牟川, 又蚊川, 又橋名楡橋也)遇之. 佯墮水中濕衣袴. 吏引師於宮, 褫衣曬晾, 因留宿焉, 公主果有娠, 生薛聰. 聰生而睿敏, 博通經史, 新羅十賢中一也. 以方音通會華, 夷方俗物名, 訓解六經文學, 至今海東業明經者, 傳受不絶(권4 의해 원효불기)

(새김)

원효가 술에 취하여 문천교 다리를 건너면서 거리로 다니면서 불렀던 노래가 바로 **천주요(天柱謠)**였을 것이다. '누가 나에게 자루 없는 도끼를 빌려 줄 것인가. 내가 하늘을 받칠 기둥을 만들겠노라(誰許沒柯斧 我斫支天柱)'. 노래 말에서 자루 없는 도끼는 여성의 성을 비유적으로 드러낸 것이다. 이를 몰가부요(沒柯斧謠)라고도 한다(김종국). 나라를 구할 훌륭한 자식을 낳아 주겠다는 뜻으로 볼 수가 있다. 과부로 사는 요석공주를 생각한 태종은 정략적으로 원효와 요석을 짝지어 주었던 것이다. 당시의 정황으로 보아 자신의 당 나라 군사원조를 반대하고 자주국방을 주장하던 원효나 김유신 등을 자신의 편으로 끌어들이기 위한 하나의 책략으로도 볼 수 있다. 마침내 설총이라는 신문왕 시대의 학자요, 정치가로서 국학을 처음으로 도입하고 새로운 문자체계를 확립하여 신라의 말에 맞는 석독구결(釋讀口訣)을 이두로 체계화하고 표준화함으로써 삼국통일의 과정에서 폭넓은 인재등용의 길을 열어놓았다. 국학에서 소정의 과정을 마친 사람만이 공직에 나가게 함을 원칙으로 하여 누구나 자유롭게 돈이 없어도 나라의 장학금을 받아 공부함으로써 공직에 진출하여 신분변동의 출구를 터놓았으니 왕권은 강화되고 정국은 차츰 안정기로 접어들었다. 석독구결의 자취는 세종이 만든 훈민정음의 자모 이름에 남아서 지금도 쓰이고 있다(디귿(池<末>귿말/시옷(時<衣>옷의)(정호완, 2016).

요수(遼水)

해동고승전(海東高僧傳)에 순도와 아도가 북위(北魏)에서 왔다 함은 잘못이다. 사실은 전진(前秦)에서 온 것이다. 또 초문사(肖門寺)는 지금의 흥국사(興國寺)이며 이불란사는 지금의 흥복사(興福寺)라고 한 것 또한 잘못이다. 살펴보건대, 고구려의 서울은 안시성(安市城)이며, 일명 안정홀(安丁忽)이라고도 한다. 이는 요수 북쪽에 있다. 요수의 다른 이름은 압록(鴨綠)인데 지금은 안민강(安民江)이라고 한다. 그러니 어찌 송경(松京) 흥국사(興國寺)의 이름이 여기에 있을 수 있으랴. 찬(讚)해 말한다. 압록강에 봄 깊어 물빛은 곱고, 백사장 갈매기 한가로이 조네. 갑자기 어디서 들리는 노 젓는 소리에 놀라네. 어디서 온 고기잡이 배인지 길손이 벌써 당도했다네.

(출전) 此高麗佛法之始僧傳作二道來自魏云者, 誤矣. 實自前秦而來. 又云肖門寺今興國, 伊弗蘭寺今興福, 亦誤. 按麗時都安市城, 一名安丁忽, 在遼水之北. 遼水一名鴨淥, 今云安民江, 豈有松京之興國寺名. 讚曰, 鴨淥春深渚草鮮, 白沙鷗鷺等閑眠. 忽驚柔櫓一聲遠, 何處漁舟客到烟(권3 흥법 순도조려)

(새김)

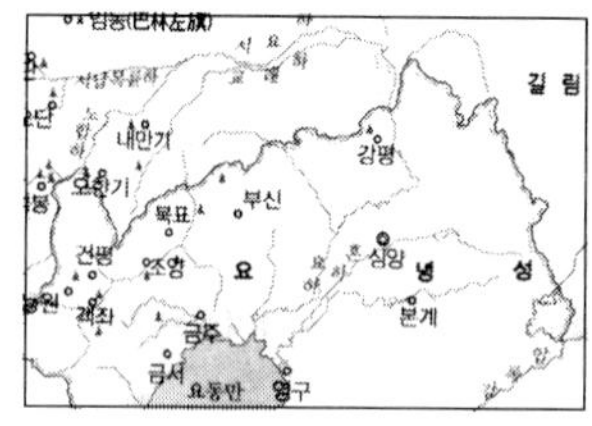

그림 59 요하

요수(遼水)를 지금의 압록수라 함은 잘못이다. 지금의 요하(遼河)라 할 수 있다(문경현). 요수라는 하천은 대륙에서 고구려로 들어오는 길목에 해당하는 곳이다. 요하문명(遼河文明, liaohe)의 젖줄이다. 여기서 중원 문화의 시원이 홍산(紅山) 지역을 중심으로 일어난 곳이기도 하다. 동요하와 서요하가 쌍료(雙遼) 어름 철령의 창도(昌圖)에서 만나 영구(營口)에서 발해(渤海)로 흘러든다. 고구려의 서울을 안시성이라 함은 역사적으로 잘못이다. 당시의 고구려의 서울은 국내성이다. 현재 길림성 집안현(集安縣)에 있다. 그 뒤 장수왕 때 나라 이름을 고구려에서 고려라 하고 서울을 평양으로 옮겼다. 요사(遼史)에 따르면, 요양부(遼陽府)는 본디 조선의 땅이었다. 뒤에 발해에 와서 중경 현덕부(顯德府)라 하였다. 요양현은 본디 패수현(浿水縣)이었으니 요양은 곧 패수의 북쪽을 흐르는 강이라는 말이다. 요양이 요하(遼河)의 북쪽(陽)이라 함을 고려하면, 요하가 곧 패수라는 말이 된다. 흔히 대동강(大同江)을 패수라 하여 일제(日帝)는 낙랑의 한반도 중심설을 고착화하여 식민사관의 근거로 하여 민족 역사를 비틀고 말살하려 했던 것이다(정호완). 호종동순일록(扈從東巡日錄, 高士奇, 1682)에서 요하를 구려하(句麗河)라고 하였다.

용검(龍劍)

이제가기(李磾家記)에는 이렇게 말했다. 견훤에게는 아들 아홉이 있으니, 맏이는 신검(神劍), 둘째는 태사 겸뇌(謙腦), 셋째는 좌승 용술(龍述), 넷째는 태사 총지(聰智), 다섯째는 대아간 종우(宗祐), 여섯째는 이름을 알 수 없고, 일곱째는 좌승 위흥(位興), 여덟째는 태사 청구(靑丘)이며, 딸 하나는 국대부인이니 모두 상원부인의 소생이다. 또 말하기를, 견훤은 처첩이 많아서 아들 10여 명을 두었는데, 넷째아들 금강(金剛)은 키가 크고 지혜가 많아 견훤이 특히 그를 사랑하여 왕위를 전하려 하니 그의 형인 신검, 양검, 용검 등이 이런 사실을 알고 몹시 싫어했다.

(출전) 李磾家記云萱有九子, 長曰神劍(一云甄成), 二子太師謙腦, 三子佐承龍述, 四子太師聰智, 五子大阿干宗祐, 六子闕, 七子佐承位興, 八子太師靑丘, 一女國大夫人, 皆上院夫人所生也. 萱多妻妾, 有子十餘人, 第四子金剛, 身長而多智, 萱特愛之. 意欲傳位, 其兄神劍, 良劍, 龍劍知之憂悶(권2 기이2 후백제 견훤)

용녀왕비(傭女王妃)

좌지왕(坐知王)의 본명은 김질(金叱)이었다. 의희 3년(丁未, 407)에 즉위, 궁녀에게 장가들어 그 여자의 무리를 관리로 임용하니 나라 안이 시끄러웠다. 계림이 꾀를 써서 치려하므로, 박원도(朴元道)라는 신하가 간언했다. 유초(遺草, 하찮은 식물)도 뭇 새들을 받아들여 품는데 하물며 사람에 있어서이겠습니까. 하늘이 망하고 땅이 꺼지면 사람이 어느 곳에서 보전하오리까. 또 점쟁이가 점을 쳐서 괘를 얻었는데 그 괘사에 소인을 없애면 군자가 와서 도울 것이라고 했으니 왕께선 역(易)의 괘를 살피시옵소서. 이에 왕은 사과하여 옳다고 하고 용녀를 내쳐서 하산도로 귀양 보내고, 정치를 고쳐 백성을 길이 편안하게 다스렸다.

(출전) 一云金叱. 義凞三年卽位, 娶傭女, 以女黨爲官, 國內擾亂, 雞林國以謀欲伐. 有一臣名朴元道, 諫曰遺草閱閱亦含羽, 況乃人乎. 天亡地陷, 人保何基, 又卜士筮得解卦, 其辭曰解而拇, 朋至斯孚, 君鑑易卦乎, 王謝曰可, 擯傭女, 貶於荷山島, 改行其政, 長御安民也(권2 기이2 가락국기)

용성국(龍城國)

이윽고 궤를 열어 보니 단정히 생긴 사내아이가 하나 있고 아울러 칠보와 노비가 가득 차 있었다. 그들을 7일 동안 잘 이바지를 했더니 사내아이는 그제야 말을 했다. 나는 본래 용성국 사람이오(정명국 혹은 완하국이라고도 한다. 완하는 또 화하국이라고도 하니, 용성은 왜국 동북쪽 1천리 떨어진 곳에 있다). 우리나라에는 원래 28분의 용왕이 있어서 그들은 모두 사람의 태에서 났으며 나이 5, 6세부터 왕위에 올라 만민을 가르쳐 성명을 바르게 했소. 8품의 성골이 있는데 그들은 고르는 일이 없이 모두 왕위에 올랐소. 그때 부왕 함달파(含達婆)가 적녀국(積女國)의 왕녀를 맞아 왕비로 삼았소. 오래 되어도 아들이 없자 기도를 드려 아들 낳기를 구하여 7년 만에 커다란 알 한 개를 낳았소. 이에 대왕은 모든 신하들을 모아 묻기를, 사람으로서 알을 낳았으니 고금에 없는 일이다. 이것은 아마 좋은 일이 아닐 것이다.

(출전) 俄而乃開見, 有端正男子, 幷七寶, 奴婢滿載其中. 供給七日, 迺言曰我本龍城國人(亦云正明國, 或云琓夏國, 琓夏或作花厦國, 龍城在倭東北一千里), 我國嘗有二十八龍王, 從人胎而生, 自五歲六歲繼登王位, 敎萬民修正性命, 而有八品姓骨, 然無揀擇, 皆登大位. 時, 我父王含達婆, 娉積女國王女爲妃, 久無子胤, 禱祀求息, 七年後産一大卵. 於是, 大王會問群臣, 人而生卵, 古今未有, 殆非吉祥(권2 기이2 가락국기)

용암(龍嵓)

또 사비하(泗沘河) 가에는 바위 하나가 있는데 소정방이 일찍이 그 바위 위에 앉아서 물고기와 용을 낚았다 하여 바위 위에는 용이 꿇어앉았던 자취가 있으므로 그 바위를 용암이라고 한다. 소부리에는 세 산이 있으니 일산과 오산, 그리고 부산이 그것이다. 나라가 한창 번창하였을 때는 각 산마다 신들이 살았으며 서로가 왕래를 하였으니 조석으로 끊일 때가 없었다.

(출전) 又泗沘河邊有一嵓, 蘇定方嘗坐此上, 釣魚龍而出, 故嵓上龍跪之跡, 因名龍嵓. 又郡中有三山, 曰日山, 吳山, 浮山, 國家全盛之時, 各有神人居其上, 飛相往來, 朝夕不絶(권2 기이2 남부여 전백제 북부여)

(새김)

용암(龍嵓) : 부여현 고적조에 조룡대에서 강물이 남으로 흘러 부소산 아래에 이르면 모래톱에 불쑥 나온 바위가 하나 있으니 이를 용암이라 한다. 전하여 오는 이야기가 있다. 소정방이 백제를 정벌하기 위하여 강을 건너려 할 때, 문득 폭풍이 몰아쳤다. 이 때였다. 흰 말이 나타나 인사를 하자, 용이 낚시에 잡히니 별안간에 구름이 걷혔다. 군사들이 강을 건너 백제를 정벌하였다. 하여 강 이름을 백마강이라고 하였고 이 바위를 조룡대라 부르게 되었다는 것이다. 부여군의 자료를 따르자면, 백마강은 백제에서 가장 큰 강이라 하며 현재 부여군 규암의 천정대에서 세도면 반조원리까지 약 16킬로를 금강이라 한다. 금강은 곰내 곧 웅진(熊津, 곰나루)이라 함이 온당하다. 앞의 전설은 뒤에 덧붙여진 이야기로 보인다.

용언성(龍堰城)

도사들은 국내의 이름난 산천을 돌아다니며 이를 진압시키는데, 옛 평양성(平壤城)의 지세가 신월성이라 하여 도사들이 주문을 읽어 남하의 용에게 명령해서 만월성을 더 쌓아서 용언성이라 했으며, 참기(讖記)를 지어 용언도(龍堰堵) 또는 천년보장도라고 했다. 달리 착파영석이라고도 한다.

(출전) 王喜以佛寺爲道館, 尊道士, 坐儒士之上. 道士等行鎭國內有名山川, 古平壤城勢新月城也. 道士等呪勅南河龍, 加築爲滿月城, 因名龍堰城, 作讖曰龍堰堵, 且云千年寶藏堵, 或鑿破靈石(권3 흥법 보장봉로 보덕이암)

(새김)

참기란 **도참(圖讖) 사상**을 말한다. 도참의 도(圖)란 일정한 문자나 기호 또는 구체적 대상물이 앞으로 일어날 미래의 어떤 일과 깊이 연관되어 있음의 예언적인 표현이다. 도참의 참(讖)이란 참언(讖言), 참기(讖記), 참위(讖緯) 등의 보기에서도 알 수 있듯이, 은어(隱語)와 밀어(密語)의 상징적 언어로 역시 장래에 일어날 일들을 미리 예언하는 것이다. 앞으로 다가올 길흉화복에 대한 예언이라고 볼 수 있다. 다분하게 도교적인 경향이 있다.

용연(龍淵)

서쪽 골에 **스님**의 머리 조아려, 동쪽 봉우리 상덕(上德, 높으신 어른) 고암(高巖) 앞에 예하노라(반고사는 영취산의 서북쪽에 있으므로 서쪽 골짜기의 스님은 바로 자신을 일컫는 것이다). 가는 티끌 불어 보내 영취산(靈鷲山)에 보태고, 잔 물방울 날려 용연(龍淵)에 던지도다. 산 동쪽에 대화강(大和江)이 있는데 이는 곧 중국 대화지(大和池)의 용의 복을 빌기 위해 만들었기 때문에 용연이라 한 것이다. 지통과 원효는 모두 큰 성인이었다. 두 성인이 스승으로 섬겼으니 낭지 스님의 도가 고매함을 알 수 있다.

(출전) 西谷沙彌稽首禮, 東岳上德高巖前(磻高在靈鷲之西北故, 西谷沙彌乃自謂也), 吹以細塵補鷲岳, 飛以微滴投龍淵(云云), 山之東有大和江, 乃爲中國大和池龍植福所創, 故云龍淵. 通與曉皆大聖也. 二聖而摳衣師之. 道邁可知(권5 피은 낭지승운 보현수)

용왕당(龍王堂)

이 해룡왕사(海龍王寺)에는 용왕당이 있는데 자못 신령스럽고 이상한 일이 많았다. 당시 용왕은 대장경을 따라와서 여기에 머물러 있었는데, 용왕당은 지금까지도 남아있다. 또 천성(天成) 3년(戊子, 928)에 묵화상(黙和尙)이 당에 들어가 역시 대장경을 가지고 왔으며, 고려 예종(睿宗) 때에는 혜조국사(慧照國師)가 조서를 받들고 중국으로 유학 가서 요본 대장경 3부를 사 가지고 왔는데, 그 한 본은 지금 정혜사(定惠寺)에 있다.

(출전) 寺有龍王堂, 頗多靈異, 乃當時隨經而來止者也. 至今猶存. 又天成三年戊子, 黙和尙入唐, 亦載大藏經來 本朝睿廟時, 慧照國師奉詔西學, 市遼本大藏三部而來, 一本今在定惠寺(권3 탑상 전후소장사리)

용장사(茸長寺)

유가종(瑜伽宗)의 조사인 고승 대현(大賢)은 남산 용장사에 머물렀다. 그 절에는 미륵보살의 돌로 만든 장륙(丈六, 16자)이나 되는 불상이 있었다. 대현이 항상 이 장륙상을 돌면 장륙상도 역시 대현을 따라 얼굴을 돌렸다. 대현은 슬기롭고 분명하고 정밀하고 민첩해서 판단하고 분별하는 것이 명확했다.

(출전) 瑜珈祖大德大賢, 住南山茸長寺. 寺有慈氏石丈六, 賢常旋繞, 像亦隨賢轉面. 賢惠辯精敏, 決擇了然(권4 의해 현유가 해화엄)

용화(龍華)

옛 어진 이가 모범을 보인 것은 뜻한 바가 많았는데, 어찌하여 자손들은 수련을 시키지 않았는가. 마른 고기를 등에 진 건 오히려 옳은 일이나, 다음날 용화 저버릴 일 어찌 견딜까.

(출전) 讚曰, 昔賢垂範意彌多, 胡乃兒孫莫切磋. 背底枯魚猶可事, 那堪他日負龍華(권5 감통 경흥우성)

(새김)

용화(龍華)란 미륵불을 말한다. 용화는 또한 용화수 나무를 가리킨다. 이는 미륵불이 성불을 할 때 용화수 나무 아래 앉았다고 한다. 훈몽자회(訓蒙字會)를 보면, 용(龍)을 '미르'라고 적고 있다. 이는 미륵불이 용의 화신으로 볼 수 있다는 흐름이기도 하다. 미륵신앙은 미륵보살과 상통한다. 미륵보살(彌勒菩薩)은 산스크리트어로 마이트레아(मैत्रय, maitreya)로 이를 소리로 적은 음역이다. 자씨(慈氏)는 현재 보살이지만 다음 세상에 부처로 나타날 것이라고 불교에서 믿고 있는 미래불이다. 교리에 따르면, 용화수 아래에서 고타마 붓다가 제도하지 못한 모든 중생을 제도할 부처로 수기를 받았다. 세상의 모든 중생이 극락을 간 뒤에 자신이 간다라는 속설이 있다. 미륵보살이 이 세상에 미륵불로 나타나 세상 사람을 다 구원에 이르게 한다는 표상이다.

우거왕(右渠王)

위만조선의 제3대 임금. 진번과 진국(辰國)이 한나라에 글을 올려 천자를 뵙고자 했으나 우거(右渠)는 길을 가로막고 지나지 못하게 했다(안사고는 말하기를, 진국(辰國)은 진한(辰韓)이라고 했다). 원봉 2년(전109)에 한나라에서는 섭하(涉何)를 보내어 우거를 타일렀지만 우거는 끝내 명령을 따르지 않았다.

(출전) 眞番·辰國欲上書見天子, 雍閼不通(師古曰, 辰謂辰韓也). 元封二年, 漢使涉何諭右渠, 終不肯奉詔(권1 기이1 위만조선)

(새김)

우거왕은 위만 조선의 마지막 임금이다. 우거(右渠)란 고조선의 공동체 혹은 생활공동체의 머리를 가리키는 보통명사로 볼 수도 있다(이병도, 1976). 위만 조선은 우거왕에 이르러서 발달된 철기문화를 기반으로 주변국과 한(漢)과의 교역을 매개로 하여 그 이익을 독점하고자 하였다(최몽룡, 1997).

우릉도(羽陵島) ☞ 우릉도

우릉도(于陵島)

또 아슬라주(阿瑟羅州, 현 명주) 동쪽 바다에 순풍으로 이틀 걸리는 곳에 우릉도(于陵島, 현 우릉)가 있다. 이 섬은 둘레 2만 6,730보이다. 이 섬 속에 사는 오랑캐들은 그 바닷물이 깊은 것을 믿고 몹시 교만하여 조공을 바쳐 오지 않았다. 이에 왕은 이찬 박이종(朴伊宗)에게 명하여 군사를 거느리고 가서 치게 했다. 이 때 박 이종은 나무로 사자를 만들어 큰 배에 싣고 위협했다. 너희가 만일 항복하지 않으면 이 짐승을 놓아 버리겠다. 이에 오랑캐들은 두려워하여 항복했다. 이에 이종에게 상을 주어 주백(州伯, 도주)을 삼았다.

(출전) 又阿瑟羅州(今溟州)東海中, 便風二日程有于陵島(今作羽陵). 周廻二萬六千七百三十步, 島夷恃其水深, 驕傲不臣, 王命伊喰朴伊宗將兵討之. 宗作木偶師子, 載於大艦之上, 威之云不降則放此獸, 島夷畏降. 賞伊宗爲州伯(권1 기이1 지철로왕)

(새김)

박이종의 **우산국** 정벌 이외에 치적에 대한 기록으로 삼국사기 지증왕 6년(505)에 실직주를 설치하여 이사부를 군주로 삼았다. 군주의 이름이 이 때부터 시작되었다. 하여 실직주의 첫 번째 군주였음을 알 수 있다. 군주는 기록상 주(州)의 책임자로 볼 수 있다. 이 군주의 위상에 대해서, 한 번씩 지나가는 외직 정도로 평가하여 이사부의 위상이 높지 않았던 것으로 평가 되는 견해가 있다(한우근, 1960). 반면, 군주는 최상의 외직으로서 군주를 지낸 37명 모두가 진골만이 임명되었으며, 그 기능이 신라의 영토 확장과 지방제도의 확립과 함께, 최고의 외직이었음을 밝혀 이사부의 정치적 영향력도 상당했을 것이다(신형식, 2004).

우발수(優渤水)

국사(國史) 고려본기에 이렇게 말했다. 시조 동명성제(東明聖帝)의 성은 고씨(高氏)요, 이름은 주몽(朱蒙)이다. 이보다 앞서 북부여의 왕 해부루(解夫婁)가 이미 동부여로 피해가고, 부루가 죽자 금와(金蛙)가 왕위를 이었다. 이 때 금와는 태백산 남쪽 우발수에서 여자 하나를 만나서 물으니 그 여자는 말하기를, 나는 하백(河伯)의 딸로서 이름을 유화(柳花)라고 합니다. 여러 아우들과 함께 나와 놀고 있었다. 이 때 웬 사내 한 사람이 자신은 천제의 아들인 해모수라 하면서, 나를 웅신산(熊神山, 현 백두산) 아래 압록강 가의 집으로 데려가 정을 통하였다. 한번 가서는 돌아오지 않았다.

(출전) 國史高麗本記云, 始祖東明聖帝, 姓高氏, 諱朱蒙. 先是, 北扶餘王解夫婁, 旣避地于東扶餘, 及夫婁薨, 金蛙嗣位. 于時, 得一女子於太伯山南優渤水, 問之. 云我是河伯之女, 名柳花, 與諸弟出遊, 時有一男子, 自言天帝子解慕漱, 誘我於熊神山下鴨淥邊室中私之. 而往不返(권1 기이1 고구려)

(새김)

전설에 따르자면, 중국 길림시 풍만구 송화호 인근에 **주작산**(**朱雀山**, 817m)이 있다. 현지에서는 주추에 산이라고 하는데 일명 태양조산(太陽鳥山)이라고 한다. 태양 속에 사는 새라면 삼족오(三足烏)일 터, 부여-고구려로 이어지는 태양숭배를 신앙적인 기반으로 하는 상징적인 새이다. 해부루가 주작산에 태양신에게 제를 올리려고 이 산으로 왔던 것으로 보인다. 산의 입구에는 주작산 삼림공원이라 하는데 어귀에 돌기둥 네 개인가 서 있고 돌기둥에 다리가 셋인 삼족오를 그려 놓았다. 산의 8부 능선에 와석(蛙石)으로 지도에 올린 바위가 마치 큰 개구리가 웅크리고 앉아 있는 듯 보인다. 현장에 가본즉 안내글에는 신저석(神猪石)이라 써 놓았다. 그러니까 와석이 신저석 곧 개구리가 돼지로 바뀐 것이다. 형태음운론으로 볼 때 **금와(金蛙)**-곰의 대응 가능성이 있다. 곰이란 한자는 없으니까 곰을 금으로 적은 것이다. 신화적인 상상력으로 풀이하자면, 해부루가 원주민 격인 곰족 곧 맥족(貊族)의 인물을 후계자로 삼은 것이다. 그런 맥락에서 보면 단군의 이야기 가운데 웅녀(熊女)는 암콤이 아니라 곰족의 여성이라고 보아야 한다(정호완).

우사절유택(又四節遊宅)

봄에는 동야택(東野宅), 여름에는 곡량택(谷良宅), 가을에는 구지택(仇知宅), 겨울에는 가이택(加伊宅)에서 놀았다. 제49대 헌강대왕 때에는 성 안에 초가집은 하나도 없고, 집의 처마와 담이 이웃집과 서로 잇달아 있었다. 또 노랫소리와 피리 부는 소리가 길거리에 가득 차서 밤낮으로 끊이지 않았다.

(출전) 春 東野宅, 夏 谷良宅, 秋 仇知宅, 冬加伊宅. 第四十九憲康大王代, 城中無一草屋, 接角連墻, 歌吹滿路, 晝夜不絶(권1 기이1 사절유택)

우세승통(祐世僧統)

대안 8년(辛未, 1092)에 고려의 우세승통이 고대산 경복사(景福寺)의 비래방장(飛來方丈)에 가서 보덕성사(普德聖師)의 영정에 예를 갖추고 시를 지었다. 열반의 평등한 가르침은 우리 스승에게서 전해졌다고 하네. 애석하게도 승방에 날아온 뒤에, 동명왕의 옛나라 위태로웠네.

(출전) 大安八年辛未, 祐世僧統到孤大山景福寺飛來方丈, 禮普聖師之眞, 有詩云涅槃方等敎, 傳受自吾師云云, 至可惜飛房後, 東明古國危(권3 흥법 보장봉로 보덕이암)

우수주(牛首州)

삼국사(三國史)에는 이렇게 씌었다. 명주(溟州)는 옛날의 예국(穢國)이었다. 야인이 밭을 갈다가 예왕(穢王)의 도장을 얻어서 바쳤다. 또 춘주(春州)는 옛날의 우수주인데 곧 옛날의 맥국(貊國)이다. 또 혹은 현 삭주(朔州)가 바로 맥국이다. 혹은 평양성이 맥국이다.

(출전) 三國史云, 溟州古穢國, 野人耕田得穢王印, 獻之, 又春州古牛首州, 古貊國. 又或云, 今朔州是貊國, 或平壤城爲貊國(권1 기이1 마한)

(새김)

오늘날의 춘천의 옛 이름이 **우수주(牛首州)**였다. 우수는 달리 우두(牛頭), 수약(首若), 주양(走壤), 오근내(烏根乃)라고도 불리었다. 가탐(賈耽)의 고금군국지(古今郡國志)에는 춘천을 고구려의 동남쪽, 예(濊)의 서쪽이라 하여 고조선 시대 맥(貊)의 땅이라 하였으나 분명하지가 않다. 삼국사기(三國史記)에는 온조왕 13년(전5) 당시의 영역이 주양(走壤, 현 춘천)에 이르렀다고 하여 비교적 이른 시기에 백제 영토로 되었음을 알 수가 있다. 그 뒤 삼국사기에는 내해니질금 27년(222)과 기림니질금 3년(300)의 기록으로 보아 신라의 영역이었음을 가늠할 수 있다. 우수주라 하게 된 것은 선덕여왕 6년(637)에 주(州)를 설치하고 군주(軍主)를 보낸 뒤부터였다(한국민족문화대백과사전 참조).

우적가(遇賊歌)

스님 영재(永才)는 성품이 익살스럽고 재물에 얽매이지 않았으며, 향가를 잘했다. 만년에 장차 남악(南岳)에 은거하려고 대현령(大峴嶺)에 이르렀을 때 도둑 60여 명을 만났다. 도둑들이 그를 해치려 했으나 영재는 칼날 앞에 섰어도 두려워하는 기색이 없이 태연하게 대하였다. 도둑들이 이상하게 여겨 그 이름을 물으니 영재라고 대답했다. 도둑들이 평소에 그 이름을 들었으므로 이에 노래를 짓게 했다. 그 가사는 이러하다. 제 마음에 형상(形相)을 모르려 하던 날, 멀리□□ 지나치고 이제는 숨어서 가고 있네. 오직 그릇된 파계주(破戒主)를 두려워하매 다시 또 돌아가리. 이 칼날이 지나고 나면 좋은 날이 오리니. 아아, 오직 요만한 선(善)은 새 집이 되지 않으리. 도둑들은 그 노래에 감동되어 비단 2필을 그에게 주니 영재는 웃으면서 사양하였다.

(출전) 釋永才性滑稽, 不累於物, 善鄉歌. 暮歲將隱于南岳, 至大峴嶺, 遇賊六十餘人. 將加害, 才臨刃無懼色, 怡然當之. 賊怪而問其名, 曰永才. 賊素聞其名, 乃命□□□作歌. 其辭曰自矣心米, 皃史毛達只將來呑隱, 日遠鳥逸□□過出知遣, 今呑藪未去遣省如, 但非乎隱焉, 破□主次弗□史內於都, 還於尸朗也. 此兵物叱沙過乎好尸曰沙也. 內乎呑尼, 阿耶, 唯只伊吾音之叱恨隱, 澾陵隱安支尙宅都乎隱以多 賊感其意, 贈之綾二端(권5 피은 영재우적)

(새김)

우적가(遇賊歌)의 성격에 대한 풀이를 들어 보면 다음과 같다. 우적가의 첫 절은 무명, 아얄라식을 상징, 둘째 절은 정진과 사생의 경계를 넘나드는 마음의 신화적인 비약을, 종결구에서 도적을 깨닫도록 한 법열에 사무친 정각의 심경을 노래하였다(지헌영, 향가여요 신석). 칼부림하는 신라 사회를 불교로 교화하기 위한 방편의 노래다(장진호, 신라향가의 연구). 미륵정토의 희구를 노래하였다(김동욱, 향가와 불교문화). 도적까지 연민하는 고도의 인간적인 서정시다(윤영옥, 신라시가의 연구). 원성왕 대에 신라말엽의 불안하고 혼란한 사회상을 상징적으로 투영시킨 것이며 60여 명의 도적의 무리들이라 함은 신라 말에 벌어지는 골육상잔의 사회상을 드러낸 것이라고 볼 수 있다.

우조(憂助)

스님 혜공(惠空)은 천진공(天眞公)의 집에서 품팔이하던 노파의 아들로, 어릴 때의 이름은 우조(憂助, 이 이름은 방언)였다. 천진공이 일찍이 종기를 앓아서 거의 죽게 되니 문병하는 사람이 거리를 메웠다. 이 때 우조의 나이 7세였는데 그 어머니에게 말했다. 집에 무슨 일이 있기에 이렇게 손님이 많습니까. 그 어머니가 말했다. 집의 주인이 나쁜 병이 있어서 장차 죽게 되었는데 너는 어찌해서 알지 못하느냐. 우조는 말했다. 제가 그 병을 고치겠습니다.

(출전) 釋惠空, 天眞公之家傭嫗之子, 小名憂助(盖方言也), 公嘗患瘡濱於死, 而候慰塡街. 憂助年七歲, 謂其母曰家有何事, 賓客之多也. 母曰家公發惡疾, 將死矣. 爾何不知, 助曰 吾能右之(권4 의해 이혜동진)

(새김)

우조(憂助)의 우(憂)를 웃다의 웃으로 보고 장남으로 상정하였다(김사엽). 달리 우조란 천진공의 근심을 도와주는 사람이다(이범교). 어려운 일이라도 웃어넘길 수 있다는 뜻으로 보인다. **가공(家公)**은 섬기는 주인을 말한다. 흔히 가공이란 아버지나 할아버지를 말한다.

우지암(亐知巖)

신라 제28대 진덕여왕 때 알천공(閼川公), 임종공(林宗公), 술종공(述宗公), 호림공(虎林公, 자장율사의 아버지), 염장공(廉長公), 유신공(庾信公)이 있었다. 이들은 남산 우지암에 모여서 나랏일을 의논했다. 이 때 큰 범 한 마리가 좌중에 뛰어들었다. 여러 사람들은 놀라 일어났지만 알천공 만은 조금도 움직이지 않고 태연히 담소하면서 범의 꼬리를 잡아 땅에 메쳐 죽였다. 알천공의 완력이 이처럼 세었으므로 그를 첫 자리에 앉혔다. 그러나 모든 사람들은 유신공의 위엄에 눌렸다.

(출전) 王之代有閼川公 · 林宗公 · 述宗公 · 虎林公(慈藏之父) · 廉長公 · 庾信公, 會于南山亐知巖, 議國事, 時有大虎走入座間, 諸公驚起, 而閼川公畧不移動, 談笑自若, 捉虎尾撲於地而殺之. 閼川公膂力如此, 處於席首, 然諸公皆服庾信之威(권1 기이1 진덕왕)

(새김)

우지암은 오늘날의 경주 도당산(都堂山)으로 추정한다. 도당(都堂)이란 의정부라는 말인데 대신들이 모여서 중요한 나랏일을 의논하는 장소를 말한다. 도당산 옆에 왕정곡(王井谷)이라는 데가 있다. 왕정은 정사를 논하는 왕정(王政)을 에두르는 이름으로 보인다(권오찬, 신라의 빛).

욱면(郁面)

경덕왕(景德王) 때 강주(康州, 현 진주, 또는 강주, 아니면 현 순안)의 남자 신도 수십 명이 뜻을 서방에 구해서 고을의 경계에 미타사(彌陀寺)를 세우고 만일을 기약하여 계(契)를 만들었다. 이 때 아간 귀진(貴珍)의 집에 계집종 하나가 있었는데 그 이름을 욱면이라 했다. 그 주인을 따라 절에 가서 마당에 서서 스님을 따라 염불했다. 그 주인은 그녀가 그 신분에 맞지 않는 짓을 하는 것을 미워하여 매양 곡식 두 섬을 주어 하룻밤 동안에 다 찧으라 했더니, 계집종은 초저녁에 다 찧어 놓고 절에 가서 염불하여(속담에 말하기를, 내 일이 바빠서 주인 집 방아 바삐 찧는다 한 것은 대개 여기에서 나온 말인 듯싶다) 밤낮으로 게을리 하지 않았다. 그녀는 뜰 좌우에 긴 말뚝을 세워 두 손바닥을 뚫어 노끈으로 꿰어 말뚝 위에 매고는 합장 하면서 좌우로 흔들어 자기를 격려했다. 그 때 하늘에서 부르는데, 욱면랑(郁面娘)은 당에 들어가 염불하라 하였다. 절의 스님들이 듣고 계집종을 권해서 당에 들어가 전처럼 정진하게 했다. 얼마 안 되어 하늘의 음악소리가 서쪽에서 들려오더니 욱면은 몸을 솟구쳐 지붕을 뚫고 올라가 서쪽으로 교외에 가더니 해골을 버리고 부처의 몸으로 변하여 연화대에 앉아서 큰 광명을 발사하면서 서서히 가버리니, 음악소리는 한참 동안 하늘에서 그치지 않았다. 그 집에는 지금도 구멍이 뚫어진 곳이 있다고 한다(이상은 향전에 있는 말이다). (중략) 일연이 이를 기려서 말한다. 서쪽 이웃 옛 절에 등불이 밝았는데, 방아 찧고 절에 오니 이경이네. 한 마디 염불마다 부처가 되려하여, 손바닥 뚫어 노끈을 꿰니 그 몸도 잊었네.

(출전) 景德王代康州(今晉州, 一作剛州, 則今順安)善士數十人, 志求西方, 於州境創彌陀寺, 約萬日爲契. 時有阿干貴珍家一婢名郁面, 隨其主歸寺, 立中庭, 隨僧念佛, 主憎其不職, 每給穀二碩, 一夕舂之. 婢一更舂畢, 歸寺念佛(俚言己事之忙, 大家之舂促, 盖出乎此)日夕微怠, 庭之左右, 竪立長橛, 以繩穿貫兩掌, 繫於橛上合掌, 左右遊之激勵焉. 時有天唱於空郁面娘入堂念佛, 寺衆聞之. 勸婢入堂, 隨例精進. 未幾, 天樂從西來, 婢湧透屋樑而出, 西行至郊外, 捐骸變現眞身. 坐蓮臺, 放大光明 緩緩而逝, 樂聲不撤空中. 其堂至今有透穴處云(已上鄕傳)(중략), 讚曰, 西隣古寺佛燈明, 舂罷歸來夜二更. 自許一聲成一佛, 掌穿繩子直忘形(권5 감통 욱면비염불서승)

(새김)

경덕왕 시절 진주의 신도 수십 인이 **미타사**를 세우고 일만 날의 기간을 설정하여 놓고 기도를 하였다. 아간 **귀진**의 집에서 일을 하던 계집종인 **욱면**이 먼저 성불을 하고 지붕을 뚫고 나가서 진신이 되어 연화대에 앉는다는 설화다. 이는 시베리아 지방의 곡녀(鵠女) 설화와도 영향관계를 의심하게 한다. 이와 함께 소성왕의 왕비였던 계화왕후의 아미타불 신행을 중심으로 한 무장사(鍪藏寺) 설화를 들 수 있다(권3 무장사 미타전 참조). 이로써 왕생극락을 바라는 정토 신앙의 일반화와 모든 이가 평등하게 성불할 수 있음을 드러냈다(지준모). 강주(康州)는 강주(剛州)의 오기로 보인다. 오늘날의 경북 영주(榮州)로 비정할 수 있다(문경현).

욱면(勗面) ☞ 욱면(郁面)

운문선사(雲門禪寺)

그런 지 얼마 안 되어 고려 태조가 삼국을 통일하고 보양법사가 이곳에 절을 짓고 산다는 말을 듣고 다섯 갑(岬)의 밭 500결을 모두 이 절에 바쳤다. 또 청태 4년(丁酉, 937)에는 절 이름을 운문선사라 내리고, 가사의 신령스러운 음덕을 받들게 했다. 이 때 이목(璃目, 이무기)은 항상 절 곁에 있는 작은 못에 살면서 불법을 남모르게 돕고 있었다.

(출전) 未幾, 太祖統一三國, 聞師至此創院而居, 乃合五岬田束五百結納寺, 以淸泰四年丁酉, 賜額曰雲門禪寺, 以奉袈裟之靈蔭. 璃目常在寺側小潭, 陰隲法化(권4 의해 보양이목)

(새김)

이목(璃目)은 용의 아들이었다. 보양국사가 이목대신에 배나무 곧 이목(梨木)을 가리켜 화를 면하게 하였다. 흔히 뿔 없는 용을 이무기라고 한다. 이목의 소리가 변동하여 이무기로 되었던 것으로 볼 수 있다. 동국정운(東國正韻)에 목(目)이나 목(木)인데 현대중국어 발음으로 목(木)을 무(mu)라고 함도 참고가 된다(지준모 참조).

운제사(雲際寺)

당 태종의 배려와 내려준 물건이 매우 많았다. 자장은 그 번거로움을 꺼려서 표문(表文, 진정서)을 올리고 종남산 운제사 동쪽 절벽에 들어가서 바위에 나무를 걸쳐 방을 만들고 3년 동안을 살면서 사람과 신들이 계를 받아 영험이 날로 많았다. 말이 번거로워서 여기에는 싣지 않는다. 마침내 다시 서라벌로 들어오자 또 칙사를 보내 위로하고 비단 2백 필을 내려서 의복의 비용으로 쓰게 했다.

(출전) 太宗勅使慰撫, 安置勝光別院, 寵賜頗厚. 藏嫌其繁, 擁啓表入終南雲際寺之東崿, 架嵓爲室, 居三年, 人神受戒, 靈應日錯, 辭煩不載. 旣而再入京, 又蒙勅慰, 賜絹二百匹, 用資衣費(권4 의해 자장정률)

울진대국(蔚珍大國)

보질도태자는 항상 골짜기에 신령스러운 물을 마시더니 몸이 공중에 떠서 유사강(流沙江)에 이르러 울진대국의 장천굴에 들어가 도를 닦다가 다시 오대산 신성굴로 돌아와 50년 동안이나 도를 닦았다고 한다. 오대산은 바로 백두산(白頭山)의 큰 줄기로서 각 대에는 진신이 항상 있다고 한다.

(출전) 寶叱徒太子常服于洞靈水, 肉身登空, 到流沙江, 入蔚珍大國掌天窟修道, 還至五臺神聖窟, 五十年修道(云云), 五臺山是白頭山之根脈, 各臺眞身常住(云云)(권3 탑상 명주오대산 보질도태자전기)

(새김)

보질도(寶叱徒)는 이두로 읽을 때, 봇도로 읽을 수 있다. 이는 봇도-붓다-불타와의 유연성을 갖고 있다. 수행정진의 지향성을 강하게 드러낸 명명으로 보인다.

웅녀(熊女)

이에 곰씨녀와 범씨녀는 이것을 받아서 먹고 삼칠일 동안 조심했더니 곰씨녀는 여자의 몸으로 변했으나 범씨녀는 근신을 잘못해서 사람의 몸으로 되지 못했다. 웅족의 여인은 혼인해서 같이 살 사람이 없으므로 날마다 단수(壇樹) 밑에서 아기 갖기를 빌었다. 환웅이 사람의 몸을 입어 혼인을 하여 아이를 낳으니 이름하여 단군왕검이었다.

(출전) 熊虎得而食之忌三七日, 熊得女身, 虎不能忌而不得人身. 熊女者無與爲婚, 故每於壇樹

下，呪願有孕，雄乃假化而婚之．孕生子，號曰壇君王儉(권1 기이1 고조선)

(새김)

웅씨녀는 고난을 통과하면서 곰씨에서 환씨-해씨 사람으로 변신하였다. 말하자면 시련을 겪으면서 하나의 같은 이성을 지닌 인간의 모습이 된 것이다. 쑥과 마늘만 먹고 어떻게 백일을 견디어 낼 수 있을까. 더욱 어려운 것은 해를 보지 말아야 한다는 일이다. 새 하늘과 새 땅에서 아침의 공간을 열었다(이어령, 삼국유사 이야기 참조). 인고의 모티프는 곰씨녀라는 주인공을 통하여 고난의 세월을 이겨내는 작품의 동기를 부여하기도 한다(황순원, 별과 같이 살다). 단군사화 속의 웅씨녀의 상징성은 문화기호로 볼 때, 상당한 의미를 지닌다. 하늘을 상징하는 환인의 천신계 부족과 웅씨녀와 굴로 상징되는 땅의 원 주민 계가 합일하는 새로운 차원의 민족의 존재감을 일깨운다. 다음으로 웅씨녀의 기도처인 굴은 혈거생활을 뜻하는바, 마늘과 쑥을 먹고 새로운 사람에로의 변신은 수렵문화에서 농경문화로 정착하는 의미도 있다. 셋째로 형태론적으로 보면 웅씨녀의 웅(熊)은 고마-곰을 뜻한다. 소리가 약화탈락하면 고마(곰)-호마(홈)-오마(옴)이 되었다. 오늘날 어머니를 일부 방언에서 오마니(옴마-오매)라 하는데 상당한 관련성이 있다. 백두산부터 웅(熊)-계의 지명이 십여 군데가 됨을 보더라도 일종의 토템이 곰 숭배 곧 조상숭배가 우리의 고유 신앙임을 가늠하게 한다(정호완, 삼국유사의 상상력 참조). 웅씨녀의 웅(熊)-을 우리말 움(굼-구마)으로 볼 수도 있다. 일제는 식민사관(植民史觀)에 따라서 단군의 사화를 신화로 둔갑시킨 것이다. 실상은 웅씨녀와 호씨녀의 이야기였다. 서경(書經) 순전(舜典)에 순임금의 신하 가운데 주(朱), 호(虎), 웅(熊)과 비(羆)가 있었다. 웅과 비는 같은 족속인 바, 비(羆)는 힘세고 큰 곰을 말한다. 따라서 힘세고 강력한 부족을 대표하는 신하였을 것으로 가늠이 간다. 웅씨와 비씨는 모두가 예맥의 맥(貊)씨를 말한다. 본초강목(本草綱目)에 따르면, 맥(貊)은 쇠를 먹고 살며 곰과 비슷하다고 기록하고 있다(食鐵似熊) 고조선을 이루고 있던 가장 많은 족속들이 예맥이었다(유엠부찐, 고조선 참조).

웅신산(熊神山)

저는 하백의 딸 유화입니다. 여러 동생들과 밖으로 나와서 노는데, 남자 하나가 오더니 자기는 천제(天帝)의 아들 해모수(解慕漱)라고 하면서 나를 웅신산 밑 압록강 가의 집 속에 유인하여 남몰래 정을 통하고 가버리더니 돌아오지 않았습니다.

(출전) 我是河伯之女，名柳花，與諸弟出遊，時有一男子，自言天帝子解慕漱，誘我於熊神山下鴨淥邊室中私之．而往不返(권1 기이1 고구려)

(새김)

웅신산(熊神山)은 백두산의 또 다른 이름이다. 한자의 뜻으로 읽으면 고마신 산이 된다. 말하자면 곰신의 산이란 말이 된다. 동국여지승람에 웅(熊)-계의 지명이 십여 개나 된다. 이는 웅녀와 관련한 산악 신 숭배에서 비롯한 것으로 보인다. 고마는 뒤로 오면서 음절이 줄어 고마-곰이 되어 오늘에 쓰인다. 아직도 고맙다의 고마를 옛말의 잔재어형으로 볼 수 있다. 고마는 경건하게 흠모해야 할 신앙의 대상이었다(고마 敬, 고마 虔, 고마 欽, 신증유합). 그 얼굴에 값하는 산이 바로 백두산이다. 팔공산의 옛 이름도 공산이었는데 이 또한 공주의 공산(公山)과 같이 곰산-공산으로 한자화하는 과정에서 형태가 바뀌었다(정호완).

웅진(熊津)

백제에는 원래 5부, 76군, 200성, 36만 호가 있었는데 이 때 당 나라에서는 이곳에 웅진(熊津), 마한(馬韓), 동명(東明), 금련(金蓮), 덕안(德安) 등 다섯 도독부를 두고 우두머리를 뽑아서 도독과 자사를 삼아 다스리게 했다.

(출전) 其國本有五部三十七郡, 二百城, 七十六萬戶, 至是析置熊津, 馬韓, 東明, 金漣, 德安等五都督府, 擢渠長爲都督刺史以理之(권1 기이1 태종춘추공)

(새김)

그림 60 공주 고지도

웅진은 옛말로 고마ᄂᆞᄅᆞ(熊津, 용비어천가 3:15)였다. 고마가 곰이 되고 여기에 고을을 뜻하는 한자 접미사 -주(州)가 붙어 곰골-공골-공주로 표기가 변동한 것으로 보인다. 지금도 곰나루에 가면 암콤의 절절한 사연이 전해오는 웅신단(熊神壇)과 빗돌이 있다. 그 사연은 이러하다. 공주 시내의 서북쪽 4킬로 지점에 있다. 공주의 옛 이름으로 곰나루라고도 하였다. 곰나루의 지명 유래는 이러하다. 그곳에 사는 한 어부가 인근 여미산의 암콤에게 잡혀가 부부의 인연을 맺어 두 명의 자식까지 두었으나, 어부가 그곳을 빠져 나와 도망치자 암콤이 그것을 비관하여 자식과 함께 금강에 빠져 돌아갔다. 해마다 관아에서 웅신단에 제사를 올림으로써 강을 건너다 문득 풍파에 죽는 사람들이 줄어들게 되었다. 웅진의 옛 이름 고마는 지명의 하나인 'ᄀᆞᆷ'지명으로 예맥족의 구마(kuma)에서 유래된 것으로, 일본의 가미(神)나 고마도 여기서 갈라져 나간 소리다. 백제어에는 동물명을 따온 지명이 많은데, 특히 곰(고마)을 딴 지명이 많고, 곰나루도 한자로는 웅진(熊津), 웅천(熊川)으로 쓰인다(한국민족문화대백과사전 참조). 날마다 쓰는 인사말인 고맙다도 곰 숭배 곧 조상숭배로부터 나온 표현이다(정호완, 우리말의 상상력).

웅천(熊川)

백제 제22대 문주왕(文周王)이 즉위하던 원휘 3년(乙卯, 475)에는 도읍을 웅천(熊川, 현 공주)으로 옮겨 63년을 지내고, 26세 성왕(聖王) 대에 도읍을 소부리(所夫里)로 옮기고 국호를 남부여(南扶餘)라 하여 31세 의자왕(義慈王)에 이르기까지 120년을 지냈다.

(출전) 文周王卽位, 元徽三年乙卯, 移都熊川(今公州), 歷六十三年, 至二十六世聖王, 移都所夫里, 國號南扶餘, 至三十一世義慈王, 歷一百二十年, 至唐顯慶五年, 是義慈王在位二十年(권2 기이2 남부여 전백제 북부여)

원가(怨歌)

신충이 원망하여 노래를 지어 잣나무에 붙였더니 나무가 문득 말라 버렸다. 왕이 이상하게 여겨 사람을 보내 살펴보게 했더니 노래를 갖다 바쳤다. 왕은 크게 놀라서 말했다. 정사가 복잡하고 바빠 각궁을 거의 잊을 뻔했구나. 이에 신충을 불러 벼슬을 주니 잣나무가 그제야 다시 살아났다. 그 노래는 이러하다. 뜰의 잣나무가 가을에 시들지 않았는데 너를 어찌 잊으랴 하시던 우러러 뵙던 얼굴 계시온데, 달그림자가 옛 못의 가는 물결 원망하듯이, 얼굴사 바라보니, 누리도 싫은지고. 후구(後句)는 없어졌다. 이로써 신충에 대한 총애는 양조에 두터웠다.

(출전) 忠怨而作歌, 帖於栢樹, 樹忽黃悴, 王怪使審之. 得歌獻之. 大驚曰萬機鞅掌, 幾忘乎角弓 乃召之賜爵祿, 栢樹乃蘇. 歌曰物叱好支栢史, 秋察尸不冬爾屋支墮米, 汝於多支行齊敎因隱, 仰頓隱面矣改衣賜乎隱冬矣也. 月羅理影支古理因淵之叱, 行尸浪, 阿叱沙矣以支如支, 皃史沙叱望阿乃, 世理都, 之叱逸烏隱第也. 後句亡. 由是寵現於兩朝(권5 피은 신충괘관)

(새김)

원가의 성격에 대한 풀이를 살펴보면 다음과 같다. 경덕왕 22년(763)에 지은 노래로 왕당파의 머리였던 신충(信忠)이 김양상을 머리로 하는 반대파에게 몰려 상대등에서 해임당하고 임금을 볼 수 없었던 답답함을 읊은 것이다(이기백, 경덕왕과 단속사, 원가). 효성왕 시절에 지은 노래다. 효성왕은 왕위에 오르자 순원 등 외척 세력에 밀려 신충을 등용할 수 없는 세태를 읊은 노래다(박노준, 신라향가의 연구). 주술가로 욕구충족을 위한 상징적인 제의의 사연이 담겨 있다(김열규, 원가의 수목 상징). 작자의 경우, 실재했던 인물이라기보다는 임금에게 충성심을 믿어달라는 뜻에서 신충이라 했을 것이다.

원광(圓光)

당속고승전(唐續高僧傳) 제13권에 실려 있다. 신라 황륭사(皇隆寺)의 중 원광의 속성은 박씨(朴氏)다. 본래 삼한, 즉 변한, 진한, 마한에 살았으니 원광은 곧 진한 사람이다. 대대로 해동에 살아 조상의 풍습이 멀리 계승되었다. 그는 도량이 넓고 컸으며, 글을 즐겨 읽어 현유(玄儒, 도교와 유교)를 두루 공부하고 자사(子史, 경서와 사기)도 연구하여 글 잘한다는 이름을 삼한에 떨쳤다. 그러나 넓고 깊은 지식은 오히려 중국 사람에게는 미치지 못하여 드디어 친척과 벗들을 작별하고 중국으로 가기로 작정하고, 나이 25세에 배를 타고 금릉으로 가니 당시는 진(陳) 나라 때인데 문명의 나라라는 이름이 있었다. 거기에서 전에 의심나던 일을 묻고 도(道)를 들어서 뜻을 알게 되었다. 처음에 그는 장엄(莊嚴) 민공(旻公)의 제자의 강의를 들었다. 그는 본래 세상의 모든 책을 읽었기 때문에 이치를 연구하는 데는 신이라고 했는데 불교의 뜻을 듣고 보니 지금까지 읽고 있던 것은 마치 썩은 지푸라기와 같았다. 명분과 인륜을 헛되이 찾은 것이 생애에 있어 실로 두려운 일이었다. 이에 진나라 임금에게 글을 올려 도법에 돌아갈 것을 청하니 칙령을 내려 이를 허락했다. 이리하여 처음으로 중이 되어 이내 계(戒)를 갖추어 받고 두루 강의하는 곳을 찾아서 좋은 도리를 다 배웠으며, 미묘한 말을 터득하여 세월을 헛되이 보내지 않았다. 그리하여 열반에 들었다. (중략) 일연은 이를 기려서 말한다. 바다 건너 한(漢) 나라 땅을 처음으로 밟고, 몇 사람이나 오가면서 밝은 덕을 배웠던가. 옛날의 자취는 오직 푸른 산만이 남았지만, 금곡(金谷)과 가서(嘉西)의 일은 들을 수 있네.

(출전) 唐續高僧傳第十三卷載, 新羅皇隆寺釋圓光, 俗姓朴氏, 本住三韓, 卞韓, 辰韓, 馬韓, 光卽辰韓人也. 家世海東, 祖習綿遠而神器恢廓, 愛染篇章, 校獵玄儒, 討讎子史, 文華騰翥於韓服, 博贍猶愧於中原. 遂割略親朋, 發憤溟渤, 年二十五, 乘船造于金陵, 有陳之世, 號稱文國, 故得諮考先疑, 詢猷了義. 初, 聽莊嚴旻公弟子講, 素霑世典, 謂理窮神, 及聞釋宗, 反同腐芥. 虛尋名教, 實懼生涯 旣爰初落采, 卽稟具戒, 遊歷講肆, 具盡嘉謀, 領牒微言, 不謝光景. 故得成實涅槃(중략), 讚曰, 航海初穿漢地雲, 幾人來往挹淸芬. 昔年蹤迹靑山在, 金谷 · 嘉西事可聞(권4 의해 원광서학)

(새김)

구족계(具足戒)란 비구나 비구니가 지켜야 할 도리와 계율을 말한다. **성실(成實)**이란 우주의 모든 현상은 인연에 따라서 생겼다 사라진다. 이를 깨달아서 고집멸도의 이치를 알며 온갖 번뇌 망상을 없이함으로써 일체의 사유가 없는 열반의 경지에 도달할 수 있다는 것이다. 이는 인도의 가리발마(訶梨跋摩)가 엮은 성실론(成實論)에 따른 것이다. 성실론은 성실종의 중요한 경전이다. 원광은 서라벌 안강의 삼기산 금곡사(金谷寺)에서 머물렀다. 거기서 일어난 여우 귀신의 설화는 토착신앙과 불교가 융합하는 과정을 보여준 것이다.

원녕사(元寧寺)

문득 자장율사(慈藏律師) 어머니의 꿈에 별 하나가 떨어져서 품 안으로 들어오더니 이내 태기가 있어서 아이 하나를 낳았는데 석가세존과 같은 날이므로 이름을 선종랑(善宗郎)이라 했다. 그는 정신과 뜻이 맑고 슬기로웠으며 글과 사유가 날로 풍부하고 속세의 취미에 물들지 않았다. 일찍이 두 부모를 여의고 속세의 시끄러움을 싫어해서 처자를 버리고, 자기의 논밭을 내놓아 원녕사(元寧寺)를 삼았다. 혼자서 그윽하고 험한 곳에 거처하면서 이리나 범도 두려워하지 않았다.

(출전) 母忽夢星墜入懷, 因有娠, 及誕, 與釋尊同日. 名善宗郎, 神志澄睿, 文思日贍, 而無染世趣. 早喪二親, 轉厭塵譁, 捐妻息, 捨田園爲元寧寺, 獨處幽險, 不避狼虎(권4 의해 자장정률)

원보(元輔)

왕의 지극히 높은 지위로서 몸을 굽혀 그대에게 자(子)라고 하게 하여 높고 낮은 차례를 잃게 하였으니 상하가 모두 조심해서 원보의 충성이 아니면 어찌 사직을 편안케 할 수 있으라 했소, 나의 마음에는 악한 것이 없고 뜻은 왕실을 높이는 데 간절하여 장차 조정을 구원해서 나라를 위태로운 데서 구해 내려 했소.

(출전) 致使王之至尊, 枉稱子於足下, 尊卑失序, 上下同憂. 以爲非有元輔之忠純, 豈得再安社稷(권2 기이2 후백제 견훤)

원성왕(元聖王)

신라 제38대 임금. 임금이 즉위한 지 11년(乙亥, 795)에 당 나라 사자가 서울에 와서 한 달을 머물러 있다가 돌아갔는데, 하루 뒤에 두 여자가 궁에 들어와 아뢴다. 저희들은 동지(東池), 청지(靑池, 청지는 곧 동천사의 샘이다. 절에 있는 기록을 보면 이 샘은 동해의 용이 왕래하면서 불법을 듣던 곳이요, 절은 진평왕이 지은 것으로서 오백 성중과 오층탑과 전민까지 함께 헌납했다고 한다)에 있는 두 용의 아내입니다. 그런데 당 나라 사자가 하서국(河西國) 사람들을 데리고 와서 저희 남편인 두 용과 분황사(芬皇寺) 우물에 있는 용까지 모두 세 용의 모습을 바꾸어 작은 고기로 변하게 해서 통 속에 넣어 가지고 돌아갔습니다. 바라옵건대, 폐하께서는 그 두 사람에게 명령하여 우리 남편들인 나라를 지키는 용을 여기에 머무르게 해 주십시오. 왕은 몸소 군사를 이끌고 하양관(河陽館, 현 하양)까지 쫓아가서 친히 연회를 열고 하서국 사람들에게 명령했다. 너희들은 어찌해서 우리나라의 세 용을 잡아 여기까지 왔느냐. 만일 사실대로 고하지 않으면 반드시 사형에 처할 것이다. 그제야 하서국 사람들이 고기 세 마리를 내어 바치므로 세 곳에 놓아 주자, 각각 물속에서 한 길이나 뛰고 기뻐하면서 가 버렸다. 이에 당 나라 사람들은 왕의 슬기로움에 감복했다.

(출전) 王卽位十一年乙亥, 唐使來京, 留一朔而還, 後一日, 有二女進內庭, 奏曰妾等乃東池, 靑池靑池卽東泉寺之泉也. 寺記云, 泉乃東海龍往來聽法之地. 寺乃眞平王所造, 五百聖衆, 五層塔, 幷納田民焉)二龍之妻也. 唐使將河西國二人而來, 呪我夫二龍及芬皇寺井等三龍, 變爲小魚, 筒貯而歸. 願陛下勅二人, 留我夫等護國龍也. 王追至河陽館, 親賜享宴, 勅河西人曰爾輩何得取我三龍至此, 若不以實告, 必加極刑, 於是, 出三魚獻之. 使放於三處, 各湧水丈餘, 喜躍而逝. 唐人服王之明聖(권2 기이2 원성대왕)

(새김)

원성왕 김경신이 상대등 김주원 아래 서발한으로 있었다 함은 사실과 다르다. 혜공왕 때 반란을 일으켜 혜공을 시해한 김지정의 난을 김양상과 함께 평정하였다. 김양상이 왕위를 이어 선덕왕(宣德王)이 되자 바로 이찬 김경신은 상대등이 되었다. 선덕왕이 6년(785)에 돌아가자 김경신이 즉위하였으니 이가 곧 원성왕이다. 삼국사기(三國史記) 열전 김양전(金陽傳)에 증조 주원 이찬이라 했다. 혜공왕 13년(777) 10월에 이찬 주원으로 시중을 삼았다. 선덕왕이 즉위하자 이찬 김경신은 상대등에, 아찬 의공은 시중이 되었다.

원승(圓勝)

자장이 쓰던 도구나 옷감. 버선과 태화지(太和池)에 바친 목압침(木鴨枕)과 석존(釋尊)

의 단의(團衣, 가사)들은 모두 통도사(通度寺)에 있다. 또 헌양현(巘陽縣, 현 언양)에 압유사(鴨遊寺)가 있는데, 침압이 일찍이 이곳에서 이상한 일을 나타냈으므로 이름을 붙인 것이다. 또 원승이란 중이 있는데, 자장보다 먼저 중국에 유학 갔다가 함께 고향에 돌아와서 자장을 도와 율부(律部, 계율 관련 불교 경전)를 넓게 하였다고 한다.

(출전) 藏之道具布襪, 幷大和龍所獻木鴨枕, 與釋尊團衣等, 合在通度寺. 又巘陽縣(今彦陽)有鴨遊寺, 枕鴨嘗遊此現異, 故名之. 又有釋圓勝者, 先藏西學, 而同還桑梓, 助弘律部云(권4 의해 자장정률)

원안(圓安)

그의 제자 원안은 정신이 지혜롭고 바탕이 총명하며, 천성이 두루 유람하는 것을 좋아하여 그윽한 곳에서 도를 구하면서 스승을 우러러 사모했다. 그는 드디어 북쪽으로 구도(九都)에 가고, 동쪽으로 불내(不耐, 국내성)를 보고, 또 서쪽으로 북쪽 중국인 연(燕)과 위(魏)에 가고, 뒤에는 장안(長安)에까지 이르렀다. 이리하여 그는 각 지방의 풍속에 자세히 통하고 여러 가지 경륜을 구해서 중요한 줄거리를 널리 익히고 자세한 뜻도 밝게 알았다. 그는 늦게 심학(心學, 인식론)에 돌아갔는데 세속 사람보다 지취가 높았다. 처음 장안의 절에 있을 때 도가 높다는 소문이 나자 특진 소우(蕭瑀)가 임금에게 청하여 남전(藍田) 땅에 지은 진량사(津梁寺)에 살게 하고 사사(四事, 의식주약)의 공급이 항상 변함이 없었다.

(출전) 有弟子圓安, 神忘機穎, 性希歷覽, 慕仰幽求, 遂北趣九都, 東觀不耐, 又西燕·魏, 後展帝京, 備通方俗, 尋諸經論, 跨轢大綱, 洞淸纖旨, 晩歸心學, 高軌光塵. 初住京寺, 以道素有聞, 特進蕭瑀奏請住於藍田所造津梁寺, 四事供給, 無替六時矣(권4 의해 원광서학)

(새김)

흔히 마음에 대한 사유를 일반적으로 말하며, 엄밀한 의미에서 마음의 본체가 무엇인가를 인식, 수양 방법을 밝히는데 중점을 둔 학문적 관점을 **심학(心學)**이라 부른다. 크게 세 가지로 나눈다. 송 대의 성리학이 발달하면서 1) 정주학(程朱學) 혹은 주자학(朱子學)에서는 심성의 수양론 영역을 심학이라 일컬었다. 2) 육왕학(陸王學) 혹은 양명학(陽明學)에서는 마음을 본질로 인식하는 입장을 심학이라 일컬었다. 3) 때로는, 정주학에서는 불교를 가리켜 심학이라 일컫는 경우도 있다. 특히 일진법계(一眞法界)를 한 마음의 학풍은 마음을 우주의 본체로 파악하고 있으므로 심학이라 한다. **사사(四事)**란 네 가지 공양을 이른다. 곧 의복, 음식, 탕약, 와구의 네 가지를 말하며 와구 대신 주거를 가리키기도 한다.

원왕생가(願往生歌)

엄장은 이 말을 듣고 부끄러워 물러나 그 길로 원효법사의 처소로 가서 진요(津要, 핵심)를 간곡하게 구했다. 원효는 삽관법(錨觀法)을 만들어 그를 지도했다. 엄장은 이에 몸을 깨끗이 하고 잘못을 뉘우쳐 스스로 꾸짖고, 한 마음으로 도를 닦으니 역시 서방정토로 가게 되었다. 삽관법은 원효법사의 본전(本傳)과 해동고승전 속에 있다. 그 부인은 바로 분황사의 시녀이니, 대개 관음보살 십구응신의 하나였다. 광덕이 일찍이 지은 원왕생 노래가 있었다. 달아, 서방까지 가시나이까. 무량수불 앞에 말씀(우리말로 알림을 말함) 아뢰소서. 다짐 깊은 부처님께 두 손 모아. 원왕생 그리워하는 사람 있다고 아뢰소서. 아아, 이 몸 남겨 두고 사십팔원이 이루어질까.

(출전) 便詣元曉法師處, 懇求津要, 曉作錚觀法誘之. 藏於是潔己悔責, 一意修觀, 亦得西昇. 錚觀在曉師本傳與海東僧傳中. 其婦乃芬皇寺之婢, 盖十九應身之一德. 嘗有歌云 月下伊底亦, 西方念丁去賜里遣 無量壽佛前乃, 惱叱古音(鄕言云報言也)多可支白遣賜立, 誓音深史隱尊衣希仰支, 兩手集刀花乎白良願往生願往生, 慕人有如白遣賜立阿邪, 此身遺也.置遣, 四十八大願成遣賜去(권5 감통 광덕 엄장)

(새김)

원왕생가의 배경설화의 이 문맥 때문에, 즉 광덕이 지었다고 분명히 기술하고 있지 않다. 그냥 '있었다'라고 적혀 있기 때문에, 작자에 대한 풀이가 다양하다. 광덕으로 규정하는 견해와 그 아내가 지었다는 견해, 민요적인 전승가요였으므로 집단이 공동으로 지었다는 견해, 원효(元曉)가 지었다는 견해, 불교신앙에 투철한 상층 지식인(불승 또는 귀족)이 지었다는 견해 등 여러 갈래로 엇갈려 있다. 작자의 경우, 실재했던 인물이라기보다는 설화상의 주제 곧 엄장에게까지 공덕을 베풀어 극락으로 가고자 하는 다짐을 노래한 것으로 보인다. 원왕생가의 배경설화로 보아 이야기의 내용이 엄장 중심의 사연임을 알 수 있다. 자신의 잘못을 뉘우치고 엄장세계로 나아가려는 염원이 짙게 깔려 있다. 마침내 엄장이란 실재하는 인물이라기보다는 노래가 전하고자 하는 화두 중심이라고 볼 수 있다. 작자는 엄장으로 봄이 온당하다(장진호, 신라 향가의 연구 참조).

원원사(遠願寺)

또 신라 서울 동남쪽 20여 리 되는 곳에 원원사가 있으니 세상에서는 이렇게 전한다. 이 절은 안혜 등 네 대덕이 김유신과 김의원, 그리고 김술종 등과 함께 발원하여 세운 것이며, 네 대덕의 유골이 모두 절의 동쪽 봉우리에 묻혔으므로 사령산(四靈山) 조사암이라고 한다. 그렇다면 네 고승은 모두 신라 때의 유명한 스님이라 하겠다.

(출전) 又新羅京城東南二十餘里, 有遠源寺. 諺傳, 安惠等四大德, 與金庾信・金義元・金述宗等, 同願所創也. 四大德之遺骨, 皆藏寺之東峰, 因號四靈山祖師嵒云(권5 신주 명랑신인)

(새김)

원원사(遠願寺) : 경주와 울산 어름 모화리 동북방에 자리한 봉서산 기슭에 있던 도량이다. 지금은 신라석탑만이 남아 있다.

사령산(四靈山) : 사성산을 말한다. 동경잡기에 따르면, 경주부의 50리에 산이 있으며 신라시대 네 분의 거룩한 스님이 남쪽에, 북쪽에는 봉황이 머물렀으므로 남쪽은 사성산(四聖山),

북쪽은 봉서산(鳳棲山)이라고 불렀다.

원종(原宗)

신라본기(新羅本紀)에 보면, 법흥대왕이 즉위한 14년(527)에 신하 이차돈(異次頓)이 불교 전파를 위해서 자기 목숨을 바치니 곧 소량 보통 8년(丁未, 527)에 서천축(西天竺, 서인도)의 달마대사가 금릉에 온 해다. 이 해에 낭지법사도 또한 영취산(靈鷲山)에 살면서 도량을 열었으니 불교의 흥하고 쇠하는 것도 반드시 원근에서 한 시기에 서로 감응한다는 것을 이 일로 해서 알 수가 있다. (중략) 일연은 이를 기려서 말한다. 성인의 지혜는 원래 만세를 꾀하나니, 구구한 여론은 조금도 따질 것 없네. 법륜이 풀려 금륜을 좇아 구르니, 요순 세월 바야흐로 불교로 해서 이루어지네.

(출전) 新羅本記, 法興大王卽位十四年, 小臣異次頓爲法滅身, 卽蕭梁普通八年丁未, 西竺達摩來金陵之歲也. 是年, 朗智法師亦始住靈鷲山開法, 則大敎興衰, 必遠近相感一時, 於此可信(중략). 讚曰, 聖智從來萬世謀, 區區輿議謾秋毫. 法輪解逐金輪轉, 舜日方將佛日高(권3 흥법 원종흥법 염촉멸신)

원측법사(圓測法師)

효소왕이 익선(益善) 아간의 소문을 듣고 명령하여 모량리(牟梁里) 사람으로 벼슬에 오른 자는 모조리 쫓아내어 다시는 공직에 발붙이지 못하게 하고, 승의를 입지 못하게 하고, 만일 스님이 된 자라도 종을 치고 북을 울리는 절에는 들어가지 못하게 했다. 칙사가 간진(侃珍)의 자손을 올려서 평정호손(枰定戶孫, 명예로운 후손)을 삼아 남달리 표창했다. 이 때 원측법사는 해동의 고승이었지만 모량리 사람이기 때문에 승직을 주지 않았다.

(출전) 大王聞之. 勅牟梁里人從官者, 並合黜遣, 更不接公署 不著黑衣, 若爲僧者, 不合入鐘鼓寺中, 勅史上侃珍子孫爲枰定戶孫, 標異之. 時, 圓測法師是海東高德, 以牟梁里人故不授僧職(권2 기이 효소왕대 죽지랑)

(새김)

원측법사(**圓測法師**, 613-696)는 세 살의 어린 나이로 출가하여 15세에 당 나라에 유학하였으며 6개 국어에 능통하였고 많은 저술로 중국불교계에 이름을 떨쳤다. 어려서부터 총명했던 스님은 15세가 되던 해, 당 나라로 가서 유학 연구의 개척자인 법상, 승변 등 고승의 지도를 받아 유식학(唯識學)에 정진하였다. 유식학이란, 모든 인식과 현상이 오직 마음에 의해서 변화되며 작용하는 것임을 밝힌 불교의 인식 심리학이다. 특히 스님은 어학에 탁월한 재능을 가지고 있어 중국어는 물론이고 범어, 티베트어 등 불교를 공부하는데 기초가 되는 6개 국어에 능통하여 여러 가지 경전을 폭넓게 연구할 수가 있었다. 원측법사가 당 나라 황제인 태종의 인정을 받는 등 유명해지자 스님을 시기하는 사람들이 많았다. 스님은 유식학을 알기 쉽게 해석해 놓은 유식론소 10권, 해심밀경소 10권, 인왕경소 3권 등을 주석하면서 중국불교계에 더욱 그 이름을 날렸다. 그 뒤 스님은 화엄경(華嚴經)의 번역을 마치지 못하고 신라 효소왕 5년(696) 84세의 나이로 중국의 불수기사에서 열반하였다. 현재 중국 섬서성 서안의 흥교사에 현장, 규기, 원측 세 스님의 사리탑이 나란히 모셔져 있다. **평정호손(枰定戶孫)**은 엄정하게 저울로 단 듯이 평가하여 대대로 명예롭게 된 후손을 이르는 것으로 보인다.

원화(原花)

신라 제24대 진흥왕(眞興王)의 성은 김씨요, 이름은 삼맥종(彡麥宗)인데, 일명 심맥종(深麥宗)이라고도 한다. 양(梁) 나라 대동 6년(庚申, 540)에 즉위했다. 큰아버지 법흥왕의 뜻을 사모해서 한 마음으로 부처를 받들어 널리 절을 세우고, 또 많은 사람들에게 중이 되기를 허락했다. 진흥왕은 또 천성이 풍류가 있어서 크게 신선을 숭상하여 민가의 처녀들 중에 아름다운 자를 뽑아서 원화(原花)를 삼았으니, 이것은 무리를 모아서 사람을 뽑고 그들에게 효제와 충신을 가르치려 함이었다. 이것은 또한 나라를 다스리는 디딤돌이기도 했다. 이에 남모랑(南毛娘)과 교정랑(姣貞娘)의 두 원화를 뽑았고, 여기에 모여든 사람이 3, 4백 명이나 되었다. 교정이 남모를 질투하여 술자리를 마련하여 남모에게 취하도록 먹인 뒤에 남몰래 북천으로 데리고 가서 큰 돌을 들고 그 속에 묻어 죽였다. 이에 그 무리들은 남모가 간 곳을 알지 못해서 슬피 울다가 헤어졌다. 그러나 그 음모를 아는 자가 있어서, 노래를 지어 거리의 어린아이들을 꾀어서 부르게 하니, 남모의 무리들은 듣고 그 시체를 북천 속에서 찾아내고 교정을 죽여 버리니 이에 대왕은 영을 내려 원화의 제도를 폐지했다. 그런 지 여러 해가 되자 왕은 또 나라를 일으키려면 반드시 풍월도(風月道)를 먼저 만들어야 한다고 생각하고 다시 영을 내려 양가의 남자 중에 덕행이 있는 자를 뽑아 이름을 고쳐 화랑(花娘)이라 하고, 비로소 설원랑(薛原郞)을 받들어 국선을 삼으니, 설원랑이 화랑 국선(國仙)의 시초가 되었다.

(출전) 第二十四眞興王, 姓金氏, 名彡麥宗, 一作深麥宗. 以梁大同六年庚申卽位, 慕伯父法興之志, 一心奉佛, 廣興佛寺, 度人爲僧尼. 又天性風味, 多尙神仙, 擇人家娘子美艷者, 捧爲原花, 要聚徒選士, 敎之以孝悌忠信, 亦理國之大要也. 乃取南毛娘 · 姣貞娘兩花, 聚徒三四百人. 姣貞者嫉妬毛娘, 多置酒飮毛娘, 至醉潛舁去北川中, 擧石埋殺之. 其徒罔知去處, 悲泣而散. 有人知其謀者, 作歌誘街巷小童, 唱於街, 其徒聞之. 尋得其尸於北川中, 乃殺姣貞娘. 於是, 大王下令, 廢原花累年, 王又念欲興邦國, 須先風月道, 更下令選良家男子有德行者, 改爲花娘, 始奉薛原郞爲國仙, 此花郎 · 國仙之始(권3 탑상 미륵선화미시랑 진자사)

원효(元曉)

성사 원효의 속성은 설씨(薛氏)이다. 조부는 잉피공(仍皮公) 또는 적대공(赤大公)이라고도 하는데 지금 적대연 옆에 잉피공의 사당이 있다. 아버지는 담날(談捺) 내말이다. 원효는 처음에 압량군의 남쪽(현 章山郡) 불지촌 북쪽 율곡의 사라수 아래서 태어났다. 그 마을의 이름은 불지인데 혹은 발지촌(發智村, 속언에 불등을촌(弗等乙村))이라고도 한다. 사라수란 것을 속언에 이렇게 말한다. 스님의 집이 본래 이 골짜기 서남쪽에 있었다. 그 어머니가 태기가 있어 이미 만삭인데, 마침 이 골짜기에 있는 밤나무 밑을 지나다가 문득 해산하였으므로 몹시 급한 때문에 집에 돌아가지 못하고 남편의 옷을 나무에 걸고 그 속에서 지냈기 때문에 이 나무를 사라수라 했다. 그 나무의 열매가 또한 이상하여 지금도 사라율(裟羅栗)이라 한다. 예로부터 전하기를, 옛적에 절의 주지가 절 머슴에게 하루 저녁 끼니로 밤 두 알씩을 주었다. 종은 저녁이 적다고 관청에 호소하자, 관장은 괴상하게 여겨 그 밤을 가져다가 조사해 보았더니 한 알이 바리 하나에 가득 차므로 도리어 한 알씩만 주라고 판결했다. 이런 이유로 율곡이라고 했다.

(출전) 聖師元曉, 俗姓薛氏, 祖仍皮公, 亦云赤大公, 今赤大淵側有仍皮公廟. 父談捺乃末. 初, 示生于押梁郡南(今章山郡)佛地村北, 栗谷裟羅樹下. 村名佛地, 或作發智村(俚云弗等乙村), 裟羅樹者, 諺云, 師之家本住此谷西南, 母旣娠而月滿, 適過此谷栗樹下, 忽分産, 而倉皇不能歸家, 且以夫衣掛樹, 而寢處其中, 因號樹曰裟羅樹. 其樹之實亦異於常, 至今稱裟羅栗. 古傳, 昔有主寺者, 給寺奴一人, 一夕饌栗二枚, 奴訟于官. 官吏怪之. 取栗檢之. 一枚盈一鉢. 乃皈判給一枚, 故因名栗谷. 師旣出家, 捨其宅爲寺, 名初開, 樹之旁置寺曰裟羅(권4 의해 원효불기)

(새김)

원효(元曉, 617-686)는 일명 화쟁국사(和諍國師)라 한다. 화쟁국사는 원효의 시호이다. 고려 숙종 6년(1101)에 숙종이 추존하여 올린 별호이다. 원효와 의상이 동방의 성인임에도 비석이나 시호가 없어 애석하게 여긴 숙종이 원효에게 대성화쟁국사(大聖和諍國師)라는 시호를 부여하고 비석을 세우게 하였다. 이와 관련하여 경주 고선사지에서 상당 부분 훼손된 서당화상비(誓幢和尙碑)가 발굴되었다(1913). 삼국유사 의해 부분에 14분의 고승대덕이 나온다. 원효만 법호 앞에 성사(聖師)를 붙였다. 이 비는 원효의 손자인 설중업(薛仲業)이 세운 것이다. 그는 스승이 없이 홀로 정진하여 신라 곧 해동의 불교를 세우고 신라 불교의 독립선언을 한 셈이다. 말하자면 사대적인 불교를 타파하고 신라에 맞는 신앙체계를 세웠다. 그 얼굴이 되는 업적이 바로 판비량론(判比量論)이다. 불교인식론이다. 당 나라의 가장 우러르던 현장법사가 지은 인명입정론(因明入定論)을 비판하여 지은 14장 구성의 글이다. 현재 앞의 6장은 떨어져 없어지고 나머지 7장부터 14장까지만 전해 온다. 그것도 일본에서 떠돌던 판본을 구하여 최근 경주국립박물관에서 원효 특별전을 통하여 알려지게 되었다. 무열왕의 사위라는 자리를 헌신짝처럼 벗어던지고 민중 속으로 들어가 왕족이나 귀족들만의 전유물처럼 되었던 불교를 민초들에게 돌린 것이다. 신라인의 정신세계에 일대 변혁을 가져온 것이다. 원효의 고향인 경산시에서는 설총과 일연을 아우르는 삼성현(三聖賢) 역사문화공원을 만들어 세 분의 업적을 기리고 있다.

원효게(元曉偈)

원효가 반고사에 있을 때에는 항상 낭지(郎智)에게 가서 뵈니 그는 원효에게 초장관문(初章觀文)과 안신사심론(安身事心論)을 짓게 했다. 원효가 짓기를 마친 뒤에 숨어사는 은사 문선(文善)을 시켜 책을 받들어 보내면서 그 책끝에 게구(偈句)를 적었다. 서쪽 골에 중의 머리 조아려, 동쪽 봉우리 상덕 높은 바위 앞에 예하노라.

(출전) 元曉住磻高寺時, 常往謁智, 令著初章觀文及安身事心論, 曉撰訖, 使隱士文善奉書馳達. 其篇尾述偈云西谷沙彌稽首禮, 東岳上德高巖前(권5 피은 낭지승운 보현수)

월명사(月明師)

경덕왕 19년(庚子, 790) 4월 초하루에 두 개의 해가 나란히 나타나서 열흘 동안 없어지지 않으니 일관(日官, 천문관)이 아뢰었다. 인연이 닿는 스님을 청하여 꽃을 뿌리는 산화공덕(散花功德)을 쌓으면 재앙을 물리칠 수 있을 것입니다. 이에 조원전(朝元殿)에 단을 정결히 모으고 왕이 청양루에 거둥하여 인연 있는 스님이 오기를 기다렸다. 이 때 월명사가 밭두둑 길을 가고 있었다. 왕이 사람을 보내서 그를 불러 단을 열고 기도하는 글을 짓게 하니 월명사가 아뢴다. 저는 다만 국선의 무리에 속해 있기 때문에 겨우 향가만 알 뿐이고 범패에는 서투릅니다. 왕이 말했다. 이미 인연이 있는 스님으로 뽑혔으니 향가라도 좋소. 이에 월명이 도솔가(兜率歌)를 지어 올렸는데 가사는 이러하다. 오늘 여기 산화가(散花歌)를 불러, 뿌린 꽃아 너는, 곧은 마음의 명령을 부림이니, 미륵좌주(彌勒座主)를 모시게 하라.

(출전) 景德王十九年庚子四月朔, 二日並現, 挾旬不滅. 日官奏請緣僧, 作散花功德則可禳. 於是 潔壇於朝元殿, 駕幸靑陽樓, 望緣僧. 時有月明師, 行于阡陌時之南路, 王使召之. 命開壇作啓. 明奏云臣僧但屬於國仙之徒, 只解鄕歌, 不閑聲梵 王曰旣卜緣僧, 雖用鄕歌可也. 明乃作兜率歌賦之. 其詞曰今日此矣散花唱良巴, 寶白乎隱花良汝隱, 直等隱心音矣命叱使以惡只, 彌勒座主陪立羅良(권5 감통 월명사 도솔가)

월장(月藏)

남백월산의 동남쪽 3천보 쯤 되는 곳에 선천촌(仙川村)이 있고, 그 마을에는 두 사람이 살고 있었다. 한 사람은 노힐부득(努肹夫得, 得은 달리 等)이니 아버지는 이름을 월장이라 했고, 어머니는 미승(味勝)이라 했다. 다른 한 사람은 달달박박(怛怛朴朴)이니 그의 아버지는 이름을 수범(修梵)이라 했고, 어머니는 범마(梵摩)라 했다.

(출전) 山之東南三千步許, 有仙川村, 村有二人, 其一曰努肹夫得(一作等), 父名月藏, 母味勝 其一曰怛怛朴朴, 父名修梵, 母名梵摩(鄕傳云雉山村, 誤矣. 二士之名方言, 二家各以二士心行, 騰騰苦節二義, 名之爾)(권3 탑상 남백월이성 노힐부득 달달박박)

(새김)

여기 **노힐부득**의 부모인 월장이나 수승, **달달박박**의 부모인 수범이나 범마란 실제 미륵과 아미타의 어버이 이름이다. 미륵의 아버지는 수범마(修梵摩)와 어머니는 범마발제(梵摩拔提)이며, 아미타의 아버지는 월상전륜성왕(月上轉輪聖王)이며 어머니는 수승묘안(殊勝妙顔)이다. 미륵과 아미타의 어버이가 바뀌어 올라 있다. 이는 삼국유사가 찬술된 뒤, 필사과정에서 오기와 가필이 있었을 것으로 본다(문경현, 역주삼국유사 참조).

월정사(月精寺)

그 후 두타산(頭陀山, 삼척)의 신의(信義)는 범일대사의 제자로서 이 산을 찾아 자장법사가 쉬던 곳에 암자를 짓고 살았다. 신의가 죽은 뒤에는 암자도 역시 오랫동안 헐려져 있었는데, 수다사(水多寺)의 장로 유연(有緣)이 새로 암자를 짓고 살았으니 현 월정사가 바로 이것이다.

(출전) 後有頭陁信義, 乃梵日之門人也. 來尋藏師憩息之地, 創庵而居. 信義旣卒, 庵亦久廢, 有水多寺長老有緣, 重創而居, 今月精寺是也(권3 탑상 대산오만진신)

(새김)

두타(頭陀)란 수도정진하기 위하여 산과 들을 떠돌면서 온갖 괴로움을 무릅쓰고 불도를 닦는 일이나 그렇게 불도를 닦는 스님을 말한다. 여기서는 삼척의 두타산(頭陀山)을 이른다.

월정사고기(月精寺古記)

절 안에 전해 오는 고기를 상고하여 보면 이렇게 말했다. 자장법사(慈藏法師)는 오대산에 처음 이르러 진신을 보려고 산기슭에 초가집을 짓고 살았으나, 7일 동안이나 나타나지 않았다. 이에 묘범산으로 가서 정암사(淨巖寺)를 세웠다.

(출전) 按寺中所傳古記云, 慈藏法師初至五臺, 欲覩眞身, 於山麓結茅而住, 七日不見, 而到妙梵山創淨岩寺(권3 탑상 대산월정사오류성중)

위기(圍碁)-바둑

효성왕(孝成王)이 왕자로 있을 때 어진 선비 신충(信忠)과 더불어 궁정의 잣나무 밑에서 바둑을 두면서 일찍이 말하기를, 훗날 만약 그대를 잊는다면 저 잣나무가 증거가 될 것이다. 신충이 일어나서 절을 했다. 몇 달 뒤에 효성왕이 왕위에 올라 공신들에게 상을 주면서 신충을 잊고 차례에 넣지 않았다. 신충이 원망하여 노래를 지어 잣나무에 붙였더니 나무가 문득 말라 버렸다. 왕이 이상하게 여겨 사람을 보내 살펴보게 했더니 노래를 얻어다 바쳤다. 왕은 크게 놀라서 말했다. 정무가 복잡하고 바빠 그대를 거의 잊을 뻔했구나. 이에 신충을 불러 벼슬을 주니 잣나무가 그제야 다시 살아났다. 그 노래는 이러하다. 뜰의 잣나무가 가을에 시들지 않았는데 너를 어찌 잊으랴 하시던 우러러 뵙던 얼굴 계시온데 달그림자가 옛 못의 가는 물결 원망하듯이 얼굴이사 바라보니, 누리도 싫은지고. 후구는 없어졌다. 이로써 신충에 대한 총애는 양조에 두터웠다.

(출전) 孝成王潛邸時, 與賢士信忠, 圍碁於宮庭栢樹下, 嘗謂曰他日若忘鄕, 有如栢樹 信忠興拜. 隔數月, 王卽位賞功臣, 忘忠而不第之. 忠怨而作歌, 帖於栢樹, 樹忽黃悴, 王怪使審之. 得歌獻之. 大驚曰萬機鞅掌, 幾忘乎角弓. 乃召之賜爵祿, 栢樹乃蘇. 歌曰物叱好支

栢史, 秋察尸不冬爾屋支墮米, 汝於多支行齊敎因隱, 仰頓隱面矣改衣賜乎隱冬矣也. 月羅理影支古理因淵之叱, 行尸浪, 阿叱沙矣以支如支, 兒史沙叱望阿乃, 世理都, 之叱逸烏隱第也. 後句亡. 由是. 寵現於兩朝(권5 피은 신충괘관)

위덕왕(威德王)

백제 제27대 위덕왕의 이름은 창(昌)이고 일명 명(明)이었다. 갑술년(甲戌, 554)에 즉위하였고 44년 동안 나라를 다스렸다.

(출전) 第二十七代威德王名昌又明. 甲戌立, 理四十四年(권1 왕력 위덕왕)

(새김)

위덕왕은 제26대 성왕의 아들로 이름은 고(高) 또는 명(明), 또는 창(昌)으로 위덕왕 원년(554)에 즉위하였다(삼국사기). 아버지 성왕이 관산성(管山城) 싸움에서 전사함으로써 위축된 왕권을 강화하려고 힘을 기울였다.

위례성(慰禮城)

고전기(古典記)에 따르면 이러하다. 동명왕(東明王)의 셋째아들 온조(溫祚)는 전한(前漢) 홍가 3년(癸酉, 전18)에 졸본부여에서 위례성으로 와서 도읍을 정하고 왕이라 일컬었다. 14년(丙辰)에 도읍을 한산(漢山, 서울)으로 옮겨 389년을 지냈으며, 13세 근초고왕(近肖古王) 때인 함안 원년(371)에 고구려의 남평양을 빼앗아 도읍을 북한성(北漢城, 현 양주)으로 옮겼다.

(출전) 按古典記云東明王第三子溫祚, 以前漢鴻佳三年癸酉, 自卒本扶餘至慰禮城, 立都稱王十四年丙辰, 移都漢山(今廣州), 歷三百八十九年. 至十三世近肖古王, 咸安元年, 取高句麗南平壤, 移都北漢城(今楊州)(권2 기이2 남부여 전백제 북부여)

위만(魏滿)

연(燕) 나라 사람 위만은 망명해서 무리 천여 명을 모아 요동의 요새지를 넘어 도망하여 패수(浿水)를 건넜다. 여기에서 진(秦) 나라의 옛 터전인 상하의 변방에 자리를 잡고 살았다. 차츰 진번과 조선의 오랑캐들과 또 옛날에 연(燕)과 제(齊)에서 망명해 온 자들을 자기에게 소속시켜 왕이 되어 왕검(王儉, 이기(李奇)는 땅이름이라 했고, 신찬(臣瓚)은 말하기를 왕검성은 낙랑군의 패수동쪽에 있다고 했다)에 도읍했다. 위만은 군사의 위력으로 그 이웃의 조그만 읍들을 침략하여 항복시켰다. 이에 진번과 임둔이 모두 복종해 와서 그에게 예속되니 사방이 수천 리나 되었다. 위만은 아들에게 왕위를 전하고 손자 우거(右渠, 안사고는 말하기를, 위만의 손자 이름이 우거라고 했다)에게 이르렀다.

(출전) 燕人魏滿亡命, 聚黨千餘人, 東走出塞, 渡浿水, 居秦故空地上下障, 稍役屬眞番 · 朝鮮蠻夷及故燕 · 齊亡命者王之. 都王儉(李奇曰地名, 臣瓚曰, 王儉城在樂浪郡浿水之東) 以兵威侵降其旁小邑, 眞番 · 臨屯皆來服屬, 方數千里. 傳子至孫右渠(師古曰, 孫名右渠)

(권1 기이1 위만조선)

(새김)

위만조선 : 사마천이 쓴 사기(史記) 조선열전에는 성이 없고 조선왕 만(滿)으로 적고 있다. 기원전 194-180년 사이에 위만이 세운 나라인데 그의 손자 우거왕 때(전108) 한 무제에게 복속 당하였다. 문헌상으로는 처음으로 한국의 고대국가를 세운 것으로 보는 견해가 있다. 세형동검 시기와 같은 기간에 존속하였던 정복 국가였다(최몽룡, 1997).

위산(衛山)

천자는 누선장군과 좌장군의 형세가 이롭지 못하다고 생각하고 이에 위산을 시켜 군병의 위력을 가지고 가서 우거를 타이르게 했다. 우거는 항복하기를 청하고 태자를 보내어 말을 바치겠다고 했다. 그리하여 만여 명이나 되는 병력을 거느리고 바야흐로 패수를 건너려 하는데 사자인 위산과 좌장군은 혹시 변을 일으킬까 의심하여 태자에게 일렀다. 이미 항복한 터이니 병기는 가지고 오지 마시오. 태자도 사자인 위산이 혹 자기를 속여 해치지 않을까 의심하여 마침내는 패수를 건너지 않고 군사를 데리고 돌아갔다. 이 사실을 천자에게 보고하자 천자는 위산의 목을 베었다.

(출전) 天子爲兩將未有利, 乃使衛山, 因兵威往諭右渠, 右渠請降, 遣太子獻馬. 人衆萬餘持兵, 方渡浿水, 使者及左將軍疑其爲變, 謂太子已服, 宜毋持兵, 太子亦疑使者詐之. 遂不渡浿水, 復引歸. 報天子誅山(권1 기이1 위만조선)

(새김)

한서(漢書) 곽거병전에 따르면, **위산**은 기원전 121년에 북지도위로서 곽거병이 흉노를 칠 때, 공을 세워 의양후(義陽侯)가 되었다. 그러나 태시 4년(전 93) 사람을 부려 중리후(衆利侯)를 거짓으로 고발, 처형당하였다. 실제로는 병사했다고 한다.

위서(魏書)

위서에 이렇게 말했다. 지금으로부터 2천 년 전에 단군왕검이 있었다. 그는 아사달(阿斯達, 경에는 무엽산이라 하고 또는 백악이라고도 하는데 백주에 있었다. 혹은 또 개성 동쪽에 있다고도 한다. 이는 바로 현 백악궁이다)에 도읍을 정하고 새로 나라를 세워 국호를 조선이라고 불렀으니 이것은 고(高, 요 임금)와 같은 시기였다.

(출전) 魏書云, 乃往二千載有壇君王儉, 立都阿斯達(經云無葉山, 亦云白岳, 在白州地, 或云在開城東, 今白岳宮是), 開國號朝鮮, 與高同時(권1 기이1 고조선)

(새김)

일설에는 **백악(白岳)**을 녹산(鹿山)이라고 한다. 이 산은 현재 중국의 길림시에 자리한 용담산(龍潭山)을 말한다. 녹산의 녹(鹿)은 사슴인데 만주어로 사슴을 푸후(puhu)라고 한다. 이는 부여(夫餘)의 소리와 같다. 이를 뒷받침할 수 있는 유적이 길림과 부여현 일원에서 발굴되었다는 것이다(李健才(1986), 東北史地考略). 그렇다면 아사달도 용담산 곧 녹산에 있다는 이야기가 된다. 용담산을 끼고 도는 송화강을 건너서 동단산(東壇山) 성이 있는데 이러한 것들이 부여와 고구려의 옛날을 말해주고 있다고 볼 수 있다. 현전하는 삼국지(三國志) 위서의, 위수(魏收)의 위서에는 단군관련의 설화가 실려 있지 않다. 그 밖에 왕침(王沈)의 위서가 있으나 현전하지 않는다(박대재, 2001 참조).

위지(魏志)

위지에 이렇게 말했다. 위만(魏滿)이 조선을 공격하자 조선왕 준(準)은 궁인과 좌우 사람을 거느리고 바다를 건너 서쪽 한(漢)의 땅에 이르러 나라를 세우고 마한(馬韓)이라고 했다.

(출전) 魏志云, 魏滿擊朝鮮, 王準率宮人左右, 越海而南至韓地, 開國號馬韓(권1 기이1 마한)

(새김)

위지와 위서는 같은 책으로 삼국지(三國志)에 들어 있다. 중국 진(晉) 나라 때, 진수가 엮은 위(魏), 오(吳), 촉(蜀)의 역사서인데, 위지(魏志) 30권, 촉지(蜀志) 15권, 오지(吳志) 20권 등 총 65권으로 이루어졌다. 우리나라의 역사와 관련이 있는 것은 위지의 동이전(東夷傳)이다. 위지의 책 이름은 위서(魏書)로 나온다.

위홍(魏弘)

신라 제51대 진성여왕이 정미년(丁未, 887)에 즉위한 지 몇 해 만에 유모 부호부인(鳧好夫人)과 그의 남편 위홍잡간(魏弘匝干) 등 3, 4명의 총신(寵臣, 왕의 친신)들이 권력을 마음대로 해서 정사를 어지럽히자 도둑들이 벌떼처럼 일어났다. 사람 모두가 이런 상황을 근심하였다.

(출전) 第五十一眞聖女王, 臨朝有年, 乳母鳧好夫人, 與其夫魏弘匝干等三四寵臣, 擅權撓政, 盜賊蜂起. 國人患之(권2 기이2 진성여대왕 거타지)

유금필(庾黔弼)

청태 원년(甲午, 934)에 견훤은 태조가 운주(運州, 홍성)에 주둔해 있다는 말을 듣고 갑옷 입은 군사를 뽑아 새벽밥을 먹여 빨리 가게 하였는데, 미처 영채에 이르기 전에 장군 유금필이 날쌘 기병으로 쳐서 3천여 명의 목을 베니 웅진 이북의 30여 성은 이 소문을 듣고 자진해서 항복하였으며, 견훤의 부하였던 술사 종훈(宗訓)과 의사 지겸(之謙), 용장 상봉(尙逢)과 최필(崔弼) 등도 모두 태조에게 항복했다.

(출전) 淸泰元年甲午, 萱聞太祖屯運州(未詳), 遂簡甲士, 蓐食而至. 未及營壘, 將軍黔弼以勁騎擊之. 斬獲三千餘級, 熊津以北三十餘城, 聞風自降. 萱麾下, 術士宗訓, 醫者之謙, 勇將尙逢, 崔弼等降於太祖(권2 기이2 후백제 견훤)

(새김)

삼국유사에서는 **운주(運州)**가 미상으로 되어 있으나 충남 홍성(洪城)으로 확인된다.

유덕사(有德寺)

신라의 태대각간 최유덕(崔有德)이 자기가 살던 집을 내놓아 절을 만들고 이름을 유덕사라고 했다. 그의 후손 삼한공신 최언위(崔彦撝)가 유덕의 그림을 여기에 걸어 모시고 또 비도 세웠다고 한다.

(출전) 新羅太大角干崔有德, 捨私第爲寺, 以有德名之. 遠孫三韓功臣崔彦撝, 掛安眞影, 仍有碑云(권3 탑상 유덕사)

(새김)

범우고(梵宇考)에 **유덕사**가 황해도 수안군 증산(甑山)에 있다고 하여 이를 따르고 있다(이민수, 이재호). 그러나 최유덕(崔有德)이 후삼국통일 시기의 공신임을 고려하면 그의 고향인 경주에 있었다고 봄이 온당하다(문경현). 최언위는 신라 말엽과 고려 초에 당 나라 유학을 하여 거기서 과거에 급제, 돌아와 고려 태조의 태자의 사부가 되었다.

유도(遊刀)

신문왕(神文王) 때의 고승 경흥(憬興)의 성은 수씨(水氏)로서 웅천주(熊川州, 현 공주) 사람이다. 18세에 중이 되어 삼장(三藏, 경, 율, 론)에 통달〔遊刀〕하니 명성이 한 시대에 높았다. 개요 원년(681) 문무왕(文武王)이 장차 세상을 떠나려 할 때 신문왕에게 부탁했다. 경흥법사는 국사가 될 만하니 내 명을 잊지 말라. 신문왕이 즉위하여 간곡하게 청하여 국사로 삼아 삼랑사에 머물게 하였다.

(출전) 神文王代, 大德憬興, 姓水氏, 熊川州人也. 年十八出家, 遊刃三藏, 望重一時. 開耀元年, 文武王將昇遐, 顧命於神文曰憬興法師可爲國師, 不忘朕命 神文卽位, 曲爲國老, 住三郎寺(권5 감통 경흥우성).

(새김)

유도(遊刀)란 백정이 고기를 저밀 때 자유롭게 포도(庖刀, 부엌칼)를 쓰는 것을 이른다. 어떤 일에 능란함을 드러내는 말이다. **고명(顧命)**은 임금이 죽을 때 남기는 유언을 뜻한다. 최근 2003년 토광묘에서 출토된바, 금동관과 환두대도로 대표되는 백제의 유적지로 알려진 공주 수촌리(水村里)가 수씨(水氏)의 집성촌일 가능성이 있다. 말하자면 경흥국사의 출생지일 수 있다(정호완).

유동보살(幼童菩薩)

절 안에 전해 오는 고기(古記)를 살펴보면 이렇게 말했다. 자장법사는 오대산에 처음 이르러 진신을 보려고 산기슭에 띠집을 짓고 살았으나, 7일 동안이나 나타나지 않았다.

이에 묘범산으로 가서 거기서 정암사를 세웠다. 그 뒤 신효거사(信孝居士)라는 이가 있었다. 혹은 유동보살의 화신이라고도 했는데 그의 집은 공주에 있고 효성을 다하여 어머니를 모셨다. 어머니는 고기가 아니면 먹지 않으므로 거사는 고기를 구하려고 산과 들을 돌아다니다가 길에서 학 다섯 마리를 보고 활로 쏘나, 학 한 마리가 날개의 깃 한 조각을 떨어뜨리고 갔다. 거사는 그것을 집어 그것으로 눈을 가리고 사람을 보았더니 사람이 모두 짐승으로 보였다. 이에 고기는 얻지 못하고 자기의 넓적다리 살을 베어서 어머니께 바쳤다. 그 뒤에 그는 중이 되어 자기 집을 내놓아서 절을 만들었는데 지금의 효가원(孝家院)이다.

(출전) 按寺中所傳古記云, 慈藏法師初至五臺, 欲覩眞身, 於山麓結茅而住, 七日不見, 而到妙梵山創淨岩寺. 後有信孝居士者, 或云幼童菩薩化身, 家在公州, 養母純孝, 母非肉不食, 士求肉出行山野, 路見五鶴射之. 有一鶴落一羽而去. 士執其羽, 遮眼而見人, 人皆是畜生, 故不得肉, 而因割股肉進母, 後乃出家. 捨其家爲寺, 今爲孝家院(권3 탑상 대산월정사 오류성중)

(새김)

유동보살(幼童菩薩) 혹은 문수보살이 어린 아이와 같이 나타난다. 오대산 상원사의 문수보살은 총각을 한 동자상이다. 본디는 전세의 제2 아승기겁 만에 연등불(燃燈佛)을 공양하던 때의 보살 이름이다. 그는 오화연(五華蓮)을 마련하여 공양하고 머리카락을 진흙에 깔아 연등불이 이를 밟고 지나가도록 함으로써 미래 성불의 기별을 받았다. **효가원(孝家院)**은 공주에 있던 절이다.

유례왕(儒禮王)

신라 제3대 임금. 박노례니질금(朴弩禮尼叱今, 일명 유례왕)이 처음에 매부인 탈해(脫解)에게 왕위를 물려주자 탈해는 말했다. 대개 덕이 있는 사람은 이[齒]가 많은 법이오. 그러니 니사금을 가지고 시험해 봅시다. 이리하여 떡을 물어 시험해 보니 왕의 이가 많았기 때문에 먼저 왕위에 올랐다. 이런 일로 인하여 왕은 니질금(尼叱今)이라고 한 것이다. 니질금이란 칭호는 이 왕 때부터 시작했다.

(출전) 朴弩禮尼叱今(一作儒禮王), 初王與妹夫脫解讓位, 脫解云凡有德者多齒, 宜以齒理試之, 乃咬餠驗之. 王齒多故先立, 因名尼叱今, 尼叱今之稱, 自此王始(권1 기이1 유례왕)

유류왕(孺留王)

고구려 제2대 유리왕은 일명 누리 혹은 유류왕이라 한다. 동명왕의 아들이며 임인년(壬寅)에 즉위하였다. 36년 동안의 통치를 하였고 성은 해(解)씨다.

(출전) 第二代瑠璃王一作累利, 又(孺)留, 東明子. 立壬寅, 理三十六年. 姓解氏(권1 왕력 유리왕)

(새김)

유류왕은 동명왕 주몽의 맏아들이며 어머니는 예씨(禮氏), 왕비는 다물후(多勿侯) 송양(宋讓)의 딸이었다. 왕비 송씨가 죽자 계비로서 한(漢)의 여인 치희(雉姬)와 골천인의 딸인(鶻川人) 화희(禾姬)가 있었다. 두 여인의 사랑싸움으로 치희가 도망가 돌아오지 않았다. 이로 하여 임금이 치희를 그리워하여 꾀꼬리에 빗대어 지은 노래가 황조가(黃鳥歌)이다. 펄펄 나는 저 꾀꼬리 암수가 정답구나. 외롭구려, 이내 몸은 누구와 함께 돌아갈까(翩翩黃鳥 雌雄相依 念我之獨 誰其與歸).

유백영(劉伯英)

태종(太宗)은 백제에 괴상한 변고가 많다는 소식을 듣고 5년(庚申, 660)에 김인문(金仁問)을 사신으로 당 나라에 보내서 군사를 청했다. 당 고종은 좌호위장군형국공 소정방(蘇定方)으로 신구도행군총관(神丘道行軍摠管)을 삼아 좌위장군 유백영(劉伯英)과 좌호위장군 풍사귀(馮士貴), 좌효위장군 방효공(龐孝公) 등을 거느리고 13만의 군사를 이끌고 와서 치게 했다. 또 신라 왕 춘추(春秋)로 우이도행군총관(嵎夷道行軍摠管)을 삼아 신라의 군사를 합세하도록 했다.

(출전) 太宗聞百濟國中多怪變, 五年庚申, 遣使仁問請兵唐, 高宗詔左虎衛大將軍荊國公蘇定方爲神丘道行策摠管, 率左衛將軍劉伯英字仁遠, 左虎衛將軍馮士貴, 左驍衛將軍龐孝公等, 統十三萬兵來征(鄕記云, 軍十二萬二千七百十一人, 船一千九百隻, 而唐史不詳言之), 以新羅王春秋爲嵎夷道行軍摠管, 將其國兵, 與之合勢(권1 기이1 태종춘추공)

유순(由旬)

또 법현(法現)의 서역전(西域傳)에는 이렇게 말했다. 나갈국(那竭國)의 국경에 가면 나갈성 남쪽으로 반 유순이 되는 곳에 석실이 있으니, 그곳은 박산(博山)의 서남쪽이며 그 속에 부처가 영상을 남겼다. 여기서 10여 보를 가서 보면 부처의 모습처럼 광명이 환하게 나타나지만 멀어질수록 점점 희미하게 보였다. 여러 나라 왕들이 화공을 보내서 이것을 그리려 했지만 비슷하게도 그릴 수가 없었다.

(출전) 又法現西域傳云至那竭國界, 那竭城南半由旬有石室, 博山西南面, 佛留影此中. 去十餘步觀之. 如佛眞形, 光明炳著, 轉遠轉微. 諸國王遣工摹寫, 莫能髣髴(권3 탑상 어산불영)

(새김)

유순(由旬) : 산스크리트어로 야요나(यजऑन, yajona)의 한자 음역이다. 인도에서 거리를 재는 단위로 임금이 하루에 행차하는 거리를 1유순, 소유순은 40리, 중유순은 60리, 대유순은 80리 정도였다.

유시(油市) ☞ 이시(利市)

유신공(庾信公)-김유신(金庾信)

또 신라 서울 동남쪽 20여 리 되는 곳에 원원사(遠原寺)가 있으니 세상에서는 이렇게 전한다. 이 절은 안혜 등 네 대덕이 김유신(金庾信), 김의원(金義元), 김술종(金述宗) 등과 함께 발원하여 세운 것이며, 네 대덕의 유골이 모두 절의 동쪽 봉우리에 묻혔으므로 사령산(四靈山) 조사암(祖師嵒)이라고 한다. 그렇다면 네 고승은 모두 신라 때의 유명한 승려라 하겠다.

(출전) 又新羅京城東南二十餘里, 有遠源寺. 諺傳, 安惠等四大德, 與金庾信, 金義元, 金述宗等, 同願所創也. 四大德之遺骨, 皆藏寺之東峰, 因號四靈山祖師嵒云, 則四大德皆羅時高德 (권5 신주 명랑신인)

(새김)

김유신은 신라 진평왕 17년(595)에 태어나 김춘추를 도와 삼국통일에 중심에 섰던 가야계 출신의 태대각간으로 흥덕왕 때 흥무대왕(興武大王)으로 추존되었다. 증조부가 가락왕의 마지막 구해왕이며, 할아버지는 무력(武力), 아버지는 서현(舒玄)이다. 어머니는 만명부인(萬明夫人)이다. 만명부인의 할아버지는 진흥왕의 아버지인 입종갈문왕(立宗葛文王), 아버지는 숙흘종(肅訖宗)이다. 숙흘종은 만명을 가두고 서현(舒玄)과의 혼인을 극력 반대하였다. 유신의 가계가 진골귀족에 들었기는 하나 왕족과는 혼인할 수 없는 계층이라 여겼기 때문이다. 삼국사기에는 서현과 만명이 부모도 모르게 혼인했다고 적고 있다. 숙흘종이 딸인 만명을 가둔 곳에 문득 벼락이 쳐서 만명이 탈출하여 서현과 다시 만나게 되었다는 이야기도 있다. 이러한 흐름은 유신의 누이인 문희를 김춘추(金春秋)와 혼인시킬 때의 극적인 과정에서도 드러난다. 우여곡절 끝에 선덕여왕의 특명으로 극적인 혼인이 이루어진다. 언니 보희의 오줌 꿈을 사서 출세한 문희는 김춘추와 혼인하여 문무왕과 김인문(金仁問) 등을 낳은 문명왕후(文明王后)가 되어 굳건한 자리를 굳힌다. 아내 지소부인(智炤夫人)은 태종무열왕의 셋째 딸이었는데, 그와 태종의 일처럼 서로 얽힌 혼인 관계는 당시 신라 사회의 관습에 어긋나는 일은 아니었다. 지소부인과의 사이에는 삼광(三光), 원술(元述), 원정(元貞), 장이(長耳), 원망(元望) 등 다섯 아들과 네 딸을 두었다. 그리고 서자로서 군승(軍勝)이 있었다 한다. 아우로는 삼국통일 과정에서 맹위를 떨쳤던 흠순(欽純) 장군이 있다. 오늘날 충북 진천의 길상산(吉祥山)은 고려 때 태령산(胎靈山)으로 불렸고, 김유신의 태를 안치했다 하여 신라 이래로 김유신사(金庾信祠)를 세워 봄, 가을로 국가에서 향(香)을 내려 제사하게 했음이 전해지고 있다. 구금에서 겨우 벗어난 만명은 만노군(萬弩郡, 현 진천)의 태수로 부임하는 서현을 따라갔고, 그 곳에서 595년 김유신을 낳은 것으로 보인다(한국민족문화대백과사전 참조). 미루어보건대, 유신은 적은 병력으로 승전에 승전을 거듭한다. 여러 가지 요인이 있겠지만 구진천(仇珍川) 같은 명장들이 만들어 내는 만노(萬弩, 일명 쇠뇌-기계식 활)로 무장한 특공부대를 이끌고 백제와 고구려군, 나아가 당 나라 군사를 물리쳤을 것으로 보인다. 경북 군위(軍威)는 팔공산 넘어 북녘에 자리하였는바, 상주의 백화산성의 싸움을 승리로 이끈 전초기지로 군위에서 만노 부대를 이끌고 훈련하여 강력한 화력을 갖추었다고 본다. 김유신 군사의 위엄이 있던 곳이라 하여 군위가 되었다. 군위의 지명 가운데 우보(友保), 산성(山城)이며, 소보(召保),

부계(缶溪) 등이 모두가 군사 관련 이름일 가능성이 높다(-보(保)는 후방 지원 병력이 있었던 곳)(정호완).

유인궤(劉仁軌)

다짐이 끝나자 폐백을 단 북쪽에 묻고 다짐한 글은 신라의 대묘(大廟)에 간직해 두었다. 이 다짐하는 글은 대방도독 유인궤가 지은 것이다(위에 있는 당사의 글을 떠올려 보면, 소정방이 의자왕과 태자 융 들을 당 나라 서울에 보냈다고 했는데 여기에서는 부여왕 융을 만났다고 했으니, 당 나라 황제가 융의 죄를 용서하고 돌려보내서 웅진도독을 삼은 것을 알 수 있다. 그렇기 때문에 다짐 글에도 분명히 말했으니 이것으로 증거가 된다).

(출전) 歃訖埋幣帛於壇之壬地, 藏盟文於大廟, 盟文乃帶方都督劉仁軌作(按上唐史之文, 定方以義慈王及太子隆等送京師, 今云會扶餘王隆, 則知唐帝宥隆而遣之. 立爲熊津都督也. 故盟文明言, 以此爲驗)(권1 기이1 태종춘추공)

유인원(劉仁願)

낭장 유인원에게 명하여 사비성을 지키게 하고, 또 좌위낭장 왕문도(王文度)로 웅진도독(熊津都督)을 삼아 백제에 남아 있는 백성들을 무마하게 했다. 소정방은 포로들을 이끌고 당 나라 황제를 찾으니, 황제는 이들을 책망만 하고 용서해 주었다.

(출전) 命郞將劉仁願守都城, 又左衛郞將王文度爲熊津都督, 撫其餘衆. 定方以所俘見, 上責而宥之(권1 기이1 태종춘추공)

유주(幽州)

서한(西漢)과 삼국의 지리지를 돌이켜 보면 요동성은 압록강밖에 있었다. 한나라 유주에 소속되어 있다고 했다. 하지만 그 때 고구려 성왕이란 어느 임금인지 알 수가 없다. 혹 동명성제(東明聖帝)라고 하지만 반드시 그렇지 않다. 동명제는 전한의 원제 건소 2년(전37)에 즉위해서 성제 홍가 임인년(壬寅, 전 19)에 돌아갔다. 그때라면 한나라에서도 역시 범서 같은 패엽(貝葉, 문서)을 보지 못했을 것이다. 어떻게 해외의 관원으로서 범서(梵書)를 알아본단 말인가. 그러나 부처를 포도왕(蒲圖王)이라고 함을 보면 서한 때에도 필경 서역문자를 아는 이가 있었기 때문에 범서라고 했을 것이다.

(출전) 按西漢與三國地理志, 遼東城在鴨綠之外, 屬漢幽州, 高麗聖王, 未知何君. 或云東明聖帝, 疑非也. 東明以前漢元帝建昭二年卽位, 成帝鴻嘉壬寅升遐, 于時漢亦未見貝葉, 何得海外陪臣已能識梵書乎. 然稱佛爲蒲圖王, 似在西漢之時, 西域文字或有識之者, 故云梵書爾(권3 탑상 요동성육왕탑)

(새김)

유주(幽州)는 오늘날의 북경을 말한다. 이르자면 하북성의 중심이 되는 고장이다. 명일통지(明一統志) 권5에 따르면, 고구려의 옛 땅이던 고죽국이 있었다. 이는 주 나라 시기에 유주에 속해 있었다고 한다. 뒤에 진 나라 시기에 요서와 우북평의 두 군을 설치하였다가 한 나라 말엽에 공손도(公孫度)의 봉토로 삼았다. 위(魏) 나라 시기 다시 노룡군(盧龍郡)으로, 북연 시기에 평주와 낙랑군을, 뒤에 낙랑을 북평군(北平郡)으로 했다가 당 나라 건원(乾元) 초엽에 평주로 삼았다. 명나라로 와서 홍무(洪武) 2년에 고쳐서 영평부(永平府)로 하였다. 이로 보면, 식민사관에 따른 대동강 낙랑설은 설득력이 없고 오늘날 중국의 하북성의 북경을 중심으로 한 진황도시(秦皇島市) 노룡현 지역을 중심으로 낙랑군이 있었음을 가늠할 수 있다.

유천간(留天干) ☞ 오도간

유화(柳花)

국사(國史) 고려본기에 이렇게 말했다. 시조 동명성제의 성은 고씨(高氏)요, 이름은 주몽(朱蒙)이다. 이보다 앞서 북부여의 왕 해부루(解夫婁)가 이미 동부여로 피해 가고, 부루가 죽자 금와(金蛙)가 왕위를 이었다. 이 때 금와는 태백산 남쪽 우발수(優渤水)에서 여자 하나를 만나서 물으니 그 여자는 말하기를, 저는 하백의 딸로서 이름을 유화라고 합니다.

(출전) 及夫婁薨, 金蛙嗣位. 于時, 得一女子於太伯山南優渤水, 問之. 云我是河伯之女, 名柳花(권1 기이1 고구려)

(새김)

유화가 하백의 딸이고 태양신의 자손인 해부루와 어우러져 주몽을 낳게 된다는 이야기는 문화기호로 볼 때 천지합일의 상징성을 갖고 있다고 본다. 유화의 아우인 훤화(萱花)와 위화(葦花)와 함께 나와 놀고 있을 때, 한 남자가 나타나 스스로 하늘의 아들 해모수라 하고, 자신을 웅신산(熊神山) 아래 압록강 가의 집으로 데리고 가서 정을 통한 뒤 가버리고는 돌아오지 않았다. 유화의 부모들은 유화가 중매도 없이 외간 남정네에게 몸을 허락했다고 꾸짖어, 드디어 이 우발수에서 귀양살이를 하게 되었다는 것이다. 금와왕은 그를 데리고 와 집안에 두었는데, 그에게 햇빛이 비친 후 태기가 있어 닷 되들이만한 알을 낳았다. 왕이 상서롭지 못하다 하여 알을 내버리게 했지만 짐승에게 주어도 먹지 않고, 길에 내버려도 마소가 밟기는커녕 오히려 보호하였으므로 유화에게 되돌려 주었다. 유화는 그 알을 따뜻한 곳에 두었다. 마침내 한 사내아이가 태어났다. 아이가 뒤에 이름하여 고구려의 건국시조가 되었다. 유화가 기원전 24년 8월 동부여에서 죽었을 때, 금와왕이 태후의 예로 장사를 지내고 신묘를 세웠다. 10월 동명왕이 사신을 보내서 특산물을 바침으로써 그 은덕에 보답하였다. 그 뒤 고구려에서는 동명왕과 유화를 신으로 모셔서 매년 향사를 모셨다. 이규보의 동명왕(東明王)편에 나오는 신모(神母)를 유화로 보고 보리농사와 관련한 농사의 신으로 보기도 한다. 동명왕이 부여를 떠날 때 오곡의 씨앗을 준 것은 지모신과 관련이 있는 것으로 보아야 한다(김철준, 1990).

육가야(六伽耶)

그가 그 달 보름에 왕위에 오르니 세상에 처음 나타났다고 해서 이름을 수로(首露)라고 했다. 혹은 수릉(首陵, 수릉은 죽은 후의 시호)이라고도 했다. 나라 이름을 대가락(大駕洛)이라 하고 또는 가야국이라고도 하니 이는 곧 여섯 가야 중의 하나다. 나머지 다섯 사람도 각각 가서 다섯 가야의 임금이 되니 동쪽은 황산강, 서남쪽은 창해, 서북쪽은 지리산, 동북쪽은 가야산이며 남쪽은 나라의 끝이었다.

(출전) 其於月望日卽位也. 始現故諱首露, 或云首陵(首陵是崩後諡也), 國稱大駕洛, 又稱伽耶國, 卽六伽耶之一也. 餘五人各歸爲五伽耶主東以黃山江, 西南以滄海, 西北以地理山, 東北以伽耶山, 南而爲國尾(권2 기이2 가락국기)

육륜회(六輪會)

이 때 고승 점개(漸開)가 육륜회를 흥륜사에서 베풀고자 하여 복안의 집에 가서 보시할 것을 권하니, 복안은 베 50필을 보시하므로 점개는 주문을 읽어 축원했다. 단월(檀越, 신도)이 보시하기를 좋아하니 하느님이 항상 지켜 주실 것이며, 한 가지를 보시하면 만 배를 얻게 되는 것이니 안락하고 수명 장수하게 될 것입니다. 대성이 듣고 뛰어 들어가 그 어미에게 말했다. 제가 문간에 온 스님의 말을 들었는데 한 가지를 보시하면 만 배를 얻는다고 합니다.

(출전) 家窘不能生育, 因役傭於貨殖福安家, 其家俵田數畝, 以備衣食之資. 時有開士漸開, 欲設六輪會於興輪寺, 勸化至福安家, 施布五十疋. 開咒願曰檀越好布施, 天神常護持. 施一得萬倍(권5 효선 대성효이세부모)

(새김)

육륜회(六輪會)의 육륜이란 천태종에서 철륜(鐵輪)과 동륜(銅輪), 금륜(金輪)과 은륜(銀輪), 유리륜(琉璃輪)과 마니륜(摩尼輪) 등을 이른다. 점찰경(占察經)이나 보살영락본업경(菩薩瓔珞本業經)에 바탕을 두어 여는 법회를 이르기도 한다.

육부(六部)

유성공 갱시 원년(癸未, 23)에 즉위하여(연표에는 갑신년에 즉위) 육부의 이름을 고쳐서 정하고 여섯 성(姓)을 하사했다. 이 때 비로소 도솔가(兜率歌)를 지었으니 차사와 사뇌격이 있었다. 또 비로소 보습과 얼음을 저장하는 창고와 수레를 만들었다. 건호 18년(42)에 이서국(伊西國)을 쳐서 복속시켰다. 이 해에 고구려 군사가 침범해 왔다.

(출전) 劉聖公更始元年癸未卽位(年表云, 甲申卽位). 改定六部號, 仍賜六姓, 始作兜率歌, 有嗟辭・詞腦格. 製犂耜及藏氷庫, 作車乘. 建虎十八年, 伐伊西國滅之. 是年高麗兵來侵(권1 기이1 노례왕)

(새김)

육부(六部)는 신라 제3대 노례왕 때, 6부의 이름을 고치고 성을 주었다(삼국사기). 6부의 성립시기에 대하여는 여러 이설이 있다. 내물왕(노중국), 소지왕(노태돈), 자비왕(주보돈), 눌지왕(강종훈) 때와 같은 여러 설이 있다. 임금이 성을 내려준 사성과 관련하여 최씨와 정씨의 속내가 삼국사기(三國史記)의 기록과 다른 부분이 있다. 삼국사기에는 돌산 고허촌이 사량부로 개칭되면서 촌장의 성을 최(崔)씨로 내려 주었다는 사실이다. 한편 삼국유사(三國遺事)에는 최씨가 아니라 정(鄭)씨라고 하였다. 삼국유사는 삼국사기보다 약 100여 년 뒤에 기록한 사료인데 왜 이렇게 바꾸어 기록하였는가에 대한 의문이 남는다. 정씨의 경우, 간진부를 본피부로 개칭하면서 촌장을 정씨로 내려 주었다. 각 촌의 구체적인 마을 이름이 적혔고 본피부(本彼部)의 경우, 최씨촌의 옛터며, 그 자손으로 최치원이 나온다. 또한 본피부의 자리가 황룡사와 미탄사의 남쪽으로 그 위상이 확고하게 나오는 것으로 보아 삼국유사의 기록에 더욱 믿음이 간다. 6성씨를 받은 집단들이 후일에 6두품으로 편제를 정착시켰을 가능성이 높다(이종욱, 2000). 삼국사기에서는 6부족을 조선의 유민이라 적었으니, 삼국유사의 천손강림과는 다르다. 삼국사기에서는 6부의 지역과 마을 이름만 적었다(고운기, 2002).

육왕탑(育王塔)

삼보감통록(三寶感通錄)에 이렇게 실려 있다. 고구려 요동성(遼東城) 곁에 있는 탑은 어르신들의 전하는 말에 따르면 이러하다. 옛날 고구려 성왕(聖王)이 국경 지방을 순행하던 길에 이 성에 이르렀다. 여기에서 오색구름이 땅을 덮는 것을 보고는 그 구름 속을 찾아가 보았다. 거기엔 중 하나가 지팡이를 짚고 서 있다. 그 곁에는 세 겹으로 된 흙탑이 있는데 위는 솥을 덮은 것 같으나 그것이 무엇인지 알 수가 없다. 이에 다시 가서 중을 찾아보았으나, 다만 거친 풀이 있을 뿐이다. 거기를 한 길 깊이나 되게 파보았더니 지팡이와 신이 나오고 더 파 보았더니 명문이 나왔는데 명문 위에 범서(梵書)가 있었다. 따라간 신하가 이 글을 알아보고 불탑이라고 말하였다.

(출전) 三寶感通錄載高麗遼東城傍塔者, 古老傳云, 昔高麗聖王按行國界次, 至此城, 見五色雲覆地, 往尋雲中, 有僧執錫而立, 旣至便滅, 遠看還現. 傍有土塔三重, 上如覆釜, 不知是何. 更往覓僧, 唯有荒草, 掘尋一丈, 得杖幷履, 又掘得銘, 上有梵書. 侍臣識之. 云是佛塔(권3 탑상 요동성육왕탑)

(새김)

육왕탑(育王塔) : 육왕은 곧 아육왕(阿育王)을 말한다. 아육왕의 어원은 산스크리트어로 아소카(अशोकमौ, ashokamaura)의 한자 음역이다. 아소카는 걱정이 없게 하는 나무 곧 무우수(無憂樹)라고 풀이한다. 육왕은 기원전 2세기 무렵 인도를 통일하여 대제국을 세운 임금이니 인도의 광개토대왕이라 할 수 있다.

육정(六正)

원화의 제도를 폐지한 지 여러 해가 되었다. 진흥왕은 다시 나라를 일으키려면, 반드시 풍월도(風月道)를 먼저 만들어야 한다고 생각했다. 다시 영을 내려 양반집의 남자 중에 덕행이 있는 자를 뽑아 이름을 고쳐 화랑(花郎)이라 하고, 비로소 설원랑(薛原郎)을 받들어 국선(國仙)을 삼았으니, 설원랑이 화랑 국선의 시초이다. 그렇기 때문에 명주(溟

洲, 현 강릉)에 비를 세우고, 이로부터 사람들로 하여금 악한 것을 고쳐 착한 일을 하도록 하고 윗사람을 공경하고 아랫사람에게 순화롭게 하니 오상(五常)과 육예(六藝)와 삼사(三師)와 육정이 왕의 시대에 널리 행하여졌다(국사(國史)에 보면, 진지왕 대건 8년(庚申)에 처음으로 화랑을 받들었다 했으나 이는 사전의 잘못이다).

(출전) 廢原花累年, 王又念欲興邦國, 須先風月道, 更下今選良家男子有德行者, 改爲花娘, 始奉薛原郎爲國仙, 此花郎・國仙之始. 故竪碑於溟州, 自此使人悛惡更善, 上敬下順, 五常六藝, 三師六正, 廣行於代(國史, 眞智王大建八年庚申, 始奉花郎, 恐史傳乃誤)(권3 탑상 미륵선화미시랑 진자사)

(새김)

육정(六正)이란 무엇인가. 신하의 올바른 양태를 이른다. 곧 충성된 신하상이다. 인격이 뛰어난 성신(聖臣), 어진 양신(良臣), 충성된 충신(忠臣), 슬기로운 지신(智臣), 깨끗한 정신(貞臣), 강직한 직신(直臣)을 이른다. 한편, **삼사(三師)**란 고려 시기의 세자교육을 하던 태사(太師)와 태부(太傅) 그리고 태보(太保)를, **오상(五常)**은 인의예지신(仁義禮智信)을, **육예(六藝)**란 예악사어서수(禮樂射御書數)를 이른다.

육침(陸沈)

찬(讚)해 말한다. 도시에선 어진 이가 오래 숨지 못하는 것, 주머니 속 송곳 끝을 감추기가 어렵네. 뜰아래 연꽃으로 세상에 나갔지, 운산(雲山)이 깊지 않은 탓은 아닐세.

(출전) 讚曰, 倚市難藏久陸沉, 囊錐旣露括難禁. 自緣庭下靑蓮誤, 不是雲山固未深(권5 피은 연회도명)

(새김)

육침(陸沈)이란 어진 사람이 시장과 같은 세상에 숨어 사는 일을 말한다. **낭추(囊錐)**는 낭중지추(囊中之錐)의 줄임말이다. 주머니 속의 송곳이 튀어 나오듯이 재능이 뛰어난 사람은 결국 드러난다는 말이다.

윤경(尹卿)

윤경을 바닷가로 쫓으면 쌓인 갑옷이 산더미 같았고, 추조(雛造)를 성 가에서 잡았을 때에는 시체가 들을 덮었소. 연산군(燕山郡)에서는 길환(吉奐)을 군영에서 베었고, 마리성(馬利城, 아마 이산군인 듯) 가에서는 수오(隨晤)를 깃발 아래서 죽였소.

(출전) 逐尹卿於海岸, 積甲如山, 禽雛造於城邊, 伏屍蔽野. 燕山郡畔, 斬吉奐於軍前, 馬利(疑伊山郡)城(邊), 戮隨晤於纛下(권2 기이2 후백제 견훤)

(새김)

독하(纛下)의 독(纛)은 소의 꼬리털이나 꿩의 깃털로 만든 깃발을 뜻한다. 독을 둑이라고도 읽는다. 말하자면 서울의 뚝섬이 둑섬에서 비롯하였는데 이는 여기서 물신에게 제를 올리던 곳이라는 뜻으로 이해하면 좋을 것이다. 아악에서는 보통 춤추는 사람을 앞서는 기로 쓰였고, 악공 두 사람이 하나씩 들고 좌우로 서서 문무(文舞)를 안내하였다. 악학궤범(樂學軌範) 권6에 따르면, 기의 길이는 4자 남짓한 폭으로 겹으로 만든다. 깃대의 전체길이는 8자 정도이고, 깃대의 지름은 한 치 정도로 깃대 머리에는 나무로 만든 봉새를 꽂고 주모(注旄)가 하나 있으며, 훈백(纁帛)을 잇대서 만들기도 한다. 독기는 정(旌)과 함께 고려 예종 때 송나라에서 들어와 인문무(引文舞)와 인무무에 각각 사용하였다. 조선조 세종 때에 와서 회례연(會禮宴) 헌가(軒架)의 문무와 성종 때의 종묘, 영녕전, 헌가의 정대업(定大業) 및 보태평(保太平)의 춤에서 독기를 사용하였다. 정대업은 종묘 제례에서 아헌례와 종헌례에서 연주하던 음악과 춤을 이른다. 반면, 보태평이란 초헌례에서 신을 맞이할 때 연주하던 음악과 춤을 이른다.

융천사(融天師)

제5거열랑(居烈郞), 제6실처랑(實處郞 혹은 돌처랑(突處郞)), 제7보동랑(寶同郞) 등 세 화랑의 무리가 풍악(楓岳, 금강산)에 놀러 가려고 하는데 혜성(彗星)이 심대성(心大星)을 범하였다. 낭도들은 이를 의아스럽게 생각하고 그 여행을 중지하려고 했다. 이 때에 융천사가 노래를 지어 부르자 별의 괴변은 즉시 사라지고 일본 군사가 제 나라로 돌아가니 도리어 경사가 되었다. 왕이 기뻐하여 낭도들을 보내어 풍악에서 놀게 했다.

(출전) 第五居烈郞, 第六實處郞(一作突處郞), 第七寶同郞等三花之徒, 欲遊楓岳, 有彗星犯心大星, 郞徒疑之. 欲罷其行. 時, 天師作歌歌之. 星怪卽滅, 日本兵還國, 反成福慶. 大王歡喜, 遣郞遊岳焉(권5 피은 진평왕대 융천사 혜성가)

음질국(音質國)

신라 제6대 지마왕(祇摩王)은 달리 지미왕이라고도 한다. 성은 박씨고 아버지는 파사왕, 어머니는 사초부인이다. 왕비는 마제국왕의 따님 □례부인인데 달리 애례부인 김씨라고 한다. 임자년(壬子, 112)에 즉위하였고 23년 동안 통치를 하였다. 이 임금 시절 안강의 음질국과 양산의 압량국(押梁國, 현 경산)을 통합하였다.

(출전) 第六祇磨尼叱今一作祇味, 姓朴氏. 父婆娑(王)母史肖夫人, 妃磨帝國王之女·□禮夫人一作愛禮, 金氏壬子立, 理二十三年. 是王代滅音質國今安康·及押梁國今(梁)山(권1 왕력 지마니질금)

읍루(挹屢)

동명기(東明記)에는, 졸본성(卒本城)은 땅이 말갈(혹은 현 동진)에 잇닿아 있다. 신라의 제6대 지마왕(祇摩王) 14년(乙丑, 126)에, 말갈의 군사가 북쪽 국경으로 크게 들어와 대령의 성책을 습격하고 이하(泥河, 영흥 용흥천)로 지나갔다고 했다. 후위서(後魏書)에는, 말갈은 바로 물길(勿吉)이라 했고, 지장도(指掌圖)에는, 읍루(挹屢)와 물길(勿吉)은 다 숙신(肅愼)이라고 했다.

(출전) 又東明記云卒本城連靺鞨(或云今東眞), 羅第六祇麻王十四年(乙丑), 靺鞨兵大入北境, 襲大嶺柵, 過泥河後魏書靺鞨作勿吉, 指掌圖云挹屢與勿吉皆肅愼也(권1 기이1 말갈 발해)

(새김)

숙신(肅愼)의 경우, 열쇠 말은 신(愼)이다. 이 한자에서 핵심은 마음심(心)을 뺀 진(眞)이다. 허신의 설문해자(說文解字)의 풀이를 보면, 신선이 변화하여 하늘로 올라감을 이른다(僊人變化而登天). 신화학적인 유추로는 여기 신선이 되어 하늘로 올라가는 직능자는 바로 제사장이며 신과 교통하는 사람이다. 말하자면 만주어로 당걸(tangeol) 흔히 샤먼이라고 할 수 있다. 경건하고 엄숙하게 마음을 다하여 신에게 제사를 올리는 당걸이 바로 숙신이라고 추정된다. 뒤에 청나라로 들어오면서 샤머니즘과 융합한 티베트 불교가 들어오면서 보살(菩薩, बोधिसत्तव, bodhisattva)을 존숭하여 중국어로 사만(薩滿, saman)이 널리 쓰이게 된 것으로 보인다.

응소(應邵)

전한(前漢) 때 처음으로 낙랑군(樂浪郡)을 두었다. 응소는 말하기를 이것을 고조선국이라 했다. 신당서(新唐書) 주에 평양성은 옛 한(漢) 나라의 낙랑군이라고 했다. 국사(國史)에는 이런 말이 있다. 혁거세 30년(전28)에 낙랑 사람들이 신라에 항복했다. 또 제3대 노례왕 4년(27)에 고구려의 제3대 무휼왕이 낙랑을 멸망시켰다.

(출전) 前漢時始置樂浪郡, 應邵曰故朝鮮國也. 新唐書注云平壤城, 古漢之樂浪郡也. 國史云赫居世三十年, 樂浪人來投, 又第三弩禮王四年, 高麗第三無恤王伐樂浪滅之(권1 기이1 낙랑국)

의상(義湘)

법사 의상의 아버지는 한신(韓信)이요, 성은 김씨다. 나이 29세에 서울 황복사(皇福寺)에서 머리를 깎고 스님이 되었다. 얼마 안 되어 중국으로 가서 부처의 교화를 얻고자 하여 드디어 원효와 함께 요동 변경으로 갔는데, 여기에서 변경의 순라군이 간첩으로 잡아 가둔 지 수십일 만에 겨우 풀려 돌아왔다(이 사실은 최치원이 지은 의상본전과 원효대사의 행장에 있다). 영휘 초년에 마침 당 나라 사신이 배를 타고 본국으로 돌아가는 자가 있으므로 그 배를 타고 중국에 들어갔다. 처음 양주(揚州, 안휘성 합비)에 머물렀는데 주장 유지인(劉至仁)이 의상을 청해서 관청에 머무르게 하고 대접하는 것이 매우 성대했다. 그 후 얼마 안 되어 종남산 지상사(至相寺)에 가서 지엄(智儼)을 만났는데 지엄은 그 전날 밤 꿈에, 큰 나무 하나가 해동에서 났는데 가지와 잎이 널리 퍼져서 중국에까지 와서 덮였고, 가지 위에는 봉황새의 집이 있는데, 올라가서 보니 마니보주 하나가 있어 그 광명이 먼 곳에까지 비쳤다. (중략) 일연은 이를 기려서 말한다. 덤불을 헤치고 바다를 건너 연기와 티끌 무릅쓰니, 지상사 문이 열려 귀한 손님 접대했네. 화엄(華

嚴)을 캐다가 고국에 심었으니, 종남산과 태백산이 함께 봄을 맞았네.

(출전) 法師義湘, 考曰韓信, 金氏. 年二十九依京師皇福寺落髮. 未幾, 西圖觀化, 遂與元曉道出遼東, 邊戍邏之爲諜者, 囚閉者累旬, 僅免而還(事在崔侯本傳, 及曉師行狀等). 永徽初, 會唐使舡有西還者, 寓載入中國, 初止揚州, 州將劉至仁請留衙內, 供養豊贍. 尋往終南山至相寺, 謁智儼. 儼前夕夢一大樹生海東, 枝葉溥布, 來蔭神州. 上有鳳巢, 登視之. 有一摩尼寶珠, 光明屬遠(중략). 讚曰, 披榛跨海冒烟塵, 至相門開接瑞珍. 采采雜花栽故國, 終南・太伯一般春(권4 의해 의상전교)

(새김)

의상의 성은 김씨요, 의상(義湘)은 법명이다. 그의 아버지는 한신(韓信)이다. 의상은 신라 화엄종(華嚴宗)의 개창자이며 화엄십찰의 도량을 세운 선구자이다. 19살에 경주 황복사(皇福寺)로 입문하였다. 원효(元曉)와 함께 요동(遼東)으로 갔지만, 고구려의 군사에게 잡혀 정탐자로 오인 받고 스님이란 것이 알려져서 겨우 살아 돌아왔다. 문무왕 1년(661) 다시금 당항성(黨項城, 현 화성)에서 당 나라 사신의 배를 타고 중국으로 들어갔다. 이 때 원효는 일체유심조(一切唯心造)라는 화두를 얻고 서라벌로 되돌아왔다. 삼국유사에 따르면, 의상의 귀국은 당 나라 고종(高宗)이 신라를 침략하려는 계획을 인문 등에게서 전해 듣고 본국에 알리려는데 있었다. 송고승전(宋高僧傳)에는 그의 귀국은 화엄대교(華嚴大敎)를 신라에 널리 펴기 위한 것이라고 했다. 신라로 돌아오던 첫 해 양양의 낙산사(洛山寺) 관음굴에서 관음보살(觀音菩薩, अवलोकितेशवर, avarokitesvara)에게 기도를 드렸다. 당시의 발원문인 백화도량발원문(白花道場發願文)은 그의 관음신앙을 알게 해주는 261자로 된 명문의 정수리이다. 그 뒤 문무왕 16년(676) 부석사(浮石寺, 소백산)를 세우기까지 화엄사상을 펴기 위해서 전국을 두루 돌아다녔다. 이름 하여 그가 세운 화엄십찰은, 부석사를 비롯하여 미리사(美里寺, 팔공산), 화엄사(華嚴寺, 지리산), 해인사(海印寺, 가야산), 보원사(普願寺, 가야현), 갑사(甲寺, 계룡산), 화산사(華山寺, 삭주), 범어사(梵魚寺, 금정산), 옥천사(玉泉寺, 비슬산), 국신사(國神寺, 모악산) 등이다. 의상에게는 3천명의 뛰어난 제자들이 있었다. 오진(悟眞), 지통(智通), 표훈(表訓), 진정(眞定), 진장(眞藏), 도융(道融), 양원(良圓), 상원(相源), 능인(能仁), 의적(義寂) 등 10명이 아성(亞聖)으로 불렸으며, 범체(梵體)나 도신(道身) 등도 널리 알려진 문하생들이다. 문무왕이 논밭과 절 머슴을 주려하자 받지 않고 문무왕이 성곽을 쌓으려 한다는 소식을 듣고는 왕의 올바른 정사와 교화를 힘씀이 더욱 중요하다 하여 공역을 중단시켰다. 남긴 저술로는 십문간법관(十門看法觀) 1권, 입법계품초기(入法界品鈔記) 1권, 소아미타의기(小阿彌陀義記) 1권, 화엄일승법계도 1권, 백화도량발원문 1권 및 최근 발견된 일승발원문(一乘發願文) 등이 있다. 원효와 쌍벽을 이루어 통일 신라의 정신적인 기둥의 구실을 하였다.

의자왕(義慈王)

백제 제28대 임금. 2월에는 여우 여러 마리가 의자왕의 궁중으로 들어왔는데 그 중 한 마리는 좌평(佐平)의 책상 위에 올라앉았다. 4월에는 태자궁 안에서 암탉과 작은 참새가 교미했다. 5월에는 사비수(泗沘水, 부여 소재) 언덕 위에 큰 물고기가 나와서 죽어 있었는데 길이가 세 길이나 되었으며 이것을 먹은 사람은 모두 죽었다. 9월에는 궁중에 있는 홰나무가 마치 사람이 우는 것처럼 울었으며, 밤에는 귀신이 대궐 남쪽 길에서 울었다.

(출전) 二月, 衆狐入義慈宮中, 一白狐坐佐平書案上. 四月, 太子宮雌雞與小雀交婚. 五月, 泗泚(扶餘江名)岸大魚出死, 長三丈, 人食之者皆死, 九月宮中槐樹鳴如人哭, 夜鬼哭宮南路上(권1 기이1 태종춘추공)

의직(義直)

소정방이 군사를 이끌고 성산(城山)에서 바다를 건너 신라 서쪽 덕물도(德勿島)에 이르자 신라왕은 장군 김유신(金庾信)을 보내서 정병 5만을 거느리고 싸움에 나가게 했다. 의자왕은 이 소식을 듣고 여러 신하들을 모아 싸우고 지킬 계책을 물으니 좌평 의직이 나와 아뢴다. 당 나라 군사는 멀리 큰 바다를 건너왔고 또 수상전에 익숙하지 못하여, 또 신라 군사는 큰 나라가 원조해 주는 것만 믿고 적을 가볍게 여기는 마음이 있습니다. 만일 당 나라 군사가 싸움에 이롭지 못한 것을 보면 반드시 의심하고 두려워하여 감히 진격해 오지 못할 것입니다. 그러므로 우리는 먼저 당 나라 군사와 결전하는 것이 좋을 것입니다.

(출전) 定方引兵, 自城山濟海, 至國西德勿島, 羅王遣將軍金庾信, 領精兵五萬以赴之. 義慈王聞之. 會群臣問戰守之計, 佐平義直進曰唐兵遠涉溟海, 不習水, 羅人恃大國之援, 有輕敵之心, 若見唐人失利, 必疑懼而不敢銳進. 故知先與唐人決戰可也(권2 기이 문호왕 법민)

의천(義天)

대안 2년(1086) 고려 선종(宣宗) 때에는 우세승통 의천이 송나라에 들어가서 천태교관(天台敎觀)을 많이 가지고 왔으며, 이 밖에도 서적에 실리지 않은 고승과 신도들이 왕래하면서 가지고 온 것은 이루 자세히 기록할 수가 없다. 대체로 불교가 동방으로 전해 오는 데는 그 앞길이 넓고 밝았으니 경사스러운 일이다.

(출전) 大安二年, 本朝宣宗代, 祐世僧統義天入宋, 多將天台敎觀而來. 此外方冊所不載, 高僧信士往來所齎, 不可詳記. 大敎東漸, 洋洋乎慶矣哉(권3 탑상 전후소장사리)

이견대(利見臺)

왕은 기뻐하여 그달 7일에 이견대로 나가 그 산을 바라보고 신하를 보내어 살펴보도록 했다. 산 모양은 마치 거북의 머리처럼 생겼는데 산 위에 한 개의 대나무가 있어 낮에는 둘이었다가 밤에는 합해서 하나가 되었다. 신하가 와서 사실대로 아뢰었다.

(출전) 王喜, 以其月七日, 駕幸利見臺, 望其山, 遣使審之. 山勢如龜頭, 上有一竿竹, 晝爲二, 夜合一(一云, 山亦晝夜開合如竹), 使來奏之(권2 기이2 만파식적)

(새김)

그림 61 이견대

사적 제159호로서 삼국을 통일한 문무대왕의 나라와 겨레 지킴의 얼이 깃들인 수중왕릉인 대왕암(大王巖)이 보이는 언덕에 있으며 감은사지 앞쪽에 자리하고 있다. 삼국유사에 따르면, 왜인의 침략을 막고자 하여 처음으로 감은사를 지었다. 그러나 공사를 다 이루지 못하고 죽은 뒤 바다의 용이 되었다는 것이다. 문무왕의 아들인 신문왕이 681년 7월에 용상에 올라 682년에 비로소 이견대 공사를 모두 끝냈다. 금당(金堂) 아래 동쪽을 향하여 구멍을 하나 뚫어둠으로써 용이 절에 들어와서 쉬어가게 하기 위한 배려였다. 뒤에 용이 그 모습을 드러낸 곳이 있었으니 이견대라 하였다. 같은 해 5월 신문왕이 이 곳에서 용으로부터 옥대(玉帶)와 만파식적(萬波息笛)을 만들 대나무를 받았다고 전한다. 이와 관련한 노래가 바로 이견대가(利見臺歌)로 그 이름만 전해온다. 작자와 때를 알 수가 없다. 고려사(高麗史) 악지(樂志)에 따르면, 전설에 따르면, 신라의 어느 부자가 오랫동안 헤어져 살다가 대(臺)를 지음으로써 아들을 만나게 되었으므로 그 이름을 이견대라 하여 만남의 기쁨을 노래한 것으로 전해온다.

이계(尼谿)

이 때 조선의 재상 노인(路人)과 재상 한도(韓陶) 그리고 이계(尼谿)의 재상 삼(參)과 장군 왕겹(王唊, 안사고는 말하기를, 이계는 지명이며, 이들은 모두 네 사람이라고 했다)은 서로 의논하여 항복하려 했으나 왕은 이 말을 좇으려 하지 않았다. 이에 한도와 왕겹과 노인은 모두 도망해서 한나라에 항복했고 노인은 도중에서 죽었다. 원봉 3년 여름에 이계의 재상 삼(參)은 사람들을 시켜서 왕 우거를 죽이고 한나라에 항복했다. 하지만, 왕검성은 아직도 함락되지 않았다. 그러므로 우거의 대신인 성기(成己)가 또 자기 나라를 배반했다. 좌장군은 우거의 아들 장(長)과 노인의 아들 최(最)로 하여금 자기들의 백성을 타이르고 성기를 죽이도록 했다. 이리하여 마침내 조선을 평정하고 진번, 임둔, 낙랑, 현토의 네 군으로 삼았다.

(출전) 朝鮮相路人, 相韓陶, 尼谿相參, 將軍王唊(師古曰尼谿地名, 四人也), 相與謀欲降, 王不肯之. 陶, 唊, 路人, 皆亡降漢, 路人道死. 元封三年夏, 尼谿相參, 使人殺王右渠來降, 王儉城未下, 故右渠之大臣成己又反. 左將軍使右渠子長, 路人子最, 告諭其民, 謀殺成己, 故遂定朝鮮, 爲眞番, 臨屯, 樂浪, 玄菟四郡(권1 기이1 위만조선)

(새김)

이계(尼谿)를 인명으로 보는 풀이도 있으나 흔히 벼슬 이름으로 본다(應劭, 漢書 집해). 이계를 반절식으로 읽으면, 이계-예(濊)가 된다. 그렇다면 이계는 당연히 예맥의 나라 이름으로 봄이 온당하다.

이기(李奇)

차츰 진번과 조선의 오랑캐들과 또 옛날에 연(燕)과 제(齊)에서 망명해 온 이들을 자기에게 소속시켜 왕이 되어 왕검(王儉, 이기(李奇)는 땅이름이라 했고, 신찬(臣瓚)은 말하기를 왕검성은 낙랑군의 패수 동쪽에 있다고 했다)에 도읍했다. 위만(魏滿)은 군사의 위세로 그 이웃의 조그만 읍들을 잠식하여 항복시켰다. 이에 진번과 임둔이 모두 귀순해 와서 그에게 예속되니 사방이 수 천리나 되었다.

(출전) 稍役屬眞番·朝鮮蠻夷及故燕·齊亡命者王之. 都王儉(李奇曰地名, 臣瓚曰王儉城在樂浪郡浿水之東), 以兵威侵降其旁小邑, 眞番·臨屯皆來服屬, 方數千里(권1 기이1 위만조선)

이목(離目)

이 때 이목은 항상 절 곁에 있는 작은 못에 살면서 교화를 남모르게 돕고 있었다. 그러던 어느 해에 몹시 가물어서 밭에 채소가 모두 타고 마르므로 보양(寶壤)이 이목을 시켜 비를 내리게 하니 온 고을이 흡족하였다. 이에 천제가 그를 죽이려 하자 이목이 보양에게 위급한 상황을 알리니 법사가 침상 아래 숨겨 주었다. 마침내 천사가 뜰에 와서 이목을 내놓으라고 하자 법사는 뜰 앞의 배나무[梨木]를 가리키니 천사는 나무에 벼락을 치고 하늘로 올라갔다. 배나무가 부러졌으므로 용이 쓰다듬으니 곧 되살아났다.

(출전) 璃目常在寺側小潭, 陰隲法化, 忽一年亢旱, 田蔬焦槁, 壤勅璃目行雨, 一境告足. 天帝將誅不識, 璃目告急於師, 師藏於床下. 俄有天使到庭, 請出璃目, 師指庭前梨木, 乃震之而上天. 梨木萎摧, 龍撫之卽穌(一云師呪之而生)(권4 의해 보양이목)

(새김)

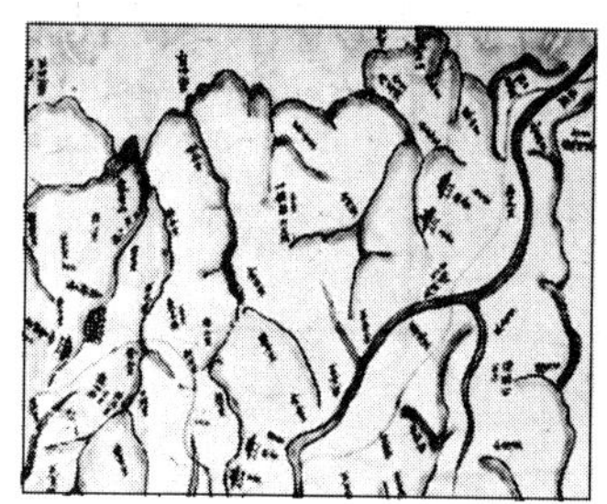

그림 62 청도 운문산

이목의 설화는 용 신앙과 깊은 관련이 있다. 용신(龍神)이란 본래 물을 다스리는 신으로서 비가 오는 것을 가늠하는 구실을 함으로써 존숭되었다. 비 내림을 관장하는 용의 이야기는 보양이목(寶壤梨木) 설화가 그 얼굴이라고 할 수 있다. 보양스님을 따라서 신라로 들어온 용왕의 아들 이목(離目)은 날이 몹시 가물자 보양스님의 말씀을 따라서 하늘신의 승낙도 없이 농민을 위하여 비를 내려 주었다. 보양은, 천기를 누설하였다 하여 이목을 벌주러 온 천신의 사자에게 배나무를 가리켜 이목이라고 하니 벼락이 쳤다고 한다. 이는 불교와 아우른 농경의 신으로서 용신의 모습을 보여준다. 배나무가 이목이니 이목과 동음이의어라 미봉책으로 그렇게 해결한 것으로 보인다. 용 신앙은 단군사화에서도 오룡거가 나옴을 보아 뿌리 깊은 토속신앙으로 자리하였다. 한마디로 용은 물신이다. 불교의 미륵신앙과 융합하여 용이 불교의 수호신이 되었다. 산스크리트어로 미륵(彌勒)을 마이트레아(मैत्रेय, Maitreya)라 한다. 천자문에도 보면 용을 미르라고 하였으니 토착신앙으로 자리 잡은 것은 상당히 오래된 것으로 볼 수 있다.

이부(二府)

전한서(前漢書)에 이렇게 말했다. 소제 시원 5년(己亥, 전82)에 두 외부(外府)를 두었다. 이것은 조선의 옛 땅인 평나(平那)와 현토군(玄菟郡) 등을 평주도독부로 삼고, 임둔(臨屯), 낙랑(樂浪) 등 두 군의 땅에 동부도위부를 둔 것을 말함이다.

(출전) 前漢書, 昭帝始元五年己亥, 置二外府, 謂朝鮮舊地平那及玄菟郡等, 爲平州都督府, 臨屯, 樂浪等兩郡之地, 置東部都尉府(권1 기이1 이부)

(새김)

먼저 중국의 지명으로 평주(平州)를 들 수 있다. 진서(晉書)권14 지리 평주조에 따르면, 위(魏, 220-265)는 동이교위를 양평에 두어 현토(玄菟), 대방(帶方), 낙랑(樂浪) 등의 5군으로 나누어 평주로 하였다(魏置東夷校尉 居襄平 而分遼東 昌黎 玄菟 帶方 樂浪 五郡爲平州)고 하였다. 마침내 평주의 관할 하에 3개의 옛 한의 군현이 들어 있다는 것이다. 그러나 일연이 동부도위부에 속한다고 한 낙랑이 평주에 속해 있으며, 일연이 평나(平那)의 다른 이름으로 이해한 진번은 5군에 포함되어 있지 않다. 중국 사서에는 한반도와 관련한 평나가 보이지 않으며, 나아가 평나가 진번이란 사실은 찾을 수가 없다.

이불란사(伊弗蘭寺)

전진(前秦)의 부견(符堅)이 사신과 중 순도(順道)를 시켜서 불상과 경문을 보내고(이 때 부견은 관중, 곧 장안에 도읍하고 있었다), 또 4년(甲戌, 374)에는 아도(阿道)가 동진에서 왔다. 이듬해 을해(乙亥, 375) 2월에 초문사(肖門寺)를 세워 순도를 거기에 두고 또 이불란사를 세워 아도가 머물게 하니, 이것이 고구려의 불법이 처음으로 일어난 실마리다.

(출전) 前秦符堅遣使及僧順道, 送佛像經文(時堅都關中, 卽長安), 又四年甲戌, 阿道來自晋. 明年乙亥二月, 創肖門寺, 以置順道, 又創伊弗蘭寺, 以置阿道. 此高麗佛法之始(권3 흥법 순도조려)

(새김)

초문사를 성문사(省門寺, 海東高僧傳)라고도 적는다. 성문의 성(省)은 그 뜻이 '경계'로서 이는 살피를 말한다. 말하자면 처음으로 불교가 들어와 고구려의 국경을 넘어 들어 와서 처음으로 세운 절이라는 문화적인 풀이가 가능하다. 우리나라의 지명에는 살피재 혹은 남성현(南省峴)처럼 경계를 삼은 고개나 냇물이 그런 공간의 가늠자 역할을 하였다고 본다.

이사금(尼師今)-이질금(尼叱今)

삼국사(三國史)를 살펴보면, 신라에서는 왕을 거서간(居西干)이라고 불렀다. 이것은 진한 말로 왕이란 말이다. 더러는 말하기를, 이는 귀인의 부름말이라고 하며, 차차웅(次次

雄) 혹은 자충(慈充)이라고도 한다. 김대문은 말하였다. 차차웅이란 무당을 이르는 신라 말이다. 세상 사람들은 무당이 귀신을 섬기고 제사를 숭상하기 때문에 그들을 두려워하고 공경한다. 그래서 드디어 존귀한 이를 자충이라 한다고 했다. 어떤 이는 말하였다. 니사금은 이로 다스림을 뜻하는 말이라고 했다.

(출전) 按三國史云新羅稱王曰居西干, 辰言王也. 或云, 呼貴人之稱. 或曰次次雄, 或作慈充. 金大問云, 次次雄方言謂巫也. 世人以巫事鬼神尙祭祀, 故畏敬之. 遂稱尊長者爲慈充, 或云尼師今, 言謂齒理也(권1 기이1 남해왕)

(새김)

이사금(尼師今)이란 임금을 뜻하는 말이다. 인도 타밀나두주에서 쓰이는 타밀어로 니사금(nisagum)이라 한다. 왕보다 상위 개념의 황제나, 대왕을 뜻하기도 한다. 한국어와 인도 드라비다어와의 친연성을 대상으로 하여 먼저 연구를 한 사람은 구한 말 미국인 선교사 헐버트(Hulbert, 1863-1949)이다. 헐버트는 그의 저서인 '조선어와 인도 드라비다어의 비교문법'(1905)에서 40여개의 낱말을 대조하여 그 친연성을 지적하면서, 한국어와 만주어의 유연성이 있다. 한국어와 드라비다어는 아직도 친족관계가 있다고 하였다. 고대 드라비다어는 오늘날 네 갈래의 언어로 갈라져 발전해 왔다. 타밀어, 말라얄람어, 텔루구어, 칸나다어가 그것이다. 이 중의 타밀어와 텔루구어는 과거 촐라국의 말로서 오늘날 인도 타밀나두주에서, 말라얄람어는 체라국의 말로서 오늘날 케랄라 주에서 통용되고 있다. 한편 일본에선 1970년대부터 '드라비다어와 일본어' 또는 '타밀어와 일본어' 등을 중심으로 한 연구가 진행되어 일본어와의 유연성을 연구해왔다. 어원의 형성 과정을 니사금-닛금-님금-임금으로 볼 수 있다(정호완).

이서국(伊西國)

노례왕(弩禮王) 14년(37) 이서국 사람이 와서 금성(金城)을 공격했다. 운문사에 옛날부터 전해 내려오는 제사납전기(諸寺納田記)에 보면, 정관 6년(壬辰)에 이서군(伊西郡, 청도)의 금오촌 영미사에서 밭을 바쳤다고 했다. 금오촌은 지금 청도 땅이니 청도군이 바로 옛날의 이서군인 것이다.

(출전) 弩禮王十四年, 伊西國人來攻金城. 按雲門寺古傳諸寺納田記云貞觀六年壬辰, 伊西郡今郚村零味寺納田, 則今郚村今淸道地, 卽淸道郡古伊西郡(권1 기이1 이서국)

(새김)

이서국(伊西國)은 경북 청도군에 자리했던 삼한시대 변진의 읍락 국가이다. 신라 노례왕 14년(42) 금성(金城, 서라벌)을 공격하였으나 미추왕의 도움으로 패전하였다는 기록이 전해온다. 아직도 청도에 가면 이서면이 이름으로만 남아 있다. 여기 이서라 함은 솔이산(率伊山)의 서쪽에 자리한 고을로 보인다. 삼국사기(三國史記) 지리지의 대성군 관련기록은 찬자의 잘못일 수가 있다(이형우, 2000).

이순(李純)

또 별기(別記)에는 이러하다. 경덕왕 때에 직장 이준(李俊, 고승전에는 이순이라고 하였다)이 일찍이 소원을 빌었더니 나이 50이 되면 중이 되어 절을 세우게 되리라 했다. 천보 7년(戊子, 748)에 50세가 되자 조연소사(槽淵小寺)를 고쳐지어 큰 절을 만들고 단속사(斷俗寺)라 하였다. 자신도 삭발하고 법명을 공굉장로라 했다. 이준은 절에 머문 지 20년에 세상을 떠났다.

(출전) 又別記云景德王代, 有直長李俊(高僧傳作李純), 早會發願, 年至知命, 須出家創佛寺. 天寶七年戊子, 年登五十矣 改創槽淵小寺爲大刹, 名斷俗寺, 身亦削髮, 法名孔宏長老, 住寺二十年乃卒(권5 피은 신충괘관)

이시(利市)

태조 무인년(戊寅, 918) 6월에 궁예가 죽었다. 태조가 철원경에서 즉위하였다. 기묘년(己卯, 918)에 서울을 송악군으로 옮기고 이 해에 법왕사, 자운사, 왕륜사, 내제석사, 사나사를 지었다. 또한 대선원 즉 보현사, 신흥사, 문수사, 원통사, 지장사 등 16개 절을 지었다. 모두가 같은 해에 지어졌다. 경진년(庚辰, 920) 유암 아래 유시를 세웠다. 그래서 요즘에는 이시를 유하라고도 한다. 시월에 대흥사를, 어떤 이는 임오년이라고도 한다. 임오년(壬午, 922)에 또 일월사를 지었는데 더러는 신사년(辛巳, 921)이라고도 한다. 갑신년(甲申, 924)에는 외제석, 신중원, 흥국사를 지었다.

(출전) 太祖戊寅六月裔死, 太祖卽位于鐵原京. 己卯, 移都松岳郡. 是年, 創法王・慈雲・王輪・內帝釋・舍那. 又創大禪院卽普濟・新興・文殊・(圓)通・地藏. 前十六寺, 皆是年所創. 庚辰乳岩下立油市, 故今俗利市云乳下. 十月創大興寺, 或系壬午. 壬午又創日月寺, 或系辛巳. 甲申, 創外帝釋・神衆院・興國寺(권1 왕력 태조)

이씨(李氏)

진한의 땅에는 예로부터 여섯 마을이 있었다. 첫째는 알천양산촌(閼川楊山村)이니 그 남쪽은 현 담엄사이다. 촌장은 알평(謁平)이니 처음에 하늘에서 표암봉에 내려왔으니 알평이 급량부 이씨의 조상이 되었다(노례왕 9년(32)에 부를 두어 급량부라고 했다).

(출전) 辰韓之地, 古有六村, 一曰閼川楊山村, 南今曇嚴寺, 長曰謁平, 初降于瓢嵓峰, 是爲及梁部李氏祖(弩禮王九年置部, 名及梁部, 本朝太祖天福五年庚子, 改名中興部, 波潛, 東山, 彼上, 東村屬焉)(권1 기이1 신라시조 혁거세왕)

이적(李勣)

총장 원년(戊辰, 668) 9월 계사일(癸巳)에 이적은 고장왕(보장왕)을 잡아가지고 12월 정사일에 황제에게 바쳤다. 상원 원년 갑술 2월에 유인궤를 계림도총관으로 삼아 신라를 치려고 하였다.

(출전) 總章元年戊辰九月癸巳，李勣獲高臧王，十二月丁巳獻俘于帝. 上元元年甲戌二月，劉仁軌爲雞林道摠管，以伐新羅(권2 기이2 문호왕 법민)

이제가기(李磾家記)

이제가기에 보면 이렇게 말했다. 진흥대왕의 왕비 사도(思刀)의 시호는 백융부인(白駥夫人)이다. 그 셋째 아들 구륜공의 아들 파진간 선품(善品)의 아들 각간 작진(酌珍)이 왕교파리를 아내로 맞아 각간 원선(元善)을 낳으니 이가 바로 아자개이다. 아자개(阿慈介)의 첫째부인은 상원부인이요, 둘째부인은 남원부인으로 아들 다섯과 딸 하나를 낳았으니 그 맏아들이 상보(尙父) 훤(萱)이요, 둘째아들이 장군 능애(能哀)요, 셋째아들이 장군 용개(龍盖)요, 넷째아들이 보개(寶盖)요, 다섯째아들이 장군 소개이며, 딸이 대주도금(大主刀金)이다.

(출전) 李碑家記云，眞興大王妃思刀，諡曰白駥夫人，第三子仇輪公之子波珍干善品之子角干酌珍，妻王咬巴里生角干元善，是爲阿慈个也. 慈之弟一妻上院夫人，第二妻南院夫人，生五子一女，其長子是尙父萱，二子將軍能哀，三子將軍龍盖，四子寶盖，五子將軍小盖，一女大主刀金(권2 기이2 후백제 견훤)

(새김)

머리 부분에는 **이제가기(李磾家記)**이고 뒤에는 이비가기(李碑家記)라 하였다. 제(磾)가 옳다. 견훤(甄萱)이 후백제의 임금이 된 뒤에 집안의 가통을 신라 왕손으로 분식한 위서일 가능성이 있다. 견훤을 진훤이라 함은 견(甄)의 소리가 견-진이 있는데 그의 출생지인 문경 가은에서는 진훤이라 하며 설화 속에서도 진훤이라 한다(문경현).

이준(李俊)

또 별기(別記)에는 이러하다. 경덕왕 때에 직장 이준(李俊, 고승전에는 이순)이 일찍이 소원을 빌었더니 나이 50이 되면 중이 되어 절을 세우게 되리라 했다. 천보 7년(戊子, 748)에 50세가 되자 조연소사(槽淵小寺)를 고쳐지어 큰 절을 만들고 단속사(斷俗寺)라 하고, 자신도 삭발하고 법명을 공굉장로(孔宏長老)라 했다. 이준은 절에 머문 지 20년만에 세상을 떠났다.

(출전) 又別記云景德王代，有直長李俊(高僧傳作李純)，早會發願，年至知命，須出家創佛寺. 天寶七年戊子，年登五十矣. 改創槽淵小寺爲大刹，名斷俗寺，身亦削髮，法名孔宏長老，住寺二十年乃卒(권5 피은 신충괘관)

(새김)

이준(李俊)은 원문의 주에서 이준을 이순(李純)이라고 하였으니 준-순이 상통함을 미루어 알 수 있다. 삼국사기 경덕왕 22년(763)을 보면, 대내마였던 이순이 왕의 총신이었으나 입산하여 스님이 되어 단속사를 세웠다고 했다. 신충이 단속사를 세웠다는 삼국유사의 기록은 재고해야 한다.

이차돈(異次頓)

신라본기(新羅本紀)에 보면 법흥대왕이 즉위한 14년(527)에 신하 이차돈이 불법을 위해서 자기 몸을 바치니, 곧 소량 보통 8년(丁未, 527)에 서천축(西天竺, 서인도)의 달마대사가 금릉에 온 해이다. 같은 해 낭지법사가 처음으로 영취산에서 머물면서 불법을 열었다.

(출전) 新羅本記, 法興大王卽位十四年, 小臣異次頓爲法滅身, 卽蕭梁普通八年丁未, 西竺達摩來金陵之歲也. 是年, 朗智法師亦始住靈鷲山開法(권3 흥법 원종흥법 염촉멸신)

(새김)

이차돈은 이두식 표기로 보아 염촉(厭觸)이 아니라 위촉(猬觸)이다. 어간 잊-의 표기로 볼 수 있다. 곧 출가하여 비구가 됨으로써 속세를 벗어나는 수도자를 말한다(강헌규, 삼국유사에 나타난 위촉(猬觸)의 표기에 대하여, 1988). 고슴도치 위(猬)를 쓴 것은 승려들의 머리가 마치 고슴도치처럼 보이기 때문이었을 것이다(문경현). 불교의 불살생의 교리를 따르자면 스스로가 자신의 목숨을 끊는다는 것은 말이 안 된다. 그러나 현실은 어떤가. 순교라기보다는 나라와 임금과 겨레가 앞서야 한다는 흐름이다. 그러니까 교리는 그 다음일 수밖에 없다고 본 것이다(이어령, 삼국유사 이야기 참조).

이품왕(伊品王)

가락의 제5대 임금. 이품왕의 성은 김씨(金氏), 영화 2년(346)에 즉위. 통치는 62년, 의희 3년(丁未, 407) 4월 10일에 돌아갔다. 왕비는 사농경 극충(克忠)의 딸 정신(貞信)으로 왕자 좌지(坐知)를 낳았다.

(출전) 金氏永和二年卽位, 治六十二年, 義熙三年丁未四月十日崩. 王妃司農卿克忠女貞信, 生王子坐知(권2 기이2 가락국기)

이하(泥河)

신라 제6대 지마왕 14년(乙丑, 125)에 말갈군사들이 대거 북방 변경을 침입하여 대관령을 습격하였다. 대령(大嶺, 대관령)의 성책을 습격하고 이하로 지나갔다고 했다. 후위서(後魏書)에는, 말갈은 바로 물길(勿吉)이라 했고, 지장도(指掌圖)에는 읍루와 물길은 다 숙신(肅愼)이라고 했다.

(출전) 羅第六祇麻王十四年(乙丑), 靺鞨兵大入北境, 襲大嶺柵, 過泥河後魏書靺鞨作勿吉, 指掌圖云挹屢與勿吉皆肅愼也(권1 기이1 말갈 발해)

(새김)

니하(泥河)는 삼국사기에 올라 있는바, 니하의 위치에 대한 연구는 대체로 덕원설, 함흥 일대설, 남한강 상류설, 강릉 일대설, 낙동강 상류설, 소양강 설로 구분할 수 있다. 어원으로 보면, 이하(泥河)는 남천 곧 남대천일 가능성이 높다. 니하의 니(泥)란, 니마-니는 앞이며 남쪽이다. 삼국사기 자비마립간 11년(468)에 고구려와 말갈이 북쪽 변경인 실직성(悉直城, 삼척)을 공격해 왔다. 이에 하슬라(何瑟羅, 강릉) 사람으로서 15세 이상인 사람을 부려서 니하(泥河 일명 泥川)에 성을 쌓게 하였다. 이로 보면 니하는 강릉일 가능성이 있다. 님배곰배(동동)에서처럼 님배의 님은 니마의 줄임말이고 님은 앞-남쪽이고 임금(尼師今, 니사금-님금)을 뜻한다. 양양의 남대천의 하류를 왕봉하(王逢河) 또는 열수(洌水)라 함을 보면 개연성이 있다. 임금은 니질금-닛금-님금-임금으로 그 말이 변천하여 왔음을 고려할 때 더욱 그러하다. 니하가 바로 발해의 마지막 세력이 점령하였던 공간으로 추정되고 있다.

이해니질금(理解尼叱今)

신라 제12대 임금. 일명 고해왕이라고 한다. 성은 석씨며 조분왕의 같은 어머니가 낳은 아우이다. 정묘년(丁卯, 247)에 즉위하여 15년 동안 나라를 다스렸다. 처음으로 고구려와 국교를 하였다.

(출전) 第十二代理解尼叱今一作詁解王. 昔氏助賁王之同母弟也. 丁卯立, 理十五年. 始與高麗通聘(권1 왕력 이해니질금)

이혜동진(二惠同塵) ☞ 혜숙, 혜통

인명(因明)

대개 법상종(法相宗)의 경론은 그 뜻과 이치가 그윽하고 깊어서 해석하기가 매우 어렵다. 때문에 중국의 명사 백거이(白居易)도 일찍이 이것을 연구하다가 다 알지 못하고 말았다. 유식(唯識)은 뜻이 그윽하여 알기 어렵고, 인명은 분석해도 열리지 않는다. 그러니 학자들이 배우기 어려운 것은 당연했다. 그러나 대현은 홀로 그 잘못된 것을 바로잡고, 잠시 동안에 그윽하고 깊은 뜻을 터득하여 사리에 통달하였다.

(출전) 大抵相宗銓量, 旨理幽深, 難爲剖析, 中國名士白居易, 當窮之未能, 乃曰唯識幽難破, 因明擘不開, 是以學者難承稟者尙矣. 賢獨刊定邪謬, 暫開幽奧, 恢恢游刃(권4 의해 현유가 해화엄)

(새김)

인명(因明) : 산스크리트어로 헤투비댜(हएतउवढय, hetuvidya)이다. 헤투는 원인이고 비댜는 밝힘으로 풀이된다. 인명은 원인을 밝혀내는 것을 말한다. 인명이란 불교 인식논리학이다. 그 특징은 종교적 신념(신허비량)과 많은 사람들이 믿어 잘 알려진 것(극성비량)도 개념적 인식인 비량에 포함되어 있다는 점이다. 불교 인식논리학의 디딤돌인 현량(現量, 직관에 따라 얻어진 무오류의 인식)에는 붓다와 보살을 향한 종교적 신념과 세간의 보편적 인식이 끼어들 수 없기 때문에, 즉 종교적 신념과 다수의 믿음이라는 것은 직관적이지 않기에, 또는 이성적인 작용이기에, 이것이 개념적 인식인 비량에 포함되어 있다고 본다. 이 신허비량과 극성비량을 포함하는 불교 논리학의 비량에 서구의 논리학은 그다지 관용적이지 않으며, 다만 세 번째인 직접 비량, 즉 이성적-합리적 추론을 통해 획득되어지는 것만을 논리적 사유로 보고 있다. 이 직접 비량은 경험을 통해 이루어지는 이성적 인식의 수단으로 칸트의 선험성에 정확한 반대적 개념으로 볼 수 있다. 그러나 선험성과 불교 논리학의 현량을 살펴보아도 차이가 드러난다. 왜냐하면 현량에는 불교적 수행이 들어 있다. 지식을 획득하는 방법에는 현량(現量, परतयकघअ, pratyakṣa)과 비량(比量, अनउमआन, anumāṇa)의 두 갈래가 있다. 현량은 지각, 비량은 추리에 해당하는데, 현량은 다시 ① 감각지, ② 의식, ③ 자증지(自證知), ④ 현관지(現觀知)의 네 가지로 갈라진다. ① 감각지는 감각에 따른 지각이며, ② 의식은 의근에 따른 지각, ③ 자증지는 마음과 마음 작용에 대한 지각, ④ 현관지는 불교수행의 길목에서 일어나는 사성체(四聖諦)에 대한 직관을 말한다. 원효(元曉)는 현장(玄奘)의 인명입정론(因明入定論)의 잘잘못을 가려서 판비량론(判比量論)을 저술하여 자신의 불교인식론을 정립하였다. 전 14장으로 되어 있으나 현재 7-14장만이 일본에 소장되어 전하고 있다. 의상과는 달리 현장의 학문을 배우지도 않고, 당 나라에 가지도 않고 그의 이론을 비판하여 자신의 논리를 세웠다.

인용사(仁容寺)

신라 문무왕은 문준이 말을 잘해서 황제도 그를 용서해 줄 뜻이 있다는 소문을 들었다. 이에 강수(强首) 선생에게 명하여 인문의 석방을 청하는 표문을 지어 사인 원우(遠禹)를 시켜 당 나라에 아뢰게 했더니 황제는 표문을 보고 눈물을 흘리면서 인문을 용서하고 위로해 돌려보냈다. 인문이 옥중에 있을 때 신라 사람들은 그를 위하여 절을 지어 인용사(仁容寺)라 하고 관음도량을 열었다. 김인문이 신라로 돌아오다가 바다에서 죽었기에 미타도량으로 고쳤다.

(출전) 王聞文俊善奏, 帝有寬赦之意, 乃命强首先生作請放仁問表, 以舍人遠禹奏於唐. 帝見表流涕, 赦仁問慰送之. 仁問在獄時, 國人爲剏寺名仁容寺, 開設觀音道場. 及仁問來還, 死於海上, 改爲彌陁道場, 至今猶存(권2 기이2 문호왕 법민)

일본제기(日本帝記)

신라 제8대 아달라왕(阿達羅王)이 즉위한 4년(丁酉, 157)에 동해 바닷가에는 연오랑(延烏郎)과 세오녀(細烏女) 부부가 살고 있었다. 어느 날 연오랑이 바다에 나가 바다풀을 따고 있는데 문득 바위 하나(물고기 한 마리라고도 한다)가 나타나더니 연오랑을 등에 업고 일본으로 가 버렸다. 이것을 본 나라 사람들은, 이는 범상한 사람이 아니라고 하면서 받들어 왕을 삼았다(일본제기를 떠올려 보면 전후에 신라 사람으로 왕이 된 사람은 없다. 그러니 이는 변읍의 작은 나라의 왕이고 실제로 왕은 아닐 것이다).

(출전) 第八阿達羅王卽位四年丁酉, 東海濱有延烏郎, 細烏女, 夫婦而居. 一日, 延烏歸海採藻, 忽有一巖(一云一魚)負歸日本, 國人見之曰此非常人也. 乃立爲王(按日本帝記, 前後無新羅人爲王者, 此乃邊邑小王而非眞王也)(권1 기이1 연오랑 세오녀)

일성니질금(逸聖尼叱今)

아버지는 노례왕의 형이며 혹은 지마왕이라고도 한다. 왕비는 □예부인이고 일지 갈문왕의 딸이다. 왕비 □예부인은 지마왕의 딸이다. 어머니는 이간생 부인인데 혹은 □□왕부인이라고 한다. 성은 박씨며 갑술년(甲戌, 134)에 즉위하여 20년 동안 나라를 다스렸다.

(출전) 父弩禮王之兄, 或云祇磨王. 妃□禮夫人, 日知葛文王之女, □□禮夫人, (祇)磨王之女. 母伊刊生夫人, 或云□□王夫人. 朴氏. 甲戌立, 理二十年(권1 왕력 일성니질금)

일자(日者)

이 때 신라에서는 해와 달의 빛이 없었다. 일자(日者, 점복사)가 왕께 아뢰기를, 해와 달의 정기가 우리나라에 내려 있었는데 이제 일본으로 가 버렸기 때문에 이러한 괴변이 생기는 것입니다 했다. 왕이 사자를 보내서 두 사람을 찾으니 연오랑은 말한다. 내가 이 나라에 온 것은 하늘이 명한 일인데 어찌 돌아갈 수가 있겠는가. 그러나 나의 왕비가 짠 고운 비단이 있으니 이것으로 하늘에 제사를 드리면 될 것이다.

(출전) 是時, 新羅日月無光, 日者奏云日月之精, 降在我國, 今去日本, 故致斯怪 王遣使求二人, 延烏曰我到此國, 天使然也. 今何歸乎(권1 기이1 연오랑 세오녀)

(새김)

일자(日者)란 천문현상을 관찰하고 길흉화복을 점치는 사람을 이른다. 후한서 열전 방술전에는 일자를 해와 길흉화복을 점치는 관원으로 풀이하였다(卜筮掌日之術).

임둔(臨屯)

전한서(前漢書)에 이렇게 말했다. 소제 시원 5년(己亥, 전 82)에 두 외부(外府)를 두었다. 이것은 조선의 옛 땅인 평나(平那)와 현토군(玄菟郡) 등을 평주도독부(平州都督府)로 삼고, 임둔(臨屯), 낙랑(樂浪) 등 두 군의 땅에 동부도위부(東部都尉府)를 둔 것을 말함이다(내가 생각하기에 조선전에는 진번, 현토, 임둔, 낙랑 등 네 군으로 되어 있다. 그런데 지금 이 글에는 평나가 있고 진번이 없으니 대개 한 지방을 두 이름으로 불렀던 것 같다).

(출전) 前漢書, 昭帝始元五年己亥, 置二外府, 謂朝鮮舊地平那及玄菟郡等, 爲平州都督府, 臨屯, 樂浪等兩郡之地, 置東部都尉府(私曰, 朝鮮傳則眞番, 玄菟, 臨屯, 樂浪等四, 今有平那無眞番, 盖一地二名也)(권1 기이1 이부)

(새김)

임둔군은 대체로 함경도와 강원도의 북단을 포괄하는 지역에 자리하였다. 낙랑에 통합된다. 한서(漢書) 지리지를 따르면, 낙랑군이 옛 진번군과 임둔군의 나머지 군현들을 통합한 결과로 파악한 것이다(이병도, 1976).

임존성(任存城)

임존성(任存城, 현 대흥군)을 함락시키던 날에는 형적(刑積) 등 수백 명이 목숨을 잃었고, 청천현(淸川縣, 상주 영내의 현 이름)을 깨칠 때에는 직심(直心) 등 네댓 무리가 머리를 바쳤소. 동수(桐藪, 현 동화사)는 깃발만 바라보고 도망해 흩어졌고, 경산(京山, 현 성주)은 구슬을 입에 물고 항복했소.

(출전) 拔任存(今大興郡)之日, 刑積等數百人捐軀 破淸川(尙州領內縣名)縣之時, (直)(心)等四五輩授首, 桐藪(今桐華寺)望旗而潰散, 京山銜璧以投降(권2 기이2 후백제 견훤)

(새김)

임존성은 충남 예산 대흥면, 광시면과 금나면에 걸친 봉수산 꼭대기에 자리한 백제의 서방에 중요한 요새로 테뫼식 산성이다. 백제가 망한 뒤로 백제 부흥운동의 거점이 되기도 하였다. 일본서기(日本書紀)에는 임사기산(任射岐山)이라고도 나온다. 백제 의자왕 20년(660) 나당 연합군의 공격으로 백제가 멸망한 뒤, 복신과 도침의 주도 아래 임존성과 주류성(周留城)을 근거로 모여든 백제 부흥군 세력은 사비성을 회복하지 못하였다. 이어 임존성에서 전열을 재정비하여 당군에 맞섰다. 삼국사기나 당서(唐書)에는 백제가 망할 당시의 흑치상지(黑齒常之) 장군이 이후 무리를 거느리고 백제 부흥군에 가담한 곳도 이곳 임존성이었다. 불과 열흘 만에 3만 명이 모였다고 한다. 신라 문무왕 3년(663) 백강구 전투에서 백제 부흥군이 거의 전멸하였으나, 지수신(遲受信) 등이 지키는 임존성은 신라군의 공격에도 30일이 되도록 무너지지 않았다. 지수신이 고구려로 도망하면서 백제 부흥운동은 끝이 났다. 경덕왕 16년(757) 임존성은 임성군(任城郡)으로 고쳤다. 이웃한 고량부리현(古良夫里縣)과 오산현(烏山縣)의 두 현을 영현으로 하였다. 고려 초 임성군은 다시 대흥군(大興郡)으로 바뀌었고, 현종(顯宗) 9년(918) 운주(運州, 홍성) 영내에 딸린 군현이 되었다가 다시 명종(明宗) 2년에 감무가 파견되었다. 조선 태종 13년(1423) 대흥현으로 현감이 다스리는 고을이 되었다.

임종공(林宗公)

진덕왕 대에 알천공(閼川公), 임종공(林宗公), 술종공(述宗公), 호림공(虎林公, 자장율사의 아버지), 염장공(廉長公), 유신공(庾信公)이 있었다. 이들은 남산 우지암(亐知巖)에 모여서 나랏일을 의논했다. 이 때 큰 범 한 마리가 좌중에 뛰어들었다. 여러 사람들은 놀라 일어났지만 알천공(閼川公)만은 조금도 움직이지 않고 태연히 이야기하면서 범의 꼬리를 잡아 땅에 메쳐 죽였다. 알천공의 완력이 이처럼 세었으므로 그를 수석에 앉혔었다. 그러나 모든 사람들은 유신공(庾信公)의 위엄에 심복했다. 신라에는 네 곳의 신령스러운 땅이 있어서 나라의 큰일을 의논할 때면 대신들은 반드시 그곳에 모여서 일을 의논했다. 그러면 그 일이 반드시 이루어지는 것이었다. 이 네 곳의 첫째는 동쪽의 청송산(靑松山)이요, 둘째는 남쪽의 우지산(亐知山)이요, 셋째는 서쪽의 피전(皮田)이요, 넷째는 북쪽의 금강산(金剛山)이다. 진덕왕 때에 비로소 정월 초하룻날 아침의 조례를 행했고, 또 시랑(侍郎)이라는 칭호도 이 때에 처음으로 쓰기 시작했다.

(출전) 王之代有閼川公・林宗公・述宗公・虎林公(慈藏之父)・廉長公・庾信公, 會于南山亏知巖, 議國事, 時有大虎走入座間, 諸公驚起, 而閼川公畧不移動, 談笑自若, 捉虎尾撲於地而殺之. 閼川公膂力如此, 處於席首, 然諸公皆服庾信之威. 新羅有四靈地, 將議大事, 則大臣必會其地謀之. 則其事必成. 一曰東靑松山, 二曰南亏知山, 三曰西皮田, 四曰北金剛山. 是王代始行正旦禮, 始行侍郎號(권1 기이1 진덕왕)

임해전(臨海殿)

우리 태조가 사신을 보내 제사에 조문을 보냈다. 이듬해 무자년(戊子, 928) 봄 3월에 태조는 50여 명의 말을 탄 기병(騎兵)을 거느리고 신라 서울에 이르니 왕은 백관과 함께 교외에서 맞아 대궐로 들어갔다. 서로 대하여 정리와 예의를 다하고 임해전에서 잔치를 열었다. 술이 오르자 왕은 말했다. 나는 하늘의 도움을 받지 못해서 화란을 불러일으켰고, 견훤으로 하여금 의롭지 못한 짓거리를 마음껏 행하게 해서 우리나라를 망쳐 놓았습니다. 이 얼마나 원통한 일입니까. 이내 눈물을 흘리면서 우니 좌우 사람들도 울지 않는 사람이 없었다.

(출전) 我太祖遣使吊祭. 明年戊子春三月, 太祖率五十餘騎, 巡到京畿, 王與百官郊迎, 入(宮)相對, 曲盡情禮. 置宴臨海殿, 酒酣王言曰吾以不天, 浸致禍亂, 甄萱恣行不義, 喪我國家, 何(痛)如之, 因泫然涕泣, 左右莫不鳴咽(권2 기이2 김부대왕)

(새김)

임해전(臨海殿) : 문무왕 14년(674) 안압지에 세운 전각이다. 신라가 멸망하면서 없어졌으나 1980년 유구를 발굴하여 오늘날의 형태로 복원하였다.

입종갈문왕(立宗葛文王)

제24대 진흥왕(眞興王)은 즉위할 때 나이 15세이므로 태후가 섭정했다. 태후는 곧 법흥왕(法興王)의 딸로서 입종갈문왕의 왕비이다. 진흥왕이 임종할 때에 머리를 깎고 법의를 입고 돌아갔다.

(출전) 第二十四眞興王, 卽位時年十五歲, 太后攝政. 太后乃法興王之女子・立宗葛文王之妃, 終時削髮被法衣而逝(권1 기이1 진흥왕)

(새김)

입종갈문왕은 진흥왕의 아버지다. 달리 사부지갈문왕(徙夫智葛文王)이라고도 부른다. 갈문왕이란 현실 정치의 임금이 아니고 아들이 임금이 되었을 때, 그의 아버지를 임금의 칭호로 예우하는 이름을 말한다. 그럼으로써 왕통이 서고 정체성이 살아난다고 보았다.

입현(立峴)

또 왜국상과 더불어 □□□□령에 고개를 만들었다. 현재의 미륵대원 동령이 이 고개다.

(출전) 又與倭國相□□□□嶺, 立峴今彌勒大院東嶺是也(권1 왕력 아달라니질금)

자문일기(紫門日記)

이 때 백대(栢臺, 사헌부) 시어사 최충(崔沖)이 설신(薛伸)에게 명하여 급히 여러 알자(謁者, 근시)의 방을 다니면서 물었으나 모두 어쩔 줄을 모를 뿐이었다. 궁내대신 김승로(金承老)가 아뢰기를, 임진년(壬辰年, 1231)에 서울을 옮길 때의 자문일기를 조사해 보십시오 하므로 그 말을 좇아 조사해보니 일기에 이렇게 씌어 있었다. 입내시대부경 이백전(李白全)이 불아함(佛牙函, 부처의 이 상자)을 받다.

(출전) 時, 栢臺侍御史崔冲命薛伸, 急徵于諸謁者房, 皆未知所措, 內臣金承老奏曰壬辰年移御時紫門日記推看, 從之. 記云, 入內侍大府卿李白全受佛牙函云(권3 탑상 전후 소장사리)

자비마립간(慈悲麻立干)

신라 제20대 자비마립간 김씨는 아버지가 눌지이며 어머니는 아로부인이다. 달리 차로부인인데 실성왕의 따님이다. 무술년(戊戌, 458)에 즉위하고 21년의 통치를 하였다. 왕비는 파호갈문왕의 따님이며 달리 미질 각간이다. 달리 미흔 각간의 따님이다.

(출전) 第二十代慈悲麻立干 金氏, 父訥祇, 母阿老夫人, 一作次老夫人, 實聖王之女, 戊戌立, 治二十一年, 妃巴胡葛文王女, 一作未叱角干, 一作(未)(欣)角干女(권1 왕력 자비마립간)

자서(紫芧)

내가 일찍이 포산(包山)에 살 때에 두 스님이 남긴 미담을 쓴 것이 있기에 이제 여기 아울러 기록한다. 자모(紫茅)와 황정(黃精)으로 배를 채웠고, 입은 옷은 나뭇잎, 누에 치고 베를 짠 것 아닐세. 찬바람 쏴 쏴 불고 돌은 험한데, 해 저문 숲속으로 나무 해 돌아오네. 밤 깊고 달 밝은데 그 아래 앉았으면, 반신은 시원히 바람 따라 나는 듯. 떨어진 부들자리에 가로 누워 잠이 들면 꿈속에도 속세에는 가지 않으리. 구름 놀다간 두 암자만 묵었는데, 산 사슴만 뛰놀 뿐 인적은 드물도다.

(출전) 予嘗寓包山, 有記二師之遺美, 今幷錄之. 紫茅黃精揘肚皮, 蔽衣木葉非蠶機. 寒松颼颼石犖确, 日暮林下樵蘇歸. 夜深披向月明坐, 一半颯颯隨風飛. 敗蒲橫臥於憨眼, 夢魂不到紅塵羈. 雲遊逝兮二庵墟, 山鹿恣登人跡稀(권5 피은 포산이성)

(새김)

삼국유사에서는 **자모(紫茅)**라 하였다. 이는 자서(紫芧)의 오기다. 도토리를 이른다. 도토리는 묵을 만들기도 하고 밥을 지어 먹기도 한다. 자모는 먹을 수가 없다. 띠 풀이기에 지붕을 해 잇는다든가 약용으로도 쓴다. 이 풀의 한자는 백모(白茅)이다. 자모는 없다(문경현). **낙학(犖确)**이란 돌이 많아서 험한 것을 이른다.

자양(子陽)

산신의 이름은 정성천왕이다. 일찍이 가섭불 시절 부처님의 신탁을 받아 다짐을 두었다. 산중의 천 명이 출가를 기다려 넘치는 보응을 받았다. 지금 산중에 9성현의 남겨놓은 사적을 기록한 것이 있는데 자세하지는 않다. 9성은 관기(觀機), 도성(道成), 반사(搬師), 첩사(楪師), 도의(道義, 백암사 터가 있음), 자양(子陽), 성범(成梵), 금물녀(今勿女), 백우사(白牛師) 등이다.

(출전) 神名靜聖天王, 嘗於迦葉佛時受佛囑, 有本誓, 待山中一千人出世, 轉受餘報, 今山中嘗記九聖遺事, 則未詳, 曰觀機 · 道成 · 搬師 · 楪師 · 道義(有栢岩基) · 子陽 · 成梵 · 今勿女 · 白牛師(권5 피은 포산이성)

자장(慈藏)

대덕 자장은 김씨이니 본래 진한의 진골 소판(蘇判, 3급관) 무림(茂林)의 아들이다. 그의 아버지는 맑은 요직을 지냈으나 뒤를 계승할 아들이 없으므로 삼보(三寶)에 마음을 돌려 천부관음(千部觀音)에게 아들 하나 낳기를 바라고 이렇게 빌었다. 만일 아들을 낳게 되면 그 아이를 내놓아서 법해의 그릇으로 삼겠습니다. 문득 자장 어머니의 꿈에 별 하나가 떨어져서 품 안으로 들어오더니 이내 태기가 있어서 아이 하나를 낳았는데 석존과 같은 날이므로 이름을 선종랑(善宗郎)이라 했다. 그는 정신과 뜻이 맑고 슬기로웠으며 문사가 날로 풍부하고 속세의 의취에 물들지 않았다. 일찍이 두 부모를 여의고 속세의 시끄러움을 싫어해서 처자를 버리고, 자기의 논밭을 내어 원녕사(元寧寺)를 삼았다. 혼자서 그윽하고 험한 곳에 거처하면서 이리나 범도 피하지 않았다. 고골관(枯骨觀, 생전의 죽음 체험)을 닦는데 조금 피곤한 일이 있으면 작은 집을 지어서 가시덤불로 둘러막고, 그 속에 발가벗고 앉아서 조금만 움직이면 가시에 찔리도록 했으며, 머리는 들보에 매달아 어두운 정신이 없어지게 했다. (중략) 일연은 이를 기려서 말한다. 일찍이 청량산에 가서 꿈 깨고 돌아오니, 칠편삼취(七篇三聚)가 한꺼번에 열렸네. 치소(緇素, 검정과 흰색)의 옷을 부끄럽게 여기어, 우리나라 의관을 중국과 같이 만들었네.

(출전) 大德慈藏, 金氏, 本辰韓眞骨蘇判(三級爵名)茂林之子, 其父歷官淸要, 絶無後胤, 乃歸心三寶, 造于千部觀音, 希生一息, 祝曰若生男子, 捨作法海津梁, 母忽夢星墜入懷, 因有娠, 及誕, 與釋尊同日, 名善宗郎, 神志澄睿, 文思日贍, 而無染世趣, 早喪二親, 轉厭塵譁, 捐妻息, 捨田園爲元寧寺, 獨處幽險, 不避狼虎, 修枯骨觀, 微或倦弊, 乃作小室, 周障荊棘, 裸坐其中, 動輒箴刺, 頭懸在梁, 以袪昏瞑(중략), 讚曰曾向淸凉夢破廻, 七篇三聚一時開. 欲令緇素衣慚愧, 東國衣冠上國裁(권4 의해 자장정률)

(새김)

자장(慈藏)은 신라 선덕여왕 시절의 고승대덕으로 속성은 김(金), 속명은 선종랑(善宗郎)이었다. 말하자면 화랑 출신으로 신라의 진골 소판 무림(茂林)의 아들이다. 선덕여왕 5년(636) 왕명으로 승실(僧實) 등 제자 10명과 당(唐) 나라 청량산으로 건너가 문수보살 앞에 기도하고 가사와 사리를 받았다. 그 뒤 종남산(終南山) 운제사(雲際寺)에서 수도정진하고 선덕여왕 12년(643) 대장경 1부와 불구(佛具) 등을 가지고 돌아왔다. 분황사에 머무르면서 궁중에서 대승론(大乘論)을, 황룡사에서 보살계본을 강론하자 나라에서 대국통(大國統)을 삼아 스님들의 일체 규범을 맡게 하였다. 선덕여왕 15년(646) 통도사를 세우고 계율종(戒律宗)을 펴는 한편 그곳에 금강계단을 쌓고 가사와 사리를 모시어 대중을 교화하고, 여러 곳에 사탑을 세웠다. 진덕여왕 3년(649) 당 나라의 복식을 건의, 신라에서 처음으로 관복을 입게 하였다. 진덕여왕 4년(650) 당 나라 연호를 쓰게 하였다. 한편 원녕사(元寧寺)를 다시 세우고 화엄경을 강론하여 화엄교법을 천명하였다. 만년에는 강릉에 수다사(水多寺)를 짓고, 태백산에 석남원(石南院, 현 淨巖寺, 정선군 소재)을 세웠으며 그곳에서 입적하였다. 한국 남산율종(南山律宗)의 첫 삽을 떴다. 황룡사 찰주본기에 자장율사의 입산수도의 동기가 실려 전한다. 선덕여왕 시절 진골 귀인으로 선종랑(善宗郎)이 있었다. 그는 매로 꿩을 사냥하기를 좋아하였다. 하루는 꿩이 눈물을 흘리며 슬퍼함을 보고 사냥을 멈추고 참회하면서 머리를 깎고 사문의 길을 걷게 된다. 선덕왕 7년(638) 사신 신통(神通)을 따라서 중국에 가서 수도 정진하다가 선덕왕 12년(643) 귀국하려고 남산의 원향선사(圓香禪師)에게 인사를 드리니 본국으로 돌아가거든 9층탑을 세우라고 일러 주었다.

자추사(刺楸寺)

드디어 북산 서쪽 고개(곧 금강산. 전에는 머리가 날아가서 떨어진 곳이기 때문에 그곳에 장사지냈다고 했다. 그러나 여기에는 그것을 말하지 않은 것은 무슨 까닭인가)에 장사지냈다. 나인(內人, 궁인)들은 이를 슬퍼하여 좋은 땅을 가려서 절을 세우고 이름을 자추사라고 했다. 이로부터 집집마다 부처를 받들면 반드시 대대로 영화를 얻게 되고, 사람마다 불도를 행하면 이내 불교의 은혜를 얻게 되었다.

(출전) 遂乃葬北山之西嶺(卽金剛山也. 傳云, 頭飛落處, 因葬其地, 今不言何也), 內人哀之. 卜勝地, 造蘭若, 名曰刺楸寺. 於是家家作禮, 必獲世榮, 人人行道, 當曉法利(권3 흥법 원종흥법 염촉멸신)

(새김)

살을 베어 저울로 단다〔解肉秤軀〕는 이야기는 대지도론(大智度論) 권35에 실려 전하는 부처의 전생 설화에서 위촉의 설화도 비롯한 것으로 보인다(지준모). **나인(內人)**이란 왕족의 심부름을 하던 궁인을 이른다. 나인은 내인(內人)의 변음이며 궁인(宮人), 궁첩(宮妾), 잉첩(媵妾) 등의 또 다른 이름이 있다.

자충(慈充)

삼국사를 살피면 다음과 같다. 신라에서는 왕을 일러 거서간이라 하는데 진한에서는 왕을 뜻한다. 혹은 말하였다. 귀인을 일러 부를 때 쓰는 말이다. 더러는 차차웅, 혹은 자충이라 한다. 김대문이 말하였다. 차차웅(次次雄)이란 신라 말로 무당을 말한다. 이로써 사람들은 귀신을 섬기고 제사를 드높인다. 따라서 이를 공경하고 두려워한다. 그러므로 존귀한 어른을 자충이라 한다. 더러는 니사금이라 하는바, 이로 다스림을 뜻한다.

(출전) 按三國史云新羅稱王曰居西干, 辰言王也. 或云, 呼貴人之稱, 或曰次次雄, 或作慈充, 金大問云, 次次雄方言謂巫也. 世人以巫事鬼神尙祭祀, 故畏敬之. 遂稱尊長者爲慈充, 或云尼師今, 言謂齒理也(권1 기이1 남해왕)

(새김)

자충(慈充) : 차차웅(次次雄)의 또 다른 이름이다. 자-차(次) 차웅-충(充)의 합성어(이병도). 자충-즈중-스승((슷間, 훈몽자회) + -응>스승)으로 그 어원을 풀이한다. 제정일치의 사회이니까 스승은 제사장이자 행정의 머리였음을 고려하면 스승일 가능성이 있다. 이는 만주어로 샤만(薩滿)에 대응되는 말이다(정호완).

장당경(藏唐京)

주 무왕이 즉위하던 기묘년에 기자를 조선왕으로 임명하였다. 이에 단군(壇君)은 장당경으로 옮겼다가 뒤에 돌아와서 아사달에 숨어서 산신이 되니, 나이는 1,908세였다고 한다.

(출전) 周虎王卽位己卯, 封箕子於朝鮮, 壇君乃移於藏唐京, 後還隱於阿斯達爲山神, 壽一千九百八歲(권1 기이1 고조선)

(새김)

고려사(高麗史)나 신증동국여지승람, 세종실록을 종합하여 보면, 황해도 문화현 지역으로 장당경을 비정하고 있다(이병도,1986). 요하문명의 얼굴인 천단(天壇)에서 제사를 모시던 단군이라면 응당 홍산의 아사하투(阿斯哈圖)가 제의의 공간일 가능성이 있다. 이는 유물과 사고전서(四庫全書)의 사료를 근거로 더 한층 연구해 볼 가치가 있다(심백강, 2014 참조).

장사(長沙)

부인이 남편을 따라갈 수 없음을 알게 되자 이에 망덕사(望德寺) 문 남쪽 모래밭 위에 이르러 주저앉아 길게 부르짖었는데, 이런 일이 있었다 하여 그 사장을 장사라고 불렀다. 친척 두 사람이 도와서 모시고 집으로 돌아가려 하자 부인은 다리를 뻗고 앉아 일어나지 않았다. 그래서 그 곳을 벌지지라 하였다. 얼마 뒤에 부인은 그리움을 참지 못하여 세 딸을 데리고 치술령에 올라서 왜국을 바라보고 통곡을 하다가 죽어 치술신모가 되었다. 지금도 그 사당이 있다.

(출전) 夫人聞之追不及, 及至望德寺門南沙上, 放臥長號, 因名其沙曰長沙, 親戚二人, 扶腋將還, 夫人舒脚坐不起, 名其地曰伐知旨, 久後夫人不勝其慕, 率三娘子上鵄述嶺, 望倭國痛哭而終, 仍爲鵄述神母, 今祠堂存焉(권1 기이1 내물왕 김제상)

(새김)

장사와 관련 지어 **장사택(長沙宅)**을 경주 배반동의 망덕사 부근으로 비정한다. 장흥 보림사 삼층석탑 사리공(舍利孔)에서 나온 탑지(塔誌)에 김수종(金遂宗)이 경문왕 10년(870)에 탑을 세우는 일을 총괄하였음을 알 수가 있다. 삼국유사 왕력 경명왕조에 왕비는 장사택으로 대존(大尊) 각간의 자식이며 대존은 수종의 아들이다. 장사택은 김수종이 살았던바, 장사현에서 비롯한 것으로 보인다(이기동, 1984).

장생표탑(長栍標塔)

또 개운 3년(丙辰, 946)의 운문산 선원 장생표탑에 관계되는 공문에 보면, 장생(長栍, 이정표)이 11개이니 아니점, 가서현, 무현(畝峴), 서북매현(西北買峴), 혹은 면지촌(面知村), 북저족문(北猪足門) 등이라고 했다.

(출전) 又開運三年丙辰雲門山禪院長栍標塔公文一道長栍十一, 阿尼岾 · 嘉西峴 · 畝峴, 西北買峴(一作面知村)北猪足門等(권4 의해 보양이목)

(새김)

장생표탑(長栍標塔)은 탑의 형상을 한 장승을 가리킨다. 장승은 대개 5-10리에 하나씩 세우는 일종의 이정표 같은 것이다. 잘 살펴 가라는 것이다. 장생은 장승의 또 다른 표기라고 보기에 그렇다. 말하자면 장생은 이정표가 된다. 서울의 장승배기가 그 얼굴에 값한다. 장승의 어원에 대하여는 다양하다.

장수사(長壽寺)

그 후로는 들에서 사냥하는 것을 금하고 곰을 잡은 자리에 곰을 위해서 장수사를 세웠다. 그로 인해 마음에 감동되는 바 있어 자비의 발원이 더욱 더해 갔다. 이에 이승의 양친을 위해 불국사를 세우고, 전생의 부모를 위해 석불사(石佛寺, 현 석굴암)를 세우고, 신림(神琳)과 표훈(表訓) 두 성사를 청하여 각각 머물게 했다. 아름답고 큰 불상을 설치하여 부모의 양육한 수고를 갚았으니 한 몸으로 전세와 현세의 두 부모에게 효도한 것은 옛적에도 또한 드문 일이었다.

(출전) 自後禁原野, 爲熊創長壽寺於其捕地. 因而情有所感, 悲願增篤, 乃爲現生二親, 創佛國寺, 爲前世爺孃創石佛寺, 請神琳 · 表訓二聖師各住焉(권5 효선 대성효이세부모)

장수왕(長壽王)

고구려 제20대 임금. 신라의 눌지왕(訥祇王)이 즉위한 3년(己未, 419)에 고구려 장수왕의 사신이 와서 말했다. 우리 임금은 대왕의 아우 보해(寶海)가 지혜와 재주가 뛰어나다는 말을 듣고 서로 친하게 지내기를 원하여 특히 저를 보내주심을 간청하는 바입니다. 왕은 이 말을 듣고 매우 다행스럽게 여겼다. 이 일로 해서 화친하기로 마음을 정하고 아우 보해에게 명하여 고구려로 가게 했다. 그리고 특사 김무알(金武謁)을 딸려 보냈다. 장수왕은 그들을 잡아 두고 돌려보내지 않았다.

(출전) 至訥祇王卽位三年己未, 句麗長壽王遣使來朝云寡君聞大王之弟寶海秀智才藝, 願與相親, 特遣小臣懇請 王聞之幸甚, 因此和通, 命其弟寶海, 道於句麗, 以內臣金武謁爲輔而送之. 長壽王又留而不送(권1 기이1 내물왕 김제상)

(새김)

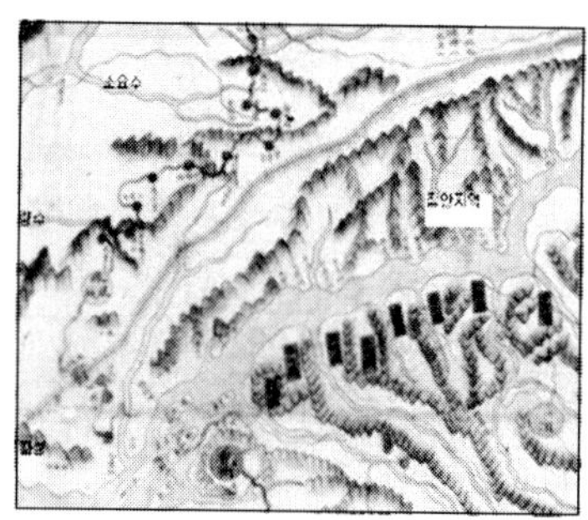

그림 63 집안현

고구려 제20대 **장수왕**은 재위 78년(413-491)을 다스렸다. 본명은 거련(巨連) 또는 연(璉) 광개토대왕의 맏아들이다. 재위 기간 동안 중국의 분열을 이용해 중국 외교를 적극적으로 활성화하였다. 당시 북중국은 여러 이민족 국가들이 싸움을 벌이다 439년 북위가 통일하였다. 한편 남중국은 한족에 의해 동진(東晉, 317-420)과 송(宋, 420-479), 남제(南齊, 479-502)가 차례로 흥망을 되풀이하고 있었다. 북위가 북중국의 강자로 부상됨에 따라 왕 23년(435) 북위에 사절을 보내 외교를 텄다. 왕 24년(436) 북위의 군대에 쫓긴 북연(北燕)의 왕 풍홍(馮弘)이 고구려에 망명을 요구하자 이를 받아들였다. 뿐만 아니라 북위와 각을 세우던 북아시아 유목민족인 유연(柔燕)과도 외교를 텄다. 왕 67년(479)에는 흥안령산맥 일대에 거주하던 지두우족(地豆于族)의 분할 점령을 꾀하고 거란족에 대한 압력을 가하기도 하였다. 또한 왕권의 강화와 중앙집권체제의 정비에 더욱 힘썼다. 왕 2년(414) 고구려 왕실의 신성성과 부왕인 광개토대왕의 업적을 드러내기 위하여 광개토왕릉비를 세웠다. 왕 15년(427) 국내성(國內城, 현 집안현)에서 평양성으로 천도를 단행하였다. 이는 국내성 일대에 뿌리 깊은 기반을 가진 고구려 귀족세력을 약화시키고, 국가운영을 뒷받침할 경제적 기반을 굳건히 하기 위한 것이었다. 또 평양천도를 계기로 왕 43년(455)에는 백제의 왕이 교체되는 틈을 이용해 백제를 공격하였으며, 왕 63년(475)에는 스님 도림(道琳)을 앞세워 백제의 국력을 약화시킨 다음 왕 자신이 3만 명의 군대를 거느리고 백제를 공격하였다. 마침내 백제의 수도 한성(漢城)을 함락시키고 개로왕을 죽게 함으로써, 백제의 도읍을 웅진(熊津, 현 공주)으로 옮기게 하였다. 뿐만 아니라 서해의 해상권을 장악해 백제 및 백제와 교류하는 왜가 중국 남조에 접근하는 것을 적극 차단하였다. 한편 신라와의 관계에서는 왕 5년(417) 신라의 왕위계승분쟁에 개입해 눌지 마립간을 옹립하는 등, 처음에는 우월적인 입장에서 평화관계를 유지하였다. 하지만 신라가 백제와 군사동맹을 맺고 고구려에 대해 적대적인 입장으로 선회하자 왕 56년(468)에는 신라의 실직주성(悉直州城, 삼척)을 공격해 빼앗았다. 왕 69년(481)에는 호명성(狐鳴城, 현 청송) 등 7성을 빼앗고, 미질부(彌秩夫, 현 흥해)까지 쳐들어갔다. 중원고구려비(中原高句麗碑, 현 충주)는 고구려와 신라가 적대관계로 들어가기 직전, 고구려가 아직 우위를 점하고 있던 시기에 세웠던 것으로 보인다. 장수왕의 무덤에 대해서는 고구려의 옛 수도였던 중국 길림성 집안현(集安縣)에 있는 장군총(將軍塚)이 그의 무덤이라는 견해와, 평양 부근에 자리한 전 동명왕릉(傳東明王陵)이 그의 무덤이라는 두 가지 주장이 있다. 흔히 고구려가 장수왕 15년(427)에 대동강 유역의 평양 인근으로 서울을 옮긴 것으로 알고 있다(이병도). 그러나 중국의 사료인 통전(通典)에 따라서 장수왕 때 평주가 고구려의 서울이 되려면, 적어도 평주는 고구려의 강역이어야 한다. 그런데 평주는 발해만 일대의 요서지역을 말한다(심백강(2014), 우리 역사 참조).

장승요(張僧繇)

신라 고전(古傳)에 이렇게 말했다. 중국 천자에게 사랑하는 여자가 있었는데 아름답기 짝이 없어 이에 천자가 말하기를, 고금에 있는 그림으로도 이같이 아름다운 미인은 적을 것이다 하고 그림 잘 그리는 사람을 시켜서 그 실지 모양을 그리도록 했다(그 화공의 이름은 전하지 않는데 혹은 장승요라고도 한다. 그렇다면 그는 오나라 사람으로, 양나라 천감 연간에 무릉왕국의 시랑 직비각지화사(直秘閣知畵事)가 되었고, 우장군과 오흥태수를 지냈다. 그러니 여기에 말한 천자는 중국 양, 진 무렵의 천자일 것이다. 그런데 전에 당 나라 황제라 한 것은 우리 조선 사람이 중국을 가리켜 모두 당이라 하는 까닭에서일 것이다. 실상은 어느 시대의 제왕인지 알 수 없다. 여기에는 두 가지 말을 모두 적어 둔다).

(출전) 新羅古傳云, 中華天子有寵姬, 美艶無雙, 謂古今圖畫, 尠有如此者, 乃命善畫者寫眞, (畫工傳失其名, 或云張僧繇, 則是吳人也. 梁天監中爲武陵王國侍郎直秘閣知畫事, 歷右將軍 · 吳興太守, 則乃中國梁 · 陳間之天子也. 而傳云唐帝者, 海東人凡諸中國爲唐爾, 其實未詳何代帝王, 兩存之)(권3 탑상 삼소관음 중생사)

(새김)

장승요(張僧繇) 화백은 용을 다 그린 뒤에 마지막으로 눈동자를 그려 넣었다. 용은 곧 구름을 타고 하늘로 올라갔다는 고사가 전한다. 이른바 화룡점정(畵龍點睛)이다. 남조 시대 양(梁) 나라의 무제 시절 널리 알려졌던 화가이다. 불교를 숭상하던 무제의 왕명을 따라서 절간의 많은 그림을 그렸다.

장유사(長遊寺)

이 절이 생긴 지 5백년 뒤에 장유사를 세웠는데, 이 절에 바친 밭이 도합 3백결이나 되었다. 이에 장유사의 삼강(三綱)은, 왕후사(王后寺)가 장유사의 밭 동남쪽 지역 안에 있다고 해서 왕후사를 폐해서 장사를 만들어 가을에 곡식을 거두어 겨울에 저장하는 장소와 말을 기르고 소를 치는 마구간으로 만들었으니 슬픈 일이다.

(출전) 自有是寺五百後, 置長遊寺, 所納田柴幷三百結. 於是右寺三剛, 以王后寺在寺柴地東南標內, 罷寺爲莊, 作秋收冬藏之場, 秣馬養牛之廐, 悲夫(권2 기이2 가락국기)

(새김)

불교의 **삼강(三綱)**이란 사찰의 관리와 운영의 책임을 맡은 세 가지 승직(僧職)을 말한다. 곧 승정(僧正), 승도(僧都), 율사(律師)의 셋이나 상좌(上佐), 사주(寺主), 유나(維那)의 셋을 아울러 이르는 말이기도 하다.

장춘랑(長春郎)

처음 백제 군사와 황산에서 싸울 때였다. 장춘랑(長春郎)과 파랑(罷郎)이 싸움터에서 싸우다 죽었다. 그 뒤 백제를 칠 때 그들은 태종의 꿈에 나타났다. 신 등이 옛날 나라를 위해서 몸을 바쳤고, 이제 백골이 되어서도 나라를 완전히 지키려고 종군함에 게으르지 않았습니다. 그러나 당 나라 장수 소정방의 위엄에 눌려서 남의 뒤로만 쫓아다니고 있습니다. 바라건대, 왕께서는 우리에게 얼마간의 군사를 주십시오. 대왕은 놀라고 이상하게 여겨 장군의 두 넋을 위하여 하루 동안 모산정(牟山亭)에서 불경을 외우고 또 한산주에 장의사(壯義寺)를 세워 그들의 명복을 빌게 했다.

(출전) 初與百濟兵戰於黃山之役, 長春郎・罷郎死於陣中, 後討百濟時, 見夢於太宗曰臣等昔者爲國亡身, 至於白骨, 庶欲完護邦國, 故隨從軍行無怠而已, 然迫於唐帥定方之威, 逐於人後爾, 願王加我以小勢 大王驚怪之. 爲二魂, 說經一日於牟山亭, 又爲創壯義寺於漢山州, 以資冥援(권1 기이1 장춘랑 파랑)

(새김)

장의사(壯義寺)는 서울 창의문 밖의 신영동 세검정초등학교 자리에 있었던 절로서 오늘날에는 당간지주만 남아 있다. 장의사는 조선조 세종 때 집현전 학사들의 독서공간으로 쓰이기도 하였다.

재(齋)

월명(月明)은 또 일찍이 죽은 누이동생을 위해서 재를 올렸는데 향가를 지어 제사지냈다. 이 때 문득 회오리바람이 일어나더니 종이돈을 서쪽으로 날려 없어지게 했다. 향가는 이러하다. 죽고 사는 길이, 여기 있으니 두려워서인가, 나는 간다고 말도 못 다하고 가는가. 어느 가을 이른 바람에 여기저기 떨어지는 잎과 같이, 한 가지에 나서 가는 곳은 모르는구나. 아, 미타찰(彌陀刹)에서 너를 만나볼 나는, 도를 닦아 기다리련다.

(출전) 明又嘗爲亡妹營齋, 作鄕歌祭之. 忽有驚颷吹紙錢, 飛擧向西而沒. 歌曰生死路隱, 此矣有阿米次肹伊遣, 吾隱去內如辭叱都, 毛如云遣去內尼叱古, 於內秋察早隱風未, 此矣彼矣浮良落尸葉如一等隱枝良出古, 去奴隱處毛冬乎丁, 阿也. 彌陁刹良逢乎, 吾道修良待是古如(권5 감통 월명사 도솔가)

(새김)

재(齋) : 죽은 사람의 명복을 빌어 좋은 곳에 다시금 태어나라고 비는 불사를 말한다. 49재는 사람이 죽은 뒤 첫 7일에서 일곱 번째 7일이 되는 사이에 7일마다 죽은 이의 복을 빈다.

지전(紙錢) : 종이돈을 말한다. 더러 종이돈을 음전(陰錢)이라 하는데 여기 종이돈을 바람에 날려 보냈다 함은 죽은 누이가 극락으로 갔음을 드러낸다.

미타찰(彌陀刹)의 미타는 아미타불의 줄임말이다. 찰(刹)은 범어로 차트라(छत्र, chattra, 掣多羅), 차다라(差多羅), 찰다라(刹多羅), 흘차달라(紇差怛羅), 찰마(刹摩) 등으로 음역한다. 달리 땅, 나라, 처소라 번역한다. 곧 국토이니 불국토를 불찰이라 함과 같다. 따라서 미타찰이라 함은 아미타 부처가 있는 곳을 말한다. 본디 차트라는 나무 그늘과 같은 덮개를 뜻하기도 한다. 말하자면 안식처를 말한다. 괴로움도 슬픔도 없는 극락세계를 말한다. 가장 이상향의 경지라고 할 수 있다. 제망매가에서 월명사가 죽은 누이의 영혼이 영원한 안식을 비는 노래로 미타찰이 그 중심에 자리한 공간이다.

재매곡(財買谷)

김유신의 집안의 종부였던 재매부인(財買夫人)이 죽자, 청연(靑淵) 상곡에 장사를 지내고 재매곡이라 불렀다. 매년 봄이면 집안의 종친들이 그 골짜기 남쪽 시냇가에 모여 때에 맞춰 잔치를 벌인다. 이럴 때엔 백 가지 꽃이 다투어 피고 송화가 골짜기 안 숲속에 가득했다. 골짜기 어귀에는 암자를 지어놓았다. 이로 하여 송화방이라고 한다.

(출전) 金氏宗財買夫人死, 葬於靑淵上谷, 因名財買谷, 每年春月, 一宗士女會宴於其谷之南澗, 于時百卉敷榮, 松花滿洞府林, 谷口架築爲庵, 因名松花房(권1 기이1 김유신)

(새김)

김유신의 아내였던 재매부인이 집에서 마실 물을 긷던 우물이 재매정(財買井)이다. 사적 제 246호로 오늘날 경주 흥륜사 터와 월성 터의 중간 어름에 자리하고 있다. 1.5m 가량의 사각형 우물로 우물가에는 비각이 있는데, 이는 1872년에 세워 놓은 것이다. 선덕여왕 13년(644)에 김유신은 소판(蘇判, 장관급)이 되었고, 그 해 9월에 상장군이 되어 군사를 거느리고 백제의 성열성(省熱城), 동화성(同化城) 등 7개성을 공략하였다. 다음 해 집으로 정월에 돌아왔다. 아직 왕을 배알하기도 전에 백제의 대군이 신라의 매리포성(買利浦城, 현 거창)을 침공한다는 급보를 받고, 왕은 또 김유신을 상장군으로 삼아 이를 막으라고 하였다. 김유신은 왕명을 받고 처자도 만나보지 못한 채 출정하여 백제군을 쳐 이를 패주시키고 2천 명을 베어 죽이거나 사로잡았다. 그 해 3월에 귀환하라는 왕명이 내렸으나, 김유신이 집으로 가기도 전에 또다시 백제의 군사들이 그 국경에 나와 주둔하고, 장차 군사를 일으켜 신라로 쳐들어오려 한다고 급히 알리자, 왕은 다시 김유신에게 말하기를, 청하건대, 공은 수고롭겠으나 빨리 나가서 적들이 전비를 갖추기 전에 이를 방비하라. 하므로, 김유신은 또 집에 들어가지도 못하고 곧 군사를 훈련하고 병장기를 수선한 다음, 서쪽으로 백제를 막으러 나갔다. 이 때에 집사람들은 모두 문밖으로 나와서 장군이 오는 것을 기다렸다. 그런데 김유신은 문 앞을 지나면서 돌아보지도 않고 가다가 50보쯤 되는 곳에 이르러서 말을 멈추고, 수행 군사에게 집에 가서 물을 떠오라 명령하여 물을 마셔 보고 말하기를, 우리 집 물맛이 아직도 옛날 그대로구나 하고 그냥 길을 떠나니, 이를 보는 모든 군사들이 말하기를, 대장군도 이와 같은데 우리들이야 어찌 가족들과 이별함을 한탄하리요 하며 싸움터로 나갔다고 한다.

적녀국(積女國)

신라 제4대 탈해왕은 달리 토해니사금이라고도 한다. 성은 석씨이며 아버지는 함달파(含達婆) 왕이다. 어머니는 적녀국의 왕녀이고 왕비는 남해왕의 따님인 아로부인이었다. 정사년(丁巳, 57)에 즉위하였고 23년 동안 통치를 하였다. 왕이 돌아가자 미추왕의 소정구 안에 수장하였다. 소상을 만들어 동악에 모시니 현 동악대왕이 그것이다.

(출전) 第四代脫解一作吐解尼叱今, 昔氏, 父琓夏國含達婆王一作花夏國王, 母積女國王之女, 妃南解王之女阿老夫人, 丁巳立, 理二十三年, 王崩水藏, 未召疏井丘中, 塑骨安東岳, 今東岳大王(권1 왕력 탈해왕)

(새김)

함달파는 함(含)의 고대 한자음이 간(gan)이므로 간달파(乾達婆, **गन्धर्व**, gandharva)로 읽을 수 있다. 그러면 함달파 임금의 이름이 건달바 곧 음악의 신과 같은 동명이인이 된다. 음악과 같은 조화롭고 아름다운 정치를 지향하는 속성을 드러낸 것으로 보인다. 힌두교에서는 간다르바 신은 남자의 정령(精靈)으로 압사라의 남편이 된다. 몸은 동물이나 흔히 새나 말의 모습으로도 보인다. 음악에 재능이 있어, 소와 말을 지키며 신들을 위해 아름다운 음악을 만드는 가수이자, 음악의 신이다. 힌두교 신화에서 간다르바는 신과 인간의 사이에서 조정자의 구실을 한다. 힌두교 법으로는, 간다르바 결혼은 공식적으로 혼례를 하지 않고 서로 동의하여 부부가 됨을 뜻한다.

전망성(全忘誠)

개원 7년(乙未, 719) 2월 15일에 중아찬 전망성(全忘誠, 김지성)이 그의 죽은 아버지 인장(仁章) 일길간과 죽은 어머니 관초리(觀肖里) 부인을 위해서 공손하게 감산사(甘山寺)와 석미륵(石彌勒) 하나를 만들고, 겸하여 개원 이찬과 아우 간성(懇誠) 소사, 현도사(玄度師) 누이 고파리(古巴里), 전처 고로리(古老里), 후처 아호리(阿好里)와 또 서형 급막(及漠) 일길찬, 일당(一幢) 살찬, 총민(聰敏) 대사와 누이동생 수힐매(首肸買) 등을 위하여 이러한 착한 일을 했다. 어머니 관초리 부인이 고인이 되자 동해 유우변에 뼈를 뿌렸다.

(출전) 寺在京城東南二十許里, 金堂主彌勒尊像火光後記云 開元七年己未二月十五日, 重阿喰全忘誠, 爲亡考仁章一吉干 · 亡妃觀肖里夫人, 敬造甘山寺一所 · 石彌勒一軀, 兼及愷元伊喰 · 第懇誠小舍 · 玄度師 · 姊古巴里 · 前妻古老里 · 後妻阿好里, 兼庶族, 及 漠一吉喰 · 一幢薩喰 · 聰敏大舍 · 妹首肸買等, 同營玆善, 亡妣肖里夫人, 古人成之東海攸友邊散也(권3 탑상 남월산 감산사)

(새김)

전망성은 **김지성(金志誠)**의 잘못 새긴 글자이다. 이는 경북 경주시 내동면 신계리의 감산사

터에서 나온 감산사미륵보살조상기(甘山寺彌勒菩薩造像記)에서 확인할 수 있다(지준모). 기문은 현재 국립중앙박물관에 소장되어 있다. 이와 같이 옛 기록의 실체는 비교문헌학적으로 대조 교감함이 온당하다.

전백제(前百濟)

부여군은 전 백제의 도읍이니, 혹 소부리군이라고도 한다. 삼국사기에 따르면, 백제의 성왕 26년(戊午, 548) 봄에 도읍을 사비로 옮기고 국호를 남부여라 했다 하고, 주석하기를, 그 지명은 소부리이니 사비(泗沘)는 현 고성진(古省津)이요, 소부리는 부여의 딴 이름이라고 했다.

(출전) 扶餘郡者, 前百濟王都也. 或稱所夫里郡, 按三國史記, 百濟聖王二十六年戊午春, 移都於泗沘, 國號南扶餘, 注曰, 其地名所夫里 泗沘, 今之古省津也. 所夫里者, 扶餘之別號也(권2 기이2 남부여 전백제 북부여)

전지왕(腆支王)

백제 제18대 전지왕은 달리 진지왕이라고도 한다. 이름은 영이며 아신왕의 아들이다. 을사년(乙巳, 405)에 즉위하여 15년의 통치를 하였다.

(출전) 第十八代腆支王一作眞支王, 名映, 阿莘子, 乙巳立, 治十五年(권1 왕력 전지왕)

전한서(前漢書)

전한서의 조선전에는 이렇게 씌어져 있다. 맨 처음 연(燕) 나라 때부터 진번(眞番), 조선(朝鮮, 안사고는 말하기를, 전국시대에 연나라가 처음으로 이 땅을 침략해서 차지했다고 한다)을 침략해서 이를 차지하고, 관리들을 두어 변방의 요새를 쌓았다. 그 뒤에 진(秦)이 연을 멸망시키자 이 땅을 요동군 변방에 소속시켰다. 한(漢) 나라가 일어나자 이 땅이 너무 멀어 지킬 수 없다 하여 다시 요동의 옛날 요새를 수리해서 쌓고 패수(浿水)로 경계를 삼아(안사고는 말하기를, 패수는 낙랑군에 있다고 했다) 연나라에 소속시켰다.

(출전) 前漢・朝鮮傳云, 自始燕時, 常畧得眞番・朝鮮(師古曰, 戰國時(燕)因始略得此地也)爲置吏築障, 秦滅燕, 屬遼東外徼, 漢興爲遠難守, 復修遼東故塞, 至浿水爲界(師古曰, 浿在樂浪郡) 屬燕(권1 기이1 위만조선)

(새김)

낙랑(樂浪)이 열수(洌水)에서 비롯하였음을 고려하면, 촐내-술내로 볼 수 있다. 술은 흔히 사이를 뜻하므로 나라의 국경을 이루는 강을 뜻할 수 있다. 술내-술수-술미-술매가 그런 보기들이다. 낙랑의 위치에 대한 학설로는 크게 두 가지로 나눌 수 있다. 하나는 대동강낙랑설(이병도, 이기백, 노태돈)이 있고, 다른 하나는 요동낙랑설(신채호, 정인보, 윤내현, 심백강, 임찬경 등)이 있다. 전자는 식민사관에 기반한 일본학자의 주장과 같으나 현재 교과서에서는 한반도의 대동강을 중심으로 한 낙랑을 포함한 한사군의 위치를 비정하여 이를 교과서에 싣고 있다. 후자는 그 동안 위서라는 논란의 중심에 섰던 환단고기(桓檀古記)가 불분명한 사료라 하여 강단사학에서는 외면하였다. 최근 심백강(2014, 한사군의 낙랑)에서 중국 사서(史書)의 결정판이라 할 사고전서(四庫全書)에서 믿을 만한 정통한 사료를 찾아냄으로써 중국 하북성 보정시 수성진을 중심으로 하는 요동중심설이 화두가 되고 있다. 그 사연은 이렇다. 망한 은(殷) 나라의 왕자였던 기자(箕子)가 조선으로 갔다. 이는 사기(史記)와 진서(晉書) 지리지 평주 낙랑군 조선현조를 보면, '주 나라가 기자를 봉한 것이다'로 적고 있다. 다시 당 나라의 두우(杜佑)가 엮은 통전(通典)의 평주(平州) 부분을 보면, '평주는 은나라 시기에 고죽국, 춘추시기에는 산융, 비지, 진 나라 시기에는 우북평, 혹은 요서군, 전후한에서 위진 시기는 요서군이었다'고 적고 있다. 결국 낙랑군 조선현은 평주(平州)에 자리하였음을 알 수 있다. 그러다가 청 나라 시기로 들어와서 대청일통지(大淸一統志)를 보면, 평주의 기자 조선을 한반도의 이씨조선으로 둔갑시키고 있다. 즉 평주의 낙랑군 조선현은 압록강 이남의 지역으로 비틀어 기록하고 있다. 이로써 낙랑 대동강중심설을 넘어, 요동중심설로 고쳐야 한다는 목소리가 설득력을 얻고 있다(심백강, 사고전서 사료로 보는 한사군의 낙랑(2014) 참조).

전한조선전(前漢朝鮮傳)

전한서(前漢書) 조선전에는 이렇게 씌어져 있다. 맨 처음 연(燕) 나라 때부터 진번(眞蕃), 조선(朝鮮, 안사고는 말하기를, 전국 시대에 연나라가 처음으로 이 땅을 침략해서 차지했다고 한다)을 침략해서 이를 차지하고, 관리들을 두어 변방의 요새를 쌓았다. 그 뒤에 진(秦)이 연을 멸망시키자 이 땅을 요동군 변방에 소속시켰다. 한(漢) 나라가 일어나자 이 땅이 너무 멀어 지킬 수 없다 하여 다시 요동의 옛날 요새를 수리해서 쌓고 패수(浿水)로 경계를 삼아(안사고는 말하기를, 패수는 낙랑군에 있다고 했다) 연나라에 소속시켰다.

(출전) 前漢・朝鮮傳云自始燕時, 常畧得眞番・朝鮮(師古曰, 戰國時(燕)因始略得此地也). 爲置吏築障, 秦滅燕, 屬遼東外徼, 漢興爲遠難守, 復修遼東故塞, 至浿水爲界(師古曰, 浿在樂浪郡) 屬燕(권1 기이1 위만조선)

전후소장사리(前後所將舍利)

신라 선덕왕(善德王) 때인 정관 17년(癸卯, 643)에 자장법사(慈藏法師)가 당 나라에서 부처의 머리뼈와 어금니와 부처의 사리 100알과 부처가 입던 붉은 비단에 금색 점이 있는 가사 한 벌을 가지고 왔는데, 그 사리를 셋으로 나누어 하나는 황룡사 탑에 두고, 하나는 대화사 탑에 두고, 하나는 가사와 함께 통도사 계단에 두었으나, 그 나머지는 어디에 있는지 자세히 알 수 없다. 통도사 계단에는 두 층이 있는데 위층 가운데에는 돌 뚜껑을 덮어서 마치 가마솥을 엎어놓은 것과 같았다. (중략) 고려 광종 5년으로, 탑이 세 번째로 불타던 때였다. 조계(曹溪)의 무의자(無衣子)가 시를 남겨 말하기를, 들으니 황룡사탑이 불타던 날 불이 번져 한 쪽도 남은 게 없었다고 함이 바로 이것이다. 지원 갑자년(甲子年, 1264) 이후로 중국의 사신들이 다투어 와서 이 돌함에 절했으며 사방의 운수(雲水, 스님)들도 몰려들어 참례했는데, 돌함을 들어보기도 하고 혹은 들지 않기도 했다. 진신의 사리 네 알 외에 변신 사리가 모래알처럼 부서져서 돌함 밖으로 나와 있었는데 이상한 향기를 강하게 풍겨 여러 날 동안 없어지지 않는 일이 이따금 있었으니, 이것은 말세에 있는 한 지방의 기이한 일이 생긴 것이다. (중략) 일연은 이를 기려서 말한다. 중국과 동방은 오히려 연기로 막혔고, 녹원(鹿苑)의 학수(鶴樹)는 2천년이네. 이 땅에 전해 오니 참으로 감사할 일이라, 동진(東震)과 서건(西乾)이 한 세상 되었네.

(출전) 善德王代貞觀十七年癸卯, 慈藏法師所將佛頭骨·佛牙·佛舍利百粒, 佛所著緋羅金點袈裟一領, 其舍利分爲三, 一分在皇龍寺, 一分在太和塔, 一分幷袈裟在通度寺戒壇, 其餘未詳所在. 壇有二級, 上級之中, 安石蓋如覆鑊(중략)本朝光廟五載也. 塔之第三災也. 曹溪無衣子留詩云聞道皇龍災塔日, 連燒一面示無間, 是也. 自至元甲子已來, 大朝使佐本國皇華, 爭來瞻禮, 四方雲水, 輻湊來參, 或擧不擧. 眞身四枚外, 變身舍利, 碎如砂礫, 現於鑊外, 而異香郁烈, 彌日不歇者, 比比有之. 此末季一方之奇事也(중략), 讚曰華月夷風尙隔煙, 鹿園鶴樹二千年. 流傳海外眞堪賀, 東震西乾共一天(권3 탑상 전후소장사리)

점량부(漸梁部) ☞ 모량부

점성대(占星臺)

신라 제17대 내물마립간은 달리 □□왕이라고도 한다. 성은 김씨로 아버지는 구도갈문왕이다. 달리 미소왕의 아우인 미구각간이라 한다. 어머니는 휴례부인으로 성은 김씨다. 병진년(丙辰, 356)에 즉위하여 46년 동안의 통치를 하였다. 능은 점성대 서남쪽에 있다.

(출전) 第十七代奈勿麻立干一作□□王, 金氏, 父仇道葛文王, 一作未召王之弟(未)(仇)角干, 母(休)(禮)(夫)(人)金氏, 丙辰立, 理四十六年, 陵在占星臺西南(권1 왕력 내물왕)

점숭(占崇)

또 대정 13년(癸巳, 1173) 연간에 승려 점숭이 이 절에 와서 살고 있었다. 그는 비록 글은 알지 못하지만 성질이 본래부터 순수하여 향화를 부지런히 받들었다. 어떤 승려 하나가 그 절을 빼앗아 살려고 하여 옷을 시주하는 친의천사(襯衣天使, 향화사)에게 호소했다. 이 절은 나라에서 은혜를 빌고 복을 구하는 곳이오니 마땅히 글을 읽을 줄 아는 사람을 뽑아서 그에게 맡겨야 할 것입니다. 천사는 그 말을 옳게 여겨 그 사람을 시험하려 하여 소문(疏文)을 거꾸로 주어 보았다. 그러나 점숭은 이것을 받는 즉시로 줄줄 읽는다. 천사는 이것을 마음속에 간직하고 방 가운데로 물러앉아 다시 그에게 읽어보라고 했다. 그러나 점숭은 입을 다물고 한 마디도 읽지 못했다.

(출전) 又大定十三年癸巳間, 有僧占崇, 得住玆寺, 不解文字, 性本純粹, 精勤火香, 有一僧欲奪其居, 訴於襯衣天使曰, 玆寺所以國家祈恩奉福之所, 宜選會讀文疏者主之. 天使然

之. 欲試其人, 乃倒授疏文, 占崇應手披讀如流, 天使服膺, 退坐房中, 俾之再讀, 崇鉗口無言(권3 탑상 삼소관음 중생사)

(새김)

친의(襯衣)란 홑 소매로 이루어진 속옷을 말한다. 여기서 친(襯)은 친(嚫)과 같은 말로서 시주한다는 뜻을 갖고 있다. 절에 시주하라는 임금의 명령을 받아 지방으로 나온 향화사(香火使)가 아닐까 한다. **소문(疏文)**이란 부처님 앞이나 명부전(冥府殿) 앞에 죽은 이의 죄와 복을 아뢰는 글을 이른다.

점숭전(占崇傳)

그러나 점숭은 입을 다물고 한 마디도 읽지 못한다. 이것을 보고 천사가 말한다. 스님은 참으로 관음대성이 보호하여 주시는 사람이로다. 이리하여 끝내 이 중생사 절을 빼앗지 못했다. 그 당시 점숭과 같이 이 절에 살던 처사 김인부(金仁夫)가 이 이야기를 고을의 노인들에게 전해 주고 또 전기로도 써 놓았다.

(출전) 崇鉗口無言. 天使曰上人良由大聖之所護也. 終不奪之. 當時, 與崇同住者, 處士金仁夫, 傳諸鄕老, 筆之于傳(권3 탑상 삼소관음 중생사)

점찰법회(占察法會)

진표율사는 그것을 밟고 바다에 들어가서 계법을 외워 주고 다시 나가 고성군(高城郡)에 이르렀다. 여기에서 금강산으로 들어가서 비로소 발연수(鉢淵藪, 발연사)를 세우고 점찰법회를 열었다. 여기에서 7년 동안 살았는데, 명주(溟州) 지방에 흉년이 들어서 사람들이 모두 굶주렸다. 율사가 이들을 위해서 계법을 설하니 사람마다 받들어 지켜서 삼보(三寶)에 공경을 다하여, 문득 고성 바닷가에 무수한 물고기들이 저절로 죽어서 나왔다. 사람들이 이것을 팔아서 먹을 것을 장만하여 죽음을 면할 수 있었다.

(출전) 師踏而入海, 唱念戒法還出, 行至高城郡, 入皆骨山, 始創鉢淵藪, 開占察法會, 住七年, 時溟州界年穀不登, 人民飢饉, 師爲說戒法, 人人奉持, 致敬三寶, 俄於高城海邊, 有無數魚類, 自死而出, 人民賣此爲食, 得免死(권4 의해 관동풍악 발연수석기)

(새김)

점찰보(占察寶)는 점찰경에 따라서 점찰법회를 뒷받침하기 위한 모임, 일종의 계 조직이다. 원광이 처음으로 만들었다. 점찰법회는 점찰선악업보경을 소의(所依) 경전으로 하는 참회 중심의 법회를 말한다. **소의경전**이란 불교의 근본적인 경전을 가리키는 말이다. 소의(所依)는 의지한다는 뜻이다. 조계종의 소의경전은 금강경(金剛經)과 전등법어(傳燈法語)로 한다. 점찰법회는 원광법사에 의해 시작되었으며 진표에 의해 꽃을 피우게 된다. 점찰선악업보경은 상하 2권으로 되어 있으며, 다른 이름으로는 지장보살업보경, 대승실의경, 점찰경이라 한다. 원광법사는 먼저 청도 가서사(嘉栖寺)에서 어리석은 중생을 위하여 참회와 반성을 하는 점찰법회를 열었으며, 또한 안흥사의 지혜(智惠) 스님이 모든 영령을 위하여 선남선녀들의 법회를 마련하였다. 삼국유사에서 점찰 신앙은 진표전간과 관동풍악발연수석기로 드러난다. 말하자면 단군사화에서 스무하루(37일)만에 웅씨녀로 변신하는 사례 등은 바로 점찰경의 교법 가운데 나오는 것으로 보인다.

점탁(漸涿)

또 최치원(崔致遠)은 이렇게 말했다. 진한은 본래 연(燕) 나라 사람이 피난해 와 있던 곳이다. 그런 때문에 탁수(涿水)의 이름을 따서 그들이 사는 읍과 마을을 사탁(沙涿), 점탁(漸涿)이라고 불렀다(신라 사람의 방언에 탁(涿)의 음을 도(道)라고 했다. 때문에 지금도 혹 사량(沙梁)이라 하는데, 양(梁)을 도(道)라고도 읽는다).

(출전) 又崔致遠云, 辰韓本燕人避之者, 故取涿水之名, 稱所居之邑里, 云沙涿・漸涿等, (羅人方言, 讀涿音爲道, 故今或作沙梁, 梁亦讀道)(권1 기이1 진한)

(새김)

점탁의-탁(涿)과 같이 어떤 겨레들이 사는 장소를 옮겨서 살더라도 본디 살던 곳의 지명을 따서 새로운 지명에 붙이는 경우가 왕왕 있다. 일종의 전이현상 혹은 문화원형의 투영으로 풀이할 수도 있다. 마치 알렉산더 대왕이 가는 곳마다 로마와 같은 도시를 형성함과도 같은 흐름이라 할 것이다. 신라 6부 중의 하나로서 달리 점량부(漸梁部) 혹은 모량부(牟梁部)라고도 한다. 영일냉수리신라비나 울진봉평리 신라비 등의 금석문에는 잠훼(岑喙)로 올라 있다. 모량부는 무산대수촌(茂山大樹村)을 말한다(이문기, 1980).

정강왕(定康王)

신라 제50대 정강왕의 성은 김씨로 이름은 황이다. 민애왕 어머니의 아우이며 병오년(丙午, 886)에 즉위하여 돌아갔다.

(출전) 第五十代定康王 金氏名晃, 閔哀王之母弟, 丙午立而崩(권1 왕력 정강왕)

(새김)

정강왕은 경문왕의 둘째 아들이라 함이 온당하다(삼국사기). 그러면 헌강왕은 경문왕의 아들이고, 정강왕은 헌강왕의 아우가 된다. 경문왕 가계의 연장이라고 볼 수 있다(김창겸, 2003).

정명국(正明國)

그들을 7일 동안 이바지를 잘 했더니 사내아이는 그제야 말을 했다. 나는 본래 용성국(龍城國) 사람이오(정명국 혹은 완하국이라고도 한다. 완하(琓夏)는 또 화하국(花厦國)이라고도 하니, 용성은 왜국 동북쪽 1천리 떨어진 곳에 있다). 우리나라에는 원래 28용왕이 있어서 그들은 모두 사람의 태에서 났으며 나이 5, 6세부터 왕위에 올라 만민을 가르쳐 성정을 바르게 했소, 팔품의 성골이 있는데 그들은 고르는 일이 없이 모두 왕위에 올랐소, 그때 부왕 함달파(含達婆)가 적녀국(積女國)의 왕녀를 맞아 왕비로 삼았소,

오래 되어도 아들이 없자 기도를 드려 아들 낳기를 구하여 7년 만에 커다란 알 한 개를 낳았소, 이에 대왕은 모든 신하들을 모아 묻기를, 사람으로서 알을 낳았으니 고금에 없는 일이다. 길하지 않은 것이다.

(출전) 供給七日, 迺言曰 我本龍城國人(亦云正明國, 或云琓夏國, 琓夏或作花厦國, 龍城在倭東北一千里), 我國嘗有二十八龍王, 從人胎而生, 自五歲六歲繼登王位, 敎萬民修正性命, 而有八品姓骨, 然無揀擇, 皆登大位, 時, 我父王含達婆, 娉積女國王女爲妃, 久無子胤, 禱祀求息, 七年後産一大卵, 於是, 大王會問群臣, 人而生卵, 古今未有, 殆非吉祥(권1 기이1 탈해왕)

정명왕(政明王)

신라 제31대 정명왕(政明王, 신문왕)이 즉위한 개요 원년(辛巳, 681)에는 금관경(金官京)이라 이름하고 태수를 두었다. 그 뒤로 259년이 되었다.

(출전) 新羅第三十一政明王卽位, 開耀元年辛巳, 號爲金官京, 置太守後二百五十九年(권2 기이2 가락국기)

정복(貞福)

이에 왕과 태자 융(隆), 왕자 태(泰), 대신 정복(貞福)과 여러 성이 모두 항복했다. 소정방은 의자왕과 태자 융, 왕자 태, 왕자 연 및 대신과 장사 88명과 백성 1만 2,807명을 당 나라 서울로 보냈다.

(출전) 於是王及太子隆 · 王子泰 · 大臣貞福, 與諸城皆降, 定方以王義慈及太子隆 · 王子泰 · 王子演, 及大臣將士八十八人 · 百姓一萬二千八百七人送京師(권1 기이1 태종춘추공)

정사암(政事巖)

또 호암사(虎巖寺)에는 정사암이란 바위가 있는데, 나라에서 장차 재상감을 의논할 때에 뽑힐 사람 3, 4명의 이름을 써서 상자에 넣고 봉해서 바위 위에 두었다가 얼마 뒤에 열어 보아 이름 위에 도장이 찍힌 자리가 있는 사람을 재상으로 삼았기 때문에 그런 이름이 있다.

(출전) 又虎巖寺有政事嵒, 國家將議宰相, 則書當選者名或三四, 函封置嵒上, 須臾取看, 名上有印跡者爲相, 故名之(권2 기이2 남부여 전백제 북부여)

정성천왕(靜聖天王)

이는 두 성사의 영감이요, 혹은 산신의 도움이었다. 산신의 이름은 정성천왕으로 일찍이 가섭불 때에 부처님의 부탁을 받았으니 그 본서(本誓)에 말하기를, 산중에서 천 명의 출세를 기다려 남은 과보를 받겠다고 했다.

(출전) 乃二聖之靈感, 或岳神攸助也. 神名靜聖天王, 嘗於迦葉佛時受佛囑, 有本誓, 待山中一千人出世, 轉受餘報(권5 피은 포산이성)

(새김)

정성천왕이란 비슬산의 산신을 이른다. 산신은 산왕(山王)이라 아니 하고 천왕이라고 한다. 천왕이 내려와서 머물고 있는 곳을 천왕봉(天王峰)이라 한다. 속리산에 산신인 대자재 천왕이 매년 시월 인일(寅日)에 하늘에서 내려와 45일간 머물다 하늘로 올라간다(신증동국여지승람 보은). 성황사에 모신 정성천왕은 홍수라든가 가뭄, 질병에 기도하면, 영험이 있어 효험을 얻는다고 믿었다. 성황사는 본디 산왕사(山王祠)였다. 송 대에 들어와서 성황신을 모시게 되었다. **가섭불**(迦葉佛, kasapa-buddha)은 석가불 앞의 전불로서 과거불이라고도 한다. 7불의 한 부처이다.

정수사(正秀師)

신라 제40대 애장왕 때, 중 정수(正秀)는 황룡사(皇龍寺)에 머물러 있었다. 눈 내리는 겨울밤이 깊었다. 이미 날이 저물매 정수는 삼랑사로부터 돌아와 천암사 문을 지나는데 거지인 산모가 거의 얼어 죽을 지경에 이르렀다. 대사가 이를 민망하게 여겨 곧 안아주고 오래도록 온기를 소생시켰다. 옷을 벗어 덮어주어 벌거숭이가 되어 본사로 돌아왔다.

(출전) 第四十哀莊代, 有沙門正秀, 寓止皇龍寺, 冬日雪深, 旣暮, 自三郎寺還, 經由天嚴寺門外, 有一乞女産兒, 凍臥濱死, 師見而憫之. 就抱, 良久氣蘇, 乃脫衣以覆之. 裸走本寺(권5 감통 정수사구빙녀)

정승공(政承公)

태조의 손자 경종 주(伷)는 정승공의 딸을 맞아 왕비를 삼으니, 이가 헌승황후(憲承皇后)이다. 이에 정승공을 봉해서 상보(尙父)를 삼았다. 태평흥국 3년 무인(戊寅, 978)에 돌아가니 시호를 경순(敬順)이라 했다.

(출전) 太祖之孫景宗伷, 聘政承公之女爲妃, 是爲憲承皇后, 仍封政承爲尙父, 太平興國三年戊寅崩, 諡曰敬順, 冊尙父誥(권2 기이2 김부대왕)

정신대왕(淨神大王)

대왕은 신라 임금으로 왕력을 알 수 없다. 자장법사가 신라로 돌아왔을 때 정신대왕의 태자 보천(寶川)과 효명(孝明) 두 형제가 하서부에 이르러 세헌 각간의 집에서 하룻밤을 쉬었다(국사를 살펴보면 신라에는 정신, 보천, 효명의 세 부자에 대한 명문이 없다).

(출전) 藏師之返新羅, 淨神大王太子寶川 · 孝明二昆弟到河西府, 世獻角干之家, 留一宿(按國史, 新羅無淨神 · 寶川 · 孝明三父子明文(권3 탑상 대산오만진신)

(새김)

정신왕은 보천과 효명 두 태자의 부왕이다. 삼국유사 권3 탑상4 대산오만진신(臺山五萬眞身)조에서 정신대왕(淨神大王)을 보천과 효명 두 태자의 아버지로 적고 있다. 삼국유사의 찬자 일연(一然)은 정신대왕이 구체적으로 누구인가를 밝히고 있다. 곧 정신은 정명(政明) 곧 신문(神文)의 오기라는 것이다. 정신은 신문왕(神文王, 재위 681-692)이며, 따라서 두 태자는 신문왕의 두 아들이라고 보아야 한다. 여러 사람의 추대로 즉위한 효명태자의 경우, 효명은 효조(孝照) 또는 효소(孝昭)의 와전이라 보아 효소왕(孝昭王)으로 보고 있다. 효조-효소의 상관성은 당시 파찰음이 자리하지 못하였기에 가능한 추론이 된다. 한편 삼국유사 권3 탑상4 명주오대산보질도태자전기(溟州五臺山寶叱徒太子傳記)에는 정신태자 보질도로 올라 있다. 또한 오대산월정사사적(五臺山月精寺事蹟) 가운데 실린 민지(閔漬)의 오대산성적병신라정신태자효명태자전기(五臺山聖迹幷新羅淨神太子孝明太子傳記)에는 정신태자로 적혀 있다. 즉 이 두 기록에는 정신왕이 아니고 정신태자로 올라 있다(문화원형백과 참조). 여기 보질도는 이두로 읽으면, 봇도-보쏘-붓다-부따-불타로 유추할 수 있다. 보타락가산 등에서 보타-부타의 소리만 다른 불타의 이형으로 볼 수 있다. 중국에서 불타를 부어타로 읽음은 참고가 된다(정호완).

정씨(鄭氏)

둘째는 돌산(突山) 고허촌(高墟村)이니, 촌장은 소벌도리(蘇伐都利)다. 처음에 형산(兄山)에 내려왔으니 이가 사량부(沙梁部, 양(梁)은 도(道)라고 읽고 혹은 탁(涿)으로도 쓴다. 그러나 역시 도(道)라고 읽는다) 정씨의 조상이 되었다. 지금은 남산부라 하여 구량벌, 마등오, 도북, 회덕 등 남촌이 여기에 소속된다(지금이라고 한 것은 고려 태조 때에 설치한 것이다).

(출전) 二曰突山高墟村, 長曰蘇伐都利, 初降于兄山, 是爲沙梁部(梁讀云道, 或作涿, 亦音道)鄭氏祖, 今曰南山部, 仇良伐, 麻等烏 · 道北, 廻德等南村屬焉(稱今曰者, 太祖所置也)(권1 기이1 신라시조 혁거세왕)

(새김)

삼국사기는 고려 인종 23년(1145) 김부식이 찬술하였고, 삼국유사는 136년 뒤인 고려 충렬왕 7년(1281) 일연이 삼국사기에 기록된 부분 가운데 오류가 있거나 서로 다른 사적들을 올려놓았다. 현장답사로 확인 조사하여 검증을 거쳐 지은 역사서임에도 조선시대에 와서 배불(排佛)이라는 풍조에 휩싸여 스님의 저술이기에 격하시키고 삼국사기만을 금과옥조로 지향하는 결과 오늘날까지 많은 오류를 고치지 못하고 있는 게 현실이다. 고려 인종 시절 삼국사기가 세상에 발간되자 경주 정씨와 경주 최씨들은 크게 격노했다고 한다. 현장에 와 보지도 않고 사서를 기록한 김부식을 비판하고 두 문중이 들고일어났다. 그 뒤 경주의 속현이었던 경산 출신인 일연이 현지를 답사, 삼국사기에 소략하게 실은 6부촌장의 성씨와 유래를 추가로 상세하게 기술하고 뒤바뀐 두 성씨의 유래를 바로잡아 놓았다. 내용인즉 제2촌장인 돌산 고허촌의 소벌도리가 최씨의 시조라고 기술한 것을 삼국유사(三國遺事)에서는 **정씨(鄭氏)**의 시조라고 바로 잡았다. 하지만 아직도 최씨 가승에는 삼국사기에 기록된 대로 시조를 소벌도리라고 하고, 소벌도리의 행적에 대하여는 삼국유사에 올린 내용을 그대로 옮겨 적었다. 따라서 머리는 사기를, 몸통은 유사의 기록을 따른 셈이 된다. 이런 혼란상은 어느 특정한 가문에서 일부러 날조한 것이 아니다. 조선조에 들어와서 명나라 사대주의 사관을 표방하던 학자들이 불승이 지은 유사를 부정해 버린 어처구니가 없는 결과라 하겠다. 이런 까닭으로 말미암아 제2촌의 시조인 정씨는 제4촌으로 밀리고 소벌도리는 정씨가 분명한데 그만 최씨로 둔갑되어 버렸다고 한다. 무엇인가 올바른 사관을 갖고 공정하게 바로 잡아야 할 과제로 보인다(황재영 참조). 돌산이 어디인가. 돌산(突山)은 말 그대로 돌출하여 솟은 고위산(高位山)을 말한다. 고위산의 본디 이름은 고허산(高墟山, 494m)으로 볼 수 있다. 산의 8부 능선 어름에 산성이 있으니 그것이 고허산성(高墟山城)이기에 그러하다. 고허-고위와 같이 말소리가 약화탈락하고 좋은 뜻의 글자로 바꾸어 놓은 셈이다. 흔히 고위산을 줄봉이라고도 말한다. 남산의 여러 봉우리가 여기 고위산에서 비롯되었기에 그리 불렀다는 것이다(권순채(62세) 제보).

정자(貞慈)

진지왕 때에 와서 흥륜사(興輪寺) 스님 진자(眞慈, 혹은 貞慈)가 항상 이 당(堂)의 주인인 미륵상 앞에 나가 발원하여 다짐해 말했다. 우리 대성(大聖)께서는 화랑으로 화하시어 이 세상에 나타나 제가 항상 얼굴을 가까이 뵙고 받들어 시중을 들게 해 주십시오. 그 정성스럽고 간절하게 기원하는 마음이 날로 더욱 두터워지자, 어느 날 밤 꿈에 중 하나가 말했다. 그대가 웅천(熊川, 현 공주) 수원사(水源寺)에 가면 미륵선화(彌勒仙花)를 볼 수 있을 것이다. 진자는 꿈에서 깨자 놀라고 기뻐하여 그 절을 찾아 열흘 동안 길을 가는데 발자국마다 절을 하며 그 절에 이르렀다.

(출전) 及眞智王代, 有興輪寺僧眞慈(一作貞慈也), 每就堂主彌勒像前發原誓言願我大聖化作花郎, 出現於世, 我常親近睟容, 奉以周旋 其誠懇至禱之情, 日益彌篤, 一夕夢有僧謂曰汝往熊川(今公州)水源寺, 得見彌勒仙花也. 慈覺而驚喜, 尋其寺, 行十日程, 一步一禮, 及到其寺(권3 탑상 미륵선화미시랑 진자사)

(새김)

정자(貞慈) : 중매를 뜻하는 거추의 향찰이다. 정자(貞慈)-고자-곧자-거자-걷자-거추로 상정할 수 있다(강헌규, 삼국유사에 나타난 이른바 未尸郎, 眞慈師에 대하여).

수원사(水源寺) : 충남 공주시 옥룡동 수원골에 자리한 오래된 고찰로 오늘날에 와서 탑의 지대석과 부재들만이 남아 있다.

공주(公州) : 옛 이름은 웅진(熊津) 곧 고마ᄂᆞᄅᆞ(용비어천가 3,15)였으니 본디 이름은 고마나루-곰나루로 변이하였다. 곰이란 한자는 없기에 곰-공(公)으로 되었을 가능성이 있다. 하면, 곰골-공골-공주로 한자화 지명에 따라서 오늘날의 공주가 된 것이다(도수희). 지금도 공주 금강에 가면 솔숲에 웅신단(熊神壇)이 있고 암콤의 아린 전설이 전해오고 있다. 단군사화의 변용으로 보인다.

정취(正趣)

옛날 의상법사(義湘法師)가 처음 당(唐) 나라에서 돌아와 관음보살의 진신이 이 해변 어느 굴 안에 산다는 말을 듣고, 이곳을 낙산(洛山)이라고 불렀으니, 대개 서역에 보타락가산(寶陀洛伽山)이 있기 때문이다.

(출전) 昔, 義湘法師始自唐來還, 聞大悲眞身住此海邊窟內, 故因名洛山, 盖西域寶陁洛伽山(권3 탑상 낙산이대성 관음 정취 조신)

(새김)

정취보살(正趣菩薩, ananyagamin(梵))은 화엄경(華嚴經) 입법계품(立法界品)에서 선재동자(善才童子)가 선지식을 두루 찾아다닐 때, 28번 째 만나는 보살이다. 관음보살과 대세지보살 다음으로 나오는 보살이다. 낙산이대성에서는 대세지보살 자리에 정취보살을 들고 있다.

정토사(淨土寺)

그는 돌아와서 꿈에 해현(蟹峴)에 묻은 아이를 파 보니 그것은 바로 돌미륵이었다. 물로 씻어서 근처에 있는 절에 모시고 서울로 돌아가 절의 농장을 맡은 책임을 내놓고 자신의 사재를 내서 정토사를 세워 부지런히 착한 일을 했다. 그 뒤에 어디서 세상을 마쳤는지 알 수가 없다.

(출전) 歸撥蟹峴所埋兒, 乃石彌勒也. 灌洗奉安于隣寺, 還京師, 免莊任, 傾私財, 創淨土寺, 懃修白業, 後莫知所終(권3 낙산이대성 관음 정취 조신)

(새김)

불교란 본디 스스로 수행하고 깨달음을 이룸으로써 해탈과 열반에 이르는 자력구원의 종교였다. 하지만 차츰 불교가 대중화의 길을 걸으면서 부처와 보살의 힘에 기대어 중생을 구제한다는 의타적인 구원의 신앙으로 바뀌었다. 그 얼굴이 바로 **정토사상**이다. 정토란 청정무구한 불국토 곧 극락을 말하는데, 정토사상은 인도에서부터 대승불교의 나타남과 함께 비롯했다. 약 6백부의 대승경전 가운데 정토사상을 역설하고 있는 것이 200여 부에 말한다. 대표적인 경전은 아미타경 1권, 무량수경 2권, 관무량수경 1권의 정토 3부경이다. 이들 경전에서는 극락정토가 이루어지게 된 바탕과 청정함, 그리고 그곳에 갈 수 있는 수행방법 등을 풀이하고 있다(다음 백과사전 참조).

정혜사(定惠寺)

또 천성 3년(戊子, 928)에 묵화상(默和尙)이 당에 들어가 역시 대장경을 가지고 왔으며, 고려 예종 때에는 혜조국사(慧照國師)가 조서를 받들고 중국으로 유학을 가서 요본 대장경 3부를 사 가지고 왔는데, 그 한 본은 지금 정혜사에 있다(해인사에 한 본이 있고 허참정댁에 한 본이 있다).

(출전) 又天成三年戊子, 默和尙入唐, 亦載大藏經來, 本朝睿廟時, 慧照國師奉詔西學, 市遼本大

藏三部而來，一本今在定惠寺(海印寺有一本，許叅政宅有一本)(권3 탑상 전후소장사리)

제망매가(祭亡妹歌)

월명(月明)은 또 일찍이 죽은 누이동생을 위해서 재를 올렸는데 향가를 지어 재를 지냈다. 이 때 난데없이 회오리바람이 일어나 종이돈을 불어서 서쪽으로 날려 사라지게 했다. 향가는 이러하다. 죽고 사는 길이, 여기 있으니 두려워서인가. 나는 간다는 말도 못 다하고 가는가. 어느 가을 이른 바람에 여기저기 떨어지는 잎과 같이 한 가지에 나서 가는 곳은 모르는구나. 아, 미타찰에서 너를 만나볼 나는. 도를 닦으며 기다리련다. 월명은 항상 사천왕사에 있으면서 피리를 잘 불었다. 어느 날 달밤에 피리를 불면서 문 앞 큰길을 지나가니 달이 그를 위해서 움직이지 않고 서 있다. 이 때문에 그곳을 월명리(月明里)라고 했다. 월명사도 또한 이 일 때문에 이름을 나타냈다. (중략) 일연은 이를 기려서 말한다. 바람은 종이돈을 날려 죽은 누이동생의 노자를 삼게 하고, 피리는 밝은 달을 일깨워 항아(姮娥)가 그 자리에 멈추었네. 도솔천이 하늘처럼 멀다고 말하지 말라, 만덕화(萬德花, 만다라 꽃) 그 한 곡조로 즐겨 맞았네.

(출전) 明又嘗爲亡妹營齋，作鄕歌祭之. 忽有驚飇吹紙錢，飛擧向西而沒. 歌曰生死路隱，此矣有阿米次肹伊遣，吾隱去內如辭叱都，毛如云遣去內尼叱古，於內秋察早隱風未，此矣彼矣浮良落尸葉如一等隱枝良出古，去奴隱處毛冬乎丁，阿也. 彌陁刹良逢乎，吾道修良待是古如 明常居四天王寺，善吹笛. 嘗月夜吹過門前大路，月馭爲之停輪. 因名其路曰月明里，師亦以是著名(중략)，讚曰，風送飛錢資逝妹，笛搖明月住姮娥. 莫言兜率連天遠，萬德花迎一曲歌(권5 감통 월명사 도솔가)

(새김)

작자의 경우, 실재했던 인물이라기보다는 달밤에 피리를 잘 불고 도솔가를 불러 두 개의 해가 나타난 문제를 해결하였다 하여 월명(月明)이라 하였다. 이 노래를 불교적 성격으로 보면, 불교의 사성체(四聖諦, cattbriariyasaccani)에 뿌리를 내리고 있다. 1연에서는 고체(苦諦), 2연에서는 집체(集諦), 3연에서는 멸체(滅諦)와 도체(道諦)를 설파하고 있다(장진호, 신라향가의 연구 참조).

제사납전기(諸寺納田記)

운문사(雲門寺)에 옛날부터 전해 내려오는 제사납전기를 보면, 정관 6년(壬辰, 632)에 이서군의 금오촌 영미사(零味寺)에서 밭을 바쳤다고 했다.

(출전) 按雲門寺古傳諸寺納田記云貞觀六年壬辰，伊西郡今部村零味寺納田，則今部村今淸道地，卽淸道郡古伊西郡(권1 기이1 이서국)

제석(帝釋)

또 고기(古記)에는 이렇게 말했다. 옛날에 환인(桓因, 제석(帝釋)을 말함)의 서자 환웅

(桓雄)이란 이가 있었는데 자주 천하를 차지할 뜻을 두어 사람이 사는 세상을 탐내고 있었다. 그 아버지가 아들의 뜻을 알고 삼위태백산을 내려다보니 인간들을 널리 이롭게 해 줄만했다. 이에 환인은 천부인(天符印) 세 개를 환웅에게 주어 인간의 세계를 다스리게 했다.

(출전) 古記云昔有桓國(謂帝釋也)庶子桓雄, 數意天下, 貪求人世, 父知子意, 下視三危太伯可以弘益人間, 乃授天符印三箇, 遣往理之(권1 기이1 고조선)

(새김)

제석(帝釋)이란 인도의 신령인 인드라(**इन्द्इंद्र**, indra)를 한자로 옮긴 말이다. 이와 함께 리그베다(**ऋग्वेद**, rigveda)에 나오는 천상신으로 수미산 정상에서 33천을 다스리며 아수라(阿修羅) 마신과 싸워 인류를 보호하며 인간의 선악을 경계 짓는 신이다. 한자표기로는 제석환인(帝釋桓因, sakra devanam indra)에서 온 것이다. 단군이 수미산 정상 도리천에서 머무는 인도 신에 빗댄 것은 무리가 있다. 일연이나 무극이 불승이기에 부회한 것으로 보이나, 이는 환인의 신화적인 성격이나 구실에서 끌어 온 것으로 보인다. 반면 고기의 글대로 서자의 신분으로 반역아적인 성격으로 이해함이 온당하다(황패강, 1988). **서자(庶子)**는 적자가 아닌 여러 아들을 이르기도 한다. 환웅이 서자라는 말은, 환인이 모계사회의 여신이었을 가능성이 높다. 이를 후대의 부계사회적인 관점에서 제대로 이해하지 못한 점이 있던 것으로 보인다(김정학, 1954).

제왕연대력(帝王年代曆)

신라 말기의 저명한 학자 최치원(崔致遠)이 제왕연대력을 지을 적에는 모두 모왕(某王)이라고만 하고 거서간(居西干) 등이라고 하지 않았다. 이것은 혹시 그 말이 야비해서 부르지 못할 것이라고 생각해서인가.

(출전) 羅末名儒崔致遠作帝王年代曆, 皆稱某王, 不言居西干等, 豈以其言鄙野不足稱之也(권1 기이1 남해왕)

(새김)

거서간(居西干)은 거수(渠帥)라고도 한다. 삼한의 임금 이름인데 이는 산스크리트어 거수(kəsu)와 대응된다. 거서간의 어원은 거서(kəsə)와 가간(kagan)의 합성어로 추정된다(강길운, 어원사전 참조). 최치원이 제왕연대력을 지은 까닭은, 왕실의 권위와 정통성을 내세움으로써 난세의 사회윤리를 강화해보려는 숨은 의도가 있었다(조인성, 1982. 이재운, 1998. 최영성, 1998). 현전하지 않음이 안타깝다.

조계(曹溪)

또 세간에서는 이렇게 말한다. 황룡사(皇龍寺) 탑이 불타던 날 돌솥 동쪽에 처음 큰 얼룩이 생겼는데 이것이 지금까지도 남아 있다고. 그때는 바로 요(遼)의 응력 3년(癸丑, 953)이요, 본조 광종 5년(954) 탑이 세 번째로 불타던 때였다. 조계의 무의자(無衣子)가

시를 남겨 이르기를, 들으니 황룡사탑이 불타던 날, 번져서 탄 한 쪽에도 틈이 없었네라고 한 것이 바로 이것이다.

(출전) 又諺云, 其皇龍寺塔災之日, 石鑊之東面始有大斑, 至今猶然, 卽大遼應曆三年癸丑歲也. 本朝光廟五載也. 塔之第三災也. 曹溪無衣子留詩云聞道皇龍災塔日, 連燒一面示無間, 是也(권3 탑상 전후소장사리)

(새김)

대부분의 삼국유사 역주자들이 조계의 조(曹)를 조(曺)의 오자로 지적하고 있으나 이는 잘못이다. 조(曺)는 조(曹)의 약자이다. 본디 정자는 조(曺)이다. 군위(軍威) 인각사의 보각국사비문(普覺國師碑文)에는 조계(曺溪)라 함은 왕희지 서체의 집자와 동진(東晋)에서도 그렇게 써왔다. 창녕조씨는 조선후기부터 조(曺)를 쓰며 우리나라에서 고유한 성(姓)의 글자임을 밝히고 있다. 그러나 고려조에서는 이름에 조(曹)를 썼다(문경현). **무의자(無衣子)**는 중국의 조계산에 있었던 진각국사(眞覺國師) 혜심(慧諶, 1178-1234)의 호이다.

조광(趙匡)

그 밖에 따라 온 잉신(媵臣, 수행원) 두 사람의 이름은 신보(申輔)와 조광(趙匡)이고, 그들의 아내 두 사람의 이름은 모정(慕貞)과 모량(慕良)이라고 했다. 데리고 온 노비까지 합해서 20여 명인데, 가지고 온 금수능라와 의상비단, 금은주옥과 구슬로 만든 패물들은 이루 기록할 수 없을 만큼 많았다.

(출전) 其地(他)侍從媵臣二員, 名曰申輔·趙匡, 其妻二人, 號慕貞·慕良. 或臧獲幷計二十餘口, 所齎錦繡綾羅·衣裳疋段·金銀珠玉·瓊玖服玩器, 不可勝記(권2 기이2 가락국기).

조물성(曹物城)

그는 태조에게 총마(驄馬)를 바치더니 3년(920) 겨울 10월에는 기병 3천 명을 거느리고 조물성(현 의성)까지 오자 태조도 역시 정병을 거느리고 와서 싸웠으나 견훤의 군사가 굳세어 승부를 결단할 수가 없었다.

(출전) 萱與我太祖陽和陰剋, 獻驄馬於太祖. 三年冬十月, 萱率三千騎, 至曹物城(今未詳) 太祖亦以精兵來與之角, 萱兵銳, 未決勝負(권2 기이2 후백제 견훤)

(새김)

조물성(曹物城)은 고려 태조 왕건과 후백제의 진훤이 한판 승부수를 던졌던 싸움터이다. 현재 의성군 금성면 금성산성이다. 여기는 조문국의 자리로 조물은 조문(召文)의 이형 표기로 보인다(문경현).

조분니질금(助賁尼叱今)

신라 제11대 조분니질금이다.

(출전) 第十一代助(賁)尼叱今(권1 왕력 조분니질금)

조선(朝鮮)

위서(魏書)에 이렇게 말했다. 지금으로부터 2천 년 전에 단군왕검이 있었다. 그는 아사달(阿斯達, 경에는 무엽산이라 하고 또는 백악이라고도 하는데 백주에 있었다. 혹은 또 개성 동쪽에 있다고도 한다. 이는 바로 현 백악궁이다)에 도읍을 정하고 새로 나라를 세워 국호를 조선이라고 불렀으니 이것은 고(高, 요 임금)와 같은 시기였다.

(출전) 魏書云, 乃往二千載有壇君王儉, 立都阿斯達(經云無葉山, 亦云白岳, 在白州地, 或云在開城東, 今白岳宮是) 開國號朝鮮, 與高同時(권1 기이1 고조선)

(새김)

조선(朝鮮)의 어원에 대하여는 다양한 풀이들이 있어 왔다. 동국여지승람에 '해가 일찍 뜨는 동방의 나라'로 풀이한다. 좀 더 거슬러 오르면, 기자가 처음으로 조선이란 이름을 쓴 것으로 보인다. 우선 주채혁(동방학지, 2000)의 몽고 관련 조선의 어원을 들어보면 아래와 같다. 조선은 양과 순록을 치면서 유목 생활을 하던 선족(鮮族)과 조족(朝族)의 합성어로 본다. 조선의 조(朝)의 한자음을 3성으로 발음하면 '따라 간다'는 뜻이고 조선의 선(鮮-蘚)은 순록들이 좋아하던 풀을 뜻하니 유목생활을 드러낸다고 본 것이다. 그러니까 조선은 유목민들이 순록이 좋아하는 풀 곧 초원(草原)이 있는 곳을 따라서 이동하는 겨레들이라고 풀이할 수 있다. 한편, 이두로 풀이하면, 조선의 선(鮮)은 앞의 조(朝)를 '아촘(두시 초7-7)'으로 읽으라는 말음첨기로 볼 수 있다. 중국발음으로는 미음(ㅁ)이 니은(ㄴ)으로 발음되니까 아촘(아촌)-아츰-아침으로 소리를 낸다. 당시의 우리 말에는 유기음이 자리잡지 못해서 아촌-아손이 된다. 끝자음의 소리를 내지 아니하면 아손-아ᄉᆞ가 된다. 아촘이 일본으로 건너가서 아직도 아침을 아사(朝, あさ, asa)로 쓰고 있다. 문화기호로 보면 아ᄉᆞ-아손-아촘의 기반은 쇠라고 볼 수 있다. 아ᄉᆞ는 만주어로 아이신(aisin)인데 쇠를 가리킨다. 유목생활하는 겨레로서 철기문화를 지녔던 집단이라 할 수 있다. 그럼 조선이 가장 먼저 중국의 어느 사료에 나오는 것일까. 그것은 가장 오래된 역사지리서라고 할 수 있는 산해경(山海經)이다. 중국의 동해에서 자리한 북해 곧 발해의 모퉁이에 나라가 있었는데 그 이름을 조선이라 했다는 기록이다(東海之內北海之隅有國名曰朝鮮, 天篤, 산해경 해내경18). 이로 보면 조선의 강역이 당시로는 발해만 서쪽으로 요서와 요동을 아우르는 강역이었을 것으로 보인다(심백강(2014) 우리역사 참조). 태평환우기(太平寰宇記)를 따르면, 하북성 진황도시 노룡현(盧龍縣) 특히 북대하(北臺河) 부근에 조선성(朝鮮城)이 있었음을 알 수 있다. 이병도(1976)에서는 아사달을 조산(朝山), 조광(朝光)이나 양곡(陽谷) 혹은 양지(陽地)로 보았다.

조선전(朝鮮傳)

전한서(前漢書)의 조선전에는 이렇게 씌어져 있다. 맨 처음 연(燕) 나라 때부터 진번(眞蕃), 조선(朝鮮, 안사고는 말하기를, 전국 시대에 연나라가 처음으로 이 땅을 침략해서 차지했다고 한다)을 침략해서 이를 차지하고, 관리들을 두어 변방의 요새를 쌓았다. 그 뒤에 진(秦)이 연을 멸망시키자 이 땅을 요동군 변방에 소속시켰다. 한(漢) 나라가 일어나자 이 땅이 너무 멀어 지킬 수 없다 하여 다시 요동의 옛날 요새를 수리해서 쌓고 패수(浿水)로 경계를 삼아(안사고는 말하기를, 패수는 낙랑군에 있다고 했다) 연나라에 소속시켰다.

(출전) 前漢朝鮮傳云自始燕時, 常畧得眞番・朝鮮(師古曰, 戰國時(燕)因始略得此地也)爲置吏築障. 秦滅燕, 屬遼東外徼. 漢興爲遠難守, 復修遼東故塞, 至浿水爲界(師古曰, 浿在樂浪郡) 屬燕(권1 기이1 위만조선)

조설(早雪)

신라 제40대 애장왕 6년(戊子, 808) 8월 15일에 눈이 내렸다. 제41대 헌덕왕 때인 원화 13년(戊戌, 818) 3월 14일에 많은 눈이 내렸다(어떤 책에는 병인(丙寅)이라 했으나 이는 잘못이다. 원화는 15년에 끝났기 때문에 병인은 없다). 제46대 문성왕 기미년(己未, 839) 5월 19일에 많은 눈이 내렸다. 8월 1일에는 천지가 어두웠다.

(출전) 第四十哀莊王, 末年戊子, 八月十五日有雪, 第四十一憲德王, 元和十三年戊戌, 三月十四日大雪(一本作丙寅, 誤矣. 元和盡十五, 無丙寅). 第四十六文聖王, 己未五月十九日大雪, 八月一日天地晦暗(권2 기이2 조설)

조신(調信)

옛날 서라벌이 서울이었을 때 세규사(世逵寺, 현 흥교사)의 장원(莊園, 농장)이 명주 날리군(棕李郡) (지리지를 상고해 보면, 명주에는 날리군이 없고 오직 날성군이 있을 뿐이다. 이것은 본래 날생군이니 현 영월이다. 우수주(牛首州)는 현 춘주(春州)이니 여기에 말한 날리군(棕李郡)은 어느 곳인지 알 수가 없다)에 있었는데, 본사에서 스님 조신을 보내서 절의 농장을 맡아 관리하게 했다. (중략) 이에 일연은 사(詞)를 지어 경계한다. 즐거웠던 시절 덧없이 지나, 근심 속에 남모르게 젊은 얼굴 늙어졌네. 모름지기 좁쌀 밥이 다 익기를 기다리지 말고, 인생이 한 바탕의 꿈임을 깨달았을 것을. 몸 닦는 것 잘못됨은 먼저 성의에 달린 것, 홀아비는 미인 꿈꾸고 도둑은 재물 꿈꾸네. 어찌 가을날 하룻밤 꿈만으로, 때때로 눈을 감아 청정한 세상에 이르리.

(출전) 昔, 新羅爲京師時, 有世逵寺(今興敎寺也)之莊舍, 在溟州棕李郡(按地理志, 溟州無棕李郡, 唯有棕城郡, 本棕生郡, 今寧越, 又牛首州領縣有棕靈郡, 本棕已郡, 今剛州, 牛首州今春州, 今言棕李郡, 未知孰是). 本寺遣僧調信爲知莊(중략). 乃作詞誡之曰快適須臾意已閑, 暗從愁裏老蒼顔. 不須更待黃粱熟, 方悟勞生一夢間. 治身臧否先誠意, 鰥夢蛾眉賊夢藏. 何以秋來淸夜夢, 時時合眼到淸凉(권3 탑상 낙산이대성 관음 정취 조신)

(새김)

인생이란 한갓 꿈에 지나지 않는다. 꿈을 통하여 애증의 덧없음을 깨친 불교적인 설화다. 조신은 양양 낙산사의 말사인 **세규사**(**世逵寺**, 현 흥교사)의 농장을 관리하는 스님의 일을 맡게 되었다. 오가는 길섶에서 강릉태수 김흔(金昕)의 딸을 본 뒤 사랑에 빠져 낙산사(洛山寺) 관음상 앞에서 그 사랑을 얻게 해 달라고 절절한 기도를 올렸다. 관음상 앞에 가서 원망하다 빌다가 지쳐서 잠이 들었다. 뜻밖에 그 처자가 나타나서 사실은 마음으로 그를 사랑해 왔으나 부모의 명을 거역할 수 없어 억지로 남의 아내가 되었지만, 이제 함께 살기 위해서 왔다고 하였다. 그는 기뻐하여 그녀와 함께 고향으로 가기로 하였다. 가난했지만 행복했던 세월도 잠시, 5남매를 거느리게 되었으나 가난하여 사방을 떠돌아다니며 10년 동안 걸식할 수밖에 없었다. 잇단 가뭄에 얻어먹기도 힘들었다. 마침내 병들고 굶주리다 못한 15살 큰 아들이 명주의 해현(蟹峴) 고개에서 쓰러져 그 길로 세상을 뜨고 만다. 길가에 돌로 묻고, 아이들을 데리고 우곡현(羽曲縣)에 이르러서 길가에 초막을 짓고 살았다. 두 부부가 늙고 병들어서 일을 할 수 없게 되자 10살 난 딸아이가 걸식하였는데, 그만 동네 개에게 물려 피투성이가 되어 돌아왔다. 부부는 손쓸 길이 막연하여 부인의 제안으로 아이 둘씩을 데리고 헤어져서 살아갈 길을 찾아가게 되었다. 발버둥 치며 헤어지는 아픔을 겪는다. 그 길로 해현 고개에 가서 아이의 시체를 묻은 돌무지를 파보았더니 돌미륵이 나오므로 이를 이웃 절에 이바지하였다. 그 뒤 고향의 집을 내놓아 정토사(淨土寺)를 세우고 부지런히 수도 정진하였다. 깨고 보니 모두가 꿈이었다. 이 사연을 적으면서 일연은 조신의 꿈이라는 시를 지었다. 즐거웠던 한때 덧없이 지났구나. 온갖 근심 속에 그 곱던 얼굴은 백발이 다 되었어. 굳이 한 끼 기장밥이 다 되기를 기다리랴. 바야흐로 인생이란 한 순간의 꿈이었음을 깨달았노라(快適須庾意已閑 暗從愁裏老蒼顔 不須更待黃粱熟 方悟勞生一間夢). 이 설화를 바탕으로 하여 춘원 이광수는 '꿈'이라는 소설을 썼고, 뒤에 다시 영화로 만들어졌다. 춘원 자신의 친일 행각에 대한 변명으로 풀이하는 이들도 있다.

조영(祚榮)

통전(通典)에 이렇게 말했다. 발해(渤海)는 본래 속말말갈(粟末靺鞨, 발해)이다. 그 추장 조영에 이르러서 나라를 세우고 국호를 스스로 진단(震旦)이라고 했다. 선천 연간(현종3년(壬子, 1012))에 비로소 말갈이라는 이름을 버리고 오로지 발해라고 일컬었다. 개원 7년(己未, 719)에 조영이 죽자, 그 시호를 고왕(高王)이라 했다. 세자가 대를 이어 왕위에 오르자 명황(明皇)은 그를 책봉하여 왕위를 잇게 했다. 사사로이 연호를 고치고 드디어 해동(海東)의 큰 나라가 되었다. 그 땅에는 5경, 15부, 62주가 있었다. 후당 천성(天成) 초년에 거란(契丹)이 발해를 쳐서 흡수했다. 그 뒤로 거란에게 멸망을 당하여 지배를 받게 되었다.

(출전) 通典云渤海, 本粟末靺鞨, 至其酋祚榮立國, 自號震旦, 先天中(玄宗壬子)始去靺鞨號, 專稱渤海, 開元七年(己未)祚榮死, 諡爲高王, 世子襲立, 明皇賜典冊襲王, 私改年號, 逐爲海東盛國, 地有五京 · 十五府 · 六十二州, 後唐天成初, 契丹攻破之. 其後爲丹所制(권1 기이1 말갈 발해)

(새김)

고구려가 멸망하자 **대조영**은, 그 유민과 걸사비우(乞四比羽)가 이끄는 말갈족을 통합하여,

그림 64 동모산

당과 고구려 사이의 전쟁 피해가 비교적 적었던 동만주 지역으로 들어갔다. 신라 효소왕 7년(698) 오늘날의 길림성 돈화(敦化)의 육정산(六頂山, 603m) 근처에 성을 쌓고 나라를 세워 이름을 진국(震國)이라 했다. 당은 요동 지역에 고구려 유민에 따른 대조영 세력의 홀로서기를 막을 수 없게 되자, 705년경에 대조영의 건국을 인정하고 헌종 원년(713)에 사신 최흔(崔訢)을 보내어 대조영을 발해군왕으로 봉함으로써 발해와의 공식 외교관계를 성립시켰다. 같은 당 나라 헌종이 발해왕으로 인정한 뒤부터 나라 이름은 발해(渤海)로 대체되었다. 당 나라의 이해고(李楷固) 장군이 이끄는 군대를 지금의 훈허(渾河)와 휘발하(輝發河) 분수령인 장령자(長嶺子, hadaling, 사평-돈화사이) 부근에 있는 천문령(天門嶺, 庫勒山脈, 哈達嶺)의 밀림에 둘러싸인 산악지대로 당의 군대를 끌어들여 크게 무찔렀다. 대조영은 동쪽으로 먼저 이 철의 생산지였던 위성부터 점령했다. 대조영은 동모산(東牟山)에 진국을 세우고 자립하자 곧 돌궐과 손을 잡았다. 돌궐과 손을 잡음으로써 당시 동북아시아에서의 국제적 고립에서 벗어났고, 당과 날카롭게 대립하고 있었던 돌궐을 통해 당의 침략을 막아내고자 했던 것이다. 헌종 7년(719) 대조영이 죽자 그의 아들 대무예(무왕)가 왕위를 이어 갔다. 고려 태조 9년(926)에 발해는 마지막 임금으로 보이는 대인선(大諲譔)에 와서 파란 많은 역사를 마감하고 만다. 오늘날까지 대조영의 후예로 보이는 영순태씨와 협계태씨가 있다. 특히 영순태씨는 상주에서 옮겨와 경북 경산 남천에 집성하여 살고 있다.

조적(祖逖)

나는 이 때문에 먼저 조적의 채찍을 가지고 홀로 한금호(韓擒虎)의 도끼를 휘둘러 백관들에게 다짐하기를 백일과 같이 했고, 육부를 의리 있는 풍도로 설득했더니 뜻밖에 간신은 도망하고 임금[景哀王]은 세상을 떠났소. 이에 경명왕의 외종제인 헌강왕(憲康王)의 외손을 받들어 왕위에 오르게 해서 위태로운 나라를 다시 세우고 없는 임금을 다시 세우게 만들었소.

(출전) 僕是以先著祖鞭, 獨揮韓鉞, 誓百寮如皎日, 諭六部以義風. 不意奸臣遁逃, 邦君薨變, 遂奉景明王表弟憲康王之外孫, 勸卽尊位, 再造危邦, 喪君有君(권2 기이2 후백제 견훤)

졸본주(卒本州)

고구려는 곧 졸본부여(卒本扶餘)이다. 혹은 말하기를 현 화주(和州) 또는 성주(成州)라고 하지만 이것은 모두 잘못이다. 졸본주는 요동의 경계에 있었다. 국사(國史) 고려본기에 이렇게 말했다. 시조 동명성제의 성은 고씨(高氏)요, 이름은 주몽(朱蒙)이다. 이보다 앞서 북부여의 왕 해부루(解夫婁)가 이미 동부여로 피해 가고 부루가 죽자 금와(金蛙)가 왕위를 이었다.

(출전) 高句麗卽卒本扶餘也. 或云今和州又成州等, 皆誤矣. 卒本州在遼東界, 國史·高麗本記

云始祖東明聖帝, 姓高氏, 諱朱蒙, 先是, 北扶餘王解夫婁, 旣避地于東扶餘, 及夫婁薨, 金蛙嗣位(권1 기이1 고구려)

(새김)

졸본(卒本) : 졸본은 오늘날 중국의 요녕성 혼강(渾江) 유역에 자리한 환인(桓因) 지방을 말한다. 고구려의 시조인 동명성왕이 도읍한 곳이며 유리왕 22년에 국내성으로 도읍을 옮길 때까지 고구려의 수도였다. 졸본의 어원은 머리 고을 혹은 상읍(上邑)으로 상정 한다(양주동, 이병도). 소리의 발달로 보면, 졸-솔의 대응이 가능하다. 그렇다면 졸본은 솔이 된다. 한마디로 졸도파(卒堵婆)-솔도파(窣堵婆)로 불교에서 이르는 바의 탑-타파-스투파(स्तूप, stupa)를 말한다. 비유하여 말하자면, 고구려의 신에게 제를 올렸던 성스러운 소도(蘇塗)가 있었던 곳을 말한다. 스투파의 어근 스투(st-)는 산스크리트어에서 땅을 말한다. 하면 소도란 거룩한 땅이란 뜻이 된다. 제정일치 시기였으니 제사장은 곧 임금이었다. 한자의 자원을 보더라도 궁(宮)은 제단〔呂〕이 가장 기본이기에 그렇다.

종남산(終南山)

탑을 세운 뒤에는 팔관회(八關會)를 열고 죄인을 용서하면 외적(外賊)이 해치지 못할 것이오. 다시 나를 위해서 경기 남쪽 언덕에 절 한 채를 지어 함께 내 복을 빌어 주면 나도 또한 그 은덕에 보답하겠소. 말을 하고 옥(玉)을 바친 후 이내 형체를 숨기고 나타나지 않았다(사중기(寺中記)에 말하기를, 종남산 원향선사에게서 탑을 세우는 까닭을 들었다고 했다).

(출전) 建塔之後, 設八關會, 赦罪人, 則外賊不能爲害. 更爲我於京畿南岸置一精廬, 共資予福, 予亦報之德矣 言已遂奉玉而獻之. 忽隱不現(寺中記云, 於終南山圓香禪師處, 受建塔因由)(권3 탑상 황룡사 구층탑)

(새김)

종남산은 중국 섬서성(陝西省)의 서안시 남쪽에 자리한 산이며 남산이라고도 한다. 종남산에는 중국 불교뿐만 아니라 신라 불교와 관련한 많은 절들이 있다. 지상사와 정업사, 운제사와 승광별원 등이 있다(변인석,1999).

좌지왕(坐知王)

가락 제6대 좌지왕은 김질(金叱)이라고도 한다. 의희 3년(407)에 즉위, 용녀(傭女, 하녀)에게 장가들어 그 여자의 무리를 관리로 등용하니 국내가 시끄러웠다. 계림이 꾀를 써서 치려하므로, 박원도라는 신하가 진정으로 말했다. 길가의 이름 없는 풀에도 새들이 숨을 수 있는 것인데 하물며 사람에 있어서이겠습니까.

(출전) 一云金叱, 義熙三年卽位, 娶傭女, 以女黨爲官, 國內擾亂, 雞林國以謀欲伐, 有一臣名朴元道, 諫曰遺草閱閱亦含羽, 況乃人乎(권2 기이2 가락국기)

좌평(佐平)

그러나 왕은 그 말을 깨닫지 못했다. 현경(現慶) 4년(己未, 659) 백제 오회사(烏會寺, 혹은 오합사)에 크고 붉은 말 한 마리가 나타나 밤낮으로 여섯 번이나 절을 돌아다녔다. 2월에는 여우 여러 마리가 의자왕의 궁중으로 들어왔는데 그 중 한 마리는 좌평(佐平, 현 장관)의 책상 위에 올라앉았다. 4월에는 태자궁 안에서 암탉과 작은 참새가 교미했다. 5월에는 사비수(泗沘水, 부여의 강) 언덕 위에 큰 물고기가 나와서 죽어 있었는데 길이가 세 길이나 되었으며 이것을 먹은 사람은 모두 죽었다. 9월에는 궁중에 있는 홰나무가 마치 사람이 우는 것처럼 울었으며, 밤에는 귀신이 대궐 남쪽 길에서 울었다.

(출전) 王不省, 現慶四年己未, 百濟烏會寺(亦云烏合寺)有大赤馬, 晝夜六時, 遶寺行道二月, 衆狐入義慈宮中, 一白狐坐佐平書案上, 四月太子宮雌雞與小雀交婚, 五月, 泗沘(扶餘江名)岸大魚出死, 長三丈, 人食之者皆死, 九月宮中槐樹鳴如人哭, 夜鬼哭宮南路上(권1 기이1 태종춘추공)

주가(周苛)

이 때 사람들은 말했다. 옛날 한나라의 충신 주가가 형양(滎陽)에 있다가 초(楚) 나라 군사에게 포로로 잡혔다. 이 때 항우(項羽)는 주가에게 말하기를, 네가 만일 나의 신하가 된다면 만호후(萬戶侯)를 주겠다고 했다. 그러나 주가는 항우를 꾸짖고 무릎을 꿇지 않으므로 그에게 처형을 당했다. 그런데 이번 제상의 죽음은 주가에 비길 만하다.

(출전) 議者曰昔漢臣周苛在滎陽, 爲楚兵所虜, 項羽謂周苛曰汝爲我臣, 封爲萬祿侯, 周苛罵而不屈, 爲楚王所殺. 堤上之忠烈, 無怪於周苛矣(권1 기이1 내물왕 김제상)

(새김)

주가는 유방이 한(漢) 나라의 임금이 되자 그를 도와 충신이 되었다. 형양(滎陽)의 싸움에서 유방을 탈출시키고 형양을 사수, 항우에게 끝까지 항복하지 않고 오히려 항복하라고 권하다 죽음을 당하였다.

주례(周禮)

사이, 구이, 구한, 예, 맥이 있는데, 주례에 직방씨(職方氏)가 사이(四夷)와 구맥(九貊)을 다스렸다고 한 것은 동이(東夷)의 종족이니 곧 구이를 말한 것이다.

(출전) 四夷, 九夷·九韓·穢·貊周禮·職方氏掌四夷·九貊者, 東夷之種卽九夷也. 三國史云溟州, 古穢國, 野人耕田得穢王印, 獻之(권1 기이1 마한)

(새김)

주례(周禮)란 책은 주(周) 왕실의 관직 제도와 전국 시대(戰國時代) 각 나라의 제도를 기록한 것이다. 후대 중국과 우리나라에서 관직 제도의 기준이 되었다. 본디 이름은 주관(周官) 또는 주관경(周官經)이었는데 전한(前漢) 말엽에 이르러 경전에 포함되면서 예경(禮經)에 속한다고 주례라는 이름으로 부르게 되었다.

주림전(珠琳傳)

주림전 제21권에 이렇게 실려 있다. 옛날 영품리왕(寧禀離王)의 시녀가 임신을 했는데, 관상 보는 자가 점을 쳐 말하기를, 태아는 귀하게 되어 왕이 될 거라고 하자 왕은 내 아들이 아니니 마땅히 죽여야 한다고 했다. 시녀가 말하였다. 정기가 하늘로부터 왔으므로 제가 임신을 하여 아들을 낳았다. 이르러 상서롭지 않다 하여 돼지우리에 내다 버리니 돼지가 입김을 불어 보호해 주고, 마구간에 내다 버리니 말이 젖을 먹여서 죽지 않게 해 주었다. 이 아이가 자라서 마침내 부여(扶餘)의 왕이 되었다.

(출전) 珠琳傳第二十一卷載, 昔寧禀離王侍婢有娠, 相者占之曰貴而當王, 王曰非我之胤也. 當殺之, 婢曰氣從天來, 故我有娠 及子之産, 謂爲不祥, 捐圈則猪噓, 棄欄則馬乳而得不死(권1 기이1 고구려)

(새김)

주림전(珠琳傳) : 당 나라 도세(道世)의 저술인 법원주림의 줄임말이다. 법원주림은 도선(道宣)과 함께 불교의 율(律)을 연구한 율종 스님인 도세 화상이 지은 백과사전의 성격을 지닌다. 삼계(三界), 육도(六道), 사리(舍利), 육도(六度), 참회(懺悔) 등 100개의 알맹이를 100권으로 엮은 것이다. 이 책에서 말하는 일곱 가지 예불은 불교가 중국으로 건너가 얼마나 그 뜻이 많이 변했는가 하는 것을 알려주기도 하지만 오늘날 우리는 과연 어떠한가를 살펴보는 화두라 할 수 있다.

주몽(朱蒙)

삼국사(三國史) 본기에는 이렇게 말했다. 백제의 시조는 온조(溫祚)요, 그의 아버지는 추모왕(雛牟王)인데 혹은 주몽이라고도 하니, 그는 북부여에서 난리를 피하여 졸본부여에 왔었다. 그곳 왕에게 아들이 없고 다만 딸 셋이 있었는데 주몽을 보자 범상치 않은 사람인 것을 알고 둘째딸을 아내로 주었다.

(출전) 北高麗史 · 本記云百濟始祖溫祚, 其父雛牟王或云朱蒙, 自北扶餘逃難, 至卒本扶餘, 州之王無子, 只有三女, 見朱蒙知非常人, 以第二女妻之(권1 기이1 남부여 전백제 북부여)

(새김)

주몽(朱蒙)은 고구려를 세운 건국 시조이다. 주몽의 어원을 살펴보면, 신이나 왕을 이르는 곰(금)의 뜻인데 금즘-주몽으로 변형이 되었다(양주동, 고가연구). 또는 만주어로는 주몽은 활을 잘 쏘는 사람을 말한다. 쥐린망아(卓琳莽阿)에서 주몽이 된 것으로 본다. 쥐-주, 망-몽의 대응성을 눈여겨 본 것이다(만주원류고 참조). 흔히 후자를 일러 주몽의 어원으로 풀이한다. 조선상고사(신채호, 1948)에서는 추모로 읽는다(광개토왕비문 근거).

주미(麈尾)

찬(讚)해 말한다. 주미로 설법함도 한바탕 수고를 느껴, 지난 날 불경 외우던 소리 구름 속에 숨었어라. 청사(靑史, 역사)에 길이 이름을 남겨, 죽은 뒤엔 연꽃처럼 혀가 꽃다웠네.

(출전) 讚曰, 麈尾傳經倦一場, 去年淸誦倚雲藏. 風前靑史名流遠, 火後紅蓮舌帶芳(권5 피은 혜현구정)

(새김)

주미(麈尾)라 함은 고라니의 꼬리털로 만든 먼지 털이라 할 수 있다. 불자(拂子)는 먼지 털이개를 이른다. 고라니의 꼬리는 먼지가 잘 털린다 하여 이것으로 만든 먼지 털이를 고고한 선비들이 많이 가졌다고 한다. 꼬리를 돌리는 것을 보고 나머지 고라니들이 좇아간다. 고승대덕들이 주로 이런 불자를 갖고 대중을 지휘한다.

주포(主浦) ☞ 주포촌

주포촌(主浦村)

영제 중평 6년(己巳, 189) 3월 1일 허 왕후가 돌아갔다. 온 나라 사람들은 땅이 꺼진 듯이 슬퍼하여 구지봉(龜旨峰) 동북 언덕에 장사하고, 왕후가 백성들을 자식처럼 사랑하던 은혜를 잊지 않으려 하여 처음 배에서 내리던 도두촌(渡頭村)을 주포촌(主浦村)이라 하고, 비단바지를 벗은 높은 언덕을 능현(綾峴)이라 하고, 붉은 기가 들어온 바닷가를 기출변(旗出邊)이라고 했다.

(출전) 靈帝中平六年己巳三月一日后崩, 壽一百五十七, 國人如嘆坤崩, 葬於龜旨東北塢, 遂欲忘子愛下民之惠, 因號初來下纜渡頭村曰主浦村, 解綾袴高岡曰綾峴, 茜旗行入海涯曰旗出邊(권2 기이2 가락국기)

죽담성(竹覃城)

북대방(北帶方)은 본래 죽담성이다. 신라 노례왕 4년(27)에 대방 사람들이 낙랑 사람들과 함께 신라에 항복해 왔다(이것은 모두 전한 때에 설치한 두 군의 이름이다. 그 뒤 나라를 칭하였으나 항복하여 왔다).

(출전) 北帶方, 本竹覃城, 新羅弩禮王四年, 帶方人與樂浪人投于羅(此皆前漢所置二郡名, 其後僭稱國, 今來降)(권1 기이1 북대방)

(새김)

삼국사기(三國史記)의 기록으로 보아 **죽담성**은 죽군성(竹軍城)이 맞을 것으로 보인다(帶方州本竹軍城 六縣, 三國有名未詳地分).

죽만랑(竹曼郎)

신라 제32대 효소왕(孝昭王) 때에 죽만랑의 무리 가운데 득오(得烏 혹은 得谷) 급간이 있어서 풍류황권에 이름을 올려놓고 날마다 나오고 있었는데, 한 번은 10일이 넘도록 보이지 않았다. 죽만랑은 그의 어머니를 불러 그대의 아들이 어디 있는가를 물으니 어머니는 말했다. 당전 모량부의 익선(益宣) 아간이 제 아들을 부산성(富山城) 창직(倉直, 창고지기)으로 보냈으므로 빨리 가느라고 미처 낭주에게 인사도 하지 못했습니다. 죽만랑이 말한다. 그대의 아들이 만일 사사로운 일로 간 것이라면 찾아볼 필요가 없겠지만, 이제 공무로 갔다니 마땅히 가서 방문해야겠소.

(출전) 第三十二孝昭王代, 竹曼郎之徒有得烏(一云谷)級干, 隸名於風流黃卷, 追日仕進, 隔旬日不見, 郎喚其母, 問爾子何在, 母曰幢典牟梁益宣阿干, 以我子差富山城倉直, 馳去行急, 未暇告辭於郎 郎曰汝子若私事適彼, 則不須尋訪, 今以公事進去, 須歸享矣(권2 기이2 효소왕 죽지랑)

죽엽군(竹葉軍)

신라 제14대 유리왕(儒理(禮)王) 때 이서국 사람들이 금성을 공격해 왔다. 신라에서도 크게 군사를 동원했으나 오랫동안 저항할 수가 없었다. 그 때 문득 이상한 군사가 와서 신라군을 도왔는데 그들은 모두 댓잎을 귀에 꽂고 있었다. 이들은 신라 군사와 힘을 합해서 적을 격파했다. 그러나 적군이 물러간 뒤에는 이들이 어디로 갔는지 알 수가 없었다. 다만 댓잎만이 미추왕의 능 앞에 쌓여 있을 뿐이었다. 그제야 선왕이 남몰래 도와 나라에 공을 세웠다는 것을 알았다. 이리하여 그 능을 죽현릉(竹現陵)이라고 불렀다.

(출전) 第十四儒理王代, 伊西國人來攻金城, 我大擧防禦, 久不能抗, 忽有異兵來助, 皆珥竹葉, 與我軍幷力擊賊破之. 軍退後不知所歸, 但見竹葉積於未鄒陵前, 乃知先王陰隲有功, 因呼竹現陵(권1 기이1 미추왕 죽엽군)

죽지랑(竹旨郎)

술종공의 아내가 꿈을 꾼 날로부터 아이를 배어 낳았으니 이로 하여 이름을 죽지라 하였다. 죽지랑이 커서 벼슬을 하게 되어 김유신의 부장이 되어 삼한을 통일했다. 진덕, 태종, 문무, 신문의 4대에 걸쳐 재상으로서 나라를 이끌어 갔다.

(출전) 妻氏自夢之日有娠, 旣誕, 因名竹旨, 壯而出仕, 與庾信公爲副帥, 統三韓, 眞德・太宗・文武・神文四代爲冢宰, 安定厥邦(권2 기이2 효소왕 죽지랑)

(새김)

삭주(朔州, 현 춘천) 도독 술종공의 아들로 태어난 **죽지**는 화랑이 되었다. 그의 인품과 무예를 바탕으로 김유신 장군의 부장이 되어 진덕여왕 3년(649) 도살성 전투에서 백제군과의 싸워 많은 전공을 세웠다. 그 공으로 파진찬을 거쳐 중시(中侍, 현 국무총리)가 되어 나라의 정치와 군사를 다스렸다. 문무왕이 왕위에 오르자 귀당 총관이 되었다. 문무왕 8년(668) 나당 연합군이 고구려를 정벌할 때 경정 총관으로 함께 싸웠고, 왕11년(671) 신라를 점령하려는 당 나라 군사를 석성에서 맞서 싸워 적을 5천여 명이나 죽이는 큰 공을 세웠다. 그 뒤 진덕왕에서 신문왕에 이르는 4대에 걸쳐 재상으로서 나라를 발전시켰다. 죽지랑을 따르던 화랑 득오곡이 그의 행적을 사모하여 지은 향가 모죽지랑가(慕竹旨郞歌)가 삼국유사 효소왕 대에 실려 전해온다. 모죽지랑가에 등장하는 익선(益善)은 모량부 사람이었다. 삼국통일의 영웅이었던 죽지랑을 아무렇지도 않게 뒷방 늙은이를 다루듯 한 것은 죽지랑이 속하였던 사량부의 진골 세력이 약화되었다는 반증이기도 하다. 익선의 사건 이후 모량부를 견제하는 일로 모량부를 부곡 수준으로 낮추어 버린다(정민, 불국토를 꿈꾼 그들 참조). 죽지랑은 대티랑으로 읽는다(문경현 참조).

죽지령(竹旨嶺)

처음에 술종공(逑宗公)이 삭주도독사(朔州都督使)가 되어 임지로 가고 있었다. 마침 삼한(三韓)에 전쟁이 있어 기병 3천 명으로 그를 호송하게 했다. 일행이 죽지령에 이르니 한 거사가 그 고갯길을 닦고 있었다. 술종공이 이것을 보고 탄복하여 칭찬하니 거사도 공의 위세가 놀라운 것을 보고 좋게 여겨 서로 마음속에 감동한 바가 있었다. 공이 삭주(朔州, 현 춘천)지역의 임소에 부임한 지 한 달이 지나서 꿈에 거사가 방으로 들어오는 것을 보았는데 공의 아내도 같은 꿈을 꾸었다. 더욱 놀라고 이상하게 여겨 이튿날 사람을 시켜 거사의 안부를 물으니 그곳 사람들이 거사는 죽은 지 며칠 되었다고 한다. 담당부하가 돌아와 보고하는데 그가 죽은 것은 꿈을 꾸던 것과 같은 날이었다. 이에 공이 말한다. 틀림없이 거사는 우리 집에 태어날 것이다. 공은 다시 군사를 보내어 고개 위 북쪽 봉우리에 장사지내고, 돌로 미륵을 하나 만들어 무덤 앞에 세워 놓았다. 공의 아내는 그 꿈을 꾸던 날로부터 태기가 있어 아이를 낳으니 이름을 죽지(竹旨)라고 했다. 이 죽지랑(竹旨郞)이 커서 군인이 되고 유신공(庾信公)의 부장이 되어 삼한을 통일했다. 진덕, 태종, 문무, 신문의 4대 임금에 걸쳐 재상으로서 나라를 안정시켰다.

(출전) 初逑宗公爲朔州都督使, 將歸理所, 時三韓兵亂, 以騎兵三千護送之. 行至竹旨嶺, 有一居士, 平理其嶺路, 公見之歎美, 居士亦善公之威勢赫甚, 相感於心, 公赴州理, 隔一朔, 夢見居士入于房中, 室家同夢, 驚怪尤甚, 翌日使人問其居士安否, 人曰居士死有日矣. 使來還告其死, 與夢同日矣. 公曰殆居士誕於吾家爾, 更發卒修葬於嶺上北峯, 造石彌勒一軀, 安於塚前, 妻氏自夢之日有娠, 旣誕, 因名竹旨, 壯而出仕, 與庾信公爲副帥, 統三韓, 眞德·太宗·文武·神文四代爲冢宰, 安定厥邦(권2 기이2 효소왕대 죽지랑)

(새김)

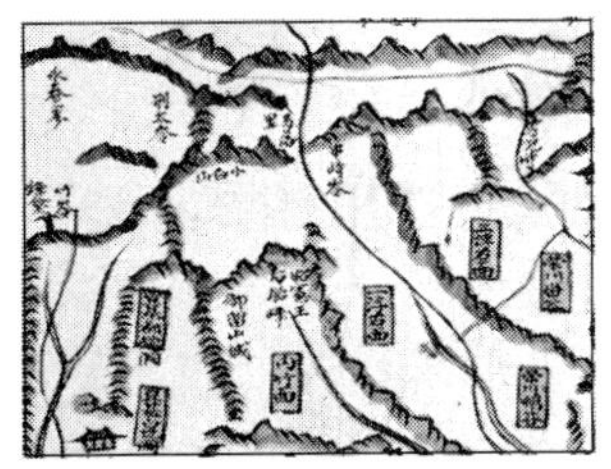

그림 65 죽령 고지도

죽지령(竹旨嶺) : 오늘날 경북 영주와 충북 단양 사이에 자리한 고개를 말한다. 술종공이 길을 닦는 도사가 만나 의기투합하고 이로 하여 죽지랑이 태어나게 된다. 죽지는 달리 죽만(竹曼) 혹은 지관(智官)이라 한다. 그 어원으로는, 죽지라는 이름은 죽지령에서 따왔으므로 대ᄆᆞᄅᆞ(양주동, 고가연구), 죽만 혹은 지관이라고도 하는바, 죽지는 대마ᄅᆞ(최철, 향가의 문학적 해석), 죽지령은 죽령이라고도 한다. 하면 죽령의 죽

(竹)은 숙의 표기로 볼 수 있다. 당시에는 파찰음이 음소로 기능하지 못했기에 그렇다. 숙-숫(ㄱ)이니 여기 숫(슷)이란 사이를 뜻한다. 고개란 두 지역을, 나라와 나라의 사이를 갈라놓는 공간의 경계가 된다(슷間(훈몽자회) +-응>스승). 통일 이후 흩어진 민심을 봉합하고 군신간의 사이, 귀족과 백성 사이를 아우르는 구실을 하였다고 볼 수 있다(정호완, 삼국유사의 상상력).

준영랑(俊永郞)

이 때 신통한 피리를 만만파파식적이라 불렀다. 곧 혜성이 사라지고 영험한 일들이 많았다. 그렇지만 글이 번거로워 다 싣지 않는다. 세상에서는 안상을 준영랑의 무리라고 했으나 이 일은 자세히 알 수가 없다. 영랑의 무리에는 오직 진재(眞材), 번완(繁完) 등의 이름이 알려졌지만 이들도 역시 알 수 없는 사람들이다(자세한 것은 별전에 실려 있다).

(출전) 於是, 冊號神笛爲萬萬波波息, 彗乃滅, 後多靈異, 文煩不載, 世謂安常爲俊永郎徒, 不之審也. 永郎徒, 唯眞才・繁完等知名, 皆亦不測人也(詳見別傳)(권3 탑상 백률사)

준정(俊貞)-교정랑(嬌貞娘) ☞ 원화

중생사(衆生寺)

이곳은 경내가 특이하고 불도를 돕는 곳이었다. 신라 말년에 파괴되어 이미 오래되었다. 중생사의 관음보살이 젖을 먹여 키운 최은함(崔殷諴)의 아들 승로(承魯)가 숙(肅)을 낳고 숙이 시중 제안(齊顔)을 낳았는데, 제안이 이 절을 다시 지어 없어졌던 절을 일으켰다. 이에 석가 만일 도량을 설치하고, 조정의 명을 받았으며, 다시 편지와 발원문까지 절에 남겨 두었다. 그는 세상을 떠나자 절을 지키는 신이 되어 자못 신령스럽고 이상한 일을 많이 나타냈다.

(출전) 境地異常, 助道之場, 羅季殘破久矣. 衆生寺大聖所乳崔殷諴之子承魯, 魯生肅, 肅生侍中齊顔, 顔乃重修起廢, 仍置釋迦萬日道場, 受朝旨, 兼有信書, 願文留于寺. 旣卒, 爲護伽藍神, 頗著靈異(권3 탑상 천룡사)

중천왕(中川王)

고구려 12대 임금은 중천왕이었다.

(출전) 第十二代中川王(권1 왕력 중천왕)

지귀(志鬼)

또 어느 날은 풀로 새끼를 꼬아 가지고 영묘사(靈廟寺)에 들어가서 금당과 좌우에 있는 경루와 남문의 낭무를 묶어 놓고 강사(剛司, 책임자)에게 말했다. 이 새끼를 3일 뒤에 풀도록 하라, 강사가 이상하게 여겨 그 말에 좇았다. 과연 3일 만에 선덕왕이 행차하여 절에 왔는데, 지귀의 심화가 나서 그 탑을 불태웠다. 오직 새끼로 맨 곳만은 화재를 면할 수 있었다.

(출전) 又一日將草索綯, 入靈廟寺, 與左右經樓及南門廊廡, 告剛司此索須三日後取之. 剛司異焉而從之. 果三日善德王駕幸入寺, 志鬼心火出燒其塔, 唯結索處獲免(권4 의혜 이혜동진)

(새김)

사모하는 마음에 귀천이 따로 있겠는가. 신라 선덕 여왕 때의 **지귀(志鬼)**와 선덕여왕의 아름다운 이야기가 대동운부군옥(大東韻府群玉)에 실려 전해온다. 지귀는 활리역(活里驛) 사람인데, 하루는 서라벌에 나왔다가 행차 길에 나온 선덕 여왕을 보았다. 한눈에 반하여 그 모습을 잊을 길이 없었다. 여왕은 진평왕의 맏딸로 그 성품이 인자하고 슬기롭고 모습이 아름다워 모든 이들로부터 존경과 사랑을 한 몸에 받았다. 일단 여왕이 어딘가 행차를 하면 사람들이 여왕을 보려고 거리에 나와 줄을 이었다. 지귀는 밥도 먹지 않으며 정신이 나간 사람처럼 선덕 여왕을 부르다가, 그만 미쳐 버리고 말았다. 말하자면 상사병이 들린 것이다. 미치광이처럼 외쳤다. 사랑하는 나의 여왕이시여. 이러한 지귀의 소문이 서라벌 성안에 퍼지니 여왕도 지귀의 사연을 알게 되었다. 마침 여왕이 영묘사 절에 불공을 올리려고 행차 길을 나섰다. 여왕이 불공을 올리는 동안 지귀는 절 앞의 탑 아래에 앉아서 여왕이 나오기를 기다렸다. 그러나 여왕은 좀체 나오지 않았다. 지귀는 몹시 초초해졌다. 마침내 지귀는 그 자리에서 깜빡 잠이 들고 말았다. 여왕이 절에서 나오다가 탑 아래 피곤하게 잠들어 있는 지귀를 보았다. 여왕은 측은한 생각을 한 나머지 자신의 금팔찌를 뽑아 지귀의 가슴 위에다 놓아주었다. 잠에서 깨어난 지귀는 자신의 가슴 위에 놓인 여왕의 금팔찌를 보고는 너무나 놀라 정신이 없었다. 그것도 잠시, 미칠 듯한 그의 기쁨은 곧 불씨가 되어 가슴 속에서 활활 타오르고 있었다. 심화(心火)였다. 불길은 탑으로 옮겨 붙었다. 마침내 지귀는 불귀신이 되어 온 거리를 떠돌아다니게 되었다. 사람들은 불귀신을 두려워하게 되었다. 여왕은 불귀신을 쫓는 주문을 지어 백성들에게 알려주었으니 그 사연은 이러하다. 지귀는 가슴에 불이 일어, 몸을 태우고 화신이 되었네. 푸른 바다 밖 멀리 흘러갔으니, 보지도 말고 친하지도 말지어다(志鬼 心中火燒身變火神流移滄海外不見不相親). 사람들은 여왕의 주문을 써서 대문에 붙이었다. 비로소 화재를 피할 수 있었다. 불귀신이 된 지귀는 죽어서도 여왕에 대한 사모하는 마음을 잊을 길이 없었다.

지대로(智大路)-지증왕(智證王)

신라 제22대 지증왕은 영원 2년(庚辰, 500)에 왕위에 올랐다(신사(辛巳)라고도 하는데, 그렇다면 영원 3년(501)이다). 왕은 물건의 길이가 한 자 다섯 치가 돼 배필을 얻기 어려웠다. 그래서 신하를 삼도에 보내서 배필을 구했다. 신하가 모량부(牟梁部) 동로수(冬老樹) 밑에 이르니 개 두 마리가 북만큼 큰 똥 덩어리의 양쪽 끝을 물고 싸우고 있다. 신하는 그 마을 사람을 찾아보고 누구의 똥인가를 물었다. 한 소녀가 말하였다. 이것은 모량부 상공의 딸이 여기서 빨래를 하다가 숲속에 숨어서 눈 것입니다. 그 집을 찾아가 살펴보니 그 여자는 키가 7자 5치나 된다. 이 사실을 왕께 아뢰었더니 왕은 수레를 보내서 여자를 궁중으로 맞아 황후)를 봉하니 여러 신하들이 모두 하례했다.

(출전) 王陰長一尺五寸, 難於嘉耦, 發使三道求之. 使至牟梁部冬老樹下, 見二狗嚙一屎塊如鼓大, 爭嚙其兩端, 訪於里人, 有一小女告云, 此部相公之女子洗澣于此, 隱林而所遺也. 尋其家檢之. 身長七尺五寸, 具事奏聞, 王遣車邀入宮中, 封爲皇后, 群臣皆賀(권1 기이1 지철로왕)

(새김)

동로수(冬老樹)라 함은 이두식 적기로 볼 수 있다. 이야기의 내용과 관련하면, '똥을 누었소'란 말이 된다(이영희(2000), 노래하는 역사). 당시에는 지금처럼 경음이 음소로 자리 잡지 못했던 시절이라 똥-동의 표기를 가정할 수 있기에 가능하다.

지리다도파(智理多都波)

어법집(語法集)에 말하기를, 그때 산신이 춤을 추고 노래 부르기를, 지리다도파라 했는데 도파(都波)라고 한 것은 대개 지혜로 나라를 다스리는 사람이 미리 사태를 알고 많이 도망하여 도읍이 장차 멸망한다는 뜻이다.

(출전) 語法集云, 于時, 山神獻舞, 唱歌云, 智理多都波都波等者, 盖言以智理國者, 知而多逃, 都邑將破云謂也. 乃地神 · 山神知國將亡, 故作舞以警之. 國人不悟, 謂爲現瑞, 耽樂滋甚, 故國終亡(권2 기이2 처용랑 망해사)

지리산(智異山)

그대가 불전을 수선하고자 함을 기쁘게 생각한다. 원컨대 금 열 근을 시주하여 돕고자 한다. 내가 있는 자리 밑에서 금을 꺼내서 주존(主尊) 삼상(三像)을 장식하고 벽 위에는 오삼불(五三佛), 육류성중(六類聖衆) 및 모든 천신과 오악의 신군(神君, 신라 때의 오악은 동의 토함산, 남의 지리산, 서의 계룡산, 북의 태백산, 중앙의 부악, 또는 공산이다)을 그리고, 해마다 봄과 가을의 10일에 남녀 신도들을 많이 모아 널리 모든 함령(含靈, 정령)을 위해서 점찰법회(占察法會)를 베푸는 것으로써 일정한 규정을 삼도록 하라.

(출전) 喜汝欲修佛殿, 願施金十斤以助之. 宜取金於予座下, 粧點主尊三像, 壁上繪五十三佛 · 六類聖衆及諸天神 · 五岳神君(羅時五岳, 謂東吐含山, 南智異山, 西雞龍, 北太伯, 中父岳亦云公山也). 每春秋二季之十日, 叢會善男善女, 廣爲一切含靈, 設占察法會以爲恒規(권5 감통 선도성모수희불사)

(새김)

지리산(**智異山**, 1,915m)의 산세는 부드럽다. 그 산의 둘레가 800여 리에 달한다. 따라서 엉뚱이 산이라고도 한다. 지리산에는 달리 부르는 이름이 많다. 한자로는 지이산(智異山)이라 쓰지만 읽기는 지리산이라고 읽는다. 소리 나는 대로 지리산(地理山)이라 쓴 기록도 많다.

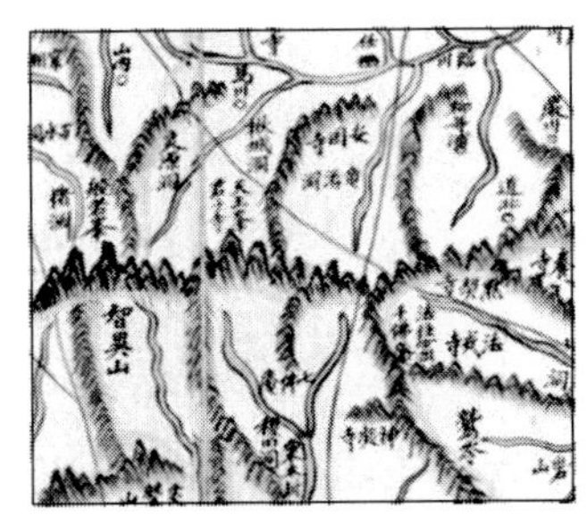
그림 66 지리산 고지도

원래 '智異'는 지리라는 우리말의 소리적기일 뿐이며 지리는 산을 뜻하는 두래에서 나온 이름이다. 두래는 돌(달)에서 갈라져 나온 이름으로 '두리', '두류' 등으로 변음하여 한자로 두류(頭流, 豆流, 頭留, 〔斗星〕, 斗流) 등으로 한자를 붙여 지명이 된 것이 많다. 이 중 두류(頭流)는 백두산의 맥으로 이루어진 산이라는 풀이도 있다. 이러한 지리산(地理山), 두류산(頭流山) 등이 지리산의 별칭이다. 삼신산(三神山)의 하나로 삼신산은 중국 전설의 발해만 동쪽에 있다는 봉래산(蓬萊山), 방장산(方丈山), 영주산(瀛州山)으로, 이곳에 신선과 불사약과 황금과 백은으로 만든 궁궐이 있다는 사기(史記)의 기록이 있는데 지리산은 이 중 방장산에 대응이 된다. 그 밖에 봉래가 금강산, 영주가 한라산이다. 여기에 묘향산을 더하여 4대 신의 산이라 하고, 그에 구월산을 합하여 5대 신산이라 부르기도 한다. 어떤 경우에나 지리산을 신산(神山)으로 꼽는 데는 이론이 없다. 서산대사 휴정(休靜)은 지리산을 웅장하나 수려함은 떨어진다(壯而不秀)고 하였다. 또 팔역지(八域志)의 저자 이중환(李重煥)은 그의 산수론(山水論)에서 지리산을 조선의 12대 명산 중의 하나로 꼽기도 하였다. 5악 가운데 남악(南嶽)에 해당되며 12종산(宗山)의 하나이기도 하다. 신증동국여지승람, 호남읍지, 신경준(申景濬)의 산수고(山水考), 김정호의 대동지지(大東地志) 등에도 모두 지이산(智異山)으로 나온다. 특히 신증동국여지승람에는 두류산, 방장산, 지리산(地理山), 남악 등의 이칭이 소개되어 있고, 두류의 류(流)자는 백두산의 맥이 잠시 멈추었다 하여 -류(留)를 붙여 씀이 옳다는 의견도 있다. 남명 조식(曺植, 1501-1572) 선생의 두류산 시조를 하나 적어보면 좋을 듯하다. 두류산 양단수를 예 듣고 이제 와보니, 도화 뜬 맑은 물에 산영조차 잠겼세라. 아희야, 무릉이 어디냐 나는 옌가 하노라.

지리지(地理志)

백제지리지(百濟地理志)에는 후한서(後漢書)에 있는 말을 인용해서 이렇게 말했다. 삼한(三韓)이 대개 78개국인데 백제는 그 중의 한 나라이다.

(출전) 百濟地理志曰, 後漢書曰, 三韓凡七十八國, 百濟是其一國焉(권2 기이2 남부여 전백제 북부여)

지마니질금(祇摩尼叱今)

신라 제6대 지마니질금은 일명 지미니질금이라고도 한다. 성은 박씨, 아버지는 파사왕이며 어머니는 사초부인이다. 왕비는 마제국의 공주인 □례부인이다. 달리 애례부인 김씨라고 한다. 지마왕 원년(壬子, 112)에 즉위하였으며 23년 동안 통치를 하였다. 이 임금 시절 지금 안강의 음질국과 양산의 압량국을 통합하였다.

(출전) 第六代祇磨尼叱今一作祇味, 姓朴氏, 父婆娑(王) 母史省夫人, 妃磨帝國王之女 · □禮夫人一作愛禮, 金氏, 壬子立, 理二十三年, 是王代滅音質國今安康 · 及押梁國今(梁)山(권1 왕력 지마니질금)

지백호(智伯虎) ☞ 본피부

지상사(至相寺)

처음 양주(揚州, 안휘성)에 머물렀는데 주장(州將) 유지인(劉至仁)이 의상을 초청하여 관청에 머무르게 하고 대접하는 것이 매우 융숭했다. 그 뒤 얼마 안 되어 종남산(終南山) 지상사(至相寺)에 가서 지엄(智儼)을 뵈었는데 지엄은 그 전날 밤 꿈에 큰 나무 하나가 해동에서 났는데 가지와 잎이 널리 퍼져서 중국에까지 와서 덮였다. 가지 위에는 봉황새의 집이 있는데 올라가서 보니 마니보주 하나가 있어 그 광명이 먼 곳에까지 비쳤다.

(출전) 初止揚州, 州將劉至仁請留衙內, 供養豊贍. 尋往終南山至相寺, 謁智儼. 儼前夕夢一大樹生海東, 枝葉溥布, 來蔭神州. 上有鳳巢, 登視之. 有一摩尼寶珠, 光明屬遠(권4 의해 의상전교)

지식(知識)

논평해 말한다. 낭자는 참으로 부녀의 몸으로서 해탈했다 할 만하다. 화엄경(華嚴經)에 마야부인(摩耶夫人) 선지식(善知識)이 십일지에 살면서 부처를 낳아 해탈문을 헛본 것과 같다. 이제 낭자의 순산한 뜻이 여기에 있으며, 그가 준 글은 슬프고도 간곡하고 사랑스러워서 선녀의 지취가 있다. 아, 낭자가 만일 중생을 따라서 다라니(陀羅尼)를 해득할 줄 몰랐더라면 과연 이같이 할 수가 있었겠는가, 그 글 끝 귀에는 마땅히, 맑은 바람이 한자리함을 꾸짖지 마오. 했어야 할 것이나 그렇게 하지 않은 것은 대개 속세의 말과 같이 하고 싶지 않았던 것이다.

(출전) 議曰, 娘可謂應以婦女身攝化者也. 華嚴經摩耶夫人善知識, 寄十一地生佛如幻解脫門, 今娘之梡産微意在此, 觀其投詞, 哀婉可愛, 宛轉有天仙之趣, 嗚呼, 使娘婆不解隨順衆生語言陁羅尼, 其能若是乎(권3 탑상 남백월이성 노힐부득 달달박박)

지식수(知識樹)

문하생들에게 그들의 수대로 나무를 심어 이상스러운 일들을 표하게 하고 그 나무를 지식수라고 불렀다. 자장은 일찍이 우리나라의 복식이 중국과 같지 않다 하여 조정에 건의하니 조정에서는 받아들였다.

(출전) 使門人植樹如其數, 以旌厥異, 因號知識樹, 嘗以邦國服章不同諸夏, 擧議於朝, 簽允(권4 의해 자장정률)

지엄(智儼)

처음 양주(揚州, 안휘성 합비)에 머물렀는데 주장 유지인이 의상을 초청하여 관청에 머무르게 하고 대접하는 것이 매우 푸짐했다. 그 후 얼마 안 되어 종남산 지상사에 가서 지엄을 뵈었는데 지엄은 그 전날 밤 꿈에 큰 나무 하나가 해동에서 났는데 가지와 잎이 널리 퍼져서 중국에까지 와서 덮였고, 가지 위에는 봉황새의 집이 있는데, 올라가서 보니 마니보주 하나가 있어 그 광명이 먼 곳에까지 비쳤다.

(출전) 初止揚州, 州將劉至仁請留衙內, 供養豊贍, 尋往終南山至相寺, 謁智儼, 儼前夕夢一大樹生海東, 枝葉溥布, 來蔭神州, 上有鳳巢, 登視之. 有一摩尼寶珠, 光明屬遠(권4 의해 의상전교)

지의법사(智義法師)

문무왕은 평소 항상 지의법사에게 말했다. 나는 죽은 뒤에 나라를 지키는 용이 되어 불법을 받들어 나라를 수호하려 하오, 법사가 일렀다. 용은 짐승의 응보인데 어찌 용이 되신단 말입니까. 왕이 말했다. 나는 세상의 영화를 싫어한 지가 오래되오, 만일 보잘 것 없는 응보로 내가 짐승이 된다면 이야말로 내 뜻에 맞는 것이오.

(출전) 王平時常謂智義法師曰, 朕身後願爲護國大龍, 崇奉佛法, 守護邦家, 法師曰, 龍爲畜報何 王曰, 我厭世間榮華久矣. 若麤報爲畜, 則雅合朕懷矣(권2 기이2 문호왕 법민)

지자(智者)

또 고구려의 스님 파약(波若)은 중국 천태산에 들어가 슬기로운 수행자들의 교관을 받았는데 신이한 사람으로 산중에 알려졌다가 죽었다. 찬해 말한다. 녹미(鹿尾, 총채)로 설법함도 한바탕 수고를 느껴, 지난날 불경 외우던 소리 구름 속에 숨었구나, 역사에 길이 이름을 남겨, 죽은 뒤 연꽃처럼 혀가 꽃다웠네.

(출전) 又高麗釋波若, 入中國天台山, 受智者敎觀, 以神異間山中而滅, 唐僧傳亦有章, 頗多靈範, 讃曰鹿尾傳經倦一場, 去年淸誦倚雲藏, 風前靑史名流遠, 火後紅蓮舌帶芳(권5 피은 혜현구정)

(새김)

녹미(鹿尾)는 불자(拂子)라고도 하고 총채라고도 한다. 사슴의 꼬리를 묶어서 만든 것을 말한다. 비유적으로 불도(佛道)를 뜻하기도 한다.

지장도(指掌圖)

후위서(後魏書)에는, 말갈은 바로 물길이라 했고, 지장도에는, 읍루와 물길은 다 숙신이라 했다. 흑수와 옥저에 대해서는 동파의 지장도(指掌圖, 지도)를 보면 진한 북쪽에 남북의 흑수가 있다고 했다. 돌아보건대, 동명제는 즉위한 지 10년 만에 북옥저를 멸망시켰고, 온조왕 42년에 남옥저의 20여 집이 신라에 투항했다. 또 혁거세 52년에 동옥저가 신라에 와서 좋은 말을 바쳤다고 했다. 그러니 동옥저란 땅도 있었던 것이다.

(출전) 後魏書靺鞨作勿吉指掌圖云, 挹屢與勿吉皆肅愼也. 黑水 · 沃沮, 按東坡指掌圖, 辰韓之

北，有南北黑水，按東明帝立十年滅北沃沮・溫祚王四十二年南沃沮二十餘家來投・新羅又赫居世五十三年東沃沮來獻良馬，則又有東沃沮矣(권1 기이1 말갈 발해)

지장보살(地藏菩薩)

어느 날 형제가 함께 다섯 봉우리에 예를 하러 올라가니 동대 만월산에는 일만 관음보살의 진신이 나타나 있고, 남대 기린산에는 팔대보살을 우두머리로 한 일만의 지장보살이 나타나 있고, 서대 장령산에는 무량수여래를 우두머리로 한 일만의 대세지보살이 나타나 있고, 북대 상왕산에는 석가여래를 우두머리로 한 5백의 대아라한이 나타나 있고, 중대 풍로산은 또 지령산이라고도 한다. 비로자나불을 우두머리로 한 일만의 문수보살이 나타나 있다. 날마다 이른 아침에는 문수보살이 지금의 상원인 진여원(眞如院)에 이르러 서른여섯 가지의 모양으로 변하여 나타났다.

(출전) 一日同上五峯瞻禮次，東臺滿月山，有一萬觀音眞身現在，南臺麒麟山，八大菩薩爲首一萬地藏，西臺長嶺山，無量壽如來爲首一萬大勢至，北臺象王山，釋迦如來爲首五百大阿羅漢，中臺風盧山亦名地盧山，毗盧遮那爲首一萬文殊 每日寅朝，文殊大聖到眞如院・今上院，變現三十六種形 (권3 탑상 대산오만진신)

(새김)

지장보살(地藏菩薩)은 산스크리트어로 크시티가르바(घिशितगरभ, kshitigarbha)를 한자로 옮긴 것이다. 지장은 잘 참고 견디므로 움직이지 않음이 대지와 같다. 신비스러움이 비장과 같아서 지장이라 하였다. 석가 입멸 후 미륵불이 올 때까지 부처 없는 세상에서 천상에서 지옥까지 중생을 교화하는 자애로운 보살이다. 모든 중생을 구제해야만 성불할 것을 다짐한다. 왼손에 연꽃을 들었으며 오른 손은 시무외인을 하고 있다. 대세지보살(大勢至菩薩)은 아미타불의 우협시 보살로 아미타의 지혜문을 상징한다. 정수리에 보배 병을 얹고 염불하는 수행자를 맞이하기 위하여 합장하는 것이 통례이다.

대아라한(大阿羅漢) : 아라한 가운데 나이가 많고 덕이 높은 분이다. 산스크리트어로 아라한(अरहत, arahān)의 한자 음역이다. 소승불교에서는 인간이 도달할 수 있는 수행의 최고경지를 말한다. 아(阿)는 불(不)이며 라한-라가(raga)는 생(生)을 뜻한다. 이는 곧 불생(不生)이다. 부처님의 마음 종자가 미래의 세상 밭에서 생겨나지 않아 무명의 쭉정이를 벗어버리기 때문이다. 한편, 아라가는 공양을 받을 만한 분이니, 부처님은 모든 번뇌가 모두 다하고 온갖 지혜를 얻었으므로 모든 중생들의 공양을 다 받을 수 있다. 그러므로 부처님을 아라가라 말한다.

진여원(眞如院) : 강원도 평창군 진부면에 자리한 상원사의 옛 절 이름이다. 그 이전의 절 건물은 다 불에 타고 1946년에 새로 세운 청량선원과 통일신라 때의 동종과 문수동자상이 널리 알려져 온다.

금강저(金剛杵) : 스님들이 수행 정진할 때 쓰는 도구이다. 쇠 혹은 돌로 만들며 그 양쪽 끝을 비슷하게 뾰족한 모양으로 한다. 이는 본디 인도에서 전통적으로 내려오는 무기로 불퇴전의 보리심을 떠올린다.

금전(金田) : 기원정사를 가리킨다. 석가모니가 속하였던 코살라왕국 곧 사위국의 대부호였던 수달(須達)이 절을 짓기 위하여 기타(祇陀) 태자의 숲에 금을 깔고 그 값으로 기타 태자에게 땅을 사려고 하였다. 이어 기타 태자가 땅을 부처님께 바치고 그 금으로 정사를 지었으니 기원정사(祇園精舍)라 하였다.

수구다라니경(隨求多羅尼經) : 당 나라의 불공(不空) 대사가 번역한 다라니경전을 말한다. 파계한 비구가 병이 들어 바라문의 다라니 주문으로 병이 든 스님의 머리에 매면 죽어 지옥에 가지만 다라니 주문에 따라서 지옥의 고통을 벗어나 도리천으로 태어난다는 속내다.

유사강(流沙江) : 경북 영해군에 유사정이 있는 것으로 미루어 유사강은 영해의 강으로 보인다.

지장사(地藏寺)

기꺼이 바친 토지를 가지고 절을 충족하게 하는 것을 보면, 팔공산의 지장사와 같은 절은 희사한 토지가 200결이었고, 비슬산에 있는 도선사(道仙寺)는 20결이었고, 서경 사면에 있는 산사들도 각기 20결씩이었으며, 이들은 모두 신자들이 모름지기 계를 갖추고 재능이 높은 이를 뽑아서 절의 신망에 따라서 여러 차례를 계속하여 주지로 삼아 분향하고 도 닦는 것을 상례로 삼았다.

(출전) 稱足寺院, 如公山地藏寺入田二百結, 毗瑟山道仙寺入田二十結, 西京之四面山寺各田二十結例. 皆勿論有職·無職, 須擇戒備才高者, 社中衆望, 連次住持焚修, 以爲恒規(권3 탑상 천룡사)

지전(紙錢)

월명은 또 일찍이 죽은 누이동생을 위해서 재를 올렸는데 향가를 지어 재를 올렸다. 이때 문득 회오리바람이 일어나더니 지전을 불어서 서쪽으로 날려 없어지게 했다. 향가는 이러하다. 죽고 사는 길이, 여기 있으니 두려워지고, 나는 간다는 말도 못 하고 가는가. 어느 가을 이른 바람에 여기저기 떨어지는 잎과 같이, 한 가지에 나서 가는 곳은 모르는구나. 아, 미타찰(彌陁刹)에서 너를 만나볼 나는.

(출전) 明又嘗爲亡妹營齋, 作鄕歌祭之. 忽有驚飇吹紙錢, 飛擧向西而沒, 歌曰, 生死路隱, 此矣有阿米次肹伊遣, 吾隱去內如辭叱都, 毛如云遣去內尼叱古, 於內秋察早隱風未, 此矣彼矣浮良落尸葉如一等隱枝良出古, 去奴隱處毛冬乎丁, 阿也. 彌陁刹良逢乎, 吾道修良待是古如(권5 감통 월명사 도솔가)

지증왕(智證王)-지철로왕(智哲路王)

신라 제22대 지철로왕의 성은 김씨, 이름은 지대로(智大路) 또는 지도로(智度路)이며 시호는 지증(智證)이다. 시호는 지증왕부터 비롯한다. 흔히 사람들은 왕을 마립간이라 하였는데 이 왕에서부터 왕이란 부름말을 쓰기 시작한 것이다.

(출전) 第二十二智哲老王, 姓金氏, 名智大路, 又智度路, 諡曰智證, 諡號始于此, 又鄉稱王爲麻立干者, 自此王始(권1 기이1 지증왕)

(새김)

지증왕(智證王) 혹은 지철로 혹은 지대로 혹은 지도로 왕은 물건의 길이가 한자 다섯 치나 되어 알맞은 짝을 찾기가 매우 어려웠다. 여기 지대로(智大路) 혹은 지도로라 함은 지증왕의 물건이 컸음을 암시한다. 신하들을 여러 곳에 보내 짝을 구했다. 신하가 모량리 마을의 동로수(冬老樹) 아래 이르렀을 때 개 두 마리가 북만 한 큰 똥 덩어리 하나를 놓고서 양쪽 끝을 다투어 물어뜯고 있었다. 그러니 동로수의 동(冬)은 똥이다(이영희(2000), 노래하는 역사). 모량부 재상의 딸이 빨래하다 숲속에 숨어서 누고 간 것이라고 하였다. 그 처자는 키가 7자 5치나 되었다. 왕이 수레를 보내 맞이하여 왕후로 삼았으니 이가 이찬 등흔(登欣)의 따님으로 연제부인(延帝夫人)이다. 한편, 동로수를 대로수(夳老樹)로 읽음이 온당하다. 태(夳)는 태(泰, 太)나 대(大)와 상응한다. 모량부가 무산대수촌(茂山大樹村)이니까 대로수촌이라 한 것이다(문경현 참조). 중의적인 풀이가 가능할 것이다.

지타(祗沱)

다섯째는 금산(金山) 가리촌(加利村, 현 금강산 백률사 북쪽 산)이다. 촌장은 지타(祗沱, 혹은 只他)이다. 처음에 명활산에 내려왔으나 이가 한기부(漢岐部) 또는 한기부(韓岐部) 배씨의 조상이다. 지금은 가덕부라 하는데 상서지, 하서지, 내아 등 동촌이 여기에 속한다.

(출전) 五曰金山加里村(今金剛山栢栗寺之北山也), 長曰祗沱(一作只他), 初降于明活山, 是爲漢岐部又作韓岐部裵氏祖, 今云加德部, 上下西知乃兒等東村屬焉(권1 기이1 신라시조 혁거세왕)

지통(智通)

세상에서 전하는 말에 의상은 금산보개(金山寶蓋)의 화신이라 하는데 그의 제자에는 오진(悟眞), 지통(智通), 표훈(表訓), 진정(眞定), 진장(眞藏), 도융(道融), 양원(良圓), 상원(相源), 능인(能仁), 의적(義寂) 등 10명의 고승들이 머리가 되었는데, 그들은 모두 성현에 버금하는 고승들이다.

(출전) 世傳湘乃金山寶蓋之幻有也. 徒弟悟眞, 智通, 表訓, 眞定, 眞藏, 道融, 良圓, 相源, 能仁, 義寂等十大德爲領首, 皆亞聖也(권4 의해 의상전교)

지혜(智慧)

이제가기(李磾家記)에는 이렇게 말했다. 견훤에게는 아들 아홉이 있으니, 맏이는 신검(神劍), 둘째는 태사 겸뇌(謙腦), 셋째는 좌승 용술(龍述), 넷째는 태사 총지(聰智), 다섯째는 대아간 종우(宗祐), 여섯째는 이름을 알 수 없고, 일곱째는 좌승 위흥(位興), 여덟째는 태사 청구(靑丘)이며, 딸 하나는 국대부인이니 모두 상원부인의 소생이다. 또 말하기를, 견훤은 처첩이 많아서 아들 10여 명을 두었다. 넷째 아들 금강(金剛)은 키가 크고 지혜가 많아 견훤이 특히 그를 사랑하여 왕위를 전하려 하니 그 형 신검, 양검, 용검 등이 알고 몹시 못마땅해 했다.

(출전) 李磾家記云萱有九子, 長曰神劍(一云甄成), 二子太師謙腦, 三子佐承龍述, 四子太師聰智, 五子大阿干宗祐, 六子闕, 七子佐承位興, 八子太師靑丘, 一女國大夫人, 皆上院夫人所生也. 萱多妻妾, 有子十餘人, 第四子金剛, 身長而多智, 萱特愛之. 意欲傳位, 其兄神劍·良劍·龍劍知之憂悶(권2 기이2 후백제 견훤)

직산(稷山)

백제의 초대 임금 온조왕은 동명왕의 셋째 아들이고 혹은 둘째 아들이라고 한다. 계묘년(癸卯, 전18)에 즉위하여 45년 동안의 나라를 다스렸다. 위례성에 도읍을 정하고 달리 사천이라고도 한다. 현 직산이다.

(출전) 第一代溫祚王東明第三子, 一云第二, 癸卯(立) 在位四十五, 都慰禮城, 一云虵. 川, 今稷山(권1 왕력 온조왕)

진골(眞骨)

선덕왕(善德王) 때에 황룡사의 첫 번째 주지는 진골 환희사였고, 제2대 주지는 자장 국통, 그 다음은 국통 혜훈, 그 다음은 상률사였다. 이제 전쟁 이후로 대상과 두 보살상은 모두 녹아 없어졌고, 작은 석가상만 남아 있을 뿐이다.

(출전) 善德王代, 寺初主眞骨歡喜師, 第二主慈藏國統, 次國統惠訓, 次廂律師云, 今兵火已來, 大像與二菩薩皆融沒(권3 탑상 황룡사 장륙)

진국(辰國)

진번과 진국이 한나라에 글을 올려 천자를 뵙고자 했으나 우거(右渠)는 길을 가로막고 지나가지 못하게 했다(안사고는 말하기를, 진국은 진한이라고 했다).

(출전) 眞番, 辰國欲上書見天子, 雍閼不通(師古曰, 辰謂辰韓也)(권1 기이1 위만조선)

진단(震旦)

통전(通典)에 이렇게 말했다. 발해(渤海)는 본디 속말말갈(粟末靺鞨)이다. 그 추장 조영(祚榮)에 이르러서 나라를 세우고 국호를 스스로 진단이라고 했다. 선천 연간(현종 원년(壬子, 712))에 비로소 말갈이라는 이름을 버리고 오로지 발해라고 일컬었다. 개원 7년(己未, 719)에 조영이 죽자, 그 시호를 고왕(高王)이라 했다. 세자가 대를 이어 왕위에 오르자 명황(明皇, 당 현종)은 그를 책봉하여 왕위를 잇게 했다. 사사로이 연호를 고치고 드디어 해동의 큰 나라가 되었다. 그 땅에는 5경, 15부, 62주가 있었다. 후당 천성 원년(926)에 거란(契丹)이 발해를 쳐서 멸망시켰다. 그 뒤로는 거란에게 지배를 받게 되었다.

(출전) 通典云, 渤海本粟末靺鞨, 至其酋祚榮立國, 自號震旦, 先天中(玄宗王子)始去靺鞨號, 專稱渤海, 開元七年(己未)祚榮死, 諡爲高王, 世子襲立, 明皇賜典冊襲王, 私改年號, 遂爲海東盛國, 地有五京·十五府·六十二州, 後唐天成初, 契丹攻破之. 其後爲丹所制(권1 기이1 말갈 발해)

(새김)

대조영이 원년(698)에 동모산에서 나라를 세우고 그 이름을 진국(震國) 혹은 진국(振國)이라 하였다. 대부분이 진국이라 한다. 진(震)은 불교의 동방대진나(東方大震那)와도 관련이 있다. 보다 직접적으로는 주역의 제출호진(帝出乎震)에서 비롯한 것으로 보았다(稻葉岩吉, 1915).

진덕여왕(眞德女王)-진덕왕(眞德王)

신라 제28대 진덕여왕은 왕위에 오르자 친히 태평가(太平歌)를 지어 비단을 짜서 그 가사로 무늬를 놓아 사신을 시켜서 당 나라에 바치게 했다(다른 책에는, 춘추공을 사신으로 보내서 군사를 청했더니 당 나라 태종이 기뻐하여 소정방을 보냈다고 했으나 이것은 잘못된 것이다).

(출전) 第二十八眞德女王卽位, 自製太平歌, 織錦爲紋, 命使往唐獻之(一本命春秋公爲使, 往仍請兵, 太宗嘉之許, 蘇定方云云者, 皆謬矣)(권1 기이1 진덕왕)

(새김)

진덕여왕(眞德女王)은 신라 제28대 왕(재위647-654)으로 이름은 승만(勝曼)이다. 선왕인 선덕여왕을 반대하는 상대등인 비담 등의 반란을 진압, 당 나라와의 친교를 두터이 하였으며 삼국통일의 기틀을 마련했다. 진평왕의 친동생 국반갈문왕(國飯葛文王)과 월명부인(月明夫人) 박씨의 딸이며, 선덕여왕과 자장율사와는 4촌이다.

진량(津梁)

논평해 말했다. 원종(原宗)이 불법을 일으킨 후로 진량이 비로소 설치되었으나 당오(堂奧, 진리)에는 아직 도달하지 못했다. 그렇기 때문에 마땅히 귀계멸참(歸戒滅懺)의 법으로 어리석고 어두운 중생들을 깨우쳐 주어야 할 것이다. 그런 때문에 원광은 살던 가서갑(嘉西岬)에 점찰보(占察寶)를 두어 이것을 기본으로 삼았다. 이 때 시주하던 여승 하나가 점찰보에 밭을 바쳤는데, 지금 동평군의 밭 100결이 바로 이것이며, 옛날의 문서가 아직도 있다.

(출전) 議曰, 原宗興法已來, 津梁始置, 而未遑堂奧, 故宜以歸戒滅懺之法, 開曉愚迷. 故光於

所住嘉栖寺, 置占察寶, 以爲恒規. 時有檀越尼, 納田於占察寶, 今東平郡之田一百結是也(권3 의해 원광서학)

(새김)

진량(津梁)은 나루터와 다리를 이른다. 비유적으로 부처님의 중생제도를 드러낸 것이다. **당오(堂奧)**는 학문 연구에서 진리 탐구의 깊은 경지를 이른다. **귀계멸참(歸戒滅懺)**이란 불교에 귀의하여 많은 번뇌를 없애고 잘못한 것을 참회하는 일을 이른다. **점찰보(占察寶)**란 점찰경(占察經)에 따라서 길흉과 선악을 점치고 좋지 않은 점이 나오면 통렬하게 참회하는 참법(懺法)을 이른다.

진문방(眞門房)

진표 율사는 발연수(鉢淵藪, 발연사)에서 나와 다시 불사의방(不思議房)에 이르렀는데 그 뒤에는 고향으로 가서 그 아버지를 뵙기도 하고 혹은 진문대덕의 방에 가서 살기도 했다. 이 때 속리산의 고승 영심(永深)이 대덕인 융종, 불타 등과 함께 율사가 있는 곳에 와서 청했다.

(출전) 師出鉢淵, 復到不思議房, 然後往詣家邑謁父, 或到眞門大德房居住, 時, 俗離山大德永深與大德融宗, 佛陀等, 同詣律師所, 伸請(권4 의해 관동풍악발연수석기)

진번(眞蕃)

맨 처음 연(燕) 나라 때부터 진번(眞蕃), 조선(朝鮮, 안사고는 말하기를, 전국 시대에 연나라가 처음으로 이 땅을 침략해서 차지했다고 한다)을 침략해서 이를 차지하고, 관원들을 두어 변방의 요새를 쌓았다. 그 뒤에 진(秦)이 연을 멸망시키자 이 땅을 요동군 변방에 소속시켰다.

(출전) 前漢 · 朝鮮傳云自始燕時, 常畧得眞番 · 朝鮮(師古曰, 戰國時(燕)因始略得此地也)爲置吏築障, 秦滅燕, 屬遼東外徼(권1 기이1 위만조선)

진사왕(辰斯王)

백제 제16대 진사왕은 침류왕의 아우이며 을유년(乙酉, 385)에 즉위하였다. 7년 동안 나라를 다스렸다.

(출전) 第十六代辰斯王, 枕流王弟, 乙酉立, 治七年(권1 왕력 진사왕)

진성(珍城)

승성 3년(甲戌, 554) 9월에 백제 군사가 진성(珍城, 현 진보)을 침범하여 남녀 3만 9천명과 말 8천 필을 빼앗아갔다. 이에 앞서 백제는 신라와 군사력을 합하여 고구려를 치려고 하였다.

(출전) 承聖三年九月, 百濟兵來侵於珍城, 掠取人男女三萬九千, 馬八千匹而去, 先是, 百濟欲與新羅合兵謀伐高麗(권1 기이1 진흥왕)

진성여왕(眞聖女王)

신라 제51대 진성여왕이 임금이 된 지 몇 해 만에 유모 부호부인(鳧好夫人)과 그의 남편 위홍잡간(魏弘匝干) 등 3, 4명의 간신들이 권력을 마음대로 해서 정사를 어지럽히자 도둑들이 벌떼처럼 일어났다. 온 나라 사람들이 이를 걱정하였다. 이어 다라니 은어를 시중에서 길 가다가도 볼 수 있어 왕과 대신들도 이를 알게 되었다.

(출전) 第五十一眞聖女王, 臨朝有年, 乳母鳧好夫人, 與其夫魏弘匝干等三四寵臣, 擅權撓政, 盜賊蜂起, 國人患之. 乃作陁羅尼隱語, 書投路上, 王與權臣等得之(권2 기이2 진성여대왕 거타지)

(새김)

진성여왕은 그의 유모였던 부호(鳧好) 부인과 그의 남편 김위홍 등 여러 명의 총애하던 신하들과 실정을 거듭하니 도적 떼들이 벌떼처럼 일어나고 나라의 앞날이 걱정스러워졌다. 이를 비판하는 왕거인(王居仁)의 한시가 많은 지식인들 사이의 화두가 되었다. 삼국사기(三國史記)에 따르면, 임금이 위홍과 대구화상에게 신라의 향가를 상-중-하대로 나누어 삼대목(三代目)을 엮게 한다.

진신수공(眞身受供)

이제 가거든 다른 사람들에게 국왕이 친히 불공하는 재에 참석했다고 말하지 말라. 중은 웃으면서 대답했다. 폐하께서도 역시 다른 사람에게 진신 석가를 만났다고 말하지 마십시오. 말을 마치자 몸을 솟구쳐 하늘로 올라가 남쪽을 향하여 갔다. 효소왕이 놀랍고 부끄러워 동쪽 언덕에 달려 올라가서 그가 간 곳을 향해 멀리 절하고 사람을 시켜 찾게 하니 남산 삼성곡, 혹은 대적천원(大磧川源)이라고 하는 돌 위에 이르러 지팡이와 바리때를 놓고 숨어 버렸다. 사자가 와서 보고하자 효소왕은 드디어 석가사를 비파암 밑에 세우고, 또 그 자취가 없어진 곳에 불무사를 세워 지팡이와 바리때를 두 곳에 나누어 두었다. 두 절은 지금까지도 남아 있으나 지팡이와 바리때는 없어졌다.

(출전) 此去, 莫向人言, 受國王親供之齋, 僧笑答曰陛下亦莫與人言, 供養眞身釋迦 言訖, 湧身凌空, 向南而行. 王驚愧, 馳上東岡, 向方遙禮, 使往尋之. 到南山叅星谷, 或云大磧川源石上, 置錫鉢而隱. 使來復命, 遂創釋迦寺於琵琶嵓下, 創佛無事於滅影處, 分置錫鉢焉二寺至今存, 錫鉢亡矣(권5 피은 진신수공)

(새김)

진신수공(眞身受供)이란 부처님께 직접 공양을 드린다는 말이다. 국왕과 보잘 것 없는 남루한 옷을 입은 중과의 짤막한 대화였다. 실은 그 중이 석가여래의 현신이었다. **안사지란(安史之亂)**은 당 나라 현종 때 안녹산(安祿山)과 사사명(史思明)이 일으킨 반란이었다. 당시 재상이었던 양국충(楊國忠)과 그의 누이인 양귀비(楊貴妃) 때문에 일어났던 난이다.

진양부(晉陽府)

또 경인년(庚寅年)의 진양부첩(晉陽府貼)에는, 오도안찰사가 각 도의 선종과 교종의 사원이 처음 세워진 때와 그 모양을 자세히 조사해서 장부를 만들 때, 차사원 동경장서기 이선(李僐)이 자세히 조사하여 적었다고 했다. 정풍 6년(1161)이었다.

(철전) 又庚寅年, 晉陽府貼五道按察使, 各道禪敎寺院始創年月形止, 審檢成籍時, 差使員東京掌書記李僐審檢記載, 正豊六年辛巳(권4 의해 보양이목)

(새김)

차사원(差使員)이란 조선시대 여러 가지 특수한 임무수행을 위하여 잠정적으로 뽑고 임명되는 관원을 말한다. 흔히 정3품 이하의 당하관 중에서 임명되었다. 중앙정부에서 지방으로 파견되는 경우와 거꾸로 지방에서 중앙정부로 약재 관리 등 특수한 임무를 띠고 파견되는 경우가 있었다.

진인(眞人)

이보다 앞서 이 절에는 늙은 중 하나가 있었다. 어느 날 꿈에 진인이 석탑 동남쪽 언덕위에 앉아서 서쪽을 향하여 대중을 위해서 설법하는 것을 보고 속으로, 이곳은 반드시 불법이 머무를 곳이라고 생각하고 마음속에 숨겨 두고 남에게 말하지 않았다. 그곳은 원래 바위가 험하고 시냇물이 급하게 흐르므로 장인(匠人)들은 돌아다보지도 않았고, 다른 사람들도 모두 좋지 못한 곳이라고 했다. 그러나 터를 닦을 때에는 평탄한 곳을 얻어서 집을 세울 만하여 확실히 신령스러운 터와 같으니 보는 이들은 깜짝 놀라 모두가 좋다고 하였다. 그러나 근래에 와서 미타전은 허물어지고 절만 홀로 남아 있다. 세상에 전하는 말에 따르면, 태종이 삼국을 통일한 뒤에 병기와 투구를 이 골짜기 속에 감추어 두었기 때문에 무장사(鍪藏寺)라고 한다.

(출전) 先是, 寺有一老僧, 忽夢眞人坐於石塔東南岡上, 向西爲大衆說法. 意謂此地必佛法所住也. 心秘之而不向人說. 嵓石巉崒, 流澗邀迅, 匠者不顧, 咸謂不臧, 及乎辟地, 乃得平坦之地, 可容堂宇, 宛似神基, 見者莫不愕然稱善. 近古來殿則壞圮, 而寺獨在, 諺傳太宗統三已後, 藏兵鍪於谷中, 因名之(권3 탑상 무장사 미타전)

(새김)

진인(眞人)은 도리 혹은 참 이치를 깨달은 사람을 말한다. 여기서는 부처를 말하며 아라한이라 할 수 있다. 설문해자(說文解字)에 따르면, 진인의 진(眞)은 신선이 변화하여 하늘로 올라감을 이른다(僊人變化而登天). 말하자면 영혼과 교통하는 사제를 뜻한다. 흔히 영험한 도인 혹은 제사장 곧 샤먼을 가리킨다.

진자사(眞慈師)

진지왕(眞智王) 때에 와서 흥륜사 스님 진자(眞慈, 혹은 貞慈)가 항상 이 당(堂)의 주인인 미륵상 앞에 나가 발원하여 다짐해 말했다. 우리 대성께서는 화랑으로 화하시어 이 세상에 나타나 제가 항상 모습을 가까이 뵙고 받들어 시중을 들게 해 주십시오. 그 정성스럽고 간절하게 기원하는 마음이 날로 더욱 두터워졌다.

(출전) 眞智王代, 有興輪寺僧眞慈(一作貞慈也), 每就堂主彌勒像前發原誓言, 願我大聖化作花郎, 出現於世, 我常親近睟容, 奉以□周旋, 其誠懇至禱之情, 日益彌篤(권3 탑상 미륵선화미시랑 진자사)

(새김)

그림 67 공주 고지도

진자사와 관련한 웅천(熊川, 현 공주) 수원사에 대한 이야기가 삼국유사에 실려 전해온다. 이야기에 따르면, 월성산의 서쪽 산기슭을 세상에서 일러 흔히 절골이라 한다. 옛날에 큰 절이 있었기 때문에 생긴 이름이다. 백제 때 이곳에 큰 절이 만들어졌는데 수원사(水源寺)라 불렀다. 흥륜사의 진자(眞慈) 스님은 부처님께 큰 소원을 하나 빌었다. 부처님께서 화랑으로 화신하여 세상에 나타나시게 된다면 평생 그 곁에서 모시겠다는 것이었다. 어느 날 꿈에 스님이 나타나, 웅천의 수원사에 가면 미륵선화(彌勒仙花)를 볼 수 있으리라 하였다. 진자는 현몽대로 수원사를 찾아 길을 떠났다. 진자는 떠난 지 열흘만에 수원사에 도착했는데 문밖에서 한 동자를 만났다. 그 동자가 말하기를, 나는 서라벌에 사는 사람인데, 대사가 멀리 오시는 것을 위로하기 위해 왔습니다. 라고 말하고 문을 열고 나갔는데 그가 간 곳을 알 수가 없었다. 진자가 수원사 주승에게 찾아 온 내력을 말하자, 여기에서 남쪽으로 가면 즈믄산(千山, 현 舟尾山)이 있는데 예로부터 현인과 철인이 머물러 있다 하니 그곳으로 가보시지요 라고 말했다. 진자가 주미산에 이르자 한 노인이 나타나 진자에게, 여기에 와서 무엇을 하려고 합니까하고 물었다. 노인은 원래 산신령으로서 잠깐 사람으로 몸을 바꾼 것이다. 미륵선화를 보고자 여기까지 찾아 왔습니다. 이렇게 대답하자, 노인은 아까 수원사 문 밖에서 이미 미륵선화를 만나 보고서 무엇을 또 구하느냐고 말했다. 진자가 이 말을 듣고 크게 놀라 급히 수원사로 돌아갔다. 진지왕이 이 소문을 듣고 진자를 불러, 성인은 거짓말을 하지 않는 것이니 왜 서울 성중에서 찾아보지 않았는가라고 물었다. 진자는 왕의 뜻을 받들어 서라벌 성내를 샅샅이 물색하다가 한 동자가 영묘사 길가에서 노는 것을 보고 그의 성명과 집을 물으니, 나의 이름은 미르(未尸)이나 일찍 부모를 잃어서 성을 모른다고 말했다. 진자는 그 소년을 가마에 태워가지고 궁중에 들어가 왕에게 보여주었다. 왕이 보고 가까이 받들어 국선으로 삼았는데 낭도들 간에 화목하게 지내는 것과 예의가 뛰어났으며 풍채와 교양이 또한 빛났다. 그러다가 7년 뒤 문득 자취를 감추어 진자는 몹시 안타까워했다.

진절사지(珍節舍知)

이 때 관원 간진(侃珍)이 추화군(推火郡, 밀양) 능절(能節) 사지의 세미 30석을 거두어 싣고, 성안으로 가고 있었다. 간진은, 죽만랑이 선비를 소중히 여기는 기풍을 아름답게 여기고, 익선의 고집불통을 비루하게 여겨 가지고 가던 30석을 익선에게 주면서 휴가를 주도록 함께 청했으나 허사였다. 이번엔 진절 사지의 말안장을 주매 그제서 허락했다. 조정의 화주(花主, 화랑도 총책)가 이 말을 듣고 부하를 보내서 익선을 잡아다가 그 더럽고 추한 것을 씻어 주려 하였다. 익선은 도망쳐서 숨어 버렸다. 마침내 그의 맏아들을 잡아갔다.

(출전) 時, 有使吏侃珍管收推火郡, 能節租三十石, 輸送城中, 美郎之重士風味, 鄙宣暗塞不通, 乃以所領三十石, 贈益宣助請, 猶不許. 又以珍節舍知騎馬鞍具貽之. 乃許, 朝廷花主聞之. 遣使取益宣, 將洗浴其垢醜, 宣逃隱, 掠其長子而去(권2 기이2 효소왕죽지랑)

(새김)

진절사지는 능절사지의 잘못된 표기로 보인다. 사지 능절이 세미를 받아가다가 익선에게 다 주어도 안 되니까 진절(珍節, 能節)이 타는 말의 안장을 주면서 득오의 휴가를 다시금 간청하였다(문경현 참조). 능절은 인명으로 보인다. 이르자면 재령이씨 양화재(養和齋) 7대조의 이름이 능절(能節)로 나온다. 그러니까 사지 벼슬을 하던 사람의 이름으로 볼 수 있다.

진정(眞定)

법사 진정은 신라 사람이다. 속인으로 있을 때 군대에 예속되어 있었는데 집이 가난해서 장가를 들지 못했다. 군대 복역의 여가에는 품을 팔아 곡식을 얻어서 홀어머니를 모셨는데 집안의 재산이라고는 다리 부러진 오지 솥 하나뿐이었다. 어느 날 스님이 문간에 와서 절을 지을 쇠붙이를 구하므로 어머니가 솥을 시주했는데 이윽고 진정이 밖에서 돌아오자 어머니는 그 사실을 말하고 또한 아들의 생각이 어떤가를 살피니, 진정이 기쁜 얼굴을 하며 말했다. 불사에 시주하는 것이 얼마나 좋은 일입니까. 비록 솥이 없더라도 무엇이 걱정이 되겠습니까. 이에 기왓장을 솥으로 삼아 음식을 익혀 어머니를 봉양했다.

(출전) 法師眞定, 羅人也. 白衣時, 隷名卒伍, 而家貧不娶, 部役之餘, 傭作受粟, 以養孀母, 家中計產, 唯折脚一鐺而已, 一日有僧到門, 求化營寺鐵物, 母以鐺施之. 旣而定從外歸, 母故之告, 且虞子意何如爾, 定喜現於色曰, 施於佛事, 何幸如之. 雖無鐺又何患, 乃以瓦盆爲釜, 熟食而養之(권5 효선 진정사 효선쌍미)

(새김)

진정은, 어머니가 어느 스님의 시주 권유를 듣고 나서 집안에 하나밖에 없는 다리 부러진 솥을 시주로 내놓았음을 알게 되었다. 일을 마치고 집으로 돌아온 진정은 기꺼이 동의 했다. 그리고 진정은 어머니께 효양을 다 하면 금강산의 의상 문하에 가서 불도에 정진하겠다고 했다. 진정을 그렇게 하라고 했다. 어머니는 단호하게 이를 만류하고 집에 남은 쌀로 주먹밥을 만들어 주며 어서 금강산으로 가서 수도정진, 성불하기를 격려하였다. 말인즉 불법은 만나기 어렵다. 인생이란 덧없는 것이다. 어서 가거라. 마침내 어머니를 떠나서 의상의 문하생이 되고 나중에 어머니의 영혼을 구원에 이르게 한다.

진지왕(眞智王)

신라 제25대 진지왕 때에 와서 흥륜사 스님 진자(眞慈, 혹은 貞慈)가 항상 이 당(堂)의 주인인 미륵상 앞에 나가 발원하여 다짐해 말했다. 우리 대성께서는 화랑으로 화하시어 이 세상에 나타나 제가 항상 모습을 가까이 뵙고 받들어 시중을 들게 해 주십시오. 그 정성스럽고 간절하게 기원하는 마음이 날로 더욱 두터워지자, 어느 날 밤 꿈에 스님 하나가 말했다.

(출전) 眞智王代, 有興輪寺僧眞慈(一作貞慈也). 每就堂主彌勒像前發原誓言, 願我大聖化作花郎, 出現於世, 我常親近晬容, 奉以□周旋, 其誠懇至禱之情, 日益彌篤, 一夕夢有僧謂(권3 탑상 미륵선화미시랑 진자사)

진지촌(珍支村)

넷째는 취산(觜山) 진지촌(珍支村, 달리 賓之. 氷之라고도 한다)이다. 촌장은 지백호(智伯虎)로 처음에 화산에 내려왔으니 이가 본피부 최씨(崔氏)의 조상이 되었다. 지금은 통선부(通仙部)라 한다. 시파(柴杷) 등 동남촌이 여기에 소속된다. 최치원은 바로 본피부(本彼部) 사람이다. 지금은 황룡사 남쪽 미탄사 남쪽에 옛 터가 있다고 한다. 이것이 바로 최후의 옛집임이 분명하다.

(출전) 四曰觜山珍支村(一作賓之. 又賓子, 又氷之) 長曰智伯虎, 初降于花山, 是爲本彼部崔氏祖, 今曰通仙部, 柴巴等東南村屬焉, 致遠乃本彼部人也. 今皇龍寺南味呑寺南有古墟, 云是崔侯古宅也. 殆明矣(권1 기이1 신라시조 혁거세왕)

(새김)

진지촌(珍支村) : 진지의 어원은 달기로 월성을 뜻한다(미시나, 삼국유사 고증). 진(珍)의 훈은 달이고 지(支)는 성(城)을 뜻하는 기(只, gi)의 이형으로 본 것이다.

취산(觜山) : 취(觜, chui)의 소리가 최(崔, choi)의 소리와 비슷하다. 특히 중국어 발음으로 추이(崔, cui)라서 거의 구별이 안 된다. 그럼 취(觜)의 상징성은 어떠한가. 자성(觜星)은 전통천문학에서 28수(宿) 중 20번째 별자리〔觜〕의 별들이다. 이는 곧 대한제국의 국민(人 : ㅣ(훈민정음))을 이른다. 특히 대설 무렵 밤 12시에서 0시 30분 사이에 서쪽에 자리하는 마름모꼴의 세 별을 가리키고 오리온자리에서 빛난다. 자성기(觜星旗)라고 하여 한 때 대한 제국기의 상징으로 별자리 28수를 가리켜 만든 의장기였다. 스무 번째 별로 푸른 바탕의 삼각기면에 자성이 형상화되어 올라 있다. 최(崔)는 당시의 유기음소가 자리하지 못했음을 고려하면 **쇠(soi)** 소리가 된다. 글자대로의 뜻이라면, 산(山)의 새(隹)이니 쇠 곧 철기문화를 갖고 옮겨온 지혜로운 겨레들이라는 문화기호론적인 풀이를 할 수 있다. 알맹이가 쇠라면 김(金)씨와 다를 바가 없다(정호완).

진평왕(眞平王)

(신라 제26대 임금) 그 뒤에 고려왕이 신라를 치려하매 말했다. 신라에는 세 가지 보물이 있어서 침범하지 못한다고 하니 그게 무엇 무엇이냐, 좌우가 대답한다. 황룡사의 장륙존상이 그 첫째요, 그 절에 있는 9층탑이 그 둘째요, 진평왕의 천사옥대가 그 셋째입니다. 이 말을 듣고 신라를 공격할 계획을 중지하고 찬하여 말했다.

(출전) 後高麗王將謀伐羅, 乃曰 新羅有三寶不可犯, 何謂也. 皇龍寺丈六尊像一, 其寺九層塔二, 眞平王天賜玉帶三也. 乃止其謀(권1 기이1 천사옥대)

진표(眞表)

진표율사는 완산주(完山州, 현 전주) 만경현(萬頃縣, 혹은 두내산현, 또는 나산현 현 만경, 옛 이름은 두내산현, 관녕전에 석□의 향리로서 금산현 사람이라 한 것은 절 이름과 현 이름을 혼동한 듯) 사람이다. 아버지는 진내말(眞乃末)이요, 어머니는 길보랑(吉寶娘)이며, 성은 정(井)씨다. 나이 12세 때 금산사의 숭제법사에게 가서 중이 되어 배우기를 청했다. 그 스승이 일찍이 말했다. 내 일찍이 당 나라에 들어가 선도삼장에게 배운 뒤에 오대산에 들어가 문수보살의 현신에게서 오계를 받았다. 진표는 물었다. 부지런히 수행하면 얼마나 되어 계를 얻게 됩니까. 숭제가 말했다. 정성만 지극하다면 1년을 넘지 않을 것이다.

(출전) 釋眞表, 完山州(今全州牧)萬頃縣人(或作豆乃山縣, 或作那山縣, 今萬頃, 古名豆乃山縣也. 貫寧傳釋表之鄉里, 云金山縣人, 以寺名及縣名混之也). 父曰眞乃末, 母吉寶娘, 姓井氏, 年至十二歲, 投金山寺崇濟法師講下, 落彩請業, 其師嘗謂曰 吾曾入唐, 受業於善道三藏, 然後入五臺, 感文殊菩薩現受五戒, 表啓曰勤修幾何, 得戒耶 濟曰精至則不過一年(권4 의해 진표전간)

(새김)

진표율사의 속성은 정씨(井氏)이며 아버지는 진(眞) 내말, 어머니는 길보랑(吉寶娘)이다. 율사는 12살에 출가, 모악산 금산사(金山寺) 숭제(崇濟) 법사에게 사미계를 받고 스님이 되었다. 경덕왕 19년(760)에 변산 불사의방에 들어가서 미륵상 앞에서 부지런히 계법을 구하다 경덕왕 21년(762)에 미륵보살로부터 교법을 받고 산에서 내려왔다. 대연진에서 용왕으로부터 옥과 가사를 받았고 용왕의 권속들이 도와 금산사를 중창하였다. 이 때부터 금산사에 머물면서 해마다 단을 펴서 교화를 했고, 금산사를 떠나서는 속리산, 강릉, 금강산 등에서 중생제도를 힘썼다. 금강산에 발연사(鉢淵寺)를 세우고 7년간 머무르면서 점찰법회를 열었다. 흉년으로 굶주린 민초들을 많이 구제하였다. 이 무렵 영심(永深), 융종(融宗), 불타(佛陀) 등이 속리산으로부터 찾아와 가르침을 구하자, 그들에게 의발과 점찰선악업보경과 공양차제비법

189개의 간자와 미륵의 두 간자를 전하여 주면서 길상초가 난 곳을 찾아 절을 세우고 전교할 것을 권하였다. 속리산으로 돌아간 영심 등은 스승이 일러준 곳을 찾아 길상사(吉祥寺)를 세우고 점찰법회를 열어 진표의 법통을 이어갔다. 이 밖에도 보종(寶宗), 신방(信芳), 체진(體珍), 진해(珍海), 진선(眞善), 석충(釋忠) 등의 뛰어난 제자들이 모두 산문의 개창조가 되었다. 말년에 아버지를 모시고 발연사에서 함께 도를 닦았다. 발연사 동쪽 큰 바위 위에 앉아 시나브로 열반하였다. 문하생들은 시체를 옮기지 않은 채 모시다가 해골이 흩어져 떨어지자 흙을 덮어서 무덤으로 삼았다고 전한다(향토문화대전 참조).

진한(辰韓)

후한서(後漢書)에 이렇게 말했다. 진한의 늙은이가 말하기를 진(秦) 나라에서 망명한 사람들이 한국(韓國)에 오자 마한이 동쪽 경계의 땅을 베어 주었다. 그리고 서로 부르기를 도(徒)라고 하여, 마치 진(秦) 나라 말에 가까웠다. 그런 때문에 혹은 이곳을 진한(秦韓)이라고 했다. 여기에는 12개의 조그마한 나라들이 있어 각각 만 호나 되는데 저마다 나라라고 일컬었다. 또 최치원은 이렇게 말했다. 진한은 본래 연나라 사람이 피난해 와 있던 곳이다. 그런 때문에 탁수(涿水)의 이름을 따서 그들이 사는 읍과 마을을 사탁(沙涿), 점탁(漸涿)이라고 불렀다(신라 사람의 방언에 탁(涿)의 음을 도(道)라고 했다. 때문에 지금도 혹 사량(沙梁)이라 하는데, 양(梁)을 도(道)라고도 읽는다).

(출전) 後漢書云, 辰韓耆老自言, 秦之亡人來適韓國, 而馬韓割東界地以與之. 相呼爲徒, 有似秦語, 故或名之爲秦韓, 有十二小國, 各萬戶, 稱國, 又崔致遠云 辰韓本燕人避之者, 故取涿水之名, 稱所居之邑里, 云沙涿·漸涿等(羅人方言, 讀涿音爲道, 故今或作沙梁, 梁亦讀道)(권1 기이1 진한)

(새김)

진한(辰韓)의 위치는 경상도 지역을 이르며(김부식), 어원은 동쪽에 자리한 한 나라로 풀이하기도 한다(양주동, 고가연구). 진(辰)은 동쪽이며 새벽을 뜻한다. 동물로는 용이다. 석봉 천자문에서는 '미르' 진으로 적고 있다. 용을 토템으로 하는 겨레일 수도 있다(정호완). 한서(漢書) 무제기에 예맥은 진한의 북쪽, 고구려와 옥저의 남쪽에 있으며 동쪽으로 대해에 닿는다는 기록으로 보아 늦어도 후한 시기에 진한의 존재가 중국에 알려지고 있었다(박대재, 2006a).

진흥왕(眞興王)

신라 제24대 진흥왕은 경신년(庚申, 540)에 즉위할 때 나이 15세이므로 태후가 섭정했다. 태후는 곧 법흥왕의 딸로서 입종갈문왕(立宗葛文王)의 왕비이다. 진흥왕이 임종할 때에 머리를 깎고 법의를 입고 돌아갔다.

(출전) 第二十四眞興王, 卽位時年十五歲, 太后攝政, 太后乃法興王之女子·立宗葛文王之妃, 終時削髮被法衣而逝(권1 기이1 진흥왕)

(새김)

진흥왕은 재위 36년 동안(540-576) 나라를 다스렸다. 성은 김씨(金氏)요, 이름은 삼맥종(三麥宗) 또는 심맥부(深麥夫)라 한다. 지증왕의 손자로, 법흥왕의 아우 입종갈문왕(立宗葛文王)의 아들이다. 어머니는 법흥왕의 딸 김씨, 왕비는 박씨로 사도부인(思道夫人)이다. 7세의 어린 나이로 즉위하니 왕 태후의 섭정을 받았다. 신라의 대내외적 발전을 눈에 띄게 가져온 임금이다. 이와 같이 진흥왕은 불교의 현실적 필요성을 통감하고 적극적 지원을 아끼지 않았다. 한편, 임금 자신도 불교에 탐닉하여 늘그막에는 머리를 깎고 스님 옷을 입고 법호를 법운(法雲)이라 하여 생을 마감했다. 왕비도 이를 본받아 비구니가 되어 영흥사(永興寺)에 머물다가 진평왕 36년(614)에 돌아갔다. 진흥왕대의 업적 중 두드러진 점 가운데 하나가 화랑도(花郎徒)의 창설이다. 진흥왕은 종래부터 있어왔던 여성 중심의 원화(原花)를 없애고 남성 중심의 화랑도로 개편하였다. 기록상으로는 576년에 화랑도가 창설된 듯하지만, 실제로는 진흥왕 초기에 이미 화랑도가 존재하고 있었다. 그것은 562년 대가야 정벌에 큰 전공을 세운 사다함(斯多含)이 화랑이었다는 점을 보아서도 화랑의 존재를 알 수가 있다. 진흥왕은 신라의 독자적 연호를 3개나 사용하였다. 551년의 개국, 568년의 대창(大昌), 572년의 홍제(鴻濟)가 그것이다. 재위 37년만인 576년 43세로 생을 마감하였다. 애공사(哀公寺) 북쪽에 장례를 모셨다.

질지왕(銍知王)

가락 제8대 질지왕은 달리 김질왕(金銍王)이라고도 한다. 원가 28년(辛卯, 451)에 즉위, 이듬해에 시조와 왕후의 명복을 빌기 위하여 처음 시조와 만났던 자리에 절을 지어 왕후사(王后寺)라 하고 밭 10결을 바쳐 비용에 쓰게 하였다. 통치는 42년, 영명 10년 임신년(壬申, 492) 10월 4일에 돌아가다. 왕비는 김상(金相) 사간의 딸로서 방원(邦媛)과 왕자 겸지(鉗知)를 낳았다.

(출전) 一云金銍王, 元嘉二十八年卽位, 明年爲世祖許黃玉王后, 奉資冥福於初與世祖合御之地, 創寺曰王后寺, 納田十結充之. 治四十二年, 永明十年壬申十月四日崩, 王妃金相沙干女邦媛, 生王子鉗知(권2 기이2 가락국기)

ㅊ

三國遺事 事典

차구(茶具)

왕이 보고 기뻐하여 누각 위로 영접했다. 통 속을 보니 차 그릇이 들어 있었다. 왕은 물었다. 그대는 대체 누구신가. 소승은 충담(忠談)이라고 합니다. 어디서 오는 길이오, 소승은 3월 3일과 9월 9일에는 차를 달여서 남산 삼화령의 미륵세존께 드리는데, 지금도 드리고 돌아오는 길입니다. 나에게도 그 차를 한 잔 나누어 주시겠는가, 스님이 이내 차를 달여 드리니 차 맛이 이상하고 찻잔 속에서 이상한 향기가 풍긴다.

(출전) 王喜見之. 邀致樓上, 視其筒中, 盛茶具已, 曰汝爲誰耶 僧曰忠談 曰何所歸來 僧曰僧每重三重九之日, 烹茶饗南山三花嶺彌勒世尊, 今玆旣獻而還矣. 王曰寡人亦一甌茶有分乎 僧乃煎茶獻之(권2 기이2 경덕왕 충담사 표훈대덕)

(새김)

차구(茶具) : 차를 달이거나 보관하는 데 필요한 일체의 용구를 말한다. 다양한 차(茶)의 호칭은 중국의 당 나라 다성(茶聖) 육우 선생 이후부터 현재의 차를 차라고 불렀다. 이전에는 도(荼, 씀바귀), 가(榎, 개오동나무), 설(蔎, 향풀), 명(茗, 차싹), 천(荈, 늦차)와 같이 이렇게 다양하게 차를 표현했다. 가장 기본이 되는 것은 민들레과인 씀바귀 차를 든다.

차대왕(次大王)

고구려 제7대 차대왕의 이름은 수이며 국조왕 어머니의 아우이다. 병술년(丙戌, 146)에 즉위하여 19년의 통치를 하였다.

(출전) 第七代次大王名遂, 國祖王母弟, 丙戌立, 理十九年(권1 왕력 차대왕)

차득공(車得公)

어느 날 문무왕은 그의 배다른 아우 차득공을 불러서 말하기를, 네가 재상이 되어 백관들을 고루 다스리고 나라를 태평하게 하라 하니 차득공은 말한다. 폐하께서 만일 소신을 재상으로 삼으시려 하신다면, 원컨대 소신이 남몰래 나라 안을 돌아다니면서 백성들의 괴롭고 편안한 것, 조세의 가볍고 무거운 것과 관원의 청렴하고 재물을 탐하는 것을 알아보고 난 뒤에 그 자리를 맡을까 합니다.

(출전) 王一日召庶弟車得公曰汝爲冢宰, 均理百官, 平章四海, 公曰陛下若以小臣爲宰, 則臣願潛行國內, 示民間徭役之勞逸, 租賦之輕重, 官吏之淸濁, 然後就職, 王聽之(권2 기이2 문무왕)

(새김)

차득공(車得公)은 문무왕 법민(法敏)의 배다른 아우로서 지혜가 남달랐다. 섬기는 자가 다스린다고 민초들의 삶의 현장을 먼저 보고나서 그 뒤에 나라의 일을 하겠다고 제언을 하였다. 차득(車得)을 이두로 읽으면 수레가 된다. 그러니까 차득의 득(得)은 차(車)를 그 뜻으로 읽으라는 말음첨기의 표지 구실을 한다. '득'을 '실(시레)'이라고 읽기 때문에 그렇다. ¶ᄆᆞᄎᆞᆷ내 제 ᄠᅳ들 시러펴디 몯ᄒᆞᇙ 노미ᄒᆞ니라(而終不得伸其情者多矣-훈민정음서문).

차사(嗟辭)

박노례니질금(朴弩禮尼叱今, 일명 유례왕(儒禮王))이 처음에 매부인 탈해(脫解)에게 왕위를 물려주자 탈해는 말했다. 대개 덕이 있는 사람은 이[齒]가 많은 법이오. 그러니 이의 금을 가지고 시험해 봅시다. 이리하여 떡을 물어 시험해 보니 왕의 이가 많았기 때문에 먼저 왕위에 올랐다. 이런 일로 인하여 왕은 니질금[尼叱今]이라고 한 것이다. 니질금이란 칭호는 이 왕 때부터 시작했다. 유성공 갱시 원년 계미년(癸未, 23)에 즉위하여(연표에는 갑신년에 즉위) 6부의 이름을 고쳐서 정하고 여섯 성(姓)을 하사했다. 이 때 비로소 도솔가(兜率歌)를 지었으니 차사와 사뇌격(詞腦格)이 있었다. 또 비로소 보습과 얼음을 저장하는 창고와 수레를 만들었다. 건호 18년(42)에 이서국(伊西國)을 쳐서 멸망시켰다. 이 해에 고구려 군사가 침범해 왔다.

(출전) 朴弩禮尼叱今(一作儒禮王), 初, 王與妹夫脫解讓位, 脫解云凡有德者多齒, 宜以齒理試之 乃咬餅驗之. 王齒多故先立, 因名尼叱今, 尼叱今之稱, 自此王始. 劉聖公更始元年癸未卽位(年表云, 甲申卽位) 改定六部號, 仍賜六姓, 始作兜率歌, 有嗟辭詞腦格. 製犂耜及藏氷庫, 作車乘. 建虎十八年, 伐伊西國滅之. 是年高麗兵來侵(권1 기이1 노례니질금)

(새김)

흔히 향가에서 보이는 **차사(嗟詞)**란 슬퍼함을, 더러는 감탄의 의미를 드러내는 용어로 풀이하였다. 유차사사뇌격(有嗟辭詞腦格)의 차사(嗟辭)의 의미를 다시 돌아볼 필요가 있다. 차(嗟)가 지닌 또 다른 의미인 '예찬'의 의미로 볼 수 있다. 그러면 유차사사뇌격은 찬미의 말로 사뇌의 격조가 있었다로 풀이하여 앞뒤가 잘 상응이 된다. 현화사 비문에 기록되어 있는 경찬시뇌가(慶讚詩腦歌) 역시 차(嗟)자와 관련되어 있는데, 여기서의 차(嗟) 또한 찬미(讚美)의 의미도 하나의 유력한 근거가 된다. 마침내 시작두솔가(始作兜率歌), 유차사사뇌격은 비로소(왕의 선정과 시절의 태평함에 대한) 찬양과 자족하는 두솔가(兜率歌)를 지으니 찬미하는 말[嗟辭]로 사뇌[청(淸), 정(精), 려(麗), 찬(讚)]다운 격조가 있었다로 풀이함이 온당하다(박재민 참조).

차의(車衣)

이튿날 일찍 떠나면서 거사는 말했다. 나는 서울 사람으로서 내 집은 황룡사(皇龍寺)와 황성사(皇聖寺) 두 절 사이에 있고, 내 이름은 단오(端午, 속언에 단오를 차의(車衣, 수리))요. 주인이 만일 서울에 오거든 내 집을 찾아 주면 고맙겠소.

(출전) 詰旦居士欲辭行時曰僕京師人也. 吾家在皇龍, 皇聖二寺之間, 吾名端午也(俗謂端午爲車衣). 主人若到京師, 尋訪吾家幸矣(권2 기이2 문무왕)

차차웅(次次雄)

남해거서간(南解居西干)을 차차웅이라고도 한다. 이것은 존장에 대한 칭호인데 오직 남해왕(南解王)만을 차차웅이라고 불렀다. 아버지는 혁거세요, 어머니는 알영부인이며, 왕비는 운제부인, 운제라고도 한다. 지금 영일현 서쪽에 운제산 성모가 있는데 가뭄 때 여기에 기도를 드리면 감응이 있다. 전한 평제 원시 4년(甲子, 4)에 즉위하여 나라를 다스린 지 21년 만인 지황 4년 갑신년(甲申, 24)에 돌아갔다. 이 왕이 삼황의 첫째라 한다.

(출전) 南解居西干, 亦云次次雄, 是尊長之稱, 唯此王稱之. 父赫居世, 母閼英夫人, 妃雲帝夫人(一作雲梯, 今迎日縣西有雲梯山聖母, 祈旱有應). 前漢平帝元始四年甲子卽位, 御理二十一年, 以地皇四年甲申崩, 此王乃三皇之弟一云(권1 기이1 남해왕)

(새김)

차차웅(次次雄)은 자충(慈充)이라고도 한다. 마립간의 또 다른 이름이다. 자-차(次), 차웅-충(充)의 합성어(이병도), 자충-즈중-스승으로 그 어원을 풀이한다. 당시의 음운체계로는 ㅈ(ㅊ)-ㅅ이 변별성이 없고 거의가 시옷(ㅅ)으로 넘나들어 썼을 가능성이 높다. 제정일치의 사회니까 스승은 제사장이자 행정의 머리였음을 고려하면 스승일 가능성이 있다. 스승을 형태 분석하면, 슷(間, 훈몽자회)에 접미사 -응을 통합하여 연철하여 소리가 굳어진 형이다. 슷-사이인데 사이라면 무슨 사이일까. 신과 인간, 인간과 인간의 사이를 이르며 특히 사람 사이에서 일어나는 갈등을 풀어주고 함께 공존을 힘쓰는 통치자의 구실을 하는 사람을 말한다(정호완).

찬고도(纂古圖)

또 찬고도에서는, 천지가 개벽한 때로부터 획린(獲麟, 전477)에 이르기까지가 276만 세라고 했다. 여러 경문을 떠올려 보면 또 가섭존자 때부터 지금까지가 바로 이 연좌석(宴坐石, 좌선하는 자리)의 나이가 된다고 하였으니, 오히려 태초의 천지가 때와는 어린애 나이가 될 정도다. 이들 삼가의 말들이 오히려 이 작은 돌의 나이에도 미치지 못하니 그들은 천지개벽의 설에 있어서는 몹시 소홀했던 것이다.

(출전) 又纂古圖云, 開闢至獲麟, 二百七十六萬歲. 按諸經, 且以迦葉佛時至于今, 爲此石之壽, 尙距於劫初開闢時爲兒子矣. 三家之說, 尙不及玆兒石之年, 其於開闢之說, 疎之遠矣(권4 탑상 가섭불연좌석)

찬기파랑가(讚耆婆郞歌)

기파랑(耆婆郞)을 찬미한 노래는 다음과 같다. 헤치고 나타난 달이, 흰 구름 쫓아 떠가는 것 아닌가. 새파란 시냇물에, 기파랑의 모습이 잠겼어라. 일오천(逸烏川) 조약돌을 보며, 낭(郞)이 지니신 마음 좇으려 하네. 아아, 잣나무 가지 드높아. 서리 모를 그 씩씩한 모습이여.

(출전) 讚耆婆郞歌曰, 咽嗚爾處米, 露曉邪隱月羅理, 白雲音逐于浮去隱安支下, 沙是八陵隱汀理也中, 耆郞矣皃史是史藪邪, 逸烏川理叱磧惡希, 郞也. 持以支如賜烏隱, 心未際叱肹逐內良齊, 阿耶, 栢史叱枝次高支好, 雪是毛冬乃乎尸花判也(권2 기이2 경덕왕 충담사 표훈대덕)

(새김)

찬기파랑가는 신라 제35대 경덕왕 때 지어진 향가이다. 향가에 나오는 기파랑(耆婆郞)이 실제 누구인지는 기록이 남아 있지 않아 알 수 없다. 하지만 당대의 화랑 지도자의 한 명으로 보는 것이 일반적이다. 찬기파랑가에서 기파랑은 눈 내린 겨울의 푸른 솔가지처럼 지조가 곧고 드높은 기품을 지닌 사람으로 그리고 있다. 그러나 삼국사기(三國史記) 경덕왕 편을 보면 당 나라 현종이 안녹산의 난으로 피난을 갔을 적에 경덕왕이 사신을 보내 조공을 했을 때 현종이 지어 보낸 답시에 비슷한 구절(益重靑靑志 風霜恒不渝者)이 나오는 것으로 보아 경덕왕을 상징하는 것으로 보인다(정호완(2013), 삼국유사의 상상력 참조).

찰주기(刹柱記)

찰주기에는 이렇게 씌어 있다. 철반 이상의 높이가 42자, 철반 이하는 183자이다. 자장이 오대산에서 받아 가져온 사리 100알을 탑 기둥 속과 통도사(通度寺) 계단과 또 대화사 탑에 나누어 모셨으니, 이것은 못에 있는 용의 청에 따른 것이다(대화사는 아곡현 남쪽에 있다. 오늘날 울주인데 자장율사가 세운 것이다). 탑을 세운 뒤에 세상이 태평해지고 삼한이 하나로 통일되니 영탑의 영험이 아니겠는가.

(출전) 刹柱記云鐵盤已上高四十二尺, 已下一百八十三尺. 慈藏以五臺所授舍利百粒, 分安於柱中幷通度寺戒壇及大和寺塔, 以副池龍之請(大和寺在阿曲縣南, 今蔚州, 亦藏師所創也)樹塔之後, 天地開泰, 三韓爲一, 豈非塔之靈蔭乎(권4 탑상 황룡사구층탑)

(새김)

찰주기(刹柱記) : 찰주라 함은 탑의 중심에 세워지는 기둥을 의미한다. 찰주의 찰(刹)은 절을 의미하며 찰리종의 사원이기도 하다. 찰리종은 곧 찰리(刹利)는 산스크리트어로 크샤트리아(क्षत्रीय, kshyatria)의 줄임말이다. 낱말의 앞부분의 케이(k)는 묵음이 되어 한국어에서 사투리에 남아 있다(강상원, 한글고어사전 참조).

책계왕(責稽王)

백제 제9대 책계왕은 고이왕의 아들이며 혹은 청체라고 함은 잘못이다. 병오년(丙午, 286)에 즉위하였으며 12년의 통치를 하였다.

(출전) 第九責稽王古爾子, 一作靑替, 誤, 丙午立, 治十二年(권1 왕력 책계왕)

책부원구(冊府元龜)

책부원구에 보면 법흥왕의 성은 모(募), 이름은 진(秦)이라 했다. 처음 공사를 시작했던 법흥왕 22년(乙卯, 535)에 왕비도 역시 영흥사를 세우고 모록(毛祿)의 누이동생인 사씨(史氏)의 유풍을 사모해서 법흥왕과 함께 머리를 깎고 중이 되어 이름을 묘법(妙法)이라 했으며 역시 영흥사에 살다가 여러 해 뒤에 돌아갔다.

(출전) 冊府元龜云姓募, 名秦. 初興役之乙卯歲, 王妃亦創永興寺, 慕史氏之遺風, 同王落彩爲尼, 名妙法, 亦住永興寺(권3 흥법 원종흥법 염촉멸신)

(새김)

책부원구(冊府元龜)는 중국 북송(北宋) 때 간행한 백과전서로, 태평광기(太平廣記), 태평어람(太平御覽), 문원영화(文苑英華) 등과 더불어 널리 알려졌다. 본디 책의 이름은 군신사적(君臣事迹)이다. 왕흠약(王欽若), 양억(楊億) 등이 진종(眞宗)의 왕명으로 경덕 2년(1005)부터 편찬을 해서 대중상부 6년(1013) 8월에 작업을 마쳤다. 약 일천권이라는 분량을 31부 1,104문으로 분류하였다. 각 부문은 시대 순으로 가장 오래된 것부터 채록하였다. 경 · 사 · 자 부문을 주로 하여 상고부터 오대에 이르기까지 중국의 역대 황제 · 재상 · 관료의 정치에 대한 사적을 모아 갈래를 지었다는 특징이 있다. 송 대의 책으로 가장 많은 분량을 차지하며, 태평어람(太平御覽)의 배가 되는 9백만 3십 9만여 자로 되어 있다.

책상보고(冊尙父誥)

태평흥국 3년(戊寅, 978)에 돌아가니 시호를 경순(敬順)이라 했다. 상보(尙父, 존경하는 어른)로 책봉하는 고명(誥命, 죽기 전 마지막 부탁)에서 이렇게 말했다. 조칙을 내리노니 희주가 나라를 처음 세울 때는 먼저 여상을 봉했고 유한이 나라를 세울 때에는 먼저 소하를 봉했다. 이로부터 온 세상이 평정되었고 널리 나라의 기틀이 열렸다.

(출전) 太平興國三年戊寅崩, 諡曰敬順. 冊尙父誥曰勅, 姬周啓聖之初, 先封呂望, 劉漢興王之始, 首冊蕭何, 自(此)大定寰區, 廣開基業(권2 기이2 김부대왕)

처용가(處容歌)

동해의 용은 기뻐해서 아들 일곱을 거느리고 헌강왕의 앞에 나타나 덕(德)을 찬양하여 춤을 추고 음악을 연주했다. 그 중의 한 아들이 왕을 따라 서울로 들어가서 왕의 정사를 도우니 그의 이름을 처용(處容)이라 했다. 왕은 아름다운 여자로 처용의 아내를 삼아 머물러 있도록 하고, 또 급간이라는 벼슬까지 주었다. 처용의 아내가 무척 아름다웠기 때문에 천연두 역신(疫神)이 흠모해서 사람으로 변하여 밤에 그 집에 가서 남몰래 동침했다. 처용이 밖에서 자기 집에 돌아와 두 사람이 누워 있는 것을 보자 이에 노래를 부르고 춤을 추면서 물러나왔다. 그 노래는 이러하다. 서라벌에 달이 밝은데 밤들게 노니다가 들어와 자리를 보니, 다리 가랑이 넷일러라. 둘은 내 것인데, 둘은 뉘 것인고. 본디 내 것이지만, 빼앗겼으니 어찌할꼬. 그때 역신이 본래의 모양을 나타내어 처용의 앞에 꿇어앉아 말했다. 내가 공의 아내를 사모하여 이제 잘못을 저질렀으나 공은 오히려 노여워하지 않으니 감복하였습니다. 다짐하건대, 이제부터는 공의 얼굴 그림만 보아도 그 문 안에 들어가지 않겠습니다. 이 일로 인해서 나라 사람들은 처용의 형상을 문에 그려 붙여서 악귀를 물리치고 경사스러운 일을 맞아들이게 되었다.

(출전) 東海龍喜, 乃率七子現於駕前, 讚德獻舞奏樂. 其一子隨駕入京, 輔佐王政, 名曰處容. 王以美女妻之. 欲留其意, 又賜級干職. 其妻甚美, 疫神欽慕之. 變爲人, 夜至其家, 竊與之宿. 處容自外至其家, 見寢有二人, 乃唱歌作舞而退. 歌曰東京明期月良, 夜入伊遊行如可. 入良沙寢矣見昆, 脚烏伊四是良羅. 二肹隱吾下於叱古, 二肹隱誰支下焉古. 本矣吾下是如馬於隱, 奪叱良乙何如爲理古, 時, 神現形, 跪於前曰吾羡公之妻, 今犯之矣. 公不見怒, 感而美之. 誓今已後, 見畫公之形容, 不入其門矣 因此, 國人門帖處容之形, 以僻邪進慶(권2 기이2 처용랑 망해사)

(새김)

헌강왕과 **처용**의 이야기는 주술관계가 비슷한 구도이고 같은 기능을 드러낸다. 가령 헌강왕이 개운포로 나갔다 다시 궁으로 들어오는 행위나 처용이 집을 비웠다 다시 들어오는 등 이항 대립의 얼개로 짜여 있다. 춤의 경우도 그렇다. 헌강왕 앞에서 어무상심(御舞祥審)을 추는가 하면 처용은 역신 앞에서 춤을 추며 나간다. 내용을 들여다보면 방해꾼이 나중에 도우미가 된다. 헌강왕에게 구름과 바람으로 방해하던 동해용왕이 아들용을 보내어 정사를 돕게 한다. 한편 처용의 아내를 범하던 병마가 나중에는 처용의 얼굴이 그려져 있는 집의 대문만 보아도 들어가지 않겠다는 것이다. 노래의 사연이 도달한 경지는 세속적인 경지에서 거룩한 경지로 나아가게 된다는 것이다. 헌강왕과 처용의 놀이는 춤으로 바뀌다가 마침내 망해사 절을 짓고 얼굴 그림을 문에 붙여 사악한 귀신을 쫓는 종교적인 신앙의 세계를 연출한다(이어령, 삼국유사 이야기 참조).

처용랑(處容郎)

신라 제49대 헌강대왕(憲康大王) 때에는 서울로부터 지방에 이르기까지 집과 담이 잇닿고 초가는 하나도 없었다. 음악과 노래가 길에 끊이지 않았고, 바람과 비는 사철 순조로웠다. 어느 날 대왕이 개운포(開雲浦, 학성 서남쪽에 있으니 현 울주)에서 놀다가 돌아가려고 낮에 물가에서 쉬고 있는데 문득 구름과 안개가 자욱해서 길을 잃었다. 왕이 이상하게 여겨 좌우 신하들에게 물으니 일관(日官, 천문관)이 아뢴다. 이것은 동해용의 조화이오니 마땅히 좋은 일을 해서 풀어야 할 것입니다. 이에 왕은 일을 맡은 관원에게 명하여 용을 위하여 근처에 절을 짓게 했다. 왕의 명령이 내리자 구름과 안개가 걷혔으므로 그곳을 개운포라 했다.

(출전) 第四十九憲康大王之代, 自京師至於海內, 比屋連墻無一草屋, 笙歌不絶道路, 風雨調於

四時. 於是, 大王遊開雲浦(在鶴城西南今蔚州), 王將還駕, 晝歇於汀邊, 忽雲霧冥曀, 迷失道路. 怪問左右, 日官奏云此東海龍所變也. 宜行勝事以解之. 於是, 勅有司, 爲龍刱佛寺近境, 施令已出, 雲開霧散. 因名開雲浦(권2 기이2 처용랑 망해사)

(새김)

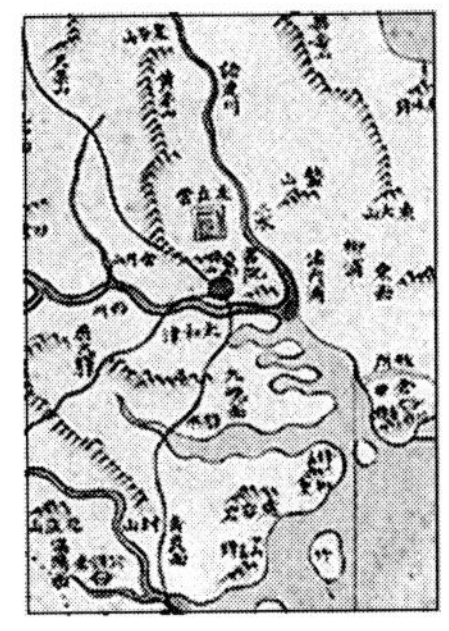

그림 68 울산 고지도

처용(處容) : 처용의 어원에 대하여는 여러 가지 풀이가 있다. 액을 물리치는 제융을 빌린 차자(양주동, 고가연구), 액을 물리치는 데 쓰는 풀이나 짚으로 허수아비 곧 추령(芻靈) 혹은 초용(草俑)(홍석모, 동국세시기), 처용의 반절음 총-용(김용구, 처용연구), 처용(處龍)에서 처용(處容)(엄원대, 처용에 관한 종합적 연구), 터(處)와 알(下)과 바가지(容)가 합하여 터알 바가지 가면(김영수, 처용무와 처용가), 무당의 원어인 차차웅-자충-처용(김동욱, 처용가 연구), 이슬람 상인(이용범, 처용설화의 일고찰), 곳곳의 얼굴(구중회) 등이 있다. 신라 49대 헌강왕 5년(879) 3월 임금은 경주의 외항인 울산을 순행하다가 처용을 데려왔다. 신라는 이미 이슬람 상인들과 많은 무역을 했다. 그 흔적들이 부장품에서 나오는 유리잔, 상감옥, 은잔, 유리구슬, 상감금팔찌 등이다. 울산박물관 뒤뜰에 새겨진 사자, 공작무늬 등도 로마나 중동 지역의 것들이다. 울산은 이슬람 상인들이 드나드는 곳이었는데, 이슬람관이 있었을 것이다. 거기에 의원들이 상주하면서 울산지방 호족들의 주치의 노릇을 하고, 인근 사람들에게도 의술을 베풀었다. 그때 마침 호족의 반란을 미연에 방지하기 위해 울산을 순방했던 헌강왕이 그들에게 이국적인 춤(아라비아 춤)을 추게 했을 것이다. 그래서 왕은 이슬람 사람들과 지방 호족을 위해서 망해사를 지어주고, 호족의 아들과 함께 용하다는 이슬람 의사도 경주로 데리고 왔을 것이다. 그 의사가 처용이다. 작자의 경우, 실재한 인물이라기보다는 설화상의 주제 곧 관용을 얼굴로 삼은 것이다.

척발도(拓拔燾) ☞ 아도기라

척촉(躑躅)

성덕왕 무렵 순정공(純貞公)이 강릉태수(현 명주)로 부임하는 도중에 바닷가에서 점심을 먹었다. 곁에는 큰 바위가 병풍과 같이 바다에 닿아 있어 그 높이가 천 길이나 되었다. 그 위에 철쭉꽃(躑躅花)이 만발하여 있다. 공의 아내 수로(水路)가 꽃을 보더니 좌우 사람들에게 말했다. 꽃을 꺾어다가 내게 줄 사람은 없는가. 그러나 사람들은, 저기는 사람이 올라 갈 수 없는 곳입니다 하며 아무도 나서지 못한다. 이 때였다. 암소를 끌고 길을 지나가던 늙은이 하나가 있었는데 부인의 말을 듣고는 그 꽃을 꺾어 노래까지 지어서 바쳤다. 그 늙은이가 어떤 사람인지 알 수가 없었다.

(출전) 聖德王代, 純貞公赴江陵太守(今溟州) 行次海汀晝饍. 傍有石嶂, 如屛臨海, 高千丈, 上有躑躅花盛開. 公之夫人水路見之. 謂左右曰折花獻者其誰, 從者曰非人跡所到, 皆辭不能. 傍有老翁牽牸牛而過者, 聞夫人言, 折其花, 亦作歌詞獻之. 其翁不知何許人也(권2 기이2 수로부인)

(새김)

자료에 따르면, **척촉(躑躅)**은 참꽃 곧 진달래와 철쭉꽃의 두 가지 뜻을 가졌다(本草綱目, 부록). 진달래는 먹지만, 철쭉꽃은 먹을 수가 없다. 선물로 할 때는 진달래를 주고받는다. 독성이 있는 철쭉을 주지는 않는다. 김소월의 진달래꽃도 헌화가(獻花歌)와 같은 맥락으로 볼 수 있다(문경현). **수로(水路)**는, 이두식으로 읽으면 '물'이 되니 물신이다(정호완).

천관사(天官寺)

왕이 이에 좌우 사람들을 물리고 아찬에게 꿈 풀이하기를 청하니 아찬은 말한다. 이는 매우 상서로운 꿈입니다. 공께서 만일 용상에 올라도 나를 버리지 않으신다면 공을 위하여 꿈을 풀어드리겠습니다. 임금은 곧 좌우를 물리고 꿈을 풀어둘 것을 청하였다. 아찬이 말하였다. 복두를 벗은 것은 위에 앉는 이가 없다는 것이요, 흰 갓을 쓴 것은 면류관을 쓸 징조요, 열두 줄 가야금을 든 것은 12대손이 왕위를 이어받을 징조요, 천관사 우물에 들어간 것은 궁궐에 들어갈 상서로운 징조입니다.

(출전) 王具說占夢之由, 阿飡與拜曰此乃吉祥之夢. 公若登大位而不遺我, 則爲公解之 王乃辟禁左右而請解之. 曰脫幞頭者, 人無居上也. 著素笠者, 冕旒之兆也. 把十二絃琴者, 十二孫傳世之兆也. 入天官井, 入宮禁之瑞也(권1 기이2 원성대왕)

천룡사(天龍寺)

동도의 남산 남쪽에 봉우리 하나가 우뚝 솟아 있는데 세속에서는 고위산(高位山)이라 한다. 산 남쪽에 절이 있는데 속칭 고사(高寺) 또는 천룡사라고 한다. 토론삼한집(討論三韓集)에는 이렇게 말했다. 계림에는 두 줄기의 객수(客水)와 한 줄기의 역수(逆水)가 있는데 그 역수와 객수의 두 근원이 천재를 진압하지 못하면 천룡사가 뒤집혀 무너지는 재앙이 생긴다. 속전에는 이렇게 말한다. 역수는 이 고을 남쪽 마등오촌(馬等烏村)의 남쪽을 흐르는 내가 이것이다. 또 이 물의 근원이 천룡사에서 시작되는데, 중국에서 온 사자 악붕귀(樂鵬龜)가 와서 보고 말하기를, 이 절을 파괴하면 이내 나라가 망할 것이다. 또 서로 전하는 말에는 이렇게 말했다. 옛날 단월(檀越, 신도)에게 딸 둘이 있어서 이름을 천녀(天女)와 용녀(龍女)라 하였는데, 부모가 두 딸을 위해서 절을 세우고 딸들의 이름의 첫 글자를 따서 천룡사라고 이름을 지었다.

(출전) 東都南山之南, 有一峯屹起, 俗云高位山, 山之陽有寺, 俚云高寺, 或云天龍寺. 討論三韓集云雞林土內有客水二條, 逆水一條, 其逆水客水二源, 不鎭天災, 則致天龍覆沒之災. 俗傳云, 逆水者, 州之南馬等烏村南流川, 是. 又是水之源致天龍寺. 中國來使樂鵬龜來見云 破此寺則國亡無日矣. 又相傳云, 昔有檀越, 有二女, 曰天女, 龍女, 二親爲二女創寺因名之(권3 탑상 천룡사)

(새김)

고위산(高位山) : 경주 남산에서는 가장 높은 봉우리인데 수리봉(494m)이라고도 한다. 산허

그림 69 천룡사지

리에 고허산성(高墟山城)이 있는 것으로 미루어 고위산의 본디 이름은 고허산으로 봄이 온당하다. 달리 줄봉산이라고도 한다. 혁거세 시절의 돌산(突山)이라 함은 불끈 솟아 돋은 산이란 뜻으로 본다.

역수, 객수(逆水 客水) : 객수는 다른 곳에서 흘러드는 물이고, 역수는 거슬러 흐르는 물이다.

악붕귀(樂鵬貴) : 문무왕 때의 당 나라 사신인데 사천왕사가 중국황제의 만수무강을 비는 절인가를 확인하기 위하여 온 예부시랑을 말한다.

단월(檀越) : 산스크리트어로 타나발저(陀那鉢底, दानपती, dānapati)의 한자 음역이다. 단은 다나의 줄임말이고 월(越)은 발저의 줄임말이다. 발저의 발의 비읍 소리가 약화 탈락한 결과로 보인다. 불교를 믿는 신도를 말한다.

마둥오촌(馬等烏村) : 마등오(馬等烏)를 이두로 읽으면 몰돌오-마들오가 된다. 인근에서 가장 큰 들이 있는 마을이라고 보면 좋을 듯하다. 등(等)의 훈이 천자문에 따라서는 돌 등(等)이라고 하기에 그렇다(손희하 참조).

천부인(天符印)

또 고기(古記)에는 이렇게 말했다. 옛날 환인(桓因, 제석을 말함)의 서자 환웅(桓雄)이란 이가 있었다. 자주 천하를 다스릴 뜻을 두어 사람이 사는 세상을 탐내고 있었다. 그 아버지가 아들의 뜻을 알고 삼위태백산을 내려다보니 인간들을 널리 이롭게 해 줄만했다. 이에 환인은 천부인 세 개를 환웅에게 주어 인간의 세계를 다스리게 했다. 환웅은 무리 3천명을 거느리고 태백산 마루턱(곧 태백산은 현 묘향산)에 있는 신단수(神壇樹) 아래 내려왔다. 이곳을 신시(神市)라 하고, 이 분을 환웅천왕이라고 말한다.

(출전) 古記云, 昔有桓國(謂帝釋也)庶子桓雄, 數意天下, 貪求人世, 父知子意, 下視三危太伯可以弘益人間, 乃授天符印三箇, 遣往理之. 雄率徒三千, 降於太伯山頂(卽太伯今妙香山)神壇樹下, 謂之神市, 是謂桓雄天王也(권1 기이1 고조선)

(새김)

삼국유사(三國遺事)에 처음으로 천부인의 기록이 보인다. 대종교의 환단고사(桓檀古史)는 거의 어디에나 **천부삼인(天符三印)**에 관한 기록이 두루 나타나 있다. 그러나 그 형태는 알 길이 없다. 그러나 옛날 역사를 고려할 때 단군의 홍익인간과 천부삼인과는 필연적인 관련성이 있다. 미루어 보건대, 천, 지, 인 삼재(三才)와 원(○), 방(□), 각(△) 삼묘(三妙)와 성(性), 명(命), 정(精) 삼진(三眞)과 인(仁), 지(智), 용(勇) 삼달(三達)의 표상으로 추정된다. 철인은 이로써 삼극(三極)의 형상에 상응하는바, 밖이 둥글고 안이 빈 것(○)은 한울의 높음을 형상한 것이요, 겉면이 바르고 지름길이 곧은 것(□)은 땅의 평평함을 형성한 것이요, 위가 홀수요, 아래가 짝수인 것(△)은 사람의 모양을 형상한 것이라고 밝히고 있다.

천비(天鄙)

논어정의에는 구이란, 첫째는 현토, 2는 낙랑, 3은 고려, 4는 만식, 5는 부유, 6은 소가, 7은 동도, 8은 왜인, 9는 천비라고 했다. 해동안홍기에는, 구한이란, 첫째는 일본, 2는 중화, 3은 오월, 4는 탁라, 5는 응유, 6은 말갈, 7은 단국, 8은 여진, 9는 예맥이라고 했다.

(출전) 論語, 正義云九夷者, 一玄菟, 二樂浪, 三高麗, 四滿飾, 五鳧臾, 六素家, 七東屠, 八倭人, 九天鄙海東安弘記云九韓者, 一日本, 二中華, 三吳越, 四乇羅, 五鷹遊, 六靺鞨, 七丹國, 八女眞, 九穢貊(권1 기이1 마한)

(새김)

천비(天鄙)는 천산 쪽에 살고 있는 동이족의 가까운 종족 곧 족속을 뜻한다. 한편, **만식(滿飾)**은 육당 최남선의 백두산근참기(白頭山覲參記, 1926)에 만식림(滿飾林)이 나오는 것으로 보아 백두산 어름에 살던 동이족의 한 갈래로 보인다. 말하자면, 송화강 어름에 살던 만주족의 일부를 이를 수도 있다. **부유(鳧臾)**는 부여족을 말한다. 한자의 소리로 보면, 부유는 푸위(puü)로 같은 음상을 갖고 있으며 동이족의 큰 뿌리가 바로 부여-고구려-발해로 이어지는 겨레들이다.

천사옥대(天賜玉帶)

진평왕이 즉위한 원년(579)에 천사가 대궐 뜰에 내려와 왕에게 말한다. 상제께서 내게 명하여 이 옥대를 전하라고 하셨습니다. 왕이 꿇어앉아 친히 이것을 받으니 하늘로 올라갔다. 교사(郊社, 야외 제사)나 종묘의 큰 제사 때에는 언제나 옥대를 띠었다. (중략) 일연은 찬(讚)하여 말했다. 구름밖에 하늘이 주신 긴 옥대는, 임금의 곤룡포에 알맞게 둘려 있네. 우리 임금 이제부터 몸 더욱 무거우니, 이 다음 날엔 쇠로 섬돌을 만들 것이네.

(출전) 有天使降於殿庭, 謂王曰, 上皇命我傳賜玉帶, 王親奉跪受. 然後其使上天. 凡郊廟大祀皆服之(중략) 讚曰, 雲外天頒玉帶圍, 辟雍龍袞雅相宜. 吾君自此身彌重, 准擬明朝鐵作墀(권1 기이1 천사옥대)

천수대비가(千手大悲歌)

경덕왕 때에 한기리에 사는 희명(希明)의 아이가, 난 지 5년 만에 문득 눈이 멀었다. 어느 날 어머니는 이 아이를 안고 분황사(芬皇寺) 좌전 북쪽 벽에 그린 천수관음 앞에 나가서 아이를 시켜 노래를 불러 빌게 했더니 멀었던 눈이 드디어 떴다. 그 노래는 이러하다. 무릎을 세우고 두 손바닥 모아, 천수관음(千手觀音) 앞에 비옵나이다. 천손과 천 눈의 하나를 내어 하나를 덜기를, 둘 다 없는 이 몸이오니 하나만이라도 주시옵소서. 아아, 나에게 주시오면, 그 자비 얼마나 클 것입니까.

(출전) 景德王代, 漢歧里女希明之兒, 生五稔而忽盲. 一日其母抱兒詣芬皇寺左殿北壁畫千手大悲前, 令兒作歌禱之. 遂得明. 其詞曰膝肹古召旀, 二尸掌音毛乎支內良. 千手觀音叱前良中, 祈以支白屋尸置內乎多, 千隱手□叱千隱目肹. 一等下叱放一等肹除惡支, 二于萬隱吾羅, 一等沙隱賜以古只內乎叱等. 邪阿邪也. 吾良遺知支賜尸等焉, 放冬矣用屋尸慈悲也. 根古(권3 탑상 분황사천수대비 맹아득안)

(새김)

천수대비가의 사연과 노래에 대하여 일연은 다음과 같이 부처님의 공덕을 기리고 있다. 죽마 타고 파피리 불며 거리에서 놀던 벗이여, 하루 아침에 파란 눈을 모두 잃어버렸네. 부처님의 자애로운 보살핌이 없었다면, 버들 꽃 피는 아름다운 봄을 얼마나 많이 헛되게 보냈을꼬(竹馬蔥笙戲陌塵. 一朝雙碧失瞳人, 不因大士廻慈眼, 虛度楊花幾社春).

천수주(千手呪)

그리고 복전승(福田僧, 재가승) 5명은 낮으로는 8권의 금경(金經, 금광명경)과 인왕반야, 천수주를 읽고, 밤으로는 관음, 예참을 외우고, 그곳을 원통사(圓通社)라 하라. 붉은 빛의 남대 남쪽 면에는 지장방을 두어 원형의 지장보살과 붉은 바탕에 그린 팔대보살을 우두머리로 한 일 만 지장보살을 모시라.

(출전) 福田五員, 晝讀八卷金經 · 仁王 · 般若 · 千手呪, 夜念觀音禮懺, 稱名圓通社, 赤任南臺南面, 置地藏房, 安圓像地藏及赤地畫八大菩薩爲首一萬地藏像(권3 탑상 대산오만진신)

(새김)

천수주(千手呪)는 천수천안관세음보살광대원만무애대비심대다라니경(千手千眼觀世音菩薩廣大圓滿无涯大悲心大陀羅尼經) 안에 들어 있는 82구의 다라니를 이른다. 이 다라니를 외우면 십방의 보살이 와서 증명하여 죄업이 없어진다고 한다. **복전(福田)**이라 함은 부처나 보살, 비구에게 공양하여 복을 받는 것을 이른다. 농부가 씨를 뿌려 거두미를 하는 것에 비유한 것이다. 중국어 발음으로 보면 거의 붓다와 가까운 소리이므로 이 또한 부처와 그 뜻을 함께 하는 것으로 보인다. **복전승**은 일반인과 함께 살면서도 출가한 승려를 이른다. **관음예참(觀音禮懺)**은 관세음보살에게 예배하고 찬양하며 참회하는 것을 이른다.

천안(天安)

태조가 말했다. 그들을 치지 않으려는 것이 아니라, 그 때를 기다리는 것이오. 이에 먼저 태자 무(武)와 장군 술희(述希)에게 보병과 기병 10만을 거느려 천안부로 나가게 하고, 9월에 고려 태조는 삼군을 거느리고 천안에 이르러 군사를 합하여 일선군(一善郡, 현 선산)으로 진격해 나가니 신검의 군사가 태조의 군사를 막았다.

(출전) 太祖曰非不欲討之. 待其時也. 先遣太子及武將軍述希, 領步騎十萬, 趣天安府. 秋九月, 太祖率三軍至天安, 合兵進次一善, 神劍以兵逆之(권2 기이2 후백제 견훤)

천왕(天王)

제173은 몸을 버려 이미 지옥에 들어감이요(이상은 모두 미래에의 과(果)다) 제174는 죽은 뒤에 짐승이 되는 것이다. 이렇게 해서 아귀(餓鬼), 수라(修羅), 인(人), 인왕(人王), 천(天), 천왕(天王)에까지 미치고, 불법을 듣고 출가, 성승을 만남, 도솔천에 태어남, 정토(淨土)에 태어남, 부처를 찾아뵘, 하승(下乘)에 머무름, 중승에 머무름, 상승에 머무름, 해탈을 얻음의 제189 등이 이것이다.

(출전) 第一百七十三者, 捨身已入地獄(已上皆未來之果也). 一百七十四者, 死已作畜生, 如是乃至餓鬼 · 修羅 · 人 · 人王 · 天 · 天王 · 聞法 · 出家 · 値聖僧 · 生兜率 · 生淨土 · 尋見佛 · 住下乘 · 住中乘 · 住上乘 · 得解脫第一百八十九等是也(권4 의해 심지계조)

(새김)

천왕(天王) : 사천왕을 말한다. 동방에는 지국천왕으로 비파를 지닌 악신으로 건달바와 부단나를 신으로 거느린다. 선악을 가려 상벌을 내린다. 서방에는 광목천왕이 용과 여의주를 지니고 용을 거느린다. 악인에게 고통을 주어 구도심을 일으킨다. 남방에는 증장천왕(增長天王)이 칼을 가지고 구반다와 폐려다 신을 거느린다. 만물을 소생시키며 덕을 베푼다. 북방에는 다문천왕이 탑을 갖고 야차나 나찰 신을 거느린다. 어둠 속을 방황하는 중생을 구제한다. 특히 증장천왕, 곧 비루다카(增長天王, विरूढक, virudhaka)는 수미산 중턱 남쪽에 있는 유리 지방을 다스리는 사천왕이다. 비루인천왕이라고도 하는데 중생을 넓고 길게 도와주는 구실을 한다(한국어 위키백과 참조).

천정군(泉井郡)

가탐의 군국지(郡國志)에는, 발해국의 압록, 남해, 부여, 추성 등 사부(四府)는 모두 고구려의 옛 땅이었다. 신라 천정군(泉井郡, 지리지에는 삭주의 영현에 천정군이 있었으니 현 용주)에서 추성부에 이르기까지 도합 39역이 있다고 하였다.

(출전) 賈耽郡國志云, 渤海國之鴨淥, 南海 · 扶餘 · 檑城四府, 並是高麗舊地也. 自新羅泉井郡(地理志, 朔州領縣有泉井郡, 今湧州)至檑城府, 三十九驛)(권1 기이1 말갈 발해)

천존고(天尊庫)

이 때 상서로운 구름이 천존고를 덮자 왕은 또 놀라고 두려워하여 조사하게 하니, 천존고 안에 있던 거문고와 피리(神笛, 만파식적)가 없어졌다. 왕은 말했다. 내게 어찌 복이 없어 어제는 국선을 잃고 또 이제 거문고와 피리까지 잃는단 말인가. 왕은 즉시 창고를 맡은 관리 김정고 등 5명을 가두었고 4월에 나라 안의 사람을 모집하여 말했다. 현금(玄琴)과 신적(神笛)을 찾는 사람은 1년 치 조세를 상으로 주겠다. 5월 15일에 부례랑의 부모가 백률사 불상 앞에 나가 여러 날 저녁 기도를 올리자, 문득 향탁 위에 현금과 신적 두 보배가 놓여있고, 부례랑과 안상 두 사람도 불상 뒤에 와 있었다.

(출전) 時有瑞雲覆天尊庫. 王又震懼使檢之. 庫內失琴, 笛二寶. 乃曰朕何不予, 昨失國仙, 又亡琴, 笛 乃囚司庫吏金貞高等五人. 四月募於國曰得琴, 笛者, 賞之一歲租 五月十五日, 郎二親就栢栗寺大悲像前, 禋祈累夕, 忽香卓上得琴, 笛二寶而郎, 常二人來到於像後(권3 탑상 백률사)

천주사(天柱寺)

신라 제26대 백정왕(白淨王)의 시호는 진평대왕, 성은 김씨다. 대건 11년(己亥, 579) 8월에 즉위했다. 키가 11자나 되었다. 내제석궁, 천주사라고도 하는데 왕이 세운 절이다) 에 행차하여 섬돌을 밟자 두 개가 한꺼번에 부러졌다. 왕이 좌우 사람을 돌아보면서 말했다. 이 돌을 옮기지 말고 그대로 두었다가 뒷세상 사람들이 보도록 하라.

(출전) 第二十六白淨王, 諡眞平大王, 金氏, 大建十一年己亥八月卽位. 身長十一尺, 駕幸內帝釋宮(亦名天柱寺, 王之所創) 踏石梯, 三石並折, 王謂左右曰不動此石, 以示後來(권1 기이1 천사옥대)

천태교관(天台教觀)

대안 2년(1086) 고려 선종 때 우세승통 의천(義天)이 송나라에 들어가서 천태교관을 많이 가지고 왔으며, 이 밖에도 서적에 실리지 않은 고승과 신도들이 오고가면서 가지고 온 것은 이루 자세히 기록할 수가 없다.

(출전) 大安二年, 本朝宣宗代, 祐世僧統義天入宋, 多將天台教觀而來. 此外方冊所不載, 高僧信士往來所齎, 不可詳記(권4 탑상 전후소장사리)

천화(天花)

미추왕(未鄒王) 3년(264) 성국공주가 병이 났다. 무당과 의원의 효험도 없으므로 칙사를 내어 사방으로 의원을 구했다. 법사가 문득 대궐로 들어가 드디어 그 병을 고치니 왕은 크게 기뻐하여 그의 소원을 묻자 법사는 답했다. 소승에게는 아무 구하는 일이 없고, 다만 천경림(天鏡林)에 절을 세워서 크게 불교를 일으켜서 국가의 복을 빌기를 바랄 뿐입니다. 왕은 이를 허락하여 공사를 하도록 명령했다. 그때의 풍속은 질박하고 검소하여 법사는 따로 지붕을 덮고 여기에 살면서 설법을 하니 천화(天花)가 땅에 떨어지므로 그 절을 흥륜사라고 했다.

(출전) 三年. 時成國公主疾, 巫醫不效, 勅使四方求醫, 師率然赴闕, 其疾遂理. 王大悅, 問其所須, 對曰, 貧道百無所求, 但願創佛寺於天鏡林, 大興佛教, 奉福邦家爾. 王許之. 命興工, 俗方質儉, 編茅葺屋. 住而講演, 時或天花落地, 號興輪寺(권3 흥법 아도기라)

(새김)

천화(天花) : 화엄경소(華嚴經疏)에 따르면, 무상의 진리를 말하니 모든 하늘이 감동하여 꽃비로 화답을 하였다. 꽃비는 사부대중이 성불함을 말한다. 말하자면 부처님이 설법을 할 때 하늘이 감동하여 꽃비를 뿌렸다는 것이다. 이차돈의 순교로 목을 베었을 때도 하늘에서 꽃비가 내렸다.

철원(鐵原)

정명 4년(戊寅, 918)에 철원경의 민심이 문득 돌변하여 우리 태조를 추대하여 왕위에 오르게 하니 견훤은 이 소식을 듣고 사신을 보내서 축하하고 공작선 부채와 지리산의 죽전 화살 등을 보냈다.

(출전) 貞明四年戊寅, 鐵原京衆心忽變, 推戴我太祖卽位. 萱聞之遣使稱賀, 遂獻孔雀扇, 地理山竹箭等(권2 기이2 후백제 견훤)

(새김)

철원은 고구려 시기 철원(鐵圓) 또는 모을동비(毛乙冬非)라 하였다. 혹은 동주(東州)라고도 일렀다(관동별곡). 신라 경덕왕 16년(757)에 이르러 철성(鐵城)으로 고쳐 부르게 된다. 후삼국 시기로 접어들어 궁예(弓裔)가 세운 태봉(泰封, 후고구려)이 한 때 수도로 삼았던 고장이다. 고구려 시기 모을동비(毛乙冬非)라고 함은 이두식 표기로 보인다. 모을-뎔(졀-절-철, 鐵)과 동비(돔-둠, 圓)로 나누어 볼 수 있다. 종합하면 몰둠-말둠(말뜸), 곧 가장 크고 둥그런 도성이란 말로 상정할 수 있다.

철원성(鐵圓城)

후고구려 궁예는 대순 경술년(庚戌, 890)에 처음으로 북원의 적당 양길둔을 항복 받고 병진년(丙辰, 896)에 철원성에 도읍을 하였다. 현 동주를 말한다. 정사년(丁巳, 897)에 송악군으로 도읍을 옮긴다.

(출전) 弓裔大順庚戌, 始投北原賊良吉屯, 丙辰都鐵圓城今東州也. 丁巳移都松岳郡(권1 왕력 궁예)

첨성대(瞻星臺)

선덕왕이 영묘사를 세운 일은 양지사전(良志師傳)에 자세히 실려 있다. 별기(別記)에 말하기를, 이 임금 때에 돌을 다듬어서 첨성대를 쌓았다고 했다.

(출전) 善德之創靈廟寺, 具載良志師傳, 詳之. 別記云, 是王代, 鍊石築瞻星臺(권1 기이1 선덕왕 지기삼사)

(새김)

첨성대는 경주시 반월성 동북쪽에 자리한 신라 중기의 돌로 쌓은 건축물로, 선덕여왕 때에 세워진 별을 관측하는 시설이었다. 현존하는 동양 최고(最古)의 천문대로 알려져 있다. 1962년 12월 20일 국보 제31호로 지정되었다. 기단과 몸체가 천원지방(天圓地方)의 형상을 하였으며 제기를 받치는 기대의 구실을 하였을 것이다. 몸체는 28수(宿)의 별자리에 1단을 더하여 29수의 상징을 드러냈다. 여기 1단은 달을 상징한 것으로 보인다. 사용한 돌의 수는 362개로 일 년을 상징적으로 떠올린다(유홍준, 나의 문화유산 답사기). 보기에 따라서는 33천의 도리천을 형상화하였다(김기홍, 천년의 왕국 신라).

첨해왕(沾解王)

신라 제13대 미추니질금(미조 또는 미고라 함)은 김알지의 7대손이다. 대대로 명예를 날리고, 또 성스러운 덕이 있었다. 첨해왕의 뒤를 이어서 비로소 보위에 올랐다(지금 세상에서 미추왕의 능을 시조당이라고도 한다). 23년 동안 나라를 다스리다 돌아갔으며 그의 능은 흥륜사 동쪽에 있다.

(출전) 第十三未鄒尼叱今(一作未祖, 又未古)金閼智七世孫. 赫世紫纓, 仍有聖德, 受禪于(沾)理解, 始登王位(今俗稱王之陵爲始祖堂, 盖以金氏始登王位故. 後代金氏諸王皆以未鄒爲始祖宜矣), 在位二十三年而崩, 陵在興輪寺東(권1 기이1 미추왕 죽엽군)

청구사문(靑丘沙門)

경덕왕 천보 12년(癸巳, 753) 여름 가뭄이 너무 심하여 대현을 대궐로 불러들여 금광경(金光經)을 설법하여 단비를 빌게 했다. 하루는 재를 올리는데 바라를 열어 놓고 한참 있었으나 공양하는 자가 정수를 늦게 올리므로 감리가 꾸짖었다. 이에 공양하는 자가 말했다. 대궐 안 우물이 말랐기 때문에 먼 곳에서 떠오느라고 늦었습니다. 대현은 그 말을 듣고 말했다. 왜 진작 그런 말을 하지 않았는가. 낮에 강론할 때 대현은 향로를 받들고 잠자코 있으니 잠깐 사이에 우물물이 솟아 나와서 그 높이가 일곱 길이나 되어 절의 당간 높이와 가지런하게 되니, 궁중이 모두 놀라서 그 우물을 금광정(金光井)이라 했다. 대현은 일찍이 스스로 청구사문이라 일컬었다.

(출전) 景德王天寶十二年癸巳, 夏大旱, 詔入內殿, 講金光經, 以祈甘霔. 一日齋次, 展鉢良久而淨水獻遲. 監吏詰之. 供者曰宮井枯涸, 汲遠故遲爾, 賢聞之曰何不早云. 及晝講時, 捧爐黙然, 斯須井水湧出, 高七丈許, 與刹幢齊, 闔宮驚駭. 因名其井曰金光井. 賢嘗自號靑丘沙門(권4 의해 현유가해화엄)

청도군고적비보기(淸道郡古籍裨補記)

정풍 6년(辛巳, 1161. 이것은 대금의 연호이니 고려 의종 즉위 16년) 9월의 군중고적비보기(郡中古籍裨補記)에 따르면 이렇다. 청도군 전부호장 어모부위 이칙정(李則禎)의 집에 있는 옛 사람들의 소식 및 우리말로 전해 오는 이야기가 실려 전한다. 상호장 김양신(金亮辛), 호장 민육(旻育), 호장 동정 윤응전(尹應前), 기인 진기(珍奇) 등과 당시 상호장 용성(用成) 등의 말이 적혀 있다.

(출전) 正豊六年辛巳(大金年號, 本朝毅宗卽位十六年也)九月, 郡中古籍裨補記准, 淸道郡前副戶長禦侮副尉李則楨戶在, 古人消息及諺傳記載, 致仕上戶長金亮辛 · 致仕戶長旻育, 戶

長同正尹應前，其人珍奇等與時上戶長用成等言語(권4 의해 보양이목)

(새김)

동정(同正)은 처음 과거급제를 하여 실직은 아니면서도 같은 예우를 받고 대기하던 이들에게 주던 관직을 이른다. **기인(其人)**은 고려 때 중앙에서 지방 호족을 묶어두기 위하여 행하였던 제도였다. 일종의 인질과 같은 성격으로 신라의 상수리제(上守吏制)와 같다.

청방인문표(請訪仁問表)

신라왕은 문준이 말을 잘해서 황제도 그를 용서해 줄 뜻이 있다는 소식을 들었다. 이에 강수(强首) 선생에게 명하여 인문의 석방을 청하는 표문(表文, 진정서)을 지어 사인 원우(遠禹)를 시켜 당 나라에 아뢰게 했더니 황제는 표문을 보고 눈물을 흘리면서 인문을 용서하고 위로해 돌려보냈다. 인문이 옥중에 있을 때 신라 사람은 그를 위하여 절을 지어 인용사(仁容寺)라 하고 관음도량을 열었는데 인문이 돌아오다가 바다에서 죽으매 미타도량(彌陀道場)이라 하였다. 그 절이 아직까지도 있다.

(출전) 王聞文俊善奏，帝有寬赦之意，乃命强首先生作請放仁問表，以舍人遠禹奏於唐．帝見表流涕，赦仁問慰送之．仁問在獄時，國人爲刱寺名仁容寺，開設觀音道場．及仁問來還，死於海上，改爲彌陁道場，至今猶存(권2 기이2 문호왕 법민)

청지(青池)

원성왕이 즉위한 지 11년(乙亥, 795)에 당 나라 사자가 서울에 와서 한 달을 머물러 있다가 돌아갔는데, 하루 뒤에 두 여자가 궁에 들어서 아뢴다. 저희들은 동지(東池)와 청지(青池, 청지는 곧 동천사의 샘이다. 절에 있는 기록을 보면 이 샘은 동해의 용이 왕래하면서 불법을 듣던 곳이요, 절은 진평왕이 지은 것으로서 오백 성중(聖衆)과 오층탑과 농민까지 함께 헌납했다고 했다)에 있는 두 용의 아내입니다. 그런데 당 나라 사신이 하서국(河西國) 사람들을 데리고 와서 우리 남편인 두 용과 분황사 우물에 있는 용까지 모두 세 용을 작은 고기로 바꾸어 대롱 속에 넣어 가지고 돌아갔습니다. 바라옵건대, 폐하께서는 그 두 사람에게 명령하여 우리 남편들인 나라를 지키는 용을 여기에 머무르게 해 주십시오. 왕은 하양관(河陽館, 경산)까지 쫓아가서 친히 연회를 열고 하서국 사람들에게 명령했다. 너희들은 어찌해서 우리나라의 세 용을 잡아 여기까지 왔느냐. 만일 사실대로 말하지 않으면 반드시 사형에 처할 것이다. 그제야 하서국 사람들이 고기 세 마리를 내어 바치므로 세 곳에 놓아 주자, 각각 물속에서 한 길이나 뛰고 기뻐하면서 가버렸다. 이에 당 나라 사람들은 왕의 명석함에 감복했다.

(출전) 王卽位十一年乙亥，唐使來京，留一朔而還，後一日，有二女進內庭，奏曰妾等乃東池・青池(青池卽東泉寺之泉也．寺記云，泉乃東海龍往來聽法之地．寺乃眞平王所造，五百聖衆・五層塔，幷納田民焉)二龍之妻也．唐使將河西國二人而來，呪我夫二龍及芬皇寺井等三龍，變爲小魚，筒貯而歸．願陛下勅二人，留我夫等護國龍也．王追至河陽館，親

賜享宴, 勅河西人曰爾輩何得取我三龍至此, 若不以實告, 必加極刑, 於是, 出三魚獻之. 使放於三處, 各湧水丈餘, 喜躍而逝. 唐人服王之明聖(권2 기이2 원성대왕)

(새김)

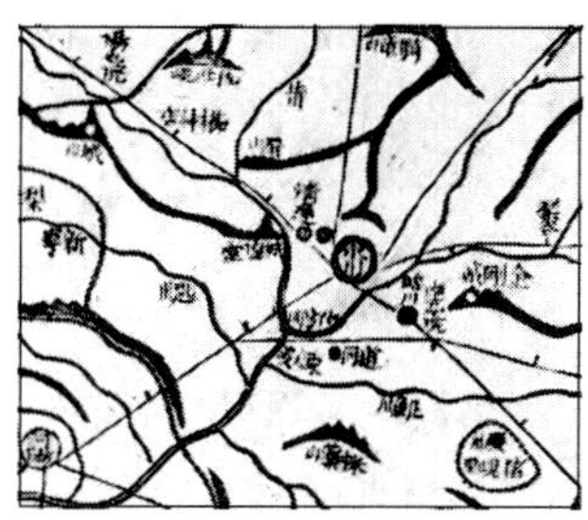

그림 70 영천 고지도

청제비는 경북 영천의 청못이라는 저수지를 축조하면서 그 내용을 기록한 내용과 중수에 관한 내용을 기록한 비석이다. 흔히 청제비라고 부른다. 전체적인 모습은 화강암의 자연석으로 직사각형의 형태이고, 비의 양면에는 각기 시대가 다른 비문이 새겨져 있어 흥미롭다. 신라 법흥왕 23년(536)의 명문이 있는 것은 청못을 처음 축조할 때 새긴 것이고, 반대면의 신라 원성왕 14년(798)의 명문이 있는 것은 청못을 새로 수리하였을 때 새긴 것이다. 각기 비를 세운 때와 공사 이름, 규모, 내용, 동원된 인원수 등이 기록되어 있다. 청제비의 서쪽으로는 조선 숙종 14년(1688)에 세워진 청제중립비가 있다. 내용은 1653년 비가 두 동강이 나 있는 것을 최일봉씨 등 세 사람이 다시 맞추어 세웠다는 것이다. 영천 청제비는 신라 수리시설의 실태와 신라사회를 이해하는데 많은 도움을 주고 있다. 일설 푸를 청자 청제비를 청제비(菁堤碑)라고 적었다. 청(菁)은 무시라고 하는바, 무시란 뭇-묶음을 뜻한다. 잘록한 곳에 못 둑을 막고 그 바탕 위에다 여러 갈래의 물줄기를 받아들인다 하여 청제라 한 것으로 보인다. 용 이야기의 상징성은 원성왕 당시 뒤숭숭하던 왕권에 도전하던 국내외 여론을 잠재우고 지역 민심을 잠재웠던 은유적인 표현이 아닌가 한다.

청체왕(靑替王)

백제 제9대 책계왕은 고이왕의 아들이며 일명 청체라고 하나 잘못이다. 병오년(丙午, 286)에 즉위하여 12년의 통치를 하였다.

(출전) 第九代責稽王古爾子一作靑替, 誤, 丙午立, 治十二年(권1 왕력 책계왕)

청해진(淸海鎭)

통일 신라 흥덕왕 3년(828) 장보고(張保皐)에 의해 현 완도에 설치된 군대의 진영이다. 제45대 신무대왕이 왕위에 오르기 전에 협사 궁파(弓巴)에게 말했다. 나에게는 이 세상을 같이 살아나갈 수 없는 원수가 있다. 네가 만일 나를 위해서 이를 없애 준다면 내가 왕위에 오른 뒤에 네 딸을 맞아 왕비로 삼겠다. 궁파가 이를 허락하니 마음과 힘을 같이하여 군사를 일으켜 서울로 쳐들어가서 그 일을 성취하였다. 그 뒤에 이미 왕위를 빼앗고 궁파의 딸을 왕비로 삼으려 하매 여러 신하들이 적극적으로 반대했다. 궁파는 아주 미천한 사람이오니 왕께서 그의 딸을 왕비로 삼으려는 것은 옳지 못합니다. 왕은 그 말을 따랐다. 그 때 궁파는 청해진에서 진을 지키고 있었는데 왕이 약속을 어기는 것을 원망하여 반란을 일으키려 하자 장군 염장(閻長)이 말을 듣고 왕께 아뢰었다. 궁파가 장차 충성스럽지 못한 일을 하려 하오니 소신이 가서 이를 제거하겠습니다. 왕은 기뻐하여 이를 승낙했다.

(출전) 第四十五神武大王潛邸時, 謂俠士弓巴曰我有不同天之讎, 汝能爲我除之. 獲居大位, 則娶爾女爲妃, 弓巴許之. 協心同力, 擧兵犯京師, 能成其事. 旣簒位, 欲以巴之女爲妃, 群臣極諫曰巴側微, 上以其女爲妃則不可, 王從之. 時, 巴在淸海鎭爲軍戍, 怨王之違言, 欲謀亂. 時, 將軍閻長聞之. 奏曰巴將爲不忠, 小臣請除之, 王喜許之(권2 기이 신무대왕 염장 궁파)

초개사(初開寺)

원효대사는 이미 중이 되자 그 집을 기꺼이 내놓아 절로 삼고 이름을 초개사라고 했다. 또 사라수 곁에 절을 세우고 사라사(裟羅寺)라고 했다. 스님의 행장에는 서울 사람이라고 했으나 이것은 조부가 살던 곳을 따른 것이고, 당승전(唐僧傳)에는 본래 하상주(下湘州) 사람이라고 했다.

(출전) 師旣出家, 捨其宅爲寺, 名初開, 樹之旁置寺曰裟羅. 師之行狀云是京師人, 從祖考也. 唐僧傳云本下湘州之人(권4 의해 원효불기)

(새김)

초개사는 경북 경산시 유곡동에 자리하고 있었다. 그 뒤로 절은 없어졌으나 최근 들어 다시 불사를 일으켜 작은 규모이나 다시 세워 놓았다. 오래된 기와 조각이 발견되었다고 한다. 인덕(麟德) 2년(665) 무렵 문무왕이 상주(上州)와 하주(下州)의 땅을 나누어 삽량주(歃良州)를 두었다. **하주**는 곧 지금의 창녕군이고, 압량군(押梁郡)은 본디 하주(下州)의 속현이었다.

초고왕(肖古王)

백제 제5대 초고왕은 일명 소고라 한다. 개루의 아들로서 병오년(丙午, 166)에 즉위하였다. 50년 동안 나라를 다스렸다.

(출전) 第五代肖古王一作素古, 盖婁子. 丙午立, 理五十年(권1 왕력 초고왕)

초장관문(初章觀文)

원효(元曉)가 반고사(磻高寺)에 있을 때에는 항상 낭지(郎智)에게 찾아가니 그는 원효에게 초장관문(初章觀文)과 안신사심론(安身事心論)을 저술하게 했다. 원효가 짓기를 마친 뒤에 숨어 사는 은사 문선(文善)을 시켜 책을 받들어 보내면서 그 책끝에 게구(偈句)를 적었으니, 이러하다. 서쪽 골에 중의 머리 조아려, 동쪽 봉우리 상덕(上德) 높은 바위 앞에 예하노라(반고사는 영취산(靈鷲山)의 서북쪽에 있으므로 서쪽 골짜기의 스님은 바로 자신을 일컫는 것이다). 가는 티끌 불어 보내 영취산에 보태고, 잔 물방울 날려 용연(龍淵)에 던지도다. 산 동쪽에 대화강(大和江)이 있는데 이는 곧 중국 대화지(大和池) 용의 복을 빌기 위해 만들었기 때문에 용연이라 한 것이다. 지통과 원효는 모두 큰 성인이었다. 두 성인이 스승으로 섬겼으니 낭지 스님의 경지가 고매함을 알 수 있다.

(출전) 元曉住磻高寺時，常往謁智，令著初章觀文及安身事心論，曉撰訖，使隱士文善奉書馳達. 其篇尾述偈云西谷沙彌稽首禮，東岳上德高巖前(磻高在靈鷲之西北故，西谷沙彌乃自謂也)，吹以細塵補鷲岳，飛以微滴投龍淵(云云)，山之東有大和江，乃爲中國大和池龍植福所創，故云龍淵. 通與曉皆大聖也. 二聖而摳衣師之. 道邁可知(권5 피은 낭지승운)

촉향분예불결사문(髑香墳禮佛結社文)

원화 연간에 남간사(南澗寺)의 스님 일념(一念)이 염촉의 향분에 예불결사문을 지었다. 이 사실이 자세히 실려 있으니 그 얼개는 이렇다. 옛날 법흥대왕이 자극전에서 즉위했을 때 동쪽 지역을 살펴보고 말했다. 옛날 한(漢) 나라 명제가 꿈에 감응되어 불법이 동쪽으로 흘러들어왔다. 내가 왕위에 오른 뒤로 백성들을 위해 복을 닦고 죄를 없앨 곳을 마련하려 한다. 이에 대신들(향전에서는 공목알공 등이라 했다)은 왕의 깊은 뜻을 헤아리지 못하고 오직 나라를 다스리는 대의만을 내세워 절을 짓겠다는 거룩한 생각에 따르지 않자 대왕은 탄식했다. 아, 나의 부덕함이여 라고.

(출전) 元和中，南澗寺沙門一念，撰髑香墳禮佛結社文，載此事甚詳. 其畧曰昔在法興大王垂拱紫極之殿，俯察扶桑之域，以謂昔漢明感夢，佛法東流. 寡人自登位，願爲蒼生，欲造修福滅罪之處. 於是，朝臣(鄕傳云，工目・謁恭等)未測深意，唯遵理國之大義，不從建寺之神略. 大王嘆曰，於戲，寡人以不德(권3 흥법 원종흥법 염촉멸신)

(새김)

결사(結社)의 기원은, 고려 시대로 거슬러 오른다. 썩어 빠진 불교를 성찰하고 불교의 혁신을 부르짖은 신풍 운동이다. 건국 초부터 불교를 국교로 삼은 결과, 불교의 수행자인 스님들은 왕실과 결탁하여 세속의 명예를 얻는데 연연하였다. 보살 수행을 통한 중생구제라는 부처님의 가르침을 잊고 선종과 교종이라는 공론을 앞세워 세속에서 개인의 명리를 구하는 것으로 본분을 삼고 있었다. 이런 시대적 상황에 대처하기 위하여 몇몇 뜻을 함께 하는 스님들이 수행자 본래의 정신으로 돌아가자는 자정의 혁신운동을 부르짖고 함께 수행할 동지를 모아 그 이름을 결사라 하였다. 유명한 결사로는 천태종의 백련결사와 보조국사 지눌의 정혜결사가 있다. 특히 보조국사는 고려 명종 12년(1182) 수선사(修禪社, 현 송광사)에서 정혜결사를 하면서 세속화된 호국불교 및 미신불교의 타파하고 타락한 형식 불교의 척결 및 성불도생의 수행, 정법불교를 부르짖었다.

최승로(崔丞魯)

신라 말엽 천성 연간(926-929)에 정보 최은함(崔殷諴)이 나이 많도록 아들이 없어, 이 절 관음보살 앞에 나가서 기도를 드렸더니 태기가 있어 아들을 낳았다. 석 달이 되지 않았는데 후백제의 견훤이 서울을 침범해 와서 성 안이 크게 어지러웠다. 은함은 그 아이를 안고 이 절에 와서 말하였다. 이웃 군사가 문득 쳐들어와서 일이 급합니다. 이 어린 자식으로 해서 폐가 겹친다면 식구가 모두 화를 면할 수 없을 것입니다. 참으로 대성(大聖, 부처)께서 이 아이를 주신 것이라면, 원컨대 큰 자비의 힘을 내려 길러 주시어 우리 부자가 다시 만나게 해 주십시오. 슬피 세 번 울면서 세 번 아뢰고 난 뒤에 아이를 포대기에 싸서 관음상의 예좌(猊座, 사자좌) 밑에 감추고 못 잊어 하면서 떠나갔다. 반 달을 지나 적병이 물러간 뒤에 와서 아이를 찾아보니 살결은 마치 새로 목욕한 것과 같고, 모양도 매우 예쁜데 젖 냄새가 아직도 입에서 났다. 아이를 안고 돌아와 기르니 자라면서 총명하고 지혜롭기가 보통 사람보다 뛰어났다. 이 사람이 곧 승로(丞魯)다. 벼슬이 정광(正匡)에 이르렀다. 승로는 낭중 최숙을 낳았고, 숙은 낭중 제안을 낳았는데 이로부터 자손이 계속되고 끊어지지 않았다. 은함은 경순왕을 따라 고려에 들어와서 큰 가문이 되었다.

(출전) 羅季天成中, 正甫崔殷諴久無胤息, 詣玆寺大慈前祈禱, 有娠而生男, 未盈三朔, 百濟甄萱襲犯京師, 城中大潰, 殷諴抱兒來告曰鄰兵奄至, 事急矣. 赤子累重, 不能俱免, 若誠大聖之所賜, 願借大慈之力覆養之. 令我父子再得相見 涕泣悲惋, 三泣而三告之. 裹以襁褓, 藏諸猊座下, 眷眷而去, 經半月寇退, 來尋之. 肌膚如新浴, 貌體嫽好, 乳香尙痕於口, 抱持歸養, 及壯聰惠過人, 是爲丞魯, 位至正匡, 丞魯生郎中崔肅, 肅生郎中齊顔焉, 自此繼嗣不絶, 殷諴隨敬順王入本朝爲大姓(권3 탑상 삼소관음 중생사)

최씨(崔氏)

취산 진지촌(珍支村, 일명 빈지, 빙지)이다. 촌장은 지백호(智伯虎)로 처음에 화산에 내려왔으니 이사람으로 본피부 최씨의 조상이 되었다. 지금은 통선부라 한다. 시파 등 동남촌이 여기에 소속된다. 최치원은 바로 본피부 사람이다. 지금은 황룡사 남쪽 미탄사 남쪽에 옛 터가 있다고 한다. 여기가 바로 최후의 옛집임이 틀림없다.

(출전) 四曰嘴山珍支村(一作賓之. 又賓子, 又氷之) 長曰智伯虎, 初降于花山, 是爲本彼部崔氏祖, 今曰通仙部, 柴巴等東南村屬焉, 致遠乃本彼部人也. 今皇龍寺南味呑寺南有古墟, 云是崔侯古宅也. 殆明矣(권1 기이1 신라시조 혁거세왕)

최언위(崔彦撝)

신라 태대각간 최유덕(崔有德)이 자기 집을 내놓아 절을 만들고 이름을 유덕사(有德寺)라고 했다. 그의 먼 자손 삼한공신 최언위가 유덕의 진영을 여기에 걸어 모시고 또 비도 세웠다고 한다.

(출전) 新羅太大角干崔有德, 捨私第爲寺, 以有德名之. 遠孫三韓功臣崔彦撝, 掛安眞影, 仍有碑云(권3 탑상 유덕사)

(새김)

최언위의 본관은 경주이며, 초명은 신지(愼之), 인연(仁渷)이다. 최치원의 사촌 아우였다. 문하평장사 최항(崔沆)의 할아버지다. 신라 말엽 고려에 투항하여 문관으로서 한 시대의 문명을 떨쳤다. 최언위는 헌강왕 11년(885)에 당 나라로 건너가 거기서 문과에 급제하였다. 효공왕 13년(909)에 귀국해 집사성시랑 서서원학사(執事省侍郎瑞書院學士)에 임명되었다(한국민족문화백과대사전 참조).

최은함(崔殷諴) ☞ 최승로

최충(崔沖)

고종 23년(丙申, 1236) 4월 왕의 원당인 신효사의 중 온광(蘊光)이 부처의 치아에 경배하기를 청하므로 왕에게 아뢰니 왕은 내신을 시켜서 두루 궁중을 찾아보았으나 보이지 않았다. 이 때 백대(栢臺, 사헌부) 시어사 최충(崔沖)이 설신(薛伸)에게 명하여 급히 여러 알자의 방을 다니면서 물었으나 모두 어쩔 줄을 모를 뿐이었다.

(출전) 至丙申四月, 御願堂神孝寺釋蘊光請致敬佛牙, 聞于上, 勅令內臣遍檢宮中, 無得也. 時, 栢臺侍御史崔沖命薛伸, 急徵于諸謁者房, 皆未知所措. 內臣金承老奏曰壬辰年移御時紫門日記推看, 從之(권4 탑상 전후소장사리)

(새김)

고려시대 내알사(內謁司)와 내시부(內侍府)에 두었던 관원을 이른다. 내알사는 종5품, 내시부는 종7품직이었다. 흔히 임금에게 알현을 청하는 사람, 또는 찾아온 손님을 주인에게 안내하는 사람을 이른다. 고려시대에는 왕명의 전달과 왕이 사용하는 붓과 벼루의 공급, 궁궐문의 열쇠와 자물쇠의 관리 보관 등을 돌보던 사람이다(한국민족문화백과대사전 참조). **백대(栢臺)**라 함은 모든 공직자들을 감찰하고 시비를 가리는 부서로 상대(霜臺)라 부르기도 하며 고려 시대 사헌부(司憲府)를 말한다.

최치원(崔致遠)

최치원은 이렇게 말했다. 마한은 고구려이고, 진한은 신라이다(삼국사기 본기에 따르면 신라는 먼저 갑자년(甲子, 전57)에 일어났고, 고구려는 그 뒤 갑신년(甲申, 전37)에 일어났다고 했다. 여기에 말한 것은 조선왕 준(準)을 가리킨 것이다. 이로 본다면 동명왕이 일어날 때에 마한까지 차지했던 것을 알 수가 있다. 때문에 고구려를 마한이라고 부른다. 지금 사람들은 혹 금마산이 있다고 해서 마한을 백제라고 하지만 이것은 대개 잘못된 말이다. 고구려 땅에는 본래 읍산이 있었기 때문에 이름을 마한이라 한 것이다).

(출전) 崔致遠云, 馬韓麗也. 辰韓羅也(據本紀, 則羅先起甲子, 麗後起甲申, 而此云者, 以王準言之耳. 以此知東明之起, 已幷馬韓而因之矣. 故稱麗爲馬韓. 今人或認金馬山, 以馬韓爲百濟者, 盖誤濫也. 麗地自有邑山, 故名馬韓也)(권1 기이1 마한)

(새김)

최치원 : 본관은 경주. 자는 고운(孤雲) 또는 해운(海雲)이라 한다. 아버지는 견일(肩逸)인데 숭복사(崇福寺)를 창건할 때 그 일에 관계한 바 있다. 고운은 경주 사량부(沙梁部) 출신이다. 문성왕 19년(857)에 태어나 학자이자 정치인으로서 소신을 펴려 했으나 골품제의 벽을 허물지 못하고 해인사에서 생을 마감하였다. 경문왕 8년(868) 12살 때 당 나라로 유학, 서경(西

京, 장안)에서 머물러 7년 만에 18세의 나이로 외국사람을 위한 과거인 빈공과(賓貢科) 장원에 올랐다. 헌강왕 2년(876) 중국 선주(宣州)의 표수현위(漂水縣尉)로 등용되었다. 사직 후 고병이 제도행영병마도통이 되어 황소(黃巢) 토벌에 나설 때 그의 종사관으로 서기의 책임을 맡아 표문과 장계 등을 작성했다. 이 때 군무에 종사하면서 지은 글들을 지어 뒤에 계원필경(桂苑筆耕) 20권을 썼다. 특히 헌강왕 7년(881)에 지은 토황소격서(討黃巢檄書)는 명문으로 널리 알려졌다. 한편, 삼국사기의 난랑비서(鸞郎碑序)는 그의 사상적인 기반을 이해함에 큰 도움을 준다. 부산의 해운대가 최치원 선생의 자를 지명으로 삼은 대표적인 보기다(한국민족백과대사전 참조). 선생이 중국에 있을 때, 율수현 초현관(招賢館)에 간 일이 있었다. 초현관 앞에 쌍녀분이라는 무덤이 있었다. 선생이 무덤의 석문을 보고 시를 써서 바쳤는데 그날 밤 여덟 낭자와 아홉 낭자를 만나 주고받았던 시문이 널리 알려졌다. (중략) 만년에 선생은 가야산 해인사에 숨어들어 형인 큰 스님 현준과 남악의 정현과 함께 경론을 탐구하다 생을 마쳤다(수이전 참조). 그의 문인들 중에는 경문왕 때 당 나라에 가서 높은 관직에 이른 자가 한둘이 아니었다. 현종이 왕위에 있을 때 최치원이 고려 태조의 왕업을 남모르게 협찬하였으니, 그의 공을 잊을 수 없다 하여 교시를 내려 내사령을 추증했고, 14년 태평 2년 임술(壬戌) 5월에는 문창후라는 시호를 추증하였다(其門人等, 至國初來朝, 仕至達官者非一. 顯宗在位, 爲致遠密贊祖業, 功不可忘, 下敎, 贈內史令, 至十四歲大平太平二三年壬戌癸亥五二月, 贈諡文昌侯 삼국사기 열전 최치원).

최호(崔皓)

이 때 박릉(博陵)에 최호(崔皓)란 사람이 있어 좌도(左道, 반유교적인 종교)를 조금 익혀서 불교를 시기하고 미워했다. 지위가 위조(僞朝, 북위의 조정)의 재상에까지 올라서 탁발도의 신임을 받게 되자 그는 천사 구겸지와 함께 탁발도를 달래어 불교는 아무런 이익이 없고 백성들에게 해롭기만 합니다. 이에 불교를 폐하도록 권했다고 한다.

(출전) 時, 有博陵崔皓, 小習左道, 猜嫉釋敎, 旣位居僞輔, 爲燾所信, 乃與天師寇謙之說燾, 佛敎無益, 有傷民利, 勸令廢之云云(권3 흥법 아도기라)

추남(楸南)

이에 추남이 아뢰기를, 대왕의 부인이 음양의 도리를 거스른 때문에 이러한 표징으로 나타난 것입니다 했소, 이에 대왕은 놀라고 이상하게 여기고 왕비는 몹시 노했소, 이것은 필경 요망한 여우의 말이라 하여 왕에게 고하여 다른 일을 가지고 시험해서 물어 보아 맞지 않으면 중형에 처하라고 했소, 이리하여 쥐 한 마리를 함 속에 감추어 두고 이것이 무슨 물건이냐 물었더니 그 사람은, 이것이 반드시 쥐일 것인데 그 수가 여덟입니다 했소, 이에 그의 말이 맞지 않는다고 해서 죽이려 하자 그 사람은 다짐하기를, 내가 죽은 뒤에는 꼭 대장이 되어 반드시 고구려를 멸망시킬 것이라 했소, 곧 그를 죽이고 쥐의 배를 갈라 보니 새끼 일곱 마리가 있었소, 그제야 그의 말이 맞는 것을 알았지요,

(출전) 使其卜之. 奏曰, 大王夫人逆行陰陽之道, 其瑞如此, 大王驚怪, 而王妃大怒, 謂是妖狐

之語, 告於王, 更以他事驗問之. 失言則加重刑, 乃以一鼠藏於合中, 問是何物, 其人奏曰, 是必鼠, 其命有八, 乃以謂失言, 將加斬罪, 其人誓曰, 吾死之後, 願爲大將, 必滅高麗矣. 卽斬之. 剖鼠腹視之. 其命有七, 於是知前言有中(권1 기이1 김유신)

추동기(錐洞記)

오진(悟眞)은 일찍이 하가산 골암사에 주석하여 밤마다 팔을 뻗어 부석사 금당에 불을 켰다. 지통은 추동기를 지었는데, 그는 대개 몸소 의상의 가르침을 받았기 때문에 묘한 말이 많다.

(출전) 眞嘗處下柯山鶻嵒寺, 每夜伸臂點浮石室燈 通著錐洞記, 蓋承親訓, 故辭多詣妙(권4 의해 의상전교)

(새김)

그림 71 소백산 고지도

추동기(錐洞記)란 소백산의 추동이라는 곳에서 지은 기록이란 뜻이다. 이를 정리한 사람의 법명을 따라 지통기(智通記)라 불리기도 했다. 본디 신라 방언으로 쓴 추동기를 이장용(李藏用)이 다시 정리하여 보급하기도 했다. 그러나 지통기는 고려후기부터 국내에 전해오지 않았다. 일본에 전해진 화엄경문답 곧 지통기의 이본(異本)이라는 사실을 10여 년 전에 밝힌 바 있다. 의상이 입적한 702년에 지통은 48세였다. 따라서 지통은 8세기 전반에도 활동했을 것이지만, 그에 관한 기록이 거의 없다. 소백산에서 의상이 90일 동안 화엄경을 강론했고, 이를 토대로 지통이 정리하여 추동기를 저술했던 소백산의 추동은 나름대로의 중요한 의미를 지닌다. 추동(錐洞, 송곳골)은 지금 풍기읍의 영전동(靈田洞)에 해당한다. 이곳에는 19세기 중반까지도 영전사(靈田寺)가 있었는데, 황준량의 자손들이 이곳에 종택을 지으면서 남아 있던 불상이며 석탑, 석비 등을 땅 속에 묻어 버렸다고 한다. 1896년에 그 종택은 풍기 서부동으로 옮겨간 뒤 절터는 폐허가 되었다. 나아가 풍기군수 유달준(兪達俊)은 당간지주를 깨뜨려 자신의 선정비를 세웠다. 그 남은 뿌리가 1925년경까지 남아 있었다고도 한다. 1924년에 석불 1구를 이 절터에서 발굴했는데, 6.25 전쟁으로 풍기읍내의 포교당인 영전사로 이 불상을 옮겨서 봉안해 오고 있다. 또한 옛 절터에 있던 탑재 및 불상, 대좌 등도 함께 옮겨 놓았는데, 불상은 통일신라시대의 아미타불로 전한다.

추모왕(雛牟王)

추모왕은 고구려의 시조다. 삼국사(三國史) 본기에는 이렇게 말했다. 백제의 시조는 온조(溫祚)요, 그의 아버지는 추모왕인데 혹은 주몽(朱蒙)이라고도 하니, 그는 북부여(北扶餘)에서 난리를 피하여 졸본부여에 왔었다. 그곳 왕에게 아들이 없고 다만 딸 셋이 있었는데 주몽을 보자 범상치 않은 사람인 것을 알고 둘째딸을 아내로 주었다. 얼마 안 되어 부여주(扶餘州)의 왕이 죽자 주몽이 왕위를 이어받았다. 주몽은 두 아들을 낳았는데 맏이는 비류(沸流)이고 다음은 온조(溫祚)이다.

(출전) 史 · 本記云, 百濟始祖溫祚, 其父雛牟王或云朱蒙, 自北扶餘逃難, 至卒本扶餘, 州之王無子, 只有三女, 見朱蒙知非常人, 以第二女妻之. 未幾, 扶餘州王薨, 朱蒙嗣位, 生二子, 長曰沸流, 次曰溫祚(권2 기이2 남부여 전백제 북부여)

(새김)

삼국사기나 삼국유사에 해모수가 **주몽**의 아버지로 올라 있다. 해모수는 삼국사기와 삼국유사에는 나타나는 인물이다. 그렇지만, 광개토왕릉비에서 고구려 건국 설화 가운데 주몽은 하늘의 아들이자, 하백의 외손이라고만 적혀 있다. 해모수는 등장하지 않는다. 광개토왕릉비의 기록이 당대 고구려인들에 의해 새겨진 1차 사료라는 점을 고려한다면, 해모수의 정체가 불분명하다. 미루어 보건대, 해모수, 해부루의 '해'는 태양을 뜻한다. 말하자면 천손이란 말이다. 그러니까 해모수는 고구려의 천손의식에서 말미암은 상징적인 인물로 보아야 한다. 흔히 부여가 기원전 2세기경에 섰으며, 시조는 해모수가 아닌 동명성왕으로 봄이 온당하다(한국위키백과 참조).

추항(箒項)

또 삼국사(三國史) 열전에 이런 기록이 있다. 어진 선비 귀산(貴山)은 사량부(沙梁部) 사람이다. 마을의 추항(箒項)과 친구가 되어 두 사람은 서로 다짐했다. 우리들이 군자들과 함께 사귀려면 먼저 마음을 바르게 하여 처신하지 않는다면, 필경 창피를 면치 못할 것이다. 그러니 어찌 어진 사람을 찾아가서 도를 묻지 않겠는가, 이 때 원광법사가 수나라에 갔다가 돌아와서 가슬갑(嘉瑟岬, 혹은 加西, 또는 嘉栖)에 머물렀다. 모두 방언이다.

(출전) 三國史 · 列傳云 賢士貴山者牟梁部人也. 與同里箒項爲友, 二人相謂曰我等期與士君子遊, 而不先正心持身, 則恐不免於招辱, 盍問道於賢者之側乎, 時, 聞圓光法師入隋回, 寓止嘉瑟岬(或作加西, 又嘉栖, 皆方言也(권4 의해 원광서학)

축생도(畜生道)

중 팔진(八珍)은 관음보살(觀音菩薩)의 현신으로서 무리들을 모으니 천명이나 되었는데, 두 패로 나누어 한 패는 노력을 다했고, 한 패는 정성껏 도를 닦았다. 그 정진하는 무리들 중에 일을 맡아 보던 이가 계(戒)를 얻지 못해서 축생도에 떨어져서 부석사(浮石寺)의 소가 되었다. 그 소가 어느 날 불경을 등에 싣고 가다가 불경의 힘을 입어 아간 귀진(貴珍)의 집 계집종으로 태어나서 이름을 욱면(郁面)이라고 했다. 욱면이 일이 있어 하가산에 갔다가 꿈에 감응해서 드디어 불도를 닦을 마음이 생겼다.

(출전) 按僧傳棟梁八珍者觀音應現也. 結徒有一千, 分朋爲二, 一勞力, 一精修, 彼勞力中知事者不獲戒, 墮畜生道, 爲浮石寺牛. 嘗駄經而行, 賴經力, 轉爲阿干貴珍家婢, 名郁面. 因

事至下柯山, 感夢遂發道心(권5 감통 욱면비염불서승)

(새김)

축생도(畜生道) : 축생은 짐승을 말한다. 지옥과 아귀와 축생과 아수라, 그리고 인간과 천상을 육도라 한다. 축생은 주인이 기른 짐승이요, 도(道)라 함은 업을 받게 된 원인을 말한다.

하가산(下柯山, 882m) : 경북 안동과 영주 어름에 자리한 산을 말한다. 뒤에 학가산(鶴駕山)으로 고쳐 부르게 되었다.

춘주(春州)

또 춘주는 옛날의 우수주(牛首州)인데 곧 옛날의 맥국(貊國)이다. 또 혹은 현 삭주(朔州)가 바로 맥국이다. 혹은 평양성이 맥국이다.

(출전) 又春州古牛首州, 古貊國, 又或云, 今朔州是貊國, 或平壤城爲貊國(권1 기이1 마한)

(새김)

춘주(春州, 현 춘천)는 본디 맥국(貊國)이라 일컬었다. 선덕여왕 6년(637) 우수주(牛首州, 또는 牛頭州)라 칭하고 군주(軍主)를 두어 다스렸다. 경덕왕 16년(757) 삭주(朔州)로 고쳤다가, 뒤에 다시 광해주(光海州)라 고쳐 불렀다. 태조 23년(940) 춘주라 개칭하였다가 성종 14년(995) 단련사를 두어 안변부에 예속시켰다. 신종 6년(1203) 이 고을 사람들이 안변부와 춘주간의 도로가 다니기에 어렵다 하여 당시의 권신 최충헌에게 뇌물을 바쳐 독립된 안양도호부라 고치게 되었다. 그러나 얼마 가지 않아 지춘주사(知春州事)를 두어 격하시켰다. 가평군을 비롯한 2군 9현이 소속되었다. 태종 13년(1413) 춘천군으로 고쳤으며 그 뒤 도호부, 현, 군을 되풀이하였다. 유서가 깊은 곳이어서 역사적 유물도 많지만 최근의 소양댐 공사로 선사시대의 유물이 많이 출토되었다(한민족 문화대백과사전 참조). 삼악산성을 달리 맥국산성이라고도 부른다. 이와 더불어 신북면 발산리에 가면 대궐터와 왕뒤 같은 맥국 관련으로 보이는 지명들이 아직도 남아 있다. 이를테면 공지천도 곰내라고도 하는 걸 보면 맥국과 관련한 내로 볼 수 있다. 맥국의 맥(貊)이 곰의 한 갈래로서 강력한 힘을 갖고 있는 불곰 종류를 말한다(食鐵似熊, 본초강목).

춘추공(春秋公)-김춘추(金春秋)

신라 제29대 태종대왕의 이름은 춘추(春秋), 성은 김씨다. 용수(龍樹, 혹은 龍春) 각간으로 추봉된 문흥대왕의 아들이다. 어머니는 진평대왕의 딸 천명부인이며 비는 문명황후 문희이니 곧 유신공의 막내 누이였다.

(출전) 第二十九太宗大王, 名春秋, 姓金氏, 龍樹(一作龍春)角干 · 追封文興大王之子也. 妣眞平大王之女天明夫人, 妃文明皇后文姬, 卽庾信公之季妹也(권1 기이1 태종춘추공)

(새김)

진덕여왕 8년(654) 3월에 임금이 돌아갔다. 성골에 남자가 없으매, 진골 세력은 상대등 알천

(閼川)에게 섭정을 강력하게 청하였다. 답은 허사였다. 알천은 이를 물리치고 **춘추(春秋)**의 등극을 권하였다. 춘추는 사양하다가 마침내 알천의 천거를 받아들여 임금으로 즉위하였다. 삼국사기에는 신라의 시조 혁거세(赫居世)부터 진덕여왕까지 28명의 임금을 성골, 무열왕부터 마지막 경순왕까지를 진골이라고 하였다. 즉위 직후 무열왕은 아버지 김용춘을 문흥대왕으로, 어머니 천명부인을 문정왕후로 추봉하여 왕권의 정통성을 확립하였다. 무열왕 2년(655) 문희의 맏아들 법민(法敏)을 태자로 삼고, 나머지 문희 소생의 왕자들에게도 벼슬을 주었다. 대각간 김유신에게는 딸 지소공주를 시집보내 겹사돈 혼인을 감행하였다. 왕 2년(655)에 당에 사신을 보내어, 고구려가 백제와 말갈과 더불어 군사를 연합하여 신라의 북쪽 변경의 33개의 성을 빼앗겼음을 알리면서 군사를 요청하였다. 당(唐)은 3월, 영주 도독 정명진(程名振)과 좌우위중랑장 소정방(蘇定方)을 보내어 고구려를 공격하였다. 왕위 옹립에 절대적으로 이바지한 김유신을 중용하여 무열왕 7년(660) 정월에 상대등으로 임용해 왕권을 보다 강화할 수 있는 계기를 만들었다. 그 이전에는 상대등을 중심으로 한 화백회의에서 임금의 임면을 주도하였다. 이런 강력한 왕권을 바탕으로 무열왕은 고구려 및 백제와 본격적인 전쟁을 통하여 삼국통일을 하였다.

충담사(忠談師)

왕이 내가 말하는 정통한 스님이 아니라고 그를 돌려보냈다. 다시 스님 한 사람이 있는데 납의(衲衣, 누비옷)를 입고 앵통(櫻筒, 벚나무 통)을 지고 남쪽에서 오고 있었는데 왕이 보고 기뻐하여 누각 위로 맞이했다. 통 속을 보니 다구가 들어 있었다. 왕은 물었다. 그대는 대체 누구요. 소승은 충담이라고 합니다. 어디서 오는 길이오. 소승은 3월 3일과 9월 9일에는 차를 달여서 남산 차 끓이는 삼화령(三花嶺)의 미륵세존께 드리는데, 지금도 드리고 돌아오는 길입니다. 나에게도 그 차를 한 잔 나누어 주겠소, 스님이 이내 차를 달여 드리니 차 맛이 이상하고 찻잔 속에서 이상한 향기가 풍긴다.

(출전) 王曰非吾所謂榮僧也. 退之. 更有一僧, 被衲衣負櫻筒(一作荷簣), 從南而來, 王喜見之. 邀致樓上, 視其筒中, 盛茶具已, 曰, 汝爲誰耶 僧曰 忠談, 曰何所歸來 僧曰 僧每重三重九之日, 烹茶饗南山三花嶺彌勒世尊, 今茲既獻而還矣. 王曰寡人亦一甌茶有分乎, 僧乃煎茶獻之. 茶之氣味異常, 甌中異香郁烈(권2 기이2 경덕왕 충담사 표훈대사)

취선사(鷲仙寺)

혜공왕(惠恭王)은 이 소식을 듣고 두려워하여 이내 대신 김경신(金敬信)을 보내서 김유신 공의 능에 가서 잘못을 사과하고 김공을 위해서 공덕보전 30결을 취선사에 내려서 공의 명복을 빌게 했다. 이 절은 김공이 평양을 점령한 뒤에 복을 빌기 위하여 세웠던 절이기 때문이다. 미추왕의 신령한 힘이 아니라면 김유신의 노여움을 막지 못했을 것이다.

(출전) 王聞之懼, 乃遣工臣金敬信, 就金公陵謝過焉, 爲公立功德寶田三十結于鷲仙寺, 以資冥福. 寺乃金公討平壤後, 植福所置故也. 非未鄒之靈, 無以遏金公之怒(권1 기이1 미추왕 죽엽군)

취희왕(吹希王)

가락 제7대 취희왕은 달리 질가(叱嘉)라고도 한다. 성은 김씨(金氏), 영초 2년(421)에 즉위, 통치는 31년 동안, 원가 28년(辛卯, 451) 2월 3일에 돌아갔다. 왕비는 각간 진사(進思)의 딸 인덕(仁德)인데 왕자 질지(銍知)를 낳았다.

(출전) 一云叱嘉, 金氏, 永初二年卽位, 治三十一年, 元嘉二十八年辛卯二月三日崩, 王妃進思角干女仁德, 生王子銍知(권2 기이2 가락국기)

치리(齒理)-니사금(齒叱今) ☞ 니사금

치술령(鵄述嶺)

처음에 제상이 신라를 떠날 때 부인이 듣고 남편의 뒤를 쫓아갔으나 따르지 못했다. 이에 망덕사(望德寺) 문 남쪽 사장 위에 이르러 주저앉아 길게 부르짖었다 하여 그 모래밭을 장사(長沙)라고 불렀다. 친척 두 사람이 붙들고 도와서 돌아오려 하자 부인은 다리를 뻗은 채 앉아서 일어나지 않았다. 그래서 그곳을 벌지지(伐知旨)라고 이름 지었다. 이런 일이 있은 지 오래 된 뒤에 부인은 남편을 사모하는 마음을 이기지 못하여 세 딸을 데리고 치술령에 올라가 왜국을 바라보고 통곡하다가 죽고 말았다. 이어 부인은 치술신모가 되었고 지금도 사당이 있다.

(출전) 初堤上之發去也. 夫人聞之追不及, 及至望德寺門南沙上, 放臥長號, 因名其沙曰長沙, 親戚二人, 扶腋將還, 夫人舒脚坐不起, 名其地曰伐知旨, 久後夫人不勝其慕, 率三娘子上鵄述嶺, 望倭國痛哭而終, 仍爲鵄述神母, 今祠堂存(권1 기이1 내물왕 김제상)

(새김)

치술신모(鵄述神母) : 제상의 아내는 슬피 울다 죽었으나 그의 영혼은 새가 되어 동굴에 숨어 기다리면서 산다. 그 뒤로 동굴 속에서 날마다 한 사람 몫의 쌀이 나왔다고 한다. 동굴 어름에 은을암(隱乙庵)이 있다. 미시나(三品, 삼국유사고증)는 은을-얼-우물로 풀이하였다. 오히려 얼을 영혼으로 풀이함이 온당할 것으로 본다. 치술(鵄述)도 당시에는 파찰음소가 마찰음으로 읽었으니까 치술-시술의 대응에서 치-시-새로 보이며, 술-수리-산봉우리로 보면 영혼의 화신이 새로 된 것이다.

치술신모(鵄述神母) ☞ 치술령

칠십이국(七十二國)

통전(通典)에 이렇게 말했다. 조선의 유민은 모두 70여 나라로 나뉘어 있는데 이들은 모두 땅이 사방 백 리이다. 또 후한서(後漢書)에는 서한이 조선의 옛 땅에 처음으로 네 군을 두었다가 뒤에 두 부를 두었다. 법령이 차츰 번거로워지자 이것을 78개의 나라로 나누니, 이들은 각각 만호였다고 했다.

(출전) 通典云, 朝鮮之遺民, 分爲七十餘國, 皆地方百里後漢書云, 西漢以朝鮮舊地, 初置爲四

郡, 後置二府, 法令漸煩, 分爲七十八國, 各萬戶(권1 기이1 칠십이국)

침류왕(枕流王)

백제 제15대 침류왕은 근구수왕의 아들로 갑신년(甲申, 384)에 즉위하였다.

(출전) 第十五枕流王近仇首子, 甲申立(권1 왕력 침류왕)

타사암(墮死巖)

백제고기(百濟古記)에는 이렇게 말했다. 부여성(扶餘城) 북쪽 모퉁이에 큰 바위가 있는데 아래로 강물을 내려다보고 있다. 옛날부터 전해 오는 말에 의자왕과 여러 후궁들은 죽음을 면하지 못할 것을 알고 서로 이르기를, 차라리 자진해 죽을지언정 남의 손에 죽지 않겠노라고 서로 이끌고 여기에 와서 강에 몸을 던져 죽었다. 때문에 이 바위를 타사암이라고 하나 이것은 속설이 잘못 전해진 것이다. 다만 궁녀들만이 여기에 떨어져 죽은 것이오, 의자왕이 당 나라에서 죽었다는 것은 당사(唐史)에 명문이 있다.

(출전) 百濟古記云, 扶餘城北角有大巖下臨江水, 相傳云, 義慈王與諸後宮知其未免, 相謂曰, 寧自盡不死於他人手, 相率至此, 投江而死, 故俗云墮死岩, 斯乃俚言之訛也. 但宮人之墮死, 義慈卒於唐唐史有明文(권1 기이1 태종춘추공)

탁라(乇羅)

해동안홍기(海東安弘紀)에는, 구한(九韓)이란, 1은 일본, 2는 중화, 3은 오월, 4는 탁라, 5는 응유, 6은 말갈, 7은 단국, 8은 여진, 9는 예맥이라고 했다.

(출전) 海東安弘記云九韓者, 一日本, 二中華, 三吳越, 四乇羅, 五鷹遊, 六靺鞨, 七丹國, 八女眞, 九穢貊(권1 기이1 마한)

(새김)

탁라(乇羅)는 오늘날의 제주도를 이른다. 중국 문헌에서 주호(州胡)가 나온다. 탁라는 마한의 서쪽 바다에 큰 섬이다. 사람들은 대체로 키가 작고 말도 한(韓)과 같지 않다. 그들은 배를 타고 오고가며 한(韓) 나라에서 물건을 사고판다(三國志 東夷傳 韓傳). 제주시 산지항(山地港)에서 발견된 오수전(五銖錢)이나 화천(貨泉)이 그런 증거이다(제주박물관). 삼국사기에는 탁라가 탐라국(耽羅國) 혹은 탐모라(耽牟羅) 등으로 올라 있다.

탁수(涿水)

또 최치원은 적었다. 진한은 본디 연(燕) 나라 사람이 피난해 와 있던 곳이다. 그래서 탁수의 이름을 따서 그들이 사는 읍과 마을을 사탁(沙涿), 점탁(漸涿)이라고 불렀다(신라 사람의 방언에 탁의 음을 도(道)라고 했다. 때문에 지금도 혹 사량이라 하는데, 양(梁)을 도(道)라고도 읽는다).

(출전) 又崔致遠云辰韓本燕人避之者, 故取涿水之名, 稱所居之邑里, 云沙涿 · 漸涿等(羅人方

言, 讀涿音爲道. 故今或作沙梁, 梁亦讀道)(권1 기이1 진한)

(새김)

탁수(涿水)는 고대 중국의 연(燕) 나라의 하북성 탁록현의 탁록산에서 발원하는 강의 이름이다. 탁록현(涿鹿縣)은 인근 탁현(涿縣)과 녹두산 또는 백록산의 록(鹿)을 합하여서 붙여진 지명으로 추정해 볼 수 있다. 그렇다면 탁수는 탁록현에 자리한 백록산에서 흘러내리는 물로 볼 수 있다.

탄현(炭峴)

태조는 장군 공훤(公萱) 등에게 명하여 삼군을 일시에 진군시켜 협공하니 백제군은 무너져 달아났다. 황산 탄현에 이르자 신검은 두 아우와 장군 부달(富達)과 능환(能奐) 등 40여 명과 함께 항복했다. 태조는 항복을 받고 나머지는 모두 위로하여 처자와 함께 서울로 돌아가도록 허락했다. 태조가 능환에게 물었다. 처음에 양검 등과 아무도 모르게 모의하여 대왕을 가두고 그 아들을 세운 것은 네 꾀이니, 신하된 의리에 이래야 마땅하단 말이냐, 능환은 머리를 숙이고 말을 하지 못한다. 태조는 명하여 능환의 목을 베라고 했다.

(출전) 太祖命將軍公萱等, 三軍齊進挾擊, 百濟軍潰北, 至黃山炭峴, 神劍與二弟・將軍富達・能奐等四十餘人生降, 太祖受降, 餘皆勞之. 許令與妻子上京, 問能奐曰始與良劍等密謀, 囚大王立其子者, 汝之謀也. 爲臣之義, 當如是乎 能奐俛首不能言, 遂命誅之(권2 기이2 후백제 견훤)

(새김)

그림 72 공주목 고지도

탄현(炭峴)은 현재 충남 공주와 부여의 사이에 자리한 곳이다. 우리말로는 숯 고개인데 여기 숯은 숯-숯-슷으로 대응되며 사이를 뜻한다(슷間(훈몽자회). 흔히 쑥고개라 부르는 경우도 있다. 후일 전봉준이 동학군을 지휘하여 도성으로 올라오다가 탄현 고개로 잘 못 길을 들어 우금치에서 덜미를 잡히는 불행한 일이 일어난 곳이다. 오늘날의 논산시 경천(敬天) 땅에서 야영을 하는데 꿈을 꾸었다. 웬 노승이 다가와서는 경천을 조심하라. 새벽에 잠에서 깨어나서 곰곰이 생각하였다. 사람을 의심할 수는 없는 일이 아닌가. 그의 부하 장수 가운데 김경천(金敬天)이라는 사람이 있었다. 하여 공주와 부여 사이에 있는 탄현 고개를 넘어가기로 작심하였다. 마침내 경천에게 밀고를 당하여 왜군에게 붙잡혀서 처형당하였다(이문수 제보). 흔히 충남과 충북의 경계를 이루는 마도령(馬道嶺)을, 충북과 전북의 경계가 되는 검현(黔峴)을 탄현으로 보기도 한다(池內宏, 1934).

탈해치질금(脫解齒叱今)

신라 제4대 탈해치질금(脫解齒叱今, 일명 吐解尼師今)은 남해왕 때(고본에는 임인년(壬寅, 42)이라고 했으나 이것은 잘못이다. 가까운 일이라면 노례왕의 즉위 초년보다 뒤의 일일 것이니 양위를 다투는 일이 없었을 것이다. 또 먼저의 일이라면 혁거세왕 때의 일일 것이다. 그러니 이 일은 임인년이 아님을 알겠다)에 가락국의 바다 가운데에 배 한 척이 와서 닿았다. 이것을 보고 그 나라 수로왕이 백성들과 함께 북을 치고 법석을 열면서 그들을 맞아 머물게 하려고 했다. 그러나 그 배는 나는 듯이 계림 동쪽 하서지촌의 아진포(阿珍浦)로 달아났다. 이 때 마침 포구에 한 늙은 할멈이 있어 이름을 아진의선(阿珍義先)이라고 하였는데 이가 바로 혁거세왕의 고기잡이 할멈이었다.

(출전) 脫解齒叱今(一作吐解尼師今), 南解王時(古本云壬寅年至者, 謬矣. 近則, 後於弩禮卽位之初, 無爭讓之事 前則, 在於赫居之世, 故知壬寅非也). 駕洛國海中有船來泊, 其國首露王, 與臣民鼓譟而迎, 將欲留之. 而舡乃飛走, 至於雞林東下西知村阿珍浦 時, 浦邊有一嫗, 名阿珍義先, 乃赫居王之海尺之母(권1 기이1 탈해왕)

(새김)

삼국유사에는 탈해가 타고 온 함을 발견한 사람이 혁거세 임금의 고기잡이 할멈으로 되어있으나 이와는 달리 아진포의 촌장 아진(阿珍) 등이 함을 열어 보았다고 했다(수이전 참조). 탈해 본인이 야장이라는 말을 했듯이 울산 방면의 철산지를 장악하고 있다(강종훈, 2000). 탈해가 자신이 야장이라 함은 일종의 속임수로 호공을 속이기 위한 방편이었다(최광식, 1997).

탑참법(搭懺法)

동행한 관원이 이것을 조사해 보고 요망스러운 일이라 하니 이에 그들은 말했다. 탑참법이란 점찰경(占察經)에 따른 것이고, 박참법은 여러 경 속의 내용에 따른 것으로, 온몸을 땅에 던져 마치 큰 산이 무너지는 것과 같이 한다.

(출전) 同行官司檢察, 謂是妖妄, 彼云, 此搭懺法依占察經, 撲懺法依諸經中, 五體投地如大山崩(권4 의해 진표전간)

(새김)

당승전(唐僧傳)에 탑참법에 대한 사연이 올라 있다. 이 **탑참법(搭懺法)**은 가죽 첩 자리 두 장에 선(善), 악(惡) 두 자를 각기 써서 던져 선(善)자를 얻으면 길하다는 참회법이다. 이는 점찰경(占察經)에 의한 것이고, **박참법**은 여러 경에 있는 내용에 따른 것으로 오체투지(五體投地)하여 마치 온 몸을 땅에 던져 마치 큰 산이 무너지는 것과 같이 한다. 그 때 이 사실을 아뢰자 황제는 내사시랑 이원찬(李元撰)을 시켜 대흥사로 가서 여러 고승들에게 사실 여부를 묻게 했다.

태백산(太伯山)

환웅(桓雄)은 무리 3천 명을 거느리고 태백산 마루턱(곧 태백산은 현 묘향산)에 있는 신단수 밑에 내려왔다. 이름 하여 신시를 열었으니 이 분을 환웅천왕이라 한다. 바람과 비, 구름과 곡식과 목숨, 질병과 형벌, 선악을 다스리는 등 사람들의 360여 가지 일을 섭렵하여 도리로써 세상을 교화하였다.

(출전) 雄率徒三千, 降於太伯山頂(卽太伯今妙香山)神壇樹下, 謂之神市, 是謂桓雄天王也. 將風伯·雨師·雲師, 而主穀·主命·主病·主刑·主善惡, 凡主人間三百六十餘事, 在世理化(권1 기이1 고조선)

(새김)

삼국유사에 나오는 **단군(壇君)**이 이승휴의 제왕운기(帝王韻紀)에는 단군(檀君)으로 나온다. 개천절의 단초는 삼국유사 고조선조이면서도 단군은, 제왕운기의 기록을 따른다면 이는 재고할 필요가 있다. 하늘신과 땅신에게 정성으로 제를 올리는 제단을 말한다. 요하문명의 핵심이라 할 홍산 문화의 유적 가운데 요녕성 조양시 어름의 우하량(牛河梁, 전3천-전3천5백)의 천단(天壇) 터는 바로 겨레의 번영과 안녕을 빌었던 제단 문화로 시작한다. 제단은 곧 제의행위를 전제한다. 그것이 바로 요제(遼祭)와 망제(望祭)를 합하여 망요제를 올렸던 거룩한 제단 터 곧 소도(蘇塗)였다. 무슨 박달나무를 중심으로 제를 올렸다 함이 과연 옳을까를 되돌아보아야 한다(정호완, 2016).

태조(太祖)

천성 2년(丁亥, 927) 9월에 후백제의 견훤이 신라를 침범해서 고울부에 이르니, 신라왕은 우리 고려 태조에게 구원을 청하였다. 태조는 장차 군사를 내려는데 견훤은 고울부(高鬱府, 현 울주)를 쳐서 취하고 시림(始林, 혹은 계림 서쪽 들이라고 했다)으로 진군하여 졸지에 신라 서울로 들어갔다. 이 때 경애왕은 부인과 함께 포석정에 나가 제향을 올리고 있었으므로 손도 못 써보고 쉽게 패했다. 견훤은 왕의 부인을 억지로 끌어다가 욕보이고 왕의 집안 아우인 김부(金傅)로 하여금 왕위를 잇게 하였다.

(출전) 天成二年丁亥九月, 萱攻取近品城(今山陽縣)燒之. 新羅王求救於太祖. 太祖將出師, 萱襲取高鬱府(今蔚州), 進軍族始林(一云鷄林西郊), 卒入新羅王都. 新羅王與夫人出遊鮑石亭, 時由是甚敗. 萱强引夫人亂之. 以王之族弟金傅嗣位(권2 기이2 후백제 견훤)

(새김)

족시림은 문맥으로 보아 **어시림(於始林)**이 옳을 것으로 본다(파른본 삼국유사 교감). 그러니까 족(族)이 아니고 어(於)가 되어 장소를 드러내는 조사로 보자는 것이다.

태종무열왕(太宗武烈王)

신라 제29대 태종대왕, 이름은 춘추(春秋), 성은 김씨다. 아버지는 용수(龍樹, 일명 용춘) 각간으로 추봉된 문흥대왕의 아들이다. 어머니는 진평왕의 딸 천명부인이며 왕비는 문명황후 문희(文姬)이니 곧 김유신의 아래 누이였다. 처음 문희의 언니 보희가 꿈에 서악에 올라가서 오줌을 누는데 오줌이 서라벌 안에 가득 찼다. 이튿날 아침에 문희에게 꿈 이야기를 하였다. 문희는 이 말을 듣자 내가 그 꿈을 사겠어요, 하면서 언니는 무슨 물건으로 사려 하느냐하고 물었다. 비단치마면 되겠지. 언니가 그래 하면서 동생이 옷깃을 벌리고 받으려 하자 보희는 어젯밤 꿈을 네게 준다 했고, 동생은 비단치마로 값을 건넸다. 그 뒤 열흘이 지났다. 정월 오기일(午忌日, 사금갑 조에 보였으니 최치원의 설)에 유신이 춘추공과 함께 유신의 집 앞에서 공을 찼다(신라 사람은 공차는 것을 농주의 희롱이라 했다). 이 때 유신은 일부러 춘추의 옷을 밟아서 옷끈을 떨어뜨리게 하고 말하였다. 내 집에 들어가서 옷끈을 달도록 하자고. 춘추공은 그 말을 따랐다. 유신이 아해(阿海, 보희)를 보고 옷을 꿰매 드리라 하니 아해는, 어찌 그런 사소한 일로 해서 가벼이 귀공자와 가까이 합니까 하고 사양했다(고본에는 병 때문에 나오지 않았다고 했다). 이에 유신은 아지(阿之. 문희)에게 시켰다. 춘추공은 유신의 뜻을 알고 드디어 아지와 정분이 나서 자주 오고갔다. 유신은 그 누이가 임신한 것을 알고 꾸짖었다. 너는 부모 허락도 없이 아이를 배었으니 그게 무슨 일이냐, 그리고는 이 소식을 온 나라 안에 말을 퍼뜨려 그 누이를 불태워 죽인다고 했다. 어느 날 선덕왕이 남산에 행차한 틈을 타서 유신은 마당 가운데 나무를 쌓아 놓고 불을 질렀다. 연기가 일어나자 왕이 바라보고 무슨 일이냐고 물었다. 좌우에서 아뢰기를, 유신이 누이동생을 불태워 죽인답니다. 왕이 그 까닭을 물으니, 그 누이동생이 남편도 없이 임신한 탓이라 했다. 왕이 그게 누구의 아이냐고 물었다. 이 때 춘추공은 왕을 모시고 앞에 있다가 얼굴빛이 몹시 당황했다. 왕은 말한다. 네가 한 짓이로구나, 빨리 가서 구하라. 춘추공은 왕명을 받고 말을 달려 문희를 죽이지 못하게 하고 그 뒤 당당하게 혼례를 올렸다.

(출전) 第二十九太宗大王, 名春秋, 姓金氏, 龍樹(一作龍春)角干・追封文興大王之子也. 妣眞平大王之女天明夫人, 妃文明皇后文姬, 卽庾信公之季妹也. 初文姬之姊寶姬, 夢登西岳捨溺, 瀰滿京城, 旦與妹說夢, 文姬聞之謂曰我買此夢, 姊曰與何物乎, 曰鬻錦裙可乎, 姊曰諾, 妹開襟受之. 姊曰疇昔之夢, 傳付於汝, 妹以錦裙酬之. 後旬日庾信與春秋公, 正月午忌日(見上射琴匣事, 乃崔致遠之說), 蹴鞠于庾信宅前(羅人謂蹴鞠爲弄珠之戲), 故踏春秋之裙, 裂其襟紐, 請曰入吾家縫之. 公從之. 庾信命阿海奉針, 海曰 豈以細事, 輕近貴公子乎因辭(古本云, 因病不進). 乃命阿之. 公知庾信之意, 遂幸之. 自後數數來往, 庾信知其有娠, 乃嘖之曰. 爾不告父母而有娠何也. 乃宣言於國中, 欲焚其妹, 一日, 俟善德王遊幸南山, 積薪於庭中, 焚火烟起, 王望之問何烟, 左右奏曰, 殆庾信之焚妹也. 王問其故, 曰, 爲其妹無夫有娠, 王曰, 是誰所爲時公昵侍在前, 顔色大變, 王曰, 是汝所爲也. 速往救之 公受命馳馬, 傳宣沮之. 自後現行婚禮(권1 기이1 태종춘추공)

(새김)

김춘추(金春秋), 그 이름부터가 예사롭지 않다. 춘추 곧 역사를 새로 쓰는 인물이라는 의미를 갖고 있다. 곧 삼국통일의 대업을 이룬 임금이다. 하여 태종이라는 왕명을 씀으로 하여 당 나라 태종의 심기를 어지럽게 한다. 성골만이 임금의 자리에 올랐던 폐쇄적인 시대를 뒤로 하고 능력에 따라서는 진골도 임금이 될 수 있는 시대를 열어갈 수 있다는 이정표를 세운 임금이다. 태종춘추공의 공(公)은 왕(王)의 별칭이다.

태평가(太平歌)

당 나라 황제는 이것을 아름답게 여겨 칭찬하고 진덕여왕을 계림국왕으로 고쳐 봉했다. 태평가의 노래 말은 이러했다. 위대한 당 나라 왕업을 세우니, 높고 높은 임금의 계획 장하여라, 전쟁 끝나니 천하를 평정하고, 문치를 닦으니 모든 왕이 뒤를 이었네, 하늘을 거느리니 좋은 비 내리고, 만물을 다스리니 모든 것이 빛이 나네, 깊은 덕화는 해와 달에 비기겠고, 돌아오는 운수는 요순보다 앞서네, 깃발은 어찌 그리 번쩍이는가, 징소리 북소리는 웅장도 하여라. 오랑캐로서 황제의 명을 어기는 자는 칼 앞에 자빠져 천벌을 받으리라. 순후한 풍속 곳곳에 퍼지니, 멀고 가까운 곳에서 상서로운 찬가를 바치네. 사철 기후는 옥촉처럼 고르고, 칠성의 광명은 만방에 두루 비치네. 산악의 정기는 보필할 재상을 낳고, 황제는 충성스럽고 선량한 신하에게 일을 맡겼네. 오제 삼황의 덕이 하나로 이룩되니, 우리 당 나라 황제를 밝게 해 주리.

(출전) 其詞曰大唐開洪業, 巍巍皇猷昌, 止戈戎威定, 修文契百王, 統天崇雨施, 理物體含章, 深仁諧日月, 撫運邁虞唐, 幡旗何赫赫, 錚鼓何鍠鍠, 外夷違命者, 剪覆被天殃, 淳風凝幽現, 遐邇競呈祥, 四時和玉燭, 七曜巡萬方, 維嶽降輔宰, 維帝任忠良, 五三成一德, 昭我唐家皇(권1 기이1 진덕왕)

태평광기(太平廣記)

정원 9년에 신도징(申屠澄)이 야인으로서 한주(漢州) 십방현위에 임명되어 진부현의 동쪽 10리쯤 되는 곳에 이르렀을 때였다. 눈보라와 심한 추위를 만나 말이 앞으로 나가지 못하므로 길옆의 초가집으로 들어가니 그 안에 불이 피워 있어 매우 따뜻했다. 등불 밑에 나가 보니 늙은 부모와 처녀가 화롯가에 둘러앉았는데, 그 처녀의 나이는 바야흐로 14, 5세쯤 되어 보였다. 비록 머리는 헝클어지고 때 묻은 옷을 입었으나 눈처럼 흰 살결과 꽃 같은 얼굴이며 맵시가 아름다웠다. 그 부모는 신도징이 온 것을 보고 급히 일어나서 말했다.

(출전) 貞元九年, 申屠澄自黃冠, 調補漢州什邡縣之尉, 至眞符縣之東十里許, 遇風雪大寒, 馬不能前. 路傍有茅舍, 中有煙火甚溫, 照燈下就之. 有老父嫗及處子, 環火而坐. 其女年方十四五, 雖蓬髮垢衣, 雪膚花臉, 擧止姸媚. 父嫗見澄來, 遽起曰客甚衝寒雪, 請前就火 澄坐良久(권5 감통 김현감호)

(새김)

출전의 원문에 분명한 출처는 밝히지 않고 있으나 그 내용으로 보아 **태평광기(太平廣記)**의 신도징(申屠澄)과 거의 같은 속내임을 알 수 있기에 여기에 올렸다. 태평광기 5백권은 송나라의 이방(李昉) 등이 엮은 책이다. 태종 2년(977)에서 다음 해에 걸쳐 엮은 것으로 야사나 전기, 소설 등을 소재별로 엮어 모은 것이다. 이방은 후한 때 후주를 거쳐 송나라의 재상을 지낸 사람이다.

토론삼한집(討論三韓集)

동도의 남산 남쪽에 봉우리 하나가 우뚝 솟아 있는데 흔히 고위산(高位山)이라 한다. 산의 남쪽에 절이 있었다. 속칭 고사(高寺) 또는 천룡사(天龍寺)라고 하였다. 토론삼한집에는 이렇게 말했다. 계림에는 두 줄기의 객수(客水)와 한 줄기의 역수(逆水)가 있다. 그 역수와 객수의 두 근원이 천재를 누르지 못하면 천룡사가 뒤집혀 무너지는 재앙이 생긴다. 속전에는 이렇게 말한다. 역수는 이 고을 남쪽 마등오촌(馬等烏村)의 남쪽을 흐르는 내이다. 또 이 물의 근원이 천룡사에서 시작되는데, 중국에서 온 사신 악붕귀(樂鵬龜)가 와서 보고 말하기를, 이 절을 파괴하면 이내 나라가 망할 것이다.

(출전) 東都南山之南, 有一峯屹起, 俗云高位山, 山之陽有寺, 俚云高寺, 或云天龍寺, 討論三韓集云雞林土內有客水二條・逆水一條, 其逆水・客水二源, 不鎭天災, 則致天龍覆沒之災 俗傳云逆水者, 州之南馬等烏村南流川是, 又是水之源致天龍寺, 中國來使樂鵬龜來見云破此寺則國亡無日矣(권4 탑상 천룡사)

(새김)

고위산(高位山, 494m)은 산의 허리에 아직도 **고허산성(高墟山城)**이 있는 것으로 보아 고허산이 본디 이름으로 보인다. 말하자면 고허-고위로 소리가 약화 탈락한 것이고 다시 좋은 글자로 바꾼 것이라 볼 수 있다. **돌산(突山)** 고허촌의 돌산도 고허산의 또 다른 이름으로 보인다. 높이 돋아 솟은 산이란 말이 된다. 돌산의 돌은 돌-돌-달로써 대응되며 지명의 앞에 쓰이면 크다(大), 높다(高)라는 뜻을 이르는 분포가 확인된다. **마등오촌**(馬等烏村)의 경우, 이두로 읽으면 몰돌오-무들오-마드로촌이 된다. 곧 가장 큰 들이 있는 마을이란 말이다(정호완).

토함산(吐含山)

진평왕 때 지혜(智惠)라는 비구니가 있어 착한 행실이 많았다. 안흥사에 있을 때 새로 불당을 수리하려 했지만 힘이 모자랐다. 어느 날 모양이 아름답고 구슬로 머리를 장식한 한 선녀가 와서 그를 위로해 주는 꿈을 꾸었다. 나는 바로 선도산 신모인데, 네가 불당을 수리하려 하는 것을 기쁘게 생각하여 금 10근을 주어 돕고자 한다. 내가 있는 자리 밑에서 금을 꺼내서 주존 삼상을 장식하고 벽 위에는 오삼불 육류성중 및 모든 천신과 오악의 신군(신라 때의 오악은 동의 토함산, 남의 지리산, 서의 계룡산, 북의 태백산, 중앙의 부악, 또는 공산)을 그리고, 해마다 봄과 가을의 10일에 남녀 신도들을 많이 모아 널리 모든 신령을 위해서 점찰법회를 베푸는 것으로써 일정한 규정을 삼도록 하라(고려 굴불지의 용이 황제의 꿈에 나타나 영취산에 약사도량을 영구히 열어 바닷길이 편안할 것을 청한 일이 있는데 그 일도 역시 이와 같다).

(출전) 眞平王朝, 有比丘尼名智惠, 多賢行, 住安興寺, 擬新修佛殿而力未也. 夢一女仙風儀婥約, 珠翠飾鬟, 來慰曰我是仙桃山神母也. 喜汝欲修佛殿, 願施金十斤以助之. 宜取金於予座下, 粧點主尊三像, 壁上繪五十三佛・六類聖衆及諸天神・五岳神君(羅時五岳, 謂

東吐含山, 南智異山, 西雞龍, 北太伯, 中父岳亦云公山也). 每春秋二季之十日, 叢會善男善女, 廣爲一切含靈, 設占察法會以爲恒規, (本朝屈弗池龍, 託夢於帝, 請於靈鷲山長開藥師道場(권5 감통 선도성모수희불사)

(새김)

토함산(吐含山) : 경주의 동남쪽에 자리한 신라 5악 가운데 하나다. 토함산의 어원은 읍 앞에 자리한 산-읍전산으로 풀이한다(양주동, 고가연구). 이곳에는 토함산과 함께 함월산(含月山)이 있다. 공통점이 함(含)을 갖고 있다는 것이다. 함(含)의 고대 한자음이 감(gam)인바, 감은 우리 고유어로 신(神)을 뜻한다. 하면 토함산이나 함월산의 '함'은 산신 혹은 탈해신으로 볼 수 있다(萬物引出者검也, 신자전).

토해(吐解)

신라 제4대 탈해치질금(脫解齒叱今, 일명 토해니사금(吐解尼師今))은 남해왕 때(고본에는 임인년(壬寅, 42)이라고 했으나 이는 잘못이다. 가까운 일이라면, 노례왕의 즉위 초년보다 뒤의 일일 것이므로 양위를 다투는 일이 없었을 것이다. 또 먼저의 일이라면 혁거세왕 때의 일일 것이다. 그러니 이 일은 임인 년이 아닌 것임을 알겠다)에 가락국 바다 가운데에 배 한 척이 와서 닿았다. 이것을 보고 그 나라 수로왕이 백성들과 함께 북을 치고 법석을 떨면서 그들을 맞아 머물게 하려고 했다.

(출전) 脫解齒叱今(一作吐解尼師今), 南解王時(古本云壬寅年至者, 謬矣. 近則, 後於弩禮卽位之初, 無爭讓之事 前則, 在於赫居之世, 故知壬寅非也). 駕洛國海中有船來泊, 其國首露王, 與臣民鼓譟而迎, 將欲留之(권1 기이1 탈해왕)

토해니사금(吐解尼叱今) ☞ 토해(吐解)

통도사(通度寺)

자장이 오대산에서 받아 가져온 사리 100알을 탑 기둥 속과, 통도사 계단과 또 대화사 탑에 나누어 모셨으니, 이것은 못에 있는 용의 제청에 따른 것이다(대화사는 아곡현 남쪽에 있다. 현 울주이며 이 역시 자장법사가 세운 것이다).

(출전) 慈藏以五臺所授舍利百粒, 分安於柱中幷通度寺戒壇及大和寺塔, 以副池龍之請, (大和寺在阿曲縣南, 今蔚州, 亦藏師所創也)(권3 탑상 황룡사구층탑)

(새김)

통도사(通度寺) : 이 산의 모습이 인도의 영축산과 비슷하다(此山之形通印度靈鷲山形)는 의미를 줄여서 이른 것이다. 자장율사가 선덕여왕 12년(643) 당 나라로부터 돌아올 때 가져온 불사리와 가사, 그리고 대장경을 봉안하고 지은 절이다. 오늘날의 절은 임진왜란 이후에 지은 도량이다. 인도는 힌디(हिन्दी, hindi)에서 비롯한 것이다. 불교 성지에 대한 지향성으로 절의 이름을 지은 것이다.

통전(通傳)

이로부터 옛날 법에 따라 남을 인도하고 교화하는 것을 임무로 삼으니, 매양 법륜이 한 번 움직일 때마다 문득 세상 사람들을 불법으로 기울어지게 했다. 이는 비록 다른 나라에서의 통전이지만 도에 젖어서 싫어하고 꺼리는 것이 없기 때문에, 명망이 널리 흘러서 영표(嶺表, 영남)에까지 전파되니, 가시밭을 헤치고 바랑을 지고 오는 자가 마치 고기비늘처럼 잇달았다. 이 때는 마침 수나라 문제가 천하를 다스릴 때여서 그 위엄이 남쪽 나라에까지 미쳤다.

(출전) 從此因循舊章, 開化成任, 每法輪一動, 輒傾注江湖, 雖是異域通傳, 而沐道頓除嫌郗, 故名望橫流, 播于嶺表, 披榛負橐而至者, 相接如鱗, 會隋后御宇, 威加南國(권3 의해 원광서학)

통전(通典)

한(漢) 나라가 세 군으로 나누어 다스렸다. 이르러 현토와 낙랑, 그리고 대방(북대방)이었다. 통전(通典)에도 역시 이 말과 같다(한서에는 진번, 임둔, 낙랑, 현토의 네 군으로 되어 있다. 그런데 여기에는 세 군으로 되어 있고, 그 이름도 같지 않으니 무슨 까닭일까).

(출전) 漢分置三郡, 謂玄菟 · 樂浪 · 帶方(北帶方). 通典亦同此說(漢書則眞 · 臨 · 樂 · 玄四郡, 今云三郡, 名又不同, 何耶)(권1 기이 고조선)

파랑(罷郞)

처음 백제 군사와 황산에서 싸울 때였다. 장춘랑(長春郞)과 파랑(罷郞)이 싸움터에서 죽었다. 그 뒤 백제를 칠 때 그들은 태종의 꿈에 나타났다. 신 등이 옛날 나라를 위해서 몸을 바쳤고, 이제 백골이 되어서도 나라를 완전히 지키려고 종군함에 게으르지 않았습니다. 그러나 (아군은) 당 나라 장수 소정방의 위엄에 눌려서 남의 뒤로만 쫓아다니고 있습니다. 바라건대, 대왕께서는 우리에게 얼마간의 군사를 주십시오. 대왕은 놀라고 이상하게 여겨 장군의 두 넋을 위하여 하루 동안 모산정(牟山亭)에서 불경을 외우고 또 한산주에 장의사(壯義寺)를 세워 그들의 명복을 빌게 했다.

(출전) 初與百濟兵戰於黃山之役, 長春郞, 罷郞死於陣中. 後討百濟時, 見夢於太宗曰臣等昔者爲國亡身, 至於白骨, 庶欲完護邦國, 故隨從軍行無怠而已. 然迫於唐帥定方之威, 逐於人後爾. 願王加我以小勢, 大王驚怪之. 爲二魂, 說經一日於牟山亭, 又爲創壯義寺於漢山州, 以資冥援(권1 기이 장춘랑 파랑)

(새김)

장의사(壯義寺)의 터는 당간지주만이 남아 있다. 현재 서울 세검정초등학교 운동장 한 모퉁이에 덩그러니 서 있다. 이름하여 장의라, 나라를 위하여 의롭게 싸우다 장렬하게 죽어간 영혼을 위로하기 위하여 세운 절이다.

파사석탑(婆娑石塔)

금관(金官, 김해)에 있는 호계사(虎溪寺)의 파사석탑은 옛날 이 고을이 금관국으로 있을 때 세조인 수로왕의 비 허황후 황옥(黃玉)이 동한 건무 24년(甲申, 48)에 서역 아유타국에서 배에 싣고 온 것이다.

(출전) 金官虎溪寺婆娑石塔者, 昔此邑爲金官國時, 世祖首露王之妃, 許皇后名黃玉, 以東漢建武二十四年甲申, 自西域阿踰陁國所載來(권3 탑상 금관성파사석탑)

(새김)

파사석탑(婆娑石塔) : 산스크리트어(梵語)로는 바사석탑이라고 한다. 파(婆)는 산스크리트어로 바(भा, bha)이며 그 뜻은 유(有)이고, 사(娑)는 발음이 사(सा, sa)로서 그 의미는 체(諦, 진리)이다. 김수로왕의 황후인 허황옥이 불교의 진리를 상징하는 탑을 갖고 가락국으로 들어온 것이다. 혹은 파사석탑을 산스크리트어로 딘두카(鎭風塔, थनदउाक, tinduka)란 말이니 바다를 진정시키는 힘이 있는 탑이란 말도 된다. 불력에 의하여 어려운 시련이라도 겪어낼 수 있음을 실증적으로 보여준 본보기라고 하겠다. 전체적으로 마모가 심하여 형태가 특이하고 연화문의 기법을 보아 고려 시기의 것으로 보인다(정영호, 1991).

파사왕(婆娑王)

신라 제5대 파사니질금의 성은 박씨이며 아버지는 노례왕이고 어머니는 사요왕의 따님이다. 왕비는 사초부인이고 경진년(庚辰, 80)에 즉위하였다. 32년 동안 나라를 다스렸다.

(출전) 第五婆娑尼叱今姓朴氏, 父弩禮王, 母辭要王之女, 妃史省夫人, 庚辰立, 理三十二年(권1 왕력 파사왕)

(새김)

파사왕(婆娑王)은 유리니사금의 둘째 아들이다. 유리니사금의 동생인 내로(奈老)의 아들이라고도 한다. 왕비는 허루갈문왕(許婁葛文王)의 딸인 사성부인 김씨(史省夫人金氏)다. 탈해니사금이 죽은 뒤 태자 일성(逸聖)보다 뛰어나 왕위에 올랐다. 통치하는 동안 신라는 대외관계에서 적극적이어서 주변 소국들을 활발히 정복했고, 특히 가야와의 관계에서 우위를 유지했다. 파사왕 23년(102)에 음즙벌국(音汁伐國, 안강)과 실직곡국(悉直谷國, 삼척) 사이에 살피다툼이 일어나 중재를 요청해오자, 금관가야의 수로왕에게 자문을 구하여 문제의 땅을 음즙벌국에 귀속시켰다. 얼마 뒤 신라 6부 내부의 갈등에 개입한 음즙벌국을 쳐서 병합했다. 이어 실직국과 압독국이 자진 투항하여 왔다. 왕 25년(104) 실직국이 반란을 일으키자 군사를 내어 토벌하고 남은 무리를 남쪽으로 옮겼다. 복속관계를 유지하기 위해 왕 27년(106)에는 압독국에 행차했고 마두 성주를 시켜 가야를 치기도 했다. 왕 33년(112)에 죽자 사릉원(蛇陵園, 현 경주 오릉)에 안장하였다.

파약(波若)

또 고구려의 스님 파약은 중국 천태산(天太山)에 들어가 지자(智者)의 교관(教觀)을 받았는데 신이한 사람으로 산중에 알려졌다가 돌아갔다. 당승전(唐僧傳)에도 또한 실려 있는데 자못 영험한 가르침이 많다.

(출전) 又高麗釋波若, 入中國天台山, 受智者教觀, 以神異間山中而滅, 唐僧傳亦有章, 頗多靈範(권5 피은 혜현구정)

판방(板房)

박박사(朴朴師)는 북쪽 고개의 사자암을 차지하여 판잣집 8척 방을 만들고 살았으므로 판방(板房)이라 하고, 부득사(夫得師)는 동쪽 고개의 무더기 돌 아래 물이 있는 곳을 차지하고 역시 방을 만들어 살았으므로 뇌방(磊房)이라고 했다.

(출전) 朴朴師占北鎮嶺師子嵓, 作板屋八尺房而居, 故云板房 夫得師占東嶺磊石下有水處, 亦成方丈而居焉, 故云磊房(권3 탑상 남백월이성 노힐부득 달달박박)

(새김)

박박사는 빡빡하게 굴었다는 우리말을 이두로, 부득사는 부드럽게 대했다는 이두식 표기를 적은 우리말로 보인다(서정주, 신라초 참조).

팔관회(八關會)

신인(神人)이 말한다. 황룡사의 호법룡은 바로 나의 큰아들이오, 범왕(梵王)의 명령을 받아 그 절에 와서 보호하고 있으니, 본국에 돌아가거든 절 안에 구층탑을 세우시오, 그러면 이웃 나라들은 항복할 것이며, 구한(九韓)이 와서 조공하여 왕업이 길이 편안할 것이오, 탑을 세운 뒤에는 팔관회를 열고 죄인을 용서하면 외적이 해치지 못할 것이오, 다시 나를 위해서 경기 남쪽 언덕에 절 한 채를 지어 함께 내 복을 빌어 주면 나도 또한 그 은혜를 보답하겠소. 말을 하고 옥을 바친 후 이내 형체를 숨기고 나타나지 않았다.

(출전) 神曰, 皇龍寺護法龍, 是吾長子, 受梵王之命, 來護是寺, 歸本國成九層塔於寺中, 隣國降伏, 九韓來貢, 王祚永安矣. 建塔之後, 設八關會, 赦罪人, 則外賊不能爲害, 更爲我於京畿南岸置一精廬, 共資予福, 予亦報之德矣. 言已遂奉玉而獻之. 忽隱不現(권3 탑상 황룡사구층탑)

(새김)

팔관회(八關會)와 관련한 팔관재계는 팔재계(八齋戒), 팔계(八戒), 팔계재(八戒齋), 팔지재법(八支齋法)이라고도 한다. 재가의 신도가 하룻밤, 하루 낮 동안을 오롯이 받아 지니는 계율이다. 팔관의 관(關)은 금한다는 뜻이며 살생, 도둑질, 음행 등의 여덟 가지 잘못을 하지 말고 막아서 범하지 않는 것이다. 재(齋)란 하루 동안 오전에 한 끼만 먹고 오후에는 먹고 마시지 않으며 마음의 더러움을 맑게 씻는 의식이다. 계(戒)란 몸으로 짓는 허물과 그릇됨을 금하여 방지하는 것이다. 이 팔관재계는 육재일(六齋日)이나 삼장재월(三長齋月)인 1월과 5월, 9월에 행한다. 육재일은 매달 6일, 14일, 15일, 23일, 29일, 30일로서, 재가의 신도들이 선행을 힘쓰며 악행을 막아 스스로 삼가는 포살(布薩)의 날이다. 6재일에 팔계를 지녀서 복덕(福德)을 닦는 유래는 고대 인도에서부터 기인한다. 불교 이전의 인도 외도(外道)들은 육재일이 악귀(惡鬼)가 사람의 생명을 빼앗고 질병을 안겨주는 날이라 하여 이 날이 되면 목욕재계하고 오후에는 밥을 먹지 아니하며 지냈다.

팔정(八定)

또 사함(四含, 4 아함경)을 종합해 읽어 그 공효가 팔정에 흐르니 명선(明善)을 쉽게 익혔고 통직(筩直, 올곧음)에 어그러진 것이 없었다. 자기가 본래 가지고 있던 마음과 몹시도 맞았기 때문에 드디어 이곳에서 일생을 마치려는 생각이 있었다. 이에 밖의 인사를 아주 끊고 성인의 자취를 두루 유람하며 생각을 청소(靑宵)에 두고 길이 속세를 하직했다.

(출전) 並以綜涉四含, 功流八定, 明善易擬, 筩直難虧. 深副夙心, 遂有終焉之慮, 於卽頓絶人

事, 盤遊聖迹, 攝想靑霄, 緬謝終古(권4 의해 원광서학)

(새김)

팔정(八定) : 색계의 4선정(禪定)과 무색계의 4공정(空定)을 말한다. 정(定)이란 잡념을 가라앉히는 것이며 선(禪)이란 한 마음으로 사물을 생각하는 것을 말한다. 색계 4선정으로는 초선정(총선정 입문), 2선정(희락 존재), 3선정(즐거움), 4선정(고요함)이 있다. 한편 4공정으로는, 공무변처정(空無邊處定), 식무변처정(識無邊處定), 무소유처정(無所有處定), 비상비비상처정(非想非非想處定)이 있다.

청소(靑宵) : 푸른 하늘을 이르며 원관념은 세상 밖을 말한다.

패강(浿江)-패수(浿水) ☞ 평양성

패공(沛公)

요(堯)의 어머니는 임신한 지 14개월이 된 뒤에 요를 낳았고, 패공(沛公)의 어머니는 용(龍)과 큰 연못에서 정분이 나서 패공을 낳았다. 이 뒤로도 이런 일이 많지만 여기에선 다 기록할 수가 없다.

(출전) 胎孕十四月而生堯, 龍交大澤而生沛公. 自此而降, 豈可殫記(권1 기이1 서)

(새김)

여기 패공은 한고조(漢高祖) 유방(劉邦)을 이른다. 유방의 어머니 유온(劉媪)이 큰 연못가에서 잠을 자고 있을 무렵, 웬 교룡이 덮쳐서 임신하여 한 고조를 낳았다는 설화이다.

패수(浿水)

한(漢) 나라가 일어나자 이 땅이 너무 멀어 지킬 수 없다 하여 다시 요동의 옛날 요새를 수리해서 쌓고 패수로 경계를 삼아(안사고는 말하기를, 패수는 낙랑군에 있다고 했다) 연(燕) 나라에 소속시켰다. 연나라 왕 노관이 한나라를 배반하고 흉노에게로 들어가니, 연나라 사람 위만(魏滿)은 망명해서 무리 천여 명을 모아 요동의 요새지를 넘어 도망하여 패수를 건넜다. 여기에서 진(秦) 나라의 옛 빈 터전인 상하의 변방에 자리를 잡고 살았다.

(출전) 漢興爲遠難守, 復修遼東故塞, 至浿水爲界(師古曰, 浿在樂浪郡) 屬燕. 燕王盧綰反入匈奴, 燕人魏滿亡命, 聚黨千餘人, 東走出塞, 渡浿水, 居秦故空地上下障(권1 기이1 위만조선)

(새김)

패수(浿水) : 한 나라와 위만조선의 국경을 이루는 강이었다. 어원으로는 펴라(피라, 빌라)인데 그 위치에 대하여는 여러 가지 주장이 있다. 난하설(윤내현), 대릉하(정인보), 압록강(정약용, 천관우), 청천강(이병도), 대동강(서영수) 등이다. 국문학자 황패강의 이름을 보면, 선생은 평양출신이니 대동강으로 패수를 설정한 것으로 보인다.

요동고새(遼東故塞) : 이는 연(燕)의 성벽을 말한다. 연 나라 장성의 동단이 요(徼)의 동북에 자리했던 요새를 이르며 오늘날의 심양 무순 일원으로 보인다(서영수, 1996). 이와 함께 **진고공지(秦故空地)** 는 상하장의 장새를 이르며 한 나라 이전의 장성 관련 흔적은 천산산맥 서쪽으로 나오니 장성의 실질적인 동쪽 경계는 천산산맥 쪽으로 봄이 옳다(송호정, 2003).

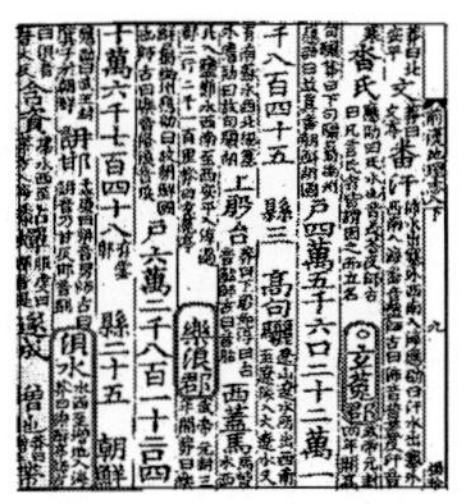

그림 73 전한지리지

패엽(貝葉)

동명제는 전한(前漢)의 원제 건소 2년(甲申, 전37)에 즉위해서 성제 홍가 임인년(壬寅, 전19)에 돌아갔으니, 그때라면 한나라에서도 역시 패엽을 보지 못했는데 어떻게 해외의 신하로서 범서(梵書)를 알아본단 말인가, 그러나 부처를 포도왕이라고 했으니 서한 때에도 필시 서역문자를 아는 자가 있었기 때문에 범서라고 했을 것이다.

(출전) 東明以前漢元帝建昭二年卽位, 成帝鴻嘉壬寅升遐, 于時漢亦未見貝葉, 何得海外陪臣已能識梵書乎, 然稱佛爲蒲圖王, 似在西漢之時, 西域文字或有識之者, 故云梵書爾(권3 탑상 요동성육왕탑)

(새김)

패엽(貝葉) : 패엽은 산스크리트어로 패트라(**पदतर**, pattra)의 한자 음역인 패다라(貝多羅)에서 비롯한 말이다. 여기 패(貝)는 소리를 내는 불교의식에 때를 알리는 나팔 같은 것이다. 불법을 뜻한다. 다라는 나무의 잎을 뜻하며 패엽은 고대 인도에서 다라의 나뭇잎에 썼다고 한다. 이로부터 불경을 뜻하게 되었다.

평나(平那)

이것은 조선(朝鮮)의 옛 땅인 평나와 현토군 등을 평주도독부로 삼고, 임둔(臨屯), 낙랑(樂浪) 등 두 군의 땅에 동부도위부를 둔 것을 말함이다(내가 생각하기에 조선전에는 진번, 현토, 임둔, 낙랑 등 네 군으로 되어 있다. 지금 평나는 있고 진번은 없다. 대개 한 곳에 두 개의 지명이 있을 수 있다).

(출전) 前漢書, 昭帝始元五年己亥, 置二外府, 謂朝鮮舊地平那及玄菟郡等, 爲平州都督府, 臨屯 · 樂浪等兩郡之地, 置東部都尉府(私曰朝鮮傳則眞番 · 玄菟 · 臨屯 · 樂浪等四, 今有平那無眞番, 盖一地二名也)(권1 기이1 이부)

(새김)

평나(平那)는 황해도 평산군으로 추정하고 있다. 고구려 시기에 대곡군(大谷郡), 경덕왕 7년(748)에 영풍군(永豊郡)으로 개명했다. 고려로 들어와서 다시 평주(平州)로, 조선 태종 13년(1413)에 평산도호부로 승격되었다. 평산 우봉현의 성거산(聖居山)이 옛날에는 평나산(平那山)으로 올라 있다(신증동국여지승람).

평양성(平壤城)

무열왕 7년(壬戌, 662)에 당에서는 소정방을 명하여 요동도행군대총관을 삼았다가 다시 평양도(平壤道)로 고쳐 고구려 군을 패강(浿江)에서 깨뜨리고 마읍산을 빼앗아 진영을 세우고 드디어 평양성을 포위했으나 때마침 큰 눈이 내려서 포위를 풀고 돌아가니, 양주안집대사를 삼아 토번을 평정했다.

(출전) 七年壬戌, 命定方爲遼東道行軍大摠管, 俄改平壤道, 破高麗之衆於浿江, 奪馬邑山爲營, 遂圍平壤城, 會大雪解圍還, 拜涼州安集大使, 以定吐蕃(권1 기이1 태종춘추공)

(새김)

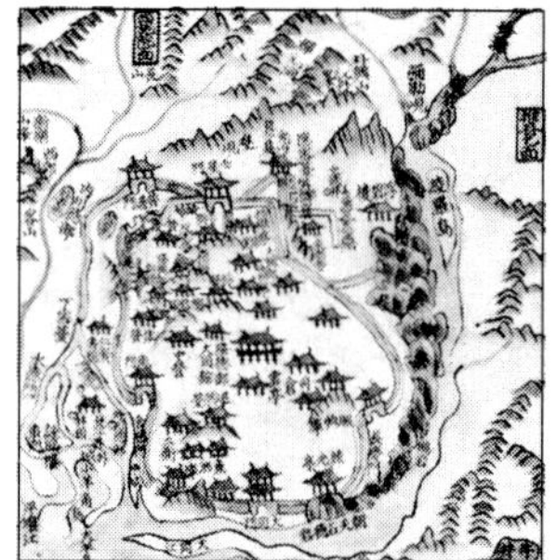

그림 74 평양 고지도

평양성은 현재 대동군에 둘러싸여 있고 남쪽은 중화군에 이웃하여 있다. 4천여 년의 역사를 지닌 고도(古都)로서 단군왕검이 도읍을 한 후, 기자, 위만, 낙랑, 고구려 등의 나라가 도읍지를 삼았다. 평양의 옛 이름은 왕검성(王儉城), 기성(箕城), 낙랑(樂浪), 서경(西京), 호경(鎬京), 유경(柳京) 등이라고 한다. 조선 성종 때 문신인 최부(崔溥)가 지은 표해록(漂海錄)의 경우, 현재의 중국 랴오닝성(遼寧省) 랴오양(遼陽) 일대가 고구려의 평양성이었고 그 후손들이 제사를 지냈다고 적고 있다. 고구려의 장수왕이 뒤로 가장 집중해서 빼앗은 지역은 평양지역이 아니고 요동지역이었다. 최근 들어 중국 사서에 나오는바, 압록강이 현재의 압록강이 아니고 중국 요서와 요동을 나누는 요하(遼河)였고, 장수왕이 천도한 평양 역시 요하 지방의 랴오양으로 상정하기도 한다(인하대 고조선연구소 참조). 노태돈(1990)에서는, 기원전 3세기 전 요서 지방은 동호(東胡), 요하 동쪽은 고조선의 중심 지역이었다. 연(燕) 나라의 침략을 받아 도읍을 옮겼는데 고조선의 중심 지역은 요녕성 해성현(海城縣) 서남쪽 개평현을 싸안는 지역이었을 것으로 보았다.

평양주(平壤州)

의희 9년(癸丑, 413)에 평양주의 큰 다리가 완성되었다. 실성왕은 선왕의 태자 눌지(訥祗)가 덕망이 있는 것을 꺼려서 이를 죽이고자 했다. 이에 고구려의 군사를 설득하여 거짓으로 눌지를 맞이하는 척하면서 활을 쏘아 죽이도록 했다. 그러나 고구려 사람들은 눌지에게 어진 행실이 있음을 알고는 창끝을 뒤로 돌려 실성왕을 죽이고 눌지를 세워 왕을 삼고 돌아갔다.

(출전) 義熙九年癸丑, 平壤州大橋成(恐南平壤也. 今楊州), 王忌憚前王太子訥祗有德望, 將害之. 請高麗兵而詐迎訥祗, 高麗人見訥祗有賢行, 乃倒戈而殺王, 乃立訥祗爲王而去(권1 기이1 실성왕)

(새김)

삼국사기(三國史記) 지리지를 살펴보면, 고구려의 북한산주는 평양으로 불렸다. 남평양 곧 양주(楊州)로 보면 좋을 듯하다.

평양왕(平陽王)

고구려 제26대 영양왕은 일명 평양왕이라고도 한다. 이름은 원이며 달리 대원이라고도 한다. 경술년(庚戌, 590)에 즉위하였으며 38년 동안 나라를 다스렸다.

(출전) 第二十六代嬰陽王一云平陽, 名元, 一云大元, 庚戌立, 治三十八年(권1 왕력 영양왕)

평원왕(平原王)

고구려 제25대 평원왕은 달리 평강왕이라고도 한다. 이름은 양성이며 남사에는 고양이라고 한다. 기묘년(己卯, 559)에 즉위하였으며 31년 동안 나라를 다스렸다.

(출전) 第二十五平原王一作平岡, 名陽城, 南史云高陽, 己卯立, 理三十一年(권1 왕력 평원왕)

(새김)

평원왕은 양원왕 13년(557)에 태자가 되었다. 평원왕 28년(586)에 도읍을 장안성으로 옮기고 중국의 남북조와 더불어 교역을 힘썼다. 새로 등장한 수(隋)와도 교류를 하였다. 장안성은 오늘날의 평양으로 볼 수 있다(심정보, 2005).

평주도독부(平州都督府)

이것은 조선의 옛 땅인 평나와 현토군 등을 평주도독부로 삼고, 임둔, 낙랑 등 두 군의 땅에 동부도위부를 둔 것을 말함이다(내가 생각하기에 조선전(朝鮮傳)에는 진번, 현토, 임둔, 낙랑 등 네 군으로 되어 있다. 그런데 지금 이 글에는 평나가 있고 진번이 없으니 대개 한 지방을 두 이름으로 불렀던 것 같다).

(출전) 前漢書, 昭帝始元五年己亥, 置二外府, 謂朝鮮舊地平那及玄菟郡等, 爲平州都督府, 臨屯 · 樂浪等兩郡之地, 置東部都尉府(私曰朝鮮傳則眞番 · 玄菟 · 臨屯 · 樂浪等四, 今有平那無眞番, 盖一地二名也)(권1 기이1 이부)

(새김)

평주는 본디 고구려의 다지홀(多知忽)이었다. 뒤에 다시 대곡군(大谷郡)으로 고쳤다. 경덕왕 6년(747) 대곡성으로 고쳤고 경덕왕 16년(757) 영풍군(永豊郡)으로 바꾸면서 진서(鎭瑞), 단계(檀溪)를 영현으로 하였으며 한주(漢州)에 예속시켰다. 이와는 달리 중국의 노사(路史)를 보면, 평주를 요동의 노룡현(盧龍縣) 지역으로 보고 있다. 이곳에 조선성이 있었던 것으로 기록하고 있다. 그래서 무덕 연간에 요를 기주로 삼았다. 고구려 역시 그 땅이다(箕子後封遼之樂浪, 今平州之盧龍有朝鮮城, 故武德以遼爲箕州, 八年而高麗亦其地, 路史 권27).

포도왕(蒲圖王)

왕이 자세한 것을 묻자 신하는 대답한다. 이것은 한(漢) 나라 때 있었던 것으로, 그 이름을 포도왕(蒲圖王, 본래 휴도왕인데 하늘에 제사지내는 금인)이라 합니다. 성왕은 이로부터 불교를 믿을 마음이 생겨서 이내 칠중의 목탑을 세웠고, 뒤에 불법이 비로소 전해오자 그 시말을 자세히 알게 되었다.

(출전) 王委曲問詰, 答曰, 漢國有之. 彼名蒲圖王(本作休屠王, 祭天金人)(권3 탑상 요동성육왕탑)

(새김)

포도왕(葡圖王) : 포도는 부도(浮屠)를 뜻한다. 부도란 산스크리트어인 스투파(स्तूप, stupa)에서 비롯한 말이다. 말이 줄어들어 스투파-타파-탑으로 되어 한자로 굳어져 쓰인다. 일종의 무덤인데 지금은 스님을 화장하여 그 사리를 모신 탑을 말한다. 산스크리트어의 어두접사 스투(st-) 계는 모두 땅을 의미한다. 파생된 말을 들어 보면 영어(station, state, -stan, stake)의 경우나 우리말 특히 고어에서 시옷-계 합용병서로 되는 것(짱, 짜, 때, 쩍 등)이 그러한 모기들이다. 말하자면 땅 곧 대지가 생존의 기초이니까 가장 중요하다. 비유하자면 부처에 대한 믿음이니 그의 가르침은 땅과 같다는 의미를 내포한다고 볼 것이다.

포뢰(蒲牢)

앞에는 돌아다니는 중의 형상 천여 개가 있고, 아래에는 자금종(紫金鐘) 셋을 벌여 놓았는데, 모두 종각이 있고 포뢰가 있으며 고래 모양으로 종치는 방망이를 만들었다. 바람이 불어 종이 울면 돌아다니는 중들이 모두 엎드려 머리를 땅에 대고 절한다. 은은하게 염불하는 소리가 나는 듯하니, 이 까닭은 그 종에 있었다. 이것을 비록 만불이라고는 하지만 그 실상은 이루 다 기록할 수가 없다.

(출전) 前有旋遶比丘像千餘軀, 下列紫金鐘三簴, 皆有閣有蒲牢, 鯨魚爲撞. 有風而鐘鳴, 旋遶僧皆仆拜至地, 隱隱有梵音, 盖關捩在乎鐘也. 雖號萬佛, 其實不可勝記(권3 탑상 사불산 굴불산 만불산)

(새김)

포뢰(蒲牢) : 양신(楊愼)의 단연총록(丹鉛總錄)에 실려 전해 온다. 포뢰는 울기를 잘 하므로 종을 매는 끈이 되었다. 고래를 무서워하므로 포뢰는 고래만 보면 울부짖었다. 하여 종을 치는 방망이는 고래의 모양으로 만들게 되었다는 전설이다.

포산(包山)

신라 때에 관기(觀機)와 도성(道成) 두 성사가 있었는데 어떤 사람인지는 알 수가 없다. 함께 포산(包山, 사람들이 소슬산(所瑟山)이라 함은 범어이니 이는 포(包)를 이름이다)에 숨어 살았다. 관기는 남쪽 고개에 암자를 지었고, 도성은 북쪽 굴에 살았다. 서로 10여 리쯤 떨어졌으나, 구름을 헤치고 달을 노래하며 항상 서로 왕래했다. 도성이 관기를 부르고자 하면, 산 속의 나무와 풀들이 모두 남쪽을 향해서 굽혀 서로 영접하는 것 같으므로 관기는 이것을 보고 도성에게로 갔다. 또 관기가 도성을 맞이하고자 하면 역시 이와 반대로 나무가 모두 북쪽으로 구부러지므로 도성도 관기에게로 가게 되었다. 이와 같이 하기를 여러 해를 지났다. 도성은 그가 살고 있는 뒷산 높은 바위 위에 늘 좌선하고 있었는데, 어느 날 바위 사이로 몸을 빠져 나와서는 온몸을 허공에 날리면서 떠나갔는데, 간 곳을 알 수 없었다. 혹 수창군(壽昌郡, 현 수성군)에 가서 돌아갔다는 말도 있다. 관기도 또한 뒤를 따라 세상을 떠났다. (중략) 일연은 이를 기려서 말한다. 서로 지나가다 달빛을 밟고 구름을 희롱하던, 두 노인의 풍류 몇 백 년이 지났는고. 안개 가득한 구렁엔 고목만이 남았는데, 어긋버긋 찬 그림자 서로 맞는 모양일레.

(출전) 羅時有觀機, 道成二聖師, 不知何許人, 同隱包山(鄕云所瑟山, 乃梵音, 此云包也) 機庵南嶺, 成處北穴, 相去十許里, 披雲嘯月, 每相過從. 成欲致機, 則山中樹皆向南而俯, 如相迎者, 機見之而往 機欲邀成也. 則亦如之皆北偃, 成乃至. 如是有年, 成於所居之後, 高嵓之上, 常宴坐, 一日自嵓縫間透身而出, 全身騰空而逝, 莫知所至. 或云, 至壽昌郡(今壽城郡)指骸焉, 機亦繼踵歸眞(중략). 讚曰, 相過踏月弄雲泉, 二老風流幾百年. 滿壑烟霞餘古木, 偃昂寒影尙如迎(권5 피은 포산이성)

(새김)

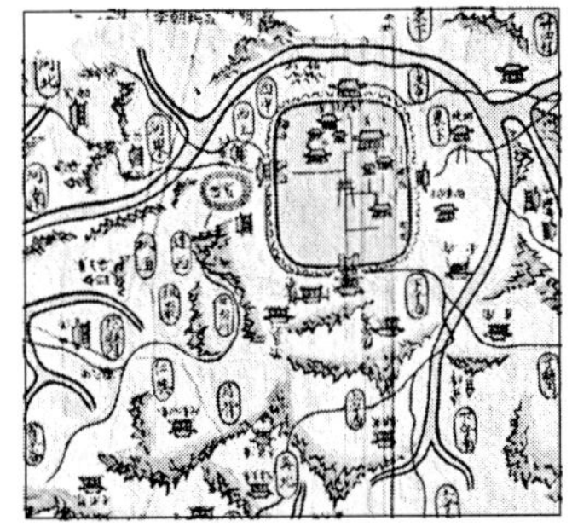

그림 75 대구 고지도

포산(包山)은 대구시 달성군 현풍면에 자리한 산으로 관기와 도성 두 성인의 도량이다. 삼국유사를 지은 일연 선사가 전후기 약 33년을 머물면서 삼국유사의 왕력편을 인흥사(仁興寺)에서 집필한 곳이기도 한다. 일명 소슬산(所瑟山)이라고도 한다. 이는 산스크리트어를 한자로 뒤친 이름이다. 달리 비슬산이라고도 함을 보면 소슬-비슬의 대응이 됨을 알 수 있다. 소슬의 소(所)의 바탕 소리가 바(ba)이니 뜻으로 읽으면 바슬-비슬로 비슷한 음상을 갖고 있다. 이러한 가능성은 포산의 포(包)가 싸다에서도 엿볼 수 있다. 싸다의 옛말이 ᄡᆞ다(신증유합 하 25)임을 고려하면 ᄡᆞ-: 바슬 : 비슬의 대응에서 찾을 수 있을 것이다. 손목의 계림유사(雞林類事)에서 ᄡᆞᆯ을 보살(菩薩)로 읽었듯이 ᄡᆞᆯ-바슬-비슬로 그 음상을 가늠할 수 있기 때문이다. 비슬산은 보살산 곧 정신의 양식인 쌀이 될 만한 도량이 있고 수행자가 있다는 상징적인 의미로 미루어 볼 수 있다. 소슬-쌀-포(包)로 대응시킨 관점도 고려할 수 있을 것이다(김사엽, 완역 삼국유사). 한편 비슬산은 비슬-빗-빛으로의 대응됨을 고려하여 빛 곧 화산이 있던 산으로 그 줄기에 창녕의 화산대가 대구까지 뻗쳐 있음도 하나의 고려 사항이다.

포살(布薩)

원효는 마침내 사복의 집으로 갔다. 여기에서 사복은 원효에게 포살(布薩, 참회와 고백)시켜 계(戒)를 주게 하니, 원효는 그 시체 앞에서 빌었다. 세상에 나지 말 것이니, 그 죽는 것이 괴로우니라. 죽지 말 것이니 세상에 나는 것이 괴로우니라. 사복은 그 말이 너무 번거롭다고 하니 원효는 고쳐서 말했다. 죽고 사는 것이 모두 괴로우니라. 이에 두 사람은 상여를 메고 활리산(活里山) 동쪽 기슭으로 갔다. 원효가 말했다. 지혜 있는 범을 지혜의 숲 속에 장사지내는 것이 또한 마땅하지 않겠는가.

(출전) 遂與到家, 令曉布薩授戒. 臨尸祝曰莫生兮其死也苦, 莫死兮其生也苦, 福曰詞煩 更之曰死生苦兮, 二公轝歸活里山東麓, 曉曰葬智惠虎於智惠林中, 不亦宜乎(권4 의해 사복불언)

(새김)

포살(布薩)은 포살타바(布薩陀婆)의 줄임말이다. 정주(淨住) 혹은 선숙(善宿), 달리 장양(長養)이라고도 한다. 출가한 중이 보름마다 모여서 경계하는 내용의 계경(戒經)을 듣고 자신의 죄업을 참회하고 고백하는 것을 이른다.

포새(蒲塞)

자장(慈藏)이 드디어 몸을 던져 죽으니, 화장하여 유골을 돌관 속에 모셨다. 대체로 자장이 세운 절과 탑이 10여 곳인데, 세울 때마다 반드시 이상스러운 기적이 있었기 때문에 그를 받드는 포새(蒲塞, 신도)들이 거리를 메울 만큼 많아서 며칠이 안 되어 완성했다. 자장이 쓰던 도구, 옷감, 버선과 태화지(太和池)에 바친 목압침(木鴨枕)과 석존의 유의(由衣)들은 모두 통도사(通度寺)에 있다.

(출전) 遂殞身而卒, 茶毗安骨於石穴中. 凡藏之締構寺塔, 十有餘所, 每日與造必有異祥, 故蒲塞供塡市, 不日而成. 藏之道具布襪, 幷大和龍所獻木鴨枕, 與釋尊由衣等, 合在通度寺(권4 의해 자장정률)

(새김)

포새(蒲塞)는 우바새라고도 하며 말하자면 집에서 부처님을 모시는 남자 신도를 이른다. 여자 신도는 우바이라고 이른다. **유의(由衣)**는 전의(田衣)로 봄이 온당하다. 말하자면 스님들의 가사(袈裟)를 뜻한다. 이는 불조통기(佛祖統記) 37에 양무제가 전의를 입고 북쪽을 향하여 경례를 하였다(梁武帝服田衣北面敬禮)고 함을 근거로 하였다(문경현).

포석정(鮑石亭)

효종랑(孝宗郎)이 남산 포석정(달리 삼화술)에서 놀고자 하자 문객들이 모두 다투어 달려왔으나, 오직 두 사람만이 뒤늦게 오므로 효종랑이 그 까닭을 물으니 그들이 대답했다.

(출전) 孝宗郎遊南山鮑石亭(或云三花述), 門客星馳, 有二客獨後, 郎問其故(권5 효선 빈녀양모)

(새김)

포석정(鮑石亭) : 삼국유사 권2 처용랑 망해사조에 헌강왕(875-885)이 포석정에 행차했을 때 남산신이 나타났다고 기록되어 있으므로 통일 신라 시대에 설치한 것으로 추정된다. 또한

그림 76 포석정

이곳은 927년 경애왕이 왕비, 궁녀, 신하들과 제사차 갔다가 견훤의 기습을 받아 돌아간 곳이기도 하다. 포석정은 경주 서쪽 이궁원에서 열리는 연회를 위해 만든 것으로 시냇물을 끌어들여 포어(鮑魚) 곧 전복 모양을 따라 만든 수구에 흐르게 하고 물 위에 술잔을 띄워 시를 읊고 노래를 부르며 술을 마시며 즐겼다고 한다. 이러한 것은 유상곡수라는 시회로 중국 동진시대부터 유행했으며, 통일 신라 시대에 화려했던 생활의 단면을 보여준다. 현재 남아 있는 것은 포어 모양의 수구뿐인데 일제 시기 임의로 보수해서 곡석의 원형이 많이 변형되었다. 일설에는 포석정은 제사를 모시던 성스러운 곳이라고 한다. 11월에 갔다는 기록으로 보아 그 때 물을 흘려서 술잔을 돌렸다 함은 설득력이 약하다. 이는 고려조에서 신라말기의 역사를 부정적으로 기술하려는 경향도 없지 않다(서영대, 강돈구, 최광식 참조). 포석의 구성을 보면 제사를 모실 때 포와 다른 제수를 놓는 상석으로 보인다. 포석의 포(鮑)만으로도 벌써 산신에게 제를 올리는 제수(祭需)로서의 의미를 갖고 있다.

포천산(布川山)

삽량주(歃良州, 현 양산)의 동북쪽 20리 쯤 되는 곳에 포천산이 있는데 석굴이 기이하고 빼어나 마치 사람이 깎아 만든 것 같았다. 이름이 분명치 않은 다섯 비구가 있었는데 여기에 와 아미타불(阿彌陀佛)을 외우면서 서방정토를 구하기 몇 십 년에 문득 성중이 서쪽으로부터 와서 그들을 맞이했다. 이에 다섯 비구가 각기 연화대에 앉아 하늘로 날아 올라가다가 통도사 문밖에 이르러 머물러 있는데 하늘의 음악이 간간이 들려 왔다. 절의 중이 나와 보니 다섯 비구는 더 없는 무상의 이치를 설명하고 유해를 벗어 버리더니 큰 광명을 내비치면서 서쪽으로 가는 것이었다. 그들이 유해를 버린 곳에 절의 중이 정자를 짓고 이름을 치루(置樓)라 했으니, 지금도 남아있다.

(출전) 歃良州東北二十許里, 有布川山, 石窟奇秀, 宛如人斲. 有五比丘, 未詳名氏, 來寓而念彌陀, 求西方幾十年, 忽有聖衆, 自西來迎. 於是五比丘各坐蓮臺, 乘空而逝, 至通度寺門外留連而天樂間奏. 寺僧出觀, 五比丘爲說無常苦空之理, 蛻棄遺骸, 放大光明, 向西而去. 其捐舍處, 寺僧起亭榭, 名置樓, 至今存焉(권5 피은 포천산 오비구)

표암봉(瓢嵓峰)

진한(辰韓) 땅에는 옛날에 여섯촌이 있었다. 첫째는 알천양산촌(閼川楊山村)이니 그 남쪽은 지금의 담엄사(曇嚴寺)이다. 촌장은 알평(謁平)이니 처음에 하늘에서 표암봉에 내려왔으니 이가 급량부(及梁部) 이씨(李氏)의 조상이 되었다.

(출전) 辰韓之地, 古有六村, 一曰閼川楊山村, 南今曇嚴寺, 長曰謁平, 初降于瓢嵓峰, 是爲及梁部李氏祖(권1 기이1 신라시조 혁거세왕)

(새김)

표암봉(瓢嵓峰) : 탈해왕릉 곧 금강산의 서쪽 봉우리를 말한다. 표암의 표(瓢)는 표주박을 이르니 이 또한 알에서 나온 박, 석, 김과 다르지 않다. 아리(अरइ, ari)-알이 신성한 군주 혹은 지도자를 의미하는 산스크리트어 어원을 고려하면 더욱 믿음이 간다. 박(瓢)은 본디 인도 원산으로 알려져 있고 산스크리트어를 쓰는 귀족층과의 관련성을 고려할 수 있다. 이곳의 지형적인 특성과 전해오는 자료를 바탕으로 하여 표암봉이 소도(蘇塗)의 유적으로 추정하고 있다(김광, 1990). 표암봉의 꼭대기에는 광림대(光臨臺)라는 비각이 있으며 3-4단으로 쌓은 돌로 만든 제단이 있다.

표훈(表訓) ☞ 경덕왕 충담사 표훈대덕

품차(品茶)

지금 민간에서는 이것은 산화가(散花歌)라고 하지만 잘못이다. 마땅히 도솔가(兜率歌)라고 해야 할 것이다. 산화가는 따로 있는데 그 글이 많아서 실을 수 없다. 그런 뒤에 이내 해의 변괴가 사라졌다. 왕이 이것을 가상히 여겨 명차 한 봉과 수정염주 108개를 하사했다. 이 때 갑자기 어린 동자 하나가 나타났는데 모양이 곱고 깨끗했다. 그는 공손히 차와 염주를 받들고 대궐 서쪽 작은 문으로 나갔다. 월명(月明)은 이것을 내전의 신하로 알고, 왕은 스님의 시자로 알았다.

(출전) 今俗謂此爲散花歌, 誤矣. 宜云兜率歌. 別有散花歌, 文多不載. 旣而日怪卽滅, 王嘉之. 賜品茶一襲, 水精念珠百八箇. 忽有一童子, 儀形鮮潔, 跪奉茶珠, 從殿西小門而出. 明謂是內宮之使, 王謂師之從者(권5 감통 월명사 도솔가)

(새김)

품차(品茶)란 차의 좋고 나쁨을 평가하는 것이다. 여기서는 좋은 차란 뜻으로 봄이 온당하다. 당시에 관청이었던 다방(茶房)과 찻집인 차방(茶房)은 구분되었을 것으로 짐작된다. 16세기에 간행된 최세진(崔世珍)의 중국어 학습서인 박통사언해(朴通事諺解)에 따르면, '청하노니 형아 이 차방(茶房)애 져기 차 머그라 가자고'하여 차 마시는 집은 차방이라 하였으므로, 15세기에도 있었던 관청은 다방(茶房)이라고 했을 것으로 짐작된다(정영선, 한국차문화 참조).

풍류황권(風流黃卷)

신라 第32대 효소왕 때에 죽만랑(竹曼郞)의 무리 가운데 득오(得烏, 혹은 得谷) 급간이 있어서 풍류황권에 이름을 올려놓고 날마다 나오고 있었는데, 한 번은 10일이 넘도록 보이지 않았다. 죽만랑은 그의 어머니를 불러 당신의 아드님이 어디 있는가를 물으니 어머니는 말한다. 당전 모량부의 익선아간(益宣阿干)이 제 아들을 부산성 창직으로 보냈으므로 빨리 가느라고 미처 낭주에게 인사도 하지 못했습니다. 죽만랑이 말한다. 당신의 아들이 만일 사사로운 일로 간 것이라면 찾아볼 필요가 없겠지만 이제 공사로 갔다니 마땅히 가서 이바지를 해야겠소. 이에 떡 한 그릇과 술 한 병을 가지고 좌인(左人, 우리말로 거러지(皆叱知)라는 것이니 이는 머슴을 말한다)을 거느리고 찾아 가니 낭(郞)

의 무리 137명도 위의를 갖추고 따라갔다. 부산성에 이르러 문지기에게 득오실(得烏失)이 어디 있는가 물으니 문지기는 대답한다. 지금 익선의 밭에서 예에 따라 부역을 하고 있습니다. 공은 밭으로 찾아가서 가지고 간 술과 떡을 대접했다. 익선에게 휴가를 청하여 함께 돌아오려 했으나 익선은 강력하게 반대하며 허락하지 않았다.

(출전) 第三十二孝昭王代, 竹曼郎之徒有得烏(一云谷)級干, 隸名於風流黃卷, 追日仕進, 隔旬日不見, 郎喚其母, 問爾子何在, 母曰, 幢典牟梁益宣阿干, 以我子差富山城倉直, 馳去行急, 未暇告辭於郎, 郎曰, 汝子若私事適彼, 則不須尋訪, 今以公事進去, 須歸享矣. 乃以舌餅一合 · 酒一缸, 卒左人(鄉云皆叱知, 言奴僕也)而行, 郎徒百三十七人, 亦具儀侍從, 到富山城, 問閽人, 得烏失奚在, 人曰, 今在益宣田, 隨例赴役, 郎歸田, 以所將酒餠饗之. 請暇於益宣, 將欲偕還, 益宣固禁不許(권2 기이2 효소왕대 죽지랑)

(새김)

좌인(左人)을 개질지(皆叱知)라 하였다. 여기서 -지(知)는 흔히 사람을 말할 때 -치라는 접미사를 쓴다. 말치(舍知), 길치(稽知), 벌치(伐知)에서와 같이 개질지(皆叱知)도 거러지(치)로 봄이 온당하다(양주동(1990). 고가연구 참조). 한편 -질(叱)-을 사이시옷(-ㅅ-)으로 보아 윗말과 함께 아우르면 가잇->갓-으로 볼 수도 있다. 그러면 개질지-갓지(갓치)가 된다. 말하자면 주변에서 심부름을 하거나 돕는 구실을 할 수가 있다.

풍백(風伯)

환웅이 3천의 무리를 이끌고 태백산(현 묘향산)의 신단수 아래 내려와 나라를 세웠으니 이를 신시라고 하였다. 이 분이 환웅천왕이시다. 풍백과 우사, 그리고 운사를 거느리고 곡식과 목숨과 질병, 그리고 벌을 주고 선악을 다스리며 인간 세상의 360여 가지 일을 다스려 세상을 섭리로써 교화하였다.

(출전) 雄率徒三千, 降於太伯山頂(卽太伯今妙香山)神壇樹下, 謂之神市, 是謂桓雄天王也. 將風伯 · 雨師 · 雲師, 而主穀 · 主命 · 主病 · 主刑 · 主善惡, 凡主人間三百六十餘事, 在世理化(권1 기이1 고조선)

(새김)

바람과 비와, 구름 스승에 대한 것은 본디 예부터 있어온 신앙이었는데 한자로 기록되는 과정에서 도교의 문화와 통섭됨으로써 표현이 된 것으로 보인다(김정학, 1954). 스승이란 사이를 뜻하는 슷(間, 훈몽자회)-에 접미사-응이 붙어 스승이 된바, 신과 인간, 인간과 인간의 사이에서 종교와 정치의 영도자 구실을 하였던 제정일치 문화를 드러낸 문화코드라 할 수 있다(정호완(1991), 우리말로 본 단군신화 참조).

풍악(楓岳)

제5거열랑(居烈郞), 제6실처랑(實處郞 혹은 突處郞), 제7보동랑(寶同郞) 등 세 화랑의 무리가 풍악(楓岳, 금강산)에 놀러 가려고 하는데 혜성이 심대성(心大星, 임금)을 범하였다. 낭도들은 이를 의아스럽게 생각하고 그 여행을 그만두려고 했다.

(출전) 第五居烈郎・第六實處郎(一作突處郎)・第七寶同郎等三花之徒, 欲遊楓岳, 有彗星犯心大星, 郎徒疑之. 欲罷其行(권5 감통 융천사 혜성가 진평왕대)

(새김)

심대성(心大星)을 포함하는 천갈좌(天蠍座)의 별자리를 심수(心宿)라고 한다. 심수의 별자리는 심대성을 중심으로 심전성(心前星)과 심후성(心後星)으로 이루어진다. 상징적으로 심대성은 임금이며 심전성은 태자, 심후성은 왕자를 드러내는 수가 있다. 한마디로 심대성의 심(心)은 심장을 말한다. 심장이 무엇인가. 황제내경(黃帝內經)에 심장은 군주지관으로 신명이 여기에서 나온다(心者 君主之官 神明出焉)고 했다. 심대성 곧 군왕을 혜성이 침범하였다면, 나라에 큰 이변이 일어났거나 그런 징후가 나타난 것이다. 혜성가의 내용으로 미루어볼 때 혜성(彗星)의 침범은 곧 왜군의 노략질이거나 내란이 일어난 조짐을 이르는 것으로 볼 수 있다.

풍요(風謠)

스님 양지가 영묘사(靈廟寺)의 장륙상(丈六像, 10자 6치의 불상)을 만들 때에는 선정에 드는 정진의 태도로 주물러서 만드니, 온 성 안의 남녀들이 다투어 진흙을 운반해 주었다. 그때 부른 풍요는 이러하다. 왔도다. 왔도다. 인생은 서러워라, 서러워라 우리들은, 공덕 닦으러 왔네, 지금까지도 시골 사람들이 방아를 찧을 때나 다른 일을 할 때에는 모두 이 노래를 부르는데 그것은 대개 이 때 시작된 것이다.

(출전) 其塑靈廟之丈六也. 自入定以正受所對爲揉式, 故傾城士女爭運泥土, 風謠云來如來如來如, 來如哀反多羅, 哀反多矣徒良, 功德修叱如良來如, 至今, 土人舂相役作皆用之. 蓋始于此(권4 의해 양지사석)

(새김)

풍요는 풀이하는 이에 따라서 노래의 이름도 다양하다. 오구라(小倉進平)는 이 노래를 삼국유사처럼 양지사석이라 하였고, 양주동(梁柱東)은 풍요라 하였다. 김선기(金善琪)는 바람결 노래라 불렀고, 그 밖에도 홍기문(洪起文)은 오라가, 김사엽(金思燁)은 오라노래라 하였다. 일의 노동요로써 신라 시대 백결선생의 방아타령을 비롯하여 고려시기로 넘어와서 상저가(相杵歌)로 발전한다. 한편, 풍요는 영묘사 불사 이전에도 널리 불렸던 노동요이다. 말하자면 땅 다지기, 못 둑 다지기 등에서 불려 진 노래를 절 짓기의 흙 다지기에서도 마찬가지였을 것이다. 그 대표적인 민요가 상주의 연밥 따기 민요일 것이다(장진호).

풍월도(風月道)

원화(原花)를 없앤 지 여러 해가 되자 왕은 또 나라를 일으키려면 반드시 풍월도를 먼저 만들어야 한다고 생각하고 다시 영을 내려 양가의 남자 중에 덕행이 있는 자를 뽑아 이름을 고쳐 화랑(花娘(郎))이라 하고, 비로소 설원랑(薛原郎)을 받들어 국선을 삼으니, 이것이 화랑 국선의 시초이다.

(출전) 廢原花累年, 王又念欲興邦國, 須先風月道, 更下今選良家男子有德行者, 改爲花娘, 始奉薛原郞爲國仙, 此花郞 · 國仙之始(권3 탑상 미륵선화미시랑 진자사)

(새김)

풍월도는 화랑도의 또 다른 이름이다. 풍월도란 신라의 화랑과 그 낭도들이 사상적으로 간직하고 실천하려고 힘썼던 도리로서 당시에는 풍월도라는 이름이 화랑도보다 더 많이 쓰였다. 오늘날 풍월도가 화랑과 그 낭도들이 지향했던 도의라는 단순한 뜻으로 쓰이면서 화랑도가 흔히 쓰이게 되었다. 풍월도는 진평왕 때 화랑 귀산(貴山)과 추항(箒項)이 원광법사를 찾아가 가르침을 청하였을 때, 원광법사가 일러준 이른바 세속오계(世俗五戒)라는 구체적 실천요목으로 동아리 되었다. 사군이충(事君以忠), 사친이효(事親以孝), 교우이신(交友以信), 임전무퇴(臨戰無退), 살생유택(殺生有擇)의 세속오계는 신라의 화랑들이 갖추어야 할 윤리강령을 잘 보여주는 것이라 할 수 있다. 여기 살생유택이란 짐승을 잡아 음식으로 취하되 산란기나 교배기를 가려서 하라는 것으로 풀이하였다. 김대문의 화랑세기(花郞世紀)에는 초대 풍월주가 위화랑(魏花郞)으로 나온다. 때로는 수행의 집단으로, 유사시에는 호국의 방패로, 해서 왕권유지의 대들보를 길러내는 인재양성의 둥지가 되기도 하였다. 말하자면 김유신이나 김춘추가 모두 화랑 출신이었다.

필탄(弼呑)

두 번째 영묘사 옥문지에서 겨울인데 뭇 개구리들이 모여서 사나흘을 울어댔다. 나라 사람들이 이상하게 여겨 왕에게 물었다. 그러자 선덕왕은 급히 각간 알천(閼川)과 필탄(弼呑) 등에게 명하여 정병 2천명을 뽑아 가지고 속히 서교로 가서 여근곡(女根谷)이 어딘지 찾아 가면 반드시 적병이 있을 것이니 기습해서 모두 죽이라고 했다.

(출전) 二, 於靈廟寺玉門池, 冬月衆蛙集鳴三四日, 國人怪之. 問於王, 王急命角干閼川弼呑等, 鍊精兵二千人, 速去西郊, 問女根谷, 必有賊兵, 掩取殺之(권1 기이1 선덕왕 지기삼사)

(새김)

영묘사는 신라 칠처가람(七處伽藍)의 하나이다. 일찍이 아도(阿道) 화상이 과거 7불 중 제5번째 구나함불(拘那含佛)이 머물렀던 곳이라고 일러주었던 곳이다. 본디 큰 연못 자리였는데 선덕여왕 때 두두리(頭頭里)라 하는 귀신의 무리가 하룻밤 사이에 못을 메우고 절을 세웠다고 한다. 절을 세운 뒤 선덕여왕이 이 절에서 개구리가 3, 4일 동안 계속해서 운다는 소리를 듣고 백제의 복병이 여근곡(女根谷)에 숨어들었음을 알아냈다는 선덕여왕의 지기삼사(知幾三事)의 일화와 관련이 깊은 절로 널리 알려져 있다.

하고(下古)

중고(中古)에 대응하는 말로써 중고까지 성골(聖骨)의 왕이 나라를 다스렸다면, 하고 시기에는 진골(眞骨)의 임금들이 다스렸다.

(출전) 已上中古, 聖骨. 已下下古, 眞骨(권1 왕력 진덕여왕)

하남위례성(河南慰禮城)

주몽은 왕위를 이었다. 그는 두 아들을 두었는데 맏이는 비류(沸流)이고 다음은 온조(溫祚)이다. 그들은 뒤에 태자가 미워할 것을 걱정하여 드디어 오간(烏干), 마려(馬黎) 등 10여 명 신하들과 함께 남쪽으로 이니 백성들도 이를 따르는 자가 많았다. 한산에 이르러 부아악에 올라서 살 만한 곳을 찾아보았다. 비류가 바닷가에 가서 살자고 하자 열 명의 신하들은 간하기를 하남은, 북쪽으로는 한수가 흐르며 동쪽으로는 높은 산을 의지했고, 남쪽으로 기름진 못을 바라보고, 서쪽으로는 큰 바다가 가로놓여 있어서 풍수의 형국이 매우 좋은 곳입니다. 그러니 여기에 도읍을 정하는 것이 어찌 좋지 않겠습니까. 그러나 비류는 이 말을 듣지 않고 백성을 나누어 미추홀(彌雛忽)에 옮겨 살았다. 한편 온조는 하남위례성에 도읍하고 10명의 신하를 기둥으로 삼아 나라 이름을 십제(十濟)라 했다. 이 때는 한(漢) 나라 전한의 성제 홍가 3년(전18)이었다. 비류는 미추홀이 습기가 많고 물이 짜서 편안히 살 수가 없었다. 위례성에 돌아와 보니 도읍은 안정되고 백성들은 편안히 살고 있으므로 마침내 크게 후회하고 괴로워 하다가 돌아갔다. 이에 그의 신하와 백성들은 모두 다 위례성으로 돌아왔다. 그 뒤 백성들이 올 때에 기뻐했다고 해서 나라 이름을 백제라고 고쳐 불렀다.

(출전) 朱蒙嗣位, 生二子, 長曰沸流, 次曰溫祚. 恐後太子所不容, 逐與烏干, 馬黎等(十)臣南行, 百姓從之者多. 逐至漢山, 登負兒岳, 望可居之地. 沸流欲居於海濱, 十臣諫曰 惟此河南之地, 北帶漢水, 東據高岳, 南望沃澤, 西阻大海, 其天險地利, 難得之勢, 作都於斯, 不亦宜乎, 沸流不聽, 分其民歸彌雛忽居之. 溫祚都河南慰禮城, 以十臣爲輔翼, 國號十濟, 是漢成帝鴻佳三年也. 沸流以彌雛忽土濕水鹹, 不得安居, 歸見慰禮都邑鼎定, 人民安泰, 逐慙悔而死, 其臣民皆歸於慰禮城, 後以來時百姓樂悅, 改號百濟(권2 기이2 남부여 전백제 북부여)

(새김)

오늘날의 경기도 **하남시**를 말한다. **백제**는 고구려의 혈통 곧 예맥의 흐름을 이어 받았으므로 백제는 **맥제(貊濟)**라고 읽음이 옳다. 온조와 비류를 포괄하는 백제의 왕족은 예맥의 후손이기에 그러하다(정호완, 삼국유사의 상상력 참조). 일설에는 백제의 제(濟)가 중국 산동성의 제남(濟南)이 있는데 제남이 제수(濟水)로부터 발원한다. 그러니까 맥족(貊族)이 모여 살던 곳 가운데 한 곳이 제수 지역으로 보인다. 한마디로 요서 백제시기가 있었는데 군사정치적인 요인으로 오늘날의 반도중심의 백제로 굳어져 쓰이고 있다(심백강(2014), 우리역사 참조).

하백(河伯)

이 때 금와는 태백산 남쪽 우발수(優渤水)에서 한 여자를 만나서 물으니 그 여자는 말하기를, 저는 하백의 딸로서 이름을 유화(柳花)라고 합니다. 여러 동생들과 함께 거닐고 있는데, 웬 남자 하나가 오더니 자기는 천제의 아들 해모수(解慕漱)라고 하면서 나를 웅신산(熊神山) 아래 압록강 가의 집으로 데리고 가서 남몰래 정분을 나누고 가더니 돌아오지 않았습니다. 부모는 내가 중매도 없이 혼인한 것을 꾸짖어서, 드디어 이곳으로 귀양을 보냈습니다.

(출전) 于時得一女子於太伯山南優渤水, 問之. 云我是河伯之女, 名柳花, 與諸弟出遊, 時有一男子, 自言天帝子解慕漱, 誘我於熊神山下鴨淥邊室中私之. 而往不返 父母責我無媒而從人, 遂謫居于此(권1 기이1 고구려)

(새김)

하백(河伯) : 하백은 본디 중국의 수신(水神)의 이름이나, 고구려에서 고마 혹은 개마의 뜻인 웅(熊)이나 맥(貊) 대신에 하백을 차용하여 쓴 경우로 보인다(이병도). 하(河)의 원소리가 가(ka)이고 백(伯)의 뜻이 맏-이니 이두로 읽어 가맏-가마-개마-고마와의 유연성이 있다.

웅신산(熊神山) : 오늘날의 백두산을 말한다. 백두(白頭)의 어원을 보면, 웅신산의 웅(熊)과 무관하지가 않다. 백(白)은 맥〔maek〕이라고도 읽으며 이는 힘쓸 맥이라 하여 불곰을 상징한다. 말하자면 백두산은 웅신산이며 곰산(곰뫼)이란 말이 된다. 곰신에게 제사를 모시는 과정을 보면, 곰의 머리를 베어다 단위에 놓고 입에다 담배를 물리고 화해의 염원을 보낸다. 실수로 당신을 죽인 것이지 일부러 그런 것이 아니라는 것이다. 아무르강〔黑龍江, Амур(러)〕의 시츄섬이나 흥안령 산맥에 사는 어원카나 어룬춘 족들은 이러한 곰 제사를 지낸다. 일본 북해도의 아이누 족들은 12월 초순쯤이면 카무이오만떼(かむいおまんて, 神送)라는 말로 곰의 신을 보내는 곰 제사를 올린다. 알타이 산맥의 고미공화국에서는 나라에서 모시는 이러한 곰 제의를 찾아 볼 수 있다. 한국의 지명에도 웅-계와 곰-계 지명 분포가 상당하다. 그 대표적인 곳이 공주의 곰나루 곧 웅진(熊津, 곰나루)이다. 곰이란 한자가 없으니까 한자로 모든 지명을 바꾸면서 비슷한 소리의 금강(錦江)으로 미화시키면서 역사의 맥이 흐려진 것이다(정호완).

하서국(河西國)

원성왕 11년(乙亥, 795)에 당 나라 사신이 서라벌에 와서 한 달을 머물렀다가 돌아갔다. 하루 뒤에 두 여인네가 궁으로 와서 억울한 사연을 아뢴다. 저희들은 동지와 청지 곧 동천사 샘에 살고 있습니다(절에 있는 기록을 보면, 이 샘은 동해의 용이 오가면서 불법을 듣던 곳이요, 절은 진평왕이 만들었다. 오백 성중과 5층탑과 밭과 일꾼들까지 함께 헌납했다고 전한다). 두 용의 가족입니다. 그런데 당 나라 사신들이 술법에 능한 하서국 사람들을 데리고 와서 저희 남편인 두 용과 분황사 우물에 있으면서 나라를 지키는 세 용을 작은 고기로 바꾸어 통 속에 넣어 갖고 돌아갔습니다. 청컨대, 폐하께서는 저희 남편들을 구해주시어 나라를 지키도록 하여 주십시오. 왕은 몸소 군사를 이끌고 서둘러 하양관(河陽館, 경산)까지 좇아가 사신들을 위한 잔치를 핑계로 하서국 사람들에게 엄명을 내렸다. 그대들은 왜 신라의 세 용을 잡아 여기까지 왔는가. 만일 사실대로 고하지 않으면 반드시 극형에 처할 것이다. 이윽고 하서국 사람들이 고기 세 마리를 바치므로 세 곳에 놓아 주자, 용들은 물속으로 들어가 길길이 뛰고 기뻐하였다. 이에 당 나라 사신들은 왕의 슬기로움에 감복했다.

(출전) 王卽位十一年乙亥, 唐使來京, 留一朔而還, 後一日, 有二女進內庭, 奏曰 妾等乃東池, 靑池(靑池卽東泉寺之泉也. 寺記云, 泉乃東海龍往來聽法之地. 寺乃眞平王所造, 五百聖衆, 五層塔, 幷納田民焉)二龍之妻也. 唐使將河西國二人而來, 呪我夫二龍及芬皇寺井等三龍, 變爲小魚, 筒貯而歸. 願陛下勅二人, 留我夫等護國龍也. 王追至河陽館, 親賜享宴, 勅河西人曰, 爾輩何得取我三龍至此, 若不以實告, 必加極刑. 於是, 出三魚獻之. 使放於三處, 各湧水丈餘, 喜躍而逝. 唐人服王之明聖(권2 기이2 원성대왕)

(새김)

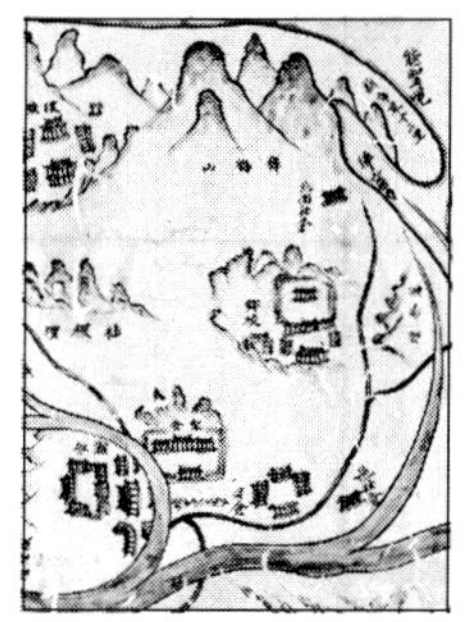
그림 77 하양현 지도

하양관이라 함은 오늘날 경북 경산의 하양읍에 자리한 포교당 절이 그 자리다. 지금도 절로 들어가는 문의 이름이 장안문(長安門)이라 하여 당 나라의 사신이 머물렀을 가능성을 가늠하게 해준다. 얼핏 보면 기와집의 형태에 흙과 돌, 기와로 쌓은 담장, 입구의 역할을 하는 장안문 등이 보인다. 장안문에는 사천왕상이 그려져 있고, 열려진 문 너머로 바라보면 탑과 극락전이라는 건물이 보인다. 대개 절에는 일주문이나 사천왕들을 위한 천왕문도 있지만 이곳에서는 장안문 하나만을 볼 수 있다. 극락전 서면 벽에는 원성왕(元聖王)이 신라를 지키는 용 세 마리를 고기로 변신하여 몰래 가져가려던 당 나라 사신들을 혼내 주면서 용을 찾아 다시 동지와 청지, 그리고 분황사에 놓아주는 그림이 그려져 세인의 흥취를 돋우고 있다(김종국 제보). 하서국은 중국의 운남성 곤양(昆陽) 지방을 말한다. 티베트 계통의 사람들이 살고 있었던 지역이다.

학수(鶴樹)

대안 2년(1086) 본조 선종(宣宗) 때 우세승통 의천(義天)이 송나라에 들어가서 천태교관(天台敎觀)을 많이 가지고 돌아왔다. 이 밖에도 서책에 실리지 않은 고승과 신도들이 오가면서 가지고 온 것은 이루 다 기록할 수가 없다. 대체로 불교가 동방으로 전해 오는 데는 그 앞길이 양양했으니 경사스러운 일이다. 찬탄해 말한다. 중국과 동방은 오히려 연기로 막혔고, 녹원(鹿苑)의 학수는 2천년이네. 이 땅에 전해 오니 참으로 하례할 일이라, 동진(東震)과 서건(西乾)이 한 세상 되었다네.

(출전) 大安二年, 本朝宣宗代, 祐世僧統義天入宋, 多將天台教觀而來. 此外方冊所不載, 高僧信士往來所齎, 不可詳記. 大教東漸, 洋洋乎慶矣哉. 讚曰華月夷風尙隔煙, 鹿園鶴樹二千年. 流傳海外眞堪賀, 東震西乾共一天(권3 탑상 전후소장사리)

(새김)

학수 또는 **학림(鶴林)**이라 함은 석가모니가 열반하신 인도의 구시나가라에 있는 사라쌍수(裟羅雙樹)를 이른다. 구시나가라(कुशनगर, kusinagara)는 인도 룸비니주를 흐르는 갠지스강의 지류인 간다구강 서쪽에 자리하고 있다.

한기부(韓岐部)

다섯째는 금산(金山) 가리촌(加利村, 현 금강산 백률사 북쪽 산)이다. 촌장은 지타(祇陀, 혹은 只他)이다. 처음에 명활산(明活山)에 내려왔으니 이가 한기부(漢岐部) 또는 한기부(韓岐部) 배씨(裵氏)의 조상이다. 지금은 가덕부라 하는데 상서지와 하서지, 그리고 내아 등 동촌이 여기에 소속된다.

(출전) 五曰金山加里村(今金剛山栢栗寺之北山也), 長曰祇沱(一作只他), 初降于明活山, 是爲漢歧部又作韓歧部裵氏祖, 今云加德部, 上下西知乃兒等東村屬焉(권1 기이1 신라시조 혁거세왕)

(새김)

삼국사기(三國史記) 신라본기 지마니사금 조에 **한기부** 안에 허루 집단과 마제 집단이 있었다고 전한다. 이로 보면, 하나의 촌부 안에 자치권을 가진 두 개의 집단이 있었다는 말인데, 부내부(部內部)가 있었던 것으로 보인다(노태돈, 1975).

한도(韓陶)

한도는 조선의 재상이었다. 천자는 이 싸움이 오래 되어도 끝이 나지 않자 옛날 제남태수 공손수(公孫遂)를 시켜서 치게 하고, 모든 일을 상황에 따라서 처리하게 했다. 공손수는 우선 누선장군을 묶어 놓고 그 군사를 합쳐서 좌장군과 함께 급히 조선을 공격했다. 이 때 조선의 재상 노인(路人)과 재상 한도(韓陶)와 또 이계의 재상 삼(參)과 장군 왕겹(王唊, 안사고는 이계(尼谿)를 지명으로 보아 이들은 모두 네 명이라 했다)은 서로 의논하여 항복하려 했으나 왕은 이 말을 좇으려 하지 않았다. 이에 한도(韓陶, 陰)와 왕겹은 모두 도망쳐서 한나라로 가서 항복했고 노인은 도중에서 죽었다.

(출전) 天子以久不能決, 使故濟南太守公孫遂往正之, 有便宜將以從事. 遂至, 縛樓舡將軍, 並其軍與左將軍, 急擊朝鮮. 朝鮮相路人, 相韓陶, 尼谿相參, 將軍王唊(師古曰, 尼谿地名, 四人也) 相與謀欲降, 王不肯之, 陶, 唊, 路人, 皆亡降漢, 路人道死(권1 기이1 위만조선)

한림랑(翰林郎)

그 후 신미년(辛未, 671)에 당 나라는 다시 조헌(趙憲)을 장수로 하여 5만 명의 군사를 거느리고 쳐들어왔으므로 또 그전의 비법을 썼더니 배는 전과 같이 침몰되었다. 이 때 한림랑 박문준은 인문을 따라 옥중에 있었는데 고종이 문준을 불러서 묻는다. 너희 나라에는 무슨 비법이 있기에 두 번이나 대군을 내었는데도 한 명도 살아서 돌아오지 못하느냐. 문준이 아뢰었다. 소신들은 상국에 온 지 10여 년이 되었으므로 본국의 일은 알지 못합니다. 다만 멀리서 한 가지 일만을 들었을 뿐입니다. 저희 나라가 상국의 은혜를 두텁게 입어 삼국을 통일하였기에 그 은혜를 갚으려고 낭산 남쪽에 새로 천왕사를 짓고 황제의 만년 수명을 빌면서 법석을 길이 열었다는 일뿐입니다.

(출전) 是時, 翰林郎朴文俊, 隨仁問在獄中, 高宗召文俊曰汝國有何密法, 再發大兵, 無生還者 文俊奏曰陪臣等來於上國一十餘年, 不知本國之事. 但遙聞一事爾, 厚荷上國之恩, 一統三國, 欲報之德, 新刱天王寺於狼山之南, 祝皇壽萬年, 長開法席而已 高宗聞之大悅, 乃遣禮部侍郎樂鵬龜使於羅, 審其寺(권2 기이2 문호왕 법민)

(새김)

조선조의 도승지같이 **한림랑** 박문준은 왕의 명령을 출납하는 관원이었다. 문무왕 때는 기록이 보이지 않고 경덕왕 때 직제개편 시 처음으로 한림이라는 벼슬 이름이 보였다.

한사군(漢四郡)

원봉 3년(전108) 여름, 이계의 재상 삼(參)은 사람들을 시켜서 왕 우거를 죽이고 한나라에 손을 들었다. 그러나 왕검성은 여전하게 굴복하지 않았다. 이어서 우거의 재상인 성기(成己)가 또 자신의 나라를 배반했다. 좌장군(左將軍)은 우거의 아들 장(長)과 노인(路人)의 아들 최(最)로 하여금 자기들의 백성을 타이르고 성기를 죽이도록 했다. 이리하여 마침내 조선을 평정하고 진번, 임둔, 낙랑, 현토의 네 군으로 삼았다.

(출전) 元封三年夏, 尼谿相參, 使人殺王右渠來降, 王儉城未下, 故右渠之大臣成己又反. 左將軍使右渠子長 · 路人子最, 告諭其民, 謀殺成己, 故遂定朝鮮, 爲眞番 · 臨屯 · 樂浪 · 玄菟四郡(권1 기이1 위만조선)

(새김)

고조선을 멸망시킨 **한(漢)** 나라는 기원전 108년 무렵 고조선의 옛 땅에 **낙랑(樂浪)**, **진번(眞蕃)**, **임둔(臨屯)**의 3군(郡)을 설치했고, 이어 기원전 107년에는 20여 년 전 창해군(滄海郡)을 설치했던 예맥의 땅에 현토군(玄菟郡)을 봉했다. 그리하여 4군을 유주(幽州)의 속군으로 삼음으로써 오랜 꿈이던 동방경략을 완성했다. 한은 4군의 산하에 많은 현(縣)을 두고 중앙정부에서 태수(太守), 현령(縣令), 속관(屬官)을 직접 파견해 다스렸다. 따라서 머리인 조선현을 비롯해 염한(鹽漢), 패수(浿水), 점제(黏磾), 수성(遂成), 증지(增地), 사망(駟望), 둔유(屯有), 누방(鏤方), 혼미(渾彌), 탄열(呑列) 등 11현으로 출발했던 낙랑군은 진번군의 속현 15개를 추가로 관할하게 되어 외형상 군세가 날로 커졌다. 기원전 75년에 이르면, 임둔의 속현들을 넘겨받았던 현토군이 고구려의 반항에 밀려 군의 치소인 고구려현을 압록강 중류지역에서 서북의 흥경(興京), 노성(老城) 방면으로 옮겼다. 낙랑군을 중심으로 하는 한사군의 강역은 크게 두 가지로 갈라진다. 하나는 현재 국사 교과서에 올린 대동강 중심의 한반도설이고, 다른 하나는 요동중심설이 그것이다. 고대 중국의 요동의 수성현(遂成縣)에 자리한 갈석산(碣石山) 어름에 있었던 것으로 본다. 사고전서(四庫全書)로 대표되는 중국의 한사군 당시의 사료를 보면, 요동중심의 가설에 무게 중심이 실린다. 낙랑과 관련하여 그 사연을 알아보면 다음과 같다. 망한 은(殷) 나라의 왕자였던 기자(箕子)가 조선으로 갔다. 이는 사기(史記)와 진서(晉書) 지리지 평주 낙랑군 조선현조를 보면, 주 나라가 기자를 봉한 것으로 적고 있다. 다시 당 나라의 두우(杜佑)가 엮은 통전(通典)의 평주 부분을 보면, 평주는 은나라 시기 고죽국, 춘추시기에는 산융, 비지, 진 나라 시기에는 우북평, 혹은 요서 2군, 전후한에서 위진 시기까지는 요서군이었다고 적고 있다. 결국 낙랑군 조선현은 평주(平州)에 자리하였음을 알 수가 있다. 그러다가 청(淸) 나라로 들어와서 만들어진 대청일통지(大淸一統志)를 보면, 평주의 기자 조선을 한반도의 이씨조선으로 둔갑시키고 있다. 즉 평주의 낙랑군 조선현은 압록강 이남의 지역으로 비틀어 기록하고 있다. 이로써 낙랑 대동강중심설은 지양, 요동중심설로 고쳐져야 한다(심백강(2014). 사고전서 사료로 보는 한사군의 낙랑 참조). 전한서(前漢書) 가연지전(賈捐之傳)에 한의 무제가 동으로 갈석산(碣石山)을 지나 낙랑과 현토를 침략하여 군을 삼았다(東過碣石以玄菟樂浪爲郡). 여기 낙랑의 위치는 어디인가. 진태강지리지(晉太康地理志) 낙랑군 수성현(遂城縣)에 자리하였음을 적고 있다. 수성현은 오늘날의 보정시(保定市)에 자리한 지역이다. 지금의 진황도시(秦皇島市) 노룡현 갈석산의 본디 이름은 서한 무렵 왕망 시기에 게석산(揭石山)임을 유념할 필요가 있다. 수당(隋唐)으로 넘어오면서 갈석산으로 개칭하였다.

한산성(漢山城)

당 나라 군사가 백제를 평정하고 돌아간 뒤였다. 신라왕은 여러 장수에게 명하여 백제의 남은 군사를 좇아서 잡고 한산성에 주둔하였다. 고구려와 말갈의 두 나라 군사가 와서 포위하여 서로 싸웠으나 승부가 나지 않아 5월 11일에 시작해 6월 22일에 이르렀다. 신라 군사는 몹시 위태로웠다. 왕이 듣고 여러 신하와 의논했으나 장차 어찌할 지 결정하지 못하고 있는데 유신이 달려와서 아뢰었다. 일이 급하여 사람의 힘으로는 할 수가 없습니다. 오직 신통한 도술이라야 구원할 수가 있습니다. 성부산(星浮山)에 단을 모으고 신술을 쓰니 문득 커다란 독만 한 광채가 단 위에서 나오더니 별이 북쪽으로 날아갔다(이로 하여 성부산이라고 하나 산의 이름에 대해서는 다른 설도 있다. 산은 도림 남쪽에 있는데 솟은 한 봉우리가 이것이다).

(출전) 王師定百濟, 旣還之後, 羅王命諸將, 追捕百濟殘賊, 屯次于漢山城, 高麗, 靺鞨二國兵來圍之, 相擊未解, 自五月十一日, 至六月二十二日, 我兵危甚. 王聞之, 議群臣曰計將何出猶豫未決, 庾信馳奏曰 事急矣. 人力不可及, 唯神術可救. 乃於星浮山設壇修神術, 忽有光耀如大瓮, 從壇上而出, 乃星飛而北去. 因此名星浮山. 山名或有別說云, 山在都林之

南, 秀出一峯是也(권1 기이1 태종춘추공)

한산주(漢山州)

처음 신라 군사가 백제 군사와 황산에서 싸울 때 장춘랑(長春郞)과 파랑(罷郞)이 싸움터에서 죽었다. 그 뒤 백제를 칠 때 그들은 태종의 꿈에 나타나서 말했다. 신 등이 옛날 나라를 위해서 몸을 바쳤고, 이제 백골이 되어서도 나라를 완전히 지키려고 종군하여 게으르지 않습니다. 하오나 당 나라 장수 소정방의 위엄에 눌려서 남의 뒤로만 쫓아다니고 있습니다. 원컨대 왕께서는 우리에게 적은 군사를 주십시오. 대왕은 놀라고 신기하여 두 넋을 위하여 하루 동안 모산정(牟山亭)에서 불경을 외우고 또 한산주에 장의사(壯義寺)를 세워 그들의 명복을 빌게 했다.

(출전) 初與百濟兵戰於黃山之役, 長春郞, 罷郞死於陣中. 後討百濟時, 見夢於太宗曰 臣等昔者爲國亡身, 至於白骨, 庶欲完護邦國, 故隨從軍行無怠而已. 然迫於唐帥定方之威, 逐於人後爾. 願王加我以小勢. 大王驚怪之, 爲二魂, 說經一日於牟山亭, 又爲創壯義寺於漢山州, 以資冥援(권2 기이1 장춘랑 파랑)

(새김)

장의사(壯義寺) : 현재 서울 장의동의 세검정초등학교 운동장에 빗돌을 세워 그 유래를 전한다. 아직도 당간(幢竿)의 흔적이 남아 있다.

한음(韓陰) ☞ 한도(韓陶)

한해(瀚海)

조위(曹魏) 때 비로소 남대방군(현 남원부)을 두었기 때문이라 하였다. 대방의 남쪽은 바닷물이 천 리나 되는데 한해라고 했다(후한 건안 연간에 마한 남쪽의 황무지를 대방군으로 삼았다. 왜와 한이 마침내 속했다는 것이 바로 이것이다).

(출전) 曹魏時始置南帶方郡(今南原府)故云, 帶方之南海水千里, 曰瀚海. 後漢建安中, 以馬韓南荒地爲帶方郡, 倭韓遂屬, 是也(권1 기이1 남대방)

함달왕(含達王)

이 때 문득 완하국 함달왕의 부인이 아기를 배어 달이 차서 알을 낳았다. 알이 변해서 사람이 되어 이름을 탈해(脫解)라 했다. 탈해가 바다를 좇아서 가락국에 왔다. 키가 3척이요, 머리 둘레가 1척이나 되었다. 그는 기꺼이 대궐로 나가서 왕에게 말하기를, 나는 왕의 자리를 빼앗으러 왔소. 왕이 대답했다. 하늘이 나를 명해서 왕위에 오르게 한 것은 장차 나라를 안정시키고 백성들을 편안케 하려 함이다. 감히 하늘의 명을 어겨 왕위를 남에게 줄 수도 없고, 또 우리 백성을 너에게 맡길 수도 없다고 하였다.

(출전) 忽有琓夏國含達王之夫人妊娠, 彌月生卵, 化爲人, 名曰脫解. 從海而來, 身長三尺, 頭

圍一尺. 悅焉詣闕, 語於王云, 欲奪王之位, 故來耳. 王答曰天命我俾卽于位, 將令安中國而綏下民, 不敢違天之命以與之位, 又不敢以吾國吾民, 付囑於汝(권1 기이1 탈해왕)

함달파(含達婆)

그때 부왕 함달파가 적녀국(積女國)의 공주를 맞아 왕비로 삼았소. 오래 되어도 아들이 없자 기도를 드려 아들 낳기를 구하여 7년 만에 커다란 알 한 개를 낳았소. 이에 대왕은 모든 신하들을 모아 묻기를, 사람으로서 알을 낳았으니 고금에 없는 일이다. 이것은 아마 좋은 일이 아닐 것이다 하고, 궤를 만들어 나를 그 속에 넣고 칠보와 노비들을 함께 배 안에 실은 뒤 바다에 띄우면서 빌기를, 아무쪼록 인연 있는 곳에 닿아 나라를 세우도록 해 주십시오. 빌기를 마치자 문득 붉은 용이 나타나더니 배를 호위해서 지금 여기에 도착한 것이오.

(출전) 時, 我父王含達婆, 娉積女國王女爲妃, 久無子胤, 禱祀求息, 七年後産一大卵. 於是, 大王會問群臣人而生卵, 古今未有, 殆非吉祥. 乃造櫃置我, 幷七寶, 奴婢載於舡中, 浮海而祝曰任到有緣之地, 立國成家, 便有赤龍, 護舡而至此矣(권1 기이1 탈해왕)

(새김)

함달파(含達婆) : 노래하는 악신으로 등장하는 건달바(乾達婆, **गन्धर्व**, gandarva)와 같은 뜻으로 상정할 수 있다. 함달파의 함(含)의 고대 한자음이 감(gam)-간(건)이므로 건달바와 음상이 같음을 미루어 볼 수 있다. 불교 우주론으로 보면, 간다르바는 가장 낮은 서열의 데바 곧 신이다. 사천왕 가운데 하나인데 동쪽을 지키는 임금이다. 그는 노래를 잘 하고 자유롭게 하늘을 날아다닌다. 나무껍질이나 수액 혹은 꽃잎의 향기를 먹고 살아간다. 수도승들의 명상을 힘들게 하는 존재이기도 하다.

항우(項羽)

옛날에 한 나라의 충신 주가(周苛)가 형양(滎陽)을 지키다가 초(楚) 나라 군사에게 포로로 잡혔다. 이 때 항우는 주가에게 말하기를, 네가 만일 내 신하가 되어준다면 만호후(萬戶侯)를 주겠다고 했다. 그러나 주가는 오히려 항우를 꾸짖고 항복하라고 했으므로 그에게 죽임을 당했다. 그런데 이번 제상의 죽음은 주가만 못하지 않다.

(출전) 議者曰, 昔漢臣周苛在滎陽, 爲楚兵所虜, 項羽謂周苛曰汝爲我臣, 封爲萬祿侯, 周苛罵而不屈, 爲楚王所殺. 堤上之忠烈, 無怪於周苛矣(권1 기이1 내물왕 김제상)

(새김)

기원전 3세기 무렵, **항우**는 한나라의 임금이었던 유방과 건곤일척 하던 초(楚) 나라의 영웅이었다. 성은 항(項)이며 이름은 적(籍), 자가 항우(項羽)였다. 해하(垓下)의 싸움에서 대패, 오강(烏江)에 몸을 던져 자살하였다. 그 때 지은 노래 **해하가(垓下歌)**는 널리 알려져 전한다. 힘은 산을 뽑아 세상을 덮을 만하나 상황이 이롭지 못하여 오추마 말이 앞으로 가지를 못하는구나. 우여 이를 어쩐단 말인가(力拔山氣蓋世 時不利兮騅不逝 騅不逝可奈何 虞兮虞兮奈

若何). 여기 우(虞)는 항우의 애첩이었는데 이로 하여 우미인초(虞美人草)라는 풀이름이 생겼다. 이를 개양귀비라고도 한다. 캐나다의 군인 맥크레의 시 '개양귀비 들판'이 널리 애송되기도 하였다. 영국의 연방국가에서 전사자들을 위한 기념일에 개양귀비 꽃을 바친다.

해가사(海歌詞)

이 때 여러 사람이 부르던 해가(海歌)의 가사는 이러했다. 거북아, 거북아, 수로부인을 내놓아라, 남의 부인 앗아간 죄 그 얼마나 크랴. 네 만일 거역하고 내놓지 않는다면, 그물로 잡아서 구워 먹으리. 노인의 헌화가는 이러했다. 진달래 바위 가에 잡은 암소 놓게 하시고, 나를 부끄러워하지 않으신다면, 저 꽃 꺾어 바치오리다.

(출전) 衆人唱海歌詞曰, 龜乎龜乎出水路, 掠人婦女罪何極. 汝若悖逆不出獻, 入網捕掠燔之喫. 老人獻花歌曰, 紫布岩乎邊希執音乎手母牛放敎遣, 吾肸不喩慚肸伊賜等, 花肸折叱可獻乎理音如(권2 기이2 수로부인)

(새김)

해가사(海歌詞) : 신라 성덕왕 시절 순정공과 관련하여 수로부인을 구해내기 위한 노래를 불렀는데 여기 수로부인을 내놓으라는 사연이 후대로 오면서 구지가에 덧붙여지게 되었다(이상돈, 구지가사의 해석). 성덕왕 당시로는 몹시 가물었다. 특히 동해안 지역이 극심하였다. 수로(水路)란 말하자면 비를 오게 해달라고 비는 염원이 가득한 노래였다. 물길 바다 속으로 들어가서 용왕, 즉 수신에게 빌어 물길을 열게 하려는 기원의 제의를 이렇게 노래로 불렀던 것으로 보인다. 꽃은 여인 곧 수로이고 꽃을 바침은 곧 수로를 바치는 것이다. 헌화공희와 더불어 인신공희를 함으로써 수신을 기쁘게 하고 그 보상으로 비를 내려 줄 것이라는 희망어린 제의를 행하였던 것이다. 지역민들에게 마음의 위로를 주고 정신력을 강하게 하는 공동체 정신으로 시련을 극복하려는 의지의 표현이었다. 노래로 카타르시스를 하여 정치적인 효과를 함께 올려 보려는 제의행위였다고 본다. 언령설(言靈說)에 따른 기원행위였다. 수로를 이두로 읽으면, 물이 되니 수로는 물신이다(정호완).

해동승전(海東僧傳)

청도인 김척명(金陟明)이 떠도는 말을 가지고 잘못 글을 지어서 원광법사전을 만들었다. 함부로 운문사를 세운 보양 스님의 사적과 뒤섞어서 하나의 전기를 만들어 놓았다. 뒤에 해동승전을 편찬한 사람도 잘못된 것을 그대로 이어받아서 기록했기 때문에 당시 사람들이 많이 현혹되었다. 그래서 이것을 분별하고자 한 자도 더도 덜도 하지 않고 두 전기의 글을 자세히 적어 두는 것이다.

(출전) 鄕人金陟明, 謬以街巷之說, 潤文作光師傳, 濫記雲門開山祖寶壤師之事迹, 合爲一傳, 後撰〈비문〉海東僧傳者, 承誤而錄之, 故時人多惑之. 因辨於此, 不加減一字, 載二傳之文詳矣(권4 의해 원광서학)

해동안홍기(海東安弘記)

신라 진평왕 시절 스님 안홍과 관련된 책이다. 안홍의 생애를 기록한 전기인지 아니면 안홍이 지은 동도성립기(東都成立記)에 대한 기록인지가 확실하지 않다. 해동안홍기에 구한이란, 첫째는 일본, 2는 중화, 3은 오월, 4는 탁라, 5는 응유, 6은 말갈, 7은 단국, 8은 여진, 9는 예맥이라고 했다.

(출전) 海東安弘記云, 九韓者 一日本, 二中華, 三吳越, 四乇羅, 五鷹遊, 六靺鞨, 七丹國, 八女眞, 九穢貊(권1 기이1 마한)

(새김)

동도성립기(東都成立記)를 해동안홍기로 보는 견해도 있다(신종원, 1998). 안홍을 안함(安含)과 같은 인물로 보는 풀이도 있으나 확실하지 않다.

해룡왕사(海龍王寺)

흥덕왕 때인 태화 원년(丁未, 827)에는 당 나라에 간 학승인 고구려 중 구덕(丘德)이 불경 몇 상자를 가지고 오니 왕은 여러 절의 승도들과 함께 나가서 흥륜사 앞길에 가서 맞이했다. 대중 5년(851) 당 나라에 보낸 사신 원홍(元弘)이 불경 몇 축을 가지고 왔고, 나말에 보요선사(普耀禪師)가 두 번이나 오월국에 가서 대장경을 싣고 왔으니, 그는 곧 해룡왕사의 시조인 개산조가 되었다.

(출전) 興德王代大和元年丁未, 入學僧高麗釋丘德, 齎佛經若干函來, 王與諸寺僧徒出迎于興輪寺前路. 大中五年, 入朝使元弘, 齎佛經若干軸來. 羅末普耀禪師再至吳越, 載大藏經來, 卽海龍王寺開山祖也(권3 탑상 전후소장사리)

해모수(解慕漱)

고기(古記)에 전한다. 전한 선제 신작 3년(壬戌, 전58) 4월 8일 천제가 흘승골성(訖升骨城, 대요 의주 어름에 있음)에 내려왔다. 오룡거를 타고 도읍을 정하여 왕이라 일컫고 국호를 북부여라고 하고, 스스로 이름을 해모수라고 했다. 아들을 낳아 이름을 부루(扶婁)라 하고 해(解)로 성을 삼았다. 왕은 뒤에 하느님의 명령으로 도읍을 동부여로 옮겼다. 동명제는 북부여를 계승하여 일어나서 졸본에 도읍을 정하고 졸본부여(卒本扶餘)가 되었다. 동명제가 곧 고구려의 시조다.

(출전) 古記云, 前漢書宣帝神爵三年壬戌四月八日, 天帝降于訖升骨城(在大遼醫州界) 乘五龍車, 立都稱王, 國號北扶餘, 自稱名解慕漱, 生子名扶婁, 以解爲氏焉. 王後因上帝之命, 移都于東扶餘, 東明帝繼北扶餘而興, 立都于卒本州, 爲卒本扶餘, 卽高句麗之始(권1 기이1 북부여)

(새김)

해모수가 고구려의 시조라고는 하나 정작 고구려의 건국신화 자료인 광개토왕비나 위서(魏

書)에는 해모수가 보이지 않는다. 이는 본디 북부여의 시조로 내려오던 것을 5세기 무렵, 고구려가 부여를 통합한 뒤 부여인을 잘 아우르기 위하여 고구려의 건국신화와 융합하여 재구성한 줄거리로 볼 수 있다.

해부루(解扶婁)

고기(古記)에 전한다. 전한 선제 신작 3년(壬戌, 전 58) 4월 8일 천제가 흘승골성에 내려왔다. 오룡거를 타고 도읍을 정하여 왕이라 일컫고 국호를 북부여라고 하고, 스스로 이름을 해모수(解慕漱)라고 했다. 아들을 낳아 이름을 부루(扶婁)라 하고 해(解)로 성을 삼았다. 왕은 뒤에 하느님의 명령으로 도읍을 동부여로 옮겼다.

(출전) 古記云, 前漢書宣帝神爵三年壬戌四月八日, 天帝降于訖升骨城(在大遼醫州界), 乘五龍車, 立都稱王, 國號北扶餘, 自稱名解慕漱, 生子名扶婁, 以解爲氏焉. 王後因上帝之命, 移都于東扶餘(권1 기이1 북부여)

(새김)

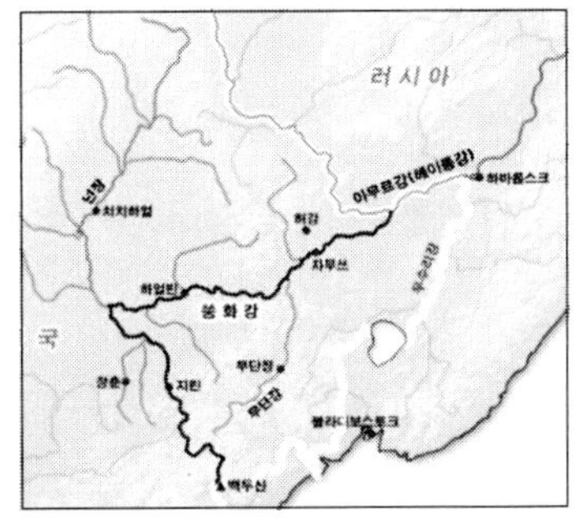

그림 78 송화강

중국 길림성 길림시의 송화호(松花湖)에 이웃한 곳에 **주작산**(**朱雀山**. 817m)이 있다. 중국어로는 주추에 산이라고 한다. 산의 8부 능선에 올라보면 신저석(神猪石)이라고 안내 글을 적어 놓았다. 일설에는 금개구리라 하여 **와석(蛙石)**이라 작은 글씨로 현지 지도에도 적어 놓았다. 현장에 가본즉, 눈이 개구리처럼 튀어 나오고 큰 형상을 하고 개구리의 뒷다리처럼 보이므로 와석이라 하였을 것이다. 그럼 신령한 돼지 바위는 틀린 것인가. 그렇다고 볼 수 있다. 그 근거는 주작산에서 찾을 수 있다. 여기 현장 안내판에는 전설로는 이 산을 태양조산(太陽鳥山)이라 했다. 태양조라면 해속에 산다는 새이니 이는 삼족오가 아닌가. 그러니 삼족오(三足烏)로 상징되는 부여의 해부루가 지나가다 개구리 같이 생긴 금와를 만난 것이다. 주작산 삼림 공원 어구에 세워놓은 돌기둥 네 개인가 있는데 산제를 올리던 장소로 보였다. 기둥에 삼족오를 그려 넣은 것을 보고 해부루와 금와 왕자의 이야기, 그러니까 금개구리가 옳다는 생각을 굳히게 만들었다. 형태음운론으로 보면, 금와-곰와-고마와 같이 연결되며 고마는 맥족(貊族)이라고 볼 수 있다. 말하자면 해모수-해부루로 이어지는 예족(濊族)의 해부루가 원주민이라 할 수 있는 고마족의 부족을 받아 들여 통합하는 과정으로 볼 수 있다. 맥족의 맥(貊)은 본초강목(本草綱目)에서 보면 맥(貊)은 식철사웅(食鐵似熊)이라 하여 곰을 토템으로 하던 겨레로 볼 가능성이 있다(정호완).

해육칭구(解肉秤軀)

나라를 위해 몸을 바침은 신하로서의 큰 도리이고 임금을 위해 목숨을 바치는 것은 백성의 곧은 의리입니다. 거짓말로 말씀을 전했다고 해서 신의 목을 베시면 만민이 굴복하여 감히 왕의 말씀을 어기지 못할 것입니다. 왕이 말했다. 살을 베어 저울로 달아서 장차 새 한 마리를 살리려 했고 피를 뿌려 목숨을 끊어서 일곱 마리 짐승을 스스로 불쌍히 여겼다. 나의 뜻은 사람을 이롭게 하는 것인데 어찌 죄 없는 사람을 죽이겠느냐. 너는 비록 공덕을 남기려 하지만 죽음을 피하는 것만 못할 것이다.

(출전) 舍人曰爲國亡身, 臣之大節, 爲君盡命, 民之直義. 以謬傳辭, 刑臣斬首, 則萬民咸伏, 不敢違敎. 王曰解肉枰軀, 將贖一鳥, 洒血摧命, 自怜七獸. 朕意利人, 何殺無罪, 汝雖作功德, 不如避罪(권3 흥법 원종흥법 염촉멸신)

(새김)

해육칭구(解肉枰軀)라 함은 대지도론(大智度論)에 나오는 고사를 바탕으로 한 것이다. 시비왕(尸毗王)이 고행을 할 때였다. 부처님이 시비왕의 자비행을 시험하려고 제석은 매가, 신하는 메추리가 되었다. 매에게 쫓기는 메추리가 시비왕의 소매 안으로 들어왔다. 시비왕은 생각했다. 굶주린 매도 살려야겠고 쫓기는 메추리도 살려야 했다. 마침내 자신의 살을 메추리만큼 베어서 매에게 주려다 쓰러졌다. 그의 이런 희생정신을 보고 제석은 사과하고 하늘의 묘약을 발라 상처를 낳게 하였다(문경현, 역주삼국유사).

해인사(海印寺)

의상은 이에 영을 내려 열 곳에 절을 세워 불교를 전하였다. 태백산의 부석사, 원주의 비마라사, 가야산의 해인사, 비슬산의 옥천사, 금정산의 범어사, 남악의 화엄사 등이 이것이다.

(출전) 湘乃令十刹傳敎太伯山浮石寺, 原州毗摩羅, 伽耶之海印, 毗瑟之玉泉, 金井之梵魚 南嶽華嚴寺等, 是也(권4 의해 의상전교)

(새김)

경남 합천 가야면의 치인리 가야산에 있는 절이 **해인사**다. 전해오기로는, 신라 애장왕 3년(802)에 순응(順應), 이정(利貞) 두 대사가 세운 도량으로 선교 양종의 본산이다. 삼국유사에서 의상이 해인사를 세웠다는 것과는 다른 내용이다. 그렇다면 순응과 이정은 의상이 세운 절을 다시 중창했다는 내용으로 이해하면 좋을 것이다. 수다라전(修多羅殿) 법보전(法寶殿)에 81,258매의 대장경 일명 고려대장경의 경판을 소장하고 있다. 고려대장경은 국보 32호이자 유네스코 세계기록문화유산이다. 이 대장경은 고려 충렬왕 때 남해에서 일연선사가 정림사에 주석하면서 마무리를 하여 조성한 것이다. 그 근거로 대장수지록(大藏須知錄)은 곧 대장경을 마무리하기 위하여 반드시 알아야할 요강을 기록한 책이라는 뜻이다(정호완). 아울러 남해(南海)의 지명을 보면, 대장경 판각의 현장이라 할 상당한 가능성을 보여준다(정상운).

해화엄(海華嚴)

그 이듬해 갑오년(甲午, 754) 여름 경덕왕은 또 고승 법해(法海)를 황룡사로 청해 화엄경(華嚴經)을 강론하게 하고, 친히 가서 향을 피우고 조용히 말했다. 지난해 여름에 대현법사(大賢法師)는 금광경을 강론하여 우물물을 일곱 길이나 솟아나오게 했소. 그대의 법력은 어떠하오. 법해가 말한다. 그것은 특히 조그만 일이어서 족히 칭찬할 것이 못됩니다. 이제 창해를 기울여서 동악을 잠기게 하고, 서울을 물에 떠내려가게 하는 것도 또한 어렵지 않습니다. 왕은 믿지 않고 농담으로만 여겼다. 오시(午時)에 강론하는데 향로를 안고 조용히 있노라니 잠깐 사이에 궁중에서 문득 우는 소리가 나고, 궁리가 달려와서 보고한다. 동쪽 연못이 이미 넘쳐서 내전 50여 칸이 떠내려갔습니다. (중략) 일연은 이를 기려서 말한다. 법해의 물결 움직임을 보니 법계는 넓기도 해라, 사해를 늘이고 줄이는 것도 어려울 것 없네. 높은 수미를 크다고만 말하지 말라, 모두 우리 스님의 한 손가락 끝에 있느니.

(출전) 明年甲午夏, 王又請大德法海於皇龍寺, 講華嚴經. 駕幸行香, 從容謂曰前夏大賢法師講金光經, 井水湧七丈. 此公法道如何 海曰特爲細事, 何足稱乎. 直使傾滄海, 襄東岳, 流京師, 亦非所難 王未之信, 謂戱言爾. 至午講, 引爐沉寂, 須臾內禁忽有哭泣聲, 宮吏走報曰東池已溢, 漂流內殿五十餘間. 王罔然自失(중략). 讚曰, 法海波瀾法界寬, 四海盈縮未爲難. 莫言百億須彌大, 都在吾師一指端(권4 의해 현유가 해화엄)

핵선(翮宣)

유사(有司)는 날을 가려서 예를 갖추어 명을 내리는 것이니 일을 맡은 자는 시행하도록 하라. 개보 8년(975) 10월 일에 대광내의령겸총한림신핵선(大匡內議令兼摠翰林臣翮宣)은 받들어 행하여 위와 같이 칙령을 받들고 직첩이 도착하는 대로 봉행하라. 개보 8년 10월일에 시중이 서명하다.

(출전) 有司擇日備禮冊命主者施行. 開寶八年十月日. 大匡內議令兼摠翰林臣翮宣奉行, 奉勅如右, 牒到奉行. 開寶八年十月日. 侍中署(권2 기이2 김부대왕)

(새김)

핵선(翮宣)이라 함은 기존의 풀이에서 선(宣)을 인명으로 보았으나, 여기서는 왕명일 가능성이 높다. 핵선이란 인물을 여기 외에서는 찾기 어렵다. 핵선은 왕융(王融)의 오자일 것으로 본다(문경현). 고려 전기에 왕융이란 인물이 있었는데 광종(光宗) 때 12회에 걸쳐 지공거(知貢擧)를 맡아 새로운 인재 등용을 주도하였다.

향가(鄕歌)

중 영재는 성품이 익살스럽고 재물에 얽매이지 않았으며, 향가를 잘했다. 나이 들어 장차 남악(南岳) 곧 지리산에서 숨어 살려고 대현령(大峴嶺)에 이르렀을 때 도둑 60여 명을 만났다. 도둑들이 그를 죽이려고 했다. 그는 칼날 앞에서도 두려움이 없이 대하였다. 도둑들이 이상하게 여겨 그 이름을 물으니 영재라고 한다. 평소 도둑들이 그의 이름을 들어 알았으므로 이에 노래를 짓게 했다. 그 노랫말은 이러했다. 제 마음에 자신의 모습을 모르던 지난 날, 멀리□□□ 지나치고 이제는 숨어서 가고 있네. 오직 그릇된 파계주를 두려워할 일로 다시 또 돌아가리. 이 칼날이 지나고 나면 좋은 날이 오리니. 아아, 오직 이만한 선(善)은 새 집이 되지 않으리. 도둑들은 그 노래에 감동되어 비단 두 필을 그에게 주니 영재는 웃으면서 사양하여 말했다. 재물이 지옥으로 가는 까닭임을 알고 장차 궁벽한 산중으로 피해 가서 일생을 보내려 하는데 어찌 감히 이것을 받겠는가. 이에 땅에 던지니 도둑들은 다시 그 말에 감동되어 가졌던 칼과 창을 버리고 머리를 깎고 영재의 제자가 되어 함께 지리산에 숨어 다시는 세상에 나오지 않았다. 영재의 나이 거의 90살이었으니 원성대왕 시절이다.

(출전) 釋永才性滑稽, 不累於物, 善鄕歌. 暮歲將隱于南岳, 至大峴嶺, 遇賊六十餘人. 將加害, 才臨刃無懼色, 怡然當之. 賊怪而問其名曰永才. 賊素聞其名, 乃命□□□作歌 其辭曰 自矣心米, 皃史毛達只將來呑隱, 日遠鳥逸□□過出知遣, 今呑藪未, 去遣省如, 但非乎隱焉, 破□主次弗□史內於都還於尸朗也, 此兵物叱沙過乎, 好尸曰沙也內乎呑尼, 阿耶, 唯只伊吾音之叱恨隱潽陵隱, 安支尙宅都乎隱以多, 賊感其意, 贈之綾二端, 才笑而前謝曰知財賄之爲地獄根本, 將避於窮山, 以餞一生, 何敢受焉, 乃投之地. 賊又感其言, 皆釋釰投戈, 落髮爲徒, 同隱智異, 不復蹈世. 才年僅九十矣, 在元聖大王之世(권5 피은 영재우적)

(새김)

향가(鄕歌)란 신라에서 고려 초에 이르는 시기에 지어져 불리던 이두나 향찰로 표기된 노래다. 예전의 문학은 향가나 민요처럼 노래하는 문학이었다. 도솔가(兜率歌)나 사뇌가(詞腦歌)를 포함한 이 시기의 모든 노래를 통틀어 이르는바, 신라가요, 신라시가, 사뇌가라고도 한다. 불교적인 내용이 많다. 향찰이나 이두는 한자를 활용하여 당시 우리말을 적으려는 소리글자의 첫걸음이었다. 중국의 시(詩)나 불교의 범패(梵唄)에 대해 고유한 노래, 시골노래라는 뜻으로 향가라고 했다. 말하자면 중국 것에 대한 비하적인 열등의식의 용어였다. 신라인들은 향가를 숭상했다. 천지와 귀신을 감동시킨 향가도 많았다. 일반인들이 부르는 노래였기에 불교를 포교하는 도구로 사용했다. 통일 신라 시대 말엽 진성여왕 대에 향가집 삼대목(三代目)이 있었다고 하나 전하지 않는다. 오늘날 전하고 있는 노래는, 삼국유사의 14수, 균여전의 11수로, 모두 25수이다. 같은 고려 향가 계열의 노래로는 도이장가나 정과정이 있으며 화랑세기에 나오는 청조가(靑鳥歌)가 전해 온다. 향가의 기원을 페르시아로 보는 성호경 교수의 관점은 개연성이 있어 보인다. 한편 산스크리트어의 관점에서라면, 샹카(sankha)-향가는 비슈누 신을 찬미하는 것이고, 범패(梵唄)는 브라만을 찬미하는 것으로 볼 수도 있다. 달리 샹카는 소라껍질로 만들어 부는 악기이기도 하다. 향가 자체가 불교적인 내용이 대부분이고 그 뿌리가 인도북부와 중부, 곧 중천축국을 포함하는 오천축(인도)의 노래라고 보면 더욱 설득력이 있을 듯하다. 음운과 어휘, 그리고 문법 대응이나 문자의 체계로 보아 산스크리트어와 한국어와의 상당한 유연성을 갖고 있다(김봉태, 2002).

향고기(鄕古記)

우리나라 고기에는, 당 나라가 육로장군 공공(孔恭)과 수로장군 유상(有相)을 보내서 신라의 김유신 등과 함께 고구려를 정복했다고 적었다. 그런데 여기에는 인문(仁問)과 흠순(欽純) 등의 이름만 말하고 유신(庾信)은 없으니 자세히 알 수 없는 일이다. 이 때 당나라의 유병(游兵, 특공대)과 여러 장병들이 진영에 머물러 있으면서 장차 우리 신라를 치려고 했으므로 왕이 알고 군사를 내어 이를 물리쳤다.

(출전) 而鄕古記云, 唐遣陸路將軍孔恭 · 水路將軍有相, 與新羅金庾信等成之, 而此云仁問 · 欽純等, 無庾信未詳, 時, 唐之游兵 · 諸將兵, 有留鎭而將謀襲我者, 王覺之, 發兵之(권2 기이2 문호왕 법민)

향기(鄕記)

신라 태종춘추공은 백제에 해괴한 변고가 많다는 소식을 들었다. 무열왕 5년(庚申, 660)에 김인문을 사신으로 당 나라에 보내서 군사를 청했다. 당 고종은 좌호위장군 형국공 소정방(蘇定方)으로 신구도 행군총관을 삼아 좌위장군 유백영(劉伯英)과 좌호위장군 풍사귀(馮士貴), 좌효위장군 방효공(龐孝公) 등을 거느리고 13만의 군사를 이끌고 와서 치게 했다. 또 신라 왕 춘추(春秋)로 우이도행군총관을 삼아 신라의 군사를 이끌고 합세하도록 했다(향기에는 군사 12만 2천 7백 11인과 군함 1천 9백 척으로 적고 있으나 당사에는 소상하지 않다).

(출전) 太宗聞百濟國中多怪變, 五年庚申, 遣使仁問請兵唐 高宗詔左虎衛大將軍荊國公蘇定方爲神丘道行策摠管, 率左衛將軍劉伯英字仁遠 · 左虎衛將軍馮士貴 · 左驍衛將軍龐孝公等, 統十三萬兵來征(鄕記云, 軍十二萬二千七百十一人, 船一千九百隻, 而唐史不詳言之)(권1 기이1 태종춘추공)

향득(向得)

웅천주(현 공주)에 향득이란 사지(舍知, 13번째 관등)가 있었다. 흉년이 들어 그 아버지가 거의 굶어 죽게 되자 향득은 다리의 살을 베어 봉양했다. 고을 사람들이 이 사실을 자세히 알리자 경덕왕은 곡식 5백석을 상으로 하사했다.

(출전) 熊川州有向得舍知者, 年凶, 其父幾於餒死, 向得割股以給養, 州人具事奏聞, 景德王賞賜租五百石(권5 효선 향득할고)

(새김)

향득(向得)은 삼국사기의 향덕(向德)과 같은 사람이다. 향득은 당시의 말로 상득이라 읽어야 옳다(강헌규). 당시나 현재 중국의 한자음으로 보아 충분한 설득력이 있다. 그가 살던 마을을 효가리(孝家里)라 하여 지명을 삼았다. 지금도 공주시 계룡면 현지에 가보면, 머리 부분이 떨어져 나간 그의 기념비가 오랜 세월의 전설을 말해 주고 있다. 사지(舍知)는 관원의 이름인데 이두로 읽으면 말치-마름치로 읽을 가능성이 있다(양주동 참조). 대사(大舍)와 소사(小舍)를 합하여 사인(舍人)이라 하는데 이들은 궁중의 재물을 맡아서 관리하는 관원을 말한다. 뒤로 오면서 다른 사람의 땅을 맡아서 관리해주는 사람들을 마름〔舍音〕이라 부른 것으로 보인다. 이는 이두식 적기로 보인다.

향전(鄕傳)

이에 법흥왕은 일부러 위의를 가지런히 하고 동서쪽에는 큰칼을, 남북쪽에는 형틀을 벌여 놓고 여러 신하를 불러 물었다. 경들은 내가 절을 지으려 하는데 일부러 이를 지체시키지 않았느냐(향전에 염촉(厭髑)이 거짓 왕명으로 신하들에게 절을 세우라는 뜻을 전하니 여러 신하들이 와서 간언하자 왕은 이것을 염촉에게 책임을 지워 격노하고 왕명을 거짓 전했다 하여 형에 처했다고 했다). 이에 여러 신하들이 벌벌 떨고 두려워하여 어쩔 줄 모르고 다짐하고 손으로 동쪽과 서쪽을 가리키니 왕은 사인을 불러 꾸짖었다.

(출전) 大王權整威儀, 風刀東西, 霜仗南北, 以召群臣, 乃問 卿等於我欲造精舍, 故作留難(鄕傳云, 髑爲以王命傳下興工創寺之意, 群臣來諫, 王乃責怒於髑, 刑以僞傳王命), 於是, 群臣戰戰兢懼, 偬侗作誓, 指手東西. 王喚舍人而詰之, 舍人失色, 無辭以對(권3 탑상 원종흥법 염촉멸신)

허황옥(許黃玉)

김수로 왕의 왕비 허황옥은 보주(普州) 태후라고도 한다. 이에 왕이 왕후와 함께 침전에 드니 왕후가 조용히 왕에게 말한다. 저는 아유타국(阿踰陁國)의 공주인데, 성은 허(許)이고 이름은 황옥(黃玉)이며 나이는 16세입니다. 본국에 있을 때 금년 5월에 부왕과 모후께서 저에게 말씀하시기를, 우리가 어젯밤 꿈에 함께 하느님을 뵈었는데, 하느님께서는, 가락국의 왕 수로(首露)를 하늘이 내려 보내서 왕위에 오르게 하였으니 신령스럽고 성스러운 사람이다. 또 나라를 새로 다스리는 데 있어 아직 배필을 정하지 못했으니 경들은 공주를 보내서 그 배필을 삼게 하라 하시고, 말을 마치자 하늘로 올라가셨다. 꿈을 깬 뒤에도 하느님의 말이 아직도 귓가에 그대로 남아 있으니, 너는 이 자리에서 곧 부모를 작별하고 그곳으로 떠나라고 하셨습니다. 이에 저는 배를 타고 멀리, 찐 대추를 찾고 하늘로 가서 복숭아를 찾아 이제 모양을 가다듬고 감히 임금님의 얼굴을 가까이 하게 되었습니다.

(출전) 於是, 王與后共在御國寢, 從容語王曰, 妾是阿踰陁國公主也. 姓許名黃玉, 年二八矣. 在本國時, 今年五月中, 父王與皇后顧妾而語曰, 爺孃一昨夢中, 同見皇天上帝, 謂曰 駕洛國元君首露者, 天所降而俾御大寶, 乃神乃聖, 惟其人乎, 且以新莅家邦, 未定匹偶, 卿等湏遣公主而配之. 言訖升天. 形開之後, 上帝之言, 其猶在耳, 你於此而忽辭親, 向彼乎往矣. 妾也浮海遐尋於蒸棗, 移天夐赴於蟠桃, 螓首敢叨, 龍顔是近(권2 기이2 가락국기)

(새김)

흔히 **허황후(許皇后)**라고 한다. 김해김씨와 김해허씨의 시조모이다. 삼국유사의 가락국기(駕洛國記)에 따르자면, 자신은 본디 인도의 아유타국(阿踰陁國)의 공주인데 부왕과 왕후가

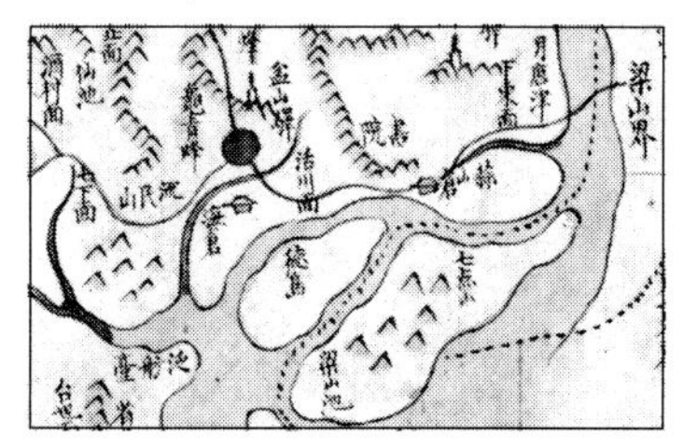

그림 79 김해 고지도

꿈에 상제(上帝)의 명을 받아 공주를 가락국 수로왕의 배필이 되게 하였다고 전한다. 공주는 많은 수행원들과 함께 김해 남쪽 망산도(望山島) 주포(主浦) 해안에 이르렀다. 이에 수로왕은 유천간(留天干), 신귀간(神鬼干) 등 많은 신하들을 보내어 맞이하여 능현에서 수로와 만나 부부의 인연을 맺고 왕후로 삼았다. 이후 왕후는 태자 거등공(居登公)을 낳았으며 188년에 죽으니 나이 157세였다. 황후는 구지봉(龜旨峰) 동북쪽 언덕에 장사 지냈다고 하였는데 현재 경상남도 김해시 구산동(龜山洞)의 고분이 허왕후의 능이라고 전하여 오고 있다. 허 왕후가 인도 아유타국에서 왔다는 것은 불교가 우리나라에 들어온 이후에 윤색된 것으로 보이며, 이러한 설화는 남방 아시아에 많이 분포되어 있다. 시호는 보주태후(普州太后)로 적혀 전한다.

헌강왕(憲康王)

신라 제49대 헌강왕 때에는 서울에서 지방에 이르기까지 집과 담이 있고 초가는 하나도 없었다. 음악과 노래가 길에 끊이지 않았고, 바람과 비는 늘 순조로웠다. 어느 날 대왕이 개운포(開雲浦, 현 울산)에서 놀다가 돌아가려고 낮에 물가에서 쉬고 있는데 문득 구름과 안개가 자욱해서 길을 잃었다. 왕이 이상하게 여겨 좌우 신하들에게 물으니 일관이 아뢴다.

(출전) 第四十九憲康大王之代, 自京師至於海內, 比屋連墻無一草屋, 笙歌不絶道路, 風雨調於四時. 於是, 大王遊開雲浦(在鶴城西南今蔚州). 王將還駕, 晝歇於汀邊, 忽雲霧冥曀, 迷失道路(권2 기이2 처용랑 망해사)

(새김)

헌강왕이 울산으로 순행을 나갔다가 처용을 맞이하게 서라벌로 돌아와 정사를 돌본다는 처용가의 배경설화에 대하여 많은 논의가 있어 왔다. 배경 설화의 주인공 처용의 정체를 각기 울산지역 지방호족의 자제(이우성), 또는 이슬람 상인(이용범)으로 서로 다르게 보고 있다. 한편 처용은 동해용의 아들로 뒤에 가면극 배우로서의 구실을 하였다(이병도). 일본과의 왕래를 함에 있어 풍랑을 잠재우기 위하여 해신인 처용으로 하여금 구실을 기대하였다(박시인). 액막이로 붙인 집집의 대문 곳곳에서 볼 수 있는 얼굴(구중회)이다. 민란이 잦았던 신라 하대의 정치적 사회적인 배경에 대한 해석과 접근방법은 많은 공감을 얻기도 했다. 상징적으로 설화 속에 드러나는 구름과 안개는 상황으로 보아 울산 지역 호족의 반란을 뜻하는 것으로 풀이할 수도 있다.

헌덕왕(憲德王)

신라 제41대 헌덕왕은, 풍습을 잘 가르치고 다스림이 두루 미치자 여러 곳을 다니다가 아슬라주(阿瑟羅州)에 이르니 섬 사이의 물고기와 자라들이 다리를 놓고 물속으로 맞아들이므로 진표가 불법을 강의하니 물고기와 자라들이 계(戒)를 받았다. 그 때 바로 천보 11년 임진(壬辰, 752) 2월 15일이었다. 어떤 책에는 원화 6년(811)이라 했지만 잘못이니 원화는 헌덕왕 때이다.

(출전) 風化旣周, 遊涉到阿瑟羅州, 島嶼間魚鼈成橋, 迎入水中, 講法受戒, 卽天寶十一載壬辰二月望日也. 或本云元和六年, 誤矣. 元和在憲德王代(권4 의해 진표전간)

헌안왕(憲安王)

신라 제47대 헌안왕은 말을 마치자 마침내 사라져 버렸다. 연회(緣會)가 이에 암자로 돌아오자, 조금 뒤에 왕의 사자가 명을 받들고 와서 부르니 연회는 진작 받아야 될 것임을 알고 임금의 명을 받아 대궐로 드니 왕은 그를 국사로 봉했다(승전(僧傳)에는 헌안왕(憲安王)이 이조왕사(二朝王師)로 삼아 희(熙)라 작호하고 함통 4년(863)에 돌아갔다고 했으니 원성왕의 연대와 서로 다르다. 어느 것이 옳은지 알 수 없다). 스님이 노인에게 감명 받은 곳을 이름하여 문수점(文殊岾)이라 하고, 여인을 만나본 곳을 아니점(阿尼岾)이라 했다.

(출전) 言訖遂隱 乃還庵中, 俄有天使齎詔徵之, 會知業已當受, 乃應詔赴闕, 封爲國師(僧傳云憲安王封爲二朝王師, 號照, 咸通四年卒 與元聖年代相左, 未知孰是) 師之感老叟處, 因名文殊岾, 見女處曰阿尼岾(권5 피은 연회도명 문수점)

헌왕(獻王)

백제 제28대 혜왕의 이름은 계(季)이고 일명 헌왕이라 한다. 위덕의 아들이며 무오년(戊午, 598)에 즉위하였다.

(출전) 第二十八代惠王名季一云獻王. 威德子. 戊午立(권1 왕력 혜왕)

(새김)

헌왕은 삼국사기(三國史記)와 일본서기(日本書紀)에는 위덕왕(威德王)의 아우로 올라 있다. 즉위하여 다음 해 죽었고, 그의 아들은 제29대 법왕(法王)이다. 삼국사기(三國史記)에는 성왕의 둘째 아들로 위덕왕이 죽자 즉위하였다고 올라 있다.

헌화가(獻花歌)

성덕왕 때 순정공(純貞公)이 강릉태수(江陵太守, 현 명주(溟州))로 부임하는 도중에 바닷가에서 점심을 먹었다. 곁에는 돌 봉우리가 병풍과 같이 바다를 두르고 있어 그 높이가 천 길이나 되고 그 위에 진달래꽃이 만발하여 있다. 공의 부인 수로(水路)가 이것을 보더니 좌우 사람들에게 말했다. 꽃을 꺾어다가 내게 줄 사람은 없는가. 그러나 수행원들은, 거기에는 사람이 오를 수 없는 곳입니다 하고 아무도 나서지 못한다. 이 때 암소를 끌고 길을 지나가던 늙은이 하나가 있었는데 부인의 말을 들었다. 그 꽃을 꺾어 노래를 지어서 바쳤다. 그러나 그 늙은이가 어떤 사람인지 알 수가 없었다. 그 뒤 편안하게 이틀을 가다가 또 임해정에서 점심을 먹는데 문득 바다에서 용이 나타나서는 수로를 끌고 바다 속으로 들어갔다. 공이 땅에 넘어지면서 발을 굴렀으나 어찌 할 수가 없었다. 또 한 노인이 나타나더니 말한다. 옛 사람의 말에, 여러 사람의 말은 쇠도 녹인다 했으니 이제 바다 속의 용인들 어찌 여러 사람의 입을 두려워하지 않겠습니까. 마땅히 마을의 백성들을 모아 노래를 지어 부르면서 지팡이로 강 언덕을 치면 부인을 만나 볼 수가 있을 것입니다. 공이 그대로 따랐다. 용이 부인을 모시고 나와 도로 바쳤다. 공이 바다 속에 들어갔던 일을 부인에게 물으니 부인이 말한다. 칠보궁전에 음식은 맛있고 향기롭게 깨끗한 것이 인간의 누리가 아니었습니다. 부인의 옷에서 나는 이상한 향기는 이 세상의 것이 아니었다. 수로부인은 아름다운 용모가 세상에 뛰어나 깊은 산이나 큰 못을 지날 때마다 여러 차례 귀신에게 붙잡혀 갔다. 이 때 여러 사람이 부르던 해가(海歌)의 가사는 이러했다. 거북아, 거북아, 수로부인을 내놓아라, 남의 부인 앗아간 죄 그 얼마나 크랴. 네 만일 거역하고 내놓지 않는다면, 그물로 잡아서 구워 먹으리. 노인이 부른 헌화가는 이러했다. 자줏빛(진달래 꽃) 바위 가에 잡은 암소 놓게 하시고 나를 부끄러워하지 않으신다면 저 꽃을 꺾어 바치오리다.

(출전) 聖德王代, 純貞公赴江陵太守(今溟州) 行次海汀晝饍. 傍有石嶂, 如屛臨海, 高千丈, 上有躑躅花盛開. 公之夫人水路見之, 謂左右曰折花獻者其誰, 從者曰非人跡所到, 皆辭不能. 傍有老翁牽牸牛而過者, 聞夫人言, 折其花, 亦作歌詞獻之, 其翁不知何許人也. 便行二日程, 又有臨海亭, 晝膳次, 海龍忽攬夫人入海, 公顚倒躄地, 計無所出. 又有一老人告曰故人有言, 衆口鑠金, 今海中傍生, 何不畏衆口乎 宜進界內民, 作歌唱之, 以杖打岸, 則可見夫人矣. 公從之, 龍奉夫人出海獻之. 公問夫人海中事, 曰七寶宮殿, 所饍甘滑香潔, 非人間煙火, 此夫人衣襲異香, 非世所聞. 水路姿容絶代, 每經過深山大澤, 屢被神物掠攬. 衆人唱海歌詞曰, 龜乎龜乎出水路, 掠人婦女罪何極. 汝若悖逆不出獻, 入網捕掠燔之喫, 老人獻花歌曰, 紫布岩乎邊希, 執音乎手, 母牛放敎遣, 吾肹不喩慚肹伊賜等, 花肹折叱可獻乎理音如(권2 기이2 수로부인)

(새김)

삼국사기(三國史記)를 따르면, 성덕왕 시절 동해 지역은 극심한 가뭄이 들어 마실 물도 해결하기 어려운 지경이었다. 강릉 태수로 부임하던 순정공 일행은 삼척(혹은 강릉 심곡리) 지역 해변에서 점심을 먹으려다 수로부인이 용왕에게 잡혀가는 사건이 벌어진다. 그 전에 벼랑위에 핀 진달래꽃을 꺾어달라던 부인의 소원을 듣고서, 암소를 끌고 가던 한 노인이 꽃을 바치게 된다. 상징적으로 보면 농가에서 가장 큰 재산 가운데 하나인 암소를 끌고 와서 수로부인의 청을 들어주었다 함은 비를 오게 해달라는 기우제를 위한 희생의 제물로써 암소를 놓아두고 꽃을 대신 꺾어서 바침으로써 비를 오게 한다는 소원을 노래 한 것으로 본다. 특히 노인은 이 지역의 부족을 대신하는 촌장으로 본다(정호완, 삼국유사의 상상력 참조).

혁거세왕(赫居世王)

그러나 말은 사람을 보더니 길게 울고는 하늘로 올라가 버렸다. 알을 깨고서 어린 사내아이를 얻으니, 그는 모양이 단정하고 아름다웠다. 모두 놀라 이상하게 여겨 그 아이를 동천(동천사(東泉寺)는 사뇌야(詞腦野) 북쪽에 있다)에 목욕시켰더니 몸에서 광채가 나고 새와 짐승들이 따라서 춤을 췄다. 이어 천지가 진동하고 해와 달이 청명해졌다. 이에 그 아이를 혁거세왕이라고 이름을 불렀다(혁거세(赫居世)란 신라말이다. 혹은 불구내왕(弗矩內王)이라고도 하니 밝게 세상을 다스린다는 뜻이다).

(출전) 於時, 乘高南望, 楊山下蘿井傍, 異氣如電光垂地, 有一白馬跪拜之狀. 尋撿之, 有一紫卵(一云靑大卵), 馬見人長嘶上天, 剖其卵得童男, 形儀端美. 驚異之, 浴於東泉(東泉寺在詞腦野北), 身生光彩, 鳥獸率舞, 天地振動, 日月淸明, 因名赫居世王(盖鄕言也. 或作弗矩內王, 言光明理世也)(권1 기이1 신라시조 혁거세왕)

(새김)

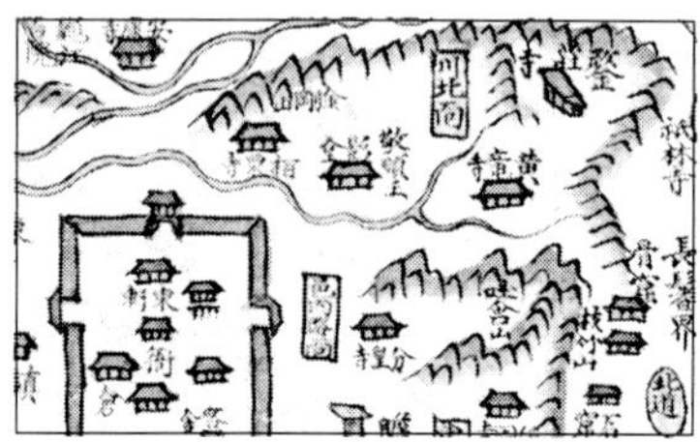

그림 80 경주 고지도

혁거세(赫居世) : 기원전 57년에 신라를 세운 시조다. 신라말로 불구내라 한다. 어원으로 ᄇᆞᆰ곳으로 밝은 시조(양주동), 혁거세간으로 ᄇᆞᆰ곳한(이병도), 밝음(아유가이)으로 풀이하는 여러 풀이가 있다. 비교언어의 관점에서 보면, 산스크리트어로 박혁거세의 박(朴, पअग, vak)은 아뢴다 곧 신에게 고한다는 뜻이니 제사장이란 풀이가 가능하다. 신정정치(神政政治, theocracy) 시기이니 종교와 정치를 아우르는 사람이 임금이었을 시절이다. 신의 계시를 받아 세상을 밝게 다스린다는 뜻으로 봄이 온당하다. 혁거세를 불구내(弗矩內)라고도 함이니 불 곧 태양신의 밝은 누리를 말한다. 제사장이 신에게 제사를 지내면서 아뢴다는 뜻이다. 예를 들어 고백, 화백제도, 주인백 할 때, 백(白)이란 무엇인가를 말하다, 밝히다의 뜻도 같은 갈래의 산스크리트어에 그 어원을 둔다(강상원, 실담어 사전 참조). 한국어와 상당한 낱말이 비슷한 소리를 지닌 인도의 타밀 지역의 말로는 혁거세(赫居世)란 박히야거세(pakkiyakose)와 대응이 된다. 그 뜻은 '다른이의 도움으로 왕이 된 운 좋은 사람'이란 말이다. 한마디로 행운을 가져다 주는 임금이란 부름말이다(한국타밀학회 자료 참조). 부여와 고구려도 난생신화가 있고, 신라와 가야도 천강신화가 있다. 천강신화는 단군신화뿐이다. 천강과 난생으로 나눔은 북방과 남방의 지역차가 아니라 시대적인 차이로 봄이 온당하다. 혁거세신화는 난생신화도 갖추고 있으므로 보다 발전된 단계로 볼 수 있다. 이로 하여 그가 임금이 될 수 있었던 기반으로 본다(최광식, 2007). 신라의 건국신화는 천신족인 혁거세와 지신족인 알영신화가 융합된 것으로 보인다. 일반적으로 지신족은 토착민의 상징이 강하다(김두진, 1999). 6촌을 포함하는 사로촌의 지배층은 위만조선이 멸망, 남으로 내려온 유이민과 긴밀한 관련이 있을 것으로 본다(김정배, 1986). 최근 들어 6촌 가운데 양산촌과 고허촌이 국읍의 2부로 발전, 두 촌을 정치적인 중심과 제의적인 중심으로 삼았다(박대재, 2014).

혁목암(赫木庵)

그 곳의 중이 그것을 보고 말했다. 이 나무는 범어로 달리가라 하고 여기서는 혁(赫)이라 한다. 오직 서천축(西天竺, 서인도)과 해동의 두 영취산(靈鷲山)에만 있는데 이 두 산은 모두 제 10법운지(法雲地)로서 보살이 사는 곳이니, 이 사람은 반드시 성자일 것이다. 마침내 행색을 살펴 그제야 해동 영취산에 살고 있음을 알게 되었다. 이로 인하여 스님을 다시 보게 되었고 이름이 안팎에 드러났다. 사람들이 그 암자를 혁목암이라 불렀는데 지금 혁목사(赫木寺)의 북쪽 산등성이에 옛 절터가 있으니 그 절이 있던 자리이다.

(출전) 彼僧見之, 乃曰此木梵號怛提伽, 此云赫, 唯西竺, 海東二靈鷲山有之. 彼二山皆第十法雲地菩薩所居, 斯必聖者也 遂察其行色, 乃知住海東靈鷲也. 因此改觀, 名著中外. 鄕人乃號其庵曰赫木, 今赫木寺之北崗有古基, 乃其遺趾(권5 피은 낭지승운 보현수)

(새김)

여기 **혁목(赫木)**은 산스크리트어로 달리가(怛提伽)라고 한다. 낭지가 가져간 혁목으로 하여금 그가 신라 사람임을 알게 되었다. 이 나무는 인도의 영취산과 신라의 영취산에서만 자라는 나무이다. 이 두 산은 모두 제10 법운지보살이 머물렀다는 산이다. 달제가는 보리(菩提)의 제-리처럼 읽는다면, 달리가가 된다. 산스크리트어로 달리(tali)-둘리(dhuli)와의 유연성이 있다. 둘리(धऊळइ, dhuli)는 축제에 뿌리는 붉은 가루 곧 꽃가루를 뜻하는 것으로 보인다. 혁목의 혁(赫)의 뜻이 '붉-'이니 의미상의 유연성을 엿볼 수 있다. 혁목은 구체적으로 어떤 나무일까. 한마디로 오동나무, 아니면 칡덩굴, 솔송나무, 행운의 거룩한 풀(吉祥草)로 읽혀진다.

현각(玄恪)

광함(廣函, 함의 번호)의 구법고승전에 적었다. 스님 아리나(阿離那, 那는 혹은 耶), 발마(跋摩, 摩는 혹은 郞)는 신라 사람이다. 처음에 정통한 교의를 구하려고 일찍이 중국에 들어갔는데, 성인의 자취를 두루 찾아볼 마음이 간절했다. 이에 정관 연간(627-649)에 당(唐) 나라 서울인 장안을 떠나 오천축(五天竺, 인도)에 갔다. 나란타사(那蘭陀寺)에 머물러 율장과 논장을 많이 읽고 패협(貝莢)에 베껴 썼다. 신라로 돌아오고 싶은 마음이 간절하였으나 뜻을 이루지 못하고 문득 그 절에서 세상을 떠나니, 그의 나이 70여 세였다. 그의 뒤를 이어 혜업(惠業), 현태(玄泰), 구본(求本), 현각(玄恪), 혜륜(惠輪), 현유(玄遊)와 그 밖에 또 이름을 알지 못하는 두 법사가 있었는데, 모두 자기 자신을 잊고 불법을 따라 관화(觀化, 수행)를 보기 위해서 중천축에 갔다. 그러나 혹은 중도에서 일찍 죽고 혹은 살아남아서 그곳 절에 있는 이도 있으나 마침내는 다시 계귀(雞貴, 신라)와 당 나라에 돌아오지 못하고 그 중에 오직 현태 스님만이 당 나라에 돌아왔으나 이도 역시 어디서 죽었는지 알 수 없다.

(출전) 廣函求法高僧傳云釋阿離那(一作耶)跋摩(一作磨), 新羅人也, 初希正教, 早入中華, 思覲聖踪, 勇銳彌增, 以貞觀年中離長安, 到五天, 住那蘭陀寺, 多閱律論, 抄寫貝莢. 痛矣歸心, 所期不遂, 忽於寺中無常, 齡七十餘. 繼此有惠業 · 玄泰 · 求本 · 玄恪 · 惠輪 · 玄遊,

復有二亡名法師等, 皆忘身順法, 觀化中天, 而或夭於中途, 或生存住彼寺者, 竟未有能復雞貴與唐室者. 唯玄泰師克返歸唐 亦莫知所終(권4 의해 귀축제사)

현금포곡(玄琴抱曲)

국선 요원랑(邀元郞), 예흔랑(譽昕郞), 계원(桂元), 숙종랑(叔宗郞) 등이 금란(金蘭, 현금강산)을 유람하는데 은근히 임금을 위하여 나라를 잘 다스리게 해달라고 비는 뜻이 있었다. 이에 노래 세 수를 짓고, 다시 심필(心弼) 사지를 시켜서 종이를 주어 대구화상(大矩和尙)에게 보내어 노래 세 수를 짓게 하니 첫째는 현금포곡이요, 둘째는 대도곡이요, 셋째는 문군곡이었다.

(출전) 國仙邀元郞, 譽昕郞, 桂元, 叔宗郞等遊覽金蘭, 暗有爲君主理邦國之意, 乃作歌三首, 使心弼舍知授針卷, 送大炬和尙處, 令作三歌. 初名玄琴抱曲, 第二大道曲, 第三問群曲(권2 기이2 경문대왕)

현성사(現聖寺)

고려 태조가 나라를 세울 때(936) 또한 해적이 와서 쳐들어 왔다. 이에 안혜와 낭융의 후손인 광학(廣學)과 대연(大緣) 등 두 고승을 모셔다가 법을 만들어 해적을 물리쳐 진압했으니, 모두 명랑의 대통이었다. 그렇기 때문에 법사를 합하여 위로 용수(龍樹)에 이르기까지를 선조로 삼았다(본 사기에는 세 스승이 계율의 원조가 되었다고 했으나 자세히 알 수 없다). 또 태조가 그들을 위하여 현성사를 세워 한 종파의 디딤돌을 놓았다.

(출전) 及我太祖創業之時, 亦有海賊來擾, 乃請安惠·朗融之裔廣學·大緣等二大德, 作法禳鎭, 皆朗之傳系也. 故幷師而上至龍樹爲九祖(本寺記三師爲律祖, 未詳). 又太祖爲創現聖寺, 爲一宗根柢焉(권5 신주 명랑신인)

현수(賢首)

의봉 원년(676)에 의상은 태백산에 돌아가서 조정의 뜻을 받들어 부석사(浮石寺)를 세우고 대승을 폈더니 영험이 많이 나타났다. 종남 문인 현수가 수현소(搜玄疏, 해설문)를 지어서 부본을 의상에게 보내고, 아울러 은근한 뜻이 담긴 편지를 올렸다.

(출전) 儀鳳元年, 湘歸太伯山, 奉朝旨創浮石寺, 敷敞大乘, 靈感頗著. 終南門人賢首撰搜玄疏, 送副本於湘處, 幷奉書懃懇(권4 의해 의상전교)

현유(玄遊)

그의 뒤를 이어 혜업(惠業), 현태(玄泰), 구본(求本), 현각(玄恪), 혜륜(惠輪), 현유(玄遊)와 그 밖에 또 이름을 알지 못하는 두 법사가 있었다. 모두가 자기 자신을 잊고 불법을 따라 부처의 행적과 교화를 보기 위해서 중천축(中天竺, 중 인도)에 갔었다. 그러나 혹은 중도에서 일찍 죽고 혹은 살아남아서 그곳 절에 있는 이도 있으나 마침내는 다시 계귀(雞貴, 신라)와 당 나라에 돌아오지 못하고 그 중에 오직 현태 스님만이 당 나라에 돌아왔으나 이도 역시 어디서 죽었는지 알 수 없다.

(출전) 繼此有惠業 · 玄泰 · 求本 · 玄恪 · 惠輪 · 玄遊, 復有二亡名法師等, 皆忘身順法, 觀化中天, 而或夭於中途, 或生存住彼寺者, 竟未有能復雞貴與唐室者. 唯玄泰師克返歸唐 亦莫知所終(권4 의해 귀축제사)

현유가(賢瑜珈)

유가종(瑜伽宗)의 조사 고승 대현(大賢)은 경주의 남산 용장사(茸長寺)에 살았다. 그 절에는 미륵보살의 돌로 만든 장륙상이 있었다. 대현이 항상 이 장륙상을 돌면, 장륙상도 역시 대현을 따라 얼굴을 돌렸다. 대현은 슬기롭고 분명하고 정밀하고 날렵해서 판단하고 분별하는 것이 명백했다. 대개 법상종(法相宗)의 원리와 논리는 그 뜻과 이치가 그윽하고 깊어서 풀이하기가 매우 어렵다. 때문에 중국의 명사 백거이(白居易)도 일찍이 이것을 연구하다가 다 알지 못하고 말했다. 유식(唯識)은 뜻이 그윽하여 알기 어렵고, 인명(因明)은 분석해도 열리지 않는다. 그러니 학자들이 배우기 어려운 것은 당연했다. 그러나 대현은 홀로 그 잘못된 것을 바로잡고, 잠시 동안에 그윽하고 깊은 뜻을 터득하여 깊고 넓게 깨달았다. 이리하여 동국의 후진들은 모두 그 가르침에 따랐고, 중국의 학사들도 간혹 이것을 얻어 안목으로 삼았다. (중략) 그 이듬해 갑오년(甲午, 754) 여름에 왕은 또 고승 법해(法海)를 황룡사로 청해 화엄경을 강론하게 하고, 친히 가서 향을 피우고 조용히 말했다. 지난해 여름에 대현법사는 금광경을 강론하여 우물물을 일곱 길이나 솟아나오게 했소(중략) 일연은 이를 기려서 말한다. 남산의 불상을 도니 불상도 따라 얼굴 돌려, 청구의 불교가 다시 중천에 떠올랐네. 궁중 우물을 솟구치게 한 것이, 향로 한 줄기 연기에서 시작될 줄 누가 알리.

(출전) 瑜珈祖大德大賢, 住南山茸長寺. 寺有慈氏石丈六, 賢常旋繞, 像亦隨賢轉面. 賢惠辯精敏, 決擇了然. 大抵相宗銓量, 旨理幽深, 難爲剖析, 中國名士白居易, 嘗窮之未能, 乃曰唯識幽難破, 因明擘不開. 是以學者難承稟者尙矣. 賢獨刊定邪謬, 暫開幽奧, 恢恢游刃, 東國後進, 咸遵其訓, 中華學士, 往往得此爲眼目(중략)明年甲午夏, 王又請大德法海於皇龍寺, 講華嚴經. 駕幸行香, 從容謂曰前夏大賢法師講金光經, 井水湧七丈. 此公法道如何(중략). 讚曰, 遶佛南山像逐旋, 靑丘佛日再中懸. 解敎宮井淸波湧, 誰識金爐一炷烟(권4 의해 현유가 해화엄)

(새김)

조선조 초엽 인생 말년에 유자에서 불자로 다시 스님이 된 매월당 김시습(金時習)이 **용장사**에 머물면서 한문소설의 금자탑이라 할 금오신화(金鰲神話)를 썼다. 금오신화는 일종의 단편소설집이다. 만복사저포기(萬福寺樗蒲記)와 이생규장전(李生窺墻傳), 용궁부연록(龍宮赴宴錄)과 취유부벽정기(醉遊浮碧亭記), 그리고 남염부주지(南炎浮洲志) 등으로 구성되었다. 이로 보면 조선초기까지만 해도 용장사가 건재하였음을 알 수 있다. 현재 이 절터에는 보물 제

그림 81 용장사지

187호인 석불좌상, 보물 제186호인 삼층석탑, 보물 제913호인 마애여래좌상 등 중요한 부재들이 흩어져 있다. 이 가운데 석불좌상은 자연석의 기단부 위에 연꽃을 양각한 3층의 원형좌대를 탑의 옥개석과 같이 놓고 그 위에 불상을 봉안하였다. 어디서 보더라도 잘 보이게 지어 놓았다. 삼국유사를 보면 신라의 유가종의 고승 **대현(大賢)**이 이 불상 주위를 돌고 예불하면서 불심을 다졌다는 전설이 있다. 법상종에서 중시하는 유식(唯識)이란 우주의 온갖 사물은 오직 인식하고 식별하는 마음의 작용에 바탕을 두고 있다. 당 나라의 현장법사가 인도의 호법과 난타 같은 고승 10명이 지은 유식삼십송(唯識三十頌)을 번역하였다. 이는 법상종의 근본 교의가 되며 윤회의 주체가 된다.

현종(顯宗)

현종은 신라의 외손으로서 왕위에 올랐다. 그 뒤 왕의 대통을 이은 이는 모두 그의 자손이었다. 이것이 어찌 그의 은혜가 아니겠는가. 신라가 이미 땅을 바쳐 나라가 없어지자 아간 신회(神會)는 벼슬을 내놓고 돌아왔는데 서라벌이 황폐한 것을 보고 서리리(黍離離)의 탄식함이 있어 이에 노래를 지었다. 그 노래는 없어져서 알 수가 없다.

(출전) 我太祖妃嬪衆多, 其子孫亦繁衍, 顯宗自新羅外孫卽寶位, 此後繼統者, 皆其子孫, 豈非陰德也歟 新羅旣納土國除, 阿干神會罷外署還, 見都城離潰, 有黍離離嘆, 乃作歌, 歌亡未詳(권2 기이2 김부대왕)

(새김)

고려 태조(왕건)의 부인인 신성왕후가 김부의 백부인 김억렴의 딸이라고 하나 실은 합주 이씨(陜州李氏)였다. 그의 아들인 안종(安宗)이 **현종**의 아비이고 고려의 왕실은 현종의 자손이 이어 갔다. 그러니까 신라의 외손이라 한 것이다. 서경(西京)의 난을 평정, 고구려에서 신라로 전환, 인종과 김부식이 합작하여 삼국사기에서 외손으로 만든 것으로 보인다. 그 뒤 성을 이씨에서 김씨로 바꾸었다(문경현 역주삼국유사 참조). **서리리(黍離離)**는 시경 왕풍 편에 나오는 노래 이름이다. 주(周)가 낙양으로 서울을 옮긴 뒤 서주 호경(鎬京)의 폐허를 읊은 노래이다.

현태(玄泰)

그의 뒤를 이어 혜업(惠業), 현태(玄泰), 구본(求本), 현각(玄恪), 혜륜(惠輪), 현유(玄遊)와 그 밖에 또 이름을 알지 못하는 두 법사가 있었다. 모두 자기 자신을 잊고 불법(佛法)을 따라 부처님의 행적과 교화를 보기 위해서 중천축(中天竺, 중 인도)에 갔었다. 그러나 혹은 중도에서 일찍 죽고 혹은 살아남아서 그곳 절에 있는 이도 있으나 마침내 다시 계귀(雞貴, 신라)와 당 나라에 돌아오지 못하고 그 중에 오직 현태 스님만이 당 나라에 돌아왔으나 이도 역시 어디서 죽었는지 알 수 없다.

(출전) 繼此有惠業·玄泰·求本·玄恪·惠輪·玄遊, 復有二亡名法師等, 皆忘身順法, 觀化中天, 而或夭於中途, 或生存住彼寺者, 竟未有能復雞貴與唐室者. 唯玄泰師克返歸唐 亦莫知所終(권4 의해 귀축제사)

(새김)

중천축(中天竺)은 중인도를 뜻한다. 특히 천축의 축(竺)은 갑골문에서 큰산(大山)을 상형하는 것으로 풀이된다. 하면 이는 히말라야 산을 중심으로 하는 인도의 중북부의 고산지역을 가리키는 것으로 볼 수 있다.

현토(玄菟)

당 나라 배구전(裴矩傳)에는 이렇게 전한다. 고려는 본디 고죽국(孤竹國)이었다. 주(周) 나라에서 기자(箕子)를 조선왕으로 봉했다. 한(漢) 나라에서는 세 군으로 나누었으니 이것은 곧 현토(玄菟), 낙랑(樂浪), 대방(帶方, 北帶方)이다. 통전(通典)에도 역시 이 말과 같다(한서(漢書)에는 진번, 임둔, 낙랑, 현토의 네 군으로 되어 있다. 그런데 여기에는 세 군으로 되어 있고, 그 이름도 같지 않으니 어째서인가).

(출전) 唐·裵矩傳云高麗本孤竹國(今海州), 周以封箕子爲朝鮮. 漢分置三郡, 謂玄菟·樂浪·帶方(北帶方), 通典亦同此說(漢書則眞·臨·樂·玄四郡, 今云三郡, 名又不同, 何耶)(권1 기이1 고조선)

(새김)

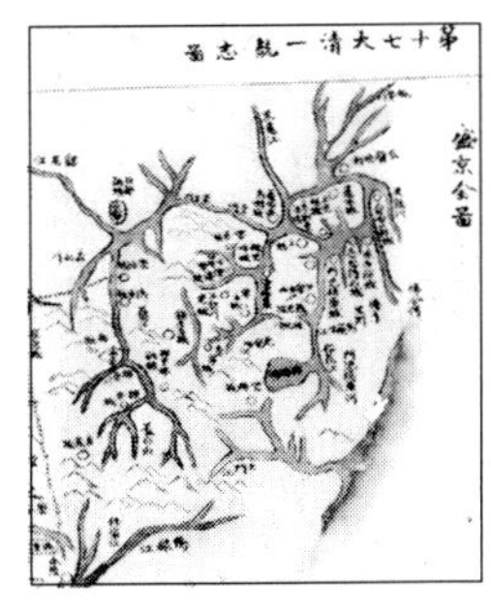

그림 82 대청일통지

배구전은 **배구열전(裵矩列傳)**을 말한다. 수나라의 재상이었던 배구는 수 양제에게 올린 상소문에서 '고려는 예전에 고죽국이었다(高麗本孤竹國)'고 하였다. 주(周)가 기자(箕子)로써 조선왕에 봉하였다. 망한 은(殷) 나라의 왕자였던 기자가 조선으로 갔다. 이는 사기(史記)와 진서(晉書) 지리지 평주 낙랑군 조선현조를 보면, 주나라가 기자를 봉한 것이라 적고 있다. 다시 당 나라의 두우(杜佑)가 엮은 통전(通典)의 평주 부분을 보면, '평주는 은 나라 시기에 고죽국, 춘추시기에는 산융, 비지, 진 나라 시기에는 우북평, 혹은 요서 2군, 전후한에서 위진 시기까지는 요서군이었다'고 적고 있다. 결국 낙랑군 조선현은 평주(平州)에 자리하였음을 알 수가 있다. 그러다가 청 나라 시기로 들어와서 대청일통지(大淸一統志)에서 평주의 기자 조선을 한반도의 이씨조선으로 둔갑시키고 있다. 즉 평주의 낙랑군 조선현은 압록강 이남의 지역으로 비틀어 기록하고 있다. 이로써 낙랑 대동강중심설을 재고, 요동중심설로 마땅히 고쳐야 한다(심백강(2014), 사고전서 사료로 보는 한사군의 낙랑 참조). 한편, 제1현토군은 길림성 집안(集安)에, 기원전 75년에 토착민들의 반발에 따라서 지금의 요녕성 신빈(新濱) 부근으로 옮겼다. 이것이 제2의 현토군이었다. 다시 고구려가 영토를 확장함에 따라서 요녕성 무순(撫順) 지방으로 옮겼으니 이것이 제3의 현토군이었다. 그 근거로 위서(魏書) 세조기를 들고 있다. 여기서 6군 3만 가구를 유주(幽州)로 옮겼다는 기사가 올라 있다(이병도, 1976).

혈례(穴禮)

이에 그들과 함께 들어가니 여인들은 문득 신(神)으로 변신하더니 말한다. 우리들은 나림(奈林), 혈례(穴禮), 골화(骨火) 등 세 곳의 호국신이오. 지금 적국 사람이 유신랑을 유인해 가는데도 공은 알지 못하고 따라가므로, 우리는 낭을 말리려고 여기까지 온 것이었소. 말을 마치고 자취를 감추었다.

(출전) 乃與俱入, 娘等便現神形曰, 我等奈林・穴禮・骨火等三所護國之神, 今敵國之人誘郎引之, 郎不知而進途, 我欲留郎而至此矣 言訖而隱(권1 기이1 김유신)

(새김)

삼국사기(三國史記)와 동사강목(東史綱目)을 살펴보면, 혈례는 대성군이고 대성군은 청도(淸道)를 말한다.

혜공(惠空)

스님 혜공은 천진공(天眞公)의 집에서 품팔이하던 노파의 아들로, 어릴 때의 이름은 우조(憂助, 이것은 대개 방언)였다. 천진공이 일찍이 종기를 앓아서 거의 죽게 되니 문병하는 사람이 거리를 메웠다. 이 때 우조의 나이 7세였는데 그 어머니에게 말했다. 집에 무슨 일이 있기에 이렇게 손님이 많습니까. 그 어머니가 말했다. 주인 어른이 사나운 병이 있어서 장차 죽게 되었는데 너는 어찌해서 알지 못하느냐. 우조는 말했다. 제가 그 병을 고치겠습니다. 어머니가 그 말을 이상하게 여겨 공에게 알리니 공은 그를 불러오게 했다. 그는 침상 밑에 앉아서 말 한 마디도 않았는데 얼마 안 되어 천진공의 종기가 터지게 되었다. 공은 우연한 일이라 하여 별로 이상하게 여기지 않았다. (중략) 만년에는 항사사(恒沙寺), 지금의 영일현 오어사(吾魚寺)에 머물렀다. 세상에서는 항하사(恒河沙, 강모래)처럼 많은 사람이 출세했기 때문에 항사동(恒沙洞)이라 했다.

(출전) 釋惠空, 天眞公之家傭嫗之子, 小名憂助(盖方言也). 公嘗患瘡濱於死, 而候慰塡街. 憂助年七歲, 謂其母曰家有何事, 賓客之多也 母曰 家公發惡疾, 將死矣. 爾何不知 助曰 吾能右之. 母異其言, 告於公, 公使喚來, 至坐床下, 無一語, 須臾瘡潰, 公謂偶爾, 不甚異之(중략). 晩年移止恒沙寺(今迎日縣吾魚寺, 諺云恒沙人出, 世故名恒沙洞)(권4 의해 이혜동진)

(새김)

항하사(恒河沙) : 항하사의 항하(恒河)는 산스크리트어로 강가(**गंगानदी**, ganges)에서 비롯한 것으로 보인다. 이는 곧 갠지스 강을 말한다. 흔히 불교 경전에서는 항하라고 부른다. 말하자면 강가의 소리가 약화되면서 강가-항하가 되어 한자로 적힌 것이다. 한자음 구성으로 보면 항하(恒河)도 강가로 읽었을 가능성이 많다. 항이란 글자는 형성글자인데 마음 심(心)에 걸칠 긍(亘, gèn)이기에 그렇다. 항하사의 원관념은 갠지스 강이다(강상원 참조).

혜공왕(惠恭王)

(신라 제36대 임금) 대력 초년에 강주(康州) 관아의 본청 동쪽에서 땅이 점점 꺼져서 못이 되었는데(다른 책에는 대사(大寺) 동쪽의 조그만 못이라 했다) 세로가 13척, 가로가 7척이었다. 문득 잉어 5, 6마리가 나타나더니 계속해서 점점 커지고 여기에 따라 못도 커졌다. 2년 정미(丁未, 667)에는 또 천구성(天狗星)이 동루 남쪽에 떨어졌는데 머리는 항아리만하고 꼬리는 3척 가량이나 되며, 빛은 활활 타오르는 불과 같고 이 때문에 하늘과 땅도 또한 진동했다. 또 이 해에 금포현(今浦縣)의 5경 가량의 논 속에서 쌀이 모두 이삭으로 매달렸다. 7월에는 북궁 뜰 안에 먼저 두 별이 떨어지고 또 한 별이 떨어지니 세 별이 모두 땅 속으로 들어갔다.

(출전) 大曆之初, 康州官署大堂之東, 地漸陷成池(一本大寺東小池) 從十三尺, 横七尺, 忽有鯉魚五六, 相繼而漸大, 淵亦隨大. 至二年丁未, 又天狗墜於東樓南, 頭如瓮, 尾三尺許, 色如烈火, 天地亦振. 又是年, 今浦縣稻田五頃中, 皆米顆成穗. 是年七月, 北宮庭中, 有二星墜地, 又一星墜, 三星皆沒入地(권2 기이2 혜공왕)

(새김)

혜공왕의 성은 김씨(金氏), 이름은 건운(乾運)이다. 경덕왕의 맏아들이며 어머니는 서불한 의충의 딸 **만월부인(滿月夫人)** 김씨다. 원비는 이찬 유성(維誠)의 딸 신보왕후(新寶王后)이고, 차비는 이찬 김장(金璋)의 딸 창창부인(昌昌夫人)이다. 혜공왕 6년(777) 이찬 김주원(金周元)을 시중으로 등용했다. 혜공왕 10년(780) 이찬 김지정(金志貞)의 반란으로 궁을 둘러싸자, 임금의 삼촌이던 김양상이 이찬 경신(敬信)과 함께 군사를 일으켜 물리쳤다. 왕은 난리 통에 죽었으며 경신의 추대를 받은 내물왕계의 김양상이 보위에 올랐으니 37대 선덕왕(宣德王)이다. 혜공왕의 시기는 왕권 중심에서 귀족연립의 하대 신라로 넘어가는 시기였다.

혜량법사(惠亮法師)

신라 진흥왕 11년(庚午, 550)에 안장법사로 대서성을 삼으니 이것은 한 사람뿐이다. 또한 소서성 두 사람이 있었다. 그 다음 해 신미년(辛未, 551)에는 고구려의 혜량법사를 국통(국사)으로 삼았으니 사주라고도 한다. 보량법사 한 사람을 대도유나로 삼고 주통 9사람과 도통 18사람을 두었다. 자장(慈藏) 때에 와서 다시 대국통 한 사람을 두었으니 이는 일종의 명예직이었다.

(출전) 新羅眞興王十一年庚午, 以安藏法師爲大書省一人, 又有小書省二人. 明年辛未, 以高麗惠亮法師爲國統, 亦云寺主, 寶良法師爲大都維那一人, 及州統九人, 郡統十八人等, 至藏更置大國統一人, 蓋非常職也(권4 의해 자장정률)

혜륜(惠輪)

처음에 정통한 교의를 구하려고 일찍이 중국에 들어갔는데, 성인의 자취를 두루 찾아볼 마음이 간절했다. 이에 정관 연간(627-649)에 당 나라 서울인 장안을 떠나 오천(五天,

인도)에 갔다. 나란타사(那蘭陀寺)에 머물러 율장과 논장을 많이 읽고 패협(貝荚, 나뭇잎)에 베껴 썼다. 신라로 돌아오고 싶은 마음이 간절하였으나 뜻을 이루지 못하고 문득 그 절에서 세상을 떠났다. 그의 나이 70여 세였다. 그의 뒤를 이어 혜업(惠業), 현태(玄泰), 구본(求本), 현각(玄恪), 혜륜(惠輪), 현유(玄遊)와 그 밖에 또 이름을 알지 못하는 두 법사가 있었는데, 모두 자기 자신을 잊고 불법을 따라 관화를 보기 위해서 중천축(中天竺, 중인도)에 갔었다. 그러나 혹은 중도에서 일찍 죽고 혹은 살아남아서 그곳 절에 있는 이도 있으나 마침내는 다시 신라와 당 나라에 돌아오지 못하고 그 중에 오직 현태 스님만이 당 나라에 돌아왔으나 이도 역시 어디서 죽었는지 알 수 없다.

(출전) 初希正敎, 早入中華, 思覲聖踪, 勇銳彌增, 以貞觀年中離長安, 到五天, 住那蘭陀寺, 多閱律論, 抄寫貝荚. 痛矣歸心, 所期不遂, 忽於寺中無常, 齡七十餘. 繼此有惠業·玄泰·求本·玄恪·惠輪·玄遊, 復有二亡名法師等, 皆忘身順法, 觀化中天, 而或夭於中途, 或生存住彼寺者, 竟未有能復雞貴與唐室者. 唯玄泰師克返歸唐, 亦莫知所終(권4 의해 귀축제사)

혜성가(彗星歌)

이 때에 융천사(融天師)가 노래를 지어 부르자 별의 괴변은 즉시 사라지고 일본 군사가 제 나라로 돌아가니 도리어 경사가 되었다. 임금이 기뻐하여 낭도들을 보내어 풍악산에서 놀게 했으니, 노래는 이렇다. 옛날 동해 가에 건달바(乾達婆)가 놀던 성을 버리고, 왜군이 왔다고 봉화를 든 변방이 있어라. 세 화랑의 산 구경 가심을 듣고 달도 부지런히 등불을 켜는데, 길 쓰는 별을 바라보고 혜성(彗星)이여 하고 말한 사람 있구나. 아아, 달은 저 아래로 떠갔거니, 보아라, 무슨 혜성이 있으랴.

(출전) 時, 天師作歌歌之, 星怪卽滅, 日本兵還國, 反成福慶. 大王歡喜, 遣郎遊岳焉. 歌曰舊理東尸汀叱, 乾達婆矣遊烏隱城叱肹良望良古, 倭理叱軍置來叱多烽燒邪隱邊也藪耶, 三花矣岳音見賜烏尸聞古, 月置八切爾數於將來尸波衣, 道尸掃尸星利望良古, 彗星也白反也人是有叱多, 後句, 達阿羅浮去伊叱等邪, 此也友物比所音叱彗叱只有叱故(권5 감통 융천사 혜성가 진평왕대)

(새김)

혜성가(彗星歌) : 혜성이 나타나서 심대성(心大星)을 범하매 이를 노래로써 물리쳤다는 노래로 융천사가 지었다. 일종의 언령설(言靈說)의 성격이 강하다. 여기 심대성은 나라 혹은 임금을 상징한다. 심대성의 앞에 있는 별은 심전성(心前星), 뒤에 있는 별은 심후성(心後星)이라 하여 각각 심대성은 임금, 심전성은 태자, 심후성은 왕자를 상징하기도 한다. 이를 합하여 심수(心宿)라고 한다. 심대성을 혜성이 침범한다는 것은 왜적의 침입 혹은 반란의 조짐을 말한다. 혜성가의 성격에 대하여 여러 가지 풀이가 있다. 혜성과 일본군의 퇴치를 비는 주술가요(김동욱, 김열규), 왜적의 침략에서 조국을 구한 공적을 기린 것(김선기), 왜적의 침략이라는 나라의 위기를 이겨내기 위한 노래(박노준), 신에게 고하는 축원의 노래(윤영옥)와 같은 견해가 있다. 혜성가의 작자가 융천사라고 함은 실제 인물이라기보다는 설화상의 가공인물로서 노래의 주제를 작자의 이름으로 올린 것이 아닌가 한다. 길쓸별 곧 혜성의 요괴스러움을 멀리하고 천체의 운행을 조화롭게 할 필요가 있다는 주제어를 작자로 설정한 것이다(장진호 참조).

혜숙(惠宿)

스님 혜숙이 화랑인 호세랑(好世郞)의 무리 중에서 자취를 감추자 호세랑은 이미 황권에서 이름을 지워 버리니 혜숙은 적선촌(赤善村, 현 안강현에 적곡촌)에 숨어서 산 지 20여 년이나 되었다. 그 때 국선 구참공(瞿昆公)이 일찍이 적선촌 들에 가서 하루 동안 사냥을 하자 혜숙이 길가에 나가서 말고삐를 잡고 청했다. 소승도 또한 따라가기를 원하옵는데 어떻겠습니까. 공이 허락하자, 그는 이리저리 뛰고 달려서 옷을 벗어부치고 서로 앞을 다투니 공이 보고 기뻐했다. 앉아 쉬면서 피로를 풀고 고기를 굽고 삶아서 서로 먹기를 권하는데 혜숙도 같이 먹으면서 조금도 미워하는 빛이 없더니, 이윽고 공의 앞에 나가서 말했다. 지금 맛있고 싱싱한 고기가 여기 있으니 좀 더 드시는 것이 어떻겠습니까. 공이 좋다고 말하니, 혜숙이 사람을 물리치고 자기 다리 살을 베어서 소반에 올려놓아 바치니 옷에 붉은 피가 줄줄 흘렀다. 공이 깜짝 놀라 말했다. 어째서 이런 짓을 하느냐. 혜숙이 말했다. 처음에 제가 생각하기에 공은 어진 사람이어서 능히 자기 몸을 미루어 물건에까지 미치리라 하여 따라왔던 것입니다. 그러나 이제 공이 좋아하는 것을 살펴보니, 오직 죽이는 것만을 몹시 즐겨 해서 짐승을 죽여 자기 몸만 위할 뿐이니 어찌 어진 사람이나 군자가 할 일이겠습니까. 이는 우리의 무리가 아닙니다. 말하고 드디어 옷을 뿌리치고 가버렸다. 공이 크게 부끄러워하여 혜숙이 먹던 것을 보니 소반 위의 고기가 하나도 없어지지 않았다.

(출전) 釋惠宿, 沈光於好世郎徒, 郎旣讓名黃卷, 師亦隱居赤善村(今安康縣有赤谷村)二十餘年. 時國仙瞿昆公嘗往其郊, 縱獵一日, 宿出於道左, 攬轡而請曰 庸僧亦願隨從, 可乎. 公許之. 於是 縱橫馳突, 裸袒相先, 公旣悅. 及休勞坐, 數炮烹相餉, 宿亦與啖嚼, 略無忤色. 旣而進於前曰有美鮮於此, 益薦之何, 公曰善. 宿屛人割其股, 寘盤以薦, 衣血淋漓. 公愕然曰, 何至此耶 宿曰始吾謂公仁人也, 能恕己通物也, 故從之爾. 今察公所好, 唯殺戮之耽篤, 害彼自養而已, 豈仁人君子之所爲 非吾徒也. 遂拂衣而行, 公大慚, 視其所食, 盤中鮮胾不滅(권4 의해 이혜동진)

혜숙사(惠宿寺)

마을 사람이 고개 동쪽에 이르러 장사지내던 사람들이 아직 흩어지지 않은 것을 보고 그 까닭을 자세히 이야기하고 무덤을 헤쳐 보니 다만 짚신 한 짝이 있을 뿐이었다. 지금 안강현(安康縣) 북쪽에 혜숙사라는 절이 있으니 곧 그가 살던 곳이라 하며, 또한 부도도 있다.

(출전) 其人至峴東, 見葬者未散, 具說其由, 開塚視之, 唯芒鞋一隻而已. 今安康縣之北, 有寺名惠宿, 乃其所居云, 亦有浮圖焉(권4 의해 이혜동진)

혜업(惠業)

처음에 정통한 교의를 구하려고 일찍이 중국에 들어갔는데, 성인의 자취를 두루 찾아볼 마음이 간절했다. 이에 정관 연간(627-649)에 당(唐) 나라 서울인 장안을 떠나 오천(五天, 인도)에 갔다. 나란타사(那蘭陀寺)에 머물러 율장과 논장을 많이 읽고 패협(貝莢, 나뭇잎)에 베껴 썼다. 신라로 돌아오고 싶은 마음이 간절하였으나 뜻을 이루지 못하고 문득 그 절에서 세상을 떠났다. 그의 나이 70여 세였다. 그의 뒤를 이어 혜업(惠業), 현태(玄泰), 구본(求本), 현각(玄恪), 혜륜(惠輪), 현유(玄遊)와 그 밖에 또 이름을 알지 못하는 두 법사가 있었는데, 모두 자기 자신을 잊고 불법을 따라 관화를 보기 위해서 중천축(中天竺, 중인도)에 갔었다. 그러나 혹은 중도에서 일찍 죽고 혹은 살아남아서 그곳 절에 있는 이도 있으나 마침내는 다시 신라와 당 나라에 돌아오지 못하고 그 중에 오직 현태 스님만이 당 나라에 돌아왔으나 이도 역시 어디서 죽었는지 알 수 없다.

(출전) 初希正教, 早入中華, 思覲聖踪, 勇銳彌增, 以貞觀年中離長安, 到五天, 住那蘭陀寺, 多閱律論, 抄寫貝莢. 痛矣歸心, 所期不遂, 忽於寺中無常, 齡七十餘. 繼此有惠業 · 玄泰 · 求本 · 玄恪 · 惠輪 · 玄遊, 復有二亡名法師等, 皆忘身順法, 觀化中天, 而或夭於中途, 或生存住彼寺者, 竟未有能復雞貴與唐室者. 唯玄泰師克返歸唐 亦莫知所終(권4 의해 귀축제사)

(새김)

날란다(नालन्दा, nālandā) 또는 나란타(那爛陀)는 인도 비하르 주에 자리한 고대의 대학이자 수도원이다. 비하르 주의 파트나에서 남동쪽 55마일 거리에 있다. 서기 427년에서 1197년까지 팔라 제국 아래에서 불교의 학습 중심이었다. 세계사에서 최초의 대학 중 하나였으며 그 영향력은 오래고 컸다.

혜왕(惠王)

백제 제28대 혜왕의 이름은 계(季)이고 일명 헌왕이라고 한다. 위덕의 아들이고 무오년(戊午, 598)에 즉위하였다(☞ 헌왕).

(출전) 第二十八代惠王名季一云獻王. 威德子. 戊午立(권1 왕력 혜왕)

혜조(慧照)

이 해룡왕사(海龍王寺)에는 용왕당이 있는데 자못 신이한 일이 많았다. 당시 용왕은 대장경을 따라와서 여기에 머물러 있었다. 용왕당은 지금까지도 남아있다. 또 천성 3년(戊子, 928)에 묵화상(默和尙)이 당에 들어가 역시 대장경을 가지고 왔으며, 본조 예종 때에는 혜조국사가 조서를 받들고 중국으로 유학 가서 요본(遼本) 대장경 3부를 사 가지고 왔다. 그 한 본은 지금 정혜사에 있다(해인사에 한 본이 있고 허참정 댁에 한 본이 있다). 대안 2년(1086) 본조 선종 때에는 우세승통 의천(義天)이 송나라에 들어가서 천태교관(天台教觀)을 많이 가지고 왔으며, 이 밖에도 서적에 실리지 않은 고승과 신도들이 오가면서 가지고 온 것은 자세히 기록할 수가 없다.

(출전) 寺有龍王堂, 頗多靈異, 乃當時隨經而來止者也, 至今猶存. 又天成三年戊子, 默和尚入唐, 亦載大藏經來, 本朝睿廟時, 慧照國師奉詔西學, 市遼本大藏三部而來, 一本今在定惠寺(海印寺有一本, 許參政宅有一本), 大安二年, 本朝宣宗代, 祐世僧統義天入宋, 多將天台教觀而來(권3 탑상 전후소장사리)

(새김)

혜조(**慧照**, 972-1054)는 본성이 이씨(李氏)로 이름은 정현(鼎賢)이었다. 승통으로 왕사와 국사가 되었다. 시호가 혜조다. 연호 **천성(天成)**은 후당(後唐)을 이른다.

혜통(惠通)

스님 혜통은 그 가문을 자세히 알 수 없으나 백의로 있을 때 그의 집은 남산 서쪽 기슭인 은천동(銀川洞) 어귀(현 남간사 어름)에 있었다. 어느 날 집 동쪽 시내에서 놀다가 수달[獺] 한 마리를 잡아먹고 그 뼈를 동산에 버렸다. 그런데 이튿날 새벽에 그 뼈가 없어졌으므로 핏자국을 따라 가니 뼈는 전에 살던 굴로 되돌아가서 새끼 다섯 마리를 안고 쭈그리고 있었다. 혜통이 바라보고 한참이나 놀라고 이상하게 여겨 감탄하고 망설이다가, 마침내 속세를 버리고 중이 되어 이름을 혜통으로 바꿨다. 당 나라에 가서 무외삼장(無畏三藏)을 뵙고 배우기를 청하니 삼장이 우이(嵎夷, 신라)의 사람이 어떻게 스님이 될 수 있겠는가 하고 가르쳐 주지 않았다. 그러나 혜통은 쉽게 물러가지 않고 3년 동안이나 부지런히 섬겼다. 그래도 무외가 허락하지 않자 혜통은 이에 분하고 애가 타서 뜰에 서서 불 동이를 머리에 이고 있었다. 조금 뒤에 정수리가 터지는데 소리가 천둥과 같았다. 삼장이 이 소리를 듣고 와서 보더니 물동이를 치우고 손가락으로 터진 곳을 만지면서 주문을 외우니 상처는 이내 아물어서 전과 같이 되었다. 그러나 흉터가 생겨 임금 왕자 무늬와 같으므로 왕화상(王和尙)이라고 하여 그의 성품을 깊이 인정하여 입문을 허락했다. (중략) 일연은 이를 기려서 말한다. 산 복숭아와 살구나무 울타리에 비쳤는데, 한 지경 봄이 깊어 두 언덕 꽃이 피었네. 혜통이 수달을 한가로이 잡았기 때문에, 마귀와 외도를 모두 서울에서 멀리했네.

(출전) 釋惠通, 氏族未詳. 白衣之時, 家在南山西麓, 銀川洞之口(今南澗寺東里), 一日遊舍東溪上, 捕一獺屠之, 弃骨園中, 詰旦亡其骨. 跡血尋之, 骨還舊穴, 抱五兒而蹲. 郎望見, 驚異久之, 感嘆躕躇, 便弃俗出家, 易名惠通. 往唐謁無畏三藏請業, 藏曰嵎夷之人豈堪法器 遂不開授, 通不堪輕謝去, 服勤三載, 猶不許. 通乃憤悱立於庭, 頭戴火盆, 須臾頂裂聲如雷. 藏聞來視之, 撤火盆, 以指按裂處, 誦神呪, 瘡合如平日, 有瑕如王字文. 因號王和尙, 深器之, 傳印訣(중략). 讚曰, 山桃溪杏映籬斜, 一經春深兩岸花, 賴得郎君閑捕獺,

盡敎魔外遠京華(권5 신주 혜통항룡)

(새김)

혜통(惠通) : 당 나라로 건너가 총지종의 지통(智通)에게 배웠다. 귀국하여 김흠돌의 난(681)을 평정함에 공로를 세워 국사로 추대되었다.

우이(嵎夷) : 신라 사람을 말한다. 우이란 동이(東夷)의 땅을 가리킨다(分命羲中宅嵎夷曰暘谷, 서경). **동이(東夷)**란 산스크리트어로 뚱이(तउङगइ, ttungi)라 하는데, 이는 지혜롭고 뛰어난 민족(prominent tribe)을 말한다(강상원 참조).

혜현(惠現)

혜현은 백제 사람이었다. 어려서 스님이 되어 애써 뜻을 모아 법화경을 외우는 것으로 업을 삼았으며 부처께 기도하여 복을 청해서 영험한 감응이 실로 많았다. 삼론(三論)을 배우고 도를 닦아서 신명에 통하였다. 처음에 북부 수덕사(修德寺)에 살았는데 신도가 있으면 불경을 강론하고 없으면 불경을 외웠으므로 사방의 먼 곳에서도 그 수행을 흠모하여 문밖에 신발이 가득했다. 차츰 번거로운 것이 싫어서 마침내 강남 달라산(達拏山, 현 월출산)에 가서 살았는데 산이 매우 험준해서 오고감이 힘들고 드물었다. 혜현은 고요히 앉아 생각을 잊고 산속에서 생을 마감하니 동학들이 그 시체를 운반하여 석실 속에 모셔 두었더니 범이 그 유해를 다 먹어 버리고 다만 해골과 혀만 남겨 두었다. 추위와 더위가 세 번 돌아와도 혀는 오히려 붉고 연하였다. 그 후 변해서 자줏빛이 나고 단단하기가 돌과 같았다. 중이나 속인들이 공경하여 이를 석탑에 간직했다. 이 때 나이 58세였으니 즉 정관 초년이었다. 혜현은 중국으로 가서 배운 일이 없고 고요히 물러나 일생을 마쳤으나 이름이 중국에까지 알려지고 전기가 씌어져 당 나라에서도 그 명성이 높았다. (중략) 일연은 이를 기려서 말한다. 녹미(鹿尾, 불도)로 설법함도 한바탕 수고를 느껴, 지난날 불경 외우던 소리 구름 속에 숨었어라. 역사에 그 이름을 길이 남겨, 사후엔 연꽃처럼 혀가 꽃다웠네.

(출전) 釋惠現, 百濟人, 小出家苦心專志, 誦蓮經爲業, 祇禳請福, 靈應良稠, 兼攻三論, 染指通神. 初住北部修德寺, 有衆則講, 無則持誦, 四遠欽風, 戶外之履滿矣. 稍厭煩擁, 遂往江南達拏山居焉. 山極嵓險, 來往艱稀. 現靜坐求忘, 終于山中. 同學轝尸置石室中, 虎啖盡遺骸, 唯髏舌存焉, 三周寒暑, 舌猶紅軟. 過後方變, 紫硬如石, 道俗敬之, 藏于石塔, 俗齡五十八, 卽貞觀之初. 現不西學, 靜退以終, 而乃名流諸夏, 立傳在唐 聲著矣夫(중략)讚曰, 鹿尾傳經倦一場, 去年淸誦倚雲藏. 風前靑史名流遠, 火後紅蓮舌帶芳(권5 피은 혜현구정)

(새김)

염지(染指) : 손으로 장국 맛을 본다는 뜻이다. 절에서 수도생활을 하는 것을 드러낸 표현이다.

수덕사(修德寺) : 충남 예산군 덕산면 덕숭산에 자리한 절이다. 백제 법왕 원년(599)에 세웠으며 대웅전은 고려 충렬왕 34년(1308)에 세운 것으로 우리나라에서 가장 오래된 건축물 가운데 하나다. 근세로 오면서 '청춘을 불사르고(1962)'의 저자였던 일엽스님이 머물던 도량이다.

달라산(達拏山) : 전북 고산 혹은 진산이다(이병도). 하지만 오늘날의 월출산(月出山, 809m)을 말한다. 일명 월나산, 월생산(月生山)이었다가 조선시대부터 월출산이라 불렸다. 월출산의 해돋이와 노을의 풍경은 아름답다. 지명분포로 보아 달나산의 달(達)-과 월출산의 월(月)-은 같은 의미소를 갖고 있다. 이는 마치 월성(月城)-달성(達城)에서도 같은 대응을 보이고 있다.

혜훈(惠訓)

사기(史記)에는 이렇게 말했다. 진평왕 5년(甲辰, 583)에 황룡사의 금당이 이루어지고, 선덕왕 때에 황룡사의 첫 번째 주지는 진골 환희사였고, 제2대 주지는 자장국통(慈藏國統), 그 다음은 국통혜훈(國統惠訓), 그 다음은 상률사(厢律師)였다. 이제 전쟁이 끝난 뒤로 대상과 두 보살상은 모두 녹아 없어졌고, 작은 석가상만 남아 있을 뿐이다.

(출전) 善德王代, 寺初主眞骨歡喜師, 第二主慈藏國統, 次國統惠訓, 次厢律師云, 今兵火已來, 大像與二菩薩皆融沒, 而小釋迦猶存焉(권3 탑상 황룡사장륙존상)

호계사(虎溪寺)

금관(金官, 현 김해)에 있는 호계사의 파사석탑(婆裟石塔)은 옛날 이 고을이 금관국으로 있을 때 세조 수로왕의 왕비인 허황옥(許黃玉)이 동한 건무 24년(甲申, 48)에 서역의 아유타국(阿踰陁國, 현 인도)에서 배로 싣고 온 것이다.

(출전) 金官虎溪寺婆裟石塔者, 昔此邑爲金官國時, 世祖首露王之妃, 許皇后名黃玉, 以東漢建武二十四年甲申, 自西域阿踰陁國所載來(권3 탑상 금관성파사석탑)

호공(瓠公)

영평 3년(庚申, 60, 중원 6년이라고도 하나 잘못이다. 중원은 모두 2년뿐이다) 8월 4일에 호공이 밤에 월성 서리를 걸어가는데, 크고 밝은 빛이 시림(始林, 일명 구림) 속에서 비치는 것이 보였다. 자줏빛 구름이 하늘로부터 땅에 뻗쳤는데 그 구름 속에 황금의 궤가 나뭇가지에 걸려 있고, 그 빛은 궤 속에서 나오고 있었다. 또 흰 닭이 나무 밑에서 울고 있었다. 이 모양을 호공은 탈해왕에게 아뢰었다. 왕이 그 숲에 가서 궤를 열어보니 사내아이가 있는데 누웠다가 곧 일어났다. 이것은 마치 혁거세의 옛일과도 같았으므로 그 말에 따라 그 아이를 알지(閼知)라고 이름 지었다. 알지란 곧 우리말로 작은 아이를 일컫는다. 그 아이를 안고 대궐로 돌아오니 새와 짐승들이 서로 따르면서 기뻐하여 뛰놀고 춤을 춘다.

(출전) 永平三年庚申(一云中元六年, 誤矣. 中元盡二年而已)八月四日, 瓠公夜行月城西里, 見

大光明於始林中(一作鳩林). 有紫雲從天垂地, 雲中有黃金櫃, 掛於樹枝, 光自櫃出, 亦有白雞鳴於樹下. 以狀聞於王, 駕幸其林, 開櫃有童男, 臥而卽起, 如赫居世之故事. 故因其言, 以閼智名之, 閼智卽鄕言小兒之稱也. 抱載還闕, 鳥獸相隨, 喜躍蹌蹌(권1 기이1 탈해왕 김알지)

(새김)

호공(瓠公) : 호공의 호(瓠)는 조롱박이며 조롱박은 신선의 얼굴이다. 특히 신라 시조 신화에 아기왕을 발견하는 호공들의 손에 들려 있는 눈에 띄는 징표물이다. 조롱박의 의미는 바다의 해신을 다스린다는 신앙에 기초하고 있다. 일본의 나마즈에(鯰繪)에 대한 전통적인 그림들의 풀이에서도 찾아볼 수 있을 것이다(김성규 참조). 조롱박을 산스크리트어로는 바나사파타칸마(वानस्पतिकनाम, vanasapatikanama)라 한다.

호랑이〔虎〕

이 때 신웅이 신령스러운 쑥 한 줌과 마늘 20개를 주면서 말하기를, 너희들이 이것을 먹고 백일동안 햇빛을 보지 않으면 곧 사람이 될 것이다 했다. 이에 곰씨녀와 범씨녀는 이것을 받아서 먹고 삼칠일(21일) 동안 조심했더니 곰씨녀는 해씨녀의 몸으로 변했으나 범은 조심을 잘못해서 사람의 몸으로 변하지 못했다. 웅씨녀(熊氏女)는 혼인해서 같이 살 사람이 없으므로 날마다 단수(壇樹) 밑에서 아기 배기를 축원했다. 환웅이 잠시 거짓 변하여 그와 혼인했더니 이내 잉태해서 아들을 낳았다. 그 아기의 이름을 단군 왕검(壇君王儉)이라 한 것이다.

(출전) 時, 有一熊·一虎, 同穴而居, 常祈于神雄, 願化爲人. 時, 神遺靈艾一炷·蒜二十枚曰爾輩食之, 不見日光百日, 便得人形, 熊·虎得而食之忌三七日, 熊得女身, 虎不能忌而不得人身. 熊女者無與爲婚, 故每於壇樹下, 呪願有孕, 雄乃假化而婚之, 孕生子, 號曰壇君王儉(권1 기이1 고조선)

(새김)

호랑이족의 경우, 고조선의 토착 세력인 곰 족의 겨레들이 은나라로부터 온 이주민인 환웅무리와 손을 잡고 다른 겨레들을 물리치고 조선을 세우는 단군의 나라를 세운 것으로 볼 수 있다(이종욱, 1993). 동북아시아의 겨레들은 곰을 토템으로 하는 사람들이 많았다. 남부로 내려올수록 호랑이 토템이 강하다. 단군신화는 곰 토템을 중심으로 강조하였는데 이는 재고할 필요가 있다(허홍식, 2005). 지명 분포로 보아 진해의 웅신(熊神), 양산의 웅상(熊上) 등 폭넓은 곰 토템의 분포를 보인다. 물론 정착한 시기는 알 수가 없다.

호세랑(好世郞)

혜숙(惠宿)이 화랑 호세랑의 무리 중에서 자취를 감추자 호세랑은 이미 황권(黃卷)에서 이름을 지워 버리니 혜숙은 적선촌(赤善村, 지금 안강현 적곡촌)에 숨어서 산 지 20여 년이나 되었다. 그때 국선 구참공이 일찍이 적선촌 들에 가서 하루 동안 사냥을 하자 혜숙이 길가에 나가서 말고삐를 잡고 청했다. 소승도 또한 따라가기를 원하옵는데 어떻겠습니까. 공이 허락하자, 그는 이리저리 뛰고 달려서 옷을 벗어부치고 서로 앞을 다투니 공이 보고 기뻐했다. 앉아 쉬면서 피로를 풀고 고기를 굽고 삶아서 서로 먹기를 권하는데 혜숙도 같이 먹으면서 조금도 미워하는 빛이 없더니, 이윽고 공의 앞에 나가서 말했다. 지금 맛있고 싱싱한 고기가 여기 있으니 좀 더 드시는 것이 어떻겠습니까. 공이 좋다고 말하니, 혜숙이 사람을 물리치고 자기 다리 살을 베어서 소반에 올려놓아 바치니 옷에 붉은 피가 줄줄 흘렀다. 공이 깜짝 놀라 말했다. 어째서 이런 짓을 하느냐. 혜숙이 말했다. 처음에 제가 생각하기에 공은 어진 사람이어서 능히 자기 몸을 미루어 물건에까지 미치리라 하여 따라왔던 것입니다. 그러나 이제 공이 좋아하는 것을 살펴보니, 오직 죽이는 것만을 몹시 즐겨 짐승을 죽여 자기 몸만 위할 뿐이니 어찌 어진 사람이나 군자가 할 일이겠습니까. 이는 우리의 무리가 아닙니다. 말하고 드디어 옷을 뿌리치고 가버렸다.

(출전) 釋惠宿, 沈光於好世郎徒, 郎旣讓名黃卷, 師亦隱居赤善村(今安康縣有赤谷村)二十餘年. 時國仙瞿旵公嘗往其郊, 縱獵一日, 宿出於道左, 攬轡而請曰, 庸僧亦願隨從, 可乎 公許之. 於是, 縱橫馳突, 裸袒相先, 公旣悅. 及休勞坐, 數炮烹相餉, 宿亦與啖囓, 略無忤色. 旣而進於前曰今有美鮮於此, 益薦之何, 公曰善, 宿屛人割其股, 寘盤以薦, 衣血淋漓. 公愕然曰何至此耶 宿曰始吾謂公仁人也, 能恕己通物也, 故從之爾. 今察公所好, 唯殺戮之耽篤, 害彼自養而已, 豈仁人君子之所爲, 非吾徒也. 遂拂衣而行(권4 의해 이혜동진)

호암사(虎嵓寺)

또 호암사에는 정사암(政事嵓)이란 바위가 있는데, 나라에서 앞으로 재상감을 의논할 때에 뽑힐 사람 3, 4명의 이름을 써서 상자에 넣고 봉해서 바위 위에 두었다가 얼마 뒤에 열어 보아 이름 위에 도장이 찍힌 자리가 있는 사람을 재상으로 삼았기 때문에 그런 이름이 있다. 또 사비수 가에는 한 바위가 있었다. 소정방이 이 바위에 올라 앉아 물고기와 용을 낚았다. 해서 아직도 바위에 용이 무릎을 꿇었던 흔적이 있다 해서 용암이라 하였다.

(출전) 又虎嵓寺有政事嵓, 國家將議宰相, 則書當選者名或三四, 函封置嵓上, 須臾取看, 名上有印跡者爲相, 故名之. 又泗沘河邊有一嵓, 蘇定方嘗坐此上, 釣魚龍而出, 故嵓上龍跪之跡, 因名龍嵓(권2 기이2 남부여 전백제 북부여)

(새김)

소정방이 용을 낚았다는 것은 비유적으로 의자왕이 소정방에게 무릎을 꿇었음을 암시하고 있다. 흔히 용은 임금으로 상징되어 임금과 관련한 말에는 용이 들어간다. 용상(龍床-의자), 용안(龍顔-얼굴), 용포(龍袍-도포), 용루(龍淚-눈물), 용종(龍種-왕자의 태) 등이 있다. 용은 상징적으로 물과 불을 다스리는 신이었다. 한편, 불교나 유교에서는 수호신으로 섬긴다. 해서 절간에 가면 모든 건물에는 용이 그려져 있다. 일종의 용 토템으로 볼 수 있을 것이다. 요하문명(遼河文明)의 얼굴이라 할 씨(C)자 형 옥룡(玉龍)이 바로 그런 표상이 된다. 이를 두고 중화제일룡(中華第一龍)이라고 한다.

호양왕(好讓王)-미천왕(美川王)

고구려 제16대 미천왕은 달리 호양이라고도 한다. 이름은 을불이고 우불이라고도 부른다. 경신년(庚申, 300)에 즉위하여 31년 동안 통치를 누렸다.

(출전) 第十六代美川王一云好攘. 名乙弗又憂弗. 庚申立, 理三十一年(권1 왕력 미천왕)

(새김)

중국측 사료인 진서(晉書)에 따라서 동아리 하면, 미천왕은 잃어버렸던 현토(玄菟)와 낙랑(樂浪)의 고지를 회복하였다. 양서(梁書)에서는 을불(乙佛)이 요동을 자주 침범하였으나 모용외가 이를 막지 못했다고 기록하였다. 특히 극성(棘城, 현 북평군 창려(昌黎)<중국 사회과학원 자료>) 전쟁에서 선비의 단씨와 진의 평주자사 최비와 함께 모용외의 극성을 침공하였다. 아직도 요녕성의 환인 지방에서는 미천왕이 왕자 시절 걸식하고 고생하던 이야기가 우글로 전설로 전해 온다는 것이다. 가죽으로 만들어 노동자들이 신는 신발을 우글로, 길거리를 돌아다니면서 이정표 삼아 뿌렸던 길섶의 풀을 우글로란 풀이 많다고 한다(신채호 조선상고사 참조). 우불이 우글로로 변음되어 쓰인 듯하다.

호원사(虎願寺)

김현은 벼슬길에 오르자, 서천 가에 절을 지어 호원사라 하고 항상 범망경(梵網經)을 강론하여 범의 저승길을 인도하고 또한 범이 제 몸을 죽여 자기를 성공하게 해 준 은혜에 보답했다. 김현은 죽을 때에 지나간 일의 기이함에 깊이 감동하여 이에 붓으로 적어 전하였으므로 세상에서 비로소 듣고 알게 되었으며, 그래서 이름은 논호림(論虎林)이라 했는데 지금까지지도 그렇게 일컬어 온다.

(출전) 現既登庸, 創寺於西川邊, 號虎願寺, 常講梵網經, 以導虎之冥遊, 亦報其殺身成己之恩. 現臨卒, 深感前事之異, 乃筆成傳, 俗始聞知, 因名論虎林, 稱于今(권5 감통 김현감호)

(새김)

범망경이란 우리나라 불교 계율의 기반을 이루는 경전이다. 상하 2권. 본명은 범망경노사나불설보살심지계품제십(梵網經盧舍那佛說菩薩心地戒品第十)이나 범망경이라 이르고 있다. 범어본(梵語本)이 120권 61품이 있었다는 전해오고 있다. 우리나라에서 통용되는 한역본에 대해서도 예로부터 후진(後秦)의 구마라습(鳩摩羅什, कुमरजव, kumārajīva)이 뒤친 것으로 알려져 왔으나, 오늘날에 와서는 중국에서 지었다는 주장이 유력하다. 상권은 석가모니불이 제4 선천(禪天)에서 대중에게 보살의 근본 심지(心地)를 말하다가 지혜의 광명을 놓아 한량없는 공덕을 갖춘 불국토인 연화장세계의 광명궁에 머물면서 십주(十住), 십행(十行), 십회향(十廻向) 등을 가르친다. 이는 화엄경의 수행 단계와 함께 불교사상 연구에 중요한 자료가 되고 있다. 그러나 이 상권보다 우리나라에서 널리 전승된 것은 하권의 계율이었다. 하권에서는 대승의 보살이 지켜야 하는 가장 중요한 계율인 십중금계(十重禁戒)와 가벼운 허물을 다스리는 48가지 계율인 48경계(輕戒), 재가신도를 위하여 육중계(六重戒)와 28경계를 따로 설하고 있다. 계를 지키는 것은 부모와 스승과 삼보(三寶)를 받들고 따르는 것이며, 나쁜 데로 흐르는 본능을 제지하는 것이므로 보살로서 마땅히 배워 익혀야 할 것임을 밝히고 있다. 우리나라에서는 하권을 별도로 보살계본(菩薩戒本)이라 이르고 있다.

호진(虎珍)

여섯째는 명활산 고야촌(高耶村)이다. 촌장은 호진이다. 처음에 금강산에 내려왔으나 이가 습비부 설씨(薛氏)의 조상이다. 지금은 임천부(臨川部)라고 하는데 물이촌(勿伊村), 잉구미촌(仍仇旀村), 궐곡(闕谷 일명 葛谷) 등 동북촌이 여기에 소속되었다.

(출전) 六曰明活山高耶村, 長曰虎珍, 初降于金剛山, 是爲習比部薛氏祖, 今臨川部, 勿伊村·仍仇旀村·闕谷(一作葛谷)等東北村屬焉(권1 기이1 신라시조 혁거세왕)

혹본(或本)

풍교의 법화가 두루 미치자 여러 곳을 다니다가 아슬라주(阿瑟羅州)에 이르니 섬 사이의 물고기와 자라들이 다리를 놓고 물속으로 맞아들이므로 진표가 불법을 강론하니 물고기와 자라들이 계(戒)를 받았다. 그때 바로 천보 11년(壬辰, 752) 2월 15일이었다. 어떤 책에는 원화 6년(811)이라 했지만 잘못이니 원화는 헌덕왕(憲德王) 때이다.

(출전) 風化旣周, 遊涉到阿瑟羅州, 島嶼間魚鼈成橋, 迎入水中, 講法受戒, 卽天寶十一載壬辰二月望日也. 或本云元和六年, 誤矣(권4 의해 진표전간)

홍효사(弘孝寺)

이에 집 한 채를 내리고 해마다 벼 50석을 주어 순후한 효성을 숭상했다. 이에 손순은 예전에 살던 집을 희사해서 절로 삼아 홍효사라 하고 돌종을 모셔 두었다. 진성여왕 때에 후백제의 난폭한 도둑이 그 마을에 쳐들어와서 종은 없어지고 절만 남아 있다. 그 종을 얻은 땅을 완호평(完乎坪)이라 했는데 지금은 잘못 전하여 지량평(枝良坪)이라고 한다.

(출전) 乃賜屋一區, 歲給粳五十碩, 以尙純孝焉. 順捨舊居爲寺, 號弘孝寺, 安置石鐘. 眞聖王代, 百濟橫賊入其里, 鐘亡寺存. 其得鐘之地, 名完乎坪, 今訛云枝良坪(권5 효선 손순매아 흥덕왕대)

(새김)

홍효사(弘孝寺) : 현재 경주시 현곡면 남사리 종동(鐘洞)에 자리한 폐사지가 홍효사로 보인다. 손순의 전설로 이 마을의 이름이 종동이며 절의 이름도 종동사로 부르게 되었다.

완호평(完乎坪) : 지량평(枝良坪)이라고도 한다. 가잿벌로 추정되며 이는 변두리 마을이란 뜻이다(김사엽, 완역 삼국유사). 완호(完乎)는 이두로 보인다. 도이장가(主乙完乎白乎)의 표기로 보아 오울다(完)의 관형형으로 보아 '오울온들'로 읽고자 한다. 내용과 연결시켜 보면, 손순과 아이와 할머니, 아이 엄마와 아빠 모두를 온전하게 한 돌종이 나온 곳이므로 그렇게 표현한 것이다(정호완).

화독화란(畵犢畵鸞)

이에 유신(庾信) 인문(仁問) 등이 군사 수만 명을 거느리고 고구려 국경 안에 들어가 곡식 2만 곡을 갖다 주고 돌아오니 왕이 크게 기뻐했다. 또 군사를 일으켜 당 나라 군사와 합류하고자 할 때 유신이 먼저 연기(然起)와 병천(兵川) 두 사람을 보내서 그 합세할 시기를 물었다. 이 때 당 나라 장수 소정방이 종이에 난새[鸞]와 송아지[犢]의 두 그림을 그려 보냈다. 신라 사람들은 그 뜻을 알지 못하여 사람을 보내서 원효 대사에게 물었다. 원효는 풀이하기를, 속히 군사를 돌이키라는 뜻이니 송아지와 난새를 그린 것은 빨리 회군을 하라는 뜻입니다. 이에 유신은 군사를 돌려 패수(浿水)를 건너려 할 때 엄명을 내려, 뒤떨어지는 자는 베이리라 했다. 이리하여 군사들이 앞을 다투어 강을 건너는데 반쯤 건너자 고구려 군사가 쫓아와서 아직 건너지 못한 자를 잡아 죽였다. 그러나 이튿날 유신은 고구려 군사를 반격하여 수만 명을 잡아 죽였다.

(출전) 於是, 庾信・仁問等率數萬人入句麗境, 輸料二萬斛乃還, 王大喜. 又欲興師會唐兵, 庾信先遣然起・兵川等二人, 問其會期. 唐帥蘇定方紙畫鸞犢二物廻之, 國人未解其意, 使問於元曉法師, 解之曰速還其兵, 謂畫犢畫鸞二切也(권1 기이1 태종춘추공)

(새김)

화독화란(畵犢畵鸞) : 고구려 군에게 밀리는 소정방이 신라군에게 보낸 암호인데 원효(元曉, 617-686)가 군사자문을 하되 이두로 이 암호를 풀었다. 화독-속(速) 화란- 환(還)을 합류하여 속환-빨리 돌아가라는 의미로 풀어 쳐들어오는 고구려 군사를 뒤로 하고 일단 피했다가 다시금 공격하여 신라의 승리를 가져 왔다. 화독의 독(犢)은 송아지요, 란(鸞)은 공작새의 일종으로 난새를 가리킨다. 송아지에서 '소'를, 독(犢)에서 끝소리 기역(ㄱ)을 붙이면 속(速)이 된다는 풀이다. 다시 화(畵)에 란(鸞)의 니은(ㄴ)을 붙이면 환(還), 그래서 속환(速還)이 된다(정호완).

화랑(花郎)

신라 제24대 진흥왕의 성은 김씨(金氏)요, 이름은 삼맥종(彡麥宗)인데, 더러 심맥종(深麥宗)이라고도 한다. 양(梁) 나라 대동 6년(庚申, 540)에 즉위했다. 큰 아버지인 법흥왕(法興王)의 뜻을 생각해서 한 마음으로 부처를 받들어 널리 절을 세우고, 또 많은 사람들에게 중이 되기를 허락했다. 왕은 또 천성이 도량이 넓어서 크게 신선을 숭상하여 민가의 처녀들 중에 아름다운 이를 뽑아서 원화(原花)를 삼았으니, 이것은 무리를 모아서 사람을 뽑고 그들에게 효행과 충성을 가르치려 함이었으며, 이것은 또한 나라를 다스리는 큰 틀이기도 했다. (중략) 다시금 좋은 가문의 젊은이를 뽑아서 덕행이 있는 이를 가려 화랑을 삼았다. 처음으로 설원랑으로 국선을 삼았으니 이 사람이 곧 화랑과 국선의 시작이었다.

(출전) 第二十四眞興王, 姓金氏, 名彡麥宗一作深麥宗. 以梁大同六年庚申卽位, 慕伯父法興之志, 一心奉佛, 廣興佛寺, 度人爲僧尼. 又天性風味, 多尙神仙, 擇人家娘子美艶者, 捧爲原花, 要聚徒選士, 敎之以孝悌忠信, 亦理國之大要也(중략). 更下令選良家男子有德行者, 改爲花郞, 始奉薛原郞爲國仙, 此花郞·國仙之始(권3 탑상 미륵선화미시랑 진자사)

(새김)

화랑은 원화(原花, 삼국사기)이다. **풍류도** 곧 화랑도는 화랑과 낭도의 도(道)이다. 화랑의 단체를 화랑도(花郞徒)라 한다. 그들은 미륵불을 숭앙하는 미륵교단의 단체였다. 향촌 사회에서 이원조직으로 구성되었다. 군왕으로서 불교신앙의 얼굴이었던 진흥왕에 이르러 임금 자신이 승려가 되어 종교와 정치를 아우르는 정교일치 교황시대를 방불하게 하였다. 이상적인 불교 국가를 만들겠다는 신념으로 자신이 전륜성왕(轉輪聖王)의 이상을 자임하고 미륵보살의 상징으로 미륵교단을 만든 것이 화랑도였다. 화랑도에는 교양과 교리를 가르치는 승려 낭도가 배속되어 있었다. 당시 최고의 지식인 집단은 유불을 겸한 승려들이었다. 김유신의 용화향도(龍華香徒)나 미르 화랑과 진자사의 무리를 미륵선화라 함도 이에서 멀지 않다. 여기 원화는 글자 그대로 꽃과 깊은 관련이 있다. 원화의 원(源)은 물의 언덕 곧 바다를 상징적으로 이른다. 꽃이라면 연꽃일 가능성이 크다. 그럼 연꽃과 바다는 무슨 관련인가. 이 꽃의 상징은 인도의 고유한 브라만교의 세계관에서 비롯한 것이다. 아주 먼 옛날 우주의 큰 바다 속에서 비슈누신이 나타나서 이 세상에서 천 개의 모든 꽃잎이 달린 금색의 연꽃이 피어나는데 그 연꽃 속에서 분천왕이 나타나 이 세상의 모든 생물을 낳았다는 신화로부터 말미암은 것이다(김용옥 참조).

화산(花山)

사신이 해동(海東)에 이르러 보니 그 산에 큰 사자암(獅子巖)이 있고 산의 서남쪽 이보쯤 되는 곳에 삼산(三山)이 있는데 그 이름은 화산(花山, 그 산의 몸체는 하나인데 봉우리가 셋이어서 삼산이라고 했다)으로서 모양이 그림과 같았다. 그러나 아직 진짜인지 아닌지 알 수 없어서 신 한 짝을 사자암 꼭대기에 걸어 놓고 돌아와 아뢰었다. 그런데 신발 그림자도 역시 못에 비치므로 황제는 이상하게 여겨 그 산 이름을 백월산(白月山)이라고 했다(보름 전에는 백월(白月)의 그림자가 못에 나타나기 때문에 이렇게 이름을 지은 것이다).

(출전) 遣使搜訪天下, 至海東見此山有大師子嵓. 山之西南二步許有三山, 其名花山(其山一體三首, 故云三山)與圖相近. 然未知眞僞, 以隻履懸於師子嵓之頂, 使還奏聞, 履影亦現池. 帝乃異之, 賜名曰白月山(望前白月影現, 故以名之)(권3 탑상 남백월이성 노힐부득 달달박박)

(새김)

화산은 주에서 삼산이라 하였다. 충담사의 삼화령과 같은 의미로 화랑들이 숭배한 산이다. 말하자면 산악숭배의 표상이다. 화랑은 미륵의 화신이므로 화산은 미륵신앙의 징표로 풀이할 수 있다(미시나, 신라의 정토교). 명산대천을 두루 찾아다니면서 애국애족의 화랑정신을 갈고 닦았다고 볼 수 있다.

화식(貨殖)

집이 가난하여 살아갈 수가 없어 부자 복안(福安)의 집에 가서 품팔이를 하고, 그 집에서 약간의 밭을 얻어 의식을 해결하였다. 이 때 고승 점개(漸開)가 육륜회(六輪會)를 흥륜사(興輪寺)에서 베풀고자 하여 복안의 집에 가서 보시할 것을 권하니, 복안은 베 50필을 보시하므로 점개는 주문을 읽어 축원했다. 단월(檀越, 신도)이 보시하기를 좋아하니 하느님이 항상 지켜 주실 것이며, 한 가지를 보시하면 만 배를 얻게 되는 것이니 안락하고 수명 장수하게 될 것입니다. 대성이 듣고 뛰어 들어가 그 어미에게 말했다. 제가 문간에 온 스님이 외는 소리를 들었는데 한 가지를 보시하면 만 배를 얻는다고 합니다.

(출전) 家窘不能生育, 因役傭於貨殖福安家, 其家俵田數畝, 以備衣食之資. 時有開士漸開, 欲設六輪會於興輪寺, 勸化至福安家, 施布五十疋. 開呪願曰檀越好布施, 天神常護持. 施一得萬倍(권5 효선 대성효이세부모)

(새김)

화식(貨殖)이란 재산을 늘린다는 것인데 여기서는 부자를 이른다. 개사(開士)는 보살이나 고승대덕을 이른다. **단월(檀越)**은 절에 시주를 하는 신도를 뜻한다. **권화(勸化)**란 승려가 신도들에게 시주를 청하는 일을 이른다.

화엄경소(華嚴經疏) ☞ 원효불기

화엄사(華嚴寺)

어느 날 왕이 황룡사(皇龍寺, 어떤 책에는 화엄사라 했고, 또 금강사라고도 했으니 이것은 아마 절 이름과 불경 이름을 혼동한 듯)의 중 지해(智海)를 대궐 안으로 불러들여 화엄경(華嚴經)을 50일 동안 읽게 했다. 사미 묘정이 매양 금광정(金光井, 대현법사가 지은 이름) 가에서 바리때를 씻는데 자라 한 마리가 우물 속에서 떴다가는 다시 가라앉곤 하므로 사미는 늘 먹다 남은 밥을 자라에게 주면서 희롱했다.

(출전) 王一日請皇龍寺注或本云, 華嚴寺又金剛寺□, 蓋以寺名經名, □混之也. 釋智海入內, 稱華嚴經五旬. 沙彌妙正, 每洗鉢於金光井(因大賢法師得名)邊, 有一黿浮沈井中. 沙彌每以殘食, 餽而爲戲(권2 기이2 원성대왕)

(새김)

화엄(華嚴)이란 온갖 꽃으로 장엄하게 장식한다는 말로서 잡화엄식(雜華嚴飾)에서 비롯한다. 대승불교 초기 핵심 경전인 화엄경(華嚴經)에서 비롯되었다. 화엄경은 석가모니가 깨달음을 얻은 바로 뒤에 그 깨달음을 그대로 설법한 경문이다. 깨달음이란 닫혀 있음을 깬다는 말이다. 욕정으로 닫힌 사람의 마음을 열어젖힌다는 것이다. 정식 이름은 대방광불화엄경(大方廣佛華嚴經)인데 이는 불법이 그지없어 모든 중생과 사물을 아우르고 있어서 마치 온갖 꽃으로 장엄하게 장식한 것과 같다는 뜻이다. 말하자면 모든 분별과 갈등을 넘어선 이상적인 불국토인 연화장세계(蓮華藏世界)를 나타내는 말이다. 화엄경에서 석가모니는 지혜와 덕으로 온 세상을 비추는 비로자나불(毘盧遮那佛, **वैरोचन**, vairocana)의 화신으로 표현되어 있어 그에게 **귀의**(歸依, **नमो**, namo)함을 큰 흐름으로 하고 있다.

화종(火種)-대종(大種)

엄장은 남악(南岳)에 암자를 짓고 살면서 나무를 베어 불태운 자리에 농사를 지었다. 어느 날 해 그림자가 붉은 노을빛을 띠고 소나무 그늘이 고요히 저물었는데, 창밖에서 소리가 났다. 나는 이미 서쪽으로 가니 그대는 잘 살다가 속히 나를 따라오라. 엄장이 문을 밀치고 나가 보니 구름 밖에 음악 소리가 들리고 밝은 빛이 땅에 드리웠다. 이튿날 광덕이 사는 곳을 찾아갔더니 광덕은 과연 죽어 있었다. 이에 그의 아내와 함께 유해를 거두어 호리(蒿里)에 장례를 마치고 부인에게 말했다.

(출전) 莊庵栖南岳, 火種力耕. 一日, 日影拖紅, 松陰靜暮, 窓外有聲, 報云某已四往矣, 惟君好住, 速從我來 莊排闥而出顧之, 雲外有天樂聲, 光明屬地. 明日歸訪其居, 德果亡矣. 於是, 乃與其婦收骸, 同營蒿里. 旣事, 乃謂婦曰夫子逝矣, 偕處何如(권5 감통 광덕 엄장)

(새김)

화종(火種)이란 숲에 불을 놓아 재가 된 뒤에 하는 농사를 말한다(知成都靑苗法出 誅言蜀峽火種民常不足-宋史, 陸詵傳). 남악(南岳)은 경주 함월산(含月山)인데 그 이름을 남악이라 하였다(문경현). 함월산은 이두로 읽어 곰돌산으로 곰이 거북 혹은 신(神)이니 한자로 구월산(龜月山)이 된다. 함(含)의 고대음이 곰(gʌm)이기에 그렇다. 그 어름에 감포(甘浦)의 감(甘)도 글자만 달랐지 그 뜻은 같다(정호완). **호리(蒿里)**는 중국의 태산 남쪽에 있는 지명이다. 사람이 죽은 다음 그의 넋이 이곳에 머문다고 한다. 무덤이나 장사 지낸다는 뜻으로 쓴다. 본문에 대종(大種)은 화종(火種)의 오기다.

화하국(花夏國)

신라 제4대 탈해 일명 토해 니질금의 성은 석씨(昔氏)였다. 아버지는 완하국 함달파왕 달리 화하국왕이라 한다. 어머니는 적녀국왕의 따님이고 왕비는 남해왕의 따님인 아로부인이었다. 정사년(丁巳, 57)에 즉위하였고 23년 동안 나라를 다스렸다. 왕이 돌아가자 물에 장사를 지냈으니, 미소소정이란 우물이 있는 언덕에 넣었다가 화장하여 소상을 만들어 동악 곧 토함산에 안치하였다. 오늘날에도 동악대왕이라 한다.

(출전) 第四代脫解一作吐解尼叱今, 昔氏父琓夏國含達婆王一作花夏國王, 母積女國王之女, 妃

南解王之女阿老夫人. 丁巳立, 理二十三年. 王崩水藏, 未召疏井丘中. 塑骨安東岳, 今東岳大王(권1 왕력 탈해니질금)

환웅(桓雄)

이에 환인은 천부인(天符印) 세 개를 환웅에게 주어 인간의 세계를 다스리게 했다. 환웅은 무리 3천 명을 거느리고 태백산(太伯山) 마루턱(곧 태백산은 지금의 묘향산)에 있는 신단수(神壇樹) 밑에 내려왔다. 이곳을 신시(神市)라 하고, 이 분을 환웅천왕(桓雄天王)이라고 이른다.

(출전) 乃授天符印三箇, 遣往理之. 雄率徒三千, 降於太伯山頂(卽太伯今妙香山)神壇樹下, 謂之神市, 是謂桓雄天王也(권1 기이1 고조선)

(새김)

단군의 아버지로 불리는 신화적인 인물이다. 이는 제왕운기나 세종실록에는 단웅(檀雄)으로 나온다. 이는 환웅의 아버지인 환인에 바탕을 두었거나 단웅의 아들이 단군이었기에 단(檀)을 성으로 삼은 것으로 볼 수 있다(이종욱 1993). 단군이라 함은 제사장을 당구르(당골레)의 소리를 한자로 취음하여 적은 일반명사였음을 고려하고, 특히 47명의 단군이 있었음을 단군세기(檀君世紀)에서 이르고 있음은 이를 반증하고 있다. 삼국유사를 바탕으로 하면, 제단단의 단군(壇君)이라 함이 옳다(정호완). 한편 이병도(1976)에서는 환웅과 곰이 결합하는 구성은 천신과 지모신을 숭배하는 겨레들의 융합을 상징한다고 보았다.

환인(桓因)

또 고기(古記)에서는 이렇게 말했다. 옛날에 환인(桓因, 제석을 말함)의 서자 환웅(桓雄)이란 이가 있었는데 자주 천하를 차지할 뜻을 두어 사람이 사는 세상을 탐내고 있었다. 그 아버지가 아들의 뜻을 알고 삼위태백(三危太伯)을 내려다보니 인간들을 널리 이롭게 해 줄만했다. 이에 환인은 천부인(天符印) 세 개를 환웅에게 주어 인간의 세계를 다스리게 했다. 환웅은 무리 3천명을 거느리고 태백산 마루턱(곧 태백산은 지금의 묘향산)에 있는 신단수 밑에 내려왔다. 이곳을 신시(神市)라 하고, 이 분을 환웅천왕이라고 이른다.

(출전) 古記云, 昔有桓因(謂帝釋也)庶子桓雄, 數意天下, 貪求人世, 父知子意, 下視三危太伯可以弘益人間, 乃授天符印三箇, 遣往理之. 雄率徒三千, 降於太伯山頂(卽太伯今妙香山)神壇樹下, 謂之神市, 是謂桓雄天王也(권1 기이 고조선)

(새김)

단군의 할아버지가 제석이라 함은 이해할 수가 없다. 이 때는 불교가 들어오기 전이기에 그렇다. 그러므로 한국 고유의 신명(神明)을 가리키는 것으로 볼 수 있다(서영대, 2001). 환인은 하늘에 있는 광명의 신이고 하느님의 자손이라 함은 태양신의 후예라는 말이 된다(이기백, 1988, 김두진 1988). 성삼제(2005)의 '고조선, 사라진 역사'에서는 일제시기 일인 학자들에 의하여 환국(桓國)을 환인(桓因)으로 변조하였음을 밝히고 있다.

활리산(活里山)

이에 두 사람은 상여를 메고 활리산 동쪽 기슭으로 갔다. 원효가 말했다. 지혜 있는 범을 지혜의 숲 속에 장사지내는 것이 또한 마땅하지 않겠는가. 사복은 이에 게(偈)를 지어 말했다. 옛날 석가모니 부처님께서는, 사라수(娑羅樹) 사이에서 열반하셨네. 지금 또한 그와 같은 이가 있어, 연화장(蓮花藏) 세계로 들어가려 하네.

(출전) 二公轝歸活里山東麓, 曉曰葬智惠虎於智惠林中, 不亦宜乎. 福乃作偈曰, 往昔釋迦牟尼佛, 娑羅樹間入涅槃, 于今亦有如彼者, 欲入蓮花藏界寬(권4 의해 사복불언)

(새김)

활리산(活里山) : 활리산의 위치에 대한 다음과 같은 풀이가 있다. 실재하는 공간이 아니고 이상적인 카타르시스적인 낙토를 말한다(황패강). 한편, 실재하던 산이다. 근거로는 대동운부군옥(大東韻府群玉)에 지귀신라활리역(志鬼新羅活里驛)이라 적었음을 들 수가 있다. 지귀는 선덕여왕 때 실존인물이다(김상현).

연화장세계(蓮花藏世界) : 무릉도원과 같은 연꽃이 피는 아름다운 세계를 이루는데 이는 비로자나불에 의하여 만들어졌다. 이와 반대로 어둠이 지배하며 갈등으로 점철된 현실세계가 있다.

황건(黃巾)

그 후 송나라 휘종조(徽宗朝)에 이르러 좌도(左道, 유교가 아닌 사교)를 믿으니, 이 때 나라 사람들은 도참(圖讖)을 전하여 퍼뜨리기를, 금인(金人, 부처)이 나라를 망칠 것이라고 하였다. 황건의 무리들이 일관을 충동하여 위에 아뢰기를, 금인이란 불교를 말하는 것이니 장차 국가에 이롭지 못할 것입니다. 이리하여 조정에서는 장차 불교를 없애고 중들을 무찔러 죽이고, 경전을 불사르고, 따로 조그만 배를 만들어 부처의 어금니를 실어 큰 바다에 띄워 인연이 있는 곳으로 흘려보내려 했다.

(출전) 後至大宋徽宗朝, 崇奉左道, 時國人傳圖讖曰金人敗國 黃巾之徒, 諷日官奏曰金人者, 佛敎之謂也, 將不利於國家 議將破滅釋氏, 坑諸沙門, 焚燒經典, 而別造小舡, 載佛牙泛於大海, 任隨緣流泊(권3 탑상 전후소장사리)

(새김)

고대 중국의 후한(後漢) 말 무렵 태평도(太平道)의 교주였던 장각(張角)이 이끈 종교와 정치적인 폭동에 가담한 농민반란군들이 황색 두건을 둘러 스스로 표지를 삼았다고 하여 황건적, 혹은 황건군이라고 부른다. 뒤에 동탁(董卓) 등의 토벌군에게 멸망당했다. 이로 말미암아 후한의 정체가 흔들리고 군벌이 난립하여, 마침내 후한은 멸망하고 삼국시대가 열리게 되었다. 삼국사기(三國史記)에서는 견훤과 신라 말 농민군들을 일러 후한 멸망의 한 원인이 되었던 황건적에 빗대기도 하였다. 견훤은 진훤이라 읽음이 옳다. 지금도 문경 가은 사람들은 진훤이라고 한다(문경현).

황권(黃券) ☞ 호세랑

황량숙(黃粱熟)

즐거웠던 한 순간도 덧없이 지나가고, 걱정 속에 남모르게 곱던 얼굴 다 늙어갔네. 모름지기 기장밥이 다 익기를 기다리랴, 인생이 한갓 꿈같음을 깨달았다네. 길닦이의 잘못됨은 먼저 성의에 달린 것, 홀아비는 미인 꿈꾸고 도둑은 재물 꿈꾸네. 어찌 가을날 하룻밤 꿈만으로, 때때로 눈을 감아 청량(淸凉)의 세상에 이르리.

(출전) 乃作詞誡之曰, 快滴須臾意已閑, 暗從愁裏老蒼顔. 不須更待黃粱熟, 方悟勞生一夢間. 治身臧否先誠意, 鰥夢蛾眉賊夢藏. 何以秋來淸夜夢, 時時合眼到淸凉(권3 탑상 낙산이대성 관음정취 조신)

(새김)

황량숙(黃粱熟)은 기장밥이 익는 시간을 이른다. 기장밥이 육신의 양식이라면, 믿음은 정신의 양식이다. 삶의 허무함을 깨닫고 불도에 귀의함을 권하는 시이다. 흔히 조신지몽(調信之夢)이라 한다. 이러한 주제는 풀이하는 이에 따라서 국문학사에서 최초의 한문소설이라고 봄이 옳다(지준모, 삼국유사의 어문학적 연구, 2005). 황량몽(黃粱夢) 혹은 한단지몽(邯鄲之夢)이라고 한다. 중국의 침중기(枕中記)의 고사에서 끌어다 쓴 것으로 보인다. 내용인즉, 당(唐)나라 때, 노생(盧生)이란 한 젊은이가 도사 여옹(呂翁)의 베개를 빌려 좁쌀 밥을 짓는 동안 잠을 잤다. 꿈에 80 평생의 온갖 영화를 누리다가 깨고 보니 조밥이 아직 익지 않았더라는 이야기이다. 이러한 주제는 조선 왕조에 들어와서 구운몽(九雲夢)으로 이어지고 근대로 오면서 이광수의 소설 '꿈'으로 재구성되고 이는 영화로 형상화되기도 했다.

황룡사구층탑(皇龍寺九層塔)

신라 제27대 선덕왕이 즉위 5년인 정관 10년(丙申, 636)에 자장법사(慈藏法師)가 중국으로 유학하여 오대산에서 문수보살의 불법을 전해주는 것을 감응해서 얻었는데(자세한 것은 본전에 실려 있다), 문수보살은 또 말했다. 너희 국왕은 바로 천축(天竺, 인도)의 찰리종의 왕으로, 이미 불기(佛記)를 받았기 때문에 따로 인연이 있어 동이공공(東夷共工)의 종족과는 다른 것이다. (중략) 신인이 말한다. 지금 그대의 나라는 여자를 왕으로 삼아 덕은 있어도 위엄이 없기 때문에 이웃 나라에서 침략을 도모하는 것이니 그대는 빨리 본국으로 돌아가시오. 자장이 물었다. 고향에 돌아가면 무슨 유익한 일을 할 수 있겠습니까. 신인이 말한다. 황룡사의 호법룡은 바로 나의 큰아들이오. 범왕(梵王)의 명령을 받아, 그 절에 와서 보호하고 있으니, 본국에 돌아가거든 절 안에 9층탑을 세우시오. 그러면 이웃 나라들은 항복할 것이며, 구한(九韓)이 와서 조공하여 왕업이 길이 편안할 것이오. 탑을 세운 뒤에는 팔관회를 열고 죄인을 용서하면 외적이 해치지 못할 것이오. 다시 나를 위해서 경기 남쪽 언덕에 절 한 채를 지어 함께 내 복을 빌어 주면 나도 또한 그 은덕에 보답하겠소. 말을 하고 옥(玉)을 바친 후 이내 형체를 숨기고 나타나지 않았다. (중략) 일연은 이를 기려서 말한다. 귀신의 힘으로 한 듯이 서라벌을 누르니, 휘황한 채색으로 처마가 움직이네. 여기에 올라 어찌 구한의 항복만을 보랴, 세상이 특별히 편안한 것 처음 깨달았네.

(출전) 新羅第二十七善德王卽位五年, 貞觀十年丙申, 慈藏法師西學, 乃於五臺感文殊授法(詳見本傳) 文殊又云汝國王是天竺刹利種王, 預受佛記, 故別有因緣, 不同東夷, 共工之族(중략). 神人云今汝國以女爲王, 有德而無威, 故隣國謀之. 宜速歸本國 藏問歸鄕將何爲利益乎. 神曰皇龍寺護法龍, 是吾長子. 受梵王之命, 來護是寺, 歸本國成九層塔於寺中, 隣國降伏, 九韓來貢, 王祚永安矣. 建塔之後, 設八關會, 赦罪人, 則外賊不能爲害. 更爲我於京畿南岸置一精廬, 共資予福, 予亦報之德矣. 言已遂奉玉而獻之, 忽隱不現(중략). 讚曰, 鬼拱神扶壓帝京, 輝煌金碧動飛甍. 登臨何啻九韓伏, 始覺乾坤特地平(권3 탑상 황룡사구층탑)

(새김)

황룡사의 호법룡은 내 큰 아들이고 법왕의 명령을 받아서 이 절을 지키고 있다. 말하자면 국태민안의 신앙적인 염원을 상징화하여 9층탑을 세운 것이다. 황룡사 9층탑 건설의 총책임자는 김춘추의 아버지 용춘(龍春)이었다. 백제에서 초청해온 아비지(阿非知)가 공사 책임자였고 기술자가 2백 명이나 되었다. 1964년 황룡사구층탑찰주본기(皇龍寺九層塔刹柱本記)에 자장율사가 당 나라에 유학하고 돌아와서 중국의 종남산 원향선사(円香禪師)의 황룡사구층탑 제안을 보고함으로써 탑을 세웠다는 기록이 나왔다. 여기 9라는 숫자는 전통적으로 천하를 뜻하는 거룩한 숫자이다. 따라서 9층탑은 신라의 독자적인 천하를 상징한 것이다(노중국, 2001).

황룡사사중기(黃龍寺寺中記)

현(縣)의 관리가 문서를 갖추어서 보고하자 왕은 사자를 시켜 그 고을 성 동쪽의 높고 깨끗한 땅을 골라서 동축사(東竺寺)를 세우고 세 불상을 편안히 모시게 했다. 그리고 그 금과 쇠는 서울로 보내서 태건 6년(甲午, 574) 3월(사중기엔 계미년 10월 17일)에 장륙존상을 부어 만들었는데 공사는 금시에 이루어졌으며, 그 무게는 3만 5천 7근으로 황금 198푼이 들었고 두 보살상은 철 만 2천근과 황금 만 136푼이 들었다. 이를 황룡사에 모셨다.

(출전) 縣吏具狀上聞, 勅使卜其縣之城東爽塏之地, 創東竺寺, 邀安其三尊, 輸其金鐵於京師, 以大建六年甲午三月(寺中記云, 癸巳十月十七日)鑄成丈六尊像, 一鼓而就, 重三萬五千七斤, 入黃金一萬一百九十八分, 二菩薩入鐵一萬二千斤, 黃金一萬一百三十六分, 安於皇龍寺(권3 탑상 황룡사장륙)

황룡사(黃龍寺) 장륙존상

신라 제24대 진흥왕이 즉위한 14년(癸酉, 553) 2월에 장차 용궁 남쪽에 대궐을 지으려

하니, 황룡이 그곳에 나타났으므로 이것을 고쳐서 절을 삼고 이름을 황룡사라 하고, 기축년(己丑, 569)에 이르러 담을 쌓아 17년 만에 마무리했다. 그 뒤 얼마 안 되어 바다 남쪽에 큰 배 한 척이 나타나서 하곡현(河曲縣) 사포(絲浦, 현 울주 곡포)에 들어왔다. 이 배를 검사해 보니 공문이 있는데 쓰기를, 서천축 아육왕(阿育王, 아소카왕)이 황철 5만 7천근과 황금 3만 푼을 모아(별전에는 쇠가 40만 7천 근, 금이 1천 냥이라고 했으나 잘못인 듯싶다. 혹은 3만 7천근이라고도 한다) 장차 석가의 존상 셋을 부어 만들려고 하다가 이루지 못해서 배에 실어 바다에 띄우면서 빌기를, 부디 인연 있는 땅으로 가서 장륙존상(丈六尊像, 10자 6치 되는 불상)을 이루어 주기 바란다 했고, 부처 하나와 보살상 둘의 모형도 함께 실려 있었다. 현의 관리가 문서를 갖추어서 보고하자 왕은 사자를 시켜 그 고을 성 동쪽의 높고 깨끗한 땅을 골라서 동축사(東竺寺)를 세우고 세 불상을 편안히 모시게 했다. (중략) 일연은 이를 기려서 말한다. 속세 어느 곳인들 참 고향이 아니랴만, 향화(香火, 불교 신앙)의 인연은 우리나라가 으뜸일세. 이것은 아육왕(阿育王)이 착수하지 못한 것이 아니라, 월성 옛터를 찾느라고 그랬던 것일세.

(출전) 新羅第二十四眞興王卽位十四年癸酉二月, 將築紫宮於龍宮南, 有黃龍現其地, 乃改置爲佛寺, 號黃龍寺. 至己丑年, 周圍墻宇, 至十七年方畢. 未幾, 海南有一巨舫, 來泊於河曲縣之絲浦(今蔚州谷浦也). 撿看有牒文云西竺阿育王, 聚黃鐵五萬七千斤, 黃金三萬分(別傳云, 鐵四十萬七千斤, 金一千兩, 恐誤. 或云三萬七千斤). 將鑄釋迦三尊像, 未就, 載舡泛海而祝曰願到有緣國土, 成丈六尊容 幷載模樣一佛二菩薩像. 縣吏具狀上聞, 勅使卜其縣之城東爽塏之地, 創東竺寺(중략). 讚曰, 塵方何處匪眞鄕, 香火因緣最我邦. 不是育王難下手, 月城來訪舊行藏(권3 탑상 황룡사장륙존상)

(새김)

황룡(黃龍)이란 옛적 중국에서 신화나 전설에 등장하는 황색 빛깔의 용이다. 오행(五行) 사상에서 황색은 가운데를 상징한다. 황룡은 사신(四神)과 오룡의 중심적 존재, 4신의 어른이다. 4신이 동서남북을 지키는 수호 동물인데 대해, 황룡은 중심을 지키는 신성한 용으로 여겨왔다. 동아시아에서 황룡은 상서로운 존재이기 때문에, 황룡은 매우 경사스러운 짐승으로 생각되었다. 따라서 상서로운 존재로서의 황룡은 황제의 권능을 가리키는 짐승으로 두려워하고 존숭하였다. 동쪽에는 청룡, 서쪽에는 백룡, 남쪽에는 붉은 용, 북쪽에는 흑룡으로 자리한다고 믿었으며 가운데는 황룡이고 남산을 여의주로 상정하고 있다. 불교 경전 가운데 능엄경(楞嚴經)의 주에는 용을 나가(naga)로 적고 있다(**नमो भगवते नागलकुय**, namobhagavatenāgakulasya : 존경할만한 용(龍)부에 귀의합니다). 여기 나가(naga)는 용을 뜻한다. 만주어로는 용을 룽(靈, rŭng)이라 하는데 이는 신을 뜻한다. 인도 문자인 데바나가리(**देवनागरी**, ḏevəṉɑgəri)를 용서(龍書)로 뒤치는 것도 이 때문이다. 글자의 모양이 용처럼 생겼기에 그렇다.

황룡사 종

신라 35대 경덕대왕이 천보 13년(甲午, 754)에 황룡사의 종을 만들었는데, 길이는 1장

(丈) 3치 두께는 9치, 무게는 49만 7,581근이었다. 시주는 효정이찬 삼모부인(三毛夫人)이요, 장인은 이상택(里上宅) 아전이었다. 숙종(肅宗) 때에 새 종을 만들었는데 길이가 6척 8촌이었다.

(출전) 新羅第三十五景德大王, 以天寶十三甲午, 鑄皇龍寺鐘, 長一丈三寸, 厚九寸, 入重四十九萬七千五百八十一斤, 施主孝貞伊王三毛夫人, 匠人里上宅下典. 肅宗朝重成新鐘, 長六尺八寸(권3 탑상 황룡사종)

(새김)

효정이왕은 효정이찬(孝貞伊湌)의 잘못된 표기이다. 그는 삼국사기 성덕왕 13년 정월에 나오는바, 성덕왕십년춘정월이찬효정위중시(聖德王十年春正月伊湌孝貞爲中侍)라 하고, 다시 동왕17년 춘정월에 중시 효정임을 적시하고 있음을 알 수가 있다.

황룡사찰주기(黃龍寺刹柱記)

찰주기(刹柱記)에는 이렇게 적혔다. 철반 이상의 높이가 42척, 철반 이하는 183자이다. 자장이 오대산에서 받아 가져온 사리 100알을 탑 기둥 속과, 통도사 계단과 또 대화사 탑에 나누어 모셨으니, 이것은 못에 있는 용의 청에 따른 것이다(대화사는 아곡현 남쪽에 있다. 지금의 울주이니 역시 자장법사가 세웠다). 탑을 세운 뒤에 천하가 형통하고 삼한이 통일되었으니 어찌 탑의 영험이 아니겠는가.

(출전) 刹柱記云鐵盤已上高四十二尺, 已下一百八十三尺. 慈藏以五臺所授舍利百粒, 分安於柱中幷通度寺戒壇及大和寺塔, 以副池龍之請(大和寺在阿曲縣南, 今蔚州, 亦藏師所創也). 樹塔之後, 天地開泰, 三韓爲一, 豈非塔之靈蔭乎(권3 탑상 황룡사구층탑)

황룡사첩문(黃龍寺牒文)

이 배를 검사해 보니 공문이 있는데 쓰기를, 서축 아육왕(阿育王, 아소카왕)이 황철 5만 7천근과 황금 3만 푼을 모아(별전에는 쇠가 40만 7천근, 금이 1천 냥이라고 했으나 잘못인 듯싶다. 혹은 3만 7천근이라고 한다) 앞으로 석가의 존상 셋을 부어 만들려고 하다가 이루지 못해서 배에 실어 바다에 띄우면서 빌기를, 부디 인연 있는 나라로 가서 장륙존상을 이루어 주기 바란다 했다. 부처 하나와 보살상 둘의 모형도 함께 실려 있었다.

(출전) 撿看有牒文云西竺阿育王, 聚黃鐵五萬七千斤 · 黃金三萬分(別傳云, 鐵四十萬七千斤 · 金一千兩, 恐誤. 或云三萬七千斤). 將鑄釋迦三尊像, 未就, 載舡泛海而祝曰願到有緣國土, 成丈六尊容. 幷載模樣一佛二菩薩像(권3 탑상 황룡사장륙)

황륭사(皇隆寺)

당속고승전(唐續高僧傳) 제13권에 실려 있는 말이다. 신라 황륭사의 중 원광(圓光)의 속성은 박씨(朴氏) 본디 삼한, 곧 변한, 진한, 마한인데 원광은 진한 사람이다. 대대로 해동에 살아 조상의 풍습이 멀리 계승되었다. 그는 도량이 넓고 컸으며, 글을 즐겨 읽어 도교와 유교를 두루 공부하고 제자백가와 역사를 연구하여 글 잘한다는 이름을 삼한에 떨쳤다. 그러나 넓고 풍부한 지식은 오히려 중국 사람에게는 미치지 못하여 드디어 친척과 벗들을 작별하고 중국으로 가기로 작정하고, 나이 25세에 배를 타고 금릉으로 가니, 당시는 진(陳) 나라 때로서 문명의 나라라는 이름이 있었다. 거기에서 전에 의심나던 일을 묻고 도를 들어서 뜻을 알게 되었다.

(출전) 唐續高僧傳第十三卷載新羅皇隆寺釋圓光, 俗姓朴氏, 本住三韓, 卞韓, 辰韓, 馬韓, 光卽辰韓人也. 家世海東, 祖習綿遠而神器恢廓, 愛染篇章, 校獵玄儒, 討讎子史, 文華騰翥於韓服, 博贍猶愧於中原. 遂割略親朋, 發憤溟渤, 年二十五, 乘船造于金陵, 有陳之世, 號稱文國, 故得諮考先疑, 詢猷了義(권4 의해 원광법사)

황복사(皇福寺)

법사 의상(義湘)의 아버지는 한신(韓信)이요, 성은 김 씨다. 의상은 나이 29세에 서울 황복사에서 머리를 깎고 중이 되었다. 얼마 안 되어 중국으로 가서 부처의 교화를 보려 하여 드디어 원효(元曉)와 함께 요동 국경으로 갔다. 여기서 국경의 순찰이 이들을 간첩으로 잡아 가둔 지 수십일 만에 겨우 풀려 돌아왔다(이 사실은 최치원이 지은 의상본전(義湘本傳)과 원효대사(元曉大師)의 행장에 있다).

(출전) 法師義湘, 考曰韓信, 金氏. 年二十九依京師皇福寺落髮. 未幾, 西圖觀化, 遂與元曉道出遼東, 邊戍邏之爲諜者, 囚閉者累旬, 僅免而還(事在崔侯本傳, 及曉師行狀等)(권4 의해 의상전교)

(새김)

행장(行狀)이라 함은 어떤 사람의 일생에 대한 행적을 적어놓은 글을 말한다. 행장의 장(狀)은 일련의 문서를 뜻한다. 이르자면 상장, 졸업장 등이 그러한 보기다. ¶너의 행장(行狀)과 나의 회포(懷抱)를 총총히 적어 영결(永訣)하노라(조침문).

황산(黃山)

견훤은 서쪽 지방을 순회하다 완산주에 이르렀다. 완산주의 주민들이 환영하고 노고를 치하하였다. 그는 민심을 얻은 것이 기뻐서 좌우 사람들에게 말했다. 백제가 나라를 시작한 지 6백여 년에 당 나라 고종은 신라의 요청으로 소정방(蘇定方)을 보내서 수군 13만 명이 바다를 건너오고 신라의 김유신(金庾信)은 있는 군사를 거느리고 황산을 거쳐 당 나라 군사와 합세하여 백제를 쳐서 멸망시켰다. 어찌 감히 도읍을 세워 옛날의 분함을 씻지 않겠는가. 드디어 스스로 후백제 왕이라 일컫고 벼슬과 직책을 나누었으니 이는 당 나라 광화 3년이요, 신라 효공왕 4년(900)이다.

(출전) 萱西巡至完山州, 州民迎勞, 喜得人心, 謂左右曰百濟開國六百餘年, 唐高宗以新羅之請, 遣將軍蘇定方, 以舡兵十三萬越海, 新羅金庾信卷土歷黃山, 與唐兵合攻百濟滅之. 予今敢不立都, 以雪宿憤乎. 遂自稱後百濟王, 設官分職, 是唐光化三年, 新羅孝恭王四年也

(권2 기이2 후백제 견훤)

황성사(皇聖寺)

이튿날 일찍 떠나면서 거사는 말했다. 나는 서울 사람으로서 내 집은 황룡사(皇龍寺)와 황성사(皇聖寺) 두 절 가운데에 있소. 내 이름은 단오(端午, 속언에 단오를 수리)라 하오. 주인이 만일 서울에 오거든 내 집을 찾아 주면 고맙겠소. 그 뒤에 차득공(車得公)은 서울로 돌아와서 재상이 되었다. 나라 법에 해마다 각 고을의 향리(鄕吏, 아전) 한 사람을 서울에 있는 여러 관청에 올려 보내서 지키게 했으니 이것이 곧 지금이 그 사람이다.

(출전) 居士欲辭行時曰僕京師人也. 吾家在皇龍・皇聖二寺之間, 吾名端午也(俗謂端午爲車衣)主人若到京師, 尋訪吾家幸矣 遂行到京師, 居冢宰. 國之制, 每以外州之吏一人上守京中諸曹, 注, 今之其人也(권2 기이2 문호왕 법민)

(새김)

차의(車衣)를 이두로 읽으면 '수리'가 된다. 말하자면 차의의 의(衣)는 앞의 말을 뜻으로 읽으라는 말음첨기의 표지로 보아야 할 것이다. 복모음이 자리 잡지 않았으므로 -의(eu/i)/으 + 이여서 마침내 -이로 소리를 내기 마련이다. 여기 -으-는 소리에 관여하지 않는다고 본다. 그러니까 차의는 수리로 읽을 수 있다.

황천(荒川)

진평대왕이 그 이상한 소문을 듣고 아이를 궁중에 데려다가 길렀다. 15세가 되어 집사 벼슬을 주었다. 그러나 비형(鼻荊)은 밤마다 멀리 도망가서 놀곤 하였다. 왕은 용사 50명을 시켜서 지키도록 했으나 그는 언제나 월성을 날아 넘어가서 서쪽 황천 언덕 위에 가서는 귀신들을 데리고 노는 것이었다. 병사들로 하여금 숲에서 이들을 지켜보도록 하였다. 귀신들은 절의 새벽 종소리를 듣고서 각자 흩어졌다. 그런 뒤 비형랑은 돌아왔다.

(출전) 眞平大王聞其殊異, 收養宮中. 年至十五, 授差執事, 每夜逃去遠遊, 王使勇士五十之, 每飛過月城, 西去荒川岸上(在京城西), 率鬼衆遊. 勇士伏林中窺伺, 鬼衆聞諸寺曉鐘各散, 郎亦歸矣(권1 기이1 도화녀 비형랑)

(새김)

황천(荒川) : 동국여지승람(東國輿地勝覽)에서 황천은 별칭이 사등이천(史等伊川)이다. 또한 줄기는 토함산에서 흘러내려 사등이내를 이루고 수남, 원들을 지나 양지버들, 갯들을 지나 월성 남으로 흐르니 보통 남천내라 부른다. 남천내는 문천이라고도 하는데 모래가 유난히 많다. 모래가 많으니 경주말로 몰개내, 몰개(모래)라는 소리가 모갱이(모기)와 비슷하니 조선시대 서울 양반들이 경주 와서 시를 지을 때 운에 맞춰 문천(蚊川, 汶川)이라 썼으니 풀이하면 문(蚊)은 모기 문이니 모기내라는 말로 굳어지고 말았다. 또한 남천의 상류를 사등이천(史等伊川)이라 적었다. 이는 사등이내라는 토박이말을 소리 나는 대로 한자를 빌어 적었다. 새, 사는 동쪽이라는 우리말이니 동쪽에서 불어오는 바람을 샛바람이라 일컬음과 같다. 등이는 등성이, 천은 내니 동쪽 등성이에서 흐르는 거랑, 새등이 내를 한자로 적으려니 사등이천이 된 것이다. **황천**과 관련하여 물이 흐르는 반대로 모래가 거슬러 올라간다는 이상한 현상을 중심 개념으로 표현한 것이다. 황천의 황(荒)은 거칠 황인데 옛말에서는 파찰음이 없었으므로 거츨(칠)- 거슬이 된다. 말하자면 거슬러 오르는 모래를 두고 이른 말이다. 사등이의 경우도 모래들이란 말인데 홍수가 지면 본류의 물이 빠지지 않을 때 거꾸로 역류해서 모래가 흐르는 그런 현상을 염두에 두었다고 보아야 한다. 이로 하여 삼각지와 같은 새 들이 생겨난다. 사등(沙等)-새 들의 대응이 가능하기에 그렇다. 거제에도 사등리와 사등성이 있다. 같은 지명 형성의 과정을 거친 것으로 보인다(정호완).

회경(懷鏡)

지금도 그 방(榜)과 탑이 아직 남아 있다. 욱면(郁面)이 하늘로 올라간 뒤에 귀진도 또한 그 집이 신이한 사람이 의탁해 살던 곳이라 해서, 집을 내놓아 절을 만들어 법왕사(法王寺)라 하고 토지를 바쳤는데 오랜 뒤에 절은 없어지고 빈 터만 남았다. 대사 회경(懷鏡)이 승선 유석(劉碩), 소경 이원장(李元長)과 함께 발원하여 절을 중건했다. 회경이 친히 토목 일을 맡았다. 재목을 처음으로 옮길 때, 꿈에 한 노인이 삼과 칡으로 삼은 신을 각각 한 켤레씩 주었다. 또 옛 신사에 가서 불교의 이치를 깨달았으므로 신사 옆 재목을 베어다가 5년 만에 공사를 마쳤다. 또 노비들을 더 주니 매우 번창하여 동남 지방에 있어서의 이름 있는 절이 되었다. 사람들은 회경을 귀진의 후신이라 했다.

(출전) 今榜塔尙存. 郁面去後, 貴珍亦以其家異人托生之地, 捨爲寺曰法王, 納田民, 久後廢爲丘墟. 有大師懷鏡, 與承宣劉碩・小卿李元長, 同願重營之 鏡躬事土木, 始輸材, 夢老父遺麻葛屨各一. 又就古神祉, 諭以佛理, 斫出祠側材木, 凡五載告畢. 又加臧獲, 蔚爲東南名藍, 人以鏡爲貴珍後身(권5 감통 욱면비염불서승)

회남자(淮南子)

옛날의 맥국(貊國)은 또 혹은 현 삭주(朔州, 현 춘천)가 바로 맥국이란 것이다. 혹은 평양성이 맥국이다. 회남자(淮南子) 주에는, 동방의 오랑캐는 아홉 종류나 된다고 했다. 논어정의에 구이(九夷)란, 첫째는 현토, 2는 낙랑, 3은 고려, 4는 만식, 5는 부유, 6은 소가, 7은 동도, 8은 왜인, 9는 천비라고 했다. 해동안홍기에는, 구한(九韓)이란, 첫째는 일본, 2는 중화, 3은 오월, 4는 탁라, 5는 응유(鷹遊, 백제), 6은 말갈, 7은 단국, 8은 여진, 9는 예맥이라고 했다.

(출전) 古貊國, 又或云, 今朔州是貊國, 或平壤城爲貊國淮南子注云, 東方之夷九種論語・正義云九夷者, 一玄菟, 二樂浪, 三高麗, 四滿飾, 五鳧臾, 六素家, 七東屠, 八倭人, 九天鄙 海東安弘記云九韓者, 一日本, 二中華, 三吳越, 四乇羅, 五鷹遊, 六靺鞨, 七丹國, 八女眞, 九穢貊(권1 기이1 마한)

(새김)

구이 가운데 만식과 부유, 소가와 동도, 그리고 천비는 어디인지 잘 알 수 없다고 하였다. 일설로는 이들 나라가 노(魯) 나라의 강역으로 설명하기도 한다. 다만 소리로 미루어 보면, 부우(鳧臾)는 푸위(puü)라고 소리를 낸다. 이는 부여와 마찬가지로 보인다(심백강 2014, 우리역사). 그렇다면 부여라는 말이 된다. 만식의 경우, 육당 최남선의 답사기인 백두산근참기(白頭山覲參記, 1926)에 만식림(滿飾林)이 나온 것으로 보아 백두산 지역의 만주를 이르는 것으로 상정할 수 있다. 노나라가 태산 어름에 있던 산동 반도의 지역이었으니까 동도(東屠) 또한 산동 지역이 아닌가 한다. 글자대로라면 동쪽에 살면서 사냥을 잘 하는 겨레들이니까 활을 잘 쏘는 동이족들일 가능성이 있다. 그럼 천비(天鄙)는 어디일까. 천산(天山) 지역에 살던 동이의 족속들이 아닐까 한다. 말하자면 티베트나 신강 지역에 살던 사람들로 미루어 볼 수 있다.

회진암(懷眞庵)

부득(夫得)은 회진암에 머물렀다. 이를 양사(壤寺, 지금도 회진동에 옛 절터가 있다)라고도 했고, 박박(朴朴)은 유리광사(瑠璃光寺, 지금도 이산(梨山) 위에 절터가 있다)에 머물렀다. 이들은 모두 처자를 데리고 와서 살면서 생업을 힘쓰고 서로 오가면서 정신을 수양하고 편안히 마음을 닦아 속세를 떠날 마음을 잠시도 잊지 않았다.

(출전) 夫得寓懷眞庵, 一云壤寺(今懷眞洞有古寺基, 是也), 朴朴居瑠璃光寺(今梨山上有寺基, 是也). 皆挈妻子而居. 經營産業, 交相來往, 棲神安養, 方外之志, 未常暫廢(권3 탑상남백월이성 노힐부득 달달박박)

(새김)

부득과 박박은 모두가 방언이라 했다. 부득은 행태로 보아 부드러운 성정을, 박박은 빡빡한 성정을 말한다(서정주, 신라초 참조). 말하자면 평민이면서 재가승으로서 성불을 하는 보기라 할 것이다. 그것도 두 삶이 모두 성인의 반열에 오른 것이다. 이두로 읽어서 부득-부들, 박박-빡빡으로 읽을 가능성이 있다.

획린(獲麟)

또 찬고도(纂古圖)에서는, 천지가 생겨난 때로부터 획린(獲麟, 전477)에 이르기까지가 276만 세라고 했다. 여러 경문을 상고해 보면 또 가섭불 때부터 지금까지가 바로 이 연좌석의 나이가 된다고 하였으니, 오히려 겁초(劫初)의 천지가 열리던 때에 어린애 나이가 될 정도다.

(출전) 又纂古圖云, 開闢至獲麟, 二百七十六萬歲. 按諸經, 且以迦葉佛時至于今, 爲此石之壽, 尙距於刦初開闢時爲兒子矣(권3 탑상 가섭불연좌석)

(새김)

춘추 애공(哀公) 14년(477)에 나오는바, 서쪽으로 사냥 갔다가 기린을 잡은 일로 붓을 내려

놓았다는 고사를 든 것이다.

효가원(孝家院)

절에 전해 오는 고기(古記)를 살펴보면 이렇다. 자장법사는 오대산에 처음 이르러 진신(眞身)을 보려고 산기슭에 초가집을 짓고 살았다. 7일 동안이나 나타나지 않았다. 이어 묘범산(妙梵山)으로 가서 정암사(淨巖寺)를 세웠다. 그 뒤에 신효거사(信孝居士)라는 이가 있었다. 혹은 어린 유동보살의 화신이라고도 했다. 그의 집은 공주에 있고 효성을 다하여 어머니를 봉양했다. 어머니는 고기가 아니면 먹지 않으므로 거사는 고기를 구하려고 산과 들을 돌아다니다가 길에서 학 다섯 마리를 보고 활로 쏘았으나, 학 한 마리가 날개의 깃 한 조각을 떨어뜨리고 갔다. 거사는 그것을 집어 그것으로 눈을 가리고 사람을 보았더니 사람이 모두 짐승으로 보였다. 이에 고기는 얻지 못하고 자기의 넓적다리 살을 베어서 어머니께 바쳤다. 그 뒤 그는 중이 되어 자기 집을 내놓아서 절을 만들었는데 현 효가원이다.

(출전) 按寺中所傳古記云, 慈藏法師初至五臺, 欲覩眞身, 於山麓結茅而住, 七日不見, 而到妙梵山創淨岩寺. 後有信孝居士者, 或云幼童菩薩化身, 家在公州, 養母純孝, 母非肉不食, 士求肉出行山野, 路見五鶴射之, 有一鶴落一羽而去. 士執其羽, 遮眼而見人, 人皆是畜生, 故不得肉, 而因割股肉進母, 後乃出家. 捨其家爲寺, 今爲孝家院(권3 탑상 대산오류성중)

효공왕(孝恭王)

신라 제52대 효공왕 때인 광화 15년(壬申, 912)에 실은 주량(후량의 건화 2년)에 봉성사(奉聖寺) 외문 동서쪽 21간에 까치가 집을 지었다. 또 신덕왕 4년(乙亥, 915, 고본에는 천우 12년이라고 했으나 마땅히 정명 원년이라 해야 한다)에 영묘사 안 행랑에 까치집이 34개나 되고, 까마귀 집이 40개나 되었다. 또 3월에는 서리가 두 번이나 내렸고 6월에는 참포(斬浦)의 물과 바닷물의 물결이 사흘 동안이나 서로 싸웠다.

(출전) 第五十二孝恭王, 光化十五年壬申(實朱梁乾化二年也) 奉聖寺外門東西二十一間鵲巢, 又神德王卽位四年乙亥(古本云天祐十二年, 當作貞明元年) 靈廟寺內行廊鵲巢三十四, 烏巢四十. 又三月, 再降霜 六月, 斬浦水與海水波相鬪三日(권2 기이2 효공왕)

효명태자(孝明太子)

그를 시중들던 사람들은 갈 바를 알지 못하여 서울로 돌아왔다. 두 태자가 산 속에 이르자 푸른 연꽃이 문득 땅 위에 피므로 형이 여기에 암자를 짓고 머물러 살았으니 이곳을 보천암(寶川庵)이라 했다. 다시 여기에서 동북쪽으로 6백여 걸음을 이니 북대의 남쪽 기슭에 역시 푸른 연꽃이 핀 곳이 있으므로 아우인 효명이 또 암자를 짓고 살면서 각각 부지런히 불도를 닦았다.

(출전) 侍衛不知所歸, 於是還國. 二太子到山中, 青蓮忽開地上. 兄太子結庵而止住, 是曰寶川庵. 向東北行六百餘步, 北臺南麓亦有青蓮開處, 弟太子孝明又結庵而止, 各懃修業(권3 탑상 대산오만진신)

효선쌍미(孝善雙美)

진정사(眞定師) 효선쌍미에 관한 이야기다. 법사 진정(眞定)은 신라 사람이다. 속인으로 있을 때 군대에 예속되어 있었는데 집이 가난해서 장가를 들지 못했다. 군대 복무의 여가에는 품을 팔아 곡식을 얻어서 홀어머니를 봉양했는데 집안의 재산이라고는 다리 부러진 오지 솥 하나뿐이었다. 어느 날 중이 문간에 와서 절을 지을 쇠붙이를 구하므로 어머니가 솥을 시주했는데 이윽고 진정이 밖에서 돌아오자 어머니는 그 사실을 말하고 또한 아들의 생각이 어떤가를 살피니, 진정이 기쁜 낯빛을 하며 말했다.

(출전) 眞定師孝善雙美 法師眞定, 羅人也. 白衣時, 隷名卒伍, 而家貧不娶. 部役之餘, 傭作受粟, 以養孀母, 家中計產, 唯折脚一鐺而已. 一日有僧到門, 求化營寺鐵物, 母以鐺施之. 旣而定從外歸, 母故之告, 且虞子意何如爾. 定喜現於色曰施於佛事, 何幸如之. 雖無鐺又何患, 乃以瓦盆爲釜, 熟食而養之(권5 효선 진정사 효선쌍미)

(새김)

효선쌍미(孝善雙美)라 함은 유교풍의 효도와 불교적인 자비의 선행(善行) 두 가지가 모두 아름답다는 말이다. **졸오(卒伍)**는 군대를 뜻한다. 주(周) 나라 시기에는 5인조를 오(伍), 100인 조를 졸(卒)이라고 하였다.

효성왕(孝成王)

신라 제34대 왕 시절, 개원 10년(壬戌, 722) 10월에 처음으로 모화군(毛火郡)에 관문을 쌓았는데 현 모화촌(毛火村)으로서 경주 동남쪽 경계에 속한다. 이것은 곧 일본을 막는 요새가 되기도 했다. 둘레는 6,792보 5척, 여기에 쓰인 인부는 3만 9,262명이고 역사를 감독한 사람은 원진(元眞) 각간이었다. 개원 21년(癸酉, 733)에 당 나라 사람들이 북적을 치려고 신라에 군대를 청해 왔다. 이 때 사신 604명이 신라에 왔다가 돌아갔다.

(출전) 開元十年壬戌十月, 始築關門於毛火郡. 今毛火村, 屬慶州東南境, 乃防日本塞垣也, 周廻六千七百九十二步五尺, 役徒三萬九千二百六十二人, 掌員元眞角干. 開元二十一年癸酉, 唐人欲征北狄, 請兵新羅, 客使六百四人來還國(권2 기이2 효성왕)

(새김)

여기 개원 10년은 당 나라 현종의 연호로서 이 때는 성덕왕 21년(722)에 해당한다. 삼국사기 권8 성덕왕 21년 10월의 축성 기록(築毛伐郡城, 以遮日本賊路)과 같기 때문에 **효성왕**대의 일이 아니고 성덕왕으로 보아야 한다.

효소왕(孝昭王)

신라 제32대 효소왕의 이름은 이공이며 달리 이홍이라고도 한다. 성은 김씨로 아버지는 신문왕이고 어머니는 신목왕후이다. 임진년(壬辰, 692)에 즉위하였고 통치는 10년 동안이었다. 능묘는 망덕사 동편에 있다.

(출전) 第三十二代孝昭王名理恭一作洪, 金氏. 父神文王, 母神穆王后. 壬辰立, 理十年. 陵在望德寺東(권1 왕력 효소왕)

(새김)

효소왕으로 읽기보다는 효조왕이라 함이 온당하다. 전황복사삼층석탑지(傳皇福寺三層石塔誌)에 효조왕(孝照王)이라 적어 통용했던 것으로 보이기에 그렇다. 소(昭)와 조(照)는 거의 같은 뜻을 드러낸다(문경현). 원전을 중시한다는 점에서 효소라 읽음이 큰 문제는 없다고 본다.

효양리(孝養里)

이 일이 임금에게 알려지자, 그 때 진성왕(眞聖王)은 곡식 5백 석과 집 한 채를 내려 주고 또 군사들을 보내서 그 집을 호위해서 도둑을 막도록 했다. 또 그 마을을 표창해서 효양리라 했다. 그 뒤에 그 집을 내놓아 절을 삼고 양존사(兩尊寺)라 했다.

(출전) 事達宸聽, 時眞聖王賜穀五白石, 幷宅一廛, 遣卒徒衛其家, 以儆劫掠. 旌其坊爲孝養之里, 後捨其家爲寺, 名兩尊寺(권5 효선 빈녀양모)

효종랑(孝宗郞)

효종랑이 남산 포석정(鮑石亭, 혹은 삼화술)에서 놀고자 하자 문객들이 모두 급히 달려왔다. 그러나 오직 두 사람만이 뒤늦게 오므로 효종랑이 그 까닭을 물으니 그들이 대답했다. 분황사(芬皇寺) 동쪽 마을에 여인이 있는데 나이는 20세 안팎이었습니다. 그는 눈이 먼 어머니를 껴안고 서로 통곡하므로 같은 마을 사람에게 그 까닭을 물으니, 말하기를 이 여자는 집이 가난해서 빌어다가 어머니를 봉양한 지가 이제 여러 해가 되었다.

(출전) 孝宗郞遊南山鮑石亭(或云三花述), 門客星馳, 有二客獨後. 郞問其故, 曰芬皇寺之東里有女, 年二十左右, 抱盲母相號而哭, 問同里曰, 此女家貧, 乞啜而反哺有年矣(권5 효선 빈녀양모)

(새김)

효종랑(孝宗郞)은 당시 재상이었던 김민정의 아들이며 어릴 때 이름은 화달(化達)이었다. 진성여왕의 신임을 받아 오빠였던 헌강왕의 공주로 아내를 삼게 하였다. 이 공주가 후일에 계아태후(桂娥太后)가 되고 효종랑은 이찬(伊飡)이 되어 경순왕의 아버지가 된다.

후고구려(後高(句)麗)

궁예가 대순 경술년(庚戌, 890)에 처음으로 북원(北原, 현 원주)의 난신인 양길에게 투항하였다. 병진년(丙辰, 896)에 철원성(鐵原城, 현 동주)에 도읍을 정하였다. 정사년(丁巳, 897)에 송악군에 도읍을 옮겼다. 신유년(辛酉, 901)에 고려라고 칭하였다. 갑자년(甲子, 904)에 국호를 고쳐 마진(摩震)이라 하고 연호를 두되 호태(虎(武)泰)라 하였다.

(출전) 弓裔大順庚戌始投北原賊良吉屯. 丙辰都鐵圓城今東州也. 丁巳移都松岳郡. 甲子, 改國號摩震, 置元虎泰, 辛酉稱高麗(권1 왕력 후고(구)려)

후백제(後百濟)

임자년(壬子, 892)에 비로소 광주(光州)에 도읍을 하였다.

(출전) 甄萱, 壬子始都光州(권1 왕력 후백제)

(새김)

후백제는 신라 진성여왕 6년(892)에 견훤(甄萱)이 세운 나라였다. 고려 태조 18년(936) 9월 왕건(王建)에게 멸망당할 때까지 2대 45년간 이어가면서 신라 · 태봉 · 고려 등과 어깨를 나란히 하였다. 신라는 당시 귀족들의 사치와 부패, 왕위계승전 등 진성여왕의 실정과 이어지는 흉년 등으로 백성들의 생활은 바닥이었다. 게다가 중앙정부의 가혹한 조세 부과에 맞서서 전국적으로 반란이 끊일 사이가 없었다. 이에 견훤은 동조하는 무리를 이끌고 무진주(武珍州, 현 광주)를 점령, 백제 의자왕의 원한을 풀겠다는 선언으로 민심을 모아 892년에 나라를 세웠다. 무진의 어원은 무등(無等)과 같은데 이는 무당을 뜻한다(조재훈, 1975). 마침내 궁예(弓裔)의 후고구려, 그리고 신라와 더불어 후삼국 시대를 열었다. 특히 경애왕 4년(927) 신라의 서라벌을 쳐들어가 포석정의 제향(祭享)에 간 경애왕을 붙잡아 자결하게 하고 김부(金傅)를 경순왕으로 세웠다. 후백제는 그 세력이 날로 강성해 갔다. 하지만 고려 태조 10년(930) 고창(古昌, 현 안동) 전투에서 참패하고, 이어서 웅진(熊津, 현 공주) 이북의 30여 성을 빼앗기면서부터 대세는 기울고, 게다가 신검의 반란으로 견훤은 고려에 귀순하게 됨으로써 후백제의 깃발을 내리게 된다.

후위서(後魏書)

후위서에는 말갈은 바로 물길(勿吉)이라 했고, 지장도(指掌圖)에는 읍루(挹屢)와 물길은 다 숙신(肅愼)이라고 했다.

(출전) 後魏書靺鞨作勿吉, 指掌圖云挹屢與勿吉皆肅愼也(권1 기이1 말갈 발해)

(새김)

숙신(肅愼)은 여진으로, 다시 만주로 이어 청(淸)으로 계승되었다. 숙신과 여진에서 진(眞)이 만주족의 종교성을 드러내는 중요한 문화기호라고 할 수 있다. 설문해자(說文解字)를 보면, 진(眞)이란 '신선이 변화하여 하늘로 올라감을 이른다(僊人變化而登天)'고 하였다. 당시를 샤머니즘〔薩滿〕의 문화로 본다면, 여기 신선은 제사장 곧 스승을 이른다. 당시 제사장이란 종교와 정치를 아우르는 절대적인 권위를 지닌 영도자였다. 숙신의 신(愼)이 핵심인데, 여기서도 핵심은 진(眞)이며 고대 한자음으로는 진(眞, jin)-신(眞, sin)으로 대응이 된다. 오늘날 일본어의 진리(眞理)를 신리(しんり, sinri)라 함을 보더라도 그렇다. 숙신의 숙(肅)은 제사장의 속성 곧 경건하게 제의를 모시며(肅, 敬也), 그런 하늘이 준 신성함으로 백성을 다스리는 통치자라는 말이 된다. 스승 또한 예서 다르지 않다. 숙신을 중국어로 읽으면 수션(sùshèn)이 된다. 소리의 비슷함(聲相近)으로 보면, 수션-수선-주선-조선으로도, 형상사(形相似)로 보면, 수션-숫엔-슷응-스승으로 그 대응이 될 가능성도 있다. 신라 제2대 임금이 남해자충(南解慈充)인데 여기 자충은 고대한자음으로 즈증이 된다. 즈증은 당시 한국어에 파찰음이 음소로 자리를 잡지 못하였으므로 스승으로 읽어야 옳다. 즈증을 무당(巫堂) 곧 임금이 무당이란 풀이는 삼국사기에 김대문(金大問)이 기록한 내용이다. 지금도 함경도 일부 방언에서는 무당을 스승, 혹은 스숭이라 한다. 스승을 형태 분석하면, 사이를 뜻하는 슷(間. 訓蒙字會)에 접미사 -응이 합성하여 이루어진 말이다. 사이라면 무슨 사이일까. 종교적으로 보면 신과 인간, 정치적으로는 인간과 인간의 사이에서 중재자로서의 구실을 하던 지도자를 이른다. 슷(sis)의 단어족으로 모음이 교체한 형으로 삿-삳-살/섯-섣-설, 슷-슫-슬/실을 들 수가 있다. 그러니까 살만의 살(薩)이 사이를 뜻하는 의미소로 볼 수 있다. 현대중국어로는 살만을 사만(薩滿, समाजों, saman)이라 한다. 사이를 뜻하는 샤만은 다시 청(淸)으로 이어진다고 본다. 지명에서 청주(淸州)-살매(薩買), 청천(淸川)-살수(薩水), 청풍(淸風)-살풍(薩風)-살미(乷味)으로 대응됨을 보면 그럴 가능성이 있다. 만주(滿洲)의 만(滿)은 샤만(薩滿)의 만(滿)을 따다가 붙인 나라의 이름이며 동시에 민족의 이름으로 보인다. 비교언어학적으로 보면 단군(壇君)을 뜻하는 말에서 살만으로 교체된 것으로 볼 수 있다. 만주어로는 당걸, 몽고어로는 당궤, 터키말로는 탱그리, 한국어로는 방언에서 당골(당골레, 당구르) 형이 있다(정호완).

후한서(後漢書)

통전(通典)에 이렇게 말했다. 조선의 유민은 모두 70여 나라로 나뉘어 있는데 이들은 모두 땅이 사방 백 리다. 또 후한서(後漢書)에는 서한(西漢)이 조선의 옛 땅에 처음으로 네 군을 두었다가 뒤에 두 부(府)를 두었다. 법령이 차츰 번거로워지자 이것을 78개의 나라로 나누니, 이들은 각각 만호(萬戶)였다고 했다(마한은 서쪽에 있어 54개의 조그만 읍을 가지고 있었는데 모두 나라라고 불렀다. 진한은 동쪽에 있고 12개의 작은 읍을 차지했는데 모두 나라라고 했다. 변한은 남쪽에 있어 역시 12개의 작은 읍을 차지했는데 이들도 저마다 나라라고 일컬었다).

(출전) 通典云朝鮮之遺民, 分爲七十餘國, 皆地方百里後漢書云西漢以朝鮮舊地, 初置爲四郡, 後置二府, 法令漸煩, 分爲七十八國, 各萬戶(馬韓在西, 有五十四小邑, 皆稱國, 辰韓在東, 有十二小邑稱國, 卞韓在南, 有十二小邑, 各稱國)(권1 기이1 72국)

(새김)

후한서(後漢書) : 중국의 남송 시대 범엽(范曄)이 지은 후한의 역사책이다. 후한서 동이전 한 부분에 한(韓)에는 3갈래가 있음을 적고 있다. 첫째는 마한의 54국, 둘째는 진한의 12국, 셋째는 변진의 12국이다.

훤실(萱室)

찬(讚)해 말한다. 모량(牟梁) 마을에 봄이 지니 삼무(三畝)의 밭을 보시하고, 향령(香嶺)에 가을이 오니 만금(萬金, 엄청난 돈)을 거두었다. 어머니는 백 년 사이 가난과 부귀를 겪었는데, 괴정(槐庭, 재상)은 한 꿈 사이에 이세를 오갔구나.

(출전) 讚曰, 牟梁春後施三畝, 香嶺秋來獲萬金. 萱室百年貧貴, 槐庭一夢去來今(권5 효선 대성효이세부모)

(새김)

훤실(萱室)이란 어머니를 승화한 말이다. 어머니는 북쪽에 거처를 두었으며 앞뜰에 걱정을 잊으라는 뜻에서 원추리(萱草)를 심은 데서 생긴 말이다. **괴정(槐庭)**은 재상을 은유적으로 드러낸 말이다. 주(周) 나라의 조정에서 괴목(槐木) 세 그루를 심어서 높은 벼슬 셋 곧 삼공(三公)의 표지로 삼았으므로 생긴 말이다.

휴도왕(休屠王)

삼보감통록(三寶感通錄)에 이렇게 실려 있다. 고구려 요동성 곁에 있는 탑은 어른들의 전하는 말에 따르면 이러하다. 옛날 고구려 동명성왕이 국경 지방을 순행하던 길에 이 성에 이르렀다. 여기에서 오색구름이 땅을 덮는 것을 보고는 그 구름 속을 찾아가 보았다. 거기엔 중 하나가 지팡이를 짚고 서 있다. 그 곁에는 세 겹으로 된 흙탑이 있는데 위는 솥을 덮은 것 같으나 그것이 무엇인지 알 수가 없다. 이에 다시 가서 중을 찾아보았으나, 다만 거친 풀이 있을 뿐이다. 거기를 한 길 깊이쯤 파보았더니 지팡이와 신이 나오고 더 파 보았더니 명(銘)이 나왔는데 명 위에 범서(梵書)가 있었다. 신하가 이 글을 알아보고 불탑이라고 말하였다. 왕이 자세한 것을 묻자 신하는 대답한다. 이것은 한(漢)나라 때 있었던 것으로, 그 이름을 포도왕(蒲圖王, 본래는 휴도왕(休屠王)이라 했는데 하늘에 제사를 지내는 금인(金人, 부처)이라 합니다.

(출전) 三寶感通錄載高麗遼東城傍塔者, 古老傳云, 昔高麗聖王按行國界次, 至此城, 見五色雲覆地, 往尋雲中, 有僧執錫而立, 旣至便滅, 遠看還現. 傍有土塔三重, 上如覆釜, 不知是何. 更往覓僧, 唯有荒草, 掘尋一丈, 得杖幷履, 又掘得銘, 上有梵書. 侍臣識之, 云是佛塔. 王委曲問詰, 答曰, 漢國有之, 彼名蒲圖王(本作休屠王, 祭天金人)(권3 탑상 요동성육왕탑)

(새김)

부도란 부두(浮頭), 포도(蒲圖), 불도(佛圖) 등 여러 가지로 표기되는데, 원래는 불타(佛陀, बुद्ध, buddha)와 같이 붓다를 이르는 말이다. 말하자면 산스크리트어인데 이를 한자로 번역하여 적은 말이다. 깨달은 사람 곧 불자이며 각자(覺者)를 뜻한다(정호완).

휴제호(休醍醐)

또 가다가 다리 밑에 이르니 한 여인이 월수백(月水帛, 짐대)을 빨고 있다. 원효대사가 물을 달라고 청하자 여인은 그 더러운 물을 떠서 건넨다. 대사는 그 물을 엎질러 버리고 다시 냇물을 떠서 마셨다. 이 때 들 가운데 있는 소나무 위에서 파랑새 한 마리가 그를 불러 말한다. 제호(醍醐) 스님이시여, 깨달으십시오. 그리고는 문득 숨고 보이지 않는데 그 소나무 밑에는 신 한 짝이 벗겨져 있었다. 대사가 절에 이르자 관음보살상의 자리 밑에 또 전에 보던 신 한 짝이 벗겨져 있으므로 그제야 전에 만난 성녀(聖女)가 관음의 진신임을 알았다.

(출전) 又行至橋下，一女洗月水帛，師乞水，女酌其穢水獻之，師覆棄之，更酌天水而飮之. 時，野中松上有一靑鳥，呼曰休醍醐和尙，忽隱不現，其松下有一隻脫鞋. 師旣到寺，觀音座下又有前所見脫鞋一隻，方知前所遇聖女乃眞身也(권3 탑상 낙산이대성 관음정취 조신)

(새김)

휴제호(休醍醐) : 제호가 아름답다는 말이다(문경현). 제호란 열반경에 나오는바, 가장 맛이 좋고 제일 효험이 좋은 약이다. 제호란 여러 가지 의미를 지닌다. 우유를 정제하여 만든 음료를 의미할 때, 중국에서는 보통 제호라고 했다. 제호는 맛과 자양분이 좋다는 뜻으로도 쓰였다. 비유하여 말하자면, 불성 혹은 훌륭한 인품을 갖춘 사람을 뜻한다. 휴(休)는 아니라는 부정이니 불성을 깨닫지 못한 스님이라는 말이다. 일본어로 다이고(だいご，大悟)라 하는데 이는 크게 깨달음의 뜻으로도 쓰인다. 마침내 휴제호란 깨닫지 못하였다는 말이니 깨달으시오 라는 뜻이 된다(정호완).

흉노(匈奴)

연(燕) 나라 왕 노관(盧綰)이 한(漢) 나라를 배반하고 흉노에게로 들어가니, 연 나라 사람 위만(魏滿)은 도망쳐서 무리 천여 명을 모아 요동의 요새지를 넘어 도망하여 패수(浿水)를 건넜다. 여기에서 진(秦) 나라의 옛 빈 터전인 상하의 변방에 자리를 잡고 살았다. 차츰 진번, 조선의 오랑캐들과 또 옛날에 연(燕)과 제(齊)에서 도망 온 이들을 자기에게 소속시켜 왕이 되어 왕검(王儉, 이기는 땅이름이라 했고, 신찬은 말하기를 왕검성은 낙랑군의 패수 동쪽에 있다)에 도읍했다.

(출전) 王盧綰反入匈奴，燕人魏滿亡命，聚黨千餘人，東走出塞，渡浿水，居秦故空地上下障，稍役屬眞番 · 朝鮮蠻夷及故燕 · 齊亡命者王之，都王儉(李奇曰地名，臣瓚曰王儉城在樂浪郡浿水之東)(권1 기이1 위만조선)

(새김)

기원전 3세기에서 기원 후 1세기 말엽까지 몽고 고원 지역과 만리장성 지역을 중심으로 활약하였던 북 몽고와 중앙아시아 일원의 나라들을 통틀어 일컬어 흉노(匈奴, hun)라 한다. 기원전 8-9세기에 중국에서는 이들을 험윤(獫狁)이라 불렀다. 위만조선은 한 나라의 정치 군사적인 압력을 맞서기 위하여 흉노족과 연합하였을 가능성이 높다(漢書,韋賢傳 참조). 이로 하여 한 무제가 조선을 정벌하게 되는 동기를 부여하게 되었다(서영수, 1988).

흑수(黑水)

흑수(黑水)와 옥저(沃沮)에 대해서는 동파(東坡)의 지장도(指掌圖)를 보면, 진한(辰韓) 북쪽에 남북의 흑수가 있다고 했다. 살피건대, 동명제는 왕위에 오른 지 10년 만에 북옥저를 멸망시켰고, 온조왕 42년(23)에 남옥저의 20여 집이 신라에 투항했다. 또 혁거세 52년에 동옥저가 신라에 와서 좋은 말을 바쳤다고 했다. 그러니 동옥저란 땅도 있었던 것이다. 지장도에, 흑수는 만리장성 북쪽에 있고, 옥저는 만리장성 남쪽에 있다고 했다.

(출전) 黑水, 沃沮, 按東坡指掌圖, 辰韓之北, 有南北黑水. 按東明帝立十年, 滅北沃沮, 溫祚王四十二年南沃沮二十餘家來投・新羅又赫居世五十三年東沃沮來獻良馬, 則又有東沃沮矣. 指掌圖, 黑水在長城北, 沃沮在長城南(권1 기이1 말갈 발해)

(새김)

그림 83 흑룡강(Amur)

흑수(黑水)는 흑룡강의 또 다른 이름이다. 금사(金史) 세종기(世宗紀)에 이르기를, 세종 완안옹(完顔雍)은 여진 출신인데 그 지역에 혼동강(混同江)과 장백산(長白山)이 있었다. 혼동강은 흑룡강이다. 백산흑수(白山黑水)가 바로 그것이다. 러시아 쪽에서는 아무르라 한다. 흑룡강은 상류의 실카강과 오논 강을 아우르면 강의 길이가 4천 백 km, 면적은 2백 5만km²이나 된다. 유역은 러시아와 중국, 그리고 몽고에 걸쳐 흐른다. 백두산에서 발원하는 송화강도 흑룡강의 가장 중요한 지류가 된다. 송화강의 송화(松花)의 어원은 만주어로 송아리우라(松阿里烏喇, [illegible], songariura)인데 이는 하늘 내를 뜻한다. 곧 백두산 천지못(天池)에서 발원함을 암시한다. 마침내 백두산에서 발원하는 흑룡강이 세계에서도 손꼽히는 만주평야를 이루어 놓았다. 옥수수와 콩, 나아가 석유 생산의 보고가 된다(정호완).

흘승골성(訖升骨城)

전한(前漢) 선제(宣帝) 신작 3년(壬戌, 전58) 4월 8일에 천제가 흘승골성(訖升骨城, 대요 의주 어름에 있음)에 내려왔다.

(출전) 古記云, 前漢書宣帝神爵三年壬戌四月八日, 天帝降于訖升骨城(在大遼醫州界). 乘五龍車, 立都稱王, 國號北扶餘, 自稱名解慕漱, 生子名扶婁(권1 기이1 북부여)

(새김)

해모수가 내려와서 북부여의 도읍을 정한 곳이다. 대요(大遼)의 의주(醫州) 어름에 있음을 분주로 밝히고 있다(三品彰英, 1975). 하지만 삼국사기 지리 부분에서 인용한 통전(通典)과 고기(古記)에 보이는 흘승골성과 졸본을 같은 지점으로 고증하면서 삼국유사의 기록을 고려, 삼국사기 지리지에서 유래했을 가능성이 높다(이강래, 2005).

흥덕왕(興德王)

신라 제42대 흥덕대왕은 보력 2년(丙午, 826)에 즉위했다. 얼마 되지 않아서 어떤 사람이 당(唐) 나라에 사신으로 갔다가 앵무새 한 쌍을 가지고 왔다. 오래지 않아 암놈이 죽자 홀로 남은 수놈은 슬피 울기를 그치지 않는다. 왕은 사람을 시켜 그 앞에 거울을 걸어 놓게 했더니 새는 거울 속의 그림자를 보고는 제 짝을 얻은 줄 알고 그 거울을 쪼다가 제 그림자인 것을 알고는 슬피 울다 죽었다. 이에 왕이 앵무새를 두고 노래를 지었다고 하나 가사는 알 수 없다.

(출전) 第四十二興德大王, 寶曆二年丙午卽位. 未幾, 有人奉使於唐 將鸚鵡一雙而至, 不久雌死, 而孤雄哀鳴不已. 王使人掛鏡於前, 鳥見鏡中影, 擬其得偶, 乃啄其鏡而知其影, 乃哀鳴而死. 王作歌云, 未詳(권2 기이2 흥덕왕)

흥륜사(興輪寺)

흥륜사 동쪽 벽에 앉아서 서쪽으로 향한 흙 불상은 아도(我道), 염촉(厭髑), 혜숙(惠宿), 안함(安含), 의상(義湘)이다. 서쪽 벽에 앉아서 동쪽을 향한 불상은 표훈(表訓), 사파(蛇巴), 원효(元曉), 혜공(惠空), 자장(慈藏)이다.

(출전) 東壁坐庚向泥塑, 我道, 厭髑, 惠宿, 安含, 義湘, 西璧坐甲向泥塑, 表訓, 虵巴, 元曉, 惠空, 慈藏(권3 탑상 동경흥륜사 금당십성)

(새김)

흥륜사는 신라 최초의 가람이다. 절터는 사적 제15호로 지정 보존되어 있다. 신라에 불교를 전파하기 위하여 온 최초의 스님 아도(阿道)가 세운 절이라고 전한다. 세운 연대에 대해서는 여러 이설이 있으나 눌지왕 때로 보는 것이 통설로 되어 있다. 그 때 절의 규모는 매우 검소하여 초가를 짓고 살면서 설법을 하였지만, 임금이 돌아가자 절간은 폐허가 되어버렸다. 그런 뒤 흥륜사는 이차돈(異次頓)의 순교를 기점으로 신라 가람의 얼굴로 다시 세워졌다.

흥륜사의 벽화 보현(普賢)

신라 제54대 경명왕(景明王) 때 흥륜사의 남문과 좌우 낭무가 불에 탔는데 이것을 수리하지 못하고 있어서, 정화(靖和)와 홍계(弘繼) 두 스님이 장차 시주를 받아 수리하려 했다. 정명 7년(辛巳, 921) 5월 15일에 제석신이 이 절 왼쪽 경루에 내려와 열흘 동안 머무르니 전탑과 풀, 나무, 흙, 돌들이 모두 이상한 향기를 풍기고, 오색구름이 절을 덮고 남쪽 연못의 고기와 용들도 기뻐서 뛰놀았다. 나라 사람들이 모여서 이것을 보고 전에는 일찍이 없었던 일이라고 경탄하여 옥과 비단과 곡식들을 시주하니 산더미처럼 쌓였다. 일꾼들도 스스로 와서 하루가 안 되어 이루어졌다.

(출전) 第五十四景明王時, 興輪寺南門及左右廊廡, 災焚未修, 靖和弘繼二僧募緣將修, 貞明七年辛巳五月十五日, 帝釋降于寺之左經樓, 留旬日, 殿塔及草樹土石, 皆發異香, 五雲覆

寺, 南池魚龍喜躍跳擲, 國人聚觀, 嘆未曾有工匠自來, 不日成之(권3 탑상 흥륜사 벽화 보현)

흥무대왕(興武(虎)大王)

김유신의 아내인 재매부인(財買夫人)이 죽자 청연(靑淵) 상곡에 장사를 지내고 재매곡이라 불렀다. 해마다 봄이 되면 온 집안의 남녀들이 그 골짜기 남쪽 시냇가에 모여서 잔치를 열었다. 이럴 때엔 백 가지 꽃이 화려하게 피고 송화가 골짜기 안 숲속에 가득했다. 골짜기 어귀에 암자를 짓고 이름을 송화방이라 하여 전해 오다가 원찰로 삼았다. 54대 경명왕(景明王) 때에 유신공을 봉해서 흥무대왕이라 했다. 능은 서산 모지사 북쪽 동으로 향해 뻗은 봉우리에 있다.

(출전) 金氏宗財買夫人死, 葬於靑淵上谷, 因名財買谷. 每年春月, 一宗士女會宴於其谷之南澗, 于時百卉敷榮, 松花滿洞府林. 谷口架築爲庵, 因名松花房, 傳爲願刹. 至五十四景明王, 追封公爲興虎大王, 陵在西山毛只寺之北, 東向走峯(권1 기이1 김유신)

(새김)

삼국사기(三國史記) 열전 김유신 부분에 보면, **홍덕왕** 때 흥무대왕으로 추봉하였다고 올라 있다. 또한 각간선생실기(角干先生實記)에는 흥덕왕 10년(835)에 흥무대왕으로 추봉되었다고 적고 있다. 삼국유사에는 경명왕 시절에 흥무대왕으로 추봉되었다고 하였다. 종합적인 속내는 흥무왕실기(興武王實記)에 전한다. 하지만, 고려사절요(高麗史節要)에는 경명왕(景明王)으로 올라 있음을 보면 경명왕이 온당하다(문경현).

흥수(興首)

백제의 의자왕은 어쩔 줄을 몰랐다. 당시 좌평(佐平)으로 있던 흥수는 죄를 받아 고마미지현(古馬彌知縣)으로 흥수에게 사람을 보내 상황의 급박함을 어떻게 했으면 좋겠는가를 물었다. 흥수가 말하였다. 대략은 좌평 성충이 말한 것과 같다. 하지만 대신들은 흥수의 말을 믿지 않았다. 흥수가 오랫동안 유배 중에 있고 또한 임금을 원망하고 나라를 사랑하지 않기 때문이라고 했다. 그의 말은 쓸모가 없다고 하였다.

(출전) 王猶預不知所從, 時佐平興首得罪, 流竄于古馬旀知之縣, 遣人問之曰事急矣, 如(之)何. 首曰大槪如佐平成忠之說. 大臣等不信, 曰興首在縲紲之中, 怨君而不愛國矣, 其言不可用也(권1 기이 1 태종춘추공)

흥호대왕(興虎大王) ☞ 흥무대왕(興武大王)

희강왕(僖康王)

신라 제43대 희강왕의 성은 김씨, 이름은 개륭, 혹은 제옹이라고 한다. 아버지는 헌정각간, 시호는 흥성대왕, 혹은 익성대왕으로 예영 잡간의 아들이다. 어머니는 미도부인, 혹은 심내부인, 혹은 파리부인이며 시호는 순성대후로 충연 대아간의 딸이다. 왕비는 문목왕후로 충효 각간의 딸이다. 충연 각간은 일명 중공 각간이라 한다. 병진년(丙辰, 836)에 즉위하여 2년 동안 나라를 다스렸다.

(출전) 第四十三代僖康王, 金氏名愷隆一作悌顒. 父憲貞角干, 諡興聖大王一作(翌)成, 禮英匝干子也. 母美道夫人一作深乃夫人, 一云巴利夫人諡順成大后, 忠衍大阿干之女也. 妃文穆王后, 忠孝角干之女一云重恭角干. 丙辰年立, 理二年(권1 왕력 희강왕)

찾아보기

ㅁ

ㅂ

大

ㅌ

ㅍ

ㅎ

정호완

대구대학교 명예교수

길림대학 초빙교수

화교외대 초빙교수

세종대왕기념회 이사

삼국유사사업추진회 대표

삼성현연구소 대표

한국어문학회 대표

시조문학 작가상

삼국유사 학술상

경상북도 문화상

홍조근정 훈장

삼국유사의 상상력 외 40권

삼국유사 사전 값 60,000원

2019년 12월 10일 1판 2쇄

저 자 정호완

발 행 인 임삼규

발 행 처 **지문당**

주 소 10881 경기도 파주시 광인사길 85(본사)
03134 서울시 종로구 돈화문로 82(서울사무소)

등 록 1997. 12. 30. 제406-2003-000038호

영 업 부 전화 (02)743-3192~3
팩스 (02)742-4657

전 자 우 편 sale@jimoon.co.kr

편 집 부 전화 (02)743-3096~8
팩스 (02)743-0227

전 자 우 편 edit@jimoon.co.kr

홈 페 이 지 www.jimoon.co.kr

ISBN 978-89-6297-188-0 93910

이 도서의 국립중앙도서관 출판시도서목록(CIP)은 e-CIP홈페이지(http://www.nl.go.kr/ecip)와 국가자료공동목록시스템(http://www.nl.go.kr/kolisnet)에서 이용하실 수 있습니다.
(CIP제어번호: CIP2018041527)